Ᵽn principio creauit deus celum et terram.

Pour euiter les grās erreurs qui peuent sourdre et aduenir de iour en iour/

Et pour auoir clerement congnoissance parfonde de la saincte escripture:dit sainct augusti sur le premier chapitre de genese/que en icelle y a deux sens.Cestassauoir.le sens litteral.ℸ le sens espirituel.Desquelx lung q est espirituel est diuise en trois autres. Dont le premier est le sens allegorique.le quel monstre les misteres quon doit entēdre ℸ croire par lescripture.le secōd est tropologique.cest adire moral.par lequel nous est enseigne quelle chose nous deuons faire pour bien nous conduire et gouuerner. Et le tiers est anagogique/cest adire diuī Et selond tel sens est lescripture exposee touchant les choses celestielles et diuines Mais le sens litteral ou historique mōstre tant seulement listoire selōd la lettre sans glose/ne quelque expositiō.Lesquatre sens dessusditz cōme dit Francois de Maronis sont appropriez aux quatre docteurs de leglise.Car sainct augusti fust anagogique.Interpretāt la dite saincte escripture selond les choses haultes ℸ diuines.Et pource dit sainct Jerome escripuāt apaulinus:que sainct augustin soloit cōme vng aigle par les sumitez des montaignes/se efforcant de prendre et cueillir les pommes qui estoient plus haultes sur larbre.Cestadire le sēs plus difficile.Et en lessāt les choses faciles aux autres docteurs. Sainct Jerome.ij.docteur de leglise fust historique/et se arrestoit au sens litteral. Sainct ambroise fust allegoriq. Exposant la saincte escripture touchant les misteres que nous deuons croire . Et sainct gregoire fust tropologique.cest adire baillāt le sens moral dicelle.mōstrāt comment on doit vertueusement viure.
En ceste proposition Jn principio   a

Premier aage

creauit deus celū et terrā. peult estre pris exēple de tous ces quatre sēs. Car se en ce dit par le ciel et la terre on entend les deux cōgnoissances: cestassauoir la matutine q̃ est cōgnoissance clere. Et la vespertine/ q̃ est cōgnoissance confuse: lesquelles deux/ dieu au cōmencement monstra aux an/ gles/cest le sēs anagogique. Se par ce est entendu le firmament. ¶ les elemēs/ cest le sens litteral et historique. Se on entēd par ce la creature corporelle et espirituelle Cest le sens allegorique. Mais si est pris pour la vie actiue et contemplatiue: cest le sens tropologique et moral. Et sembla blement fault il dire par tout le proces et deduction de la saincte escripture. ¶ Ain sy donques pour continuer ceste proposi/ tion nous lexposerons en ceste maniere. In principio/ cestadire ou commencemēt du temps/ et de la production des choses: deus: cest adire toute la trinite crea de riēs le ciel. par qui sont entēdus tous les corps celestielz/ distinguez/ et diuisez en leurs for mes substanciales. pose quilz ne fussent pas distinguez selon leurs formes accidē tales. Et aussy crea la terre en sa forme substanciale ¶ Mais selon sainct augu stin peult estre ainsy expose. Deus: cestas sauoir dieu le pere/ qui est toutpuissant Crea. In pricipio/cestadire ou filz ₹ auec dieu le filz/ qui est la sapience du pere. Et pource que la ou est dieu le pere/ et le filz: Aussy est le sainct esprit: Et q̃ leurs ope/ rations exterieures/ sont par induis: il se/ suit ou texte de genese que lesprit de dieu estoit porte sur les eaues. Par la bonte du quel a este cree le ciel/ cestadire la nature angeliq̃. Et aussi a este cree la terre/ cest adire les creatures inferiores. ¶ Sainct thomas en sa premiere partie/q̃stiō. xlvi. et article. iij. dit ainsy que la dessusditte p position In principio creauit deus. rc. est exposee en troys manieres: pour confon dre trois erreurs. le premier est daucuns qui ont dit que le monde est eternel/ sans commencement et sans fin. Pour lequel erreur oster est dit/In principio/cestadire au commencement du temps. ¶ Les au/ tres ont mis deux commencemēs. lung des bons/ lautre des mauluais. Sont pour forcloirre cest erreur/ Est il ainsi expose In principio: cestadire ou filz. Car selon le premier chapitre de sainct Jehan: Tou tes choses sont faites et produites par luy Et ainsy comme le commencement effe ctif est attribue au pere pour sa puissance. Pareillement le commencement exem/ plaire/ est attribue au filz pour sa sapience ¶ Les autres dient que dieu a cree les cho ses inferiores moyennans les āgles. Et pour cedit erreur extirper: est mis ce mot In principio/cestadire q̃ dieu deuāt toutes choses/crea le ciel et la terre. ¶ Pour lesq̃l les choses dessusdittez/ apert que saict hie/ rome escripuant apaulstinus / na point dit sans cause: que les hebreux sont aagez de xxx. ans auant ce quilz lisēt le liure de ge/ nese. Consideres les diuerses expositiōs: et grandes obscuritez. Dont il est plain et enuelope ¶ Quatre choses ont este crees deuāt le iour. Cestassauoir le ciel empire La matie̅e corporelle des quatre elemētz qui est entendue par le nom de la terre. le temps. Et la nature angelique. Et com/ me dit henry de hernordia en son premier chapitre du liure intitule des choses reme brables/il ny auoit lors que vng visaige/ que vne semblāce/ et forme de toutes cho/ ses du monde. Laquelle semblāce aulcūs ont appelle abisme. les aultres le ont ap/ pelle chaos ou confusion. Car les quatre elemens estoient mesles ensemble com/ me en vne masse: sans distinction de forme ne de figure a eux appropriee com/ me est maintenant ¶ Auec les choses d̃ s susdittez y auoit aultre confusion. Car tout estoit tenebreux ₹ moult obscur sans quelque clarte ne lumiere. Et ne pouoit la terre estre veue pour les eaues q̃ la cou uroiēt. En ceste confusion le chault se cō batoit contre le froit. le moite contre le sec le legier contre le graue et pesant. Mais dieu qui est glorieux ₹ benoit/par tous les siecles desirant decorer et embellir ceste confusion: separa lun dauec lautre. ¶ Et pource faire: et diuiser: crea la lumiere. qui est vne des plus belles choses du mōde: affi que par icelle toutes choses crees fussent veues belles. car selon Sainct ambroyse: la lumiere est la beaulte de toutes choses en tant que elle rent toutes choses dignes de loange. En oultre pource que la terre estoit inutile et couuerte deaue de tous coustez: et q̃ les tenebres estoiẽt sur la face des elemẽs: Dieu p sa Boũ= lante fist la lumiere. Et fut ceste lumi= ere la lumiere du souleil/qui ne fut pas bien formee ne du tout parfaite. iusqz au. iiij.e iour. Comme dit Ung docteur nomme Denis/en son liure de diuinis nominibus. ¶ Car on premier iour a= uec le ciel et la terre fut la lumiere cree et faicte/et par son departement soubz la terre et les aultres elemens/fut fait et termine le premier iour/et par la Be= nue dicelle lumiere sur les elemens cõ= menca le second iour. Et ainsy par la lumiere precedente et la nupt ensup= uant: fut termine le premier iour. Et en ceste maniere entend on/que Dieu diuisa la lumiere des tenebres. (et appel= la la lumiere/iour. les tenebres: nupt. En ce lieu est a noter/selon sainct au= gustin que ceste lumiere fut Une peti= te nuee/lucide (et claire ¶ Laquelle par sa clarte enlumina tout Jusques au quart iour. q̃ dieu de ceste petite nuee fist le souleil. et luy donna sa forme et Bertu. (et aussi aux aultres corps lumi= neux. tant q̃ les rays du souleil eurẽt aultre Bertu que les rays de la lune et ainsy des aultres. Et fut selon sainct thomas ou. 8.e article de la. xiij.e distin= ction Du second de sentences. Icelle lu= miere en orient ¶ Le maistre de sentẽ= ces fait Une question/en sa. xiij.e distin= ction de son second/qui est telle. Puis que leaue couuroit la terre de toutes pars comment pouoyt icelle nuee par sa clerte enluminer la terre: On peult respondre selon icelluy/que la lumiere peult elumier leaue. car les nautonni= ere experimẽtẽt quãt ilz sont on fons de la mer/que par ce quilz boutent de luyle hors de leur bouche/ilz enlumi= nent leaue de la mer. qui touteffoys en ce temps la estoit trop plus pure et clere et facile a esclairer que maintenãt ¶ Et ainsy que le souleil par son alee (et Benue fait le iour (et la nupt: aussy fai=

Feuillet ij

soit icelle nuee selon son alee et Bemte autour des elemẽs assemblez ¶ Il pa encor aultre difficulte/cestassauoir cõ= ment icelle nuee pouoit faire le iour et la nupt. En quoy pa difference de re= spondre entre les docteurs grecz/et la= tins. Car les grecz comme Basile (et Damascene/disent q̃ le iour (et la nupt estoient: non point par mouuement de lumiere. mais par ce q̃ icelle nuee mi= raculeusement gectoit ses rays p iour et par miracle les retiropt de nupt. ain sy quil fut fait ou pays degypte/ou q̃ estoit nupt (et ailleurs iour. Comme il est escript ou. x.e de exode. et semblable ment en la passion de Jhesucrist. Cõ= me dit sainct mathieu en son. xxbij.e Mais Sainct augustin argue contre ceulx cy par quatre Paisõs. La premie re. car lumiere necessairemẽt pcede du corps lumineux. (et pourtant/par neces site naturelle fault il que Ung corps lu mineux tousiours enlumine: sil npa empeschement. Secondement. Car il nparopt point de Paison pourquop la nuee eust aulcuneffoys entroye/(et aul= tressoys retire ses Pays/car encores ne stoiẽt pas les bestes crees/aussi les eus sẽt peu seruir le iour (et la nupt. Tierce mẽt car on ne treuue point semblable exemple de telle emission et retraction es aultres choses ¶ Quartement car quant on demande ce que dit est: il nest question sinon de la propre nature des choses. (et non point de ce qui ce faisopt par miracle. Et selon sainct augustin a la passion de Jhesucrist ne fut point faicte telle obscurite/par la retraction des rays du souleil. mais par linterpo= sition de la lune entre le souleil (et nous ainsy que tesmoigne sainct Denis en lepistre quil entuopa a policarpe ¶ Et pource tous les docteurs latins/en ce conuiennent auec saict augustin/que le iour et la nupt se faisoient a la ma= niere dessusdite. Cestassauoir par le mouuement de la dite nuee dessus et dessoubz la terre ¶ Et pa double mou uement ou ciel. lung est cõmun/q̃ fait le iour et la nupt. lautre est diuersifie

a ij

Premier aage

par diuers temps. Selon la quelle di/uersification se fait la diuersite des iours/des moys/et des ans. car nous voyons que le souleil se lieue plus matin ou signe de cancer ou de le scretisse/et plus tart ou signe de capricorne. le p̃mier est en Juing.et le second en decẽbre. En somme donc le premier iour q̃ fut iour de dimenche dieu crea le ciel et la terre.et diuisa la lumiere des tenebres. Touteffoys est a noter ainsy que dit Sainct augustin sur le premier de genese ou chapitre.xj⁰.que toute lumiere nest pas iour.mais seulement la lumiere du souleil est appellee iour.car le iour nest autre chose que la clarte du souleil sur la terre. Mais es troys premiere iours/la clarte de la nuee estoit appellee iour. Et dit oultre sainct augustin ou.8⁰.chapitre de.xj⁰.liure de la cite/que le monde na point este fait deuant le temps.ne en tẽps. mays auec le temps. Car selon francoys maron quelque part que sainct augustin par/le des euures des six iours:il est de ceste oppinion que tout a este cree en ung mesme instant. Pour deux motifz.lun est par ce quil est escript ou.xviij⁰.chapitre de lecclesiaste. Celuy qui dit eternellement a cree ensemble toutes choses. Lautre motif est pour exclure et oster lerreur des manichees/disans q̃ les angles auoient cree les creatures faictes es six dernieres iours. Touteffoys communement les docteurs ne tiennent point sainct augustin en cela mays tiennent la succession de la creation par six iours. Et pource que dessus est fort parle de lumiere q̃ des rays du souleil: nous debuons scauoir quil ya difference entre lumiere/luminosite/ray/et splendeur. Car lumiere est icelle mesme substãce/qui est ou corps actuellement respendissant. Luminosite est la clarte procedent du corps lumineux.et receue ou corps d'pasente et trãsparent/susceptible d'ycelle. Comme sont lair/et leaue et autres. Ray est une droicte ligne procedẽt du corps lucide q̃ reluisant. Et splendeur est

clarte procedent de la refiexiõ des rays. Item/lumiere quant est d'soy: touiours pduyt chaleur.pource dit aristote ou liure des bestes que les nuys de plaine lune sont plus chauldes que les aultres. Mais oultre pcelle nature de eschaufer: qui cõuiẽt a tous corps lumineux:chascun corps celestiel a aultre ppre vertu/ou d' enfroydir:ou secher/ou autre vertu sẽblable. Aussy dit auicenne ou.iij⁰.liure des choses naturelles que le souleil ne fayt point de chaleur pcy bas/sinon par sa respendisseur. Sainct augustin ou liure du franc arbitre/parlant de la lumiere/dit que entre toutes creatures cest la plus noble.et pource fut elle cree le pmier iour Et son arguopt/que il sensuyuroyt q̃ somme fust le plus vil:attendu que il a este cree le dernier iour. On peult respondre que ou premier lieu/et ou dernier sont les dignites des lieux.pourquoy dieu ou premier de lapocalipse est appelle commẽcemẽt q̃ fin. Ainsy doncques la lumiere sur toutes choses est tresnoble. Premierement pour son actiõ. Car comme dit auicenne/les corps superieures et celestielz/ ne font riens sinon par le moyen de leur lumiere. Ainsy que le feu eschaufe p̃ sa chaleur. Secondement la lumiere est noble pour son alteration.car toute alteration faicte cy bas est faicte par les corps celestielz/au moyen de lumiere. Tiercemẽt car elle est cause d' generation.entant quelle est cause d'alteration/qui dispose a generatiõ. Quartemẽt car elle donne estre/aux couleurs quon ne verroyt point si nestoit par lumiere. Dieu doncques diuisa lumiere de tenebres/et de lieu/et de temps. De lieu:car la lumiere estoit dessus la matiere des elemens. et les tenebres estoyent dessoubz en la grosse matiere De temps:car en la partie ou estoit la lumiere:estoyt le iour.et en la p̃tie opposite estoyt la nuyt/ par quoy cõme dit est/ dieu appella la lumiere le iour et les tenebres la nuyt. Et est certain que on premier iour ny eust point de

Feuillet iiij

aurore ou de point du iour. mais com/
mêca a plaie lumiere quât icelle nuee
fut cree en ozient. Et ne furent point
tenebzes entremeslees ainsi que main
tenant/quant le iour croist peu a peu/
et par succession/au matin. ⸿ Ceste
pzoposition cestassauoir que dieu diui/
sa lumiere/des tenebzes/peult estre aul
trement entendue spirituelement par
ce quil sceut aucuns anges debuoir tre
bucher par perhe. ⸿ les aultres debuoir
demourer en paradis. ⸿ Apres la crea
tion de la ditte nuee par son mouuemēt
dozient/ou elle fut cree/iusques en occi
dent: fut fait le Vespre et le soir. et par
sa motion soubz la terre: alant docci/
dent de Vechief en oziēt, fut fait le ma/
tin. ⸿ On pourroit demander a ce pro
pos/Pourquoy en ceste parolle/y factū
est Vespere q mane dies Vnus: Est pze
mierement couche/et mis/le Vespze/q
le matin: Comme ainsy soit que on
Voie euidanment/comment le matin
pzecede maintenaut le Vespze: A ceste
question peult estre respondu par deux
Vaisons. La premiere est. Attendu et
considere que le iour commenca pzemi
erement en lumiere: et que le Vespze
est la fin dudit iour: Et le matī: la fin
des tenebzes/et de la nuyt. ledit Vespze
a naturellement este mis deuant le
matin ⸿ La seconde Vaison peult estre
assignee selond sainct Jehā Crisotho/
me/pour demonstrer que le iour natu/
rel/ne se termine point au soir Mais
au matin ⸿ Aultre question se pour/
roit encoz faire. Cestassauoir. Pour/
quoy cy dessus/et on premier chapitre
de Genese/en disant que par le Vespze/
et le matin fust fait Vng Jour: est dit
Vng: et non pas le premier Jour: Et
touteffois est dit en apres/le second/le
tiers/et le quart: A quoy peult estre re
spondu par trois Vaisons/ Selon Ba
sile et Sainct thomas en sa premiere
partie. Premierement a dnoter la me
sure dung iour/qui est lespace de .xxiiii
heures. et pource est dit Vng. et nō pze/
mier ⸿ Secondement a signifier que
le iour naturel se termine par ce que le

souseil retourne en Vng mesme point:
dont il estoit party. Parquoy est bien
dit que le iour se termine au matin: et
non pas au soir. ⸿ Tierccment pour
monstrer que quāt le nombze des sept
iours est acomply: on retourne au pze
mier/qui est Vng/et siij .en lordre des
iours. Et par ainsi apert de leuture du
dit premier iour.

Sensuyt le .ij^e chapitre q est &
leuure du second iour.

LE second Jour
Dieu fist le firmament ou
milieu des eaues. Et diuisa les eaues/
des eaues. Cestadire les parties qui
debuoient estre en hault: de celles dem
bas ⸿ Le ciel empire q auoit este fait
deuant le premier iour fust ozne/dispo
se/q rempli des sainctz angeles/ incon/
tinent quil fust cree/ Selon le maistre
de sentences ou second liure/et. iij^e. disti
ction . Et aussy selond Bede le Vene
rable prestre ⸿ Ledit ciel empire/ nest
pas le firmament dont maintenant

Premier aage

nous parlons, mays estoit appelle empire, cestadire itellectuel ou flambāt. non poit pour ardeur, car il ne art poit mais pour sa resplendeur et lueur.

¶ Dit en oultre ledit bede que le ciel superieur nomme empire ne se meult point. Et que le ciel des estoilles fut cree le second iour: non pas deuant le premier iour. ¶ Eñ ou ciel que nous appellons le firmament, ne furēt pas creees les angles, mays selon sainct thomas en sa premiere partie, furent crees ou souuerain, et ou plus hault ciel: come presidens a toute creature corporelle. Ad ce propos dit psidoyre q̄ le plus hault ciel est le ciel des angles. ¶ En ce apert que ce qui est dit ou .xiiii. chapitre de ysaye: Cestassauoir, Ascendā in celum: nest point entendu daulcun ciel corporel et materiel, mays du ciel de la saincte trinite, on quel le mauluais angle, par qui est entendu le deable, Soulust ambicieusement monter, quant par son outrecuydance il affecta et desira destre compare et fayt egal a son createur. ¶ Aussy par ce cy apert que la ditte proposition de ysaye se doibt entendre du montement (et exaltation qui est de courage et de volente seulement. Et non pas corporellement. ¶ Le monde ne fut pas decore au commencement, mais pour ce faire dieu ou secōd iour fist le firmamēt, deaue gelee, en maniere de cristal, par quoy il est cler et luysant a merueilles contenant en soy toutes choses sensibles inferiores: Ainsy que les et escaille dun oeuf, contient ce qui est dedās. Et on dit ciel sōt fichees les estoilles selon sainct Ambroise et psidoyre ou tiers de ses ethimologies. Et semblablemēt dit come ¶ Ledit firmament est ainsy appelle, Non pas tant seulement pour sa fermite: Mais aussy pource quil est le terme Impenetrable et ferme, contentif des eaues qui sont dessus luy. ¶ En oultre Icesluy firmament est nomme et appelle ciel, pource quil cele (et couure toutes choses visibles. Et nest point ledit firmament

graue, ne pesant, ne leger, selon laristote. Car il ne descent ne monte. Mays est ingenerable et icorruptible. Et nō obstāt le createur a mys en icesluy le comencement et la cause de toute generation et corruption. Son mouuemēt est vniuersel et vniforme Ainsy que vne roe fichee entre deux poles: Cest adire entre deux estoilles: dōt lune est appellee le pole artique et lautre le pole autartiq. On lappelle aussy firmament pource quil est ferme et incorruptible, tant en sa matiere que en sa forme ¶ Et quant on argue du .xxi. chapitre de sainct luc: ou quel est dit que le ciel et la terre passeront et finirōt: Ad ce peult estre respondu quil ya troys manieres de cielz. Lun ciel est appelle lair, ou q̄l solent les oyseaux, et cestuy la passera. Cestadire quil sera renouele, non pas quant a sa substance mays quant a sa qualite: par le feu du dernier embrasement. Le second ciel est celuy dont on parle en ce present chapitre, et est nomme le firmament. Et ce ciel pcy ne se mouuera plus apres le iour du iugement. Mays demoutera en grande clarte comme est la clarte du souleil, autant quil est grant. Et alors le souleil et la lune serōt trop plus clers quilz ne sont presentement, pour lonneur des saints. Et affin que apres la glorification de lomme, toutes choses soyent Innouees. Le tiers ciel est le ciel empire ou quel est estat parfait et aggregation de tous biens. Comme dit boece on quart de consolation.

¶ Au mouuemeut dycelluy ciel. Les elemens obeissent differamment. Car la terre ne se meut point pour le mouuement dycelluy, tant est ferme, pose que de luy aye, et recoipue plusieurs (et diuerses impressions, pour produyre diuerses especes. Mays sans la terre il fait mouuoir tout ce qui est contenu dedans luy: en lespace dung iour et dune nuyt, ou quel espace contraint toutes choses fayre vng tour, et signamment iusques a la region du feu, il tire et fait par son mouuement, mouuoir

Feuillet iiii

les orbes et les cielz des sept planetes auec luy. Et semblablement le feu et la superieure region de lair. Aussi par son dit mouuement les eaues de la mer sabbessent et haussent/sont et reuiennent. Et de tant que ung element est plus prochain dycelluy ciel: et que aussy aucun element est plus pur: tant plus obeyst a son mouuement et a son impetuosite. Ce ciel a le mouuement tres legier/et tres impetueulx. Mais affin que par son impetuosite il ne rompist et tyrast auec luy la machine du monde: son impetuosite est retardee par le mouuement contrayre des planetes qui luy resistent. ¶Les philozophes/aumains aucuns/ont mys ung seul ciel. Pource dit Basile que les philosophes rongeroient plus tost leur langue: quilz confessassent estre plusieurs cielz. qui ce peult entendre/pce que tous les cielz ont une mesme matiere et forme combien quilz soient differens en grandeur/mouuement/vertu/influence/et aultres choses.

¶Dieu doncques ou second iour diuisa les eaues qui sont dessoubz le firmament/et de la nature elementayre/des eaues qui sont dessus le firmament et de nature celeste. Lesquelles sont en maniere de gelee/ou de cristal. Et ne se peuent fondre par feu comme lecite Comestor en lystoire scolastique.

¶Les autres sont de oppinion que les dittes eaues sot la:comme nuees/causees de vapeurs. Et que elles sont de mesme espece et nature comme celles qui sont dessoubz le firmament. Et de ceste oppinion est sainct thomas en sa premiere partie. ¶Toutesfoys/de qlconque espece ou nature que soient lesdittes eaues/cestassauoir. Ou gelees: comme tiennent communement les docteurs. Ou causees de de vapeurs: il est certain que elles sont le ciel cristalin. Et pource dicelles dit Alexandre: que elles ont couenance auec ledit ciel empire soubz qui elles sont. Et auerques le firmament/qui est dessoubz elles. Et aussy quelles ne sont ne froides

ne coulans/ne humides et moitees/ainsy que les aultres eaues qui sot soubz le firmament. mais sont de nature celeste pspicues transparentes et claires Pource disoit Dauid ou pseaulme. et.iiije. O Dieu tu estens/et dilates le ciel/cestadire le firmament contentif des estoilles sichees. Ayant aussy au dessoubz/entre sa concauite: les sept cielz des sept plaetes. aisy que une peau Et couures icelluy firmamet deaues Cestadire/du ciel cristalin/fait deaue gelee. Et ou pseaulme. CxlViije. est dit.les eaues qui sont dessus les cieulx cestadire sur les sept cielz des sept planetes/et sur le ciel du firmament loet le nom de Dieu. entant quelles nous inuitent et incitet a le loer. Car par une merueilleuse et singuliere vertu et puissace: Dieu les a la mises et colloquees en hault. ¶Ila este doncques bien dit que le firmament diuise les eaues des eaues. Aucuns ont dit que les dittes eaues sont la sus/a refrigerer la chaleur procedente de la volubilite et motion du ciel firmamet. ce quil ne semble pas vray. Car en hault nya point de chaleur selo loppinion dalexandre. Mais selon sainct augustin sur le .ije. de genese. Icelles eaues sot la sus pour decorer le monde. et pource que dieu la ainsy voulu. ¶Le maistre de sentences en son second recitat loppinio de sainct augustin/on lieu dessus allegue dit q lesdittes eaues sot par vapeurs/q goutes tresleueres/tirees en hault. Ainsy comme nous voyos que lair nebuleux et obscur/tire a soy les eaues/et vapeurs par petites et menues goutes. moiennant lexalation et secheresse de la terre. Lesquelles apres ce que elles sont esleuees. se assemblent et sont et causent la pluye/q sen doit choir a grosses goutes/et grande quantite. Doncques/se ainsi est que leaue soit naturellement esleuee au dessus de lair qui est plus leger que elle. Pourquoy ne poons nous bien croire que sur le ciel ny ayt aucunes telles petites goutes/q legeres vapeurs ¶Origene tiet q ycelles eaues

a iiij

Premier aage

sont spirituelles. Mais basile et saint thomas apres luy tiēt quelles sōt corporelles. De quoy dit saint augustin que nous ne debuons poit doubter, q̄l/ les ne soiēt ou lieu desussit. mais pour quoy: ne a quoy: Dieu le scet. ¶ Ledit ciel empire est le premier, le tresbault/ le lieu des anges, (et des aultres biē entrez) trescler, influent, et donnant grāt lumiere sur le ciel cristalin, prochain de luy en descēdēt en bas, Il est de forme et figure ronde, sans quelque mouue/ mēt, mais est tousiours en repos, tres necessaire a la generation et coruptiō des choses inferiores selō aucūs. Selō les aultres il ny fait riens, mais est la fin et lacōplissement de toute nature corporelle. ¶ Basile et labane dient q̄ le ciel empire est ung corps premier entre tous: de nature tressimple, et tressubtile, tresgrant en quātite, cler en qualite, de figure speriq̄ et ronde, treshault en situation de lieu, et le plus loing du centre du monde, et du milleu de la terre, contentif de corps et esperis visibles et inuisibles. Et le souuerain habitacle de dieu. ¶ Et ia soyt ce q̄ dieu soyt par tout: touteffoys pource que en la formation dycelluy: resuyst plus lo/ peratiō de la souueraine vertu de dieu. pource aussy que cest ung lieu le plus noble quon lise estre: Pour ceste cause est dit que dieu tient, et a son souueraī habitacle en icelluy ciel. En ce ciel y cy sont neuf ordres danges, et trois iezār chief, en chascune desquelles sont trois ordres danges. ¶ Et pose que dieu en ce second iour fist plusieurs autres bō/ nes choses: touteffoys nen fayt point lescripture de mention, ainsy que es aultres iours. Et est la rayson, selon les hebrieux pource que en ce iour lāge fut fait deable. A ceste cause en plusi/ eurs eglises fait on feste des angles q̄ ne furent point fais deables, la serōde ferie cestadire le lūdi. Touteffois touls les docteurs dient quil ny eut que une bien petite morule et espace de temps entre la creation des anges, et leur pe/ che et nō pas lespace dun iour. Ainsy q̄

dit le maistre de sētēces en la .iiie. distin/ ctiō du secōd. Les aultres disent q̄ pour ce q̄ le nōbre de deux est ifame, entāt q̄l laisse unite: Dieu n'a poit loe le second iour: alsy q̄ recite ysidore ou tiers liure de ses ethimologies. Contre la q̄lle opi/ niō dit sainct augusti on lī. de musiq̄/ q̄ se le nōbre de deux est situpable pour ce quil laisse unite: il doibt estre loe, en/ tāt q̄l approche de trinite. Mais selō les poetes lāge fut fayt deable au vespre du ieudy a la nuyt. la q̄lle nuyt a engē dre, et est mere de toutes choses mon/ strueuses. Cōbiē q̄ toutes telles raisōs sōt insuffisātes. Et pource ya aultre raisō selō labý salomō, q̄ est allegue de maistre nycolle de lyra: cest assauoir q̄ la distinctiō des eaues ne fust poit ter/ minee le secōd iour. Mais le tiers. par/ quoy est obmie et lesse ou secōd iour de dire q̄ dieu vist, q̄ ce q̄l auoit fait: estoit bō. Mays est mis deux foys ou .iiie. ain sy quil appt p le texte de genese. Pour cōclusiō dōcques appert q̄ il auoyt bien este dit au cōmencemēt de ce prsent cha/ pitre q̄ le secōd iour dieu fist le firma/ ment et diuisa les eaues: des eaues.

Sensuyt le chapitre .iiie. de leu/ ture du tiers Jour.

Feuillet v

Le tiers iour dieu assebla en vng lieu toutes les eaues q̃ estoyẽt soubz le firmament:⁊ couuroiẽt toute la terre. affin q̃ y eust distictiõ entre le ciel ⁊ la terre. Affin aussy q̃ la lũiere q̃ auoit en luine leaue:les deux p̃miers iours:fust plus claire en lair. Car le p̃mier iour/⁊ le secõd:la terre auoit este iutile/entãt q̃ on ne la Scopt poit. mais estoit toute couuerte deaue. ❡ Difficulte est cõme aisy soit q̃ la terre fust couuerte de aue:⁊ aussi q̃ selõ les philozophes leaue est dix foys plus grãde q̃ nest la terre: cõmẽt se peult trouuer lieu en la terre/ ou q̃ l peussẽt estre toutes les eaues assẽblees. Saict augusti/⁊ saict thomas sur le p̃mier de genese/en sa p̃miere ptie pour respõdre ad ce/recite trois oppi nions des docteurs. La p̃miere ⁊ la plus approuuee de saīct thomas est que les eaues/ou lieu ou elles sõt assẽblees sõt plus esleuees q̃ nest la terre.⁊ a la re alle Scrite/la mer est plus haulte q̃ la terre. aisy q̃ on expimẽte en la mer rou ge. La secõde oppiniõ est q̃ leaue en sa p̃ miere creatiõ les deux p̃miers iours estoit claire ⁊ rare cõe vne nuee/⁊ pour ce estoit fort p̃õde sur la terre. mais en ce tiers iour fust cõdẽsee ⁊ mõlt espais sye.⁊ tellemẽt descẽdit q̃ la terre appa rut seiche. La tierce oppiniõ est q̃ p lopa tion diuine/en la terre furẽt faictes cer taines cõcauitez/pour receptuoir leaue aisy quõ Soit ou lieu de la mer/⁊ ainsy ptie de la terre se monstra seiche. Vng docteur nõme bourgoys dit q̃ ce tiers iour dieu dõna a leaue aultre centre/et aultre milieu q̃ nest le cẽtre ⁊ le milieu de la terre:q̃ est le centre du mõde. Et pource que toutes choses se meuuẽt a leur centre cõme a leur p̃pre lieu:toute leaue courut ⁊ ala a sõ centre: tellemẽt q̃ ptie de la terre demoura seche/pour le salut des bestes. aussy pour les arbres ⁊ les plãtes. De ce dit le pseaulme.xxiiiᵉ q̃ dieu fonda la terre sur les eaues.⁊ en luptiesme chap̃. de sapiẽce est dit: que ainsy comme dit est. Dieu disposa tout

sagemẽt ⁊ biẽ/en faisãt des abismes cestadire des grãdes p̃fũditez. esquelles il mist leaue tellemẽt quelle ne scauoit exceder ne yssir son lieu. Et est Sray sẽ blable q̃ le centre de lesemẽt de leaue/ est tout vng auec le centre ecentriq̃ de la lune. cestadire auec le centre de la lu ne/q̃ nest pas tout vng auec le centre du mõde. Et la raisõ est fort p̃suasiue. Car nous Soyõs la mer/en courãt et recourãt/aler ⁊ Senir selon le mouue mẽt de la lune. ❡ Quãt dieu eust ais̃ mis en vng lieu/toutes les eaues il ap pella la cõgregatiõ de icelles/la mer. et la terre/aride. cestadire/terre seche. Et notamment dieu lappella aride. pource q̃ deuant elle estoit mouillee/⁊ apres ce fut faite aride/q̃ Sault autãt adire cõme seche. Et pcy fut la fin de ce q̃ dieu auoit cõmẽce le secõd iour a tout p̃an dre.⁊ pource/ce fait/est mis ou texte de genese/q̃ pcy dieu dist/que ce q̃l auoyt fait/estoit bõ.⁊ nest poit ce mot dit ou secõd iour. ainsy que dessus est touche. ❡ Parquoy incõtinẽt sensuyt aultre operation de ce mesme iour. ou q̃ dieu dist q̃l Souloyt que la terre p̃duisist her be Serdoyãt. ce que elle fist. Et p̃ ce ap pert q̃ ce tiers iour/la terre acq̃st deux grãdes decoratiõs. Lune/car elle fut fai te Sisible ⁊ descouuerte des eaues. Lau tre/car elle fut ornee de beaux arbres ⁊ aultres herbes. ❡ Touchãt cecy disẽt aucũs docteurs que actuellemẽt furẽt creez ⁊ p̃duicts les arbres ⁊ les herbes: chascũ en sa pp̃re espece/⁊ aisy de p̃ime face sõne la lettre. Mais ainsy q̃ saict thomas recite: saict augusti est dautre oppiniõ ⁊ dit q̃ les arbres ⁊ les herbes fu rẽt le tiers iour causellemẽt creez seule mẽt. cestadire q̃ dieu donna Sertu a la terre de les p̃duire. Et cõferme saict au gusti sõ oppiniõ p ce/q̃l est dit ou secõd de Ge. q̃ dieu crea les arbres deuãt q̃lz eussẽt naissãce. ⁊ les herbes deuãt q̃ iles germassẽt. Qui ce doit enteñdre/q̃ dieu auoit cree causelemẽt/⁊ p la Sertu don nee a la terre/les arbres deuãt q̃lz sail lissẽt de terre: ⁊ aisy peult estre dit des herbes. Encor y a autre raisõ. car dieu

Premier aage

donna vertu de propagation et multi/
plication de arbres et herbes a la terre.
car maintenant en telles choses/dieu
ordinairement ne fait q ne produist ri/
ens/sinon par la vertu de propagation
et multiplication donnee a la terre.
Mais selon aultres docteurs on peult
dire que es six pmiers iours dieu crea
toutes choses en leurs propres especes/
et leur donna vertu q puissãce de pou/
oir faire et produyre leur seblable. ain/
sy que nous voyons en semant les se/
meces.et en entãt/et plantant les ar/
bres. Et selon Comestor/il ne fust
point requis de succession de temps/ad
ce que les herbes et arbres fissent et p/
duysissent leur fruyt. Mais incõtinet
apres leur creation produysirent leur
fleur.et tantost leur fruyt/en maturi/
te sans longue succession. Et pour
ce que dieu dist/que la terre pduyst her
be verdoyant: aucuns ont dit que dieu
fist le monde ou temps de ver/qui est
le pritemps. Les autres ont dit et sousté
nu quil fut fait en aoust: pource q on te
xte de genese pa: que dieu fist larbre fai
sant fruyt/et lerbe apant sa semence.
Mais leglise tient que le mõde fut fait
en mars/es kalendes dapuril qui sont
le premier iour du moys. Et nõ ob/
stant que lescripture ne nomme point
air: et ne face point mention de sa di
sposition: touteffoys il peult estre assez
entendu/que enfant quil fust diuise de
la terre/et des eaues. il fut dispose ain/
sy quil est.et semblablement est a dire
du feu. car on ne fait mention que du
plus difficile/en laissant ce qui par soy
se peult assez cõceuoir et entendre. Il
appert donc pour conclusion: de leuure
de ce second iour/ õ ql dieu premiere/
ment diuisa les eaues de la terre: en de
scouurant partie dycelle pour la cause
dessusditte. Et en ce mesmes iour dieu
decora la terre des arbres portãs fruyt
et de herbes apant leur semẽce. Et ces
troys iours pcedẽs furẽt les euures de
distinctiõ. car dieu diuisa ce quil auoit
fait et cree ensemble.et en grande con/
fusion. Et en ce resupst la souueraine

puissance du createur. Leuure des
troys iours ensupuãs/sappelle leuure
de decoratiõ. Du ql euure resupst q ap/
pert cleremẽt la souueraie bõte du crea
teur. Du iour septiesme ou ql se repo
sa: resupst la souueraine pfection du cre
ateur: qui na que fayre des creatures.
mais au contraire: les creatures ne se
peuent passer de luy.

Sensuyt le iiii.e chapitre q est de
leuure du quatriesme iour.

Le quart iour

Dieu crea q fist le souleil: nõ
pas quãt a sa substance. car elle estoit
ia faicte. Mais le fist de la petite nuee
claire/cree le premier iour.et luy don/
na vertu et puissance de influer et pro
duyre diuers effectz es parties dẽbas/
aussy luy bailla plus clere lumiere que
a quelconque aultre corps lumineulx.
En ce mesme iour fist la lune et les
estoilles.et les mist ou firmament tel
lement quelles ont leur lumiere de la
clarte du souleil seulement. Et ainsy
que dieu crea premierement la nature
celeste: aussy a orner le monde il a com
mẽce a la nature celeste.et sõt appellez
en lescripture le souleil q la lũe grãs lu
minaires. pour la grãdeur de leur corps

Feuillet vi

Car le souleil est dit/ huyt foys plus grāt que nest toute la terre/ Et aussi la lune est plus grande que la terre Car selond Comestor selle nestoyt plus grande que la terre: elle ne se mō/ streroyt pas si grande quelle fait en ql que partie de la terre que nous soyons: attendue la grande distance qui est entre la lune et la terre. ¶ Pourtant dit Sainct augustin sur le second de Ge/ nese ou.x.chapitre que selon la com/ mendation et loange de lescripture/ le souleil et la lune sont plus grans que les aultres corps lumineux. Parquoy fauldroyt dire que la lune fust plus grande que quelque aultre estoille/ Mays les astrologiens tiennent et disent le contraire. Et ainsy cōuiēdroit affermer et dire que la lune seroyt de beaucoup plus grande que toute la ter/ re. car selon ysidoyre Il nya si petite estoille sensible: qui ne soit plus gran/ de que toute la terre. Et pose que les difficultez touchant ce ne soyent pas pey terminees: sy est il bon de reciter les oppinions de ceulx qui en parlent. Combiē que a grant paine les choses dessusdittes peuent estre sceues par entendement humain. ¶ Le souleil auf/ sy est appelle grant luminaire pour raison de sa grande lumiere. et que toutes choses prennent lumiere de luy. Aussi sont dis le souleil et la lune: grans lu/ minaires. Car ilz se monstrent plus grans quant a nous. Ou selon criso/ stome: pourtant que en leur cotidiane influence: ilz ont plus grande efficace et vertu de alterer les choses inferiores que ne sōt les aultres corps lumineux ¶ Plato et ses disciples ont dit que le souleil et la lune auoient ame raison/ nable. Et pourtant que souleil et lu/ ne estoient les propres noms dyceulx. ce que nye latistote. Mays les aultres planetes comme sont ces nōs pey sa/ turne/ Venus/ mercure/ iupiter/ɋ mars sont bien propres noms. car ces noms pey ont este imposez a soccasion de certaices persōes. Saīct augustī recite ou x viij.e liure de la cite de dieu ou chapre

Cxlix. q̄ ceulx de athenes firēt mourir pǒeni le philosophe anaxagoras. pour ce quil disoit que le souleil nauoit poit de ame raisonnable. et que ce nestoyt que vne pierre ardant. Car les athe/ niens adoroient le souleil pour vng dieu. Pourtant dit sainct thomas q̄ origene a dit que les corps celestielz a/ uoient ames. Et semble que sainct ie/ rome ait este de ceste oppinion. Basile et damascene disent quilz nont point dame. Sainct augustin sur le second de genese laisse laquestion sans reso/ lution. et ou liure nomme eucheridion semblablement. Et dit soubz conditiō que selles ont ame. telles ames sont de la societe et nature des angles. Saict thomas cōclud que les corps celestielz nōt pas ame a la maniere des plātes et des bestes. mais equiuoquement et aultrement/ en telle maniere que il ya aucunes substances spirituelles/ con/ ioinctes et vnies aux corps celestielz. Ainsy que ce qui doibt mouuoir a la chose qui doibt estre meue. Et ad ce p/ pos dit Sainct augustin ou.iiij. de la cite de dieu. que telz corps sont admini strez de dieu par esperit de vie. Et a bien considerer icelles oppiniōs il nya difference sinon a la maniere de dire. Car tout retourne en vng. ¶ Sainct denis ou quart chapitre des nos diuis. Dit que le souleil conuient et sert a ge neration: de troys manieres de vie. lu/ ne vie est vegetatiue/ la seconde est sē/ sitiue/ Et la tierce est intellectiue. nō pas que de par soy produyse lame intel lectiue. Car dieu seulemēt la fayt et produyt. Mays entant quil dispose la matiere a la reception dycelle/ Et se/ lon albuuasar/ se ce nestoyt la chaleur du souleil et des aultres estoilles: lair se cōdenseroyt et espessiroyt tellemēt que toutes choses viuans mourroyēt. ¶ La lune a plusieurs nōs. car on lap pelle lune ou ciel. dyane es forestz. et p serpine es enfers. ainsy que au loug de dupsēt les poetes/ Et est vng corps de soy obscur. Mays il est enlumine du souleil ¶ Et selon la verite/ la lune

Premier aage

est maindre que quelque aultre estoille/et la plus prochaine de la terre.ꞇ ne contient en quantite:ſi autāt cōme la ℣ᵉ.ptie de la terre.ꞇ autāt ſi la. xlviiiᵉ. partie du ſouleil.et la terre contiēt lui tieſme partie du ſouleil. Toutes les eſtoilles /exceptes la lune et mercure/ſont plus grandes que toute la terre Selon pluſieurs aſtrologues. Et en tout cecy differe ſainct auguſtin des aultres docteurs.Car pour les motifs deſſuſditz Il tient que tout a eſte fait enſemble en ung inſtant/et que le ſouleil et la lune ne ſont point maintenāt en autre diſpoſitiō quilz eſtoiēt: quant ilz furent creez premierement. Mays Denis/Rabane/Criſoſtome et aultres docteurs tiennent que le ſouleil ou premier iour eſtoit informe/ſās figure/et ſās vertu. Et quē ce quart iour:luy fuſt donnee ſa vertu et propre forme et figure⁋ On pourroit arguer De ce que dit le texte. Ceſtaſſauoir que Dieu miſt ou firmament les luminaires fichez/et touteſfoys ptholomee grant aſtrologue dit que les dis luminaires ne ſont point fichez.mays courent et ſe meuuent par leurs ſperes et ſeurs cielz:Daultre mouuemēt que les cielz ou ilz ſont. On peult reſpondre ſelon lariſtote et criſoſtome/que ceſte opinion de tholomee eſt faulce/et que les planetes ne ſe meuuent point ſi non par le mouuement de leurs cielz ou elles ſont.Mais ptholomeus ꞇ aultres ont dit le contraire. Pource quon apperçoyt bien le mouuement des planettes et des eſtoilles .et non pas de leurs cielz⁋ Et qui demanderoit qui fut la cauſe de produyre telz luminaires:Et quelle utilite nous en vient Le texte en geneſe reſpond que ce fut affin quilz nous ſeruiſſēt pour ſignes/pour temps/pour meſurer nos ans/et iours.et pour Diuiſer la lumiere des tenebres.Et comme dit ſaict thomas ſur le.x.ᵉ.chapitre de Jeremie:Aucuneſ foys une creature corporelle eſt faicte pour elle meſme/ou pour ſeruir a aultre creature/ou pour la decoration du monde:ou pour la gloyre et loange de Dieu.Mays moyſe voulant oſter et reuocquer ydolatrie du peuple a ſeulement touche les cauſes qui ſont et viennent au proffit des hommes/Et affin quilz ne creuſſent point que le ſouleil/ la lune/et aultres eſtoilles fuſſent Dieux:Ainſy que ont creu les gentilz et payens Mays quilz ſceuſſent que ceſtoyent choſes creees de par dieu/a lutilite et ſeruice des hommes⁋ Et en ce eſt la premiere utilite: en tant que noſtre veue eſt adreſſee et dirigee par lumiere a congnoyſtre les choſes. Et pource diſt Dieu qui les creoyt: pour luyre ou firmament/et enluminer la terre⁋ La ſeconde utilite eſt pour faire diuerſite ꞇ viciſſitude temporelle Afin que par les diuers temps/lētuy des hommes ſe paſſaſt. La ſante fuſt gardee.les neceſſites pour boire ꞇ menger/peuſſēt croiſtre et fructifier/ce ql̴z neuſſent fayt ſi touſiours euſt eſte ou puer/ou eſte /ou aultre tēps.⁋ Tiercement ilz ſeruent pour ſcauoir bien ordōner et diſpoſer de noz negoces. et preuoir la diſpoſition du temps a uenir.ou en froyt ou en chault/en pluye/ou ſerenite . ⁋ Et ſon demandoyt ſe la lune fut cree prime lune ou plaine. Aucuns dient quelle fut cree plaine:ainſy que les arbres/plais de fruyt et les herbes/ꞇ ſemencees. Selon auſſi quil eſt eſcript en Deuteronome . ou xxxij.chapitre que les euures de Dieu ſont parfays . Aultres diſent quelle fut cree prime lune. Car on commence a compter et prandre la lune a la prime lune. Saint auguſtin non voulant ſe trop enquerir des ſecretz de dieu Selon quil eſt commande ou tropſieſme chapitre de eccleſiaſtique/ne afferme ne lun ne lautre.Touteſfoys il decline plus quelle fut cree plaine. Et pource en enſuyuant Sainct auguſti nous ne debuons pas facilement ne proterueument afferme quelque choſe ſil nya fondement en la ſaincte eſcripture/et ne debuons decliner a dextre ne a ſeneſtre ſaus bonne rayſon.

Feuillet xii

Come sto: historique tractant les cultures de ce iour/dit que la nuee claire dont est parle/retourna en sa matiere et perdit sa forme/Ainsy que lestoille q apparut aux troys Roys /et ainsy q la colu̅be en la quelle fut veu le sainct esperit. Ou q la dicte nuee ensuyt tousiours le souleil. et est pres de luy. Ou q dycelle fut fait le corps du souleil. Et nest pas a croyre ne a entendre/ ainsy que les heretiques denommes genealiques/q̃ le souleil/la lune et les estoilles ayent este fais en signe des choses a venir.tellement quilz soyent signes de nos aduentures. et de lestat de nostre vie/car cela nest pas vray/ mays faulx/et heretique. Parquoy se doibt entendre/comme dit est. ¶ Le souleil donc fait la distinction des temps. car quant il est descendu ou signe de capricorne:qui est enuiron la moytye de decembre:il fait le solstice hyemal et dyuer/cest adire quil fait station et ne descent plus. Et quant il est monte ou signe de lescreuisse qui est enuiro̅ lamp iuing:il ne monte point plus hault. et sappelle le solstice estiual qui est de este Et quant il est en equale dista̅ce de capricorne et de lescreuisse:les iours sont aussy grans que les nuys:Ainsy que est a la my mars/et a la my septembre Parquoy appert que le souleil fait la distinction des te̅ps. et semblableme̅t des iours:tant du iour que nous appellons clarte:comme du iour que nous appellons lespace de.xxiiij. heures. Le premier se nomme vsuel. Pource que communement on en vse ainsy. et ne dit on point quil soit iour sinon dura̅t la clarte. Le second est appelle naturel/ qui comp:ent.xxiiij.heures ta̅t de clarte que de nupt. Et ia soit ce q̃ lan en diuerses nations se preigne en diuerses manieres.et les planetes ont leurs a̅s selon leur cours et mouuement. Sico̅me La̅ de la lune a. CCC.liiij.iours Lan du souleil a. CCC.lxv.iours et vng quadrant. Cestadire six heures. Lan du bissexte a. CCC.lxvj.iours Lan ambolismal a .ccc. quatrevingtz

iours et .xiij. lunatio̅s. Toutesfoys en nous conformant a lusaige de leglise/ nous no̅bro̅s noz ans selo̅ la̅ du souleil. Et est appelle an:car en grec ce mot an/vault autant comme circuiant et enuironnant.car il est reuolu en soy. et en telle espace fait le souleil vng tour. Et a ceste cause les anciens auant lusaige des lettres:le figuroyent en maniere dung serpent.q̃ mordoit sa queue en faisant vng rondeau de son corps. ¶ Par les choses dessusdittes apert q̃ Dieu a fait les luminaires pour luy re ou firmament/et enluminer la terre. et aussy pour diuiser la lumiere/et la separer des tenebres ¶ Et non obsta̅t les choses dessusdittes:ya vne transla tion par la quelle on peult auoir que la lune ait este faite plaine. Car elle dit que dieu fist le maindre luminaire Cestassauoir la lune/au commencement de la nupt.ou quel temps la lune ne se lieue que plaine. Mais le souleil fut fait au matin en orient/Et au soir au commencement de la nupt:La lune se leua en orient. Pource veule̅t aucunes que le souleil et la lune furent fais ensemble.le souleil en orient:et la lune en occident. Et ce pendant que le souleil ala dorient en occident par dessus la terre/ la lune par dessoubz ala doccident en orient.tellement que a la fin du iour elle se leua en orient.

Premier aage

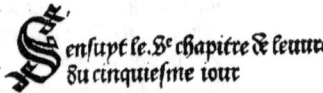

Sensuyt le .8e chapitre de leuure du cinquiesme iour

Le cinquiesme iour dieu fist de eaue les oyseaux/les poyssons/et les grandes balenes/et orna lair doyseaulx/ τ leaue de poyssons. Car il est facile de muer lair en eaue/et leaue en air. Sainct augustin dit sur ce pas que dieu ne crea pas actuellement les poyssons. mais seullement potencielement τ causalement. en donnant vertu a leaue de les pouoir engendrer. Les aultres disent que les poyssons/et les oyseaulx/furent crees actuellement le second iour. ¶ Aussy dit sainct thomas que dieu ne institua pas les choses ainsy quelles sont faictes de present par generation naturelle. Car alors furent faictes les choses p̄ la parolle de dieu. qui de la matiere des elemens produysit les bestes. Et par la vertu donnee a leaue/et a la terre: elles ont maintenant puissance de produyre les bestes. laquelle vertu nauoyent pas au commencement de leur creation. ¶ Et en signe de ce dist dieu aulx eaues quelles produysissent les poyssons et les oyseaux. ¶ Platon estant en egypte/vit et leut les liures de moyse dont il cupda q̃ les oyseaux eussent este crees pour orner lair de cy bas/ et pres de la terre. et que les deables eussent este mis en lair plus hault: et loing de la terre: pour orner icelle partie de lair. Mais cela nest pas ainsy. Car les bons angles sont demoures ou ciel empire. τ les mauluais ont este gectez en lair. non pas pour le aorner: Mais pour en icelluy air souffrir tourment et paine. ¶ Dieu semblablement crea grandes balenes et toute ame viuant et motable. come sont les ames des poyssons/et oyseaulx. et non pas celles des hommes. car les ames des oyseaux/poyssons/et aultres bestes irracionelles/sont motables/τ non permanentes/Mais muables de estre a non estre. τ non pas lame de home qui est perpetuelle. car les grecz font vne distinction entre les ames. zoa/et sichea. cest adire entre les ames brutes/ qui sont entendues par zoa. Et entre les raisonnables. lesquelles on entend par sichea. ¶ Aussy les bestes brutes furent faictes affin quilz peussent et dussent mourir. mays non pas les ames raisonnables qui iamais ne meurent. Et qui plus est: les homes ne furent pas faisz pour debuoir mourir: silz neussent Iames peche en adam. ¶ Toutes aultres bestes ont este faictes pour seruir aux hommes: ou pour mourir par aage et vieillesse. ¶ Basile dit ou liure nomme exameron que les poyssons et bestes de mer ne sengent point le mal quon leur fait/et ne cognoyssent point ceux qui leur baillent a menger. mays viuent monlt brutallement/sans quelq̃ science ou aduis. Combien quil nest pas vray que generalement tous poyssons soyent estranges des hommes ¶ Car sainct augustin dit sur le tiers de genese que non pas tãtseullement les bestes terrestres/comme asnes/beufz/ chiens/et moutons/suyuent et frequentent les hommes: Mays aussy aulcuns poyssons ¶ Car ainsy que

Feuillet viii

Sainct augustin met en lame intellectiue troys puissances. Cestassauoir lentendement/la memoire/et la Boulante: Aussy en la sensitiue il met troys puissances. Cestassauoir lymaginatiue/la memoratiue/et lappetitiue. Par quoy est notoyre que toutes bestes peuent songer. Car songe se fait par les fantasies demourans en la memoyre. Et pource ainsy que recite comestor: Sainct augustin dist quil semble: que les poyssons ayent ame et memoyre. Et recite dune fontaine estant en vne region nommee en latin bullesis la quelle est plaine de poyssons. qui tournent et retournent a grans trope aux auec les hommes/qui se baignent en icelle. attendans que on leur gette quelque chose ainsy quilz ont acoustume. Aristote ou premier liure des bestes dit que aucunes sont de forte et grande memoyre. comme sont le chien/le chameau/lasne/et aultres. Mais les aultres sont de petite memoire. comme sont laultruce.et la columbe.

Icelluy aristote ou quatriesme dudit liure dit que les poyssons oyent et odorent. tellement quilz viennent plus tost aux neufz vesseaux: auec lesquelz on les prent:que aux vielz/ pour la delectation de lodeur. Dit en oultre que sur tous aultres/le daulphin odore tresfort. Moyse doncques conclut leuure du cinquiesme iour: disant que dieu dit que ce quil auoit fait estoit bō Pourquoy il donna benediction aux bestes. Disant croyssez et vous multipliez et remplissez leaue/de la mer. Et semblablement dit aux oyseaux. Ainsy doncques par le decours du soir et du matin fut fait le .5e. iour.

Le 31e. chapitre de leuure du sixiesme iour

Le sixiesme iour dieu orna la terre. et en icelle produyst troys especes et manieres de bestes: pour ayder a lomme en troys manieres/apres son peche. Car dieu scauoit bien quil pecheroyt. Premierement dieu crea les bestes dont lomme se peult seruir et ayder en ses negoces et affaires. come sont les cheuaulx iumens/muletz/asnes et chameaulx. Secondemēt crea les oailles/comme chieures/brebis/τ aultres pour dycelles bestes auoir laines a couurir la nudite de lomme. Tiercement crea les autres bestes pour vser et manger: come beufs/venaisons/et autres. τ auec ce fist daultres bestes grandes et merueilleuses/et de petites pour excerciter lomme:et decorer le monde. Les grandes comme elephās et semblables. les petites comme vers/souriz/lesardes/τ aultres. Et selond le maistre de sentence en la .x8e. distinction de son second liure:les bestes qui prennēt naissance des corps des bestes mortes: et par putrefaction: ne furent pas crees auec les aultres bestes: sinon potencialement seulement et materielemēt

Premier aage

Cest a dire que dieu donna puissance a la matiere dicelles bestes pfaites: de produire bestes impfaites par leur putrefaction. Les aultres bestes nuysans a lomme ne luy eussent point fait mal ne peu nuyre sil neust peche. Car par son peche elles eurent puissãce de luy nuyre, et non pas deuant: mais luy eussẽt seruy: en decorant le monde/ a la loange de leur createur. Nous ignorons de quoy ilz nous eussent serui et leur vsaige. mais dieu qui les fist: le scet biẽ Ainsy comme quant nous soyons plusieurs instrumens de quelque mestier lesquelx nous iugons estre superflus/ pource que ne scauons a quoy ilz seruent: pose que le maistre du mestier le sache bien. Comme dit sainct augustin sur le tiers de genese ou .xiiie. chapitre. Et dit en oultre: que se lomme neust point peche: les espines et les chardons neussent point este fais ne creez pour nuyre a lomme. mais pour le seruir. Et pour oculte et secrete vertu qui est en icelles. Ledit sainct augustin dit en apres que les petites bestioles comme mousches/ vers/ et aultres donnent aux hommes plus grande cause de admiration et de loange de dieu: que les chameaux et aultres grandes bestes. A ce propos dit Comestor que lomme est pugny par les bestes: en tãt que par elles il est blesse. ou craint estre blesse. Et est corrige par ce quil soyt les bestes luy nuyre pour son peche. Par lesquelles il est instruit tellemẽt que il peult en luymesmes considerer les merueilleux fais du createur: Et Jcelluy loer et gracier. car cest merueilleuse chose a considerer commẽt le formy enseuelist lautre formy mort. Comment il tire le grain de la paille pour le garder. Comment le serpent estoupe son oreille affin quil ne oye point le son des enchanteurs. Comment il oste sa vieille peau. (ainsy des autres.) quãt lomme soit cela: il se doibt humilier. considerant cecy luy estre aduenu par son peche. Pareillement plusieurs arbres et herbes infructueulx eussent eu et porte fruyt se lomme neust iames peche. Et ia soit ce que maltenãt ilz napent pas vertu ne fruit manifeste: toutesfoys ont ilz vertu oculte. Ou on peult dire que les arbres ifructueux ne furent fais iusques apres le peche de lomme. Car il est escript que apres le peche: dieu dist en malediction que la terre produyroyt espines et chardõs Cest assauoir, par ce que adam auoyt plus obey a la voix de sa femme: que a son commandement. Et est a noter que ou texte de genese nest point escript que dieu donnast benediction aux bestes de la terre. qui sont toutesfoys les plus semblables a lõme. Mais entãt que dieu donna sa benediction aux oyseaux/ et poyssons: il est assez a supposer que aussy fist il aux aultres bestes sans en faire expresse mention. Et nõ obstant ce en ce mesmes chapitre premier de genese apres la creation de lõme: dieu reitera et recommenca sa benediction. a denoter lexcellence de lomme. qui doibt remplir le nombre des esleuz. Et son demande quelle chose on doibt appeller vne beste: on peult respondre que beste est vne chose composee de char et de espezit: soit habitant en lair comme les oyseaux et choses solatiles. ou en leaue/ comme les poyssons et choses aquatiques. ou en la terre/ cõme les hommes et les iumens. En ce sixiesme iour apres toutes choses crees fut derrenierement cree lõme/ cõme seigneur et possesseur des choses deuãt crees. et comme le plus parfait: et qui estoit a preferer sur tous: ainsy quil est escript ou second de sentences en la distinction. xve. Et pource dist dieu ou premier de genese apres toutes autres choses crees. faisons lomme a nostre ymage et a nostre similitude. La quelle proposition selon sainct augustin. est la parolle de la saincte trinite. en laquelle est pluralite de personnes. Et pource est dit: faisons: ou nombre plurier. Mais nya que vne simple essence et substance. pourtant est dit: non pas a nos ymages plurierement: Mais a

En ce liure sõt .xj. aages dont la premiere contient trẽte chapitres
¶Le premier chapitre parle de loeuure du premier iour. De la creation du ciel et de la terre. Aussy cõmẽt la saincte escripture se peult entẽdre en plusieurs sens/au premier feuillet. Jtem comment dieu crea la lumiere et la separa des tenebres. Et comment la lumiere et lõme sont les plus nobles des creatures. ¶Feuillet ij.
¶Le secõd chapitre parle de leuure du ij iour/cestassauoir cõment dieu fist le firmamẽt. Diuisa les eaues les vnes des aultres. De la diuersite des cieulx τ de lẽs mouuemẽtz ¶Feuillet iij et iiij
¶Le iij parle de leuure du iij iour/cest assauoir comment Dieu fist retirer a part leaue de la mer. Et comment la terre produsist diuersitez darbres et de herbes ¶Feuillet .v.
¶Le iiij parle de leuure du iiij io/cest assauoir cõmẽt dieu fist le souleil, la lune/et les estoilles au feuillet .v. De leurs influences nature et grandeur selon diuers docteurs. Pourquoy dieu les a crees/feuillet .vj. Et de la diuersite des ans ¶Feuillet .vij.
¶Le v parle de leuure du v iour cõment dieu crea les oiseaulx/les poissõs et grandes balenes ¶Feuillet .vij. Et de la nature diceulx poissõs et oyseaulx ¶Feuillet viij.
¶Le vj parle du vj iour/cõment dieu crea trois manieres de bestes.et quelle chose doit estre dicte beste. Jtem de la creation de lomme. feuillet .viij. De la premiere institution du sacremẽt de mariage et plusieurs belles questions touchans ce. feuillet .ix. ¶ De lestat dinnocẽce. ¶Comment lõme est fait a lymage de dieu. feuillet .x. Et se la femme y est faite cõme lõme. Aussi se dieu est poĩt cause de mal feuillet .xj. Jtem de la nature des ames et des angles. feuillet .xij. De la diuersite des ames Et plusieurs notables questions. ¶Feuillet xiij.

¶Le vij est du repos du vij iour et cõmẽt se doit entendre que dieu se reposa Du sabbat/De leuure seruile. τ cõmẽt on doit sãctifier les festes. f. xiiij τ xv
¶Le viij parle des six iours moralement feuillet .xv. De la machine du mõde et de la distãce des cieulx.f. xvj
¶Le neufuiesme est de la creation de Adam. de sa science. De larbre de vie. de larbre de science de bien et de mal. et de sa dignite. feuillet .xvij. De paradis terrestre. des solstices. feuillet .xviij. Pourquoy la femme a este faite de lõme. Des enfans dadam/de sa sepulture/et de la fosse de ebron. feuillet .xix.
¶Le .x. parle de eue et de sa creation et comment elle fust gettee hors de paradis. feuillet xx
¶Le .xj. parle de Cayn de sa seur calmana de leur mariage. et de la premiere cite terrestre nommee enopca. de la mort dabel et dudit cayn/feuillet .xx. Se lamech pecha en le tuant. Sil est licite a vng hõme deglise dauoir auctorite de condamner a mort. et en quelx cas il est licite de tuer vng hõe. fo. xxj.
¶Le xij de abel de son interpretatiõ τ comment a luy cõmẽca leglise. f. xxj
¶Le iij de seth. feuillet xxj. Et pourquoy les anciens peres ont este si longuement sans engẽdrer. feuillet xxij
¶Le xiiij de enos filz de seth q pmier fist prieres et oraisõs a dieu. f. xxij.
¶Le xv de caynan. de son interpretation. cõment le pecheur doibt plourer. pour quelles raisons lame est prisoniere. feuillet. xxij
¶Le xvj de enoch filz de cayn. du sens allegorique des generations dadam de eue et de cayn. comment on se doibt glorifier en ses predecesseurs. f. xxiij
¶Le xvij de yrad filz de enoch. de son interpretation. de la maniere de monter en la croix et en paradis/feuillet xxiiij. Et de iij hõmes appellez hiesus sans hiesucrist. feuillet xxv
¶Le xviij est de mauiael filz de yrad et parle comment on doibt mauldire. sil est licite de ce faire. et les inconueniens qui sen ensuiuet. Jtem est parle de

a i

blaseme de excōmunicatiōs et de inuo
cationē.f.   xxbiᵉ
⁋Le xixᵉ est de mathusael.de son iter/
pretation.Quelx gens doibuent plus
craindre la mort.Item se les ames se/
parees du corps congnoissent se quon
fait en ce mōde.f.xxbiiᵉ. Aussi est par
le cōmēt il est possible que le feu denfer
tourmēte les ames dāpnees.f.xxbiiiᵉ
⁋Le xxᵉ de lamech cōmēt il tua cayn
Et de lintroduction de bigamie. Aus
si de sa punition.f.   xxbiiiᵉ
⁋Le xxiᵉ de ada premiere feme de la
mech.Pourquoy bne feme nest point
receue en tesmoignage.f. xxbiiiᵉ. Et
quelles sont les deformitez de faulx tes
moignage.f.   xxixᵉ
⁋Le xxiiᵉ de Jabel filz de lamech q cō/
ment il separa les tropeaulx les bnges
des aultres.f.   xxixᵉ
⁋Le xxiiiᵉ de tubal premier iuētᵉ des
instrumētz musicaulx.f.   xxixᵉ
⁋Le xxiiiiᵉ de tubalcayn premier inuē
teur de forger harnois de guerre q telx
instrumētz. Aussi sil est licite de for
ger armures et bastōs de guerre.f.xxixᵉ
⁋Le xxbᵉ de noema fille de lamech la
quelle trouua lart de faire toilles/bro/
deries/et tapisseries.fo.xxixᵉ. Item se
tel mestier est salutaire a lame. Et se
cest peche destre curieulx en bestemēs.
Aussy se licitemēt bne femme se peult
parer⁋Item pourquoy a la ligne de
seth ne sont mises nulles femes.et tou
tesfois y en a plusieurs en la ligne de
Cayn.feuillet.   xxxᵉ
⁋Le xxbiᵉest de malaleel filz de cap/
nan.Et du cōmencemēt de deux roy/
aulmes/cestassauoir des scithes et des
egyptiens et des premiers rois.f.xxxᵉ
⁋Le xxbiiᵉ est de Jareth filz de mala/
leel q de sō interpretatiō.feuillet.xxxiᵉ
⁋Le xxbiiiᵉ de enoch le prophete. C ō
mēt il fut trāslate en paradis terrestre
et cōment il ressuscitera et biēdra pres
cher deuāt la benue de lantecrist et du
iugemēt final.feuillet.   xxxiᵉ
⁋Le xxixᵉ de mathusale.et de son iter/
pretation.fo. xxxi. Item pourquoy
meurt lōme.Et sil seroit prouffitable

a chascun de scauoir le iour de sa mort.
Aussy est parle de deux manieres de
mort.feuillet.   xxxiiᵉ
⁋Le chap.xxxᵉ de lamech filz de ma
thusalem.Et de la fin de la premiere
aage.Aussi de la matiere des six aages
en bref.Et bne question cestassauoir q
faisoit dieu auāt ce quil creast le mon/
de.feuillet.   xxxiiiᵉ

⁋En ceste pmiere age ya deux chapē
nes lune de la creatiō de adam ou xbiᵉ
feuillet.lautre de la mort de Cayn ou
xxbᵉfeuillet.

⁋La ijᵉaage cōmencant a Noe conti/
ent il·liiijᵉ·xbiij chapitres
⁋Le premier chapitre parle de Noe
ou feuillet xxxiiijᵉ.De larche.Du de/
luge. Des geyans. De quelle biande
biuoyent les bestes en larche durant le
deluge. Aussi se les angles peuēt pren/
dre corps humain.f.xxxbᵉ. De la grā
deur de larche.En quel an Noe entra
en larche. Et des trois benedictiōs de
Noe.f.xxxbiᵉ. Cōmēt il fust moque
de son filz cham.Cōmēt les bestes a/
pres le deluge sont benues en diuerses
Jsles.feuillet.   xxxbiᵉ
⁋Le ijᵉparle de son premier filz de
Noe et de ses.8.filz/Elam/assur/ ar/
pharat/lud/aran.feuillet   xxxbiᵉ
⁋Le iijᵉde cham ijᵉfilz de Noe.et dont
bint seruitude.f.xxxbiᵉ. De ses qua/
tre filz/chus/mesraym/phut/chanaam
Et des enfās dudit chanaā. cestassa/
uoir/Sidon/aratheus/cineus/amathe
us.Etheus/Jebusee/amorree/gersee
eneus/aradiū et samarithen. Jtē com/
mēt le dit cham trouua lart magique.
Auec ce est bne question se on doit croi
re aux ditz des astrologiēs.f. xxxbiiᵉ
Jtē se on doit croire aux apparitiōs .et
que cest bastrologie.feuillet. xxxixᵉ
⁋Le iiijᵉde Japhet filz de Noe et de
ses enfās/cestassauoir/gomer/asseuer/
biphart/thogorima/et de leurs genera
tions. Jtē des lxxii lignees.f. xxxixᵉ
Et cōmēt noblesse fust introduicte pre
mierement.feuillet   xlᵉ

Le 5ᵉ de arpharat filz de sem. et son in/
terpretation. aussy pourquoy depuis
enoch on ne met point daulcun ql soyt
mort feuillet   xl.
Le 6ᵉ de sale filz de arpharat aultre/
ment nommé caynan. Et de leur interpretation feuillet   xlᵉ
Le 7ᵉ de heber duql est descendu le lan/
gage hebzicu. De Jectan et de Nem/
broth feuillet   xli.
Le 8ᵉ parle de phalech. De la tour de
babilone. xli. Et de la diuision des langa
ges feuillet   xlij.
Le ix de la cause et origination des mon
stres. Et silz ont humale nature. f. xlij
De la diuersite diceulx, comme sont her
mofrodites. antipodes/ pigmees/ mi/
notaurus. ciclopiens. artabatites et
plusieurs aultres. Et quelle chose pro/
prement doibt estre appellee monstre
feuillet   xliij.
Le xᵉ des monstres moralisez. Comme
gerion. les gorgones. les sirenes/ Cer
berus. ydra chimere. Bellorophon. les
centaures/ minotaure et Onocentau/
res feuillet   xliij.
Le xj des premiers inuenteurs des dieux
et ydoles selon diuerses opinions et pa
ys. Et quelx maulx sont venus par ydo
latrie. Item sil est licite de faire es egli/
ses ymages pour adorer. Aussi quil est
trois manieres de adoratidō. f.   xliiij
Sil est licite destudier les opinions des
poethes et payens. et qui a este leur p/
mier dieu. f. xlv. Item est parle de la
figure de demogorgon feuillet   xlvi
Le xijᵉ est de iupiter. De linuentiō des
sept ars mechaniques. f. xlvj. De son
temple/ et de ses freres moralisez. f. xlvij
Le xiij de minerue aultrement nommee
pallas ou tritonia. De sa natiuite de
son ymage. Et comment cybele fust receue
a rome. f. xlvij. De la fondatiō dathe/
nes. Et la cause pourquoy les femmes
ne doiuent poit estre receues es consulta/
tiōs. Aussi se les poethes sont poit mal
en escripuāt fables et fictiōs. Item de
trois esperes de theologie. f.   xlviij.
Le xiiij de saturne filz de demogorgon
et de la diuersite de ses nōs. Et comment

il trouua lart de labourer la terre. Aus
sy de son ymage. De sa significatiō. et de
ses sacrifices feuillet   xlix
Le xv de Venus deesse de beaulte. De
sa figure de son temple. De son filz cu/
pido. Des trois femmes appellees Venᵉ.
Et du iugement de paris feuillet   .l.
Le xvj du souleil et de la cause de la di
uersite de ses nōs. De son ymage. De
esculapius. De diuers hōmes nōmes
appollo. f. l. De ses responces ambi/
gues. De pirrus roy des tarentins. et
de hecates ou pserpine deesse denfer. f. lij
Le xvijᵉ de la deesse luna fille de iupi/
ter aultrement dicte diane. Lucina pro/
serpine/ triuia erathes ou psephone. et
la cause de la diuersite de telles deno/
minationes feuillet   lij.
Le xviijᵉ chapᵉ parle de mars dieu de
bataille aultrement nōme gradiue. et
de son simulachre ou statue. f.   lij
Le xix de mercure dieu de eloquence.
Et des larrons. De sa statue trouuee
es alemaignes. Item de deux aultres
mercures. Et des montiopes despele/
rine feuillet   lij.
Le xx des influences et cours des plane/
tes q de leurs effectz en general. f. liij
Le xxj de saturne planete. De son coᵉ
et influēce feuillet   liij
Le xxijᵉ de la planete iupiter et de sa
nature et mouuement feuillet   liiij
Le xxiijᵉ de mars planete. De sa dispo/
sition et effectz feuillet   liiij
Le xxiiij de Venus planete aultrement
dicte lucifer feuillet   liiij.
Le xxv de mercure planete autrement
dit hesperus feuillet   liiij
Le xxvj du souleil de son mouuemēt.
De ses effectz. De ses iiij. cheuaulx. Des
signes de tempeste ou serenite q de sa gra
deur feuillet   lv.
Le xxvij de la lune. De son croissement
ou decroissemēt. De son cours. De leclip/
se du souleil et dicelle lune. Des couleurs
dicelle. f. lvj. Aussi de sa puissance sur
les corps humains feuillet   lvij.
Le xxviij de Janus dieu de tous com/
mencemens de son temple et de sa sta/
tue feuillet   lvij.

ã ij

Le xxix de terminus dieu de la fin des oeuures et du mois de feurier. f. lViii
Le xxx de psis deesse de la terre et des egyptiens/et de ses sacrifices/De la bõne dame pauline/et du dieu mundus qui concha auec elle feuillet lViii
Le xxxi de la deesse victoire et de ses enfans/pompe/trophee/et triumphe/aussi parle des courõnes dõnees aux victoriens feuillet lix
Le xxxij de castor et polux dieu victoriaulx et de leur deificatiõ feuillet.lix
Le xxxiij de celius filz de demogorgõ/ et de sa figure feuillet lx
Le xxxiiij de cibelle la mere des dieux/ aultremẽt nõmee tellus/ceres/ops/rea Vesta et proserpine/aussi de sa figure et de ses effectz feuillet lx
Le xxxv de Vesta deesse du feu/De son temple et de ses vierges feuillet lx
Le xxxvi de neptunus dieu de la mer/ De son ymage Et du pact quil fist auec laomedon dieu de la mer/aussi de plusieurs aultres dieux marins/nereus/occeane/triton/protheus/forcus/et glaucus feuillet lxi
Le xxxvij de apis filz de foron roy des argins aultremẽt serapis dieu des egyptiens et du beuf deegipte.f. lxi
Le xxxviij de diuers dieux et deesses cõme galathea seur de thetis. Salmacis la nimphe. Dorie fille de occeanus Ethra/egon/portin'/archeloue Eridanus arethusa alpheus feuillet lxii.
Le xxxix de bachus dieu du vin/ De sa figure/de sa feste et sollēnite/aussi du lieu ou se faisoit. Et de lerreur des Romaines touchant plusieurs dieux.f.lxij Et de ses sacrifices feuillet lxiij
Le xl de Juno deesse de richesse/Des semmes qui trauaillẽt dẽfant. Et de ses aultres noms/aussi est son ymage et figure feuillet lxiij
Le xlj de grande multitude de dieux et deesses en bref. Sophõ/fronesis/astrea amitie/galaxes/Jope/genius/nature/ Themis/renõmee/omen/Inarmenes Destinee/cloto/lachesis/atropos/prismaieste et autres feuillet lxiiij
Le xlij de la deesse felicite et fortune/ De son temple fait a rome et de son ymage feuillet lxiiij
Le xliij de la deesse esperance/et de ses seurs foy et charite.f.lxiiij. Et de pudicite deesse de honte et de chastete et de son temple feuillet lxv
Le xliiij chapitre de la deesse concorde et de son temple feuillet lxv
Le xlv des dieux/faus/siluains/et satirees/Et de picus roy dytalie.f. lxv
Le xlvj de ofites dieu des anes.f. lxv.
Le xlvij du dieu iournal feuillet lxv
Le xlviij de la nuit fille de demogorgon et des parties dicelle. Du dieu sõnus et de ses trois filz/morpheus Jhecon/pantheon. Aussi de aurora. Et de herfilia feuillet lxv
Le xlix de esculapius dieu de medicine Et cõment il deliura rome de la pestilence. Aussy de la deesse bladele. Et de enpo seur de mars feuillet lxvi
Le l de mamon dieu des auaricieux.et des trois grãs maulx quil fait.f.lxvi.
Le lj de Bellona deesse de bataille.sa descriptiõ. Du dieu appelle paour et de la deesse pesee feuillet lxvij
Le lij de stator dieu de arrest. Du tẽple asilum. f. lxvi. Du rauissement des sabines et de fugilla deesse de la fuyte. feuillet lxvij
Le liij de vulcayn dieu de tempeste. Sa descriptiõ.aussy de diuerses especes de deables.sil est licite de les cõiurer feuillet lxvij
Le liiij de penates qui sont dieux priuez.et des lamies deesses aultrement sees feuillet lxviij
Le lv des dieux indigetes. De flora deesse des floures. Des amadriades. Des heroes et nimphes feuillet lxviij
Le lvj des nimphee.et aultres dieux et deesses feuillet lxviij
Le lvij de tages dieu de diuination. De hebe deesse de ieunesse.de echo.de rouille.de sprenigres deesse epidimiale. De famine. De colus roy des vens.de alymon.de ceres.de adozca.de pomare. De pan dieu des pastours Et de la deesse copte feuillet lxviij
Le lviij est de enuie et de ses seurs. Du

dieu cousus.f.lxviij.De suadele.de pri
apue.de teutirgo.de hymeneus.des pa
nites et incubes.de Bacuna deesse doy/
suete.des muses.de doctrine.de asteri
es.de carmentis.de egeria.de sibille.de
satue.et de la deesse memoire.f. lxix
Le lix.de pluton dieu denser/des iuges
infernaulx/des furies.Et de la chime
re feuillet lxix
Le lx.des demydieux/de hercules et sa
figure/de diomedes/de quirinue/de iu
ba dieu de tricherie.Des dieux diaboli
ques.Et des sacrifices aulx dieulx
feuillet lxix
Le lxi.est de la mapemonde et declara
tion des pays en general.f. lxx
Le lxii.des trois parties du monde diui
sees par les.iii.enfans de noe.f. lxx
Le lxiij.de asie qui contient la moitie
du monde feuillet lxxi
Le lxiiij.de assirie.Et du comencemét
des oignemés feuillet lxxi
Le lxv.de arabie Et de la pierre preci/
euse sardoine feuillet lxxi
Le lxvj.des deux armenies.f. lxxi
Le lxvij.de albanie et de ses chiens.
feuillet lxxij
Le lxviij.de amazonie autremét appel
lee femenie.& de la nature des amazo/
nes feuillet lxxij
Le lxix.de babilone.de la Bille et de la
tour babel feuillet lxxij
Le lxx.du pays de bactrie.f. lxxij
Le lxxi.de bithimie aultremét la grát
frigie feuillet lxxij
Le lxxii.de capadoce.f. lxxij
Le lxxiij.de caldee et de la destruction
de babilone auec la diuision du fleuue
ganges feuillet lxxiij
Le lxxiiij.de la region cedar et des hif/
maelites feuillet lxxiij
Le lxxv.du pays de chanance.f.lxxiij.
Le lxxvj.de cilicie feuillet lxxiij
Le lxxvij.de la terre de eiulath Et du
fleuue ganges feuillet lxxiij
Le lxxviij.de la petite frigie ou est
trope feuillet lxxiiij
Le lxxix.des deux galilees.f. lxxiiij
Le lxxx.de Jnde.Des puissans rois.et
diuersite de hommes et femes du pays.

feuillet lxxiiij.
Le lxxxj.de Jrcanie et des orseaulx
feuillet lxxiiij
Le iiiixxij.e de la terre pdumee.f. lxxv.
Le iiiixxiij.est du pays de iudee.f.lxxv
Le iiiixxiiij.de pherie.f. lxxv
Le iiiixxv.de lectonie.feuillet lxxv
Le iiiixxvj.de licie feuillet lxxv
Le iiiixxvij.de mesopotamie.f. lxxv
Le iiiixxviij.de nabathee.f. lxxv
Le iiiixxix.de orphir aultrement le pa
ys dor feuillet lxxv
Le iiiixxx.de parthie feuillet lxxvj.
Le iiiixxxj.de palestine et philistee
feuillet lxxvj
Le iiiixxxij.de pamphilie aultrement
psaurie feuillet lxxvj
Le iiiixxxiij.de penthapolis et des po/
mes du pays feuillet lxxvj
Le iiiixxxiiij.de perse/aultrement per/
side feuillet lxxvj
Le iiiixxxv.de ramathee aultremét ra
mazothe feuillet lxxvj
Le iiiixxxvj.de ruthie ou ruthene.
feuillet lxxvj
Le iiiixxxvij.de sabee et de la royne sa/
ba feuillet lxxvij
Le iiiixxxviij.de samarie.f. lxxvij
Le iiiixxxix.de sparciatez ou lacedemo
nie.et du pais ou croist la soye.f.lxxvij
Le centiesme du pays de sirie.f. lxxvij
Le cent et vng de suchime.f. lxxvij
Le C.ij.de suchie feuillet lxxvij
Le C.iij.de traconitide et des .iiij. te/
trarchies feuillet lxxvij
Le C.iiij.de trope la grand.f.lxxviij.
Le C.v.de attique ou grece.f.lxxviij.
Le C.vj.de achaye feuillet lxxviij
Le C.vij.de alanie feuillet lxxviij
Le C.viij.de alemaigne haulte et bas
se.feuillet lxxviij
Le C.ix.de angleterre.Et la cause de
la denomination du pays et des mer/
ueilles feuillet lxxviij
Le C.x.de aquitaine. feuillet lxxi
Le C.xj.de aniou.feuillet lxxix
Le C.xij.de auluergne.feuillet lxxix
Le C.xiij.de apulie ou puille. f.lxxix.
Le C.xiiij.de asturie. feuillet lxxix.
Le C.xv.de arragon.feuillet lxxix.

a iii

Le C.xbij de brabant. feuillet .lxxix.
Le cxbiij de gaule belgiq̃ ou beauuoisi
feuillet   lxxix.
Le cxxbiij de bo'goigne. feuillet iiiixx.
Le cxix de la grant bretaigne et de la
petite feuillet   iiiixx
Le cxx de cantabrie. feuillet   iiiixx
Le cxxj de campanie feuillet   iiiixx
Le cxxij de dace ou daemarche. f. iiiixx
Le cxxiij de europe iie part du mōde et
des iiii nations feuillet   iiiixx
Le cxxiiij de elade ⁊ hellespōth'.f.iiiixx
Le cxxbe de franconie feuillet iiiixx ⁊.j
Le cxxbj de frāce ⁊ de la cite de paris.
feuillet   iiiixx et.j.
Le cxxbij de flādres feuillet iiiixx ⁊.j.
Le cxxbiij de de frise feuillet iiiixx ⁊.j.
Le cxxix de gallace ou rucie.f.iiiixx ij
Le cxxx de gaule ou frāce. f.   iiiixx ij
Le cxxxj de grece feuillet   iiiixx ij
Le cxxxij de gallice feuillet   iiiixx iij
Le cxxxiij de gothie feuillet   iiiixx iij
Le cxxxiiij de ptalie feuillet   iiiixx iij
Le cxxxbe de hrazinthie feu.   iiiixx iij
Le cxxxbj de lacedemone.f.   iiiixx iij
Le cxxxbij de lituonie. f.   iiiixx iij
Le cxxxbiij de lorraine.f.   iiiixx iij
Le cxxxix de lusitamel.f.   iiiixx iij
Le cxl de macedoine.f.   iiijxx iiij
Le cxlj de magnesine.f.   iiijxx iij
Le cxlij de messie feuillet   iiiixx iiij
Le cxliij de mede feuillet   iiiixx iiij
Le cxliiij de missene feuillet iiiixx iiij
Le cxlbe de noruergue.f.   iiiixx iiij
Le cxlbj de normandie.f.   iiiixx iiij
Le cxlbij de narbōne.f.   iiiixx iiij
Le cxlbiij de ollāde feuillet iiiixx iiij.
Le cxlix de pauoie ou hōgrie.f.iiiixx iiij
Le cl de pirenee feuillet   iiiixx be
Le clj de pigmee feuillet   iiiixx be
Le clij de poictou feuillet   iiiixx be
Le cliij de picardie feuillet   iiiixx be
Le cliiij de peucie feuillet   iiiixx be
Le clbe de riuale feuillet   iiiixx be
Le clbj de pucomie feuillet   iiiixx bj
Le clbij de la prouince des romains.
Le clbiij de romenie feuillet iiiixx bj
Le clix de sambie feuillet   iiiixx bj
Le clx de sauoye feuillet   iiiixx bj
Le clxj de saxonie feuillet   iiiixx bj

Le clxij de sclauonnie la grāde et la pe
tite feuillet   iiiixx bij
Le clxiij de selande feuillet iiiixx bij
Le clxiiij de semigallie. f.   iiiixx bij
Le clxbe de la gaule seonoise.f.iiiixx bij
Le clxbj de sicionie austrement archa
die feuillet   iiiixx bij
Le clxbij de sicile feuillet   iiiixx bij
Le clxbiij de escosse feuillet iiiixx biij
Le clxix de suecie ou suesse.f.iiiixx biij
Le clxx de sueue feuillet   iiiixx biij
Le clxxj de trace feuillet   iiiixx biij
Le clxxij de thessalie/et dung deluge q̃
y fust feuillet   iiiixx biij
Le clxxiij de toscane feuillet iiiixx ix
Le clxxiiij de thuringe.f.   iiiixx ix
Le clxxbe de touraine feuillet iiiixx ix
Le clxxbj de gascoigne.f.   iiiixx ix
Le clxxbij de venise feuillet iiiixx ix
Le clxxbiij de bbestualie ou bbestefa
le.feuillet   iiiixx ix
Le clxxix de viroine.f.   iiiixx x
Le ciiiixx de virlande.f.   iiiixx x
Le ciiiixxj de pselade.   iiiixx x
Le ciiiixx ij de la tierce partie du mōde
nōmee affrique feuillet   iiiixx x
Le ciiiixx iij de braciane.f.iiiixx x et dix.
Le ciiiixx iiij de dedā feuillet iiiixx x
Le ciiiixx be de egipte la haulte et la bas
se feuillet   iiiixx x
Le ciiiixx bj des deux ethiopies et des
grās merueilles diceulx pais.f.iiiixx xj
Le ciiiixx bij de felcie. feuillet iiiixx xj
Le ciiiixx biij de getulie. feu. iiiixx xj
Le ciiiixx ix de cartage.feu.   iiiixx xj
Le ciiiixx x de libbie. feuillet iiiixx xij
Le ciiiixx xj de libie feuillet iiiixx xij
Le ciiiixx xij de morienne. f.   iiiixx xij
Le ciiiixx xiij de numedie ou barbarie.
feuillet   iiiixx xij
Le ciiiixx xiiij ⁊ tripolitaine.f.iiiixx xij
Le ciiiixx xbe de trogadee. f.   iiiixx xij
Le ciiiixx xbj des mōtaignes et de les
pprietes en general.f. iiiixx xij.et xiij
Le ciiiixx xbij de la mōtaigne ararath
Le ciiiixx xbiij des alpes ⁊ haultes mō
taignes feuillet   iiiixx xiij
Le ciiiixx xix de la mōtaigne bethel.
Le CC. du mōt caucasus.f. iiiixx xiij
Lecc.i. du mont du carme. f.iiiixx xiij

Le cc.ij du mõt ethna feu. iiiɫɫxiij
Le cciij du mõt esau ou seir.f.iiiɫɫxiij
Le cc.iiij du mõt effrayin.f. iiiɫɫxiij.
Le cc.v du mõt hebal.f. iiiɫɫxiij.
Le cc.vj du mõt hermẽ feu.iiiɫɫxiij.
Le cc.vij du mõt hebzon. f. iiiɫɫxiij.
Le cc.viij du mõt hephzon.f.iiiɫɫxiij.
Le cc.ix de la mõtagne hoz.f.iiiɫɫxiij
Le cc.x du mõt libanus. f. iiiɫɫxv
Le cc.xj du mõt moria.f. iiiɫɫxv.
Le cc.xij du mont gosor. f. iiiɫɫxv
Le cc.xiij du mõt galaad.f. iiiɫɫxv
Le cc.xiiij du mont garizi.f.iiiɫɫxvj
Le cc.xv du mont gelboe.f.iiiɫɫxvj.
Le cc.xvj de golgotha ou caluaire.
Le cc.xvij du mont gaas. f. iiiɫɫxvj.
Le cc.xviij du mont nebo.f. iiiɫɫxvj.
Le cc.xix du mont doliuet. f.iiiɫɫxvj.
Le cc.xx du mõt olipus .f. iiiɫɫxvj
Le cc.xxj de ozeb. f. iiiɫɫxvj
Le cc.xxij de pernasus. feu. iiiɫɫxvj
Le cc.xxiij du mõt phasga.f.iiiɫɫxvj.
Le cc.xxiiij des roches en general.
feuillet iiiɫɫxvij
Le cc.xxv du mont sephar.f.iiiɫɫxvij
Le cc.xxvj du mont seger.f.iiiɫɫxvij
Le cc.xxvij de Synay. feu.iiiɫɫxvij
Le cc.xxviij du mõt de syõ.f.iiiɫɫxvij
Le cc.xxix de selmõ feulet .iiiɫɫxviij
Le cc.xxx de sophim. feu .iiiɫɫxviij
Le cc.xxxj de saron feuilet iiiiɫɫxviij
Le cc.xxxij du mont seon.f.iiiɫɫxviij
Le cc.xxxiij du mont Semeron
Le cc.xxxiiij du mõt de sept.
Le cc.xxxv de thabor feu iiiɫɫxviij
Le cc.xxxvj des mõtaignes de israel.
feuillet iiiɫɫxviij
Le cc.xxxvij des mons yperborees.
feuillet iiiɫɫxviij
Le cc.xxxviij du mont ziph.f.iiiɫɫxix
Le cc.xxxix de lisle aradia. f. iiiɫɫxix
Le cc.xl de lisle de arcadie. f. iiiɫɫxix
Le cc.xlj de lisle abidos feu. iiiɫɫxix
Le cc.xlij de la grande bretaigne. feu.
Le cc.xliij des isles dor et dargent.f.
Le cc.xliiij de lisle choos.f. iiiɫɫxix
Le cc.xlv de lisle de cypre.f. iiiɫɫxix.
Le cc.xlvj de crete feuillet iiiɫɫxix
Le cc.xlvij des ciclades feu.iiiɫɫxix
Le cc.xlviij de lisle corsica feuillet C

Le cc.xlix de lisle carpathos feu. C.
Le cc.l de lisle cytherea feuillet C
Le cc.lj de lisle delos feuillet .C.
Le cc.lij de dalmacie feuillet .C.
Le cc.liij de lisle ebolus feuillet .C.
Le cc.liiij de lisle eola feuillet .C.
Le cc.lv des esperides feuillet .C.
Le cc.lvj des isles fortuees feuillet .c.
Le cc.lvij de gades feuillet .C.
Le cc.lviij des gorgones feuillet C
Le cc.lix de lisle guidõ feuillet C.q.i.
Le cc.lx de biberne ou Irlande.f.C.je
Le cc.lxj de Jcarie. f.cuillet. C. et vng.
Le cc.lxij de melos feuillet. C.vng
Le cc.lxiij de lisle midie feuillet. C.q i
Le cc.lxiiij de mithilene. f. C.q ẽ xq
Le cc.lxv de lisle dorcades.f. C.vng
Le cc.lxvj de lisle paron feuillet. C. q i
Le cc.lxvij de rodes feuillet . C.vng
Le cc.lxviij de sardinie feuillet C.q ij
Le cc.lxix de samo feuillet. C. et deux
Le cc.lxx de thanatos feuillet. C.q ij.
Le cc.lxxj de trapobatanne.f.C.q ij.
Le cc.lxxij de lisle tenedos ff .C.et ij
Le cc.lxxiij de lisle thile feuillet C.q ij
Le cc.lxxiiij de lisle vitrie.ff. C.et ij.
Le cc.lxxv des fleuues en general.
feuillet C.et ij
Le cc.lxxvj du lac asphalty autremẽt
la mer morte feuillet C.et iij
Le cc.lxxvij des fleuues /araris /arar/
et araxis feuillet C.et iij
Le cc.lxxviij de bactrus et de betis.
feuillet C.et iij
Le cc.lxxix du fleuue coaspis.f.c.et iij
Le cc.iiiɫɫ dantobius ou danoe.f.c.q iij
Le cc.iiiɫɫ vng du fleuue dorif.f.c.q.iij
Le cc.iiiɫɫ ij du fleuue eufrates et de
tigris feuillet C.et iij
Le cc.iiiɫɫ iij du fleuue crim'.f.c.et iiij
Le cc.iiiɫɫ iiij du fleuue geõ ou du nil
feuillet C.et iiij
Le cc.iiiɫɫ v du fleuue gazan ou drap
ses feuillet C.et iiij
Le cc.iiiɫɫ vj du fleuue chobar.f.c.iiij
Le cc.iiiɫɫ vij du fleuue Jordain et de
ses priuileges feuillet C.et iiij
Le cc.iiiɫɫ viij du fleuue mimus
feuillet C.et iiij
Le cc.iiiɫɫ ix du fleuue orontes.f.c.iiij
ã iiii

Le cc.iiii**xx**x.du fleuue appelle se po.
Feuillet			c.et iiii
Le cc.iiii**xx**xj du vin et du rosier.f.c.q V.
Le cc.iiii**xx**xij de lestang genesareth.
feuillet			c.et V.
Le cc.iiii**xx**xiii des fleuues tigris. fana
tus.et tiberiade Feuillet	c.et V
Le cc.iiii**xx**xiiii des fontaies.f.c.V.q Vj
Le cc.iiii**xx**xV.de reu ou ragau. Et du
commencement du royaulme des sci/
thes et des amazones.f.	c.et Vij
Le cc.iiii**xx**xVj.de saruch. Les opinios
diuerses du commencement et define
ment du royaulme des assiries.f.c.q Vij
Et des quatre principaulx royaumes
du monde. De belus de Nembroth et
plusieurs aultres Feuillet. c.Viij et ix
Le cc.iiii**xx**xVij de nachor. De zorees p̃/
mier roy degypte. Et de agialeus pre/
mier des sicioniores feuillet	c.q ix
Le cc.iiii**xx**xViij de thare. Et de la di/
uersite des ans de la premiere aage et
de la seconde Feuillet	c.et x

¶ En ceste ij**e** aage sont deux chayen
nes. La premiere qui commence a noe
est ou xxxiiij**e** feuillet. La ij**e** qui est de
reu ou ragau. au feuillet cent et Vj.

¶ La iij**e** aage commẽcant a abraham
contient cent xxxV chapitres

¶ Le premier parle dabraham q̃ touche
plusieurs questions et difficultes de
ses gestes et fais feuillet	c.et xiij
Item parle de la fondation de treues.
De iapetus le geant. De ninus roy de
Niniue. De sa femme semiramis feu
let cent et xiiij. De la mort de noe. De
crethus premier roy des crethes. De lĩ
stitutiõ de la du iubile. feuillet.c.et xV
Pourquoy les patriarches auoyẽt plu
sieurs femmes.f.	c.et xVj
De la x**e** institution de la circoncision.
Du roy abimelech. De la subuersion
des cinq cites. Du peche sodomitique.

Des choses esmouuans au peche de
la char Feuillet.c.q xVij. De la femme
de loth muee en sel. et de la qualite des
sepultures feuillet	c.xViij**e**
Le ij**e** de nachor. Son interpretation.
De sa femme mescha et de ses enfans
feuillet			c.xix
Le iij**e** de hus./de Job/ et heliubuzites.
Et des colloqutions que Job auoyt
a ses amis feuillet.c.xix. Item de ses
biens q̃ de ses enfans. Item sil eust foy
de laduenement de ihūcrist veu quil es
toit payen et des sibilles feuillet Vix**e**
Aussi se aulcun peult estre saulue sans
ouir les paroles de dieu.f. Vix**e** q̃ Vng.
Le iiij**e** de bus et balaam le prophete. et
de linterpretation et figure dudit bala
an feuillet Vix**e** et Vng. De sa prophe
tie fust bonne et Vraye.f.	Vix**e** q ij
Le V de bathuel sirien. et du mariage
de rebecca feuillet	Vix**e** et ij
Le Vj de laban. De son interpretatiõ.
De ses pdoles. Et sil est licite de faire
Vng pdolatre iurer par ses dieux
feuillet			Vix**e** et iij
Le Vij de rebecca. Et se on peult ma/
rier enfans soubz aage. ou par procu/
reur feuillet		Vix**e** q iij
Le Viij de aram et de la difficulte des
apparitions faites a abraham en char
ram et mesopotamie.f.	Vix**e** et iiij
Le ix**e** de loth. Sil pecha point voulãt
abandonner ses filles aux sodomites.
feuillet			Vix**e** et iiij
Et se ses filles peuent estre excusees/ de
leur peche. Aussi des iiij. commande/
mens fais a loth feuillet	Vix**e** et V.
Le x**e** de moab et de amon Et des peu
ples qui en sont descendus.f. Vix**e** et V.
Le xj**e** de sarray et de sa representation.
Item se elle pecha point en disant a son
mary abraham quil alast a sa chambri
ere qc. feuillet		Vix**e** et Vj
Le xij**e** de agar chambriere dabraham.
Et de son interpretatiõ. Item des nõs
imposes de dieu ou Viel testamẽt. Et
des agariens ou sarrazins.f. Vix**e** et Vj
Le xiij**e** de hismahel. la cause pourquoy
il fust degette de sarra. Et des princes
qui descendirent de luy et de ses enfãs

feuillet   Bi♦♦et Bij
Le xiiij de nabaioth et de son frere ce/
dar. Aussi de leurs interpretations.
feuillet   Bi♦♦et Bij
Le xB de cethura iiij femme dabraham
De ses filz. Et comment les piez doib/
uent estre lauez feuillet   Bi♦♦et Biij
Le xBj de psaac. De aralius Bj Roy
des assiriens et de son frere belus
feuillet Bi♦♦et ix.   Item du sacrifice
dabraham et des apartenances. Et de
la natiuite de iupiter. feuillet Bi♦♦ x.
Le xBij de Jacob et de Esau et de leur
natiuite. De Jnachus roy des argine
De sa fille yo. Et de argus le pastour.
feuillet   Bi♦♦et xj
Du commencement du regne des pha
raons. De la primogeniture de Esau.
De foroneus legislateur des grecz. Du
deluge de ogiges feuillet Bi♦♦ xij.
Des quatre femmes et du mariage
de Jacob, et de son seruice auec plusi/
eurs aultres choses ff.   Bi♦♦et xiij
Le xBiij de esau. q de ses trois nds. Jtē
qlle est la cause de la reprobatiō daul/
cūe q de selectiō des aultres ff. Bj♦♦xiiij
Item lerreur de ceulx qui dient que les
hommes sont constrainctz par les in/
fluences celestes de faire ou bien ou mal
Aussi de la nature de la comete et plu/
sieurs belles questions touchant ceste
matiere feuillet Bj♦♦et xB. Item pour
quoy dieu a cree ceulx quil a congnu de
uoir estre damnez feuillet Bi♦♦ et xBj
Item pourquoy lomme est plus enclī
a mal que a bien. Aussi du droit de pri/
mogeniture que esau Bendist de ses fē
mes Et de la benediction de Jacob.
feuillet   Bi♦♦xBij
Le xix de lia femme de Jacob et de son
Iterptatiō feu.   Bj♦♦xBiij
Le xx de rachel ij femme de Jacob. de
ses enfans et de sa mort. ff. Bj♦♦xBiij
Le xxj de zelpha chābriere de lya. q de
rachel chābriere de rachel. ff. Bi♦♦xBij
Le xxij de iudas filz de iacob. De la cō/
fession de crime. et de louenge. Et com
ment on se doibt cōfesser feuillet Bi♦♦
xBiij. Item de la Bendition de Joseph
Aussi des femmes de iudas. De ses en

fans de sa descente en egypte. Et de
son testament feuillet   Bj♦♦xix
Le xxiij de ruben premier filz de Ja/
cob. Des mābragores quil aporta a sa
mere pour conceuoir. De son interpre/
tation. et son testament feuillet Bi♦♦
Le xxiiij de dathan et abiron et de leur
mort feuillet   Bj♦♦
Le xxB de symeon et son interpretati/
on. De la Bengance de sa seur Dina, q
son testament feuillet   Bi♦♦
Le xxBj de leui. De ses enfans, gerson
Caath et merary. Des quatre mani/
eres de leuites. De leur office et digni/
te. Et comment ilz estoyent maries.
feuillet   Bi♦♦et Bnq
Item question se Bng leuite ou diacre
peult administrer le corps de ihūcrist.
Aussi du testament de leui ff. Bi♦♦ij
Le xxBij de dan. et de ce quil represen/
te. Aussi est son testament. ff. Bi♦♦iij
Le xxBiij de neptalim. Son interpre/
tation et testament ff.   Bi♦♦iij
Le xxix de gad. De sa force et son testa/
ment feuillet   Bi♦♦iij
Le xxx de aser, Sa figure et son testa/
ment feuillet   Bi♦♦iiij
Le xxxj de ysachar. Son interpretati/
on et testament feuillet   Bi♦♦ et iiij
Le xxij de zabulon. sa figure et testa
mēt. feuillet   Bi♦♦et iiij.
Le xxxiij de dina fille de lia et de sa fi
gure feuillet   Bi♦♦ et B.
Le xxxiiij de beniamin de son interpre
tation. De sa lignee et son testament.
feuillet   Bi♦♦et B.
Le xxxB de ioseph. Du peche dont il ac
cusa ses frere. De putiphar egiptien.
feuillet   Bi♦♦et B.
Des enfans de Joseph, Effraym et
manasses. De promotheus. De ath/
las le geant. De pheton ff. Bi♦♦et Bj.
De la reedification de sparte. Des di/
nascies et souueraine puissance des
egiptiens. De cedron ij des Diopoli/
tes feuillet   Bi♦♦et Bij
De la mort de Joseph et de sa prophe/
tie feuillet   Bi♦♦Biij
Le xxxBj de sur, de thamar et des filz
de iudas feuillet   Bi♦♦et ix

Le xxxvii. de esron et de ses enfans
feuillet   Biiɬɬ et x
Le xxxviii. de aram et son interpreta/
tion feuillet   Biiɬɬ et x
Le xxxix. de amiadab qui premier pas
sa la mer rouge feuillet   Biiɬɬ et x
Le xl. de naason feuillet   Biiɬɬ et x
Le xli. de amram et psuar enfans de
raath feuillet   Biiɬɬ et x
Le xlii. de aaron souuerain prestre / et
de son office. De sa femme elizabeth et
de ses enfans feuillet   Biiɬɬ et xi
Comment il est amene en exemple de
Biure feuillet   Biiɬɬ et xii
Le xliii. de marie seur de moyse. De sa
murmuration. et du cantique que elle
chanta feuillet   Biiɬɬ et xii
Le xliiii. de chore. dathan et abiron. De
leur oultrecuidace feuillet   Biiɬɬ et xii
Et quelle chose est contenement et
inobedience feuillet   Biiɬɬ et xiii
Le xlv. des ans de la seruitude des he/
brieux feuillet   Biiɬɬ et xiii
Le xlvi. de moyse / comment il nasquist
et fust baille a nourrice. Et comment
il batailla contre les ethiopiens. Item
de la luite de hercules et de arteus le ge
ant feuillet   Biiɬɬ et xiii
De cicrops fondateur dathenes. De
pura et deucalion son mary. Des dix
playes des egypties feuillet   Biiɬɬ et xv
Le xlvii. de lyssue degypte et du nom/
bre du peuple de israhel qui en yssist.
Aussi en bref des xl ans que le peuple
fust au desert. Item de lichaon. feuil/
let   Biiɬɬ et xvi. ¶ De la mort daaron et
de moyse. feuillet   Biiɬɬ et xvii
Le xlviii. de la premiere mansion de
israel et de la comestion de lagneau pa
scal en ramasse feuillet   Biiɬɬ et xvii. Et
comment on doibt passer la mer rouge
feuillet   Biiɬɬ et xviii
Le xlix. de la ii. mansion en sochot.
Feuillet   Biiɬɬ et xviii
Le l. de la iii. demourance en ethan Et
des deux babilones feuillet   Biiɬɬ et xviii
Le li. de la iiii. en phyazroth. Son iter
pretation. Et de la cite magdalon.
Feuillet   Biiɬɬ et xix
Le lii. de la v. mansion en marath.

feuillet   Biiɬɬ et xix
Le liii. de la vi. demeure en Helim.
Feuillet   Biiɬɬ et xix
Le liiii. du vii. logis. Et son sens my/
stique feuillet   Biiɬɬ et xix
Le lv. du viii. logis ou desert de Syn
et son interpretation   f. Biiɬɬ et xix
Le lvi. de la ix. mansion de delphea.
feuillet   Biiɬɬ et xix
Le lvii. de la x. mansion en hasus.
Feuillet   Biiɬɬ et xix
Le lviii. de la xi. demourance en raphy
dym feuillet   Biiɬɬ
Le lix. chap de la xii. mansio ou mont
synay feuillet Biiɬɬ. Et de linstitu/
tion de penthecoste
Le lx. des mansions du second an. Et
primo de la xiii. mansion es sepulchres
de concupiscece feuillet   Biiɬɬ
Le lxi. de la xiiii. demeure en aseroth.
Le lxii. de la xv. demourace en rethma
Le lxiii. de la xvi. mansion en remmon
phares feuillet   Biiɬɬ
Le lxiiii. de la xvii. mansion en lebua
feuillet   Biiɬɬ
Le lxv. de la xviii. en ressa. Feu. Biiɬɬ.
Le lxvi. de la xix. mansion en caaltha.
Feuillet   Biiɬɬ
Le lxvii. de la xx. ou mõt safer. f. Biiɬɬ
Le lxviii. de la xxi. en arada. f. Biiɬɬ. j.
Le lxix. de la xxii. demourace en mace
loth feuillet   Biiɬɬ et vng
Le lxx. de la xxiii. en thaath. f. Biiɬɬ. j.
Le lxxi. de la xxiiii. en thare. f. Biiɬɬ. j.
Le lxxii. de la xxv. mansion en methca
feuillet   Biiɬɬ. j.
Le lxxiii. de la xxvi. habitation en as/
mona feuillet   Biiɬɬ et. j.
Le lxxiiii. de la xxvii. en maseroth. f.
Le lxxv. de la xxviii. en baueiacan.
Le lxxvi. de la xxix. e gaggad. f. Biiɬɬ. j
Le lxxvii. de la xxx. demourance en ie
thabatha feuillet   Biiɬɬ et vng
Le lxxviii. de la xxxi. eb:õa. f. Biiɬɬ. j
Le lxxix. de la xxxii. en eslongaber.
Le iiii. de la xxxiii. ou desert de Syn
feuillet   Biiɬɬ et deux
Le iiii. et vng des mansions du iii. an
Et primo de la mãsiõ xxxiiii. en la mõ
taigne de hor. feuillet   Biiɬɬ et ii.

Le iiiixxiie des manſide xxxv ꞇ xxxvi
en ſelmona et ſinon feuillet   Biiiixxiie
Le iiiixxiiie de la xxxviie en oboth.
Feuillet   Biiiixx et ij.
Le iiiixxiiiie de la xxxviiie en Jeabarim
feuillet   Biiiixxiie
Le iiiixxve de la xxxixa a dibongad.
Le iiiixxvie de la xlre habitatiõ en almõ/
deblachaym feuillet   Biiiixx iie
Le iiiixxviie de la xlires montaignes de
abarim feuillet   Biiiixxiie
Le iiiixxviiie de la xliie es lieux chãpe/
ſtres de moab ſur le fleuue iordain Et
le ſens allegozique. s.   Biiiixxiiiie
Le iiiixxixe du tabernacle. De ſa cõpo/
ſition. Des courtines et des gardes di
cellay feuillet   Biiiixx et iij.
Le iiiixx xe des deux autelx. ceſt aſſauoir
de lautel du ſacrifice ꞇ de lautel de lencẽs
Le iiiixx xie des diuerſes materes ꞇ be/
ſtes du ſacrifice feuillet   Biiiixx et iiij.
Le iiiixx xije de la table et des paines de
propoſition feuillet   Biiiixx et iiij.
Le iiiixx xiije de larche feu.   Biiiixx et iiij.
Le iiiixx xiiiie du propiciatoire.
Le iiiixx xve des veſtemens ſacerdo/
taulx feuillet   Biiiixx et v.
Le iiiixx xvie des entrees/portaulx et a
tees du tabernacle. Des chandeliers ꞇ
veſſeaulx du temple. s.   Biiiixx et vi.
Le iiiixx xviie de ſalmon. De ſa femme
raab. Et vne queſtion touchant leur
mariage feuillet   Biiiixx vij.
Le iiiixx xviije de booz et de ſa femẽe ruth
Auſſi de helimelech et de noemy.
feuillet   Biiiixx et ix.
Le iiiixx xixe de obeth et de .iii. hommes
appellez booz feuillet   Biiiixx viij
Le C.e de yſay ou ieſſe pere de Dauid.
Le C. et vng des grans eueſques de la
loy. ceſt aſſauoir Abiſue. Boccy. zaraias
Maraioth. amarias. achitob. Sadoch.
De hely et ſes deux filz. De achime/
lech et abiathar. s.   Biiiixx et ix
Le ciide Bi. roys des latins. de xv . al/
bains. et des vii . roys de rome en bzef.
Leurs noms et combien chaſcun a re/
gne feuillet   Biiiixx et ix
Le ciiide Joſue. Des explozateurs et
eſpies enuoyees a hiericho. De la di/

ſtribution des terres a chaſcune lignee
De caleph feuillet   Biiiixx et x.
De caath hermetes. De corax roy des
ſicioniozes. ¶ Item comment on doibt
plourer la mozt de ſes amis. s. Biiiixx xi
Et les dix cauſes pour abhozner ceulx
q̃ les pleurẽt imodereemẽt. s. Biiiixx ꞇ xij
Le ciiiide othouriel. iuge de iſrahel. De
paudion roy des atheniens. Et de cad/
mus roy de thebes. s. Biiiixx   et xiij
Le cve de aioth iuge de iſrahel. Du com
mencement du regne des latins. Des
albains. Et commẽt les romains ont
mue leur gouuernemẽt. s. Biiiixx ꞇ xiij.
Le cvie de ſangac iuge. ꞇ de tritolonius
feuillet   Biiiixx et xiiij
Le cviiie de arath ou lapidoth mari de
belboza. De perſeus et de Bachus .
Feuillet   Biiiixx et xiiij
Le cviiiie de gedeon ou ieroboal.
Le cixe de abimelech roy des ſichimites
Le cxe de thola iuge de iſrahel. Et de
carmentis la nimphe qui trouua les
lettres latines feuillet   Biiiixx et xiiij
Le cxie de iar galadites. s.   Biiiixx xiiij
Le cxiie de iepte iuge de iſrael. De pig/
malion frere de bido. Et de agamenon
Feuillet   Biiiixx et xv
Le cxiiie de abeſſam de bethleem. et de
hercules feuillet   Biiiixx et xv
Le cxiiiie de ahialõ zabulonites. Et de
la priſe de troye. feuillet   Biiiixx et xv
Le cxve de abdon iuge de iſrael. De a/
ſcanius filz denee. feuillet Biiiixx ꞇ xv.
Et de euander roy de archadie
feuillet   Biiiixx et xvi.
Le cxvie de Saſon le fort. et de ſa mozt
feuillet   Biiiixx et xvi.
Le cxviie de hely iuge et grand preſtre
de la loy. feuillet   Biiiixx xvi
Le cxviiie de ſamuel dernier iuge de iſ
rahel feuillet   Biiiixx xvij.
Le cxixe de ſaul premier roy de iſrahel.
De ſon pere Cis. et ſon ayeul ahiel.
Feuillet   Biiiixx xvij.
Le chap̃. C. xxe du prologue de la terre
ſaincte ꞇ des loẽges dicelle ſelõ vng do
cte nõme maiſtre bozchard. s. Biiiixx xix
Le cxxie de la premiere diuiſiõ ſelõ mai
ſtre iaques de Bitry cardinal. ceſt aſſa/

uoir de mesopotamie. Des quatre siries
feuillet Biiɾɾxix. Des trois palesti∕
nes. Des trois arabies feuillet ixɾɾ.
Le cxxijᵉ de la premiere diuision plus
especialement. cestassauoir de la cite da∕
cre/du chasteau saudaleon/du puy des
eaues viues/de la cite tirus. F. ixɾɾ.
Du fleuue eleutherus/de sarepta Bil∕
le des sydoniës/de la cite sidõ/du mont
Atilibanus/de la cite baruth ou berith/
Des limithes des patriarchatz/de la ci
te biblium/de la cite botrum/de la Bille
nephyn/de la cite tripolis/du mõt liba∕
nus/ et de la fontaine des Jardins.
Feuillet ixɾɾet ɓng ⁋ Du mõt des li∕
epars/du chasteau archas/de la Bille
syn et synochyn/de anterãdũ ⁊ aradiũ.
Des sepulcres de. iiij. fiz de chanaan/de
la Bille mergath et de Ballania.
Feuillet   ixɾɾet ij.
Le cxxiijᵉ de la ij diuision. cestassauoir
des chasteaulx de montfort et chozon/
De la cite asor/et belenas ou laijs ou
dan. Feuillet ixɾɾet ij. ⁋ Item du fleu∕
ue Jordain. De la fontaine phiala ou
medan. De lestang dit maron. De la
mõtaigne galaad ⁊ dautres sur le fleu
ue arnon feuillet   ixɾɾet iij.
Le cxxiiijᵉ de la iij diuision du chasteau
Judyn/de la Bille senym. De la terre iza
bul. De la cite sephet. De la montaigne
ou ihũcrist fist tãt de beaulx sermõs et
de miracles feuillet ixɾɾet iij. ⁋ Item
de la fõtaine Biue. De capharnaũ. De
la cite corrozayn. De cedar et ses taber∕
nacles. De suecha. De la terre de hus.
De la region traconitide. et de la gali∕
lee des gentilz Feuillet   ixɾɾet iiij.
Le cxxBᵉ de la iiij diuision. cestassauoir
les Billes de capharnaum. Saingeor.
De naason. Dothaym. La cisterne de
Joseph. F. ixɾɾ⁊ iiij. La cite neptall ou
syrin. Bethsayda. Magdalũ. La mon
taigne de hermõ. Et des trois montai
gnes de seyr ou edon. Feuillet ixɾɾ⁊ B.
Le cxxBjᵉ de la ij diuision principale de
la quarte orientale. premierement De
chana galilee. F. ixɾɾ B. ⁋ De Rama.
De abelina. Du mont bethulie. De la
cite tiberias. De la region decapoleos

Du sault libanus. De la Bille sephoziĩ
De nazareth. Des trois autelx de la cha
pelle ou fust faite lannõciatiõ de lincar∕
nation de ihũcrist. Du sault de nrẽsei∕
gneur. Du mont de thabor. Du torrent
cison. De la Bille eudor. Du petit hermon
Et de la cite naym. Feuillet ixɾɾet Bj.
Le cxxBijᵉ de la iij diuisiõ principale de
la quarte partie orientale ou est parle
de la montaigne du carme. Du torrẽt
cison. Du chasteau de la montaigne ca
ym. De magedo et du champ de la seue
ou de galilee. De mestha. Des citez de as∕
sech. De sima. De bethsau. Du mont gel∕
boe. De la fontaine et cite de Jesrahel. De
la noble Ballee. F. ixɾɾet Bij. ⁋ De la
Bille gymin. De la cite sebaste ou sama
rie et de ses magnificences. Des deux
eglises de sainct Jehan et du lieu de sa
decollation. De la cite thersa. De la terre
caphue. Du mont bethel et dan. De la ci∕
te sichen ou naplee. F. ixɾɾet Biij ⁋ De
la fontaine Jacob. Des mõtaignes gari
zim et ebal. De lancienne sichẽ. De lepua
de magmas. De gabaa cite de saul. Des
quatre Billes nõmees rama. De emom.
De sepht. Du chasteau doch. De galgalis.
Du mõt quarẽtena. De la fontaine de he
lisee. De hiericho. De la chapelle ou ihesu
crist fust baptise. F. ixɾɾ⁊ ix. Du mont
reab. Du lac asphalty. De la Bille segor.
De hay. De bethel. De anachot. Du mõt cu
gaddy. De la Bigne de bausme. F. ixɾɾx.
Du chasteau adomyn. De bathurim. De
bethale. ⁊ du sepulcre du ladre. F. ixɾɾxj
Le cxxBiijᵉ de hierusalẽ. Sa situation
Feuillet ixɾɾet xj. Les portes. Les tours
Les murs. Les piscines. Le sepulchre
de la Bierge marie. F. ixɾɾet xij. leglise
de gethsemany. la fõtaine siloe. le chãp
alcheldemach. leglise du sainct sepul∕
cre. le mõt de caluaire. F. ixɾɾet xiij. Le
lieu ou fust celebree la cene. Les sepul∕
cres des roys de iuda. et de la grãdeur ⁊
circuit de iherusalẽ. F.   ixɾɾxiiij
Le cxxixᵉ des portes de hierusalem.
Feuillet   ixɾɾxiiij et xB
Le cxxxᵉ des mõtaignes de herusalem
du mont doliuet. De syon. Du chãp et du
mõt du foulon. Feuillet   ixɾɾet xB.

Le cxxxi.de la terre entre le vent de bi/
se et occident.du mont silo. de emaux.
Des cites gabaon/Bethoron/Cariathiarim/Lachis.De bethsames. De ra
mathasophin ou arimathie/ De Jope/
De bethleem/du sepulchre de rachel/
La tour de ader/Du lieu ou nasquist
hiesucrist/De la cresche et de leglise de
bethleem.feuillet ix&xxvi.De leglise
de Saincte paule et eustochium/de la
ville bethzech/du mont achile/de la ci
te therma/de la vallee de benediction/
Des chasteaulx herodium/et ziph/du
desert mathon/de la terre amalech/de
bethachar/de la montaigne membre/
de la vielle et nouuelle cite Ebron/du
champ damascene/et de la terre rouge
De la cite sabir.Feuillet ix&xxvij. De
la vallee des lermes/de la maison de
zacharie/de la cite nobe et du sepulchre
de Saint karyot abbe.Feuillet ix&
xviij.
Le cxxxiij.de la diuision de la quarte
partie australe/De la cite Cayphas/
du chasteau des pelerins/de la fosse de
helie/de cesaree palestine/de assur/De
mancrith/de geth/de sarone/de bethsa
mes/de accaron/de argoth/de aceçaba/
de sochot/de bethsura/de ascalone/de
gaza et de bersabee.Feuillet ix&xxviij.
Le cxxxiiij.de la longueur et largeur
de la terre saincte/des possessions/des
lignees de iuda/de effraym/de manas
ses/de psachar/de zabulon/de azer.& ne
ptalim et de dan Feuillet   ix&xxix.
Le cxxxiiij.Des fruictz & des vins/des
oyseaulx et bestes de la terre saincte
feuillet   .cc.
Le cxxxv.Des meurs et conditions des
habitateurs de la terre saincte/de la di/
uersite des hommes et de leurs sectes.
feuillet   cc.j.
De leurs prelatz et prestres/de leurs
roys et princes/de leurs vestemens et
cerimonies en leglise feuillet cc.& ij.

En ceste iiij.aage sont quatre chapi
tres. La premiere qui est dabraham est
au feuillet   .c.xi&
La seconde qui est de Jacob au feuil/
let   v&&&viij.& ix
La iij.qui est de moyse/aaron et de ta
bernacles au feuillet.vij&& viij.et ix&.
La iiij.de Josue.au. f.viij&&.vj.& vij.
Et la figure de la terre Saincte au
feuillet   viij&&xviij

La iiij.aage commencant a Dauid
contient cinquante chapitres.

Le premier chapitre parle de dauid.
de ses freres.de la quotation des ans &
son regne.feuillet.cc.v&. De saul pre
mier roy disrael.du mariage de sa fil/
le michol.Et se dauid pecha point en
prenant plusieurs femmes.cc.et vj. De
Joab connestable et de son frere abisay
Des fors hommes et preux disrael.de
tous les grans prestres de la loy iusque
a hiesucrist.f.cc.et vij. De codrus roy
des atheniens.De hisboseth filz de saul
de absalon.du premier prince des athe/
niens.feuillet.cc.et viij.De la prise de
la cite Jebus qui est aultrement dicte
hierusale.De la mort de vrias.f.cc.& ix
Du conseil de achitofel.de la mort absa
lon.Et des quatre grandes batailles
de dauid.feuillet.cc.et.x. Des psealmes
qu'il fist/et des deux translations
du psaultier.de la fondation de la cite
ephese.f.cc.& xj.Et de cartage.de la di
stinction des prestres.leuites & moyset
tes.Item s'il est licite de iouer de la her/
pe ou aultres instrumentz musicaulx.
f.cc.et xij.Item se saul auoit le deable
au corps.Et se par la vertu de melodie
les deables peuent estre expulsez des
corps.f.cc.& xiij.Quelx roys de israel
nont point este ydolatres.f.   cc.xiiij.
Le ij.chap.parle de salomo.de ses nos.
de sa sciece.de sa richesse et puissance.de
sa plaisance et cocubines.f.cc.et xv. Se
salomo est saulue.de lexpulsio de abia/
thar souuerain prestre.f.   cc.xvj
De ledificatio du teple.et des festes di
cellup.Des trois maisons royales et
murs de la cite.De lab iusteur de la/

stra labe.f.cc.xBij. De la royne de sab/
ba et des lettres quelle escript a Salo/
mon.Et des trois temples quil fist
aux ydoles feuillet   cc.xBiij.
Le iij.e chapitre des.x.sibilles.f.cc.xBiiij
Le iiij.e de roboan.des prophetes/abias/
Semeias.et abdo. De epitus siluius
Bje roy des albains. Et de phirmades
roy des assiriens feuillet   .cc.et.xx.
Le 8.e de abia.asa et iosaphat rois de iu
da feuillet   .cc.xxj.
Le Bj.e de eliezer.Jehu.osiel.azarias/ab
dias/micheas/ꝛ helie pphetes.f.cc.xxij
Le Bij.e de Jeroboā roy de israhel/et de
son pere nabath.Aussi parle des beaux
doz feuillet   .cc.xxij.
Le Biij.e de nadab roy de israel.f.cc.xxij
Le ix.e de baasa roy de israhel et de asa
feuillet   cc.xxij.
Le x.e de hela iiij.e roy d'israel.f.cc. xxij.
Le xj.e chap.de zābzy 8.e d'israel.f.cc.xxij
Le xij.e de amry Bj.e feuillet   .cc.xxiij
Le xiij.e de achab Bij.e et de la reedificati/
on de hiericho feuillet   cc.xxiij
Le xiiij.e des rois albains/c'est assauoir
Siluius epitus. Siluius capus. Sil/
uius carpentus. Siluius tyberius
feuillet   .cc.xxiij
Le xB.e de Jozam 8.e roy de iuda.Et de
la mozt de ses six freres. Et du poethe
homere feuillet   .cc.xxiiij
Le xBj.e de ochosias Bj.e roy de iuda/et la
cause pourquoy sainct mathieu na po/
int mis en son euangille Ochosias ne
Joas/ne amasia feuillet   .cc.xxB
Le xBij.e de la royne athalia fille de a/
chab et du souuerain pzestre Joiada
feuillet   cc.xxB.
Le xBiij.e de Joas Biij.e roy de iuda. De
eudemeus Bij.e roy des Chozinthes.
f.cc.xxB.de ligurgus legislateur. des
lacedemoniens.et de ses lois.f. cc.xxBj
Le xix.e de amasia ix.e roy de iuda.de sar
danapalus roy des assiriēs.et de sidon
inuēteur des pois feuillet   cc.xxBij
Le xx.e de Joiada et zacharias grans p/
stres feuillet   cc.xxBij
Le xxj.e des rois de israhel/c'est assauoir
ochosias/Jozam/Jehu/Joachaz/ioaz/ꝛ
de la maulvaise Jerabel.f. cc.xxBij

Le xxij.e du prophete Helisee et de ses mi
racles/de Jonadab et de osee prophetes
feuillet   .cc.xxBiij
Le xxiij.e des rois de sirie c'est assauoir be
nadab/azael/et son filz benadab.et me
sa roy de moab feuillet   cc.xxix
Le xxiiij.e des rois albains / Tiberius
siluius.de siluius agripa. Et siluius
aromulus feuillet   cc.xxix
Le xxB.e de osia ou azaria roy de iuda/
feuillet.cc.et.xxx. De la fondation de
cartage/et de tharse ou silicie.de arbat/
tes preuost des medes et de la transla/
tion de la monarchie des assiriens aux
medes.Et du commencement du re/
gne des macedoniēs feuillet .cc.xxxj
De manassem filz de gaddy.Et du cō/
mencement du royaulme des liddes
feuillet   cc.xxxij
Le xxBj.e de ioathan xj.e roy de iuda. des
toustes et ieux olimpiades.f. cc.xxxij
Le xxBij.e de achaz xij.e roy de iuda/de le
dification de rome/du ij.e siege de hieru/
salem par Rasin roy de sirie/de la capti
uite des dix lignees d'israel.f.cc. xxxiij
Des fais de remus ou romulus.Com
ment les sabins assiegerent rome. Et
de sibille cithrea feuillet   cc.xxxiiij
Le xxBiij.e de azarias 8.e euesque du tē
ple.de amarias ꝛ de achitob.f.cc.xxxiiij
Le xxix.e des prophetes/psaye/ Naum/
et micheas feuillet   cc.xxxB
Le xxx.e des rois de israhel/ Jeroboan/
zacharias/ Sellum/manahen/facepa/
facee et osee feuillet   cc.xxxB
Et de la transmigration des dix lignē
es oultre les mōs de caspes par salma
nasar roy des assiriens.f.   cc.xxxBj
Le xxxj.e des prophetes c'est assauoir a/
mos/Johel/Jonas et obeth.f.cc.xxxBij
Le xxxij.e de Rasin roy de sirie/de phul
de salmanasar et de sennacherib Rois
des assiriens Et de teglatphalasar roy
de assur feuillet   cc.xxxBij
Le xxxiij.e des roys latins Siluius a/
uentinus Siluius procas De siluius
amulus et de son frere Nurmitoz
feuillet   cc.xxxBiij
Le xxxiiij.e de remus et romulus /et de
la fondation de rome.f.   cc.xxxix

¶Le xxxv̊ d'ezechie roy de iuda.f.cc.xl
De la prise de samarie et definement
du royaulme de israhel. De la grãde descõfiture des assiriens.f.cc.xlj. Jtẽ
de lembassade de babilone qui vit les
tresors du roy Ezechie. Des officiers
fais a rome par romulus. et de sa mort
et deification.f.cc.xlij. Jtem de Numa põpilius. de ses ars. de ses liures et
de ses lois. Du cõmencement du droit
ciuil et du droit canon.f.   .cc.xliij
¶Le xxxvj̊ de manasses xiiij̊ roy d'iuda. de gigee v̊ roy des medes.f.cc.xliij
De archilogue et Simonides poethes
De tullio hostilius iij̊ roy des romães.
De la mort dysaye.f.cc.xliiij̊. ¶De
calentus legislateur. et du roy mydas.
feuillet   .cc.xlv
¶Le xxxvij̊ de amon xv̊ roy de iuda.
feuillet   .cc.xlv
¶Le xxxviij̊ de Josias xvj̊ roy de iuda. De ligdamus siracusan. de ario le
bon herpeur. de hieremie le pphete. Des
vertueux fais dudit iosias. de sa mort
et de ses enfãs. Aussy de pharaon nechao roy d'egypte. Feuillet   .cc.xlvj
¶Le xxxviij̊ de Joachaz xvij̊ roy de
iuda. feuillet   cc.xlvij
¶Le xxxix̊ de Elpachim ou ieconias
xviij̊ roy de iuda. Du cõmencemẽt du
regne de nabugodonosor. Du prophete
baruch. de tarquinus priscus v̊ roy des
romains feuillet   cc.xlvij
¶Le xl̊ de Joalzin ou ieconias xix̊ roy
de iuda. et de la transmigration de babilone feuillet   cc.xlviij
¶Le xlj̊ de sedechias xx̊ roy de Juda.
De saraias xiij̊ euesque. de astrages dernier roy des medes. Du prophete Ezechiel.f.cc.xlviij ¶De miso crotonẽsis
De la captiuite de Hierusalẽ et de la destructiõ du tẽple par nabuzardan. De
la mort de sedechie.f.cc.xlix. Du definemẽt du royaulme de iuda. La cause
du dit definement.f.cc.l. ¶Des grãs
biens que les roys et princes font. Des
proprietes du bon roy. et des trois manieres de seruitude. feuillet   .cc.lj.
¶Le xlij̊ du residu des iuifs qui alerẽt
en egypte et de Jeremie qui leur remõ/

stroit leurs vices. feuillet .cc.lij.
¶Le xliij̊ des prestres/ cestassauoir de
sadoch/ de azarias/ de saraias/ de Jose/
dech et de iosue. feuillet   .cc.liij
¶Le xliiij̊ des prophetes. Sophonias
Hieremie. Baruch et olda la propheti/
sse. De Vrias.f.cc.liij. ¶Et de ezechiel. feuillet   .cc.liiij
¶Le xlv̊ de solon qui est lung des vij.
sages de grece et de ses dis et sentẽces. feuillet   .cc.lv
¶Le xlvj̊ de periander qui est des sept
sages et de ses ditz. feuillet   .cc.lv
Le xlvij̊ de pitachus qui est lung des
sept sages et de ses dis. feuillet .cc.lvj.
¶Le xlviij̊ de chilo qui est lung des
sept sages et de ses ditz. feuillet .cc.lvj
¶Le xlix̊ de bias qui est lung des vij.
sages. feuillet   .cc.lvij
¶Le l̊ de eleobol̊ vij̊ des sages.f.cc.lvij

En ceste iiij̊ aage sõt. v. chayennes. dõt
la premiere qui est de Dauid est au.f.
ij ̊lxiij̊ et iiij̊
¶La ij̊ de roboan est au.f.   cc.xix
¶La iij̊ de la Royne Athalia est au
feuillet   .cc.xxiij
¶La iiij̊ du roy achas est au.f.cc.xxix.
¶La v̊ est de sedechias au.f.cc.xxxix

noſtre ymage/ſingulieremēt. Car cōme quant a lame: a eſte cree a lymage de dieu. entant que icelle ame de lōme a pour ſes propzietes naturelles memoire/entēdemēt/ⱬ volēte. Et auſſi a eſte cree a ſa ſimilitude q̄ eſt la pfectiō dycelle ymage en ſertus. car lōme fut cree bō. ſertueux/iuſte/ⱬ ſage: pour pſider a toute creature: ſeulemēt tant cōme il obeiroit a dieu. Laquelle ſeigneurie eſt naturelle a lōme. car les choſes impfectes ont eſte faites ⱬ crees pour les choſes parfaictes/cōme les plātes/ arbzes/ⱬ herbes pour les beſtes bzutes: les bzutes pour les hōmes. Auſſy les choſes plus parfaites doibuēt gouuerner les iparfaites. cōme les ãges gouuernēt les hōes. les hōes les beſtes. car gouuerner couuiēt a pzudēce. La q̄lle doibt eſtre en tout hōme generalemēt cōbiē q̄ auſſi aucūes beſtes pticulieres ayēt auſculemēt pzudēce: cōe laraigne/ le fozmy/ⱬ pluſieurs aultres. Pareillemēt entāt que lōme cōme le plus noble/ⱬ le plus pfait/a eſte fait a la ſēblāce de dieu: toutes choſes luy doibuēt obeyſſāce. Mais iuſtemēt aps ſō pcche luy a eſte oſtee la ſeigneurie ſur les beſtes. ⱬ la dominatiō de raiſō ſur la ſēſualite. ⱬ auſſi de lame ſur le cozps. Aultremēt peult eſtre entēdu q̄ dieu a cree lōme quant au cozps a ſa ſimilitude ⱬ ymage. car dieu a dōne a lōme: le viſaige en hault. affi quil voye/enſuiue/ et cōſidere les choſes celeſtes. Et pour ce quant on demanda a vng philoſophe a quoy il auoit eſte fait: il reſpōdit affin quil contemplaſt le ciel et les choſes celeſtes qui y ſōt. Par ces choſes deſſuſdittes eſt notee la dignite de lōme en trops choſes. Pzemieremēt car il eſt fait a lymage de dieu. Secondement car il fut fapt par la deliberation diuine: conſidere/que dieu dit faiſons: aiſy que ſilz euſſēt eſte pluſieurs perſonnes deliberans. Tiercemēt car lōme fut ſtatue et eſtably ſeigneur des beſtes/pour ſe ſeruir en trops choſes. ceſt aſſauoir en alimēt/ⱬ nourriture. En veſtement. Et en ayde de ſon

Feuillet ix

labeur. Non obſtāt q̄ dieu nauoit cree pour le nourriſſement de lōme: que les herbes ⱬ les fruis. Et pourtāt deuāt le pcche ny auoit il herbe/ne arbze ſterile. Aps leql/cōe eſt ia touche: lōme pdiſt ſa ſeigneurie ſur pluſieurs beſtes: grādes ⱬ petites. ſur les grādes: cōe liōs/griffōs/ⱬ pluſieurs autres aſſi q̄l cōſidere la pōtiōn/ⱬ le domaige quil a encouru pour ſon mal. Sur les petites beſtes: cōme les mouches/et autre vermie: affi q̄l cognoyſſe ſa vilite. Mais il domine touiours ſur aulcunes des moyēnes pour ſon ſoulas: et ad ce quil cōgnoiſſe aultres foys auoir eu ſeigneurie ſur toutes. Dieu fiſt et iſtitua le ſacremēt de mariage: quant il donna ſa benedictiō a lomme et a la femme: diſant croyſſes et multiplies. Sur leſquelles parolles debuons noter que aulcūs heretiques nōmez tacians/ont eſte doppinion/ que homme ⱬ fēme ne peuent cōuenir/ne auoir cōpaignie charnelle ſās pcche moztel. ⱬ pource reputēt tous actes et fais de mariage/ eſtre foznicatiō. et ne recoipuent point en leur cōpaignie/ homme et femme conioinctz par mariage. laquelle hereſie ſainct auguſtin condemne ou liure des hereſies Et auſſy fait legliſe en la decretale ⱬ rubziche de la ſouueraine trinite et foy catholique. ⱬ le maiſtre de ſentēces en ſon quart liure. Selōn ſaict thomas en ſon quart liure en la diſtictiō. xxvj. en la pzemiere queſtion. Mariage eſt de la loy de nature. et ſe parfait par cōſentement de liberal arbitre. Et poſe que pzocreer et engendzer/ ſoit cōmun a toutes beſtes: touteſſoys ce neſt pas ſelon vne meſme inclination naturelle. car la raiſon humaine ne dicte pas ſeulemēt d'auoir egēdrer/ mais nourrir ⱬ iſtruire ſelon ariſtote en ſuitieſme de ethiques. Et de ce vient que en la police humaine ne doibuent pas ſeulemēt lomme et la fēme eſtre cōioinctz pour peu de temps: mais perpetuellemēt. car leur lignee a long tēps a faire et grande neceſſite deulx. Et auſſy affin quilz facent mieulx lun a lautre:

b i

Premier aage

cõsiderãs q̃ a tousiours doibuẽt viure ensẽble. pour laq̃lle cause dieu voiãt q̃l nestoit pas bon q̃ lõme fust seul/crea la fẽme pour luy seruir et faire cõpaignie. et la fist de la coste de adã dormãt. en laquelle creatiõ/non obstant les choses dessusdittes: Dieu implicitement et virtuellement institua mariage. Cõbiẽ que selond sainct augustin ou cha. xxij°. ou xiiij° liure de la cite de dieu. La premiere institutiõ fust faite en disãt ces parolles: Croissés et multipliés. etc. ¶ Apres le peche de adã mariage seruist pour remede et pour empescher le peche contre nature. aussi pour euiter fornication: selon sainct pol en lepitre premiere aux corinthiẽs ou septiesme chapitre. Parquoy appert que se mariage eust este peche: iamais dieu ne leust institue: cõme dit sainct augustin ou liure des heresees. Ne iames neust este present ne comparu en faisant mariage: cõme il fist in chana galilee/selon sainct iehan ou secõd chapitre. Et qui plus est/il neust point prohibe ne defẽdu a lomme/de non laisser sa fẽme: cõme il a fait ou xix° chapitre de sainct mathieu: sinõ en cas de fornicatiõ. Et lapostre sainct pol neust point dit ou lieu dessusdit que vne vierge ne peche point selle se marie. ¶ Et son demandoyt: attẽdu que en lestat dinnocẽce: et deuãt que adã pechast: il ny auoit poit de corruptiõ: a quoy donc estoyt il besoing de generation. Ad ce peult estre respõdu/que en lestat dinocẽce le corps de lomme estoit corruptible/cõbiẽ quil pouoit estre pserue de corruptiõ/par ce moyẽ que lame obeyroit a dieu. et pour ce estoit besoing de reparer par generation ce qui seroit perdu p corruptiõ. Or en tant que lame est icorruptible: Et que il nya que icelle seule cree de Dieu Incõtinent sans euure naturelle. il a falu p generatiõ/et les alteratiõs pcedentes: Disposer la matiere susceptible des ames raisonables. autremẽt neust peu estre multiplice nature humaine: pose que tous les supposts eussẽt este icorruptibles. ¶ Touteffoys en lestat

dinnocẽce ny eust eu quelque difformite: quãt lõme eust couenu auec la femme. Mais sans aucune cõcupiscẽce immoderee/les sens eussent obey a raisõ selon sainct augusti ou xiiij°. de la cite de dieu ou xvj° chapi. Et alors estoyt lõme en paradis terrestre comme eust este vng angle par pensee spirituelle. ayant touteffoys vie bestialle et animale quant au corps. Mais apres le iour dernier sera lõme cõme vng ange quant a lame et au corps. ¶ Et selõ sainct augustin ou liure dessusdit ou xxiij° chapitre se lomme neust poit peche: iames ne fust ne/quelque vng des reprouues. Mais ny eust point eu plus de nez: que de esleuz. Parquoy sẽsuyt quil ny a plus de hommes au monde que il ny eust eu. car auec les esleuz sont les reprouuez et dãpnez. ¶ Toute equalite eust lors este entre lomme et la femme. et entre tous les hõmes. sans sterilite. et sãs bigamie. Chascune fẽme eust enfante masle/et femelle. ou lun apres lautre. et nõ poit deux filz ne deux filles. affin de garder la parite et equalite de lun et de lautre sexe/masculin et feminin. Tout hõme fust demoure ensemble en paradis terrestre/en vie immortelle. iusques ad ce que le nombre des esleuz eust este consomme et pfayt Combien quilz neussent pas este selõ leur aage incontinent esleuez au ciel: lun apres lautre. Mais tous ensemble ainsy quilz seront a la finale resurrection et dernier iugement. Et pource quil ny eust point eu de deshonestete en habitation charnelle: en tous degrez de parentaige/eust este celebre mariage: comme entre le seur et le frere. Nõ pas touteffoys entre le pere et la fille: la mere et le filz. Car il ya/et doibt estre vne reuerence naturelle du pere a la fille. et de la fille au pere. Et cõme dit francoys de maronis sur le texte de sainct augusti ou xxiij° chapitre Il y eust eu en la charnalite plus grãd delectation que maintenant. Car la nature humaine eust este plus pfaite Non obstant la delectatiõ neust point

Feuillet x

oste ne empesche lusaige de raisõ. Aussi les fēmes/leur virginite saulue/eussēt cōceu ẽfãte: Et les hommes engendre. cestadire sans corruption par peche
¶ On peult ad ce propos demander se en lestat dinnocence: comme qui en sa nature est tresparfait/eust eu tantost/ et icontinēt apres sa natiuite: force en ses membres: pour se mouuoir localement: et excercer aultres operations: ainsy que font plusieurs autres bestes mains parfaites. On peult respondre naturellement. Et est lopiniõ de sainct thomas en la question quatrevingtz et xixᵉ. de sa premiere partie/que de la disposition du cerueau procede la disposition des nerfs. Et pource que es enfãs: le cerueau est trop moyte: les nerfs ne sont pas fors ne fermes pour tout mouuement. Mais seulement pour le necessaire. comme pour teter/menger ẽ semblables necessitez. Ce que peult fayre plusieurs aultres bestes: pour la siccite de leur cerueau. Mais cela ne argue point limperfection de lomme. Et aussi par ce nest point prouue quil ne soit plus noble/plus digne/et plus parfait que toutes aultres creatures.
¶ On pourroit en oultre demander se tous les hommes en lestat dinnocence eussēt este creez iustes. A ceste questiõ respond sainct Anselme/ẽ dit que ouy Cestassauoir quilz eussent este iustes selond leur ame raisonnable. et aussy selon la iustice originelle/quilz eussēt prinse et eue de leurs parens. Laquelle iustice originelle eust este vne inclination naturelle a iustice et toute vertu. Toutessoys neust pas lome este confermé en telle iustice. Nõ plus que ses pere/et mere/adam/et eue. Car icelle confirmation procede de la clere visiõ de dieu. laquelle vision neurent point adã ẽ eue/selõ sainct augusti ou xiiiiᵉ. de la cite de dieu. Et aussy selon sainct thomas en la pmiere partie en la questiõ centiesme ou secõd article ¶ Aultre qstiõ peult estre ẽcor faite. cestassauoir. se lõme neust point eu parfaite sciēce tãtost apṽs sa natiuite. A ce peult

estre respõdu ẽ nennin. Mais son ame eust este cõme vne table rase et nette/ en laquelle nest riens escript/ne paint mais est cõuenable/et encline/a estre painte/et ornee de sciences/et vertus. Selon laristote ou tiers liure de lame. Car ẽ lõme eust eu parfaite sciēce: de ce nest point dauctorite. Et ou il nya point dauctorite: nous deuions ensuiure la condition de nature selon sainct thomas ou lieu dessusdit ou pmier article ¶ Pareillemēt peult estre demãde Se lõme neust pas eu lusaige de raisõ incontinent apres sa natiuite. A quoy ie respons que nennin. Car ainsy quon voyt es hommes dormans et frenetiques: lusaige de raison depend aucunement de lusaige des sens interiores. lesquelz sens sont aucunement liez en lestat dinnocence. Parquoy se suyt que aussy lors eust este lie lusaige de raisõ. Apres ce que dit est/fust fait: Dieu conclut leuure du sixiesme iour. voyant que les choses par luy/faictes estoient tresbonnes. ¶ En ce passage dit monsieur sainct augustin ẽ pose ẽ tous les membres humains/cõsiderez a par soy: soyẽt beaux: toutessoys quãt ilz sont mys ou corps de lõme: ẽ disposez es lieux ẽ nature leur a ordõnes: sõt ilz encor plus beaulx. que sy estoient aultrement mys ou disposez. sicomme vng oeil est plus bel ou corps humain que separe dycelluy ¶ Aussy pose ẽ lõme a par soy considere: soit bon ẽ parfait: toutessoys encores est il plus parfait en le cõparãt aux aultres choses. Et nest pas tousiours vray. que ce qui est bon auec autres choses: soit bõ/seul et en par soy. comme le peche/cõsidere seul/et a par soy: nest pas bon. Toutesfoys auec aultres choses: et pour aucunes considerations/il sert a la decoration des bõs. Pourtãt disoyt sainct pol en huitiesme chapitre de lepitre aux romains. que toutes choses seruent a ẽl/ que bien. et a quelque bonne fin. Du quel pas dit la glose/que pose ẽ la mort vienne/ẽ procede du peche du pmier homme originellemēt: toutessoys par ycelle

b ii

Premier aage

sont faps tresglorieux martyrs Et ad ce propos dit maistre nicole de lira que les pechez seruent aux predestinez et esleuz. car apres leur peche/ et repetance dycelluy: ilz sont plus fors et plus caultz a resister et euiter les aultres a venir. ¶Pareillement dit sainct augustin en ce lieu: que se lomme neust point peche: les hommes et femmes eussent eu vie immortelle: et feussent demourez en paradis terrestre tous ensemble: iusques ad ce que le nombre des esleus eust este consomme et acomply. Car ilz neussent pas este esleuez en hault successiuement/ et lung apres laultre selon leur aage Ainsi que maintenāt. Mais en la fin tous ensemble: cōme nous croions quil se fera apres la resurrection generale et dernier iugement On quel seront les bons separez des mauluais: Et mys en la gloire qui dure sans fin. Et les dessus ditz mauluais/ enuoiez en leternel feu/ pour y souffrir gref tourment: et plaindre et plourer miserablement. ¶On peut touchāt aucune matiere dont cy dessus est parle: mouuoir deux doubtes Le premier est comment il sentēd que lomme apt este cree a lymaige de dieu: Le second est assauoir se lomme et la femme sōt equalement fatz a lymaige de dieu. Quāt au premier doibt estre respondu Que lomme nest pas cree lymaige de dieu. car cela couient seulement a ihesucrist filz de dieu cōme dit sainct pol en lepistre aux colocēses ou premier chapitre. dieu le filz est ymage de dieu Inuisible/ premier engendre de toute creature. Non obstant en lomme est lymaige de dieu: non point parfaicte mays imparfaicte. Et pource notamment/ nest pas escript que lomme est faict lymage de dieu. mays a lymage de dieu. Car ceste preposition pcy latine/ ad/ denote vng accez et vne similitude entre choses distantes et differentes. Mais ihūcrist est parfaicte ymaige de dieu. et pfaicte similitude du pere/ du quel il est ymage Car auant que vne ymaige soit pfaicte: fault quil ne luy faille riens de ce qui est requis en la chose dont elle e

pmaige. Et pource quil ya tresgrant difference entre dieu et lomme: na pas este dit: que il ait este fait lymaige de dieu: mays a lymage de dieu Car la parfaicte ymaige de dieu est en identite de nature: on filz de dieu. cōme lymaige du roy en son filz naturel. Mays lymage de dieu est en lomme: cōme en vne nature estrange/ et differente. ainsy que lymaige du roy est en vng denier dargent Cōme dit sainct augustin ou liure des .x. cordes. et sainct thomas en sa premiere partie ¶Et ce que on dit que lōe est faict a lymaige de dieu: ne se tēt pas selon la semblāce exterieure Mays doibt estre entendu selon la semblance interioze: cest adire selon lame. Car ainsy que en la saincte trinite ya trois personnes/ diuisees et distinguees/ en vne seule essence: Aussy en lymaige dicelle trinite en nostre ame: vne/ et seule/ par essence: ya trois puissances. cest assauoir/ de memoyre/ dentendement/ et de voulente/ lesqlles ne sont pas trois vies: mays vne. ne trops pēsees: mays vne. et vne seule essence. Toutesfoys selon le maistre de sentences ou premier liure en la .iij. distinction ou cinqe chapitre. La trinite de nre ame a plus grant dissimilitude/ que elle na similitude: a la trinite increee Et selon sainct augustin. et sainct thomas en sa premiere partie En quelquonque chose ou il ya ymaige: aussy il ya similitude. Mais ou il ya similitude: nya pas tousiours ymaige ¶Aultre similitude est entre dieu et lome. car ainsy que dieu e de nature intellectuelle: Aussi ētre les creatures inferiores: il nya que lome q soit de nature intellectuelle. et qui ait entendemēt. De ce dit sainct augusti ou .xiiij. de la trinite: Nostre ame e lymaige de dieu. pour ceste cause que elle est capable dycelluy: et en peut estre pticipante: En deseruant sa gloire/ et benoite fruition ¶La tierce similitude entre dieu et lomme est: En tant que ainsy cōme dieu est seigneur de toutes choses: aussy lome domine sur toutes creatures inferiores. Ainsy que dit le maistre de sentences ou second liure en la distinction .xve. et ou canon en la derniere questio de la .xxxiij. cause. ⁋ Du au tremēt peult estre entēdu selon autres expositions: que lomme est faict a ly/maige et a la semblance de dieu ⁋ Premieremēt que par lymaige nous entēdons conuenance quāt aux choses naturelles entre dieu et lomme. Et par la semblance: nous entendōs conuenāces dons de grace. Secondement selon sainct augustin ou liure de lame peult estre ētēdu que ymaige soit en cōgnoissance de Verite. et semblance en dilection de Vertu. Tiercement peult estre entēdu selon Vng docteur nōme hugo. que lymaige denote et signifie toutes choses estre en lame selon sapience. Si militude et semblāce/denote que lame est Vne/et simple par essence. Quartement selon cassiodorus: tellement que ymaige denote conuenance en immortalite. et semblāce en simplicite. Quintement en telle maniere que lame soit dicte ymaige en tāt q elle est rationelle. Et soit dicte similitude en tāt que elle est spirituelle. Et est a noter que ymage dit plus que similitude. car ymage denote que elle soit expresse/et tiree de quelque aultre chose: dont elle est dicte ymaige. Cōme Vng oeuf est bien semblable a lautre. Mais pource que Vng oeuf nest point expres ne tire dun aul tre: Vng oeuf nest point appelle lymaige de lautre. Et aussi est a noter q auāt que aucūe ymaige soit parfaicte ymai ge de lautre: il fault que entre les deux y ait equalite. Et pource lōe nest pas parfaicte ymaige de dieu. Mais ihesu crist seul/fut la parfaicte ymaige de dieu: pour lequalite entre luy et dieu son pere. ⁋ Quant a la seconde question dessusdicte on pourroit arguer: que la famme nest pas lymaige de dieu: par ce que dit sainct pol ou chapitre .xje. de le pistre aux corinthies: cestassauoir lomme est ymage de dieu. et la fēme ymai ge de lomme. Et en huitiesme chapitre de lepistre aux romains dit sainct pol que les predestinez seulement/ cest adi

re/ceulx que dieu a ordonnez debuoir estre sauluez: aront lymaige de dieu. et non pas les presceux. cest adire ceux q dieu a sceu debuoir estre dampnez. ⁋ On peult respondre a ceste question et dire que en dieu ya aulcunes choses en quoy lomme et la femme conuien nēt cōe en lame represētāt Vnite de essence: et trinite de personnes: lōme cōuient auec la femme. Et en ceste maniere lomme et la femme sont egalemēt a lymaige de dieu. Mais il ya autres quatre choses esquelles dieu cōuiēt auec lomme et non pas auec la fēme. La premiere est car ainsy que de dieu ont este toutes choses crees: aussy de lomme cestassauoir de adam sont tous les autres hōmes procedez. De cecy est ou droit canō en la derniere questiō de la .xxxiije. cause ⁋ La seconde cōuenance entre dieu et lomme est: car ainsy q du coste de ihūcrist dormāt en la croys fut formee et descendit lesglise espouse de dieu: Aussy de la coste de adam dormant fut formee eue / premiere fēme son espouse. La tierce est: car ainsy que dieu est chief de lesglise: Aussy lomme est chief maistre et seigneur de la fēme. Quartement et sa quarte similitude est: car naturellemēt lomme Vse et Vit plus par raison que la femme. laquelle se gouuerne selon la sensualite / et a sa fantasie plus que ne fait lomme. ⁋ Et se en oultre on demandoit/ se lymaige de dieu est en tous les hommes On peult respondre selon sainct thomas ou .iije. article du lieu dessus alle gue: Premieremēt que pour raison de laptitude et puissance de sentendemēt par lequel lomme participe auec dieu: Son ymaige est en tout homme et famme indifferanmēt. Secondemēt que a cause de la disposition et habituatiō intellectuelle: moyennant laquelle: dieu est congnu et ame: Son ymaige est es hōmes qui en ce monde sont en estat de grace Cōbien que ce soit imparfaitemēt. Et tiercement est son ymaige en ceulx qui le congnoissent et aiment parfaitement. Et qui ont clere Vision

b iii

Premier aage

de sa gloire eternelle:côme sont les hô/mes bieneurez:qui sont glorifiez en paradis. Et pource disoit dauid ou .iiij. pseaulme que la lumiere du visaige de dieu estoit signee en nous. ¶ Touchant ce quon dit que toutes les choses que dieu auoit faites estoient tresbônes: on peult demander se dieu est iames cause de mal. Il peult estre argue q̃ op. Par ce q̃ dieu a dit par psaye ou xlve. chapitᵉ. Je suis seigneur ⁊ nya aultre dieu formant la lumiere/et creant les tenebres/faisant la paix/⁊ creant le mal. Et aussy peult estre par ce que le pphete Amos en son iije. chapi. dit quil nya mal fait en la cite q̃ dieu ne ayt fait. On peult respondre a ceste demande/⁊ dire que le mal qui est en la faulte de aucune operation: est cause tousiours par deffaulte de lacteur ⁊ de celuy qui fait icelle euure. Mais en loperation de dieu/ ja mes nya faulte ne imperfection. Car en dieu nya riens imparfait. mays tout est parfait souuerainement. Parquoy appert q̃ telle cause est (sil ya faulte ⁊ mal) de par aultre que dieu. Mays vng mal quon apelle corruption et definement des choses est cause et produit de dieu. Car lordre de luniuersel mõde reqrt que aucunes choses faillent et soyent corrumpues. Et pource dieu (a q̃ appartient disposer de pcelluy ordre) produyt et fait les corruptions des choses Ainsy quil est requis audit ordre.

¶ En telle signification et entendement est entendu ce qui est escript ou Second chapitre du premier liure des Roys. Cestassauoir que dieu viuifie/⁊ mortifie. Et non obstant ce ou pmier liure de sapience/est dit q̃ dieu na point fait la mort. Et quil ne sesioyst point en la perdition des viuãs. Et est dray que dieu ne fait point la mort principalement pour pcelle mort. Mais par accident/et pour aultre fin meilleur. Cestassauoir pour garder lordre ⁊ le bien des choses de luniuersel monde. A la quelle ordre ⁊ bien est requis que aucunes choses soient corrumpues/et prennent fin. ¶ Lordre aussy ⁊ entretenement du monde requiert que on face iustice. et que les pecheurs soyêt pugniz et corrigez de leurs maulx. Par ainsy en ceste maniere/peult on entendre que dieu fait le mal. Cestadire la paine. La quelle chose est draye en tãt quil enuoye des tribulatiõs/et des aduersitez aux pecheurs. Lesquelles leur sont grande paine: Et moult greue a porter. Mais il ne fait pas le mal quõ apelle coulpe. Et ainsy sentent la deffusdite auctorite d psaye: et aussy celle de amos. ¶ On peult autrement psuader et monstrer que dieu nest point cause de mal. Car se en aucune operation defectueuse/ya bien en quelq̃ chose.tel bien procede de la premiere cause Cestadire de dieu. Et non pas de la secõde. mais sil ya mal ⁊ faulte: le mal ne pcede pas de dieu. mais cest la faulte de la cause seconde. Cestadire de lomme Et peult estre ce cy prouue par vng exemple et similitude assez familiere. Comme on voyt en vng boiteux: que tout le bien et le mouuemêt qui est en luy:procede et vient de la vertu motiue. Mais le vice de son obliquite/et la cause pourquoy il cloche:est pource q̃ l a vne iãbe plus courte que lautre. Ou pource quil a aucuns nerfz coupez/ou pour aultres defaultes de nature: Et non point pour laditte vertu motiue: Ainsy est il des creatures. Se en elles ya riens de bien. il vient de dieu . et sil ya faulte cest de par elles. A ce propos est dit ou xve. chapitre de lecclesiaste q̃ dieu a cree lomme/droyt/et iuste. ⁊ la laisse en son liberal arbitre. Aps ce luy a baille ses commandemens. ⁊ luy a dit: Se tu veulx garder mes commã demens:ilz te garderont. Il ta baille le feu/et leaue/et dit:metz ta main/au ql que tu vouldras. Deuant lomme sõt la vie et la mort. le bien et le mal. Il a/ra lequel quil vouldra. Et ainsy par ce que dit est.cy dessus peult apparoir comment il sentent:se aucũ mal procede de dieu/ou non. ¶ Il y a eu aulcuns heretiques nommez Coliciãs: Desqlx

Feuillet xii

parle psidore ou Biiie de ses ethimolo/
gies: qui ont erre en ceste matiere. Et
aussi dautres nommez florians: lesqlz
ont dit que dieu a cree et fait le mal. la
quelle chose est contre le premier chap.
de genese/ou quel est cõtenu/que tout
ce que dieu auoit fait estoit tresbon.
Aultres heretiques appellee patriciãs
disoient que le deable fist la substance
de la chair humaine: Iasoit ce que ou te
xte de genese soit escript le contraire.
Et pource telles opinions et heresies/
qui sont contre la saincte escripture:
sont reprouuees z condemnees de legli
se. ⁋On pourroyt ycy demander. cõ/
me ainsi soyt que lomme ait este cree
noble/et elegãt: il semble q̃ dieu ne ayt
pas eu grãt cure/ne soing de luy: quãt
Incontinent apres sa creatiõ il ne luy
bailla ses commandemẽs/pour le gar
der de pecher/et de mal fayre. Sainct
Ierome respond ad ce/en vne espitre
quil enuoye a vne vierge nõmee me/
triade. Et aussi fait sainct thomas en
la premiere de la seconde/en la questiõ
quatre vingtz iiiie. en larticle. vie. q̃ se/
lon sa verite et le scripture des hebrieux
lomme fut sans loy par lespace de deux
mil. CCCC. z cinquãte cinq ãs. Par
ce que dieu lauoit cree de si bonne natu
re/que deuant quil fust si fort depraue/
et enclin a mal/et peche: il nestoyt poit
besoing ne necessite dauoir loy: Atten
du quil estoit assez enclin a bien fayre
sans loy quelconque. Et nestoit pas si
fort habitue/z acoustume a peche: com
me maintenãt. Mais apres ledit tẽps:
dieu le createur congnoissant la mali/
ce des hommes croistre: et se augmen/
ter de iour en iour/fist et constitua ses
lois. et bailla ses commandemens. af/
fin quon retournast a la premiere bõte
naturelle. a tout le mains par la con/
trainte de la loy/et des cõmandemẽs
Car il ny a riens qui tãt nous ait cor/
rompus: comme longue coustume de
pecher. car de ce/petit a petit: et par suc/
cessiõ de temps est aduenu/que nostre
bonne nature a este corrumpue. Par/
quoy nous semblons plus estre enclis

a mal que a bien. En oultre dit sainct
thomas ou lieu dessusdit: que lomme
deuant la loy escripte: prenoit orgueil
de deux choses. Lune et la pmiere estoit
de son entẽdemẽt/et de sa science natu
relle. Par laqlle luy sembloyt que na/
turellement il pouoit Iuger/de ce qui
estoit bien/ou mal fayt. Et pource ad
ce que lomme congneust sa defaulte z
iperfection: Dieu a pmis quil soit cheu
en ydolatrie/z plusieurs aultres vices
⁋La seconde chose de laquelle lomme
auoit orgueil: estoit pour sa puissance.
car il viuoit sans loy. Et pource dieu
pour mõstrer comment il estoit en sa
subiection: luy a voulu bailler et don
ner loy: par la quelle il se cõgneust et re
putast estre subiect. Et aussy a este dõ
nee loy: pour cõgnoistre quant on fayt
mal. Car ainsi que dit sainct pol en le
pitre aux romains ou cinquiesme cha/
pitre: par la loy cõgnoist lomme sil pe/
che: ou non ⁋De la nature des ames
raisonnables dit platon touchant leur
creation/quelles ont este eternellemẽt
Mais laristote a dit/lame intellectiue
z raisonnable estre perpetuelle: cest adi
re q̃lle sera tousiours. et iames ne faul
dra, combiẽ que elle a eu cõmencement
Et nest pas sçay quelle soit de la sub
stance z de la nature de dieu: ainsi cõ/
me ont creu aucuns mauldis heretiq̃s
Desquelles choses parle sainct Augu/
stin ou liure du commẽcemẽt de lame
⁋Lame du premier pere/z de tous au
tres: a este faite de dieu par creatiõ Et
non pas des angles. Car lomme na
peu estre produyst fors que par creatiõ
et npa riẽs qui puisse creer: q̃ dieu Car
il appartient seulement a la premiere
cause/faire les choses de riens: et sans
aucune matiere psupposee. Considere
que les aultres causes secõdes ouurẽt
non pas de riens: mays de quelque ma
tiere subiecte en la transmuãt z dispo/
sant aultrement. ⁋On peult deman
der se lame de adam fut cree deuant la
formation du corps: Ou aps le corps
ou tout ensemble: Le maistre de sen/
tẽces en la distinction xvie. du second

B iiii

Premier aage

recite lopinion de sainct augustin ou Bij.ᵉ sur genese. Et dit q̄ lame fut cree deuant le corps. Et que en ces Bj iours lomme ne fut pas fait actuellement, mays causellement. Cestadire: que il estoit en la voulente de dieu de pouoir faire quant il vouldroit: comme: de la matiere des elemens qui estoient ia p̄ duiz. Mais origene a dit que non pas seulement le premier homme eut ame cree deuāt le corps/mais que generalement toutes les ames ont este crees ensemble. auecques les angles/et de/uant la formation des corps. Car il a este de ceste opinion: que lomme et lange sont dune mesme nature. et quil ne ya entre eulx difference: que seulemēt en merite. Dit en oultre que aucunes ames sont assiees et obligees a seruir au corps. ainsi que celles des hommes et des corps celestielz. Les autres de/meurent tousiours en leur purite: sās estre mises es corps. ⁊ pcelles ames sōt appellees angles. et dyceulx ya diuers ordres. Mais ceste opinion qui est du/dit origene/nest point tenue des doc/teurs. ¶ On peult donc dire/selon lo/pinion de sainct augustī ia recitee: que le corps et lame ne furent pas says ne creez/ensemble/⁊ q̄ par vne certaine similitude/que a lame raisonnable auec les angles: elle ayt este cree deuant les Bj. iours. Mais selon autres docteurs: et principalement sainct thomas en la p̄ miere partie en la questiō quatrevigtz et .x. ou iiij.ᵉ article: lame ⁊ le corps de lōme/furent says et crees/es œuures des premiers Bj iours: Non obstant q̄ Co meſtor dit/que lame fust infuse ⁊ mise en vng corps ia forme. Car lame a ce ste propriete naturelle: de vouloir estre incorporee: et demourer en quelq̄ corps Et des autres ames qui sont de p̄sent crees: on peult dire quelles sont crees a leure quelles sont infuses et mises ou corps. ¶ Du texte de genese est escript que apres les choses dessusdittes: dieu appelle lame raisonnable: ame viuāt. En voulant denoter: que elle est incorruptible: et non pas corruptible: cōme les aultres ames des bestes brutes. Pource dit sainct denis ou iiij.ᵉ chapit.ʳᵉ des nōs diuins: que les ames hūaines ont de par la bonte diuine quelles soiēt intellectuelles. et quelles ayent vie incōsuptible/⁊ icorruptible ¶ On peult arguer q̄ lome quāt a lame soit mortel par deux auctoritez. La premiere/car il est dit ou iij.ᵉ de lecclesiaste que lōme na riens/plus que vne iumēt. cestadire que vne aultre beste brute. On peut a ceste auctorite respondre / que ainsi que les brutes sōt corruptibles/⁊ meurent: aussi lomme nest pas tousioures. mais meurt quant au corps. Et pource est dit quil na riens dauantaige/ou/tre vne beste brute. ¶ La seconde au/ctorite est. car il est dit ou second de sapience: que nous sommes crees de riens. et que apres encores retourneros a ri/ens. Et serons comme se iames neus/sions este. Parquoy semble selon prel/le auctorite que soyons corruptibles quant au corps et lame. Response est telle. que sauctorite ne veult dire autre chose: sinon que ainsi cōme dieu nous a fait de riēs: aussi sil ne nous vouloit garder/⁊ conseruer. en nostre estre: en/cores nous deuiendrions/et retourne/rions en riens ¶ Sainct augustin ou xij.ᵉ liure de la cite de dieu. ou chapitre xxiij.ᵉ dit que lame du p̄mier homme adam/fut plus noble/et plus parfaite que lame de tout aultre viuant. Pour lexcellēce des raison/et intelligence q̄ estoient en luy. Et dit oultre ou xxj.ᵉ de la cite de dieu ou .x.ᵉ chapi. que cest vne chose merueilleuse/ et incomprehensi/ble: commēt lame raisōnable est cōioi/cte ⁊ mise ou corps. Et cōmēt les hōes apꝭ pcelle ame: sōt bestes. Et aussi est merueille cōmēt elles sōt obligees a paine eternelle. A ce ppos dit sainct gregoyre ou vj.ᵉ liure de ses moralitez ou xvj.ᵉ chapi. Qui est cellup/q̄ est suf/fisāt a perscruter ⁊ cōsiderer pfōdemēt les merueilles de dieu: q̄ a cree toutes choses de riens? Que la fabriq̄ dn mon de soit disposee/dune merueilleuse puissance/et vertu: Que le ciel soit pendu

Feuillet xiii

sur lair: Que la terre pende sur vng abisme: Que tout luniuersel mõde soit fait de choses visibles ¶ inuisibles: Quil ayt fait lõme q̃ cõtiẽt en soy vng autre petit mõde raisõnable: Que en faisãt lõme/par vne vertu non intelligible: a mesle/et mis ensemble/le corps ¶ lame: Se on voit resusciter vng hõme mort: tout le monde sesbahyst. Et toutesfoys on ne sesmerueille point de ce que par chascun iour naist lõme: qui iames nauoit este. qui est chose bien merueilleuse. car a la verite cest plus grãd chose de faire et creer vne chose nouuellement que de reparer et de refaire ce q̃ estoit deuãt. en telle choses dignes des merueil nous sõmes negligẽs de cõsiderer la grãd et icõprehẽsible vertu de dieu. car telles choses qui deburoient estre merueilleuses aux hommes: sont par vsaige reputees villes et petites. Pareillemẽt dit saint gregoyre ou xviij^e liure de ses moralitez: que lame ne peult estre sans quelque delectatiõ. Et que ou elle se delecte es choses dembas/ou denhault. Et que tant plus se delecte es choses inferiores: tant plus elle desprise les choses superiores. Et semblablemẽt au cõtraire: de tãt q̃lle aime plus les celestielles: elle contẽne plus les terriẽnes. Car elle ne peult aimer tous les deux ensemble. Et pource dit saint iehan en son second chapitre. ne veillez point amer le mõde. ne les choses qui y sont. Car qui aime le mõde: la charite de dieu le pere nest pas en luy

¶ Ōn pourroit en oultre demander se lame est substance corporelle/ou espirituelle: A ce respond Saint thomas en sa pmiere partie en la questiõ lxxv^e. ou il allegue sainct augustin ou vi^e liure de la trinite disant que lame est simple et indiuisible au regard du corps. Et ainsy est spirituelle et non pas corporelle. Dit aussy ou xix^e de la cite de dieu que lame seule nest pas hõme. mais iointe auec le corps. Car lame ne suffist pas a faire vne ppre espece differẽte des aultres. Et ne sõt pas lame raisõnable ¶ les anges dune mes

me espece. Ainsy que dit denys ou vii^e chapit. des nõs diuis: ce que toutesfoys a dit origene cõe dit est. par aisy na pas dit bray/auerroys. cestassauoir q̃ tous les hõmes ne ayẽt que vne ame. car se aisy estoyt il se ensuiuroit q̃ tous hões ne seroient que vng. Et cõme dit saict thomas en sa premiere partie en la q̃stiõ lxxvj^e ou iij^e article. Lame sensitiue et la nutritiue/aultremẽt appellee vegetatiue/ne sont pas en lõme/deux ames differẽtes/et distiguees de lame itellectiue. Mais la sensitiue/vegetatiue/et intellectiue/ne sõt que vne: ayãt ces troys diuers nons. pour troys vertuz ¶ puissãces/que a lame itellectiue Car lame itellectiue contiẽt en vertu tout ce que a lame sensitiue des brutes: Et lame nutritiue des plantes et des herbes. Ainsy doncques pource q̃ lame entẽt: elle est appellee itellectiue et raisõnable. Et pource q̃lle voyt/oyt/gouste/odore/et touche: elle est nõmee sensitiue. Aussy par ce q̃ elle nourrist/augmẽte/¶ ẽgẽdre sõ seblable: elle est appellee vegetatiue/et nutritiue. Et cõme veult.s.aug.sur le tiers de gene. Sẽtir nest pas ppriete du corps. mais cõuiẽt a lame moyẽnãt le corps. ¶ pource cest vertu ¶ ppriete de lame. ¶ ne doibt point estre appllee vertu corporelle. sinõ etãt q̃lle cõuiẽt a lõme: moyennãt le corps Aussy est a noter q̃ lame des hõmes est sãs ptite/¶ idiuisible. Et peillemẽt lame sẽsitiue es brutes/nest pas diuisible en ceste maniere q̃ quãt on dit: seroyt vng corps du cheual/ou q̃lq̃ autre beste q̃ lame aussi fut diuisee en deux/car cela ne se fait poit Mais est vray q̃ lame se tẽdra toute en vne ptie iusq̃s ad ce q̃lle se depte du tout dycelluy corps. ¶ po se q̃ en aucũes bestes nõmees anulleuleuses: comme sont anguilles/couleures/serpẽs/¶ seblables: nous voiõs q̃ vne beste diuisee en plusieurs pties/se meut en chascune dicelle: ce nest pas pource q̃ en chascũe ptie y ait vne ame Mais pour aucũs esperis reseruez/en cores esdictes ptie. q̃ causent et fõt cel mouuement. Ainsi que nous voyons

Premier aage

en la teste dung homme diuisee du corps apres le partement de lame. ¶ Pour ce que cy dessus est parle de seur. Nous debuos en oultre scauoir que lame sent aucunes choses moyennant le corps. co me vne playe/ou chose semblable. Aussy sent aucune chose sans le corps: comme sont ioye et tristesse. ¶ On peut demander se lame de eue: fut faite et cree de la me de adam: aussy comme le corps de eue du corps de adam. A ce respond le maistre de sentences ou secod liure en la distinctio. xviie. ou dernier chapitre que aucuns heretiques nommez luci ferans ont dit que les ames ainsy que les corps sont engendrez par operatio de home. Mais ilz ne disent pas vray. Et pource .s. Iero. a anathematize tous ceulx qui sont de ceste opinion. Car co me veult le prophete dauid ou pseaul me.xxxiie. dieu fait lame: non pas daut tre ame: mais fait lune/apres lautre: de riens. Et est a noter que en la gene ratio du masle lame est mise ou corps on xle. ou xlvie iour/apres la conceptio dycelluy masle/ mais quant cest vne femme: lame nest mise ou corps iusqs au.iiii.xx. iour. Toutesfoys en ihesu crist lame fust infuse et mise ou corps incontinent a la conception dycelluy. En la quelle conception/quatre cho ses furent faictes en vng mesme istat La premiere/fut la conuersion du sag de la vierge marie/en la char du preci eulx corps de ihesucrist. La seconde fut lorganisation des membres. La tierce fut lanimation du corps organique. La quarte fut assuptio du corps ayat ame raisonnable en lunite de la perso ne diuine. Et pource sainct augustin dit q lame fut en ihesucrist selo vraye existence: des la conceptio. Mays selo apparece apres.xlvi.iours. Car ainsi que en figure le temple fut edifie par zorobabel en xlvi ans: comme il est dit ou iiie chapitre de esdras: aussy en xlvi iours fut lame raisonnable selon appa rece exteriore: informat le corps de ihe sucrist ou ventre de la vierge marie. ¶ Car les organisations des membres estoient a linstant de la conception et infusio de lame sy petites/quon ne sen apparceuoyt en riens: Jusques a xlvi iours apres la conception dycelle. Et fut ou ventre de la vierge par lespace de neuf moys et six iours. Et fut con ceu le iiie deuat les kalendes dauril Cestadire le xxve. De Mars. Et ce iour mesmes il souffrit mort. Par ain sy doncques il nattendist pas tant a auoir perfection de existence: et estre comme les aultres choses humaines. Lesquelles attendent xlvi iours auat quelles ayent vraye et parfaite orga nisation: comme dit est.

¶ Le vie chapitre est du repos du sep tiesme Jour.

Quant le Souuerai cre ateur/es six premiers iours eust pfaictemet cree/dispose/et orne le ciel (la terre: il se reposa ou vii. a ne fist plus riens. La quelle chose peult estre exposee en cinq manieres. En la pre miere negatiuement: par ainsy quil ya abnegation/de la part de la creatu re. Et ainsy dieu se reposa entant quil ne crea plus riens de nouueau en son espece. Car depuis na cree nulle

Feuillet xiiii

creature qui ne fut en espece semblable a aucunes des precedentes. Et par ainsi est pris repos pour cesser de besongner. Secondement peult estre entendu negation de repos par le createur. Car il ne luy estoit point necessite de telle creatio. Tiercement peult estre entendu q̃ dieu se reposa: quant a la creature raisonnable donna congnoissance de son createur. Quartement est entendu anagogiquement. Et ainsy dieu se reposa ou vij.iour. C'est a dire quil signifia q̃ apres les bonnes euures faites en ce present monde: on ara ou viij.aage repos et paradis. Quintement est entendu allegoziquement. Et ainsy signifia q̃ Jhucrist ou vij.iour reposeroit ou sepulchre. ¶ Et se on arguoit contre ce qui est dit q̃ dieu ou vij.iour se reposa Et touteffoys depuis ce il a fait des choses plusieurs comme est l'incarnation/sa passion/sa resurrection/t la cõsommation du siecle. Et encores de iour en iour fait nouuelles choses q̃ iamais nauoient este. ¶ A ce peult on respondre: que lopation y a double pfection La pmiere est quãt a la substãce t esse/ ce de la chose. Et de telle est entendue la dite proposition. Car dieu ne produist puis nouuelle espece de nature. La ij. perfection concerne la fin des choses. come beatitude: q̃ est la cause finale. pour quoy sont faites les choses dessusdictes A la quelle beatitude sont redses deux choses. C'est assauoir nature/et grace La consommation doncques de nature fut le septiesme iour. La consommation de grace fust a l'incarnation t passion de ihesucrist. De quoy est escript en saint iehan ou.xix.chapitre. Cõsumatum est. qui vault autant a dire en francoys comme nostre redemption est faite par/faicte et cõsõmee. Mais la cõsomation de gloire se fera a la fin du monde. quant tous ceulx qui larõt desseruy serõt glorifiez en corps et en ame. De laq̃lle est escript ou.xiij. chapitre de sainct Mathieu. Sic erit in consummatione seculi. ¶ Touteffoys selond les hebzieux dieu parfist ses euures le vj.iour. Et

ce iour mesme cõmenca a se reposer. en tant quil parfist tout. Combien que selon nostre translatiõ: dieu ne fist riens le septiesme iour. Mais seulement ainsy quil fayt encores administra puissance. t conserua la vertu naturelle de toutes choses en les incitant t disposãt a ouurer/ t besõgner selõ leurs ppres natures. ¶ Et n'est pas a entendre q̃ dieu se reposast pource quil fust las. Car il est infatigable Mays entant que ce q̃ a depuis produyt: estoit aulcunement cree comme dit est tellement que de present n'est aucune chose faite: q̃ au commencement du monde ny ait eu chose de espece semblable. Exceptees les especes q̃ se font par putrefactiõ. car telles especes ne sont pas notables. ne de quoy dieu le createur ayt eu grant cure. Mays seulement aõ ce quil facent quelque chose a la decoration du mõde: a donne vertu aux autres choses par luy faites de pouoir produyre/et fayre icelles especes/causees/et venans de putrefaction. et pourtant causalement virtuellement/t implicitement dieu a tout fait es six iours dessusdis. Et pource est dit ou premier de l'ecclesiaste quil ny a riens nouueau soubz le souleil. ¶ On argue contre par ce quil est escript en saint iehã ou cinquiesme chapitre que dieu ouure et besõgne encor iusques a maintenãt. Mais la responsse est q̃ l'est vray quil ouure et fait non pas quil produise riens de nouueau en notable espece. Mays par ce que il conserue/et administre la naturelle vertu a toutes choses. Ainsy que dit le maistre de sentences ou second liure en la xv. distinction ¶ A ce propos nous pouõs noter q̃ ou.xx. du liure de exode: ou est cõmandee l'obseruance du sabbat. est alleguee ceste cessation/t repos de dieu ou vij iour: pource que dieu es six premiers iours fist le ciel/et la terre/et la mer/et tout ce qui est en yceulx. et se reposa ou septiesme iour. Parquoy dieu benist le iour du sabbat et le saictifia. et est la cause infalible pour laq̃lle les iuifz encore gardẽt le iour

Premier aage

du samedi q̄ pour lors estoit dit sabbat ¶ Sainct thomas en la .xxij. questiō ou quart article de la seconde de secōde / mect vng exemple naturel / pour nous induyre a garder le iour de la feste. Car ainsy comme aulcun temps est depute et ordonne a la refection corporelle: et corporel repos: aussy est il fort conuenable quil ayt ālque tēps pour la refection de lame. et pour penser et retourner a dieu. Comme il est escript ou .xij. de Sainct mathieu: que les disciples d̄ dieu/a iour de feste: tiroient/et arrachoient les espiz de ble. mais dieu les en excusoit. car ce nestoit pas grande chose. et nest pas bien possible de tousiours a iour de feste pēser a dieu Le semblable exemple est ou second de Sainct marc. et ou .vj.e de sainct luc. En sainct iehan ou cinquiesme et septiesme chapitres / ou est dit que dieu sana et garist lōme du tout a iour de sabbat et de feste ¶ Touchāt le sabbat est escript en leuitiq ou .xxiij. chapitre. Vous ne feres point a iour de feste quelque euure seruile. et cecy touche Sainct thomas ou lieu dessudit ¶ Pour lesquelles choses il est a noter quon trouue euure seruile en trops manieres. Lūe et la premiere est euure spirituel comme en seruant a dieu / en enseignāt son prochain/en preschant/et excercant les fais de doctrine Et tel euure nefait pas transgresser le commandement d̄ garder les festes ¶ Le second est criminel : par le quel aucun sert a peche . car selon sainct iehan en son huitiesme chapitre tout hōme qui faict peche: est serf de peche. Et tel euure fait trespasser/ɟ nō garder la feste. en entēdāt de peche mortel. Car peche veniel ne viole pas le commandement diuin . en tāt quil ne seclud ne dechasse pas grace ne sainctete ¶ Le tiers euure seruil est corporel. Comme quant lomme sert a lautre homme corporellement / car vng homme selon le corps est bien serf a lautre . mays non pas selon lame . et tel euure aulcunesfoys viole le sabbat. aulcunesfois non

selon sainct thomas en la secōde de seconde en la question. ᶜ .xxiij. ou .iiij.e article en la solution du tiers argument . ¶ Pour plus grande euidēce de ceste matiere: fault scauoir sept choses . ¶ La premiere est que le crime et le peche viole tousiours la feste / ɟ non pas lacte et le fait corporel. qui de soy nest pas vicieux. La raison sy est car le peche empesche lacquet a diuine operation. quon est tenu fayre ce iour / et le fait corporel ny empesche pas tousiours. Mays est aulcunesfois bō d̄ se excercer corporellement a iour de feste pour euiter oysiuete ɟ cogitatiōs mauuaises apres ce quon a serui dieu. De ce dit sainct augustin ou liure des dix cordes. quil vauldroit mieulx a vng iuif de faire aucune vtilite en son chāp que penser a quelque sedition en iour de feste Et seroyt mieulx que leurs faines fillassent et ordonnassent leurs laines a tel iour de feste que elles saillissēt impudiquement et dansassent deshonnestement ¶ La seconde chose a noter est que pose que peche soit mauluais en tous temps: Toutesfoys est il trop pire ɟ a detester ou iour depute a bien faire: comme est iour de feste. ɟ pource est escript en la bible ou .xv.e chapitre du liure des nōbres. que celuy qui a iour de feste seulement cueilloit du boys. pour se chauffer estoit lapide. Dōt par plus forte raison est grant mal de commectre/fornicatiō/larcin/ou aultre tel peche en iour de sabbat . ¶ La tierce chose est que non pas seulemēt les fais mauluais exterieurs sont defendus : mays aussy les interieurs . comme sōt les mauluaises pensees ɟ cogitations. De ce est escript en figure ou xxiij.e de Exode. En disant ainsy. du septiesme iour tu te reposeras/Et cesseras. affin que ton beuf et ton asne ɟ ton seruiteur se reposent. Le quel commandement expose Damascene: entendant par le beuf: ire/et courroux. par lasne/ concupiscence/charnalite/et luxure/ɟ par le seruiteur sentend la sensualite. Et aisy cest adire: que a iour de sabbat

Feuillet xv

et de feste: nous debuons refrener ire / concupiscence / paresse / ⁊ sensualite. La quarte chose notable est que leuure corporel se peult fayre en troys manieres sans violer le sabbat / et la feste Premierement quant cest vtilite spirituelle. Et pource nest il pas deffendu de faire circoncision / ou baptesme a iour de feste. car cela est vtile au salut de lame. par quoy la demeure et tardation en est dangereuse Secondement pour vrgente necessite: come est batailler a la sente / et assault des ennemys / Tierccement pour pitie / et euure de misericorde: come porter pierres a edifier les eglises / construyre les hospitaulx / et maisons religieuses Et singulierement quāt on a dispense et cōge de son euesq telles choses se peut faire a iour de feste Cōbien que selon sainct bernard on liure de dispensatiō et auctorite par necessite est faicte mutation de la loy. La quite chose notable est que ou les fais corporelz ⁊ euures manuelles peuent estre laissez / ⁊ differez sās detrimēt de lutilite spirituelle: ⁊ sans peril de necessite ilz ne doibuēt poit estre fais / ne excercez a iour de feste. come sōt labourer / moyssonner / cuyre viādes / assēbler boys / et semblables. La sixiesme chose a noter est q̄ les euures seruiles sont determinees par leglise / cōme sont les ars mechaniques / labouraige / marchāder / playder / et aultres says seculiers. selon le premier chapitre de la Rubriche des feries. La septiesme ē que les says corporelz pour quatre causes se peuent excercer a iour de feste. La premiere est pour le nourissemēt et cōseruation du corps. parquoy en buuant ⁊ mengant on ne trespasse point le commandemēt diuin Et pource nostre seigneur excusoit ses disciples de ce q̄ ilz cueilloiēt les espiz ou iour de sabbat selon sainct mathieu ou. xije. chapitre La seconde cause est pour deliurer vng innocent cōdempne iniustement. La tierce est pour garir vng malade. car dieu se courssoit de ce que les iuifz luy reprochoient quil auoit gary lomme a

iour de sabbat selon sainct ichā ou. vije chapitre. La quarte cause est pour euiter quelque incōuenient dōt est escript ou. xije chapitre de sainct mathieu. Et affin que en vng petit fascicule et en brief la dessusdicte matiere du sabbat et iour de feste soit touchee: sōt a noter aucunes ppositions. La premiere est que ce qui se peut fayre sans grāde difficulte / et paine: cōme sans cheuaulx et grant tumulte: se peult fayre a iour de sabbat. La secōde est que tout ce qui touche le salut corporel ou spirituel de lomme peult estre excerce et licitemēt fayt a iour de sabbat et de feste. La tierce pposiciō ē que quāt aucune chose se peut fayre sans grāde attente: et en petit de temps: ⁊ de quoy la dilation apporteroit et seroit dōmaige Tel euure ne viole point la feste. come en passant par vne vigne aulcū lieue vng sep qui cheoit: ou gette vne pierre dehors sa vigne: sans cōtinuation de euure. Et de ce dit ihesucrist ou. xije. de sainct mathieu Qui sera celuy de vous tous q̄ a iour de sabbat verra vne sienne beste cheute en vne fosse: ⁊ ne la releuera pas Aussi cōme sil eust dit que on la doibt releuer La quarte propositiō ē q̄ les euures qui appartiennēt a prouideyce ⁊ prouision des choses instāment necessayres: et qui se peut cōsumer au iour de feste: et sans dōmaige ne se peuent differer: se peuent fayre a iour de feste cōme vendre / et achater / chars poyssōs vin / et semblables pour le iour dune feste Et cecy est conferme par sainct thomas en la seconde de seconde en la questiō. C. xxii. en larticle. iiij. ou tiers argument. Par ce sont excusez ceulx qui vendent / esperons / frains / brides / souliers / et aultres choses qui sans grande marchandise et occupation se expedient facilement a gens poures passans / et estrangers. qui ne peuent attendre longuement. Non pas que le marchant doibue exposer sa marchandise en destail / dehors / et publiquemēt Mays son le requiert. ille peult fayre pour subuenir a sō pchai ⁊ nō autremēt

Premier aage

¶ Pour lesquelles choses euiter le bon scribe Esdre fermoit les portes de iherusalem. C'est assauoir affin q les marchandises/et marchans ny peussent entrer.tesmoing le.xiije. chapitre de son second liure. Ainsy appert que ceulx ne sont pas excusez: qui a iour de feste mainent vendre quelconque chose indifferamment. Car on doibt seulement ou vendre/ou achater/ce q est necessayre pour icelle feste. come sont choses qui se mengent et consument a la feste. Mesmement quant cest pour secourir a la necessite des poures. et sans vendre sa paine Non pas pour faire sa propre vtilite Toutesfoys il seroit meilleur de sen abstenir. et signament aux religieulx car par cela pourroient estre les lays & seculiers tresmal edifiez. Et en ce faisant ce seroit cause de amer/et honorer religio. ¶ Aussi apert que ceulx ne sont pas a excuser q a iour de feste charroient blez/boys/vin/ou aultre chose. sinon ou cas quilz fussent par auant en voye/ et ne pourroient seiourner sans grans dommages et despens. Et semblablement peult estre dit de ceulx qui cheuauchent et cheminent pour gaing et sans necessite ¶ La quinte proposition est telle. Que pour necessite vrgente/ou pour la commune vtilite/ou pour subuenir aux poures: lordinaire/cest a dire leues que peult dispenser de ouurer a iour de feste. Ce qui ne se deburoit point faire sans telle dispensacion/et declaration de leuesque. ou aucunesfoys de son cure: selo lexigence du cas. Toutesfoys qui peut sans grande difficulte aler a leuesque. on doibt estre dispense de luy coe dit Raymond en sa some. Et tout par moderatio en aiant regard a la feste grande ou petite/et apres le diuin seruice ¶ Es cas doncques dessusdys est vray semblable que ce nest point peche mortel ouurer a iour de feste.
Mais il y a grant doubte que ce soit venuel. La raison pour quoy ce nest point peche mortel/est: car on ne comect poit de fraude cotre le comandemet diuin et garde len la raison de so institution

Entant que la Voulete nest point auertie ne ostee de la vacacio diuie Toutesfois ce q en est dit/est assere.et afferme saufue la reuerence et opinion des autres docteurs. sans vouloir riens dire proteruement et irreuocablement Car tout se doibt predre a bon sens. sans riens interpreter malement ¶ Et so demande quant doit commencer le iour de feste On doibt noter cecy pour bien celebzer le sabbat: que le iour est de plusieurs/cómence en diuerses manieres. Car les caldees/et les perses/les parthes/prennent le iour tellement:quil comence a souleil leuant:et finist lendemain a lautre souleil leuant. Les egyptiens comencent le iour naturel au comencement de la nupt. Les romais le comencent a mynupt. Les atheniens a six heures du matin. Les iuifz a vespres. Et come ainsy soit que nous nous deuons conformer a la maniere de ceulx auec qui nous sommes et viuons: come dit la distinction.xije. ou chapitre. Illa. Pource selon la coustume du dyocese ou nous ferons la feste u nous la fault celebzer: par telle maniere que en quelque heure que nous la comencons: xxiiij. heures apres: nous debuons cesser de tout œuure seruile/toutesfoys les grádes sollennitez doibuent plus tost comencer/et plus tart terminer: pour lexellence de la feste

¶ Chapitre.viije. des six iours moralisez

Apres les œuures des six iours descripz litteralement: il est couenable les moraliser briefuement. La creacio des choses faictes de riens: nous signifie la iustification des mauluais Leuure du firmament nous denote la confirmacio de bon propos. La cogregacio des eaues denote la cocorde/& vnio des coeurs. La perfectio des estoilles: denote lexemple de bonne operation. La formatio des poyssons et oyseaux: nous donne a entendre lestat de contemplacio La plasmation et formatio

Feuillet xvi

de somme: nous denote la rectitude de lintention. Apres sensuyt le repos du septiesme iour q signifie leternite du repos celestiel. ¶ Par ainsy fust consomme luniuersel monde ou quel ya troys lieux. Lun est treshault nomme le ciel: ou il nya que bien et ioye. Le second est tres bas nõme enfer: ou il nya que mal et tristesse. Le tiers estant ou milieu est le monde: ou quel on doibt craindre le bas et desirer le souuerain. Le deable cheut du plus hault au plus bas. car il ne debuoit point remonter. Lomme ne cheut pas du plus hault: mays fut colloque et mis ou millieu pour monter en hault par iustice et bõte: ou cheoyr bas p sa coulpe. Hugues de saint Victor dit quil ya ung lieu ou est souuerain bien. cest le ciel. En lautre/souuerai mal. cest enfer. en lautre/bien du tout. cest purgatoire. Mais se bien nest pas souuerain. Du quart bien et mal. cest le monde. Et est assauoir que la machine du monde est en deux choses. Lune est la nature celeste et angelique. la seconde est la nature elemẽtayre/cestadire des elemens. La nature celeste est diuisee en troys principaulx cielz. Lun est le ciel empire. le second: le ciel cristalin. le tiers: le firmament. Et dedans le firmamẽt qui est le ciel des estoilles: sont contenuz les sept cielz des sept planetes. Et ya ung aultre ciel contenu entre le ciel empire et cristali: que les philozophes mettẽt xj. et sappellet le pmier mobile. tous ces cielz dessusdis se meuuẽt. excepte le ciel empire: ou quel iames npa mouuemẽt La nature elementayre est principalement diuisee en quatre parties qui sont le feu/lair/leaue/et la terre.

La region du feu se diuise en trois parties. la haulte/la moyenne/et la basse. et sẽblablement la region de lair ainsi que dessus est dit. En la moyenne est obscurite et froydeur. Et la sõt les deables. la sengendrent tonnerres/choruscations/gresles/pluyes/et choses semblables. Es aultres deux parties sont chaleur et lumiere. ¶ Par les choses desusdittes appert que il ya xiij. speres/et orbes/circundans/et enuironnans le/aue et la terre qui se peuent appeller cielz. Mais par dessus tous est le ciel de la trinite. qui est dieu/luy mesmes en toutes choses/et sur toutes choses. La distance des cieulx est telle. De la terre iusque a la lune a. xv. Mil. DC. xxix. miliaires. De la lune iusques a mercure sont vij Mil. DCC. xij miliaires et demy. De mercure iusques a venus autant. De venus iusques au souleil xx.v Mil. CCC. xxx.vj miliaires. Du souleil iusques a mars xv Mil. DC. xxv. miliaires. De mars iusques a iupiter. vj. Mil. viij cens xij. miliaires. De Jupiter iusques a saturne autant. De saturne iusques au firmamẽt xxiij Mil. CCC. xxx miliaires. Par quoy appert que de la terre iusques au firmamẽt: sõt. C. ix. Mil CCC. soixante et xv miliaires.

Feuillet xvii

S'ensuyt le ixe chapitre qui est de la creation de adam.

Adam fust quant au corps fait de terre rouge: limō/neuse et moite. Et quant a la/me fut cree de dieu en grace, et en toute ver/tu selon sainct thomas en sa pmiere partie, en la question quatre/vingtz et xv ou sixiesme iour q est main/tenant le xxve de mars: apres ce que en ce iour mesme: dieu auoit fait les bes/tes, comme dit Comestor, et Josephe en son premier chapi. Et pource adam fault autāt adire cōme rouge: ou cō/me terre rouge, selon rabane ou liure second de luniuersel mōde. Ceste crea/tiō fust ou chāp nōme le chāp damasce/ne: qui est de la terre de ebron, pres ihe/rusalem, directement au mydy, vers egipte: en declinant ung peu vers occi/dent par viii. milliers ou lieues dale/maigne: selon sainct ierome ou liure de la distance des lieux. Et selon nicole de lira en la postille sur le second liure des Roys ou xve chap: ce sont xvi Mil/liers du pays de iherusalem. Car il y a vne bonne iournee de iherusalem ius/ques en ebron: en alant de iherusalem en egipte. et y a vne aultre iournee de ebrō iusques a ung lieu nomme gazā vers egipte. ¶ Sainct thōas dit en sa premiere partie en la question quatre/vingtz xiiii. et premier article que adā a leure de sa creatiō ne sit pas lessence diuine: cōbien quil eust toute science ne/cessaire pour gouuerner et soy, et les au/tres creatures a luy subiectes. Aux qlles il donna nom: en lāgaige hebreu. qui pour ceste cause est denōme lāgai/ge humain. Non obstant ce il ignora les choses contingentes et aduenir. et ne sceut point combien il y auoit de pe/tites pierres ou riuaige de la mer.

¶ Adam de qui nous parlons est nostre pere tresdigne le premier hōme forme, de la dignite du quel sainct gre/goyre dit ou ixe liure de ses moralites ou xvie chapi. sur ce pas du xe chapi. de iob. Manus tue domine fecerūt me. etc. Que pose que par leternelle parolle de dieu le pere: toutes choses soient crees: Touttesfoys selon quō list et quō trou/ue les euures du createur: il appert cle/rement comment lomme nest pas seu/lement prefere aux choses viuans, et in/ferieures: mays aux choses supiores et insensibles. car quāt il a fait les autres choses. il na fait seulemēt q dire, Fiat et elles ont este incontinent faictes Mais quāt il a voulu fayre lomme il a pese sa creation deliberant et disant: Faysons lōme a nostre ymage et sem/blance. Et na pas seulement dit. fiat ainsy que des aultres choses. Mays faisons. comme par conseil et delibera/tion. Et par ainsy le figura de terre et luy donna ame et vie pour monstrer que il ne fut pas fait par cōmandemēt ainsy que les autres creatures. Mays par digne operation du createur. Pour ce dit sainct gregoyre ou vie de ses mo/ralitez ou xviie chapitre sur ce pas du xe de iob. Irrigat aqs vniuersa etc. q po/ceste ineffable dignite de lomme par ce mot est signifiee et denotee vniuersite Car comme ainsy soit que lomme ait estre auec les pierres cest adire comme les pierres, viure cōme les arbres: sen/tir comme les bestes, discerner comme les anges: on le peult iustement et biē appeller vniuersite. Il est celuy soubz les piez du quel toutes choses sōt mises et subiectes comme dit luitiesme pse/aulme Car dieu lan̄oyt fait second a/pres luy, et cree parfait ayant en luy, dignite par laqlle il fust pfere a toutes choses. Et puissāce pour imperer et cō/mander a toute creature, seruant seu/lement a dieu qui luy auoit soubmis et subiugue toutes choses selon sainct ie/rome ou liure du commencement du

c i

Premier aage

mõde. ¶ Cõme dit le secõd de genese. Adã du chãp damascene fut translate en paradis terrestre affin quil ouurast et se excercast sãs enmuy. Et selõ sainct augustin en huitiesme chapitre sur genese affin quil gardast paradis terrestre.nõ pas doubtant quon linuadast ne assaillist. Mais affin quil se y gardast.et quil ne le perdist poit par peche Duquel paradis puis que lopportunite et lieu le requierent:nous baillerõs cy aucune description. psidoze ou xiiij. liure de ses ethimologies ou iij. chapitre Dit que paradis est ung lieu delicieux constitue es parties de orient. Ce mot paradisus vault autant en grec cõme ortus en latin.cest en francoys iardin. et en hebzieu paradis sappelle Edem: qui vault autant comme delices. Donques en assemblant grec et latin en nostre langaige: paradis cestadire le iardin delicieux et plain de delices. Car il est plãte de toutes manieres τ especes darbzes.il ny fait ne trop froyt ne trop chault.mais ya tempatiõ de air perpetuelle. Du milleu de ce lieu sourt vne fontaine courant par le milleu des arbzes. Laqlle se diuise en quatre beaulx fleuues. Toutesfoys de ce dit lieu si plaisant lentree fut nyee/ et interdicte a lomme apres son peche.car a lors fut paradis enuironne dũg mur flembãt et ardant:montãt iusques au ciel. Et affin que il ny peust Iames entrer ne mauuais ange ne hõme/ Dieu ozdõna certains bons anges pour tout repeller:le feu doncques reboute les hõmes τ les bõs anges reboutẽt les mauuais Pour decorer et orner ledit padis: Dieu y auoit mis trois manieres de arbzes moult excelles et fort dignes:comme dit sainct augustin ou xx.e chapitre du xiij.e de la cite de dieu. Lun pour la sustetation et nourrissement de la vie. Du quel dieu donna commandement affirmatif a lomme quil mengeast de tout tel arbze de paradis. ¶ Le second arbze estoit pour lappobation de lobedience de adam.τ cestuy cy sappelle larbze de science de biẽ τ mal. Du quel dieu donna commãdemẽt negatif en luy defendãt quil ne mengeast de icelluy.ce que ne firent point noz premiers pares/et pource apres quilz eurẽt gouste la põme:leurs yeulx furent ouuers et eurẽt lõme et la femme cõcupiscẽce charnelle.ce quilz nauoient eu p auãt. Non pas quilz fussẽt aueugles deuãt: ainsy que aulcũs ont faulcemẽt ymagine.mays quãt ilz cõgneurent labhomination de luxure: ilz firent des succinctoires et des brayes des feilles de arbze de figuier pour couurir leur nature.et leurs membzes honteulx. En ce lieu fault noter que menger dycelluy fruyt:nestoyt pas mal de soy. Mays seulement entant que dieu lauoit defẽdu. Car aucũe chose est prohibee pource que cest mal et peche.cõme homicide larcin/mentir/τ aultres. Et aucũe chose est peche non pas de soy mays pource quelle est prohibee/τ defendue cõme en ce cas pcy. Comestoz hystoziã dit q̃ larbze de science de bien et de mal/est ainsy appelle:pource que telle chose sest ensuyuye de la comestion dicelluy. car apres que adã et eue en eurent menge: sensuyuyt en iceulx le mal de infirmite/ Imbecillite/inobedience/et de rebellion de la char contre raison. Et ainsy ilz cõgneurent quel bien ilz auoient deuant.cõme sante/firmite/obedience de sensualite a raison. Et si cõgneurẽt le mal que apres ilz eurent. Ainsy cõme ung medecin qui cõgnoist les maladies par science: Mays il les cõgnoist encores mieulx quant luy mesmes est malade dont il en a cognoissance par experience.car lors on trouue la chose doulce:fort doulce apres la chose amere/τ par opposite on congnoist la chose amere par experiẽce estre amere: quãt on a gouste de la doulceur. ¶ Le tiers arbze de paradis plus noble que les aultres sappelle larbze de vie. Lequel pour trops causes est ainsy appelle. Premierement car il dõne imoztalite a ceulx q̃ en vsent τ prohibe et garde toute cause de ibecillite et de ifirmite.nõ pas par sa vertu naturelle. Mays plus pour

vne vertu gratuite a luy donnee en faueur de lõme obeyssant a dieu. Laquelle obeyssance estoyt cause principalle de limmortalite de lomme selon sainct thomas en lescript du second de sentences en la distinction xix en larticle .iiij.
Car quant lomme eust este malade: τ il eust mēge dycellup fruyt: il eust este tātost gary. τ par ainsy eussent este les hommes tousiours viuās iusques ad ce que le nombre des esleuz eust este accomply. et alors dieu eust tout rauy et esleue en paradis selon sainct augusti sur le tiers de genese. ¶ Par les choses dessusdittez apert quil y auoit deux causes de limmortalite des hommes. Lune intrinseque et interiore Venāt de dieu par lobeyssance de lame a dieu. La secō de extrinseque et exteriore procedant dudit fruyt. Et selon sainct augustin ou liure des questiōs de lancie et nouueau testament: Icellup fruyt eust dōne longue vie a lomme apres son peche. mays non pas immortalite. pour sa quelle chose est escript ou tiers chapitre de genese que dieu commanda aux anges deputez a garder le Jardin. gardez que lomme ne mengue du fruyt de vie et quil ne viue eternellement. cest a entendre fort longuement. ¶ Secōdement ce bois est plus noble que tous aultres pour sa situation Car il estoit mis ou millieu de paradis pour sa dignite et excellence. ainsi que le coeur de lomme ou millieu du corps: pour viuifier toutes les pties dicellup. En quoy nous est figure le boys de la croix de nostre saulueur Jhesus. Laquelle croix viuifia tout le monde. Tiercement ce boys est plus noble pour le sacrement. comme dit sainct augustin ou xxe chapitre du xiije de la cite. ou est expresse ment dit que par larbre de science de bien et de mal est signifie le liberal arbitre. et p larbre de vie peult estre figure Jhesucrist qui est nostre vie et nous a donne vie. Du quel est escript ou xxxje de ezechiel. il nya boys quil puisse estre compare a pcellup. Car selon le quart des cantiques par luy nous auons pa/

radis. ¶ On peult demāder se en pcellup paradis fut lame de Jhesucrist entre sa mort et sa resurrection: veu que il auoit dit en la croix au bon larrō: Auiourdhuy tu seras auecques moy en paradis. Responce est que nō. Car lame de ihesucrist incontinēt apres sa mort descendit es enfers. et dit sainct augustin ou quart liure de la trinite ou chapitre xje: que de leure de la mort de ihesucrist iusques a leure de sa resurrectiō furent xl heures. ainsy quil fust xl iours ou monde apres sa resurection deuant son ascension. et depuis leure de sa sepulture iusques a sa resurrection furent xxxvj heures. Car son corps fut iiij heures mort en la croix. et par ce appert quil resuscita le dimenche au matin apres trois heures. Dōcques pour souldre la question et largument touchant le bon larron: fault noter que paradis se peult prendre en troys manieres. lune est de paradis corporel et terrestre. dont dessus est parle. Lautre et la secōde est du ciel empire du quel cheut lucifer. Le tiers est spirituel qui est la gloire de la vision de dieu. et en ce paradis ycy fut le bon larron. car tantost apres sa mort il eust vision de la diuinite.
Toutesfoys il est vray semblable que dieu fut en padis terrestre les xl iours apres sa resurrectiō: et deuant son ascension. excepte quant il apparut a ses disciples. car on ne scaroyt assigner lieu plus conuenable au corps glorieux de dieu ne la ou il y eust plus grande proportiō de lieu a la chose qui doit y estre logee. Auecques luy furent tous les esleuz deliures des enfers iusques a la scension et alors il tira tout auecques luy comme dit sainct pol ou iiije chapitre de lepitre aux ephesiens. ¶ Selond le maistre des hystoires ou second chapitre sur genese: paradis est au commencement des parties dorient en vng lieu tant hault que les eaues du deluge vniuersel ne peurent peruenir a luy. car selon strabo et bede il touche iusques a la region de la lūe. Cest vng lieu amene plaisant et doulz. lequel se lomme neust

Feuillet xviij

c ij

Premier aage

peche dieu eust āplie et agrādi tellemēt que tous les hommes y eussent este enclos. Helye et enoch y sōt encor viuās et perseuerans iusqs auiourduy. Car nulle chose ayāt vie ne meurt en ce dit lieu. Et q est mais trap sēblable. nous voyons que ou pays de hybernie/ya isles esquelles iames on ne se meurt.

¶ Par ce qui est dessusdit est manifeste quil nest pas vray ce que diēt aulcune. Cestassauoir que paradis nest autre chose sinon certaines isles appellees les isles fortunees. car elles sōt en occident selon ysydoyre ou xve liure. et paradis est en oriēt. Paradis selō bede est tant hault quil est inaccessible. et selon basile ou liure nomme exameron les eaues qui en cheent sont si grande noyse: que ceulx qui resident et demourent empres: en sont tous sours. Ces eaues procedent dune fontaine estant ou milieu de paradis qui engēdre quatre russeaulx. Lun et premier est appellé physon/autrement ganges. Le secōd geon/autrement nile. Le tiers le tigre. et le quart eufrates. En quelles regiōs ilz courent il est escript ou secōd de genese. Le souleil passe deux foys lan le centre de paradis. Lair y est tressubtil et tres tempere sans corruption. Les iours y sont tousiours aussy grans q les nuys. Tous les deux poles. cestassauoir dessus et dessoubz y sont veuz de enoch et helye. Les arbres y fructifient deux foys lan. car il y a deux estez et deux yuers. En nos deux solstices qui sont a la sainct Barnabe/et saincte luce en paradis est tresparfait et grāt yuer. Mays a la my mars et la my septēbre ilz ont parfait este. Laquelle maniere selon marcian est non pas seulement en paradis terrestre: mais aussy ou pays de Inde/ ilz ont deux yuers et deux estez. Parquoy les biēs de terre y meurissent deux fois lan. Paradis doncqs est vng lieu treseleue et hault/tres secret/tres tēpere/doulx et plaisāt pour la verdeur du lieu/la venuste et beaulte des fleurs/la fragrance des odeurs/le decours des fontaines/lumbre des

arbres/la fertilite des fruys/le chāt des oyseaulx. En bref cest vng lieu de toutes delices. ¶ Iosephe parlant de ce dit lieu ou premier chapitre du pmier des ātiquitees dit que eue ne fust pas creee en paradis terrestre. mays ou champ damascene: ou quel fut cree adam. La quelle opinion est contre plusieurs docteurs/et principalement contre sainct gregoyre en la xl distinction disant q adam ne fut pas fait en paradis terrestre mays eue y fust faite. Parquoy nous est denote que le lieu de la generation ne nobilite pas ce qui y est fayt et engendre. attēdu que adam est plus noble que eue/et si fut adam fait et cree en vng lieu mains noble que elle.

¶ On pourroit cy demāder pourquoy nature humaine a este premierement faite et produite en vng seul suppost et sexe virile. Cestassauoir de adam. A ce peult estre respondu par quatre raisons. La premiere est affin que vng homme fust chef et commencemēt de toute nature humaine. Ainsi que dieu est le commencemēt de luniuersel monde. Car en cecy est aulcune similitude de lomme a dieu/pour telle dignite. et pource ou xviie chapitre des fais des apostres est dit que dieu dung seul homme a fait toute nature humaine. La seconde raison est affin que lomme aimast plus sa femme. et quil se tint a elle inseparablement. congnoissant qł se procedoit de luy. et estoit formee de sa coste. A ceste cause veult dieu que lomme laisse pere et mere et se tienne auec sa femme: Laquelle chose est grādement honneste et necessaire a nature humaine ou le masle et la femelle selon le dicton/et iugement de raison/ doibuent ensemble demourer/ tout le temps de leur vie. qui nest point veu ne trouue es autres bestes ne creatures. La tierce cause est. Lomme et la femme sōt ensemble conioinctz: non pas seulement pour generatiō: mais pour viure priuement lun auecqs laultre. ¶ Car en la vie humaine sont aulcūes offices qui conuiennent a lomme. Et les aultres a la fēme. parquoy ilz ont mestier lung de lautre. Et en telles operations et maniere de viure sõme est chef et maistre de la fēme. Et pour ce couuenablement comme dit est: elle fut faite dicelluy comme de son commencement. ¶ La quatriesme raison est figuratiue. Car en tant que la fēme a este faite de lomme: est demonstre et figure leglise. qui est descendue de Jhesucrist. Et pource dit lapostre ou cinquiesme chapitre de lepitre aux epheses: que tel sacrement de mariage est grand en eglise et en ihesucrist.

¶ Adam pecha auecques eue le jour mesme quil fut cree enuiron mydy selon Vincent ou second liure du miroer hystorial ou chapitre .lxj. a neuf heures ensuiuans furēt tous deux gettez hors de paradis: en la vallee de misere en ung lieu nomme la nouuelle ebrō. pour en ce lieu la viure et passer le residu de leurs ans. Adam touteffoys ne creut pas aux parolles de temptation quilz seroient comme dieux sachans bien et mal. mais pour complaire a sa femme menga du fruyt. Selon sainct pol ou ij.e chapitre de la premiere epitre a thimotee. A la quelle il ne voulut point contredire a cause que elle estoit sa tressemblable entre toutes creatures. Et pource adam fist plus grand peche que eue. comme tient sainct augustin ou liure de penitence. Considere quen luy estoient plus de biens et de vertus. ¶ Selond sainct Jerome ou liure des hommes nobles: Adam fust cree en aage fort et virile. aisy q̄ sil eust eu .xxx. ans. Et ou xv.e an de luy et de eue eurent leur premier filz nomme Cayn. et vne fille nommee calmana Et ou xxx. an eurent Abel et sa seur Delbora. ¶ En lan .C. et .xxx. de adā Cayn laboureur mauluais tua son frere Abel pasteur/ sacrifiant a dieu / ses premieres aigneaulx. qui estoyent les plus gras de son tropeau. selon Josephe ou liure premier et ou secōd chapitre. ¶ La cause pourquoy cayn tua abel fust pource que par signe il congneut que le sacrifice de abel playsoit a dieu. Et selon sainct Augustin/ ou premier liure des merueilles du monde. ou iij.e chapitre: Abel fut tue ieune / et a ceste cause est incertain sil vesquit iusques a lan .C. et .xxx.e de Adā. Car sil eust tant vesquu il est a dire quil eust prins femme en accomplissant le commandement de dieu (croyssez et multiplies. &c. ¶ Adā gemit et ploura son dit filz Abel inconsolablement par plusieurs ans/ et proposa que iamays ne congnoistroyt sa fēme iusques aps ce que par le commandement de dieu et reuelation diuine il la congneut comme dit Raban et strabe et Nicole de lira sur le iiij.e de genese. Et lors il engēdra seth. du quel dieu voult descendre. et non pas de la mauldicte lignee de Cayn / Ledit seth fut ne en lan de Adā C. xxx. selon le v.e de genese. Mais selon les lxx. Interpretes methodius/ et iosephe ou liure des antiqtees ou quart chapitre du premier quant seth fut ne: adam auoit deux Cens. xxx. ans. Et pour verifier leur opinion ilz disent q̄ moyse na point compte Cent ans esquelz adam fut tout inutile et sterile / a plourer son filz abel. Laquelle opiniō est asses vraysemblable. Considere que selō Nicolas de lira sur le .v.e de genese/ quāt adam mourut il auoit Mille et .xxx. ans. et eue semblablemēt. Ainsi doncques adam fut le premier pere de tous. Seth le second. et Noe le tiers. Et depuis adam iusques a noe il ne pleut Ne ne fist puer. Mays en tout temps fut lair tempere/ auec grā de habundance de biens: qui apres ou deluge furent corrompus et gastez.

¶ Comesto: dit que adam / sans cayn et abel eust. xxx. filz et .xxx. filles. Lesquelz il enseigna sacrifier a dieu les dismes. et offrir les pmieres de tous leurs biens. Car de droit naturel nous sommes tenus offrir trois sacrifices a dieu cest assauoir sacrifice de pesee / de corps / et de nos biens/ Selon la seconde de seconde en la question quatre vingtz v.e ou iiij.e article. Touteffoys on ne list

Feuillet xix

c iij

Premier aage

point que adam iamais offrist de ses biens a dieu.mais seulemēt sacrificit de coeur.pose quil le commandast a ses filz. Adam doncques offrit le premier sacrifice de pensee.Et abel fut le pmi/ er faisant sacrifice de ses biēs. ¶Adā fust sepulture ou mōt de caluaire pres iherusalem.ou quel lieu fut certaī tēps et puis fut son corps trāslate en la ter/ re de ebron.de laquelle il auoit este for me ¶Quil mourust ou dit lieu de cal uaire:il est conferme par athanase. A laquelle chose consentent les docteurs hebrieux:Car ilz disent quil estoit con uenable que ou lieu ou quel le chief des hommes estoit corrumpu et mort: que en icelluy lieu fust la vie reparee par ihesucrist.ainsy quil fut fait a sa passi/ on.affin que la medicine fust plus con uenant a la maladie. Mais sainct ie/ rome dit que adā fut sepulture en ebrō ꞇ que en caluaire Abraham sacrifia le mouton en lieu de sō filz psaac ¶Du lieu de la sepulture de adam est dit en lepitre de poul et eustoche a vne dame nommee marcelle en recommandant et louant les lieux de la terre Saincte que le lieu ou quel nostreseigneur ihe/ sucrist fut crucifie est le lieu de caluai/ re/sequel est ainsy nomme:pource que la cheueleure et la teste de nostre pmi/ er pere adam estoit la sepulturee:affin que nostre second adā et pere ihesus p son precieux sang stillant et degoutāt de la croix lauast la macule de nostre premier pere ¶Pour oster erreur dau cunes choses dessusdictes: il fault sca/ uoir quil ya deux terres de ebron.cest/ assauoir la vielle et la nouuelle.Et q̄ ce quon parle de ebron sentēt de la nou uelle ebron. qui estoit anciēnemēt dite la double fosse.Car il y auoit vne fos se haulte pour sepulturer les hommes. et lautre basse pour les femmes. Du dit lieu gisent et reposent Adam Eue Abrahan et sara sa femme selon le xx iij.et xxv. de Genese.Et aussy psaac/ Rebecca/Jacob/et lya/selon genese ou xlix.c Les sarrazīs honnorēt plus icel luy lieu/quil ne font le sepulcre de ma

chomet qui est en vne cite nommee mecha en la grāde arabie.Duquel ma chomet les sarrazins adorent le sepul/ cre comme nous faisons les eglises de sainct pierre et sainct pol a Rome.

¶Vng docteur nomme maistre bo/ chard parlant du champ Damascene dit ainsy que luymesmes a este en icel luy champ ou quel fut adam cree. Et est vne terre de rouge couleur/glaireu se tenant ꞇ visqueuse.laquelle est des sarrazins tenue et estimee monlt che/ rement.car ilz la portēt sur chameaux en egypte/en ethiopie ꞇ Jnde.ꞇ autres lieux en grande quantite: ꞇ la vendēt pour espices et aultres marchandises fort chieres/et touteffoys la fosse dont on la tire est fort petite.Et si en tire lē incessantmēt.mais a la verite on trou/ ue que par chascune annee elle est rem plie miraculeusement.Aultre raison pourquoy la dicte terre est tenue mōlt chere/est pource que elle garde celuy q̄ la porte:de cas et aduenture cōtrayre/ et de nuysance de quelconque beste. Et pource ne se fault point esmerueil ler se les pelerins et les marchans la portent dune singuliere affection.

¶Chapitre.x.de Eue.

Eve qui Deuant le pe/ che estoit appellee yssa/est interpretee vie/ ou calamite. Cala/ mite:car elle est cause de nostre misere: Vie/car elle est le commencement de nostre naȳssance.Eue ne fust pas fai te la premiere.Mais du premier hom me.Cestassauoir de la coste de Adam prise par les anges / auecques la char/ adherent/et prochaine a la coste: telle/ ment que de ce fut faite la femme.cest assauoir de la char de lomme:la char de la femme/et de los / los/ Et puis fut baillee et presentee a adam. ¶Ceste premiere femme fust faicte de lomme pour plusieurs causes. Lune pour monstrer la dignite du premier hōme. Et pource il est escript es actes des apostres ou chapitre xvij. que dieu a fayt de lomme tous les hommes et femmes. Secondement affin quil y eust plus grande amour entre homme et la femme. Et est a considerer que nō pas seulement dune mesme terre dieu fist eue, mais de lomme mesme: pour denoter ydemptite de nature entre lomme et la femme.

Elle fut faicte de la coste de adam dormant/pour deux causes. Lune pour monstrer les merueilleuses euures de dieu. Car il endormit adā tellemēt q̄ luy dormant fut tiree la coste, et si nen sentit riens. Secondement pour figurer et denoter q̄ ainsy q̄ de la coste et du coste de adam dormāt fut faicte eue son espouse: aussy du coste de ihucrist mort et dormāt en la croix est descendue et tiuee leglise et les sacremēs. Car nos peches sont laues par le sang/et leaue qui en la croix coulerent du coste de nostreseigneur sauueur ihus. Et selō saint augustin/sur le ix. de genese:par especiale prouidence de dieu adam fut endormy: quāt de sa coste/tiree par les ages/fut faicte eue. Durāt laquelle dor

mition il fut rauy es cieulx, ou il vit merueilles. ainsy que saict iehan leuāgeliste en la cene nostreseigneur. et luy esueille: et voyant la dicte eue: il dist comme en esperit de prophetie: Hoc nūc os ex ossibus meis. et caro ex carne mea etc. Cestadire que sa fēme estoit faite de ses os et de sa char. En quoy apt q̄ la dicte eue fut faite de dieu: et nō pas des anges. Car ilz nont pas puissance de creer. A celle mesme heure que Eue fut cree, elle fut gettee hors de paradis cestassauoir apres mydy /a leure de none/et par ainsy saillirent adam et eue vierges de paradis. Toutessoys ou liure de lymaige du mōde: il est dit que adam demoura sept heures en paradis Mais telles choses ne cheent point prīprement soubz la science humaine.

On pourroit cy demander se adā et eue neussent iamais peche: est a scauoir se generatiō humaine eust este faite par les mēbres naturelz ad ce deputes: et par cōuenāce de hōme et fēme? A quoy peult estre respōdu q̄ ouy. mays se eust este sās libidiosite/et affectiō desordonee. et sās corruption du membre de la femme: qui fut faite pour ayder generation, car es autres choses/lōme eust plus eu de ayde dun aultre hōme: que dune femme comme on voit q̄ la . Neantmoins les membres honteulx se fussent meuz: et eussent eu leur mouuement/par nostre voulente: ainsy q̄ les aultres membres: selon saint augustin ou xiiij. de la cite de dieu ou chapitre xvj.

Chapitre xj. de cayn.

Cayn premier filz de adam et de eue fut ne auec sa seur calmana en lan de adam xv. Et est cayn interprete possessio. car cōme il est escript ou xv de la cite de dieu ou chapitre premier/et xvij et xx. en peu de temps luy et sa posterite possiderēt sa terre, combien que ilz moururēt et perirent tous par le deluge. Il fut le premier qui edifia cite/tesmoing le iiij. de

c iiij

Premier aage

Genese. Et premier roy en ycelle côe dit Sainct gregoire ou dernier chapitre de huitiesme liure de ses moralites. car il fut des citoyens de babilone. cest adire de la cite du monde. τ non pas de la cite de dieu. en laqlle il nauoit point de part. Par ainsi la cite terrienne commença par homicide et murdrier/cayn et finist par homicide Lamech. Mais abel fut citoyen de la cite de dieu dont il auoit part en padis. parquoy ne uoulut point faire de cite ou monde presēt

⁋ La premiere cite du monde appellee Enopca.

Cayn pour ppagation τ lignee auoit espousa sa seur Calmana. Et combien q telle chose ne soit pas maintenant permise: toutesfois il estoit lors nō pas seulement licite: mais grandement necessaire/ affin que par mariage en diuerses lignees/ amitie et affinite fust acquise entre plusieurs personnes. côme tesmoigne la pmiere questiō de la xxxve.

cause. Et pource dit sainct augustin ou xve. de la cite de dieu: que aisy cōme mariage a este permis entre freres/ et seurs pour necessite: de tant est il maintenant plus prohibe et defendu par leglise/ ostee la necessite. aussi iamais le filz nest conioinct auecques la mere. ne la fille auec le pere. Car entre eulx doibt estre une reuerēce naturelle. côe dit sainct thomas en la seconde de secō de en la liiise question et ixe article. As ce propos Narze le philozophe en sitizesme liure des bestes: de ung cheual auquel on couurist et bēda les yeux pour auoir la compaignie de sa mere/ et en ceste maniere la cōgneust. mays quāt il fut debēde τ descouuert sesditz yeux: et quil eut cōgnoissāce du cas: il en eut si grāde horreur quil se precipita. τ laissa trebucher tellemēt du lieu hault ql se tua. Et pource la detestable semiramis fēme de nynus q fut de la lignee de nēbzoth: est tresfort blasmee ou premier de iusti historique. de ce quelle demanda la cōpaignie de son filz. Pour laqlle cause ledit filz de horreur la tua.

⁋ Pour retourner a nostre matiere quant ledit cayn eust occis son frere il trembla par tous ses membres. τ dieu luy fist ung signe en la face et luy dōna malediction selon nicole de lira sur le quart de genese. Car par enuie il la uoit tue ainsy que Romulus tua sō frere remus qui tous deux estoiēt des enfans de plia. ⁋ Pour recōpense dudit meurdre ledit cayn fut tue de lamech selon Nicole de lira ou lieu dessusdit. Mais ung aultre docteur appelle bourgoys dit le cōtraire allegāt sainct Jerome en son liure des questions du uiel τ nouueau testament. disant que cayn fut noye ou deluge auecques toute sa posterite: et que lors il estoit tresuielz. ⁋ La raisō pour laquelle cayn edifia cite est telle. car dieu luy dist ou quart de genese. quil seroit mauldit. et quil ne luy donneroit nulz fruys de la terre. Et pource il laissa labouraige quil auoit deuant excerce. et trouua par sa malice les ars mechaiques. par lesqlz

Feuillet xxi

est substantee la police dune cite. Et combien quen ce faisant il eust grande vexation et travail: toutesfois ladicte paine ne le fist point amender: mays tousiours augmentoit son mal, croissant sa maison en multitude de pecune, par rapine et violence, en inuitant et attraiant a luxure et larcin ses subiectz, esquelz maulx il estoit leur docteur. Il changa et mua la premiere simplicite des hommes par poys et mesures. et les mena et induist a cautelle et corruption. Il fist premier diuisio de la terre et appella sa cite enoique de son premier filz nomme enoch. lesquelles inuentions toutes sont attribuees a viuers dieux selon lart poetique ainsi q touche Ouide ou liure second de lart damer. disant que au commencement le gendre humain vagoit par les champs les boys seruoient de maison, lerbe de viande, ses feulles de lit. Et que come ne congnoissoit point charnellement la femme, iusques ad ce que venus la deesse damours vint et en fist lassem/blee et conionction. ¶ On peult peu faire vne question iuridique. Seu que lamech sans mal penser tua Cayn, se doit on dire homicide: il semble que no selon saint augustin en vne epistre a publicole. car come il sera dit: Lamech en faysant bien, tua cayn sans y penser. et selon saint augustin Tout mal est voluntaire. Et pource come ainsy soit que ledit lamech neust point vouloir de loccire: il sensuiuroit quon ne le debuoit point reputer tel. Aussi en la. k. distinction ou chapitre commencant Sepe. est dit q se en coupant vng arbre: aduient que a leure que il cherra aucun se viendoit dauenture mettre dessoubz: et soit tue: celuy qui coupoyt larbre est hors de coulpe. Ainsy fist Lamech qui en tirant de larc, apres ses bestes brutes pour auoir des peaulx a se vestir: dauenture tua cayn. par quoy se biseroit q ne fust point homicide. ¶ Saint thomas en la seconde de seconde dit q aucunessoys aduient que vne chose q nest pas voulue de soy: est par accidet

voulue, comme celuy qui nentent pas faire homicide: toutesfoys il ne se donne pas en garde de tout ce quil doibt: et ainsy sans y penser fait mourir aulcu. Il est homicide. Car il estoit tenu de y penser. Et cecy peult aduenir en deux manieres. ¶ Une quant aulcun vacque a quelque chose illicite. et ainsy tue vng aultre sans y penser. il nest point a doubter quil ne soit homicide. Secondement quant il vacque a chose licite mais il ne pense pas par tout ou il est tenu. aussy il est homicide par sa negligence. car on peche aussy bien en obmettant et laissant a faire ce quo doibt: comme en faisant ce quon ne doibt. pourquoy lamech fut homicide. ¶ On peult aussy demander: sil est licite au pape, a leuesque, ou autre ecclesiastique, auoir iustice pour condemner a mort. et de en donner lauctorite aux inges. Response que en vne generalite vng ecclesiastique peult donner generale et indeterminee licence de punir tous malfaiteurs estans en sa subiection, et iustice. Mais il ne peult pas determineement condempner tel, ou tel: pour tel ou tel cas. Car cela appartiet aux seculiers. Ausquelz dit Saint augustin sur leuitique en ses questions: Se tu condemnes vng homme iustement: proprement ce nes tu pas. mais la loy. ¶ Ecy est cler par ce q nostre seigneur dist a ses apostres ou xxij. de saint Luc quant ilz luy dirent Secy deux cousteaux. Cest assauoir le materiel et espirituel. A quoy il respondist: il suffist. Laquelle respose il neust pas baillee. mais eust dit cest trop: se telle iurisdiction neust este licite. Ainsy donques appartient a leglise vser du cousteau et du glaiue materiel selon la maniere deuat touchee. ¶ Oultre son demande sil est licite soy tuer. La response est que no. Car celuy qui se tue: peche premierement contre luy mesmes. et fait contre charite qui est de soy aimer. et ainsy peche mortelle/ment. Secondemet il peche cotre dieu. au quel seul appartiet oster et donner vie.

Premier aage

Et son argue de ce qui est dit ou x̄e de sainct mathieu que celuy qui perdra son ame/et sa vie:la sauluera. Responfe par la vie est entēdue la vie anima/le et sensuelle/quon doibt faire mourir τ adnichiller:qui se vouldra sauluer. Et nest pas a entēdre quon se puisse tuer soy mesme. car il est defendu ou xxe de exode de ne tuer ne soy ne aultruy.

Aultre instance est de sanson q̄ sest tue soy mesme comme apert ou liure des iuges ou xvje chapitre. Et toutes foys il est nombre entre les saincts ou chapitre xje de lepitre aux hebrieux. Et pareillement Pazias le bon pere se tua comme est escript ou second liure des machabees ou xiiije chapitre. Response en ensuiuant sainct augustin ou li/ure dessusdit ou chapitre xxje est que en quatre cas il est licite de tuer ung hom me. Premierement en iuste bataille/τ apres lauctorite du prince. Seconde/ment par puissance publique comme ont les iuges des princes selon la xxiije cause et question ije ou chapitre Noli. Tiercement par expres commande/ment de dieu.comme abraham voulut ī moler psaac tesmoig le xxij de gene. Quartement par occulte inspiration du sainct esperit comme fist sāson. Et iepte iuge en israel qui sacrifia sa fille pour le veu quil auoit fait a dieu. Du quel touteffoys dit sainct ierome quil fut fol en vouant et cruel en payant son veu.

Chapitre xij de Abel.

Abel second filz de adā fut ne en lan xxx de son pe/re auecques sa seur delbora. Et selon Pabane ou premier chapitre du second liure de Vniuerso: il est iterprete luctus q̄ en frācoys denote pleur et lamenta/tion. car il fist long temps plourer adā et eue comme dit est. Ou selon iosephe ou premier liure des antiquites/Abel est iterprete Nichil. q̄ en frācoys vault

autant comme riens/ou vanite. Car il ne fist iamais riens. Ne engendra point de lignee. mais fut tue auant q̄l eust puissance de engendrer/selon sainct augusti ou pmier des merueilles de la saincte escripture. Et ne fust iamais marie. Non obstāt que sil eust vesquu plus longuement:il se fust mis en ma riage. Ledit abel eut toutes especes de iustice/qui est de trois manieres. et pce eut trois courōnes. Car il fut p̄/stre et offrit et sacrifia chose plaisante a dieu. Secōdemēt il fut vierge. Et pce nengendra poit. pose que selō sainct augustin engendrer fust en ce temps la de commandement. Tiercement il fut martir par leffusion de sō sāg.pour ce quil estoit bon. Audit abel commē ca leglise. et non pas a adam/qui pecha mortellement en trespassant le comā/dement de dieu. Et pource en ycelluy abel est figure/et represente le bon pa/stour/qui mist son ame pour ses ouail les. dont est parle en xe de sainct iehan Et qui respādit son precieux sāg pour la redemption de tous pecheurs.

Chapitre xiij de seth

Seth second pere des hommes/τ tiers filz de adā fut ne en lan de adam son pere Cxxxj Mais selō methodius τ les lxx inter ptes lā CC. et xxxj dudit adā Apres la natiuite dicelluy seth vesq̄st adā viijC ans selon la verite hebraique. mais se cond les lxx interpretes il ne vesquist que viijC ans seulement. Jl est interp̄/te resurrection et position selō sainct augustin ou xv de la cite de dieu ou xvij chapitre en la fin. Car il fut mys ou lieu de abel comme pour resusciter abel qui estoit ia mort. Et pource en abel et seth/est figuree la resurrection de ihūcrist. Ce seth pcy fut bon hō/me. et fist ses filz aussy bons. Lesquelz trouuerēt pmiers la sciēce des choses ce

Feuillet xxii

On peult demander en ce lieu pour quoy nos peres anciens demouroient tant a engendrer.car ilz auoiēt.l.qua/tre vingtz ou cent ans deuāt quilz eus/sent generation. La responseselō sainct augusti ou.xv.de la cite de dieu ou xxe chapitre est.que cestoit pour leur lon/gue vie.parquoy nestoit pas necessai/re de auoir si tost puissance de engen/drer. Considere que ilz auoiēt du tēps assez.Et par cecy se peult excuser que abel auoit cent ans.t si estoit vierge a leure de sa mort. A ce propos est dili genment a noter selon sainct augusti ou xve de la cite de dieu ou chapitre ixe et xije.ꝗ on ne doibt pas adiouster foy a aucuns qui dient que cent ans du temps passe ne valēt que dix des no/stres.car en disant ainsy a bien dimi/nuer les nombres dessusdis:on trouue roit que Seth a xj ans eust engendre enos.attendu que la lettre dit ꝗ lors il auoit cent et cinq ans.t caynan neust eu que sij ans quant il engendra ma/laleel. Car selō la lettre il nauoit que lxx ās. Ledit seth mourut apāt ix cēs et xij ans:apres quil eut engendre plu sieurs filz et filles auec sa fēme t seur delbora qui fut nee auecques abel. Ainsy apert que seth nest pas ihesucrist comme ont faulcement cuyde aucuns heretiques nommes sethiniens. Des/quelz parle ysidore ou cinquiesme cha/pitre du viije liure de ses ethimologies.

Chapitre xiiij de Enos.

Enos filz de Seth fust ne en lan de sō pe. Cest ꝗ est en lā du mōde deux cēs xxxv.selō la verite he/braiq̄. Mais selon les lxx

Interpreteurs et expositeurs en lan trois cens xxxve.qui sōt Deuant la natiuite ihesucrist.quatre Mil.viij.C soixante et quatre/selon bede et orose. Et est enos interprete homme/selō Rabane et sainct Augustin ou xve.de la cite de dieu.ou xviije chapitre. Cest Enos eut grande esperāce en dieu.en inuocant sō sainct nom.tant que plu/sieurs disent quil fut le premier qui ex cogita et trouua les ymages en lon/neur de dieu.et qui fist icelles ymages pour exciter et esmouuoir sa memoire a mieulx penser a dieu selon henry de hertuordie ou quatriesme chapitre de la premiere aage. Dicelluy dit come/stor quil trouua les parolles ꝗ orōp sōs deprecatiues a dieu.Et mourut apāt neuf cens et cinq ans.selon le cinquies me de Genese

Chapitre xve.de caynan

Caynan filz de enos fut ne en lā de son pere qua tre vingtz et x. Du mōde trois cēs xxv selon moyse et les hebrieux. Selon les lxx expositeurs lan du monde vj cens xxxv.Deuant la natiuite de ihesucrist quatre Mil.vc.lxxiiij. Et mourut apant ix cēs.x.ans Il est interprete possession des choses selon Rabane ain sy que cayn possession. Par luy sont si gnifiez ceulx qui desirēt les charnelles voluptez.et ne pēsent que aux delices presentes.Disans ce qui est escript ou second de sapience. Couronnons nous de roses auant quelles sechent.quil ny ayt pie ne personne ou nostre luxure ne soit excercee. Et est a noter a par ler moralement:que caynan est autre ment interprete/lamentation du peu ple. Et nous denote quil nous fault plourer et gemir en ce siecle.Lequel est de sainct gregoyre appelle/vale de mi sere. Sainct augustin reprent ceulx qui ne pleurent point pour auoir per/du lamour de Dieu/Et plourent

Premier aage

pour seur amy tēporel. ¶ Le pecheur doibt plourer pour plusieurs causes. premierement en recogitant et pensant que Iniustemēt il a offense dieu/ son pere/son seigneur/son createur/Redempteur/saulueur/et glorificateur. Pour lequel appaiser selō saict augu. ou liure de penitēce:il fault lamenter son peche et les circunstāces de icelluy cestassauoir en ayant regard au lieu/ au temps/a la qualite des personnes/ selon la temptation grande ou petite. et selon la multitude de loperation dy celluy peche. ¶ Secondement doibt plourer sil sest offert a peche de son propre mouuement.en preuenāt la temptation:et se offrant a mal: deuāt quil fust contraint par icelle temptatiō.

¶ Tiercement doibt gemir.car il sest priue de vertu/et rendu impotent de auoir ce qui estoit sien deuant son peche. Cestassauoir la gloyre eternelle. Car pose quil ait pardon par penitence:si nest il point en luy de son propre merite:de gaigner la gloyre qui estoyt sienne et quil a perdue/et ne scet sil la regaignera. Par aisy apert que peche est vng tresmauuais ennemy. car luy oste:cōme nara ne deable/ne beste/ne quelque aultre chose qui luy puisse nuyre. Considere que il nya point de aduersite la ou ne domine nulle iniquite. Et pource en huitiesme de lecclesiaste est escript. Celuy qui gardera les commandemens ne sentira nul mal. et au viij. chapitre de lepitre aux romais dit sainct pol. Nous scauons que a ceulx qui aimēt dieu:toutes choses leur tournent en bien. Et en quelque maniere que le iuste seuffre mal:tout vient a son bien. et a la confusion de ceulx qui le persequtent. Parquoy est fort a plaidre le temps passe en peche. par le ql nous sommes priues de la grace de dieu/ et de vertu. Le quel temps est tresbrief pour conquerre la vie eternelle. et qui nous a este donne pour bien viure et faire penitence de noz maulx. Pour ce Iob ou xxiiij. chapitre se plaignoist du temps/que dieu luy auoit donne a faire penitence. lequel il appliquoyt a mal. ¶ De telles manieres de gens parle lapostre en lepitre aux romains ou second chapitre: disant que ilz ne thesaurisent sinon lire de dieu. Pource dit ysaie en son xlv. ā lēfāt de cēt ans mourra:et sera maudit. entendant p ledit enfant:celuy qui ne deuient poīt homme par vertu et merite: ainsi quil est tenu. Et aussy la longainquite de vie que par la grande misericorde de dieu Il a eue/luy tournera a malediction et paine. A ceste cause crye le sainct esperit quatre foys. Retourne/retourne/ame pecheresse. Retourne/retourne toy affin que nous te regardons en pitie. Car par quatre manieres nous laissons dieu. Cestassauoir par delectation/loquution/operation. et coustume. Ou pource que en chascune des quatre aages nous laissons dieu. Cestassauoir en ieunesse. en adolescēce. en grauite ou virilite. et en vieillesse. ¶ La dite ame pecheresse est appelle en latin sunamitis. qui en frācoys denote ame captiue/prisonniere maleureuse/ou mortifiee. Premierement elle est dite captiue et serue. Car selon sainct iehā en huitiesme chapitre. qui fait peche il est serf de peche. Et pose que vng mauuais homme regne ou monde: si est il serf. non pas seulement dung deable. mais dautant:comme il a de pechez.

¶ Secondement elle est captiue par penalite miserable. Car la conscience doubteuse presume tousiours du pis. tesmoing le xix. chapitre de sapience. ¶ Tiercemēt elle est captiue par vne sterilite mortifiee. En tant que elle ne porte nul fruyt agreable a dieu. Car le beau bourgon et vert spō estāt en la vigne: cestadire en dieu: apporte et fayt grant fruyt. tesmoing le xv. de sainct iehan. ¶ Quartement pcelle ame est captiue par vne calamite et misere morte. Et pource ou xviij. de Ezechiel est escript. Lame qui ara peche:mourra de mort qui est tresmauluaise et dangereuse. comme dit le pseaulme .xxxiiij.

Feuillet xxiii

¶Quartement doibt lomme plourer son peche entant quil corrumpt son p̃/chain par son mauluais exemple. qui est vng grant mal. De quoy dieu dit en sainct mathieu vne doubteuse sentẽce. Se aulcun a scandalize vng de mes petis seruiteurs qui croyent en moy: il est expedient que vne meule de moulī soit pendue a son col. et que auec p̃celle soyt noye ou parfond de la mer. Et se on demande que cest que scandale. Re/sponse. que scandale est vne chose mal dite/ou mal faicte/baillant mauluais exemple a son prochain: selon sainct thomas en la seconde de seconde en la question. xxxiiij^e. ¶Se on demandoit en oultre: se scandaliser aultruy est tous/iours peche mortel. Responce que se le scandalizant donne seulement occasi/on de peche veniel: ce nest que peche ve/niel. Mais sil donne occasion de pecher mortellement: toutessoys il ne peche pas en intention de fayre aultruy pe/cher: selon lexigence du cas il pourrout estre mortel. Et sil le fait en intention de faire pecher mortellemẽt: il nest po/int a doubter: que ce ne soit peche mor/tel. car il est cause de perdre vne ame si precieusement rachatee du tressainct et tresprecieux sang de laignel incon/tamine et sans macule. Et come dit sainct augustin. Cest plus grant mal perdre vne ame que mille corps. ¶Quintement lomme aussy doibt plourer sil perseuere et a perseuere lōg temps en ses peches. car qui fait bien: et ne perseuere iusques a la fin: Il est en voye de perdition et de eternelle dam/nation. Doncques par plus forte raisō qui perseuere tousiours en mal: Il est manifestement perdu. Car il fait bien pour neant: quil ne perseuere iusques a la fin. et pour neant court aucū pour venir premier: se quant il sera pres que a la fin: il se arreste et ne continue poīt sa course. Et pource dit bede q̃ le sainct esperit demoure es bons. affin quilz p̃/sistent et sacquent a bonnes euures/ quilz aiment voluntayre pouurete. quilz plourent/ quilz ayent faim/ et soif:

et desirent iustice/ et misericorde. Non obstant aulcunesfoys le sainct esperit laisse les bons et ne leur permet pas puissance de garir les malades. de susci/ter les mors. getter les diables hors les corps. de prophetiser et faire euures sē/blables. Mais toutessoys il demeure tousiours en eulx entant quil leur sert et ayde a auoir et acquerir grace/ et vi/ure vertueusement. Parquoy fault le mieulx quon peult: continuer en bien iusques a la fin. Ou a tout le mains laisser son mal: et sen repentir. Car se/lon sainct iehan crisostome ou liure de la reparatiō humaine: la pitie de dieu est telle enuers les hommes: que Ja/mais il ne desprise les penitens et repē/tans de leur peche qui soffrent et veu/lent retourner deuotemēt et puremēt a luy. Jasoit ce quilz ayēt fait les plus grās maulx quon pourroit faire. mais que ce ne soit pour nul des sept peches contre le sainct esperit. desquelz Il en ya deux irremissibles. Cestassauoir fi nale impenitence et finale desperatiō. Lesquelz ne seront remis ne pardon/nez: ne en ce monde pcy/ ne en lautre.

¶Chapitre xvj^e de Enoch filz de Cayn

Il est certain Le quantiesme fust Enoch en tre les filz de Cayn selon sainct augu stin ou xv^e de la cite de dieu. ¶Il est interprete dedication. Car cayn com/me dit est: luy dedya la pmiere cite qui fust iamais faite. et de son non lappel la enoique. pource quil amoyt Enoch sur tous. ¶Par ledit enoch pouōs en/tendre les mondains qui sōt fōdez seu lement en ce monde present. desquelz est escript en sainct gregoyre ou liure viij^e de ses moralitez/ q̃ leur tabernacle

Premier aage

ne durera point.car tant plus les mondains edifiēt fondemēs en ce mōde:tant plus se eslōgnent ilz de la cite de dieu. Les iniques doncques ne ayās que le monde deuant les yeulx:y plantent la racyne de leur coeur.affī que ilz y fleurissent mondainement. et ne pensent pas quilz sechent quant a paradis. Pour ceste cause dit saict pol que abraham habitoyt en petites cases et maisonnettes:attendant la grande cite de paradis.et iacob gardoit humblement les petites bestes par les champs. posé que son frere esau incedast et alast pōpeusement auecques grande compaignie.tesmoing le xxij et xxiiij de genese. Mais saul prist.xxx mille cheuaulcheurs contre le mandement de dieu dont il luy prist mal de ses besoignes comme appert ou pmier liure des roys ¶ On pourroit cy demāder/pourquoy en la generation de cayn:le temps de laage des peres nest point compte:ainsy quil est en la generation de seth. A ce peult estre respondu que cayn denote la cite terrienne et du monde.dōt on ne doibt tenir compte:et en laquelle le sainct esperit ne sest pas tāt arreste cōme a la generatiō de seth qui nous dōne a entendre la generation de sancte et la cite celeste.laquelle generation est la plus digne de memoyre. Qui ce souldroit arrester par toutes ces generations on y peult entendre sens allegozique.comme par adam nous entendons dieu.et par eue la synagogue Dieu doncques fut conioinct premierement a la synagogue des iuifz:ainsy q̄ adam a sa femme eue: Mais la synagogue le renya disant en sainct iehan ou ix:nous ne scauons qui est cestuy cy.ꝗ en saict mathieu ou xxvij:Nous nauons point de autre roy que Cesar. En oultre comme le premier filz de adam (de eue cestassauoir Cayn fust trelmauluais:Auffy a parler allegoziquement Le premier filz de dieu et de la synagogue fut le peuple Juda yque/dur/cruel et mauluais.qui a tue abel linnocent. cestadire Jhūcrist filz de dieu:qui nauoit pas desserui mort. Item ainsy que cayn par enuie occist abel:les iuifz pareillemēt firent mourir ihūcrist. qui par sainctete de vie offroit sacrifice acceptable a dieu dōt les iuifz furent enuieulr.comme bien congneut pylate quant ilz luy presenterēt Mais les sacrifices de cayn cōme ceux des iuifs ne plaisoient poit a dieu.pour ce leur fust dit ou premier dysaye Ne me offres point de sacrifice.car le Nostre ne me plaist poit mais ce mest abhominatiō ¶ Item ainsi que cayn fut en exil et vagabunde auec toute sa generation comme dit est deuant: Aussy depuis la mort de ihūcrist: le peuple iudaique est en exil vagant par toutes nations.selon le prophete Osee ou ix chapitre. ¶ Et comme cayn vouloyt extirper et aneantir le nom de abel:auſsy faisoyent les iuifz le nō de ihesus.di sans ce qui est escript ou ij de sapience Interrogōs loy par cōtumelies/τ tourmens.et le condēnons de mort tresvillaine. Mais selō sainct pol ou ij de lepitre aux philipenses: Dieu y a bien mis remede. Car il a donne a son filz le plus beau nom de tous nōs. cest ihesus.au ꝗl nomtout se encline es cieulx/en terre/et en enfer. ¶ A cause ꝗ cy desus est dit ꝗ Cayn pour lōneur (glorre de son filz enoch dedꝑa et dēnōma sa cite Enoique: Nous debuons noter que soy glozifier et predre gloire : peult estre reprehensible en troys manieres Aulcueſſoys pour la noblesse de ses parens et progeniteurs desquelz parle Osee le prophete en la personne de dieu disant ainsy quil muera leur gloyre en honte.et ou premier liure des machabees ou ij chapitre est dit ꝗ leur gloire nest ꝗ ordure τ vermine ꝗ auiourduy est esleuee et nest plus demain veue ne trouuee. Secondement est trouuee vaine gloire / en ceulx qui se glozifient de la sainctete de leurs fondateurs. Ainsy que les iuifs deseur pere et fondateur Abraham. Auſquelz nostreseigneur dit en suitiesme cha. de sainct Jehan. Se vous estes

Feuillet xxiiii

filz de abraham: faites les euures de abraham. Et pource que vous ne les faites pas vous ne estes mie Mais estes enfans du deable. En cecy sont a blasmer plusieurs prestres qui ne tiennent pas vie de prestre. sont ilz ont le nom. Desquelz Sainct pierre fut le chief: q nest pas de tous ensuyuy. Aussy plusieurs religieux se glorifient pour leur pmier fondateur: qui fut sainct homme: comme sainct augusti, sainct francoys, sainct bernard, sainct dominique, et ont le nom de moyne. aux quelz la chose et la signification ne conuient point. ne le nom de religieux ne leur doibt point estre donne. Car religieux vault autant come celuy qui list et relist les loanges diuines. ou come relie a la vie contemplatiue. Et moyne vault autant come seul et triste.

¶ Nostre principale gloire selon Sainct pol en la seconde epistre aux corinthies ou second cha. est le tesmoignaige de nostre conscience. et que apres exquisition diligente: nous ne ayons point de remors, ne de ver, ne de scrupule, de quelque peche mortel par nous comis. dont nayons fait satisfation. ¶ Sainct bernard tractāt les parolles dictes de sainct pol en la premiere epistre a thimothee ou .j. chapitre dit que il y a quatre manieres de conscience. Lune est bōne, tranquille, et pacifique. Lautre est bōne et non pacifique. La tierce est pacifique et mauuaise. La quarte nest ne bonne ne pacifique. La pacifique et mauuaise est de ceulx qui ont ceste detestable, peruerse, et dannable pensee que dieu iames ne leur demandera riens de leurs maulx non satiffays. et cestecy nest gaires trouuee souuent: sinon es enfans et adolescens. La bonne et pacifique est de ceulx qui ont du tout soubmis la char a raison. et sont pacifiques auec ceulx qui beent paix. La bonne et non pacifique est de ceulx q sont tournez q conuertiz a dieu mays ilz craignēt moult recogitans et considerans leurs ans en lamertume de leur ame. durāt lesquelz ans isiniz ou plusieurs maulx ont este par eux comis. La mauuaise et

non pacifique aussy, est de ceulx qui se deseperent pour la multitude de leurs pechez. Desquelz est parle ou quart de gene. (et ou xlix de ysaye. ¶ Tiercemēt est trouuee et reprise vaine gloyre en ceulx qui se glorifient pour la dignite de leurs ministres. come estre baptise dun euesque, et non pas dun simple cure. Car ung sacremēt na point mains de vertu, administre dug simple pstre: que dug euesque ou aultre prelat. attēdu q ledit sacremēt ne se fait pas ou nō du plat ou du cure: mais ou nō de Dieu du quel tous ecclesiastiques sont ministres et seruiteurs. En la primitiue eglise quant le nō de Jhucrist estoyt a plusieurs en grande hayne par linstigatiō des iuifz: les apostres baptisoiēt ou nō de ihucrist, come apert ou chapitre viij des fais des apostres. Laquelle chose se faisoit par lordonnance q inspiration diuine pour multiplier le digne et sainct nō de ihesus. et affin que le peuple voyant tant de grandes choses faites en son nom eust a Jhesucrist plus grande reuerēce. mays apres que le nō de Jhesus a este assez multiplie et glorifie par tout: on a baptise selon la forme istituee de dieu: es chapitres derniers de sainct marc, q sainct mathieu ou il est comade baptizer ou non du pere et du filz et du sainct esperit.

Premier aage

¶ Le .xvje. chapitre de prad

Irad filz de enoch filz de cayn est interprete cite montãt/ ou descendant/ ou continence. Son pere estoit roy de la cite de babilone. lequel selõ le xve. de la cite de dieu ou vije chapitre a ceste propriete: quil ne se offre point a dieu: ne de coeur ne de couraige. mais y offre aulcũ petit de ses biens. Desquelz il ne fait point oblation pour charite/ ne feruente amour/ quil ait a luy. Mais plus pour regner/ pour auoir victoires/ pour puenir a hõneurs et aquerir mondaines richesses. es ql/ les il prent (et met sa felicite ¶ Les bõs vsent du monde: affin de auoir fruitiõ de dieu Mais les pecheurs veulent v/ ser et se seruir de dieu: pour auoir fruy/ cion du monde. Telles manieres de gens croient bien quil est vng dieu. lequel dispose des choses du mõde. mais si sont ilz pires/ (et plus a detester ã ceux qui ne le croient point. en tãt quilz nõt a luy amour ne charite. Sainct gregoire ou ixe. de ses moralitez ou .Chre. chapitre sur ce mot du prophete. Descẽderũt in infernum cum armis suis. etc. Dit que les armes des pecheurs/ sont les mẽbres du corps: par lesquelz ilz executent leurs dampnez desirs. Pource disoit sainct pol: Ne exhibez point voz membres pour armes de iniquite a peche Et tout ce procede du peche de no/ stre premier pere. Car tousiours nous auons vne suggestion et aguillonne/ ment de la chair/ contre rayson et contre le repos de nostre ame. la quelle suggestion lomme ne sentoit point deuãt le peche de adam ¶ A cause que au cõ/ mencemẽt de ce chapitre est dit ã prad est interprete cite montant/ ou descen/ dant: il fault bien singulierement no/ ter que affin que nous ne descendons en icelle cite babiloïque: hiesucrist mõ/ ta en la croix po' plusieurs raisõs. Et premierement pour estre veu (et cõgnu de nous plus euidãment selon sainct iehan en son huitiesme chapitre disant

ainsy. Quãt vous arez esleue le filz de lõme: a celle heure congnoistrez vous qui ie suis. cõme sil eust voulu dire ce q̃ est escript ou xiiij. de sainct iehã Je suis la voye par la quelle vous debuez a/ ler. La verite a qui vous debuez croire Et la vie que vous deuez appeter. En ceste digne montee en la croix iesus se donna et offrist en signe de voye de pa/ radis. en miroer de verite (et en liure de vie. Car quant on regarde le crucifix et hiesucrist esleue en croix : On voyt vng signe qui dirige et adrece en voye de pourete. car il pendit tout nu en che/ min de humilite : car voulentairemẽt se offrit. De benignite. Car il pria pour ceulx qui se crucifyoient De obe/ dience: car il obtempera a son pere De innocence: car iamais ne pecha. de pa/ cience: car en souffrant ne sonna mot comme sil fust muet. De perseuerance Car il perseuera iusques a la mort sans vouloir descendre de la croix. Ain/ sy dõcques il est monte affin quil nous fust signe et demonstrance de chemin. A quoy au iour duy/ dont est pitie: plu sieurs contredisent. cõme lauaricieulx contredit a pourete Lorguilleux a hu/ milite Lenuieux a benignite Le luxu/ rieux a continence Le contumax a obe dience Lyreux a pacience. Limpenitẽt a perseuerance. Lesqlz peuent tous p tinemẽt dire Nous naudz point veu les signes que nous voulons voir. Il nest maintenant nul prophete a qui nous voulions croire Et se aulcun y a il ne nous congnoistra plus tellement quil nous puist punir eternellement.

Non considerans ce que dit le psal/ miste ou pseaulme lxi Dieu vne fois a dit ces deux choses. Lesquelles iay oyes Cestassauoir La puissãce de dieu est a pugnir les mauluais. et aussy sa misericorde a premier (et remunerer les bons. car il rendra a vng chascun selon ce quil ara desseruy ¶ Secondement est mõte hiesucrist en la croix: pour de/ spoiller les enfers comme est figure on xlix. de genese Et affin que nous len/ suiuions plus courageusement.

Tiercement il est monte:affin q̃ nous soyons tires apres luy plus efficace/mēt. Et pource disoit il ou xije de saict Jehan. Apres que ie seray monte:ie tireray tout apres moy. Du quel lieu il dit. Ego, qui sault autant cõme moy Parquoy est note ce doulx nom Jhus. qui ou premier des cantiques est appelle huyle espandue: pour sa suauite et doulceur de luy. Car tout est sec q̃ nest oint de ceste huyle. Pource disoit saict Bernard en son xve. sermon. Se tu escrips: Je ne sauoire riens se ie ne lis ihesus. Se tu disputes/ou conferes il ne me plaist point/se ce nom ycy ihesus ne resõne en mes oreilles. Car ihesus cest miel en ma bouche, melodie en mes oreilles, iubilation et ioye en mõ coeur. On troutte en lescripture trois hommes nommes ihesus/tous de grãde excellence. Le premier fut filz de naue. Dont est parle en lecclesiastique ou xlvje. Le second fust filz de Sidrach. Dont est escript ou lje. de leccleisaste. Le tiers:filz de iosedech. Du quel est faicte mention ou premier de aggee. Le premier fust souuerain prince. Le second souuerain maistre. Le tiers souuerain euesque. Lesquelles trois souueraintes estoient en nostreseigneur ihũcrist. Il a premierement este prince souuerain. Et pource il dit ou xxviije De saint mathieu: Toute puissãce mest donnee/ou ciel et en la terre. Secondement il a este souuerain maistre/comme il est escript ou xxiiije. De saint mathieu. Tiercement souuerain euesque comme il est escript en lepitre aux hebrieux ou ixe. chapitre. Et selon saint pol ou ije. De lepitre aux philippenses:il a eu nom qui est par sus tout autre nõ. Ce nom ihesus est ung nõ vertueux. car il preserue de violēce contre la puissance du deable. Ung nom ioieulx. car il preserue de tristesse contre les tentations de la chair. Gracieux/ car il preserue de iniustice cõtre les mauuaises pensees. Glorieulx: car il preserue de le ternelle misere a dõne eternelle gloire.

⁋ La iiije. raison principale pourquoy dieu a este exalte et esleue en la croix est:affin que nous le suiuons en hault et que ne cheons point en bas en la cite babilonique et infernale. De ce dit saict iehan ou iije. Ainsy que le serpēt a este exalte en lermitaige: a il falu le filz de homme auoir este exalte:affi que tout homme qui croit en luy ne perisse point mais ait vie eternelle. Du quel passaige est dit notammēt, tout homme qui croit en dieu. car croire a dieu cest croire a ses dis et escrips. et croire dieu cest croyre que dieu est. Dont il est escript ou iije. De lepitre de saint Jaques. q̃ les deables croyent et tremblent. Mays croire en dieu cest lamer et honorer en croyant quil est. Les bons et les mauluais indifferenmãt croyēt dieu. mais il nya que les bons qui croyēt en dieu. comme seult le maistre de sentences. ou iiije. liure en la distinction xxiije.

⁋ Saict augusti pour nous ensflamer de aimer dieu et croire en luy dit. Que le filz vnique de dieu:a fayt plusieurs hommes estre ses freres et enfans de dieu. lesquelz il a achetes de sõ propre sãg. Car en tãt quil a este vēdu:il les a rachetes. En tant quil a este desho/noze:il les a honnozes. Et par ce quil a este occis:les a viuifies.

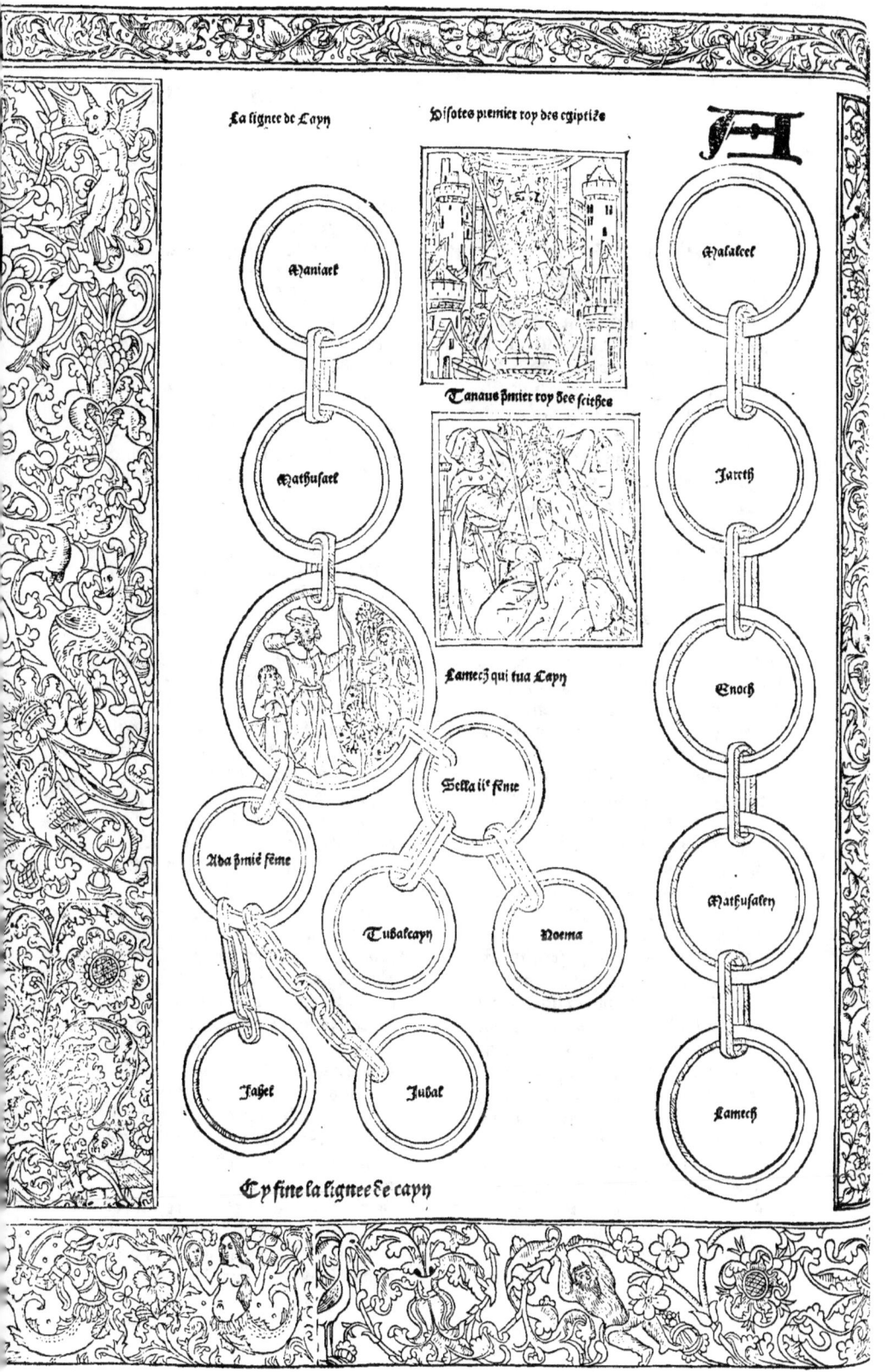

⁋Le xbiije chapitre Mauiael.

Mauiael filz de prad en la ligne de capn est interprete/ Dieu viuant.ou viuãt a dieu/ou quelque chose que ce soit:viuant de dieu. Car apres la maledictiõ de dieu on apperceut quelle efficace a sa parole sur les pecheurs. Et aussy on cõgnust qlle chose cestoit que sa maledictiõ. ⁋A ce propos peult estre demande cõmēt dieu a mauldit capn:attendu quil prohibe et defend quon ne mauldie point: Sainct gregoyre en ses moralitez ou iiije liure ou ixe. chapitre dit Que il y a vne maledicti dq̃ leglise approuue. Et lautre quelle reprouue et condemne:selõ ce quõ peult mauldire ou pour iustice/ou pour vengence. De la pre/ miere fust dit a adam ou .iij. de genese La terre soit mauldite en ton euure.et ou xije. a abzahã: Je mauldiray ceulx qui te mauldiront. De la seconde ma/ lediction est escript ou xije de lepitre aux Romains Beissez:et ne mauldissez point Et ou vje chapitre de la premiere epi/ tre aux cozinthiens.Les hommes qui mauldient:ne possideront point la terre.⁋Dieu mauldit par vertu et deli/ beration de iustice/mays les hommes aulcunesfoys mauldissent par despit et vengence. Non obstant que les bõs et sainctz hommes ne pechēt point en mauldissãt quant en ce faisant ilz sõt conformes a la voulēte et iugemēt de dieu.Et en telle maniere sainct pierre mauldissoyt symon magus pource qil sestoit baptise p fictiõ.Et helye maul disist deux cinquanteniers qui estoyent comme capitaines ayans chascun cin quante hommes soubz eulx /comme appert ou quart de Roys ou premier chapitre. Selõ sainct thomas en la seconde de seconde en la question lxxvie ou premier article Les prelas exercens iustice peuent mauldire et anathematizer. Aussy on peult mauldire aucun en bonne intention.comme luy desirer

maladie ou aultre empeschemēt pour le faire conuertir en mieulx. ou affin quil desiste de greuer les aultres. Se/ lond sa xxiije.cause question iije. Il y a double malediction. Cestassauoir la malediction de dieu et malediction de lomme. Celle de dieu iamais nest in/ iuste.car il congnoist les demerites et affections du pecheur. Mais lomme peult bien estre deceu de son iugement Et pource ne doibt il point mauldire de legier. Comme lange ne voulut pas mauldire le deable. Tesmoing la xxiije cause/question iije. et la canoniq de. S. Jude. Car quant le deable vou lut reueler aux iuifz le corps de moyse pour ladorer comme dieu: michel prince de la synagogue luy deffendist voy ant que iceulx iuifz estoiēt de eulx mes mes fort prõptz a ydolatrie.Et toutes foys il ne voulust point le mauldire pour la bonte de sa nature. Mais dist aisy: Je prie nostreseigneur ql te veuil le cõmāder que tu desistes et cesses de telle reuelation. Et pource les clercs principalemēt ne doibuentpoit maul/ dire par vēgēce sãs auctorite et iustice Car malediction est fille de ire .
⁋Sainct thomas en la seconde de se/ seconde en la questiõ lxxvie·dit q̃ mauldire nest aultre chose sinon deprier et de sirer par vengence ou autre mauluai se intention que male fortune et detri/ ment aduiēne a aultruy En quoy ap pert quil est requis que telle mauuai/ se malediction ne procede point par iu stice ne pour lamendement de celuy quõ mauldist.car telle maledictiõ qui nest ozdonnee que a mal: Va cõtre cha rite. Et nous sommes tenuz vouloir et pourchasser le bien de nostre prochain Parquoy est tressouuent peche mor/ tel ⁋De ce dit sainct pol en lepitre p̃/ miere aux cozinthiens ou vje chapitre Que ceulx qui mauldiēt:et les larrõs nenteront point ou royaulme des cieulx. En oultre que de tant est le pe/ che plus graue que la malediction est faite contre la personne que nous deb/ uons honorer et reuerer. Pource estoit

Premier aage

il escript ou xx.e de leuitique.Quicōque mauldira sō pere ou sa mere meure de mort Toutesfoys il aduient aucunes foys que mauldire nest que pcche beniel.Cestassauoir quant on ne desire q̄ vng petit de mal a celuy quon mauldist/ou quant on le fait par legier couraige.ou par ieu.ou par maniere semblable. Car les mauldissons sont cause de grand ou de petit mal selon la pēsee et intention de celuy qui mauldit.

¶ On pourroit cy demander sil est licite de mauldire les choses irraisōnables.A quoy peult estre respondu que nennin.Car la rayson de iustement mauldire nest point trouuee en icelles Combien que on le face souuent en hayne de ceulx a qui elles sont. Toutesfoys quant on les mauldiroit en tāt quelles sont creatures de dieu:ceft peche mortel et blaspheme. Mays les mauldire pour elles mesmes:est vain et illicite.Et qui plus est il nest pas licite de mauldire le deable selon le xxi.e chapitre des prouerbes.car le deable de sa nature par creation est bon. posé ql soit mauluais en voulenté. Parquoy sainct iude en sa canonique dit:quant larchangle sainct michel auoit altercation et disputation auec le deable pour le corps de moyse/ne luy osa faire aulcune blaspheme ne malediction.mais il dit Je prie que dieu te commande a faire raison. Sus lequel pas dit la glose quil fault diligenment considerer q̄ se larchangle sainct michel ne voulut point vser de blaspheme enuers sō aduersaire:mais vsa de parolle atrēpee Nous debuons de tant plus fuir et euiter blaspheme et malediction enuers les hommes ¶ A propos de malediction on peut cy demāder touchant excōmunication:qui est aucunement malediction:sil est licite a vng simple curé de excōmenier son parroissien pour larcin ou cas semblable:Pour respōse disent plusieurs quil nest point licite de excōmenier/fors a ceulx qui ont iurisdiction/comme euesques/archidiacres/et semblables. Mais Hostiense

Innocent/Jehā andre/et aultres/disent et tiennent que sans agitation de cause/ne de iugement/il est licite a vng simple curé de excommenier son parroissié en generalité sās specifier ne nōmer aucun.Ainsy comme on excōmunie es parroisses es iours de dimenche Vsuriers/sortiers/charmeurs/et semblables. Selō le chapitre/Si sacerdos en la rubriche de loffice de lordinaire. Car ilz peuent bien excōmenier en termes generaulx. Et principalemēt la ou il ya iurisdiction de coustume.Laql le coustume par succession de temps a force et vertu de loy. ¶ Pour euiter la coustume de mauldire fault noter certaines exemples de la saincte escripture et des xpristiens.Jesucrist ne mauldissoit point quant on le mauldissoit en la croix.selon le second chapitre De la premiere epistre de sainct pierre. Dit en oultre quon ne doibt point rendre mal/pour mal:ne malediction pour malediction. Et pource dit sainct pol en la premiere epistre aux corinthiens ou iiij.e chapitre. On me mauldist combien que ie ne mauldisse point. mais ie benys.Parquoy pour monstrer combien on doibt craindre malediction.il aduient souuent que ceulx qui mauldient sōt exaulses en leurs iprecatiōs a leur grande confusion. ¶ Sainct gregoire ou iij.e de son dyalogue narre dung bō pere nommé florētius.qui auoit vng ours lequel menoit et gardoit ses bestes es champs.Quatre disciples dūg aultre bon pere nommé euticius occirēt ledit ours.dōt ledit florentius fust si tres course que euticius ne le scauoit consoler ne apayser.Lors dist florentius Jay ferme esperance que dieu en fera et prendra vengence.Ainsy aduint Car tantost apres:les dis quatre disciples perirent et moururēt par vne putrefaction horrible de membres.Pour laquelle mort ledit florencius ploura toute les temps de sa vie.en criant et se reputant homicide a cause de sa dicte malediction. Du dit lieu sainct Gregoyre recite dung prestre nommé

Feuillet xxvii

estiẽne.lequel pour la negligẽce ou absence de sõ varlet crya:deable dechaussemoy.ainsi que sil eust ple a sõ clerc.z incõtinẽt ses liẽs z aguillettes se destacherent moyenãt layde z seruice du deable q̃ estoit en psence.Parquoy apt le deable estre tresprõpt a ceulx qui lappellẽt.¶Sẽblable chose recite gregoire en son quart dũg romain ayãt vng filz de.s.ans q̃ auoit acoustume tousiours de blaphemer quãt aulcũe chose ne vẽnoit pas a son appetit.Parquoy luy frappe de peste et estant es bras de son pere fust tue et occis du deable en blaphemãt le nõ de dieu z faisãt choses sẽblables¶Cesarius en sõ dyalogue narre dũg hõme qui dist a sa fẽme va au deable.z tãtost icelle fẽme sẽtit le deable luy entrer par loreille. Et q̃t vng sainct abbe en lisãt vne euãgile cõmãda au deable quil saillist hors.le deable respõdit:dieu ne le veult pas encores¶On lit aussi dung autre hõme lequel par courroux et ire dist a sõ filz va au deable.incõtinẽt le deable le prit et semporta tellemẽt q̃ depuis ne fust veu.¶Une aultre exẽple dune pucelle q̃ mẽgoyt du lait.a laquelle sõ pere dist tu puisses mettre le deable en ton ventre.incõtinẽt elle fust vexee z tourmẽtee du deable iusq̃s ad ce quelle fust fort aagee.Apres ala a rome et fust garie z le deable en saillãt dist q̃ apres ceste vie ladicte fẽme ne sẽtiroit iamais autre purgatoire. Tous ces derniers exẽples sõt pris de cesarius. Sainct augustin ou xxve.de la cite de dieu narre dune Iesue noble/ayant sept filz/et trois filles.Lesquelz tous elle mauldist.Et aussi tost furẽt treblãs z pris de tous leurs mẽbres.Parquoy de hõte sen alerẽt par tout le mõde cõme spectacle et regart miserable a chascũ.Ainsi par les choses dessusdictez apt cõmẽt on doibt fuir et abhominer malediction.

Chapitre xixe.de mathusael

Mathusael filz de maniael est interprete dieu de mort

Car toute sa generatiõ estoit dedyee a mort.z mourut ou deluge.Toutesfois cõme dit est:on fayt aucunesfois mẽtiõ en lescripture saincte de ceste iniq̃ generatiõ de la cite babiloniq̃ pour edifier les bons:et auoit horreur des mauluais et de leur vie selond sainct augustĩ ou xve.de la cite de dieu ou dixe chapi.z sẽblablemẽt ou xxi.liure.z ixe. chapitre. Aux quelles choses peuent estre baillees telles similitudes. Car cõme la terre peult estre coupee et diuisee seulemẽt par le fer et le soc.mais a ce pfaictemẽt faire sõt reqs les aultres mẽbres z instrumẽs de la charrue necessaires a lourraige.En oultre cõme les nerfz et cordes de la herpe seulemẽt sõt le son.combien qilz ayẽt aide de aultres mẽbres de la herpe.Et ne sont en la herpe fors pour tendre le son plus melodieulx.Ainsi est il des mauluais au mõde lesq̃lz ne sont auec les bons si nõ pour leur faire auoir plus grãt merite.¶Pource q̃l est q̃stiõ de mort:est assauoir lequel doibt plus doubter et craindre la mort:ou le vertueux/ou le vicieulx.¶Sainct augustin ou ixe de la cite de dieu ou iiije chapitre dit que le vertueulx la doibt plus craindre. Et allegue vng exẽple dũg des disciples de socrates.lequel estant sur la mer en peril de mort a locrasion de la tẽpeste qui soudainemẽt se leua/eust merueilleuse crainte et paour de sa vie.En ceste cõpaignie y auoit vng garsonneau de peu de valeur/qui en farsant z moquant luy demãda/dõt pcedoit quil craignoist tãt.Leq̃l respondit iay vne ame ennoblie de science z vertu.Parquoy ie crains plus a la perdre que tu ne fais la tiẽne.q̃ nest pas peult estre tellemẽt qualifiee¶Non obstant les pcheurs et vicieulx doibuẽt fort craindre la mort.pour doubte de la paine eternelle quilz sont en danger de encourir a leur mort.car ilz sont et ne reuiennẽt plus. De laquelle paine ilz sont dignes pour.iiij.raisons selõd sainct thomas en son escript sur le secõd de sentẽces en la distinction.xliiije en larticle iije.

d iii

Premier aage

Premierement car ilz ont peche cõtre le biẽ eternel.et ainsy que pour le meri te se ensuyt loyer et remuneratiõ:aussi pour le peche est deue paine ¶ perse/ cution.Secõdemẽt car celuy qui peche mortellemẽt peche cõtre ung biẽ infi/ ny.¶ De tant plus doibt estre ung cas pugny:quil est fait cõtre ung plus grã des personnes.Or est il ainsy que la puis/ sance de dieu est infinye:parquoy la paine de celuy qui loffense doibt estre infinie.Et iasoit ce que nostre ame ne soit pas capable de paine infinie inten siuement ¶Cestadire de si grande quon nen sceust faire ne souffrir de plus grã de.toutesfoys elle aura paine infinye par extension ¶Cestadire q̃ durera eter nellemẽt ¶Tiercemẽt le pecheur est digne de punition eternelle quant il pe che par ung vouloir continuel/et infi/ ny/qui est tres dangereux.Car cõme dit sainct augustin ou xxje de la cite. Dieu ne dampnera point ung hõme pour ung seul peche mortel momen/ tain et de petite duration.mais pource quil a eu en voulente:se tousiours vi uoit:de tousiours pecher.et de ne faire point de penitence d̃ son peche. Pour/ tant dit sainct gregoyre ou iiije de son Dyalogue.Que cest chose mõlt confor/ me a la diuine iustice:que celuy ne apt iamais cessaciõ de paine : qui oncques ne cessa de pecher.comme on voit de plusieurs q̃ vouldroient bien tousiours viure pour tousiours pecher.et qui ai/ ment mieulx pecher que viure. pose q̃ aulcunesfoys proposent de soy amen/ der ¶Quartemẽt telz pecheurs doib/ uent estre pugniz eternellement.aux quelx le peche demeure a tousiours. ¶ Car peche nest iamais remis sans pe nitẽce Or apres ceste vie/on ne se peut fructueusemẽt repentir.parquoy ain/ sy que tousiours demeure la coulpe: doibt demourer la paine.Laquelle pai ne est en deux manieres.Dõt lune sap pelle paine de domaige/qui est perditi on eternelle de la visiõ de dieu. et ceste cy sera infinie quant au temps.Laul tre est appellee sensuelle et sensitiue et cestecy sera grande ou petite selon les delitz grans ou petis.Ainsy q̃ dit sainct thomas en la premiere de secõde en la question quatrevingtz et xviij. ¶ Se on demãdoit se les ames separees des corps/cõgnoissent ce quõ fait en ce mõ de:Response briefue que celles qui sont en purgatoyre ou en enfer/ne cõgnois/ sent point ce quil se fait ou mõde sinõ coiecturalemẽt.Ainsy que ou xvje cha pitre de sainct luc le mauluais riche cõ gneut que ses freres viuoient mal cõ/ me luy et eux/auoiẽt de coustume. Parquoy il eust cure et memoyre de eulx:pose quil ne sceust quilz faisoient Ainsy que nous aus chagrin ¶ soucy des trespasses ¶ si ne scauons ou ilz sõt cõme dit sainct gregoire ou xixe de ses moralites.Non obstant ce lesdittes a/ mes de purgatoire peuent auoir aucu ne cõgnoissance des choses qui se font ycy ou mõde.Premieremẽt par infusi on de aulcũ esperit/ou de dieu/ou des bons anges/cõme lors que elles se sen tent alegees de leurs paines. Secon/ demẽt par reuelatiõ de leurs bons an/ ges/qui les visitent et les cõfortent sou uent.Tiercemẽt par recordatiõ ¶ me moire/ainsy qnil est dit du riche qui se recordoit de la vie de luy ¶ de ses freres Mays les ames eureuses et sauluees sceuent et cõgnoissent tout ce qui leur sert a perfection de leur entendement. en tant que elles soyent lessence de dieu.Toutesfoys elles ne congnoisset point les aultres choses.Et selõ sainct thomas en la pmiere ptie en la questiõ lxxxixe en luitiesme article Les ames dãpnees congnoyssent en ayant me/ moire des choses quelles ont mal fai/ ctes.dont elles se repentent infructueu semẽt/cõme est dit on ve de sapience. ¶ pensent le mal q̃lles ont desserui pour auoir desobey a dieu quãt elles estoiẽt ou mõde present. Pour lequel mal et paine elles veent dieu en telle maniere quelles vouldroient que il fust dãpne auecq̃s elles.car iamais ne pẽsent que dieu soit souuerainemẽt bõ. Attendu que icelle cogitatiõ les delecteroit selõ

Feuillet xxviii

sainct thomas en lescript sur le quart de sentences en la se. distinction. On demāde cōmunemēt cōe ainsi soit que lame soit icorporelle et spirituelle: commēt ce peult faire q̄ le feu dēfer ou de purgatoire q̄ est corpozel et materiel, come dit sainct augu. et gregoire, puisse riens faire en vne ame spirituelle. Sainct thomas ou quodlibet iije en la question xxiije. Respond que le feu de sa propre vertu ne peult naturellemēt lier ne detenir vne ame. car lame est de plus grande vertu que nest le feu. Cō sidere que vng corps ne peult en sa vertu naturelle lier ne detenir vng espit. Mais ce dict etprocede par la diuine vertu et par miracle. entāt que icelluy feu est instrumēt de lexecutiō de la diuine iustice. Ainsy cōme on congnoist par experiēce q̄ la sye cōme instrumēt fait larche, et que ou baptesme leaue la ue lame en touchāt le corps. Combiē quil ne soit pas a dire que ledit feu altere lame en la sechant, eschaufāt, ou enflāmāt: mais luy fait paine en la detenāt, cōe on peult facilemēt prouuer. Et pmieremēt car se ainsy est q̄ les diables sont liez et boutes hors des corps par la vertu daulcunes parolles: Par plus forte raisō seuffre lame du feu corpozel greuemēt: quāt si la lye et retiēt par vertu de iustice diuine: de laquelle ledit feu est instrumēt selon sainct augustī ou xxje. de la cite de dieu. Secondemēt le feu empesche lame en execution de sa propre voulēte. cōe on voit q̄ naturellemēt vne pierre seuffre quāt on lēpeche de aler bas en son lieu naturel. Et ainsy que lōme lie de liens est detenu et ēpesche daler ou il vouldra Sēblablemēt le feu dēfer cōme instrument de la diuine iustice empesche lame et retarde de faire sa ppre voulēte. Et pource saīct thomas allegāt saīct augustī ou xxje liure de la cite de dieu: met tel exēple. Que ainsy cōme lame en sa cōionctiō auec le corps, apres sa creation est detenue du corps auec lequel elle cōcoipt vne merueilleuse amour. Aussy lame separee du corps est con

ioincte auecques le feu, et detenue de pcelluy, laquelle chose luy fait grant horreur, douleur, et abhominatiō. Tiercemēt ledit feu nuyst a lame entāt qͥl se soit subiuguee par les creatures inferiores. Et toutesfoys elle est creee si noble quelle est capable de la vision de dieu si ne fust son peche. Car autāt que lame eureuse est pmiee destre colloquee et mise auecques dieu le souuerain createur, dautāt est lame dāpnee desplaisante destre deputee, auecques les iferiores creatures ou lieu tresbas et abhoiable, ou quel elles ont deux paines. Lune est la carēce et priuation de la vision de dieu, quelles ont perdue p leur peche. La seconde car elles seront mises et recluses audit lieu vile, et detestable et sont subiectes au feu, liees et detenues dicelluy.

Le chapitre xxe de lameth.

Lameth filz de mathusael en la ligne de cayn est iterprete scappāt, car en frappāt il tua cayn selon les ethimologies de pspdoize ou vje chapitre de son vije stire. Comestor dit que lameth vij de puis adam fust tresmauluais et qui pmier introduist adultere et bigamie cōtre la loy de dieu et de nature. Car en la premiere creatiō vne femme fust faite pour satisfaire a vng hōme. Et pource est bien dit ou iije chapitre de genese que lōme et sa fēme serōt deux en vne chair. Cestuy lameth est celluy qui tua cayn. Parquoy fault noter q̄ ledit cayn ne fust tue ne pugny de ses maulx iusques a la septiesme generation, pour vij. peches quil cōmist. Car il ne diuisa pas droictement les possessions, il eust enuie contre sō frere au quel il fist fraude et trōperie, et par enuie loccist. Et puis le nya obstinee ment, dōt il cheut en desesperāce sans soy repentir de son peche finablement. Ledit lameth occist cayn en vng chap, cōme dit Nicole de lira sur le iiije de genese, lequel chāp est ou pie de la

d iiii

Premier aage

mōtaigne du carme q̄ est es sins et extremites de la regiō palestine en samarie.pres iherusalē/a trois lieues du lieu ou q̄l helye tua les p̄stres de baal/dont p̄le le iij.e des roys ou xviij.e chapi. ¶ la pa vng chasteau nōme le chasteau de la mōtaigne capn. Cōbiē q̄l y a vne aultre montaigne du carme:ou nabal qui estoit hōe tresmauluais/tondoit sō troupeau.dont est p̄le ou xxv.e du p̄mier des roys ⁊ est situee en iudee vers pharan entre ouest ⁊ midy. ¶ Et aisy q̄ lameth estoit oudit chāp vouloit occire des bestes.non point pour menger les chars: mais pour se vestir des peaulx dicelles Ledit capn dauenture estoyt musse es buyssons tellement q̄ vng ieune enfāt q̄ conduisoyt lameth cuydoit de capn q̄ ce fust vne beste sauluage.parquoy icita ledit lameth a tyrer vne sayette. De laquelle il tua ledit capn. Donc lameth fust si tresdesplaisant quil batist et molesta ledit enfant tellemēt q̄l le occist. ¶ Icelup lameth congnoissoit biē q̄ dieu auoit desēdu soubz grāde paine q̄ nul ne tuast capn. parquoy en declarant a ses fēmes ceste occisiō dist Que la vēgēce de capn estoit baillee vij fois le double:mais de lameth seroit douBlee lxxvij foys. cōme sil voulsist dire Se capn q̄ fust tresmauluais ne fust point occis iusques a la vij.e generatiō/ par plus forte raison moy q̄ ay peche legerement par ignorāce ne seray point pugny iusq̄s apres plusieurs interminables generations. Sēblable maniere de p̄ler est ou xviij.e de sāct mathieu. Ou est dit ie ne te dis point iusques a sept foys seulement/mays iusques a lxxvij fois / qui vault autāt a dire cōme sans nōbre certain. Toutesfoys la glose de la p̄miere question/de la xxxj.e cause dit que lameth fist plus grād peche que capn. En tant quil commist homicide ⁊ adultere parquoy fut pugny ou cathacisme cestadire ou deluge vniuersel en lxxvij p̄sones/descēdues et engendrees de lup/q̄ tous y perirēt. Et aisy apt aultre expositiō de ce mot,que vengēce sera baillee sept fois

double pour capn. ¶ Et pour lameth lxxvij fois. Car lameth qui fust vij.e apres adam tua capn. et de lameth furent noyes lxxvij ames. ¶ A cause q̄ ledit lameth fust le p̄mier q̄ cōmenca bigamie.il fault scauoir en ce lieu q̄ les bigames ne doiuēt poit estre p̄meutz aux sainctes ordres.premieremēt pour la defaulte du sacremēt q̄ a tel bigame Secōdemēt pour le signe de icōtinēce. selon la distinctiō lxxxiiij.e nōmee pro posuisti. Tiercemēt pour la p̄rogatiue de lordre selon la distinction xxxvj.e ou chapitre vna.

¶ Le chapitre xxj.e de ada ⁊ sella femes de lameth.

Ada p̄miere fēme de lameth en la lignee de capn est interp̄tee testifiāt/ou tesmoingnage.La secōde appellee sella est interp̄tee petitiō/ou vmbre Cōme est p̄lāt dicelles dit que elles traictoyēt aulcunesfoys lameth tresmal et rudemēt/ce q̄l luy desplaisoit monlt en sa vieillesse et p̄uation de veue. parquoy leur dit vne foys entre les aultres. Escoutes fēme de lameth : Tuez vostre mary en sa playe. Cōme sil voulsist dire en les espouētāt ⁊ esbahyssant pourquoy me voules vous tuer. Quicōques me occira sera plus greuemēt pugny q̄ celup qui a tue capn.car il sera pugny lxxvij foys.mais de capn la pugnitiō ne sera q̄ de vij foys seulemēt. ¶ On peult faire q̄stion. cōme ainsy soit que ada soit iterp̄tee testifiāt:dōt viēt ce que les fēmes ne portēt ou baillēt poit de tesmoingnage:⁊ toutesfoys souuent les femmes sont plus brayes en leurs parolles q̄ les hōmes. Sainct thomas en la secōde de secōde en la q̄stiō lxx.e en larticle ij.e ou iij.e Respōd q̄ tesmoignaige ne requiert point auoir infallible certitude.mais seullemēt p̄bable. Car on ne peut pas auoir raisō demōstratiue:ne euidēte certitudē des fais humais sur lesq̄lz sōt fais les Jugemēs ⁊ requis les tesmoingnai

Feuillet xxix

ges. Et ce qui fait le contraire proba/ble et apparēt: il fait le tesmoignaige de nulle efficace. Or est il pbable (et appa/rēt q̄ aucū ne soit pas ferme en verite (et en tesmoignaige pour plusieurs cau/ses: cōme pour sa coulpe. Ainsi q̄ les in/fideles (et infames desquelx il est vray/seblable que facilemēt se pariureroiēt. Itē ceulx q̄ ont este cōuaincuz de publi/que crime. Itē par faulte de raisō (et suf/fisante discretiō. ainsi q̄ es enfans/es folz/(et es femes. Item par affectiō/par quoy les ennemis ne peuent faire tes/moignage cōtre leurs ennemys, ne les psōnes conioinctes par mariage: lune pour lautre. ne pour leurs domestiq̄s (et familiers. ne aussi les dditz domestiques pour eulx. Itē pour cōditiō exterioze cō/me vng serf (et subiect. car il est vraysē/blable q̄ facilemēt a lappetit de son sei/gneur il se pariureroit. Ainsi apt q̄ les fames ne sont pas repulsees de porter tesmoignaige pour leur coulpe ainsi q̄ les ifideles Mais pour deffaulte de rai/son q̄ souuēt nest pas en elles Toutes foys il y a plusieurs cas en droit esq̄lz les femes peuent porter tesmoignau/ge. cōe quāt on poursuyt vng cas de cri/me ciuilemēt cōe apt es decretales en la rubriche des tesmoigs. Aussi en cas de simonie. Itē en cause de inquisitiō/de denūciatiō/de exceptiō/et en cause ci/uile. fors q̄ en matiere de testamēs Et en cas de mariage Nō obstāt vne fem/me ne peut porter tesmoignaige en cas de crime fayt criminellemēt. ainsi q̄ ne sōt plusieurs autres psōes ¶ Pource q̄ en ce lieu parlōs de tesmoingnaige: Il fault noter que faulx tesmoignaige a troys defozmites. lune de pariure. car tesmoige ne sōt poit admis ne receux a tesmoigner q̄lz nayēt pmieremēt iu/re dire verite. (et cecy est tousiours peche moztel. La secōde est violer iustice/cōtre le cōmādemēt de dieu ou xx. de exo/de. (et ainsi cest peche moztel. La tierce est mētir Nō obstāt que mēterie nest pas tousiours peche moztel selō sainct thomas ou lieu dessusdit ou iiii. article

Aussi dit saict augustī q̄ vng faulx tesmoig est a blasmer pour troys cho/ses. La pmiere car il cōtēpne et despri/se le cōmādemēt de dieu. Secōdement il decoyt le iuge par sa mēsōge. Tierce/mēt il greue son prochai en luy ostāt le sien. Pour le pmier mal doibt auoir vii ans de penitēce tesmoing la xxii. cau/se (et questiō. j. ou cha. quicūqz. Pour le secōd il est ifame selō la xxii. cause q̄ stion. iii. ou chapi. Si quis conuictus. Dōt il doibt estre pugny par basture ou aultre extraozdinaire pugnitiō. Pour le tiers sera pugny selō ce que son pro chain aura este grieue pour sō faulx tes moignaige. cōme est escript ou code en la loy secōde: (et rubriche/De pena Judi cis (et c.

¶ Le xxii. chapitre est de Jahel.

Iahel filz de lameth et de sa feme ada en la ligne de ca yn est interprete attēdāt dieu/ou expe ctation de dieu. Car en attendant la vēgāce de dieu faite par le deluge il cō menca a faire des tētoyres pastozaulx et des pauillons portatifz/pour muer les pastures. Il ne pēsoit a riens que a mariage charnel et a remplir son ven tre. Cestuycy selō comestor ozdonna les tropeaux des bestes. et les separa se lon leur espece/les vngs des aultres cō me le tropeau des ouailles du tropeau des chieures. Ceulx dune couleur de ceulx de diuerses couleurs. (et les aigne/aulx, dauecques les meres. Aussi il oz/dōna en quel tēps il estoit meilleur q̄ les masles cōuensissent et eussent ha/bitation auecques les femelles pour p pagation et generation auoir.

¶ Le chapitre xxiii. est de Tubal.

Tubbal Duy ou iii. chapitre du pmier de iosephe es antiq tes est autremēt appelle Jobel/fust se cōd filz de lameth (et de sa feme sella en tre ceulx dōt lescripture fait mention. Et est lterprete mene a pleur/ou con/uersion a toutes choses. Vniuerselles.

Premier aage

Mais selon le iiij^e de genese il est filz de sa pmiere fēme nōmee ada. Et fust le pmier q̄ ioua de la harpe/des orgues et aultres instrumēs musicaulx.car il trouua lart de musique et les cōsonā/ ces dicelle.Laquelle il escript en deux tables pource quil scauoit que Adam auoit pphetise que le mōde periroit par deux deluges.Cest assauoir par eaue et par feu.pour aux quelx remedier il fist lesdittes deux tables.lune de mar/ bre pour estre pseruee de leaue.Et lau tre de cymēt ou de tuylle pour resister au feu.Lesqlles tables ou pilliers sont encores en sprie Aumains y estoyent ou tēps de iosephe cōe il dit ou iiij^e cha. du lieu dessusdit.¶ Nō obstāt les cho/ ses dessusdittes touchāt līuention de lart de musique dit aristote q̄ le philo/ sophe empedocles en ait este inuēteur en oyant le son des speres et orbes cele stes.Aussy lut on que moyse a lesdittes cōsonāces fort acreues et multipliees en oyant le son du cours de leaue. Les grecs faignent fabuleusemēt pitago/ ras auoir trouue icelle art de musique en oyant les sons des maillez.Ce que reprouuēt boece et macrobius. Tou/ tesfoys come stor dit que ainsy que tu/ bulcayn frere de iubal forgoyt des har noys de guerre/ledit iubal oyant la di uersite du sō des maillez p trouua ar/ monie mōlt delectable.Parquoy il pē sa et excogita icelle art de musiq̄ ā a ce cy cōsonne la saicte histoire.

¶ Le chapitre xxiiij^e.

Tubalcayn filz de la/ meth et de selle sa seconde fē/ me est interprete mene a lamētation de pleur/ou a pleur de lamentation. ¶ Cestuy trouua pmier lart de ferrer et de forger harnoys de guerre et de fai re sculptures et entailleures de pmages en diuers metaulx pour delecter les yeulx. Ainsy que son frere iubal auoit excogite music en delectatiō des oreil/ les.En pnāt exēple a nature q̄ en ses fructificatiōs pduist belles et merueil

leuses figures ¶ On peut demāder en ce lieu se cest peche de forger et faire ar mures/et choses semblables pour occir les hōmes: et aussy de fēdre senine et poisons ¶ Raymond respond q̄ en tel les choses fault cōsiderer lintētion. car se on les fait/ou on les baille pour en abuser/cest peche mortel.et est on cau/ se de tous les maulx qui sen ensuiuēt et digne de pugnition pour tous selon la ij^e cause questiō j^e. Mays son ne les fait que en bōne intētiō/il nya point de mal ¶ Henry de hassia/sur le iij^e de ge nese. sur ce mot In sudore vultus tui vesceris pane tuo etc. Dit q̄ a vng ou/ urier sont reqses.S.cōditions. La pre/ miere est droicte intētion pour q̄rir la necessite de sa vie.et pour seruir a la cho se publiq̄.et nō pas pour nuyre a aucū Secōdemēt q̄ leuure soit sans sophisti cation et deception. Tiercemēt quō le vede a iuste pris et quil soit recōpense de son labeur.Quartemēt quon ne fa ce poit nouuelles inuētions de baltes et curiosites sans necessite. Quītemēt quon ne ouure point a iour de feste .

¶ Le xxv^e chapitre est de noema.

Noema fille de lameth et de sa fēme sella/seur de tubal cayn/est interpretee consolation ou be aulte. Car elle trouua lart de tistre et faire diuerses textures et tapisseries. Et pource apt q̄ presques toutes les sciences mechaniques et ars liberaux seculiers et philozophiqs seruās tant a curiosite/que a necessite furent trou uees dicellup tēps selon saict augusti ou viij^eliure de la cite de dieu ou chapi^e. xxix^e.Et selō le ij^e liure du mirouer des histoires ou chapitre lviij^e.car elles deb uoient estre trouuees p les mondains et nō pas par les esleuz. qui ne sōt pas si prudens es mondanites selon sainct luc ou xvj^e.Et pose que elles seruent aux bons et aux mauluais. Toutes/ foys les mauluais en ont le labeur et les bons le fruyt.

¶ Question est se cest peche de vser de

Feuillet xxx

lart de texture/de tapisserie/de brode/
rie et de semblables response selon aste/
se ou iiije liure viije titre article xje que
se telz euures sont pour faire ornemens
de eglises ou a quelque aultre bōne fin
et a la louenge de dieu/cest tresbien fait
mais selles ne sont que pour induire (
attraire lōme a peche et a luxure com
me sont les superfluites des dames et
damoiselles/et les chemises deliees de
espaigne/les ouuriers et les vendeurs
pechent.car qui dōne occasiō de pecher
doibt estre dit et repute pecheur. Et
pource il est manifeste que telz ouuri/
ers ne viuēt point en leur estat et me/
stier seurement non plus q ceulx q sōt
les dez/les eschetz/les tables (jeux sē/
blables qui sont violer et rōpre la sole/
nite des festes.Et sont causes de par/
iures/de blasphemes/de maledictiōs/de
discordes et de ires/et aucunessoys de
lasciuite et luxure.pose que auscunes/
soys lesditz jeux valent et soient a con
forter nature.pour passer tēps et pour
oster melencolie et tristesse. Parquoy
en telles choses souurier doibt bien re/
garder et cōsiderer son itentiō et sa fin
⸿ Et son demande sil y a peche en sup
tuosite de vestemens: Saict thomas
respōd en la seconde de seconde en la qstiō
Clxix que en habit exteriore/ fault cō
siderer premierement la maniere du
pays et du mōde/auec lequel on vit.
Car selon sainct augustin ou iije liure de
ses cōfessions. On doibt euiter singu/
larite de viure aultrement que selon la
coustume du pays.attēdu que sa par/
tie est deshonneste qui ne se conforme
ne cōuiēt pas auecques son tout en bō
ne dispositiō et ordre.⸿ Il fault secon/
dement cōsiderer laffectiō de la person
ne car se on vacque et entent trop affe/
ctueusemēt a telles superfluites (gloi
re mondaine/pose encores q ce soit selō
la coustume du pays/cest peche. Et
pource dit sainct gregoyre en somelie
Que si se vestir tāt curieusemēt neust
este peche mortel Jamais neust este re
bargue le mauluais riche en leuāgile
de ce q se vestoit de lin et de pourpre.

Semblablemēt en paucite et deffaulte
de habillemēs et vestemēs peult estre
cōmis vice (peche en deux manieres.
Lune est par negligēce de se vestir ain
sy ql appartiēt a son hōnestete et estat
Parquoy aristote ou vie de ethiques
reprēt ceulx q trayhnēt leurs robes par
la terre (ordure.Lautre quāt on ordō/
ne la faulte et vilite des habillemens
a gloire.pourquoy dit sainct augustin
ou liure du sermon de nostreseigneur
en la montaigne/Que aussy en vilite
de vestemēt gist vaine gloire plus pe/
rilleuse/de tant quelle se fait soubz fic/
tion et ypocrisie de seruir a dieu.
⸿Question est en oultre se licitemēt
vne fēme se peult orner: respōse. quil
fault en cecy considerer laffection (la
fin ainsi cōme dit est. Cestassauoir q
ce ne soit point en excedāt la maniere
cōmune en gens de sēblable estat.Et
que ce ne soyt point par vne affection
desordōnee.mais se peult faire licite/
ment pour complaire a sō mari.doub/
tant quil ne chee en adultere en la con
tenant.Et pource selon la doctrine de
lapostre ou viije chapitre de sa pmiere
epitre aux corinthies/cela se peult fai/
re sans peche. Non obstāt a cause que
lornemēt des fēmes de soy puoque et
tire les hōmes a lasciuite et luxure/cō
me il est touche ou vije des puerbes/ses
fēmes q nont point de mary ne enten
tiō den auoir/ne peuēt licitemēt soy or
ner a complaire a leurs amoureux ou
aultres qlcōques pēsonaiges.Car cest
dōner occasiō de pecher (de iciter a pe/
che parquoy telles fēmes ce faisās pe/
chēt mortellemēt mais selles se vestēt
trop curieusemēt pour vng peu de gloi
re (de vaite/(nō pas pour irriter ne p
uoquer a peche/ce nest souuēt q peche
veniel.(semblablemēt fault il dire des
hōmes mais daulcūes femmes qui se
fardēt et paindent par fictiōs et diuer
ses couleurs dit sainct thomas en la se
conde de seconde en la questiō.Clxix.
que elles ne pechēt pas mortellement
se elles ne se font en mauuaise itentiō
cōme par oultrecuidāce lasciuite/ ou

Premier aage

cõtenemẽt de dieu. Car aucuneffoys on ne le fayt pas pour mõftrer ou fai/dre beaulte. mais pour celer sa turpitu de. ⁊ mefmemẽt quãt elle pcede de ql/que cause extrifeq ⁊ dauẽture Et pour ce dit sainct pol ou xij^e chapi. de la pmiere epitre aux corinthies. Que nature nous incite ⁊ admonefte ad ce q̃ nous debuõs orner nos mẽbres plus vilz de ornemẽs plus prieulx pour touſiours celer noftre turpitude et pouurete.

¶Dy pourroit en oultre demander Deu quil eft dit en la ligne de ſeth quil engendza filz et filles. Pourquop on npa mis aultres femes auec eue la p/miere mere. Et toutefſoys en la ligne de Capn ont efte les femes nõmees: Pefpond ſaint auguftin ou xvij^e cha. du xv^e de la cite/q ce fuft a denoter que ceulx q furẽt de la generatiõ de ſeth le quel eft interprete refurrectiõ/eſtoient filz de la refurrectiõ eternelle ou ilz ne ſont point mariez. mais ſont cõme les angles de dieu aifp q̃ dit ſaict mathieu ou xxij^e et ſainct luc ou xx^e. Mais des enfans de capn vint la cite terriẽne q̃ en la generatiõ viij^e Ceſtaſſauoir es filz de lameth fuft deftruite totalemẽt ou deluge. Et pource pcy ſont miſes les femmes et non pas en lautre comme dit eſt.

¶Le chapitre xxvj^e de malaleel.

Malaleel filz de capnan en la ligne de ſeth fuſt ne en lã de ſõ pere lxx. ſelõ le ve de gene. En lã du mõde. CCC.xcv. ſelõ la verite hebraique. Mais ſelõ les lxx. interpze/tateurs lan vij^c. quatrevingtz et xv. Ceſt deuãt la natiuite de iheſucrift qua tre Mil. CCCC. et iiij. ⁊ mourut apãt viij^c. quatrevingtz.v. ans cõme apt ou v^e de geneſe. ¶Saict auguſti ou xv^e de la cite de dieu ou chapi^e. viij^e. dit que pluſieur deuant le deluge vi/uoient mõlt longuemẽt et venoient iuſques a ix^c. ans. Combien que ia/mais nul vint iuſqs a mille. Laqlle choſe ceſtaſſauoir de lõguemẽt viure

permectoit dieu miraculeuſemẽt pour multiplier le ſang humain ⁊ pour trouer les commẽcemẽs des ſciẽces Tou teſſois ſelon aucuns ce le venoit de la bonte de la complexion. car les hõmes eſtoient mieulx cõplexionees et plus vi goureux. ⁊ auoient plus grãs os quilz ne ont maintenant ¶Pline dit ou ix chapitre que tant plus ſepaſſe le ſiecle q̃ le tẽps: de tant plus nature produift les choſes plus petites ⁊ de mendre corps. Parquop apt cõment ou tẽp^s paſſe p auoit grant multitude de geans. leſquelz ne ſont pas maintenãt. Et af fin q̃ la magnitude ⁊ grãdeur diceulx geas ne ſoit reputee icredible/dit pline enſuiuant la ſaincte eſcripture/quil a veu vne dent maxillaire tant groſſe q̃ dune dicelles on feroit biẽ cẽt des dens de noftre figure. ¶Auffy pource que deſſus eft ple de la longueur de la vie deſditz anciẽs dit ſaict aug. q̃ ceulx ne ſõt a opr q diſẽt q̃ dix des ans du tẽps paſſe ne ſõt q̃ vng des noſtres. Car cõ me dit pline/aucũs de noſtre tẽps vi uent deux cẽs ans. Et touteſſoys ilz ne ſõt pas a cõparer en force naturelle/ et bõne cõplexiõ/aux hõmes du temps paſſe ¶Henry de hernordia ou liure de la premiere aage ou vi^e cha. dit q̃ apzes la natiuite de malaleel commẽcerent deux royaulmes. Dont lun eſt des ſci/thes. et lautre des egyptiẽs. Le premi/er roy q regna ſur les egyptiẽs fuſt nõ me viſo/ou viſotes/aultremẽt zoneus. Et ſur les ſcithes regna pmier thana us. lequel fuſt pris en bataille de mer. De luy furent nommez les chãps de thanps en egypte ou premierement fuſt faite ceſte cite nõmee thanis. Dõt eſt ple ou pſeaulme lxxvij^e q̃ dit q̃ grã des merueilles furẽt faites en la terre degypte ou chãp thaneos ¶Ey apzes ou chapitre de ſaruth eſt dit cõmẽt les egyptiẽs eurẽt grãdes batailles ⁊ con/trouerſies cõtre les ſcithes. pource que les egyptiẽs diſoiẽt quilz auoiẽt meil/leur air ⁊ mieulx tempere q̃ les ſcithes Auſſi plus grande habundance de bi ens. Mais leſ ſcithes auoiẽt pays plus

Feuillet xxxi

froyt Aussy disoient que ilz auoient p̱mier regne les ungs que les aultres. Toutesfoys on trouue selon aulcuns historiens que en la ij.e aage apres Pagau comenca le regne des scithes. dõt le premier roy fut nõme thanaus ou thanays. Et que ledit royaulme ne comenca point ou temps dessusdit cest/ assauoir de malaleel. Laquelle opiniõ ilz confermẽt par ce que se ledit regne des scithes eust este commence ou premier aage/il eust este finy ou deluge premier/general et uniuersel.ou quel fu/rent saulues viij.hommes seulement selon le viij.e de genese. ¶ Justin historien dit en son second liure que les sci/thes auoiẽt fais ceulx de asie leurs tri/butaires/Mille et cinq cẽs ans/deuãt le regne de nynus Roy des assiriẽs.au mais usques au cinquatiesme an dy/cellup regne.qui estoit le huitiesme an de la tierce aage. Les autres disẽt que ceulx de aspe furent fais tributaires aux scithes en lan du monde. Mil.iij.c quatreuingtz et xij.selon la uerite he/braique ou temps de sale.q̃ fust xxxuij ans apres le deluge. et ainsy aspe fust tributaire aux scithes. ¶ Cxxuij.ans. et ny a point de plus graye opinion.

¶ Pareillement ya grande difficulte du commencement du regne de egyp/te. Aucuns disent quil cõmenca soubz le roy bisotes ou zoues. Les aultres di/sent que herode fust le premier Roy du non du quel/fust premier appellee la ci/te heroum qui apres fust dicte pamas/se dont est faicte mention ou xij.e de xo/de et consequamment nomiee thebes dont yssirent ceulx qui furent tues a/uecques sainct maurice.

¶ Le xxuij.chapitre de iareth.

Iareth filz de malaleel fust ne en lã de son pere lxue En la du monde. CCClx.e. selon les hebrieux et selõ les lxx expositeurs ix Cens et lxx qui sont auant la nati/uite de ihucrist iiij.Mil.ii.cẽs xxix ans Et est iterp̃te roborãt q̃ fortifiãt ou fer

me.Car par grace en luy roborec/il en gendra enoch en son an. C.lxij. ¶ Se lon saict augusti sur ce pas/plusieurs aultres furent engendres de seth et de cayn deuant le deluge. Desquelz lescri pture ne fait nulle mẽtion affin de ue/nir a noe en la genealogie du q̃l est la discretiõ et diuision de la cite de dieu.et de la cite babilonique. Et aussy pour uenir a abraham auquel fut faite la p̱messe de la natiuite de ihesucrist.

¶ Le chapitre xxuiij.e de Enoch.

Enoch filz de Jareth en la ligne de seth fust ne en lã de son pere. Clxij. cõme est escript ou ve.de genese. En lã du mont de ij.cẽs et xxij.selõ les hebrieux Mais selõ les lxx expositeurs lan Mil.Cc xxij.cest assauoir quatre mil.lxxxuij ans deuãt la natiuite de ihucrist. ¶ Le dit enoch fust translate en paradis ter restre. Et fust le vj.e par generatiõ de puis adã. parquoy peut estre signifiee la derniere resurrectiõ deuoir estre fai te en la uij.e aage. quãt les saints seront trãsportes en la uie eternelle.et seront dediez en labitacle de dieu selõ le xve de la cite de dieu.ou xix.e cha. ¶ Cayn ap pella sõ pmier filz enoch pour lonneur du q̃l il dedia la pmiere cite terriẽne nõmee Enoica. Laq̃lle chose ne fust poit sans figure mais en signe que les mõ/daines en ce mõde dediẽt et magnifiẽt leurs nõs et renõmee.mais les citoyẽs de la cite de dieu ne dedieroõt leurs nõs ne magnifieroõt iusq̃s a la uij.e aage et derniere resurrectiõ. ¶ Nous auõs de cecy figure ou xluiij.e de genese ou quel est escript q̃ iacob uoulãt dõner benedi ctiõ aux enfãs de ioseph chãcela et croi sa ses mains. en signifiant que ceulx qui auoyent ey este senestres/ der/niers. et deboutes/seront au iugemẽt les premiers et les dextres. Et pource est dit ou pseaulme lxxiij. Decy les pe cheurs en ce siecle ont este habõdãs en richesses mais ilz sont faillis soubite/ment et cheuz pour leur iniquite.

Premier aage

¶ A ce propos peut estre baillee simi/
litude tresplaisante de la geline et de
lespreuier. La geline en son viuant ha
bite et grate en fumier et ordure. Et
lespreuier est hault colloque et pendu
a la perche. Mays au contraire sera a/
pres sa mort. Car lespreuier sera gette
aux piez, et la geline sera preparee et
habillee honnestement, puis portee par
honneur sur la table de son seigneur.

¶ Selon le xxviije chapitre du xviije
liure de la cite de dieu. Ledit enoch fist
vne prophetie la quelle est alleguee de
sainct iude en sa canonique. Toutes
foys pour la grande antiquite des
temps nous ne sauons point par de/
uers nous, parquoy nen pouons bien
amplement parler. ¶ Il fust bon hom
me enuers dieu. Non obstant quil eut
grandes inclinations a mal, aux quel
les il resistoit tresbien. Pour laquelle
sainctete garder et aussy affin que ma
lice ne le surmontast, selon le iiije de
sapience, il fust rauy en paradis en lan
de son aage. CCC.lxve. On le ver/
ra finablement estre le iour du iuge/
ment luy et helye couuers de sacz pres
cher p lespace de Mil.CC.lx.iours de
uant la sedition de lantecrist. Selon le
chapitre xje de lapocalipse. Et apres la
dicte sedition faicte par ledit antecrist
Mil.CC.quatrevingtz x iours. du/
rant lequel espace ilz feront plusieurs
grans miracles en conuertissant grāt
nombre de peuple. ¶ Et pource que se
lon sainct pol ou neufuiesme de lepi/
tre aux hebrieux il fault tous vne fois
mourir. Ces deux seront finablemēt
de par lantecrist mis a mort et couron
nez par martire. Et deuant pcelluy
temps, ilz ne periront ou mourrōt, ne
de maladie ne de vieillesse. Mais men
geront du fruit de vie qui les fera vi/
ure iusques audit temps. Apz la mort
Diceulx, leurs corps seront par troys
iours gysans es rues de iherusalem.
pour espouanter et esbahir ceulx q croi
ront en ihesucrist. Les dessusdis troys
iours passes, ilz resusciteront immor/
telz et Impassibles, et seront appelles
de dieu en vne nuee en laquelle ilz mō
teront. Et lors doubteront mōlt fort:
et seront en grande crainte ceulx q les
auoient veuz mors es rues. Laquelle
chose faite lantecrist montera en la
montaigne doliuet: et la fera vng ta/
bernacle et se fera adorer comme dieu.
Et adonc selon le second chapitre de la
seconde epitre aux thessaloniens ihesu
crist le fera mourir en commandant
a sainct michel larchange de executer
sa sentence, q le tuer par pluye, de feu,
et souffre. qui cherra sur luy cōme dit
le xxxixe de ezechiel. Apres la mort du
quel dieu donnera xlv iours de penitē
ce, et de se pouoir repentir: deuāt le iour
du iugement, a ceulx qui auront este
subuertis par les faulces predications
et exhortations de pcelluy mauldit an
tecrist, selon le chapitre xije de Daniel.
Lors seront veuz les signes euangeli
ques de laduenement de dieu au iuge/
ment, en la lune, es estoilles, es fluctu
ations et vagues de la mer. et commo
tiō des vertuz celestielles. cōme apt ou
xxiiije de S. mathieu q xxije de sainct luc
Et aussy a lors sera la derniere cōfla/
gration et embrasement selon saict au
gustin ou xxe de la cite de dieu ou xviij
chapitre. Car auant le iugemēt le feu
ardra et purgera les esleuz. Apres le
quel iugement les angles separeront
les mauluais de auecques les bons, q
les enuoieront ou feu denfer. Selon le
xiije de sainct mathieu.

¶ Le xxixe chapitre de mathusalen.

Mathusalen filz de
enoch en la ligne de seth fust
ne en lan de son pere lxv, En lā du mō
de vic.quatrevingtz et vii selon la ve
rite hebraique. Mays selon les lxx In
terpretes. Lan du monde Mil.ijc. qua
trevigtz et vij. Cest duāt la natiuite
de ihesucrist .iij.Mil.ixc. qxe. Il est
iterprete hōe mort. pource q aucūs di/
soyent quil auoit este trāslate auec sō

Feuillet xxxii

pere enoch en paradis terrestre. et que ainsi il auoit passe le deluge. Et de ce est diuersite en nos liures/et es liures des hebzieux/selon sainct augustin ou xve de la cite de dieu ou chapitre xie. Et aussy selon rabane et ysidoze: lesqlz dient tous que sans doubtance il mourust ou deluge. Car il ny eust que viii personnes sauluees. Tesmoing le viie de genese. ⊂ En ensuiuant la doctrine de nos liures le dit mathusale auoit cet lxviij. ans auant quil engendrast lamech. Et auant que noe fust engendre de lamech passerent Cent quatre vingtz ans. qui ensemble font iijc lii ans. Ausquelx fault adiouster vjc. car de telle aage estoit noe ou deluge. tant que a bien compter depuis la natiuite de mathusalen iusques au deluge ou quel mourut ledit mathusalen furent ixc li. ans. Et touteffoys il est dit ou ve de genese que tout laage de mathusalen estoit ixc lxix ans quant il mourust. Parquoy apert que entre nostre nombre et les hebzieux y a xviij ans de difference. ⊂ Mathusalen ancien significe ceulx qui sont adonnez et dediez a la presente vie mondaine et ne pensent pas a la vie future et a venir. Lesquelz pose que long temps viuent en ce monde touteffois au dernier ilz meurent et ont leur fin. et ne viuet pas de la vie eternelle. parquoy fault noter quil ya double vie cestassauoir temporelle ou corporelle. et lautre est spirituelle. Et semblablement ya double mort. La mort corporelle est commune a chascun De laquelle doibt chacun estre certain selon la xiije cause. q. ii ⊂ On pourroit ad ce ppos demader pourquoy meurt lomme Aquoy respond sainct thomas en la seconde de seconde en la question Clxxiiije. que la mort est la paine du peche de nos premiers parens. car par leur peche est entree mort au monde. Or est il bien raison que aulcu soit priue du benefice a luy donne et confere: quant il comet et delinque a lencontre du collateur de tel bien. Et pource par le premier peche est ensuyuie mort et

priuation de immortalite. et par ycelluy est perdue lobeissance de lappetit sensitif a raison. Et engendree toute rebellion entre eulx. ⊂ On pourroit ycy demander puis que ainsi est que Ihesucrist a souffisanment satisfayt pour nous en sa benoiste passion. Pourquoy cest que ou baptesme ne nous est restituee immortalite que nous auions par auant le peche originel. Veu que sainct pol dit ou ve de lepitre aulx Romains que le don de dieu est plus grant que le peche de adam nest grief. Aussy considere la loy communne qui est que le debteur doibt estre absolu de sa debte quat elle est payee. Sainct thomas en sa tierce partie en la question lxixe. ou iije. article respond et dit que pose que le baptesme puisse oster nos penalites et imperfections en ceste presente vie. Touteffoys ne sera il pas fait iusques en laultre vie. et apres la resurrection generalle. cest assauoir que nostre corps soit fayt immortel ainsi que nostre ame: pour plusieurs raysons ⊂ Premierement. car par baptesme les hommes sont fays membres de Ihesucrist. Lequel est la teste et le chief qui a souffert en ce monde. et a eu corps passible. Parquoy aussy est conuenable que en ceste presente vie/lesditz membres ayent les corps passibles pour souffrir en lonneur de leur chef Ihesucrist. Ainsy quil a voulu estre passibile pour eulx ⊂ Secondement. affin que nous ayons ung excercice spirituel et une bataille contre les vices . en la quelle nous puissions obtenir victoire pour en estre premiez et remuneres en paradis. Ainsy quil est figure ou tiers du liure des iuges. ⊂ Tiercement affin que les hommes ne se fissent baptiser tant seulement pour acquerir impassibilite/et non pas pour acquerir la gloire eternelle. Car selon Sainct pol en la premiere epitre aulx corinthiens: Nous serions bien maleureulx/se nous nesperions bien de la passion de Ihesucrist sinon en ceste presente vie mondaine.

Premier aage

¶ Pource que souuent on demande/sil est licite de adiurer/et requerir vng homme en ses derniers iours que quant il sera trespasse:de reueler son estat. come ainsi soit que en sainct luc ou xvje. chapitre fust defendu au riche ql nen fist riens scauoir a ses freres qui estoyent au monde. ¶ Sainct thomas ou tiers de ses quodlibetz en larticle xxije. Respond a ceste question/disant que on le peult faire quant on ne le demande point pompeusement ne trop curieusement Mais affin de ayder le trespasse sil en a necessite. Et aussy le desir de scauoir aucune chose:sil nest desordonne:nest point de peche. Car comme est escript ou premier de methaphisique tout homme naturellement appete z desire scauoir. Toutesfoys quant aulcun le demanderoit en doubtant sil ya vng enfer et vng paradis en se voulant de ce certifier/par la response du trespasse: tel pecheroit mortellement. Et pour ce ne doibt nul demander telles responses sil nest fort deuot. car souuent le deable respond aulcū estre sauue/ou dāpne:affin quon ne prie plus pour luy.
¶ Car sil est en paradis:il na point necessite des prieres des hommes. sil est en enfer:il nest pas digne quon prie pour luy. Et toutesfoys il est possible quil est en purgatoire/ou il attend la misericorde de dieu.et ou il a grant mestier et besoing des suffrages de ses amis estans en ce monde. Parquoy apert combien il ya grant danger:de croire a toutes les responses des trespasses / qui se dient retourner au monde/apres leur mort. ¶ On peult en oultre demandr sil seroit bon que chascū sceust la fin et le terme de ses iours. Et semble q ouy Car par ceste maniere plusieurs se repentiroient.et feroient penitence: qui meurent despourueuz et sont dāpnes.
¶ Henry de hasspa en vng sermon q fait de lascension de nostreseigneur/respond et dit/quil est trop plus conuenable que ne sachons point la fin de nostre vie/que aultrement:pour plusieurs raisons. Premierement car sōme

est certain sil meurt en peche mortel ql sera dampne cōme est escript ou. xviije de ezechiel Et est icertai quāt il mourra. Parquoy pour se retraire de peche. et de paour que la mort ne se preingne en son peche:il doit auoir tousiours sollicitude et soucy de la mort. et ne scauoir riēs de leure dicelle. Secōdemēt affin q les bons ne soient plus frois et remis a bien faire/congnoissans leur longue vie a venir. Tiercement adce que les mauuais ne pechent pas si hardiment. Car quant ilz soient dtz ont la mort a leur huys ilz nont pas si grāde audace de pecher: comme lors quilz congnoissent la longueur de leur vie. Quartement ad ce q les bons sachans la breuete de leur vie/ne se affligēt ne mattent trop par ieunes/oroisons/et abstinences. Quintement affin que les mauuais voyās la breuete de leur vie:ne se desesperassēt:ou ne fissēt trop aspre penitēce. Sextement ad ce q tousiours lōme soit prest de rendre la raisō et cōpte de ses fais deuāt le iuge qui la luy demandera:quant il ne cuyde pas selon Malachie ou iije. chapitre.
¶ La secōde mort principale est la mort spirituelle q est de deux manieres. car lune est bōne et lautre mauluaise: La bonne est comme quant aucun meurt de peche.cestadire quil ne peche point. Mais vit bien en seruant dieu sainctement. Et ceste mort ce fait ou par baptesme/ou par penitence. De laquelle parle sainct pol en la ije epitre aux chorinthiens ou iiije. chapitre.et aux colocensses ou iije. ¶ La mauluaise mort est de trois especes. La premiere est la mort naturelle / laquelle est appellee mauluaise non pas quelle ntacuse comme:mais pource que elle est la paine du peche. Dicelle est dit ou ve chapitre de lepitre. aux romais que par vng home:est peche entre au monde. Et par peche est venue la mort. ¶ La seconde est pire q est appellee mort criminelle. Car par telle est lame separee de lamour de dieu.lequel est la vie de lame Parquoy est escript ou xviije. chapitre

de ezechiel que lame q ara peche mour/ra. ¶ La tierce mort est mort eternelle/ la pire de toutes q sans quelque esperā/ce de viure, selō la iiie questiō de la xxBie cause. car sās nulle attēte de redēptiō elle afflige, q dōne eternel tourmēt aux dampnes. Et pource telle mort doibt estre souuerainemēt crainte et doubtee merueilleusemēt.

¶ Le chapitre xxxe de lameth.

Lameth filz de mathu/salen en la lignee de seth fust ne en lan de son pere. ¶. quatrevingtz q vii. cōe est escript ou ve cha. de genese qui est lan du mōde.Siii c.lxxiiii.selon les hebrieux. Mais selō les lxx. exposi/teurs En lan du mōde Mil.iiiic.liiii. Cest auāt la natiuite de ihūcrist trois Mil.Sixclxvi.ans ¶ Lameth est inter/prete frappāt quar il engēdra noe en lā de sa natiuite. ¶. quatrevingtz q deux Lequel noe auāt le deluge frappa par pdicatiō le peuple pour le mouuoir et induire a penitēce salutaire des maux ql cōmettoit. Durāt lesquelz cent ans ledit noe fist faire son arche. Combien q le peuple ne obeyt pas a sa pdication nō cōsiderāt lamain et vēgāce de dieu iusques a sa venue. Car selō sainct luc ou xxie: Ilz beuuoiēt/mēgeoyent/espo/soyent femes et faisoyent aultres ioy/euses mōdanitez/a leure que le deluge vint. et napa tout. ¶ Lameth vequist vii c.lxxvii. ans. et mourut auant le de/luge. Apres ce quil eust engēdre plusi/eurs filz et filles. En lā de lameth vi et de son pere mathusale iii c.lxv mou/rut adā apāt ix c.xxx.ans. ¶ Et se on demāde quelle chose faisoit dieu. auāt quil creast le mōde: Saict augusti ou liure xie des cōfessiōs dit que on ne doit point respōdre a telles questiōs. sinō cōe fist ung quidā en riāt et reprenāt celuy qui faisoit la dicte questiō. Cest assauoir en disant/q dieu a lors faisoit du feu pour bruler/et ardre ceulx qui enquierēt de matieres trop ardues q trā/scendēs lentēdemēt humain. cōe est la

¶ Feuillet xxxiii

questiō de present. Pource cōmāde sa/poste ou xiie. de lepitre aux romains/ que nous ne debuons point enquerir/ plus quil ne sert a la necessite de nostre salut. Parquoy sainct augusti ou lieu dessus allegue/ dit que celuy est soue qui bailla telle respōce: pose quil respō/dit faulx. Toutesfois dieu nestoit pas oyseux, auant ce quil creast le ciel/ q la terre. car il auoit tresnobles intellecti/ons/ et beatifiques cogitations.

¶ En ce tēps qui est la de noe vic. fi/nist ceste pmiere aage, car lors il entra en larche: Et est de son filz sem/ san centiesme. Du mōde lā Mi.vic.lvi.se/lō les hebrieux. Toutesfoys Josephe ou pmier liure et iiiic chapi. des antiq/tes, dit que la pmiere aage dura deux Mil.vi.ces lxii.ans. Sainct augustin ou xxe chapi. du liure xve de la cite de dieu. dit la premiere aage auoir dure deux Mil.vi.Ces lxii.ans. Mais selō les lxx expositeurs elle dura deux Mil. deux ces xliiii. Et le docteur Hugues de sainct victor est de soppinion des he/brieux. Laquelle est differēte des lxx in/terpretateurs, de vi.cēs q quatrevingtz vi.ans. Cōbiē que ledit hugues die, en aulcuns lieux que la dicte pmiere aage ne cōtiet que mil. ¶ C.lvi. ans. cōme le recite vicēt historial au quatrevingtz vie chapi. de sō xxviie liure.

¶ En ceste aage le monde fust cree. En la secōde il fut purge par le deluge En la tierce/ fust istituee la circūcisiō En la quarte cōmēca lonction et sacre des roys. En la quinte fust la trāsmi/gration du peuple de israel en Babilon/ne. En la vie/ sincarnation de ihūcrist. En la viie sera la resurrectiō de tous les hommes et femes. et eternelle pre/miation des bōs: et pugnitiō des maul uais.

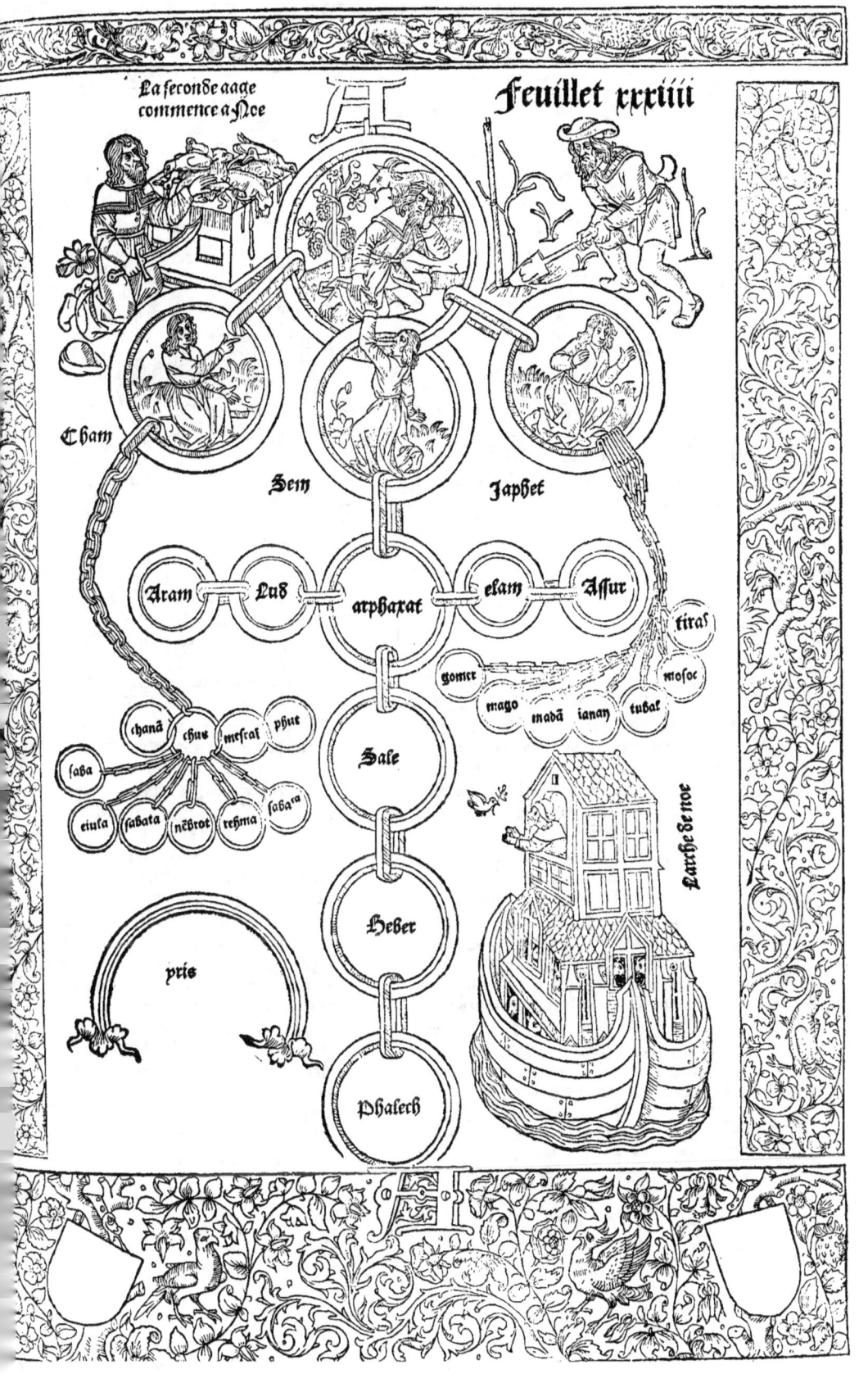

Pour continuer la iĩᵉ aage aux choses precedẽtes/ Nous deuõs scauoir ꝙ noe filz de lameth ꝗ xᵉ depuis adã nasquist lã de son pere. E. quatre uingtz ⁊ ij. cõe apt ou 8ᵉ de gene se qui est lã du monde. Mil.lxij. se lon la ueri te hebrayꝗ Mais selõ orose/bede/ ⁊ les lxx in terpretes il nasꝗst lã du mõde Mil.ii⁵. xlij. Et luy aage de 8ᵉ et ung an: cõmẽca la secõde aage. ꝗ lo2s estoit lã du mõde .M.iiᶜ.lxij. Et est noe iterp̃te repos selon psidoze. et se lon ung aultre docteur appelle raba nus. Pource quil fust le p̃mier/ ꝗ trou ua la maniere de faire laboure les ter res/par les bestes: lesquelles estoyent auant luy laboue es par les hommes a grãde paine et trauail de leurs corps Et en ce il dõna repos aux hommes ⁊ grãt alllegemẽt. car a la uerite il estoit laboureur/selõ nicole de lira. Cõbiẽ ꝗ ung aultre docteur nõme bourgops cõtre dit. Pource. S. augustin loe ⁊ ap p̃euue le labeur ⁊ la terre/sur tousmes stiers du mõde, car il fut enioinct de dieu ou iijᵉ chapitre de genese. en quoy appert que les laboureurs ne sont pas a desp̃ser/ ne a getter au loing. ⁋ Noe fust bõ/iuste/et p̃fait hõe/⁊ biẽ aime de dieu. Et en sõ an 8ᵉ engẽdra trois filz cestassauoir/sem/cham/ et iaphet. Et cõbien que selon les hebrieux ledit sem ne fut pas le premier Toutesfois on le met en tel ordre pour lõneur ⁊ reue rence des patriarches/ qui sont uenus et desce͂dus de luy. Ony pourroit en ce lieu demãder pour quoy noe fut si tar dif a generation: Seu que deuant luy plusieurs auoient engendre en laage de cent ans. ⁋ Aõ ce respondent les docteurs/ que noe deuuoit estre saul ue ou deluge auec toute sa posterite et lignee. Par quoy sil eut engendre de uant laage de .S. cens ans/ plusieurs fussent de luy descendus qui ne eussẽt pas este sauues. par quoy apert la solu tion de ceste demande ⁋ En lan de noe iiii. cens iiij uingtz dieu luy dist ꝗl ny aroit plus ꝗ uj uingtz ans iusꝗ̃ au deluge. Car apres la natiuite des filz de noe: la malice du monde creut moult grant sur la terre Non obstant comme dit iosephe: les filz de seth furent bons iusques a la septiesme generatiō Et pour ce sainct augusti ou .xve. liure de la cite de dieu ou chapitre xxiiiie. dit que nul ne petit ou deluge: qui fust descēdu de seth. car ilz estoiēt tous bōs. la qlle chose consone a la question dessusdite. ¶ Pour ceste cause dieu ou dit an de noe restassauoir .iiij. cēs quatre vingtz luy commanda quil fist faire et edifier larche pour y sauluer et retraire et soy et les siens. la qlle fut faicte en six vigtz ans. durāt lesqlz noe prescha penitēce au peuple cōme dit vincēt ou chapitre sixe. du ije. liure de son mirouer histozial

¶ En icelle arche furēt viij hōmes entre lesquelx y en auoit vug mauluais car tousiours est aduenu que les maul uais ont este mesles auec les bons selon le xxe. liure des moralitez Sainct gregoire ou chapitre. C. ixe

¶ Ceste arche en toutes ses dimensions et mesures est mesuree, selō le vray corps de ihesucrist cōme dit sainct augustin ou xx vje. chapitre du xve. de la cite. Car luis et entree faicte ou coste dicelle signifie la playe du coste de thesucrist. La figure carree signifie la ferme et glorieuse vie des saictz. Les deux chambres dicelle signifient lesglise de deux peuples, cestassauoir des iuifz et gentilz et payens. Et les iij chambres signifient tous ceulx qui descendirent des iij filz de noe, lesquelx furent reparres par hiesucrist en trois vertus: qui sont, foy, esperance et charite. Aultrement par lesdictes iij chābres peuēt estre signifiees les trois fruictz et vbertes euangeliqe / desqlles est faicte mēcion au xiije de sainct mathieu, au viije De sainct luc, et iiije de sainct marc.

¶ Icelle arche eut iij cens coudees de longueur. l. de largeur et xxx de haulteur iusques au plancher selon le vje de genese. laquelle chose se doibt entendre des coudees geometriqes, desquelx lun vault vij des nostres ou viij selō sainct augustin ou xve. liure de la cite de dieu ou cha. dernier. ¶ La cause effectiue principale du deluge fut dieu le souuerain createur voulāt punir les pechiez des hōmes ¶ La cause instrumētale fust le ciel qui deuāt le deluge tyra et esleua a soy vapeurs inestimables de la terre. La cause dispositiue et demeritoire fust le peche de lomme. La cause materiele fust la vapeur esleuee de terre. ¶ Methodius narre plus specialement que Moyse comment les peches estoyent multiplies. Et dit que en lan .3 cēs de la premiere ciliade, cest a dire du premier miller dās de puis la creatiō du mōde, les filz de cayn abuserent des femes de leurs freres en horribles fornicatiōs. En lā vj. cens les femes estoiēt sur les hōmes abusās des faiz de nature. En lā .3. cēs de la ije ciliade, cestadire du second miller dans les hōmes abusoiēt lūg de lautre. En lan viije. les filz et filles de seth desirērent les filz et filles de cayn pour leur beaulte. Et de ce furēt engēdrez les geans. Combiē quil y en eust par auant comme dit sainct augustin en son liure de la cite. Et toutesfoys Adam auoit phibē et desedu aux filz de seth: qlz neussēt que faire a la lignee de cayn. et pcelluy cōmādemēt fust garde durāt la vie de cayn. Mais il fust enfrainct et rōpu apres sa mort Car ilz se meslerent ensēble femes et hōmes. entendans seulemēt acomplir leurs delices charnelles et luxure. a cause desquelles vint le deluge. Pour icelle phibicion auāt la mort de adam: la lignee cayn habitoit en oriēt en la mōtaigne de tar bay. Et celle de seth pres de damas:

¶ Pour cōgnoistre autremēt de ladicte arche, nous ne deuōs pas ignozer q elle estoit ou fōs nō pas carree, mai plus longue q large et de forme quadrāgulayre Et au feste nestoit que de la largeur dune coudee. Dun des costes du bas elle auoit vng huis ou fenestre la quelle dieu ferma aps q par icelle furēt entres les hōes et les bestes. et pres du feste et la sūmite: auoit vne autre petite fenestre q les hebzieux diēt estre de cristal: ¶ Selō vng docteur nōme strabo en icelle furēt xv distinctiōs et

e iij

Second aage

chãbres diuerses. Mais iij. seulement selon sainct augustin. Car il dit que sur le fõd estoit vne place vuide cõme est es nauires ou estoit lesgout. Au dessus estoit vng plãcher couuert. Incõtinent au dessoubz de ladite couuerture estoient trois chãbres. Et au dessoubz dicelles/deux aultres dõt lune estoit cõe vng gardemenger ou sellier. ou quel estoient gardees les viãdes des hões et des bestes. Et laultre estoit chãbre priuee ou latrines. Quãt aux trois aultres : la moïene estoit pour labitation des hõmes. Et des deux aultres : lune estoit pour bestes priuees et doulces. Laultre pour indomables et terribles. Ainsy sont iij. parties en ladicte arche. Cõbien que aulcũs les disposent et ordõnent autremẽt. Car la plus basse est cõme la sentiue ou esgout dune nauire. La secõde au dessus est pour mettre ses necessites et viures. La iije pour les bestes cruelles. La iiije pour les bestes priuees: Et la plus haulte pour labitation des hõmes. ¶ Sainct augusti ou xve liure de la cite de dieu: ou dernier chapitre dit que les bestes qui peuẽt viure en leaue:ou dessus leaue/cõme aulcũs opseaux: Et aussi celles qui peuẽt estre pduytes sans semẽce et associatiõ de masle et femelle:cõe souriz/vers mouches/mules/et aultres sẽblables: ne furẽt poit en larche. Car cõme ainsy soit que telles bestes nengẽdrẽt poit et les bestes nayent este mises en larche sinon pour garder leur espece:il sẽsuyt biẽ quil na poit este necessaire q telles bestes y ayent este. ¶ En icelle y auoit bestes mundes et nettes/et aussy daultres imundes. On appelle les mundes: icelles desquelles il estoit permis sacrifier a dieu. Et au cõtraire les imundes sont celles de quoy il estoit defẽdu de mẽger/et de faire sacrifice.cõme est escript ou chapi. xje de leuitique. Pource est il dit ou viije de Genese que noe offroit sacrifice des bestes mũdes et nettes. ¶ On demãde de quelle viãde vituoient les bestes/estans lespace dun an en larche. Salct augustin ou

lieu dessusdit respõd: q pose que aulcunes vsassent de chairs:toutesfois elles eussẽt peu viure de fruyt/par cõtraite de fain. Et aussy dieu leur pooit faire toutes choses sembler doulces. Et qui plus est: il pooit les fayre viure et les substanter sans quelque viande.

¶ Pource que il est dit ou vje de genese/que les filz de dieu voyans les filles des hõmes/belles: eurent cõcupiscence charnelle en elles. Et que par les filz de dieu plusieurs entendẽt les angles: On pourroit faire vne questiõ. Cest assauoir se les anges peuẽt couenir naturellemẽt et auoir copulatiõ charnelle auecques les femes:et engendrer geans? Responce est selõ sainct augustin ou xxiiije cha. du xve de la cite: Et selon sainct thomas en sa pmiere ptie questiõ. lije.et iije article que les angles ne font iamais telle chose. Cõbien que aucũs deables peuẽt soubmectre et auoir la compaignie des femes. lesquelz deables on appelle fans/et siluains. ceulx q se nõmẽt fãs/sõt ainsy appelles/pour ce mot latin (for faris) qui signifie parler. pourtãt que iceulx dieux parlẽt/et respõdẽt aux questiõs. Les siluais sõt ainsy nõmez/pource quilz sont silue/stres et sauluaiges. On les nõme autrement Incubes et succubes. Incubes quãt ilz se trãsformẽt en hõme. et tiẽnẽt le lieu de lõme en copulatiõ charnelle. Mais ilz sont ditz succubes:quãt ilz se transformẽt en feme. et tiẽnẽt le lieu de la feme. Et selõ sainct thomas ou lieu dessusdit:ce qui est engẽdre en telle copulation est engẽdre de lõme: et nõ pas du deable. entãt que le deable prẽt de la semẽce de lõme ou de la femme pour icelle generation:soyt le fruit ou grãt/ou petit. qui est contre ceulx q ont cupde que les geãs/fussẽt par telle maniere engẽdrez de la semẽce du deable. Ce qui nest pas vray:mays ont este vrays hõmes.

¶ A ce propos est biẽ a noter que les deables ne donnent pas vie aux corps quil prẽnent:mais seulemẽt leur donnent mouuement. Et pource ilz ne

Feuillet xxxvi

engendrēt pas:mais seulemēt mettēt la semēce ou besseau ordōne a genera/tion. Laquelle semēce ilz ont prinse de quelque corps humain. Aussi les dea/bles ne soyent pas par les peulx du corps par eulx prins, car cela est propre au corps viuāt seulemēt. Et aussi ne forment pas drapes sops par l'instru/mēt et vertu de la langue. cōbiē q̄ sou/uēt ilz formēt aulcūs sons/assez cōue/nās auecques la voyx humaine. Ain/si par les choses dessusdittes apt la re/spōce a la dicte questiō. ¶Selon sainct augustin ou lieu dessusdit:les geyans estoient ia nez: auant que la coūictiō des filz de dieu/et des filles des hōmes se fist/cestadire des filz de seth q̄ estoiēt bōs/et de la bōne generatiō/τ des filles de caȳn/qui estoient de la generation mauluaise et reprouuee. Et qui plus est apres le deluge ont este des geans/cōe il est escript en deuteronome ou iij. et iiij.chapi.du geyant og roy de bazan Duquel le sepulcre/en la cite rabath: auoit neuf coudees de long. cestadire xviij piez de nostre vsaige/cōme dit nicolas de lira. Semblablement le gey/ant goliath eut six coudees τ vne paul me de haulteur: selon le.j.des roys ou xvij chapitre.

¶ On peult ad ce propos demander: puis que les geyans sont filz des hom/mes: pourquoy excedent la stature des hommes/et mesmement de leurs pe/res et meres ¶ Le docteur nōme bur/gensis sur le bij.de genese respōd:que ce est fait par art dyabolique et par per/mission diuine: Car selō sainct augu/stī ou iiij.de la trinite/les dyables peuēt disposer la semēce humaie a produyre telz corps/par aulcunes herbes ou me/dicinee/lesquelles nous ne cōgnoissōs pas. Et ainsi que dieu a pmis les hō mes deuāt le deluge viure plus lōgue mēt q̄ maintenāt: affin quon eust cō/gnoissance de luy. Aussi a il permis iceulx geyans estre produitz et engen/drez pour distraire les aultres de sa cō/gnoissance. Et affin que eussions ma/tiere de batailler cōtre les vices. Pour

ce est dit ou vj.de genese/que iceulx gey ans estoient les puissans hōmes du si/ecle:q̄ auoiēt bruit en mal.et si estoiēt larrons et violeurs de femmes. et cy/toyens de la cite terriēne. Parquoy ilz furent tous noyez ou deluge. ¶Non obstāt ce qui est dit cy dessus touchant la generatiō des geans:dit maistre ni cole de lira que sans loperation du de/able: cōme peult bien engendrer corps de si grande stature cōme ilz ont. q̄ est contre le docteur/dessus nomme.

¶ Les poetes parlans de la generatiō diceulx geans faignent q̄ la terre estāt courroussee et irritee/de ce q̄ les dieux lauoiēt laissee:et estoiēt mōtez au ciel: et desirant soy venger de iceulx dieux celestes:engēdra les geās. lesquelz eu/rent grāde bataille cōtre iupiter. et cō/tre les aultres dieux du ciel. desquelz ilz furēt au dernier tous vainquus et souldroiez miserablement. ¶ Seruie parlāt de ceste matiere dit que titanus frere de saturne/doubtant estre boute hors de son pays par iupiter ainsi que auoit este son dit frere saturne: coucha auec la terre:de laquelle il engēdra les geyās. qui pour ceste cause ont este ap pelles tytans. qui baust auāt cōme enlumināt le mōde. Aussi ledit tyta/nus dit que les dieux non contens du ciel vouloient dominer sur la terre: et sur les dieux inferiores.dont il se vou/lust venger.et faire guerre cōtre eulx. Ouide ou iiij. des fastes dit que satur/ne courrousse contre son filz iupiter a cause quil lauoit expulse de son royaul me:incita et emeust les geans a batail ler cōtre iupiter.

¶ En retournāt a nostre matiere/dit nicolas de lira sur le vij.de Genese que selō la cōmune opinion des hebzieux: noe en lan de son aage vj.c.entra en lar che. Cestassauoir six vingtz ans/apres ce que dieu eust dit ceste parole. Peni/tet me fecisse hoīem τc. Et fut ceste en tree ou secōd moys/cestadire en octo/bre: et xvij.iour dicelluy. Car selō les hebzieux le mōde fut fait en septembre qui est le premier moys:ou quel ses ar/

e iiij

Second aage

bres estoient plains de fruit. car cōme dessus est dit en telle maniere ⁊ perfection furent les arbres creez. Toutesfoys selō aulcuns hebrieux: ⁊ iuifz qui cōptent leurs moys par lunatiōs: le moys nisan cestadire mars est le pmier. du quel vne partie est en apuril en tāt que la lune si termine. Et selon ceste maniere de dire: aulcūs docteurs cōme comestor ont dit que noe entra en la dicte arche le xvij.iour de may: q̄ est le second moys selon icelluy. Ainsy dōques en le ensuiuāt. Et aussy henri de hertuordia: Il fault dire que ce fust lan du mōde. Mil.Sixc.lvij. selon la verite hebraique: qui est de noe lan vjc. ⁊ vng ou quel commēca la ijᵉ aage. au pmier iour de laquelle, cestassauoir le xxvijᵉ. du mois de may. Et en ce mesme iour Noe et tous les siens yssirent hors de larche, en laquelle ilz estoiēt entrez en sēblable iournee, lan reuolu. ¶ Apres ce que noe et sa famille furent entrez en larche: il pleut xl. iours et xl. nuys, sans point cesser, tellemēt q̄ leaue mōta, xv coudees par dessus la plus haulte mōtaigne du mōde. Affin de purgez lair iusques au lieu qui estoit ifect par le peche des hōmes. Et aussy iusques au dit lieu mōtera le feu deuāt la derniere cōflagratiō et iugemēt final. ¶ Quant leaue fust ainsy esleuee sur terre: toute chose viuāt perist: excepte ceulx de larche, selō le Sixᵉ de genese. Et en ceste vehemēte eleuation demoura leaue. Cl. ioures selon l'aby salomon. Les aultres disēt q̄ les eaues creurēt ⁊ se augmēterēt par. Cl. iours depuis q̄ noe fust entre en larche. Au xxvijᵉ iour du vijᵉ moys ensuiuant: la dicte arche se repousa en la mōtaigne de ararath qui est en armenie: ou a lenuirō. ou q̄l lieu apres aulcunes diminutions des eaues et cessation de la pluye: selō viijᵉ de genese: on vit le xᵉ iour du xᵉ moys les sūmites des mōtaignes. et ou lxjᵉ. iour apres: noe par le cōmādement de dieu saillist de larche cōme est ia dit.

¶ Ceste pugnitiō par eaue selō les docteurs fust mōlt cōuenable pour purger le peche de luxure. dont la terre estoyt pour lors toute coinquinee et pollue. Mais pource que presentemēt les hōmes Bacquēt et sōt fort abandonnes a lauarice: il sera cōuenable, que la derniere purgatiō soit faite p̄ feu selō le psaulme quatre vingtz ⁊ xvj. Ignis ante ipsum pcedet ⁊c. Et le psaulme xlix Ignis in cōspectu eius exardescet ⁊c. Jcelluy feu cōme dit sainct augustin: sera naturel: par lequel les mauluais serōt bruslez: et les bōs purgez. Lors serōt icineres et mis en pouldre: les grās tresors des auaricieulx, selō le cha. der/nier de ysaye. Mais le ver ⁊ remors de leur cōsciēce ne mourra poit.

¶ Touchāt ceste yssue et entree en larche: est vne chose digne de grāde memoire car quāt dieu cōmāda a Noe, a ses filz, et filles, q̄lz entrassēt en larche Jl les fist ētrer separeemēt, ⁊ les vngz apres les aultres. pour denoter que en temps de penitēce, ⁊ de afflictiō: lōme et la femme se doibuēt abstenir de congnoistre lung lautre charnellemēt. et ne doibuēt pas vacq̄r a embrassemēs, ne sēblables voluptez. Mais quant ilz yssirēt: il les fist yssir ensemble coniocitemēt pour denoter quil y a tēps de vacq̄r a charnalite et tēps de soy en abstenir: selō le iijᵉ cha. de lecclesiaste. Et a lors dieu dist encores ainsi que deuāt au pmier de genese. Croissez ⁊ sous multipliez, et rēplissez la terre. La q̄lle parolle cōme dit hugues de saic victor fut de si grāde efficace: q̄lle dōna puissāce a toutes creatures ayās ame, de faire ⁊ engēdrer: chascū son sēblable ce quilz neussēt peu deuāt la prolatiō des dictes parolles. ¶ Apres ce que Noe eust sur vng autel inuoque le nom de nostre seigneur: il receut de luy trois benedictiōs. Lune fust multiplicatiō de sa lignee. La secōde fust la subiectiō et seignorie des bestes. La tierce fut la cōcession ⁊ octroy de vser des chairs des bestes, ce qui nestoit poit licite auāt le deluge. Car la terre estoit lors si fertil/de: q̄ de soy sās labouraige, pduisoit et dōnoit asses pour la substētatiō de na

Feuillet xxxvii

ture humaine. Par aisy lusaige (t lice/
ce de meger chairs/a este pmierement
octroye pour linfecūdite (t sterilite de
la terre: q apres ledit deluge a este plus
grāde que par auāt. Et pour ceste cau
se faignoient les poetes q icelle pmiere
aage estoit laage dozee. et nō poit sans
cause car ilz disēt q la terre dōnoit pour
lors ses fruis sans excercice de charrue
de beche/de fourche/de soc/et de coutre.
Par les fleuues couroit laict et bō vin
cōme fait maintenant leaue. le doulx
miel distilloit et couloit des arbzes:cō/
me fait la pluye du ciel. les oiseaux ne
doubtoient poit les insidiateurs et oise/
leurs. ne les bestes ne craignoient poit
destre prises au piege/ne a la rez.car de
toute telle chose ne estoyt nouuelle.
Mais apres ce que les hōmes ont vse
de chair:la terre a perdue sa grāde fecū
dite. Tellemēt que quāt on se efforce
de la labourer:encores produit elle espi
nes/chardons/ et telles choses inutiles
(Aussy dieu pmist meger chars/pour
linfirmite des hōmes:lesqlz tendans (t
declinās a leurs derniers iours/tēdēt
aussy a plus grāde ibecillite/feblesse (t
debilitatiō de nature (Apres les cho
ses dessusdittes. le souuerain createur
fist pact et confederation auec Noe.
en signe du ql pact: il luy monstra larc
au ciel qui est de vi couleurs entremes
lees. combien quil y en ait deux pricipa
les. Lune de couleur aquatique q signi
fie le deluge et iugemēt de leaue. Lau/
tre de couleur rouge est signifiāce que
le iugemēt futur (t a venir sera par feu
Et q iusqs au derniers iours du mon/
de ne seroit aultre deluge. Pour ceste
cause les salctz docteurs disēt q obstāt
la grāde siccite (t chaleur ql sera auant
le iour de tel iugemēt on ne verra poit
larc au ciel lespace de xl ans. (Finable
mēt apres q noe en son ebriete eut este
mocque de son filz chan: aultremēt dit
zozoastres. il trespassa. ccc. l. ans apres
le deluge. cestassauoir en lā de abzahā.
lviii. apant ix c. l. ans selon le ix e de ge
nese (On peult faire qstion commēt
les brstes apres le deluge sont venues

en diuerses isles. Responce q aulcunes
en naigāt mesmemēt en celles ou il ny
a pas eu grāde distance ne largeur de
eaue. Les aultres y ont este portees p
les hommes. Ou peult estre p laide de
dieu et des anges: pour multiplication
(t decozation de toute la terre: Mais les
autres bestes q se engēdrēt p putrefac
tion, ou aultremēt/sās conuection na/
turelle furēt tātost par tout multipli/
ees/aisy q nous voyons estre fait chaſ
cun iour.

(Chapitre ii e de Sem.

Sem premier filz de Noe/
ou ii e selon les hebzieux: fust
ne son pe aage des c ans. cestassauoir
lan du monde Mil. S c. lvi/ selon la
verite hebzaique. Mais selon les lxx ex
positeurs. lan ii. Mil. C. xlii. cest deux
Mil. ix c. lvii ans/ deuant la natiuite
de ihesucrist. (Sem est iterprte nom/
me. Et eust. v. filz selon le v e chapitre
du premier liure des antiquites. Le p/
mier fut nomme/ elam: du quel vidrēt
les peuples appellez/elamites. Le se/
cond assur: dont descendirent les assi/
riens. Le tiers/arphaxat: du quel sont
venus les caldees. Le quart est lud:
dont sont deriues les ludes: aultremēt
lides/ou lidiēs. Et le quit/arā: pere des
sires/ou assiries (Selon les hebzieux
sem fust aultremēt nōme melchisedech
leql estoit souueral (t grāt pstre de dieu
Et auoit. ccc. quatrevigtz x ans/ a la
natiuite de abzahā. Aussi selō les dizs he
bzieux/tous les pmiers filz de la lignee
noe estoiēt pstres/iusqs a aaron (Et
comme est escript ou vii de lepitre aux
hebzieux: Il neust ne pe ne mere/ selon
le nom de melchisedech/ cestadire quon
ne scet dont il est descendu/quant a ce
nom. Mais quant au nom de Sem:
Il vint de Noe comme dit est.
Et ne fust pas roy de salem: cestadire
de iherusalē/cōme aulcūs ont certifie:
Mays dune aultre pres de syropolis:
situee au pie de la montaigne de tha/
bo: vers midy: en tirāt au chemī q va de

Second aage

sprie en egypte:pres vng lieu nomme/ endor. Et encores restent et apparoissent les ruines des grans edifices dudit cellup melchisedech. loing de iherusalē de xj milliaires de alemaigne comme dit sainct ierome. et vng docteur appellé borchard. ou quel lieu ledit sainct Jerome reprueue les docteurs des grecz/ lesquelz dient que melchisedech fust vng prestre de chananee. Et non obstant ce que il pouoit estre raisonnablement appellé le pstre du souuerain dieu sans auoir circūcision/ne les cerimonies legales. ¶ Ledit sem ne fust pas le premier des enfans de noe cōme dient methodius et vincent ou ix. liure (cha pitre. C. lxje. Mais son pmier filz fust nōme ionithus: duquel se taist moyse/ en lōneur de la posterite de sem. Ledit ionithus trouua astronomie/ et parla des choses a venir et mesmement du commencement et deffinement des quatre royaulmes/ desquelz aussy a p phetise daniel en son secōd chapitre.

¶ Sem auoit quatre vingtz x viij ans ou tēps du deluge. vesquist vjC. ans. (mourust ou xlixe an de iacob.

¶ Chapitre iije de cham.

Cham second filz de noe est interprete/chault: Selon ysydore ou lieu dessusdit. Pource que sa posterite habita en vng pays tres/ chault. cest assauoir le pays de egipte. Pour laquelle cause ledit pays degypte est encores de present/ en la langue des egyptiens: appelle /cham/ comme apt ou pseaulme lxxviije. ¶ Ou autre ment selō sainct augustin ou xvje de la cite de dieu: cham est interprete cault signifiāt les heretiqs estre caulx (ma licieux. cōbien que leur malice tourne aulcunesfoys au proffit et salut des christiens ¶ Aussy cestuy cham signifie et figure les christiēs vivans malicieusement/ lesquelz se glorifiēt dauoir nom de chrestien: mais en leurs fruis (operations ilz sont mauldis. Comme fust chan en son filz. Toutesfoys sem et iaphet signifiēt les circūcis/ les gentilz et papens cōuertis en la foy. qui p lapostre sōt appelles iuifs/ et grecz. Lesquelz mettent en leur dos cestadire en leur memoire le vestemēt cestadire la passion de ihesucrist. cōme dient sainct augustin psidore et rabā ou premier chapitre du ije.

¶ La premiere seruitude viut a lōme pour le peche de cham/tesmoing le ixe. de genese/ et le xixe de la cite de dieu ou xve chapitre. car noe son pere lup donna telle malediction quil fust serf des seruiteurs de ses freres. Cōbiē q par auant dieu eust donne aux hommes si grāde benediction (frāchise: quilz furent maistres de toute chose viuant/ sans estre a riens subiect (mesmemēt nestoit point lōme subiect a aultre hōme. De ce viēt q les premiers hōmes bōs (iustes ont este pasteurs: plus tost q grās roys. Et auāt icelle maledictiō on nest mētiō de nulz serfs en la saincte escripture. Et par ainsy apt q le peche de cham a este la premiere cause de seruitude cōme dit sainct augustin ou lieu dessusdit. ¶ Et se on demāde pour quoy noe mauldit chanaan filz de cham et nō pas icellup chā qui fist le crisme: A ce peult estre baillee responce selon aulcuns: que chanaan fust le premier qui vit noe descouuert. et le dist et monstra a son pere. par quoy il estoit plus digne de maledictiō q nestoit chā

Feuillet xxxviii

Aultre respõce peult estre dõnee/selon aulcũs aultres. C'est assauoir que la malice se augmẽta et creut tellement en la posterite de cham: que ilz deuin/drẽt tousiours de pie en pis. Parquoy finablemẽt furent tuez par le cõman/dement de dieu: Et leur possessiõ bail/lee aux enfans de israel. Ou selõ sainct augustĩ ou xbje de la cite de dieu ou .j. chapitre: On peult respõdre que Noe ne Souluft pas mauldire cham pource que dieu lauoit benist en dõnãt sa be/nedictiõ a tous ses enfãs cõme apt ou ixe de genese. Et ne determie pas sainct augusti ou xe chap. du xbjliure q̃ tous ceulx qui sont benuz de cham/soyent mauldiz: ne aussy que tous ceulx q̃ sõt descẽduz de sem et iaphet: soiẽt benys. Ne qui plus est: pour euiter prolixite/ lescripture ne fait point de mention q̃ depuis le deluge iusques a abraham: il y ait eu quelque sainct et iuste homme

Cham eut quatre filz lũ nomme/chus: qui eut plusieurs filz: entre lesq̃lz estoit le geãt nembroth / hault de Dix coudees: lequel instruit de Jonithus p̃mier filz de noe: Induisist ses freres/ a faire la tour de babilõne contre la Bõ te de dieu. Et fut hõme de grãde Bio lence/boulant cõtraindre chascũ a ado rer le feu/et tenir le mõde en subiection De icelluy chus p̃mier filz de chã : de/scendirent les ethiopiẽs. Le secõd filz de cham eut nom/mesrayn/du quel sont Benuz/les egypciẽs. Car mesrain en hebzieu/est adire/egypte. Le tiers fut nõme phut/Duquel sõt descẽdus ceulx de libie qui p̃mieremẽt estoiẽt nõmes phutees. Le iiije est chanaã. Dõt sõt deri uez les chananees. Et eust xi. filz cõ/me apt ou xede genese. Sainct ierome dit que diceulx quatre filz de cham des/susdiz: sont descẽdues maintes gens ꞇ natiõs qui nous sont incõgneues pour les mutatiõs des noms et la distance des terres. combien que aulcuns des enfans dudit chanaã sont benus a no stre congnoissance. Lũ diceulx fut ap pelle sydon et est le premier ne/qui dõ na nõ a la cite de sydon en fenice. laq̃l/

le est la fin de la terre de p̃missiõ bers septẽtriõ soubz la mõtaigne antiliba/ne. Duquel lieu la chananee pria dieu pour la sante de sa fille tourmẽtee du deable: Dõt est parle ou xbje de sainct mathieu. Le ije filz eut nõ aratheus. le quel fist ũg chasteau nõme archas: empres la cite tripolis: au pie de la mõ taigne du libane. Le tiers filz fut Dit cyneus: qui edifia la cite de syn empres archas. Et est maintenãt appellee sy/nochi. Le quart eut nom amatheus: q̃ dõna nõ a la cite emath. Ces iiij p̃mi/ers demourerẽt pres de la montaigne du libane. Mais les bij aultres qui se/ suiuẽt/cõme etheus, iebuseus, amorre/us, gerseus, eueus, aradiu et samari/then se tirerẽt bers midy. Et ont tous iours este cõtraires au peuple de ista/hel. De eueus sont benus les gabao/nites. Et de aradiu est denõmee lisle aradiu qui est dedans la mer/a demye lieue pres du port de fenice. Les chana nees auoiẽt leur pays depuys sydoine bers la bille Jeraris : iusques a la cite gazan. Et de gazan en tirant bers ori/ent iusques aux cinq cites. c'est assa/uoir, sodome/gomorre/adome/seboyn/ et sesa. comme plus clerement apper/ra cy apres ou iosue diuise la terre pro/mise a abrahã et a sa semẽce Come stoz dit que cham aultremẽt nõme zo/roastres et regnant en bactrie fust bat cu par le roy de babilõne/nõme nynus filz de belus filz de nebzoth. Aussy q̃ il trouua lart magique/et les bij ars li/beraux. Lesquelz il fist escripre en deux tables: lune/d'arain contre leaue. laul/tre de terre cuite et tuile cõtre le feu. Les autres dient que ce fust en xiiij ta bles : sept darain/et sept de terre cuyte Lesquelles tables bailla a son filz stra

Sainct augustin dit ou xxje de la cite de dieu ou xiiije chapitre que on ne list point daulcun auoir fils a sa natiuite/excepte de Cham. en de monstrãt quil seroyt Jnuẽteur de lir risiõ ꞇ illusiõ magiq̃. Aussy il eut plu sieurs liures/desq̃lz Ninus brusla grã de ptie. Toutesffois ung histoziẽ nõme

Second aage

Helinādus dit que aristote dit les liures de cham. Et q̃ il estoyt fort congnoissant et bien expert es estoilles. Par quoy pour y estre veu et repute dieu: aussi pour induire le peuple a se esmerueiller il faisoit visiblemēt (ꝑ sē/blāce) saillir petites esticelles de feu des estoilles. Dont finablemēt le deable le fouldroia et brula miserablemēt. Apres sa mort du quel ses gens luy firēt vng honorifique sepulchre, comme a vng des amys de dieu translate es cieulx. Pour laquelle cause il fust appelle zoroastres, qui vault autant a dire comme estoille viuant. ¶ Sainct augusti ou ix.e liure de la doctrine xp̄iane dit que on peult bien congnoistre certainement les mouuemens et cours des estoilles: Mais cest grāt abus, erreur, et folie de vouloir et cupder par iceulx scauoir parler des fais humains q̃ sōt a venir: et de la condition de celuy qui nasquira sur terre. Dōt aduient comunemēt q̃ telz deuienent folz. pose que comme dit est Astrologie est vne science tres certaine, quant au mouuemēt des planetes, et aussy quant a aulcunes exteriores Influences: comme sōt ventz, pluye, secheresse, et plusieurs aultres. Et selon papie et ysydore ou iij.e liure de ses ethimologies. Astrologie est partie et espece de astronomie et est en partie naturelle, et en partie supersticieuse. Elle est naturelle en tant que elle parle du cours du souleil, de la lune, des estoilles, et des temps. Mais elle est supersticieuse en voulāt par tel mouuement adeuiner et juger des choses a venir, comme aussy font ceulx qui par les cours des douze signes se vantent de congnoystre les proprietes du corps et de lame, et de predire les natiuitez, meurs et cōditiōs des hommes. Et pose q̃ aulcunesfoys ilz dient vray: touteffois selō sainct augusti ou .ij.e de la doctrine cristiēne on ne doit poit auoir de foy ne adiouter de credēce a eux: ne a leurs ditz ¶ Car en ce peuent estre beaucop de illusions dyaboliques: pose que ainsy aduienne qu'ilz ont predit. Comme il apert de lymaige de samuel, ia mort qui sapparust a saul plusieurs fois, et luy predit l'erite de moult de choses, qui apres ce aduindrent. Tesmoing le xxviij.e chapitre du premier liure des roys. En oultre es fais des apostres ou .xvj.e chapitre est faite mention dune femme bourderesse et folle, laquelle dist aux apostres quilz annoncoyent la voye de salut. Et touteffoys pource quelle estoyt tenue et possedee du deable: sainct pol et les aultres, ne furent pas contens di celle loange: a cause que elle procedoit de mauuais esperit. ¶ De ce est dit en deuteronome ou xviij.e chapitre. Se vng prophete vient a toy: ou aulcun aultre se disant auoir eu quelque songe ou vision: et le signe qui ta baille soit aduenu. Et il te dit, allons seruons, et adorons telz dieux, et telz: Ne escoute point sō conseil. Car par luy dieu te tempte: pour scauoir se tu laimes ou non. ¶ A propos de telles apparicions on peult demander se ou premier liure des rois ou xxviij.e chapitre dessus allegue: samuel sapparust vrayement au roy Saul: ou quelque aultre mauuais esprit. Et semble premierement que ce fut samuel. car les cripture parle de luy nommeement. Secondemēt ce eust este grant deshonneur au sainct samuel, se lesprit mauuais eust este tant de fois en lescripture nomme, par le nom de samuel. Tiercement tel esprit dist certainemēt les choses a venir. come apert de la mort de ses enfans: et de la desconfiture de son armee: parquoy semble que ce fut samuel, et non pas le deable qui est mē songier, et pere de mensonge, selon sui tiesme de sainct iehan ¶ On peult arguer au contrayre: Premierement car se ainsy est que dieu ne voulust point respondre a saul par les prophetes viuans: Il fault dire par plus forte rayson que aussy na il fait par les mors. Secondement, celuy qui apparut a saul luy dist. Tu seras demain auecq̃s moy. or estoit samuel sainct homme: et

Feuillet xxxix

saul du nōbre des reprouuez: par quoy celuy qui parloit estoit aulcun des dāpnez. Item lespezit qui se monstra a saul se pmist adozer de saul. et par aisy il fault dire/q ne stoit pas le saict samuel car il neust iamais permis telle chose. Mais ce stoit le dyable qui est cōuoiteulx de tel honneur.

¶ Sainct augustin pour respondre a sa question dessusditte note deux opinions en lepitre quil rescript a felicia. Lune est que lame de samuel apparut a saul:par ce que le deable/cōe est possible la porta par permissiō diuine pour quelque raison a nous occulte et ignoree. Cōme peult estre cleremēt prouue. Car se aisi est que ihūcrist se pmist pozter du deable sur le coupel et sumite de la mōtaigne et sur le pinacle du tēple cōe est escript ou iiijᵉ de sainct mathieu. Il npa nul incōueniēt quil ait pmis telle chose en lame dudit samuel q est sans cōparaison mēdre q luy: pour mōstrer et faire apparoir audit saul q cestoit samuel en propre corps et habit

¶ Icelle apparitiō peut auoir este aultrement faicte:nō pas par art magiq mais par auleune Vertu t puissāce diuine:a nous occulte t icōgnue. Assi de benōcer a saul sa malediction et damnation eternelle en quop il deuoit estre pchainemēt seterie. Et pour ce q samuel estant en Vie luy auoit predit comment il seroit dechoute de son Popaul/me. Il estoit asses cōuenable quil se apparust a luy pour anōcer telle sentēce

¶ Lautre opinion que touche Sainct augustin ou licu dessusdit est que telle apparition ne fut pas a saul faicte par samuel. mais par lespzit mauluais q se transforma en samuel. Car attendu que le dyable se transforme saiuēt en ange ainsp quest escript ou chapitre xjᵉ de la ij epistre aulx corinthiens: Il sensuit par plus forte raison quil a peu pzēdre la sēblāce t forme de samuel.

¶ Ceste qstion et ce doubte nest pas de necessite de salut:pource non est ries determine par lesglise. Toutesfois il est plus probable et plus cōsonant au texte de sa bible/dire que lame de samuel sapparust au Roy saul: que dire aultrement, ainsp cōmuneemēt le tiēnēt les docteurs hebrieux. ¶ Sēblable exemple est escript ou chapi. xxiiᵉ et xxiiiᵉ du liure des nōbres/cōmēt balaan magicien et deuin demāda par deux foys respōse aux dieux. Et lors dieu ne Voulust point permettre au dyable luy respōdre mais lors le bō angle luy bailla respōse cōtraire a sa Voulente. Et en ce dieu ne fauozisoit pas a lart magiq Mais plus tost lempeschoit. Et quisp ad ce pos on peult dire q le deable fust pzibe de Venir a liuocatiō de la diuine tesse tq lors fust pmis q samuelVenist a saul luy anōcier le cōtraire de sa Volēte. Et en tenāt ceste maiere de dire/ on peult respondre aux raisons cōtraires Et premierement dire a sa premiere: que dieu Voulust plus bailler respōse a saul par Vng prophete mort: que p Vng Vif pour les causes ia dictes.

¶ Au secōd que samuel permist quon le adozast de adozatiō de dulie qui est deue a lōme. parquoy ce ne fust point de incōueniēt. On lit que sēblablemēt dauid permist estre adoze de nathā /tesmoing le tiers des rois ou premier chapitre. ¶ Au tiers argument est a dire que samuel dist a saul que lendemain il seroit auec luy. Cest a dire defunct et mort cōe luy. Et nō pas en paradis auecques luy. Aussi samuel fust amene par lāge non pas en faueur de lart magique: Mais plus tost au cōtraire cestassauoir pour empescher icelle t lesfect de linuocation de la diuinetresse. Toutesfois a cause que sainct augusti decline et se cōdescēd plus q lapparitiō fust faicte par le mauluais espit trāsforme en samuel pource faust respōdze aux raisons qui sont au contraire

¶ Pour souldre la pmiere dicelles est a dire q en la saicte escripture souuētesfois les similitudes des choses sōt appellees par le nō dicelles Et en ce npa point de faulsete en lescripture cōme ou xlj. de genese ou est escript q pharaon auoit Veu en sōge Vij espiz t Vij beufz.

Second aage

Et touteffois a la verite: il ne dit que la semblance diceulx. Pareillement ncy la similitude de samuel: est appel/lee samuel. Et ainsy pource nest faite quelque irreuerence au sainct. car se nõ samuel est equiuoque comme dit est. ¶ A laultre raison peult estre dit: que pose que le dyable soit de sa peruerse inclination fort mensonger: si nest cepoit inconuenient que aucunesfois par reuelation diuine il preuoye et predie vrayement les choses a venir. Ou quant p̃ les precedentes fais il est certain des futurs. Ou par sa grande subtilite comme en ce lieu. Car saul nestoit point digne quon luy enuoyast ung bon ange. Et ainsy le dit sainct augustin en son second de la doctrine chrestienne. Apres lesquelles choses il dit ce qui sensupt. Et pose que la consideration et congnoyssance des estoilles ne soit pas de soy superficieuse: touteffois elle encline a supersticion et erreur de art magique. Parquoy il est honneste et stille de la laisser: et ne lestudier point. car on ne doibt pas seulemẽt euiter erreur Mais aussy les choses a quoy sensupt erreur ¶ Et pource que deuãt est faite mention dastrologie Nous debuons scauoir que les egyptiens furent les premiers qui trouuerent icelle art par linstruction de Abraham selon Iosephe ou viije chapitre de son premier liure. Les grecs disent que Athlas en fust premier inuenteur. Et pource on sainct quil a soustenu le ciel. Touteffoys ptholomee roy de alexandrie a principalement bien escript dicelle en grece. Et selon methodius lung des filz de noe appelle Ionithus fust premier inquisiteur dicelle Et dit ysy/dore ou xve. liure que nembzoth trouua lart magique en perse. Car apres la confusion des langaiges il ala audit pays et y fist adorer le feu comme ilz faisoient le souleil qui en leur langue estoit nomme bel.

¶ Chapitre iiije de iaphet.

Iaphet tiers filz de noe est interprete latitude selon ysidoire ou vije chapitre du septiesme liure des ethimologies, car de sa generation est descendue grande multitude de fideles et chrestiens Non obstãt que au commencement dieu nestoyt congneu que seulement en iudee comme dit le pseaulme lxxve. Mais de present le nom de dieu est loe depuis oriẽt iusques en occident. Et pource est a noter selon sainct augustin ou xvj de la cite de dieu que de ces trops filz de noe sont venues lxxij generations. Cestassauoir De iaphet xv De cham xxx Et de sem xxvij. Lesqlles furẽt diuisees et esparses par les trois parties de la terre. Car sem occupa asye. Cham Afriq. Et iaphet, europe. Ung iuif nomme philo, du quel parle sainct ierosme ou chapitre xje du liure des hõmes nobles, dit q̃ durãt la vie des trois filz noe, et eulx encores viuans: diceulx descendirent xiiij. Mille. et Cẽt hommes: sans les femmes et les enfans: Ausquelz presidoient et estoient chefz les trois dessusdis. Lesquelx se assemblerent auec le oultrecuide geãt Nembzoth ou champ Sennaar apres la mort de leur pere Noe voulans edifier la grande tour de babilone: pour euiter le deluge se il senoyt encor vne aultre fois. et aussy pour celebrer et renommer leurs fais, auant quilz se diuisassent et separassent densemble, selon le xje de genese. Mais ou temps de phalech fust faite la cõfusion des langaiges, parquoy se diuiserent es parties du mõde dessusdites. Car ceulx qui estoient dung langaige demourerent ensemble: Et les aultres furent separes. ¶ Selon ysydoyre ou premier chapitre du xiiije liure des ethimologies: Les trois parties dessusdittes de la terre ne sõt pas eguales. car asie tiẽt autãt q̃ les deux aultres. Et se estẽd

Feuillet xl

mydi en septentrion et orient Europe ha en occident vers septentrion Et affrique tient lautre partie qui est de occident/vers mydi. cõme il sera tantost declaire en vne figure cy ap̃s. Appos des choses dessusdictes fault noter que ainsy quil y auoit lxxij generations/et lxxij diuers langaiges: aussy dieu en noya lxxij disciples en toutes les cites desditz langaiges ou il deuoit venir cõme dit sainct luc ou xe chapitre Du ql passage dit la glose que aissy que les xij apostres ont este enuoies pour les xij lignees de israel Les lxxij ont este enuoies pour conuertir les gentilz et estranges nations En preschant la loy euuangelique et declairant la foy de la saincte trinite par toutes langues Lequel nombre cestassauoir de lxxii disciples et lãgaiges n̄est point dit sans mistere Car il resulte et est fait du nõbre des heures de iij iours naturelz multiplies iij fois p̃ xxiii.or est il aissy q̃ nostre seigneur ou chapitre xi de sainct iehan se nõme le iour Et appelle ses apostres et disciples les heures. Toutesfois selon sainct augustin ou xvie de la cite de dieu et chapitre viie. il ya maintenant plus de lxxij. langaiges. Car il est plus de diuerses nations par la terre q̃ il nestoit a lors.

Japhet eust vij filz. Gomer: dõt les galathiens ou galliciens sont venus. Et consequamment les gaules qui maintenãt sont frãcoys Ledit goiner eut trois generations/Ascener/riphat et Thogorima.cõe apt ou xe de genese Le iie filz de iaphet fut magog. dõt sõt dis et venuz les scithes et les gothz et magothz selon Sainct ierome. Le tiers filz fust madã/dõt sont dis les medes. Le quart fust Janan du quel sont descendus les iones: Autrement ditz les grecz qui ont la mer nommee pontique. De ycelluy ianan descendirẽt iiii generations comme est escript ou xe de genese. cestassauoir Helysa/Tharsis/Cethim Et dodamin. De helysa sint helysius qui apres fut nommee Beoudos. De tharsis sindrent les ciliciens. en la terre de cilicie/ou est la cite de tharse. En la quelle le prophete ionas souluft aler comme apert en ses chapitres premier et second Et aussy sainct Pol lapostre en estoit citoien et bourgois tesmoing le ixe des fais apostoliques. De cethim vindrent les cethes autrement nõmez cypriens De dodami descendirent les rodies qui autremẽt se nõment colocenses. Le vie filz de iaphet eust nom thubal Et fut pere des hiberes autremẽt dis espaignolx. Le viie fust Mosoth/pere des capadociens ou est la cite mesetas. Le viie eut nom Thyras fondateur des thraces ou thyraces/en la region de thrace.

En ce temps par les filz de sem/ de cham/et de iaphet fust introduite noblesse et gentillesse pour plusieurs causes. Lune considere que nature est prone et encline a mal: il estoit couena ble que les meilleurs et plus vertueux esquelx entendement et raison dominoient fussẽt maistres et seigneurs des autres selon le premier de politiques. Car noble nest aultre chose a dire sinõ notable/et digne destre prefere aux autres pour sa vertu. Du noble/cestadire cellup qui nest point ville ne villain Parquop dit sainct ierome contre plusieurs nobles.que tous ceulx qui se veulent dire nobles/se doibuent contraindre par vne necessite et constrainte hõneste a viure vertueusement/et noblemẽt Et nõ pas heuier ne degenerer de la vertu des premiers peres. pour laquelle vertu furent dis nobles anciennement. De ce dit crisostome sur le tiers de Sainct mathieu/Ne vous glozifiez point que abraham soit vostre pere. Car de quoy prouffite a homme la noble lignee de ses predecesseurs sil nest de bonnes meurs/et honneste conuersation? Par opposite de quoy nupst la ville et basse generation mais quon soit orne de vertu. De quoy pssita il a chã destre filz de noe le iuste veu q̃ fust mauluais garnement et maudit? Lor viẽt de terre. a si nest pas terre toutesfois il est môlt precieusemẽt garde

Second aage

ou la terre est desprisee. Aussy lestain p̃/
cede de argẽt ꞇ si nest pas argẽt/ne tãt
prise que argent. Mieulx vault dõcq̃s
ung homme de bas lieu vertueux que
ung aultre de haulte lignee vicieulx.
¶ Secõdemẽt noblesse a este introdu/
yte pour garder iustice/pour faire droit
au petit comme au grant et pour pu/
gnir les rebelles et oultrageulx.¶ Car
les ignorãs de droit et de eqte neussent
point fait iustice ne raison de eulx mes/
mes: silz ny eussent este contrains par
leurs seigneurs. Parquoy pour ce fai/
re fust es nobles hommes faicte et in/
troduit noblesse Et pour ces deux cau/
ses neust point este noblesse ne seignou/
rie de lũg sur lautre en lestat dinocẽce
¶ Tiercement a este introduite no/
blesse pour diriger ꞇ adresser ses sub/
iectz en leurs besoingnes et affaires.
Et quant ad ce eust este seigneurie en
lestat de innocẽce. Car encores eussẽt
aulcũs este plus saiges les ungs que
les aultres. combien que lũg neust pas
eu seigneurie sur lautre cõe sur sõ serf
ou seruiteur: Mais seulement ainsy q̃
le pere sur sõ filz. car seruitute nous est
venue par peche cõme dit est. Non ob/
stant que aucuns ont este fais nobles
par violence cõme nembroth. Les aul/
tres par grace de dieu speciale/ comme
saul. Dont apert ou .j. liure des roys ou
xe cha. Et aussy dauid comme est ma/
nifeste ou xvie chapitre du dit premier
liure.

¶ Le chapitre 3e de la secõde aage.

Arpharat filz de Sem
fust ne en la seconde aage .ij.
ans apres le deluge. Iosephe ou vi cha
pitre de son p̃mier liure dit ou xiie An
apres le deluge Cestassauoir en lan de
son pere Centiesme selõ le xje de gene/
se. qui est en lan du mõde Mil. vi cens
lviii. selon la verite hebraique. mais se
lon les lxx interpretateurs / ce fust en
lan du monde deux. Mil. deux cens et

xliiij. qui sont auant la natiuite de ihe
sucrist. deux Mil. ix cens lv. ans ¶ Ar
pharat est interprete sanant/ ou garis/
sant depopulatiõ. Car de sa lignee est
procede/ et descendu ihesucrist qui est
la sanation et medicine des pecheurs.
¶ Et sõ demande dont vient ce que
en ceste presente genealogie apres la
descriptiõ de la vie daucun: on ne met
plus que tel et tel est mort ainsy quon
faisoyt en la premiere aage. Response
clere est que cest pource que en la p̃mi
ere genealogie enoch fust tout vif trã
slate cõme dit est / et ne mourut point.
A ceste cause est escript des aultres q̃lz
sont mors. Mais en cest aage present
chascun doibt mourir. pourquoy nest
ia besoing de souuent reiterer ce qui
est de soy manifeste. ¶ Plusieurs
dient que en lan de Arpharat. xxxve.
Ung peu auãt la natiuite de sale asye
fust faite tributaire aux scithes en lã du
monde Mil vj cens quatre vingtz xii
cõme appert dessus ou cha. de maniael.

¶ Le vi chapitre de sale

Sale qui est autremẽt ap
pelle caynã ou iij de .s. luc fut
ne en la xxxv de son pere arpharat cõ
me est dit en genese ou xje chapitre cest
assauoir en lã de la secõde aage xxxvii
En lan du mõde Mil vj cẽs .iiii. vigtz
xiij selon les hebzieulx Mais selon les
lxx expositeurs ce fust en lan. ii Mil. ii
cens lxxix Et auant la natiuite de ie/
sucrist: ii mil xx ans ¶ Sale est inter
prete emission ou saillãt car il est yssu
de la bõne et esleue racyne de sem. Et
aussy par luy est signifie et figure que
ihesucrist deuoit naistre en bethleem.
et auoir domination dessus israhel.Et
pource caynan est interprete dominãt
le peuple. Ou caynan est interprete/
lamẽtation du peuple Car pour nous
a endure plusieurs maulx et lãgueurs
cõme est escript ou liii de psaye. Pour
lesquelles le peuple lamentoit en se plai/

Feuillet xli

gnant doloureusemēt ou temps de sa passion, tesmoing le xxiij. de sainct luc. Aussy capnā est interprete acquerant en denotant que nous sōmes le peuple de acquisition qui auons este acquis ꞇ achetez par la passion de ihesucrist: affin que nous annoncions ses vertus en luy donnant gloire et loange.

¶ Es aitz de arphaxat ꞇ de sale on ne list point quelque chose digne de nō et de memoire auoir este faite. Parquoy nen faisons cy nulle mētion. Comestor dit que sale fist vng lieu nōmé sasem: et que de son nom sont denōmez les samarites ou samaritains.

¶ Le chapitre vij.e de heber.

Heber filz de sale et v.e depuis sem fust ne en lan de sō pere lxx. De la seconde aage lā lxvij. Du mōde lan Mil.ij.C.xxiij.e selon les hebzieu x. Mais selon les lxx expositeurs lan ij.Mil. C.C.C.et ix. qui sōt auāt la natiuite de ihucrist deux Mil. vj.C. quatre vingtz ꞇ x. Et est interprte passant, pource que dieu deuoit passer et yssir de sa lignee. De luy sont deriuez et descēdus les hebzieux. et appellez de son nom cōe dit ysydore ou liure vij.e des ethimologies ou chapitre vj.e Semblablemēt dit iosephe et sainct augustin. Car aussy en la diuision des langages, la seule posterite de heber garda le sien, cestadire lebzieu. Et auāt la dicte diuision, la langue que nous disons hebzaique estoit vulgaire et maternelle car tout chascun ysoit dicelup langaige. Toutesfops dit sainct augustin que selon loppinion daulcuns: les hebzieux sont dis et denōmez de Abzaham. et de ceste oppinion est vng docteur nomme burgēsis. Lequel dit sur le xxi.e de sainct mathieu, que les hebzieux sont dis de heber quant a la denomination du propze nō. Mais de abzabā pour autre cause, cestaffauoir pour ce q abzaham vēnat de mesopotamie, vint et passa par vng fleuue, parquoy

il fut dit hebzieu, qui signifie trāssiuial, et estāt oultre le flcuue. Et par ainsy sa lignee fust dicte hebzaique.

¶ Sainct augustin dit ou x vj.e de la cite de dieu ou chapitre xj.e que en la seule lignee de heber, demoura la langue hebzaique a la mutation des langaiges, pour la bōte et iustice dicelup. Et pour ce ou texte de genese il est pmieremēt nomme entre les filz de sem, pose quil fust le iij.e Toutesfops ledit heber ne aprinst point le langage hebzieu a toutes ses generations, mais seulement a celle qui descendist de abzaham. Car heber eut xiij filz et plusieurs filles. Le pmier de ses filz fut iectan combien quon escripue phalech le pzemier cōme apt ou pzemier de paralipomenō. Car phalech fut ne ou tēps de la diuisiō des langaiges, ou quel iectan auoit ia xij. filz assez aagez. Car en la saincte escripture on ne tient pas tousiours lordze de la genealogie, et generation des pzemiers nez. Et habiterēt iceulx filz de iectan vers le fleuue cosmus en Inde ꞇ en autres lieux a senuiron de sirie, cōme dit iosephe ou vj.e chapitre de son pmier liure. ¶ Ce pzesent iectan par le conseil de nembzoth vsurpa la seignorie et principaute sur les filz de sem a ledification de la tour babel. Et chascun de ses xiij filz fist generation ꞇ gēt particuliere, dont on ne trouue riens escript pour la distance des terres ꞇ mutations des noms, ainsy que racompte sainct ieronime. ¶ Sainct augustin ou ij.e chapitre de son xviij.e liure de ciuitate dit que le peuple hebzaique eust tousiours este en la terre de promissiō en ensuiuant la pzomesse faicte a abzaham: se neust este son peche. Car pour leur perhe dieu les trauailla et mist en paines temporelles pour p icelles gaigner et auoir le repos eternel. car selon sainct pol ou xij.e de lepitre aux hebzieux dieu flagelle et enuoie des tribulations a tous ceulx quil aime. Et mesmement a flagelle son propze filz ihesucrist iusques a mort amere et cruelle. ¶ Ainsi doncques lesditz hebzieux pour leur

f i

Second aage

peche furent mis hors de la terre de promission/et ont este long te͂pe co͂me banis et fuitifz en egypte/cestassauoir iusqs ad ce que par grandes batailles dont estoie͂t chefz Iosue/Dauid/& salomo͂/elle leur fut co͂quise/& restituee/selo͂ la promesse de dieu:et augme͂tee depuis le petit fleuue de egypte qui diuise egypte et palestine Iusques au gra͂t fleuue eufrates. Car iceulx trois dessusditz furent toute la dicte terre (& les peuples a eulx tributaires. Et lors fust premierement parfaicte et acomplie la promesse de dieu et no͂ point deuant Co͂me dit sainct augustin ou x.vi. liure et xxiiii.e chapitre de la cite de dieu.

En icelles batailles iosue subiuga xxxi roys comme est escript ou chapitre xi.et xii.de iosue. Et puis il diuisa les terres diceulx roys aux enfans de israel.

Sensuyt ledification de la tour de confusion appellee babel.ou de babilo͂e

Huitiesme chapitre de la seco͂de aage

Phalech filz de heber fut ne selon le xi.e de Genese en lan xxxiiii.e de son pere. lan de la seco͂de aage. & et .i. qui est lan du monde Mil.vii.c.lvii. selon la saicte histoire. Mais selon les lxx.interpreteurs deux Mil.C.C.xliii.cestassauoir auant la natiuite de ihu͂crist deux Mil.S.C.lvi.ans. Et selo͂ ysidore/phalech est interprete diuisio͂.a cause que il fust ne ou temps que la diuisio͂ des langaiges fut faite.cestassauoir lors que le peruers et mauluais geant ne͂broth q͂ sou loit sur tous regner/edifia la gra͂de tour babilonique par le co͂seil prins au chap sennaar/auec iectaq͂ estoit de la lignee de sem.& suphue de la lignee de iaphet Lesq͂lz trois furet les chefz et capitaines de telle entreprise.aiant chascu͂ diceulx soeil & dominatio͂ sur la lignee dont il estoit. Et commencerent telle entreprise lan du monde deux Mil.Sj Cens xliiii. selon ysidore ou S.e liure. Mais par la voule͂te de dieu fut fait que lung nentendoit point laultre/et quant pour louuraige aulcun demandoit quelque chose/laultre suy portoit le contraire. Car dieu tousiours dissipe le concile et deliberation des mauluais comme est escript ou S.e de Iob.

Touchant la descriptio͂ dicelle tour de confusion peuent estre dictes plusieurs choses en ensuiuant les opinions et escriptz de diuers historiographes. Drose et solinus qui sont bien reno͂mez en histoires disent que icelle tour auoit deux Milliaires de haulteur. Sainct ierome sur le xi.e chapitre de ysaye dit que babilonne est la principale cite des caldees de laq͂ lle les murs auoient xvi mille pas par carre dung anglet a laultre:cest en tout soixante & quatre mille pas. tant que les murs duroient entiro͂ deux lieues et demie Et en icelle estoit une tour de trois mille pas en haulteur qui valent deux lieues.elle estoit fort large au bas & en montant aloit en estroississa͂t. La matiere dicelle estoit brique/ et cyment/ affi que ne par eaue/ne p͂ feu ne peust estre destruite.Et pource que en icelle fust faite la confusion des langaiges

Feuillet xlii

on sappella en hebrieu babel/et en grec babilonne. Du quel nom toute la region au tour print sa denomination. Mais ou dit lieu nya de present riens que deserz et bestes monstrueuses.

¶ Orose dit que a paine scauoit on croy re la force et fermete dicelle cite. Car elle estoit disposee a lenuiron en maniere de fors chasteaulx. Et bien carree/ de murs/apans en largeur .l. coudees et quatre foys autant en haulteur. Le circuit de la ville estoit de quatre cens et lxxx stades. Et auoit cent portes. Et dura son regne .xi.c. et lxiij ans. Et en lan quelle commenca estre destruite par arbatus rome commenca estre fondee Et par ainsy quant le regne commenca se definer en orient et aspe: il commenca flourir en europe/selõ orose en vne epitre quil enuoye a sainct augustin. ¶ Henry de heruozdia en la seconde aage ou chapitre .ix.e. recitant loppinion dung historien nõme Esicius dit que icelle tour estoit haulte de cinq milliaires. car elle estoit haulte de cinq Mille. C. lxxiiij. pas. et cent et xxv pas font vng stade: et viij stades font vng milliaire. Et combien que la largeur ne semblast pas grande au regard de la longueur: Toutesfoys il ny auoit pas trop notable difference ¶ Les poetes disent q̃ celle tour fut faicte par les g̃ans quant ilz firẽt la bataille pour expulser les dieux hors des cieulx. ¶ Bede dit ou petit liure des temps que en icelle diuision des langaiges/la lignee de sem premier filz de noe eust quatrevingtz et xvij languaiges en orient pres le fleuue eufrates. ou quel pays ya gens aulcunement differens en langaige en nombre iiij.c et vj. ¶ Cham qui tint egypte ethiopie et toute affrique eut xxij langues et iiij.c quatrevingtz et xiiij pays diuers aulcunement en parler. ¶ Japhet tiers filz eust depuis medie iusques a gadaran vers septentriõ. et eut toute europe/ et le fleuue de tigre. esquelz pays furent xxiiij langaiges et ij.c pays. Et ainsy apert que en tout furent lxxij langai/

ges et Mille pays.
¶ Chapitre ix.e des monstres.

Sainct Augustin ou x.e liure de la cite de dieu ou chapitre viij.e demande sil est a croire que des filz de noe soient procedez aulcũs mõstres en humaine nature: ainsy quon trouue es histoires. comme Daulcuns qui nont que vng oeil au millieu du front Aulcuns qui ont nature de homme et de femme. la dextre mammelle de hõme et la senestre de femme, qui peuent engendrer et enfanter cestadire faire loffice de homme vne foys/et puis laultre faire loffice de la fẽme. Les aultres sõt qui nont point de bouche. et qui seullement viuent de respirer et aspirer les odeurs par les narines. Aulcuns sont qui ne ont que vne coudee de hault. come les pigmees. Aulcunes femmes qui peuent conceuoir a cinq ans et ne viuent point oultre le viij.e Les aultres qui nont point de teste et ont les yeulx es espaulles. Les aultres quon dit cinocephales/qui ont le museau dun chien et plusieurs aultres que nous laissõs pour le present. ¶ A ce respond vng acteur nomme aratus et dit quil les croit mieulx estre bestes que hommes et que il ne fault pas croire tous iceulx monstres/estre hommes lesquelz on

f ii

Second aage

escript en si grande diuersite. Toutes/
fois alque chose quil en soit: tout hom/
me et toute creature raisonable quelq̃
figure inusitee quelle ayt: quelque son
quelque couleur/quelque mouuemēt/
quelque force/ou aultre qualite de na
ture: est descendu du premier homme
adam. Et la raison quon rend des par
ties monstrueuses des hommes: peut
aussy estre redue des hōes mōstrueux
Car dieu est createur de tout/sachant
diuerses figures pour decorer le monde
en ses diuersificatiōs/pour la q̃lle cau/
se il a fait et cree plusieurs bestes fort
estranges/ȝ aussy diuerses humaines
figures. Et ceulx qui reputēt estre de/
formite en ycelle figure humaine: ne
doiuent pas seulement considerer ne
comparer ycelle figure a vne autre fi/
gure de homme plus vsitee. Mais a lu
niuersel monde qui est fort pulcrifie et
embelly par icelle diuersite. Car pose
que nous soyons aucun auoir plus de
v. dois en vne mai: il ne fault pas pour
tant dire que dieu ait erre en icelle/At
tendu que nous ne scauons pas la ray
son pourquoy dieu la ainsi faicte. Et
nous doibt souffire que dieu scet pour/
quoy il a ainsy faict. En la cite nō/
mee dparitus aultrement zaritus ya
homme ayant les plantes des piez de
la figure de la lune auec deux dois seu
lement. Mais il ne sensuit pas pour/
tant quilz ne soient descendus de adaȝ
Et semblablemēt est des androgenes/
aultremēt ditz hermofrodites/ lesquelz
ont double nature ȝ sexe de hōme ȝ de
feme. tant quon ne scet son les doit di/
re et apeller hommes ou femmes.
Pour les choses dessusdictes confer
mer est de puis vng peu aduenu en ori
ent que vng hōme est ne double es par
ties superiores/ ayant deux testes/ iiij
mains/ et deux estomacz/vng seul vē
tre et deux piez. lequel a vesquu fort
long temps/ tant que plusieurs le sont
ale veoir pour vne chose merueilleuse
et bien nouuelle. Assez en est escript de
semblables. Desquelles comme est ia
dit selles sont creatures raisonnables:

elles sont descendues de adam. Et se
elles ne sont telles il les fault tenir ȝ re
puter pour bestes brutes. Cōbien qlz
approchent de la forme et figure hu/
maine cōme cinges/spinges marmotz
et les semblables. Galien q̃ fut grāt
medecin et grand naturel/ assigne la
cause de telle monstruosite es hōmes
en son liure intitule de spermate. Et
dit que quant la vertu generatiue est
si debile quelle ne peut faire ressembler
la chose engendree a aulcun de ses pere
ou mere: lors lenfant pour refuge prēt
sa figure de la nature daulcune plane
te. Ainsy alexandre print la figure dēs
planetes. car en sa natiuite le souleil
estoit ou signe du lio. et pource il auoit
les cheueulx crespes/de couleur iaulne
vng regard merueilleux/ grande ire/
et grande force et le nez long. Mays
pource que saturne pour lors estoit ou
signe du thoreau/ il eut les dens agues
vng oeil comme dun dragon/ et lautre
comme dun aigle. Et aussi pource que
saturne est le plus hault des planettes
Alexandre eut treshault couraige.
Sainct augustin dit ou xvj de la ci/
te de dieu ou chapitre ixe. que aulcuns
disent quil ya des antipodes ainsy ap/
pelles pource quilz ont la plante des
piez contre la nostre/ et quant ilz ont
clarte nous auons la nupt. Mays on
ne les doibt point croire. car il nya rai/
son qui nous demonstre cela/ ne quel/
conque experience/ obstant que nul ne
pourroit aler en laultre partie de la ter
re a nou℥ cōtraire pour la largeur de la
grant mer et autres lieux inaccessibles
Et est vraysemblable que icelle terre
est toute couuorte de caue. Touteffois
ou liure dessusdit ou chapitre viije dit
sainct augustin que en libie ya des mō
stres/ nommez antipodes: qui ont les
plantes des piez tournees derriere. et
huyt dois en chascune plante. Laquel
le chose est confermee par ysydore ou
penultime chapitre de xje liure des ethi
mologies. Et pource que auons ia
plusieurs foys parle de mōstres: nous
debuons scauoir quelle chose pprement

doit estre ainsy appellee. ysidore dit ou lieu dessus allegue que monstre est vne chose nee et venue contre le commun cours de nature/que aultrement on appelle prodige. Car aulcunesfoys dieu par telz monstres/signifie les choses a venir/comme pestilence/guerre famine/ou chose semblable. ainsy que experimente souuent. côme apparust ou temps du roy persee. Auquel dieu demonstra son regne debuoir finir parce que vne iument enfanta vng pegnart. Aussy la mort de alexandre fut demonstree par vne femme qui enfanta vng monstre/lequel en la partie superioze auoit figure de homme et estoit mort. et le bas viuoit qui auoit la figure de diuerses bestes. ¶ Telz portentes et monstres sont ainsy appelles Aulcunesfoys par lexcessiue grandeur dilz ont comme on narre de tycion/ lequel occupoit en gradeur de corps vij. iours ou arpens de terre selon Homere. Ilz sont aulcunesfoys ainsy denommes par excessiue petitesse côme on dit les gnains q̃ les grecz appellêt pigmees/ cestadire ayans vne coudee de hault. Les aulcuns sont deformes ou p faulte de membres/ou par superfluite côme ceulx qui ont deux testes/trops mains/deux grans dens deuant. et les semblables. Aulcunesfoys sont deformes par dissimilitude des parties/comme en ayant vne main plus grande q̃ lautre. ou quant on naist sans pie ou sans main. Aulcunesfois ne yst de la femme que vne seule teste ayant vie. Aulcunesfoys le môstre a la teste dun chien/dun lion/ou daultre beste ainsy quon list de minothaurus conceu par la royne pasiphe. lequel estoit moytye homme et moytye toreau. Les aultres sont transfigures par toutes parties: ainsy quon list de vne femme qui en son enfantement auoyt mis hors vng veau. Les aultres ont transfiguration et transposition de lieu/comme les yeux es espaulles. ou front ou en la poytrine. et les oreilles es ioes. ou comme dit aristote de vng homme qui a/

noit en la partie dextre/la rate. et en la senestre/le gesier. Les aultres sôt deformes par faulte de distinction et de diuision bien ordonnee comme ceulx q ont les doiz ioinctz et indiuises. Les aultres des leur natiuite ont des dens/ou de la barbe/ou sont chenuz. Les autres comme les hermofrodites sont moitie hommes et moytie femmes. ont la dextre mammelle de homme: et la senestre de fême. Semblablement peult estre dit des geians/cynocephales et ciclopiens. lesquelx geyans selon les poetes sont les filz de la terre comme dit est. Les cinocephales sôt monstres natifz de inde q ont la teste dun chien et seblêt mieux latrer et abayer côe vng chien q parler humainement. Les ciclopiens aussy nez en inde sont grans geyans. lesquelx nont que vng oeil ou front. et ne vsent pour leur menger que de bestes sauluaiges. Aultres môstres denômes femmes sont en libie: lesquelz nôt point de teste: mais ont la bouche et les yeux en la poytrine: et les aultres les ont es espaulles.

¶ Du dernier dorient sont visaiges et faces fort môstrueuses. Les aulcunes sont toutes plates sans nez ou aultre eleuation. Les aultres ont la leure de dessoubz si grande/que quant ilz dormêt a la chaleur du souleil: ilz couurêt toute leur face de leur leure dembas. Les aultres ont la bouche si tres petite quon ny scauroit riens mettre que par vng petit tuyau fort estroyt. Les aultres nont point de langue/et signifient et donnent a entendre leur voulente par signes/comme silz estoient muetz. En sithie il en ya aulcunes nômes panthies en lâgaige grec qui ont si grandes oreilles quilz en couurent totalemêt leur corps. Les artabatites en ethiopie sont besses deuant en cheminant comme bestes brutes. et ne viuent iamais oultre xl. ans. Les satires sont petis hommes ayans le nez crochu et courue qui ont des cornes ou frôt et les piez comme chieures Aultremêt sont nommez fans. On lit en la vie de

feuillet xliiij

f iij

Second aage

sainct anthoine cõment il parla a lũg de ces monstres/lequel luy respondit quil estoit mortel et lung des habitãs de lermitage ou quel estoit ledit sainct ãthoine. Les aultres en ethiopie nom mez sciopodes/ont les piez grãs a mer ueilles tous plains de ioinctures ⁊ sõt tres ligieres/et en la chaleur se couurẽt de leurs piez. Les ypodes en sithye õt forme humaine ⁊ les piez cõe cheuaulx. En indie sont hommes appellez ma/ crobies de xii piez de hault. Et en icelle sont nains dune coudee de hault. Les quelx habitent les montaignes de inde pres la grant mer.

⁋ Chapitre xe de aulcuns monstres moralisez.

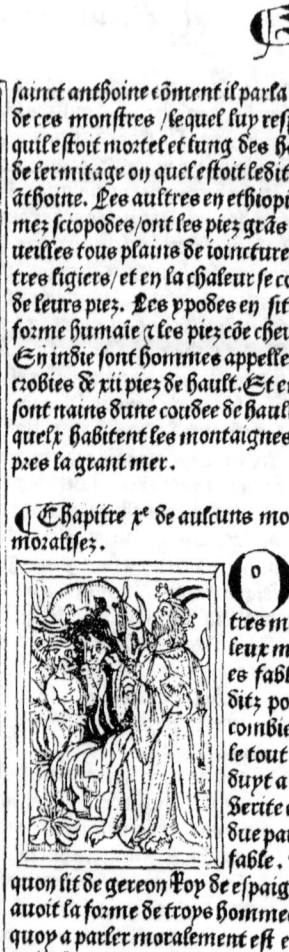

On trou ue aul tres merueil leux mõstres es fables et ditz poeticqs combien que le tout est re/ dupt a quelq̃ Verite enten/ due par icelle fable. Ainsy quon lit de gereon roy despaigne qui auoit la forme de troys hommes. par quoy a parler moralement est entẽdu quilz furent trois freres si concordans que en leurs trois corps sembloit quil ny eut que une ame et une volente.

⁋ Les gorgones aussy estoient troys seurs dissolues ayans en lieu de cheueux serpens. et toutes troys na uoient que ung oeil/ du quel elles s̃/ soient lune apres lautre. Ce furent trois seurs de pareille beaute/pourtãt sont fainctes nauoir que ung oeil. Les quelles espouantoient tant ceulx qui les regardoient pour leur extreme be/ aulte: quelles les rendoient insensibles ⁊ muez en pierres. Les syrenes habitãs la mer des situlie̾s sont monstres q̃ en partie sont vierges et en partie oyse/ aux/ayans eles et ongles. Lune chan toit de sa voix naturelle. La seconde de la douleine. et la tierce de la harpe. A la verite cestoient trois meschãtes fa mes sur la mer: qui destrupsoient ⁊ me ctoient a pourete tous ceulx qui pas/ soiẽt par ledit lieu. pourtant sainct on quelles faisoient pericliter ⁊ nayer cha scun. Elles auoient des ailes pour de noter comment amour legierement vole. Et si auoiẽt des griffes pour mõ strer comment amour pique et rauist comme oyseaux vivans de proye.

⁋ On faint aussy aulcuns monstres es choses irraisonnables/comme q̃ cer berus soit en enfer ung chiẽ ayãt trois testes. En signifiant par icelluy trois aages. par lesq̃lles lõme est deuore et mort Cestassauoir ẽface/ieunesse ⁊ vi eillesse ⁋ On parle aussy dun serpent nomme ydra ayant vij testes/de tel le nature que quant on en couppoit ou trenchoit une: il en croissoit ⁊ reuenoit aultres trois. A la verite cestoit une sourse deaue qui gastoit ⁊ perdoit tout ung pays. et quant on lempeschoyt en ung de ses sept russeaulx. leaue ressail loit par trois aultres lieux. Mais her/ cules brula icelle sourse/et empescha la venue de leaue/pource est sainct q̃ il a tue lorrible serpent. Saict ambroi se fait mention dicelluy serpent en le comparant aux heresies. Car heresie comme ung tel serpent par succession de temps est fort creue et augmentee. Et de tant quon luy a plus souuent coupe la teste. ilz se sont ressourtz ⁊ esle ues daultres nouueaulx heretiques q̃ finablement doibuent perir par feu.

⁋ On fait aussy que chymere est une beste qui a la teste de lyon/le corps du ne chieure/et par le bas figure de dra gon. Verite est quon entend par ce une montaigne en cilicie ayãt ou plus hault: des lyons/ou millieu: des chie ures et ou bas: des serpẽs. Bellozophõ fist icelle montaigne estre habitable ⁊ pource est faint quil a tue la chimere.

⁋ Les centaures furent moytye hom mes et moytie cheuaulx. Veritable/ ment cestoient les cheualiers de thessa

Feuillet xliiii

tie si bien cheuauchans en bataille quil sembloit que de eux et de leur cheuaulx ce ne fust que vng corps. ¶ Le minothau/re a este vng monstre moytye homme et moytye thoreau/ enclos en la mai/son faite par dedalus nommee laberinthus ¶ Les onocentaures estoient moy/tye hommes moytie asnes.

¶ Chapitre xie des inuenteurs des dieux/et des ydoles.

Il fault noter diligentment selon bede ou liure des temps que apres la natiuite de phalech on commenca edifi/er des temples Et les sei/gneurs et prin/ces commencerent soy faire adorer comme dieux. Et ainsi pour scauoir la naiss/sance des dieux/fault noter que par la suggestion du deable en diuers lieux/et par lerreur des hommes: les ydoles ont este premierement adorees. Et selon le canon en la xxvje cause ydolatrie est com/mencee par inobedience et auarice. Lesquelles choses ont este moult desplaisantes a dieu le souuerain createur. parquoy il a souuent enuoye des persecutions a son peuple/cheu en ydolatrie: comme il suscita encontre le peuple disrael pre/mierement iabin roy des chananees. et aussy les madianites qui occuperent la terre disrahel comme apert ou iiije et xvje des iuges. et en exode pareillement ou quel lieu est manifeste que ydola/trie comise en adorant le veau dor fut pugnie grefuement par la mort de plu sieurs. Et pource est escript ou xiiije de sapience que quant on fait vne ydole: et celuy qui la fait et aussy icelle ydole sont mauldits. Que celuy qui la fayt soit mauldit: Il apert par le vije de deu teronome ou quel lieu est dit que tout

homme est mauldit qui fait telle chose et non point sans cause. Car par icelle ydole est preiudicie a la diuine puissan/ce et a lonneur deu au vray dieu seule/ment. ¶ A ce propos nous fault sca/uoir que ydole se prent en trois manie res ¶ Aulcunesffoys on prent lydole pour la matiere comme pour le boys/ou lor/ou largent dont on la fait. Aul/cunesffoys pour le deable president et ayant gouuernement en ycelle matie re. Et tiercement pour lun et pour lau tre ensemble. Et par ainsy lydole nest riens/cestadire quelle nest point infor/mee daulcun esperit. ¶ aussy quelle na en soy quelque diuinite.

¶ Pource que maintenant est dit que lomme est mauldit. qui fait entaillu/re et choses semblables/on peult deman der sil est licite de fayre les ymaiges: Sainct thomas sur le iije de sentences en la distinction ixe dit que auant la na/tiuite de ihesucrist on ne deuoit point faire ne figurer quelque ymaige. mais apres lincarnation a este permis pour lumanite prinse par le glorieux filz de dieu en la digne vierge. comme s. luc fist et pourtraict vne ymaige de ihesu crist qui est encores a rome ¶ Et sont trois raisons de linstitution des ymaiges. et pourquoy elles ont este mises es egli/ses. Lune et la premiere pour linstitu/tion des rudes et gens de petit entende/ment lesquelz comme en vng liure li/sent en vne ymaige la vie ou martyre de dieu ou daultre sainct Mays ne la doibuent pas adorer. Et pource sainct gregoire escripuant a vng euesque de marseille nomme serenus luy manda quil souyt et prisoit fort quil eust oste les ymaiges affin quon ne les adorast plus. mais il ne approuuoit pas qil les eust rompues: Car on peult et bien et mal adorer les ymaiges. Bien: quant on adore ceulx desquelz elles font la re presentation et ainsy le doibt on faire. Et mal quant on adore la painctute ou la matiere de ycelle: et telle chose est deffendue. ¶ Secondement sont insti/tuees les ymaiges affin que le mistere

f iiii

Second aage

de lincarnation / ou des saints nous soient plus fort mis en couraige / en considerant ce quelles representent. Pour ce est dit en la distinction iij. de penitence ou chapitre Venerabiles que les bons xpiens ne appellent point les ymaiges: dieux. ne si ne mettent point leur esperance en icelles. et ne les craignent ou doubtent en riens: sinon comme dit est en recordation de ce quilz representent. Car il y a deux manieres de adorations et honneurs. cestassauoir latrie et dulie. Latrie est vne adoration q est deue seulement a Dieu en laquelle sont requises troys choses. cestassauoir charite de dilection. multitude de sacrifices Et reuerence q honneur. Mais dulie est adoration qui est deue aux saictz. Et p telle veneration nous pouons adorer toute chose sacree. comme dit Burgensis en la glose de la premiere distinction de penitence. Tiercement furent mis les ymaiges es eglises pour mouuoir nostre affection: qui se meut plus par voir que par oyr. Mais lerreur des gentilz comme lonneur et la diuinite d dieu en vne chose insensible et corruptible et adorent les ymaiges par autre maniere que les chrestiens ne font. pourtant ilz sont a vituperer doublement Premierement entant que ilz attribuent diuinite a vne chose insensible, en quoy ilz sont deceuz par ce que souuentesfoys le dyable pour les tenir en telle erreur, leur respond q parle a eux en icelles ydoles, q leur predit aucunes choses a venir. Secondement ilz sont a vituperer car leurs ymaiges sont telq que estoille ou planete ou homme corruptible. parquoy est merueilleuse cecite et aueuglement d adhiber et mettre leur esperance en vne chose de laqlle est vraysemblable qlle ne leur peut aider, selon le v. de lepitre sainct pol aux ephesies: mesmement que attendu ledit du psalmiste telles ydoles et ymaiges qui sont faictes par les mains et operation des hommes ont forme de mains, et si ne peuent toucher. Ilz ont narines q si ne peuent odorer ne sentir. Ilz ont oreilles/

et si ne peuent ouyr ilz ont bouche et si ne peuent crier. ilz ont des yeux et si ne peuent veoir. Ilz ont piez et si ne peuent nullement aler ne venir.

Pour au long parler des ydolatres et des dieux quilz adorent fault veoir plusieurs poins. Premierement de diuerses opinions de dieux. Secondement des premiers inuenteurs des ydoles et qui les a trouuez premier. Tiercement de la naissance des dieux, et qui a este le premier selon lerreur des gentilz et payes. Quartement seront dictes aulcunes choses singulieres touchant iceulx. Quant au premier point est a noter que cicero ou liure de la nature des dieux recite diceulx trois opinions. La premiere est que ilz ne sont aucuns dieux, et de ceste opinion fut anaxagoras pourquoy fut en athenes brule, combien que selon les aultres il fust empoisone. La seconde opinion est des epicuriens, disans les dieux estre, et nauoir quelque cure ne soing des choses inferiores, mais tout estre gouuerne par la roe de fortune. la tierce opinion est des stoyques disans les dieux estre, q gouuerner toutes choses, et affermans q tout est gouuerne par la necessite q greete de la voulente des dieux, quon appelle destinee. Et pose quilz dient la fin q le commencement estre gouuernez par ycelle voulente q destinee: toutesfoys ilz attribuent les moyens a fortune.

Sainct augustin ou xiiij. chapitre du second liure de la cite de dieu dit que

Feuillet xlv

labeo a fait trois distinctions de dieux. les vngs estoient souuerais. Et diceux aulcuns estoient bons lesquelz on appaisoyt par ieux sceniques qui sont comedies et farses et semblables ioyeusetez qui se faisoient ou teatre et carfours anciennement. Les autres dieux selon luy estoient mauluais. Et iceux estoient pacifiez par occision et sacrifice en leur temple. ce qui est erreur et contre lopinion de platon, lequel dit tous dieux estre de leur nature bons. et que nul nest digne destre appelle dieu sil nest bon. Aultres dieux estoient quon nappelloit pas dieux proprement: mais demys dieux. Cestassauoir quant aulcuns hommes estoient par leurs merites deifiez et esleues au ciel. comme furent Romule, Hercules, et plusieurs aultres. Les tiers estoient quon appelloit heroes qui vault autant comme Vaillans barons et vertueux qui habitoient en lair. et sont selon luy les ames des bien meritz, habitans ou dit lieu en premiation et loyer de leur force vertu et sapience. ¶ Quant au second cestassauoir des premiere aucteurs et inuenteurs des ydoles Est a noter selon sainct thomas en la seconde de seconde en la question quatre vingtz et xiiii. ou iiii. article, que selon aulcuns nembroth qui adoroit le feu fut le premier Inuenteur des ydoles en la ii.e aage. Et selon ysydore ou liure viii.e Promotheus fut le premier en grece qui fist et faignist de terre le simulacre et la similitude de home. Et selon lart poetique de ancelme vng aultre nomme syrophanes fut le premier ydolatre degypte/ et dyophatus fut le premier des lacedemoniens. Mais selon les iuifz, hysmael fist le premier ymaige de ydolatrie. ainsy que dit maistre nicole de lira sur le xxi.e de genese declarant comment pource que le dit hysmael filz de agar legyptiene enseignoyt ysaac a faire des ydoles et les adorer. Il fust mis et gecte hors de la maison dabraham. Toutesfoys de quelconque ce soyt que ydolatrie soyt venue: elle est procedee et trouuee de lart

du deable: et par sa suggestion. Aulcunes foys les ydoles ont este faictes par vng amour et affection desordonnee quon auoit a ses amis, parquoy apres leur mort on faisoit leur statues et ymaiges et les a on adorees comme dieux. Ainsy quon fist en fulgence de syrophanes. lequel courrousse de la mort de son filz, fist son ymaige et le adora comme vng dieu, tellement que ses seruiteurs voulans auoir pardon de aulcun malfait ne le scauoyent mieulx pacifier que en donnant et faisant a celle ymaige sacrifices et immolations comme fleurs et couronnes de roses.
¶ Le semblable cas recite Vicent ou liure second du mirouer des hystoyres ou chapitre C. ii. Dun roy des assyriens nomme nynius qui fist faire lymaige de son pere bellus apres sa mort pour auoir aulcune consolation de la figure dicelluy. Car selon aristote en sa poetrie, lomme se delecte en voyant la representation de ce quil aime. Et par ainsy icelle delectation a este cause seconde de inuention des ydoles, en partie comme dit sainct Thomas ou lieu dessusdit. et appelloyt ycelle ydole, Bel. En lexemple duquel plusieurs firent faire lymaige de leurs amis, que aulcuns appelloyent bel. Aulcunes Beel. Les aultres Baal. Aulcuns baalin, aulcuns belphegor, les aultres belzebuth, selon la diuersite des langaiges, en tyrant tousiours le nom de bel du quel ydolatrie auoyt pris son institution.
¶ Seruie dit que la cause de la premiere institution des dieux et des ymaiges a este crainte, car aulcuns doubtans les cas fortuitz ont voulu auoir des dieux ausquelz ilz peussent auoir recours en leur necessite. Et aussy quant les hommes ont peche: ilz ont tousiours naturellement presume quilz en seroient pugnis: pource ont ilz fainct des dieux qui regardoient dedens les coeurs Car tousiours faisons nous conscience de ce que nous scauons estre mal fait, selon le dizeseptiesme de sapience Et pource on lit de iacob ou xxxi. de ge

Second aage

ne se ql iuroit p̄ la craīte de sō pe psaac. ce st a dire par le dieu que sō dit pere crai gnoit. La tierce cause de listitutiō des dieux a este ignorance de lexcellence Du vray dieu, laquelle ignorāce a estee es hommes desquelz est dit ou xiiie De sapiēce quilz nont point attendu ne cō sideré quil estoit formateur des euures merueilleuses que nous voyōs. mais ont cuydé que vne creature comme le souleil, ou la lūe, ou les estoilles, ou le aue, ou la terre, ayent cree et soyent di eux de toutes choses.

☙ On peult demāder sil est licite estu/ dier les opinions des dieux comme ai/ sy soit que ce ne soyt que fiction. A ce peult estre respondu par ce quil est es/ cript ou premier de lecclesiaste q̄ le sai/ ge salomō nestudia pas tāt seulemēt prudence et bonne doctrine: mais aus/ sy dit et estudia erreurs et folies. Non pas pour les ensuiure: mais pour les euiter: et pour couaincre ceulx qui er roient en telles fictiōs q̄ fatuitez. pour ce dit sainct pol en xie chapitre de la pre miere epitre aux corinthiens, quil est expedient quil soyt des erreurs affin q̄ les hommes prouez en sciences et ver tus se manifestent et monstrent estre bons catholiques. Et ce dit saīct augu sti en la xxiiiie cause. car se les erreurs des payens et infideles estoiēt igno/ rees elles ne pourroiēt par nous estre i pugnees ne reprouuees. Et ou premi/ er de Daniel et viie des actes des apo/ stres est dit que se dalel, azarie, ananie et ses cōpaignōs eussent repute peche estudier et voir la science des babiloni/ ens: iamais ne seussent soulu veoir. Car ilz ne lont point estudiee pour se/ suiure, mais pour limpugner et coūat cre. ainsi que moyse estudia toute la sa pience des egypciens. car comme dit maximian poete en sō liuret: on ne sca roit garir vne maladie Incongnue

☙ Sainct ierome et sainct Augustin monstrās quilz ont veu les liures des gentilz et payens, vsent souuent de leurs propres parolles. car il est bon de prādre ce quon y trouue de bien et lais/ ser le mauluais et superficieux. Sait pol vse des propositions de therence en la premiere epitre aux corinthiens ou xve chapitre: disant (Corrūpunt bonos mores colloquia praua) Et sainct iero me en vne epitre quil enuoye a vng moyne nomme rustique vse des dis de ouide. Et sainct augustin en la xxvic. cause vse des parolles de therēce. pour/ ce dit sainct ambroise sur sainct luc et est allegue en la xxvii distinction ou chapitre (legimus) Que nous lisons aulcunesfoys les escriptures, les vnes pour les scauoir, les aultres pour les re pudier: Ainsy que nostre seigneur per/ mist iudas le mauluais q̄ traistre estre en sa compaignie auecques les bons. De ce dit sainct pol ou xiiie chapitre de lepitre aux hebzieux que nous debuōs lire a bonne fin diuerses escriptures, et garder que par icelles ne soions seduiz. et non pas lire ainsy que font aulcuns peruers qui lisent les mauluaises scie ces pour en mal vser. Parquoy est bō de veoir vng peu des dieux des payēs pour les abhorrer, et pour plus facile/ ment resister aux temptations et dif/ ficultes lesquelles pourroient venir a cause de ce.

☙ Quant au tiers point, cestassauoir qui a este le premier dieu selon lerreur des gentilz et payens est a noter, q̄ the otectus et ses disciples sont de opinion que Sem qui fut dit melchisedech ou xiiiie de genese, a este le dieu p̄mier. Du quel il est dit ou viie de lepitre aux he brieux quil est interprete Roy de iusti ce q̄ de paix, lequel na eu ne pere ne me re, ne fin ne commencemēt mais sera et demourera le grād prestre eternel. Et disent quil habite ou bas enfer soubz la region de sichen en la cite nō/ mee salem ou salim. pource que en son viuant il habita la cite salem en sichen Et est en oultre par iceulx appelle de mogorgon, qui vault autāt a dire com me le createur des esperis q̄ de la terre, ou la terreur et craīte des deables. car ce nom demogorgon a este de si grāde reuerēce aux anciēs payens, quon ne

Feuillet xlvi

lofoyt nommer publiquemēt. et pour/
ce dit harro que ūg des tribunes et
gouuerneurs du peuple presuma le nō
mer/mais il fust sans remission cruci
fie. On le figuroit comme une elegan
te et belle persōne/ayāt en sa dextre le
souleil et par sus le souleil ung angle
volant. et des trois premieres dois de
sa main senestre/dependoit la terre di/
uisee en trois parties. pres de luy auoit
bestes monstrueuses τ merueilleuses
figures de deables en signifiant q̄ de
mogorgon estoit createur du ciel et de
la terre/des choses visibles et inuisibles
plasmateur des bons esperis et des
mauuais. Il auoit la face couuerte du
ne nue/demonstrant quil estoit inuisi
ble et difficile a congnoistre en sa diui/
nite. Il estoit uestu dune riche chasu/
ble/en signe de lexcellence de luy sur
toutes choses. Platon lappelloit cog/
haton. Et Seruie dit q̄ aulcūs sōt dit
estre lame du monde/qui produyst et
fait tout/la nuyt/la clarte/fortune cha
stete/iustice/toutes uertus et uices.
estoilles/planetes/et brief quil gouuer
ne toutes choses. ¶ Esicius historio/
graphe selon que le recite comestor en
listoire de genese ou xluij.e chapitre/dit
que Jupiter fut le premier des dieux.
Duquel la deesse Juno estoit seur τ fē
me. Et que les pstres q̄ furēt sauluees
et non perit; au deluge/uindrent en
sennaar cite de babilonne ou ilz offri/
rent sacrifices au grand dieu Jupiter.

¶ Et est a noter que aulcuns dieux
estoient les grans et principaulx/com
me iupiter le grant dieu et iuno la grā
de deesse. Les aultres estoiēt ignobles
et moyens comme picus/fanus/saty/
rus desquelz touche ouide ou iiij.e de sa
fles ¶ Les aultres sont demydieux
quon appelle heroes. τ habitent lair cō
me est cy dessus touche.

¶ Chapitre xij. de iupiter

Sainct Augustin ou ūj.e
de la cite de dieu allegant se/
neque dit q̄ Jupiter estoit tenu le grāt

dieu/et quant on luy vouloit sacrifier
comme au grād dieu: luy mettoit
tous les aultres simulacres et yma/
ges dessoub; luy. en monstrant sa pre
eminence. Lautre luy dēnoit les heu
res du iour denotāt quil estoit recteur
du tēps/du souleil et de la lune. et les
aultres luy faisoient aultres cerimo/
nies et sacrifices. Jupiter en Jnde est
adoze soub; la figure dun bouc ou dun
motōn. et aussy en affrique ou temple
de hamon. Mais des romains il estoit
adoze en figure de hōme aysi cōme apol
lo/autremēt dit phebus. A la uerite ce
iupiter dont nous parlōs fut tiers filz
de saturne roy de crethe. lequel pour re
gner expulsa et gecta son pere hors de
son royaulme/prenāt son occasiō pour
ce que son dit pere auoit tue τ occis ses
pp̄res enfās freres de iupiter. lequel sa
turne comme fuitif vint en ytalie. et
de son nom la nōma saturnie. Mays
apres fust dēnomee ytalye par ytalus
Roy des situliēs. lequel y regna et de sō
nom ytalus/la nōma ytalie. ¶ Ledit
iupiter fust villain τ tres deshonneste
es fais de luxure cōme dit saict augu/
stin ou second liure de la cite. Car il a
busoit des ieunes enfans et rauissoyt
les filz et filles des estrāgers selon lac
tence ou pmier liure. Et enuoya tātu
lus roy des frigiēs pour rauir τ prēdre

Second aage

ganimedes filz de tros roy des troyēs affin quil abusast de luy. Il rauist aussy europe fille du roy de affrique et la trāsporta de affrique en europe/ en denomināt la tierce ptie de la terre de sō nom laquelle encores auiourduy de ce nom appellons europe. ¶ Aussy iupiter batailla contre les geans lesquelz il subiuga. ainsy que saturnus son pere auoit vaincu les tytanes engēdres de la terre en despit des dieux comme dit est deuant. Et realementa la verite les tytanes estoient hommes fort haultains/ enluminans le monde de leur pbite et prudence. lesquelz firent la cite nommee tytan/ en laquelle furent fais les prodiges et merueilles dont il est escript en exode.

¶ Du temps de iupiter les sij ars liberaulx furent trouues par sa fille minerue/ aultrement nommee athene/ ou pallas. Pourquoy sont auecques minerue sij vierges ses compaignes. Et sēblablement sij bastardes tendās et representās la similitude des sij ars mechaniques qui sont lanifcie/ parqui sont entēdus tous ouuriers qui besoignent de laine. La secōde est lart de forger armes ꞇ de guerroier. La iij.e est nauigation qui est scauoir bien conduire nauires. La quarte est agriculture/ cest adire labourer les terres. La v.e est scauoir besoigner en bois: comme charpētiers/ menuisiers/ et charrons. La vj.e est medicine. Et la vij.e est theatrique cest assauoir la science de ioer misteres ꞇ fictions es theatres/ palays/ salles/ cōuiz temples/ et aultres lieux. Ouide dit en son liure des fastes que iupiter eut vne chieure pour le nourrir du temps quil fust musse en vne forest par vng homme nomme nayn. lors que son pere perdoit et murdrissoit ses autres freres. laquelle chieure apres la deification de iupiter/ fut translatee es cieulx/ et fait vng signe nomme capricorne.

¶ Et comme est ia dit iupiter apres sa mort fust enseuely en crethe et deifie pour la grande puissance quil auoyt eue en son viuant. Et aussy pour sa grande malice et deshonnestete/ Affin que ses sequaces et imitateurs eussēt vng patron de turpitude/ Il fust autrement dit et appelle diespater. qui est a dire pere des iours. Et aussy fust nomme dpan/ pour la quelle cause ses prestres sont appelles dpales.

¶ Les poetes faignent que dudit ganimedee il fist son bouteiller ou ciel ꞇ est vng signe nomme aquayre selon ouide ou quatriesme de metham orfose. On faint aussy que apres lexpulsion de saturne. ledit iupiter diuisa la machine du monde auecques ses freres. cestassauoir Pluto/ et Neptune/ tellement que iupiter demoura roy des cieulx. Neptune roy de la mer/ et Pluto roy denfer/ Et fut telle diuision faite en lisle claros. Et pour monstrer ꞇ tous trops estoient filz du seul roy de toute la machine du monde: Pluton eust vng chien nomme cerberus ayāt trois testes selon les trops parties du monde. Et vault ce mot cerberus autant a dire comme deuorant les chars et laissant les os. ꞇ signifie la terre qui es sepulchres deuore et consume toute chair et garde les os. Du aultremēt il signifie la mort deuorant les trops aages cestassauoir enfance/ Ieunesse/ et vieillesse. Pluto en grec est appelle dis. cestadire riche. car son royaulme est fort ample: et a infiniz subiectz lesquelz ilz recoit tous en son royaulme denfer. Neptune eut vng trident cest adire vng grant sceptre de fer/ ayant trois dens ꞇ parties agues. Et fut aultrement appelle nereus et amphitrites. ¶ Ouide ou premier de metha morphose faint que soubz saturne fut laage dor car on viuoit bien selō la loy de nature/ Mais soubz Iupiter fut laage dargent/ qui tousiours vint en diminuant. car ia en son temps on cōmenca auoir enuie lung sur laultre. Parquoy est venue finablement laage de fer/ ou les hōmes ont fayt grādes batailles pour terriēnes possessiōs. Lesquelles manieres de parler sont hōnestement coulorees des poetes: esquel

Feuillet xlvii

les neantmoins ny a aulcune chose de verite. Et pource dit ysidore ou viije liure de ses ethimologies que loffice du poete est descripre quelque verite soubz fiction. Parquoy lactece parlant des trois freres dessusdis dit que les poetes ont asses descript la verite de leurs regnes. Car a la verite cestoient trois freres dont lun cestassauoir iupiter tenoit les lieux superieurs et haultz comme montaignes. Laultre cestassauoir Pluto occupoit les lieux Inferiores, et regnoit en vng bas pais. Le tiers qui est neptune auoit les lieux maritimes et prochains de la mer. ¶ Sainct augustin ou iiije liure de la cite ou chapitre xje recite que varro et aultres philozophes auoient dit et vouloient soustenir que iupiter estoit toute diuinite, et quil auoit plusieurs noms selon plusieurs vertus et puissances en diuerses parties du monde. come on lappelloit iupiter ou ciel. iuno en lair. neptune en la mer. pluto en la terre. proserpine en enfer. vesta es foupers domestiques. vulcan en la fournaise des febures et forgerons. souleil et lune es estoilles. Et par ainsy selon la diuersite des lieux estoit diuersifie en ses noms. Pource disoit lucain en son ixe. Jupiter est quodcumq; vides quocumq; moueris) q vault autat a dire en francoys, comme iupiter est toute chose que lon peult voir et ymaginer.
Autres disent que iupiter est lame du monde, nommee de diuers nos selon ses diuerses puissances. En quoy apert la merueilleuse obfuscation des payens qui par linstigation du deable sont aisy auuglez, et ont este longuement es ditz erreurs. Et pource est dit ou vje. de deuteronome. Escoute israhel ton dieu et ton seigneur est vng seul dieu. lequel seul tu craindras, et auquel seul seruiras. parquoy tu ne adoreras point diuers dieux, car se tu le fais, ton dieu te ostera de la terre. et non point sans cause. Car come est dit ou pseaulme quatrevingtz et xve. Omnes dij getiu demonia, Dominus aute celos fecit. Cestadire tous les dieux des gens sont

deables, mais ton dieu et seigneur a fait les cieulx. ¶ Les romais firet vng teple glorieux a iupiter, ouquel aulcuns ne vouloient pas quon luy fist posent ne y maige, mais les aultres doppinio contraire luy en firent en face et forme de homme auecques plusieurs raiz de souldre qui estoient dorez, pource que a luy attribuent la puissace de gecter tounerres et choruscations. La cause pour quoy on attribuoit a iupiter puissance de fulmier est phisicale. Car entre les aultres planetes erratiques Jupiter a puissance singuliere de leuer exalacios aptes et disposees a engendrer vens et tonerres. ¶ Jte a iupiter estoient dediez les chesnes et les glans pource que esdis chesnes les anciens auoient plusieurs responces selon ysidore ou xvije liure. ¶ Pource que parlos de iupiter nous racompterons vne hystoire qui est digne de memoire et destre publiee en lonneur de la foy catholique. Costatin empereur commada en son teps quon destruist et fermast les teples des ydoles et quon ny sacrifiast plus. A laquelle chose repugna Julian lapostat en son teps en renouuellant ydolatrie, mays theodose tres xpien empereur q comenca regner en lan de lincarnatio iiije. quatrevingtz et vij. fist destruire iusques a la terre iceulx teples des ydoles, et luy estat entre les alpes et haulx mos de satope en bataille a tout grad armee les romains par le coseil de vng copte nome arbogastes firet mettre au coupelet des motaignes les ydoles de iupiter, ainsy destruictes par theodose, affin q elles irritees cotre lepeur, le fulminassent pdissent et destruisissent. Laqlle chose voyat les cheuaucheurs dudit theodose q aloiet et venoiet par lesdites alpes luy dirent. Sire nous vouldrions bie estre fulminez dicelles ymaiges dor. lors lepeur entedat leur entetio apres ce quil eust eu victoire de ses ennemis. Distribua pcelles ydolles a ses gens darmes, et le vray dieu du ciel enuoya fouldre contre les gentilz et payenes et no pas iupiter contre les xpiens.

Second aage

❡ Chapitre xiiie de minerue et berechince

Minerue autrement nōmee pallas. et en grec athenas selon aulcuns/ fut fille de iupiter. Car les poetes faignent que Jupiter voyant que sa femme et seur Juno ne enfantoyt poit/ mais estoit sterile/ frappa et escoupst sa propre teste. et tantost de son cerueau saillit minerue armee dune hache et dung bouclier ainsy que dit vng docteur nomme hugutio. ❡ Et selon ysidore en luitiesme de ses ethimologies elle est deesse de toutes sciences et engins Et est interpretee art et raison. car sans raison et art ne peult aulcune science proceder. Et pource que raison et entendement est mis en la teste et ou cerueau: est elle fainte nee du cerueau. En sa poitryne est painte la teste des gorgones. car ou coeur est la vertu de prudence qui confond tout/ et experimente ceulx qui ont science/ ou qui par ignorance sont insensibles comme pierres. en quoy ont este transformes ceulx qui ont regarde ledit chef de gorgō le mōstrueux. On lappelle tritonia pour vng maretz daffriq nōme trito ou elle se monstra en habit virginal ou temps du roy ogiges/ durant lequel fust vng deluge maindre que celuy de noe. ou tritonia/ cestadire terrible. On lappelle pallas pour vng lieu et vne ysle en trace nommee pellene/ en laql se elle fust nourrie. ou pource qlle tua vng geyant nomme pallas. Minerue cestadire mortelle. ou dō de ars et sciēces diuerses. Et son ymaige est appellee palladium. Le nombre de sept luy est consacre. et aussy loliue. Et en sacrifices on luy offroit vne vache.

❡ Sainct augustin ou iiie liure de la cite de dieu ou iiiie chapitre lappelle vierge celeste. car entre les signes celestes/ cest le signe de la vierge ❡ Les romais par chascun an faisoient deux ymaiges. Lune a minerue quilz reputoiēt deesse de toute sapience. Lautre a cibelle mere des dieux/ aultrement dicte berechintia. et aultremēt pessimiuncta. de laquelle le simulacre et ymaige fut par le commandement des romains Isfas des responces du dieu apollo aporte a Rome de yda forest de frigie. pour laql se cause elle est aultrement nōmee yda comme la dicte forest de trope dōt elle fut aportee. Et aussy pource que pcelluy boys estoit aultremēt appellé pessimiū: elle fust nōmee pessimiuncta. Et pour autres raisons fust denōmee cibelee/ alma/ rea/ opis.

❡ La maniere commēt on receust la dicte deesse cibele a rome fust telle. Apollo en ses responces auoit dit quō ne la fist point receuoir a rome sinon par vng bon preudhōme. parquoy le senat delibera et decreta que vng nōme scipio nasica tresbon homme et bien renomme auec grande multitude de honnestes matrones recepuroyt icelle ymage au port de la cite nommee hostie. Laquelle chose fust faite comme dit vng historien nomme florus. et aussy titus liuius ❡ Les romains lauoient les ymaiges de minerue et de cibele par chascun an ou fleuue nomme almon/ aultrement albula/ qui est vng petit fleuue a rome descendant ou tibre ❡ En oultre fault noter que les romains ne firent pas les premiers lymaige de pallas nommee palladium mais fut apportee de troye et disent quelle cheut du ciel en la maison de Julles cesar. Aussy les poetes disent que pallas aima tresfort le son des trompetes dont aduint vne fois comme elle trompoyt pres vne eaue: elle vit ses Jors estre laidement et deformemēt enflees. pquoy de marrisō et courroux gecta sa trōpete au loig

Feuillet xlviii

Par ceste fiction veulent dire que cest laide chose de se irer et despiter trop facilement car p̄ ire est merueilleusemēt enlaidie la face de lōe. Et selō senecq ou iiij. liure de ire il nest riēs plus layt q̄ la face dun homme ireux et marri. Et saint Iaques ou premier de sa canonique descripuant la vie chrestienne dit ainsi. Tout homme doibt estre prōpt et leger a escouter. mais tardif a parlez et a se courser. Car tel hōme ne peult faire bonne iustice. ¶ Du temps ou quel estoit minerue principalemēt honoree parle saint Augustin ou xviije liure de la cite de dieu et dit que ce fust durāt le regne de cycrops roy des atheniens ou quel temps fust fondee athenes selon Varro. Car elle dōna nō a la dicte cite: pource que en grec minerue est dicte athena. La maniere de limposition fust telle. Quāt la dicte cite fust faite: il se apparust et yssist ung arbre doliue dung lieu dicelle cite. Et de lautre yssist eaue miraculeusement. Lesquelles choses venues a la cōgnoissāce du roy il enuoia a apollo delphique scauoir la signification de ce prodige. Apollo respōdit que ce signifioyt quil estoit en loption et choix des athenies appeller leur cite ou du nom de pallas quon entendoit par loliue ou de neptune dieu de la mer quon entendoit par leaue. Et pource quil estoit de commune maniere appeller et hommes et femmes au conseil de la cite/ se roy cicrops fist tout assembler. ou quel concile les hommes furent pour neptune: et les femmes pour pallas. Mais a cause quil y eust une femme plus que de hōmes. les femmes eurent sentence au prouffit de pallas. Neptune courroussé dicelle iniure lacha leaue par la terre de athenes/ et gasta merueilleux pays. car il nest pas difficile au deable de lacher leaue/ et la faire mouuoir a sa volente Pour apaiser la dicte ire de neptune: les femmes furent pugnies par trois grandes paines et iniures. Lune que iamais ne aroiēt voix ne deliberation en conseil. Lautre que iamais enfant

naroit le nom de sa mere. La tierce que iamais femme naroit ce beau nom athenes. ¶ Pource ql est dit ou xxiije de exode/ et ou iije pseaulme que lon ne doibt point mentir. On peult demander se les poetes ont point mal fait dauoir escript telles fictions? Responce que selon ysidore ou liure viije et chapitre des poetes: loffice dung poete est declarer la verite de la chose soubz fiction/ et nest fable qui ne ayt quelque bon et sain entendement. Car les aulcunes ont leur exposition phisicale. Les aultres historique. et les aultres morale/ et la mensonge dung poete nest pas en son fait mais ou dit et en la maniere des parolles. Et pource dit saint Thomas en sa premiere partie en la premiere question article ix. que lart poetique vse de methaphores trāslations et similitudes pour representacion des fays/ pource que la representation de quelque fait nous est delectable. Mais la saincte theologie vse de methaphores pour vtilite et necessite. car elle est pour les prudens et imprudens. selon Saint pol ou premier chapitre de lepitre aux Romais. ¶ Et est a noter que theologie/ cestadire sermon de dieu est de trops manieres selon Varro. Lune sappelle mithicon/ cestadire fable/ et ainsi les poetes sōt theologiens selon Saint augustin ou quatorziesme chapitre du xviije de la cite de dieu. Car aulcunesfois en leurs fables ilz disent beaulx diz de dieu et bien a noter. ¶ La seconde theologie sappelle phisicon la quelle traite de la nature des choses/ et ainsi ung bon philosophe est naturel theologien Pour ceste cause aulcuns parlans naturellement ont dit que Jupiter est le souuerain dieu. Aulcunesfois lōt dit telement du feu/ Les aultres: une planete. Les aultres: le monde. Les aultres/ lame du monde/ ou la vertu formatiue de toutes choses. ¶ Les philozophes dessusdis ont laisse plusieurs liures pour scauoir qui sont les dieux: ou ilz habitēt: dou ilz sont venuz

Second aage

Quelle est leur generation. de ql tẽps ilz sont. ou silz ont este sempiternelle/mẽt. Silz sõt de feu ailsi q a dit eracli9: ou de nombres/comme disoit pitagoras. ou de athomes cestadire de parties indiuisibles cõme disoit epicurus. ¶La tierce theologie est ciuile/laquelle les cytoiens dune cite et mesmemẽt les prestres monstrent et enseignent: comme de adorer ses dieux publiquement: leur sacrifier et faire ieux scenicques ordonnes par les gouuerneurs de la cite.¶Sainct augusti ou iiii.e liure de la cite de dieu ou chapitre xx.iii.e reproue moult opprobreusement les fictions lesquelles les poetes ont faictes des dieux considere que diceulx ilz faignet choses qui ne doiuẽt point estre faictes de la plus uille persone du mõde Car ilz faignent minerue deesse des ars estre nee du cerueau de iupiter. Et que bachus dieu du vin est procree de la cuisse de icelluy iupiter. et aussi le faignẽt de vulcain selõ ouide ou liure des fastes. Et que venus soyt nee de goutes de sang decoulans des membres genitaulx de celius/mesles auecques lescume de la mer Item que aulcunes dieux font les larcins/cõe mercure dieu des larrons. Et que apollo a serui a admetus comme pasteur. Et q aucunes ont commis adultere cõme iupiter/apollo/mars/t autres. Pour telles et sẽblables fictions infames a des honnestes et repugnãtes a deite: ainsi quil est escript ou liure de Platon quil fist de la chose publique: Platon ordõna et dist q les poetes debuoient estre mis hors de la cite et quon ne les deb/uoit souffrir en parfaicte police. mays par leurs fictions on les debuoit reputer aduersaires de la cite. Et pource on pourroit dire quilz ont sciamment menty/et quilz ne sont point excuses de peche mortel. Attẽdu mesmement q par telles fictions ilz empeschoient la congnoissance du vray dieu:et alienoient par leurs trufes et menteries les affections des hommes/de lamour de dieu ¶Car ilz auoient raison naturelle pour

pouoir congnoistre le vray dieu/t quil estoit vng seul/quant ilz eussẽt autãt mis leur cure a icelluy congnoistre cõme lautre fiction des dieux. Parquoy dit saict augustin que ilz ont peche en maintes manieres de mẽtir. Et aussy ledit sainct thomas en la seconde de seconde en la question x.e ou ii.e article. ¶Varro reprouuoit ceste premiere theologie en parole/mais il sensuiuoit de fait pource que le peuple lescoutoit voulentiers. De la seconde il approuuoit la verite et desprisoit la fiction/et la multitude doppinione: parquoy se peuple ne lentendoit pas de grãt couraige ¶La tierce il approuuoit sur toutes aultres. mais sainct augustin en/tent que selon icelle on faisoyt certais ieux et choses ridiculeuses/esquelles le peuple faisoit plusieurs choses infames et impudiques/cuidant honnorer et complaire a leurs dieux. Telz ieux sceniques se faisoient en vng theatre/ou carfour qui estoit vne grande place edifiee a la facon dun demy cercle affin que tout chascũ y peust soyr. sans empescher lung lautre. et failloyt monter par diuers degrez/lesquelz faisoient diuerses stations/tellement que ceulx du bas ne peschoiẽt en riẽs ceulx du hault. Les grecz premieremẽt trouuerent iceulx ieux. Apres eulx les romains en vserent/et commencerent messala et cassius a premier y edifier les theatres/selon helinand. Apres lesquelz scipio nasica romain fort bon et saige prohiba et deffendist lesdis Jeux sceniques. mais apres sa mort ilz furet reprins et recommences ¶Telz ieux se appelloient sceniques qui vault autant comme vmbrageux selon ysidore ou x.e des ethimologies. Car ou milieu du theatre ou carfour estoyt vne maisonnette enuironnee de courtines ou de ces comme ont maintenãt les basteleurs. Et dicelle maison yssoiẽt les ioueurs portãs faulx visaiges qui faisoient les mimes et gestes selon ce que le recitateur de la fable prenoncoit en lonneur de la deesse berechintia mere

des dieux selon le kalendier de ouide. a
a icelle seruoient hômes chastrez qui na
uoient nulz mêbres genitaulx. et estoi
ent mômes coribantes/cesta dire dan)
sans et saillans. Esditz ieux se faisoi/
ent choses uiles indignes destre faites
deuât tres petites et uiles personnes.
Car aucuns estoient chastrez deuant
tout le peuple. les autres enraigoient
côme il sembloit par leurs paroles. Ain
sy quon lit de Athys ieune enfât lequl
pource quil auoit rompu son ueu de cha
stete fait a la dicte deesse: se tuha luy
mesme en lôneur delle. Et Barro me
toyt et escripuoit telz faiz entre les lo
enges diuines: dont il est repris de saint
augustin ou iij.e chapi. du vj.e liure de la
cite de dieu pource quilz ne sont pas hô
nestes. Toutesfois il est pnis de user
de circunctions/methaphores a similitu
des pour la correction et instruction de
aultruy/a telle mensonge nest pas coul
pe mortelle. Saint augustin ou dit
liure ou second/et xxvij.e chapitre dit q
les femes de rôme en sacrifiant a bere
cinthie/sasparigent et arrousoient de
uine. luy faisoient des laiz sôe par les
mêbres hôteux/comme a bien touche
iuuenal en irrision ou ij.e liure. Aucus
ueulent que icelluy deshonneste sacri
fice se faisoyt a la deesse de chastete se
lon saint augustin ou lieu dit/Mays
a quelcôque fust fait:ce tpt par lînsti
gation du dyable côme dit est.

¶Chapitre xiiij.e de Saturne

Saturne fust filz de de
mogorgon/ou côme aucuns
dict filz de celius/lequel fut filz de de
mogorgon. Et uault autant adire/sa
turne côme saoul/ou plai de âs. Pour
ce que aussy aucuns lont cuide estre p
mier des dieux et eternel/soubz le quel
fut laage dor: côme dit a este. ysidore
en huitiesme de ses ethimologies dit q
belus pere de ninus roy premier des
assiriens est daulcuns appelle saturne
qui le mectent premier des dieux sans

aucun pere/ainsy que aucuns ont dit
de melchisedech. lesquelles choses sont
toutes faulses. Car a la uerite selon
seruie: ledit saturne pere de iupiter cô
menca a regner apres belus en lan vij
de arasius qui fut vj.e roy des assiriens
cestassauoir en lan de ysaac xxxv.e. Et
regna premierement en crete. Et fust
vj.e en la genealogie de belus. Car il
fut filz de arius/et arius filz de niniaz
et niniaz filz de ninus et ninus filz de
belus. Ledit saturne fut expulse a chas
se hors de crete par son filz iupiter. Et
de la uint a une môtaigne nômee iani
cule/de present enclose dedens romme
en la quelle regnoyt premier ung roy
nômé ianus. Auquel ianus par ung
rommain nômé numa fust construict
et edifie ung temple fort magnifique
selon saint augustin ou iiij.e de la cite
de dieu ou ix.e cha. et fut du temps que
ezechias regnoit sur les iuifs. Ce ian
uoiât saturne estre fort prudêt et enté
du uiuât ciuilement/et qui enseignoyt
faire et bien labourer les uignes:le re
ceut en côpaignon de son royaulme/et
saturnus la engedra picus lequel re/
gna apres luy côe dit sera en la quarte
aage ou têps de booz. Et habita ou li/
eu ou ql est de pset le capitole. Aucûs
lapellent sterces ou stercutius pource
ql trouua pmier la maniere de engres
ser la terre p fiet de bestes/selô le xviij.e

Second aage

de la cite de dieu ou xBe chapitre. Et pour ceste cause le firēt dieu des champs apres sa mort. Pour ledit Saturne cest/ assauoir a cause que apres son bannisse/ment il se mussa en ptalie: ledit pais fust denōme/latiuz/de ce mot latin latere/qui signifie musser. Mais apres a este ledit pays nōme ptalie pour Ung Roy appelle ptalus lequel y regna/ ainsy que a touche Virgile ou Biije liure de eneides. Saturne en crethe trouua pmierement lart de agriculture a du labour de la terre lequel apres il enseigna aux ptaliens. aussi il leur monstra edifier maysons et Biure ciuilement/ car auant luy le peuple ne Bsoit que de glā Pour ceste cause et pour ses grans bi/ens par luy fais fust fort honnore a repute dieu: apres sa mort deifie selō eutropius ou premier liure. Cecy est touche par ysidore ou iije liure des ethimologies ou chapitre des nōs des estoilles Disāt que les romains deceuz et Boullans deceuoir les autres en adulacion et flaterie de ceulx qui leur faysoyent quelque bien/disoient que leurs bienfaicteurs se muoient a retournoiēt en estoilles apres leur mort La quelle opinion augmētee par lart du dyable est Benue en erreur merueilleux. Les poethes faignoient et mesmemēt oui de en son liure des fastes/que saturne auoit de coustume/de deuorer ses ēfans incontinēt quilz estoient nez: craignāt que finablemēt ne le boutassēt hors de son royaulme. Et pource sa fame ops desplaisante de telle condition mussa son filz iupiter incontinēt a a leure que elle leust enfante. Et fist a croyre que elle nauoit mis hors de son Bentre: sinō Bne pierre: ou cōme dient aulcuns/ Bne mote ou lopin de terre. Laquelle mote psentee a saturne/il deuora legeremēt Telles fictions sont reprouuees de .s. augustin ou xixe chapitre de son Biij li/ure de la cite de dieu. Lymaige de saturne estoit par les romains descripte et paincte cōme Ung homme triste de Bisaige/Bieil/a chenu/tenāt en la main senestre Bne faulx/et en la dextre Bng

dragon gettant flambe. Ilestoit pait triste a marry cōme expulse de son royaulme. ou pource que telle planete si/gnifie par sa naissance/choses tristes a Benir. On le descripuoit Bieil/pource que la planete est de froide nature. che nu: pource quil engēdre les gresles a les gelees. portāt Bne faulx/ car il a trouue agriculture a lart de labourer les terres Du selon seruie pource q par sa froide il est ennemy de humaine nature. En oultre il tenoit ses propres enfās en sō bras senestre/ lesquelz il tuhoit de sa faulx/ et les apportoit a sa bouche/ en signifiāt qlles a deuorez/ Aussy a sa dextre auoit Ung serpent entortille car il est la fin de lan. Itē il est dit pere de iu/piter pource quil est plus hault que luy en sa regiō et spere. Aussy il est couuert dune couuerture cōme bleue ou marine car il est de nature moite et froide. Saturne se delectoit quant on luy faysoit sacrifice dun ieune hōme tuhe pour lōneur de luy. car le dyable se delecte fort en leffusion du sang humain/ tant pour la cruelite de celuy qui les/pant/ cōme aussy pour la hayne qui la cōtre nature humaie. Par les choses dessusdictes peult assez apparoit que tou/tes telles fictiōs sōt Baines a inutiles a infames cōtre les dieux des payēs.

Chapitre xBe de Benus

Benus fille de la deesse dyone/ est La grande deesse damour a de beaute. a cōmunālsi appellee de ce nom latin Bena/ qui en frācois si/gnifie Beine. car de la Beine et du sāg procede la beaulte/ et toute amour. Les poetes di/sēt quelle fust ēgēdree de lescume de la mer/ et des goutes de sāg peedes a coulās des genitoires de celuy/ quant son filz saturne les luy coppa. a getta en la

Feuillet I

mer ps de lisle de cipre selō psid. ou liure iiij ou derier cha. Ce q̄ faignēt les poe tes pource que en humaine generatiō le scume du sang et la substāce dun hu/ meur sale cōuiēnēt et se assēblēt. Par quoy les grecz lappellent afrodin / qui signifie spumosite et escume. Dict en oultre les dis poetes que elleſt fēme de Bulcal qui eſt dieu des foudres: pource que luxure neſt point sās chaleur. S. auguſtin ou iiij. liure de la cite ou x. cha. recite que aulcuns ont dit q̄l eſtoy ent deux Benus. Mais luy meſme dit quilē ya trois. Lune ⁊ la premiere eſt dite Benus Berticorde/qui baault autāt ⁊ de tournāt les coeurs des hōes. Icelle eſt requiſe des perſonnes chaſtes/tant Bierges que non bierges/a⁊ ce quelle leur garde leur chaſtete. de la q̄lle par/ le Balere ou liure Biij ou dernier cha. et ſolinus ou chapitre de chaſtete. La ſeconde eſtoit dicte tircina laquelle hō/ noroiēt les deshōneſtes et luxurieuſes fēmes/ſelon ouide ou iiij des faſtes. Mais ſaict auguſtin dit q̄ la premiere deuroit eſtre dicte Beſta/qui eſt la deeſ ſe des Bierges. La ſecōde/deeſſe des fē mes mariees q̄ ſōt de hōneſte bie. Et la tierce des fēmes impudiques ⁊ luxu rieuſes. De la quelle tierce il dit que les feniciēs dōnoient a Benus du gaing ⁊ du fruit qui benoit de la proſtitutiō et luxure de leurs propres filles. leſq̄lles ilz expoſoiēt ⁊ menoient au lieu publi/ que auāt que leur faire espouſer hōme. ¶ Le ſēblable dit iuſtin/ des calibres: leſquelz bataillās ⁊ greuez de leurs en nemis boerēt que ſilz obtenoient bic/ toire ilz expoſeroiēt et liureroiēt leurs propres bierges a perche et luxure en la feſte de la deeſſe Benus. Ouide dit ou iiij de methamorphoſe que Benus eſ tant couchee auecques mars dieu de bataille: Bulcain ſon mary le ſceut/ le/ quel fiſt bne ſubtile et inuiſible cheſne ada mantiue/ de la quelle il lya mars et Benus eſtās couplez lun ſur lautre. et les tinſt en tel eſtat iuſques a⁊ ce quil eut aſſēblē tous les dieux ⁊ deeſſes por boir ceſt ouuraige a la grāde confuſiō

des dis mars ⁊ Benus. Selō theotertus le ſimulacre ⁊ limaige de Benus eſtoit telle. Dne fēme nue de plaiſāt regard les cheueus pendans ſur les eſpaules/ aiāt bne courde de mirte ſur ſa teſte en trelaſſee de roſes bermeilles. riāt ⁊ ay ant en ſa bouche bne aultre Roſe ber/ meille. En ſon cueur bne facule ou peti te torche ardant/et bne ſayete de trois dars Tenoiſt en ſa ſeneſtre le monde diuiſe en trois parties ceſtaſſauoir/ou ciel/terre/et mer: en ſa dextre trois pō/ mes dor. En ſon chariot tire de coulōs blās ou de cignes y auoit deux aultres ymaiges / dont apres ſera parle ¶ Le temple de Benus fut a rōme en bng li eu nōme paphus ſelon Birgile ou pre/ mier de eneydes. Ceſte Ben eut bng filz nōme cupido/q̄ eſt faint eſtre dieu de fornication et de mauluais deſir. de quoy eſt parle ou xiiij de la cite ou bj chapitre et biij. Auecques ce elle euſt encor bng autre filz nōme enee. Car ainſi que les romains affermoiēt Ro/ mule eſtre filz de mars: auſſi faignoiēt ilz enee eſtre filz de Benus ſelon la beri te de liſtoire. Car ilz diſent q̄ bulcain mary de ben laiſt ⁊ deformē ſe cōſtitiſt q̄ achiſes couchaſt auec ſa fēme ben por engēdrer belle lignee et noble en quoy fuſt cōmis adultere maifeſte dōt apt q̄ enee du q̄l ſe glorifiēt les romaiſ deſtre deſcēd° fuſt ne aultre cōe pluſieurſ au treſ ſōt au iourdhuy quō ne crie pas a la ſonnette ¶ En oultre il fault noter q̄ apres le ſouleil et la lune on attribuoit a Benus leſtoile de plus grande clarte entre toutes les planetes que nous po ons boir. Car ſelon marcian en ſon a ſtronomie la planete Benus eſt le tiers corps celeſte/ et plus beau/ et plus cler apres le ſoleil et la lune. Et eſt bne eſ toille qui ſe monſtre au matin deuant le ſoleil. et eſt lors appellee lucifer/ bul gairemēt leſtoille iournal. Auſſy elle ſe monſtre a leſcōſemēt du ſouleil et lors ſapelle Heſperus ou Beſperus Sainct auguſtin en xxj liure de la ci te allegāt Barro dit q̄ leſtoile Benus p̄ dit etmua ſa force/ couleur/ cours/ ma

Second aage

gnitude/et figure/ou deluge qui fust on te͂ps du roy ogiges ou pais de achaye et selon plusieurs mathematicie͂s se͂blable signe nest point aduenu en ceste estoille deuant ne apres ledit deluge.

Ite͂ faignent les poethes que Venus a tousiours aime les troiens. Mais par lopposite pallas et iuno les ont eux en hayne pour le iugeme͂t de paris filz de pream roy de troye. Au quel paris en dorma͂t sapparurent les iij grandes deesses cestassauoir Venus/iuno/et pallas.coste͂das ensemble et estriuans de leur beaute.pource q͂ la deesse discorde auoit gete ou milieu delles vne pome dor ou estoit escript Pulchriori detur. cesta dire soit donnee a la plus belle.et pour iuger de ceste beaute fire͂t vng iuge Au quel pallas p͂mectoit sapie͂ce. Juno richesse.Venus la plus belle dame de grece. Alexa͂dre ou pis iuga pour Venus dont Vint lamour aux troiens/et la hayne de pallas et de iuno/ainsy que a touche sainct augustin ou cha. Ou p͂mier de la cite de dieu.

Chapitre xvje du souleil.

Sol appollo Tytam phitius/delius/phebus/et lirius/sont noms de vng mesme dieu filz de latona et de Jupiter Et sy est frere de diane qui nasquit en lisle delos. Il est sainct dieu de medecine/car le souleil cuist et nourrist les herbes seruans a medecines/et aussy par ce quil monte et descend: les medecins varient leurs matieres de faire. Il est appelle phebus qui signifie adolescent. parquoy a este paict co͂e vng ieune enfant. Et no͂ sans cause/conside͂re que chascu͂ iour il fayt vng nouel orient. On lappelle phitius pour le grant (Venimeux serpent phitho͂ lequel apollo tuha de ces sayettes: dont il reporta ce nom/selon ysidore. On le nomme auricome:pource quil reluist et se͂ble auoir come et cheuelure resplendissant co͂e lor. Il est dit delphique: pour le te͂ple delphos q͂l auoit en lisle Delos et aussi pour sa natiuite. Il estoit dit Clarius pour lonneur quon luy fait en lisle claros. Son ymage auoit en sa teste vne courone de xij pierres et gemes precieuses/denota͂s les xij signes par lesquelz le souleil fait son cours es xij moys de la͂. Auoit vne charrette a iiij roes denota͂t les iiij parties principales de lan. ou du iour. Il enge͂dra esculapius de la belle coronides. Lequel est auffy dit dieu de medecine par ce quil amplia ladicte art q͂ son pe auoit trouue p auant selon ysido. ou iiij de ses ethimologies ou chapi. iiije. Et apres que esculapius fust occis par la fouldre et tempeste du ciel: lart de medecine fust celee et mussee par lespace de v c ans.cestassauoir iusqs au te͂ps de arthaxerses roy des perses. ou quel te͂ps ypocras la renouuella. Esculapius apres sa mort fut deifie et dit dieu de medecine.

Sainct augustin ou xviije. liure et chapi. xije de la cite de dieu dit quil y a deux homes ou dieux nomez Appollo L un fut filz de latona appelle scenicus le quel auec hercules seruit de pasteur au roy Admetus pour lamour quil auoit a sa fille come a touche ouide ou ije de Methamorphose en ce lieu pcy

Tps illd erat qo te pastozia pellie Texit onus qz fuit baculus siluestris oliue &c. Le second est dit Delphicq͂/et pait auec vne harpe/car selon les grecz il trouua la science de herper. combien q selon les hebrieux tubal trouua la harpe et le psalterio͂. Le p͂mier apollo estoit aussy paint auec vne harpe car on les reputoit tout vng Appollo en ses responses fut fort a͂bigu et obscur. Dune

Feuillet /li.

ābiquite fait mēcion.s.aug. ou iiij˚ de la cite ou xviij˚ chap. La quelle fut baillee a pirrus roy des tarentins. cestassauoir / dico te pirre romanos vicere posse. cestadire Pirrus ie dis toy pouoir vaincre les romains/ qui signifioyt a la bié entēdre/ou quil vaincroit les romains: ou q̄ les romains le vaincroyent. Car pirrus filz de achiles et Roy des tarētins eust bataille contre les romains. La cause pourquoy ce fust selon oroze ou iiij˚ liure. est pource que lā iiij c. lxiiij˚. apres ledificatiō de rōme les tarētins assaillirent et gasterēt les nauires des romains/desquelles nē euada que cinq.et tuherēt tous les hōmes qui pouoiēt porter armures.les autres vendirēt et tracterent miserablement.pour la quelle iniure les romaīs enuoierent a tarēte leurs messagers et embassadeurs lesquelz y furent receuz moult iniurieusemēt. ȝ sur vng di ceulx rōme dit valere ou ix˚ ilz getterēt vrine orde et puante en grande oppobre et iniure. Les romains pour vengier telle iniure gasterent les regiōs et contrees des tarētins. a laide des q̄lz tarētins vint pirrus roy des epriotes lequel leur estoit voisin et cousin. Car tarente est es parties et fins de grece et fut pmierement fondee par les lacedemoniens. En la pmiere bataille les romais furēt vaincus pres de la cite eraclee.car en la fin du iour les tarētīs amenerēt elephās chargez de grādes machines ȝ bombardes/lesquelz espoeterent les cheuaulx des romains /ȝ les romains mesmes qui iamais nauoiēt vse ou veu vser de telle maniere de bataille. Secondemēt bataillerēt es fīs de apulie ȝ apres plusieurs hōes morz dune pt ȝ dautre: en la fin les romais furēt victoriens.pirrus eut le bras perse/ȝ puis pres dargos cite de grece fut occis. A ceste cause tulles reprouue les oracles et respōses dappollo disāt q̄ en parties ilz estoyent vraie:et en partie faulx.cestassauoir doubteux ȝ variables disans verite a lauēture.apōs necessite de expōse interp̄tation.

de la cite en xj˚ cha. est escript commēt lymage dapollo pleura. A ce ppos est a noter que aps la bataille pugniq̄ les romaīs eurēt guerre cōtre philippe roy de macedoyne ou icelluy roy de macedoine fut vaincu par les romains : non pas le pere de alexādre:mais de perses. Apres ce pses son filz qui se rebella fut aussy vaincu ȝ amene a rōme. Apres/ attalus/eumenes ȝ aultres.lesquelles choses preuoiāt apollo en la cite de cumes pleura.car cumes estoit en grece. Aucūs prestres de apollo congnoissās ceste mutation en leur dieu exposerēt que apollo plouroit aiāt cōpassiō dault rūs romais occis es batailles cōtre les grecs. Mais les anciēs prestres et deuīs disoient que apollo pleuroit pour ce que les asīes deuoient estre vaincus par les romains. Sainct augustin dit en son xix˚ de la cite de dieu que le philosophe porphyre qui fust grant ennemy de la foy chrestiane a dit ȝ este dopinion que le dieu apollo a baillé tesmoingnage en ces responses de aborer le vray dieu. lequel dit a abraham ou xxij˚ de genese: En ta semēce ȝ lignee seront benoites toutes gēs. Et cestuy cy est ihesucrist souuerain dieu. Combien que varro qui estoit vng des grās clercz ȝ vng des lettrez de rome cuidast que ce fust iupiter. Et non obstant ce ledit porphire eust vne fēme tres xpristiāe la quelle il se effoxça de reuoquer et retire par son art magique Et quāt il vit quil ne se peult faire : il demāda conseil a apollo cōment il abolyroit la creāce que sa fēme auoit a ihesus.lors apollo nō ayant puissance de ce faire dōna trois grās tesmoingnaiges de iesus et de sa foy qui bien les entēdꝛ: Cōbien quilz sēblent estre a son vitupere.

Hecates aultrement dicte proserpine deesse denfer a loe tresfort ihesucrist lequel elle a dit estre hōme de excellēce et tres de bonnaire. Mais appollo veulst quon croie ihesus estre inique ȝ iustement condāpne par si grans iuges comme estoient les iuifz. Et toutesfois il dit que le dieu des iuifz estoit

g iij

Second/aage

tresgrant. Et que cestoit cellup a qui on deuoit obeir/et quiconques faisoyt sacrifice a autres: que on le deuoit fere mourir. Et par ce est manifeste que le dit porphire ne cuidoit point que ihesucrist fust le dieu des iuifz. Et en ce il erroit ¶ Apollo eust ung simulacre et ymaige en ung temple a rōme lequel temple fut brusle par le cōmandement de Danaus et lexecution de flegeteus en lan xxije du roy Danaus.

¶ Chapitre xbije de la lune.

Luna fille de iupiter aultrement est dicte Diana ou lucine, triuia proserpie/ hecates/ ou persephone: seur de apollo selō le dernier chapitre de suiuiesme des ethimologies de ysidore. Et est la deesse des boies et des chemins de art magique/et enchātemēt. Ceste deesse est faincte estre uierge pource q̄ les boies sont steriles et ny croist riēs. Appollo et sa seur dyane sont paiés ayans des rays et sayettes. Car tant le souleil cōe la lune enuoient leurs rays sur la terre plus que autres planetes. Ou pource que dyane est deesse de benerie et de chasse. Elle est appellee triuia pource quelle a puissance en troys lieux/ou ciel/ou elle est appellee lune/ es forestz dyane/es enfers proserpine. Et est dicte latonie pource quelle fust fille de latona fille du geiant cheus

¶ Les magitiens et enchāteurs liuoquent par ce nom hecaton. Car hecaton. cest adire cent: et elle a cent puissances. Et pource quāt menelaus eust p'du sa femme il luy sacrifia de cēt manieres de victimes et occisiōs. Ou elle est dicte echate pource q̄lle ne recoit aulcū

en enfer selond les poethes sinon cent ans apres sa sepulture ¶ Virgile en son xje liure parlant dicelle dit q̄ quāt arons cheualier troien eust tue camille la royne des bolsques la deesse dyane bint et tua ycellup arons en bengāt la mort de son amie camilla. ¶ La dicte dyane signifie nouuelle lumiere car tous les mois elle se renouuelle en lumiere. Elle estoit honoree en toute aspe/et mesmemēt en ephese/q̄ en licie/qui est la prouince de sainct nicolas Et singulieremēt estoit appellee en aide des fames q̄ bouloiēt ēfāter, car elle estoit dicte lucina. q̄ signifie autāt cōme lumiere des noueaux nez. De dyane est leu es actes des apostres ou xixe chapitre. Que ainsy que sainct pol preschoit en la petite aspe/a sa predication plusieurs magiciēs/brulerēt leurs liures par lesquelx ilz scauoient coniurer les dyables/et les faire yssir des corps humains. Car p'aduenemēt de .s. pol et de ses disciples: les deables ne les bouloiēt plus obeir. Mais respōdoient/Je congnois bien ihesucrist/ et. s. pol. Mais ie ne bous congnoys. Et pource souuentesfois les dyables sailloient des corps humains et frappoient tresfort yceulx magiciēs. parquoy fut faicte grande turbation en ephese. Et confusion des ydoles. Lesquelles choses considerāt Demetrius orfeure/ conuoca tous les ouuriers dicelle art et leur remōstra comment sainct pol preschoit quil nestoit nulz dieulx fais de main de homme/et que se ceste opinion auoit lieu: il ne seroit riens de tout leur ouuraige/et qui plus est: dia ne seroit mise au bas / laquelle estoyt beneree et honnoree par luniuersel mōde. lors sassemblerent plusieurs et crierent par la uille O grande deesse des Ephesiens. Ce cry fait: furent prins gayus et aristarchus cōpaignons de sainct pol et amenez ou lieu publique de prison. dequoy les aultres xp'istiēs furent fort espoentés craignans tous estre tuez. Mais le scribe de la cite appaisa le tumulte du peuple.

Chapitre xviiie de mars.

Mars filz de iuno est dieu des batailles: et vient de ce mot latin (Mas) qui en francoys signifie masle. pource que les batailles se font par les masles/ au mains a la mode des romains/ car a la maniere des scithes: hommes et femmes couiennent en bataille/ mais selon la forme des amazones/ les femmes seules bataillent. On repute ledit mars estre cause de mort/ et pource est appelle mars/ quasi mors. Cestadire comme mort. Aussy on le tient adultere a cause quil est incertain et moult doubteux aux guerroyans qui sont en la bataille. Son ymaige auoit la poitrine nue denotāt que chascun se doit en la bataille exposer plainement sans crainte. Les grez lappelent gradiuus. car en bataille on doit proceder et aler (gradatin) cestadire de degre en degre et par bōne maniere et ordre. Les saxonies souloient adorer mars du quel le simulacre estoit en la cite dicte corbeya. Saint augu. en son iiii de la cite de dieu ou xxie chapi. dit les romains auoir esté gēt de mars et de guerre: pource que romulus cōditeur de rōme estoit filz de mars et de rea ou ilia/ qui estoit descendue de la lignee de enee. Le pape clement on ixe de son liure intitule Itinerarium dit que mars aulcunesffois moyennāt laide de autre constellation/ fait les gēs homicides de leur nature/ gens propres a effusion de sang/ gourmans/ libidineulx et luxurieulx/ malefiques et sacrileges. Albumasar ou 8e des iugemēs ou traicte viiie dit q̄ mars en Une de ses parties signifie interfection et murdre ou larcins.

Chapitre xixe de mercure.

Mercure filz de Jupiter et de maia fille de athlas fut ne en archadye la quelle sur tous pais ses studya a plesor ornement. Et pource mercure est dieu de facunde deloquence/ et des marchans/ lesquelz doiuent sur tous estre facundes et eloquens. car ce nō mercure Sault autāt adire cōe aiāt la cure et charge de marchandise. Et aussi il est fainct estre Dieu des nopces. car il est tresbeau inuēteur de paix et damor. En ses sacrifices les archadiēs offroiēt deaulx. Et semblablement les theutoniques et alemans. Car selō s. gregoire de tours: ou tēps de charlemaine en vng chastau dalemaigne nōme hermopol autremēt heresbroch fut trouuee vne ymaige de mercure si tresriche et tres grāde: q̄ a paine la peut ledict roy charles par trois iours distribuer a ses gens darmes et vassaulx qui āt il eust subiugue et pris ladite place. et lappelloit on Hermesuel/ cestadire la statue de mercure. car hermes est autremēt dit mercure. Isidore ou liure viiie cha. dernier dit que mercure est interpte lāgage car cōe dit est/ il est dieu de lāgage et de bien parler/ et aussi biē parler est necessaire entre les marchās desqlz il est dieu. Il est fainct auoir des pennes et

Second aage

ailes es piez et en la teste, car parolles courent et volent legerement. Aussi est sainct messager de iupiter, car parolles sont messagieres de tout negoce. En oultre il est dieu de latcin/ car langaige orne/decoit souuent les escoutans. Il tient vne verge dont il diuise les serpes, et leurs venins et aultres choses merueilleuses/ qui signifie que beau pler fait merueilles, et que par beaulx langaiges/plusieurs venins/ceste adure noyses et discordes sont souuent appaisees et mises a fin. On trouue q mercure fut premier en soneur de qui lespetis monceaulx de pierres/ que nous appellons montioies furent fais par les chemins sur les chaps pour adresser les cheminans. Et furent telles mõtioies faictes par ceulx qui venoient de loing/pour le adorer/lesquez quant il vroient le têple et le lieu de sa statue/ en ce lieu assêbloient vne montioie en lõneur de icelluy mercure. Ce que font encores les pelerins de present pour adresser aulcun voiage sollennel. dont a fait mêcion le saige par vne belle similitude ou xxvi. des prouerbes disant. Sicut qui mittit lapide iy aceruu mercurij ita qui tribuit insipiêti honoʒ. Et pource lassemblee de telles pierres luy estoit dediee. Ou pour autre cause, ceft assauoir côme au dieu des marchãs q ont a faire leurs côptes par gettons et deniers/ce que anciennemêt estoit fait par telz môceaulx de pierres. Or aduient en tel côpte souuêt que le getõ mis en vng lieu pour mil escus sera en laultre mis pour vne maille. Ainsy donc/ ques veult dire salomon es parolles dessusdites que vng fol est côpare a telles pierres ou gettons. Car aulcûs le fôt valoir mil fois plus quil ne vault. côbien que finablement il retourne a sa nature. Ou ij. de la cite ou xiiij. chapitre/mercure est appelle/cenophalus/ q signifie aiãt teste de chiê/¶ les autres membres humains/excepte le dos qui est velu. et sa telle beste droit comme vng hôme. vne sêblable fut enuoyee en france a vng roy nôme loys selon

le liure des natures des choses/laquelle vsoit de chars cuytes. Lesquelles il mettoit de ses mains hônestemêt a sa bouche/et beuuoit côme vng hôme.

¶Selond Sainct augustin ou viije liure dela cite il ya eu plusieurs personnages appelles mercures. dont lun fut hermes tergemister. Lautre fust mercure le grant qui fut tayon pater/ nel de mercure dont nous parlôs selon la verite: et Athlas fut son tayon maternel. Et ce mercure ycy aisne fut du têps que ysrael yssyt de egipte. Le tiers fut mercure conseiller de Osiris marp de la deesse ysis. Et ainsy fut cô temporanee auecques ladicte ysys fille de pnachus premier roy des arguiuêens ou temps dysaac le patriarche.

¶Par ce appert que mercure dont nous parlôs ne fust point aulcun des deulx dessusditz. Car entre luy ʒ moyse furent iiij.c ans selon ysidore ou vi. liure/et pourtãt ce ne fut point le premier. Aussy ou temps de gedeon fust vng autre mercure leql trouua la herpe selô ysidore entre lequel ʒ ysaac furent plus de viij.c ans. et entre gedeô et moyse coururent plus de ij.c. Par quoy appert que cestuy fut autre que les trois dessusdis. Encor y eust vng autre mercure qui escripuit vng liure de constellation. et fut apres platon,/ ainsy nest point aulcû des dessusditz. Cellui qui fut deuãt ysaac a este pour son antiquite repute immortel a cause que par la lôgiquite du têps estoient ses pere et mere ignorez et incôgnus.

¶Cha. xxe des vertus et influentes des planetes en general

Iulques ycy a este parle aulcuesfois fabuleusemêt et aucunesfois phisiquemêt: des dieux des payes lesquelx sont les sept planetes/ou les sept estoilles erratiques, Les qlles choses ont este dictes non pas pour multiplier et amplier les fables: mais pour côgnoistre la verite et les causes des fictions selon lintêtiõ de diuers docteurs. Maintenãt sensuit de ses ver/

☞Feuillet liiii

tu/ inclinatiõ τ causatiõ es parties in/
ferioꝛes. Jasoit q̃lles ne puissẽt neces/
siter la ßoulẽte de lõme. mais seule/
ment encliner/ Et pource auãt q̃ pꝛo
cediõs plus auãt nous deuons pmiere
mẽt ſçauoir que toutes les planetes
ſe meuuẽt par double mouuemẽt. Lũ
est pꝛopꝛe/doccidẽt en oꝛiẽt contre le
mouuemẽt du firmamẽt. Lautre nest
pas naturel/ mais ßiolẽt/doꝛiẽt en oc/
cidẽt selõ le mouuemẽt du firmamẽt/
par la ßiolẽce du quel en xxiiij heures
ilz ſõt τ se meuuẽt doꝛiẽt en occidẽt/ en
repugnãt toutesfois au firmamẽt.τ en
icelle repugnãce aucũes spes se meu/
uent plus tost et plus tart les ßnes q̃
les autres selõ leͬ quãtite/ aussi selõ ce
q̃lles aꝑchẽt ptͥs du firmamẽt. car satur
ne demoure en chaſcũ signe xxx moys
et parfait son cours en xxx ans. Jupi/
ter y demoure ßng an et pfait sõ cours
en xij ans. Mars demoure xlß iours τ
parfait sõ cours en deux ans. Le soleil/
xxx iours τ x heures τ demie. et pfayt
son cours en iijᶜ lxß iours τ ßj heures
Mercure sarreste xxxßiij iours et ßiij
heures. τ pfait sõ cours en iijᶜ xxxßiij
iours. Venus sy arreste xxix iours . et
parfait son cours en iij cens xlßiij ioͬˢ.
La lune arreste en chaſcũ signe ij iouͬˢ
et demy et six heures τ la ßjͤ partie du
ne heure τ parfait sõ cours depuis ßng
point iuſques a lautre en xxij iours τ
ßiij heures. Lẽtree et pſſue de pcelles
planetes par les .xij. signes sont cause
de la ßariation τ mutacion des choses
en ces partics inferioꝛes. Et cõe ßeult
le philosophe misalath ou .j. chapitre de
son liure le Dieu trespuiſſant a fait le
monde de foꝛme ronde et sperique. τ a
fait ßng cercle haut et mobile: cõpnãt
les cieux des sept planetes. ou milliẽu
deſquelx est la terre immobile / aſſin q̃
elle et les autres elemens fuſſent re/
giz et gouuernez en la generatiõ τ coꝛ/
ruption des choses par les coꝛps suꝑio
res. Et ainsi ßeult aristote ou .j. liure de
metheoꝛes. Et de ce ßient la diuersite
des climatz. car autre chose pꝛoduit la
terre aux ethiopiẽs/et autre chose aux

ſclaues. Et selõ la cõiõctiõ ou diſiõctiõ
des planetes es signes/ou sec̃z/ou aqua
tiq̃s sengẽdꝛent ou pluies /ou famies
ou chaleͬs/ou moꝛtalitez: τ telz sembla
bles effectz / selon la bõte ou malice de
la planete. Car aucũes planetes sont
masculines/ mauuaises/ graues/fꝛoy/
des/ τ seſches/ cõe est saturnus. Autres
sõt bõnes/ masculiñs/ attrẽpez en chaleͬ τ
moiteͬ cõe iupiter. Mars planete maſ
culſ a son influẽce de nuit. causãt cha/
leͬ τ siccite. Le soleil planete masculin
cause ſẽblablement chaleͬ τ secheresse.
Venus planete feminine et nocturne
est moiẽne ẽtre chaleͬ τ secheresse. mer
cure est de nature tẽperee/ aucuneſfoys
masculin: aucunesfois femenin. et est
bon auec les bons. mauluays auec les
mauuais. La lune est planete femini
ne/ nocturne/ fꝛoide/ et moyte exeſſiue
mẽt. Et poꝛce selõ les astrologiẽs/ aul
cunes planetes sont bõnes du tout/ et
ne nuisent a riens: cõe iupiter τ ßenus
mais aidẽt τ coꝛrigẽt les malices des
autres. Les autres cõe mars et satur/
ne nuisent aux autres. mais ilz apdẽt
leurs effectz. Les autres cõe le soleil/ la
lune et mercure sont moiẽnement bõs τ
mauuais. car aucuesfois ilz aidẽt les
autres/ τ souuẽt leͬ nuisent. principale
ment selond ce q̃lz sont logez τ myˢ en
domiciles bõs ou mauuais. car ilz sõt
bõs auec les bons. τ sõt le plus souuẽt
mauuais auec les mauuais. ☞Lesdis
planetes ont tresgrãde puiſſãce sur la
generatiõ des hõmes τ autres bestes
☞Car selon galien τ autres exꝑs mede
cins. Saturnus par sa fꝛoideͬ τ siccite
espeſſit la matiere de generatiõ ou ßeſ
ſeau et en la matrice/ ou amarry de la
fẽme. Jupiter ou ij mois donne espit
aux mẽbꝛes. Du tiers mois / mars sub
tilie le sang et le espeſſit /puis oꝛdonne
les humeurs. Du quart mois le soleil
donne chaleur et ßie au foye τ au coeͬ.
Venus ou ßͤ mois diſpoſe les nez/ par
fait les oreilles et aultres membꝛes.
cõuenables au seruice de lõe. Mercure
ou ßjͤ/ compose les cõduiz q̃ ſont poͬ
la neceſſite de lõe. La lũe ou ßijͤ diuiſe

Second aage.

et distingue les membres lun dauec lautre. et lors le fruyt naist stile et sain.en luitiesme moys derechief regne saturne/parquoy nest bon que le fruyt y soit en ycelluy:pour la frigidite et siccite de la dicte planete qui mortifie le fruit. Mais ou ix.e aps/regne iupiter:/q a lors le fruit est sauue p la chaleur attrepee d icelluy gardãt le fruit Au commencement du x.e encores regne mars/et est le fruyt bon/pour sa chaleur (/siccite qui font les membres fors et robustes. Et ainsy produisent fort diuers effectz selon les mansions ou ilz sont. Et ny a cellup qui ne ayt sa propre mansion comme dit albumasar. Car la propre et premiere maison de saturne est ou signe de Capricorne et de aquaire. La mayson de Jupiter/ est ou signe du poisson et du sagitayre La mayson de mars est le mouton et le scorpion. La mayson de Venus/ est la liure et le thoreau. La mayson de mercure est la Vierge et les deulx freres iumeaulx. La maison du soleil est le lion. Et la mayson de la lune est le screuisse. Par quoy appert que les planetes sont sept estoilles erratiques differens en mouuement/vertu/qualite et influence/selon bede ou liure de la nature des choses lesquelles alterent et muent les elemens/dont ilz engendrent tout ce qui est engendre/et corrũpent tout ce qui est corrumpu. Et par la contrariete de leur mouuement a celup du firmamẽt:ilz empeschẽt en aucune maniere le mouuement dicelluy et sa grande impetuosite. Causans/ serenite/et tempeste/sterilite/et fertilite.le cours et recours de la mer.et semblables effectz. Et aucunesfois lune prent la vertu de lautre quãt elle estre en la maison de lautre. Lune aussy ayde ou empesche lautre comme dit albumasar. Et selon leur eleuation ou depression en passant lune contre lautre:causent et font des sons armonieulx et doulx selon le liure des .3. substances. parquoy dit Macrobius que entre saturne qui est le plus hault des planetes/et la lune qui est la plus basse/sont trouuees toutes consonances. et armonies musicales.

¶Chapitre xxj.e de saturne:

Saturne Eust vne femme dicte Ops/pource quelle donne opulence et habondance de biens aux hommes comme dit ysidore. On le paignoyt triste pource que on le faict auoir este chastre par son filz qui getta ses genitoires en la mer desquelx naquist Venus deesse de beaulte.

¶Selond Mysael ledit saturne est vne planete/mauluayse froyde/et seche/nocturne/et pesant. Et pource on le painct vieil et caduque. Son cercle et sa spere est plus loing de la terre que aultre planete quelconque:et touttesfois il nuist fort a la terre. Dõt por sa grande elongation il est xxx ans a fayre son course. Et nuyst plus en retrogradant (reculant que en procedãt et alant droit. pour laquelle cause on le painct auecques vne faulx courue. Il est de couleur palle/et ternie comme plomb. Ayant deux qualitez mortelles/cestassauoir froydeur et siccite. Parquoy le fruyt qui nasquist ou est conceu/soubz son regne se meurt in continent: ou il a de tresmauluaises complexions. car selond Ptholomee ou liure du iugement des estoilles il rend homme noir et layt/paresseulx/ graue/et pesant/triste/a tart ioyeulx/ et a tart riant/qui a tout le corps aspre et rude. Ne luy chaulx de auoir infames vestemens/il ayme bestes ordes et puātes. et desire choses d goust sur et aygre/a cause que en sa complexion domine humeur melencolique

¶Soubz ycellup Saturne sont les signes de capricorne et de Aquayre. Et a sa grant force ou signe de la liure Mais ou signe du mouton est diminue sa puissance. Soubz luy sont contenuz longue vie/voulente de edifier

Feuillet liiii

doctrine/lieu froit et sec. En iugemēs signifie pleur et tristesse. Et combien quil soit faulx et dāgereux: toutesfois quāt il entre ou cercle de iupiter sa malice se diminue/et par la grāde clarte de iupiter il est fait blanc et clair selon ptolomee

Chapitre xxiie de iupiter.

Iupiter qui selon lerreur des payens et la fiction des poethes est souuerain dieu et pere des autres/est vne planete bien veuillāt chaulde et moite/tournale et masculine/tempere en ses qualitez. de couleur argentine/blanc cler/et doulx. Et pource les anciens philosophes ont cuyde toute felicite venir de iupiter. Sa spere est incōtinēt dessoubz celle de saturne. Et pour laltitude et haulteur de son cercle: il parfait son cours en xij ans. Par sa bonte il reprime la malice de saturne/ Et de ce vient quon le fainct auoir gette son pere hors de son royaulme/quāt par sa presence il reprime la malice de icelluy. Par ladionction de luy aux bonnes planetes il fait (1 cause) bonnes impressions et influēces es inferiores elemens. Et pource disent les astrologiens que ou corps de lōme il cause pulchritude et honestete. fayt belle couleur/blanche/et meslee de rouge/ et face vermeille/ Il dōne beaulx yeulx/belles dens/et rode barbe. et domine sur lair/sur le sang/et sur la sanguine complexion. Soubz Jupiter sont les signes du sagitaire et des poissons esquelz eust son domicile. Et regne ou signe de lescreuisse. Mais en capricorne il pert sa puissance. Aussy soubz ycelluy sont honneur/richesse/ et bon habillement. Es iugemens des astrologiens/il est brap. et signifie sapience et raison. Et en tous signes est confort de bonte fors que ou xije ou sil il signifie seruitute pourete et tristesse. Comme dient ptolomeus et misael.

Chapi. xxiije de la nature de mars

Mars estoit repute dieu de bataille. Et est planete masculine/nocturne/chaulde/ et seche/ parquoy elle domine sur la colere et colerique complexion. Il dispose a magnanimite/hardiesse et appetit de vengence. Et pource il est fainct dieu de bataille. Il ensuit iupiter et prece de venus. pour la bonte desquelz sa malice est reprimee. En couleur il est rutilant/ et luysant comme feu. Ceste planete selō ptolomee dispose ou corps de lomme longitude et gracilite/pour rayson de sa chaleur et secheresse qui sont en luy plus que es aultres. Mays cela est en ieunesse: Car en vieillesse dispose a curuite. Et quant est du courage icelle planete dispose a mobilite/legerete/coleres et marrissons Aussi il dispose a ouuraiges de feu. et habilite/mareschaulx/ armuriers et sēblables ouuriers. ainsy q̄ saturne dispose a labourer la terre et porter grās charges. Au contraire desquelles ledit Jupiter dispose a ars de legier espit comme compteurs de deniers/changeurs/ orateurs/ tapissiers/ Imprimeurs/ escriuains/ et historieux. Soubz mars sont le scorpion (1 le mouton esquelz est sa mayson/ et regne en capricorne. Mays ou thoreau cesse son regne. Soubz linfluēce de luy sont cōtenues bataille/prison/inimitie/ et hayne. Et pource il signifie ire legiere/et fureur. Il est de couleur rouge. faulx et deceptif en ses iugemens. En chascun signe il demoure lx iours et. xvj. heures. dont il pfait son cours en ij as.

Chapitre xxiiije de Venus.

Venus autrement dicte lucifer est selon misael planete nocturne/beniuole/feminine/ et tēperee en ses qualitez qui sont chaleur et moiteur. Ceste seule planete cōe dit bede excede le zodiaq̄ en ij ptīes.

Second aage.

Et est deesse damour selon les poetes/ car par son influence attrempee en chaleur et moyteur elle est cause des humeurs/et esmouuement diceulx a amour selon ysidore. Tousiours est pres du souleil. Et quant elle va deuant on lappelle lucifer/cestadire en francois apportāt lumiere.et quāt elle est apres cōme au soir on lappelle hesperus ou vesperus. Elle a couleur blāche q luy sante cōme vne pierre precieuse. Et entre toutes les estoilles elle a les pl9 plaisans rays. Quāt lair nest point nubileux on iuge par sa venue au matin la venue du souleil/lequel elle precede et denonce. Et quāt elle est en vng mesme signe auec le souleil: la clarte dicelluy loffusque tellemēt qud ne la peut veoir. Elle dispose le corps a beaute/q a voluptes/en atouchemēt/en odeur/en goust/et en chant. Et pource elle fayt et donne estre aux chātres et a ceulx q aymēt musique. aussy ellest cause des cousturiers et inuēteurs de diuers et subtilz habillemens de femes et hōes. Pareillemēt des espiciers q sont tāt de mixtions et drogueries incitatiues de friandise et charnalite. ¶ Selon ptolomee le domicile de venus sōt la liure et le thoreau.et regne ou signe des poissōs. Mais son regne fault ou signe de la vierge. ¶ Soubz icelle sont cōtenuz vie/amour/amitye/et pelerinage.cest vne planete veridique.signifiāt gaīg/ioye/bonne fortune/et felicite. Et demeure en chascun signe xxix iours. et parfait son cours en iij c et lxviij iours:

¶ Chapitre xxve de mercure.

Mercure selon misael est vne planete temperee/ et nocturne/qui aucunesfois est masculine et aucunesfois est feminine/ Et qui tost se tourne a la nature de la planete a la quelle elle est conioincte. Car elle est bonne auecques les bōnes:mauluaise auecques les mauluaises: moyenne auecques les moyēnes. Et pour ce que aulcunesfois elle mesle ses qualitez auecques celles de venus on faict que elle a este par fornication cōioicte auecques venus selon ysidore. En la partie superiore de son cercle il est conioinct a ladicte venus. et en la partye inferiore auecques le souleil. Car ainsy que dit bede ellest entre icelles deux planetes. Et luist aucunesfois deuāt le souleil et aucunesfois apres. q pour ce par aulcuns est appelle hesperus ou vesperus: ainsy cōme venus dont est dessus parle ¶ Mercure est des poetes appelle dieu de eloquēce et de prudence. car selon ptholomee mercure fait les hōmes studieux et amer les sciences des nombres/de cōpter et calculer. Et pource est il faict dieu des marchās.car les marchās ont necessite de estre prōps a cōpter q calculer. En oultre il est sainct dieu de la palestre qui est cōme vng ieu de barres pource quil a souldit et veut batailler et luictier auecques le souleil pour surmonter sa vertu q puissāce. Il va tousiours auec le souleil Et ne se depart point de luy plus loing que par neuf degrez mays tousiours est pres de luy. parquoy a grande difficulte se peult on voir pour la trop excessiue clarte dicelluy soleil Et de ce vient quonse paint obscur et noir. Et pour sa grāde celerite et legerete est sainct messaiger de iupiter. car il va aulcunesfois auecques le souleil et aucunesfois deuāt ou apres ¶ Selon ptolomee soubz mercure sont les signes des deux freres cestassauoir castor et pollux et cellup de la vierge ou quel il regne. Mais ou signe des poissons pert sa force q vertu. Aussy soubz mercure sont cōtenus negociatiō/fortune/felicite q art. Il signifie rayson et sapiēce/ Est de couleur blāche. Demoure en chascū signe xxviij iours et ij heures. et en iij c xxxviij iours parfait tout son cours.

Chapitre xxix. du souleil

Le souleil, selon ysidore est fontaine de toute lumiere, par la radiation et clarte du ql toutes choses et hault et bas sont clarifiees et enluminees. Et est selon misalath vne planete bien fortunee de soy. Mais selon sa conioncion est faicte bonne ou mauluaise. Et est masculine, iournale, chaude, et seche. Car le souleil viuifie tout et a toutes choses administre vie, forme et espece. Le souleil est le plus grant luminaire du ciel en quantite, dignite et clarte. car il a la lumiere plus condensee et plus espesse. Aussi excelle en multiplicite de effetz, car tousiours se meut p mouuement droit soubz le zodiaque qui est le cercle des xij signes ou ql sont figurees les bestes. Et passe son cercle par le millieu de la ligne dudit zodiaq tellement que iamais le souleil ne passe ou transcede les methes dicelluy. par quoy son mouuement est vniforme, pose quil semble aucunesfois se mouuoir indirectement par lobiection et interposition de autres choses entre nous et luy. ¶ Le cercle du souleil ainsi que le zodiaque est distingue par xij signes desquelz vng chascun cotient xxx degrez. et chascu degre cotient lx minutes. et chascune minute contient lx petites parties quon appelle scripules. Et quant le souleil passe et yst dung point. Auant quil retourne en pcelluy il passe les xij signes. Et son mouuement par lesdis xij signes sappelle le cercle de lan. ¶ Le souleil par son mouuement ordinaire et vniforme parfait toutes choses. Pource sainct ambroyse ou liure nome examero descripuant les vertus du souleil dit ce qui sensuit.

¶ Le souleil est loeil du monde, la ioyeusete du iour, la beaulte du ciel, la mesure des temps, la vertu et vigueur de toutes choses naissas sur terre, la maisō de toutes les planetes, la decoratiō et perfectiō de toutes les estoilles. Et vng aultre nomme mar dit que le soleil est la fontaine de pensee, la memoyre de rayson, le commecement de lumiere, le roy de nature, le resplendeur du ciel, recteur et moderateur du firmamet, lequel se meut contre icelluy pour moderer et attremper simpetuosite du ciel quon dit firmamet. Platon a dit q toutes les aultres speres et cielz prennent leur lumiere du souleil. Car selon aristote ou liure des elemens, le souleil a lumiere propre. mays les estoilles et la lune ont leur lumiere du souleil ainsy que vng bassin ou vng mirouer est enlumine par vne chandelle opposite. Et selō marius le souleil incedēt et alant par le millieu du zodiaque peut par ses rais eluminer tout le monde et hault et bas.

¶ De luy dit sainct denis ou liure des noms diuins ou iiij chap. que le souleil seul et vniforme fait, peut, renouuelle, nourrist, garde, pfait, viuifie, soustient, augmete, mue, colloq et dispose les especes et qualites des choses sensibles, et de toutes autres Il a vertu illuminatiue tellemet q sa lumiere iamais ne fault pose q aucunesfois elle nous soit ostee ou pour literpositiō dung corps coe de la terre, ou de qlq planete. ou p literpositiō des nubilositez obscures. Et aussy il a vertu renouatiue, par ce que il ouure la terre et les veines dycelle il mect a effect la vertu latente es racines. Et renouuelle, et peuest et couure la terre de herbes et de fleurs;

Second aage.

ainsy que nous voyons chascun an estre fait ou nouueau temps. Item il a vertu nutritiue. Car les rays du souleil penetrans iusques au dedens des racines/en tirent par sa chaleur lumidite de la terre. Laq̃lle il conuertist au nourrissement dicelles et des pties qui en doibuẽt estre nourries. Itẽ il a vertu cõseruatiue ⁊ saluatiue des choses iferiores. Car les elemẽs poʳ leur grãde cõtrariete se destruyroiẽt si nestoyt quilz sont tẽperez par le souleil sedant et apaisãt leur discorde ⁊ contrariete selõ alexãdre. Item il a vertu perfectiue/car le souleil par sa chaleur parfayt en la generation des substances corporelles: ce q̃ l a chaleur des elemens a cõmẽce ⁊ nauoit peu parfaire. Itẽ il a vertu discretiue. Car les couleurs/les especes ⁊ figures de diuerses choses qui sont confuses es tenebres: sont par sa presence du souleil discernees faictes visibles et congnues. Et auec ce a vertu cõcordatiue. car il acorde les qualites et influences des planetes. Et aussy selõ macro biue il concorde leurs sons ⁊ consonãces. Car le souleil qui est ou milieu des autres planetes se porte quãt aulx armonies celestes ainsi que fait la corde du millieu en linstrument musical. sans laquelle tout seroit discordãt. Itẽ il a vertu generatiue et fecundatiue p ce quil dõne vertu et puissãce aux choses inferiores de engẽdrer ⁊ produire sẽblables choses en leur espece/⁊ luy mesmes fait et produit plusieurs especes nouuelles p putrefactiõ et aultremẽt Et selon le philozophe/se la vertu du souleil failloit nulle chose ne pourroyt fructifier ne croistre. Et aussy riẽs ne pourroit engẽdrer son sẽblable: pource dit il que le souleil et lõme engẽdrẽt lõme. Item il a vertu cõfortatiue ⁊ fortificatiue. Car nous experimẽtons que par ce q̃ l mõte en hault:il fortifie la vertu des bestes et des aultres choses viuane. et au cõtraire par ce quil descent il diminue la vertu des viuãs. ⁊ si voions des fleurs que en la presẽce du souleil se ouurẽt ⁊ par labsence se refermẽt

Itẽ il a vertu distinctiue des quatre temps/comme de este/dyuer/de printemps et dautonne selon ce quil monte ou descent. ⁊ semblablement on voit des iours. et des nuys. Et des diuerses disposicions du iour ayans quatre parties. Le matin/tierce/le midy/et le vespre. Selond lesquelles partyes les poetes faignent que le souleil a vng chariot a quatre cheuaulx lesquelz le tirent par le ciel. Le premier a nom Heritheus. cest adire rouge/et nous denote le point du iour. Le second a nom etricheus cest adire resplendissant et signifie tierce qui est enuiron ix heures au matin. Le tiers a nom lampas cest a dire ardant. Le quart a nom philogeus cest adire aimãt la terre. Lampas qui est ardant signifie le midy. et Philogeus le vespre car au vespre le souleil se absente de nous par linterpositiõ de la terre entre luy et nous. Et selond bede quant le souleil est trouble ou soubz vne nuee se monstre de couleur rouge: il denote le tour pluuieulx. sil est pale/il denote tẽpeste. Mays sil est cler et resplendissant on milieu/et rayant vers auster/il signifie tempestes de pluyes et de vents. Et se vers le vespre est pale et se couche en nuees noyres il denote vents daquilon cõme dit beda. Itẽ il a vertu formatiue des choses inferiores. Car il mue les couleurs/les humeurs/les figures/et aultres dispositions des mẽbres par sõ absẽce ou presence cõme dit ysidore. Les poetes le paignẽt en face de ieune enfant/denotant toute beaulte proceder de luy. ayant des aylles es piez signifians que sans cesser va et reuient tourne et retourne. Ptolomee astrologue dit que le souleil fait lomme corpulent de beau visaige/bien couloure/apas grans yeulx/et labilite a tout ouurage quon fait dor/quant il monte. mays quant il descent il dispose a ouurer de arain. Item il a vertu putrefactiue des humeurs ad ce disposees. Item pose quil ne soit point chault en soy: Touteffois il a vertu calefactiue

Feuillet /lvi

Chapitre xxviiie de la lune

La lune selon ysidore est en grandeur et beaulte tresseblable au souleil Et est en ceste maniere descripte en liure nomme examerō. La lune est la decoratiō de la nuyt/ mere de rosee/ministre de humeur/dame de la mer/mesure des tēps/ēsuyuāt le souleil/ muant lair/non ayāt sa lumiere de soy mais du souleil. ayant sa figure selon lappropinquation ou elongation dudit souleil. Delle dit aristote que la lune recoit sa lumiere du souleil la quelle elle espand et enuoie en bas ai sy que ung miroer estāt situe loppofite de ung corps lumineux. Et selon ce q̃l se aproche plus du souleil: elle pt sa lumiere quāt a nostre regard: Mais non pas quāt au regard du ciel. Au regard du q̃l tant plus aproche du souleil: tant plus est clere et plus a de lumiere. Et au cōtraire selō bede: quāt elle est au cōtrayre et lopposite du tout au souleil: lors elle est plus lumineuse quant a la terre. et nest point claire vers le ciel/car la clarte du souleil ne peult pas penetrer le gros corps de la lune. Item elle mue sa forme et figure selon le regard du ciel/car aulcunesfois elle ne a que figure arcuelle qui est courue cōme ung arc. Aucunesfois elle est a demy playne comme ou second quartier. Du tiers il est difficile congnoystre selle est plaine ou non . cestassauoir quant elle na que xi.ou xij.iours.ou quart elle est plaine et lors a xiiij iours acōplis.puis apres retourne au decours et diminution selon pcelles figures par le diuers regard du soūleil. La lune a trois principales figures en son mouuement selon iceluy. Car quāt elle sen va du souleil/elle a figure arcuelle: et les cornes sont esleuees et tournees vers orient. Mais quant elle est du tout contre le Souleil: elle se monstre playne et du tout clayre . et quant elle sen

inflāmatiue et bruslāt par la cōfraction et reflexiō de ses rays a lencōtre de aucun corps resistēt. Et mesmemēt quāt la chose est terse et polie cōme ung miroer: tellemēt que selon la dispositiō du miroer il produit feu de ses rays et enflābe la chose qui est appliquee audit miroer cōme on voit par experiēce quotidiane. Item il a vertu actratiue. car par sa chaleur il retire en hault les vapeurs et exalatiōs inferiores/lesq̃lles en sa moyēne region de lair il condēse et espessit tellemēt/q̃l en engēdre diuerses impressions cōme pluyes/ gresses/ choruscations/vens/et choses sēblables Et est la plus grande partie dycelles vapeurs tiree de la grāt mer quon dit occeane. pour la quelle cause les poetes disent que les ethiopiens inuiterēt le souleil auec les aultres dieux aux nopces pres la mer occeane/cuydās telles vapeurs estre conuerties en son nourrissement apẽs que elles sont ainsy esleuees Et de ce est signe que apres vehemēte et grāde chaleur: souuent viēt vehemēte pluye pour la grande attraction de la vapeur enclose ou vētre et concauite de la nuee. Ptolomee dit q̃ le souleil a le syon soubz luy pour sa mayson. q̃l il regne ou signe du mōton. et perd son regne ou signe de la liure. Soubz luy sōt beaulte/multiplicatiō de biens/ et bōne fortune. Sa couleur est argentine et fort respladissāt entremeslee de rouge Cest une planete veridique et vraye qui parfait son cours en iij C lxv iours et vj heures. Et qui entre toutes planetes dispose singulieremēt les bestes a receuoir ame et vie. Et pose q̃l soyt huyt fois plus grant que la terre cōme dit macrobius Et quil se meuue plus tost que une flesche gettee dun arc: toutesfois pour son elongation et distance de nous: ne pouons iuger de sa quātite ne de son soudai mouuemēt. et nous semble ne se mouuoir point / et nestre pas de quantite excedēt deux piez. En quoy erre nostre iugemēt/ et est nostre veue trop grandemēt deceue.

Second aage

retourne au souleil: elle se monstre ar/
cuelle comme ou premier. Mays/ les
cornes sont vers occident. Item la lune
est augmentatiue de toutes humeurs
et est cause du flux et reflux de la mer
cõe nous voyons par experience que en
son decours les mouelles se diminuẽt
es os. les humeurs es corps. et la cer/
uelle es testes des hõmes. Et au con/
trayre se augmentẽt et croyssent en son
croyssemẽt. parquoy appert que par sa
faulte et decroyssement toutes choses
faillent. et au contrayre par son croys
sement toute humeur croyst. Item el
le est atractiue des vapeurs et hũeurs
Car ainsy que laymãt tire le fer a soy
par vne oculte et secrete nature: aussy
fait la lune les humiditez inferiores.
Et voit on p experience quotidiane q̃ en
sa nayssãce et croyssemẽt la mer croist
en orient et se diminue en occidẽt. et au cõ
traire est en son decours. Et selõ ce q̃l
le a plus grande ou meĩdre lumiere:
aussy elle a plus grande vertu de esle/
uer les vapeurs et humeurs. Macro
bius ou liure de cicerõ dit que la grant
mer occeane ẽsuiuãt le cours de la lũe
tient ceste ordre cestassauoir que au p̃
mier iour du croyssemẽt de la lune: el
le croist notablemẽt et est habundant
souuerainement. Du second iour elle
se diminue iusques au septiesme. Par
sept aultres iours/ aps̃ elle croist/q̃ tel
lement que ou xiiij.e elle est grande sou
uerainement. Et de ce vient que en
plaine lune et en nouuelle: la mer est
tousiours plaine. Item la lune est ge/
neratiue de rosee en lair/ quant p vne
vertu merueilleuse elle altere lair/ et
conuertist en rosee. car nous voyons q̃
selon ce q̃ la lũe en tẽps estiual est plus
doulce ou plus froide: la rosee croist ou
diminue. Item entre aultres planetes
la lune en bzef tẽps parfait son cours.
Car elle a tres petit cercle. Et pource
en lespace de xxviij iours elle passe tout
le cercle du zodiaque selon ptholomee.
Soubz la lune est le signe de lescre/
uisse ou quel est sa mayson/ et son re/
gne. Mais sa puissance se diminue ou

signe de la balãce. Cest vne planette
froide et moyte excessiuement/ femi/
nine et nocturne. demourãt en chascũ
signe ij iours/six heures. et parfaict sõ
cours en xxviij iours. La lune entre
toutes les estoilles erratiques vague
plus et court dun mouuemẽt soudain
et incertain. cestassauoir aulcunesfois
sur le souleil/ Aulcunesfois dessoubz/
aulcunesfois deuant/ aultrefois derri
ere. Et quãt la lune est dyametrale/
ment et directement entre le souleil et
nous: lors est eclipse de souleil. Et ce/
ste defection ou eclipse ne peult aduenir
naturellemẽt fors quãt en la coĩctiõ
du souleil et de la lune/ la lũe est de nou
ueau enluminee. et q̃ telle coniõctiõ est
faicte en la signe eclipsiaque. Et cecy
est tousiours quant le souleil est en la
teste du dragon/ et la lune en sa queue.
ou au contraire quant la lune est en la
teste: et le souleil en la queue selon Al/
bumasar ou liure du mouuemẽt des
planetes. Item selon marus en son
astrologie/ quãt la terre est interposee
entre le souleil et la lune: lumbre de la
terre empesche la lũe estre enluminee
du souleil. et a lors la lune se eclipse/ cõ
me on voit aduenir souuent. Item est
a noter que en la lune il y a vne partie
obscure comme vne macule Et ce pro
cede ou de la disposition naturelle de la
lune qui en icelle partie nest pas suscep
tible de lumiere cõme les aultres par/
ties prochaines. Ou selon auseus par
ce que lumbre de la terre va iusques a
icelles parties obscures. Item la lune
selon diuerses couleurs signifie diuer/
ses mutations de temps. Car selon
bede se la lune en son cõmencement est
rouge cõme or/ elle denote ventz a ve
nir. Se on cornet den hault elle est noy
re / aulcunes taches: cest signe que le
cõmencement du mois sera pluyeux
Se elle est noire ou milieu: cest signifi/
ance de serenite et beau tẽps en la plai
ne lune. Mais quãt de nuit elle scinti/
le sur la mer: cest signe aux mariners
que de bzef ilz aront tẽpeste. Item selõ
marus la lune fait vng son tresfort et

Feuillet lvii

gros en harmonie des corps celestes le/
quel par le mouuement des orbes et
aultres cielx est trouue monlt doulx
Item la lune ministre fecūdite aux se/
mences de la terre/par ce quelle est cau
se de huidite et rousee/apdāt aux grais
et semēces. Parquoy est des poethes
fainct quelle est la deesse denfer nom/
mee proserpine: attēdu quelle est dees/
se de ce qui entre en la terre. et q̄lle fayt
tout fructifier. Aussy elle est appellee
dyane cestadire deesse de venerie (chas
se qui se faict es boys et forestz: pource
quelle esclaire aux bestes alās de nupt
en pasture. ou pource que de nupt elle
administre lumiere aux chasseurs. ou
pource que aulcunesffoys elle a la figu
re dūg arc. q larc sert fort a vener (chas
ser. Et pose que la lune naturellemēt
soit froyde comme apert par ses effectz
touteffoys son excessiue froydeur est
fort tēperee par la vicinite du souleil/q̄
est fort chault en ses effectz. car aultre/
ment selon macrobius astrologue par
chascun moys sengendreroit et feroit
ung nouuel yuer. ¶ Item par nuit en
labsēce du souleil elle mundifie/pare/
sie/et purifie lair qui se condenseroit et
espessiroit par trop dont se engendre/
royt grande corruption cy bas. car selō
les astrologues sur toutes aultres pla
netes/la lune a grande puissāce sur la
disposition q complexion des hommes.
et pource dit ptholomee ou liure du iu
gement des estoilles que soubz la lune
sont contenuz maladie/perte/crainte
et doumaige. La cause pourquoy la lu
ne a si grande puissance sur les hōmes
est pour la grande velocite et legerete
de son mouuement. et pour la manife/
ste propinquite delle a la terre. Et aus
sy pour aulcune vertu intrinseque et
naturelle qui nous est occulte et incon
gnue. parquoy qui veult bien curer et
garir une maladie: il est tresnecessaire
a ung medecin quil saiche le cours de
la lune et la disposition dicelle selō ypo
cras ou liure de ses pronostications.

¶ De ce dit galien ou liure des iours
critiques. Tienne et sache chascū me/

decim pour certain selon les astrologi
ens egiptiēs que par la coniunction de
la lune auecq̄s les estoilles fortunees:
les maladies sont terminees a bien. et
par la coniunction auecques les estoil/
les cōtraires sont fays q̄ causez effectz
opposites et mauluais. Et pource en
ensuiuant leur doctrine/le medecim bō
et expert doit premieremēt considerer
en quel point est la lune. Cestassauoir
se elle est prime/ou plaie. Car lors crois
sent les humeurs/et les mouelles es
corps des hōes. q̄ sp a grāt nourrissemēt
en la mer q̄ en toutes choses. Ainsi dōc
ques quant aulcun chet malade ou lit:
il est fort expedient de voir se la lune pt
de la coniunction: car lors croist la ma/
ladie iusques ab ce quelle vienne en op
position et quelle soit plaine. Et lors
selle est auecques mauluaise planete:
ou mauluais signe: et regarde la may
son de mars qui est lescorpion. on doibt
craindre de la mort du malade. Mays
selle est en bon signe auec bōne plane/
te ou elle regarde le domicile de
aries ou du moton qui est le premier si
gne: lors doibt on esperer de la vie selō
la doctrine dyppocras ou liure du iuge/
ment des maladies/

¶ Chapitre xxviii du dieu Janus

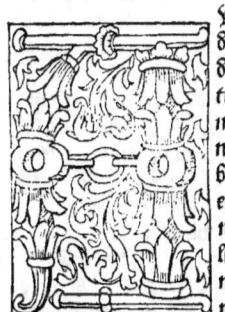

Auecques les
dieux dessus/
dis sont aul/
tres dieux/au
mains autres
nomez de spa/
bles. dont lun
est nomme ia
nus qui selon
les fables fut
nepueu de de/
mogorgon

Car il fust filz de lucifer: lucifer fust
filz de celius/et celius de demogorgon
Il fust le premier roy des latis. Et est
fainct le dieu de tous cōmēcemēs/par
quoy il est appelle ianus. Et ianua en
latin cest adire/porte en frācoys. par la
q̄lle porte on entre/on yst/on va/q reuiēt

h i

Second aage

en la maiſõ. Et pource toute entree et
yſſue eſt ſacrifiee a Ianus. ¶Les anci
ens paignoiẽt ianus auecques deux
faces ſignifians oriẽt et occidẽt/ou le
cõmẽcemẽt de lan enſuiuãt et la fi du
precedẽt. Et aulcũs le paignoient auec
ques iiii faces et Biſaiges ſelõ les qua
tre parties de lã. ou les iiii elemẽs/en
lappellãt dieu ⁊ ſeigneur de tout lãy.
Mais en le faignant tel:ilz le deſcrip
uent cõme monſtre/et nõ pas cõe dieu
¶Ou iije de la cite de dieu ou ixe chap.
parlãt du tẽple de ianus eſt dit que nu
ma põpilius apres la mort de Romu
lus fut eſleu par les romains en roy ſuc
ceſſeur diceluy romulus:poſe ql ne fut
pas romain mais ſabĩ. touteſſois pour
ſa renõmee/Juſtice et religiõ/il fut eſ
leu. Celuy numa voyant que ſãs lois
le royaulme ne pourroyt eſtre ferme
ne eſtable:et touteſſois ſãs paix neuſt
peu vacquer a faire ne ordõner lope:il
fiſt paix aux pays a luy voyſins. laquel
le dura tout le tẽps de ſõ regne et plus
Ceſtaſſauoir xliii ans ſelon vng hiſto
rie nõme eutrope. Car il mourut ou
xlije an de ſon regne. Apres la paix par
luy faicte il fiſt vng temple au dieu ia
nus/Duquel la clauſion ⁊ cloſture ſi
gnifioyt paix. et lappertion diſcorde et
guerre. Apres ce que paix fuſt faicte il
vacqua du tout a faire les lois et inſti
tuer les ſacrifices et cerimonies des di
eux. et en telles choſes occupa la plus
grande partie de ſa vie. Apres ſa mort
luy ſucceda tullius hoſtilius qui tan
toſt ouurit le tẽple de ianus/et lequel
eſtoit du tout donne a bataille ⁊ peſſe.
Et depuis luy iuſqs a octouian ſoubz
qui naſquiſt iħucriſt ne fuſt ledit tẽple
de ianus ferme q̃ vne fois ſeulemẽt a
pres la premiere guerre punique. Et
lors eſtoit conſule/vng nõme tytus
maulius ¶Ledit tẽple fuſt clos de re
chef ou tẽps de auguſte ceſar lors q̃ il
euſt vaincu ſon ennemy anthoine et q̃
la cite neſtoit plus en guerre. Et ain
ſy depuis la mort de numa pompilius
iuſques audit auguſte les romains ne
eurent que vng an de paix. Et deuãt

ledit numa nen auoiẽt poit eu car du
rãt le regne de romulus ilz eurẽt touſ
iours guerre continuelle. cõe il ſera dit
en la iije aage ou xijean de octouian/
¶Creon dit que ianus eſtoit paint a
deux viſaiges pource quil regarde les
choſes paſſees:et conſidere et preuoyt
celles a venir. Et auſſy eſt deſcript por
tant vng baſtõ en ſa main dextre pour
demõſtrer q̃ veritablemẽt il fut premi
er roy des latins. ou pour monſtrer ſa
vieilleſſe. car il mourut vieil/et regna
lõguemẽt. Du pour denoter ſon aucto
rite deifique. En oultre il porte vne
clef. car il oeuure et ferme la paix et la
guerre quãt il luy plaiſt ſelõ le pmier
liure des faſtes. ¶Les romains cele
broient ſa feſte es kalendes de ianuier
ceſtaſſauoir le pior dudit moys ouql
faiſons la circũciſiõ de noſtreſeigneur
Et ce iour iamais ne faiſoiẽt effuſion
de ſãg. Pource dit Saint ieroſme en
vne epitre quil enuoye a helpodore/ q̃
neſt iour en lan ou quel ne ayent eſte
martyrez ⁊ occis ſelõ leſcripture/plus
de .v. mille martirs/excepte le iour des
kaledes de ianier. ou quel les romai
ne eſpãdoiẽt poit de ſãg comme dit eſt
pour lamour dudit ianus premier roy
dytalye/auquel ledit iour eſtoit conſa
cre. Du pource q̃ en ce iour ilz muoiẽt
leurs cõſules et en creoiẽt de nouueaux
¶Icelluy ianue engẽdra carmetis fẽ
me du roy picus de la deeſſe ſemilia ſe
lon le xiiije de methamorphoſe.
¶Sainct auguſtin ou vije de la cite de
dieu ou viije cha. reprẽt fort icelles figu
res et deſcriptiõs precedẽtes de la forme
dudit Janus faites par varrõ. Et dit
q̃ ceſt folie de le deſcripre cõme vng hõ
me iumeau car il ny a point de double
monde. Du de le figurer ayans deux
frõs Lun deuãt/lautre derriere. ou iiii
cõme fõt aulcũs. car il ny a point iiii
entrees au mõde. ¶Ouide ou pmier
liure des faſtes ou quel eſt parle des
iours feſtiuaulx/met vne aultre ſimi
litude diſant q̃ ianus ayãt pluſieurs
viſaiges repreſente la cõfuſiõ des ele
mens non diſtingues a la creation du

monde et non ayans certaine face/forme/
et figure/ainsy quilz eurēt apres la di/
stinction diceulx.

Chapitre xxix. du dieu terminus.

Le dieu
nõmé
terme filz
de demogoz
gon est dieu de fins et methes gouuer
nant et conduisãt la fin de seuure.
Quāt tarqui lorguilleux souluzt edi
fier ung tēple a iupiter/il sceut par les
respõses des dieux/quil le deuoit edifi
er en la mõtaigne tarpeye: en laquelle
mõtaigne estoiēt plusieurs dieux. et en
tre les aultres y estoit le dieu appelle
terme.lesquelz dieux cederēt et donne
rent trestous lieu en leur departant a
la venue de iupiter/cõme indignes de
stre en sa cõpaignie. Mais le dieu ter/
me ne sen partist poit.parquoy les Po
mais seurēt en grãde reuerēce et le re
puterēt fort grãt cõme il fust digne de
demourer ou temple auec iupiter.

Dicelluy dieu parle sainct augusti
ou vij. liure et vij. chapitre de la cite
ou quel lieu il reproue les naturelles ĩ
terpratiõs des mauluais dieux. et dit
que ainsi q au dieu ianus fut cõsacre
le moys de ianuier: aussy au dieu terme
fust cõsacre le moys de feburier. Duql
la feste estoit celebree le xx. iour dudit
moys.et fut la feste du dieu dit terme/
plus grãde et plus sollēnelle que celle
du dieu ianus.car on se doibt plus eslo
ir de la fin de seuure que du cõmēcemēt.
Aussy estoit anciēnemēt le moys de
feburier le dernier entre les moys de
lā/ainsy q a touche ouide ou iij. liure des
fastes.car le moys de mars estoit le p̃
mier/dõt en cõptãt iusq̃ a decēbre: de
cēbre faisoit le x. par ainsy de ce nom la
tin(decem)qui denote dix/en francoys:
estoit nõme decēbre. Le moys de feburi
er est appelle en lati(februarius)pour
vne purgatiõ laquelle faisoiēt les Po/
mains en icelluy moys. Car ilz cuy/
doiēt q les ames de leurs pes deffūctz

solassent par lair: et rēdissēt lair infect.
Pource ilz firēt vne maniere de purga
tiõ et sacrifice par lesquelz ilz cuydoiēt
les ames retourner en leurs sepulcres
et icelle purgatiõ estoit appellee (fe/
bruatiõ)duql nom le moys de feburier
a prins sa denomination.

Chapitre xxx. de la deesse ysis.

Isis est
la de/
esse de la ter/
re.Et pource
dit ysidore en
huitiesme de
ses ethimolo
gies que ysis
en la langue
degypte signi
fie terre. Aus
sy elle fust de
esse des egypciēs/fille de ynachus roy
des arginiens/lequel ynachus cõmen
ca a regner ou tēps de la natiuite de ia
cob et de esau.cestassauoir en lã lx. d p/
saac.ladite ysis vint de grece en egyp
te ou elle enseigna les lettres aux egy
ptiens.et instituta p̃miere/le labour de
la terre.parquoy fut appellee par le nõ
de la terre. ysis selon creõ fust aultre
mēt nõmee yo/auãt que ysis. Et pas
sa la mer de grece en egipte en vne nef
ayant vne vache painte.laquelle mer
est appellee yonique de ce nõ yo/ou du
roy de grece nõme yonus: ou dung bail
lant grec dathenes duql aulcūs grecz
sont dis yoniques. Ceste mer est aul
tremēt appellee la mer cirrene.

Haicio dit q le mary dysis fut osy/
ris frere du geyãt typhon/lequel typhõ
discerpa et dilania ycelluy osyrie p mē
bres pource quil auoit trouue lart de
samifice et de besoigner de laines.

Es sacrifices de ysis les romains et
egyptiēs vsoient p̃mieremēt de sistres
claros et trõpetes.Et pource tiēt ysis
vne trõpete en sa main dextre.car elle
trouua lusaige de tel instrumēt/et tiēt
en la senestre vne fleute. On la pay
gnoit cõme vne fort belle pucelle/cou/

Second aage

uerte et vestue dun fin roquet/de lin entremesle de lectres dor/en sa teste porte vne couronne dor/et en son front des cornes de beuf. ¶ De elle dit le x.viij˚ de la cite ou iiij˚ chapi. en la fin. Que les egypciens feurent en si grant honneur apres sa mort que cestoit crime capital dire quelle auoit este femme et eu nature humaine. Car auant son aduenement ny auoit eu gaires de sciences. Elle trouua nō pas seulement les lectres mais aussy lart dastrologie.

¶ Psis eut vng tēple a rome ouquel du temps de typerius tiers impateur aduint et fut fait perpetuel obprobre a vne femme nōmee pauline/de tresnoble lignee. laquelle pour sa grāde beaute fust fort requise de vng duc et prince nōme Mudus. lequel voyant que par prieres/par dōs ne aultre subtilite ne pooit paruenir a ses fins: en ioupst finablemēt par vng moyen supersticieulx/ en la forme et maniere qui sēsupt. Car ledit prīce mūdus fist dire a la dite pauline par les prestres du tēple de psis que le dieu mercure/ lequel aussy estoit en icelluy tēple: leur auoit dit qlz la fissent venir de nupt ou dit tēple. et q̄ pour lonneur de sa chastete luy vouloit rōmuniquer aulcūs secretz. De laquelle nouuelle selon la coustume des fēmes elle fust fort ioyeuse/et le dēnōca a son mary. Par le consentement et obeissance du quel/ la nupt venue entra ou temple: et se coucha en vng lit p̄pare ad ce/cōme pour opr quelque chose diuine du dieu mercure/ aultrement dit anubis. Vne partie de la nuit se passa affin quelle dormist mieulx quant le prīce mūdus viēdroit et quil la peust plus facilemēt deceuoir. Et elle dormāt Mūdus prīnt le visaige/ la forme et habit de anubis. aprōucha delle: la baisa et atoucha a son plaisir. Quāt elle fut esueillee mōdus dist quil estoyt son dieu anubis/ lequel lestoit venu visiter. Elle cupdāt quil fust v̄ay fust mōnlt ioyeuse que son dieu la vouloit cōgnoistre charnellemēt/en luy demādant sil estoit possible q̄ vng dieu fust

mesle et cōioinct charnellement auec vne femme. lors mundus assez prōpt respōdit que oy. Allegāt les exēples de iupiter qui coucha auec almena/ et aultres plusieurs dieux. lesquelz auecques les fēmes ont engēdre aultres dieux. aīsy quil vouloit de elle engēdrer vng nouueau dieu. Par telles persuasions la cōgnust. La nupt passee: reuint a son mary. luy narra cōment dieu anubis auoit eu sa cōpaignye et quelle deuoit engēdrer vng dieu dōt le mari fust fort ioyeux. Mūdus daultrepart sesioupssāt de tel fait/ rēcontra pauline a laq̄lle il dist en maniere de irrision et mocquerie. Ma dame pauline vous estes bien eureuse dauoir couche auec le grāt dieu anubis/ mais vous ne deuries point refuser aux hōmes/ ce que vous dōnes aux dieux. car les dieux mesmes nous dōnent leur forme/ leur figure/ leurs noms/ et ce quilz ont. Et mesme le dieu anubis ta donnee a moy. Car il ta appellee a son sacrifice/ affin que ie fusse conioinct auecques toy. ce que iap fait. Et pourtant que ta prouffite ta ruserie et dilation/ sinon que tu as perdu. xx. mille/ lesquelz ie te au iye offers: Pauline se cōgnoissant estre de ceue/ et sa chastete estre perdue/ monlt dolente narra le cas a son mary/ lequel sen complaignist a lempereur. qui lors fist torturer et gehiner les p̄stres pour scauoir la verite. apres leur confession les fist mourir. et gecta le simulacre et lymaige de psis ou typere. Et fist banir ledit mundus du pays et non pas mourir car il auoit este deceu par la grande et extreme beaulte dicelle femme. ¶ Du ix˚ de methamorphose est faint que psis mua vne femme en vng homme a la requeste dune aultre femme/ a la quelle son mary auoyt dit et iure quil lociroyt selle enfantoit vne fille. Esquelles choses sont grandes fictions poethiques.

¶ Chapitre xxxi˚. de la deesse victoire

Feuillet lix

Victoyre deesse fut fille de stige la deesse infernalle. Stige fut fille de tartarus filz de Demogorgon et de la terre. Et fust ladicte stige seur de flegeton/de letheus/et de cochitus fleuues infernaulx selon la genealogie des dieux. Victoire est conceue en douleur.mais elle nasquist auecques ioye:qui denote que au commencement elle est doubteuse:mais qͫt on la on sen resiopst fort. Et est contre la comune maniere de conceptuoir. car toutes meres conçoiuent a ioye/et enfantet a douleur Touteffois ceste ioye en victoire doit estre prise cautement(pru demet.car sino: elle nuist. Attendu que pendat ce les ennemis se fortifiet.pour ce disoit cecy claudia ou ix liure soubz ces parolles(Sepius icaute nocuit Victoria turbe)Et le seblable est escript ou xiiij de genese. Elle est appellee victoire de ce nom latin(Vis)selō pfidoze qui en fracois signifie force et vaillance/car par force et vaillance doibt on acquerir victoire/(& non pas par cautelle ou fraude.car elle seroit deshoneste. Et pource iamais le grant alexandre ne voulut par nuyt ou aultre heure impouruueue/debeller ne combatre ses ennemys Mais a voulu tousiours auoir victoire de iour.disant quil nya point de gloire de subiuguer ses ennemis par fraudes et deceptions.

Les filz de victoire sont pompe/trophee/& triumphe. Pompe est une processiō faite a conduire cestuy qui a obtenu la victoire. et vient de mot(pompey)qui signifie publiquemēt demonstrer. Trophee est la despouille de lēnemy quō portoit en la pōpe deuāt le victorien.car trophos en grec signifie despouille en frācois.ou trophee & lhoneur quon faisoit a celuy qui auoit mis sen nemy en fupte. Triumphe denote et signifie troys grās hōneurs quon faisoit au Victorien. car pmierement quāt il reuenoit de subiuguer aulcū pais ou regiō:tout le peuple venoit au deuant de luy/luy exhibant et faisāt hōneur auecques grāde ioyeusete Secōdemēt car tous les prisōniers pcedoient ou en suiuoient son chariot/les mains liees derriere le dos Tiercemēt/car il estoyt assis en vng chariot vestu de la robe de iupiter/et estoit le chariot tire de quatre beaux cheuaulx blās.Mais pource que toute puissāce est breue selō le xe de ecclesiastique:et que toutes choses faysans et seruās a mondanite passent cōme umbre/tesmoig le De de sapience: Auec ledit triūphāt et ou chariot mesme/estoit ordōne et cōstitue vng homme de seruile cōditiō.qui frapoit et cosslaphisoit le triūphāt: affin quil ne prīt orgueil du triūphe.et luy disoit ce mot grec(gnotisolitos)cestadire congnoys toy mesmes. Et aussi pour dōner esperance a vng chascū de pouoir puenir a tel hōneur se ses merites le rigoient et valoient: Et qui plus est pour humilier le triūphāt/nō obstāt lōneur a luy exhibe:estoit permis a vng chascun de dire audit triūphant ce quil vouldroit De ce est leu q̄ a iulles cesar triūphāt voulant entrer en la cite de rome fust dit par vng quidā.Ouures la porte au roy chaulue amoureux de la royne de bitinie:voulant signifier ou deshōneur de cesar/et quil estoit chaulue/et q̄l entretenoyt la royne de bitinie. De la deesse victoire parle saint augusti ou iiijde la cite ou xiiijchapitre redarguant les romains ydolatres disans que iupiter est le grāt dieu des dieux:& touteffois ilz ne le tiēnēt pas tout puissāt mais disēt que la deesse victoire amplifie les royaulmes. En lisle nōmee tyberis cōme dit maistre gaultier est vng tēple dedie a victoire/de cōstipnce carree/ayant mille portes. Duquel la deesse victoire est assise en vne chaire

h iii

Second aage

de puyre ¶ Selon le docteur temp les coronides sont dieux victoriaulx, comme sont Iupiter, pallas, mercure, ausquelz les anciens souloient sacrifier pour la victoire obtenue. Et selon aulus gellius en son iiije liure des nuys actiques la couronne militayre est de maintes manieres. L'une est triumphale toute d'or, qui estoit donnee a lempereur en signe de triumphe, et estoit appellee vulgairement la couronne d'or, mais auant auoit este de laurier. ¶ Ysidore dit ou xviije liure ou second chapitre que quant aulcun saiquopt en conflict et en bataille: il auoit vne couronne de palme pource que la palme a des piqueillons. Mais quant sans bataille il vainquopt: il auoit couronne de laurier qui est arbre sans espines ou aguillons. Aussi les victorieux auoyent vne robe de pourpre, couuerte de palme, et en la main portoient vng sceptre et vng baston royal nomme scipion, en memoire du triumphe de scipio. Lequel scipion fust ainsy seurnomme pource que son pere cornille estant aueugle se appuyoit sur icelluy. Aussy sur ledit baston que portoit le victorien estoit vne aigle pour demonstrer comment par victoire on monte hault. Vne autre couronne estoit nommee obsidionale, qui estoit faicte de herbes: et estoit donnee a celuy qui deliuroit la cite ou le peuple de siege. La tierce estoit faicte de chesne. ¶ Dicte sciuica que ou sciuique: laquelle de par le senat estoit donnee a vng cytoyen qui en bataille sauuoit vng aultre citoyen: et tuopt auec ce deux de ses ennemis, en ce mesme lieu. La iiije estoit dicte murale donnee a quiconque premier montoit sur le mur de la cite a vng assault. ¶ estoit d'or baillee par lempereur. L'autre estoit nommee castrense, et l'auoit celuy qui en bataillant premier inuadoit et entroit en l'ost et es pauillons des ennemis, et estoit faicte d'or. Vne autre estoit appellee naualle, donnee a quiconque premier montoit en la nef des ennemis. La vje estoit dicte ouale, faicte de myrte donnee a lempereur pour aulcune petite victoire, comme quant il auoit vaincu par

quelque fortune, ou que les ennemys nestoient pas de grant nom, mais comme pyrates, et semblables larrons.

¶ Chapitre xxxije de castor et pollux.

Castor et pollux, selon vng docteur nomme Remy sont dieux victoriaulx. Sainct augustin faisant mention diceulx ou liure xviije de la cite de dieu chapi. S. les appelle freres tyndarides, car ilz furent filz de leda femme de tyndarus. Desquelz la seur fut celle helene qui fut cause de la guerre des grecz contre les troyes. ¶ Selon aulcunes fables ilz furent filz de Iupiter et de leda. Les aultres disent que pollux et sa seur helene furent filz de Iupiter et immortelz. Mais castor fust filz de tyndarus et mortel, si neust este que son frere partist auecques luy qui diuisa son immortalite en luy donnant partie dicelle selon la fiction de Virgile. ¶ Castor et pollux furent deifiez ou temps de abessan dont il est parle ou xije chapitre des Iuges. Car quant ilz oyrent le rauissement de leur seur helene. Et comment le gentil paris filz de priam roy de troye vit en la cite de micenes en grece dont estoient seigneurs agamenon et menelaus en laquelle p ses secretes et subtilles entreprises il rauit la dicte Helene: ilz en furent si indignes quilz monterent sur la mer en laquelle pour la tempeste periclicterent et perirent tellement que depuis nen fust sceue aulcune nouuelle. Pource sont ilz fais auoir este rauis ou ciel, et faire vng signe que nous appellons le signe des gemins ou des deux freres, cest assauoir castor et pollux qui sont ou cercle du zodiacq.

¶ Chapitre xxxiije de cellius.

Feuillet lx

Celius fut filz de demogorgō sans auoir mere cōme dient aulcuns mais selō les autres il fut filz de pcessup demogorgon et de la terre. Ou lapelloit premierement pollux.car ce mot latin(poliere)denote resplēdir/τ pollux selon huicid sur tous hōmes resplēdissoit en grādes vertus Mais apres ce quil paruint a diuers royaulmes:il changa son nom/et fust par vng sens contraire/appelle celius a cause que il ne seloyt pas/ mais par tout dilatoit son nom τ sa renommee.
¶ Aulcūs veulēt dire que cestuy celius estoit pere du grāt belus premier roy des assiriens Senāt de nembroth. lequel belus plusieurs cuydent estre saturne lequel saturne est dit auoir coupe les genitoires a son pere celius.
¶ Celius estoit figure comme vng roy assis sur vng arc comme larc au ciel/ayant en sa dextre vng glaiue/ et en la senestre vne torche ardant.couronne dune liure ou balance. Ce quil est figure estre assis sur larc ou ciel signifie que sa puissance et royaulme estoit estandu iusques au ciel. Le glaiue signifie la puissance quil a cy bas de faire/de noise amptie. La torche signifie quil embrase le coeur des hommes a amour. La couronne dunes balances denote que en la couronne royalle doit tousiours estre et regner iustice/ cōme dit lapostre ou iiij chapitre de la secōde epistre aux thimothees. Et ainsy q̄ saturne fut ementule et chastre par sō

filz iupiter:aussy auoyt este celius par son filz saturne

¶ Chapitre.xxxiiij de cibele.

Or Ibelle ou ci/ belles qui est dicte la grande deesse de la terre: est fille de demogor/ gon/seur τ femme de celius cestadire de saturne. Et est appellee tellus en latin/en francoys terre.pour ce que nous prenons les fruis delle/des quelz nous sommes nourris. Elle est appellee terre par ce quelle est terie et foulee par nostre deābulatiō et alure. Elle est dicte ops pource quelle est opulēte et multiplie les biēs en grāde habū dāce. Elle est appellee cibelle du nō de sō ante nōmee palles/ou paies/deesse de nourrissement et de pasture. Du elle est dicte cibelle pource q̄ la terre est ferme:et cubō en grec cestadire / ferme en lati. On lappelle aussi solū pour ceste cause,car elle est solidee τ ferme en sō lieu τ statiō. Du elle est ainsy denō mee/dune mōtaigne nōmee cibelle ou elle est decoree et reueree.ou pource q̄ le nous dōne biādes et toutes nourritures.Du de ce mot grec (cefabulō) q̄ signifie tourner la teste.car les p̄stres de cibele en ses sacrifices cōme furieux tournoiēt la teste. On lapelle rea de ce nom latin (reus) q̄ signifie coulpable/ car elle fust coulpable entant quelle de ceut sō mary saturnus en mussāt Iu/ piter contre la defense de icelluy. On lappelle berechinte pour la mōtaigne berechinte en la quelle est colee τ honoree. Elle est dicte ceres pource quelle cree les formens τ autres grains. Aussy est dicte proserpina pource que en el le croisset les biēs nourrissās sōme et toute chose. τ vesta/car elle est vestue

h iiii

Second aage

et ornee de diuerses fleurs ou (quasi stans) cestadire estant forte et immobile. Tous ces noms sont donnez ala terre la deesse seur et feme de celius, selon diuerses raisons. De quoy sainct augustin ple ou.viij.de la cite de dieu ou chapitre.xxiiij. en redarguant lerreur de Varro q dit la terre estre vne seule deesse et si a tant et si diuers noms. ¶ Lymaige de cibelle a vne robe de diuerses couleurs ornee de gemmes et metaulx. car les pierres prieuses et metaulx viennent de la terre. come dit vng docteur nome Pempt aussi la terre par dessus est vestue de diuerses fleurs et couleurs. Elle est faicte estre assize en vng chariot tire de lyons pource q elle est situee en lair qui tourne et retourne aucunement selon le mouuement du firmament. Les lyons q sont fieres bestes et toutes autres sur mode la tirent: en demostrant q la terre peult tout domer et vaicre selle retyroit ses fruiz. Elle portoit vne couronne plaine de tours, denotant que sur elle sont fondez chasteaux, tours, et edifices. Aussi elle porte vne clef, denotant q en yuer elle se ferme et ne pduit riens, puis ou printemps elle se ouure et pduit toutes choses. ¶ Ses pstres estoient appellez galles pour vng fleuue de frigie nome gallus. au pres duquel elle est veneree et honoree. Ilz sont ditz gallinacij cestadire chastez, pource que ses seruiteurs estoient tous chastes. ¶ Cibele monstrant sa puissance mua la fleur achi en vng pin. Et si mua athalante et ypomenes en lyos ou temps de gedeon comme dient les poethes. Item elle pduist les geans contre les dieux come dit est ou chapitre de noe. et degloutit Dathan et abyron. tesmoing le.vj.des nombres. Et a subuerti et fait fondre plusieurs citez par son croslement come apt en la.xxiiij. de philometor. Elle fut apportee de frigie a rome come dit est. Et lors fut purgee claudie vierge vestale, cestadire dediee a la deesse vesta: robie q le fust accusee du peche de luxure. Car quant la dicte deesse fust arriuee au port: lors Claudie prist vne petite corde atachee a la nef et

dist: Mere des dieux si ie suis chaste p/ metz que ie puisse tirer ta nef. Et lors elle seule tyra facilement la nauire aucques la cordelete: laquelle a paine eussent tiree mille beufz en la maniere q/ le fist. car elle la tira par la terre seche et grauier iusques a rome. et entra dedens par la porte capene. Et la fust receue de scipio nasique euesque de ce temps. Le quel luy edifia vng temple. Et se faisoit sa feste le.iiij.iour de auril, nomee la feste de la terre. On dit aussi que en son neur delle fust edifie a rome le temple rond nome patheon deuant le pmier an de domicia pour le temps q marc agrip/ pa fut enuope en bataille contre les perses.

¶ Chapitre xxx.c.de Vesta deesse du feu.

Vesta La deesse du feu se/ lon marcian est adherente et coiointe a cibelle, car le feu est en la terre. Et est dicte et reputee vierge pour/ ce q elle signifie le feu du quel riens ne peult naistre ne pceder. Et de ceste opi/ nion est ysidore en suitiesme ou dernier chapit. ¶ Lepereur nome Numa en son neur delle edifia vng temple a rome en son palays en la.xl.apres la cite faite. A lentree du quel temple estoit feu inextingible et ppetuel. la forme dicelluy estoit toute ronde sans quelq anglet. Et pour/ ce quil estoit licite de reseruer qlque chose de ses sacrifices: le vesseau ouquel on mectoyt ce quod luy sacrifioit, estoit futile et bien dispose a espandre ce q estoit dedans. car il estoit au fons tres estroit et au hault a lentree fort large ainsi q est la fi/ gure dune toupie. Aucuns dient qlle fut fille de demogorgon seur de cibele et de celius. Les autres la disent fille de satur/ ne. car selon ouide ou vj.des fastes Sa/ turne engendra Juno, Ceres et Vesta. Les ij pmieres enfanterent. mais Vesta demoura Vierge. Et autant de filz eust saturne, cestassauoir Jupiter, pluto et neptune. Et en son temple seruoient seu/ lement Vierges et pucelles. ¶ Ou xxiij de la cite ou cha. xj. est narre coment vne

Feuillet lxi

vierge vestale accusee de stupre et pe/ché de la chair porta miraculeusemēt de leaue en vng crible en signe de puri/te q de virgite. car les vestales cestadi/re les vierges cōsacrees a la deesse ves/sta estoiēt tresgreuemēt pugnies par les romains qt elles estoiēt trouuees en fornicatiō. ¶ Ite lesdis romains ne fai/soiēt q vng simulacre q ydole pour ci/belle deesse de la terre et pour vesta deesse du feu pource quō doit le feu yssir de la terre cōe apt en la mōtaigne ethna ou pource q le feu ne se peut biē ne con/uenablement paidre.

¶ Chapitre xxxvi e de neptune q aul/tres dieux marins.

Neptune p̄mier filz de sa/turne q frere de iupiter est di/eu de la mer. Et est ītērp̄te tonnāt en nuee selō le viije des ethimologies ou cha. dernier. Car ples fumees q euapo ratiōs delles pcedās de la mer sōt cause es les nuees et tōnerres. ¶ Du iiije de la cite ou ije cha. est touchee vne fable du dit neptūe cōmēt lup q apollo furēt pact q cōuenāce auec laomedō roy de troye la grāt / de lup faire des murs im possibles a faire a engī humal. pour les quelx leur pmectoit bō loyer. Mais a/pres les murs fais / ne les voulust salla rier. En quoy est repris lerreur des an cies cuydans q apollo soit dieu de diui/natiō q qi sache les choses a venir. Et touteffois il ne peut puoir la deceptiō de laomedō. Apollo nōobstāt ce: zela et fust toustours pour les troyens / mais ne ptune irrite īnstiga q esmeut les grecz en guerre cōtre iceulx. par lesqlx fust la dicte cite destructe. pose quon lise es fables q neptune garda eneas de mort et quil se mussa et couurit quant achilles vne foys le cupda tuer. ¶ Lydole de neptune selon theotectus estoit cō me vng roy estant en la mer iusques aux genolz plaines de poyssons et de monstres / ayant vne nef sur les cornes de sa couronne en la teste. Vne sapette

ou coeur / vn cheual en la senestre. vng long tridēt q verge en la dextre. ayāt deux faces / longs et blans cheueulx / les ioues enflees de souffler. la barbe lō gue / prolixe et moyte. Il eut deux fem mes et fut fort lubrique.

¶ Nereus filz de occeane et de dorias fille d̄ thetis est mis q pris pour la mer. et est interprete mouuemēt / car la mer est en continuel cours et mouuement.

¶ Occeane fut filz de celius tresreue/re et honore entre tous les dieux ma/ris / et fut sa femme appellee thetis. Aussi il y eust vne autre fille de nereus nōmee thetis mere de achilles et fēme de pelleus / qui estoit deesse des eaues. Mais nō pas de si grande renommee cōme la pmiere thetis fēme de occeane

¶ Triton filz d occeane est dieu de la mer. et est interprete sonnant ou espou entant. duquel on list que il fust vng grant poysson de mer. Aussy y a vng palut et maretz en afrique ou est hono ree pallas ainsy nomme. et de ce la dic/te pallas est appellee tritonia comme apert dessus ou chapi. de pallas.

¶ Protheus fut filz de occeane et de thetis pere de melātho / q fust roy en lis le carpatos entre Rhodes et egipte / du quel nom carpatos est nommee la mer prochaine / carpatie. ¶ Ledit protheus en senat de thessalie fust noye en icel/le mer et finablement deifie / apres ce quil napparut plus. Et pource est fait par les poethes estre pasteur de neptu ne. Du quel virgile dit ou iiije de geor/giques quil auoit tout sceu / et les cho/ses presentes et celles aduenir. mais il ne bailloit iamais response sil nestoyt lie et contraint. Et si estoit tres diffici le a lyer. car subitement il se muoyt et tournoit en infinies et diuerses figu/res. et pource iamais ne peut estre lye que en dormāt. Dicelluy et de sa mu/tation en diuerses formes parle le xe de la cite ou xe chape en reprouuant lart theorique / cestadire de operatiō sēblāt estre diuine q miraculeuse qui est dya/bolique et supersticieuse. Laquelle art le philosophe porphire dit estre licite.

Second aage

Forcus dieu marin filz de neptune et de la nymphe theose comme recite Bar/ro A la Berite fut roy de corsite et sardi/ne/nape en une bataille sur la mer et fi nablement apres quil ne fut plus trou/ue il fut deifie.

Glaucus aussy dieu marin en lisle thenedon espouante du mouuement merueilleux que faisoient les poissons quil auoit prins et mis sur lerbe se gec/ta en la mer. et puis fut faint dieu ma rin. Deux aultres glaucus ont este/lun pasteur et ducteur de cheuaux. lau tre pere de sibille erictee. Et encores on en list de deux aultres. Auecques lung desquelz batailla dyomedes. Lau/tre qui premier trouua la facon de trans muer fain et herbe seche en terre.

Chapitre de apis xxxviie

APis filz de foroneus ou de foron fut iiiie roy des argi/miens. Et en lan xe de son regne mou rust ysaac selon le xviiie de la cite ou iiiie chapitre. Ledit Apis regna xxxv. ans/ap̃s lesquelz il preposa et prefist son frere agialeus ou ropaulme de a/chape. Et apres ce auec grant peuple vint en egypte par mer ou quel lieu a/pres sa mort fust appelle serapis et le grant dieu des egyptiens. lesquelz le adoroient en son sepulcre auant quilz luy eussent fait et construit ung tem/ple. Pline historien dit quo a Beu que a la feste de serapis/du fleuue nilus ys/soyt soubitement ung thoreau ayant une lune blanche en forme de croissãt en lespaule droite/lequel les egyptiẽs honnoroient nourrissoient en lonneur du dieu serapis/et lappelloient apes ou apis. Et tout ce par la suggestion et de ception diabolic et pour les confermer et entretenir en leur ydolatrie. Et portoi ent sur eulx ledit thoreau leue en lair. et deuant luy chantoient de tous in/strumens de musique. Et selõ le mou uemẽt ou la stacio du thoreau les egy/ptiens se mouuoient ou sarrestoyent. Ce mesme iour de la feste se departoit ledit thoreau et euanoissoyt. Les aulcuns dient que le dit thoreau venoit chascun an. Les aultres disent que de dix ans en dix ans seulement. Les aul cuns qui sont aultrement parlans di/set quo se veoit de an en an durãt la sã ctite et bonne vie du prestre du temple nomme heliopoleos. Mais apres ce q̃ fust fait iniuste et inique depuis il ne fust veu: en denotant la sanctite des prestres seruir moult a la religiõ des sacrifices. Sainct Augustin dit ou xviij de la cite de dieu ou chapitre ve et apres luy Vincent ou liure ise et chapi tre dernier que apres icelluy thoreau sapparut en lieu de luy ung beau de semblable couleur/par la cautelle du deable/lequel ilz cuydoient leur auoir este procure et donne par la vertu diui ne de leur dieu serapis. Et est possible que le premier thoreau eut habitation auec une vache.a la quelle le deable p̃/posa en engendrant la forme et la cou/leur du veau:parquoy la vache conceut et engendra selon icelle couleur. Ainsi quon list ou xxxe de genese des berges de Jacob.

❡ feuillet lxii

❡ Hostuius dit que les enfans de egypte ensuiuoient et poursuiuoient le beuf apis a grans tropeaux et tantost comme enraigez ilz predisoient les choses a venir. ❡ Selon saint augustin ou lieu dessusdit/cestoit crime capital de dire que apis eust este homme. Et pource en tous temples esquelz estoient les simulacres de ysis et de apis/lesdis simulacres appliquoient et mettoyent ung doy a leur bouche/denotant silence et quil failloit soy abstenir de dire que lesditz dieux fussent ou eussent este hommes selon varro. Ce veau degypte fut cause que les filz de israel pres le mont de synay firent ung veau dor quilz adoroient consideans que les egyptiens auoient ung veau pour leur dieu principal selon le xxxij de genese.

❡ Chapitre xxxviij des autres dieux

❡ Avec les dieux et deesses dessusdis sont autres plusieurs dieux et deesses de la mer et des fleuues/desquelz nest pas requise enucleation ne diffuse declaration/mais seulement aucune enumeration. Entre lesquelz est galathea seur de thetis qui fust une des nereydes et la plus belle deesse de la mer.

❡ Salmacys la nymphe fust une des nereydes qui ne usoyt point de sagittation ne de chasse ainsy que faisoient ses aultres seurs: mais passoit son temps en se pignant dun pigne de boys.

❡ Dozis fille de occeanus et de dozus roy de grece/selon ung docteur nomme seruie est mise en la x eglogue de bucoliques pour la mer amere.

❡ Ethra fille de thetys la grant aultrement nommee baroch est deesse de tempeste.

❡ Egon ou egeon dieu de la mer fut fulmine de iupiter/et lye de cent chesnes. baille en garde aux dieux marins deliure par les prieres de neptune et mis ou nombre diceulx dieux marins

❡ Les syrenes sont deesses de la mer/ou a la verite monstres marins.

❡ Portunus dit aultrement palemon est dieu des ports Et fut aussy appelle melunta filz de Jupiter et de athamas femme du roy de thebes.

❡ Achelous est le dieu dun fleuue de son nom.

❡ Et eridanus semblablement/& arethusa/et alpheus

❡ Chapitre xxxix de bachus dieu du vin.

Bachus aultrement dit dyonisius/ou liber pater fut filz de Jupiter et de semele fille de hermione. selon les aultres fut filz de cadimus roy et premier conditeur de la cite de thebes. Ouide faint ou vj liure des fastes quil fut ne de la cuysse de Jupiter Car apres que Semele fut fulminee et perie: bachus qui nestoyt point encores a terme naturel pour viure sur terre/ fust prins ou

Second aage

entre de sa mere atache et cousu a la cuisse de iupiter iusques ad ce quil eust deue maturite et terme de nasquir en ce monde. Et luy ne fut enuelope q musse en une herbe nomee lyerre qui croist contre les vieilles murailles, a celle fi que sa maratre iuno ne loccist. pour la qlle cause ladicte herbe luy est cosacree On list ou ij° des machabees ou vij°. chapitre que les gentilz et payens contraignoient les iuifz sacrifier a Bachus auecques couronne de lyerre. le quel Bachus estoit adore comme dieu de vin, pource que il fut celuy qui premier a thebes trouua lusaige de vin. Ou aussy pource quil a grande vertu naturelle de produire bletz, toutes liqueurs et semences des hommes come recite sainct augustin ou xxj° chapi. du vij° de la cite de dieu. Car quant en quelque espece ilz pouoient cognoistre quelque vertu: ilz attribuoient a quelque especiale deite. Et a ceste cause disoient les qualitez des elemens estre dieux entant quilz ouuroient en la composition des corps,q ainsy disoient ilz des estoilles, des vices, q des vertuz, soustenant que les vices estoient dieux et deesses, et disoient en iceulx estre une force de domination et deite ainsy quil apperra cy apres de bellona, en poue, fugilla, et aultres. mais tout recy est erronee, car aucun ne sault pas a estre dit dieu sino pour souueraine bote selon sainct thomas en la premiere partie en qstio vj°. Et pource sainct aug. ou vj° de la cite cha. v° reprenue du tout la theologie poethiq q fiction de plusieurs dieux a quelque fin quelle soit faicte. Pourquoy ou iiij° liure q chapitre xij° il reprent et redargue lerreur des romains. lesquelz selo le croissemet de leur cite croissoient et augmetoient le nobre de leurs dieux. Disans quil y auoit des dieux celestes, des dieux priuez, dieux estragiers, dieux marins, dieux terrestres, dieux des fleuues et des fontaines, par layde desquelz rome ne peult estre pserue de destructio. car elle estoit en plus grade psperite quant elle auoit mains de dieux, que quat elle en auoit quasi infiniz. Et ou iiij° liure ou vij° chapi. dit quilz estoient si infatuez et si affolez de telle multitude de dieux quilz mettoient une deesse des chabres priuees, et sappelloyt cloaca ou cloacina, laquelle ilz prindrent des egiptiens, lesqlz honoreret come dieux, les sones deshonestes q lomme met hors par les parties pudibundes et posterioces, selon le v° liure de clement en son traictype de la forme et maniere de aler par chemin. Et bref ilz auoient si grande multitude de dieux et de deesses q infiniz, grans volumes de liures en estoient tous remplis, comme dit sainct augustin en ce liure mesmes, car a toutes choses attribuoient diuers dieux et ne cuydoyent poit que ung seul dieu fust souffisant a faire les champs produire leurs fruyts. Mais a diuerses productions des choses attribuoient diuerses deitez. Aussy aux champs donnoyent une deesse principale nommee rusine. Le dieu des montaignes sappelloit iugatin, pource que (Iugum) latinerst en fracois montaigne. mais la deesse Dicelles montaignes sappelloit colline. La deesse des valle es se disoit vallonia Et ne peuret iamais les romais trouuer une deesse seule qui fust suffisante pour luy recomander les bles. Mays tant que les blez estoiet soubz terre: ilz les recommandoient a la deesse seia. Quant ilz estoient sur terre et en croissance: ilz les recommandoient a une autre nommee segecia. Et pour les garder et conseruer apres quilz estoient cueillis et mis en bonne garde q tutelle: les commandoyent a une autre deesse nommee tutelina. Et non pas seulement les romains adoroyent plusieurs deables quilz reputoient dieux. Mais auec ce auoient en desdignation quon dist estre ung seul dieu. Ilz proposoient la deesse proserpine aux fromes lors quilz estoient en terre pour germer. Le dieu nodotus faisoit les fromes croystre et noer les neudz q soustienet le tuyau, pour faire les iuolutions des fueilles, ilz adoroyet une deesse dicte volutina, pour fayre saillir lespy

Feuillet lxiii

seruoit la deesse patelena. Pour faire les espiz dune piece de ble estre egaulx en quantite estoit vne deesse nommee ostilina. Pour faire flourir: estoit la deesse flora. pour faire le lait/aps la fleur seruoit vng dieu dit lacturnus. Pour les faire venir a deue maturite: estoyt la deesse matura. pour les tirer hors de terre estoit la deesse runcina. Toutes ces choses dessusdittes sont prises de sainct augustin. ¶ De la feste de bachus dit sainct augustin ou vi.e liure de la cite ou cha. xxxi. que en ptalie se faysoient gras maulx en ceste feste. Car en soneur de bachus ilz mettoiet vng mebre honteux/cestadire la verge viril se en vng petit chariot en vng carre four affin que chascun le vist. Et en disat parolles tres deshonestes/le tiroiet par le marche et par les lieux publiqs des citez. Et sy auoit quelque matrone honneste cotrainte de mettre sur ledit mebre honteux vne courone. laquelle chose estoit fort deshoneste a faire publiquemet quat telle feme eust este vile et infame. Et apres ce fait: on mettoit ledit bachus reposer. ¶ En vng chasteau dytalie nome lauinu ilz faisoient ceste deshonnestete vng moys durant pour appaiser bachus/auquel pricipalement sur tous ilz attribuoiet la puissace de enuoier q doner toutes liqueurs/et principalement le vin. Et auec ce luy attribuoiet la puissace sur la semece des bestes. En oultre ilz faisoient telle chose affin que toute fascinatio/sorcelerie/et enchanterie fut expulsee de leurs champs et semeces. car souuent aduiennet telz sortillieges et nyelis des biens par vieilles sorcieres et aultres hayneux qui les font ainsy comme ilz pmaginoient. ¶ Sainct augustin dit que ou sacrifice dudit bachus les femes estoiet yures et sas ses par trop boyre. Dont pour les turpitudes et deshonnestetez qui sy faisoient le senat fist inhibition et defense de no plus ainsy sacrifier. Toutesfois vng historiographe nome titus liuius en son vuie. liure de la guerre macedoniq dit

pour vne aultre cause que de grece vit vng quidam qui voulust introduire a rome mode nouuelle de sacrifier a bachus telle que pcellui sacrifice se faisoit p iour et par matrones treshonnestes. mais par succession et laps de teps: le sacrifice fut cotinue iusques a la nupt. tellemet quo se fist de nuit. Et pource lors ou dit lieu couenoiet homes et femes en grat nobre. et la se comectoiet infinitz maulx de hommes de femmes et enfans. et tellement que quant aulcu ou aulcune ne vouloyt assentir et consentir a la voulente de laultre. ilz se tuoyent piteusemet. et celerent ce cas mout longuemet. dont a la fin apres long temps tout fust reuele par vne chambriere espaignolle qui auoit sceu lestat lors que elle estoit en la compaignye de sa dame noble matrone de Rome. par ainsy fust ledit abus notifie au consule qui fist par le cosetemet du senat occire par milliers tous ceux qui de ce furent trouues coupables. Et des lors fut defendu de ne plus faire les sacrifices a bachus quon disoit bacanales. Et oultre fut prohibe par le senat de iamais ne introduire nouuelle mode de sacrifier sans lauctorite dicelluy senat ¶ Du sacrifice de bachus leql sappellopt orgya/on offroit vng cheureau ou vng bouc/pource que les chieures rongent et destruisent la vigne et la font secher selo ouide ou xv. de methamorphose et ou pmier des fastes. Et soubz le mont palatin estoit vng lieu nomme lupercal ou quel on Immoloit lesditz boucz q chieures au dieu bachus. Combien que aussy lupercal signifie la feste ou le temple du pain. ou le propre lieu ou quel lupa nourrist Remus et romulus enfas de rea vierge consacre a vesta deesse du feu et de chastete. ¶ La feste de bachus se faisoit trois foys en lan ou vne foys en trois ans. pource estoit elle dicte triaterique.
¶ On luy offroit du vin q du pain mielle pource que il trouua premier lart de faire par les mouches le miel es arbres cauez et creux.

Second aage

Sa figure estoit vng ieune filz cornu selon theotectus. Vng corps delicat. Vne couronne de corimbes (de raysins) portāt du serment, et vne hache toute couuerte de rameaux de vigne. A sa dextre auoit vng aignel, des fleurs, des cimbales, et vne dance de ieunes damoyselles couronees de lyerre. a la senestre il auoit mõlt de bestes merueilleuses, cōme linx, tigres, et sēblables. lesquelles selõ aulcuns sont fainctes tyrer sõ chariot. Il est painct ieune, car les yures ont le sens puerile. Il a corps gresle et feme̅nin. car le vin excite le couraige aux actes muliebres et de luxure. Il porte le sceptre ou quil fut musse cōme dit est, et la vigne: car il la trouua. Il est cornu pour mõstrer quil incite a noise. Les diuerses bestes signifiēt les diuerses pēsees dun homme estant en ebriete. et sa hache denote la fureur de sõme yure.

Chapitre xl. de Juno.

Iuno p̄miere fille de saturne et de cibele, seur et fēme de iupiter Est faicte deesse de ceulx qui se mari ent et des fēmes qui enfantent. Et diēt de ce lati(Janua) qui signifie porte en frācois. pource quelle ouure la porte et pour engēdrer et pour enfanter. Elle est aultremē̄t dicte lucina, et dyane, cōme dit est ou traictie de la lune. Õn la fainct fēme (et seur de iupiter. car par iupiter on entent le feu et lair. par Juno leaue et la terre. par la cōmixtion desquelz elemens tout est engēdre selõ aristote. Aultremēt est appelle miminoa februa, ou februalis, somoduca, cithia socecia, et chariot royal. Son ymaige estoit vne dame assise ayāt vng chapeau de fleurs couronne dune couronne

dor, ayant a la senestre le signe de larc ou ciel, et en la dextre vng sceptre. Soubz larc auoit vng pā. soubz le sceptre vne ourse, vng beuf, (et vne cicoigne Et estoit reueree (et adoree principalement en lisle samos, par ceulx de sparte et de micenes en grece. Et cōme touche ouide ou premier des fastes le iour des kalēdes qui sont le premier iour de chascun moys estoit sa feste. On la dit roy ne du ciel, et iupiter roy. Aultres dient le souleil estre roy (et la lune royne. Les aultres disent saturne roy, et ops sa fēme royne Les poetes faignent que Juno est ennemye de vertu, laquelle chose est exposee ou x liure de la cite ou xxi chapi. car par iuno est entēdu lair ou quel sont les deables ennemis de vertu, lesquelz ont este surmontes par les sainctz martirs. Item aussy Juno estoit ennemye des troyens pour le iugemēt de paris comme peut estre veu ou traictye de venus.

Chapitre xli. de plusieurs aultres.

Il y a aultres noms de dieux et deesses aux quelz nest ia necessite sarrester mais les nommer en bref, (et souuēt selõ les docteurs

Feuillet lxiiii

font descripz ainsi que Vertus. comme est sophon/aultrement dicte lumiere/ deesse du ciel et premiere fille de demogorgon. Fronesis fille de demogorgon et de lumiere est deesse de prudence.

Foy et fidelite fut fille demogorgon et de lumiere/seur de maieste et de clemence selon le iiii.e de la cite ou cha. xx.e

Astrea autrement iustice plus clere que hesperue fille de demogorgon selon aultres fut fille de astreus geyant filz de tytan qui estoit filz de celius lequel celius fut filz de demogorgon. et selon tulles ou iiii.e des offices/cest la royne de toute vertu. Ou elle est dicte Astrea pource quelle est descendue du ciel et des estoilles. Ou dun premier philosophe nomme astreus qui parla le premier des estoilles selon le ve de ethiques et la seconde de secode en la question lxxe.

Laultre est amytye deesse tresparfaicte selon Valere disant que toute amour nest pas amitye, mais lamour qui est auec beniuolece sans stilite ne delectation/par laquelle on ne quiert que bien et honnestete a celuy que on aime.

Galaxes est fille de demogorgon et de la deesse nomee iour et preside en philosophie. Les poetes faignent quelle preside entre dieu et lame, et que elle est ioyeuse quant lame se conforme a dieu/et par opposite est triste quant lame luy desobeyst par vices et malfais. Et selon le docteur remy elle est deesse de paix.

Iope est deesse de ris et de ioyeusete. Genius filz de demogorgon et du iour est dieu de nature/de delectation/et des nopces selon le dernier cha. du viii.e des ethimologies. et a vertu generatiue sur toutes choses/et mesmement sur les hoes. A ceste cause les liez de nouueaulx mariez sappelloient anciennement geniaulx.

Nature fut fille de demogorgon et de lumiere/et selon seruie cest vne deesse/ vne vertu diuine/insite et donnee es choses par lesquelles de semblables produisent aultres semblables selon le.j. cha. de xj.e des ethimologies.

Themis est vne tres anciene deesse de prescience et diuination/principale sur les aultres et par laquelle les dieux souloient bailler leurs responses.

Fame ou renomee fille de demogorgon et de lumiere/ou selon creon son certain pere/est denunciatiue de bien et de mal. Et estoit painte ayant des esles en denotant que elle vole et va facilement de region en region de noter toutes choses. De icelle parle fort Virgile ou iiii.e de eneides en ce lieu sa. fama malu quo no aliud velocius vllu

Omen est selon creon le dieu des commencemens qui donne bonne ou mauluaise fin a noz euures.

Imarmenes fille de demogorgon et de lumiere est vne deesse par laquelle laueture et fins des choses preueues et presceues des grans dieux/sont inuiolablement obseruees selon ysidore ou liure viij.e dernier chapitre.

Fate et fatalite ou destinee est tout ce que les dieux deliberent et disent et vient de ce latin(for faris)qui en francois signifie parler. et telle chose fatee et destinee aduient tousiours. car dieu preuoyt les choses a venir come les presentes

Cloto, lachesis, et atropos sont trois deesses fatales qui portent la quelogne et fillet. par lesquelles est entendu la vie de lome selon trois temps. Cloto est faicte porter la quelogne/cestadire quelle donne vie aux choses. Lachesis qui file et tire le filet nous denote la vie que nous auons durant ce filet. Et atropos le rompt qui denote quelle met et impose fin a la vie des hommes.

Iris est vne deesse de lair messaigiere de Iuno. Combien quil y a vne aultre iris fille de demogorgon et de lumiere/deesse de bonte de pitye et clemence de dieu. de ce mot iris est pic ou cha. de noe

Second aage

Maieste et clemence selõ theotectus sont filles de demogorgon/et sont deesses des gens nobles et de hault estat cõme recite Valere ou chapitre xiiii. Et fainct quelles soyent seures car ainsy q̃ dit ouide en son liure de põtho maiesterne fait ou doibt riẽs faire sãs clemẽce.

¶Sanctus fidius et semipater / sont vne mesme deite/cest assauoir. le dieu de fidelite et de loyaulte. auquel les sabins edifierent vng temple au mont quirinal.

¶Chapitre xliie de felicite et de fortune.

Felicite est deesse de prosperite Selon le quart de la cite ou chapitre xviii ou il met differẽce entre felicite et fortune. lesquelles les romains tenoient cõme deux differentes deesses/ et leur faisoient sacrifices congrus et conuenables a leur qualite. ¶Ladicte deesse felicite nest iamais cause que de bien. mais fortune:de bien et de mal. Car elle est de telle nature que souuẽt elle honnore ceulx qui la desprisent et les monte en grans honneurs. et au cõtraire vilipende et met a grande misere et calamite ceulx qui en tout hõneur luy sacrifient/et en riens ne considere les merites des personnes/mays gouuerne tout a sa plaisance et singuliere voulente.

¶Fortune fut fille demogorgon et de lumiere. A laquelle ou riuage du fleuue du typbre a rome fust construit et edifie vng temple ou quel estoit son ymaige en la figure dune femme aueugle selon le iiii de la cite ou chapitre xviii. Et estoit fortune assise ou millieu dune roe ainsi que seise la tour noyt tousiours. Et auoit deux faces/ vne face belle et luisant/lautre obscure et laide/denotant que ceulx sont eureulx quelle aime et regarde du bõ coste. Et au cõtraire maseureux aufqlz elle veult nuire. Aueugle estoit pour monstrer quelle ne regarde point aux merites et bienfais des hõmes. mais soustient bons et mauluais indifferemment. Et aussy est ainsy figuree pour monstrer quelle exceque et aueugle ceulx qui par elle sont haulx montez. Pource Chilo qui estoit vng des sept saiges de grece quant on luy demãda que cestoit que fortune:il respõdit que cestoit vng meschant medecin et quil aueugloit monlt de gens.

¶Chapitre xliii. de esperance.

Esperance En parlãt poetiquement fut fille de demogorgon et de lumiere. Mais a la verite esperance/Joye/Pie/iour/et plusieurs aultres ont este hommes. ainsy q̃ on lit q̃ lune des filles de iob sappelloit iour. laultre Vasia/laultre cormestriõ. Et aussy foy esperance/et charite ont este trois. Vierges et fut sapience leur mere. lesquelles troys furent mariees soubz adzian empereur ainsy quil apert ou martirologe es kalendes daoust qui sont le pmier iour dudit moys

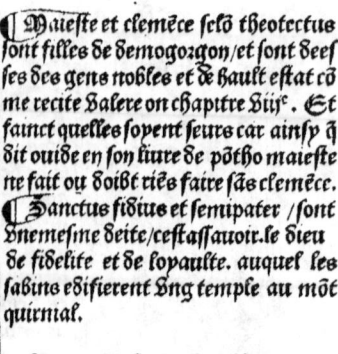

Feuillet lxv

Mais en parlāt phisicalemēt esperance procede de bō esperit et bōne disposition en substāce/qualite/(t quantite. et pource les ieunes enfās ayans entiers et bōs esperis sōt cōmunemēt de bōne esperāce. Et est specialemēt esperance dicte deesse des Jeunes/des pures/et des folz. parquoy dit aristote ou secōd de rhetorique que les ieunes enfās sōt de bōne esperāce. ¶ Pour en scauoir plꝰ theologalemēt fault voir saict thomas en la secōde de secōde/questiō xvij par tous les articles.

¶ Pudicite aultremēt dite hōte est bōne deesse/cestassauoir deesse de chastete A la quelle fut construit et edifie ung teple a rome ou mōt palatin par marcia seur de crassus selō ouide ou viure des fastes. lequel tēple a en horreur les yeulx des hōmes par lesquelz est lubricite et cōcupiscence charnelle. Et pource on dit quelle est seur dune aultre deesse nōmee hōte. car il est difficile a gēs ehontez destre chastes ¶ Dicelle parle sainct augustin ou .j. (t ij. de la cite ou il dit que les matrones de rome luy offroiēt seruices tresdeshōnestes / et la nōme ou dit lieu vierge celeste / (t pource est selō aulcūs appellee chastete.

¶ Chapitre xliiij. de concorde.

Concorde fille de demogorgon et de lumiere est une deesse associāt et confederant les coeurs des hōmes en paix (t amitye Et auoit a rome ung temple q̄ fust edifie par furius pres le tēple de Juno selō le iiij. de la cite ou cha. xxv. Car le senat voulāt īposer fin aux discors interiores (t batailles ciuiles qui estoiēt entre les citoiēs de rome/esta/blist q̄ ou lieu ouquel auoit este faicte loccision/en la sedition de ceux qui portoiēt a rome le nō de gracus: on feroyt ung tēple a la deesse cōcorde: par ce voulāt reduire les romās a bōne union/(t pour en icelle les cōseruer a tousiours. Desquelz se rit et mocque saict augustin disant ou lieu dessusdit q̄ z seusset auoit edifie ung tēple a discorde: car selon Labeō il y a des dieux bons/et des autres mauuais. ainsi q̄ a rome estoit le tēple de fiebure et de maladie cōme ce lup de sante. le tēple de paix cōme le tēple de bellona deesse de discordes et de guerres. Et en defaulte de ce/les Romās eussēt peu ēcourir la hapne de la deesse discorde ainsy que les troyēs. Car par la deesse discorde fut trope destruicte/Et aussy cōmunemēt les Romains nestoient point biē dacord ensemble. Toutesfoys nest pas vray ce que dit labeo que aulcūs dieux soiēt mauuais: car se ainsi estoit: ilz ne seroient pas dieux/mais deables. et ainsy le tesmoigne Platon/et les autres philosophes cōme recite saict Augustī ou iiij. de la cite ou chapitre xviij.

¶ Chapitre xlv. des fans (t siluains.

Combien que des fans/siluains et satyres ait este dit cy dessus: Nous en reciterōs encor aulcūe chose. Treon dit que le dieu siluain est le dieu picus/filz de saturne et pere de sanus roy de Italye. lequel picus par ung fēme benefique et empoisonneresse fut mue en ung opseau de son nō quon appelle ung pic. Apres sa mort les ytaliēs le deifierēt et le firent dieu des foretz en ptie. Les dieux satyres ont les piez et cornes cōme de chieure. Et diceulx est leu que saict augustin en rencōtra ung/qui luy dist quil estoit mortel/et quil priast dieu pour luy.

¶ Chapitre xlvj. de offites.

Second aage

Ofites est le dieu des an/
ces car ofi en grec cest adire ser
pent en francois. Or est il ainsy que les
anciens descripuoient et paignoient vng
an selon la figure dun serpent q̃ mozdoyt
sa queue a la forme dun cercle. Et selon
aulcuns le dieu ofites est vng serpent nō
me stellion qui a plusieurs couleurs z
diuerses taches ou boz. Et a ceste cau/
se est vne maniere de pierre ainsy cou/
louree/nōmee ofites. De ce ont este nō
mes aulcuns heretiques ofites/ pour/
ce quilz disoient que en paradis terrestre
les serpēs auoient introduyt cognoissā/
ce de vertu/ et honozoient les serpēs cō/
me dieux.

Chapitre xlviij du Jour.

Dies ou
le iour
fille demo
gorgon et de
lumiere/ est
la deesse de
clarte/de cha
stete/de hōne
stete/de hōte
de Ioieusete/
et de discreti/
on selon le doc
teur Pemp/ Et prēt son nom de ce nom
grec dyan qui en francoys signifie cler.
ou de ce nom dieu/pource que les iours
se nōmēt par les nōs des dieux/ cōme
sūdy pour lonneur de la lune/ mardy
pour lonneur de mars et ainsy des aul
tres. ¶ Et est a noter que le dieu du
iour a touliours en sa dominatiō la p̃/
miere heure et la viij̃ du iour/ cōme
le souleil domine sur la p̃miere heure du
dimēche apres la mynupt du samedy.
Et sēblablemēt sur luitiesme heure
ensuiuāt. La lūe regne en la premiere
heure du lundi. en la viij̃. En la iij̃ a/
pres mydy. et en la x̃ de nupt. Et
ainsy fault il dire des autres Jours et
des dieu ou planetes dont ilz ont pris
leur domination.

Chapitre xlviij de la nuit.

La nuit
fille de
demogorgō
de la terre est
deesse de tur/
pitude et de
luxure. et est
la cause tou/
chee ou xxiiij
de Job. car de
nupt on est
plus hardy a
perpetrer maulx q̃ de iour. ¶ A ppos
de la nupt nous deuons noter q̃ les ro
mains diuisoient la nupt en quatre vigi
les militaires esquelles on faysoyt le
guet a rome selon le maistre des histoi
res. La p̃miere estoit au soir appellee
cōticiniū en laquelle tout le mōde veil
loit cestassauoir ieunes z vieulx. La se
cōde estoit a mynupt dicte intēpestū
en laquelle veilloient seulement les ieu
nes gens. La tierce estoit au chant du
cocq nōmee gallicinium ou veilloiēt les
hōmes p̃fais qui estoiēt en leur force.
La quarte au matin et pointe du iour
dicte antelucanū/ et lors veilloient les
vielz et caduques. Et sont ces iiij vi/
giles en lescripture saincte nōmees le
soir/ mynupt/ le chāt du cocq et le mati
¶ Sōnus dieu du dormir est filz de d
mogorgō et de la nupt/ dieu tresdoulx
et trespaisible/ qui a trois filz/ Morphe
us/ Jhecon et Pantheon. Et dycelluy
sōnus procedēt les songes.
¶ Item auroza deesse du point du iour
est fille de pallas le geāt selon Ouide
ou ix̃ de methamorphose. Mais selon
Theotectus elle est fille de demogor/
gon et de lumiere/ et preside au terme
et a la fin de la nupt et au commence/
ment du iour. ¶ Item hersilia est vne
deesse des heures/ et preside a chascune
heure.

Chapitre xlix de esculapius.

Feuillet lxvi

Esculapius dieu de medicine estoit selõ eutrope de/ nere et reclame en vne petite cite nom/ mee epidaurus/et de present dicte dura chiũ/lequel dieu pour la grande famo/ site ⁊ renõmee de rome y voulust estre mene et hõnore. Et a ceste cause ainsy que narre le xij. chapi' du iiij. de la cite ⁊ orose ou iiij. liure et Titus liuius vers la fin de son x. liure en lã iiij. LB. apres ledification de la cite estoit a rome tres grãde pestilẽce.dont fust sceu par la re spõce des dieux que elle ne pouoit estre sedee ne appaisee sinõ par esculapius amene a rome/estãt lors en epidaurus Laquelle ouye:les romains enuoierẽt orateurs et embassade pour sauoir/et ainsy que les epidaures cõduisoient les romains au tẽple de lymaige de escu/ lapius qui estoit loing de enuiron cinq milliers ou milliaires:Ilz virent vng grant serpent/que iamais nauoient veu sinon en signification de bien. le quel par trois tours se apparust/et che mina par la cite/monstrãt par signes de ioyeuseté que esculapius appetoit fort rome. Et tellemẽt quil vint a vne nef des embassades sur la mer.et la se reposa et se permist mener iusques a ce q̃ on vint a vne ysle nõmee amicus en laquelle auoit vng temple de escu/ lapius/ou quel il ala ⁊ descendit de la mer/et la fut nourri par trois iours. Puis retourna a la dicte nef/⁊ fut me ne a rome. suy venu: yssyst sur la riue du tybre/ou quel lieu fust edifie vng tẽ ple a esculapius et lors cessa la peste a rome. Et cecy touche ouide ou v. de me thamorphose.

¶ Bladele deesse/appellee des romais Suadelle:Des lombars dulcine/des francois Dusia.et des poethes Sima chae est deesse de trayson/ayant le visa ge triste et plain de tricherie.

¶ Enyo seur de mars autremẽt dicte erodie est deesse de ire/crudelite et seue rite. Son ymaige estoit vne pucelle a greste ⁊ rustique tenãt vng glaiue en sa dextre main.par lequel est signifiee la punction et stimulation des preux/ et en sa senestre vne beste espineuse nõ mee herissõ/et de sa bouche dependoit vne balence denotant que souuent est exercee crudelite soubz vmbre de iusti ce.

¶ Chapitre k. de mamõ dieu de richesse

Mamon est dieu de ri chesse ⁊ de pe cune aultre/ mẽt dit argẽ tin/ou escu/ lan . duquel dit huiciõ q̃ mamon en la langue sy rique est iter prete richesse. Et aussy signifie le dea/ ble qui par richesses seduit les ames des hõmes/et fait choir en ses las et trebu/ chetz/dõt il preside sur les auaricieux. De icelluy dit sainct Mathieu ou vj. quon ne peult seruir a dieu ⁊ au mam mon. Aussi de ce parle le xxj. de lacite ou dernier cha. Itẽ tulles en sõ liure de senectute reprẽt fort auarice singulie/ remẽt en vieillesse ⁊ dit quil nentẽd pas cõmẽt vng vieil homme soit ou puist estre auaricieux. Et q̃l nest riens plus indecẽt ou mal cõsonãt que querir de tãt plus de puisiõs:q̃ lẽ a mains de voye a faire. cõme fõt les vielz. qui tãt mals ont a viure tãt plus sefforcẽt a cumu/ ler biẽs. Mamon et auarice entre aul/ tres maulx en fait troys grãs. Premi/ erement elle fait lõme sterile et sans fil/ que fruyt. cõme on list ou v. de leccles/ astique. Secondemẽt elle cause Litige/ Discorde/et Diuision en exequant et aueuglãt Iustice et toute bõte. Pour/ ce disoit le pphete michee en son iij. que le peuple estoit mauldit ou q̃ les roys iugoiẽt par dõs. ⁊ ou les prestres pour dõs preschoiẽt/⁊ les prophetes pareille ment soubz esperãce de remuneratiõ

ii

Second aage

diuinoient et disoient les choses a uenir. Car selō le xᵉ de lecclesiastiq̄ tout obe/ ʸst a pecu̅e. ¶Tiercement les richesses sōt cōme pesāt/inutiles/et ipotēt de pou oir aler et uoler es cieulx comme il est escript ou uiⁱᵉ de sapience. et pource Iob ou xxiᵉ dit des auaricieux/quil mainēt leurs iours en ioieusete et biēs mōdai̅s mais en ung momēt descēdēt en enfer La raisō est/ou serō de abacuc/car ilz se chargēt tant de biēs mondai̅s/quilz ne peuēt uoler ne monter en hault/et pource sont cōtrains descēdre en enfer.

¶Chapitre lijᵉ de bellona deesse de bataille

Bellone fille de mars est deesse de ba/ taille/de sedi tiō de erreur et de folle entreprise/el le est dicte au tremēt palas et minerue. Selō theote/ ctus sō ymaige estoyt torue et cruelle/ gectāt de sa main une torche ardāt. en lautre main tenāt ung mirouer ouq̄l estoit painct ung tigre. et soubz le mi/ roer estoit une fē̄me mōstrāt ses mā/ melles menāt le tigre auec une corde/ lequel tigre est cōme enrai̅ge de ce quō luy a prins et oste ses petis. Ceste de esse estoit festiuee par ses romains ou tēps de lēpereur silla ou mois de Iāui er. Et auoit son tēple pres du cercle et carfour ou se faisoiēt les ieux quon di/ soit ieux circēses:pource quilz estoyent fais en ung cercle selō ouide ou uiᵉ des fastes. Delle parle sainct augustin en la cite de dieu ou iiiᵉ liure chapitre xxiiii ¶Paour est ung dieu ou deesse dōnāt crai̅te aux hōmes. Et est de la comiti/ ue et cōpaignie de mars et de bellone dōt sainct augusti̅ parle ou iiijᵉ li. chapi/ tre xxeˣ. ¶Pensee est une deesse de laquelle estoit celebree la feste le uiijᵉ iour de Iuing. Car selō seruie les ro mains doubtās et apās en grāde crai/ te hanibal duc de cartai̅ge istituerēt ce ste deesse en la priāt q̄lle leur dōnast tel le pensee et aduis quilz peussent uain/ cre et subiuguer leur dit ennemy. Et ce mesme recite ouide ou vʳ liure des fastes.

¶Chapitre liijᵉ de Stator.

Stator est dieu de arrest de fiāce et de cōstance/ Duquel estoit celebree la feste a rome le 8ᵉ iour deuāt les kalendes de Iuing cestadire le xxuiijᵉ de may. Et est a noter selon Titus liuius ou.j.liure de la naissan/ ce de rome q̄ apres q̄ Romulus eust fait la cite de rome et enuironnee de murs tresāples/Il nauoit pas gens pour rē/ plir sa cite. Lors en icelle fist faire ung tēple nōme en latin (asilu̅) cest en fran cois/maison de refuge/auecq̄s tel edit que q̄cōq̄ pourroit recourir audit tē/ ple (asilu̅) auāt que estre app̄hende/il seroit et demoureroit impugny de tou/ tes choses par luy cōmises. Apres la publicatiō du q̄l se assēbla a rome grā/ de compaignie de poures ⁊ meschans gēs/larrōs et murdriers. Pour laquel le cause fut rome en hayne des prochai nes citez. Mais pource q̄lz ne pouoiēt durer lōguemēt a rome sans fēmes ilz

Feuillet lxvii

enuoieret aux citez pchaines/legatios et embassades a impetrer des femmes pour espouser. Lesquelz Voisins respondirent par irrision et mocquerie quon disoit a Romulus q ainsy quil auoit faict vng temple de ipunite et de franchise pour retenir les hõmes: que aussy en feroient ilz vng aultre pour retenir les femmes/en denotant qlz ne leur vouloient point eslargir leurs filles ne leurs femmes. Laquelle respõce romule passa soubz soutile dissimulation faignãt non auoir la chose en grãt couraige. Mais pour peruenir a son entreprise fist fayre vngs jeux et sacrifices fort suptueux, et les fist diuulguer par lesdis pays voysins A ceste cause se assembleret a rome les p chains voisins: et mesmement les femmes des sabines en grãde compaignie. Lors Pomulus commãda a ses hõmes q chascũ prit telle femme sabine q bon luy sebleroit. Et aisy fut faict. Pour laquelle cause les peres des filles auec les aultres pays voisins voulurent veger liniure. mais Pomulus et les siēs resistèrēt vaillãment et mirēt a mort aulcũs voys diceulx. Au dernier les sabins secretemet entrerēt a rome τ occirēt grã de multitude des romais et les cõtraygnirēt a fouyr iusqs a la vieille porte du palays. Ce voyãt romule pour empescher la miserable fupte de ses gẽs, τ ad ce qlz fissēt station et arrest. Voua et pmist de edifier vng temple a iupiter/ Dõt il appella lymaige par ce nom stator/pource quelle auoit esté cause de la dicte station τ arrest. par lequel lors les romais resisterēt aux sabis, τ tuoient indifferãmēt les peres de leurs espoases selon sainct Augu.ou iiii° de la cite cha. xiii jusqs ad ce que les vierges τ matrones sabines se mirēt entre leurs peres τ parens τ les romais leurs mariz/escheuellees / apres leurs robes fendues deuãt pour moouoir les pties a pitie. τ lors firēt si bõne paix τ confederatiõ q les sabines voulurēt transferer leur regne et empire aux romais τ viure de loys cõmunes et dun mesme regime.

Fugilla est deesse de fupte aisy q stator de station selõ Theotectus. et ceste deesse couertist et met en fupte nõ pas seulemēt les hõmes mais les dieux aisy quõ list en plusieure fables et fictions Aussy de ce sont dis les fugillateurs cestassauoir vmbres des dyables portans feu auec eulx.

¶ Chapitre liiii de Vulcain filz de Juno.

Vulcain filz de Juno est dieu de feu et de fouldre ainsi appellee pource quil vole p lair. ou Vulcain est dit pource quil cheut de la vulue τ de la nature de Juno. Car iuno courroussee de ce q Jupiter auoit sãs ayde de femme engedre palas: voulust sans opatiõ de homme engedrer. et lors secoua sa vulue et nature dont elle fist et laissa cheoir Vulcain q denote le feu terrestre/ainsy q Jupiter le celeste. Et aussy denote le feu de luxure/parquoy est fainct q Venus est sa femme. Et selõ ysidoze ou viii liure τ cha. dernier le feu prede des nuees en partie/parquoy on fainct q Vulcain vole par lair. et selõ Homere Vulcain est faict auoir esté gecte du ciel en terre/pource que toute fouldre viēt et procede des nuees. Ite on fainct qil ayt esté secouz de la cuysse de Juno/cela denote que le feu τ les fouldres viēnet pmieremēt des exalations terrestres On le fainct bopteux/pour ce que le feu pour sa rarite et legerete nest pas ferme en sa stature/mais est si mobile quil se meut tousiours τ et ia sans cesse. On fainct aussy qil est maistre des febures de Jupiter/car sans feu ne peust estre fõduz ne estēduz les metaulx. Et de ce est quõ le faict ouurer et estre mareschal de minerue / aultrement dicte bellone deesse de bataille/car sans ar-

i ii

Second aage

mes ſenãs de Vulcain on ne fait riens en bataille.

¶ Les deables dis et appelles demones ſont filz de demogorgõ et de la terre fille de lumiere ſelon Theotectus. ¶ Et yſidore ou dernier chapi. de ſuiti eſme des ethimologies dit quilz ſõt dis et deriuez de ce nom grec (dēnas) qui ſignifie prudēt/preſciēt/et preuoiant les choſes a venir. Car les deables ſceuēt leſdictes choſes futures mieulx q̃ les hõmes. Ou p̃ reuelatiõ q̃ le cõmandemẽt de dieu/ou par leur ſubtile ingenioſite. Ou par lexperiẽce quilz ont de lõng tēps. Et pour ceſte cauſe ſouuent aux gentilz et iſideles bailīēt vrayes reſpõſes. Ilz auoient deuãt leur trãſgreſſion corps celeſtes/Mais ilz ont de preſent corps de air. Et ne habitẽt pas en la pure et haulte regiõ de lair.: mais en lob ſcure et tenebreuſe/en laquelle ſont cõtrains eſtre cõme en priſõ Juſques au iour du iugemēt. Car ilz ſont a la verite les premiers preuaricateurs et pecheurs. Ce mot deable en hebrieu vault en frãcois autãt cõme cheãt bas. car ilz deſcẽdirẽt du hault en bas po̧ la peſanteur de leur orgueil. Et en grec/ eſt a dire criminateur/ car touſiours il nous blaſme et accuſe a dieu de noz pechés. Sathanas/ ceſtadire aduerſaire ou trãſgreſſeur. car il eſt contraire a toute verite q̃ vertu. ¶ On peult demãder ſil eſt licite de adiurer les deables/ Reſpond ſainct Thomas en la ſecõde de ſecõde/en la q̃ſtiõ iiij. q̃ .x. en larticle ij. Que il eſt licite de adiurer/ q̃ repeller q̃ contraindre les deables ou nõ de dieu/ de partir de quelque lieu/a bõne cauſe et bõne fin/ cõme du corps dũg hõme. q̃ de ce a dieu dõne puiſſance aux hõmes cõme il eſt eſcript ou xe de Sainct luc. Mays il ne ſe doit pas faire pour aprẽdre ou obtenir deulx aulcune choſe/ Si nõ par le cõmãdemēt diuin. aiſy quon liſt que ſainct Jacques filz de zebedee ſe fiſt par les deables amener hermogenes. De iceulx parle le ixe de la cite es chapitre iije q̃ ixe et en aultres lieux ou il veult expreſſemẽt q̃ pluſieurs errotees ont parle des deables/ entre leſquelx eſt labeo q̃ a mis et dit aulcuns dieux eſtre mauluais: Et que les deables ſõt dieux. Mais les platoniques q̃ ont dit tous dieux eſtre bõs: ont dit que les deables ne ſõt poit dieux: mais mediateurs entre les dieux q̃ les hõmes. Et ce conferme apoleius ſelon le viije de la cite ou xiiije Lequel apoleyus eſt de oppiniõ que les deables vaguent et fluctuẽt par la terre q̃ p la mer/ dſz hayent et aimẽt aulcũs hõmes/ et dſz ont pitye et iſdignation/triſteſſe et ioyeuſete. Diſoyt auſſy que les ames ſe cõuertiſſoient en deables/non pas par eſſence: mais par p̃ticipatiõ; ainſy que diſõs aulcuns dieux eſtre fais de hõmes. Et dit en oultre quil eſt deux manieres de dieux fais de hõmes. Les vnges ſont appellés lares/ et les autres lemures/ les lares ſõt deeſſes q̃ ſẽblēt eſtre ou feu ou foyer des bõnes gẽs Auſſi (lar) en latĩ ſignifie feu en frãcois: On les appelloit auſſy pſtites pource q̃ aux hõmes preſtent ce quilz demãdent. Les lemures ſont apparitiõs fãtaſtiques/ et nocturnes/ qui ſe font de nuit. Et ſont dictes lemures cõme remules. po̧ce que telles apparitiõs venoient a romulus apres la mort de ſon frere remus. Et eſt leur nature eſpouãter les petis enfãs q̃ de bauer et garroullier es anglez obſcurs par les maiſõs: Aultre maniere de telz dieux eſt quõ appelle manes/ pource qſz demourẽt et decourẽt p lair Et de telz dieux ſont quaſi inexplicables erreurs des gẽtilz et anciẽs. ¶ A ce propos fault encor noter vne ſote oppiniõ de ſeruie. lequel dit q̃ la ſubſtãce imaterielle et incorporelle qui eſt en nous ſe diuiſe en trois parties apres la mort. Lune partie eſt les manes/ q̃ ſõt en enfer et ſõt les repſẽtatiõs du corps auec clarte et couleur. et cela ſe peult toucher en enfer. Laultre partie eſt lũbre qui va et ſe tiẽt au tour du corps. dẽ tãt plus quõ prie mais po̧ le treſpaſſe. La tierce partie eſt lame qui ſen va a vne eſtoille a elle ſemblable. dõt elle a prins ſa nayſſance. et la eſt laiſſe q̃ re signe ce quelle en a prins. Touteffoys telles fictions ne sont a croire/attendu que elles repugnēt a la xpienne religion et foy catholique. Et q̄ les deables se efforssent fort des erreurs des hommes/lesquelz ilz procurēt decepuoir en mille manieres de iour en iour. Et porce dit lapostre que souuēt ilz se trāsformēt en anges de lumiere/pour acōplir et procurer la deceptiō des hōmes. Et q̄ ilz ont grande gloire en leur couraige de ce quilz ont deceu les grās philosophes cōme est escript ou xxje de la cite cha.xie. Dōcques de tāt q̄ plus nous li sons/opons ā voyons leur grāde subtilite: de tāt plus nous debuōs nous garder de eulx et de leurs faulses deceptions.

¶ Chapitre liiii. des penates.

Les penates cest adire les dieux priuez sōt dieux et deesses quon coloyt et hōnoroyt es penetraulx lieux et plus secretz des maisons. Car oultre les grās dieux et cōmuns a tous: chascū en sa maisō faysoit infinitz petiz dieux quon disoit nō pas publiques/mais dieux priuez domestiques et familiers. ¶ Les lamies aultrement fees sont deesses qui despient les petiz enfans et puis les remettent et restituēt a Vie. Et selon lart poetique elles ont la face humaine et le corps bestial. a dit la glose sur le xxxiiii de ysaye que les lamies ont toute la sēblāce dune fēme/excepte les piez quelles ont cōme Vng cheual. Et saict gregoyre ou xxxiiije de ses mozalitez ou chapi.iiijxxixe dit que les lamies ont la face humaine et le demourant bestial denotans les ypocrites qui ont Vie bestiale et honneste apparence. Et denote aussy les detracteurs qui dilanient et dechirent honnestete de leur pchain

¶ Chapitre lve des dieux indigetes et aultres dieux.

¶ Feuillet lxviii

Les indigetes selon Huiciō sont dieux q̄ ont este hommes. Et sont ainsy ditz par ce mot Indigetes/q̄ Vault autant cōme non indigens ou comme diuans ā cōuersans auec les dieux.

¶ Flora est deesse des fleurs autremēt dicte napea/de laquelle parle le ije de la cite ou chapi. xxViije. Et ou Vliure des fastes est touche que Tertullius qui deuoit estre esleu en loffice de edile a rome establist la feste de flora le iije to de may. En laquelle feste ilz portoient robes de diuerses couleurs auecques cierges/et la se mesloient hommes et femes ensemble et commettoient plusieurs choses abhominables et infames Dont parle Juuenal ou iie liure. Esq̄les dissolutiōs les deables se delectoiēt fort/ ainsi que touche sainct Augustin ou lieu dessusdit. ¶ Les amadriades sont deesses des arbres. et sont ainsi dictes pource quelles ainment les driades/ cestadire les arbres Et habitoient es chesnes dediez a serre la deesse selō oui de en huitiesme de methamorphose.

¶ Les heroes sont les ames des hommes bien meritz et Vaillans. Dont il est parle ou dernier cha. de huitiesme des ethimologies et ou iie liure de la cite.

¶ Muse ou tacite ou muete est deesse de taciturnite et silence/et deesse dung palut infernal autremēt dit larlar.car Jcelle deesse ne disoit aultre chose que larlar. Elle estoit honoree des romais affin quelle fermast la bouche de ceulx qui mal parloient de eulx. Et ce fay soit sa feste ou mois de feurier selon le .j. des fastes.

¶ Cha. lxi. des nimphes.

¶Second aage

Les nimphes sont les deesses des eaues dont il ya grand multitude. Car les romains multiplierent tāt leurs dieux:quil nestoit riēs qui neust son dieu apropzie. Entre lesquelz ilz disoient aulcūs estre es cieulx cōe Jupiter/Saturne/et apollo. Aulcuns terrestres cōme Faunus/Discus et plusieurs autres. Aulcūs isernaulx cōme pluto. les furies infernales. et la fieure. laquelle Saint augustin ou iiije liure et chapi. xije de la cite appelle cytopēnie Tomaine:pource que elle ne fust poit amenee daultre part ainsi q̄ berechintia/et esculapius. Aulcūs sōt aquatiques cōme neptune dieu de la mer/les nimphes et les muses. lesquelles muses on assigne deesses des eaues et estre diuersifiees selon la diuersite di celles eaues. Car les nīphes marines se appellent napades. les nimphes de fontaines sōt amadriades. Des chāps naydes. Des mōtaignes orcades. Des forestz dziades. Et non pas seulement ont voulu plusieurs nimphes ou vne ȳ celle/estre deesse de plusieurs fontaines:mais a chascū fleuue ou fontaine ont apropzie propze dieu ou deesse. Et selon Varro entre les dieux et deesses estoit le sexe masculi et femenin

¶Chapitre lvije de tages et plusieurs aultres.

Tages est dieu de diuination et de art magique selon ysidoze ou chapitre ixe de luitiesme des ethimologies/ou il dit que lart magiq̄ a plusieurs especes.

¶Hebe fille de Jupiter et de la deesse floza/est deesse de Jeunesse/τ fut bouteillere de Jupiter et femme de Hercules.

¶Echo est deesse de voix qui ne parle ne si ne dit mot selle ne oyt parler ou cryer.

¶Rubiginosite ou Touille est fille de demogorgō et de la terre. ou selō les autres fille de Juno adulterāt auec canapion. Et se faisoit sa feste a rome le vij iour deuāt les kalendes de may:cesta dire le xxiiije dapuril. Elle est vne des deesses qui ne peult ayder/mais grandemēt nuire cōme fieure/paour/craite et aultres. Et est contraire a ceres deesse des blez.

¶Fain est deesse de famine et dappetit. fille de demogorgon τ de la terre/ou fille de Touille et de la terre.

¶Siremigres est vne deesse epidimiale et pestilenciale/fille de Juno et d̄ saturne ou de mars.

¶Eolus filz de Juno et de astreus/ou selō aultres filz de iupiter est dieu des vens. Alymon est dieu dozgueil.

¶Ceres fille ije de saturne dozmist auecques Jupiter dōt elle engēdza proserpine. Par seres nous entendons la terre/τ est la terre dicte ceres/pource q̄ elle cree et pzoduyt toutes choses. ¶Elle est deesse des formēt. ¶Dō scauoir ses sacrifices fault seoyr saict Thomas en la pmiere ptie de sa seconde.

¶Adozea aussi est deesse du formēt bō et trespur lequel est ydoyne a faire adoratiōs et sacrifices. ¶Pomare est deesse des pōmes/des glās/et aultres fruiz

¶Pan filz de demogorgon et de sumiere/est dieu des pasteurs/des bestes/et des rustiques:ainsy que siluat est dieu des forestz/et palee est deesse des pastures. En lōneur de laquelle le ieu de palestre et des barres fut pzemieremēt celebze et fait en athenes. ¶Topie fille de demogorgon est deesse de babūdāce selō Theotectus.

¶Chapitre lviije de enuie et de ses seurs auec plusieurs aultres.

Enuie fille de demogorgon τ de la nupt est vne deesse tresmauuaise. Et sont ses seurs impudicite/tristese/trahisō/discozde/τ les trois furies infernales/cestassauoir Alethon Thesipho et megera. ¶Consus est dieu de cōseil/τ mauuaise suggestiō τ ennozt.

¶Suadele et suade est deesse de persu

¶ Feuillet lxix

asion. ¶ Belphegor aultrement dit priapus est dieu de ignominie et de luxure, de larcin, aussi des oyseaulx et des iardins. ¶ Tentigo est ung dieu qui fait tendre et dresser les membres genitaulx ¶ Hymeneus est dieu des nopces qui en son temps demouroit a athenes et estoit ung beau filz et gracieux ¶ Les panites pelus, Incubes, et incubos sont dieux qui sans quelque regard se meslent auecques les bestes selon luitiesme des ethimologies. Leur forme est par le hault en humaine figure et se termine en figure bestialle. ¶ Dacune est deesse de oysiueté et de vacation. nourrisse de concupiscence et luxure. ¶ Doctrine fille du geant cheus est deesse des doctrines ¶ Asteries seur de latone est deesse destude, de industrie et de subtilité. Et est chamberiere de minerue deesse de sapience ¶ Les muses sont deesses de chant, de melodie et de discipline selon creon. et sont neuf q selon philosophie Nous representent les neuf instrumens requis a vociferation et pose, cest assauoir la gorge, la langue, le pallays, les iiij. des et les deux leures. ¶ Carmentis est aussi deesse des chansons, et fille de mercure. ¶ Egerea est dicte deesse pour ce q elle estoit femme de numa Pompai empereur elle auoit ung deable famillier, par le conseil duquel le roy numa du tout se gouuernoyt. ¶ Sibille deesse signifie diuine sentence ou pensee de dieu. ¶ Fatue deesse des choses a venir fust femme de faunus pere du roy latin et est deesse des geneclateurs. les q̃lx estoient diuinateurs qui par les xij signes du zodiaq se efforcoient pdire et adeuiner les aduentures des hommes. leurs conditions et fais, des leur natiuité. ¶ Memoyre fille de mercure selon remy, est une deesse par laq̃lle nous rememorons les choses ia faictes et passees. et qui nous les reduyt a memoire

¶ Chapitre lix de pluto.

Pluto second filz de saturne est dieu de la terre et denfer, et est aultrement appelle dis cest adire riche. Car tel est il entant quil recoit tout en enfer. De luy est parle ou iij q iiij. liure de la cité. Selon aulcuns il est appelle caron, q est faict nautonier de ser passant les ames sur le fleuue acheron. Et aussi est dit orcus. Car Orce en grec, cest adire receuoir, en francoys ¶ Orcus fut roy des mollosiens, qui auoit ung grand chien dit cerberus. ¶ Eacus, mynos et radamanthus furent filz de iupiter et estoient tres iustes. et pource on fainct quilz soient iuges en enfer.

¶ Les eumenides autrement appellees les dires ou furies sont deesses infernales, ainsy dictes selon linterpretation du nom pource que elles defaillent en bonté ¶ Chimere et les arpies aussi sont deesses denfer. Chimere est ung monstre, et les arpies sont oyseaulx.

¶ Chapitre lx.

Les demydieux sont ames celestes soubz forme humaine ainsi q Suarardzach disoit de saict symon et saict Jude. Toutesfoys dit seruie q demidieux sont ceulx q seulement sont dieux du coste de leur pere: come Hercules, eneas, Dyomedes, apis, pseus, alexandre le grand, Juba, ysis, esculapius et plusieurs aultres. ¶ Hercules autrement dit alcides fut filz de Jupiter et de alcimene femme de amphitrio (pourtant sope putatif estoit dit amphitrio. Et pource q apres athlas q soustient le ciel nest homme si fort q hercules Est il faict dieu de force et de puissance corporelle. couronne dune couronne auec xij estoilles. Et pour sa force auoyt en son pmaige ung lyon a la poytrine, et toute la terre et la mer dessoubz ses piez Laquelle terre et mer il a subiugue au mope de sa force merueilleuse. En son bouclier a une serpente figuree, ayant iij. testes, et aultres serpes a lentour de icelle. car en enfance il tua les serpens. ¶ Dyomedes filz de thideus fust dieu de apulepe Leql en la bataille de troye naura la deesse venus dune flesche cuydant tuer enee. Dont elle se marrist tant q elle fist la femme dicelup estre meschante

Second aage

et aðultere publiq̃.pour laquelle cause il fut si desplaisant et si diffame q̃l nosa retourner en grece mais ala en apulepe aultremēt nōmee Japige ou il espousa la fille de diamus.⁊ eut le royaume pō son douapre. et apres sa mort fut par iceulx deifie. Il y a eu ung autre diomedes roy de trace qui na point este deifie. ¶ Quirinus autremēt Romulus est sainct filz de mars Et fust moult reuere et honore des Romains pource quil estoit fondateur de Rome. Aussy pour sonneur et reuerēce de luy les cheualiers de rome se appelloyent quirites. Il estoit dit dieu quirin pource que quiris en latin signifie hache. Or est il ainsy que sa hache gectee entre aultres arbres se prīt a frondoier/branchir/et flourir. et ne peult estre pour lors trouuee cōme il est touche de la mort de romulus ou xiiije de Methamorphose. ¶ Juba est dieu de ambiguite et de tricherie/grant ⁊ souuerai dieu des maures selon ysidore en suitiesme des ethimologies ou dernier chapitre. Et fut comme est dit roy des maures de libie ou daffrique.lesquelz pays ont vne fontaine dicte la fontaine de trahison et de tricherie Tous traistres ⁊ desloyaulx ensuiuent icelluy dieu. cōme fist galba leq̃l assēbla le peuple des iij citez/de susicanie comme pour le proufit du pays. Et lassemblee faicte il fist mourir partie des ieunes hōmes. ⁊ vēdist laultre comme recite Seruius. ¶ Il y a aultres plusieurs dieux ou deables comme sūt Asmodeus/astaroth Bel/Baal/Belzebuth/Berith/Astarca/Chamos/Niarene/Moloch/Dagog ou Dagō/Nagat/Sathael/Sathanas/Draco/Lucifer/Soda/frea et plusieurs aultres desquelx est parle ou iije de la cite chapitre xije vers la fin ¶ Ité des sacrifices des dieux selon alberich est a noter que les sacrifices se font aux dieux ou pour similitude ou par contrariete. comme par exēple apt que a ceres on sacrifie vne truye/pource q̃lle gaste et pert les bles. A bachus on sacrifie ung bouc pource quil ronge la vigne. A priapus ung asne: pource quil reuela la turpitude et hōte de icelluy quant il se mesloit et auoit la compaignie de vne deesse. Et quāt on vouloit scauoir se le sacrifice ⁊ loblation de lasne estoit acceptable: on tyroyt vne courroye de sa peau depuis la teste iusques a la queue. ⁊ se lasne le portoit paciemment cestoit bon signe de acceptation dudit sacrifice/Et si nō/non. Semblablement de la truye tyroyt on des sayetes. Et tout ce quant a contrariete. Quant aux sacrifices qui se faisoiēt pour similitude apert de bachus a qui on offroit vin comme au dieu de vin. A venus/fleurs/comme deesse de lasciuite/de mignotise et luxure. et ainsi des aultres ausquelx on offroit a chascun selon sa qualite et nature.

Sensuyt la diuison de la terre

Chapitre lxje

Es chapitres preccdés Et singulierement ou lieu ou quel a este ple de Japhet et de Phalech nous auös demöstre cömēt apres ledificatiō ou fole entreprise de la tour de babilone/et la confusion des langaiges:Les hömes pour la diuersite diceux se diuiserēt en diuerses regiös et côtrees des trois parties de la terre:Pour laquelle cause et aussy pour la cögnoissance des matieres q se ensuiuēt Nous a sēble estre fort conuenable et non pas inutile de auoir ordonne ceste figure:Par la quelle sur ce eue böne et grāde consideration:Il sera cler en la declaration subsequēte des terres et pays/scauoir en quelle partie du monde sera situee et assise icelle region/En descriuāt premierement la region de aspe Apres celle deurope a (au dernier Affrique.Lesquelles seront descriptes selö les lectres de.a.b.c.pourtrouuer plus facilemēt ce que on demande Et sont ces choses fort a noter:lesquelles ignorees:on ignore plusieurs pas de la saincte escripture Pour lesquelles choses scauoir (congnoistre/noz peres q anciēs ont fort trauaille (se sont souuent exposez en grās perilz par terre et par mer cōme on list en lepitre de saict Jerome qui lenuoia a Paulinus. Par quoy ne debuons pas partuipender ne desprifer ce qui a tāt este difficile de Inuestiguer et scauoir.Toutessois en ceste spere et figure subsequēte nont pas este descriptz tous les noms des pays/des royaulmes/et regions Dont cy apres est faite mention. Et po'ce fault recourir aö ce qui sensupt.ou quel lieu on trouuera les die notables et declarations des regions/tyrez de Pline/herodote/psidore et des gloses de la sain

Feuillet lxx

cte escripture.Et est a noter q̄ se nous ne trouuons ce que nous demandons a vne diction:Jl fault auoir recours a son sinonime.et a vng aultre mot qui lup soit equiualent en signification. Car cest presque tout vng Caldee/ Babilone et Senaar.Semblablement Sicionie et archadie.Hongrie (Pannonie.Aussy Lacedemonie et Sparte Aussy Suissye et Gothie/et ainsy des aultres.Lesquelles choses bien considerees nous pourrons facilemēt cognoystre les terres et prouinces contenues ou texte de la bible et legēde des saictz.

Chapitre lxix du monde.

Le monde Est appelle Orbis)en latī qui en frācois signifie rond.car a vrayement parler le monde est rond. Et selon psidore ou xve des ethimologies il est diuise en trops parties Cestassauoir. Affrique Europe et Aspe.non pas q̄ les dictes parties soient equales.Car aspe tient la moytie du monde/Et va de mydp par orient a septentrion. Europe va de septentrion en occident. Affrique se esteno doccident a mydp.Aspe tiēt autant comme les deux aultres/cestassauoir europe et affrique.Et entre icelle et les deux aultres:est la grant mer q les itersequē et diuise. Parquoy apert que en diuisant le monde en deux parties.Aspe contendra la moitye. Et affrique et Europe lautre moitie. En ceste forme diuiserent les filz de Noe le mōde apres le deluge. Entre lesqlx Sem auec sa posterite eust aspe. Japhet/europe. Chan/ affrique. Cōme dit la glose du xe de genese et du premier de paralipomenon.Et seblablemēt Crisostome/psidore/ (Plinius.

Sensupt la figure de la terre.

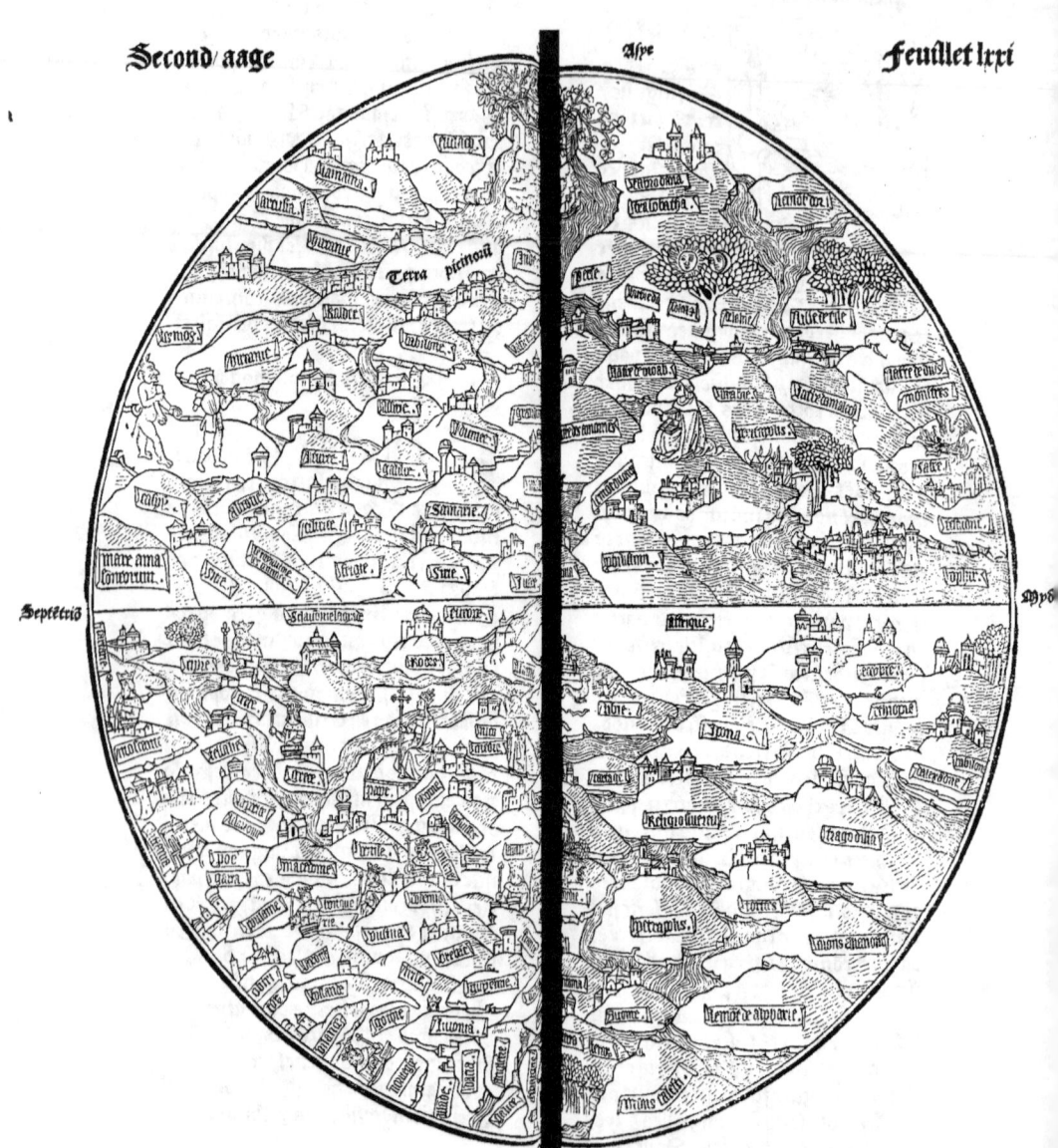

Second aage

Sensupt chapitre lxiijᵉ de aspe.

Aſye qui contient les deux pars du monde est ainſy appellee du nõ dune feme q̃ occupa ⁊ tint le royaulme doziēt ſe/ſon yſidoze ou liure xBᵉ. Elle a devers orient/ſoleil leuãt. Devers mydy:la grãt mer occeane.ceſtadire la mer qui touſiours ва et vient. Devers occidẽt/la mer occidẽtale/Et du coſte de ſeptẽtrion/ſe lac meothide et le fleue thanays:Ceſte partie a monlt de puinces et diuerſes natiõs de gens qui ſont differens en maniere de viure . et en figure de corps et ſi ont conditions merueilleuſes.deſquelles parties ⁊ regiõs les noms ſenſuiuent ſelon lordze de .a.b.c.

Chapitre lxiiijᵉ de aſſyrie.

Aſſyrie eſt une prouice en aſye/ainſy appellee de aſſur filz de ſem premier filz de Noe/lequel apres le deluge habita en icelle region. Elle a vers oriẽt:le pays de Jnde.Vers mydy elle touche au pays de medye. Du coſte doccidẽt elle a le fleuue du tygre. et vers ſeptẽtriõ elle a la mõtaigne caucaſus/ou ſont les portes caſpices ſelon yſidoze ou xBᵉ liure. En ceſte regiõ fut premieremẽt trouue lu ſaige de pourpre. Et dycy premier precederẽt les oingnemẽs des corps et des cheueur. et auſſy les odeurs par leſqlz eſt venue et deriuee la ſupfluite et luxure des grecs et romais ſelon yſidoze.Ceſte regiõ en aucuns lieux eſt treſbiẽ temperee Et en autres treſmal/pour laquelle cauſe eſt habundãte en pluſieurs beſtes comme

dãgereux ſerpes /et diuerſes cõditions de homes ſelõ Pline ou iiijᵉ liure/ou il deſcript la ferite ⁊ cruaulte des homes Les aſſtries habitẽt ceſte region q̃ ſont gẽs treſpuiſſãs de toute ancienete ⁊ tiennent la region depuis le fleuue eufrates iuſques en Jnde ſelon yſidoze ou ixᵉ.

Chapitre lxVᵉ de arabie.

Arabye eſt une puince en aſye qui eſt dicte ſaicte pource quelle porte encẽs qui eſt fort neceſſaire aux ſacrifices.car la ſont arbres odoziferes et ſentas bõ pour la fragrãce et bonne odeur deſquelz:les grecz appellẽt le pays (eudemõ)ceſtadire eureux. La croiſſet mirre/cynamome et pluſieurs aultres eſpices et choſes medicinales. La naiſt loiſeau quon dit fenix/et auſtre multitude de oyſeaur et beſtes diuerſes. Auſſy la eſt grande diuerſite en gemes et pierres prieuſes Cõme diſent yſidoze/pline/et ozoſe. La ſont trois diuerſes maieres dune pierre nõmee ſardonix en lati.mais en frãcois ſardoine Auſſy une aultre appellee pris. Et q̃ plus eſt on y trouue des aſpis/et daultres ſerpes apres pierres precieuſes en leurs corps qui ſont monlt excellẽtes La eſt le pays nome Sabba.qui eſt partie darabie /ſituee vers le port de perſe en tyrant aſung bras de la mer darabie

Chapitre lxVjᵉ de armenie

Armenie eſt une regiõ ainſy appellee de armenus compaignon de Jaſon le theſſalien lequel apres quil euſt layſſe Jaſon aſſembla pluſieurs vagabundes/et conquiſt Armenie la quelle il appella et nõma ainſy de ſon nom cõme dit yſidoze ou liure xBᵉ. Ceſte regiõ eſt la terre de ararath/en laquelle fuyrẽt les filz de ſenacherib apres quilz leurẽt tue lors q̃l faiſoit ſon oroiſõ deuãt ſon dieu/cõme recite liſtoire des Roys/en la bible. Et eſt ararath une mõtaigne en laquelle

Feuillet lxxvii

reposa larche noe apres le deluge. ⁋Armenie est assise entre la montaigne du thozel et le mont caucasus/durāt et estēdue depuis capadoce iusques a la mer caspie/ayāt vers septētriō les mōtaignes dictes cerannes/desquelles procede le fleuue tigris selon psidore ou dit liure. Pline et Crisostome. ⁋Il y a .ij. armenies cestassauoir la haulte et la basse. En chascune desquelles sont choses monstrueuses quāt a nous/plaine de serpēs et aultres bestes cruelles Mais la dicte terre sur les riuaiges des fleuues du tigre et euphrates est fort fertile en herbes/formēs/bois/iardins/et frutz. Et pource esdictz lieux est tresioieuse et plaisāte a plusieurs

⁋Chapitre lxxvij. de albanie

Albanie est puisce de asye la grand/ainsy appellee pource que les gens des leur naissance ayent les cheueulx blans. Et est region tresfroyde au regard des aultres regions quon a escript et attribue a asye. Ceste albanie a du coste de oriēt/la mer caspie/ et vient depuis la grant mer septētrionale iusques aux paludz et maretz meotides et iusques aux grās deserz qui sōt totalemēt inhabites. En ce pays sont chiēs si merueilleux quilz surmōtēt et subiuguent thoreaux/lyōs/et elephās Ainsi que exēplifie Pline ou liure viij. dun chiē dudit pays enuoye au roy Alexādre lequel chiē triōpha et eust victoire dung liō/de vng porc sanglier/et de vng elephāt ⁋Les gēs du pays ont les yeulx cōme roux et iaulnes tellement quilz voyent mieulx de nupt q̄ de iour. cōme recite psidore ou liure ix. Et ce mesme recite solin en son liure pour vne chose merueilleuse.

⁋De amazonie chapitre lxviij.

Amazonie qui aultrement est appellee femenie/est vne region qui en partie est en aspe/et partie en europe pres albanie. Et est ainsy nommee pour les amazones. qui furent femes des gotz qui vindrent de la basse suecie selon psidore ou ix.e liure. Lesquelles femes apres ce que leurs mariz furent tuez par trayson furēt si courroussees que elles prindrent les armes de leurs maris et se vengerent vaillāmment de la douloureuse et frauduleēte occisiō diceulx. Car elles tuerēt tous les masles depuis le petit iusques au grāt: et garderent les femes ē emportērent toutes les despouilles en leur pays Apres cela determinerēt de viure sās hōmes. et esleurēt entre elles ij. roynes: l̄ue pour batailler/lautre pour la chose publique ce pēdāt regir et gouuerner Lune eust nō marsepia/lautre: lāpeta. Ainsy q̄ leurs mariz auoiēt aussy de coustume eslire deux roys pour la cause dessusdicte. Lesdictes femmes furent tāt fortes et cheualereuses q̄ en brief tēps cōquirēt grāde partie de aspe laquelle ont tenue enuirō C. ans. Jamais ne souffroient aulcū masle en tout leur pays Excepte q̄ en certain temps pour necessite de generatiō/durāt leq̄l ilz appelloiēt des hōmes des pays prochais. Lesq̄lz apres ce d̄lz auoient conceu: elles les ēuoyoiēt hors. Selles ēfātoiēt masles: ou elles les tuoiēt: ou elles les enuoyoient pour nourrir a leur peres. Mais gardoiēt les femelles pour multiplication des femmes en leur pays. Lesquelles des leur ieune aage instruisoient a chasser/vener/et tyrer de larc. Et affin q̄ en sagittāt ne fussēt empeschees de la grosseur et eleuatiō de leurs māmelles: On brusloit aux pucelles a laage de vij. ans la māmelle dextre. parquoy ont este dictes amazones cest adire sās māmelle cōme dit psp. ou ix.e liure. Les aultres les appellēt vnimāmes/cestadire nō ayans que vne māmelle ⁋La cruaulte et domination dicelles amazones fust surmōtee primerement par Hercules et puis par achilles nōobstāt q̄ on trouue es gestes des grecz d̄lz les eurēt plus par doulceur q̄

Second aage

amour q̃ par force. Ysidore dit que les amazdes furēt du tout subiuguees et destruictes par alexādre. Mais listoire de alexādre dit q̃ il les eust par amour. Et q̃ quāt les amazones oyrent dire q̃ alexandre roy trespuissant les venoyt oppugner et cōbatre: elles luy enuoye/rent vne epitre de laquelle la teneur se suyt. Cest merueille attēdu ta grāde prudence comment tu veulx batailler auecques nous. Car se fortune fait q̃ tu soye vaincu comme nous esperons: tu es confus et infame a touiours de auoir este vaincu par femes. Et sil ad uient par la puissāce des dieux a nous contraire que tu nous subiugues: tu nauras pas grant honneur dauoir ob/tenu victoyre sur femmes. Ce voyāt ledit roy alexandre fut confus, et dist quon deuoit plus acquerir et auoir fē/mes par amour que par force. et ainsy le fist et pource leur dōna toute liberte

¶ De babiloine chapitre lxix.

Babiloine est prouince en caldee de laquelle la vil/le capitale est dicte babilon. Et de ce/ste ville est toute la region appellee ba biloine. qui est de si grāde noblesse que elle a eu et vsurpe tous ces noms/cal/dee/assirie/et mesopotanie/selon ysido re ou liure xve. Deux tresnobles fleu ues cestassauoir le tigre et eufrates ve nans de paradis terrestre courent par dedēs elle. Et pource cest vne regi on tres fertile de tous formes et fruiz. habundante/en vin et espices aroma tiques/plaine de grande multitude de metaulx. tresespeciale en gēmes et pi/erres precieuses/tresriche de cheuaulx/mulez/asnes/chameaulx/et autres iu mens. copieuse en bestes sauluaiges et cruelles. et mesmemēt en ses deserx. De la magnitude et description de la ville de babillon et de la tour est asses deuant parle. Mais non obstant puis que le lieu le requiert. Nous dirons ce que en dit Sainct Ierome sur le xie de ysaye. Babilonne est cite metropolitai

ne des chaldiens dont les murs sont de xvj. mille pas de quarre. La estoit vne tour de trois. M. pas en haulteur mōlt large au bas mays en mōtāt alloit en estroississāt. la matiere estoit de tuiles et pierres cuites et de ciment q̃ p feu ne p eaue ne pooit estre deffait ne demoli Ce lieu pour la cōfusion des lāgaiges fust appellee babilō car babel en hebrieu signifie confusion en francois. Le roy nabugodonozor regna en icelle/et entre aultres regions quil a subiuguees au regne des caldees et de babilone il con/quist le royaulme de iudee et y mena les iuifz prisōniers. Toutesfois ladicte cite soubz son nepueu baltasar fust du tout destructe p cirus et darius roys des perses et des medes/tellement que puis ne fust reparee. Mais selon sainct Iherome. Deux belles villes de per/se cestassauoir sophon et therosophon furent edifiees de ses demourans. Et maintenant ou lieu de la premiere edi fication ny a aultre chose que bestes mōstrueuses comme apperra cy apres ou chapitre de chaldee.

¶ De bactrie ou chapitre lxx.

Bactrie est region en aspe qui prent son nom dun fleuue nomme bactrus se lon ysidore ou xve liure. Les parties dicelluy pays qui sont en planice sont en partie enuironnees de haultes mon taignes. les parties opposites sont ter minees au fleuue dinde. le residu est en clos du fleuue ochus. En ce pays sont chame aulx tresforz et qui iamays ne greuent ne lassent leurs piez pour che/miner.

¶ De bithimie chapitre lxxj.

Bithimia selon ysidore est vne region en la petite aspe/situee a lentree de la mer vers la partie de sou leil leuant/opposite a trace/et qui par auant fust nōmee de beaucop de noms premieremēt fust dicte bithicia.et depuis bithinia du Roy bithinius. Elle est la grāde frigie dont la cite metropolitaine est dicte nichomedie.en la quel le haniBal duc de cartaige mourust de poisō losꝙ il y fuist a refuge selō psp̄.ou xl̄ie. Et fut bithinie premierement cōstruicte et fondee par la royne phenice apres appellee miramōde selō psydore.

¶ De capadoce chapitre lxxiie.

Capadoce est prouince en la grande aspe au dessus de syrie/laquelle deuers orient touche armenie/⁊ du coste doccident:la petite aspe.par deuers aquilon:les champs consiries lesquelz ont aultreffoys occupe les amazones/⁊ aussi la mer tymerique.mays du coste de mydy a la montaigne Duthoreau.soubz laquelle sont cecile et ysaure Jusques au port silique ⁊ regarde contre lisle cibrus.Par icelle region court le fleuue albis/qui ou temps passe separoyt le royaulme de lydye ⁊ des perses selon psp̄.ou xl̄ie.et orose ou.j.liure. Ilz eurent premierement deruation de moroth filz de Japhet.et a ceste cause y est encores auiourduy vne cite nommee moreta selon psydore ou ixe liure.

¶ De caldee chapitre lxxiiie.

Caldee aultrement cassidee est dicte de caseph filz de nachor frere de abraham.et est region tresgrande situee pres le fleuue eufrates/en laquelle est le chāp duram.ou quel sassemblerēt les geyans par le cōseil de nēbroth/pour edifier la tour de confusion/dōt dessus est assez dit.Et de laquelle dit orose ou ix liure que le premier roy sur babilone digne de nom ⁊ de memoire fut ninus leql occis:sa fēme semiramis amplia tresfort la cite commēcee par nēbroth. et linstitua cite capitale du royaulme de aspe Et dura iceluy regne Mil. Cēt lxxiiii.ans.cestassauoir iusques a sardanapalus.lequel fust occis de arbates prefect et principal des medes.et lors commenca a perir le royaulme et regne des assiriens.cōbien que le total definement fust quant par cirus ⁊ Darius Roys de perse et de medie la cite fust tellemēt destruicte que a paine scauoit on croire que vne cite de telle et si merueilleuse cōstruction eust peu prādre fin.Car les murs auoient cinquāte coudees de largeur.C.C.de pour pris a lenuiron/ou.cccc.iiiixx stades. Ces murs estoient de tuilles cuytes ⁊ de ciment.par dehors y auoit grans et larges fossez:Riuiere courant autour de la dicte cite.Aux murs cēt portes darain.par dessus lesquelles estoient fortresses pour les deffendre.Et combien que elle fust quasi imprenable Toutesfois elle fust tā tost prise.car le fleuue ꝙ preterfluoit et couroit par icelle Bille fut diuise en trois cēs et.lx.ruisseaux/ tellement que leaue laissa son cours ꝙ le auoit par la cite Ainsy que par auāt auoit fait cirus du fleuue ganges/par indignation et vengēce ꝙ auoit nape vng de ses cheualiers.par aisy pour la carēce et indigēce de eaue faillist la vertu des habitans.dōt furent prins plus facilemēt comme dit Orose. En lan que babilone commēca a estre destruicte par arbates:Rome cōmenca a estre edifiee.Et selon orose en vng mesme temps Lune cheut quant lautre se leua.Et quāt par vieillesse faillist le regne dorient/creut ⁊ commēca le regne doccident.

¶ De cedar chapitre lxxiiie.

Cedar est le nom dune region la ꝗlle habitoyēt les psmaleites filz de cedar premier filz de ysmael.leꝗl ysmael fut filz de abraham et de agar sa chambriere egipciaque.Dont apert que les payens qui sont descendus dicelle agar/se debuoient nommer agarins

Second aage

mieulx que sarrazins: considere dlz ne sont pas Benus ne yssus de Sarra qui estoit vraye et legitime femme de abraham de laquelle ilz se nomment sarrazins et dient auoir leur nō selō ysidore ou ixᵉ liure. Les gens dicelluy pays ne sont ne edifient point de maisōs: mais habitent en tabernacles a lieux solitaires/ comme gens sauluaiges a inciuilz viuās de rapines et de venaisons comme brutes. pour laquelle ferite et cruaulte ysmael fut appelle onagre. cest a dire asne sauluaige. Et pource dit la glose sur le xvi. de genese. cestuy cy sera homme cruel qui excedera la ferite de toutes bestes. et par lequel les bons et humbles seront conterez foulez a surmontez. Et de cecy recite methodius vne terrible chose a venir. Cest assauoir que vne foys les ysmaelites assēblez sortiront et ystrōt hors de leurs pays et subiugueront tout le circuit de la terre par viij semaines de ans. cest a dire par tant de annees cōe il y a de iours en viij sepmaines. Et sera appellee leur voye/ voye de tristesse et dangoisse. car ilz subuertiront royaulmes et citez. occiront les prestres en lieux sacrez. esqlz dormiront auecques les fēmes/ burōtes saictz vesseaux et calices. atacherōt leurs cheuaulx aux fiertres des saictz/ et aultres choses merueilleuses et abhominables feront lesditz ysmaelites Et tout pour la peruerse vie et iniqte des xpiens qui a lors serōt sur terre.

¶De chananee chapitre lxxve.

Chananee est region en syrie. qui apres le deluge fut possedee des filz de chanaan filz de chan. Et diceulx furent dix nations cōme recite ysydore ou ixᵉ liure. Desquelles y en eust vij nations de la semence de chanaan ou la malediction de cham fut enracinee cōme par heritaige paternel Et pource par le cōmādement de dieu furent destruiz par les enfans de israel qui occuperent leur pays selon ysydore ou ixᵉ liure.

¶De cilicie chapitre lxxvjᵉ.

Cilicie est prouince de la petite asye ainsy nōmee dung des filz de Jupiter selon ysidore ou xvᵉ liure. Laquelle vers occidēt a lictee. Vers midy la mer de cecile. Et du coste dorient et de septentrion/ a la montaigne du thoreau. par ceste prouince passe le fleuue cignus. ¶La capitale ville sappelle tharsimanie/ aultremēt tharse. Et y a vng chasteau nōme chozuscos/ ou est grande habundance de tresbon saffran de bonne odeur et de couleur cōme de or/ou encores plus viue que or. selō ysydore ou xvᵉ de ses ethimologies.

¶Chapitre lxxvij. de eiulath

Eiulat est pnice en la haulte Inde cōmencant en orient et tyrant par long traict et espace de pays vers septentriō. Et est dicte eiulach du filz de heber patriarche des iuifz selō la glose sur le premier et xᵉ de genese/ ou il est dit q entre les filz de heber eiulath est mis pō Jectā. Le fleuue ganges court et passe par ceste region/aultrement en genese appelle phison lequel vng historien nōme pline extolle de souueraines loanges ou iijᵉ liure chapitre xx. ou il dit que le fleuue ganges recopt en soy plusieurs et quasi infiniz fleuues. comme sont ydapses/catabris/ysepis/ a aultres. Et nest iamais plus large q de cīquāte stades ne plus parfōt ou plus hault que de xv pas. Ce fleuue circuit la terre de eiulath en laquelle habūdēt lor/espices aromatiques et pierres pcieuses cōme onichius que nous appellons chamahyeulx. les escaboucles a semblables. Et contient plusieurs regions pciales: esquelles est dicte habū der tresgrāde multitude de elephans q sur leur dos portēt chasteaulx et tours de bois.

Chapitre lxxviii de frigie.

Frigie est prouince en la petite aspe/ainsy dicte de frigie fille de europe. Voisine de gallacie vers aquilon: et de lictonie vers mydy. Adherent et ioignant a liddie du coste dorient. mais devers aquilon est terminee a la mer helespontus selon ysidore ou xve. Et sont deux frigies. lune la grande contenant smirnie et littonie. laultre petite cotenāt Ilium qui est autremēt dicte frigie la dardaniq̄. Le fleuve pnice divise frigie et lictonie. La frigie dardanique est ainsy dicte dun nōme dardanus q̄ partit de grece auec son frere tracius. et vindrēt en la dicte frigie laquelle dardanus obtint et de son nom lappella dardanique. et la est la cite de la grande troye. Tracius obtint tracie et ainsy lappella de son nom selon ysidore ou ixe liure.

De galilee chapitre lxxix.

Galilee est region palestine/ainsy appellee pource q̄le engendre les hōmes plus blās que ne fait le residu de palestine. Et sōt .ij. galilees cōtigues lun a lautre/la haulte et la basse/adherentes et ioignātes a syrie et fenice. Toutes deux sont fertiles en fruiz/vins/oliues et fromens. Et sōt arrousees de beaux fleuves. et mesmement du fleuve Jourdain pour partie. Ayant tresbeaux et grans lacz telz que po' leur magnitude et habūdāce de poysson on les appelle mers. Entre lesquelz est la mer ou fleuve tyberiade/ainsy dit dune place prochaie. lequel fleuve a leaue fort saine et de grāde efficace a la sante humaīe. et cōtiēt x. stades. ¶ De ce fleuve (aussi dun autre nōme genesar sera dit cy apres ou traictie des estāges et des lacz.

De inde chapitre iiiixx.

Inde est region en aspe/ainsy dicte du fleuve Indus/duquel elle est fermee vers occidēt. Et dure depuis la mer de mydy iusques en oriēt. et du coste de septentriō va iusques au mōt caucasus. Ayāt mont de ges et de Siles. Contient lisle trabobathane/aultremēt taprobane. Et est plaine de gēmes/pierres pcieuses et elephās. Aussy elle a deux isles. cestassauoir gerse et argete plaines dor et dargent. et fertiles en arbres. desqlz les fleurs iamays ne cheent. Elle a troys tresbeaux fleuves gāges/Indus/et hyppanes illustrans et enuironnās ledit pays. Ceste terre est tressaine pour le bō vent fautonius qui y souffle. Porte blez deux foys lan. Engēdre hōmes de couleur taicte. Habonde en elephās/licornes/papegaux/et vng bois nōme hebanus/cynamome/gingēbre/poyure/canelle/et aultres espices. Aussy habōde en puire/pierres precieuses cōme berilz/crisoprasses/escarboucles/rubis/aymās et perles. Apres lesquelles art lambitiō et couuoitise des femmes. En ce dit pays pa mōtaignes dor/ausquelles on ne peut venir pour les griffōs/dragōs et hommes sauluaiges qui les habitēt cōme dit ysidore ou xve liure. Ceste regiō sur toutes aultres est la plus puissante la plus opulēte et la plus peuplee. ¶ De la puissance des Indes narre merueilles Pline ou v e liure chapitre xixe. Et dit q̄ en Inde sont plusieurs roys/desquelz aulcūs soubz leur puissance ont quatre cēs lx Mille hōmes darmes. Aucūs ont vij cēs mille cheuaulcheurs et ixm. elephans qui tous les iours sōt soudoyez et stipēdiez q̄ est grāde cōiecture de la puissāce du pays. Les aultres ont lx mille a pie. Mille a cheual et vij cens elephās/et sont tousiours prestz en bataille. Parquoy apert leur opulēce et puissance. De eulx dit encor pline que aulcuns labourēt la terre. les aultres entendēt a cheualerie et aux armes. Les aultres marchādēt. Aultres tem perēt et gouuernēt la chose publique. Les Sages assistēt et tiēnēt cōpaignie aux roys. Les autres iugēt les discors

Second aage

Et aulcũs entẽdẽt a religiõ et a deuo/tion/a science et discipline. En oultre auec ce quelle est tresgrãde elle est tres merueilleuse. Car cõme recite Pline ou liure viij.e cha.iij.e Jnde en lõg traict de pays vers ethiopie habõde en choses merueilleuses. Car la sont engẽdrees tresgrãdes bestes/chiens tresmerueil leux. et arbres si treshaulx que ũng ar/ cher ne peult tyrer iusques a la sũmite la qlle chose pcede et vĩet de lĩfluence et attrẽpãce du ciel. de liberte de la ter/ re et habõdãce des fleuues. Le figuier croyst tant ᛫ est si large q̃ soubz luy se peuẽt reposer plusieurs cõpaignies de gendarmes. les roseaux y croissent tel lemẽt et si grãs ẽtre deux neuz q̃ on en peult faire ũne nasselle pour passer. iij. personnes de front oultre ũng fleuue La sõt hõmes de grande stature/ de la haulteur de .v. coudees et plus. qui ne souffrent iamais mal de dens/de yeux ne de teste. ne ne leur peult nuyre la cha leur du soleil/mais si ẽdurcissẽt leurs philosophes quon dit ginnosophistes. Ont si grãd appetit dacqrir sciẽce que puis le soleil leuãt iusques au soir sõt en arenes/sablõs/et terres treschauldes regardans le soleil sans mouuoir les yeux. Es mõtaignes sont hõmes qui ont la plante des piez en hault: et viij doys a chascun. Aussy sont hommes vestus de peaux qui ont les testes de chiẽs latrãs et abayans comme chiẽs sans aultre langaige/viuãs de venai/ sons doyseaux et bestes sauluaiges. Sõt armez seulemẽt de leurs dẽs ᛫ on gles/en grande multitude communee mẽt Jusques a xxx mille ou plus selõ pline ou dit lieu. Aussi il y a en ũne par tie de Jnde/fẽmes qui iamais ne enfã tent que ũne foys seulemẽt. Desquel les le fruit est incõtinẽt blãc et chenu. La sont/les satyres et aultres hõmes mõstrueux. Et en la haulte ptie vers orient a la naissance du fleuue ganges sont hõmes sans bouche vestus de seil les qui ne boiuẽt ne menguissent quelq̃ chose Mais viuẽt seulemẽt de lodeur des fleurs et põmes sauluaiges. et sõt

tost corrũpuz par mauuaise odeur. Au tres hõmes sõt q̃ viuẽt reslõguemẽt et iamais ne vieillissẽt/mais meurent cõme en leur force ᛫ moytye de leur aa ge. Aulcũs en ieunesse sont blans ᛫ che nuz: et en vieillesse deuiennẽt noirs/se/ lon pline ou lieu dessusdit.

¶ De Jrcanie cha. lxxxje

Ircanie est region en aspe soubz la montaigne caucasus/aultre/ mẽt dicte causac Et est ũne regiõ tres large ayant monlt de gens differẽs en meurs et en langaige selon ysidore ou xve. Et dit Orose quelle sestẽt depuis le mõt caucasus iusques en scitie. et a xliiij natiõs qui pour linsecũdite de la terre se despartent et saquẽt en diuers lieux. Aulcũs labourẽt la terre/ aulcũs viuẽt de venaison. Les aultres cruelz et bestiaulx vsent de chars humaines et en humẽt le sang. Ceste region est ainsi dicte de la forest hircana qui est soubz le pays de sitie ayant du coste do rient/la mer caspie. de mydy/ la grãde armenie. de septentrion albanie. de oc/ cidẽt Hiberie. Aussi elle est aspre pour les bois et forestz qui sont curieux et habondans en bestes sauluaiges. lie/ pars/tigres et pantheres. Et engen dre ũne sorte doyseaux quon dit hirca/ nes/desquelz les penes luysent p nuyt et telz aussy sõt trouuez en alemaigne comme dit ysidore ou lieu dessusdit ¶ Jehan dit hircã filz de symon grant prestre de la loy ou temps des macha/ bees debella et vainquist icelle region. et de ce fut surnõme Jehan hyrcan se/ lon le maistre des histoires en lystoyre euangelique au commencement. Et ce mesme recite sainct Jerome.

¶ De Jdumee chapitre lxxxije

Idumee est region en ara bie/ainsy dicte de edõ. cestadire de esau filz de ysaac lequel esau fust dit edom a cause que les filz de esau habiteret icelle terre apres ce que les amorreens en furent chassez. et lappellerent ainsy du nom de leur pere. Elle est separee de palestine par aulcuns deserts. qui sont entredeux de laquelle les fins et extremitez sestendent iusques a la mer rouge. Ydumee est vne terre forte et montueuse/constituee soubz forte chaleur du soleil et pource les habitans dicelle pour resister a la grande et excessiue chaleur edifient cauernes soubz terre. Ainsy que recite la glose sur le prophete abdias.

De iudee chapitre lxxxiij.

Iudee est region en palestine/ainsy nomee de ce nom Judas. car les roys de iudee pcederent de la lignee de iuda. Ceste region fut premierement dicte chanaan du filz de chan/ou des .x. nations des chananees. lesquelz expulsez: les iuifz tindrent icelle region. Sa longueur est estedue depuis la ville dicte arpha Jusques a vne aultre appellee Jusiace/ou labitation des iuifz et des tyres est comune. La largeur se estend depuis la montagne libanus iusqs au lac tyberiade. Du milieu dycelle region est la cite de iherusalem. come le nombry est au milieu du corps. La terre est habondant en diuerses richesses/en fromens et fruis/illustree et decoree de eaues. plaine de baulmes/et de metaulx. ennoblye de cedres/palmes/cipres/et aultres arbres tresnobles auec pomes de grenate/ oliues et seblables. Cest vne terre de lait et de miel. Et pouce les iuifz qui la habitent: ont cuyde q ce fust la terre que leurs peres et pphetes disoient quant ilz parloient q dieu leur donneroit terre fluete et plaine de lait et de miel. ymaginas que par ce fust entendue la promesse de la glorieuse resurrection selon ysidore ou xv.e. Dicelle terre parle pline ou v.liure et chapi. xiij. disant que iudee est vne partie de syrie q a grade longueur et largeur. est prochai
ne de egypte et de arabye. et plaine de aspres montaignes. Parmy laquelle court le fleuue iordain q diuise et separe galilee/des aultres iuifz. Du milieu est iherusalem tresnoble entre les citez dorient. Judee a fontaines chauldes salubres et saines A la fin est la mer morte/ainsy dicte pource q il nya riens vif. Et est aultrement appellee le lac asphaltes. Elle est plaine dune terre conglutinee et glaireuse/en laquelle rien ne peult viure. et se on y gecte aulcune chose viue: il nage au dessus por lespesseur du lymon dicelle mer. Le fleuue iordain chiet dedens. et la pert la bonte de son eaue meslee auec la corrompue.

De yberie chapitre lxxxiiij

Iberie est region en asye pres la mer de armenie. Et en pcelluy pais sont et croyssent herbes tresbones et vtiles a faire diuerses tainctures Selon ysidore.

De lectonie chapitre lxxxv.e

Lectonie est prouince de scicie/de laquelle le peuple est appelle lectin. Les homes sont fors/robustes et couraigeux. La region est fromenteuse/habondant en palus et maretz. plaine de boys/de fleuues/de eaues/de bestes priuees et saulaiges Et a peu de fortresses fors que deaues/de bois/et de marescages. Et a ceste cause ne peult estre facilement prise en este Mais en yuer seulemet quant les palus et fleuues sont gelez.

De licie chapitre lxxxvj.

Licie est vng port ou bras de mer/duquel la principale cite est dicte listre/et de la on va en syrie/paphilie/et ptalye come on list ou xxviij. des actes des apostres. Ceste region desray nom

Second aage

est dicte licaonie Et auoit deux princi/
pales citez cestassauoir listre ɣ derben/
ausquelles sindrēt sainct pol et sainct
barnabe superas de peonie. Du quel pa
ys apres ce quilz eurēt gari ung hōme
grieuemēt malade: le peuple appella
sainct barnabe/Jupiter .et sainct Pol:
mercure/selō le xiiiJ des fais des apo/
stres: et les voulurent adorer comme
vrays dieux pour icelle garison.

De mesopotanie chapitre lxxx viiJ.

Mesopotanie selon sa
greque interpretatiō est ainsi appellee
pource quelle soyt enuirōnee de .ij. fleu
ues Car vers orient elle a le tygre/ et
vers occidēt eufrates. Elle commēce
par deuers septētrion/entre les mōtai
nes du thoreau et de caucasus.et vers
mydy elle a babilone et caldee selō psi/
dore ou xve liure. Ceste region est am
ple tant en longueur que en largeur/
habondant en blez/pastures/tropeaux
de bestes/metaulx et aultres richesses.

De nabathee cha. iiij xx ɣ viij.

Nabathee est prouice de
arabye/ainsy dicte de naba/
ioth filz de ysmael.et est moyēne entre
arabie et iudee. Et se cōmēce au fleu/
ue eufrates/tirāt iusques a la mer rou
ge selō ysidore ou xve liure. La terre est
tres fertile en blez/fruiz/bestes/pierres
precieuses et metaulx. Delle dit pline
ou vje liure chapi. xxix. que les naba/
thees habitēt une ville ou chasteau nō
me petra/situe en une vallee/ayant en
largeur bien ij ᴹ. pas qui fōt une lieue
Et est enuirōne de mōtaignes inacesd/
sibles ɣ dune grosse eaue/distāt du cha
steau gaza de vj cēs pas.et du bras de
la mer de perse. C. xxxij pas.

De ozphir chapi. iiij xx rix.

Orphir est une prouince de
Jnde ainsy dicte dun hōme
nōme ozphir qui estoit de la posterite ɣ
lignee de heber/et fut appellee pays
dor/pource quelle a les mōtaignes dor
qui sōt habitees de lyōs et bestes tres/
cruelles Tāt que nul noseroyt appro
cher/sinō par mer.et encor fault auoir
au riuaige la nef toute preste pour sen
fuyr qui en veult prendre et emporter
de la terre/affin que se les bestes arri/
uēt: on se puisse recepuoir et retyrer en
sa nauire et euader delles. Car on y
trouue lor es fosses que les bestes ont
soupees aux piez et aux ongles. sicōme
dit rabanus sur le ix e chapi. du tiers de
ɣops parlāt des nauires de salomon.
Semblablemēt dit Plinius que ce pays
est nourrissant et dōnāt or/pierres pre
cieuses/crisoprasses/escarboucles/ ay/
māts/le boys thymus et hebanus/ des
diuoyre/papegaulx/cinges et aultres
mōstrueuses bestes. On vient bien en ce
ste regiō de Jnde par lōg chemin ɣ espa
ce de la mer rouge et par lisle asionga/
ber. La sqlle le roy alexādre fist adequer
et estre egale a la terre. Les hōmes de
la lignee de heber habiterent depuis le
fleuue capua iusqᵉ en Jnde dicte recie
cōme recite Josephe. Et de ozphir nep/
ueu de heber appellerēt toute la regiō
selō Rabane sur le iie liure de paralipo/
menō ou cha. viiJ. Et fust ledit ozphir
filz de Jectan qui estoit filz de heber se/
lon le xe de genese Et est ceste regiō p/
chaine au pays eiulath. laquelle circu/
yt le fleuue gyon.cōme est dit ou secōd
de Genese.et luy est semblable en mōtai
gnes dor/en espices aromatiques et pi
erres precieuses selon pline.

De parthie chapitre iiij xx x.

Parthie est tresgrande re/
gion en aspe/estendue de/
puis la fin de inde iusques en mesopo/
tanie Ceste regiō est si noble q pour
la grande et inuictble vertu des par/
thes: assyrie et aultres regiōs sont cō
prises soubz parthie/cōme sont arathu
se/medie/assyrie/persydie/ qui sont re/
giōs toutes conioinctes et voisines. p

Feuillet lxxvi

nans leur naissāce au fleuue Indus/z terminees au fleuue dit le tigre. les lieux sont aspres z mōtueux. z si a plusieurs fleuues. Chascūe dicelles regiōs a son nom ppre et especial pour diuerses causes et deriuations. Car aracusie prent son nō dun sien chasteau. Les parthiās senas de scitie occuperēt pthie/z ainsi lappellerēt de leur nom. Vers mydy elle a la mer rouge. Vers septētriō/la mer hircanique. Vers occidēt/medie. et contiēt xviij royaulmes qui sestendēt depuis la mer caspie/iusques aux scithes. ¶ Parthie est plaine de choses prodigieuses z mōstrueuses selō pline ou v. liure cōme de liepars/tigres/singes/aspis/et serpēs de trescruelle nature. Le peuple est dur/et cruel/de petite vie et despēse en viādes. pour tout condimēt z pour toute viāde se contēte de sel et dune herbe aromatique dicte cardamome selon pline ou dit lieu

¶ De palestine cha. iiij°°xje

Palestine est region en aspe/aultremēt dicte philistee. De laqlle la cite metropolitanie quon dit ascalone fust dicte philisti. et de ce toute la regiō fut dicte palestine ou philistee en muāt ceste lectre. p. en ph. selō ysido. ou liure x°z ou ix° liure ou chapi. des nōs des gēs. Ilz furent pmieremēt dis alophiles/z alienigenes. car ilz estoiēt fort estrāges z separes des iuifz Et auoiēt du coste dorient/la mer rouge. Du coste de mydy/Judee. De septētriō/les tyriēs Doccidēt/egypte. Et tyrerēt leur naissāce pmiere du filz chanā dit chelusus/z de ce est qlz ont este dis chariatis z philistine selō le x. de genese. Le peuple du pays selō herodote est mōlt caultz/tousiours infeste et ennemy au peuple disrael/ou pource qlz auoiēt enuie de la prosperite des iuifz/ou pource quilz se confioiēt z presumoiēt de certaines fortes Isles quilz possidoient.

¶ De pāphilie cha. iiij°°xij°.

Pamphilie aultrement dicte psaurie porce quelle est exposee a tous vens selō psp. ou xv° est regiō en la petite aspe Dont la cite metropolitaine est dicte seleucie. laqlle fōda seleuchus Roy de antioche ainsy ql a fonde antioche. Ceste regiō est maritime et prochaine de la mer entre cilicie et biturie. de laquelle on naige en ytalye par lisle de cypre cōme il est recite es actes des apostres ou chapi. xiij°

¶ De pēthapolis iiij°°xiij°.

Penthapolis est regiō es termes z fins de arabie et palestine. Ainsy dicte de. v. citez des mauldiz sodomiēs qui fondirēt en abisme par le peche cōtre nature. Ce pays fust iadis plus fertile q̄ de present nest iherusalē. Mais maitenāt par diuine pugnitiō est terre exuste/bruslee/et deserte par le vice des habitās pour lequel descēdit le feu du ciel z brusla tout tāt que encores demeurēt en signe de la pugnitiō/les traces z representatiō desdictes cinq villes es feilles et arbres En ce pays sont pōmes quid iuge estre en bōe et deue maturite licitā z esmouuans a merueille lappetit de en vser. Mays quāt on les prēt: elles se ouurēt et cōuertissēt en cēdre ainsy q̄ se encor de psent elles ardoiēt cōme dit psp. ou xv° Ce pays auāt son exustiō estoit si tresriche que entre les pierres cōmues on trouuoit gēmes/saphirs/et aultres pierres pcieuses. et entre les motes et grosses parties de terre on trouuoit lor comme il est touche ou xxviij° de Job. Mais est de present cōuertie en la mer morte quon appelle morte/pource quil ny est engēdre quelque chose viuāt/et quil ny peut riēs viure/z ne souffre ne oyseaux ne poyssons ne nefz por la passer. Et est de telle nature q̄ toutes choses viuās naigēt dessus. les choses nō viuās vont au fons. Vne chandelle alumee y naige: mais se elle est estaicte t sās lumiere elle descēd au fons Se
l: iiii

Second aage

son ysidore ou liure xiiij. Il y a vne aultre petapolis en libie ainsy nomee de cinq citez bernice/centrie/apollonie/polo et ptholomays. Desqlles les deux cestassauoir tholomays et bernice ont le nõ de leurs regiõs. ¶ Et est ceste pentapolis cõioincte aux fins de libie cirenēse selon ysidore ou xviije.

¶ De perside chapi. iiijxxxiij.

Perside aultrement perse/ est region en aspe entre les royaulmes des parthes. descendãt du coste doriēt/ aux indes. de occidēt/a la mer rouge. devers acquilon ayãt le pays de medie. et de mydy elle regarde la germanie. En ce pays premier regna lart magique. Et la sen fuyt nebroth le geyãt apres la cõfusiõ des langaiges. Du quel lieu il fist adorer le feu. Car en ce pays les hõmes adorent le soleil/qui en leur langue est dit hel selon ysidore ou xviije. La regiõ est dicte perse du roy perseus lequel passãt de grece en aspe subiuga en ce pays le peuple qui lors y habitoit par grãdes et dures batailles. lesquelx subiuguez il donna nom a la gent de son propre nom perseus selõ ysidore ou ixe ou chapitre des noms des gẽs et pays. Les persens ont este long temps incõgnuz et sans ce qui lon en sust quelque memoire. Mays les medes ont tousiours este trespuissans. Perside est treslarge et tres populeuse/en laquelle est vne noble cite dicte helam de Helam filz de Sem. Duquel premier proceda la gent des perses selon ysidore. Et de elam furent premierement dis et appellez elamites. Du dit pays pa vne tresnoble cite po'lors dicte elymai de et maintenãt persipole. De laquelle est parle ou liure des machabees. et dit que en perse auoyt vne tresnoble cite plaie dor et dargẽt. En laquelle estoit vng temple mõlt riche ou y auoit boiles/courtines/tentes hauberiõs/et escus dor que y auoit lesse alexandre roy des macedoines

¶ De ramathee chapitre iiijxxxve.

Ramathee, autrement dicte ramazote est vne regiõ assise pres la cite decapose: ainsy appellee de la cite ramatha/en laquelle fut ne samuel le prophete. et aultrement dicte arimathie. Dont fut Joseph de arimathie qui honorificquement oygnit et enseuelist le corps de Jhesus auec nicodeme selon la glose sur le xxiije de Sainct luc. Elle est assise en iudee en la lignee de Ephraim et situee en tres haultes montaignes. et pource est dicte ramatha/cest adire haulte. car rama selon sainct ierome/cest adire hault. Et pose quelle soit mõtueuse: si est elle fertile en fruiz/vignes et oliues/bien arrousee de fontaines. Tres salubre et saine en purite de air. tres ferme pour sa haulte situation et tres conuenable a speculer et regarder les pays loingtains.

¶ De ruthie chapitre iiijxxxvje.

Ruthie aultrement ruthene est prouice de mesie situee es fins et methes de la petite asie qui a vers orient les termes des romains. vers septentrion: a gothie. vers occident a hongrie: et vers mydy grece. Cest vne terre fort concordant auec les bohemes et les esclaues en langaige. Et est pour partie appellee galathie et les habitãs sont diz galathes. Ausquelx sainct pol a enuoie vne epitre que nous lisõs Ad galathas/par la quelle il se efforce de les persuader tellement qlz peussēt estre reduitz et conuertis en la foy et doctrine euangelique. Aucunes veulent dire que cest le pays de rodes.

¶ De sabee cha. iiijxxxvije.

Sabee est region en arabye ainsy nommee de Saba filz de Chus. Elle est fort estroicte vers orient q̃ le port de la mer persique. Vers septentrion elle se approche de caldee. Vers occident elle est terminee au port arabique. Et du coste de mydy elle est prochaine de ethyopie. C'est une region odoriferente/ou croissent le mirre/la canelle/l'ensens/et autres espices aromatiques.pierres precieuses et diuers metaulx. La est l'oyseau nomme fenix dont nen y a que ung au monde. Et aussy plusieurs autres choses merueilleuses q̃ ō dit estre en arabie. De ce pays fust dame la royne Saba qui en son temps occupa tout le royaulme de affrique selō Herodote. Et fut royne de egypte et ethyopie selon la glose sur le x.e liure des roys.et par consequēt est a croyre quelle tinst tout le royaulme de occident. Et vint de la a grandz despens au temple pour ouir et veoir la sapience de salomon Parquoy est reputee auoir este l'une des dix sibilles. Aussi de ce pais Saba vindrēt les trois roys adorer le saulueur du monde quāt par le moyē de la nouuelle estoille ilz cōgneurēt sa natiuite.

¶ De Samarie chapitre iiii.xx.viiie

Samarie Selon ysidore ou xv. est une region ainsy dicte de la principale et capitale ville nommee anciennement samarie en Israel/laquelle par l'empereur auguste est maintenant dicte sebastie. Ceste region est entre Judee et galilee/de laquelle la situation et nature est semblable a Judee. Commence en une ville nommee eleys. Et eust premierement son nom d'un mont dit samer selon le iiii.e des Roys. De ce pais est procedee sa gent samaritaine laquelle venant des assiriens y demoura pour la garde du pays pour laquelle cause fust ledit pays nomme samarie/c'est a dire custode et garde. La rayson pourquoy ilz eurent la charge dudit pays fust affin que le peuple de israel qui la habitoyt q̃ auoit este nouuellement vaincu par les assiriens/ne leur fust de rechef rebelle Selon ysidore ou ix.e liure ou chapitre des noms des gens et nations.

¶ De sparciathe Et de sere chapitre iiii.xx.xix.

Sparciathe Du sparcie est region pres de grece aultrement dicte lacedemonie ainsy appellee de lacedemō filz de semeles. Ainsy quil sera plus amplement dit sur la lectre.l.de lacedemonie. Car selon ysidore ou ix. les anciens ne mectoyent point difference entre les spartiens et lacedemoniens.

Seres est prouince en orient prenant son nom d'une ville ou chasteau nomme seres. Es arbres de celle region on va cueillir la laine pour faire les draps de soye.

¶ De Syrye chapitre C.tiesme

Syrie est une region ainsi dicte de Syrus nepueu de Abraham selō ysidore ou ix.et xv. liure.laquelle vers orient se fine/au fleuue eufrates/vers occident a la grant mer/Et le pais de egypte/vers septentrion elle touche a armenie et capadoce.et du coste de mydy elle a le port de mer arabique. Ceste region est fort longue et mōlt estroicte et contient plusieurs prouinces/Entre lesquelles sōt comagine/fenicie/judee les sarrazins et les nabathees.aussy ceste region est tres peuplee et tres fertile en blez/fruiz/bestes/ cheuaulx/ asnes/et chameaulx/et si est tresriche en cites/espices aromatiques et metaulx. Bien garnie de citez de chaste aulx/de fleuues/lacz et estāgs/ayant nobles ports de mer. La gent est cruelle Et sy a de bōs guerroyeurs Especialement en palestine et en fenice.

Second aage

et en plusieurs pties occupes de diuer/ses marchãdises et si a mõlt de gẽs dif/ferẽs lung de lautre en visaige/ en si/gure/en meurs/en lãgue et en couraige Desquelx les aulcũs habitẽt les de/sers cõme les nabathees et les sarrazis Aulcũs habitẽt es montaignes.et les aultres habitent les bois et forestz.dõt en ce pays ya grãde habondance ainsy que narre herodote

¶ De sichime chapi.C.et vng.

Sichime est vne petite ter-re en samarie entre iudee et ga-lilee qui est ainsy appellee de sichen filz de emor qui ledifia. Car la cite quõ ap pelle de present naples fust premiere/ment appellee siche: et le pays prochaĩ qui est au circuyt/est appelle sichyme selon ysidore ou liure xvie. Ceste regiõ selon sainct Jerome sur le xlviije de ge nese fut portion de la terre que Jacob donna a sõ filz ioseph par dessus les au tres et porce ceste terre fut a la lignee de effrayn Et la fut enseucly et sepul/ture: Joseph.dont encores y est autour/duy mõstre sõ sepulcre cõme dit sainct Jerome.laquelle terre iacob acheta de sa propre pecune quil auoit acquise par grãt labeur. et en bailla cẽt agne/aux comme il apert ou xxxiij.de gene/se.Et pourtãt dit iacob quil auoit ac/quis ceste terre et ostee des mains des amorrees/a larc et au glaiue.La estoyt larbre nomme Terebint/aultremẽt aulbe espine/soubz lequel iacob mus/sa les ydoles de ses enfãs Et puis de sichen il monta en bethel/ aultrement dit luza. Aussi en ce lieu les freres de Jo seph menoiẽt paistre leurs tropeaulx et aulcunesfoys en dotayn ouquel lieu despouillerent et vendirẽt ledit ioseph aux egyptiens. Ce pays fut destruyt par abimelech filz de ieroboan et apres loccisiõ de ceulx qui labitoyent il sema du sel es pays circũvoysins ainsy quil est touche ou ix.chapi.du liure des iu/ges.En ce territoyre fut la fontaine de iacob.au pres de laquelle ihũcrist lasse

de cheminer se reposa et requist a vne pouure fẽme samaritaine quelle luy dõ nast de leaue de icelle a boyre/ ainsy ql est escript ou.iiij.chapi.de sainct Jehan Ce lieu est de grãde fertilite/& mer ueilleuse amenite et plaisãce et de tres grande fermete.

¶ De sichie chapitre C.et deux

Scitie ou sichie est tresgran de region la quelle pour la partie supe/rioze est en aspe Mais la ptie inferiore est en europe.La basse partie commen ce au palut et maretz meothides Et se estend entre le fleuue danoe et la grãt mer de septẽtrion iusques en alemai/gne selõ ysidore ou xv. Et a plusieurs parties.La pmiere est alanie: puis les maretz meothides/ puis gothie/dace/ et recie.En apres diẽt germanie ou les suisses ont grãt pays. Aulcunes de ses regiõs sont riches et inhabitables. habondantes en or et pierres preciu/ses.Mais on ny peult que a difficulte auoir acces pour la ferite et cruaulte des griffons.La sõt les bõnes esmerau des et le cristal trespur. En plusieurs lieux y a hommes monstrueux et be/stes trescruelles comme lins/ tygres/ ours lyons/et mesmement en la regi/on de hyrcanie.

¶ De traconitidie chapi.C.et iije.

Traconitide est vne re-gion de iudee qui fust a phili/pe frere de Herode. Car tout le royaul me des hebrieux fut diuise en quatre te trarchies dont La premiere fust gali/lilee de la quelle le tetrarche fut He/rodes. La seconde fust yturee. La ti/erce fust traconitide/et sur ses .ij. phi/lippe frere de herodes eust domination et seignourie. La quarte fut abelĩne de laqlle fut fait tetrarche lisanie frere de herodes & de philippes.Car les romaĩs diuiserẽt le royaulme des iuifz en qua/

tre parties et seigneuries pour monstrer la subiection des dis iuifz/ et pour donter et abaisser leur orgueil et elation de couraige/comme dit la glose sur sainct luc en ce pas tetrarcha aute philippo Jturee et traconitidis ac.

De troye la grand cha. C iiii.

Troye fut prouince en frigie nomee dardanie de dardanus fondateur dicelle. Car dardanus Senat de grece y regna pmierement. apres luy son filz eritonius/Et puis y regna son nepueu qui estoit appelle tros: Duquel fut nomee troye/selon ysidore ou ix liure. Apres la destruction de troye les tropens qui partirent par mer sont venuz en diuers pays esqlz ilz ont fonde plusieurs Villes et citez en seurmontant et expulsant les habitans dicelles Tellemet que les plus fortes nations quon trouue encor auiourduy sont descendues de la noblesse des tropens.

Sensupt la seconde partie quon appelle europe.

Chapitre C 8e de Atthique.

Atique est la region quon souloyt appeller grece et la cite principale du pais estoit dicte athenes Nourrisse des philosophes/ mere des ars liberaulx/ qui estoit le plus riche tresor et plus noble iopau q eust la dicte prouince et cite/ tant comme elle florissoit en sapience selon pline et ysidore ou li. 18e. Plato fut docteur en toute icelle prouince/laquelle comme dit saluste a este fort extollee et a acquis grande renomee par leloquence de demostenes. Mais encor elle est sur tout louee

et magnifiee pour le beau nom de sainct Denis ariopagite/Duquel la pfundite de sciece a decore et enlumine la greigneur partie du monde come dit epiphanius en recomendation et loenge dudit. S. denis

De achaye cha. C 9e.

Achaie est region de grece en europe/ ainsy nomee anciennemet du roy dit acheus. Toute ceste puince est ainsy q une isle. Car depuis septentrion ou elle ioinct a macedoyne: elle est de tous costez enuironnee de la mer Par deuers orient elle a la mer cyrenee. Vers le vent eurus/la mer de grece. Vers mydy/la mer yonie. et du coste occident les ysles cassopies. Mais par deuers septentrion seulement est ioicte a macedoyne et attique de grece. Le chef de ceste puince est la cite de corithe q est ung lieu tresfort et bien defesable Selon ysidore ou xiiii. Car a celle cite ne peult on auoir accez facile pour la haulte situation du lieu et pour la multitude du peuple. Aussi pour la forte defese et vicinite de la mer. Et fust edifiee par corithus filz de horestes. et appellee corithee q uault autant comme administration de la chose publique.

De alanie cha. C xi.

Alanie est la premiere partie de sichie laqlle sichie est la premiere et plus grande region deurope laql le europe comece au fleuue danay: Descendant vers occident par la grande mer septentrionale: et se estent iusques a la fin de espaigne. Vers orient et mydy est conioincte a la grant mer/et se finist aux ysles gades selon ysidore ou liure xiiii Donques la pmiere partie de sichie est alanie q va des maretz meothides Jusques en dace. Ceste region Alanie est tresgrade et treslarge contenat monlt de barbares et dagereuses nations/constituee soubz froit clymat. Et se decline en Zenit dorient en aquilon. De ce pays vindrent les alais auec les Vadres qui firet tant de mal au monde.

Second aage

¶ De alemaigne cha. C viij

Alemaigne est tresnoble region ainsy appellee dun fleuue nōme lemanus, a lentour duquel habiterēt pmierement les gēs dicelluy pays. Aussy ce pays a este pmierement appelle germanie selō ysidore ou xiiij. Du il dit q̄ apres dace q̄ est la fin de sichie la basse: Bient germanie qui a du coste dorient le fleuue danubius. doccidēt q̄ septētrion: la grāt mer. et du coste de mydy le rin. Il y a deux alemaignes/la haulte qui sa iusques aux alpes qui sōt les mōtz de lōbardie. Et iusques a la mer mediterranee et adriatiq̄. Lautre germanie ou alemaigne est sur le fleuue du rin ou sōt les bas alemans. Lune et lautre est fertile et noble tant en richesses q̄ en multitude de peuple/pour laq̄l le fertilite et facile germinatiō on lappelle et dit germanie. et aussy pource q̄lle engēdre beau peuple/cōme dit ysidore ou ix. ¶ Germanie q̄ maintenāt est dicte alemaigne a plusieurs nations ay̆as hōmes fors/couraigeux q̄ fiers/ Et entre les autres sōt aulcūs idomables q̄ difficilles q̄ se occupēt a rapine/a Sener et prēdre bestes saulaiges. Ilz sōt beaux de face/bien formez en mēbres portās belles comes q̄ cheueux iaulnes Ilz sōt liberaulx/hylares q̄ ioyeux. Et mesmemēt ceulx de saxonie q̄ sur tous ont pcellence. Desq̄lz dit ysidore. Les saxōs habitans sur le riuage de la grant mer occeane sont agiles et fort vertueux. Et en bataille tāt par terre que p̄ mer sōt quasi Inuinciblees/grās aduēturiers et durs au labeur. pour laquelle cause ilz sōt appellez saxone / cestadire durs cōme pierres/car saxū en latin signifie pierre en francois ¶ Leur terre est fort fertile et arrousee de plusieurs fōtaines et tresbōs fleuues. Et en leurs mōtaignes on trouue tous metaulx/ excepte lestain. Aultres regiōs sont ou dit pays nō pas mains dignes de loenges cōme sōt austriche/bauierres/pres

du fleuue danubius/sueue/aulsay/pres du rin/et aultres plusieurs. Des saxōs germaniques sōt pcedez (venue les anglops. Desquelz la lignee et succession possīde et occupe lisle de la grāde bretaigne qui maintenāt est dicte angleterre. q̄ encores auiourdhuy les anglops en plusieurs choses tiennēt et ensuyuent les cōditions des anciens saxone cōme recite bede ou liure des gestes des āglois Et cōme il sera dit sur ce mot saxonie/ A la lectre. ſ.

¶ De angleterre chapitre Cix

Angleterre est vne tresgrāde isle en la grāt mer occidētale. diuisee q̄ separee de tous costez de tout le monde/ Et estoit anciēnemēt dicte albio/pour les roches blāches qui sōt en icelle et apparoissent de loing sur le riuaige de la mer/ Mais apres ce la dicte isle fut nōmee bretaigne de Brutus q̄ y regna. Car apres la destruction de troye/aulcūs troyēs par les responses et destinees de la deesse pallas vindrent a ycelle isle. en laquelle ilz trouuerent les geyās cōtre lesquelz ilz bataillerēt tellemēt que en la fin les subiuguerēt. A ceste cause Brutus chef des troyēs q̄ capitaine de la bataille/appella de sō nom icelle ysle/bretaigne qui par auāt sappelloit albion. et encor sappelle la grāde bretaigne. Dicelluy brutus descēdirent plusieurs Roys trespuissans ainsy quon peult lire en ses gestes. Mais depuis et long temps apres ce: les saxons de germanie ont fait diuerses batailles contre les bretons lesq̄lz furent tous ou occis ou mis en exil. et fut la dicte terre non pas seulement occupee par iceulx saxōs: mais aussi fust par tout parle leur langaige. en denōmant icelle terre anglie ou angleterre de angela fille du Duc de saxonie. Laquelle angela possida pacifiquemēt Icelle terre par lōg tēps. Touteffoys

dit psidore quon lappelle āgleterre po⁃
re quelle est situee et assise en ung an/
glet et cōme a la fin du mōde. ¶ Saict
gregoire soyāt aulcūs enfās des an/
glops quon vendoit a rome, dist pour
leur beaulte que non sans cause on les
nōmoit anglops et que cestoient visai
ges angeliques. De ceste psle disēt mer
ueilles pline et orose. Mais psidore ra/
cōpte en bref plus expsseemēt ce que les
aultres ont touche en obscurite. Et dit
q̄ angleterre est vne terre situee et assi/
se cōtre le regart de frāce et despaigne.
Et que son circuit contient quarāte et
huyt fois lxxviii lieues du pays. Icelle
isle a monlt de beaulx fleuues, chaul/
des fontaines, grāde habūdance de me
taulx. et entre pierres precieuses y a
largement de gagates et de perles. La
terre est fertile et disposee a plusieurs
fruiz. Les bestes a laine y sont en grāt
de habūdance auec grande multitude
de cerfz et aultres bestes sauluaiges.
Exceptez loups qui y sont en bien petit
nōbre et pource les bestes et es topctz, t
es pastures y sont en grande seurte ā/
sp que bede recite ¶ Ong versifieur an
glops descript les perfections dudit pa
ys en ces vers Anglia terra ferax, &c.
Lesquelx seulēt dire en substāce. q̄ an
gleterre est vne isle situee au coznet du
monde qui porte monlt de biēs. Et na
q̄ besoigner du remenāt du mōde. mais
chascū a mestier de son aide. Cest vng
pais solacieur. Dont les gens sont en/
clins a se ioer et esbatre Et plusieurs
aultres perfectiōs q̄ met le dit versifi/
cateur anglops en lōāt ses reliqs mais
il le croira qui souldra

¶ De acquitaine chapitre Cxe.

Acquitaine est prouin/
ce de france assise en europe, ainsi dēnō
mee pour les voies obliques et toztues
du fleuue de loire dont en partie elle est
enuironneee. Et le pais est fertile plai
sant, plain de chasteaulx, de villes, et
nobles edifices, Arrouse de eaues, de

fleuues et fontaines, decore de forestz,
champs, iardins, prez, vignes, arbres,
de diuerses especes. ¶ habōdāte en grā
des richesses. Dung coste elle a la grāt
mer selō orose. Par deuers occident elle
a espaigne. Et deuers orient et septen
trion, la france lyonnoise, et aussi vers
mydy touche a la prouince de narbon/
ne selon icelluy orose.

¶ De angou chapitre Cxie

Angou est vne prouice de
france prochaine de acquitaine. et se
estēt iusques a la petite bretaigne. La
cite metropolitaine est dicte Angiers.
et delle le pays voisin est dit angou.
Ceste prouice est vne terre plaine de
bons vins et aultres fruiz habūdāt en
tous biens semblable a acquitaine en
bles et en vignes

¶ De auluergne cha. Cxiie.

Auluergne est prouince
en la france lyonnoise Dōt la cite pri/
cipale est dicte clermōt. Auuergne du
coste doziēt a germanie. De mydy, pta
lie. Doccidēt, la prouince de narbonne
Et de septētriō, la france belgique.
Cest vne terre sauluaige, plaie de bois
et de mōtaignes. ou il ya bōnes pastu
res, parquoy ya beaucop de bestes pri
uees et sauluaiges, et porte blez et
vins habōdāment en plusieurs parti/
es dicelle.

¶ De appulie cha. Cxiiie.

Appulie ou appuisse est re
giō sur la mer de ptalye q̄ est vne ptie
de europe Et est separee de lisle de sici
le par vng braz de mer. Ceste terre est
monlt peuplee, plaine de oz, dargēt, de
huyles, de vis, de bles, garnie de cha
steaulx et tresnobles citez. Apuile est la
fin de europe par deuers mydy. Et est
diuisee de barbarie p la mer tant seule
mēt Et ya fōtaines q̄ de soy sōt chaul/
des et donnent sante aux malades.

Second aage

La pricipale cite sappelle brandis/laql le edifierent les grecz et lappelleret ainsi de ce mot pcy brunda en grec/qui en francois signifie teste de cerf.car elle fut edifiee a la forme dune teste de cerf/ayant vne corone sur ses cornes selon ysidore ou liure xxviii.ou chapitre des noms des citez. La terre quon dit terre de ceres deesse des blez aultrement calabre est pres delle/dun des costez.et est icelle terre de calabre moult fertile en grade multitude de blez/τ de laquelle plusieurs pays de oultre la mer sont soustenuz

De asturie chapitre Cxiiii.

Asturie est prouince en espaigne assise en la fin de europe/et dafrique selon ysidore ou liure xiiii°. Et les austuriens sont ceulx q de present habitet le fleuue astur desquelz la terre est presque du tout enuirõnee & montaignes et de forestz. les habitans sont beaux homes/liberaulx/plaisans/τ benigns au regard des aultres parties de spaigne. La cite metropolitaine est nõmee burcs. La terre pour sa froideur nest gaires habundante en vins/blez/ et huyles. Mais ya grãde habũdance de millet et chastaignes Et aussy diuerses especes de pomes/desquelles en faulte de vin sont leurs bruuaiges: ilz sont fort opulentz τ plais de bestes priuees et saultaiges. Le peuple est joyeulx/de voix resõnate/agile a courir.bien militãt/en bataille.de elegate stature et belle forme selon la situatiõ du pays. Aussy sont de legere lãgue a parler et dire sornetes et ioyeusetes.

De arragon cha. Cxv.

Arragon est prouince en espaigne ainsy dicte des arragothes qui labiterent.car anciennement a este habitee des gothz dont elle retiet le nom
La terre est fecũde en blez et vins.et arrosee de fontaines et fleuues selon ysidore.par la isle passe le fleuue ybere et la principale ville et cite est nõmee cesarauguste/aultremẽt sarragosse.

De breban chapitre Cxvi

Breban est la derniere prouince de germaine.contigue a france belgique. Elle a le vin et frise du coste dorient. de septentriõ la grãt mer dãgleterre.et deuers flandres vng bras de mer. Du coste doccidẽt/la basse france. et de mydy la haulte. Par ceste prouince passent les fleuues de mose/τ le scaud.ou quella mer flue et refiue dedens brebant. Il ya de belles fontaines et de beaux fleuues. En plusieurs pties est plaie de vignes/de boys/ de prez/de iardis.darbres po'tãs diuers fruiz/de cerfs/porcs saultaiges/lieures et connins. Elle est fertile en blez. habundant en peuple de belle forme τ elegante stature/vaillant et couraigeux contre ses ennemis/mais pacifique en son pays.

De belgique ou beauuoisin chapitre Cxvii.

Belgique est prouince de gaule en europe/ainsy dicte de la cite de belges aultrement beauuais quelle contient selõ ysidore ou ix° liur/ayant selõ orose du coste dorient/germanie et le fleuue du vin. vers mydy la prouince de narbone: vers occident/ la prouince de lyonnoys. vers septentrion/angleterre. Ceste region est plãtureuse en blez en fruiz/et vins en diuers quartiers/bien peuplee et garnie de bones citez villes τ chasteaulx. le peuple est de sa nature fier et couraigeux selon ysidore en son neufuisme liure. Et ya plusieurs fleuues/ riuieres/ chãps/bois/prez/grande quãtite de jumẽtz/vaches/brebis/τ seblables.mais ny a gaires de bestes mõstrueuses. De

Feuillet iiii xx

nimeuses.exceptez grenoulles crapaux
 couleuures.Ceste terre est pacifiq diuisee en plusieurs parties.contenãt certains peuples differentz aulcunemẽt et couenantz en langaige.

¶De bourgoingne cha.Cxviij

Bourgoingne est prouince en la france senonoyse/qui se estend iusques aux alpes pẽnines qui sont les montaignes de lombardie Et est ainsy dicte selon ysydore ou ixe. por les bourgz et villetes que les ostrogotes Senans en ytalie firent en pcelluy pays pour chasteaux et munitiõs. La terre est forte/plaine de mõtaignes en diuers lieux/de pastures/de boys/de fleuues et de russiaux. En mais lieux fertile.et en aucunes parties serche inutile et sterile. Elle est tresfroyde mesmement pres les alpes et haulx mõtz/por les neges froides pluyes q en descẽdent. Elle est habundant en ours/porz sangliers/et cerfz. Et en icelle prouince pres les alpes sont hommes et femmes qui pour la froydeur de leaue qlz boiuẽt des naiges fondues ont grosses bosses soubz le menton.

Chapitre Cxixe de bretaigne

Bretaigne la grand est vne isle/de la mer occeane assise en europe qui vers mydy a frãce:sicõme dit Orose.laquelle a de long lxxx Mil.du pais.Et deux cẽs mil.de large. Et au dos vers la mer occeane elle a les ysles de orchade/sont en ya xx qui sont desertes et xiij qui sont habitees. Apres vient lisle tille qui est vj.iournees loing de la/sicõ dit plinius ou iiije liure ysidore ou xve. Ceste grant bretaigne est angleterre dõt est pie dessus largement. Il y a vne aultre bretaigne assise sur la mer qui fust conquise des bretõs fuyãt de la dicte grãd bretaigne p la force des saxons. Et est ce pays appelle bretaigne la petite Et la est la lignee de brutus et ont retenu les noms des bretons iusques au tẽps psent.

¶De cantebrie chapitre Cxx.

Cantebrie est prouince en espaigne ainsy dicte du nom de la cite du fleuue ybere qui y passe.Duquel pays la gent est fort adonnee et obstinee en larcin.encline a batailler et tousiours preste a souffrir mal et se lesser batre cõme bestes selõ ysidore ou ixe.
¶Pres dicelle est la cite celtebrie ainsy dicte des frãcois celtes q y fõderent Et du fleuue ybere q y court.

¶De chãpaigne Cxxi

Champaigne est vne regiõ en ytalie ẽtre le territoyre de rome de apuile. de la ãlle la cite metropoit aine fut dicte et appelle capua faite p siluius voy de albanie/ ainsi dicte por sa capacite et porce qlle prẽt porte fruit de toutes sortes. Du porce qlle est chief pricipale des citez de toute la chãpaigne.Por elle toute ytalie a este autresfois dicte chãpaigne. Car elle est lune des grãdes citez q sõt. rome cartage/ capue.En ceste regiõ de chãpaigne sõt plusieurs autres citez grandes et peuplees cõme naples et pethe oles ou estoient les baigs de virgile. La terre est fertile de blez/doliues/de vignes et sauluaiges bestes et priuees. habũdãt en fruit de diuerses especes Il y a vne aultre chãpaigne q est ptie de frãce senonoyse.de laqlle la princi pale cite est nõmee troyes.

¶De dace chapitre Cxxij.

Dace est regiõ en europe ainsi dicte des danois venãs de grece q premier le occuperẽt Et est diuisee en plusieurs ysles et prouinces.contigue et ioignant a germanie alemaigne.les gẽs de dace furent ou tẽps iadis molt hardis/fiers aduẽtureux en bataille.

Second aage

parquoy dominerent sur les ysles de
noruegue et dangleterre. Toutesfois
dit psy.ou ixe que les daces sont descen/
duz des gothz. Mays de quelque gens
que ilz soient senus:ce sont belles ges/
de elegante stature/de belle face/et bel
le corne generalement. Ilz sont cruelx
contre leurs ennemis. mays doulx et
pacifiques sers les innocês/et en leur
pays sung auec laultre.

De europe chapitre. Cxxiije.

urope est la ti
erce partie de
la terre/ainsy
nommee de
europe fille de
agenor roy de
libie. laquelle
Jupiter print
et amena de
affriq en cre/
the. et pource
quil la desfloza:en sõneur dicelle il dẽn/
ma de son nom la tierce partie de la ter
re selon ysydore ou xiiije. De europe
escript orose disant que les regions q cõ
trees contenues en icelle commencẽt
aux mõtaignes de Riphee / et aux ma
retz meothides. qui sõt sers oziẽt en de
scendant a occident par les riuaiges de
la grant mer septẽtrionale jusques a
la france belgique /q au fleuue appelle
le rin. puis au fleuue danoe aultremẽt
appelle hister qui va de mydy sers ori
ent. Et psidore ou xiiije dit quelle cõ
mẽce au fleuue thanais en descendant
en occident par la grant mer septentri
onale iusques a la fin despaigne. La
partie orientale et meridionale dicelle
europe est conioincte a la grant mer/q
se termine aux ysles quon dit gades.
La premiere doncques region de euro
pe est la basse sicie. laquelle commence
aux palus meothides/se estẽd entre le
fleuue danubius/et la mer septentrio/
nale jusque en germanie selon psydo/
re ou xiiije. Et ceste terre pour la barba

rie des gẽs et estrãge maniere est espe/
cialement appellee barbarie.

En europe selon Orose sont liiii. na
tions. Entre lesquelles alanie est la p̃
miere qui se termine et finist au palus
et maretz meothides. puis gothie. da/
cie/germaine/france/angleterre/les
isles orcades/et aultres isles/puis la pe
tite espaigne. Es fins de laquelle se fi/
nist europe sers occident. Mais de la
partie superioze elle a monlt de tresno/
bles et grandes regions/comme pan/
nonie/messie/trace/grece/ytalie auec
ses isles et extremitez. Et pose que eu/
rope soit en quantite de terre/maidre q
asye: Toutesfois elle nest pas maidre
en multitude de nobles et bien peuple/
es regions. Et comme dit Pline elle
nourrist hommes plus grãs q les peu
ples de affrique ou de asye/plus fors/
plus hardis/plus beaux en fornie q cou
leur. Car le souleil qui cõtinuellemẽt
est sur ceulx de affrique les fait po sa/
dustiõ des humeurs: plus petis/q plus
noirs. Et pour lapption du corpz q des
porositez: elle les fait de maindre cor/
pulẽce et sertu. Mais le cõtraire est en
septentrion. Car pour la froideur du
pays: la chaleur qui seroit dehozs: se re
tyre dedens. Et les fait fozs et sertu
eulx/plus chaulx/q plus cozpulés/ Et
pour la fropdeur qui est mere de blan/
cheur: ilz ont la couleur blãche. Mays
en asye selon Pline les hõmes se ont
et poztent mopennement quant a tou
tes ces choses.

De elade chapi. Cxxiije

Ellade est vne prouince de
grece en europe/ainsy dicte et appellee
de hellena premier filz de deucalion et
roy dicelle region. Et en cest prouin/
ce est athique ou premier fut athenes
dont est dessus parle. A la quelle se
ioinct la prouince de achaye. De esla
de sont deux parties et deux prouinces
C'estassauoir Boerie/q pelopone. de bo
ecie a este dit cy deuant. De laultre sera

¶Feuillet iiii.xx.i

dit cy apres.pres de elade est la terre de hellespont ou sont choses merueilleu/ses selon pline ou iij.e liure chapi.iij.e ou il dit que pres de hellespont est vne maniere de gens que on dit ophioges/par le seul touchemēt desquelx sōt sanees et garies les morsures des serpens/et du touchement de leur main seulemēt tyrent le venim des corps. Et de ce recite varro que aulcuns diceulx p̃ leur saliue sanēt et garissent les membres enuenimez. Et selon ysidore ou xiiij.e. Hellespontus est vng bras de la mer mediterranee vers septentrion qui se retorque par longues circuicions et grans tourneemens iusques en grece ¶ venise:ou elle se restrainct tellement quelle nest large que de sept stades qui sont enuiron vne lieue. Par tel lieu le roy xerses entra en grece au moyē du pōt quil fist de nauires. Puis apres se dilate et fait grant mer/et encores apz̄ se restraint a la largeur de cinquante pas. Et est ainsy appellee icelle mer ¶ region: de helles/seur de frixus. laquelle fuyant sa maratre si napa.parquoy luy fust donne ce nom hellespontus. car pontus en latin c̃estadire mer en frācois. par ainsy hellespontus cesta/dire la mer de helles.

¶ De frāconie cha. Cxxix.e

Franconie est partie de germanie en europe ainsy nōmee des frans ou francons/qui habitoiēt ce pays. desquelx yssirent les francois cōme dient plusieurs. et est la cite principale dicte Herbipole/assise sur le fleuue mogus Et a ceste region du coste dorient/le pays de turinge et des saxons. Du coste de midy elle a le fleuue danubius et bauieres. Doccidēt a suysse et aulsay. De septētriō/a la prouince du rin.Ouquel pays la cite principale est magonce/assise sur le rin ouquel en ce lieu entre le fleuue mogus. Et est la terre tresbonne/fertile en blez/vins/fo restz bien munie et defensable de cha

steaux et citez et est le pays fort peuple

¶De FRANCE cha. Cxxx.e

France Aultrement dicte gaule/est region en europe ainsi nōmee des frans ou francons qui vindrēt de frāconie premieremēt p̃ habiter pour la bonte de lair et du pays. ¶ Les aultres qui ont plus veu des cromiques de france dient que france est ainsy ap/pellee de francion filz de hercules ¶ ne pueu du roy Priam. Lequel francio apres la destruction de troye la grand se partist de son pays a tout grande compaignie/et vint par deca. Et de son nō frāce la denōma Comme dient maistres hugues de saict victor/de clugny et plusieurs aultres autentiques cro/niqueurs. Les autres baillēt autre rai son et dient que france a este ainsy denommee dun bouchier dit franco qui fut roy a paris. pour laquelle cause les bouchiers sont fort priuilegiez. ¶ Frā ce a vers orient/alemaigne et le fleuue du rin. Vers mydy la prouince de nar/bōne. Vers occidēt la grāt mer.et vers septentriō/lisle de angleterre. Et fut frāce aultresfois appellee belgique pour la cite de belges autremēt Beauluaix quelle contient selon Orose et ysidore ou xiiij.e liure. La terre est fertile pour blez/vignes et tous fruiz.decoree de fō taines/fleuues en grande affluence et singulieremēt de deux:le rin ¶ le Rone qui la cloent et enuironnent quant a ses extremitez cestassauoir vers les a/lemaignes et vers lyon ¶ Ce pays a tresnobles pierres/et perrieres a faire et construire tressumptueux et beaux edifices.et mesmement en la terre de paris a vne maniere de pierre clere cō/me verre/quon appelle plastre/ lequel quant il est cupt et puis diminue en pe tites parties et destrēpe deaue se tour/ne et conuertist facilement en peu de temps en cymēt tresdur/et en pierre/apte et disposee a faire voultes/paue mens et tous aultres ouuraiges. Et

l i

Second aage

pose que france ait plusieurs belles et nobles citez. Toutesfois sur toutes paris est la principale. Et ainsy que ou temps passe athenes estoit lieu de science et notrisse de discipline: aussy de present est paris, donnat science et vertu a tout le pays de europe. En laquelle cite et vniuersite viennent gens de toutes nations, lesquelz elle recoit, et gouuerne en paix. et a tous se monstre vraye mere de Justice, de science et de vertu. La cite est riche paisible, congrue et bien couenable aux estudians pour la salubrite de lair et du fleuue de saine courat par dedens. Ce lieu est recreatif et resociliat les esperiz des lassez destude, a cause des beaulx champs, prez et montaignes doulces et plaisantes a la veue et regard des yeulx Elle est tresbien ordonnee et propre en rues et maisons, separees du tumulte de la cite pour les philosophans et estudians en icelle. Et suffisate a fournir et alimenter tous denas pour pris et marche tres copetent. Et bref elle precelle toutes regios de france es dictes belles proprietez.

De flandres cha. Cxxvij.

Flandres est region en france belgique assise et situee pres la grade mer. Et par deuers oriet a germanie. Du coste de septetrion lisle de bretaigne la grand, aultrement angleterre, doccident la mer francoyse. De mydy la france senonoise cestadire sens et bourgoigne. Et ia soit ce que fladres soyt petite region: Toutesfoys elle est florissant en plusieurs belles excellences, Car elle est plaie de pastures tresbonnes, de tropeaulx de bestes grosses et menues, priuees et sauluaiges, plaine de tresnobles chasteaulx, glorieuse en portz de mer, arrosee de toute part de tres renomez fleuues Entre lesquelx est lescauld et le lis. En flandres a belles gens, robustes elegans de corps, faciles a auoir grat lignee. Riches en toutes marchadises. Beaulx de face generalemet. Doulx a pler, graues en gestes, honestes en habit pacifiques entre eulx, tresloyaulx aux estrangiere. gras ouuriers en lart de lanifice, de textures, de draperie, de tapisserie, de broderies, et semblables. Car en flandres on fait des laies de angleterre, tresbelles tapisseries. Lesqlles on enuoye par mer et par terre en plusieurs pays. fladres est vng plain pays sans montaignes, portant blez en aulcunes lieux ayant monlt de arbres separez lung de laultre sans grantz forestz. mais def faillat en bois po vsaige de feu. en lieu desquelx ilz ont vne maniere de terre prinse es palue et maretz: de laquelle sechee et appointee on fait tresbeau feu. Mais non pas si beau quant a la cedene de si bonne odeur come le feu de bois Ja soit ce quil soit trop plus chault et violent et de plus grande efficace, quant est a causer et rendre sa chaleur.

De frise cha. Cxxviij.

Frise est prouince en la basse alemaigne situee par long espace sur le riuaige de la grant mer, comencant au bout du rin et finie a la mer danique, cestadire des danoys. Les habitas de ce pays sont appelles frisons, par ceulx de germanie. Et sot en meurs et en habit molt differes des alemans. Car alemas ont longz cheueulx par derriere Mais ces frisos par opposite ont la come todue en maniere dun cercle. Et tant plus sont nobles: tant plus reputent et estimet de gloire qt ilz sont hault rognez. Les ges de frise sont fors, de grant et long corps, et plus fiers que angloys. De grade cruaulte et vsans de laces, picques et dars ferrez, en lieu de saiettes La terre est pays plain et no motueux, pa boes pastures, herbaiges, et maretz, mais nya gaires de bois a faire feu. Parquoy en ce lieu come en fladres ilz vset de mottes de terre sechee et cupte, et de fyet de vaches. Ceste gent est franche et liberale hors son pays. Non subiecte a aulcun seigneur, aymant mieulx mourir pour sa liberte/que viure en seruitude Et pource ostēt toutes dignitez & cheualerie Et ne permectent point les Rops regner sur les aultres. Mais sōt subiectz a iuges.lesquelx ilz eslisent de an en an pour regir et gouuerner la chose publique.aimans chastete et faisās grande iustice et pugnitions sur ceux qui sont pris et aprehendez en luxure. Gardās leurs filz et filles en chastete soigneusement iusques ad ce quilz puīennent aux ans de mariage. et lors les marient et de ce est quilz ont lignee forte et virile.

De gallace chapitre Cxxixe.

Gallace est region en europe ainsy dicte des gaules q francoys qui premiers occuperent ycelluy pays selon ysidore ou ixe q xiiiie. Car les galles appellez a ayde p le roy de bithinie recouurerent son dit pays quil auoyt perdu Et apres la victoire:les frācois diuiserent auecques luy ce royaulme de gallace.lesquelx pour la cōmixtion des greetz furent appellez gallogrecz. et de present galles/en retenāt leur nō antique.et le pays gallace. Ceste region est treslarge et tres fertile contenāt grande partie de europe et qui de plusieurs est de present appellee rucie

De gaule autrement frāce chapitre Cxxxe

Gaule est prouīce situee entre les mons de pygmont et la grant mer de bretaigne autrement dangleterre/ainsy dicte pour la beaulte et blācheur du peuple. Car galla/en grec sault autant comme lait en latin:par quoy sibille qui fut femme moult congnoissant des proprietez des choses les nomma galles/cestadire blans.en disant diceux que le col blanc des frācois est entrelasse &c. car selon les diuerses parties du ciel sont changees les faces des hōmes/les couleurs/les diuersites des couraiges/et la quantite des corps Et pource dit ysidore en son ixe liure Les romains sont naturellement personnes graues et pesans. Les greez sōt legiers. Ceulx daffrique cautelleux q malicieux.Les francoys fiers de nature.et soubtilz degin. Aussy est assauoir que ceste region de gaule autrement nōmee france a du coste dozient/alemaigne.vers occidēt/espaigne. Vers mydy/ptalie.Et deuers acquilōne elle se fine a la grand mer de angleterre. Jtē fault scauoir que gaule a este iadis nōmee en trois manieres q diuisee en trois parties/cestassauoir belgique celtique/et toguee. lesquelles prouinces sont maintenant toutes habitees des francois comme est dit deuāt. Et pource tout est dit france.

De grece chapi.cent xxxie.

Grece a este ainsy nommee dung roy appelle Grec qui y regna. et de son nom lintitula/comme dit ysidore en son xiiiie. Elle a sept prouinces de la partie doccidēt.Dalmacie/Epirus Elladas/Thessalie/Macedoine/achaye/q deux ysles de mer/cestassauoir crete/et les cicaldes. Ceste region de grece est treslarge/et nōmee par plusieurs aultres noms.Remplie de richesses et en terre et en mer Dame de plusieurs royaulmes/nourrice de cheualerie/mere de philosophie/Inuētrice de tous biens.et maistresse des ars et sciences Le peuple dicelle a este aulcunesfoys tres vaillant en bataille.ennobli de dō de sapience et de science. tres eloquent en parolle.obeissant a ses loyx.piteulx enuers les estrangers.Pacifique auec ses habitans.mais cōtre ses ennemys impacient.Et ainsy dit Varro en son liure de la loenge des greez.

Second aage

¶ De gallice chapi. Cxxxiiẹ.

Gallice est prouince de espaigne ainsy nōmee pour la blācheur du peuple. Car il est la plus blāc que en nulle autre partie despaigne. La terre est fertile. Voisine de la grād mer habondant en beaucop de biens. Ce peuple se dit estre venu des grecz desquelz il retient excellence en engin naturel. cōme dit ysidore ou ix.e liure. car apres la fin de la bataille de troye plusieurs des grecz vindrent en gaule et gallice, ou ilz ont demoure iusqz a maintenāt

¶ De gothie cha. cēt xxxiiịe.

Gothie est vne prouince de sicile la basse en europe. laqlle a este ainsy appellee de magog filz de Japhet qui fut filz de Noe tesmoig ysidore en son ix.e ou il dit que les anciens ont nōme ces natiōs la plus getas que gothz Et a este ou temps passe, ceste gēt tres forte, grāde, τ pesante de corps: terrible en fait darmes. Et diceulx la plus grāde part de europe et de aspe est descendue. Car les danois et plusieurs aultres nationes devers occidēt sōt deulx descēdus. pareillemēt cōme dit ysidore ou ix.e et xiiịe. Les getuliens en affriq, et les amazones en aspe sont procedes de la lignee des gothz. Ceste regiō est encor auiourduy tres large et grande ayant de acquilon noruegia aultremēt nozuee et dace: et es aultres costes est enuironnee de la grand mer occeanus Pres de ceste regiō ya vne isle nōmee gothlandia, pource que les gothz anciēnement y ont habite. Et est ceste Isle fertile en biēs de terre, en pasturaiges, en poissons, et tresfort marchāde. Car diuerses peaulx τ fourrures, especialement de menu ver, et multitude daultres marchandises, sont aportees par mer de diuerses regions en icelle Isle. et de la sont par mer amenees en frāce en alemaigne, angleterre et espaigne.

¶ De Italie cha. cēt xxxiiịe.

Italie est region grande en europe: qui fut iadis occupee des grecz. et pour ceste cause fust appellee grece la grād comme dit ysidore ou xiiịe. Puis ce a este nōmee saturnie du grāt roy saturne: lequel expulse et chasse de son filz Jupiter se tint la. Et finablement de Italus roy de cecile qui y regna, a este nōmee ytalie. Elle est plus longue que large. Dont vers orient est ague. Mais du coste de mydy elle est enclose de la mer cyrrene. Vers acquilon de la mer adriane. Et vers occidēt elle est terminee et finee es haulx mons de lombardie. Ceste region de ytalie est en toute chose tresbelle, et tres agreable pour la fertilite de la terre et du terrouer, et tres habondante en pasture. Auec ce a de nobles lacz et fosses cōme Venenāt, le lac auernus, lucerne et beaucop daultres fleuues, cōme le paule, thibre, herian, τ les semblables: Aussi la sont trouuees maintes pierres precieuses, cestassauoir la pierre nōmee ligurius, gachates, les perles, le corail. Vng serpent nomme boa, et vne aultre beste sauluaige nommee le linx. Auec plusieurs especes de oiseaulx mōlt singulieres. Ceste regiō est aussi dicte esperia comme espaigne de le stoille hesperus. Pource que les grecz alans en ytalie et en espaigne par mer: consideront τ regardent ceste estoile. Mais ceste cy est dicte hesperie la derniere, pour ce que elle est mise ou lieu dernier en occident. Ces paroles iusques cy sont de ysidore ou xiiịe. ¶ Italie domine et a obtenu principaulte et seigneurie sus toutes les regions occidentales de europe. Car elle a des isles et des pors de mer monlt notables, prouinces plaines de toutes richesses, cites tres peuplees fortes de murs, de fosses et daultres defenses de bataille. Habondante dor et dargent. Selon plinius histore elle cōtient douze regions particulieres, tres puissantes et bien renommees sās les

Feuillet iiii xx iii

isles desquelles icelluy plinius traicte au long. Ceste region est contre orient septentrion/et occident/enuironnee de toute part des haultes montaignes: desquelles procedent nobles fleuues/cest assauoir le Ryn/se danoe et le Rosne et plusieurs aultres qui courent en plusieurs lieux de france mesmement en lyonnoys et narbonne.

¶ De karinthie cha. cent xxxve.

Karinthie est vne petite prouince de germanie en europe. a part de la part dorient paunonie/q̃ autremẽt est dicte hõgrie. Du coste de occident/ ptalie De septẽtriõ/le fleuue danoe. de mydy/dalmacie et salmone. Enuironnee de mõtaignes dung coste. Et daultre elle est terniee et finee a la mer adriane. Ceste terre est fertile/habõdãt en bestes saulvaiges et priuees. Le peuple est pour batailler cheualereux/ bien garny de artilleries et choses semblables/es villes et chasteaulx. Le terrouer est froit pour la vicinite des montz. habondant en neges et fleuues. Par quoy considere la froideur des eaues engẽdrees des neges fondues es montaignes/les habitans sont fort bossus. Il y a multitude de ours/de bisons Et daultres bestes merueilleuses saulvaiges. Et mesmement petites bestes appelles loirs bons a menger. Et cõbien que elles semblent estre de lespece de souris. Toutesfoys pource quilz ont la char de bõne saueur et vng peu grassette on les mengeust.

¶ De lacedemonie cha. cet xxxvje.

Lacedemonie Aultrement dicte sparcie/ ou spartanie est prouince de europe en la fin de grece aupres de trace. Dont les habitateurs sont nõmes lacedemons pour vng roy lacedemon filz de semonia lequel y regna. Iceulx lacedemoniens estans en bataille cõtre les messenes Et craignãs pour la diuturnite de la guerre q̃lz ne faillissent et eusseut deffault de lignee/ Commanderent que les iouuẽceaulx du pays couchassent auec leurs filles vierges sans mariage ne cultre ordre/ affin que leur generation ne faillist point. Sont pour telle maniere ont este nommes spartains comme dit ysidore ou ixe liure.

¶ De liuonie cha. xxxvije.

Liuonie est prouince especiale de sichie. laquelle est diuisee des fins de germanie par longue interposition de la grand mer. Les habitateurs se appelloyent anciennemẽt liuds. et estoient auant ce quilz fussent conuertis a la foy par les Germains/ addonnez a merueilleuses infidelites et cerimonies. Car ilz adoroient plusieurs dieux. auoyent respõses des deables po' leurs affaires/ creoyent aux deuins. Et iamais ne mectoiẽt a sepulture les corps des trespasses. Mays les vestoient de robes neufues/et faisoient vng grand feu ou quel ilz les bruloient Jusques a ce quil napparoit plus riens que cẽdre. Et auec ce prenoiẽt beufz/vaches/moutons/brebis/ et aultres bestes nutritiues. Et qui plus est/ seruiteurs/chambrieres q̃ vstensiles qui sont necessaires a la vie de lomme. Et bruloyent tout ensemble auec le corps dicelluy mort. En ce faisant auoient fantasie que le trespasse yroit auec toutes ces choses en vne aultre region des viuans/ ou il auroit encor vie temporelle. Mais ce pays est maintenant hors de tel erreur a uec plusieurs autres regiõs a eulx subf iii

Second aage

iectes.moyennant la grace de dieu et la puissance diceulx germains/qui les ont conquis et reduis a la foy.

De lorraine cℏt xxxviij⁰

Lorraine ainsy nommee du roy lothaire qui y regna est la derniere prouince de alemaigne. Elle a de la part dorient hesse ou breban. Du coste de midy le rin ou le pays daussay. De occident/france senonoise. Et de septētrion france belgique. Ung fleuue nōme meuse court par ycelluy pays. Et y a une bonne cite appellee metz. La region est en plusieurs lieux habondante en fruitz et en uins.plaine de fontaines et riuieres.y a bonnes montaignes et forestz. Bestes saulnages et priuees grandes et petites. Des fontaines aucunes qui portent medicine. Car de diuerses maladies sont gariz ceulx q̄ en boyuent. Le peuple est moitie francois/moitie alemant.

De lusitamel cha. cℏt xxxix⁰.

Lusitamel est prouince de hespaigne ou est ung fleuue nomme paasim/ou epase soubz une uille dicte sagia. Et y a habondance de metaulx/dor/dargent/de fer/de plomb blanc et noir/comme dit pline en son vij⁰ liure chapitre xxxij⁰.

De macedoine cha. cℏt xl.

Macedoine en son commencement fust appellee Emacia dung roy dit emacius. Mays apres q̄ macedo nepueu de deucalio y domina: Il luy mua le nom: et de soy lappella Macedoine comme dit ysidore ou xiiij⁰ Elle touche de la part doriēt/a la mer egeus. Deuers mydy/a la prouince de achaye. De occident/a dalmatie. et du coste de septentrion a mesie. Ce pays fust au roy alexandre. Et est tresbon pour les ueines et minieres dor et dargent. Le mont olimpus y est qui est si hault que ou coupelet ou sūmite/on ny sent ne uent ne pluye ne nuees. comme dit pline ou liure iiij⁰ chapitre xij⁰. Et auec ce dit que ycelle regiō est lempire des terres.et que elle seurmonte et domine sur asie/armenie/ybernie alemale/capadoce/sirie/egypte/le mōt thaurus/τ caucausus. Cest celle qui a domie sus les bactres/medes/τ perses et totalement sur oriēt. Cest celle qui est nourrice de inde. Cest celle dōt paulus emalius empereur de Sāta quil y auoit destruit pour ung iour lxx citez.

De magnesie cℏt xlj⁰

Magnesie est prouince de grece entre thessalie et macedoine Contenant plusieurs uilles/cites/et chasteaulx.comme dit plinius ou iiij⁰ liure chapitre x⁰.

De mesie cℏt xlij⁰.

Mesie est ainsy appellee pour la reuenue et habondance des bles qui y croissent Car messis/en latin est metiue ou blee en francois. Et est la premiere prouince que le fleuue danoe descouure et escloit iusques a la mer mediterrance comme dit ysidore en son xiiij⁰ Du coste dorient elle est iointe aux entrees et commēcemēs de ycelluy bras de mer Danubius entrant en la mer Deuers septentrion elle a trace. Vers mydy a macedoine. Et du coste de occident/elle ioinct a histrie. Et contient plusieurs regions/gens/cites et uilles habondant de fruis de minieres de diuers metaulx et de pierres.

De medee cha. cℏt xliij⁰

Feuillet iiii xx iiii

Mede est dicte du roy medus q̃ premierement assaillist telle p̃uince. Elle a devers occident les royaumes de parthie. Vers septentriõ est environnee de armenie. Vers orient/les mons de caspes. Vers midy/perse. Et ceste regiõ seule comme dit ysydoze ou xiiij.e porte ung arbze appelle medique que nulle aultre region ne porte point lequel est moult couenable a medicine. Aussi la region est riche arrousee de plusieurs fleuues/ennoblie de cites/et de villes. Dame de grand nombze de peuples. Dont les roys ont ancienne/ment seurmonte babilone la grand/et lempire des chaldees. Les habitans de ceste regiõ alans par mer auec les perses en affrique/se meslerent et ioigni/rent auec ceulx de libie. Dont ont este par iceulx libiens/nommes maures/en langaige barbare et corrõpu. Com bien que maures selon le grec soyent p̃miement gens noirs. Et ainsy dit ysydoze en son ix.e

De missena cha.cẽt xliiij.e

Missena est prouince de germanie ainsy dicte pour une cite nõmee missene: tenant du coste dozient a boheme et polonie. Du coste de midy a bauiere. De occident aux Saxons et thuringiens. De septentrion a resse et brebant. Et est pays large et spacieux en aulcũs lieux/plain et ouny. Es aultres montueux et bossu. fertile et habõdant en bon pasturage et bonnes eaũes. Car il est abruue po̊ la plus grãt part en longueur dũg noble fleuue nõme albia. En ce pays a bonnes cites/villes/chasteaux/fozt z bien garnis. le peuple est riche generalement de tou/tes manieres de richesses. cestassauoir en fruis de terre/en bestial/et metaulx. Et iaſoit ce que le peuple soit de gran/de force et beaulte/et aussy de lõgueur et grandeur fort elegante: toutesfoys Il est begnin et pacifique de sa nature

ayant en toutes choses mains de fier/te que les aultres prouinces de alemaigne.

De noruegue cha.cẽt xlv.e

Noruegia aultrement noruuee est region deurope tres large/environnee de mer presque de tous co/stes. fozt estendue soubz acquilon. et p̃chaine aux gothz. Car de la part meridionale et oziẽtale Il nya entre deux q̃ ung bras de mer nõmee albia q̃ les di/uise z separe. Ceste regiõ est tresaspre z tresfroide/siluestre et plaine de boys. Dont le peuple vit plus de venoison et de poissons que de pain. Car il y a peu de prouisiõ de pain et de vin pour la vehemence et force du grant froit. Plusi/eurs bestes saulvaiges Comme ours blãcz/et fibzes/qui aultrement sõt nõmes castors y habitent. Et plusieurs aultres bestes merueilleuses et mon/strueuses. En ce pays sont aulcunes fontaines Esquelles le cuir ou le bois est mue et conuerti en pierre Incontinent quil est dedens. Du milieu de ce/ste region vers acquilõ/on ne voit poit coucher le souleil durãt les longs io̊rs deste. Et semblablemẽt durant le sol/stice hiemal cestadire les co̊rs courts dyuer on ny voit point luire le soleil. Et lors fault q̃ ceulx du pays facent leurs besoignes et negoces a la chandelle. Il y a grande indigence de fourment de vi et de huille et de fruiz. Et pource il en fault aporter daultre part. Le peuple est de grãt corps/et stature/de belle forme fors et couraigeux. Et vaillãs pi/rates/cestadire larrons de mer. Ceste region a du coste de orient/gallace De septentrion ysclãde ou la mer est gelee perpetuellement. De occident la grãt mer dyrlande et dangleterre. Devers mydy ellest terminee a dace/et aulx gothz.

De normandie cha.cẽt xlvj.e

l iiii

Second aage

Normandie q̃ autremẽt est dicte neustrie, est propre/ment ainsy appellee des normans, les/quelx venas par mer de norurgie pos/sederent finablemẽt les poᵹ de la mer francoyse et le territoire dautour: le q̃l ilᵹ nommerent normãdie. De la part du vent nomme eurus, est la mer de bretaigne. Vers occident/ ung bras de mer daquitaine. Vers mydy/ france. Vers aquilon/ la grand mer occeanus Ceste terre est fertile/ plantureuse/ et grasse. ornee de champs/ de prez/ et de bois/ anoblie de plusieurs porᵹ de mer. habondant en bestial sauluagin et pri/ue. Garnie de tres fortes cites et villes dont la metropolitaine est nommee Rouen/ assise sus le fleuue de saine. La commune est grande/ forte et fiere en bataille. Courtoise en habit. atrẽpee en affection doulce en langaige/ pacifi/que en boire et mẽger.

⸿ De narbonne cha. cẽt xlviijᵉ

Narbonne comme dit Plinius ou iije liure chapitre vje. est une partie des gaules. La quelle prouin/ce est assise sur la mer mediterranee. Cestadire qui diuise la terre en deux parties. Et est ceste prouince aultre/ment nommee gallia brachata pour les grans brayes que anciennement on y a porte/ q̃ dõt ceulx du pays ont vse. Elle est diuisee de ptalie et des haultᵹ mons par une riuiere dicte nar/bo. Elle est preferee a toutes prouices en habitation de hõmes. et habondan/ce de richesses. Il y a de tresnobles fleu/ues et riuieres. Entre lesquelx est le rosne/ fleuue tresfertile sus tous ceulx de gaule. Venant des haulx mons. Se/blablement plusieurs estans et porᵹ de mer. Entre lesquelles choses marsille obtient la principaulte. La longueur de ceste prouince narboneuse contient trois cens et lx mil. Et la largeur con/tient trois cens et xliiij. Comme dit

ung hystorien nomme agripa

⸿ De ollande chapitre Cent xlviijᵉ

Ollande est une prouince pe/tite situee pres de la fi du fleuue du rin cestassauoir par ou il entre en la mer. Contigue a brebã de la part meridio/nale. Voisine a frise vers orient. conioic/cte a lisle dangleterre de la part occi/dentale. Et de la part daquilon tenãt a gaule belgique linferiore/ qui est la basse france. Et a flandre vers occidẽt Ollande est ung pays plain de ma/retᵹ/ de terre boueuse et aquatique. en/uironnee presque de tous costes com/me une isle/ de bras de la mer q̃ du fleu/ue du rin. Elle a lacᵹ/ estãgᵹ/ riuieres et pastures bonnes. parquoy elle est bi/en remplie de bestial gros et menu et de iumens. Le terrouer est plantu/reux Et en aulcuns lieux y a forestᵹ/ dont viennennent plusieurs venaisõs Le pays est riche de richesses qui pas/sent par la mer et par les fleuues. dont la principale cite se nomme le trect Et selon le langaige des alemans se ap/pelle striech Car elle apartient aux alemans Quant a la situation/ aux meures/ a la seignourie et a la langue. Le peuple est bel de corps. robuste/ fort hardi/ couraigeux. honneste en face/ or/ne de meurs. deuot a dieu. leal et pacifi/que aux hõmes. mains entendant a rapines et larcins que les aultres nati/ons de germanie.

⸿ De pãnonie aultrement hon/guerie chapitre cent xlixᵉ

Pannonie est prouince de europe. laquelle occupee iadis des huns fut diceulx nommee honguerie. Et y en a selond orose deux. cestassa/uoir la grand et la petite. La maieur est en syrie ou sichie la loingtaine oul/tre les maretᵹ meothides. De laquelle les huns venans premierement pour

¶ Feuillet iiij^{xx} v

cause dauoir venaison et ensuiuās par lōgs espaces de maretz et de terres/les traces et le trac des cerfz et aultres bestes saulnaiges: trouuerent finablement la terre de pannonie qui estoyt bonne. lesquelx apres ce retournés en leurs pays: assemblerent multitude de gens. Uindrent en pannonie chasserēt les paysans hors de leur natiuite. Et puis baillerent au pays ce nom bōgurie/ainsy comme dit erodotus. ¶ Ceste prouince est vne partie de messie dont auons parle dessus.par laquelle court le fleuue danubius.comme dit ysidore en son xiiij^e et xv^e. Elle a du coste dorient/gallice. Du coste de mydy/ grece/ Doccident/ytalie a dalmacie. Et de septētriō alemaigne. Le pais est large trespacieulx et moult fertile. Et y a beaucop de fleuues/riuieres/mōtaignes forestz/veines/et minieres dor et daultres metaulx. Haultes montaignes ou sont trouuees diuerses manieres de marbre. Et daultres ou lon trouue de tresbon sel. Auec ce y a beaucoup de fruis et du vin en plusieurs lieux. Ceste prouince contient en soy plusieurs especes de gens differans non point seulemēt en langaige/mays en meurs et maniere de viure cōme dit erodotus. ysydore en son xiiij^e. dit de pannonie ce q sensuyt. Pannonie a este ainsy nommee pour les haulx mons poennins/ par lesquelx elle est diuisee de ytalie. et est enuironnee de troys fleuues/cesta/scauoir danubius/sana/ et ticia. Et a du coste dorient mesie. de eurus/bistrie De affrique/les haulx mons pennins De occident/la frāce belgique. De septentrion/le fleuue danoe/ qui ou dit pays est dit hister/pource que la terre par ou il court est nommee histrie

¶ De pyrenee chapi. cēt l^e

Pyrenee est prouince en europe dont la terre est haulte et plate de montaignes qui sont estendues entre mydy et occident. diuisans et separans tresgrandes regions de ensemble Car iceulx mons separēt espaigne de gaule narbonoise et lyonnoise. Vers orient ilz ont germanie. Vers mydy ytalie. Vers occident/ espaigne. Vers aquilon/france. ces mons sōt ainsi nommes pirennees/pour les fouldres q souuent y frapent et cheēt. car pir/en grec signifie feu en langaige francoys. Ainsy dit ysidore ou xiiij^e liure ou chapitre faisant mention des montaignes. Pirenee est naissance et cōmencement de moult de grans fleuues q riuieres mere de tresgrans bois. nourrice de bestes saulnaiges et de iumens. ayant maintes veines de metaulx. Bien garnie de cites et de chasteaux. nourrissant plusieurs nations et manieres de peuples differentz tant en langaiges que en meurs comme narre erodotus

¶ De pigmee cha. cent lj.

Pigmee est regiō en inde vers orient situee en montaignes vers la mer. ou habitent hommes nommes pigmees qui sont si petis quilz nōt pas vne coudee de hault comme dit Pline et ysidore. Du iiij^e. an ilz engendrēt enfans. Et ou viij^e. ilz commencent a envieillir. Quant ilz veulent aler en bataille ilz montent sus montons et cōbatent les grues en rompāt leurs nis et les oeufz qui sont dedens doutans quilz ne se multiplient tellement quilz fussent seurmontes dicelles grues cōme dit plinius/en son viij^e liure: au chapitre des hommes monstrueux du pays de Jnde.

¶ De poictou cha. cēt liij^e.

Poictou est pays et prouince de gaule narboneuse. laquelle a este habitee anciennement des pictos anglois et escossois. Lesqlx p vidrēt p mer. donerēt au pais q au peuple nom: pictauia/de leur lignee āciēne. cōme narre Erodotus historiographe q edifierēt

Second aage

La principale cite laquelle ilz nōmerēt poictiers. Ceste prouince vers le coste dorient a tourale ou passe le fleuue nōme loire. Elle a espaigne vers mydy La grand mer Britānique autremēt dangleterre du coste dacquilon. Et la petite bretaigne vers occidēt. Elle est noble en plusieurs choses comme narre pcelluy Erodotus. Le terrouer est moult fertile ou croissent a peu pres fruis de toutes especes et semences qui peuent estre de terre. Il y a nobles pors de mer. Cites/chasteaux/riuieres/fontaines/champs/prez/et bois. qui lem/ bellissent moult. Enuers les parties de la mer elle est bien garnie et defensable pour les roches et rochiers. cōe a la rochelle ou les ēnemis ne peuēt auoir acces/fors a grand paine pour la situatiō du lieu et les lieux estrois de la mer comme dit icelluy Erodotus. Le peuple est en langaige et meurs fort semblable aux francois. Et pour ceste cause combien quilz retiennent diceulx pmiers pictos et anglois quilz soyent par nature fors/et elegans en corps Toutesfoys ilz tiennent des francois auecques lesquelz ilz sont mesles quilz sont fiers de couraige et aguz dengin/ comme auons deuant recite des francois. parquoy comme recite Erodotus les poicteuis sōt robustes de corps/plaisans en face/hardis en couraige/cauteleux et malicieux de entendement.

¶ De PICARDIE chapitre C liije.

Picardie est prouince de gaule belgique/ainsy dicte de Sng lieu nōme ponticu/ ou piquegny/ comme dit Erodotus en la description des regions. Car la dicte ville eust āciennement domination Jusques a la mer dangleterre/parquoy le pays en a pris denomination. Picardie est fertile de bles et de fruis. Arrousee de fleuues/riuieres et fontaines/habondant en peuple/garnie de nobles Cites/fortresses/et chasteaulx bien renōmes. cōme est Beauuais/arras/Amiette/theroenne noyon ct tournay. Et a deuers orient/le fleuue nōme le rin. Vers mydy la haulte france. Vers occident la mer francoise. et vers aquilon/ angleterre. Picardie est diuisee en deux parties. cestassauoir la haulte qui est pres de france. Et la basse qui est Joincte a la fin de flandre/de resse/de brebant et de henault. Le peuple de lung q de lautre pays est de stature elegante: belle de face/secrete/hōneste/q biē aduenāt/ de hardi couraige/De prompt engin q tost docile/dentendemēt cler et agu/de bonne antour/et de gros et beau sangaige plus que toutes les autres nations de gaule.

¶ De rencie cha:cēt liiije.

Rencie est prouince situee sur le rin duquel elle prent sa denomination Et en est bien arrousee comme dit psidore en son xiiije. Et a maintes cites et chasteaux moult fortz. Le terrouer est habondant en fruis et en vis Le fleuue est fort/et courageux. A grāde conuenance en maniere de viure e en meurs auec les alemans.

¶ De Rinalia ou Vinale chapitre cent lvje

Rinalia est vne prouince Jadis barbare estāt asses loing de dace. Mais maintenāt elle st catholique et subiecte au royaulme de dace dōt vne partie est nommee Vironia/ de ce nō cy Siror/qui signifie verdeur. pource quil y a bons herbages et pastures es bois. Le terrouer porte blez moyennement. Est bien arrousee de eaues et de stangz. a largemēt poissōs plusieurs tropeaux de bestes grādes q petites. Ceste prouīce ioīct es parties de sithie. q est separee des noruegies ou noruees par linterposition seule dung fleuue nomme natua/ comme racōte Erodotus.

¶ De rinconie cha. cet lxv.

Rinconie est vne terre peti/
te sus la riue du rin Estendue depuis
la cite de magunce entre les montai/
gnes iusques a la ville nommee pinguia
et est appellee vinconia pour le fleuue
du rin courant par le millieu. Et combien
quelle soit petite: touteffoys es deux co
stes du riuaige iusques aux summites
de la montaigne/elle est merueilleuse
ment plaisante et plantureuse. Car el
le est de si grande fertilite et incredible
beaulte que elle delecte non pas seule/
ment les habitans/mais aussi les pas/
sans par le riuaige comme vng beau
iardin de plaisance. La terre est si doul
ce et si grasse que elle donne et produit
bles et fruitz de secundite et habunda/
ce merueilleuse. En vng mesme champ
ya vignes/pommiers/poiriers/et noiers
de diuerses especes. mays pourtant ne
lesse point a aporter bons bles et beau/
cop. Et qui plus est la diuersite des ar
bres ne empesche point les vignes. car
en vng mesme anglet ou coing de ter/
re/on a acoustume de coeuillir blez/vis
nois/pommes/corbes/et poires. En ce
pays sont fontaines chauldes/et neces
saires aux medicines des corps des hō
mes. lesquelles naissent des veines de
la terre. Maintes choses vtiles et fort
necessaires a la vie des hommes/ des/
quelles le reciter seroit chose longue sot
ou dit pays.

¶ De la prouince des romains
cha. cet lxvij.

Varro dit que la prouince
des romains contient tout le monde
ou il ya regions habitables. Car la pu
issance de iceulx romains a aultrefsois
suppedite toutes les parties du monde
Et ny a eu anglet ne cornet au monde
qui ne ayt sentu le glaiue de larmee des
romains comme recite pcelluy varro
Touteffoys vne partie de Italie a este
aultreffois especialement appellee Ro

feuillet iiii xx vi

mulee du nom de romulus. lequel a edi
fie la cite de rome Et luy a baille nō
comme dit ysidore/ou liure xv. ouquel
aps ce est dit Ce pays/cestassauoir ro/
menie a este par auant dit Saturnie
Du roy Saturnus. qui institua premi
erement les habitateurs a labourer la
terre. Dont pour la saturite nō esperee
Ilz ont pcelluy roy nomme saturnus.
Et finablement ilz ont honore com/
me dieu et mis ou nombre des estoil/
les. Apres ce ont este nommes latine
pour le roy latinus. Et tiercement ont
este dis romains de par romulus am/
pliant et magnifiant la cite. Et quar/
tement ont este dis quirites/De par ro
mulus qui tousiours vsoit dune lance
ou dune hache/laquelle selond la lan/
gue des sabins se dit quiris/comme dit
ysidore ou ix. liure ou chapitre intitule
de la nomination des peuples ¶ Il est
trop difficile que plume ne encre peus
sent souffisanment descripre les loen/
ges de ce roiaulme/ne des roys romais
ne aussy nul liure ne pourroit contenir
plainement les gestes et fais magnifi/
ques diceulx. Et se aulcun se delecte a
ouir parler deux: lise le viije. chapi/
tre du premier des machabees/ou il ya
choses merueilleuses recitees en brief
de la vertu des romains.

¶ De romenie chapitre cent lviije.

Romenie est dicte la
nouuelle gent des romais. Car neos/
en grec signifie nouueau en satin. Par
quoy est a scauoir que depuis ce temps
que Constantin transporta de rome le
siege de lempire romain en constatino
ple cite de tracie: toute la region des grecz
a este appellee Romania/cestadire nou
uelle rome Comme dit Rabanus. par
quoy les grecz maintenant ne se appel
lent point communement grecz: mais
plus romaisses en leur langaige.

Second aage

¶ De Sabie cha. cẽt lix.

Sambie est prouince de messie en europe qui est assise en la basse sicie/ou milieu de diuers peuples nõmes pratenes/estenes/osilianes/et atrones.lesquelx estoient anciennemẽt tous subiectz a la puissance des gothz cõme narrẽt Barro et erodotus. Et habitent les riuaiges de la mer/faysans montaignes et pors de mer contre les costes de acquilon. Sambie est terre frumenteuse et fertile/habondant en boys et maretz.enuironee de plusieurs fleuues et Diuers. Le peuple est entre les aultres nations barbares/elegant et beau de corps/hardi en couraige.seur montant dengin et dart les autres nations de senuiron

¶ De sauoye cẽt lxe

Sauoye Selon les anciẽs vault autãt comme Boye sauiue q hardie.pource que en lancien temps le chemin de sauoye Vers les parties de france et de ytalie par les desers et montaignes a este tousiours asseure po'la souueraine iustice quon ya fait. Parquoy ainsy que crie la renomee publique les passãs ont tousiours este en seurete sans craindre destre despoilles ne desrobes. Sauoye est partie de pirenee/laquelle separe Italie et france comme a uõz dit dessus en la lectre de .P.et par aultre nom se nomme la prouince des prouinces.

¶ De Saxonie cẽt lxie

Saxonie est puince en germanie dont les habitãs comme on dit sont descendus des grecz.et y vindrent p nautres.et apres plusieurs batailles contre les turingoys expulserẽt pceux dont y ont demoure iusques a maintenant. Les gens ont tousiours este tres encline a batailler. Beaulx hommes grandz/longz/hardis et couraigeux Le terrouer est tres fertile.aportãt lõsement et habondanment toute espece de bles. Il y a belles montaignes/bois champs et bonne pasture. Dont ya multitude de tropeaux de grandes et petites bestes. Le pais est riche/dor/argent/de cuiure/et diuerses manieres de metaulx. Esdictes montaignes ya no tables minieres/desquelles on tire pierres qui moyennant le feu sont facilemẽt couerties en arain. Et sy ya fleuues tresnobles/cestassauoir.Buesera/timia/aldia/sala/nida/Et plusieurs autres couranz par le pays. Les fontaies sont salees en diuers lieux dont on fait le sel tresblanc et tres bõ. Cites/Villes chasteaulx/tresfortes et bien garnies y sont. Pres de la mõtaigne ou len seut et trouue len le cupure: ya Lng mont: dont les pierres sentent la Violette. Et aussi en aultres montaignes est trouue le marbre mõlt beau. pricipalemẽt Vers le fleuue nomme Danubius. en frãcois dauoe: et est ceste pierre appellee la pte de sainct michel. En ces mõs ya grandes rencontres de bestes sauluaiges /pors sangliers/ours/cersz/et dains. Parquoy on y chasse souuent et ya maintes especes de Venaison: Plusieurs aultres choses dignes de loange sont trouuees es regions des saxons/ comme apert cy dessus ou chapitre de germanie en la lectre de .G. Et de alemaigne en la lectre de .A. Auec ce est a noter que saxonie a du coste de orient/ Boheme et polonie. De occident/Suestuale. Vers la mer elle a ses Frisons. Vers septentriõ/la gent des turingois Et de la part meridionale/les francõs

Ce peuple de saxonie a este fort noble et Inuincible iusques a maintenãt comme dit Erodotus.

¶ De sclauonie cẽt lxije

Feuillet iiii*xx* vii

Sclauonie est partie de messie/contenant plusieurs regions. Car les bohemiens/poloniés metaniens/Suandales/Puthenes/dalmaciens/et charinthies/sōt tous soubz ceste regiō Et entendent lūg laultre. et sont semblables en beaucop de choses/cestassauoir quant aux meurs et quāt au langaige. mais differens quāt aux cerimonies. Car les aucunes tiennent encor la secte des payens / les aultres des grecz/et les aultres des latins. En toutes ces prouinces le terrouer est habondant en blez/en vins en plusieurs places. Ces peuples sont tous tōdus et portent cheueulx courz/exceptez les rutheniens/et ceulx qui sont meslez auec les teutoniques et les latis/ Et ya .ij. manieres de sclauos. car il ya sclauonie la grande. Et sclauonie la petite. La grande cōtiēt dalmacie/sarnie/carinthie/et plusieurs aultres regions. Dont les vngz habitent es lieux maris. les autres es mōtaignes et es bois. les aultres es chāps. ceste gent est cruelle et aspre. peu piteuse/exercent vie piratique. cestadire de larrons de mer.

¶ Sclauonie la mineur est depuis les fins de saxone iusques aux bruciens/Suandales/et Bohemiens. lesquelx sōt fort participans de sa langue. Et est separee de pruthenie et de boheme par diuers fleuues qui sōt ētre deux. Aussi est diuisee des gothz et des danois par vng hault mont et rocher de la grant mer. Dont icelle mer est separee. et au riuaige est terminee sclaue la mineur. ¶ Ceste region est moult habondāte en blez/vins/fleuues/estans/bois/pastures/miel/et lapt ¶ Le peuple est robuste de corps/adōne a labeur. et a pescheure ou pesches. plus deuot enuers dieu et plus pacifique enuers leur prochain que les habitās de sclauoie la maieur. Et ce cy est pour laffinite/et societe qlz ont auec les germains et alemans cōme dit erodotus.

¶ De Selande cha·cēt lxiiiᵉ.

Selande est prouince de mer cōme vne isle/enuirōnee de fleuues et de bras de mer/qui a vers oriēt hollande. Vers mydy/flādre. Vers occidēt/la mer occeanus. Et vers septētrion/angleterre. En selande ya plusieurs isles de mer/petites/et grādes separees et distinguees densēble par les bras de mer. lesquelles sont assises en tertres haulx/et fortes places defensables a seuir cōtre limpetuosite de la mer. Il y croyst beaucop de blez/Mais darbres nulz. car les arbres ne peuent nourrir leurs racines pour la salute de la mer. parquoy ilz sechēt tost. zelande est populeuse et plaine de richesses diuerses ¶ Le peuple est grand et hault fort et hardi/deuot a dieu/pacifique entre les siēs. faisāt plaisir a plusieurs et desplaisir a nulz. fors par contrainte de guerre.

¶ De semigallie cha·cēt lxiiij

Semigalie est prouince petite oultre la mer baltique ou baultieu/assise pres de liuonie et osilie en la basse aspe Et est nommee semigallie pour les gaules ou gallates qui loccuperēt/mixtiōnes et meslees auec les habitās du pays. La terre est bōne et fertile en prouisions/pastures/et praries. mais le peuple est barbare/inorne/aspre et cruel.

¶ De sens cha·cēt lxvᵉ

Gaule senonoise est prouince des francois/aultrement dicte sens. Laquelle a vers oriēt/alemaigne. Vers mydy/la haulte bourgoigne et les montaignes de pigmont. Vers occidēt gaule lyōnoise. Vers septentrion gaule beauuoisine. Ceste terre est habōdāt en blez/vignes/fruictz/fontaines /fleuues/ et russeaulx diuers.

¶ Est a scauoir que les gaules de sens cestadire les frācois estoiēt ācienemēt nōmez zenones: porce qlz veceurent et quilz logerent liber qui est dieu du vin

Second aage

car zenon en hebrieu vault autant cōme la reception diceulx en langaige latin. Mais depuis cōme dit ysidore ou ix̄e. ceste lectre .z. a este muee en ceste lectre .s. et ainsy ont este appelles Senonois/cestadire de sens pource que la ville principale est ainsy nommee. La terre est peuplee/ayant plusieurs cites et chasteaulx fors et deffēsables par ou passe le fleuve de seine. Ces francois de sens ont aultrefois fait de grandes batailles et conquis merveilleulx peuple. Et entre les aultres: Iceulx avec leur duc Brēnius ont pris par force darmes la cite de rome. Et eussēt pris le capitolle mesme/si neust este le cry dune oye qui esueilla le guet. De la dicte france senonoise sont autrefois partis trois cens mille hommes desquelz estoiēt chefz ledit roy Brēnius et Belgius. qui conquesterent macedoine/hōgrie/ytalie/ et plusieurs aultres pays ou ilz ont fonde maintes villes et chasteaulx comme est millan. Sene la belle pres rome/Valenciennes et plusieurs aultres.

De Sicionie chapi. cēt lx sj̄e

Sicionie a este anciennement ainsy appellee de vng roy nomme sicion. Et le peuple du royaulme sicioniens. Ce dit royaulme fut par archas filz de Jupiter et de calistone apres que les pilastres furent suppeditez premieremēt nomme archadie. Et est situee en forme de vne feille de platain entre la mer de egee et celle de po. En ce pays ya vng grand fleuve nomme erimanthus ou croist vne pierre nommee albestō, laquelle quāt elle est vne fois enflamee nest iamais estaincte Aussy ya des merles tresblans qui en aultres pays sont oyseaulx tresnoirs comme dit ysidore ou xiij̄e.

De Sicile chapitre cēt lx vij̄e.

Sicile fut premierement nōmee Sicanie du roy Sicanus. Et puis Sicile/du roy situlus frere de Italus. Anciennement estoit appellee trinacria pour trois mōtaignes et haultz rochz de mer qui y sont, cestassauoir pelozus/patheus et selibeus. Trinacria est vng mot grec qui vault autant cōme trois quarres ou quartiers. car elle est divisee en trois parties ou mōtaignes Et est separee de ytalie par vne petite mer qui est ou milieu. ayant la mer de affrique devant soy. La terre est frugiferente/planteureuse de blez et de vins et plaine dor. Plusieurs cauernes et tupaux y sont plains de vent et de souffre. Dont y est la montaigne de ethna qui est continuellemēt en feu et en flāme. En la mer de Sicile ya deux perilz de mer difficiles a passer Lung nōme scilla. Lautre caribdis/ou les nauires sont rōpues et englouties. La est le pays des ciclopies qui estoiēt les forgerōs de Jupiter. Ce fust la premiere des terres labourees et coupees par charrue. La cite principale est dicte Siracuse. Vne fōtaine dōt les poethes ont fort escript nōmee aretusa y est. Et vng fleuve nōme albeus ou quel sont nourris les blans cheuaulx. Aussy ya vng aultre fleuve nōme agates ou est prise la pierre precieuse ainsy nommee. En la dicte mer de sicile est procree le corail blāc, et le sel agrigētin q̄ se fond quant il est dedens le feu. Mays quant il est dedens leaue Il sault et fait bruit, a loppposite du sel qūō a en france. Sicile cōtiēt en circuit et en tour lespace de .iij. Mil. estades. q̄ sōt enuirō .ij̄c. lieues

Saluste dit q̄ sicile a este cōiointe a ytalie. mays la diuisiō y a este faicte par lipetuosite de la mer/q̄ a mēgē et mine la terre de entre deux. Cōme dit ysidore en son xiiij̄e. Et est confermee par plinius hystoriē.

De escosse cha. C lx viij̄e

Pource q̄ escosse est en latin nōmee scotia/et se cōmence par ceste lectre .s. nous la mectōs en lordre des pays q̄ se nōmēt par la dicte lectre .s. en disāt q̄

Feuillet iiii^{xx} viii

Escoſſe eſt ainſy nommee/pour les eſ
coſſois qui y habitent. Et eſt ung lieu
treſhault en liſle dangleterre.dõt elleſt
ſeparee par ung fleuue et bras de mer
de la partie dacquilon Mais &c. la part
oppoſite elleſt enuironnee de la grant
mer occeanus.par laquelle elleſt diui/
ſee de hibernie ou Irlande. Ce peuple
eſtoit au cõmencement ſemblable ſur
toutes choſes au peuple de Irlande en
lãgue/en meurs (en nature Car il eſt
leger deſprit/fier de couraige/atdãt cõ
tre ſes ennemys.aymãt autãt a mou/
rir que de Biure en ſeruitute. reputant
eſtre choſe infame de mourir en ſon lit
eſtimãt choſe de gloire z de Bertu mou
rir en champ de bataille contre ſon en/
nemy. Sobre en boire et menger. ſou/
ſtenãt longuement la fain. Jeunãt le
plus ſouuẽt iuſques a ſoleil couchant.
mengant chars/laictages/burres/frõ
maiges/et fruis plus que de pain. Et
cõdit que ce peuple ſoit naturellement
de elegante figure et belle face:toutes/
foys leur habit et Beſtemẽt deſcoſſoys
les deturpe et difforme fort. Et ſõt ap
pelles ſcotz en leur propre langaige pō
le corps quilz auoyent painct. Car ilz
eſtoient anciennement figurez dance
et couppes daguiſſons de fer.cõme dit
yſidore ou liure ix.et chapitre iij.intitu
le. De Bocabulis gentiũ/Touteſfoys
ilz ont mue beaucoup de leurs laides cõ
ditiõs premieres.pour la cõmunicatiõ
quilz ont eu auec les anglois et fran/
cois Exceptez les eſcoſſois ſiluestres z
ſauluaiges qui reſſemblent aux hiber
nois ou Irlandois en habit/en langai/
ge/en meurs et maniere de Biure z aul
tres couſtumes Eſquelles ilz reputẽt
grãd gloire de enſuiur les Beſtiges z che
min de leurs anciẽs peres.mais ilz deſ
priſent les conditiõs des aultres au re
gard des leur. Ilz ſont enuieulx oultre
meſure. Se mocquẽt daultruy/reprei/
gnent et redarguent les facõs non con
ſormantes aux ſiennes. Ilz nont point
honte de mentir Et ne reputent point
ung homme eſtre noble de quelcõque
lignee ou generation quil ſoit /Sinon

eulx ſeulemẽt. Car quãt ilz Biennent
en france tant ſoient ilz indigentz et
poures: Ilz ſe dient du lignaige du
roy deſcoſſe. Auſſi ſe diēt auoir Bertus
et hardieſſe ſus toutes gens/ſe glorifi
ent en leurs propres fais et folies. Et
ſi nayment point paix. Et comme dit
erodotus ceſte region neſt point male
fertile tant pour tant queſt angleterre
La ſituation du lieu eſt treſpropice po
exploratenrs et eſpies cõe dit plinius.

¶ De ſuecie ou ſueſſe cha. Clxix.

Sueſſe eſt region de ſichie la
baſſe en europe. De laquelle toute la
region des goths qui eſt entre les roy/
aulmes des danois et noruece aqui/
lonaires eſt auiourduy denommee.
Ceſte prouince a Bers orient/ la mer
baltique. Vers occident, la grand mer
de angleterre. Vers ſeptentrion/ les
roches et peuples des noriciens ou nor/
uees. Et Bers mydy eſt terminee au
pays de dace. ¶ Sueſſe eſt ung terro
er monlt fertile/mais il nya nulles Bi
gnes.les paſtures y ſõt tres graſſes. z
y a habondance de metaulx. Car ſans
les richeſſes qui Biennent a cauſe des
marchandiſes de la mer.elle ſeurmõte
en Benaiſõs/en beſtial/en minieres dar
gent et aultres gaings ſans nombre
pluſieurs daultres nations. Le peuple
y eſt monlt fort robuſte/ qui aultres/
foys a Baincu la greigneur partie da
ſie et de europe.parquoy les grecz ne
les oſerent aſſaillir du temps du Roy
alexandre le grand. Ne ſemblablemẽt
Jules ceſar apres ce quil euſt ſeurmõ
te les gaules/les alemans/les anglois
les danois/les gothz/les noruees et a
quiſonaires doubta beaucop dauoir
guerre a eulx et le aſſaillir /Ainſy que
dient les hyſtoires des grecz et des ro/
mains. Eſquelles on peult adiouſter
foy Meſmement es choſes qui ne cõ/
tredisent point a rayſon et ne ſont po/
int contre la religion et foy chriſtiẽne.

Second aage

comme dit saict ierome. De la lignee dicenx sont descendues les femmes du royaume de femelie quõ dit les amazones comme dient orose/ et ysidore ou xiiij⁹.

¶ De sueue cha. C.lxx⁹.

Sueue est vne province de alemaigne sur le rin en la fin de septentrion/ dont les gens ont eu iadis grant puissance en germanie come dit ysidore ou xiiij⁹ et ix⁹ liure. et aussy le dit vng poethe nomme lucain. et que ilz sont vng peuple ayant cheueulx iaulnes/ habitant en la queue et en la fin dacquilon. Et sont ainsy nommes pour vng mont ou montaigne dicte sueue. laquelle montaigne est a lentree de germanie. Et la premierement ont habite come dit ysidore ou chapitre intitule. De vocabulis gentiũ. Et semblablement il dit que ce pays vers orient a le fleuue danoe et le pays de baviere. vers occident/ le rin auec le pais de aulsay. vers mydy/ les haulx mons de italie. vers septentriõ: franconie qui est vng pays en la basse alemaigne. Et y a deux manieres de sueue. cestassauoir la basse et la haulte. Linferioze est vers le rin. la superioze/ vers les mons et le fleuue danubius. lune et lautre est terre tresbonne et fertile en blez et en vins Les cites/ villes/ et chasteaulx tresforz et bien fournis/ en plain champ et en montaignes de fleuues/ de riuieres/ de bois prez et de bonnes herbes pour nourriture de moutõs et aultre bestial qui hault et bas y sont en habondance. Il ya minieres de fer/ dargent/ et daultres metaux Grande multitude de peuple tant quil redonde es aultres natiõs. Et est fort/ hardi/ et belliqueux/ long de corps: les cheueulx iaunes. et la face belle et plaisante.

¶ De trace cha. Clxxj⁹.

Trace est province en grece. laquelle fut ainsy nommee de tyras filz de Japhet cõme dit ysidore ou xiiij⁹. Les aultres dient que pour la cruaulte des habitans ont este appelles traces/ quasi ou cõme truces/ cestadire cruelx. vers orient elle est a loppo site de la cite de cõstantinople. vers septentrion est monstre et seu le fleuue bi ster. vers mydy est conioincte a la mer Et vers occident est macedoine au des soubz ¶ En ceste region qui est moult large ont habite iadis diuers peuples cestassauoir. les massagetes/ sarmates les scites/ et plusieurs aultres nations Il ya vng fleuue nõme ebrus/ lequel touche a maintes barbares natiõs come dit ysidore ou xiiij.

¶ De thessalie cha. Clxxij.

Tessalie comme dit ysidore ou xiiij. a este ainsy nõmee du roy tessalus. Et est vne province de grece cõtoicte a macedoine vers midy. qui a plusieurs cites et villes. Dont le chief est dit thessalonica. Il ya vne montaigne dicte pernasus/ qui est cõsacree a apollo dieu de sapience. Et appertenoit ce pays anciennement a achilles. Aussi fust ce le commencement et naissance des peuples nommes iaphites. lesquelz comme on dit/ mirent premierement freins et brides aulx cheuaulx et commencerent a les cheuaulcher/ parquoy ilz sembloit que eulx et les cheuaulx ne fussent que vng corps: Dõt ont este appelles centaures. comme recite ysidore ou liure xi. ou chapitre intitule. De portentis/ cestadire des choses contre nature. Aussy en thessalie fut premierement linuention de faire les soulz et la monnoye dor. Du temps de moyse fut en thessalie vng deluge qui noya la plus grand part du pays. Et ny eust saulue3 fors seulement ceulx qui se retirerent es montaignes/ et principalement ou mont pernasus/ ou regnoit deucalion. qui la receupt ceulx qui sindrent a luy a refuge. En laquelle il les nourrist et saulua. Parquoy les fables des grecz/ et les poethes dient que deucaliõ penottuela le genre humain de pres: ainsy narre ysydore ou iiii^e liure

¶ De thoscane cha. cent lxxii^e

Tholcane ou thuscie est prouince de ptalie entre les lōbars. et le terrouer des romains. laquelle est defensable fort pour les montaignes/po' les Bopes estroictes et lieux inaccessibles Et a este ainsy appelle po' la multitude des sacrifices quon y faysoit. Car ce nom cy Thus/signifie encens. De quoy on soloit fort user es obseques et sacrifices des mors: Et faire ses oblations par grande deuotion. et aussy encenser les autelx Car la fut pmier trouee lart de diuination comme dit ysydore ou xiiii^e. Et fust ceste prouince anciennemēt nomee semilia. Il ya plusieurs nobles cites car de la partie doccident/contre lombardie sont pisane/sene la Bielle/luques/et florēce. Contre septentrion/la Bielle cite. Contre orient est la cite de arece. Contre mydy/elle a anchone/peruse/et assisie. lesquelles sont fort contigues et Boisines aux spolitains. Ceste region a Bers orient/la mer adriane et la marche de anchone. Bers mydy Rome et la riue du tybre. Bers occidēt/la lombardie milanoise. Bers septentrion/la romaniole/et la prouince de pade Elle se estend fort de orient Bers occidēt: mais na gaires de largeur. Le terrouer est pays de montaignes qui moult est fertile et de bon air/aiant la mer de deux costes. ya plusieurs fontaines et estans Entre lesquelz est le fleuue Arius. qui par la court. Mays singulieremēt est le pays ennobly pour la grande habondance du saffran qui y croist. Et pour les baingz et fontales chaudes et bouillantz qui y sont.

¶ De thuringe cha. cēt lxxiii^e

Thuringe est prouice de germanie moyennant entre francomie/saxonie et Buestefale. Dont

elle a Bers oriēt/les Bohemes et saxōs. Bers mydy/les peuples de bauiere et les fracōns. Bers occident/les habitās de sueue et daulsay. Et Bers aquilon les habitans du Rin. Le peuple est en condition comme le nom du pays sonne de soy. Car thuringe en leur langaige signifie dure et cruelle/ mesmemēt contre les ennemys. Ce peuple est en grande multitude. de stature elegante fort et robuste de corps. dur et constant en couraige. Estant en lieu plain et ont ny/Mais enuirōne de montaignes. Habondant en blez/Bins/fruis/Billes/et fortz chasteaux tant es mōtaignes cōme au plain pays Et si ya de bōs fleuues/estans/fosses/bon air. Et auec ce y a es pasturages franchise et liberte. dont sont plains de tropeaulx de bestes grandes et petites. Es montaignes y a diuerses minieres de metaulx cōme dit Erodotus qu a congnu les secretz de germanie.

¶ De touraine cha. cent lxxv^e

Thouraine est prouince de la haulte france Cōtee anciennemēt du nōbre des parties dacquitaine. ainsy nommee pour une noble cite appellee Tours/ou repose le tresnoble corps du glorieulx saint Martin qui est la gēme et lumiere des prestres. Elle est assise sus le fleuue de loire qui arrouse/enrichist/et ennoblist icelle prouince de tours. Du terrouer a bons blez/Bins/fruis/pastures/praries/et sain air. Le peuple robuste de corps. de forme elegante et belle hardi en couraige et attrēpe en parole.

¶ De gascoigne cha. cēt lxxvi^e

Gascoigne est prouince contenue anciennement soubz acquitaine. ainsy appellee pour une Bille nōmee Buasca comme dit ysydore ou ix^e. Gascoigne a les mons pirenees dung

Second aage

coste. De lautre/la mer occeanus. Et du tiers le plain champ de la prouince de tholose. En la quarte elle se appro/che des poicteuins. Le pays est silue/stre/plain de bois/de aulnois/de praries et môtaignes. Si fertile de vins/q̃ elle en administre a ses voisins/et aux Is/les de mer qui sont prochaines. Ung fleu ue nõme Gethona separe/ceste prouin ce de celle de tholose. leq̃l fleuue court p gascoigne. Et passe pres de Borbeaulx cite metropolitaine des gascons. Et d̃ la entre en la mer occeanus cõe dit psy dore ou rv̈e liure ou chapitre intitule de vocabulis gentil. Sur les montai/gnes dudit pays est vne ville nõmee Buacee dont les habitans ont ancien/nement pris denomination Et y de/mouropent des le temps que pompee le grand conquist espaigne En retour nant de la dicte cõqueste il osta les gẽs et peuple des dictes montaignes. q̃ les assembla en vne cite qui puis ce/pour ceste cause a este appellee la cite des cõ/uenes/cestadire des gens venus ensã/ble en ung lieu cõme dit psydore/pline et Erodotus qui recitent les gascons estre legers desprit/agiles de corps. har dis de couraige/prestz et cruelz en ba/taille. Et ceste ville est en francoys ap pellee conuinges.

℔ De Venise cha. cẽt lxxviij⁶.

Venise estoit anciẽnemẽt vne prouince sur le riuaige de la mer adriane. ayant ung bras de mer ou la principale cite appellee venise est assise pres du fleuue nõme le pau. lequel fleu ue fait separation entre les cites/et les extremites de la haulte lombardie / et de la basse/cestassauoir entre ceulx de bergue et de millan comme narre mai stre richard qui est le vray recitateur des hystoires des lombars. Et contiẽt maintes nobles cites. Car cõme dit p/sidore ou liure xviĵ/la cite nõmee man tua pour manthos fille de thiresias la/quelle cite fust iadis dicte thebee/apres

la ruine des thebains. est assise en la p/uince de venise qui aultrement est ap/pellee france ou gaule de deca les mõs ℔ La puissance dicelle prouince a en/cor souuerain bruit q en terre et en mer qui se estent iusques en grece /et iusq̃s en aquilegie/ou est le bout et la fin des germains et alemans. Elle reprime et abesse la tyrãnise et larcin des dalma/tiens/et esclaues q̃ sont pirates et escu meurs de mer. Defend et preserue tres/iustement toutes les isles/pors/et bras de mer qui sont en leur subiection. gou uerne tresbien la chose publique. Vse d̃ bonnes loys ciuiles. Ne permet nulle secte de gens contraire aux lois et insti tutions diuines Demourer dedens ses termes. Et brief ce me semble chose bi/en difficile et quasi icredible de dire tou tes les probites/vertus/puissãce/riches ses/prouidence/vnion de citoyens/con corde/amour de iustice et clemence di/ceulx venitiens. Si nestoit que leur re renommee est espandue par toutes na tions.

℔ De Suestualie ou Suescefale cha. cent lxxviij⁶

Suestualie ou Suescefa le est prouince de la basse ale/maigne ayãt saxonie vers oriẽt. Thu ringe et hassie vers mydy. Le Rin et co loigne/vers occidẽt. La mer occeanus et frise vers aquilon. Elle est enuiron/nee de deux nobles fleuues. Car elle a le rin/de la partie doccident. et septen/trion. Et Suesere ou Viscoinie vers ori/ent. Et en aulcuns anciens liures est appellee la vieille saxonie. Ceste pro uice het souuerainement toute espece de fornication/punist rigoureusement et estroictement desflorations de vier/ges/et garde honnestement mariages Le pays est moult fertile: plus côuena ble a nourriture de bestes que a blez. Plusieurs fleuues y sont cõme emosa lipia/rusa/et daultres. Il y a fontaine a faire le sel. Et montaignes ou sont minieres de metaulx. habõde en fruis

Feuillet iiii^{xx} x

glans/noix/pōmes. Et en bestes saul
uaiges et priuees. Le peuple est cōmu
nemēt bel et grand/mēbru/fort hardi/
pl'al de cheualerie/et courageux. prōpt
et prest rōtinuellemēt aux armes. Les
cites et Billes tant en mōtaignes que
en lieux plains/y sōt fortes et defensa
bles.

De Biroine cha. cēt lxxix^e.

Biroine est prouince peti
te oultre dace Bers oriēt. ain
sy dicte po^r ce nom Biroz/lequel signi
fie Berdeur en francois pource que el
le est plaine de praries et de bois habon
dans en Berdure/en fontaies et belles
eaues. La terre est fertile de blez. le peu
ple estoit anciennement barbare cruel
et inorue. Mais il est maintenant sub
iect aux roys/ et aussy aux loyx des da
nois. Et habite diceulx ͛ des germais
cōme apt dessus en la lectre. R. de la p-
uince Pinalia. Et est separe du peuple
des nogardes et catheozes p Bng grād
fleuue nōme ner/ou nerua

De Binlande cha. cēt iiii^{xx}.

Binlande est Bng pays
pres les mōtaignes de nouergie ou nor
Buee/assise Bers oriēt/estēdue sur le
ruaige de la mer occeanus qui est peu
fertile fors en herbes et forestz. Le peu
ple est barbare/agreste/et cruel. adōne
aux ars magiques. Ilz Bendent le Bēt
a ceulx qui naigēt et nauirēt sur leurs
ruaiges. ou q̄ d'auēture arriuēt a leurs
pors. Car ilz font Bng peloton ou foiēt
sel'de fil ou quel y a diuers neufz et le
baillēt aux marchātz qui ont mestier
de Bent en cōmandāt quilz estēdēt le
fil iusques au iij^e. ou iiij^e nocu selon ce
quilz Beulēt auoir Bēt plus ou mains
fort. Auec lesquelles choses se mesle le
dyable qui pour leur incredulite leur
fait illusions et les decoit en concitant
laer et esmouuāt le Bent selon ce q̄ dis
tirent plus ou mains de noeufz du dit
fil. dōt souuēt aduiēt q̄ les maleureux
creds a telles illusiōs par le iuste iuge
mēt de dieu sont noyez en la mer

De Yselande cha. cēt iiii^{xx} ͛ Bng

Yselande est la derniere
regiō de europe du coste de septentrion
assise oultre noruegue. es extremites
de laquelle est glace perpetuelle Et est
estendue sus le ruaige de la mer occea
nus Bers septētrion. ou la mer pour la
grand froideur est engelee et glacee
Du coste d'oriēt est sichie la superiore.
De auster qui est Bent meridional est
noruegue. De occidēt la grand mer de
ybernie. De acquilon la mer glacee
Et pour ceste cause est elle dicte ysela
de qui Bault autant cōme terre de gla
ce. Et aussy la sont les montaignes d̄
neges engelez et dures cōme glace. dōt
est aporte le cristail. Semblablement
en ceste region sont les ours blās / tres
grans et tres fiers/qui rompent la gla
ce de leurs ongles Et font grās trous
et pertuis par lesquelx ilz se plungent
en la mer. et prēnent les poissons dont
ilz Biuēt. La terre est sterile quāt a blez
Bins/et fruis: exceptes aulcunes Bal
lees ou il croyst a grand paine Bng peu
d'auaine/ d'erbes/et d'arbres. Et en ces
lieux habitent les hōmes. Mais es aul
tres sont les bestes sauluaiges. Le peu
ple Bit le plus de poissons et de naisōs
Brebis ny peuēt Biure pour le froit. et
pource les habitans se Bestēt de peaux
des ours ͛ des bestes sauluaiges quilz
preignēt a Bener ͛ chasser. Et nōt nul
les autres Bestures silz ne Biēnēt d'aul
tre region. Et est le peuple de grande
corpulence/robuste/et fort blanche cou
leur. Laquelle chose est naturelle con
sideree la froideur du pays q̄ est cause
de telle couleur.

S'ensuyt de affrique qui est la tier
ce partie de la terre. Cent iiii^{xx}ij^e.

m ii

Second aage

ffriq̃ cõme aulcũs cuy/dent est dicte quasi aprique cestadire plaisant et delec/table. pource que elle est en la Zope et chemin du so/leil: dont nest poit subiecte a froit cõme dit psydore ou liure xxe. Mais les autres dient que affrique a este ainsy nõmee de asser filz dabzahã de par cethura. lequel asser mena Bers libie/Sng ost et cõpaignie de gens dar/mes. Et apres que ses ennemys furẽt seurmõtes: il y demoura et de son nom Il appella les habitans/affres ou affriques cõme dit psydore ou xe. Ceste ti/erce partie commẽce au bout degypte/alant selõ mydy par ethiopie iusques a la mõtaigne de athlas. Vers septẽtriõ est close de la mer mediterrance. et est finie en la mer gadiq̃. Elle a plusieurs prouinces.cestassauoir libie/cyrẽne/tripoles/bezanze/ou cõstãtinople/cartage/mauritanie/ou moztaigne/Ethiopie/Et aultres cõme on Berra cy apres Et est mendze en espace que asie ou europe. Mais pour sa grãdeur / cestadire tant pourtant elle est beaucoup plus riche et plus merueilleuse en aulcunes qualites/que nulle de ces deux. Car elle est trestriche en oz/gẽmes z pierres p̃cieuses.blez/oliues/et aultres fruis. Elle engẽdze merueilleuses especes et figures de hõmes et de bestes.cõme apperra en lozdze d̃ ce traictie. La terre est bzuslee de lardeur du soleil sus tous autres pays. La mer y frape z court en beaucoup d̃ lieux. Elle est sterile en plusieurs parties po² la multitude du sa/blõ et grauier. Et est possessee de tigres pileux ou pelus/d̃ satires et aultres hozribles bestes cõme apperra cy apres.

¶De Bzaciane cha. C. iiiixxiije.

Braciane est regiõ dafsrique aisy nommee pour deux nobles Billes/ cestassauoir Anzomethus et bizant aultremẽt cõstantinople. Le terrouer est si fertile et sy gras q̃ ainsy que dit psydore ou xiiije. Les semences qui y sont gectees croissent et sont augmẽtees de la cẽtiesme partie.

¶De dedan cha. C. iiijxxiiije

Dedan est region en ethiopie en la partie occidẽtale cõme dit psydore ou ixe. Habõdãt en elephans et en puoire. et en Sne maniere de Bois merueilleusemẽt dur q̃ est apelle ebene cõe dit la glose sur le xBije chapitre de Ezechiel le prophete.

¶De egypte cha. cẽt iiijxx Be.

Egypte a pzis son nõ dung roy nõme Egyptus lequel y regna. mays pzemieremẽt fut dicte Eree. Vers ozient elle est ioincte a sirie soubz la mer rouge. Vers occidẽt a libie. Vers septẽtriõ a la grãd mer. Vers mydy se esteñt iusques aux ethiopiens/comme dit psydore en son xiiije. En ceste regione pleut poit. mays Sng fleuue nõme le nil/sẽnuirõne et arrouse: dont la rẽd fertile/et de blez et daultres marchandises. La fi degypte est nõmee canopia pour canope gouuerneur de menelaus lequel y est enseuely. Ceste region fut pzemieremẽt dicte nephapa de la fille de cham ainsy nõmee cõme dit psydore ou ixe. Et a maites puinces particulieres/et cites bië renõmees. entre lesq̃lles est mẽphis edifiee de epasus filz de iupiter Taphnes cite metropolitale d̃ gypte /helyopoleos/Alexandzie z plusieurs aultres cõme dit psydore ou xBje Mays selon ozose il y a deux egiptes Cestassauoir la haulte et la basse. laq̃lle est estẽdue de long en ozient. Vers septentriõ elle a le bzas de la mer arabique. Vers mydy est la mer occeanus. car la haulte egipte par deuers occidẽt cõmece a la basse egipte ⁊ fine a la mer dorient qui est dicte la mer rouge. et cõtient xxiiij regions. Mays egypte la superioze a plusieurs desers ou sont bestes mõstrueuses/liepars/tigres/satyres/basiliz/aspis/et serpens horribles. Especialemēt es fis degypte et dethiope pres de la fontaine du tigre/ou est le chef ⁊ naissāce du nil/naist ⁊ est engēdree vne beste nōmee Cacothephas. laquelle est petite de corps/tardiue et paresseuse de membres: mais la teste merueilleusemēt pesante. parquoy est tousiours encline le chef contre la terre laquelle chose nature a fait pour le salut des hōmes Car ceste beste est de si grāde venenosite et poison: que nul ne la pourroit regarder en la face quil ne mourust incontinēt sans nul remede. et telle force a le serpēt nõme basilique cōme dit pline ou liure viij. a chapitre xxi. Aussy en egipte habōdēt cocodrilles. et les ppotames/cestadire cheuaulx de mer. et principalemēt vers le cours et fleuue du nil.

De ethiopie cha. cēt iiij. ⁊ vj.

Ethiopie fut premieremēt ainsy appellee pour la chaleur du peuple qui est soubz le chemin du soleil. cōme dit psidoze ou xve. Car elle est en chaleur et ardeur continuelle. pource q̄ elle est toute soubz le cerne du mydy vers occident est montueuse et plaine de montaignes. Du milieu plaine darene et de grauier. Vers la region orientale est deserte. De laquelle la situation est estēdue depuis loccidēt de la mõtaigne de athlas/vers oriēt/iusq̄s aux fins degypte. Du coste de midy est close de la mer occeanue/ou dung fleuue nōme ostia. Et du coste de septentrion du fleuue nilus. En ceste regiõ sõt plusieurs gēs de visaige diuers et face mõstrueuse. Grāde multitude de serpēs ⁊ aultres bestes cruelles. entre lesquelz est la licozne/camalcon/basilic/⁊ grās dragos. De la teste desquelz sont tirees pierres precieuses cōme Jacinctes/crisopzasses/topazes/et plusieurs autres Aussy en ce pays croist la cynamome/ canelle et aultres espices. Toutesfoys est a noter quil ya deux ethiopies. Lune vers oriēt/et lautre en mozienne/vers occidēt. laquelle est fort prochaine a espaigne. Et puis vient numedie/en apz cartage. Cōsequamēt getulie et finablemēt cōtre le cours du soleil vers midy est ethiopie la brulee. Outre laquelle dient les fables que sont les peuples dis antipodes q̄ ont les pies cõtre nous cōme dit psydoze ou xve. Du quel ceste clause est prise toute mot a mot. Les ethiopiens sont ainsy nommes de chus filz de cham duquel ilz sont descendus. Car chus en hebrieu signifie ethyope en grec. Ceulx de ce pays se partirent iadis de la riuiere du nil pres de egipte Et puis ilz sen aferēt entre ledit fleuue et la mer/vers mydy soubz lardeur du soleil et la ilz se logerēt. Et diceulx ya maintes diuersites cõme tantost dit. Aultrement peult on dire q̄ les ethiopiens sont ainsy nōmes pour vng fleuue noir lequel est de seblable nature au nil. Car il produit sēblables iōcz/roseaux/et herbes/cõe dit plie ou liure v. et chapi. x. Et ou tēps quil fait grād chault/Il ya es desers de ethiopegēs mõstrueux. Desquelx les aulcuns regardēt le soleil par cruelle imprecation et maledictiõ/en le mauldissāt pour son ardeur vehemēte. Les aultres cōme trogodites/cauēt fosses ⁊ y habitēt en lieu de maisos et viuēt de serpens ⁊ sēblables viādes Et en lieu de parler/groignēt cōme porceaux/chiēs/ou aultres bestes. Aultres sōt cōme brutes sans mariage habitans femes et hōmes ensēble indifferāmēt. et sont nommes garamātes. Les vngs sont tous nuz ⁊ non vestus: qui ne sont occupes a nul exercice. et sont appellez graphasantes Et les aultres appelles blemiens ne ont point de teste/mais ont la bouche et les yeux en la poictrine Aussi ya daultres nōmes satyres ayans figure humaine. mais en cōditions sont inhumains. Sēblablemēt dit icelluy pline

Second aage

ou liure iij. et chapi. xxxj. Il y a mains ethiopiens auec lesquelz sont engendrees bestes a quatre piez sans oreilles : et grans elephans. Les aultres sont qui ont vng chien pour leur roy. Et quant ilz le voyent mouuoir ou faire aulcun geste : ilz aduinent quelle est lintention de ce chien et lacomplissent. Daultres y a qui semblent auoir trois ou quatre peulx ou front combien quil ne soit pas ainsy. Les aucuns venet et chassent pantheres/et lions. et viuet de leurs chairs. Desquelx le roy a vng seul oeil ou front. Et les autres viuet seulemet de bestioles/nommees sauterelles endurcies et cuptes du soleil et de la fumee. Et iceulx ne passet point le xl. an.

De fenicie cha. cent iiij xx viij.

Fenicie est prouince ainsy nommee pour fenix frere de cadmus. car icelluy degecte et expulse des egyptiens en sirie/vint en sydoine ou il regna. laquelle il denoma fenicie de son nom. En ce pays est la cite nomee thirus. contre laquelle parle ysaye come dit ysidore ou xiiij et ix liures. Ceste prouince a vers orient/arabie. Vers mydy/la mer rouge. Vers occident/la mer mediteranee. Vers septentrion/le mot libanus. Le terrouer est fertile principalemet de bons arbres/blez/fruiz/lect/huile/et miel montueux et champestre/arrouse souffisantmet de fontaines et riuieres. Et es montaignes on trouue metaulx de diuerses esperes.

De getulie cha. cent iiij xx viij.

Getulie est prouince daffrique laquelle come dit ysydore ou ix a este ainsy nomee de ceulx qui demourerent et procederent du residu des grecz ou des gothz. lesquelx par grand courage assemblas multitude de nauires virent iusques aux parties de libie. Et la constituerēt leurs habitations iusques auiourdhuy. Et pource quilz sont descendus du peuple nome getes / par diriuation de nom ont este appelles getuliens. parquoy les grecs sont dopinion q les maures qui sot ges noires/sot leurs pchains et de leur lignaige come dit ysidore ou ix. Pres diceulx habite le peuple de gaulonne par deuers mydy iusques a la mer occeanus qui est iagāt par les deserts. Les ges de gaulonne ont este ainsy nomes po vne isle appellee gaulon qui est pres de Ethiopie/ou iamais serpet ne nasquist ne eust vie.

Semblablemet est a noter que en la fin daffrique y a peuples bestiaulx qui sont appelles garamantes/ pour vng roy filz dapollo nome Garamāthus q y edifia vne ville appellee Garama. Duquel peuple dit pline q a paine sont ilz hors de la copaignie de toute humanite/cest adire quilz sont si extremes et estrages en condition quilz ne habitent point auec les hōmes.

De cartaige cha. cent iiij xx ix.

Cartage est nom de vne cite et de vne prouince daffrique /en espaigne. Et y en a deux/la maieur et la mineur. sōt lune q lautre cōe diet aulcūs hystoires a este edifice de la royne Dido/qui premieremet lappella tarcada en la lague des fenicies. Mais par transposition du lagage on la dicte depuis cartage. Et pour la noblesse de la cite tout le pays a pris sa denomination. Laquelle cōbien quelle fust tresrenōmee et non pas de mendre estimatiō q rome : toutteffois Scipion la destruist du tout a layde des romais. mais depuis a este p iceulx reparee cōme dit ysidore ou xv.

Lautre cartage est en la grace affriq. laqlle est situee entre bizante/ou cōstātinople/et numedie. Et sy est du coste de septētriō/sur la mer de cecile. et p deuers mydy/estēdue iusqs a la regiō des getulies. Lune des parties dicelle regiō est mōlt plātureuse et plaie de fruiz huiles/et metaux. Mais lautre partie q est vers numedie/est plaine de grandes bestes/serpens/et asnes saulnages/vagans par le desert come dit ysidore ou xiiii. Et aussy de elephans comme dit Pline ou xe.

De liddie cha. cent iiiixx et dix.

Liddie est lancien siege des royaulmes ou court le fleuue de inde appellee pacto. ou quel y a foyson dor. Et fust iadis appellee morbie la doree. et y auoit deux freres lesquelz furent tous deux roys ensemble. Mais pource que le pays estoit petit et ne les pooit tous deux soustenir, a lung diceulx roys cestassauoir Liddus fut le Royaulme baillé par sort. Dont le pays a prins ceste denomination Et laultre cestassauoir Cirremus assembla multitude de gens et occupa la prouince cirrence ainsy nomee de son nom. Ceste prouince liddie est de la partie doccident cointointe a Frigie la mineur, ayant de la part dorient la cite smirne, cairronce du fleuue hellus. et auecques ce y a .ii. aultres fleuues cestassauoir pactesus et herius q arrouset les champs dicelle cite Desquelz fleuues le sablon et grauier est dor come dit ysydore ou xv.

De libie cha. cent iiiixx et xi.

Libie est grande region en affrique ainsy appellee pource que hung sien nomme libs q est vent daffrux sortist de ce quartier come dit ysydore ou xiiii. Les autres dient Epafus filz de iupiter lequel edifia en egypte la ville nephin auoir engendre de sa femme Casona vne fille appellee libia, qui apres en affrique a possidé le dit Royaulme q a esté delle nome libie. Libie est situee au commencement daffrique Et a egypte ders orient Et par deuers occident la grande syrte, et les trogodites ders septentrion la mer lybique. Ders mydy ethyopie et les nations dere barbares et solitudes inaccessibles qui sont lieux deserte por les bestes crueles, Serpens et dragons q engendre basilies, ainsi q dit ysydore ou xv. Ceste terre est moult chaude

Feuillet iiii^{xx}xii

et engendre en diuers lieux bestes monstrueuses et venimeuses, et plusieurs choses pcieuses come gemmes, or et argent, en grande habondace, fourmentz, vins, huille, et maintes manieres de espices. Les habitateurs de ceste region ont leur pmiere naissace de puteicus filz de chan. Dont est assauoir que le fleuue courant par libie et moriene est nomé puth. Et aussy toute la regio putheuse come dit la glose sur le chapitre xi de Genese.

De mauriane ou mortaigne cha. cent iiiixx et xii.

Morienne ou mortaine est vne region ainsy appellee pour la couleur des peuples q sont noirs Car mauron en grec signifie autant q noir en francois. Et sicome les gaules sot appellees et prenent leur denomiatio de la couleur blache: aussi sot les maures de la couleur noire. Dont la pmiere regio est nomee stiphense por vne ville appellee stiphi. La seconde est dicte Cesariense, laquelle a esté Colonie, cesta dire representatio et seblace de la cite ce saree. Et sont ces deux puices cointoictes et ont du costé dorient Numedie. De septetrio la grad mer. Doccidet le fleuue malua. De mydy le mot astrixim, q discerne et fait separatio entre la terre fecode et fertile: et les arenes et sablos estans vers la mer occeanus. La tierce est dicte mortaigne tingitana, ainsy nomee pour tings qui est cite metropolitaine du pais. Et ceste cy est la derniere ptie daffrique, et dict de vij. montaignes aiat du costé doriet ledit fleuue malua De septetrio, la mer de gades. Doccident, la mer athlatique. De mydy les peuples de gaulone, qui sont iusques a la mer Hesperus. Ceste regio engedre bestes saulvaiges, Siges, dragos, Austruches, et elephas comme dit ysydore ou xve.

De numedie cha. C. iiii^{xx}xiii

Numedie aultrement bar

m iiii

Second aage

barie est region en affrique contigue a cartage. Commence ou fleuue arnifiga. et se fine es limites et sentiers des cogitantes. aiãt du coste de orient les petites sirtes qui sont lieux sablõneux en la mer. Du coste de septẽtriõ sestend en la mer de sardine. Ou coste doccidẽt regarde Mõtaigne stipense. De midi/les ethiopiẽs. Elle est grasse ⁊ fertile en plusieurs lieux. Es forestz sont les bestes sauuages. Es montaignes/cheuaulx et asnes sauluaiges appelles onagres mais es parties posterioꝛes et plus loigtai nes sont serpẽs ⁊ bestes sẽblables. Aussi y a ung marbre excellẽt tenant le nõ de numedie cõme dit pꝉp̄. ou xve.

¶ De tripolitaine ca. cẽt iiiixx riiij.

Tripolitaine est regiõ en fenicie aisy appellee poꝛ tripolis cite tresrenõmee laquelle pour sa grãde force est defẽse ⁊ seruatiõ de tout le pays a lẽuirõ ¶ Il y a une aultre tripolitaine en affriq̃ entre la cite pen/tapolis/⁊ bizace: aisy nõmee poꝛ trops grãdes cites/cest assauoir ozea/sabine ⁊ septis la grãd. Elle a de la ptie doꝛient la mer sablõneuse ou sõt les grãdes sirtes/cest adire perilz de mer ou les nefz periszẽt legerement pour les grãs tas de sablõ q̃ y sõt. De la partie de septẽtriõ/elle a la mer adriane. Doccident la cite bizãte. De mydy les getules et garamãtes q̃ se estendẽt iusq̃s a la mer de ethiopie cõe dit pꝉpdoꝛe ou xve.

¶ De trogadee cha. cẽt iiiixxve.

Trogadee est regiõ en ethiopie de la quelle les habitãs sõt appellés trogadites pource q̃lz sõt si legiers du pie/q̃lz passẽt les bestes sauluaiges en courant. En ceste region a une isle ou croyst tresbõne espice nõmee mirre trogadite poꝛ le lieu cõe dit pꝉp. ou xve.

¶ Cy finist des regions.

¶ Sẽsuyt des mõtaignes chapitre C iiiixxvj.

Nous auons fait mention de plusieurs montaignes Isles ⁊ fleuues en traictãt des regions/⁊ en declarant leurs extremitez et limites ou elles ioing/nent et aboutissẽt. Parquoy il est mõlt expediẽt dauoir aulcune declaration dicelles. en parlãt p̄mierement en general et puis de chascũe en especial. Dõcques a parler generalemẽt. Mõtaigne est une tumeur et eleuatiõ de terre se esleuãt en haut en touchãt lautre terre seulemẽt du pie. Ou cõme dit aristote Montai/gnes sõt dictes pource q̃ elles soiẽt eminẽtes et apparentes par dessus lautre terre. Aussi dit icelluy aristote ou liure des pꝛpꝛietes des elemẽs. Aulcuns ont dit q̃ la terre ou cõmẽcemẽt de sa cõpo/sitiõ a este rõde et onnye/sans montai/gne ne uallee pource q̃ elle estoit de figure sperique et rõde cõme les corps superioꝛes. parquoy il fault dire q̃ la cau/se des mõtaignes ⁊ uallees nest foꝛs la cõmotiõ des eaues q̃ ont caue ⁊ penetre les lieux rares et nõ espes. Dõt les parties dures ont este faites mõtaignes: pource q̃ elles nont peu estre cauees de la force des eaues. Et les lieux creux ⁊ caues ont este mer ⁊ fleuues. Pareille mẽt dit icelluy aristote ou liure de me/theoꝛes: Les mõtaignes sõt faites dũg croulemẽt ⁊ mouuemẽt de terre/q̃ sesle ue une partie ou abesse plus que lautre Aussi la uenue ⁊ depart de la mer caue aulcũs lieux/et esleue les autres q̃ sõt fais mõtaignes. Car la mer a aulcu/nesfoys couuert toute la terre: et a lesse en son depart les supioꝛes parties de la terre dures en rasant et ostant les molles. Et en aulcũs lieux la terre q̃ auoit este faite molle pour leaue sest endur/cye apres sõ depart et a este faite mon/taigne. Elles sont ancūesfois spõgi/

Feuillet iiii xx xiii

euses/creuses et cauerneuses,pour la/
quelle cause et aussy pour emplir leur
vacuite ilz suffent et tirẽt leaue a eulx
Et quãt les cõcauites et vuidages sõt
plaines ilz la metẽt hors par fontaies
Et aisy sõt cause et commencemẽt du
cours continuel des fleuues et fontai
nes cõme dit Aristote. Semblablemẽt
montaignes cõtiẽnẽt noblees metaulx
lesq̃lz sõt tirez des parfõdes veines des
montaignes. Aussi ilz sõt generatiues
de bons fruitz et despices aromatiques
Car pour la purete de lair dominãt es
sũmites des montaignes:croissent les
fruiz plus doulx et plus netz que es val
lees cõbiẽ q̃l y en croissent mains. Les
montaignes sont plus susceptiues des
raiz du soleil que les vallees et plus re/
tẽtiues de la lumiere quãt ilz le ont. et
aussi sõt generatifz de vapeurs et exal
atids : par lagregation et assẽblee des
quelles choses sõt engẽdrees les nuees
en lair. Touteffois es treshaultes mõ
taignes cõme olipus ne sont gaires en
gendrees plupes/cõme dit aristote:la/
quelle chose est pour la subtilite de lair
et rarite des vapeurs . car p̃nieremẽt
la vapeur est resolue et consumee auãt
ce quelle puist ataindre a la sũmite des
montaignes. Les montaignes sont a/
bandonnees a des ĩpetuosites plus q̃
vallees.parquoy pour la frigidite do/
minãt en icelles ilz sont conseruatiues
de neges:lesquelles y sont congelees et
estrainctes pour les ventz froitz q̃ y sou
flẽt. Dont ilz durẽt plus longuement
cõme apert en caucasus/libanus et aul
tres montaignes sẽblables/lesquelles
selond ysidore/sont tousiours blãches
de neges tresespesses. Pareillemẽt mõ
taignes ont plus souuẽt les coupz du
fouldre et tẽpeste q̃ les vallees ainsy q̃
dit ysidore des mons pyrenees.et aus
sy des mons cerannes q̃ sont aisy nõ
mes pour les foudres q̃ souuẽt y chẽt
Car cerannos en grec signifie fouldre
en frãcois. En oultre pource q̃ mõtai/
gnes sont haultees:ilz sont fort congru
es et decẽtes a speculation et faire guet
Parquoy ceulx q̃ craignẽt la venue de

leurs ennemis montẽt es haultes mõ
taignes. Et aussy pource q̃ ilz sont fer
mes et dures de leur nature et composi
tion de leur parties:ilz sont principale/
ment conuenables a ledifice de chaste/
aux et lieux de defense. Car habitati/
ons en roches et mõtaignes sont plus
fortes que aultres En partie po'ce q̃lz
ne peuent estre minez pour leur durte:
Et aussy q̃ on ne y monte pas facile/
ment pour la haulteur . Pareillemẽt
pource que montaignes sont herbues:
elles sont propices a nourriture de bre/
bis et aultres bestes. Car herbes crois
sans es montaignes sont saies et plus
vtiles a la nourriture des bestes q̃ cel
les qui croissent es vallees: Combien
que en parlant generalemẽt pastures
de vallees soiẽt plus grasses. Entant
que lumeur nutritiue dont sont nour/
ries les herbes:est plus soutille et pure
es montaignes que es vallees .car la
chaleur du ciel y digere plus facilemẽt
sumidite.et la mue et conuertit plus
parfaictement en substance de herbes
et de fruitz pour la subtilite de lumeur
et purite de lair. Semblablement es
mõtaignes sont les arbres plus haulx
et ronces plus espesses que es vallees.
parquoy les montaignes sont propices
a labitation des bestes agrestes et sau
uaiges.et aussy des oyseaux. Et pour
ceste cause quant les bestes sauluaiges
se treuuent persecutees des veneurs
es vallees: Ilz ont refuge es montai/
gnes ou elles sont plus seurement.

¶ De Ararath chapitre cẽt quatre
vingz et x.iij.

Ararath est montaigne
treshaulte de Armenie ou reposa lar/
che de Noe apres le deluge comme dit
ysidore. Dont Iusques auiourduy les
vestiges et traces de ycelle arche y ap/
paroissent. Et est ceste montaigne nõ
mee par diuers noms. De laquelle par
le Iosephus en ceste maniere. Le lieu
ou est larche de Noe est appelle des ar/
meniens/egressoire q̃ vault autãt adire

Second aage

cōe yssue pource que noe en yssist. ¶ la on voit encor auiourduy les demourās dicelle comme dient ceulx de la puince ¶ De ceste arche fait mētiō Berosus caldeen en ses sermōs disāt en ceste maniere. On dit q̄ aulcule partie de la nauire q̄ fut en armenie / enuiron le mont cardif / y est encor. Et q̄ de la chet vne maniere de cyment dōt les hōmes vsēt pour se nectoier. Aussy de ce escriuēt et Jerome le egyptiē / et Manasses damascene ou iiij. ¶ xv. liure des histoires en telle maniere. Vne mōtaigne haulte est en armenie appellee baris en laq̄lle plusieurs ont este sauluee du temps du deluge. Et aussi les residus q̄ demourās des buches de larche y ont este gardes lōg tēps apres. En oultre est a noter q̄ les mōs de armenie sont dis cerāneez po' leur haulteur. Et aussy pource q̄lz sont souuēt frapez de fouldres. Ces mōtaignes se cōmēcēt entre armenie et hiberie depuis les portes de caspes / Jusq̄ a la fōtaine dōt nait le fleuue tygris comme dit ysydore.

Des alpes cha. cēt iiij. xviij.

Alpes sont mōtaignes aultremēt dictes Ripheees estās ou cōmencemēt de germaie cōme dit ysidore. Lesq̄lx sōt ainsy nōmes po' le soufflemēt cōtinuel des vens q̄ impetuosite des tempestes. Car Ripheus en grec signifie Impetuosite en francois. Et alpes signifie mōtaignes hautes. cōme sōt celles de sauoye et de sainct bernard A la haultesse desq̄lx on ne peut puenir sinon par autres petites montaignetes. En ces alpes sont cōtiuelles neges. frequētes nuees. les cōmēcemens des grans fleuues q̄ fontaies. Bestes sauluaiges et oiseaux de maintes especes. Et mesmemēt dont les eles sont luisātes de nuit comme dit ysydore.

De bethel cha. cēt iiij. xix.

Bethel sont mons en iudee voisis a la cite de iherusalē / ou la maison de dieu fut edifiee soubz salomon. Ces mons sōt plains de bois / entez et fertiles darbres. plains derbes aromatiques et ayans bōne odeur. Parquoy les cerfz / chieures q̄ cheureaux ont acoustume de frequēter les hautesses d̄ ces mons.

De caucasus cha. ij.

Caucasus ou causac est mōtaigne orietāle Estēdue depuis Inde iusques au mōt du thorel. Et est nōmee par diuers nōs selō la variete des habitās du pays cōme dit ysidore. Elle est appellee caucasus ou causac vers oriēt ou elle est esleuee hault po' sa grāde blācheur. Car selō la lāgue oriētale caucasus signifie candeur et blācheur Par quoy ont apesse ceulx qui sōt voisins de ceste montaignes cirochasym. Car achasym en leur langaige signifie blācheur ou nege comme dit peelstup ysydore.

De carmel cha. ij. et vng

Carmel est montaigne de Judee ou est la cite dicte carmele. Et y a deux montaignes ainsy nommees. lune en la partie superiore contre mydy. Dont il est leu ou premier des roys chapitre xxj. que Nabal y pastura ses tropeaux. Lautre est en la partie inferiore de la terre vers la mer. Lune et laultre montaigne est fertile en pastures / fruis / et herbes. Et se nōmēt en commun frācois aultremēt la montaigne du carme.

De ethna cha. ij. et deux.

Ethna est montaigne de sicile dont il sault feu et souffre comme de la fournaise d̄ fer Ainsy que dit ysydore ou xiiij. liure chapi. re sj. Ceste montaigne a de la part dont souffle le vent eurus ou daffrique: des fosses et caue[r]nes plaines de souffre qui se espādēt iusques en la mer. Lesquelles fosses receuans en soy les floz et vndes de la mer / creent vng vent lequel agite et esmeu auec la fouldre engendre feu. parquoy il sēble q̄ de ceste mōtaigne on voye cōtinuellemēt yssir feu q̄ fumee.

Feuillet iiii xx xiiii

Auſſy dit on q̄ en ceſte montaigne les habitās ont veu ⁊ voiēt aulcūes figu/res: et ſont ouys les pleurs ⁊ gemiſſe/mens de aulcuns. Parquoy pluſieurs croyent que la ſoyēt les lieux penaulx ceſtadire de peine ou purgatoire ou aul cunes ames ſōt punies. laquelle choſe ie ne afferme pas. Touteſſoys Saict gregoire en̄ fait mētiō aulcunemēt en ſon dialogue.

De eſau cha. deux cēs iij.

Eſau eſt vne montaigne aul tremēt dicte le mōt ſeyr/ou eſt la cite de ydumee aiſy appellee de eſau filz de y/ſaac/lequel p̄mieremēt la fōda cōe dit ſaict Jerome ſur le pphete abdias. car eſau a eſte nōme de trois nōs/ceſt aſſa/uoir Eſau/ſeyr/et edon. Seyr eſt mō/taigne en la terre de edon ou a habite eſau en la region gebalena. ou premie/remēt habitoit chorreus. lequel fut tue de Codolahomor cōme apt ou xiiij. De geneſe. Ceſte mōtaigne a eſte auſſi ap pellee ſeyr pour eſau a cauſe quil eſtoit velu et plain de poil. Car ſeyr en hebri eu ſignifie velu en cōmū lāgage. auſſy elle a eſte p̄mieremēt habitee de hōmes de horrible et grāde ſtature cōe geans ainſy que dit la gloſe ſur le ſecōd chapi. de Deuteronome. leſquelx expulſes et deſtruictz: les filz de eſau y habiterent. Ces montz de edon ſont ſi haultz q̄l ſē/ble q̄ en aulcūes parties ilz touchēt les nues. Sont caverneux/creux ⁊ plains de foſſes. eſquelles habitent les hōmes meſmemēt en leſte pour fuir lardeur du ſoleil.

De effraym deux cēs ⁊ iiij.

Effraym eſtoit eſpeciale/mēt dicte vne mōtaigne en la terre de la lignee de Effraim: ou Joſue filz de nun receupt ſa poſſeſſiō cōme appt ou xix. cha. de Joſue. Et y edifia vne cite ou il habita. laquelle montaigne cōme dit Adamancius eſt ſus toutes autres de icelle regiō plus ennoblie de herbes/ et arbres/plus fertile de fruiz/plus bel/le a regarder/De meilleur air/⁊ mieux arrouſee de fōtaines. Parquoy le lieu eſtoit biē covenable et propice a la De/meure et habitation de icelluy Joſue q̄ aultremēt eſt dit Jeſus. Et auſſy il y eſt enterre vers ſeptētriō cōe apert ou xxiiij. chapitre de ſō liure. Auſſy ceſte mōtaigne eſtoit voiſine et pēhale a ſi/chen q̄ eſtoit cite de refuge et de frāchi/ſe avec ſes faulxbours. Teſmoig le xx. de Joſue. Les os de Joſeph y ſont enter rez cōme eſt dit ou dernier de Joſue. Semblablemēt le dit ioſue y miſt les macheres et couteaulx de pierre dōt il a circōcis les enfās de Iſrael en ſermi/taige cōe apt par icelluy Adamancius ſus le xx. chapi. de Joſue. Pareillemēt cy habita la pphetiſſe delbora. Et ſe ſe/oit ſoubz la palme qui eſt entre bethel et rama cōme eſt eſcript ou quart des Juges. Ceſte mōtaigne cōtiēt pluſi/eurs petites mōtaignetes pticulieres/ et bois en divers lieux/cōme on liſt ou xvij. de Joſue. Eſquelx furēt occis les prīces de madian/oreb/et zeb. deſquelx les chefz ont eſte aportes de gedeon oul tre le fleuve iordain/cōme on voyt ou vij. des iuges. En ramathaim qui eſt partie de ceſte mōtaigne effraī fut ne le pphete ſamuel. Alſy q̄ apt ou p̄mier chapitre du p̄mier livre des Roys. Et a vec ce y habita ⁊ converſa. Car ceſt le lieu ou quel il oignit p̄mierement ſaul en roy cōe teſmoigne le x. chapitre du p̄mier des Roys. Et auſſy Samuel y mouruſt et fut enſeveli cōme apert ou xxv. du premier des Roys.

De hebal cha. deux cēs ⁊ v.

Hebal eſt mōtaigne oultre le fleuve iordain. ou ſe arreſterent les ſix lignees de iſrael apres le paſſement dycelluy fleuve Jordain a mauldire ceulx qui ne garderoyent pas les com/mandemens du decalogue/ceſtadire les dix cōmādemēs de la loy cōme apt par le xxvi. chapitre de Deuteronome

Second aage

Et est ce mot cauerneux et borageulx ainsy q̃'on dit et cõme apert par son interpretation/car hebal signifie autant q̃ borage et bel en frãcois. parquoy ya souuẽt mouuemẽs et crolemẽs de terre Aussy cest le mot de imprecatiõ et malediction ou len prioyt que maulx aduenissẽt aux transgresseurs des cõmandemẽs. Semblablemẽt estoyt repute le mont de abiection et ville. parquoy les six lignees nõ nobles/cestassauoir les enfãs des chambrieres estoyent de putes et mis sur icelluy mont a mauldire le peuple cõme on lit ou xxvij. de deuteronome.

De hermon cha. ijᵉ. vj.

Hermon est vne montaigne petite assise sur le fleuue Jordain/qui est plaine de herbes et pasturages. Car au pie dicelle/court le fleuue Jordain. Et en la haultesse est abruuee de grãde habondance de rousee. parquoy estoit moult belle/plaisante et plaine de verdeur. Et pource la ont este nourris les bestes qui deuoient estre immolez et sacrifiez a dieu. Et a cause que les bestes engressies de la rousee/de leaue/et herbes dicelle montaigne estoiẽt offertes ou mont de syon/cestadire en la sale du tẽple: A este dit selon les hebrieux par le prophete. que la rousee de hermõ est descendue ou mont de syon. laquelle chose ne se peult entendre selõ le sens litteral. En tãt que le mont syon est plus hault que le mont hermon et aussi est bien loing de luy. Mais se doibt entendre que la gresse des bestes q̃ sont nourries de la rousee de Hermon estoit aportee et offerte a lautel du tẽple qui estoit au mont de syon por nourrir le feu de lautel. Et pource hermon est iterpreté lumiere exaltee et esleuee cõme dit la glose sur le pseaulme Ros hermon etc. Car la lumiere du feu de lautel du tẽple estoit esleuee des gresses qui venoient de hermon.

De hebron cha. ijᵉ. vij.

Hebron est vng mot en Judee ou est situee la cite tresrenõmee dicte Hebron/pour icelle montaigne cõme dit Rabanus. Dont la vallee est appellee la vallee de mambre. laq̃lle fust possessee de ancien temps des amis de aner et escol cõme apert en genese. Ceste montaigne est vng lieu sollennel/pour les sainctz patriarches q̃ ont este depuis le cõmencemẽt du monde. lesq̃lx presques tous y sont enseuelys. Dont a este nõme premierement des anciẽs Cariatharbe/cestadire la cite des quatre. pource que les corps des quatre hõmes tres renõmees/cestassauoir Adam/Abraham/ysaac/et Jacob y reposẽt cõme dit sainct Jerome. Aussy est a noter que hõmes tres puissans ont possede par heritaige ceste montaigne comme apert ou xvij. de Josue ou il est escript que caleph mist hors de hebron les filz de Enach qui estoyent du lignage des geyans. En ce mont comme lieu tres seur et defensable dieu institua le principe et cõmencement du roy dauid Et luy cõmanda quil y montast iusq̃s apres la mort du roy saul. ou il regna lespace de vij. ans. Et puis finablemẽt peruint au royaulme de tout israhel

De hephron cha. ijᵉ. viij.

Hephron est petite mõtaigne ou tribu et lignee de iuda. Contre septentrion a xv. ou xx. lieues de hierusalem/ou est vne ville moult grãd/nõmee effreta comme dit sainct Jerome.

De hor cha. ijᵉ. ix.

Hor est vne mõtaigne es extremitees et derniers fins de la terre de edon. Du quel mourust aaron ple cõmandement de dieu/le xl. an apres q̃l fut hors desgypte et quil estoit ja aage de cent et trente et trops ans.

Feuillet iiii^{xx}xv

Côme apt ou xxiiii^e chap. du liure du nôbre. Et la fust la trêtiesme mansiõ ou demourerêt les enfãs de israel aps ce quilz yssirent hors degypte. Car qñt ilz se partirêt de cades: ilz vidrent en la montaigne de hor qui est au bout de la terre de edõ En ceste montaigne de hor, Eleazarus filz de aaron receut la dignite de souueraine prestrise.

De libanus cha. deux cens x^e.

Libanus est montaigne tresshaulte de phenice. dont les prophetes ont fait souuent mentiõ Et est ainsy nõmee pour lencés qui y est trouuee et coeuillie/cõme dit ysydore. Ou pour ce que la partie qui regarde orient est ainsy appellee Ou aultrement peult estre dit quil est aisy nõme a cause que libanus est interprete candidation/ou blanchissement. Car ce môt est blãchi cõtinuellemêt de la nege qui y est. laql le ne se peult tãt fondre: que len ny en treuue tousiours en aulcune partie. A cause desdictes neges ce mont est principe et naissance de plusieurs fleuues et fontaines. Car côme dit saict ierome du pie ou racine dicelle montaigne procedent deux fontaies. cestassauoir Jor et dan. lesquelles ioinctes ensemble fõt vng fleuue nõme Jordai. Libanus est le mõt de redolence/et de bõne odeur et de souueraie espicces aromatiques. car herbes odoriferêtes y croissêt en habon dãce. Arbres portans encés y ont grãd vigueur. Desquelles les gõmes sont appellees des medicitis oolibanū /cõme dit saict Jerome. Itê cest môtaigne de souffisance et de fecūdite. Car pour labõdance de la rousee et frequêce des pluyes: elle habonde en herbes/et pastu res tres plâtureuses En fruis tresbõs et tres meurs. parquoy en la montai gne de libanus/estoiêt nourries les be stes q estoiêt offertes ou têple. Aussi el le est môtaigne de eminêce et sublimi te tresgrãde. Car ainsy q dit Tabanus Ceste môtaigne excede en haulteur toutes les aultres montaignes dicelle

region. parquoy les mariniers venãs de loing pays par mer a la cite thyrus la voyent deuant toute terre. Et con gnoissêt par icelle a quelz pors ilz doy uent arriuer. Itê cest môtaigne de in fluence indeficiente/et de humidite cõ tinuelle. car cõbien que au dessus y apt siccite ou secheresse Toutesfois par de dens y sont tresnobles veines de eaue cõme il apt es puitz des eaues viuans. lesquelles selon le dit de salomõ ou iiii^e chapi. des cãtiques ont acoustume de courir et proceder cõtinuellemêt dicel luy mõt libãus. Pareillemêt cest vng mont de confidêce et seurete. Car ceux qui y reposêt sont pserues des serpês ve nimeulx. lesquelx sont chasses et expul ses par la vertu des herbes et arbres a romatiques/croissãs tousiours en icel le mõtaigne. pricipalement les cedres chassent par leur odeur toute veneno site Et ne permectêt iamais que beste veimeuse y puist viure/cõme dit saict Jerome. Sêblablemêt cest vng mont de beaulte/de plaisance/et damenite. Car la pcerite et longueur merueilleu se des cedres et autres arbres verdoyãs qui y croyssent, la verdeur continuelle des herbes/la suauite resonante/et melo die des oyseaux siluestres/et la multi plicite de russeaux et fõtaies/fõt icelluy mont delectable et ioyeux. En oultre cest vng mont de medicine et de sante. car il y croist espices aromatiques qui sont remedes et medicines cõtre mala dies innumerables. Et aussy y croyst cypres/et oliues dõt les liqueurs sont medicines pricipales cõtre dãgers di uers de maladie. Itê cest vng mont de Joye et de liesse. Car es pêdãs et costi eres dicelluy mont/croist habõdance de tresbõ vin. lequel est especialemêt iduc tif et cause de ioyeusete. Item cest vng mont de honorificence et dignite Car sus toutes les mõtaignes darabie/de phenice et de sirie/ce mont libanus emporte le pris et principaulte en haul teur/fertilite/plaisance/et bõ air: Ainsi cõme dict saict Jerome et Josephus

Second aage

De moria cha. deux cēs xjᵉ

Moria est montaigne en iherusalem ou est edifie le tēple de Salomon cōme est escript ou iijᵉ chapi. du secōd liure de paralipomenon. Dauid acheta ceste montaigne de ornan Jebusien six cēs cicles dor trespur. pour y edifier vng autel ou tēps q̃ le peuple fut frape et persecute pour le peche que fist Dauid en nombrāt son peuple/cōme appert ou xxjᵉ chapi. du premier liure de paralipomenō. En ce mont/ dauid fist sacrifice et y pria nostreseigneur. Dont il fut exaulse. Aussy en ce mont fist abraam sacrifice pour ysaac son filz. pour lequel dieu luy auoit fait cōmādemēt quil le sacrifiast/cōe est escript ou xxijᵉ. chapitre de genese. Du dit sainct Jerome sur ce pas Vade in terra visidis etc. que ceste mōtaigne est dicte des Hebrieux celle ou le temple a este edifie en la place de ornan Jebusien en la montaigne moria. la quelle est interpretee illuminant ou resplendissāt. pource que la est dabir/cestadire le tēple de dieu. Et aussy y est la loy et le sainct esperit qui inspire les prophetes et enseigne aux hōmes la verite. Jusques cy sont les mos de sainct ierome. Sēblablemēt en ce mōt dormit iacob/et vit en visiō les anges mōter q̃ descēdre par leschelle/cōme est dit ou xxviijᵉ cha. de genese ou dit la glose sur ce mot. Nō est hic aliud nisi donus etc. que ce y est dit pource que iacob preuit en esprit de prophetie le tēple/ladoration/et sacrifice qui deuoit estre fait a dieu en ceste mōtaigne Aussi est assauoir que ce lieu a este vne petite mōtaignette du coste de la mōtaigne de syon ou apres ce/la tour dauid fut edifiee. Dont pour les choses de susdictes apert q̃ ceste mōtaigne Moria/a este mont de visiō et reuelation Mōt de sacrifice et oraison. Mont de prophetie et de instruction. Mont de lumiere ou de illuminatiō. Mont dangelicq frequentation. Mont de diuine apparition. Mont de misericorde q̃ de remissiō

De gosor cha. deux cēs xijᵉ.

Golor est mōtaigne des moabites. q̃ est partie de la mōtaigne phasga sur laquelle le roy balac mena le prophete balaan pour mauldire le peuple de israel cōme apert ou xxiijᵉ chapi. du liure du nombre.

De galaad cha. deux cēs xiijᵉ.

Galaad cōme dit sainct Jerome est vne montaigne ou iacob vint quant il craignoit rēcontrer laban. Ceste montaigne est le dos de senice et arabie. Conioincte et couplee es pens/dans et costes du mont Libanus. et se estēd iusques oultre le fleuue Jordain en la terre qui apartint iadis a Seon roy des amorriens. Mais apres ce est en partaige escheue par sort aux lignees de ruben et de gad. Et a la demie lignee de manasse. En ceste montaigne est vne petite cite edifiee ainsy nōmee par sēblable denominatiō de Galaad filz de machir. qui estoit filz de manasses filz de ioseph. Ce mōt sus tous aultres est noble pour plusieurs raisons. Car premieremēt cest vng mot de pasture et de refectiō. en tāt que il est tres fertile en blez/en pasturaiges/et en fontaines. Secōdemēt cest vng mont de medicine et de garison. Car en galaad est trouuee resine qui est vne drogurie par laquelle sont garies playes et maladies diuerses comme dit sainct ierome. Tiercemēt cest vng mot de aliāce q̃ de recōciliatiō. Car cest ou fust iacob confedere et totalemēt recōcilie auec laban cōme apert ou xxxjᵉ de genese. Quartemēt cest vng mot de testification et tesmoignaige. Car galaad est interprete monceau et assemblee de tesmoingz. Quintemēt cest vng mont de gaing et de negociation. Car negociateurs frequētopēt souuent les mōtaignes de galaad pour y acheter espices aromatiques cōme est escript ou xxvijᵉ de genese.

Feuillet iiii.xx.vi

De garizim cha.ij.c.xiiij.

Garizim comme dit sainct Jerome est vne montaigne pres de Jericho a laquelle est prochaine le mont de ebal de la partie opposite. En ces deux montaignes estoyent promulguees et declairees les mauldissons et benedictions au peuple/quant il entroit la terre de promission Affin que par les benedictions ceulx qui aimoyent la loy fussent attirez et esmeuz a bien. Et par les maledictions les transgresseurs des commandemens de la loy fussent espoentez et eussent peur de mal faire. En ce mont les six plus nobles lignees auec les prestres proclamoyent et pronõcoyent les benedictions Parquoy est venu en coustume que ceste montaigne ait este tenue en grant honneur et reuerence par leurs successeurs. Et fut fort frequentee pour cause de sacrifice et de oraison. Et pource entre les iuifz et samaritains a este contention et estrif du lieu ouquel on deuoit adorer. Car les samaritains disoient que ce mont garizim est plus conuenable et propice a dieu prier et faire oraison que le temple de iherusalem. Mais les iuifz disoyent le contraire comme apert ou quart de sainct Jehan tant en texte que en la glose

De gelboe cha.ii.c.xve.

Gelboe sont montaignes des alienigenes et estrangers comme dit sainct Jerome. Esquelx est vne grant rue nõmee gelboes. En ces montaignes mourust le premier roy saul/auec son filz Jonathas Et le peuple de israhel y fust vaincu des philistins comme apt ou premier liure des roys/ou dernier cha. Parquoy dauid indigne et marry les mauldit. Et en mauldissant les mua en secheresse et sterilite cõe dit la glose sur le ij liure des roys ou.j.chapi. Dont depuis ce temps il ny cheut pluye. Et toutefois par auãt ce les dictes mõtaignes estoyent fort bonnes et habondantes en biens.

De golgata cha.deux ces xvi.

Golgata cõme dit sainct Jerome est le mont de caluaire/ou nostre saulueur ihucrist fut pour le salut des hommes crucifie. Lequel mont est encor monstre auiourdhuy vers la partie septentrionale de la montaigne de syon. Et est ce mõt ainsy nõme caluaire pource que les testes et chefz des hommes y estoyent decollez. ou pource que ilz y deuenoient chaulues selon ysydore.

De gaas cha.deux ces xvij.

Gaad est vng tertre ou petit mõt en la mõtaigne de effraym en la possession de Josue filz de num ouquel il fut enseueli vers la partie septentrionale/cõe apt ou liure de iosue j cha. dernier. Duquel le sepulcre est veu en icelle montaigne auiourdhuy cõme dit sainct Jerome.

De nebo cha.deux ces xviij.

Nebo est vng mont en la terre de moab en la sumite de la montaigne phasga coste Jericho. De ceste montaigne vit moyse la terre de promissiõ:et y mourust apres ce qil eust veu icelle terre cõme dit sainct Jerome. Et aussy cõme apt es histoires du xxxiij chapitre du liure des nõbres.

De oliuet cha.deux ces xix.

Oliuet est vne montaigne en Judee pres de iherusale/ainsy appellee pour labondance des oliues q y croyssent Parquoy est par sainct Augustin nõmee mont de cresme et de vnctiõ/mont de lumiere/mont de gresse et de refectiõ. mont de medicine et de garison. Car le fruict est vnctueux et ppice a olctures et oignemes: Il est lumineux et delicieux. et pource dit psydore. Lhuyle doliue par laigrete et amertume de la racine est vtile a la nourriture de la lumiere a la medicine

Second aage

de la playe/ʒ a la refection de celuy qui a faim. Du pie de ceste mõtaigne court vng petit russeau nõme le torrent cedron. Entre le riuaige dicelluy et la dicte montaigne est vng Jardin lequel nostreseigneur a souuent frequẽte pour cause de oraison et de repos. Duquel il fut pris comme dit saict Jehan ou xix chapitre. En ce lieu auoit iadis vne petite ville nommee gessemani. dont le iardin comme dit sainct augustin retenoit le nom. Ceste montaigne estoit vers la partie orientale du temple: par quoy au matin estoit enlumine de soleil leuant. Et au vespre estoit resplẽdissant pour les luminaires du temple dont na pas este dit sans cause Mont de lumiere: En partie/car il recepuoyt lumiere du ciel ʒ du temple. Et en partie pource quil donnoit matiere de lumiere a cause de son huille/comme dit sainct augusti. En ce mont estoit vne rue ou village nomme bethphage qui estoit la rue des prestres. Et ou coste estoit vne cite dicte bethanie. qui fut a Marie marthe/ Magdalaine et au ladre/comme dit la glose du xxi chapitre de saint mathieu. Aussy de ceste montaigne monta ihũcrist aux cieulx. Et y apperra et se y mõstrera au iugemẽt final comme tesmoigne le pmier chapitre des fais des apostres tant ou texte comme en glose. Pareillement en ceste montaigne Salomon edifia les haultz temples des ydoles comme appert ou xi chapitre du second des Roys parquoy est dicte mont de offension. cõsidere quen ces ydoles Salomon offensa son dieu.

De olimpius chapi.ii.c.xx.e

Olimpius est mõtaigne de macedoine si haute quil semble que les nues soyent soubz elle. comme dit Virgille. Et est ainsy dicte et interpretee cõme Olon lampas/cestadire comme le ciel ou toute ardãt. Ce mont diuise macedoine ʒ trace Et est tãt hault

que les philosophes lesquelz y ont mõte pour voir et speculer la situation et le cours des estoilles ny pouoyent vriure pour la subtilite de lair silz ne portoyent auec eulx des esponges auec de leaue. par le moyen desquelz et par latraction de leaue. ilz faisoient lair plus gros et plus espes. comme dit le maistre des hystoires.

De oreb cha.ii.c.xxi.e

Oreb est montaigne en la region de madian pres de arabie ou desert. A la quelle est conioinct le desert des sarrazins appelle pharan. Ce mõt oreb comme dit sainct ierome est autrement nomme Syon. En ce mont vit moyse maintes visions comme apert ou tiers chapitre de exode: ou est escript que moyse y vit le buisson ardant. Et aussy il y ouyt dieu parlant et baillãt ses commandemens comment on verra de la montaigne synay.

De pernasus chapi.ii.c.xxii.e

Pernasus est montaigne en thessalie pres de boecie. Lequel mõt a deux summites esleuees comme iusqs au ciel. Esquelles Apollo dieu de sapience/ et Bachus dieu de vin estoyent anciennement honorez pour lamenite des lieux/ et uberte tres grande des vignes et des vins

De phasga cha.ii.c.xxiii.e

Phalga est montaigne tresgrande contenãt en soy plusieurs mons particuliers comme Abaris/ et nebo/ sur lesquelx monta Moyse pour voir les fins et termes de la terre de promission deuant ce quil mourust. et fust enseueli en la vallee dicelle montaigne/ cestassauoir en la champaigne de moab/ comme apert ou xxvii chapitre du nombre/ et dernier de Deuteronome. Ce mõt est es fis des moabites et ammanites/diuisant leurs terres des pais des amorriens.laquelle a este apres ce possidee de Ruben et de Gad et de la demie lignee de Manasse/comme apert ou iije.de deuteronome.mais le pie de ceste mōtaigne touche la mer rouge qui est tres salee cōme est escript ou iije de deuteronome tant en texte q̄ en glose.⸿ Sur ce mōt mōta baalam le deuin auec Balaac roy des moabites pour mauldire le peuple de Israhel du quel la malediction fust conuertie en benediction par la volente de dieu/ tesmoing le xxiije des nombres. Dōt apert que ceste montaigne a este vng mont de separation attēdu que nostre/ seigneur diuisoit les termes des bons et des mauluais par icelluy. Secondement est vng mont de benediction. car dieu y donna benediction au peuple de Israel par le prophete balaan. Tiercement vng mont de speculation et de cōtemplation. Car de cy moyse regardoit q̄ preuoit les termes de la terre de promission. De ce mōt parle sainct Jerome ou liure des noms des lieux/disant q̄ abaris est mōtagne ou est mort Moyses en la terre moab contre Jericho en la sōmite du mont phasga.pour laquelle toute la region a lenuiron a este ainsy denommee. Et est veue de ceulx qui viēnēt de liddie a mesedon Et par ainsy phasga/baris/et Nebo est vne mesme mōtaigne qui a plusieures parties.

De Roches cha.ijc.xxiiije.

Roches sont montaignes haultes dures et fortes/veues par dessus aultres montaignes/peceuans cōtinuellement les impetuosites des tēpestes/et les cours des pluyes. Et Ja/ soyt ce que par dehors elles soyent fer/ mes/dures/q̄ aspres:toutesfoys par dedens elles ont aulcune chose de spongiosite/de moiteur/et de concauite. Par quoy les huidites retraictes dedēs icelles roches engendrent souuent fontai/ nes lesquelles saillēt aulcuneffois par

la sōmite des rochers. Aussy les vēs et eaues entrans dedens les cauernes des rochers sont souuent cause du mouuement de terre.par la violēce duquel/ les roches tresbuchent q̄ cheent souuēt. Les riuaiges de la mer sont fais fer/ mes et resistans aux flocz et impetuo/ sites marines par la durte et asprete di ceulx roches. Item rochers sont tres p̄/ pices a fortresses/chasteaulx/q̄ edifices de defense.et aussy a nidz doiseaulx/au tours/et aigles/et a cauernes de bestes sauluaiges: Les rochers sont enuelo/ pes et couuers de nuees et brouillas. Et p̄mierement frapez des raiz du soleil.Item sont appelles rupes/pource que a rompre sont difficiles. Car sans violence de fer on nen peult gaires a/ uoir ne separer Aussi du parfōd des vei nes sont tirees pierres precieuses et di/ uerses especes de metaulx.Les parties supereminentes des roches sont nom/ mees Scopuli/de ce mot Scopin q̄ est grec et signifie regarder en latin. Car de la on voit de loing en diuers lieux.

De sephar cha.ijc.xxv.

Sephar est vne mōtaigne doriēt en Judee cōme dit sainct Jerome pres du quel ont habite les enfans de Jectan filz de hembre.desquelx Josephus dit quilz vindrent apres en sephora. Ce lieu est aultremēt dit terre de tharse et port de mer.Les seruiteurs de salomō metoiēt trois ans a y aler q̄ en apportoient or et argent/singes/pans et dens delephans.comme apert ou xe. du iije des Roys.

De segor cha.ijc.xxvje.

Segor est petite montaigne pres de sodome cōme dit saīct Jerome Autremēt dite balo. En laquelle est e difiee la cite qui fust deliuree aux prie/ res de loth quant sodome fondist en a bisme. En ce mont est vne vigne ou croist le baulme. Et les pōmes de palmes en signe de la premiere fertilite.

n ij

Second aage

Elle est assise au dessus de la mer morte. De ceste cite dit la glose sur le xve. de psaye que elle estoit appellee Bitula pour sa ioliuete et uerture. lequel mot Bitula Sault autāt adire cōe Ieniste ou Ieune Sachette. La dicte cite fust hurtee et esbzālee ij. fois. Et au tiers mouuemēt de terre elle fondit et trebuscha. Touteffoys elle fust demouree en son estat se elle neust plus fait peche apres sa deliurāce.

¶De synay cha. deux cēs xxBij.

Syna est vne mōtaigne en arabie en la prouince madian. dont oreb est vne partie. De ce mont dit Iosephus ou second liure des antiquites. Syna est mōtaigne haulte, couenable aux pastures, et portant tres bōnes herbes. ou quel mōt sur tous aultres dieu habitoit et repairoit cōme est trouue p̄ lopinion des hōes. parquoy au cōmēcemēt nul ny pasturoit ses brebis: ne sy nosoit psumer de y aler. quāt moise approcha de ceste mōtaigne: il vit vng prodige et grāde merueille. Cestassauoir le feu ardāt dedens vng buisson sans gaster ne destruire la verdure, ne la fleur, ne les brāches dicelluy buysson: combien que la flāme fust monlt vehemēte: et dieu estant ou buisson lequel par la lors a moyse. Ce mōt est treshault des mōtaignes dicelle regiō. Dōt pour la hauteur et lōgueur des rochers est nō pas seulemēt inaccessible aux hōmes: mais ne peult estre veu ne regarde que a grāde paie. Auec ce estoit terrible: por ce que dieu y habitoit. Les hebzieux mirēt leurs tabernacles ou pie de ceste montaigne. Et y virēt dieu en feu et nuee. et le ouprēt parlāt personelmēt. Ainsy le mōt synay est dit mont de diuine habitatiō, de frequētation angelique, mōt de lumiere et de instlāmatiō. Mōt de nuee et de obscurite. Mōt de pluye et de rousee. Mōt de pasture et de refection. Mōt de sapiēce et de eruditiō. car de ce mont dieu instruisoit et enseignoit le peuple et bailloit la loy que nous tenons. Aussy est dit mont de misericorde et de pmissiō car de ce dit mōt dieu pmettoit au peuple biēs nō pareilz. Il est montaigne de iustice et de menasse attēdu que il donnoit crainte et peur a ceulx qui le regardoient. Mōt de souldre et de chozuscation. Mont de trōpete et de claron. Mōt damitie et de cōfederatiō. car moyennāt la loy baillee a moyse: le peuple y viuoit par amour et aliance sempiternelle. Mōt de nectete et de purite. mont de ioye et de liesse. En tāt que nul ne pooit acceder ne aler en ce mont fors ceulx qui estoient nectz de corps et de pensee. Et aussi ceulx qui estoient purs et nectz, mengoyent et buuoient en grant ioye en ce mont deuant dieu. Cest vng mont de clemence, de pitie ou de propiciation. et vng mont de sacrifice et de orzaison. car par leurs sacrifices, et par les prieres de moyse ilz apaisoiēt dieu en ceste mōtaigne.

¶De syon cha. deux cēs xxBiij.

Syon est montaigne en Iherusalem sur la sūmite de laquelle fust mise la tour dauid pour lōneur et defēse de la cite. En vng coste de ce mont estoit le tēple entre la dicte tour et la cite inferiore. Affin que la defense de la tour preseruast le tēple, et le tēple auec la tour defendist la cite. pour ceste cause les scripture appelle souuēt la cite De hierusalē fille de syon. car cōme la fille est defēdue de la mere, et est en la subiection de sa mere: Ainsy la cite q̄ est au bas a este soubmise et subiecte au tēple et a la tour. Ce mont syon a este de sy grāde noblesse et auctorite entre les autres mons: q̄ nō pas seulemēt la cite de iherusalē ne aussy le pays de iudee A este entēdue par ce mont Syon: mais leglise vniuerselle tāt des iuifz que des gentilz et papes a este souuēt es pphc̄tes dēnomee et etēdue par icelluy mōt cōme apert par ce ver. fundatur in exultatione mōs syon .et. Car le mōt syon est et a este de grande haulteur et sublimite. De grāde force et fermete/ de grāde plenitude et ȳberte. de grāde pulchritude et amenite. de grande fiā/ ce z seurete. de grāde opulēce z richesse de grāde iope et exultation. de parfaic/ te iustice et sanctification. de doctrine et erudition cōme est escript ou second de psape ou le prophete dit que de spon sendra la loy de dieu et sa doctrine car cest le mōt de prophetie et de reuelatiō.

¶ De selmō cha. ij.ᶜ xxix.

Selmon est montaigne en la lignee de esstrain pres de la lignee de manasse ou quel Abimelech mōta q̄t il bataïlla cōtre les sichimites cōme dit saict Jerome/ et cōe est leu ou ix.ᵉ des iu ges. Ce mōt est espes et ȳmbrageulx. parquoy est dit selmō qui est interpre/ te ȳmbre. Aussy ce mōt est bien arrouse de eaues/ est fort gras/ et a pasturages bien cōuenable cōe est dit ou pseaulme. Sicut nix dealbabitur in selmō zc.

¶ De sophi cha. ij.ᶜ xxx.

Sophim est ȳne mōtaigne en la lignee de esstraȳm ou lieu dit ar/ machen dont samuel fut ne cōme dit saict Jerome Ce lieu est hault/ fertile et herbu. Bien arrouse de eaues. fort de/ licieulx et bien plante darbres.

¶ De saron cha. ij.ᶜ xxxj.

Saron est ȳne petite mon/ taignete dont est faite mētion ou xxxᵉ chapitre de psape laq̃lle est situee entre la mōtaigne de thabor et lestāg de tȳbe riade. dōt toute la regiō est iusques au/ iourdhuy appellee sarona cōme dit saict Jerome. Et aussy toute la regiō depu/ is cesaree palestine Iusques a la ȳille nōmee yope/ en est nōmee. Pres de ceste mōtaigne ȳa chāps tres fertiles de blez et de fruictz cōe dit la glose sur le xxviij.ᵉ chapitre de psape.

¶ De seon cha. ij.ᶜ xxxij.

Seon est mōtaigne dont par le le iiij.ᵉ de deuteronome Et est partie de gallaad laquelle est esten/ due iusques outre le fleuue Iordain en alant par le desert. En laquelle habita Seon roy des amorries et sint en par taige et par sort a Ruben et gad et a la demie lignee de manasse cōme dit saict Jerome sur le xlvj. de Ieremie Et ain sy que apt dessus ou il parle de galaad.

¶ De semeron cha. ij.ᶜ xxxiij.

Semeron est ȳne mōtai/ gne dont est parle ou xiij.ᵉ chapitre du secōd liure de paralipomenō. ou quel est maintenāt la ȳille appellee sebaste ou les reliques de saict Jehan baptiste reposēt cōme dit Saict Ierome. En ce mōt a este p̄mieremēt edifiee Sama/ rie/ dont toute la region a este puis ap̄ ainsy nōmee. Ceste cite a cause de la montaigne a este tresforte et a cōbatre tres difficile. parquoy les roys des assi riens y ont tenu le siege a grās despēs et diuerse assaulx/ lespace de trois ans cōtinuelz. Lesquelx a grāde paine pou oyēt faire aulcūe chose dōmageable cō tre elle/ po² lestroictete et difficulte des ap̄ouches. Et cōme dit saict Ierosme et saict Iehan Iamais ne leussēt expu gnee ne prinse se les habitās prouocās le dieu de israel a ire: eussēt eu plaine fi ance en dieu et neussēt iamais relēqui sa loy. Les p̄p̄ietes de ce mōt sōt plus aplain declairees cy apres es montai/ gnes de israel.

¶ De seyr cha. ij.ᶜ xxxiiij.

Seyr est mōtaigne autremēt dicte edom ou esau. Car esau estoit nō me de ces trois noms/ cestassauoir edō Esau z Seyr. De ceste montaigne est parle souffisāmēt dessus en ce mot de la mōtaigne de edom.

¶ De thabor cha. deut. ces xxxȳ

Thabor est montaigne ou milieu du chāp gabes cōme dit sainct

n ij

Second aage

Jerome sur le xxxi.chapitre de ieremie Laquelle est haulte et de merueilleu/se rondeur Estât loig de Cesaree de dix milles qui ballêt cinq lieues/vers la regiô orientale. Et est situee pres de la terre de zabulon/dyſachar ¶ de Nep talim. Ce mont entre tous ceulx de la terre de pmissiô est bien renôme a cau se de la situatiô/fertilite/amenite/plai sâce/force et fermete du lieu. Le terrou er est fertile/de vignes/oliues/et daul tres arbres portans fruictz. Lair est sai La rousee y est frequête et y chet sou/uêt. La pluye y est doulce et moult at/tiempee. Les arbres ne perdêt ne en y/uer ne en este leur come/leur cheuelure ne verdeur. Il y a oyseaulx de diuerses especes faisans chans melodieux. Be/aulx a veoir pour la diuerse dispositiô de leurs pennes: Et delectables a mê/ger pour la suauite des chars. Parquoy y a plusieurs oiseleurs q̃ ont cages et tendêt retz et engluds pour y deceuoir les ditz oiseles/come dit saint Jerome sur le iiij chapitre du pphete osee en ce pas Quasi rethe impêsu super montê Thabor tc. Sus toutes choses ce môt est de grâde recômâdation pour la pre sence du saulueur/car Jhesucrist y pres cha et demoura toute nuit en oraisô A uec se il y repeut et saoula le peuple tât de viâde corporelle que spirituelle. Et qui plus est en ce mô til se transfigura en reuelât a ses disciples la gloire et be aulte future que nous debuôs esperer la hault en paradis.

¶ De Israhel cha. deux cês xxxvi

Israhel contient generale mêt toutes les môtaignes ¶ la terre de pmissiô oultre ¶ deca le fleu ue Jordain. Et est aussy souuent pris pour la terre des dix lignees disrahel la quelle estoit môtueuse mesmemêt ou tribu et lignee de dan et de effraim. car les dix lignees ont este ainsy nômees: et ont a soy attribue le nom de Israhel soubz Jeroboam qui fust de effraym et regna premieremêt en samarie sur les dix lignees côme dit Saict ierome. Et lautre se appelloit le royaulme de Ju/da côme il apt en listoire du xij chapi. du iij liure des roys. Ces monts estoy ent môlt fertiles et plantureux en pa/stures. habondans en oliues et aultres bôs arbres. plains de herbes medicina/tiues et despices aromatiques. Et cô/me dit ysidore ou iij chapitre du xiiij liure Samarie est regiô de palestine intitu lee du nom dune cite dicelle prouice ai/sy nômee/laquelle est la cite royale en israhel. Et qui par Auguste cesar a e/ste depuis appellee Sebaste. Ceste re/gion est voisine a iudee ¶ semblable en na ture. car elle est opulête de diuerses ri/chesses/fertile de blez/bonne pour les eaues/et noble pour les baulmes qui y croissêt. Parquoy les iuifs iugoient ce ste terre habondât et decourât de laict et de miel. car en ses môtaignes pour la copiosite des pasturages estoiêt pastu/rez tropeaulx de boeufz et de brebis in/numerables. Aussy infinies mouches faisans miel y estoiêt nourries pour la suauite des herbes et des fleurs. les fru ictz et les bles pour latrêpâce et sereni te delair et habondâce de la rousee y p uenoient tost a maturite. Or et argêt et aultres especes de metaulx y estoiêt trouuez côme apert ou viij chapitre de Deuteronome. fontaines venoyêt de hault par les veines des montaignes chasteaulx/villes et aultres lieux de defense tres forz y estoient edifiez/be stes saulvaiges côme tigres et lyôs y conuersoient es bois et es forestz des susdictes montaignes

¶ De yperboreees cha. deux cens xxxvij.

Yperborees sont montaignes de sichie ainsy appellees pour ce que de outre ¶ par dessus icelles mô taignes/vient et souffle Boreas dêt de bise côme dit ysidore ou xiiij. Et dit aussy icelluy mesmes ysidore en aul/tre lieu que les terres de sichie sont ri/ches: mais les aulcunes sôt inhabita/

bles,car cōbiē que plusieurs montz soy
ent habōdās de or/de gēmes/et pierres
precieuses q̄ coulēt aual les mōtaignes
Touteffois por les griffōs qui y sont:
les hōmes ny osēt approcher. La sont es
meraudes tres bōnes/q̄ cristail trespur
et tres net.forestz aspres et hautes plai
nes de liepars/de tigres et de panthe/
res.Et aussy ya chiens si grans et sy
horribles que ilz abatent vng thoreau
q̄ tuent vng lyon. Mesmemēt en alba
nie et hircanie qui sont regiō des suchie
plaines de bois et de montaignes

De ziph cha.deux cēs xxxviij.

Ziph est montaigne aspre et
vmbrageuse ou se mussa dauid quant
il sen fuist de la presence de saul/pres de
la montaigne du carme/ ou nabal car/
melite qui fust de la lignie chaleph ha
bita iadis cōme dit saint Ierome. Ce
mont est plain de bois dōt il est infru/
ctueux.plain de fosses et cauernes par
quoy il est monlt propice aux gēs fui/
tifz lesquelx se y veulent musser et ca/
cher Mais est tresdāgereux aux passās
et estrāgers pour les larrōs/ espies et
brigans.

Sensuyt des Isles. et premieremēt
de Aradia chapitre ij.c xxxix.

Aradia ou ara
du est vne is/
le laq̄lle nest q̄
vne cite assise
en la mer me/
diterranee/nō
pas loing de
la cite tyrus
cōe dit la glo/
se sur ce pas
du xxviij.cha.
de ezechiel fi/
lij aradij ⁊c. Les habitans sont hōmes
de mer/monlt istruictz en batailles de
nauires.

De archadie cha.ij.c xl.

Feuillet iiijxx xix

Archadie est vne Isle
situee entre la mer poniū qui
est de grece et la mer egee cōme dit ysy
dore.laq̄lle a este ainsi nōmee de archas
filz de Iupiter lequel saleu et seurmō
te des habitās du pays: la nōma de ce
nom.Et aussi a este apres nōmee syci
onie dung roy qui la conquist nōme sy
cionius comme dit ysidore ou xv.liure

De abidos chapitre ij.c xlj.

Abidos est isle en europe
sur la mer helesponthus/ separee de la
mer estroicte et dangereuse.Et est ain
sy nōmee pource que cest lentree de la
dicte mer helesponthus En la quelle
le roy xerces fist vng pont de nauires
dont il passa en grece.

De Bretaigne ou angleterre chapi
tre ij.c xlij.

Bretaigne la grande est
Isle de la mer occeanus:sepa
ree de tout le mōde.Et est ainsy nom/
mee pour les habitans nōmes Roufz
bretons/aultremēt anglois. Ceste isle
de la partie opposite aux gaules a re/
gard sus espaigne. Le tour et enuiron
nemēt dicelle isle est quarante et huit
foys/lxxv milles.Plusieurs grās fleu
ues y sont/fontaines chauldes. large
et grande habondance de metaulx/de
gagathes et de perles.

De crise ⁊ argire cha.ij.c xliij.

Crise et argire sōt isles situe
es en la grād mer de Inde/sy
habondātes en metaulx que plusieurs
cuidēt que la superficie de la terre soyt
dor et dargēt.Et pource de ce elles ont
sorty et pris leurs denominatiōs Car
crise en grec vault autāt que or en frā
cois/et argire cōme argent

n iij

Second aage

De choos cha. deux cens xliiij.

Choos est vne isle prochaine a la prouince de attique dont ypocras grāt medecin fut natif. laquelle a premieremēt eu bruit et magnificence en paremēs de fames par lart de ouurer de laine qui premieremēt y fust trouee cōme Varro le tesmoigne.

De cypre cha. deux cēs xlv.

Cypre est vne isle ainsy dicte pour vne cite qui de ce nom est nommee cōme dit ysydore ou xiiij.e liure. autremēt est dicte paphon. Et fust iadis cōsacree a Venus. Ceste isle fut anciēnemēt fort renōmee principalemēt en metaulx. Le terrouer est bon pour vignee et porte vins qui sont fors et vineulx. maintenant y a maintes nobles cites Entre lesquelles la metropolitane est appellee Nichosia. La terre est de toute part enclose de mer: mais dedens est plaine de forestz, de chāps, de pratries, de vignes, et de blez. Bien arrousee de fontaines et de fleuues. Et riche de plusieurs delices et choses singulieres. Ceste isle est souuēt en lescripture nōmee cethim Ainsy dicte du filz Jonan nepueu de Japhet filz de Noe comme dit ysydore ou ix.e. De ceste isle dit orose en son premier. Lisle de cypre est enuironnee de la mer cyrique. vers occidēt, de la mer pāphilique. vers midy, de la mer de syrie et de phenicie. la longueur est de cēt lxxv pas. Et la largeur de mille cēt xxv pas.

De crete cha. deux cēs xlvj.

Crethe est isle de de grece ainsy nōmee dug roy qui cōquesta le pays appelle crethus. Ceste isle est moult estendue et longue entre oriēt et occidēt. Vers septētriō, elle a grece. et vers mydy elle a egypte. Ceste isle a este anciēnemēt ornee de cent nobles cites. dōt a este appellee Cētapolis. On y trouua premieremēt lusage de armes, de flecches pour tirer, et de autrōs pour nager. les lectres greques la bataille des hōmes a cheual. Et lestude de musique y fust premierement exercite. Beufz, vaches, montons, brebis, et chieures y sont en habōdance. Mais de cerfz et de cheures aux y ont peu. Jamais ny est engēdrelou, ne regnart, ne aultre espece de beste dōmageuse: ne serpēt, ne oyseau nōme choete ou chahuāt qui vole de nuyt. Et sil y en venoit dauenture daulcun lieu elle meurt legeremēt. Il y a bō vig noble. beaulx arbres, herbes medicinalles, et pierres precieuses. Et cōbiē que elle soit notablemēt deliure des grans venis et bestes venimeuses, touteffois elle porte et engēdre aulcūes araignes enuenimees nōmees spalanges. Toutes ces choses dessusdictes sont prises de psydore en son xv.e. Et cōfermees p pline en son quart. De ceste isle dit orose. Crete de la partie doriēt est finie a la mer carpace. De occidēt, et septētrion, a la mer de grece. de mydy, a la mer de libie aultremēt dit adriane. Elle a de long mil. cēt iiij.xx iiij pas. En large Mil. l. Aussy en crethe est la maison de dedalus cōme dit psydore ou xv.e liure chapitre iiij des cites.

Des ciclades cha. deux cēs xlvij

Ciclades Cōme dit ysidore ou xv.. ont este iadis isles de grece. et cōbiē que elles cōtiēnent longue espace, en rotūdite z circuit touteffois elles sōt autour de lisle delus. Car ciclus dont le mot est diriue et descēdu, signifie cercle et rondeur. Les aulcuns diēt quilz ont este ainsy appellees pour les roches qui sont a lenuiron. Lesdis ciclades sōt en la mer hellespōtus assises entre la mer egee et la mer maleū, enuirōnees de la mer de inde. En nōbre sōt liiij. entre septentrion et mydy, ou elles ont ciquāte mille pas. Et autāt doriēt a occ. dōt sel ō psydore. Mais selon orose y a mil. CC. La premiere de ces ciclades de la partie doriēt cōme dit orose

eſt Rodes/de ſeptentrion/ſcenode/de mi
dy/capados/doccidēt/citeras De la par
tie dorient / elles ſont terminees aulx
riuages de aſie/de occidēt a la mer yca/
rus/de ſeptentrion a la mer carpbacie

De corſica cha. deux cēs xlviij

Corſica eſt vne iſle q̃ ioinct
ſes bouts et extremitees a maintes pro/
uinces. De la part dorient eſt la mer
de Tirrene et le port de la cite de rome
Deuers mydy/elle a ſardie. Du coſte
de occidēt/les iſles nōmees ballcares/ꝗ
contient cent lxj. mil. pas en lōgueur
mais en largeur mil.xxrvj. Elle fut ai
ſy nōmez par les habitans ligures ou
lombars du nom de leur ducheſſe ap/
pellee Corſa. Laquelle cōſiderāt ung
iour et regardāt vng thoreau q̃ elle gou
uernoit/nager et paſſer oultre la mer
en ceſte iſle: Et apres quil auoit paſtu
re retourner a ſon tropeau/deſira elle ꝗ
les ligures ou lōbars paſſer par naui
res icelle mer iuſques en la dicte iſle. et
puis cognue la fertilite dicelle: y habi/
terēt et la nōmerēt du nom de la dicte
ducheſſe. Ceſte iſle en grec eſt appellee
cyrne pour Cyrne filz de hercules qui
y habita. Dont Virgile parle en bucoli/
ques. Cyrneas taxos. Et tiēt et ioict
a pluſieurs roches et mons de mer. La
eſt engendree et cree vne pierre precieuſe
que les grecz appellent tatociten

De carpathos cha. deux cēs xlix.

Carpathos eſt vne des
cyclades ſituee ou coſte de mydy/entre
rodes et egypte. de laquelle la mer eſt
denōmee carpadiū porce que les fruitz
y ſont toſt meurs. Auſſi de ceſte iſle ſōt
denōmees les grās nauires carpaſices.

De cytherea cha. deux cēs l.

Citerea eſt vne des cyclades
ſituee vers occident. Laquelle
a eſte aultreffois par auāt nōmee por/
fitie. Mais eſt maintenāt appellee cy

Feuillet c.

therea pour Venus deeſſe damour qui
y fut nee.

De delos cha. deux cēs lj.

Delos eſt vne iſle de grece ſi/
tuee ou milleu des ciclades. Et fut ai
ſy appellee pource que apres le deluge
de oziges lors q̃ tenebres auoyent eſte
long temps. Elle fut enluminee ſus ꝯ
deuant toutes terres/des raitz du ſou/
leil. Dont elle a priz ce nom Car delon
en grec ſignifie cler et manifeſte en la/
tin. Aultrement eſt dicte ortigia pour/
ce que aulcūs oyſeaulx nōmes coturni
ces ou aultremēt cailles furēt premie/
rement trouuees en ycelle iſle. leſquelz
oiſeaux ſont en grec appellez ortigies.
En ceſte iſle latona enfāta apolo dieu
de ſapience et diana la deeſſe. delos eſt
le nom de liſle et de la cite.

De dalmacie chapitre deux cens lij

Dalmacie eſt prouince de gre/
ce ſelon lautentique diuiſion des Ter
res. Nommee principalement aiſi por
dalmi cite dicelle prouince. Et a du co/
ſte dorient/macedoine. De ſeptentriō
Meſſia. De occidēt/hiſtrie. Et deuers
mydy/eſt terminee au braz de la mer
adriane cōme dit yſydore ou xiiij. Et
oroſe ſemblablemēt. Le peuple eſt fort
ꝙ robuſte/abandonne a proye et latcis
de mer dont principalemēt il vit

De ebolus cha. deux cēs liij

Ebolus eſt vne iſle de eſpai/
gne aiſy appellee porce quelle neſt gai
res loing de liſle ſamo. car la diſtāce eſt
de lxx. ſtades ſeulement. Les ſerpens
fuyent ceſte terre: mais habitēt tres vo
lentiers en vne aultre contraire nom/
mee coſabzarie qui eſt toute plaine de
couleuures et de ſerpens

De cola cha. deux cens liiij.

Cola eſt iſle de cecile ainſi nom

n iiii

Second aage

mee pour Eolus filz de ppotes lequel selon les poetes est le dieu des vents. laquelle chose est faincte pource quil fut gouuerneur de ces isles. Et scauoit p̄dire et adeuiner par les nebulositez et vapeurs fumeuses dicelles isles la nature des vents futurs. parquoy les imprudēs cuydoient quil eust et retīt les vēs en sa puissāce cōme dit ysydore ou xiiij e. Aussi sont ces isles appellees vulcanines/pource que le feu y art cōtinuellemēt cōme en la mōtaigne de ethna lesquelles isles sont noeuf. dōt la p̄miere est nōmee lippatta. la seconde gecta pour les haultes mōtaignes. la tierce strogile. la quarte deby. Et les autres aultremēt.

¶ Des esperides cha. deux cēs lv e.

Les Isles des hesperides ont este ainsy nōmees pour la cite hesperide/laquelle est en la fin de mori entie ou aultremēt mortaigne. Et sōt ces isles situees oultre les gorgones bien auāt dedens la mer. en tyrant vers la mer de athlas. Les poethes faignēt que es iardins dicelles y a vng dragon qui garde les pōmes q̃ pōmiers dor. leq̄l dragon ne dort point/mais veille tousiours.

¶ Des isles fortunees cha. deux cēs lvj e.

Les isles fortunees sont assises en la mer occeanus vers occidēt cōtre la partie senestre de mauritaine ou moriēne. Et sont diuisees entre elles pour linterposition dung bras de la mer qui court entre deux comme dit ysidore ou xiiij e. Ces isles sont nōmees fortunees pour la fecūdite et fertilite de tous biēs qui y croyssēt. principalemēt blez/et fruitz. Par quoy est escript es dictiers des poethes gentilz et payēs q̃ cestoit vng paradis cōme dit ysidore ou xiiij e. Et plinius ou v e liure et chapitre xxxiij e. Lequel dit en oultre que les arbres y croissēt iusq̃s a la longueur de cēt xl. piez. La est habōdance de oiseaulx/pōmes/miel/et de laict. principalemēt en lisle nōmee capzarie pour la multitude des chieures et des montons. Aussi y a merueilleuse force de chiens principalement en lisle canarie ou canine.

¶ De gades cha. deux cens lvij e.

Gades est vne isle situee en la fin de espaigne qui diuise afrique de europe. En laquelle hercules mit colōnes merueilleuses et notables pilliers cuidāt que on ne peult passer outre. Et elle est separee de terre prochaine de cent et vingtz pas. Et fut occupee et prinse de ceulx de tyre venās de la mer rouge lesquelz la nōmerent gades qui vault autāt en leur langaige cōe enuironee et enclos ou nostre. pource que ceste isle est de tous costez enuironee de mer. En icelle croist vng arbre sēblable a la palme. duquel arbre se on prent la gōme meslee auec voirre elle deuiēt vne pierre precieuse nōmee ceranus cōme dit ysidore ou xiiij e. Ceste isle enrichist et garnist plusieurs regions de fruictz et de espices principalement es parties doccident.

¶ De gorgones cha. deux cēs lviij e.

Gorgones sont isles de la mer occeanus/cestadire q̄ va tout autour de la terre. lesquelles sont situees a lopposite dune roche situee en celle mer nōmee de ceulx du pays de sper. En ces isles ont habite les fēmes appellees gorgones qui sont legeres/velues q̃ aspres de corps. lesquelles luy ont baille telle denomination cōme dit ysidore ou xiiij.

¶ De guidon deux cẽs lix.

Guidon est regiõ en vne isle contre aspe/entre sirie et ptalie. Regardant vers pãphilie et cilicie. Et de lopposite coste crete cõme apert en la glose sur le xxvij. chapitre des fais des apostres

¶ De hibernie ou irlande chapitre deux cens lx.

Hibernie ou aultremẽt irlande est vne isle de la mer occeane en europe/ voisine a lisle dangleterre/plus estroicte q̃ icelle. Mais par situation est plus fertile. Ceste isle du coste dafrique se estend vers boreas vent de bise cõme dit ysidore en son xiiij. Elle est treshabondant en fourmentz/fontaines/fleuues pretz/foretz/metaulx/¶ pierres pcieuses. car entre les autres choses la est engẽdree vne pierre pcieuse dicte sexagonius/cestadire qui a six carres et qui aultremẽt est nõmee pris. pource q̃ icelle mise a lopposite du souleil/forme en lair/larc celeste. et les couleurs diceluy Aussi est la trouuee la pierre precieuse gagates. Et les perles blãches. ¶ La region est moult attrempee. car il nya nul exces de chaleur/ne de froidure. Lacz et fõtaines y sont merueilleuses Entre lesquelx a vng lac/ouquel se on fiche vng pieu ou bastõ longue espace: la partie fichee dedẽs terre est couuertie en fer. la part qui est dedẽs leaue est muee en pierre. Et la tierce qui est au dessus de leaue demeure en sa Nature de bois. Vng aultre lac y est ou quel se vne verge ou bastõ de couldre y est gecte: il est couerti en fresne. mais au contraire se vne verge de fresne y est gectee/elle est muee en couldre. aussi y a aulcũs lieux/esquelx les corps des trespassez iamais ne pourrissẽt. Pareillemẽt y a vne petite isle ou les hões ne meurent iamais/Et pource quãt ilz sont si vieulx que par vieillesse ilz cheent en lã

Feuillet et i

gueur: on les porte hors dicelle isle. Il ny a nulz serpẽs/nulles reynes ou grenoilles/ne nulle araigne enuenimee. Car la terre est si cõtraire a venim q̃ la pouldre dicelle trãsportee en autre païs tue et fait mourir les serpẽs et les crapaulx. Aussi la laie/et le cuir des bestes de ce païs chassẽt toutes venenosites. Se serpẽs ou crapaulx y sont apostes par nauires ou aultremẽt: ilz meurent incõtinẽt. plusieurs aultres merueilles sont en ceste terre. De la quelle dit solinus ou liure des merueilles du mõde. Hibernie ou irlãde est vne isle pres dangleterre dont les gens sont aspres et durs en maniere de viure. la plus pt nont nulles maisons. Sont grans cõbateurs. Et quãt ilz ont occis ou tuhe aulcuns/ilz lauent leurs visaiges du sang des mors. faire bien ou mal/leur est tout vng. Et ont aussi cher le fort q̃ le droit. Il ny a nulle mouche a miel Et se aulcũ gecte au vent pouldre ou pierretes aportees dicelle isle autre part et chee dedẽs les ruches et logis dicelles mouches/elles sen fuyẽt ¶ lessẽt du tout leurs habitations. La mer de hybernie vers angleterre est tẽpestueuse et plaie de vndes. Car on ny peult mener nauires synon en aulcũs iours de trãsquillite. Elle cõtiẽt cẽt xxx.M. pas de largeur. comme dit iceluy solinus Le peuple est moult singulier en habit Cestauoir mal orne. eschars en maniere de viure. cruel de couraige. aspre en parler. mays entre les siens doulx et benigm. Et mesmement le peuple habitant les boys montaignes ¶ maretz y vit de chars /de pommes et aultres fruictz. et boit du laict. Est adonne a Jeux et venations plus que a labeur.

¶ De Icarie cha. deux cens lxi.

Icarie est vne isle des ciclades de la partie doccident dont est nõmee la mer Icarus. Et est situee entre lisle de Samus et de Cinthone

Second aage

Et n'est poit habitee pource que on ny peut aborder po' les rochers. Elle fust premierement appellee ycarie pour y/ carus de crete qui y fut noye Comme dit ysydore ou xiiij°

De melos cha. deux ces lxij

Melos est vne des ciclades: tres ronde sus toutes. Ainsy nommee pource que melos signifie rondeur co/ me dit ysydore ou xiiij° Elle est plaine de beaucop de biés comme dit plinius. parquoy la fertilite de la terre recom/ pense et suplee la quantite de son espace petite.

De midie cha. deux ces lxiij

Midie est vne isle en la pro uince de Jrlande situee ou milieu de cinq parties dicelle prouince Et est aï/ sy appellee dug roy qui toute hybernie diuisa entre ses cinq filz/egallement en cinq parties. Et retint pour soy icelle qui estoit comme le moyeu. parquoy a este iusques au iourduy appellee Me/ die qui vault autant come moyene et moyennant entre toutes les aultres. Medie est fertile en formens/en pastu res/en bestial/grand et menu. habondant en poissons/chare/ burres/ froumai ges/et laict. En fleures fontaines/ et lacz de grande efficace et vertu. Elle est belle et plaisante a regarder/et y a bon air Bien close de forestz/& palus & ma retz. pour lesquelles choses et aussi po' la multitude du peuple/et pour la for/ ce des villes et des chasteaux est appel lee en leur langaige/chambre d'irlade.

De mithilene cha. deux ces lxiiij°

Mitilene est isle de la mer adriane par laquelle on pas se en alant de sirie et de cypre en ytalye Ceste isle a difficile & perilleuse entree pour le sablon qui est trop hault iecte p impetuosite de la mer. dont apert aul cunemët quil y ait deux mers po' icel/ le interposition. Les nauires hurtans contre ce sablon sont tost rompues come est dit ou xxviij° chapitre des actes des apostres/tant en texte que en glose. et combien que les habitans dicelle isle soy/ ent de leur nature barbares et rudes: Toutesfois ilz sont doulx et piteux en uers ceulx qui sont en perilz destre noy es/comme apert ou lieu dessusdit. En ceste isle fut sainct pol/quant il vit par mer a rome. en laquelle il fut mors en la main de vne vipere et serpent veni/ meuse qui estoit entre les sermentz des vignes. Mais par la vertu diuine le ve/ ni ne luy fit nul mal. car il secoupt la beste et gecta dedens le feu. En ceste is le fist sainct pol plusieurs aultres mi/ racles comme est escript ou xxviij. cha pitre des actes des apostres

De orcade cha. deux cens lxv

Orcade est vne isle pres de la mer d'angleterre en europe. & q plusieurs isles a elles prochaines ont pris la denomination. Lesquelles sont en nombre xxxiij. dont les xx sont deser tes et les xiij habitees come dit ysydo/ re ou xiiij. liure des isles.

De paron chapitre deux cens lxvj.

Paron est vne Isle ainsy nomee de paranto filz de planto q de son nom dedons la ville et isle comme dit ysydore ou xv. La est engedre vng marbre tresblanc q ilz appellet paro. Et aussi vne pierre precieuse nomee Sarde meilleure q marbre/q entre les pierres p cieuses tres vtile come dit ysydore:

De Rodes chapitre deux cens lxvij.

Rodes est vne isle des ciclades la quelle est la premiere du coste do rient/ou le capitolle de la rose fut pmier trouue quat on y edifioit la cite. En ce ste cite soloit auoir vne ydole darain q auoit lxx. coustees de haulteur. En y/ celle isle en auoit cent autres medres co me dit ysidore ou xiiij. Rodes soloit aul tremët estre appelle cypre come dit ysi dore ou chapitre des noms des citez.

Feuillet C et ii

¶ De sardinie cha. deux cēs lxviii

Sardinie est vne isle pres
de sicile en la mer mediterrāee: q̄ fault
autāt cōme la mer qui diuise les trois
parties du mōde/ aspe/ affrique/ et euro
pe. Sardinie a este denōmee dung filz
de hercules nōme sardus/ lequel venāt
de libie a tout grād multitude de gens
occupa le pays et de son nom lintitula
Ceste isle en la mer daffrique se mon/
stre tant en la partie doziēt que docci/
dent a la figure dung hōme. Mais elle
sestend par devers mydy/ et septentriō
Elle a de longueur cēt xl. mil. pas. et
de largeur xl. La nest point engendre
ne serpēt/ ne loup. Mais seulemēt vne
petite bestiole nōmee solifuga/ cestadi
re qui fuyt le soleil. laquelle est moult
dōmagable aux hōmes. Aussi ny croit
il point de venim fors vne herbe nom/
mee ache. ou sēblable a ache. laquelle re
tract les bouches et instrumentz dōt
on rit. Et fait mourir les hōmes en ri
ant. Il y a fōtaines moult chauldes/ q̄
donnēt sante aux malades. mais aulx
larrōs/ cecite et priuation de veue se a/
pres quilz ont fait serment de nō auoir
cōmis larcin: Ilz moillēt leurs yeux es
eaues dicelles fōtaines cōme dit ysido
re ou xiiiie liure.

¶ De samus cha. deux cēs lxix.

Samul est vne isle en la
mer egeus ou fut nee Juno/ et dōt fut
Sibile samia prophetisse Et aussi pic/
tagoras Lequel trouua premieremēt
le nom de philosophie cōme dit ysydore
ou xiiiie Semblablemēt diēt les histoi/
res que pey furēt premier les vesseaux
de terre trouues. et enco: on les appelle
vesseaux de samus. parquoy apert que
la terre de icelle isle est tenāt et engluee
dont est plus couuenante a telx vesse/
aulx cōme dit ysydore

¶ De thanatos cha. deux cēs lxx

Thanatos est vne petite is
le de la mer occeanus separee dangle/
terre par petite interposition de mer/ si
tuee vers la region orientale de cancie.
et contient trois lieues de tour selon le
stimation des anglois. Ung fleuue y
est tresfertile dit simasissem qui a de
largeur enuiron trois stades. Et peut
estre passe en deux lieux. Sainct augu/
stin voulant publier la foy catholique
lors q̄ues les anglois ne croyoient po/
int encore en Ihesucrist arriua en ceste
isle. Elle a champs a fourment et ter/
rouer moult fertile. Est appellee tha/
natos pour la mort des serpens/ lesq̄lz
elle tue se on porte de la terre dicelle Is
le en aultre pays Ainsy dit ysydore ou
xiiiie

¶ De trapobatane chapitre deux
cens lxxj

Drapobatane est vne
Isle en la mer de Inde assise vers la
partie dassirie qui cōtiēt en longueur
quatre cens trente et cinq lieues. Et
quarante et trois en largeur. Il y a mal
tes riuieres courans par le trauers di
celle Isle. Beaucop de perles et autres
pierres precieuses. Vne partie de ceste
isle est plaine de elephās et daultres
bestes. Lautre partie est habitee des
hommes. On dit quil y a deux estez et
deux yuers en lan. Et que deux fois la
produit floure et feuilles/ tousiours
verdes qui Jamays ne cheent. Ceste
isle est la tres stile de toute inde Com
me dit ysydore ou xiiiie

¶ De tenedos chapitre deux
cens lxxii.

Tenedos est vne isle de gre/
ce cestassauoir lune des ciclades/ situee
vers septētrion. ou est vne cite nōmee
Thenes de laquelle toute lisle est de/
nōmee. et fust fōdee premieremēt dug

Second aage

quidã dung ieune hõme diffante po̾ ce
quil congnut charnellemēt sa marra
stre lequel sen fuyt en ceste isle q̃ estoit
vuide de habitateurs. Et puis de son
nom intitula lisle et la cite.

¶ De thile cha. deux cēs lxxiij.

Thile est la derniere isle de
la mer occeanne. Entre la region sep
tētrionale et australe. Si iourne̋es de
mer oultre angleterre. laquelle retient
son nom du soleil pource q̃l y fait le sol
stice estiual. et oultre ceste isle ny a po
int de iour. parquoy la mer y est tardi
ue et pesante en cours. et par ainsy y est
tost gele̋e. cõe dit ysydore ou xiiij̾. Se
lond pline le lieu est inhabitable et ny
peust riēs croistre en este po̾ la chaleur
behemēte. ne aussi en yuer pour la froi
deur trop excessiue. car depuis lequinoc
ce vernal qui est ou mois de mars q̃n̄t
le soleil est ou signe daries: iusques a le
quinocce de autonne quant le soleil est
ou signe de Libra: Jamais le soleil ny
couche ne esconse. Et par contraire de
puis ce tēps la iusques a lequinocce ver
nal il ny vient ne luyt point. dont apt
que demy an est tout en iour et clarte.
Et demy an est tout en nuit et obscuri
te cōme dit icelluy ysydore ou xiiij̾ li
ure et chapitre des isles. Et ou second
liure, chapitre du solstice. Pareillemēt
dit bede ou liure des natures des cho
ses. Et sēblablemēt solinus.

¶ De vitrie cha. deux cēs lxxiiij̾

Vitrie est vne Isle petite as
sise en la mer de angleterre. dont le ter
rouer est tres bon pour fourmens. ha
bonde en forestz, bois, tropeaulx de be
stes sauluaiges et priue̋es. En fontai
nes et fleuues qui larrousent. Elle est
tressaine quāt a tēperāce et moderatiō
de bon air. Et est maintenant habite̋e
des anglois. qui sont prochains dicelle
Isle

¶ Sensuit des fleuues chapitre
deux cens lxxv̾

On ensuyuāt
les promesses
faictes ou cō
mēcemēt du
traictie des
montaignes,
Nous parle
rons mainte
nant des fleu
ues. parquoy
debutons pre
mierement
scauoir quelle chose cest de fleuue en ge
neral. fleuue est eaue qui court tous
iours. Et tient sa deriuation dug mot
latin, cest assauoir. fluo fluis. qui en frā
cois signifie decouler, a decourir en bas
Il y a deux manieres de fleuues. lung
appelle Torrent. lautre, eaue viue. du
secõd parle virgile en ce pas. donec me
flumine viuo abluero. qui est entendu
de enee se voulant purger et nectoyer
ou fleuue de viue eaue. Torrent est
eaue venant par Impetuosite et causa
ses de pluyes ainsy nomme pource que
en temps pluyeux seulemēt il croyst a
se augmente. Mays en secheresse il
seche. dont parle vng auteur nomme
pacubius disant Le torrent se seche par
vne vapeur et ardeur semblable a flā
me. Les grecz luy ont impose ce nom
et prins de lyuer ou quel il croyst et se
augmente. Mays nous auons ce pris
de leste ou il seche. Annis est vne viui
ere ou vng fleuue orne et enuironne d̃
boys et de branches: pour lamenite
et plaisance desquelles a este ainsy ap
pelle. Decursus, ou decours signifie
proprement la fin du cours de eaues ou
daultres choses. Riui, ou russeaux sōt
ainsy dis pource que aulcunesfoys ilz
soyent deriues et mys hors de viue po̾
arrouser et faire aler leaue es champs.
ou en la prarie. Gurges signifie vng
gouffre et lieu parfond dedens le fleu
ue. Puys est lieu fouy parfōd en terre

Feuillet cc et iiii

dont on tire leaue: et est aussy nõmé po ce q on en boit. Fõtaine est le cõmecement et source de leaue/ ainsy nõmee pource que elle dõne eaue en habondãce. Auec les choses dessusdictes est a noter q aul cuns fleuues ont prins leurs noms et appellatiõs pour certaines causes.desq̃lx ferons mention.et pricipalemẽt de ceulx dõt est faite grãde memoire es hystoires.

¶Du lac asphalti cha.deux cẽs lxxxi.

Alphalti est vng lac appellé la mer morte. Il est dit mer pour la cõparaison qu'il a auec la mer en grãdeur et parfondite. Et nõmé mort.pource que il ne engẽdre/ne recoit nulle chose viue.car il ny a ne poissons ne oyseaulx de riuieres.et se on y gecte aulcune chose apart vie:elle est tost gectee hors Aussy ce lac nest point agite ne tẽpeste par les vents:car il ya cymẽt q̃ terre ferme resistẽt aux vens et empeschãt lim petuosite du vent:dont toute leaue demoure coye et imobile.pareillemẽt on ny peut aler a basteau/ne a nauire:car toutes choses sans vie sont au fond. Auec ce ne peust soustenir nulle chose materielle fors ce q̃ est enuirõne et ioinct de cymẽt. Quoy plus. Vne chãdelle est faicte gectee dedẽs/va au fõd. Et celle qui est ardãt va et demeure au dessus de leaue. Ce lac est aultremẽt appellé le lac de cymẽt.ou la mer des salines.et est situe en iudee entre hiericho et vne aultre cite nõmee/zoare. Sa lõgueur est estẽdue iusques a zoanas:qui est de sept cẽs/soizãte et vingtz stades q̃ valẽt en lieues quatre vigtz et cinq. La largeur est de cẽt stades. iusques bien pres des sodomies cõme dit ysydore ou iii. liure et chapitre de la suburersiõ des sodomites en la fin. Ce lac gecte grandes mottes de terre et de cymẽt:En la riue duquel y croist põmes lesquelles sont verdes en couleur iusques en maturite. Mais quãt elles sont meures: on treuue en les coupãt que ce nest dedens que estincelles et flãmesches. Sõt

parle Iosephus listorien disãt que il ya aulcũe creãce en la fable des sodomites Et sẽblable chose est dicte en la glose du secõd chapitre de la secõde epistre de Sainct pierre sur ce pas Ciuitates sodomorũ. Car nostre seigneur a voulu garder en ces pommes la memoire de leur pmiere maledictiõ. En tant que ces põmes sõt moult belles et fort plaisantes et q̃lles donnet grãd desir destre mẽgees/Mais cõme est dit deuãt: quãt elles sont coupees: Elles sont resolues et muees en cendre et apparoissent toutes ardãs. Aussy Iosephus raconte que Vaspasian empereur de Rome voulant congnoistre par experience que ce lac ne recoit nulle chose viue: cõmãda de y gecter aulcunes persones viues: les mains liees derriere le dos. lesquelx ne pooyent descendre au fond mais comme boutes et soustenus de la force de lescume estoient au dessus de leaue sans aler au fond. Ce lac reçoit le fleuue iordain qui passe oultre. Et selon borchard ledit fleuue apres ce/entre dedens la mer rouge. De laquelle entree ya diuersite. Car les aulcuns dient quil nentre point patãmẽt ne manifestemẽt p icelle mer: mays seulement par aulcuns conduitz q̃ passages de rochers cauerneulx. Les aultres habitateurs de la terre saicte dient quil entre la mer mediterranee p vng conduit qui est dessoubz terre. Qui veult plus voir de ce lac regarde en la fin de la tierce aage en la descriptiõ de la terre saincte.

¶De Araris/arar et araxis cha pitre deux cens lxxxii.

Araxis est fleuue de germanie dont parle virgile en bucoliques. Aut ararim parthus bibet. et court par le pays de parthe ou assirie comme dit Seruie sur lesdictes bucoliques. Arar est vng fleuue de bourgoigne appelle la Sone. Mais araxis est fleuue de armenie/leq̃l cõmence en

Second aage

vne mesme mōtaigne cōme le fleuue Eufrates.et est nōme araxis pource q̄ par sa rapacite et impetuosite il abat τ destruict tout. Alexādre le grād vou/ lāt passer oultre ce dit fleuue y fist vng pont leq̄l par sinundatiō et lauasse des eaues trebuscha soudainemēt. Ce fleu/ ue entre finablemēt en la mer de capse

¶ Des fleuues Bactrus et Betis chapitre deux cēs lxxviii.

Bactrus est vng fleuue de orient ainsy appelle pour le roy Bac/ trus du quel les habitans sont nōmes bactrians. Et betis est fleuue dont la prouince Betice a prins sa denomina/ tion. Duquel parle martial en ces deux vers Betis oliuifer τc. esquelx il veult dire que ce fleuue est vtile a taindre les laines en bōne couleur. Et est appelle Betis pource que il court par terre bas se. Car betis en grec vault autāt com me bas ou noye en latin.

¶ Du fleuue coaspis cha. deux cens lxxix

Coaspis est fleuue des per ses ainsy appelle en leur langaige po' ce que leaue est de si merueilleuse doul ceur que les princes et roys du pays ha bitās pres des riues dicelluy fleuue ne boiuēt aultre chose. Aulcūs dient q̄ ci/ gnus fleuue de cilicie est deriue et pce/ de de cestuy fleuue coaspis.

¶ De danubius cha. deux cens quatrevingtz.

Danubius aultrement danoe/est fleuue de germanie ainsi nō me po' la copie et habōdāce des neges dont il est augmēte. Ce fleuue est en europe renōme sus tous. Aultrement est appelle hister. Car selō la mutatiō des lieux par ou il passe: il mue sō nom Et acquiert tousiours en soy augmen tant plus grande force. Ce fleuue prēt sō comēcemēt es montaignes de ger/ manie du coste doccidēt/court vers ori ent. Recoypt en soy lx. fleuues auant q̄ soyt en la mer.en laquelle il entre par sept parties.

¶ De doris cha. deux cēs iiiixx

Doris selōs la glose du xiiii chapitre de ecclesiastiq̄ Est vng fleuue qui aultremēt est nōme araxis a cause q̄ leaue est si forte que elle abat et emporte tout par sa grāde rapacite et violēce cōme dit ysydore en son xiiii. Et pource quāt alexandre le voulust passer/il y fist vng pont/mais il ne du ra gaires pour la dicte ipetuosite de le/ aue. Et par ainsy il ne passa poit. Ce fleuue se diuise et separe de Eufra/ tes par vne petite espace et puis entre en la mer caspie. combien quil semble estre vng membre du tigre/ou de eufra tes/ou de lung et de lautre/en tant q̄ naissēt en armenie dune mesme fōtai ne Il est des grecz appelle doris pour vne partie de leur pais qui en leur lāgaige est denōmee dorique. ¶ Doris habon de en gēmes/pierres precieuses et her/ bes aromatiques. Desquelles lusaige cōuiēt a medicine. Et pource doris est interprete medicine de generatiō.

¶ De eufrates cha. deux cēs iiiixx τ ij

Eufrates est fleuue de me sopotamie/lequel vient de paradis ter restre.et est treshabondāt en gēmes/et pierres prieuses. dōt po' suberte et mul titude dicelles a pris sō nom. Car eu frata hebraiquemēt est interprete fru/ gifera τ fructueux en frācois. Ce fleu ue court par le milieu de babilone. Et en aulcūs lieux arrouse mesopotamie cōme le nil fait egipte. Saluste histori en tres certain afferme que le tygre et eufrates procedēt et ont leur cōmence/ ment dune mesme fontaine de arme/ nie. Mais se esloignēt tost lung de lau tre/encloans et enuirōnans grand es/ pace de terre qui est appellee mesopota mie cōme dit ysidore ou xiii. liure/et pe nultime chapitre.

¶ De erinus cħa. deux cēs qua/
tre vingtz et trois

Erinus est fleuue de aspe q̄
diuise les chāps de smirnee/ dōt est di
cte Smirna/cite de la petite aspe. Ce
fleuue est plain de Jndes et de sablō de
oz.

¶ De geon cħa. deux cēs quatre
vingtz et quatre.

Geon aultrement le Nil est
fleuue de mesopotamie/ Senāt de para
dis terrestre. Geon sault autant adi)
re cōme ouuerture de terre. ou terreux
pource quil est trouble et limoneux. cō
mēce nō pas loig du mōt de athlas/en
uirōne ethiopie. descend par egipte/ et
arrouse les chāps ⁊ plaines dicelluy pa
ys. du quel parle sainct Jerosme sur le
viij chapi. du ppħete amos. disant Le
nil par la dispositiō diuine arrouse tou
te la terre degipte vne foys lan pour le
sablon qui se assemble ⁊ empesche la voie
quil ne puist auoir son cours en la mer
Et apres ce quil a arrouse tout le pais
et que le sablō est espars: ce fleuue re/
tourne en sō Canal et de la entre en la
mer. Ce fleuue nourrit plusieurs be/
stes dangereuses et venimeuses com/
me serpēs et cocodrilles. Et vne bestio
le appellee enidros. dont parle psydo/
re ou xij.e liure/ et secōd chapitre disant
Enidros est bestiole tirāt son nom des
eaues ou elle couerse souuēt. Et princi
palemēt ou fleuue du nil. Et quāt ce/
ste bestelete trouue le cocodrile dormāt
elle se boute ⁊ tourne en la boe. puis en
tre ou ventre dicelluy cocodrille par sa
bouche. se rompt et mengeust tous ses
boyaulx. Et par ce moyen le cocodrille
meurt. Aussy la glose du xxiiij.e de eccle
siastique dit que le nil ou gyon est vng
fleuue trouble q̄ tyre a soy beaucop de
lymon. par quoy il rend la terre par ou
il se espand fertile et plātureuse.

¶ De gazan cħa. deux cēs quatre/
vingtz et·5.

Feuillet **C** et iiii

Gazan est fleuue des medes
Aultremēt dit diapses/ rete/
nant son nom dūg Roy du pays ainsy
nōme. ce fleuue comēce en oriēt/ ⁊ chet
en la mer rouge. Sur ce fleuue furent
tenus en prison et exil deux lignees des
iuifz et la moitie de vne par salmana
sar roy des assiriens cōme est escript ou
xviij. cħa. du quart des Roys. Ainsy cōe
deux lignees furēt en captiuite lōg tēps
en babilone sur le fleuue chobar par na
bugodonosoz. cōme apert par le premi/
er chapitre de Ezechiel le prophete.

¶ De chobar cħa. deux cēs quatre vigtz
et six.

Chobar est vng fleuue de
babilone/ qui se espād par les
palus et maretz de babilone. ayant son
cōmēcemēt du fleuue tygris ou eufra/
tes. Et finablemēt chet dedēs lung di
ceulx cōme dit Sainct ierosme sus eze
chiel. Ce fleuue habonde es riuaiges
grādemēt en saulx ⁊ glageux/ comme
est escript sur le xiiij. cħa. de psaye. Et
aussi est nōme le fleuue de babilone du
quel parle dauid ou psealsme Super
flumia babilonis ⁊c. Et ouquel ploura
long tēps le peuple estant en seruitude
Plusieurs autres fleuues ya desquelx
ne fais nulle mētiō pource que la bible
nē fait pas souuēt memoire.

¶ Du fleuue iordain cħa. deux
cēs quatre vingtz et six.

Jordain est vng fleuue de
Judee tenāt sa denomiatiō pour deux
fōtaines dont lune est nōmee Joz. laul
tre dain cōme dit psidore ou xiij.e. Cō/
mēce soubz le mōt Lybanus. diuisant
Arabie et Judee. lequel par plusieurs
tours pres de hiericho entre en la mer
morte ou il est perdu. Ce fleuue ou pri
temps ou les bles de coustume sont p/
uenus en maturite en la regiō palestie
se acroist plus q̄ en aultre tēps. Et est
po̅ linundatiō de la pluie serotine/ ⁊ de
la fōte et resolution des neges en eaue.

Second aage

cõe on list es histoires et en la glose sur le iijᵉ chapi. de iosue. et ou xxiiijᵉ de ecclesiastique. ¶Ledit fleuue est priuilegie en moult de choses. Premierement car il separe la region des iuifz qui croyent en dieu: des regions des payēs. Secondemēt car il se ouurit deuāt les ēfās de israel et leur fist sope pour passer a sec/ eulx et leur arche alantz en la terre de promission/ ainsy que est dit ou iiijᵉ chapitre de Josue. Tiercemēt. car naaman cheualier du roy de syrie y fut gary et nectoye de sa lepre (mezellerie en se leuāt et plūgant en icelluy/ cōme appert ou 8ᵉ. du tiers des roys. Quartement car il donna tesmoignage de la sainctete de Helie et de helisee prophetes. quāt il se diuisa et sedit deuāt eulx en obeissant a leur cōmandement. comme est escript ou second chapitre du iiij des Roys. Quintemēt car le fer de la cuignie dung prophete ny peult enfonser ne aler au fond/ Mais demeura au dessus de leaue. laquelle chose est cōtre la nature des aultres eaues. tesmoing le 8ᵉ chapitre du quart des roys. Sextement il fust sainctifie en touchant la tressaincte char de Jhesucrist en son baptesme. parquoy dieu donna aux eaues force et vertu regeneratiue en ordōnant le sacrement de baptesme moyennant lequel est procure le salut hūmain comme est dit ou second chapi. de saict luc. Septiesmemēt car en ce fleuue sainct Jehan Baptiste vit le ciel ouuert. et ouyst la voyx de dieu le pere/ en voyant le saict esperit descendre soubz espece de colomb. ¶Plusieurs aultres fleuues ya nõmes en la saincte escripture/ entre lesquelx est abana et phuiphat fleuues de syrie courans vers damascus qui arrosent les jardins de la cite de damas. Et auec ce sont remplis de maintes especes de herbes/ de arbres et de fruiz. De ces deux fleuues est faite mentiõ ou 8ᵉ cha. du quart des roys.

¶De mimus cha. ij ᶜ. iiijˣˣ viij

Mimus est fleuue de galice ayant ce nom de la couleur du pigment qui y habonde. Et est appelle des grecz vurius ou dorieus.

De orontes chap. ijᶜ. iiijˣˣ ix.

Orontes est fleuue de syrie courant pres des murs de antioche/ lequel commence en orient et se boute en la mer asses pres de la cite. Ce fleuue a este nomme par les latins/ orient: A cause de sa naissance.

¶Du fleuue du po cha. ij ᶜ iiijˣˣ x.

Le po est ung fleuue de ytalye venant des sumites des haulx mons/ et est engendre de troys fontaines desquelles lune est appellee padus/ laquelle se estend en forme dūg estang. Et puis cree ce fleuue/ leql est aultrement des grecz appelle Eridanus pour ung des filz du soleil/ aſsy nōme qui aultrement estoit appelle pheton. Cestuy phetō fut fouldroye mort et en ce fleuue gecte. Ce fleuue se augmente en la naissance de lestoille dicte canis ou chiennette: lors que les neges se fondent. Et finablement entre la mer adriane auec xxx fleuues / enuirō la cite Rauēne.

¶Du Rin/ (du Rone chapitre deux cens iiijˣˣ (xj.

Le rin est tresnoble fleuue cōmencant auec le rosne en vne montaigne dicte de meyse en leuesche de Curense/ lequel est suffragant de leuesque de magunce. Le Rin naist ou pendant de la dessusdicte mōtaigne entre le vēt de bise et orient. Mais le rosne naist de lautre coste entre mydy et occident. Le rosne a pris sa denomination dūg mot latin Rodo rodis/ pource que en courāt impetueusement il ronge et mengeut les riues et riuaiges. Du il est deriue dung aultre verbe Rodoniso/ pource q

Feuillet et v

de son impetuosite il tourmente fort les riuages. A lenuiron de ce fleuue ou lieu dit agauni/loing de la cite dicte en latin octodoru de xii. milliaires q̄ Balent six grosses lieues/souffrit martire et mort la saincte legion et cōpaignie des thebains/Du nōbre desquelx estoit sainct morice. Ce fleuue entre finablemēt en frāce. Mais le Rin cōmencant en la mōtaigne dessusdicte apres deux lieues du pays/passe par labbaye nōmee tisis en latin. Apres trois lieues Ba a curense cite pricipale de leuesche dessus nōme. Puis quatre lieues passees: Il entre lestang de constance/lez̄l selon le lāgaige du pays est dit de bud= denzee. Et la il pert sō nom lespace de trois lieues iusques a la cite de costance. Cest estang de costance est educatif q̄ nutritif de tresnobles poissōs. Et a de coste q̄ daultre Bignobles tresbōs. et terrouer fertile de bōs fruitz et beaux blez Pres du pōt de costance enuirō quatre traictz darc: le Rin cōmence a reprendre son nō iusques a ce q̄l Biegne a lestang nōme lestang bas/lequel est lōg dune lieue en tirāt Bers labbaie nōmee destepyn. De rechef puis q̄l a passe scosbusen l:epserstoel/q̄ Bualsbuet/trois fleuues entrent dedens. Desquels lung est nōme lymaige qui diēt dung estāg dit selon leur langaige de czureherzee. Le second est dit de ruse Benāt dung lac appelle lucerne ou lucernerzee/ Le tiers appelle de aer/et sault des mōtaignes de sarope. lesquels trois fleuues auāt ce quilz entrent dedens le Rin: sont assemblez enuiron le monastere kronigesuel/de. Dont les deux/cestassauoir Ruse q̄ lymaige perdent leurs propres noms/ Et sont nommes de aer/comme le tiers/ Jusques ad ce dlz Bienent en Bne Bille dessus nōmee Bualsbuet. ou ilz entrent le Rin et perdent leurs noms. De la/le rin Ba a lossembozch ou les mariniers par maniere merueilleuse mettent leurs nauires dedens le rin: et en grand danger de leurs corps y descendēt. En apres ilBa a selzkinge Rumel/de q̄ Basle. Sept lieues apres il entre argentine aultremēt straburch ou est le dernier pont du rin. En lespace de ces sept lieues ce fleuue est embely grandement des territoires de lenuiron. Car du coste senestre est aulsay. Et du dextre est briscau qui sont pays plains de bons Bignobles es montaignes. Et es autres lieux pablez et fruitz inumerables. Ce fleuue de puis argentine iusques a Spira contient sept lieues ou quel espace ya cinq Billes. Trois lieues passees Bient a Buormace. puis a mayunce ou ya de distance trois lieues et demie. de rechef a rinconie ou ya tresnobles/chasteaux/blez/ et fruitz. Cōme appert dessus ou traictie des regids en la lettre de R. Ce fleuue lespace de Bne grosse lieue court entre tresplaisās Bignobles iusch a bacherach: puis lespace de dempe lieue iusques a Buesalie. Et trois lieues et dempe apres Bient a cōfluence Bille du Byocese de treues /ou Bng fleuue nōme moselle Benāt de la partie senestre entre dedens. et lacompaigne sept lieues et demie iusques a agripine laquelle est maintenant appelle coloigne leurense. Et la lesse du coste senestre. Deux lieues q̄ dempe aps Bient a nucz ou reposēt les reliques de saint quirin. Et dela six lieues passees Bient au chasteau lobid. ou il est separe q̄ diuise en trois parties. Lune de icelles est nōmee de yssel/tend a querles Et audessoubz de Campen cite du Biocese du trect entre dedens la mer La seconde part dite de Buale Ba a nymeghen Cite de guerles: puis apres passe holāde et entre la mer occeane Mais la tierce part court par holande en la mer occeane. Par ces choses desusdictes appert que le rin commence Bere orient en la montaigne de meyse et Ba iusch au chasteau appelle lobid ou il est diuise p iij pties. et cōtiēt en lōgueur cēt et huit milliaires teutonicales ou de flandres q̄ Balēt liiii. lieues grādes. Et passe par deux archeuesches et six euesches

Second aage

De lestang genesareth cha. deux cens quatre vings ⁊ xij.

Genesar est ung lac tres long et treslarge en Judee. Contenant quinze lieues de long ⁊ vij. de large. Et est moult perilleux. car il habonde moult en vens. Et pourtant est il appelle genesar/qui vault autant comme generant et engendrāt le vēt. De tāt q ce fleuue est plus semene et debatu leaue est plus saine et meilleure a boire/ cōme dit Isidore. Ce lac pour sa grandeur est souuēt en leuuāgille appelle mer/ nō pas que leaue soit salee. Mais est vne grande refluxion et retour procedent du fleuue Jourdain. Cōme dit la glose sar le vi ͤ. chapitre de leuangile sainct Jehan. car la coustume des hebrieux est que ilz appellent toutes congregations deaues ainsi grandes/ la mer.

De tigris ⁊ daultres. cha. deux cens quatre vingtz ⁊ xiij.

Tigris est fleuue de mesopotamie venāt de paradis terrestre/⁊ courāt cō tre les assiries/ cōme dit ysidore. lesql apres plusieurs tours entre en la mer rouge. Et est ainsi nō mee pour sō impetuosite et velocite a la similitude dune beste appellee tigre/ courāt ipetueusemēt. Duquel dit Josephus grād maistre des juifs q tigris prēt son cōmēcemēt en armenie de la mesme fontaine dont viēt le fleuue eufrates. Et est aultremēt appelle tiglat qui signifie agu ou estroit. car il court estroitement et aguement en la forme dugne fleiche. Par quoy le tigre ou sā gaige de perse est interprete leger ou fleiche.

Thanatus est fleuue de perses nō me de tanus premier roy qui y regna. Ce fleuue vient des montaignes ⁊ forestz de riphee. diuise europe de asie et chet finablemēt en la mer.

Tagus est fleuue de hespaigne copieux et habondant en grauier ⁊ sablon dor. parquoy est pposé a tous les fleuues de espaigne.

Tyberiadis est ung lac ainsy nomme pour la vil e tiberiade faite p herodes en hōneur de lēpereur tyberius cesar. Et est tre e sain quāt a redre sante sus tous ceulx de iudee. Et enuiron ne biē xx lieues de terre cōme dit ysidore ou xiij.

Cy cōmēce des fontaines. cha. deux cēs iiij ͤ ⁊ xiiij.

Ous parlerons consequamment de la diuersite des fōtaines en disant premieremēt que en egipte y a vne fontaine merueilleuse cōme dit vng acteur nōme Jacobus/ en laquelle les torches ardās sont exteintes et mortes. mais celles d sont mortes et esteinctes y sont facilemēt alumees et enflāmees. Une fontaine autre est en ethiopie es peuples nōmes garamātes/ tant froide de iour q̄ se on nen peult boire. Et est si chaulde de nuyt que on ny ose toucher. Une autre es parties dorient/ de laquelle auec aultres mixtions on fait le feu gregois. lequel apres ce quil est fort alume ne peult estre esteinct iamais. Syrion a grant paine par vin aigre/ par vrine de hōmes ou par sablon. Ces eaues sōt a betees des sar azines bien cher. Cōme dit plinius auteur vne fontaine est en ytalie qui garist les playes et maladies des yeux. Et aussy en aulcunes parties du mōde y a eaues de si grāde vertu quilz garissēt toutes manieres de plapes quāt elles en sont lauees. Cōme dit sainct augusti vne fōtaine est en affrique q fait la voix melodieuse. et aussi dit que en behaigne y a fontaines lune dōnant memoire. lautre engendrāt obliuion. Plinius dit que la fontaine de zizin oste le coeur de vol. ite de luxure. Aussi dit sainct Augusti que en si cile y a deux fontaines dont les choses steriles ſōt diſpoſees a generation. Et les choſes fecūdes et diſpoſees a generation ſōt faictes ſteriles. Auſſi dit q̄ en theſſalie y a deux fleuues de merueilleuſe nature. Car les brebis beuuantz de lung ſont faictes noires. Duuās de laultre ſont faictes blanches. Mais ſelles boiuēt de lūg et de laultre elles ſōt tachees de blāc et de noir. De rechef y a en ydumee vne fōtaine nōmee la fōtaine de Job qui quatre fois lan mue ſa coleur. Trois mois a couleur de pouldre. trois mois couleur de ſang. Trois mois couleur verde. et trois mois eſt clere cōme recite lyſtoire oriētale. Semblablemēt en ytalie y a vng lac q̄ oſte a ceulx qui en boiuēt le gouſt et apetit de boire vin. Auſſi y a aulcūs eſtangs ou riens ne peult nager ſus leaue. Mays tout va au font cōme dit ſaict Auguſtin. par oppoſite y en a daultres cōme ceſuy q̄ eſt nōmee la mer morte/ou riēs ne peult aler au fons. Et auſſy dit q̄ l y a aulcūs lacs ou les eaues ſont ameres trois fois le Jour/ et trois fois ſont doulces. Aulcunes fontaines chauldes ſont medicinales aux yeux. Et ſy accuſent les larrōs de leur larcin. car ſe aulcūs ont deſrobe aulcūe choſe et ont par ſermēt iure le cōtraire/ et nye le larcin. Ceſte eaue miſe ſur leurs yeux les aueugle. mais ſilz ont dit verite ilz voyent plus cler que deuāt. laquelle choſe doit plus eſtre reputee miraculeuſe q̄ naturelle. Cōme racōte le deſſuſdit Jacobus. En oultre eſt vne fōtaine trāquille et pacifique. laquelle ſault hors ſes riues et ſe eſſieue au ſon de la trōpette cōme ſoy eſmerueillāt de la doulceur du ſon quāt on trōpe autour delle. Ainſi q̄ dit ſolinus. Pareillemēt en la petite Bretaigne a vne fontaine dōt leaue gettee ſus vne pierre pres de ſoy/ prouoque les pluyes et les tonnerres. Aultres fontaines ſont cōme dit liſtoire orientale. Entre leſquelles eſt la fontaine ſiloe qui ne a pas touſio9 cours cōtinuel. mais ceſſe par interualles en aulcūs iours de la ſepmaie q̄ par

Feuillet .c. et vi

aulcunes heures du iour: et dōne mōlt doulces eaues. Pres du mōt libanus entre deux cites archas et raphana eſt vng fleuue qui court legeremēt. et q̄ eſt fort habondāt en eaues et eſt nōme ſabbatū pource que en ſix iours de la ſepmaine il ne rend nulle eaue/ mais ſeulemēt le ſabbat/ ou au ſeptieſme iour. ouquel il eſt ſoubitemēt plain comme dit Jacobus. En oultre dit q̄ en la terre de tir et de aquoneſe eſt p ſoutil artifice fait voirre treſpur du grauier et ſablon de la mer. auſſi dit que en la mer rouge laquelle les enfās diſrahel paſſerent a pie ſec es lieux voiſins de egipte et de arabie y a eaues qui apparoiſſent eſtre de couleur de ſāg. mais toutefois ſont de telle couleur q̄ les aultres mers. Quoy plus. dit icelluy meſmes q̄ aulcunes fleuues ſont es parties dorient q̄ ont le ſablon dor. et les aultres ont pierres precieuſes en lieu de grauier. Semblablemēt dit liſtoire orientale que en perſe y a vng fleuue qui eſt touſiours de nuit ſi gele que les hōmes peuēt biē paſſer par deſſus. mais de iour eſt touſiours reſolu en eaue. Pareillemēt vne fontaine eſt en la mer es parties ſuperiores de la cite nōmee en latin cirorēſis. laquelle fontaine ſault du fōd de la mer par ſi grand randon q̄ on aparcoit aulcuneffois leaue doulce deux ou iij. coutees ſur leaue ſalee de la mer. laq̄lle choſe eſt maifeſte en tēps trāſcille et paiſible. mais quāt les Jnundatiōs et Jndes ſont agitees par le vent: la fontaine eſt ſuffoque. Cōbien que elle ſe moſtre toſt quāt les jndes ſont paſſees: et eſt cōme ay dit ſi hault que on la peult puiſer a vaiſſeaulx.

Jvſques cy a eſte faite mētiō des regions. montaignes/ Jſles/ fleues et fontaines. affin q̄ par ce on peult auoir aulcun entēdement de la ſaincte eſcripture Et diuiſion de toute la terre. Maintenant fault retourner legerement a liſtoire ſaincte affin q̄ la chayenne de la genealogie des Sainctz peres ſoit enſemble continuee.

o ii

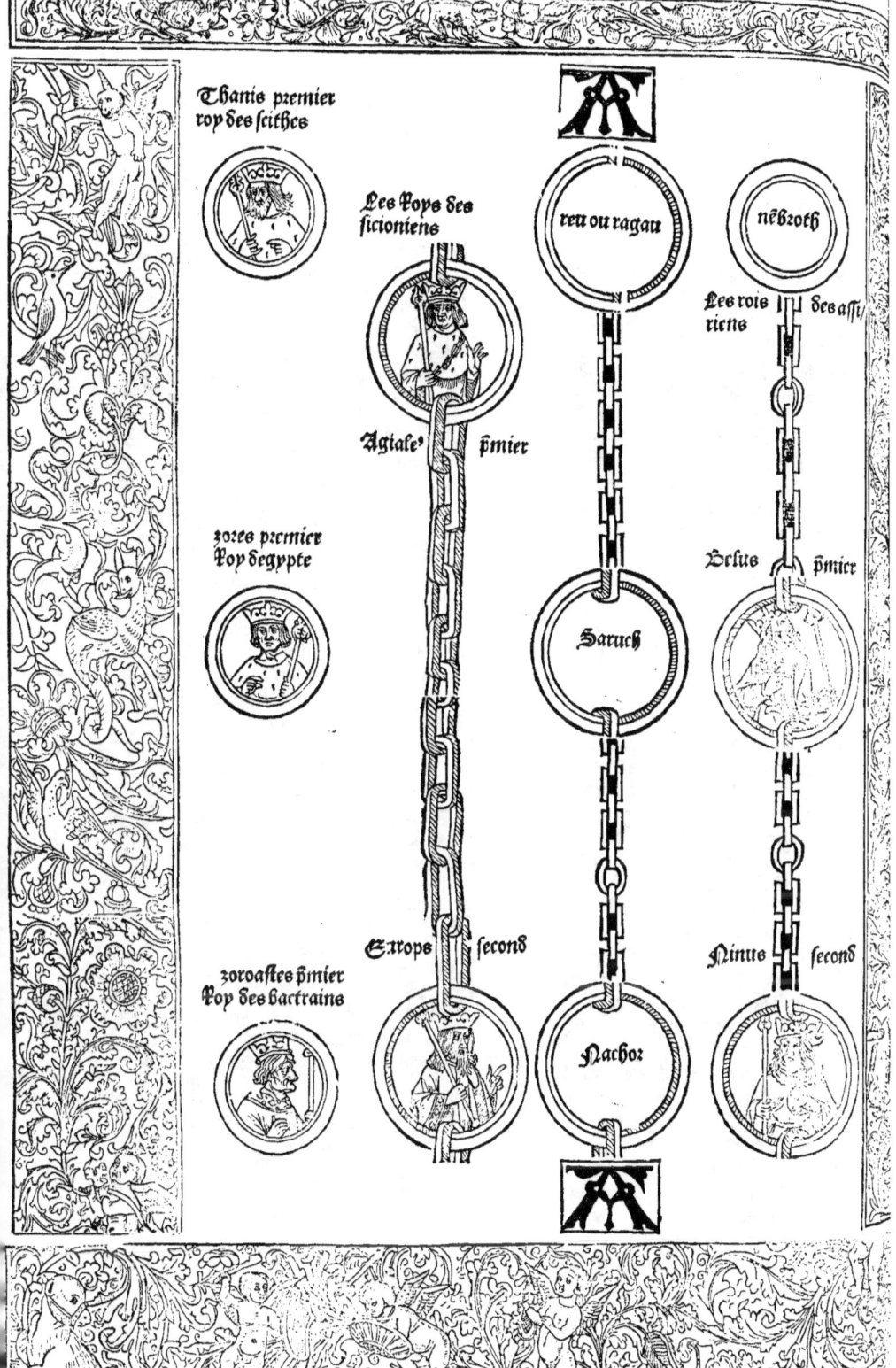

¶ Le chapitre ij°.iiij°°.xве de Reu
ou ragau

Reu ou ragau Cōme est dit
ou premier liure de paralipo/
menon/Et iij°chapitre de Sainct luc
Estoit filz de Phalech. Et fut ne lan
xxxij°de son pere/cōme apert en xjechā/
pitre du liure de genese/lan de la secon
de aage cent xxxj. qui est lan du mōde
Mil. Bijᶜ.iiijᵒᵒ et Biij selond la Berite
hebraique. Mais selond les lxx Inter/
pretes Il fut ne lan du mōde ij.Ѵ.Bijᶜ
xxxiij/qui sont deux mil.iiijᶜxxbj ans
deuāt la natiuite de Jhesucrist. Ce nō
Reu ou ragau/Bault autant a dire en
francois cōme pasturāt ou repeu/ou il
ma pasture/ou mō pasturage. Et par
luy est figure Jhūcrist qui est appelle
le bon pasteur/cōme est dit ou x° chapi/
tre de sainct Jehan. Duquel sainct pier
re est le Bicaire cōme apert es decreta/
les ou titre de maiori et obediencia.
Car hiesucrist dit a lapostre sainct pi/
erre: Pasture mes brebis. ou xxj° chapi
tre de sainct Jehan. A limitatiō et for/
me du quel pasteur tout prelat en se mō/
strant amer hiesucrist doit pasturer ses
brebis/premieremēt par parole & istruc
tion et denseignemēt/cōme est dit en
la xliij°distinction. Sēblablement les
doit pasturer par exēple de bōne cōuer
satiō cōme est escript en la iij° question
de la xj° cause. Tiercement par le sacre
ment de la saincte eulxaristie et corps
de hiesucrist/cōme est dit en la ij°. distic/
tion Intitulee De consecratione.
Quartemēt par aide et soulagement
temporel/cōme dit la premiere questiō
de la xBj° cause. Affin que se le tropeau
languit en aulcunes de ces choses Il
ne soit point deuore des dēs du loup q̄
tousiours lespie et tend ses trebuchetz
pour le seurprendre:

¶ Cy commence le Royaulme des
scithes

Feuillet C. et vij

AU tēps de reu dōt cy faisons men
tion/le Royaulme des scites cōmē
ca cōbiē qȳ ne soit point cōprie entre les
quatre Royaulmes principaux lesquelx
prindrent leurs cōmēcemēs ou tēps de
saruch. pource quil fut lōg tēps deuāt:
Et fut appelle regne des barbares pour
les improprietes et inhabilites des ha/
bitateurs. dont toute la region a pris
sa denomination q̄ a este nōmee barba
rie. De laquelle le premier roy fut nō/
me Thanus. Ceste Region est aultre
mēt appellee Scithie pour ung cheua
lier de perse nōme Scita.

¶ Cy cōmence le royaulme des ama
zones.

La tierce aage

Aussy enuiron ce temps commeca le royaulme des amazones par femmes descendues et venans des scithes. come dit ung historie nomme Justinus

Cha. deux ces iiii.xx. et xi. De saruch.

Saruch filz de reu ou ragau nasquist en lan de son pere xxxii come apert ou chapitre xi. de Genese qui est lan de la seconde aage cent lxiiii. lan de la creation du monde mil viii ces xix selond la verite hebraique. mais selond les lxx interpretes lan du monde deux mil ix ces et cinq. qui sont deux mil ii cens iiii.xx et xiiii ans deuant la natiuite de Jhesucrist. Ce nom saruch est interprete en francois cuir, ou couroye, ou dependent ou parfait.

Cy commence le royaulme des assiriens.

Selond Bede: lan de la natiuite de saruch xiii.e Le royaulme des assiriens comenca soubz Belus. cestassauoir dix et viii ans deuant la natiuite de Nachor. Aussi en aulcunes anciennes histoires est trouue que nembroth filz de chus q estoit filz de cham qui fut filz de noe come apert ou ix.e et x. de genese, regna le premier en babilone. Parquoy est dit ou x. de genese que ce nembroth comenca estre puissant en terre. car il estoit grand geyant et fort, hault de dix coul/

tees. Senateur et oppsseur des hommes. Aussi est dit ou x. de genese que babiloth qui est le champ de sennaar a este le commencement de son regne. lequel champ apres la confusion des langaiges a este nomme babel ou babilonia come est dit ou chapitre xi. de genese. pareillement pres de ce lieu fut vne ville nomee arach comme est dit ou x. de genese. laquelle ville a puis este nomee Edissa. Et vne aultre appellee chalanne. laquelle apres a este nomee seleuria pour le roy seleucus. Ce nebroth aultrement dit am rapfel come apert ou xiiii. de genese enseigna et amonesta les caldiens et babiloniens de honorer et adorer le feu, qui il eust edifiee la cite de babilone. Et apres ce ala aux perses la ou il fist semblablement. mais auant ce quil partist il commist a son filz Belus et bailla ladministration de babilone. Semblablement ce nebroth dont parlons, bouta a force assur secõd filz de Sem, frere de Arphaxat hors de la terre de sennaar. laquelle luy estoit deue par droit de heritaige. La cause pourquoy il fut expulse estoit pource quil ne voulust pas edifier auec luy la tour dessusdicte, come dit la glose sur le x. de genese sur ce pas Exiit assur. parquoy assur vint apres ce en vne terre loingtaine non point par auant habitee. Laquelle fust de par luy appellee assurie. Et edifia lors vne grande cite laquelle apres fut nomee niniue pour nynus filz du roy Belus q y regna. Ceste cite a en tour et circuit de murs le chemin de trois iours selon la glose ou second chapitre de Jonas le prophete. Selond vng historien nomme eusebius, ce regne des assiriees dura mil deux ces xl ans. Toutesfois vng theologie nomme comestor exposant le texte du desusdit x. chapitre de genese De terra illa exiuit assur etc. Dit q le royaulme des assiriees est descendu du royaulme des caldiens ou babiloniens par la puissance de nembroth. Et non pas venu de assur second filz de Sem qui trouua la pourpre et les oignemens des cheueux et du corps. Auquel caldee et sirie a puis

Feuillet C et viii

son nom. Icelluy mesmes commentateur dit en listoire de genese que apres ce es ioints de saruch. ledit Belus filz de nē/broth roy de babilone entra en assirie et y cōqsta aulcū petit. Apres la mort duquel son filz ninus espandeur de sāg sequel amplisia et augmenta la cite de niniue q assur auoit edifiee par auant, cōqsta toute assirie. car il mit soubz sa puissāce et empire toute asie. exceptes les indes seulement, cōme dit salct au/gustin ou xvi liure de la cite de dieu ou chapitre xvii. Et aussi ou liure xviii. ou chapitre second apres le milieu. Et fut le viii an de abraham. Ainsi apt par les choses dessusdictes q le royaulme des assiriens cōmēca par assur. fut continue soubz belus et amplie et augmē/te par ninus. Toutefois aulcūs diēt q ce Belus pere de ninus ne fut poīt filz de nēbroth ne de la lignee de chā. mais de assur filz de Sem. Mays sainct au gustin dit q la lignee de icelluy nēbroth en fust chassee. Et que les filz de assur obtindrent ce royaulme iusques es āns Mil.ccc.et cinq. Cestuy belus q daul/cūs est appelle Saturnus nēbrodites fut apres nēbroth le premier roy de ba/bilone. Et cōmēca cōme dit aulcūs a regner lan du mōde mil viii cēs xxxii. lan de saruch xiiic. qui est de la seconde aage lan cent lxxvic. Et regna sur les assiriens lxxv ans. cestassauoir iusqs au xxviii an de thare pere dabraham. Apres la mort duquel belus son filz ny nus succeda. lequel est daulcuns nōme le premier roy des assiriēs A cause quil fist grāde augmētation au royaulme Dr ces choses ya entre les historiens grāde diuersite touchant le cōmēce/mēt z istitutiō dicelluy royaulme selō diuers regard des ans de la verite he/braique et des lxx interpretes. ¶ Les aulcūs contēt mil deux cēs xxxviii āns depuis le premier roy iusques au derni er nōme Sardanapalus lequel fut par arbates occis. lan iiiie de zacharie roy de Juda. Apres lequel fust icelluy regne trāslate aux medes. Eusebius historie y en met. M. ijc xl ans. Comestor dit

ce royaulme auoir cōmēce soubz belas lan xxiiic ou xxvde Saruch. Et auoit dure iusques au viiie an de Josias Roy de Juda par lespace de mil iiic et deux ans. Et par xxxvii rops iusques a sar danapalus, aultremēt nōme thenoscō tolerus qui trouua premierement lusai ge des coussines (litz de plumes a cou/cher sus. Orose y nōbre mil iic lx āns. Ce dernier roy sardanapalus cōmen ca a regner lan du monde trois mil. C xviii. De la quarte aage ijc xxxiiii et regna xx ans.

¶Cy deuons noter en brief q les qua tre royaulmes principaulx ont prins leurs cōmēcemēs en diuers temps es quatre principaulx climatz et parties du monde. cestassauoir Orient/ Occi/dēt/Septentriō/et mydy. Toutesfois les astrologiens dient quil ya sept cli/matz de la region habitable. Desquelx pour maintenāt nous tairons. Le pre/mier a este le royaulme des assiriēs en orient. lequel selond aulcūs cōmēca soubz nachor. Et selō les aultres soubz saruch cōme est mōstre dessus. Ce roy aulme a eu soubz soy la terre des caldi ens cōme dit saict Augusti ou xvi li/liure de la cite et chapi. xiie. pres du cō/mēcemēt. et fut de beaucop plus puis/sant et plus noble que le royaulme des egipciens ou sicioniēs cestassauoir ou tēps dabraham cōme dit sainct augu/stin ou liure de la cite. La cite babilōe estoit le chef de ce royaulme des assiri/ens dont le premier roy Belus regna lxv ans. Ninus second roy, filz et suc/cesseur sans moyen regna lii ans. Et ou xlii an de son regne nasquist abra/ham dont apert on xie chapi. de genese.

¶ Sainct augustin dit ou 8.liure de la cite de dieu et cha. xii. cōbien q le roy/aulme occidētal. cestassauoir des Ro/mains soit par la posterite des temps postpose aulx royaulmes orientaulx: Toutesfois par largeur et grādeur de empire il est plus noble q les aultres. Duquel les princes estoient moult ver tueulx, chastioyent et punissoyēt plu/sieurs grefz maulx des gēs En prepo

o iiii

La tierce aage

sant le salut et prouffit du royaulme a leur propre fait. Et en deprimāt z abesfant couuoitise de pecune et aultres vices por acqurir loenge et bō renom. Saict augusti parlāt cy des royaulmes orientaulx vse du plurier nōbre. nō pas sās cause car ilz estoiēt trois. cestassauoir le royaulme des assiriēs/des medes/z des perses. lesqlz trois furēt trāslatez et succedās lung a lautre. car les assiriēs eurēt pmierement xxxvi roys durās par successiō mil ij. C ans depuis le premier roy Ninus jusques au dernier sardanapalus. lesql fut par trop habādōne a paillardes et folles femes/cōme dit Justinus en sō pmier. Et orose ou premier Et aussi cōme recite sainct augusti ou iije de la cite z chapi. xxe. Ce Roy sardanapalus auoit vng preuost soubz soy es medes nōme arbactes. lequel senāt de mede por le voir z visiter le trouua estre multitude de femes dissolues. dont retourna et se annōca aux princes du roiaulme. lesqlz se mirent en armes cōtre luy. et en la fin le bruleret luy et les sies dedēs sa sale. parquoy ce royaulme des assiriēs fut trāslate aux medes. lesqlx eurēt viii roys dōt le premier fut nōme arbatus ou arbates et le dernier astiages. Apres lesql fut trāslate aux perses: quāt eust ce royaulme des medes dure. cc. lj an. Mais le regne des pses dura cōe dit sainct Jerome. cc. xxxi an/ouql espace furēt xiiii rois dōt le premier estoit nōme Cirus duql par le ysaye en son xlve. Christo meo ciro. Et aussi de luy est faite mētiō ou. j. de esdras. Le dernier fut nōme darius filz de arsanius. lesql ou viije chapi. du pphēte daniel est appelle le grand bouc des chieures. Mais apres ce que darius fut occis et tue par alexādre le grād cōe est dit ou viiije liure et xviije chapi. du mirouer historial Ce regne des medes fust trāslate au grād alexādre roy des macedoniens. Le pais de macedonie est vne des vij regiōs de grece en europe. Par ces choses dessusdictes appt q ces royaulmes doiēt q sont en asie q est la moitie du mōde habitable: furēt trāsla

tes en la grece de europe. puis a este ceste monarchie trāslatee petit a petit aux romais q eurēt empire z domiatiō sur toute europe et affriq/z sur la plus grāde partie de asie. parquoy le royaulme des romains nest point a tort nōme en ce lieu par Sainct augusti plus grād/plus large/et plus noble q les orientaulx. De tous ces roys des assiriēs medes/et perses/on verra cy apres a la pde de dieu/et semblablemēt des trāslations des royaulmes en leurs pprses sieux et ordre. ou lon parlera de ianus cu tēps de Salomō. z de romulus cu tēps de achat en la iiije aage. Et de alixādre le grād ou tēps de sadorch en la ve aage. Et de Julius cesar empereur des romains ou tēps de mathā. Et d octoui an ou tēps de la natiuite de hiesucrist. Les peuples nōmes perses ou parthes apres la mort dalixādre recouurerent leur royaulme. Et ne furēt iamais totalemēt seurmōtes des romains cōme vng dictateur nōme festus parle des puices subiectes a lempire rcmain/Ce royaulme est maitenāt habite des tartarins. Le secōd royaulme fut celuy de cartage ou des egiptiēs vers mydy lequel cōmēca ainsy que dit saict augustin ou xvije cha. du xve liure de la cite ou tēps de saruch. sur lesqlx regna premieremēt zones ou zores Et dura ce regne en viguer iusques a octoui an non pas en cōtinuel triūphe por ce que y eust aulcune interruptiō cōe apperra plus clerement cy apres lā xlj. de Joseph. Dist en oultre saict augusti ou lieu dessusdit. Que ou tēps de la pmissiō de abraham le royaulme degipte fut vng des plus excellēs et plus triūphās auec les royaulmes des assiriēs et siciomēs. Ceste terre cestassauoir egipte a este p mieremēt appellee nephayna de la fille de chan. secōdemēt erea. Et finablemēt egipte de Egyptus frere de Thanaus regnāt en iceluy pais/lan du mōde iiiM. cccc. lxxxij. Et y regna lxxxiii ans cōme apperra cy dessoubz. Le tiere royaume fut des siciomers ou macedoniēs vers septentriō. dōt le pmier

Feuillet .c. et ix

roy fut Agialeus Et duquel le royanme print sa denomiatiõ. Et comēca selon henry de heruordia lan de Nachor xrviii.qui est lan de Saruch viii. De Belus premier roy des assiriēs lā xlB. Et selond la verite hebraique/cest lan du mõde mil viii c lxxxi. Mais selond ysydore ou S.des ethimologies vers la fin/cest lan du mõde mil. c. xiiii. Et regna icesluy roy agialeus lu ans. Et du race regne neuf cēs et xlii ans.ou xl selõd aulcũs ce stassauoir iusques a seu sipus dernier roy. Apres ce furēt ordonnes les prestres Carini cõme on verra plus aplain cy apres ou len parlera de nachor. ¶ Belus dõt est faite cy dessus mētion Cõmeça regner lā du monde mil viii cēs xxxii. De la secõde aage lā lxxxi. Et de la natiuite saruch lan xiii cõme dit herp dessus nõme ou viii.cha pitre de la secõde aage. Et ainsi regna selõd iceluy henry lxxx ans. par quoy apt que ninus regna x ans plus tart q̃ les aultres ne afferment. Le royaulme fut puis trãslate aux atheniēs. en apres aux latis. Et de rechef aux Romains cõme dit saict augusti ou secõd chapi.du xviii. De la cite ¶ Sicionie polo:e aisy nõmee:mais maintenāt appellee archadie eust xxx roys:durãs iusqz au xxix.an de hely Juge et souuerain pstre. ¶ Le quart des royaulmes principaulx fust celuy des romains/duquel sera parle cy dessoubz en la iiii. aage ou il parle de achar. Lesqlx romais descēdirēt des troyēs cõme dit saict augusti ou vi.chapitre du tiers liure. Et cõbiē q̃ ce royaulme des romains ait este plus noble/plus hault et plus esleue en triũphe et dominatiõ q̃ le regne des assiriēs: Touteffois a il este mendre en duratiõ sans de.cc.iiiixx et xix ans ainsy cõme diẽt Beda et Eusebius.car ilz diēt le regne des assiriēs auoir dure mil quatre cēs xlviii ans. Justinus dit quil a dure mil.ccc.ans. Et sainct augusti mil. c. xl ans. laquelle diuersite procede de diuers principe et cõmecement du regne diceulx assiriēs cõe est dessus declare. Les quatre royaulmes dessusdictes sõt les quatre principaulx dont est faite mētiõ en daniel le pphete. Le royaulme des fēmes nõme amazones cõmeça auec le royaulme dẽ cithes/ duquel est parle cy dessus ou cha. de reu. De ce royaulme des amazones cõme ce par fēmes apt ou secõd liure de iustinus Et ou iiii xx i.cha.du secõd liure de vincēt listorial.et ou chapi.de amasonia ¶ Les scithes mirēt sus et esleuerēt les royaumes des parthes q̃ bractanes. Du royaulme des caldiēs ou babilloniēs leql est soubz les assiriēs est faite cy dessus mētiõ ou lieu ou on a parle de phalech. Mais des autres royaumes diray cy apres a laide de dieu.cest assauoir du royaulme des grecz/des miceniēs/des atheniēs/des cretēs/des tropēs/des lauiniens/des albains des latis/des romais q̃ des autres. Des caldiēs dirõs encor deux motz. les qlx adorẽt le feu cõe dieu cõtraignoiēt les hõmes de aisi faire. Et estoiēt telle mēt auugles qlz cuidoiēt leũ dieu seur mõter les ydoles des autres natiõs.en tãt que le feu bruloit tout. Mais apres aulcun peu de ans les prestres de canopus cite degipte oyans ces choses ostorēt la coronne dor du chef de leur ydole Et y mirent en lieu de ce vng vesse au de terre en forme de couronne remply de eaue et plain de pertuis et trous estoupez de cire: Aduint que quant les caldiens y vindrent/et mirēt leur dieu dessoubz ces ydoles pour les bruler: la cire se fondist/dont les pertuis se ouurirent et degouta leaue et cheut sur ce feu / parquoy fust estaict. Et ainsi par ce moyen les ydoles de canopus furēt apres ce en plus grande reuerence que par auant comme dit vincēt listorial. ¶ Icy est a noter que Belus seurnõme Saturnus a este cinquiesme par generation depuis Belus nembroti/ des/comme dit Seruie cõmentateur en gramaire.laquelle chose apperra cy apres ou second an de Josue. Aussy a este vng aultre belus roy de grece come raconte Comestor duquel ne parlerons point maintenant.

La tierce aage

Cha. deux cés iiii. (¶ xbii. de nachor

Nachor filz de saruch nasqst lui de son pere xxx. ainsy que apert ou cha. xi. de genese/qui est lan de la seconde aage cent quatrebingtz (¶ xiii lan du monde mil viii ℒxlix. selon la Berite hebraique. Mais selon les lxx interpretes. lan du monde trois mil xxxviii. ce sont deux mil cent quatrebingtz (¶. iiii ans deuant la natiuite de ihesucrist. Nachor est interprete repos de lumiere. car la vraye lumiere qui est a la reuelation des gens et a la gloire de israhel/come est dit ou secod de sainct luc fust promise au filz de son filz. cest assauoir Abraham ainsy que est escript ou tiers chapitre de sainct pol escripuant aux gallates. ¶ Saruch dot est faicte mention ou chapitre precedent desquelz apres quil eut engendre nachor deux cens ans Et engendra filz (¶ filles come a pert en xi. de genese

rus obtit egipte en ce teps. cest assauoir lan cinquiesme de son empire.

¶ En ce teps comeca le royaulme des bractains soubz zoroastes qui daulcuns est dit estre cham filz de noe. lequel zoroastes selond Sainct augustin commeca a rire incontinent qil fut ne q̃ estoit signe prodigieux et trop monstrueux en tant que par le comun cours de nature on pleure en entrant en ce monde.

¶ Le royaulme degipte selon aulcus eut son commencement ou temps de nachor. Beda dit ou teps de saruch Et eusebius dit que il dura depuis le temps de la natiuite de abraham. mil quatre cens lii ans iusques a amasus roy degypte qui regna xlii ans. car cambises autremēt nabugodonosor roy des persee/qui est des hebrieux appelle assue

¶ Le regne des sicioniores comenca lan xlv. de Belus premier roy des assiries par Agialeus pmier Roy qui regna lii ans. Pour le nom duquel la terre a este nōmee agialee Et mai

tenant poleponenfie. La cite dathenes neftoit point encoz en eftat.ne le royaume des grecz ou arguis neftoit poit encoz nõme. Car en grece ny auoit feulemẽt que les ficionies q̃ euffent bzuit et flouriffent en renom. Ce regne dura ir cẽs lr ou lrii ans. ceft affauoir iufqz a lan du mõde deur mil Biii cẽs rrri. qui eft lã rrr.e de Hely preftre de la loy Comeftoz afferme q̃ ce royaulme cõmenca lan rriiii. de nachoz grand pere de abzahaz foubz agialeus. Et dura iufques au rr Bi. an du preftre Hely. par lefpace du regne de rr Bi roys Iufques au tẽps du roy zeufippus.

De ces roys et leur naiffãce diuers parlet en diuerfes manieres. Et feblablemẽt des regions et duration des affiriens et de leur regne comme eft dit deffus ou len a parle de phalech et de Saruch. parquoy nous en pafferõs legeremẽt. Lan du comecement du regne de chafcun roy fera note es efcriptz fubfequétz/ee ans de abzaham de pfaac/de Jacob/de Jofeph/de Moife/de Jofue et des aultres comme apperra plus clerement en leurs lieur felond la doctrine de Henry de heruoz/dia affin que les oreilles et appetit des hõmes curieulr de fcauoir chofes nouuelles foyent adoulcies et raffafiees. lefquelr hõmes curieulr Seulẽt tout fcauoir fans foing auoir de lefcripture parlãt de hiefucrift. cõbiẽ q̃ le poethe Die q̃ fcauoir aulcune chofe en quoy neft point compzinfe la doctrine de hiefucrift neft riẽs fcauoir. mais cõgnoiftre hiefucrift fãs aultre chofe fcauoir eft Bng fcauoir de fouffifance.

Cha.deur cẽs iiii°° q̃ rBiii. de thare

Thare fitz de Nachoz nafq̃t lan rrir. de fon pere cõme eft efcript en rr. chapitre de genefe. Et lan de la feconde aage deur cẽs rrii. qui eft lã du mõde mil Biii cẽs iiii°° et Biii felond la Berite hebzaique. Mais felõd les lrr iterpzetes lan du mõde trois mil cent riii Ceft deur mil. iiii°°B ans deuãt la natiuite de hiefucrift. Thare eft interpz

Feuillet .c. et r

te depulfeur ou trõpeur/ mauluais ou malice. Et egẽdra en laage de lrr ans Abzahaz. a la natiuite duquel eft terminee la feconde aage. cõtenãt deur cẽs iiii°° et rii ans. Mais la pmiere cõtiẽt mil Bi cẽs cinquãte et fix. par aify du cõmecemẽt du mõde iufques a la natiuite dabzahã pa mil ir cens rlBiii. ans felon la Berite hebzaique. mais felond Oroſe ya trois mil cent lrriiii ans. Lefquelr auec deur Mil et rB font. S. mil cent iiii°° q̃ rir ans qui fõt depuis la creatiõ de adam Jufques a la natiuite de hiefucrift/comme baillent oroſe et Beda. par ces chofes appert que Abzaham nafquift deuant la natiuite de hiefucrift deur mil et rB ans felond Oroſe. mais felond les lrr interpzetes la pzemiere aage a Beritablemẽt deur mil deur cẽs rlii ãs. Et la fecõde mil lrrii. Et ainfy les ans de ces deur aages font certainement trois mil trois cens et riii. felond les lrr Interpzetes. mais felond la Berite hebzaique la feconde aage cõmẽcãt a Noe et termiee excluſiuemẽt a abzahã contient deux cens ans feulemẽt. Sainct auguftin ou r. chapitre du rBi liure de la cite dit/ que elle a felond les lrr interpzetes Mil lrrii ans. lefquelr Interpzetes cõmẽcent leur nõbze en la natiuite de arphaxat. Se ilz cõmecoient au cõmẽcemẽt de la fecõde aage: ilz peuient droiẽt iufques a mil lrriiii ans. En tant que Sem engendra le dit arphaxat deur ans apzes le deluge. Auffi Iceulr lrr interpzetes/ mettẽt ri generations de cefte aage. car ilz diẽt que arphaxat auoit cẽt et rrrB ans quant il engendra capnan. Lequel aage de cẽt et trẽte ans/ engendra Sale. Defquelr lrr interpzetes Sainct luc ou tiers chapitre fe mõftre enfuir la trãflatiõ/ combiẽ q̃ ou r. de genefe/ q̃ ou pmier de paralipomend ne foit faite nulle mẽtion de capnã. mais par tout apert que Arphaxat ait engendre Sale. Toutefois beda dit ou petit liure des tẽps pour excufer cefte diuerfite quon pourroit dize q̃ capnam fuft feulemẽt fitz adoptif

La tierce aage

Et ainsy entre la Verite hebraique et les lxx Interpretes ya de diuersite Vi cens iiii xx ans De la quelle cōe dit saict augustin on ne peult rendre nulle rai son. ¶ Selond les historiens et crono graphes des grecz ceste aage ii e. Con tient x generations et ix C. xlij ans cō me dit Beda ou petit liure des temps. ¶ Car iceulx grecz voulantz corriger et mettre au vray lordre et la verite De ceste generation en ostant Caynam du nombre ne se peurent acorder a la Verite hebraique ne aulx lxx interpre tes. parquoy eulx ensuiuans leur pro pre auctorite et opinion ont donnee a ce ste aage le nōbre dessus dit. Lequel est mendre du nombre des lxx Interpre tes de trois Cens et trente ans. mais plus grand que le nombre de la Verite hebraique de Vj cens cinquante ans.
¶ Ces choses dessusdictes sont prises de Henry de heruordia ou premier liure & iij e chapitre de la seconde aage.
¶ Cestuy thare eust trois filz. Car en son an lxx e. Il engēdra Nachor, Abra ham et Aram comme apert en xi e cha pitre de genese enuirō la fin. Cy apres apperra lequel de ces trois est laisne.
¶ Lan xxviij de Thare qui est lan du monde Mil. ix C. j Vj. Belus premier Roy des assiriens mourust. auquel en lan ensuiuant son filz Ninus succeda & regna lii. ans cōe apt ou xVii et xViii. chapitre du xV e liure de la cite.
¶ Cestuy roy mnus seurmonta chan qui fut filz de Noe aultrement dit zo roastres, regnāt en bactrie. Inuēteur de lart magique, cōme dit Orose ou p mier Et comestor ou il parle de chan.
¶ Lan x e. de Thare qui est lan du mō de Mil. ix cens xxViii. Europs second roy de sicionie commenca regner du rant par lespace de xlV ans. ¶ En ce lieu cy est a noter q̄ Belus pere de Ny nus comme dient aulcuns ne Vit poit denembroth filz de chan. mays fust de la lignee de assur filz de sem. cōme dit Thomas cōmentateur anglois. Par les choses dessusdictes appert comme Veulent aulcuns que le royaulme de nembroth le geyant ne fust point pos sesse des siens mais de la posterite De assur filz de Sem.

¶ Cy est la fin de la seconde aage
Sensuyt la iii. aage par Abraham.

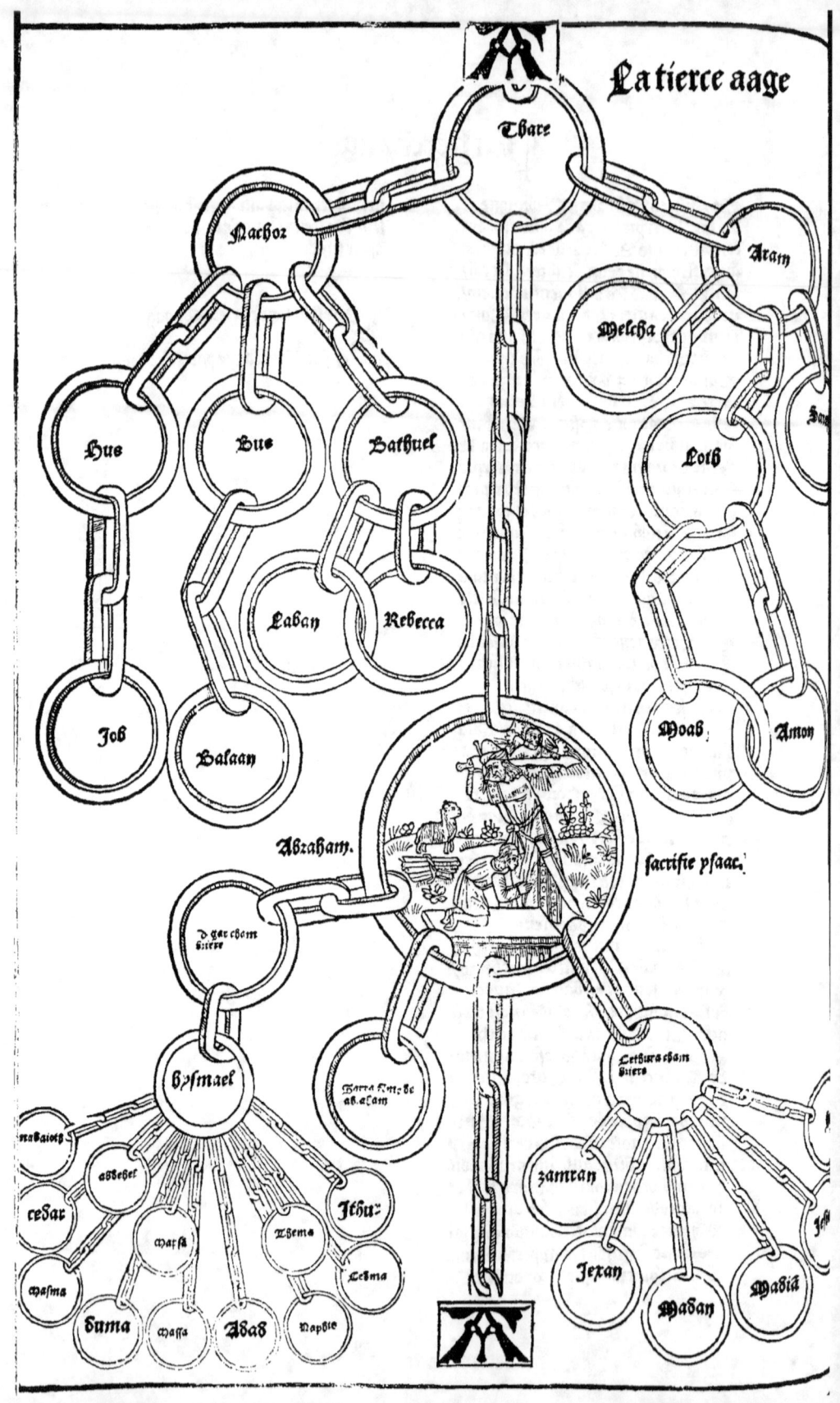

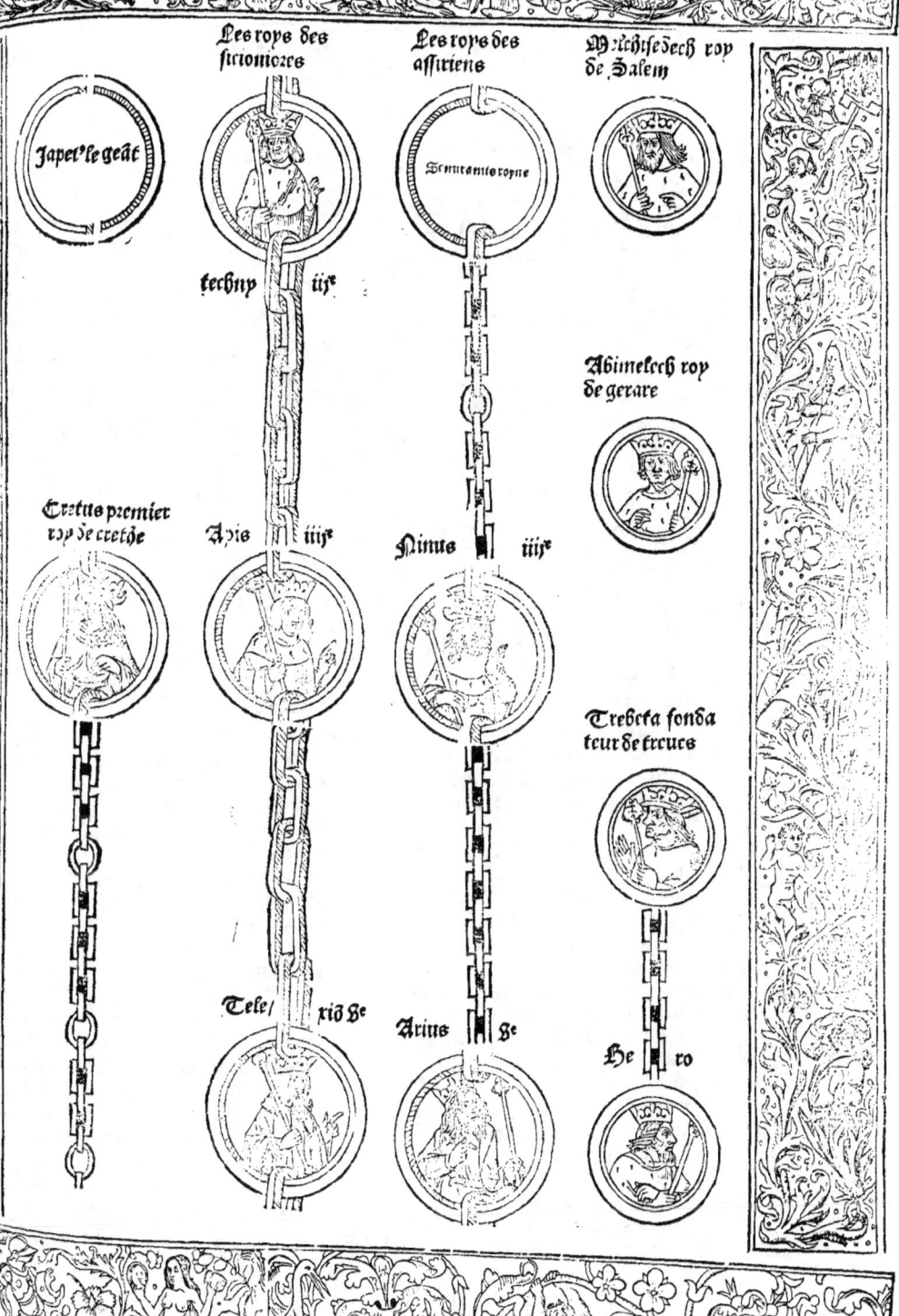

elond lauto rité de la Veri/ te hebzai/ que ⁊ des lxx inter/ pretes/la iije aage cómence en la nai/ sance de abzaham Inclusi/ uement/ Se estēs Jusques au cōmē/ cemēt du regne de Dauid. cestassa/ uoir aps la mort de Saul ex clusiue/ mēt. Et

contiēt xiiij generatiōs/ et ij⁵ xlij.ans dieu en la deduction dicelle. Et selond sainct Augustin Ceste aage fust cōme adolescēce en la qlle lōme cōmēce a pouoir regner.parquoy sainct mathieu a prins lerozdre des generatiōs du cōm mēcemēt de ceste aage.cestassauoir de abzaham. Cōme dit Comestozet Ni colas de lyra en xj⁵ ⁊ xij⁵ de genese Abza ham fut nōme le mendze entre ses fre/ res/cōbien quil soit hōnore sus tous cō me premier ne. Et naqst lan lxxe de sō pere thare cōme apert ou dit chapʳᵉ de genese. Lequel an est selōd la Verite he braique lan du monde Mil.ix⁵.xlix Et selon les lxx interpretes lā du mō/ de trois Mil. C. lxxxiiij. Et depuis le deluge q est le cōmencemēt de la secōde aage lan ij⁵.iiij⁵⁵.et xiij. De la confu/ sion des langues lan cēt iiij⁵⁵ ⁊ xij De Nitrus ij⁵ Roy des assiries/caldees/ba/

Comme apperra plus amplement a laide dj biloniens ou sennaar qui font Sng re/ gne/lan xliij⁵. De euxops Roy des spar onioxes puis appelles argine ou gre/ lan xxij⁵. En ce mesme an les syrac/ ins cōmēcerēt a dominer sus les egypti ens cōtinuans par lespace de cēt huit. et dix ans. Du quel tēps cōmēca la py dinascie et souueraine puissāce des egy ptiens. Cestuy an fut deuāt la pzemi ere olimpiade Mil.ij⁵.xiiij ans. deuāt lincarnatiō de ihesucrist deux Mil.as. Aulcūs deulēt Mil deux cēs xxxviii. ans/deuant la fondation de rome. Les aultres y mectent mil.ij⁵.lxiij ans. et sainct augustin ou xiij.chaᵖᵉ du xvi. li/ ure de la cite de dieu /y conte enuiron Mil.et ij⁵ ans. ¶ Entre les docteurs est contrariete grande du lieu de la na/ tiuite de Abzahā.car Sng docteur nō/ me Burgensis dit que il naqst en me/

Feuillet .c. et xiii

sopotamie q̃ est partie de sirie. Car en
icelui lieu nostreseigneur luy dit aps/
Egredere de terra ⁊c. cestadire Dehors
de ta terre et du lieu de ta natiuite ⁊c.
cõme apert ou xii. de genese. Ceste opi
nion est cõfermee par Raby moyses/di
sant que Aram seul fut ne en caldee.
Mais abraham en mesopotamie lx ãs
apres nachor selon̄ nicolas de lira sur
le xii.de genese. La raison amenee de
burgensis pour prouuer son intention
est telle.car toute babilõne apartenoit
a cham et a sa posterite. ouquel lieu ne
broth regna cõme est dit ou x.de genese
Mais abraham descẽdit de sem. duquel
la posterite habita es aultres regions.
dont apt que abraham fut ne en autre
regiõ. Aussi apert par autre raison ou
xxiiij.e de genese/ou Abraham dit a son
seruiteur en lenuoiãt a mesopotamie/
Va en la terre de ma natiuite/ ainsy q̃
clerement est demonstre en lebzeu. La
tierce pbation est prise ou xxiiij.e de Jo
sue ou est escript Vos peres ont habite
des le cõmencement outre le fleuue/ cest
adire en mesopotamie. Parquoy bur/
gensis cõclut que aram seul fut ne en
caldee.mais abrahã et nachor nasqui
rẽt en mesopotamie. La cause pour/
quoy thare ala de mesopotamie en cal
dee ou il engẽdra aram est telle. car ne
broth grãd oppresseur des hõmes Vou/
lust attraire a soy les plus puissãs du
pays/pour adozer le feu cõme dieu. par
quoy appella thare q̃ estoit grand prĩ
ce et auoit grãde famille de la lignee de
Sem / assin que par labitatiõ lõgue di
ceulx en caldee/ ilz adozassent le feu et
le reputassẽt pour leur dieu. Du qʼl pa/
ys de caldee thare engẽdra aram q̃ fut
le dernier des trois/ cõme dit burgensis
Cõbien que ce nest pas lopiniõ de nyco
las de lira en xi.e de genese cõme est dit
deuãt. car aultrement il se ensuiuroit q̃
aram eust engendre saray fẽme dabra
ham quãt il nauoit pas dix ans passes
laquelle chose ne se peut naturellement
cõceder. Parquoy saict augustĩ ou xi.e
chapitre du xvie liure de ciuitate dei.
Et nicolas de lira sur le xij.e de Genese

dient que abraham nasqt en caldee xl.
ans apres sõ frere Nachor. Et ainsi a/
pert que abraham auoit lxxv ãs quãt
il yssist hozs de aram terre de mesopota
mie par le cõmãdement de dieu/apzes la
mort de sõ pere thare qui vesqt deux cẽs
et cinq ans cõme apert en la fin de xi.e
de genese. La cause pourquoy a abza/
ham fut cõmãde soy partir de aram ter
re de mesopotamie est telle selõ saict
augustin ou xviij.e chapitre du xvje liure
de ciuitate. Car il souloit retourner
en caldee/parquoy dieu luy dist quil en
ostast son couraige cõe il en auoit oste
le corps. A ce ppos peuẽt estre deux
doubtes solutz par forme de question.
La premiere question pourquoy il vit
hozs de caldee: La secõde pourquoy Il
y voulut retourner. Au pmier peut
on respõdre que les caldiens ou babilo/
niens adozoient le feu cõme dit sainct
Jerome sur le xij.e de genese. Et sebla/
blement est dit en la glose du xxix.e cha
pitre de ysaye vers la fin. que dieu a de
liure abrahã de vr caldeozum. cestadire
du feu des caldiẽs. Car selõ vng docte-
apelle kemy/vr/en lãgaige caldeique
signifie flãme de feu/ou brulement en
langue frãcoise. cõbien que vr signifie
auleunessois vnz ppre nom de lieu ou
de ville. Mais pour retourner a nostre p
pos/ Amraphel/ autremẽt dit nẽbroth
qui lors viuoit encoz/ constraignãt a/
dozer le feu/ mit Aram et abzaham de/
dens le feu. ouquel feu aram rendit le/
sperit cõme apert en la premiere questi
on de la xv. cause. pource quil nestoit
pas de si grãde soy cõme abrahã/ ne tãt
de biẽs ne se denoiẽt poit faire par luy
cõme par abrahã/ ainsy que diẽt les he/
breux. mais Abrahã eschapa dicelluy
feu sans estre blece ne brule aulcune/
ment. parquoy est dit ou xv.de genese/
Je suis celuy qui te ay mis diuinement
hozs du feu des caldiens/cõme sembla
blement est escript ou xx.de Exode. Je
suis celuy qui te ay amene hozs de la ter/
re degipte par ma puissãce q est diuine.
En ce lieu cy fault noter que abra/
ham disputoit publiquemẽt contre les

p i

¶ La tierce aage

caldiens en disãt que len ne deuoit po/
int adorer le feu Mays seulement le
vray dieu.parquoy le roy nembroth se
gecta hors de sa terre auec thare/loth/z
saray sa fẽme cõme apert en xj̄e chapi/
tre de genese. Et cõme il soulsit aler
en la terre de chanaan: Il demoura a de/
mye voye en aramou charam qui est
terre de mesopotamie partie de sirie.

¶ Nachor frere dabraham fut ydolatre
et demoura en caldee auec sa fẽme par
vng certain tẽps.dont finablemẽt il se
repẽtist et partist de la. puis vint en a/
ram comme apert par sainct Augu/
stin ou xiije chapitre du xvje de ciuitate
La en aram dieu parla a abram com/
me appert en xje de genese disant va
hors de caldee et viens en la terre que
ie te monstreray.cestassauoir de chana
an. De cecy sera veu plus amplemẽt
ou lieu ou est faite mention de aram.

¶ A la seconde question cestassauoir
pourquoy abraham voulust retourner
en caldee peult estre respõdu par sainct
augustin en la fin du xve chapitre du
xvje liure de ciuitate Que abraham vou
lut retourner ou dit pays de caldee por
son frere nachor affin quil le reduist et
reuocast de son ydolatrie.mais nachor
esmeu de penitẽce preuint et abrega le
chemi dudit abraham. Ou peult estre dit
que nachor estoit persecute des caldiẽs
en tant qlz le auoyent suspect parquoy
il sen retourna. Et quãt il vint a thare
abraham/et loth: lors abraham acomplist
le cõmãdement de dieu en yssant de a/
ram auec loth et sa fẽme sara: vng peu
apres la mort de thare son pere selon
Nicolas de lira.cõbien que sainct au/
gustin veulle dire que thare vesquist ẽ
cor apres lissue dabrahã. ¶ Selon Ra/
bain ou second chapitre du second liure
de vniuerso. Abraham est interprete pe
re voyant le peuple. Mais apres com/
me apert ou xvije. de Genese abraham
fut nomme pere de plusieurs gens por
la grande foy qui estoit en luy.

¶ Selon aulcũs lan iije de abraham la ci
te de treues fut faite et edifiee.les vng
dient lan xiije.les aultres lan vije/q̃ est
deuãt rome mil.cc.xxxvij. ãs. Et fut p
trebeca filz de Ninus.car apres ce q̃ ny
nus fut en egypte occis dũg dart en as
siegãt vne cite: Sa fẽme semiramis a
uec ses deux filz cestassauoir trebeta et
Ninus le petit/demouretẽt ¶ Cestuy
trebeta estoit filz dune aultre fẽme pre
miere royne de caldee:parquoy semira
mis sollicita ledit trebeta filz de sõ ma
ry pour lauoir en mariage.lequel refu
sant pour lõneur paternel fut deboute
et expulse par icelle semiramis hors du
pays ¶ Toutesfois apres plusieurs la
bours et paines il eust response des di/
eux que iamais ne trouueroit lieu qui
luy fust propice iusques ad ce quil vint
en europe.ou quel pays il arriua et ou
riuaige du fleuue nõme moselle plain
de bois et de pretz il edifia et fonda la
dicte cite laquelle par son nõ il nomma
treues.Et fust ceste cite la premiere de
europe.car toutes les autres de semi/
ron ont prins leurs commencement de
celle. ¶ Apres la mort de trebeta: son
filz hero succeda.lequel selon la forme
des anciens fist bruler le corpz de sõ pe
re et resouldre en cendre. puis le enseue
lit sus la mõtaigne vran. Et mist des
sus luy vne tumbe de marbre ou estoi
ent par vers cõtenus et descriptz mõlt

elegaument ses gestes et ses fais: apres la mort duquel ceulx de treues croissās en nōbre et richesses enuirōnerent leur cite de murs et de tours. Et firent iiii. portes vers les quatre parties du monde les plus precieuses que il est possible de dire τ exprimer. auec se edifierēt vng tēple a mercure ouquel fut son ymaige collocq. Et q plus est firēt vng pont sur le fleuue mosella de pierres/ de fer et de plomb/ cōpose de si hault et soutil artifice que par nulle antiqte ne peult estre vse/ne rōpu ne desfire. apres ceste cite furēt edifices et fondees plusieurs aultres. cestassauoir Basle/argētine/ Spira/Magunce et coloigne. lesquel/ les furent toutes faites tributaires a icelle cite. En cest an qui fut lā xxiiii. de europs roy des sicioniores. nasquist vng geāt nōme Japetus filz de tytan frere de saturne τ pere de ptholomeus ou prometheus et athlas. Abrahā emporte et denote en soy triple significa/ tion τ figure. Et premieremēt il a porte la figure du saluateur hiesucrist en tant que il a lesse sa terre/sa cognation ses parēs et amys et ala en pays estrāge. Semblablemēt hiesucrist laissa sa cognation et vint en ce monde saluer les pecheurs cōme dit lapostre ou secōd chapitre escripuant aux philippenses. Et cōme est dit en la secōde distinction de consecratione.⁋ Aussy abrahā a au cunesfois significe et figure dieu le pere en voulant offrir et sacrifier son filz y saac cōme apert ou xxiie de genese Et en la seconde question de la xxixe cause decretet. parquoy abraam acquist de dieu bruit et nom de grande loenge.

⁋ Abrahā a tiercemēt representė la personne des sainctz qui en grād ioye ont receu laduent de Jesucrist. car il receut dieu en forme de hōme en sa maison cōme est escript ou xviiie de Genese. En luy offrant et presentāt laict et vin cōme apert en la distinctiō xxxve. Dont il fut amp tres agreable et plaisant a dieu. A ce propos dit sainct augustin ou xxixe chapitre du xvie de ciuitate. q̄ abrahā et loth receuans les anges en leurs logis qlz fussēt hōmes parquoy leur administroiēt seruice de humanite: cōbien que ilz cuidoient biē que aulcune chose de diuinite fust en iceulx/ cōme a este es prophetes.

⁋ En lan ii. dabrahā: le roy Nynus āplia τ augmēta la cite de niniue lā de son regne xlixe. ⁋ Lan xiiie dabrahā q̄ est du mōde lan mil iiiiᶜ lxi. Et de lē/ pire et dominatiō de Ninus lan cinquāte: Ninus fist que asie ne fust plus tributaire aux scithes cōme auoit este le/ space de mil vᶜ ans. Et cōme diet aulcune elle fut en ceste subiection de puis lan lxie de malaleel. dōt est dessus faite mention. Ceste liberte fist ninus aux asiens apres quil eust conqueste toute assirie. Et amplie la cite de Niniue.

⁋ Cy fault noter vng pas de Sainct augustin ou xixe chapitre du xvie de ciuitate/ ou il dit que abrahā ne mentist point quāt il dit de sa fēme sarray que elle estoit sa seur. ou xii et xxe de genese Attēdu que elle luy estoit moult prochaine de lignaige cestassauoir sa nypce et fille de sō frere aram cōme apert en xi. de genese. Par semblable maniere abrahā appella loth son frere/ lequel touteffois estoit son nepueu dabrahā cōme apert ou xiii de genese ⁋ De ceste fictiō sainct augusti assigne raison/ disāt que abrahā vsa de telle maniere

p ii

La tierce aage

de parler voulant eschever les fraudes et deceptions du monde. Car sil eust peu eviter le peche et peril et ne leust point fait: il eust plus tempte dieu, come il eu esperance en luy, come apert en la seconde questio de la xxii. cause. Ainsi est manifeste que ou lindustrie humaine peult aider lome: se come la lesse, et se attent du tout a dieu, il tempte dieu. laquelle chose ne se doit point faire. car nous lisons ou second de saint mathieu: que lenfant Jhesus sen fuit en egypte de nuit. Et sainct pol fust par ses freres, non pas devale en ung pennier ou une manne par le mur, dont il euada et eschapa la main de ses ennemys. come est escript en xi. chapitre de la seconde epitre aux corinthiens. Et ne fust point ce en se attendant seulement a laide de dieu. Et pour ceste cause est dit ou xxxviii. chapitre de ecclesiasticus En parlant au malade. mon filz Tien conte et pense de toy et ne te desprise point en ta maladie. Car pose que par le medicin tu recoives medicine come ministre de dieu: toutesfois cognois que le createur la cree et luy a donne cognoissance des principes de ceste art, duquel seigneur vient toute science, parquoy celuy qui a establi ta fin laquelle tu ne peux passer, combien que tu y puisses bien attaindre: Avec ce ordonne les moyens qui te meneront a ton terme se tu en uses bien. Mais se ton periode et ta fin est es portes et a supr. il est manifeste que contre la violence de la mort ny a herbe croissant en nul iardin que soit valable. Toutesfois dit sainct gregoire ou xv. chapitre du xv. livre des morales selon la nouvelle quotation. Se les pecheurs tournent lespace de penitence a lusaige diniquite: ilz perdent ce que povoyent impetrer de la misericorde divine cestassavoir prolonguement de leur vie. Combien que dieu omnipotent prevoye et cognoisse le temps et heure de la mort de chascun. car nul na peu mourir en nul temps sino en celuy ou quel il meurt Et exemplifie de ezechias Roy de Juda, dont fait mention ysaye ou xxxvi. par quoy est cler que que est dit ou pseaulme

nest poit contre cecy. cestassavoir. Viri sanguini et dolosi non dimidiabunt dies suos &c. q Sault autant en francois come des homes plais de sanc et de cruaulte, et les homes trompeurs et deceptifz, ne acompliront ne vivront poit la moitie de leurs iors. Ne aussy ou xxii. de iob ou est dit que les homes mauvais sont ostes de ce monde devant leurs temps. attendu quilz cuydent vivre plus longuement, come le riche dont est parle ou xii. de sainct luc. Duquel les champs sonnoyent fruictz fertiles quant il fust surprins de mort. ces parolles sont la sentence de sainct Gregoire ou lieu dessusdit. Ainsi q nous ne arrestions point seulement au texte il nous fault parler daulcuns Incidens adventes en certains aes du glorieux patriarche. Parquoy est a scavoir que la xix. dabraham. mourust le roy ninue come dit Comestor qui avoit une fame tresbelle nomee semiramis. mais estoit impudique et trop libidineuse. laquelle affi que elle peult regner encor se maria a son propre filz que elle avoit conceu dudit Nynus. Duquel filz elle engendra ung aultre qui amplia babilone.

¶ Ceste semiramis regna xl ans ou xlii. Mais sainct augustin ou livre xviii. dit xxxii ans tant seulement. Et que elle fust occise de son filz le quel elle avoit

pris en mariage. Auāt ce elle subiuga
les indes et ethiopies laqlle chose fust
monlt a esmerueiller.car iamais nul
ne peult cōbatre ne expugner inde fors
elle et alixandre le grāt cōme diēt tro/
gus et Justinus historiēs.combiē q̄ on
treuue es escriptures q̄ bachus q̄ est au
tremēt nōme liber/la suppedita cruel/
lemēt lā xxviij.e de Apoth iuge de ista
bel Et xxxij de Selboza. De ceste Se/
miramis est parle dessus ou chapitre de
cham ⸿ Lan xx dabraham q̄ est de se/
miramis lan xv la cite de babilon fust
par pcelle semiramis restauree et repa
ree de murs de pierre cuicte. M.cc.xix.
ans deuāt rome ⸿ Ce mesme an the/
chin ou tachim tierc roy des sicionioꝛes
cōmēca a regner et dura sō regne xx ās
⸿ Lan xlv dabraham q̄ est de semira/
mis lan xxxv Apis iiij.e roy des sicioni
oꝛes cōmēca regner et dura xxv ans.
poꝛ ce roy le pays fut nōme apia de sō
nom apis.et par auāt estoit nōme agi/
alea.mais maintenāt est dit peloponē
cisis en latin ⸿ Lan liij dabrahā Nini
as ou Ninus filz de ninus et de semi/
ramie cōmēca a regner apꝛes la moꝛt
de sa mere Et fut iiij.e roy des assiriens
et regna xxxv ans. En lan xxv de sō
regne fut cōmādemēt fait a abraham
aage de lxxv ās daler hoꝛs de sa cogna
tion et se departir de ses parēs dont est
parle ou xij de genese. Et loꝛs la sain/
cte pꝛomesse luy fust faicte de dieu en
la terre de chanaam ⸿ Lan de abrahā
lxviij Noe le iuste trespassa.lequel ve
quist apꝛes le deluge.ccc.l.ans cōme est es
cript ou ix de genese. Aisy apert que de
tant la moꝛt de noe: nebꝛoth cōmēca
edifier la tour babel.cōbiē q̄ Comestoꝛ
die que noe estoit ia moꝛt. Touteffois
Joꝛas et philo histoꝛiens diēt q̄ auāt q̄
noe mourust il vit xxiiij mil et cēt filz
q̄ estoient tous hoꝛs hōmes et vaillans
sans les filles q̄ les petis enfās tous de
sēdantz de luy q̄ de sa fēme puerphata
Laqlle chose est pareillemēt cōfermee
ou mirouer histoꝛial. Aussi est dit en ce
lieu mesme ou il parle de phalech q̄ noe
vopāt ses filz inobediēs/et cōtre sa vo

lente edifians la tour babel/se coursa
moult. dōt auec sō filz Joitus pꝛist vne
nauire et vint ou lieu ou maintenāt est
rome edifiee.Et la il fonda vng palais
pꝛes le tibꝛe ou lieu ouquel est mainte
nāt leglise de saict Jehā fondee: Apꝛes
ce il mourust et fust sepulture pꝛes de
Rome.

⸿ Cy cōmēce le royaulme de crete

⸿ Lan lxx dabrahā cōmēca Cretus
pꝛemier roy de crethe regner en icelle is
le nōmee creta ou cretis pour memoire
de luy. Ceste isle selō hugo q̄ ysydoꝛe a
eu anciēnemēt cēt nobles cites:dōt est
parle ou traicte des pꝛouinces. En ce
mesme an telexion v.roy des sicionto/
res durant lespace de liij ans cōme dit
sainct augustin ou ij.chapitre du xviij
liure de ciuitate. Abrahā aage de lxxv
ans se partist de aram cite de mesopo/
tamie et ala en la terre de chanaan. ou
il habita en la cite de damas/cōme est
escript ou xij de genese. Cest an fut le
pꝛemier an de la pꝛomission/depuis le/
quel an iusques a lissue des enfās de is
rael hoꝛs de gipte sōt cōptes iiijc xxx
ans cōme est escript ou xij de exode.et ou
tiers chapitre ad gallathas/Et ou vij
des faiz des apostres. ⸿ Cy fault no
ter cōme dit lapostre ou v.chapitre de la
seconde epitre aux coꝛinthees. Que tout
le tēps q̄ sōmes en ce mōde nous sōmes
cōme pelerins et gēs alans par chemin.

La tierce aage

parquoy ou second chapitre de la pmi/ere epitre sainct pierre est dit ieSous prie cōe pelerins et estrāgers de bous abstenir a cesser des desirs charnelz lesquelz militēt et bataillēt a lencontre de la/me. Et ainsi toute la vie dabraham a este vng pelerinaige. Car premiere/mēt selon sainct augusti il dit des caldees ou il nasquit en mesopotamie. de la en la terre de chanaan. En apres en la terre de sichem et en la noble valee. Et puis entre bethel et hay. Cōsequāmēt a la cite damas. et dela descēdit en egipte cōe apert ou xij. de genese. De rechef il retourna en son lieu premier entre bethel et hay. De la en la vallee de mēbre pres de hebron cōe est escript ou xiii. de Genese. De la en geraram et bersabee qui est la fin de la terre de promission en tirāt vers auster: a vne tournee de hierusalē. puis en egipte en declināt vers occidēt. finablemēt retour/na en la vallee de mēbre en laquelle il mourust cōe apert ou xxi. et xxv. de genese. Et estoit lors aage de cēt lxxv ās

¶ Ité abrahā retourne degipte diuisa la terre entre luy et son nepueu loth cōme est escript ou xiii. de genese. ouquel pays degipte il estoit entre lan lxxx.cōme dit esicius. Mais lan lxxxiii. abraham seurmōta les roys qui auoiēt pillé et desrobe ledit loth. Dont il fust benist de melchisedech offrāt pain et vi a nostre seigneur. lequel melchisedech auoit lors iiii.c. ans. Et fut le premier filz de noe aultremēt appelle Sem cōme apert dessus en la pmiere aage, ou il parle de Sē. Que melchisedech ait tant vesquu la chose est monlt vraysēblable. car Sem vesquist apres ceste victoire cēt xxvj ans Et mourust lā de psaac.c.xix. Les hebrieux disēt lā de iubile auoit cy pris son cōmecemēt a la forme et exēple dabraham, qui deliura les prisonniers dessusdis et toute leur prope. Come stor dit q Jobel signifie remissiō ou cōmēcemēt. Et de ce nom de scētre mot Jubileus q vault autāt q Jobileus, cestadire en frācois pardonnāt ou cōmēcāt. De cestuy a este ordō

ne le iubile de.l. ans en.l. ans. Car cōme dit aulcūs loth estoit adonc aage de.l. ans. Les autres diēt q cestoit le v. an & puis le temps ou nostreseigneur auoit parle pmieremēt a abrahā en cōmandāt quil yssist de aram. De ceste matiere a este parle cy dessus ou chapitre de Sem. Au retour de la victoire desusdicte abrahā dōna et rendist a melchisedech dismes de tous ses biēs. cōme apert ou xiiii de genese et ou vij de lepi/stole aux hebrieux. Et porce est dit ou sainct decret que abrahā demōstra par fait Et iacob par promesses que on deuoit bailler les dismes a dieu et aux prestres. Puis ce abrahā engendra. De sa chābriere agar vng enfāt nōme hismael qui fut hōme cruel cōe apert ou xvi de genese lan dicelup abrahā iiii.xx et vi. Ad ce propos pourroit estre faite questiō assauoir se abrahā ait copulatiō charnelle a sa chābriere agar. Et Jacob cōgnoissāt aussy charnellemēt izaalun et zelphā ses chābrieres ont peche. Ad ce respōd sainct thomas en la secōde de sa secōde partie en la questiō.c. et lviii. ou secōnd article. que ilz nōt point en ce fait de peche. car ilz ne les ont point cōgneues par maniere et desir de fornicatiō: mais seulemēt pour affectiō on et volente telle qui est decete de vs enuers sa femme. cest assauoir pour desir de auoir lignee. Semblablemēt dit en la xxxiii distinctiō et iij. questiō Du quart de sentēces vers la fin de la iiij. qstion que en quelcōque lieu de lancie testamēt est leu/ aulcuns sainctz peres auoir eu cōcubines auecques eulx: lesqz par necessite doiuēt estre excuses de peche: De telz fault dire quilz ont estes mariez auec icelles. Et pose q̄lles fussent appellees concubines, touteffoys estoient elles aulcunemēt dictes femmes de telz sainctz hōmes, En tāt q̄ lne habitoient point auec elles fors pour auoir generatiō a lignee. parquoy Jamais nestoient separes densēble. mais elle retenoiēt aulcune chose de lessence de cōcubinage, en tāt que elles auoient regard sur la familla r despece de lostel

feuillet .c.et rvi

Toutesfoie iudas et thamar dõt est ple ou xxxviiie de genese ne peuêt estre excusez de peche mortel. mesmement attendu q̃ auec ce ledit iudas fut cause de la vêditiõ de sõ frere ioseph. en quoy il pecha cõe est escript ou xxxviie chapi/ tre de genese. mais abrahã et Jacob sõt excusez par lauctorite du sainct esprit. cõ me est cõferme par la xxxiiie cause et iiii question deuãt la fi. ou est dit q̃ iamais ne fust a hõe licite dauoir ensẽble plusi eurs fẽmes sil ne luy a este octroye par reuelatiõ diuine. cõme aux patriarches et hõmes Justes Sẽblable est de osee a q̃ dieu cõmãda de faire enfans et engẽ/ drer par fornication Tesmoing le pre/ mier chapitre de son liure.

Aultre questiõ est a faire a ce ppos Cestassauoir pourquoy aulcũs patri/ arches ont eu licitemẽt deux ou plusi/ eurs fẽmes ensẽble. Et toutesfoys Ja mais nest leu que vne fẽme ait eu en sẽble licitemẽt plusieurs maris: As ce respõd sainct augusti ou liure iiie de la doctrine christiane. et sainct Thomas en la premiere, iie et iiie question de la xxxiiie distinctiõ du quart de setẽces Premieremẽt pource que cõme excede en fecũdite et semẽce la fẽme En tant q̃ hõme peult impregner et engẽdrer a plusieurs fẽmes. mais la fẽme ne peut estre de plusieurs hommes ensẽble

fecũdee ne plaine. Secõdemẽt car se ainsy estoit, les enfãs nasquiroiẽt filz du peuple, cestadire que on ne scaroyt iuger qui seroit le pere pour lincertitu/ de des ouurieres, lesq̃lles choses seroiẽt a detester. Et par ainsy est manifeste q̃ la police q̃ est attribuee a platõ et a so crates touchãt la cõmunaulte des fẽ/ mes est detestable et reprouuee. En ou tre sainct augustin dit ou lieu mesme dessus allegue que auoir maintenant deux fẽmes, est operation de luxure. la quelle chose nestoit point ou tẽps passe car maintenãt est defendu et prohibe et nõ pas pour lors. Obiect que toute espe ce dappetit de cohabitatiõ nest pas lu/ xure: mais seulemẽt lappetit desordon ne et celuy q̃ est cõtre raison Aultre q̃stiõ peult estre faite. poʳquoy est mai tenãt plus defendu ql nestoit pour lors: Solutiõ. Maintenãt le seruice et hon/ neur de dieu est plus multiplie par ge/ neratiõ espirituelle que adõt ne estoyt par copulation charnelle. Dit en oul/ tre sainct augustin que nous deuons garder la coustume de ceulx auec qui nous viuõs. Et baille exemple des ro mains. Ausq̃lx estoit anciẽnemẽt vice de porter robe lõgue Jusques aulx ta/ lons. Et maintenãt est hõneste. par/ quoy nest point a nous licite de ensuir propremẽt ce que les pphetes ont fayt figuremẽt, cõme apert de Jeremie qui portoit vng linsieu et drap de lin en ses reins. Et ysaye q̃ aloit piez nus cõme est escript en son xxe. Et ezechiel qui vi uoit de fiente et estrontz Tesmoing sõ iiie chapitre. et de plusieurs aultres. Et pource sainct augusti ou liure cõtre fau stus heretiq̃ lequel faustus vedargue et blasme les faitz patriarchaulx dabra/ ham de psaac et de iacob, Excuse nette ment iceulx patriarches et sainctz pe/ Es disant. Je suis cõstrainct respõdre a ceulx q̃ se osent preferer aux pphetes en attrẽpãce. Et seulent couurir leur mauluaitie par iceulx prophetes. En quoy nous respõdons premieremẽt q̃ nõ pas seulemẽt la langue diceulx hõ/ mes bõs et iustes peres, mais aussi la

p iiii

La tierce aage

vie a este prophetique. et que tout le regne de la gent des hebrieux a este grād et ennobly pour iceulx prophetes. En oultre telx hommes reprehenseurs sont semblables aux petis enfans aprenātz a lescole. lesquelx quāt ont apris pour ung grāt enseignement de gramaire que le nomīatif de singulier nōbre doit auoir cōformite et couenāce au verbe de tel nōbre et persōne: rebarguēt de vice et corruptiō de latinite ung docteur tres saige qui aura dit: pars i frustra secāt disans quil fault dire secāt de singulier nōbre. Et pource est adire non point a tort que dautāt que les eloquētes manieres de parler (transformatiōs de latins differēt des barbarismes et solocismes. cestadire de la vicieuse latinite et corruptiō de lāgaige des hōmes rudes et mal instruitz: Autāt ont de differēce les faictz figuratifz des prophetes, aux actes et euures libidineux (superflus des hōmes infames (iniques. car peche nest aultre chose fors une chose dicte faicte ou desiree contre la loy eternelle. Et la loy eternelle est la raysō diuine, ou voulēte de dieu comandant ordre naturelle estre gardee et defendant destre perturbee. En ce peult estre demāde quel est lordre naturel en lōme: A quoy est donnee telle responce. Sans doubte nul, lame par ordre de nature doit estre preposee au corps. attēdu que a lame couient une raison et discretiō laquelle nest pas ou corps: parquoy les parties et pproprietes couenātes a lame doiuēt semblablemēt estre preposees es choses corporelles. cōme aussy apert en la raison de lame laquelle en partie est cōtēplatiue, et partie est actiue: dont lune cestassauoir la cōtēplatiue precede lautre. Semblablemēt en lame est limaige et sēblāce de dieu. Et pource raison domināt sur le corps par ordre naturel refrene les delectations charnelles et mortelles. Toutes ces choses dessusdictes considerees: reste terminer quelle chose abrahā ait fait cōtre la loy eternelle: en cognoissāt sa chābriere charnellemēt. car icel

le loy estoit pour obeir a lordre naturel nō pas pour acōplir son appetit desordōne. mais pour multiplier humain lignage. parquoy est adire q̄ Abrahā en gardāt lordre de nature: ne entendoit point par ce faire aultre chose fors multiplicatiō de humanite. Ne semblablemēt Sarra dōt faustus argue: ne entendist iamais que son mary fut volupte libidineuse et desordōnee. Mais elle se cōformāt a lordre de nature. et cognoissāt q̄ elle estoit sterile, et ne pouoit auoir nulz enfās, puis est cōseilla par puissāce licite q̄ la fecūdite du vētre de sa chābriere supleroit son ipotēce et imperfectiō. nō pas que abrahā fust constraint de cōcupiscēce Mais obeissāt au cōmādemēt de sa fēme. Et cōbiē q̄ es autres actes et faictz appartenantz a paix humaine: la fēme soit subiecte a son mary Toutesfois selō la doctrine apostolicq̄ disāt ilz sōt deux en ung corps Ilz ont sēblable puissāce, tellemēt q̄ lōme na puissāce sus sa fēme en riēs plus q̄ la fēme sus lōme. Pour retourner dōcques a nostre matiere Sarra voulsut auoir de sa chābriere ce que elle ne pouoit auoir de soy pour sa sterilite. cest assauoir de la semēce et generatiō de celuy de q̄ elle deuoit par droit en auoir se elle eust peu. Laqlle chose iamais ne seroit faite de fēme: se elle veoit sō mary estre regi et mene de cōcupiscēce. parquoy la voulēte de gēdrer fut debonaire. veu q̄ elle nestoit point coulorce ne fardee de libidinosite.

Lan iiiixx viij dabrahā cōmenca regner artius viij roy des assiriēs auāt la natiuite de ysaac, cōme dit S. augustin.

La circoncision fut commandee a abrahā lors q̄l estoit de iiiixx et xix ās. cōme apt ou xvij de genese. Son nō fut mue, car il estoit pmieremēt nomme abrā Mais puis fut nōme abrahā par linterpositiō de ceste lettre. H. a cause quil auoit creu les parolles de dieu.

Les causes de circūcisiō ont este maītes cōme est dit ou .j. liure et chapitre cēt q̄ S du mirouer historial. La premiere raisō fut a fin q̄ par lobeissāce du com

Feuillet .c. xvii

mandement: abraham pleut a dieu a q̄ adā auoit desplcu par sa puaricatiō et desobeissāce. La ij.e affin que le peuple de dieu fust par ce signe/discerne/ʒ distīguez des aultres natiōs. La iij.e affin q̄ home circōcis congneust que la luxure doit estre refrence ʒ degectee du membre ou quel elle a plus de vigueur. La iiij.e affi que ce fust signe daliāce ʒ damour entre abrahā ʒ sa posterite ʒ entre dieu et de les playes de ihesucrist sont signe damour entre luy ʒ nous. La v.e affin que elle fust remede contre le peche originel. car autant valoit anciēnemēt circōcisiō aux hebrieux: que vault maītenāt le baptesme aux chrestiēs/ quāt est a la remissiō ʒ dimissiō du peche/ non pas quāt a collation ʒ don de grace. Devāt la circucisiō/ les petis enfās estoiēt iustifiez en la foy des pares. Et les pares estoiēt purgez par la vertu des sacrifices/ cestadire par la foy de la passiō de ihesucrist laquelle estoit signifiee en telz sacrifices. Mays les femes descendantz dabrahā ont este iustifiees par la foy et opation de leurs peres et meres se elles estoiēt encor petites/ ou par la foy delles mesmes se elles estoient ia grādes. Donchs en ce membre fut faicte la circucision/ affi que abrahā eust le signe dobeissance en ce lieu ou quel adā setist premieremēt la coulpe diobediēce. Ité fust instituee circucisiō affin que cōtre ce membre ou est le peche originel multiplie: fust le remede prepare En oultre debuōs scauoir que la circōcision estoit faicte le viij.e iour de la natiuite de lēfāt: dung cousteau de pierre cōe est leu ou liure de Iosue. car en la generale resurrectiō q̄ se doit faire en laage viij.e du siecle/ par ihucrist q̄ est la ferme pierre sera toute corruption coupee ʒ ostee des esleuz ʒ predestinez. Aussi pource que par la resurrectiō de ihucrist q̄ suft faicte le viij. iour/ lame de toute psonne creāt en luy/ est circoncise de ses peches. Aisy apt q̄ en ce sacremēt ya. ij. choses/ cest assauoir la circōcisiō des peches en ce presēt siecle/ et circoncision de toute corruption en lautre monde.

Donques abraham aage de iiij.xx ʒ xix ans fut circōcis ʒ son filz ismael aage de xiij āns/ ʒ tous ses seruiteurs cōe apt ou xvii de genese. Apz ce luy apparust nostreseigneur en la vallee de mēbre cōme est escript ou xviij. chapitre du dit liure. laquelle vallee est aisy nōmee por mēbre ou mēbres q̄ fut lespecial amy dabrahā cōe dit Josephus ou vii. chapitre du premier liure des antiq̄tes. Assez pres de la est la vallee noble aultremēt dicte pētapolis porce q̄l ya. v. cites sodome/ gomorre/ adama/ seboim ʒ segor laquelle vallee fust por le peche cōtre nature/ par feu plat de souffre totalemēt destruicte cōe est escript ou xix de genese. Dont le bon home loth auec ses deux filles furēt deliurees/ lesquelles charnellemēt congneues de leur dit pere enfāterēt moab ʒ ammon. Apres ce demoura abrahā en gerara cite de palestine/ enuiron bersabee: de la partie de auster en la fin de la terre de pmissiō. Ceste region palestine cōmece en la pierre incise et coupee/ ou deserte. Et se estēd vers auster Iusq̄s a gaza. De laquelle regiō la cite metropolitaine est nōmee cesaree de palestie ou maritime Et iadis estoit appellee/ sor/ ou pirgus ou latour de strato/ cōe apt ou xxi. des actes des apostres. En ceste cite habita saict Philippe auec ses filles. et aussy saict pierre y baptisa Cornelius cheualier romai cōe apt ou x. des actes apostoliq̄s. Et fut reparee ʒ redifiee par Herodes q̄ en lōneur de cesar lappella cesaree. Ces choses sont prises dūg hystorie appelle borchardus Le roy de gerara nōme abimelech voiāt sarra feme dabrahā luy osta. mais dieu luy cōmāda de la rēdre/ dont il fust malade. Touteffoys ledit Abrahā fist oraison por luy et por la pspite de son royaume Trois choses peuēt estre cy notees pmieremēt porquoy abrahā alt en gerara. Secondemēt aulcunes choses de Sodome et gomorre. Tiercemēt en quelle maniere la femme deloth fust muee en sel. Quāt au pmier dit Nycolas de lira sur le xx de genese. q̄ cōe diēt

La tierce aage

les hebrieux Abraham fut ung hōme mōlt loue en hospitalite et benignite q̄ qui receuoit et logoit indifferanment toutes gens sans accepter plus lung que lautre. Laq̄lle chose est cōfermee par Crisostome sur lepitre aulx hebrieux. Et aussi par la xlii distictiō/ en la quelle auec les choses dessusdictes est escript ce que dit saīct mathieu ou xxv. C'est assauoir le iurgemēt dernier sera principalemēt examinatif de hospita/lite q̄ des euures de misericorde ou dieu dira aux pecheurs qui nont en leur vie tenu conte des poures: Jay este hoste cherchāt logis et ne me aues pas loge/ Pour ceste cause losth desseruist destre deliure du feu de sodome/ Considerez cestassauoir son hospitalite cōe est dit ou xix de gene. Parquoy est escript ou iii chapitre de la premiere epitre aulx thimothees/ Exerce toy mesmes a pitie et aux euures de misericorde/ Car exercitatiō corporelle de soy est peu vtile: mais pitie et debonnairete est vtile a toutes choses par laquelle on a la p̄/messe de la vie prezēte et future. Apres la subuersion des cinq citez dessusdictes et destructiō mortelle de tout le peuple dicelles. Abrahā voiāt que nul ne pouoit plus le visiter ne auec luy se loger p̄ ce que nul ne aloit plus ne venoit es citez dessusdictes: Il se trāsporta en aultre lieu ou auoit chemin passāt q̄ soye royale pour ceulx q̄ venoyēt de damas ou de cedar/ et tiroient vers egypte/ cōe est escript ou dernier de lepistre aulx gallates. Ainsy appert que Abraham vint en gerara pour mieulx exercer hospitalite et les aultres euures de misericorde. ¶ Quant au second point est ascauoir que les sodomites estoient intemperez et en leur luxure trop detestables. Duquel vice est dit ou vii de thiq̄ que telz sont si fort habitues et entracinez en leur cecite et fole affectiō que ilz iugēt le mal estre grād biē cestassauoir ce vice cōtre nature. car mauluaise coustume est si fort augmētee enuers eux quilz ne delinquēt point par passiō dōt ilz soiēt constraincts mais par leur vo

lunte et acoustumance peruerse dont leur Jugement est deceu. ¶ De ces sodomites dit helinandus quilz eurent xi choses q̄ les incitoiēt et enflāmoient a luxure lesquelles sōt cōtenues en ces deux vers. Ocia/ segnicies/ sōm'/ caro femia/ vinū/ prosperitas/ ludus/ carmina/ forma/ puer/ Ces xi choses sont opsiuete/ paresse/ dormir/ chers/ farnes/ vin prosperitez/ ieux/ chancons/ beaulte/ et Jeunesse. ¶ Opsiuete est le premier duquel dit ouide ou liure du remede damour. que se len oste opsiuete de lōme/ les actes ne les ars de venus dame de luxure nont point de puissāce. ¶ Paresse est le secōd. Auquel dit ouide ou liure dessusdit/ que la cause qui fist Egistus estre aduoultre fut seulemēt pource q̄l estoit trop paresseux. Le iii est dormir excessif/ lequel nourrist les vices de la char trop dōmageablemēt cōme dit cathon. Le iiii est la chair. Car menger chars en trop grand habondāce rend la char de lōme fort esmeute et eschauffee Le v est fēme/ car cōpaignie de femme fait plusieurs maulx. Et pource est escript ou xxv du nōbre. Pourquoy aues vous garde les fames auec vous. Ne sont ce pas celles qui ont deceu les enfās disrael. Le vi est le vin/ car il est dit ou xx des prouerbes que cōgnoistre vin est chose libidineuse. Le vii est prosperite pourquoy prendrons exēple de david en xi du second des roys/ leq̄l estoit chaste qūt il estoit trauaille de bataille Mais quant il vint en prosperite et en paix: Il cheut en adultere. Le viii sont ieux dissolus lesquelx deslient le bō courage et fermete de la voulēte. parquoy ou iii de thobie est escript de sara laq̄lle dit/ iamais ie ne me mis ne mesle auec les iouans a ieulx dissolus. Le ix sont chancons/ lesquelles dissolues lasciues q̄ mignotes esmeuuēt le sāg et courage de la personne. Le x est beaulte parquoy est escript ou xxxi des prouerbes la grace des dames est deceueresse et leur beaulte est inutile et vaie a ceux qui se y arrestent. Le xi est infance. et pource helinandus dit q̄ lage de lenfāt

Feuillet xviii

po͛ sa ieunesse esmeust et contraict lõme a seblable chose cõe le sexe feminin ¶ Ce lieu dessusdit des Sodomites est maintenãt appelle la mer morte ou le lac asphalti cõme appert cy dessus es regions ou est faicte mention de pentapolis/et ou il est parle de la mer morte ¶ Quãt au tiers article peult estre repondu que la feme de loth desseruist auoir de dieu telle Sengẽce pource q̃ contre le cõmandement diuin elle par vne affection desordõnee desiroit les biẽs tẽporelx que elle auoit lesses en la cite. la quelle chose estoit contre la iustice De dieu annoncee par les angelz qui les faisoient fuyder horez ¶ De ceste feme de loth parle Josephus ou viii chapitre du premier En disant la feme de loth senãt de sodome fust muee en vne statue de sel pource que elle regarda trop souuent derriere soy contre le cõmandement de dieu. laq̃lle statue Jay veue cõme chascũ la peult encoz voir. Et y a cinq lieues de la ou elle est iusq̃s a thericho vers le Sẽt affriquus/entre la montaigne eugaddi et ihericho ¶ Nycolas de lyra rẽd la cause pourquoy elle fust conuertie en sel. disant que selõs les hebrieux elle auoit delinque la nuit passee en sel. Car elle estoit aulcunement de la conditiõ des sodomites/en tant q̃ elle nauoit point daffection a receuoir pelerins. Et qui plus est elle refusa du sel a loth lequel luy en demãdoit pour assauourer et rẽdre bõne saueur aux viandes de ses hostes qui estoiẽt angelz. Mais nos docteurs dient que elle fust conuertie en sel pour ledification de nostre doctrine. car sa paine et penitence nous donne vng sauouremẽt et signe de sapience affin que ne retournions point aux premieres peches. car la paine du maulmais est la doctrine et erudition du iuste. Et pource dit nostreseigneur ou xvii de saint luc. Soyes souuenãs et apẽs memoire de la femme loth. laquelle chose peult estre entendue litteralement: ou mistiquement ẽ figurement cõme ou xxv de Jeremie ou est dit que les prophetes prophe

tisoient aulcunesfois par parolles/Et aulcunesfois en fais comme appert en son xiii et xxvii. Parquoy nous est demonstree vne cautele contre tel cas ou ix de saint luc. disant que nul homme mettant la main a la charrue et regardant derriere soy nest cõuenable ne ydoine au royaulme du ciel. ¶ En oultre saint augustin respõd a vne autre q̃stiõ qui se portoit faire. cestassauoir se icelle femme fust selõd lame et le corps cõuertie en vne statue de sel: Jce luy faict augustin ou xxx chapitre du xvi de cuitate dit que nõ. Laquelle responce est cofermee par francoys de marones disant que iasoit ce que dieu eust peu adnichiler lame dicelle: Touttesfois ce nest point lopinion des theologiens que elle ait este adnichilee q̃t a lame/ne nulle aultre creature intellectuelle. Aultre difficulte est/cestassauoir. se ceste cõuersion a este totale q̃t au corps comme est en leucharistie et corps de hiesucrist: Responce que nẽni car ceste conuersion ne fust point faite en aulcũe aultre matiere qui par auãt eust estre. comme se precieux corps de hiesucrist ou quel est conuertie la substance du pain ou sacrement de lautel. ¶ Abraham edifia trois aultes a dieu deuãt la natiuite de son filz ysaac. Dont le premier fust en sichen en la terre de chanaam comme appert ou xii de genese. Le second entre Bethel et hay comme est dit ou xiii. Et la tierce en la ballee de mambre pres de hebron comme est escript ou xiiii chapitre dudit liure. Jtem dit Beda que abraham eust vng pcureur nomme eliezer, Duquel le filz nomme damascus edifia et amplifia la cite de damas. Et ne fust pas le premier qui la commenca.

¶ Quãt ysaac filz dabraham nasq̃st hismael fut mis hors comme appert ou xxii. de Genese. ¶ Puis ce abimelech Roy de gerare fist pact et aliance auec abraham et Bersabee. et ysaac fust offert pour sacrifice En quoy dieu experimẽta lobediẽce dabraham et apres vit hors de bersabee et non pas de Hay ou

¶ La tierce aage

de bethel cõme dit comeſtoz. De la il mõ ta ou mõt de viſiõ nõme moria ouql ſalomon apres ce edifia le temple com me apert ou vi. du tiers des roys. ¶ Ceſte montaigne eſtoit appellee mõt de viſiõ pource que pour ſa haulteur elle eſtoit veue de loing. Et eſtoit lors yſaac aage de xxv. ans. Conſequamẽt apres la mort de ſarra en arbee: abrahã acheta vne foſſe double des enfans de heth/ duquel heth ſõt deſcẽdus les peuples nõmes hetheés. Et fut ceſt achat fait par abrahã: lors que il auoit ia .ccc. xxxvii. ans cõme dit ſainct auguſti ou xxxiii. chapitre du x. vi. de ciuitate dei ¶ Mais ad ce propos pourroit eſtre faite queſtiõ ſe abrahã pecha poit en achetant ceſte ſepulture veu quil eſt dit en la ſecõde queſtiõ de la xiii. cauſe q̃ ſa ſepulture doit eſtre frãchiſe ? Solutiõ. Les docteurs diẽt que ce nõ ſepultura eſt aulcuneſfoiz pris pour lofſice de ſepulture fait a ceulx qui doiuẽt eſtre enſeuelis. En laqlle acceptiõ eſt ẽtẽdu le dit du canõ deſſuſdit. toutesfois ſe les clercs et preſtres ne ſõt poit obligez a ceſte ſepulture a cauſe de leur benefice: Ilz peuẽt licitemẽt a cauſe de ce exiger et prendre aulcũ pris. cõe eſt eſcript en la ſecõde queſt:õ de la xii. cauſe. Auſſy ſepulture eſt aulcuneſfois pris po˜ vne tũbe de marbre ou de pierre. Et de telle nya nul doute q̃ elle ne puiſt eſtre dẽdue mais quil ny ait nul enſepultu˜e deſſoubz. Tiercemẽt ſepulture denote le lieu ou la terre en laquelle eſt faicte la ſepulture. Dont eſt a dire, ſe en icelle iamais nul ne fut eſeuely, ou ſe le lieu neſt point ſainct ne beniſt ¶ Cimetieres: il peult eſtre licitemẽt vendu. car nul neſt cõſtrainct de faire plaiſir du ſien ſil ne veult, cõme eſt dcſuſ en la ſecõde qſtion de la x. cauſe. Mais ſil y a culcun enſepulture. et de la ſoleẽſe du vrai poſſeſſeur le lieu ait eſte beniſt et ſainctifie il ne peult eſtre vendu cõe eſt dit ou Code, la ou il parle des reliques. et pource dit ſainct thomas en ſa ſecõde de ſa ſeconde / ou tiers article de la lxx. queſtion. que il neſt point leu ne trou

ue q̃ le lieu achete par abrahã fuſt terre ſacree ne dedie a enſeuelir les mors Parquoy licitemẽt il acheta po˜ faire ſepulture. Mais touteſfois po'ce q̃ les gentilz et papes reputoient les lieux deputes a ſepulture eſtre religieux et deuotz: Se ephron vendant ce lieu po˜ enſeuelir/auoit intẽtiõ de receuoir aulcun pris il a cõmis peche en ce faiſant/ cõbien que abrahã na point delinque en achetant. car il nẽtẽdoit point acheter fors terre cõmune. ¶ En telle maniere ſeroit il maintenãt licite de vẽdre ou acheter. La terre ou a eſte iadis vne egliſe en cas de neceſſite, cõme peult eſtre fait de la matiere des calices et aultres vaiſſeaulx ſacrez. ¶ Abrahã eſt cy mis en exẽple a denoter que les ſepultures paternelles ne doiuẽt pas eſtre leſſees ne obliees, et que les enfãs ſe doibuent efforcer deſtre enterrez auec leur pere et mere cõme apert en la ſeconde queſtiõ de la xiii. cauſe. Car les quatre patriarches furẽt enſepultures en ebron, cõe eſt mõſtre deſſus ou lieu ou eſt faicte mẽtiõ de adã. ¶ Par les choſes deſſuſdictes eſt manifeſte que abrahã cõgnuſt adã et eue eſtre enſeuelis en la double foſſe. Et pource dit le docteur ſainct ou lieu deſſuſdit. Et nycolas de lira ſur le xxiii. de geneſe. Que abrahã eſt aultrement excuſe. car en tel achat il acheta ſa vexatiõ. Et poſe que ephrõ luy offrit ſepulture ſans quelque eſperance de remuneration: Touteſfoys abraham vouluſt demonſtrer que ſans offenſer Ephron il ne ſe pooit receuoir pour nyent En tant quil eſtoit peleri et eſtranger et nauoit nul droit de ſepulture ¶ Auſſi Burgenſis allegant ſainct ambroiſe ou liure de abraham/ dit que abraham acheta ceſte ſepulture pource quil ny auoit encor nulz temples ou les reliques et os des bons et ſainctz hommes peuſſent repoſer ne eſtres adores.

¶ La dabrahã cẽt xli. et de pſaac xl. Abrahã adiura ſõ ſeruiteur eliezer procureur de ſa maiſon afin que yſaac priſt femme de meſopotamie ſcite, du ſignai

Feuillet .C. xix

ge de abraham z nō pas des cananees. cōme apert ou xiiij de genese. Et fut trois ans apres la mort de sa mere sar/ra cōme dit sainct augustin ou xxxiiijᵉ chapitre du xvje de ciuitate. Apres ce cethura eust dabrahā sept filz laborieus vaillās et plains de sapience desquelz les nōs sont escriptz ou xxv. de Gene/se. Et ausquelz et aussi a leurs enfans abrahā donna plusieurs dons en les se/parāt de psaac. Et habiterēt trogodite senice/et arabiq/autour de enuiron la mer rouge/Cōme dit Josephus ou ix. chapitre du premier liure des antiqui/tes. Finablement abrahā aage de cēt z lxxv ans/souuerain en toutes vertus trespassa et fut enseuely en la terre de chanaan par psaac et hismael ses filz a lenuiron de sa fēme sarra. Cōme apert ou xxv.de genese/lan du mōde iijᵐ.ccc lix. Et deux mil cent quatrevingtz et dix ans deuāt la natiuite de Jhesucrist. Et naquist lan de son pere thare.lxx. z estoit du monde trois mil cent lxxxiii. A abrahā cōmēca la tresdeuote z tres saincte histoire et genealogie des patri arches/lesquelx ont predit et presche le vray dieu digne destre hōnore/cōme a pert depuis le xij chapitre de genese ius ques en la fin ou est leu que les angelz leur ont apparu premieremēt en forme humaie/z ont baille les respōces des p messes de dieu faictes a abrahā en son an lxxv.touchātes la cōfederation/z a/mour quil auoit a sumain lignaige/et de la misericorde qui deuoit estre esten/due sur icelluy.

¶ Chapi.secōd de nachor.

Nachor premier filz de thare nasquist xl ans deuant abrahā cōe dit saict augusti ou xij.chapitre du xvi de ciuitate Et sēblablement dit maistre nycole de lira sur le xij de genese . cōbien que burgesis afferme le contraire estre vray. Cōme stor dit sur xi de genese. q aram fust le premier et abrahā le derni er. Et que ledit thare auoit ia cēt z xx. ans quāt il engēdra abrahaz q fust le dernier. ¶ Nachor est interprete repos

de lumie re car iasopt ce que pour aul/cune espace de tēps il ait este ydolatre en caldee: toutesfois apres ce il retour/na a lumiere de vraye soy et cōgnoissā ce de salut eternel. Et puis nostresei/gneur reposa auec luy cōme dit sainct augustin ou xiii chapitre du xvi de la cite. Mays long tēps apres il demou/ra en charran ou aram qui est aultre/mēt appellee la cite de nachor. En saēl le ala eliezer seruiteur ancien dabrahā en grāt labour et lōg tēps menāt auec soy dix cameaulx et plusieurs aultres biēs pour marier rebecca a psaac cōme est escript ou xxiiij chapitre du premier de iosephus. Cestuy nachor prit en fame Melcha fille de son frere Aram apres q aram fut mort en caldee de dens le feu des caldiens. Et puis engēdra viii filz en aram. Et quatre de sa cōcubine nō mee Roma.cōbiē que en ceste figure p/cedēte soit faicte mētiō seulemēt de iii. Hus Buzi/z Bathuel. pource que ou xxii de genese est descripte ceste genea/logie seulemēt pour rebecca qui deuoit estre fēme de psaac cōme dit le xxiiii de genese. Les noms des enfans des des/susdis sont eulx et declaires nōmeemēt ou xx de genese vers la fin. Aussi la for me z cause pourquoy nachor ydolatra en babilōe est mise dessus ou lieu ou est parle dabrahā.

¶ Cha.iii.de Hus et Job.

Hus premier filz de nachor fre/re dabrahā et de aram est interprete se/stināt ou conciliateur Duquel la terre de hus/dou iob nasquist a sorti z prins sa denomination.lequel iob fut de la li gnee dicelluy hus/selō l'aby salomon ou xxii.de genese/en la fin ou est faicte mētiō du lignaige nachor. Et telle est lopiniō de saict Jerome ou liure des q/stions hebraiqs. Toutesfois saict au/gusti z saict Ambroise sur lepitre aulx romains veulēt que Job et Jobab soy/ent sinonimes et pris pour vng seul. duql iobab est plē ou xxxvi de gene. z p cōsequēt q iob est descēdu dabrahā pe/sau mais la pmiere opiniō est tenue des

La tierce aage

hebrieux et de nycolas de lira sur le pre
mier de Job. Car iobab et Job ne sont
pas escriptz en hebreu par telles lectres
comme en latin. Mais iob helimbuzites
qui descendit du second filz de nachor
furent dung temps cousins et amys
ensemble ⸿ Cestuy Helimbuzithes
dont est faicte mention ou xxxij de Job
estoit mendre dans que iob et estoit au
tremet nōme balaam/duquel est faic/
te mention ou xxiiij du nōb:e selō sainct
Jerome et nycolas de lira ou pas dessus
alleguez. Par ces choses apert que Job
et iobab ne fust point ung seul homme.
Mais furent divers: Et que iob estoit
cōtēporanee a moyse.

⸿ Job est interprete marry selō lemy
ou livre de Vniversos vers la fin. pour la
punition de la chair et passion de ses do/
leurs. Et represente en ditz et en fais hi
esucrist/duquel est dit ou liij de ysaye q̄
il a este naure pour nos iniquites. La
feme de Job signifie la malice des dele
ctatiōs charnelles. lesquelles affoiblis
sent lame/et la font et rendent subiec/
te a vices et pechez. Les trois amys de
Job nous representēt et figurēt/les he
retiques lesquelx soubz couleur et espe
ce de conseiller/sefforcent de seduire et
deceptvoir aultruy. contre lesqlz parle
sainct mathieu en son vij. Disant Gar
dez vous des faulx prophetes et amys
fainctz/lesquelx soubz beau seblāt de

donner confort soulas et aide seduisēt
le mōde. ⸿ Lung des amis de Job nome heliu ou heliud parlant orgueilleu/
sement signifie le docteur mauluais et
orgueilleulx lequel durement blasme et
reprent leglise et touteffois ne fait nul
les des choses q̄ cōmāde a faire. ⸿ Par
les choses dessusdictes apt lerreur dau/
cuns disans lhistoire de Job nestre poit
vraye: mais cōposee seulemēt po' la do
ctrine des hommes. Et touteffois ou
xiiij. de ezechiel Job est nōbre avec noe
et daniel qui sont hommes de grande
recomēdatiō et loēge. parquoy est a cō
clure que aisy que noe et daniel estoyēt
vrays hōmes et naturelx que sēblable
mēt iob estoit vray hōme Et par con
sequēt son hystoire nest point chose fai
te ⸿ Entre les paroles de Job et ses
amys y avoit grande discrepance et dif
ference Car cōbien q̄ ses amys affer
massēt et dissent les actes et operatiōs
humaines estre gouvernees par la di/
uine prouidēce. touteffois ilz tenoiēt q̄
les aduersites de ce mōde ne sont point
dōnees a aulcun fors pour ses demeri/
tes et faultes precedētes. Laquelle cho
se est erronee. parquoy Job declaire le
contraire. cestassavoir quē ce monde
aulx mauluaix viennēt les biens tem
porelx. Et aux bons les aduersites se/
lon lordination de la divine prouiden
ce. A laquelle apartient punir les mau
uais/et premier et remunerer les bons
non pas seulemēt en la vie presente.
Mais en la vie future et eternelle. Par
quoy saict Gregoire ou premier chapi
tre du .v. liure des morales dit bien. cest/
assavoir en tāt q̄ les iugemēs diuins sōt
occultes et musses pource q̄ en ceste vie
aulcueffois aux bōs aduiēt mal: et aux
mauluais biē: de tāt sōt ilz enco' plus
secretz/qnt les bōs ont biēs en ce monde
et les mauuais ont mal. car qnt aux bōs
aduient mal/et aux mauluaix biē en ce
mōde: ceste chose peut estre opinee: po'
ce q̄ se les bons ont defailli et peche en
aulcune chose en ce monde Ilz y recoi/
uent labour pour leur delict affin que
Ilz soyent delivres plus plainemēt de

ꝯfeuillet vi.

eternelle dānation. Et les mauluays recoiuēt des biēs en ce mōde pour aul/cuns petis biēs quilz y sōt affin que en lautre mōde ilz soiēt perpetuelemēt en tourmentz. Dont a ce propos est dit ou xbj. de sainct luc au riche ardāt au feu denfer, Remembre toy filz que tu as recru beaucop de biens en ta vie, et le ladre beaucop de maulx et aduersites.
Mais pour retourner a nostre ppos qūt les bōs ont des biēs en ce monde et les mauluais des maulx, il est trop incertain se les bons receuront encoz des biens, et se par ce ilz soiēt appelles a plus grand bien ou se par le iuste et occulte iugement de dieu ilz participent cy la remuneration de leurs oeuures dōt seront chifrez et priues des loyers de la vie eternelle. Et sēblablemēt est incertain des mauluais se les aduersites les frapent en ce mōde affin que par ce ilz soient defendus des tourmētz eternelz. Ou se leur paine cōmēce en ce monde : affin que cy et en lautre monde ilz aiēt tourmentz pardurables. Pour ces causes quant les sainctz hōmes et saiges voyent que leur pensee est foulee et abessee pour lincertitude ꝙ ignorāce des iugementz diuine. Et quant ilz regardent que les prosperites de ce mōde leur viennēt: ilz sont troubles et espoentes dune suspection et crainte monlt paoureuse et espoentable. Car ilz doubtent et craignēt de receuoir cy en ce monde le fruit et loyer de leurs labours. Ilz craignent et non pas sans cause que la diuine iustice ne soye la playe mussee dedens eulx, et ne la monstre a chascū et mecte hors. parquoy quant ilz consīderent en par eulx que les biens quilz sont ne sont sinō pour plaire a dieu seulemēt. Et qui ne se esiouissēt poit trop en labōdāce de leur psperite. Ilz en craignent mains les iugementz occultes fais contre eulx a cause de leur prospe/rite. cōbiē que ilz portent a grande paine et tolerēt tristemēt les blandimētz, prosperites, et hōneurs de la vie presente. car en ce monde plus nuist hōneur ꝙ ambition que le cōtēnemēt et desprise/

ment diceulx. Et aussy la sublimite ꝙ haultesse de prosperite greue plus que laduersite de constraincte et de necessite. pource que par aduersite home vient a soy cōgnoistre Et par prosperite par opposite il se descōgnoist. parquoy les saictz hommes ont plus doubte en ce monde les prosperites que les aduersites. car ilz congnoissent que quāt fortune leur rit ilz sont tost auugles es biens exteriores et tēporelz lesquelx sont prises autant que riens par comparaison des biens Interiores, cest assauoir de lame. laquelle porte les ditz biens tēporelx tristement et doloreusemēt pour ce que par iceulx ell est naturee piteusemēt ꝙ priuee de la iouissāce de felicite eternelle.
¶ Iob vesquist cent et lx ans apres ce que ainsy fust de dieu par pouurete et dettrimentz frape et persecute. Dont il vit les enfans de ses enfans iusques a la quarte generatiō. Et mourut molt anciē comme est escript ou dernier chapitre de son liure. Mais cōbiē quil eust pdu tous ses biēs toutefois fiablement luy furēt tous restitues, ꝙ de la moitie plus augmētes. parquoy est dit ou dernier de Iob. que il eust xiiij® de brebis ꝙ par auāt nē auoit ꝙ vij mil. aussi eust vj mil. cameaulx, mil. couples de beufz et mil asnesses. Et vij filz ꝙ trois filles
¶ Ong argumēt pourroit estre fait a ce ppos. cest assauoir attēdu ꝙ iob apres sa psecutiō ne eust ꝙ autāt desfās ꝙ par auāt il auoit eu: Il sēble ꝙ ne doit point dire ꝙ tous ses biēs ayent este doublees, Solution, A ce respondent aulcūs ꝙ telle chose fut faite pour la meilleur fortune de iob. Car se ses enfans eussēt este multipliez le double ses biēs eussēt este trop diuises ꝙ chascū deulx eust eu sa portiō. La ꝙle solutiō est de petite valeur. car en la felicite de la lignie est plus consideree la bonte des bōnes meurs que labondance des biēs tēporelz. Et pource sera dōne autre solutiō. cest assauoir ꝙ les enfans de iob furēt morz en lestat de salut, cōe apt par ce qui est dit dessus ou pmier chapitre.

⁌ La tierce aage

Et telz hommes ne sont point propre
ment mors quant ilz ont vie eternelle
⁋ Car le sauueur du monde nest point
le dieu des mors/mais des viuans seu
lement cõme dit sainct mathieu en son
xxii.en allegãt le tiers chapitre de xo/
de.ou quel est dit/Deus psaac et Deus
Jacob rc. Ainsy apert les enfãs de Job
estre doubles cõme ses aultres biẽs en
tant quilz estoient en estat de grace.
⁋ Aultre argumẽtatiõ pourroit estre
faite. Se Job q̃ estoit payen eust aucu
nement foy de laduenement de hiesu
crist seu quil escript ou xix.de sõ liure/
Je cognois et crois que mon redẽpteur
vit Et que ou dernier iour ie ressusci
teray de terre rc. Respõd sainct thomas
en la secõde de secõde/ou vii article de
la seconde question que a plusieurs gẽ
tilz et paiens a este reuele laduenemẽt
de hiesucrist cõme apt par leurs parol
les et prestations. Parquoy sainct au
gustin dit ou xxiii chapitre du xviii de
ciuitate Que varro tesmoigne cõmẽt
il ya eu plusieurs sibilles/cestadire fẽ
mes qui scauoient parler des choses fu
tures. Entre lesquelles y eust vne nõ
mee Sibilla erythea/qui eust grand
bruit ou temps de Romulus. ou cõme
dient les aultres ou temps de la batail
le de troye. laquelle rõposa aulcũs vers
ou cõmencement desquelz estoit em/
porte par les premieres lettres/ Jesus
cristus dei filius saluator veniet ad iu
dicium. cestadire hiesucrist filz de dieu
saluateur du mõde vẽra au iugemẽt
⁋ ysydore ou viii chapitre du viii liure
des ethimologies dit quil y eust dix sy
billes. Aussy raconte sainct thomas
ou lieu dessus allegue.que es histoires
romaines est trouue cõment ou tẽps
de constantin empereur et de sa mere
helaine on trouua vng sepulchre dedẽs
lequel estoit vng corps de hõme/ apãt
vne lame et piece de fer en sa poictrine
ou estoit escript/Christus nascetur ex
virgine/Et ego credo in eũ. O sol sub
helene et cõstantini temporibus iteru
videbis me. Cestadire hiesucrist nasq̃/
ra dũe vierge/Je crois en luy: o vray so

seil tu me verras de rechef et seray veu
par toy es temps de helaine et de cõsta
tin. Touteffois se aulcũs papes aus/
quelx la reuelation na point este faite
ont este saulues: Ce na point este sã
la foy du vray mediateur. Car le my/
stere de lincarnation et passion de hie/
sucrist est la vope de venir a beatitude
Et pource est dit ou quart des actes a/
postoliques que il nya poit daultre nõ
donne aulx hommes en quoy nous pu
issions estre saulues. Parquoy se telz
nont poit eu foy explicite et claire:tou
teffois ilz ont eue vne foy implicite et
intrinseque/En tãt que ilz ont creu q̃
dieu deliureroit les hommes selon son
bon plaisir Et selon ce que le sainct es
perit la vousu reueler a aulcuns cõ
gnoissans la verite/cõme est approu/
ue par le xxxv. de Job ouq̃l est escript/
Dieu nous enseigne aulcũe chose plus
que aulx iumẽtz de la terre. Et pour/
ce dit sainct denys ou ix. chapitre de la
celeste Jerarchie que plusieurs payens
ont acquis salut par le mistere des an/
gelz. Par ces choses apert la solutiõ de
la question precedente. Aussi saict tho
mas en la premiere partie de sa secõde
ou quatriesme article de la questiõ, cẽt
et iii.dit que les anciens sainctz peres
cõme abraham/ysaac q̃ Jacob qui ont
precede laduenement de hiesucrist A/
uoyent telle foy que nous auõs/mais
leurs paroles estoient aulcunemẽt dif
ferentes des nostres. Car ilz disoient/
La vierge cõceura/et nous disons la vi
erge a conceu/cõme apert ou vii de ysa
pe. Dõt est cler que on pecheroit mai
tenant mortellement en protestant q̃
hiesucrist doit nasquir cy apres de vier
ge Et touteffois par auant on le de/
uoit croire. Et pource note sainct tho
mas en la seconde de sa secõde/ou lieu
dessusdit/que il a este necessaire a tous
hommes en tous tẽps de croire le my/
stere de lincarnation de hiesucrist:en di
uerses manieres selon la diuersite des
temps et personnes. Car deuãt lestat
de peche le p̃mier hõme adam eust foy
explicite et notoire de lincarnation de

Feuillet vi

hiesucrist selon ce quelle estoit ordonnee a la consommation et perfection de gloire/non pas en tant que elle estoit ordonnee a la deliurance de peche par sa passion et resurrection.car come ne preuist ne precongneust point son peche Jasoit ce quil ait preueu lincarnation de hiesucrist future. Aussi apres lestat de peche fust explicitement et notoirement creu le mistere de hiesucrist/non pas seulement lincarnation mais aussi sa passion et resurrection. par lesquel les choses le genre humain est deliure de peche et de mort eternelle. car autrement ilz neussent point par sacrifices prefigure la passion de ihucrist deuant le temps de la loy et durant icelluy temps soubz la loy. Mais apres le temps de grace tous hommes indifferamment sont obligez auoir foy expresse des misteres de hiesucrist.principalement quant es choses qui sont comunement sollennisees en leglise et proposees publiquement come les articles de lincarnation desqlz est dessus faicte mention. Dont aulcuns a pane soutillee consideration plus que les aultres sont obligez den croire plus ou mains selon ce quil apartient a leur estat et office.

¶ Aultre question/puis que la foy vient et procede de ouir et par ouir. et aussi puis que louir procede par la parole de hiesucrist come est escript ou x.chapitre de lapostre escripuant aux romains est assauoir se aulcun peut point estre saulue lequel ne orra point les paroles de dieu. A ceste question est responce en disant que non ouir les parolles de dieu et les choses qui apartiennent a la foy de hiesucrist/peut estre en deux manieres.premierement par simple ignorance.Car comme a parler naturellement sans ayde especiale daultruy nest point de soy souffisant a congnoistre les choses qui sont de la foy.parquoy se aulcun les ignore/ou pource que ilz ne luy sont point proposees et reueleees/ou par aultruy racontees tel homme ne seroit point pourtant dit infidele.ne telle ignorance ne seroit point dicte peche de infidelite. Ne aussi ne seroit poit dãne pour le peche de infidelite.mais por son peche originel pour lequel les petitz enfans sont semblablement dannes /esquelz enfans nya nulle infidelite. Ou tel est dãne pour son peche actuel se aulcun a este de luy comis contre le iugement de la loy naturelle dont chascun en sa conscience est iuge. De ces deux peches ne lung ne laultre ne peult estre pardonne remis sans la foy de hiesucrist. Car come escript sainct pol ou chapitre xi aux hebrieux/Sans auoir foy il est impossible de plaire a dieu. Toutessois Jay ymagination que telle ignorance ne soit point maintenant en aulcun peuple ne pays.car lapostre ou x.chapitre de lepitre aux Romains/dit que le son et predication des apostres fust espandue par toute terre/Jusques a la fin et au bout du monde. ¶ Secondement non ouir les parolles de dieu et ce qui apartient a la foy peult aduenir par la malice des erreurs.come se aulcun ipugne verite ainsi que font les heretiques/ou se aulcun afferme solemnement le cotraire de verite come ont fait les philosophes lesqlz npent que le monde ait eu comencement.et npent semblablement q trois personnes ne peuet estre vne substance. Ou en contenant et desprisant les parolles de dieu et la verite come font les papes et iuifz. donques par ces manieres ceulx qui ne opent point les parolles de dieu sont infideles et sont dannes pour leur peche de infidelite pose q ilz nen ayet nul autre

¶ Question derniere est assauoir se cestuy qui ot les parolles de dieu et ne les fait point puist estre saulue. Respon ce come dit sainct Denis. Auant que vne chose soit bonne Il fault que toutes les causes et conditions de bonte y soyent trouuees:mais a trouuer mal nest pas grande difficulte.parquoy ie dis auant ce que aulcun soit saulue par la doctrine de la foy.premierement est requis ql preigne plaisir a ouir les parolles de dieu .car qui est de dieu il oit ses paroles Douletiers come est escript ou viii.de sainct iehã. Parquoy dit sainct Jaques

q i

La tierce aage

premier. Tout hōme doit estre leger et prōpt a ouir et escouter/mais tardif a parler. Secōdemēt est reqs quil croye Brayemēt et nō point fainctemēt. car cestuy qui croyt par foy ifozmee de cha/rite sera saulue. mais q ne croira point en telle maiere/sera dāne cōe est dit ou dernier chapitre de saint marc. Tierce/ment que on face et exequute de fait la parole de dieu selōn sa possibilite cōme est dit en la premiere canoniq̄ de sainct iaques/Soyes facteurs τ acomplisses sa parole de dieu. Car il ne souffist pas seulement de louyr/pource que telx se decoyuēt eulx mesmes. Et quartemēt est requis de perseuerer en iceulx cōmādemens de dieu. Car ou premier de saint iaques est dit Celuy qui perseuerera en la loy de parfaicte liberte/ et si arrestera sans oublier les paroles diuines sera benit en son fait.

Chapitre iiij de Bus et Balaam.

Cebus filz de nachoz descēdit Balaan lequel fut autrement nōme heliu buzites. Dont est parle ou xxxij de iob. Ce nom Buz est interprete desprisant et cōtēnāt. Et heliu est i/terprete cestuy cy est mō dieu/ou mon seigneur.cōe dit sainct gregoire ou xxxij chapitre du xxiij des morales. mais ba laan est interprete peuple Bain. ou sās peuple. ou troublant la gent. ou deuo/rāt le peuple. ou englotissāt iceulx. ou sās la substāce diceulx/cōe dit saict Je/rome. Cestuy balaan signifie et figu/re ceulx qui par soy ont clere cōgnoissance de dieu/ mais ilz sōt obscurcis τ obnubilez en leurs fais et ouuraiges pquoy ilz trebuchent laidemēt en peche Dont sainct Gregoire en somelie sur le Biij de sainct Luc. ou est note que la semence cheue sur la pierre dure secha pource q elle nauoit point de humeur: dit q aucūs oyent la parolle de dieu et la recoiuent a grād ioye. mais ilz nont point de ra/cines fermes en tāt quilz ne croyēt sy/non pour aulcune espace de tēps Et se departēt dicelle parolle de dieu en tēps de tribulatiō. Dit en outre que nous a/uons souuēt cōpōctions et cōtritiōs ⁊ noz peches: Mais apres le pleur nous y retournerons de rechef cōme deuant.

Semblablemēt pour venir a nostre p pos: Balaā regardant les tabernacles du peuple israhelitique ploura desirāt estre en sa mozt semblable a Icelluy peu/ple/cōe apt ou xxiij du nombre. mays quāt leure de sa cōponction et deplaisā ce de peche fust passee: Il ardit et bzula en son auarice cōe deuant. car pour les dons a luy promis il se consentist a la mort dicelluy peuple/ auquel auoit desire estre semblable en sa mort. Ces dis sōt de saict gregoire ou lieu dessusdit.

Aussi est escript ou xxij du nōbre et en la Bij ĉ hstiō de la secōde cause quant Balaā le deuin aloit maudire le peuple de dieu: langle tenāt vne espee nue/ sist au deuāt de son asnesse sur laquelle Il estoit assis. τ la garda et depescha daler oultre. Balaā Soyāt sō asnesse reculer et ignorant la cause: la frapa et piqua fort dont fut cōtraincte de parler en re darguāt son maistre et luy disant iniu re. Ceste histoire est exposee de Sainct gregoire ou chapitre lxxBe. Du xxiiij des morales semblablemēt cōe la pre/cedēte/ disant que en leglise plusieurs font lōgues prieres mais ilz nont point Bie cōsonāte a leurs parolles. parquoy cōclud saict gregoire q̄ le poix de Bertu nest point en orasiō en laquelle nest point amour ne desir dy pseuerer. Et pour ce est leu de anna mere de samuel ou i. chapitre du premier des royes/ ꝗ ses Bi/saiges et Boulētes ne estoiēt plus chā/ges en choses diuerses Attēdu que par

Joieusete In epte τ Indece te na point a pres perdu ce q̄ elle auoyt de dieu par auāt obtenu.

Cestuy Balaan dōt parlons Se nant du lieu ē des amoni

Feuillet vi.xx.ii

tes a Balaac roy de moab fust mene dicelluy roy es haulx lieux z teples de baal cōe apt ou xxiij du nōbre. cest assa/uoir en la montaigne de phasga ou le dieu baal estoit adore et du quel israhel estoit loing de xl stades qui sont vng mil. ou demie lieue dalemaigne. En ceste mōtaigne estoiēt sept autelx edi/fies en lōneur des sept planettes lesql/les estoiēt adorees des ydolatres. et pri cipalemēt de ceulx qui estoient princi piez en astrologie. lesquelx diet les pla netes z estoiles estre cause de toutes les choses et ouuraiges des humains. Et lors en ce lieu mirent vng veau ou vng motō. mais quāt balaā y ala po se conseiller au deable dieu des ydoles en quelle maniere il pourroit mauldi re ce peuple de israel/dieu luy vint a lē cōtre empeschāt la respōce du deable z luy mist en la bouche le contraire de maledictiō. parquoy cōmēca balaan a donner benedictiō au peuple de dieu et pphetiser cōe est cōtēu ou xxiij. du nō bre. A ce ppos dit comestor q apres q balaan eust pphetise il se leua et ala en son lieu: et lors que il estoit es fins z re gions de madia et prenoit conge de ba lach et des siens: Il leur dōna cōseil de enuoier es tētes et ostz de israel leurs filles par lesquelles iceulx enfās de is/rael pourroiēt estre corrupus affin qlz peussēt estre deceups par icelles. Et p ce moyē ilz trāsgresseroiēt et trespasse roiēt les loix paternelles en adorāt les dieux des estrāgers. parquoy le dieu de israel seroit course a eulx. dōt les lef seroit estre opprimez et foulez. Car se leur dieu leur est ppice: nulle peste ne bataille ne les peult seurprēdre. Ceste chose fut faite cōe estoit cōseitre par ba laan. Car israhel fist fornication auec les filles de moab et adora leurs dieux dont fut cōmence Beelphegor lequel fut lydole des Madianites. qui des grecz estoit appelle priapus. duquel est dessus faicte mentiō ou chapitre des di eux. Pour ce mal et peche furent occis du peuple de israel xxiiij m̄. Dōt la ma niere et forme de loccision est declairee

ou xxv. du nōbre. et de laquelle pour le presēt nous tairōs. Car il nest pas pro mis ou pheme ou ploque de ce liure de expliquer toutes les choses que len por roit bie dire. mais seulemēt les aucu/nes touchāt la saincte genealogie des peres. Aussi pour ceste cause moyse cō mada de tuer lesdictes femes madia/nites cōe est escript ou xxxi du nōbre

☞ On pourroit ad ce ppos faire questi on. cōsidere que balaan fut deuin z en temp de dieu: Il se ensuit que sa pphe tie ne fut nulle car il est escript ou x. s. de saint Jehan que les secretz de dieu sōt reuelez seulemēt aux amis de dieu. Solutiō. Selond les docteurs/princi/palemēt sainct Thomas en la question C tē lxxij. de sa secōde de secōde q dieu cōmuniq aux bōs z aux mauuais gra ce q des theologiens est nōmee gratis data. Et telle peult estre en sōme sans auoir charite/sicōe est la grace et dō de prophetie/foy/sapience/puissāce de que rir malades et de faire signes e t mira/cles. parquoy apt q pphetie peult estre eue sans charite/car elle nest pas bail/lee precisemēt et seulemēt a lutilite du prophetisāt. mais a lutilite cōmune de leglise et a lōneur de dieu affin que la verite ait tesmoignaige et soit appro uee nō pas seulemēt des bōs mais aus sy des mauluais. Et affin q se les gen tilz et payens ne veulēt adiouster foy a nos prophetes q ilz croyent les siens. par telle maniere les trois roys adiou sterent foy a leur pphete balaā. lesqlx vindrent par la cōduicte de lestoille a/dorer le petit enfāt ihūcrist/cōme appt ou secōd chapitre de sainct mathieu.

☞ Touteffois a dō de prophetie est re/quis que le pphete ait sa pēsee et enten demēt esleue par cōtēplatiō. Car pro/phetie est vne especiale precognitiō des choses futures. Aussi les vices char/nelx et corporelx. et loccupation des choses exteriores et tēporelles auec la vehemēce des passions empeschent les leuation de lentēdement et par conse/quēt lesprit de pphetie. parquoy les en fans des prophetes ont habite hors du

q ii

La tierce aage

monde et cōmunicatiō des hōes auec heliseus cōme apert ou iiij^e chapitre du quart liure des rois. Et sēblablemēt les prophetes de Baal qui estoiēt iiij^c. cōe apert ou x8iij^e du iij des roys. les jsrł auoiēt en eulx vne honestete de 8iue iasoit ce qlz fussēt ydolatres. Aps les choses dessusdictes respōdōs a lau ctorite de saict iehan disant que iesu crist a reuele a ses amis cest ascauoir aux apostres ses secretz lesquelx apo stoles estoyēt enflames de son amour et degetes du monde. Non pas cōme faulx prophetes qui finablement serōt cōdānes. Car cōme dit saict mathieu en son 8ij^e quāt ilz dirōt on dernier iour Sire nous auōs prophetise en ton nō: iesucrist leur dira Departes vous de moy mauuais garnemens qui ne fai tes aultre chose que mal Car iamais ie ne vous cognus

¶Cha. 3^e de bathuel.

Bathuel. Sirien filz de Nachor et de melcha fille de aram est i terprete vierge de dieu ou chaste a dieu Cestuy bathuel apres la mort de son pere demoura a charam ou a aram cite de mesopotamie. Auquel 8it eliezer ser uiteur τ messager de abrahā affin que sō filz ysaac eust a fame rebecca a laql le Jl se maria en laage de xl ans. cōme est dit on xxiiij^e et xx8^e de Genese. et aussi on x^e cha 8u premier liure des āti qtes. Ceste rebecca fust lōg tēps sterile cōbien que en lage de ysaac lx^e elle en gendra esau et Jacob cōme sera tātost declaire. Comestor dit que bathuel pe re de rebecca estoit mort quāt le serui teur dabraham 8int pour annoncer le mariage. Et se fōde icestuy comestor ou texte du xxiiij de genese ou est dit q quāt la pucelle ouyst ces nouuelles el le courust et le annōca en la maison de sa mere / et nō pas du pere. Aultre ray son est assignee / car labā frere de rebec ca receust le seruiteur dabrahā τ nō pas le pere de rebecca. Aussy Josephus ou x^e du premier est expressement de ceste opiniō. parquoy ce nō bathuel ou xxiij

de genese ou est dit que laban et bathu el respōdirēt / doit estre pris et expose pour la femme de bathuel lequel en mou rant cōe possible est / cōmāda a sa fēme de permectre ce mariage. Semblable ment en signe que le pere estoyt mort Ledit laban ou dit texte de Genese est nōme deuāt bathuel. laquelle chose ne seroit pas se bathuel estoit pris pour le pere / ¶Touteffois rabȳ salomon a uec les hebrieux respond a ces raisons dessusdictes En disant que Bathuel estoit encor 8iuāt. Et que les fēmes τ vierges auoiēt maisons especiales se parees de leurs maris esquelles ilz fai soient leurs negoces. parquoy est plus dit que la pucelle courust a la maisō de la mere que du pere. Ceste rebecca fut la premiere dont est escript que consen temēt de fēme ait este requis a maria ge laquelle chose apres ce a este tour nee en loy cōme apert en la secōde que stion de la xxxij^e cause.

¶Chapitre 8j^e de laban

Laban filz de Batuel frere de rebecca fut pere de rachel et de lia fē mes de Jacob cōme est escript ou xxix^e de genese. Et est interprete blāc ou blā cheur. Et selō rabain il signifie le dea ble. lequel deable pose ql soit tenebreux et noir: touteffoys il se transfigure sou uent en lange de lumiere. cōe apert en la seconde epitre aux corinthiens et en la 8^e question de la xx8j^e cause. Du au tremēt par labā est figure le mōde qui en fureur persequute Jacob / cestadire ses esleux / sicō laban persecuta Jacob quāt il se departist de luy cōme est es cript ou xxxj de genese. Cestuy laban dōna a Jacob filz de ysaac ses deux fil les en mariage pour remuneratiō de son labour et seruice de xiiij ans / cōe ap pert ou xxix^e et xxx^e de genese Et en la iiij^e question de la xxxij^e cause ¶Puis quāt Jacob eust demoure xx ans auec laban / il se departist de luy Et labā le poursuist en le persecutāt τ querāt ses dieux de or. leque a pres sept iours 8it

(Feuillet vi^{xx}iiii

a iacob en la mōtaigne galaad qui est vng mont treshault en la terre de Og roy de basan oultre le fleuue iordai entre orient et aquilon. ¶Mais Rachel fille de laban absconsa et mussa iceux ydoles/craignāt que son pere ne les trouuast cōe apert ou xxxi^e de genese. Aps ce laban reconcilie a iacob iura par son dieu sochot de luy tenir amitie et bōne amour/cōme est escript en la premiere question de la xxij^e cause.¶Cy pourroyt estre faicte question. Veu que laban iura par ses ydoles/est assauoir sil est licite postuler et requerir des ydolatres iurementz: Response. Vng ydolatre peult iurer en forme permise et concedee/en forme prohibee et defendue. Se il iure en la premiere maniere: Il ne iure point cōme ydolatre. Et aisy est il licite de receuoir dug ydolatre/iuremēt en auscū cas/et en autre/nō. car cestuy qui requiert est ou personne publique ou particuliere. Sil est persone publique selon lordōnāce de droit il le peult faire. Sil est psōe particuliere: ou il fait ce cy a la confirmation de verite ou subuersion dicelle. ou pour oster sa dubitation. En la premiere maniere peult estre receu iuremēt sans aulcū peche/cōpt il est requis seulemēt affin que la promesse et affirmation de verite soit plus ferme. En la ij^e maniere ne peult estre sās peche mortel. sicōme quāt auscū cōstraict auscū de iurer et touteffoys Il congnoit biē quil iure faulx. En la iij^e maniere/pourtāt quil a souspecon que lōme sās iurement mente et ne die pas vray/se telle souspecon est en general: en elle ny a plus cause de paie que de coulpe. Mais se telle souspecon descēd a chose particuliere. cest peche veniel pourtāt que on souspecōne mal sus son pchai. Ainsi apt cōmet on peult des ydolatres et infideles receuoir iuremēt cōe des fideles et christiens. mays se lydolatre iure en forme prohibee cest assauoir par son ydole. En tel iurement fault deux choses cōsiderer. L'ue est la veneration de lydole. Le ij^e est la cōfirmation de sa parolle. Se on a regard

au premier: Je dis quil nest poit licite a hōe de receuoir ne exiger iurement ql conque de lydolatre. Car la veneratiō de lydole doit estre detestee du tout en tout. Et pource est dit ou xxij^e de exode que on ne doit poit iurer par les noms des dieux estrangers. mays se on a regard au ij^e. cestassauoir a la confirmation de sa parolle: il est en telle maniere licite de receuoir daulcū ydolatre iurement. principalement pour le biē cōmun. Et ainsy receust Jacob iuremēt de son serouge laban/cestadire du pere de ses fames. lequel estoit ydolatre cōme apert par ce que Rachel luy desroba ses ydolles pour le bien de sa posteriete. Aussi en telle maniere recoiuēt les chistiens iurement des sarrazins pour la paix et vtilite de toute la communaulte christiēne. Parquoy apt q iasoit ce q iurer par aulcū ydole soit chose illicite en tāt que telle maniere de iurer est prohibee: Touteffois la ou necessite et cōmune vtilite le requiert: on peult exiger tel iurement. Ainsy le conferme sainct augustin en lepitre a publicola. Et pareillement est determine en la p̄miere question de la xxij^e cause.

¶Chapitre vij^e de Rebecca.

Rebecca fille de Bathuel filz de nachoz frere dabraham et daram fust seur de laban Et mariee a ysaac filz dabrahā lors q ysaac auoit xl. ans/ comme apt ou xxiiij^e de genese. Rebecca selon sainct Jerome est interpretee pacience) ou elle a pris beaucop. Par elle est figuree et signifiee leglise qui est lespouse de ihūcrist/laquelle receut grād grace du sainct esprit en attēdāt paciāmēt les futures pmesses qui iamais ne furēt veues de oeil ne ouyes dozeilles ne cō/

q iiii

La tierce aage

prises en coeur ne en entēdemēt de hō/me Tesmoig le ij.chapitre d̄ la premiere epitre aulx corinthes/et originalemēt ou lx8.de psalme ¶ Ceste Rebecca couurist sa face quāt elle dit premieremēt son espoux psaac cōe est escript ou xxiiij.de Genese et en la 8.questiō d̄ la xxxiij.cause. en quoy est notee leru/bescēce et hōte que doiuēt auoir ieunes filles qui prēnent maris. Elle fut sterile xix ans Iusques ad ce que psaac intercedā pour elle assi que elle conceust dōt engēdra Iacob τ Esau cōme est escript ou xx8.de Genese τ ou xxx8.chapitre du xBj.de ciuitate. La cause de sterecssiō fut pource que psaac cōgnoissoit la pmesse faite a sō pere abraām et a sa posterite ¶ Cestassauoir cōmēt sa lignee deuoit estre multipliee.

¶ Pource que ce chapitre est faite mētiō de mariage/on peut demāder se impuberes/cestadire ēfās soubz aage peuent estre maries. Solutiō. Puberte es enfās masles cōmēce apres le xiiij.an. mais es filles apres le xij.e cōe appt en decretales en la rubriche des espousailles. Au dessoubz de telle aage ne st point mariage fait se telx ne sont pchais a puberte tellemēt que la malice d̄ lenfant puisse supleer et excuser l aage.

¶ Aultre questiō/se les enfās puberes τ sus aage sont obligez es cōtractz et pmesses de mariage que leurs peres et meres fōt pour eulx. Je respons se les enfās ont baille expressemēt ou tacitement aulcū consentement cōe silz ont este presens et ne ont point contredict Ilz sōt liez τ obligez a tenir telle pmesse. Sēblablemēt pose qlz ayēt este absens/τ quāt ilz ont ce cōgneu ilz le ont ratifie et eu pō agreable/ expressemēt ou tacitemēt. En aultre cas les enfās ne sōt poīt obligez par les espousailles et promesses faites par leur pere et mere/cōe apt ou Bj.en la rubriche de spōsalibus ipuberū. ¶ Aultre questiō. Se on se peult marier par pcureur quant les parties sōt absētes. Ad ce peut estre respōdu que ouy cōe fist psaac auec Rebecca ainsy que est escript en la ij.q̄stiō

de la xxxiij.cause. mais le pcureur nest point pdoine a ce/sil na especial māde/mēt et cōmissiō.¶ Se sauēture sa puis/sāce estoit reuoquee auāt q̄l fist le mariage son euure est de nulle efficace/cōme apt ou Bj.en la Rubriche de procu/ratoribus ¶ Finale questiō est. se les absens se peuent marier pour escripre epitres lung a lautre. Response. Selō Raymūdus Se celuy ou celle a q̄ sont enuoyees les lettres ne exprime ne declaire a nul sō cōsetemēt Je crois sans preiudice daultruy q̄ ce nest point mariage en quelcōque maniere/quil se cōsente. Mays le mariage sera lors ferme quāt il ara signifie sō couraige a celuy qui ara enuoie les lettres/ou quāt il ara declaire a Sng aultre pō luy notifier ¶ Apres le retour degipte/et benedictiō de esau τ de Iacob/ladicte Rebecca mourust τ fust ensepulturee en la double fosse auec Adā Noe τ abraām cōe apt ou xlix.de Genese.Car selon comestor ou xxx8.de Genese quāt Iacob retournoit de labā auec ses fēmes apres q̄l luy eust serui xx ans. Et aussy apres la mort de rachel en Bethlee Il dit a sō pere psaac en ebrā la cite ou il trouua q̄ sa mere estoit morte/mays sō pere estoit encor Biuāt.

¶ Chapitre Biij.de aram.

Aram aisne filz de thare frere dabraām et de Nachor nasq̄t seul en caldee cōme dit Burgesis τ aussi cōe est dit dessus ou lieu ou est parle dabraām. Toutesfois comestor dit que Arā fut le premier ne et abrā le dernier. Arā est interprete suscitat le hault ou Beillāt a exaltation. De cestuy est parle dessus cōmēt il fut mis en cal/dee dedens le feu ou il fut ars et brusle/dont lessa Sng filz nōme Loth. τ deux filles. cestassauoir saray aultremēt appellee Iescha. Et melcha. mays Thare pere de Arā apat en hayne icelle terre bailla a Nachor sa fille melcha en mariage. τ a abraām lautre fille saray ou sarra/Aultremēt Iescha. Et pour ce que sarra estoit sterile et ne portopt

Feuillet vi^{xx} iiii

nulz enfans/ Abraham adopta en filz loth frere de sa femme. Auec iceulx thare se departist voulant aler en la terre chanaan/ Mais il demoura en chemin cestassauoir en aram ou charram q est en mesopotamie de sirie/ come est en substance escrit ou xi. chapitre de genese Ce mesme an come dit saict augustin ou xvi. chapitre du xvi. liure de ciuitate nostreseigneur parla a abrahā en luy comandāt expssemēt quil se departist de sa terre. Et depuis le temps de ceste promission iusques a lissue degipte/ furent iiiiᶜ. xxx. ans come dit Eusebius en ses croniques et est escrit ou iii. chapitre aux gallathes

¶ Aultre question. Il est escript ou sii. des fais des apostres que le dieu de grace et de gloire apparust a nostre pere abraham en mesopotamie auant ce quil demourast en charram. Et pcy est dit q ce fust en charrā ou aram. Response. nostreseigneur apparust deux fois a Abraham. la pmiere fust deuant la mort de thare. Cestassauoir quant il vindrent premierement de caldee en mesopotamie. et de la en charram. et de ceste fois parle saint estiēne. Secondement dieu apparust a abraham en mesopotamie apres la mort de son pere thare et lors abraham executa le comandement de dieu en issāt hors dicelle terre. Mais on pourroit dire: Ceste terre mesopotamie ne fust point le lieu de sa natiuite/ Car selon saint augustin ou xii. chapitre du xvi. de ciuitate Il fust ne en caldee. La solutiō est cy dessus ou chapitre dabraham. Car dieu voulut q abraham ne entrast plus en caldee mais quil en ostast son courage comme il auoit ia fait son corps. Toutesfois nicolas de lira veult que lors q dieu luy comanda quil alast hors de sa terre et q il ne demourast plus en aram Il entēdoit q il alast en chanaan

¶ Chapitre ix. de Loth.

Loth filz de aram frere dabrahā et de nachoz le ql loth fust adopte dabraham en filz pource

q sa femme sarray seur dicelluy loth estoit sterile/ est interprete declināt Come dit Rabal ou ii. chapitre du ii. liure Car il ne se consētist point es fais des sodomies. mais il declina et euita leurs brulemens et concupiscences illicites. ¶ Cestuy loth iuste/ hospital et piteux porte en soy la figure de ceulx q doiuēt estre saulues/ lesquelx ne seront point brules du feu denfer. Et pource dit saint mathieu en son xiii. Au iour derniet vendront les angles separans les bōs des mauluais en enuoyant Iceux pecheurs en la fornaise denfer

¶ Sainct gregoire prouuant q estre en estat de grace saulue lomme et non pas le lieu dit en la xl. distinctiō ce qui sensuit ¶ Les lieux occultes et secres ne peuēt pas saulver lame sans grace Come nous voions es saintz peres. Car loth estāt en ceste cite puerse fust iuste et se garda de pecher. mais quant il fust en la montaigne qui estoit lieu solitaire il sist grant peche. Decy encor plus. Quelle chose est plus ioieuse que paradis terrestre? Quelle chose est plus seure que le ciel? viens. Et touteffois lomme fust gete hors de paradis/ et lāgle hors du ciel par leur peche quilz y comirent. Ainsy apert que les lieux ne sont point souuent cause des maulx. laquelle chose est argument a prouuer que la conuersation et cohabitation des mauluais ne nuit point ausculnesfois aux bons. Parquoy sainct Gregoire ou premier des morales dit. Ce nest point chose monlt louable ne meritoire/ vng bon estre et habiter auec les bons: mais auec les mauluais habiter est chose digne de louenge. Car ainsy que cest plus grand peche de non point estre bon auec les bons: seblablement est plus grant merite non point estre mauluais/ mais bō estre les mauluais. po lāqlle cause. S. pierre loue et extolle treshaultement ledit loth attēdu quil a este trouue bon entre les reprouuez. et quil demouroit entre ceulx qui de iour en iour tourmentoient son ame par leurs mauluaises oeuures

q iiii

La tierce aage

dont il estoit moult desplaisant. En telle maniere ont vescu plusieurs deuotes personnes côme on lit de Job qui en parlât de soy mesmes disoyt Jay este frere des dragôs et côpaignon des autruches/côe sil voulsist dire quil auoit passe ses iours auec beaucop de maluaise garnemês lesquelx non obstant ne lauoyent point seduit. A ce ppos dit saict pol parlât aux apostres/Vous luises et replendisses au môde côe luminaires ou milleu dune nation mauuaise et puerse. Aussi est dit a leglise de pergame. Je scay q tu habites ou lieu ou est le siege de sathâ et touteffois tu tiens tousiours mô nô et ne ae iamais nie ma foy. Et pareillement saincte eglise est es câtiqs louee de son espoux disât/côe la belle flour de lis est entre les espines/ainsy est mon amie entre les belles filles. ¶ On pourroit cy demander se loth fist point de peche voulant abandonner ses filles vierges a perche villai(tort) pour rassasier la male voulente des sodomites. On peult respondre que en loth y eust deux voulentes. lune fut de raison par laquelle Il vouloit honorer ses hostes et les deliurer de iniure. Et telle voulente est digne de recômedation et de grande loenge. Lautre voulente fut de perturbation soudaine par laquelle il voulut exposer ses filles a labâdon diceux sodomites. laquelle voulête est aulcunemêt excusable en tant que le peche fut par soudaie perturbatiô. Et par ainsy selon aulcuns docteurs le peche fust seulemêt veniel. Toutesfois les aultres dient quil pecha mortellemêt en tant quil se consentist a peche mortel. parquoy ce fait de loth ne doit poit estre par nous pris en exemple. Et preuuent quil ait peche par ceste raison cestassauoir que on ne doit point faire les maulx affin que par iceulx aduiennent aulcuns biens côe est dit ou tiers chapitre de lepitre aux romains. Car charite doibt estre ordonnee et riglee p raison. Et pource selon sainct augustin ou liure quil a fait des menteries

On ne doibt point mentir côbiê q par ce on cuidast euiter a mourir. ainsy apert respôse a la questiô dessus faite.
¶ Ou xix₍ₑ₎ de Genese est escript q loth dist a dieu que en la montaigne il nestoit point a seurete/car en tant quil estoit viel et ancien il craignoit les froidures des montaignes. et le grand labour du chemin. parquoy voulust aler en vne cite qui loze des he brieux estoit appellee Bala/ou salpsa: mais en ysaye est nommee Situlta consternata selon la langue latine. Pource q elle fut côsternee et fondist en abisme ou tiers mouuement de terre: apres q loth en fut issu voyant la subuersiô des aultres quatres. Et a ce propos dit saint Jerome que loth doutât le mouuemêt de terre acoustume habita en la montaigne ¶ La cite ou Loth fust saulue est maintenant nômee cite de palme. Combien que par auant fust de loth nômee segoz qui vault autât adire côme petite. Ceste cite est cîq lieues loig de iericho contre affricus soubz le môt engadi. Entre la quelle et la mer morte est la statue de sel dont est faite mention cy dessus ¶ On pourroit cy faire aultre questiô. puis que lescripture ne touche en riens que dieu commandast a la femme de Loth mais a luy seulement quil ne regardast point derriere soy: Il semble q a tort et sans cause elle fut pugnie. Solution. Il fust commande a la fême de loth en parlant au mari/côme a eue defendit de menger de la pomme en parlant a la personne de adam.
¶ On pourroit en oultre demander. Pourquoy fut cômande a loth et a sa femme de non point regarder derriere eulx ¶ Solution. pour deux causes. lune est de peur quilz ne cheissent en desesperatiô q de desesperatiô en blaspheme de diuine iustice. Car la fême loth regardant ainsi derriere soy approuua la malice des sodomites et blasphema la diuine iustice. La ij₍ₑ₎ cause po⸗ quoy leur fut faicte ceste defêse est po⸗ nous dôner exemple que comme apres sa re

generation ou graue penitence ne doit plus retourner en son pecbe. Ces choses sont prises de hugo cardial sur le texte du xixe de genese.

¶ Dieu commanda a loth quatre choses lesquelles tout homme voulant proffiter et desirant se augmenter en grace doit obseruer. Premierement quil ne retourne plus. Et pource est dit ou second de Jeremie parlant a lame pecheresse Dame tu es moult ville et infame pource que tu iteres (¿) renchez trop souuent en tes mauluaises voyes. Secondement luy fust dit quil ne retournast plus en la delectation du pecbe passé. Car nouuelle meditation et pensement au pecbe mortel passé cause nouueau pecbe mortel comme dit la glose de la lxixe pseaulme sur ce pas gloriam eorum in puluerem deducas.
Tiercement fut commandé quil ne demourast point es regions estans a l'enuiron de Sodome, car on se doibt garder de toute mauluaise espece et circonstance de pecbe. Quartement fut dit quil se sauluast en la montaigne. Car comme dit lapostre ou iije chapitre de lepistre aux colosciences, On doit sauorer et scauoir les choses qui sont en hault et non pas sur la terre ¶ Comme gardant ces quatre choses ne chet point facilement en pecbe. Et se dauenture il chet, Il se trouuera tost releué moyennant laide et bonnes oraisons de sa compaignie. Et pource est dit ou iiije de ecclesiastes, que lomme estant seul et sans compaignie est maleureux car sil chet il ne trouue point qui le relieue. Comme dit strabanus ia soyt ce que loth fut homme iuste au regard (¿) comparaison des sodomites : toutesfois pecha il en quatre manieres. Primierement en tant quil congnust charnellement ses filles. Car comme dit sainct augustin il nest point permis a nous de faire aulcuns petis maulx pour en euiter de plus grefz. Secondement car il ne creust point langse qui luy pmettoyt salut. Tiercement car il fut yure, quartement en tant quil comist une espece

de luxure appellee inceste qui est quant on a compaignie auec ceulx de son sag ou auec gens de religion.

¶ On pourroit demander se les filles de loth pecherent point : et selles peuent point estre excusees de leur pecbe ? Ad ce respond sainct ierome disant que elles peuent estre excusees en tant quelles auoient congneu et ouy dire que le monde finiroit par feu comme auoyt ia fait par eaue ou temps de Noe, Et cuydoyent que tel definement par feu fust commencé aux sodomites, parquoy doubtoient que la generation humaine fust faillie Dont soulurent amollir et par vi adoulcir la rigueur de leur pere estant en la fosse dune montaigne. Et ainsi la pitie quilz auoient en craignant que leur posterite ne faillist excuse leur inceste aulcunement. Aussi en tel fait cuida loth par son ebriete auoir la compaignie de sa fame parquoy est excusé du pecbe de inceste. mais non pas du pecbe debriete comme dit saict augustin contre faustus et sainct thomas en la centiesme question de sa iije partie. Et pource sainct ambroise ou liure des patriarchees commande a fuyr ebriete par la quelle nous ne pouons euiter les vices, car quant lomme est yure il comet infinitz maulx (¿) pechez ignoramet lesquelx iamais ne feroit a ieun (¿) en sobriete. Et pour ce dit aristote ou iije dethiques que lomme yuroigne desert deux paines sil fait quelque mauluaise folie en tel estat.

¶ Chapitre xe de moab et ammon
Comme est escript ou xixe de genese la plus grade fille de loth conceut ung efant nomé moab. lequel selon Paba ou ije liure est iterpte ex patre, cest a dire de pe. (¿) signifie sapiece seculiere et modaine de laqlle parle nre seigneur p le pphete ysaye en son xxixe disat Je destruiray la sapiece modaie des saiges (¿) reprouueray les prudece Seblablemet la maisnee fille cõceut de sõ pe ung filz nome amõ q est iterpte filz de mõ peuple. Et aisi les ãmonites descedãtz de ammõ sõt interpretez mon peuple.

La tierce aage

Selon le sens allegorique. Nous pouons par les enfans de loth entendre les heretiques lesquelz sont engendrez en vne fosse obscure et causez de ebriete et de luxure desquelz parle saict Jehan lapostre disant que ilz sont partiz et yssus de nous mais ilz ne se sont pas reputes des nostres/car silz eussēt este des nostres/Ilz fussent demoures auec nous. Ces deux peuples moabites et amonites auec les madianites firent lourde ruine et grande scandale aux enfans de israel qui pecherēt auec leurs filles quant ilz retournerēt degipte/par le conseil de balaam le deuīt cōme apert dessus ou chapitre de balaan/dont pour ce peche nostreseigneur cōmāda que ilz nentreroyent point en leglise de dieu iusques apres la dixieme generation ainsi que est escript en deuteronomie. Cestuy cōmādement cōme dit Brixiensis est expose de lebzieu en telle maniere cestassauoir que israel ne bailleroit point ses filles en mariage a iceulx moabites et ammonites. Car les egyptiēs ne pdumees ne delinquerent iamais aussi greuement contre Israel comme ces deux peuples Car les premiers cestassauoir egyptiens et pdumees persecuterent israhel corpozellement tant seulement. Mais ceulx cy le persecuterēt spirituellemēt car ilz le voulurent mauldire et faire ydolatrer parquoy ce commandemēt est tant seulement entēdu des hōmes et nō pas des femmes moabites et amonites. car les femmes et les vierges poztoyent a israel victuailles pour viure et aultres dōs. Les aultres docteurs exposent ce cōmādement de lentree du tēple ou ne doibuent entrer fors ceulx qui sont netz. parquoy telz amonites et moabites en estoient deboutez cōme psones imūdes et infames. Et les aultres exposēt encoz aultrement disans q les persōnes dessusdictes ne debuoyēt point en israel auoir office/cōme maistrises / Juges/tribuns et centurions a cause que on ne se doibt poit fier plainement a estrāgers.

Chapitre xi de Sarray.

Sarray fēme dabzahā fut autremēt nōmee Jescha cōe est dit en xi. de genese. Et fut fille daram frere dabrahā et mere de psaac. Elle est iterpretee ma pricesse /porce q elle estoit mere de famille et dame de vne maisō tāt seulement. Mais apres ce que deso nō fut oste ceste lettre. J. elle fut dicte sarra q vault autāt cōe pricesse. car elle deuoit estre pricesse de toutes gens cōe dieu auoit promis a abrahā/ En disant Je te dōray de ta fēme sara vng filz lequel Je benyray/et sera grād entre la gēt. Et de luy descēdrōt les lois des peuples cōe est escript ou xxviii. de genese. Ceste sarra graue fēme dabzahā signifie et figure nostre mere saincte eglise comme est escript en la iiii. q stion de la xxxiii. cause: Et aussi apert par sainct Augustin escripuant au cōte boniface. ou il impreuue loppinion des heretiques qui disoyent que leglise doibt souffrir persecution et non persecuter aultruy. A quoy ledit S. Augusti respond quil nest pas vray. Car sarra par laquelle est figuree leglise selōc lapostre ou iii. cha. de lepitre aux galathes faisoit psecutiō a sa chābziere agar. Non pas que elle lait psecutee sās cau

Feuillet xx vi

se. mais elle reprimoit et corrigoit son or/
gueil côe est escript ou xxi.de Genese.
Pour ces choses conclud saict augu
stin quil ya deux manieres de persecu/
tions. Lune est iuste/et lautre iniuste
Des mauluais sont a leglise psecutiō
iuste. mais leglise persecute iustemēt
pour liniustice des maulvais. Lūe de
ces psequutions est par amour et di/
lection. lautre par fureur et derraison.
Lune pour corriger/lautre pour se ven
ger. Lune est pour revoquer lome de sō
erreur/lautre est pour le faire tūber et
trebucher en icelluy de rechef. Et pour
ce dit le saict pphete en sō psaultier Je
persecuteray et prēdray mes ennemis
et ne cesseray point iusques a dce quilz
se convertissēt. De ceste sarra saict
augustin ou viii.chapitre du x. de la ci
te ou il parle de divers miracles q dieu
a monstre par le mistere de ses angles
pour corroborer et confermer la foy des
anciēs peres dit en ceste maiere. Qui
est celuy qui ne se esmerueille point de
sarra fēme dabrahā/laquelle fut du
rāt le tēps de sa ieunesse sterile: Et ou
tēps de sa vieillesse ou naturellement
ne pouoit concevoir enfāt) elle enfāta
son beau filz psaac: cōme sil souslist di
re que chascū se doit esmerueiller de tel
le chose. On pourroit demāder tou/
chāt sarra se elle pecha point en com
mādāt a son mary abrahā quil eust la
copaignie de sa chābriere agar legitie
ne attēdu que ce faisāt il fust bigame/
et considere que lamech po' sa bigamie
fut fort blasme côe apt dessus ou cha/
pitre Lamech. Respōd Nicolas de
lira/que nēnin.car côe est escript ou xi
et xv. de Genese sarra vit et cōgnust
quil nestoit pas bon que le saict hōme
abrahā fut sās posterite et sans lignee
veu que dieu luy auoit promis benedi
ction de toutes gens en sa lignee. et que
elle nauoit peu cōcevoir de luy. Et po'
ce quāt icelle agar eust servi x ans/elle
pouoit selō la loy estre fēme de son mai
stre et seigneur. en tenāt le lieu et office
de sa maistresse. car selō les hebrieux x.
ans sōt le terme prefix dedēs lequel se

mary se doit experimēter et esprouver
se il pourra avoir lignee de sa fēme. leql
experimēt fait et cōgnue sipotēce et ste
rilite de sa fēme: il en pouoit prēdre une
aultre. Parquoy abrahā du cōsētemēt
de sarra prit agar/non pas meu de lu/
xure mais de grād desir savoir lignee
affin quil peust parvenir a la benedic/
tiō que dieu luy avoit promise. Côme
dict les hebrieux ceste agar fut fille du
roy degipte Car lūe des fēmes de pha
raon voyant la saictete de sarra estant
en la maison de pharaon/et voyāt en
oultre cōmēt pharaon fust flagelle et
tourmente de dieu pour icelle sarra ql
auoit prise a force: Esleust en sō coeur
aimer mieulx que sa fille agar servist
a sarra: que elle demourast en hōneur
royal. Parquoy elle yssit degipte avec
abrahā et sara côe est dit ou xiii. de ge/
nese. Seblablemēt saict Augustin
ou xxx. chapitre de la cite et tou/
che la question pourquoy Abimelech
roy de gerare desira avoir sarra veu q
elle estoit aagee de iiii xx et x ās. Respōd
q elle fust si tresnaturelle que la tēdre/
te de char et vivacite de couleur demou
ra en elle iusques en la fin de sa vie. la/
quelle chose est cōfermee et approuvee
par les hebrieux côme dit Nicolas de
lira sur le xx. de genese. Seblable cho
se est dicte de moyse ou dernier de deu/
teronome. ou est escript en hebrieu que
moyse aage de cēt et xx ans estoit de
couleur fort recente et monst fresche.
Pareillement est leu ou xiiii de Josue/
que Caleb aage de iiii xx v ans estoit
aussi fort et aussi robuste a batailler côe
en laage de xlv ans. Apres q sarra eut
cōceu psaac ainsi q estoit de dieu promis
elle mist hors de sa maisō la dicte agar
et sō filz hismael côe apt ou xxi. de gene
se. Puis icelle sarra aagee de cēt et xxvii
ans mourust en la cite arbee la qlle est
en la terre de chanaan/ou pays de abraham
Cent xxxvii côe dit sainct augusti ou
xxxii chapitre du xvi. de la cite. Car a
brahā estoit plus anciē q elle de x ans/
côe est escript ou xviii de ge. et lors abra
hā acheta le chāp po' sepulturer icelle

La tierce aage

duquel est faite mention cy dessus ou chapitre de Adam et de abraham.
¶ En ix ans apres la mort de sarra qui est dabraham lan cxl. Et de psaac lan xl. Icelluy psaac prist a feme rebecca fille de Bathuel/cõe dit sainct augustin ou xxviij. du xvj. de ciuitate.

¶ Chapitre xij. de agar.

Agar egiptiene fille du Roy de gipte feme et cõcubine dabrahã fust mere de hismael cõe apt ou xvj. et xvij. de genese. Agar est interpretee estrãgiere ou conuerse/ou sõge de veille Car elle fut baillee a abrahã pour cause de generatiõ. Et apres que elle eust desprise sa maistresse: elle se retourna et couertist a elle par lamonitiõ angelique. ¶ Ces deux fames dabrahã cest assauoir sarra/ et agar emportent la figure des deux testames/cõe dit lapostre. Dõt lune cestassauoir Sarra figuratiue leglise a engẽdre le peuple chrestien lequel a este par ihũcrist appelle en liberte et frãchise. Mais lautre cest assauoir agar mere de hismael qui est interprete auditiõ de dieu signifie la synagogue qui engendra le peuple iudaique en seruitude dõt ne desseruist point leritage du pere mais fust auec sa mere degete et mis hors ou desert. Ainsi q dit Rabain ou ix chapitre du ij. liure de Bniuerso. ¶ Ceste agar fust premierement peureuse q craitiue. mais õt elle cõgneust que elle auoit dabrahã cõceu ung filz/elle desprisa sa dame Sarra cõe repudiee de la diuie pmesse/et cuydãt que toutes les pmesses faictes a abrahã deussẽt estre acõplies en son filz hismael. mais sarra de la licence dabrahã la chastia raisonablemẽt. parquoy elle fuyst vers egipte dõt fut trouuee de lãgle a leuiõ dũg puis estãt au chemin dedẽs le desert de sur/lequel ãgle la refraignist et rapaisa/en luy disãt q elle se humiliast deuant sa dame/et retournast vers elle. car elle deuoit enfãter ung enfãt qui seroit hõe fier et sauluaige auquel seroit ipose ce nõ hismael. Lequel nõ cõe dit comestor fut le pre

mier nõ ipose de dieu/dõt soit faite mẽtiõ en la saincte escripture. Car en tout lancie testamẽt on ne list point que quatre hões aux quelx ayẽt este les noms de par dieu iposes. cestassauoir a Hismael cõe apt ou xvj. de genese. A psaac cõe apt ou xvij. A sanson cõe est dit ou xiij. des iuges. Et a Iosias le tresbõ Roy ainsy que est escript ou xiij. chã du iij. des roys. mais ou nouueau testamẽt ny en a q deux. cestassauoir ihũcrist. cõe est declaire ou pmier de sainct luc. Et a sainct Iehã baptiste. ¶ Sainct augustin sur leuãgile de sainct Iehã se de ce texte parlãt de la disciple de agar faite par sa dame sarra en voulãt prouer que les heretiques peuẽt estre constraictz maulgrez eulx a leur salut et saulueuemẽt/car agar fust tourmẽtee assi que elle se retournast de sa mauluaise voye et que elle flechist son couraige. ¶ Ceste combinatiõ de agar auec abrahã signifie moralemẽt q quãt la dame par laquelle nous entendons lame/lache trop la bride a sa chãbriere par laquelle nous entendõs la char et sensualite En pmettãt iceulx dormir ensemble par charnelle delectatiõ ou tẽporelle volupte/Icelle chãbriere cõcoit et engendre tãtost hismael/ par lequel nous entendons mauluais propos. lequel bataille de iour en iour cõtre psaac/cestadire cõtre les vertus. et despuise orguilleusemẽt sa dame/cestadire lame/ q puis sen fuyt au desert. Des vices sãs vouloir estre disciplinee. On voit tous les iours sẽblable chose daulcuns villais esleues. lesquelz quãt ilz se voyent engressez en leurs richesses/Ilz se esliuẽt et rebellent cõtre leurs souuerains et ceulx dont ilz ont leurs biens. ¶ Selon aulcũs docteurs. les agarenes sont descẽdus par hismael. et tiennẽt leur nõ de ceste agar. Desquelx agarenes est escript ou v. chapitre du pmier de paralipomenõ/qlz bataillõet cõtre la lignee de Ruben de gad / et la moitie de la lignee de manasse. Desqlz ilz furent seurmõtez. car cestoit la bataille de nostreseigneur. Ces agarenes

Feuillet ɉ·xx·vii

sont aultrement appellez sarrazins ou hismalites/et ne veulēt point estre appellez agarenes de agar la cōcubine/ mais plus sarrazis en prenant leur denomination de sarra principale fēme dabrahā/en oultre ilz veulēt soustenir et dire que agar ꜭ cethura ne furēt que une fēme/laquelle opiniō est cōfermee par les hebzieux cōme sera declaire ou chapitre de cethura. Toutesfois les docteurs catholiques tiēnēt que ce furēt diuerses fames. De ces agarenes est parle ou pseaume iiij·xx·ij·Moab ꜭ agareni/iebal ꜭc. Et sōt interpretez estrāgers. Et signifiēt les ypocrites qui se ioindront a antecrist le tresgrād des ypocrites cōme dit saict gregoire ou chapitre lviii du xxv des morales sur le xxxiiij chapitre de Iob.

¶Chapitre xiij de hismael.

Hismael filz dabrahā ꜭ de agar legiptiēne/nasqst lā de sō pere lxxxvj.apres ce que agar fut retournee du puys q̄ est ou desert appelle Sur entre cades ꜭ barad cōe est dit ou xbj de genese. Et est interprete hōme oyant ou prenant lauditiō de dieu Et pource fust dit a agar ou xbj de genese tu lappelleras hismael Ateēdu q̄ nostreseigneur a ouy tō affliction.
Nicolas de lira appelle ceste affliction auortemēt. Car de tristesse et desplaysir elle auorta ou desert. mais nostre/ seigneur remist lesprit de lēfāt hisma/ el dont eust vie/cōbiē que vng docteur nōme burgēsis soit dopiniō cōtraire. et ne afferme poit que agar ait este fille du roy degipte. ne q̄ de sa volēte se sou/

mist au seruice de sarra. ¶En ce lieu fault noter q̄ ce q̄ est dit apres ou texte de genese. Cestassauoir Ses mains ꜭ operatiōs serōt contre tous: et aussy q̄ tous luy seront aduersaires. et que il mettra sō tabernacle a lopsite de tous ses freres/Nest point preemēt entē/ du de hismael. mais de son filz Cedar. Car les sarrazins daguās en sieges ꜭ lieux incertains furēt impugnes de toutes gēs/ꜭ ipugnerēt toutes natiōs a eulx opsites.¶Iosephus dit ou viij chapitre du pmier que sarra aima hismael cōe sō ppre filz psaac/mais de la cause motiue de son eiectiō et debout/ ment ya diuerses opinions Car ce terme hebzieu/messabeth pour lequel est mis en la bible Ludentem en latin est mōlt equoque cōe dient les hebreux et Brixiēsis sēblablemēt. Aulcūs diēt q̄ hismael faisoit des ymaiges de boue ꜭ cōstraignoit psaac a les adozer. laquelle chose est cōtre le cōmādemēt de dieu ou bj de deuteronōe. Les autres diēt q̄ hismael queroit cautelleusemēt tuer psaac en son ieu. affin q̄l succedast en leritaige cōe apt en la iiij questiō de la xxiij cause.ou est escript/celuy de ces ij q̄ estoit ne/selō la char/cestassauoir hismael/persecutoit celuy q̄ estoit ne selō lesprit.cestassauoir psaac. Nō pas que ie veille dire q̄ psaac ne fust engendre naturellemēt. mais sarra cōgnoissant sa sterilite adopta hismael en filz En permettāt sō mary abrahā auoir la cōpaignie de sa chābriere. Car anciēne/ mēt lēfāt aisy engēdre estoit appelle filz legal de la dame. cestadire engēdre selon la loy. mais il estoit appelle filz charnel de la chābriere. Cōbiē q̄ la loy Iustiniane ne pmette poit aux fēmes de aisy adopter enfans se leurs filz ne ont este occis en bataille/cōe apt a listitute en la rubriche des adoptiōs. Les autres diēt q̄ hismael estoit luxurieux dōt psaac estoit p luy icite a luxure. laquelle chose cōgnue par sarra elle reqst abrahā de le geter hozs cōe apt ou xxj de genese. Apres ceste eiectiō/hismael deuit hōe sauuaige ꜭ sagittaire aimāt

⟨La tierce aage

sur toutes choses Senations et desirāt aler a la chasse. Auec ce dient les hebrieux quil fust predateur et spoliateur des hommes habitāt ou desert pharan lequel nest point gaires soing du lieu ou lange consola sa mere comme est dit ou chapitre precedent ⟨Et est ce desert oultre la mer morte entre orient et auster vers le mōt sinay. En ce lieu hismael prist fēme de la terre degipte/ dōt il eust xii filz lesquelz Josephus ou viii chapitre du pmier des antiqtes nōme en ceste maniere. nabeoth/Sarus/abdeplus/marphanius/masmanius/ydumas/masmirus/chodamus/themasus/Jecorus/naphesus/ et chadomas. Touteffois ou xxv de genese sont nōmez aultremēt. cestassauoir nabaioth cedar/abdehel/mapsā/masma/duma/massa/adad/thema/ithur/naphis/ acesma. Ces xii furēt grādz princes ē puissāte capitaines dōt obtindrēt toute la terre iusqz a la mer rouge. ē deulx fust denōmee Nabathee prouice de arabie entre arabe et iudee. Car cōme dit psidore ceste prouice cōmēce ou fleuue eufrates/ ē est estēdue iusqz a la mer rouge. De ces xii princes descēdirēt Oreb/zeb/ zebee ē salmana ē furēt grās capitaines. et vindrent de la solitude ou lieu desert en bataille cōtre les enfās disrael Mais par gedeō furēt vaillāmēt repulsez et chassez cōe apt ou viii ē viii du liure des iuges. parquoy est dit ou pseaulme iiii̇xx ē deux Que les princes des maulnais et ifideles soyēt expugnes ē cōbatus cōme oreb/zeb/zebee et salmana. Methodius appelle iceulx: enfans de la signe/ cestadire puroignes ē hors du sens ainsi que recite comestor sur le xvi de genese. En oultre dit icelup methodius que les enfās de hismael se esleueurōt encor vne fois Et obtēdrōt et serōt seigneurs de tout le mōde par le space de viii sepmaines dās. Le regne diceulx sera appelle chemin dangoisse. car il tuerōt et murdrirōt les prestres es lieux sacrez. acōplirōt leurs voulentes et luxures dedens leglise. Et les sepulchres des sainctz serōt attribuez et faiz estables a cheuaulx. lesquelles choses aduiēdrōt toutes pour la maulnaistie des christiās q̄ lors regnerōt cōe recite comestor ou lieu dessusdit allegāt methodius. Cestuy hismael vesqt cēt xxxvii ans. Et habita depuis la terre de eiula iusques a la terre de sur. lāsle regarde vers egipte quāt a ceulx ē entrēt en assirie ainsy que est escript ou xxv de genese. De cestup hismael diēt les hebrieux quil mourust en grace en tant quil se repentist des maulx quil auoit fait cōtre ses freres en les bataillant et desrobāt. Dit aussi nycolas de lira sur le xxv de genese/quil mourust deuāt q̄ nulz de ses freres trespassast.ē quen sa mort tous ses filz estoiēt assēblez. Cōbiē que selō aulcūs par ses filz on doibt entēdre ses freres. lesqlz luy firēt hōneur a sa mort ē sepulture cōme luy et psaac auoyēt fait a leur pere abrahā. lequel abrahā mourust lan xvi de Jacob/qui estoit de psaac lā lxxvi. ē de la iiii aage lan cent xxxvi. Mais de la repromissiō dabrahā lan centiesme. car abrahā estoit aage de lxxv āns lors que la repromission luy fut faite.

On pourroit en oultre demander se hismael eust vng frere tant seulement cestassauoir psaac cōme est dit deuant A quoy est baillee respōce/quil en eust plusieurs. car abrahā eust vne tierce fēme nōmee cethura dont il eust plusieurs filz/cōme on verra cy apres.

⟨Chapitre xiiii de nabaioth.

Nabaioth premier filz de hismael filz dabrahā et de agar legiptiēne est interprete seāt/ou enclosāt dehors. ou reposāt en tēps/ou prudent en respōce. Le secōd frere de nabaioth et filz de hismael fut nōme cedar/ lequel est interprete plourant/ou pleur. tenebres ou tenebreux. Et peur ceste cause est escript ou premier des cātiques Je suis noire comme les tabernacles de cedar lesquelx estoyent noirciz pource que chascun iour estoyent exposes aux vens et ardeurs du soleil.

Feuillet g. xx viii

En la forme que lame ou leglise est exposee pour ihesucrist aux penitences et tribulations. mais non obstant elle est belle comme les peaulx de Salomon desquelles il couurist larche. Jusques adce que le temple fut edifie, cõe appt ou iii et iiii. du tiers des Roys. Ceste couuerture de larche se entẽt qͥ a ornement de Vertus et principalement de la dilection diuine. mays mistiquemẽt et figuratiuement par les peaulx de Salomõ est entẽdue lame seraphique, cest adire de cõme deuot et austere en abstinẽces. Auec laquelle sont les delices de dieu cõe est dit ou viii des puerbes.

¶ Telle ame nest point a tort comparee a la peau. Car elle est maceree et enmaigrie par la rigueur de abstinẽce. Elle est seche par la serdeur de chastete. Elle est dilatee et estendue par la fereur de charite. Et coloree par la beaulte de toute sainctete ainsi cõe dit albert.

¶ Chapitre xvi de cethura.

Cethura iiie femme dabrahã laqͣlle il prist apres la mort de sarra cõe est escript ou xxv. de genese est interpretee ioincte, ou couplee. ou offrãt bõnes odeurs. Toutesfois les hebrieux seulet que ce nait este que vne femme, agar et cethura. Car agar est interpretee offrãt bõne odeur, ou encensee. pour ce q elle se garda si nettemẽt et chastement apres ce que elle fust mise hors de la maison dabrahã, cõme se elle eust este offerte ou cõsacree a dieu. par quoy abrahã la prist de rechef cõe dient aulcuns. Toutesfois les expositeurs catholiques ainsi q dit nycolas de lyra, dient q ceste cethura fust vne aultre fẽme que agar. ¶ Ces iij fẽmes dabraham ne sont point sans mistere. car sarra signifie leglise cõe est escript ou iiii chapitre aux galathes. laquelle de mour te cõe fẽme et espouse de ihucrist. mais les deulx aultres sõt appellees cõcubines. ¶ Agar et sõ filz Bismael signifiẽt les charnelz de lancie testamẽt. mays cethura et ses filz signifiẽt les heretiqs du nouueau testamẽt. De ceste cethura eust abrahã vi filz. cest assauoir zamran, Jexan, madan, madian, Jesboth et Sue cõe apt ou xxv de genese et ou ix chapitre du premier liure des antiquites. ¶ Ces enfãs cy de cethura eurẽt plusieurs aultres enfãs cõe est dit ou lieu dessus allegue. Desquelx madian habita enuirõ la montaigne synay ainsi que est prouue ou iiiie de exode.

¶ Pource que cethura est interpretee ioincte ou couplee fault cy noter q conionction ou copulation a parler moralement est faite en trois manieres cõe dit sainct bernard ou pseaulme lxxiiie. sur ce mot Michi autẽ adhere deo bonũ est tc. Premieremẽt est faite copulatiõ ou conionction par vne corde: qͣnt aulcũ tẽpte du mõde, de la char, ou du deable, regarde la gloire a luy promise Et craint que son bon propos ne soit rompu. En disant ce qui est escript ou v. des cãtiques, Jay laue et nettoye mes piez: pourquoy les doy ie ordir et souiller: cestadire Jay desprise toute affection mauluaise pour gaigner Jhucrist. doncques pourquoy le lesseray ie:

¶ Secondement est fait principalemẽt coniõction dune chose a vne aultre moyennant vng clou de fer ou cheuille de bois. parquoy est signifie que cõe doibt estre lye et ioinct a dieu par si grande amour que pour paines ne pour tourmens nen puist estre separe. Et pour ce dit lapostre ou viii chapitre de sepitre aux romains. Je suis certain que la mort ne la vie ne me pourra separer de la charite et amour de ihucrist. Tiercement est faicte principalemẽt coniõction par glus ou cyment. En telle maniere est lomme contoinct a dieu, quãt il ne faict poit les biẽs quil fait pour la faueur ne la grace des hões. mais seulemẽt pour lonneur et gloire de dieu. En ayant deuant les yeulx ce qui est dit ou pseaulme xliiiie. Toute la gloire de la fille du roy, cestadire de lame doit proceder et venir de dedens. Et se blablemẽt est dit en decret en la rubriche de la sacree Unction.

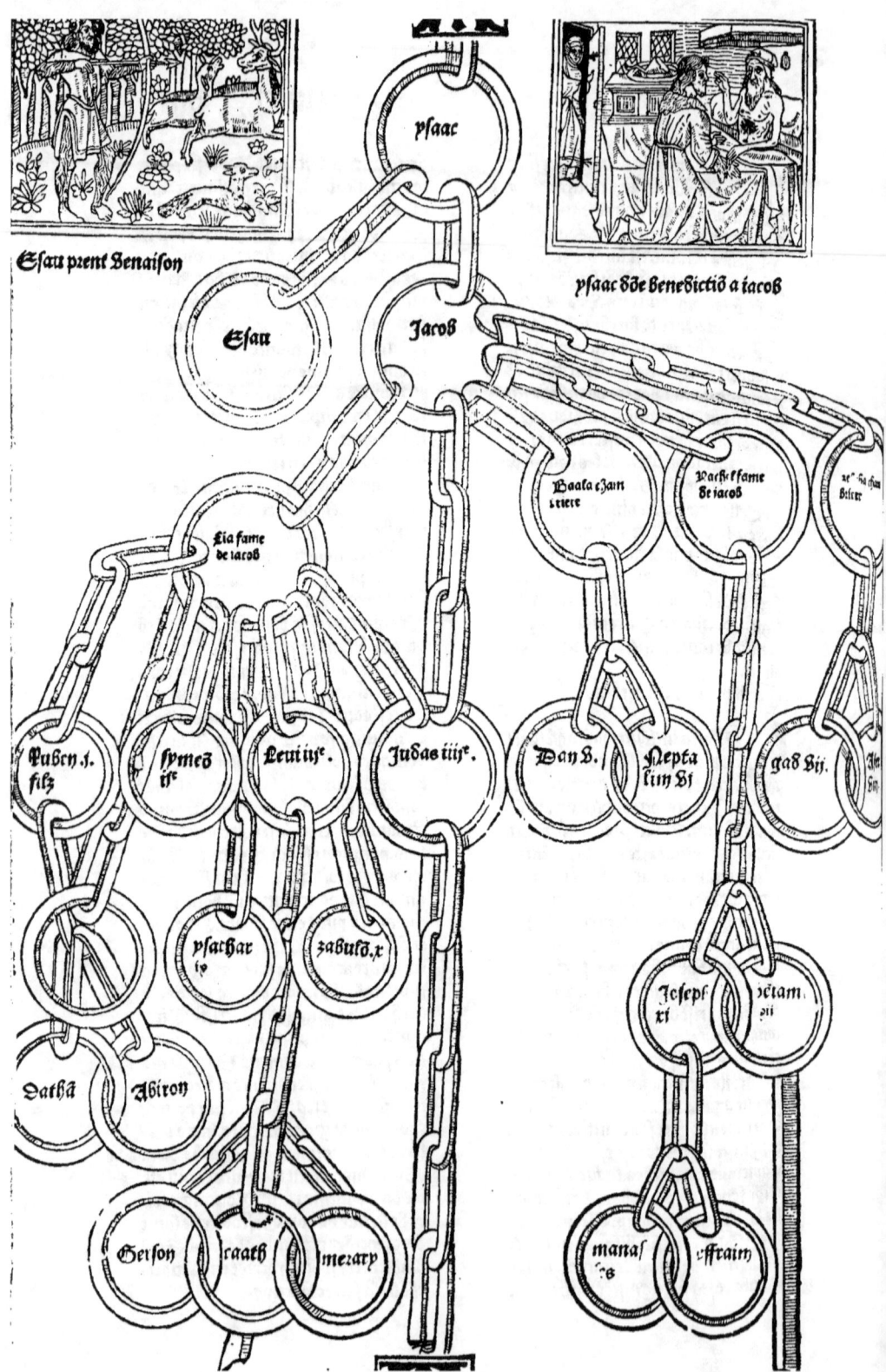

Esau prent Senaison

psaac dde benedictio a Jacob

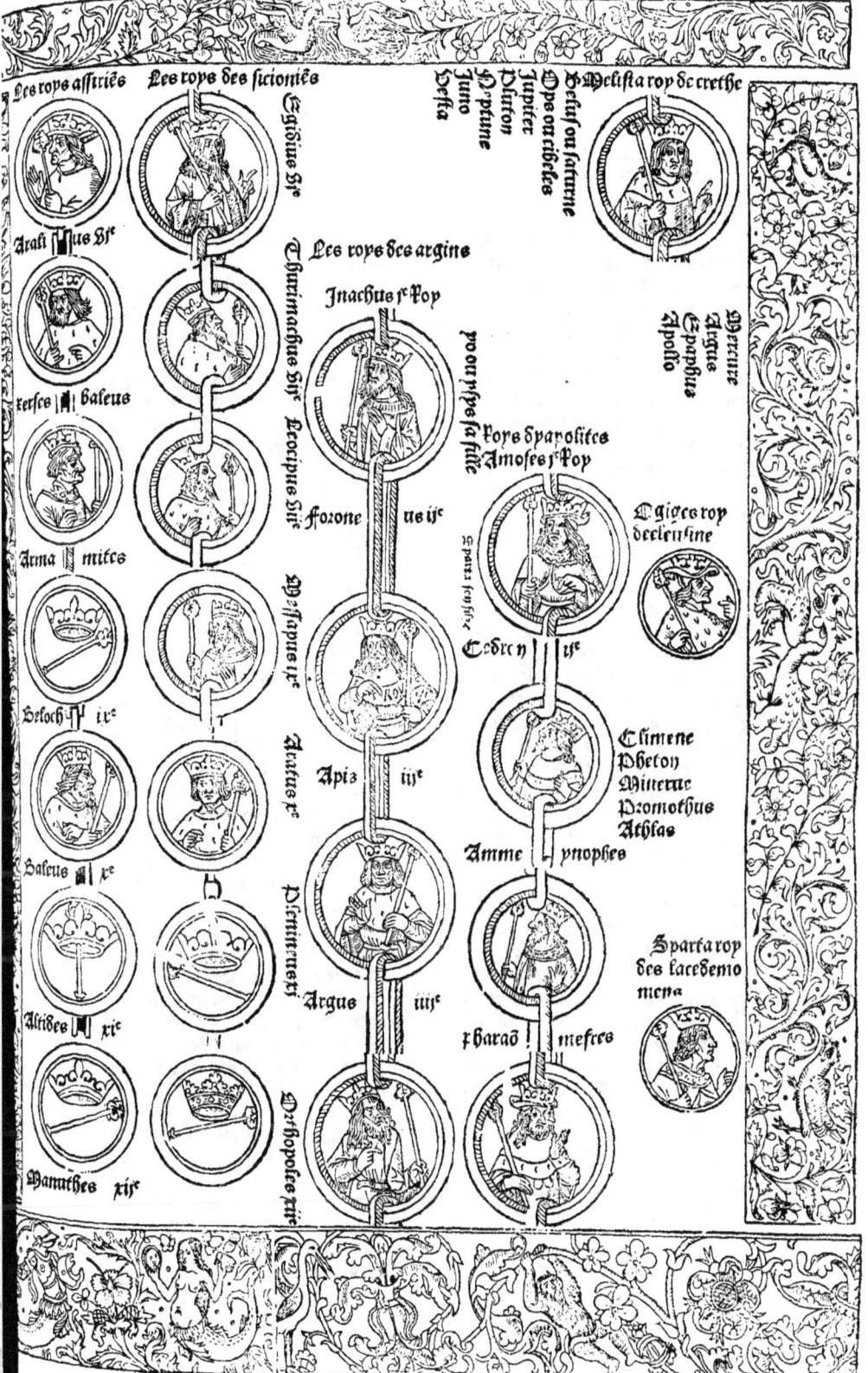

La tierce aage

Chapitre xbi. de psaac

Isaac filz dabrahã et de sarra nasquist en bersabee lan de son pere centiesme Et de sa mere lan iiiixx et .x.acõply. Apres ce que elle fust retournee de la maison dabimelech roy de geraris cõe est escript ou xx et xxi. de Genese. Et fust de hismael filz de agar le gyptiéne lan xb. comme est escript ou xbii. de genese. De linstitution de la circoncision lan ix. Car abrahã auoyt iiiixx et xix ans et hismael xiij ou téps dicelle circoncision. Depuis la promesse faicte ou chemin de mesopotamie lã xxbi. ainsy que est declaire ou xij de genese car abraham nauoit lors que lxxb ans. Deuãt rome iiic. lxb. Selõ la verite hebraique lan du mõde iim xlix. De la iij. aage lan cent et bng. Mays selonc Eusebius et Beda lan du mont de trois mil iic. iiiixx et iiij cest deuant la natiuite de ihũcrist mil ixc xb ans.

¶ Cest enfant fust circõcis le biii. io de sa natiuite et nõme psaac. Laquelle maniere et cerimonie a este puis maintenue des iuifz car ihũcrist mesme fut circoncis cõme est escrit ou ij. de sainct luc. Toutessfoys les arabes qui sont descẽdus de hismael ne sont point circoncis iusques au xiij. an. en ensuiuãt leur progeniteur et pere. Car hismael eust xij filz qui furent ducz baillans et princes puissans lesquelz fonderent mainte cite et chasteau et denõmerent plusieurs regiõs. Cõme dit saict Jerome ã Pabaniau ou ij. chapitre de son secõd psaac est interprete ris. pource que son pere commenca a rire de grand ioye quil eust et la mere aussi quãt par les trois hommes leur fust promis psaac ainsy que est escript ou xbiii. de genese.

¶ Lan de psaac iiij. Abraham fist bng grand disner ou conuis comme est escript ou xxi. de genese. pource que ce io selond la coustume des hebreux, psaac bint a la table de son pere, ou quel disner comparurent les boisines ayans opinion que fame de iiiixx et dix ans cõ

me estoit sarra neust peu porter enfant et que psaac estoit seulement filz adoptif de sarra et non point son propre enfant. Dont a confõdre leur erreur: sarra alectoit en leur presence non pas seulemet son filz psaac. Mais tous enfãs generalement qui auoient necessites de estre allectez, en tesmoignage de la grace que dieu luy auoit faite. Apres ce disner hismael se ioua auec psaac cõme apert ou chapitre de hismael.

¶ En ce temps regnoit telexid ou telchion b. roy des sicioniores. qui auoyt cõmence regner lan du mõde iim xbiii De la tierce aage lan lxx. et regna li ans cõme dit sainct Augustin ou second chapitre du xbiii. de la cite.

¶ Lan de psaac xxij. qui est de la tierce aage lan cent xxij. Egidius bi. roy des sicioniores commenca regner et dura xxxii ans.

¶ Lan xxiiii. de psaac arãlius bi. roy des assiriens commenca son regne cõe dit Henricus de heruordia et regna xl ans. Toutessfois sainct augustin ou ters chapitre du xbiii de la cite dit quil fut le b. Car ainsi que dient aulcunstõ conte Minus filz de belus pour le premier roy. Cestuy aralius cõme dit seuie chassa en exil son frere belus quiestoyt aultrement nomme Saturnus: pource quil auoit chastre et oste les genitoires a leur pere arius, affin quil fust impotent de engendrer enfans lesquelz eussẽt peu participer a leritage du royaulme. ¶ Cestuy Belus dont auons parle fut cinquiesme par generation apres Belus filz de nembroth. Et bint en crethe apres ce quil fut banny de son frere. ou il fut du roy benignement receu. Lequel il troubla maluuaisement ou royaulme ou il regna lespace de xlij. ans. Et engendra trois filles de sa femme nommee Ops. cestassauoir Juno, Ceres et besta. Et autant de filz. cestassauoir Neptunus, pluton et Jupiter. Lequel Jupiter fust par le roy Olenus nourri en la cite appellee olenos du laict dune chieure secretement es berseaulx, de paour quil ne fust de

Feuillet xx

uoure de saturnus comme apert dessus es chapitres de Saturnus et Jupiter. ¶Ceste cheure fut la cheure de la fille du Roy olenius/ou comme dient aucūs la fille dicelluy roy.laquelle de son propre nom estoit nōmee egle:qui en latin vault autant a dire comme chieure. et puis fut par Jupiter paruenu a adolescence consacree a la deesse/copie/ou habondance.dont est faincte par les poethes trāslatee ou ciel auec ses petis cheureaulx en vng signe appelle olenius Non obstant ce les aultres dient q̃ les filles de melista roy de crethe nourrissoyent Jupiter.

¶En lan de psaac xxvje fut commande a abraham de immoler son filz psaac en quoy dieu vouluft esprouuer lobedience dabraham Comme apert ou xxije de Genese et en la ije.question de la xxije cause ou est expressement dit q̃ dieu commande aulcūesfois plusieurs choses lesquelles il ne veult pas estre acomplies ne faites.Mais seulement fait cecy a prouuer et congnoistre lobedience des hommes.Et telle voulente est appellee voulente de signe et signifiance et non pas voulente de plaisir. comme dit le maistre de sentences en la xlve distinction du premier liure.

¶A ce propos dit iosephus ou ixe chapitre du premier que psaac auoit lors xxv ans tous acomplis.Et habitoyt abraham en bersabee ꞇ non pas en hay comme les aulcuns ymaginent. Lequel apres ce quil eust ouy le commandement de dieu se leua a minuyt/et ne declaira a nul son intention.mais sella et brida son asne.en menāt auec soy deux ieusnes enfans auec son filz.puis le iije iour vit la montaigne que dieu luy auoyt monstree.laquelle selōd comestor fut appellee mozia/situee en la terre de vision/qui est ou pays de iudee ou quel sont plusieurs mōtaignes belles et apparceues de loing. Ceste montaigne est celle ou langle osta son glaiue dont est faite mention especiale ou dernier du second des Roys.Parquoy en icelle fut edifie le temple comme appert ou iije du tiers des Roys.

¶De ceste montaigne parle psaye en son second disant.Decy vne montaigne au dessus de toutes aultres/a la q̃le toutes gens couroyent pource que dieu commanda que en ce lieu et non point aultre part on luy fist immolations et sacrifices.¶Doncques pour retourner a nostre propos abraham lessa les deux ieusnes enfās que auec soy auoit amenes au pie de la montaigne. Et auec psaac seulemēt mōta au couplet ꞇ sūmite dicelle/Puis parla le filz a son pere en disant. Mon pere vecy le feu et les busches/ou est ce que nous deuons sacrifier:Auquelle pere respondit.mon filz dieu y pouruoiera. Et puis mist le feu dedens le bois en disant a son filz ainsy que recite Josephus ou xje chapitre du pmier des antiquites les parolles qui se ensuiuent. O mon filz que par grans veutz et innumerables sacrifices Jay desire a me estre dōne/combien voulentiers ꞇ de quelle affection te retendroye ie et garderoye de mourir se ie pouoye:mais ie congnois que ainsy que miraculeusemēt par la voulente de dieu tu es venu en ce mōde:il fault que tu ten voises et separtes.Car dieu ta appelle non point par bataille aulcune/ou maladie ou autre passion.mais auec oraisons prieres et sacrifices Il veult tirer son ame auec soy de ce monde.Et puis finablement te ressuscitera par sa grace lestimable/ Ces parolles par abraham finies:psaac ala tresuolētiers au sacrifice pour receuoir mort/comme appert ou texte de Genese tresamplement. ¶ vng docteur nomme Alcuinus qui fust maistre du roy charles et abbe de Saint martin de tours dit que abraham est grandement a louer pour sa constance Car de couraige ferme et sans doute il voulut occire et sacrifier son filz. en ayant foy et esperance parfaicte que finablement ressusciteroit.¶ On pourroit demander se la cheure ou monton qui fut sacrifie en lieu de psaac fut de de nouueau cree ou non. A quoy on

r ij

La tierce aage

peult respondre selond raban quil fut apporté par langle daultre lieu. ¶ En oultre on pourroit demander quel iour fut psaac deliure. A ce respondent les hebrieux que ce fust au premier de septembre, parquoy ilz le sollemnisent et font grand feste en tel iour ¶ Le Jour ensuiuant retourna abraham en Bersabee, laquelle est la terre de promissiō. Et est deux iournees grandes loing de hierusalem Bers auster et mydy ou chemin degypte. Car elle est a quatre lieues de gaza, et gaza est a deux iournees de hierusalem a ceulx qui sont en egipte de palestine que de hierusalem, entre auster et occident. Doncques apert lerreur daulcuns qui disent que abraham habitoit lors en hay et bethel qui sont entre orient et boree, a vne iournee de hierusalem. Pour ces lieux congnoistre fault voir le viij. de Josue, le xxiiij. de Genese, le secōd chapitre du iiij. des roys. Et le xiij. du tiers ¶ Ainsy comme dit Raban ou ij. chapitre du ij. Par abraham est figure dieu le pere Et par psaac ihesucrist. Car ainsy que abraham offrit a dieu son seul filz pour estre sacrifie, dieu le pere omnipotēt bailla pour la redemption de nous tous son filz ihesucrist Et comme psaac porta a son col les buches ou il debuoit estre mis et inmole: ainsy hiesucrist sus ses espaules porta le bois de la croix ou il deuoit estre crucifie.
¶ Les deux seruiteurs lessez ou pie de la montaigne et non point menes hault iusques au lieu du sacrifice signifioiēt les iuifz, lesquelz combien quilz besqsent seruilement et entendoyent charnellement: nōt point congnu lumilite ne la passion de hiesucrist, parquoy ne sont point peruenus au lieu du sacrifice. En oultre, ce qui estoit figure en psaac fust conuenablement et raisonnablement translate au mōton. Car ihesucrist fust filz, agniau ᵹ moutō. Il fut filz, en tant quil nasquist de la vierge marie. Il fust mouton en tant que Il fust immole. Quoy plus? Quest ce a dire que ce mouton par ses cornes se pre-

noit et aherdoit aux espines et Ponce sind que ihesucrist fust par les iuifz couronne despines, et finablemēt fiche en labre de la croix. Dont est escript ou iij. de abbacuth que les cornes estoient en ses mains. ¶ Audit psaac par le seruiteur dabraham fust baillee en mariage Rebecca, laquelle est interpretee pacience, ou celle qui a beaucop pris. Car par la loy pmiere qui est signifiee par ce seruiteur Saincte eglise fut preparee espouse a nostreseigneur ihūcrist, laquelle receuant grande grace du sainct esperit attendoit pacianment les promesses de leglise future. Ces choses des susdictes sont prises en Raban ou lieu dessus allegue.
¶ Lan de psaac xxxvij. sa mere Sarra mourut comme est dit ou xxiij. de Genese. Cestuy an estoit dabraham et de la tierce aage lan cent xxxvij. Et de Sarra lan cent xxvij.
¶ Item ou dit an Jupiter nasquit en crethe pour lequel lan second de Josue qui fut de Amincte roy des assirius lā ij. comme dit Seruius ᵹ Eusebius, entre olenos cite de etholie, et les ydees de crethe y eust bataille monlt grande car les ydees qui habitoient en frigie au tour de trope en lisle de crethe se disoiēt plus dignes que les olenes pource que Jupiter auoit este engēdre a yde, mais par opposite les olenes se disoyent plus dignes que iceulx ydees de crethe pource que iupiter auoit pris sa nourriture auec eulx, combien quil eust este ne a crethe en la forest nōmee yda.
¶ Lan de psaac xlj. et de la tierce aage cent xlj. Abraham enuoya son seruiteur eliezer pour Rebecca fille de Bathuel estre mariee a psaac comme est note ou xxiiij. de Genese.
¶ Lan dpsaac lv. et de la tierce aage clv. Thurimachus vij. roy des sicionioses commēca regner et regna xlv ans. ¶ Lan dicelluy psaac xl. furent nez Jacob et Esau. Des aultres fais de psaac sera cy apres faite memoire es chapitres de Jacob et Esau.

Chapitre xbij.de Jacob.

Jacob z esau ainsy que est noté ou xxv. de genese furent engendrez de psaac et rebecca fille de bathuel filz de nachoz et de melcha.lequel nachoz fut frere dabzaham. Et fut ne lan de psaac lxj. qui est du monde lan deux mil cet et ix. Du deluge lan iiij.C. lij. De la tierce age lan cent lxj. De la promission pmiere dabzahã lan lxxxiij Deuant lentree degypte cent xxxj an Deuant lissue iiij.C.xlb. Deuãt la destructiõ de troye bj.L et lxxbj ã ne. Deuant Rome mil.C.et.b.ans.mais selon Eusebius et Beda lan du monde iiij.M.trois cens xliij.Cest deuãt lincarnation de ihesucrist mil viij ces lb ans. Toutesfois henri de heruozdia dit liij ans. Rebecca mere de ces deux enfans fust sterile lespace de xx ans apres ce que elle fut mariee a psaac.parquoy psaac pria pour sa secundite affin que en elle fust acomplie la promesse de dieu dont conceust enfans iumeaulx.Jacob et Esau comme appert ou xxv.de Genese z en la premiere question de la bj.cause Et en la l.bj.distinction. Quant leure denfanter approcha.ces deux enfans se combatoypēt a yssir lũg deuant laultre. Dont la mere fut tellement greuee et pompue que elle fut en desespoir de non enfanter et desira que iamais neust conceu enfant.Toutesfois elle enfanta finablemēt ces deux Jumeaulx.Lesquelles luictes et altercation de ces deux enfans nestoient point sans la boulente de dieu Car il bouloit demonstrer auant leur naissance quelle seroit leur bie et contenãce mais quilz fussent grans. Toutesfois Esau yssist le premier et estoit roux et belu. parquoy fut nomme seyr. Jacob yssist aps en tenant la plante du pie de son frere en sa main.en signifiance que il luy bouloit oster le droict de primogeniture. De esau qui aultrement fut appelle edon pource quil estoit roux descendirent et furent denõmez les ydumees Mais de Jacob qui fut seurnõme Israhel prindrent les israelites leur denomination cõme est dit ou xxxv. de genese

En cest an commenca le royaulme des argius aultrement nõmez achaiques et dura soubz xiiij roys par lespace de b.C.et lbiij ãs. Cõbiē q̃ selõ comestoz il ny eust q̃ b.C.xliiij. Le pmier roy fut nõme ynachus.lequel regna cinquate ans/ Du cõmencement du regne de tous ces roys sera faicte mention en leurs lieux.

Ouide ou premier liure de methamorphose faínct que iupiter roy de crethe boyant yo/aultremēt ysie fille dit cellup ynachus retournant du fleuue

t iiij

La tierce aage

nomme semblablement ynachus ou crimathus/fut si amoureux dicelle po quil la congneust charnellement seḡl Jupiter craignant que sa fēme Juno ne sceutust/mua icelle po en vne vache laquelle fist requise a iupiter par Ju no affin quil luy donnast. Ce que Ju piter fist moult enuis et par contrain cte. Apres ce iuno bailla et commist la garde dicelle vache a argus pastour ay ant cent yeulx autour et a lenuiron de sa teste/desquelz deux tant seulemēt dormoient et les aultres ce pendāt veil loyent et pensoyent de bien garder icel le po:de peur que elle ne euadast et es chapast. Ceste po eust doulcētiers par le et embrasse icelluy argus Mays ne pouoit en tant que elle estoit transfor mee. ꞇ Jupiter ces choses considerant et ayant desplaisance de labsence dicel le po enuoya son messaiger mercure af fin que par luy ꞇ sa melodie fust argus endormy. Et par ce ostat a Argus sa garde. laquelle chose fust faite/Et qui plus est coupa la teste de argus. En a pres iupiter transforma son amoureu se po en forme humaine comme deuāt Dont fust faite deesse niligene/ce stadi re habitant prez du fleuue degypte nō me se nil. ꞇ Cōme dit seruius: Ouide prent son fondement de sa fictiō en tāt que hyo fust portee par la mer de acha ye en egypte dedens vne nef ou estoyt lenseigne de la vache. Tout le residu est dit poetiq̄mēt. De ceste po est par le dessus ou chapitre de ysie.

ꞇ En parlant moralement/Argus si gnifie vng clerc biē lettre et plain de sci ence lequel a cent yeulx cestadire cēt cō siderations ou plusieurs cautelles. Et na que vne vache a garder cestassauoir vne cōscience bestiale. ꞇ Ceste po fust vierge durant le temps que elle retint la purite de innocence/mays par vou lupte et desir bestial a este transformee en vne vache. par laquelle est enten due libidinosite /mignotise/ et luxure ainsy que est note ou vij. de psaye et ou iiij. de osee prophetes. ꞇ Mercuri us qui vault autant a dire comme cou

rant par le milleu signifie le deable q̄ court et enuironne le monde en querāt sil trouuera ascun quil puisse deuou rer/comme est escript ou v.e chapitre de la premiere epitre de saint pierre.

ꞇ Ce deable fluste si doulcement/que par la resonnance et bel acoeuil de ses parolles/par ses langaiges deceptifz ꞇ plais de flaterie, il endort argus ꞇ luy coupe la teste en tant quil se separe de ihesucrist lequel est chef de leglise. Et par ainsi mainte la miserable vache a perdition. parquoy est dit ou x.viij.e cha pitre du liure des iuges. Ne soyes poit negligens et ne cesses point cestassa uoir de penser bien a vous et a lestat de vostre propre conscience.

ꞇ Jacob duquel nous parlos en ce cha pitre est interprete supplantateur. po ce quen sa natiuite il prist la plante du pie de son frere. Ou pource que il deceut cautelleusement son dit frere. parquoy Esau dit dicelluy iacob. il fust iuste ment appelle iacob. car il ma ia supplā te vne aultre fois. ꞇ Jacob fust aultre ment nomme israhel qui vault autāt comme lōme voyant dieu. Et fust ce ste nomination faite quāt il luita tou te la nuit auec lange lequel il seurmō ta. Et puis fust benyst a leure de soleil leuant. Dont il dist ces parolles. Jay veu mon dieu et mōseigneur. parquoy mon ame est sauluee et garie. ꞇ Jacob signifie le peuple des gentilz et payens qui fust prefere en la benedictiō de dieu le pere au peuple iudaiq. ꞇ Ces deux filz de rebecca comme nous auons dit signifient les deux peuples cestassa uoir de la synagogue et de leglise. Ain sy comme le peuple des iuifz qui est pre mier et plus ancien sert au peuple des chrestiens qui est mendre plus ieusne ꞇ subsequent. Semblablement peult es tre dit en chascun de nous quil ya deux peuples. cestassauoir le peuple des vi ces. le peuple des vertus. Desquelz le peuple de vertus est le mendre ꞇ subse quent. Le peuple des vices est le plus grand et plus ancien car il ya tousio's plus de mauluais que de bons. et plus de vices q de vertus. Mais touteffoie par la grace de dieu lug de ces peuples estans en nous/seurmonte tousiours lautre. ¶ Le plus grand sert au maistre cestassauoir la char a lesprit/ Et les Bi ces aur vertus sil ne tient a nous

¶ En outre est assauoir que vsaac por te lymaige de dieu le pere. Rebecca ly maige du sainct esperit. Esau du pre mier peuple et du deable. Jacob repre sente lesglise q ihesucrist. Ces paroles dessusdites sont de rabanus ou lieu des sus allegue.

¶ Lan iiie de iacob. et de la iiie aage lan cent lxiiii xerses aultremēt nōme baleus viie roy des assiries cōmēca a regner et regna xxxv ans.

¶ Lan iiie dicelluy xerses par Jupiter fust saturne chastre et priue de ses ge nitoires et boute hors de son royaul me cōe apert dessus es chapitres de Iu piter/ de saturne et de celius.

¶ Lan xvie de Jacob mourust abzahā aage de cent lxxv ans cōme est escript ou xxve de genese. qui estoit lan de vsa ac lan lxxvie. Mais de la iiie aage lan cent lxxvi. De la repromission lan cē tieme. Et fut par psaac et hismael en seueli en la double fosse comme est es cript ou xxve de genese en laquelle fos se Abzahā xl ans auant sa mort auoit sepulturee sa feme sarra comme est es cript ou xxiiie de genese.

¶ Lan xxxi de iacob et de la iiie aage lā cet iiiexx q xi. Et du mōde lan ijM Cēt et xxxxe. les pharaons commencerent a regner et dominer sur les egyptiens en la xviije dinastie et souueraine puis sance diceulx egyptiens. Et regnerēt cent et trois ans.

¶ En cest an Jacob acheta de Esau son droit de primogeniture comme ap pert ou xxve de genese. Apres ce la ste rilite et famine regnāt: psaac sen ala a uec sa feme en gerata a abimelech roy des palestins ou nostreseigneur dieu luy apparust promettant la terre par auāt promise a Abzahā ou xije q xve de Genese. Puis psaac benyst son filz Jacob ce pendant que esau estoit ala la chasse et venaison par le commande ment de sō pe. tesmoig le xxvije de Ge. parquoy Esau menassoit a tuer ledit Jacob. Mais par le conseil de Rebecca mere diceulx/ Jacob aage de lxxviij ās sen ala en la maison de bathuel pere de icelle Rebecca en mesopotamie sirie a son oncle labā. ou quel lieu dieu luy ap parust ou chemin auec ses angles de nuit en sō dormir/ en la place appellee bethel mais apres nōme bethauen cest adire maison de ydole comme apert ou xiij. chapitre du iij. liure des roys. Par cecy appert lerreur de ceulx qui dient q ce lieu fut la montaigne moria ou apres fust edifie le temple.

¶ Lan de Jacob xxxiij. yo aultrement yse fille de ynachus premier roy des argins nasqt. Laqlle aagee de xviij de lan de Jacob xlixe fust corrupue et vio lee de Jupiter. Mais lā de Jacob lxxiiij et de icelle lan xlje. elle engendra Epa

La tierce aage

phus compaignon et contemporanee de pheton.

⁋Lan de iacob xxxbiij.apollo delphih cestadire qui est Benere et honore en lisle delphos et qui est filz de iupiter apparust et se manifesta enuiron la montaigne de pernasus.

⁋Lan de Jacob xxxix. armanites roy Biij. des assiriens commenca regner ⟨regna xxxbiij.ans⟩ ⁋Aussi thurimachus roy Bij.des Sicioniens mourust Come dit saint augustin ou iiij. chapitre du xbiij.de la cite. Darro dist que les sicioniens ont acoustume de faire leurs sacrifices ou sepulcre dicellui thurimachus.

⁋Lan de Jacob xl. leocippus roy Biij. des sicioniens commenca son regne et dura liiij.ans.

⁋Lan xlj.de iacob son frere esau prist plusieurs femmes en mariage ⟨ estoit lors aage de xl ans acomplis et passes

⁋Lan de iacob xlix. Sem premier filz de Noe mourust. Toutesfois la glose du Bij.chapitre aux hebrieux dit q̃ melchisedech.lequel est par les hebrieux appelle Sem neust ne pere ne mere.et q̃ sil en a eu il nen nest point certaine nouuelle que ilz aiet este. De cecy est faite mention ou chapitre de sem. cestassauoir comēt se doit entẽdre quil nauoit ne pe ne mere. Aussi en cest an fust po corrūpue de iupiter selõ lopiniõ daucūs

⁋Lan de iacob cinquante et vng. Et de la tierce aage ij.c xj.Et du monde ijm cent lix. Foroneus filz de ynachus et Apobe second roy des argines comēca a regner Et regna lx ans. Cestuy foroneus fust le premier qui aux grecz bailla et ordonna les lois Et institua les causes et proces estre agitees et debatues soubz iuges en iugement. Et appella le lieu ou siet le iuge par ce nõ cy foram lequel nom a este deriue de luy nomme foroneus ainsy que dit ysidore ou b.des ethimologies.Et aussy est traicte ou decret en la Bij. distincti/on ou chapitre moysee.ou il est dit que entre les hebrieux Moyses fust le premier qui institua et mist en escript les

lois diuines. Foroneus roy des grecz bailla premier lois et iugemens a son peuple.Mercurius trimegestus aux egyptiens. Solon aux atheniens. Ligurgus aux lacedemoniens par lautorite dapollo. Numa pompilius successeur de romulus ordonna premier lois aux romaines.En apres pource q̃ le peuple ne pooit souffrir ne endurer les turbations sedicieuses.Icelluy numa crea dix hommes pour escripre les loys.transferees des liures de solon en beau latin.puis les exposerent et escriprent en douze tables. Ces choses dessusdictes sont prises du decret ou lieu dessus allegue

⁋Lan de iacob lBiijᵉ.climene mere de pheton nasquist.

⁋Lan de Jacob lxiij.ysmael filz dabraham aage de cent xxx bij ans mourust deuant tous ses filz/comme apert dessus ou chapitre de bysmael

⁋Lan de iacob lxB.qui est deuant Rome mil xl ans Selond orose fust en athaie le deluge de ogiges.lequel gasta pres que toute la prouince. Car long temps furent les isles des ciclades couuertes de eaue. Entre lesquelles lisle delo fut la premiere ensluminee.quant les eaues sen furent retirees. Toutesfois comme recite sainct augustin ou Biij chapitre du xBj de la cite: Darro dit ce deluge auoir este de iijc ans plus tost que ne fait Eusebius. car icelluy Barro le met ou temps de Nynus roy des assiriens Mais Eusebius le couche ou xlBiij an de foroneus second roy des argine qui fut ijc xl an de la tierce aage.Ce deluge fut beaucop mendre que celuy de Noe dont est faite mention ou Bij de genese.Mais il fust plus grand que le deluge de Deucalion comme dit sainct augustin.

En ce tẽps cestassauoir lors que ce deluge des ogiges fust: Minerue estoit adoree a Athenes ou regnoyt Cicrops comme apert ou chapitre de Minerua cy dessus.

⁋Lan de iacob lxx. De la tierce aage lan ij.c xxxiij.Et du monde ijm cent t

Feuillet vi^{xx}xiii

iiii^e Jupiter engēdra de yo ou ysis fille de ynachus aagee de xli an vng filz nōme epaphus leq̄l fust cōtēporanee ā dune mesme aage cōe phetō qui en ce mesme an fust de clinene par phebus engēdre.

¶ Lan de iacob lxxviii. Beloch roy ix^e. des assiries cōmēca regner par lespace de xxxv ans. ¶ En cest an mesme iacob sen fuist a sō oncle laban cōe est dit en ce mesme chapitre. Et dit henry de hertuordia q̄ la lxxix. dit iacob en chartā lōg tēps apres sa fuite et apres ce q̄l eust fait chemin plixe/et ozt. En outre dit icelluy hēry q̄ apres ce q̄ iacob eust este auec sa fēme lya vii iours entiers labā luy dōna lautre fille nōmee Rachel pour laq̄lle il luy deuoit seruir vii ans subsequētz/ainsi que saict Ierome/ saict augusti et de lira exposēt le xxix^e de genese. Et estoit iacob aage de iiii^{xx} ā quatre ans lors q̄l eust ces femmes. Cest vii ās deuāt la natiuite de ioseph Et xlvi ans deuant ce q̄ iacob entrast en egipte q̄ lors auoit cēt ā xxx ans cōe est escript ou xlvii de genese.

¶ On pourroit cy faire vne q̄stiō/sil y eust point mariage entre lya ā iacob veu q̄ se dit iacob cuidoit q̄ labā sō oncle luy eut antene rachel po^r laq̄lle il auoit baille cōsētemēt et nō point po^r la dicte lya cōe est escript ou xxix^e de genese. Ad ce respōd nicolas de lira q̄l ny eust poit de mariage pour la deffaulte de consentement/ en tant que iacob ne se consentist que seulement a Rachel. Mais ad ce pourroit estre replique en disant quil sensuiuroit que iacob pecha mortellement en tant quil congneust charnellement icelle lia qui nestoit point sa fēme: Response. Iacob ne congneust point charnellement icelle lya la premiere nupt. Mays sacoit seullement en oraison comme fist thobie dont est faicte mention ou viii. chapitre de thobias. En oultre peult estre respondu/ pose que il eust congneu icelle lya charnellement: il neust point peche. Car ignorance du fait le eust excuse en tant quil fist souffisante diligence et inquisition

de congnoistre la chose. Toutesfoys apres ce quil congnut que cestoit lya et non pas Rachel/et que apres sept iours Laban luy bailleroit Rachel/il se consentist en Lya comme en sa femme. La quelle chose est traictee au long en la premiere question de la xxxi. cause.

¶ Lan de iacob iiii^{xx} et vi. iacob prist en mariage les chambrieres de ses fames cestassauoir zelphan chambriere de lia et balan chābriere de rachel. laquelle fust par lamonnestemēt et ennort de ses deux femmes et toutesfois en ses choses ne pecha point iacob/comme est aprouue en la quatriesme question de la xxxii. cause. Car en ce cy est excuse par lauctorite du saint esprit comme appert dessus ou chapitre de abzaham.

¶ De ces quatre femmes iacob eust xii filz et vne fille nommee Dina. Desq̄lx serōt ecor faitz chapitres distiguez et separez. Et auec ce apert en la figure precedente quantz filz a eu iacob de chascune dicelles. ¶ Rachel eust ioseph en mesopotamie. Apres la natiuite duquel demoura iacob vi ans auec laban et finablement engendra beniami dernier filz en la terre de iacob ou chemin qui va de Sichen en bethleem. Tesmoing le xxxv. de Genese ouquel lieu elle mourust. puis fust enseuelie a lenuiron de bethleem pres du chemin. Apres que iacob eust demoure xx ans auec Laban en Aran qui est en la terre de sirie il se departist de luy/comme appert ou xxxi de Genese. Et ou chemin Rachel deceust son pere en prenant ses ydoles. Desquelles ydoles dit Comestor que rachel napozta pas les ydoles precieuses de son pere pour les adozer. car son mary luy auoit ce prohibe et defendu. Mays a ceste fin que se par Laban estoyent rencontres ā pris ilz peussent impetrer pardon par le moyen diceulx ydoles. Car Laban neust peu si citement en tenāt sa loy faire iniure a aultruy en la presence diceulx.

¶ Aultre cause peult estre rendue. cest assauoir que Rachel osta les ydoles de

¶ La tierce aage

son pere a ceste fin que pour labsence di
ceulx il changast et ostat son coura/
ge de ydolatrie.¶ Cest ydole est en he
brieu appelle theraphin qui vault en
francois autant comme la teste de len
fant premier ne/occis et sacrifie au de
able.¶ Ceste teste estoit confite en sel
et en espices aromatiques affin qlz du
rast plus longuement. Sur la langue
dicelle teste en vne lame dor estoit mis
le nom du deable qui donnoit responses
aulcunesfois par la permission diuine
selon les desmerites des infideles.

¶ Du ceste ydole estoit vne statue re/
presentant aulcune chose licite comme
dit vng docteur nome Burgensis. qui
allegue sainct Jerome sur le xx de psal
me. Et aussy le xix du premier des rois
ou Michol mist ou lict de dauid The/
raphin. cestadire la statue.

¶ On pourroit en oultre demander se
par ceste ablation de ydoles Rachel co/
mist point larcin: Respond Nicolas de
lira que non pour les raisons dessusdic
tes.

¶ Apres ce furent Jacob et Laban re/
conciliez. Dont laban baisa ses filles et
filz. et puis sen retourna en son lieu co/
me appert ou xxxi de genese. Eulx de
partis de ensemble les angles vindret
a lencontre de iacob/ et la luicta auec la
gle. Dont fust mue son nom iacob en is/
rael. ¶ En oultre iacob craignant son
frere esau pour la cause dessusdicte ha/
bitant en la terre de seyr en la region de
edon qui est ou royaulme du roy Ba/
san oultre le fleuue iordain vers orient
de la partie de iherusalem luy enuoya
aulcuns dons par lesquelz ilz furet pa
cifiez comme est escript ou xxxii et xxx
iii de Genese. Puis habita iacob pres
de salem ou salim. laquelle nest pas hie
rusalem comme aulcuns dient et dont
est faite mention ou tiers de Sainct
Jehan. Toutesfois il nentra point de
dens pource quilz estoient ydolatres
en adorant pluralite de dieux et en cuy
dant quil ny eust point vng seul dieu.

¶ En cestuy lieu iacob acheta des filz
Emor vng champ ou il fist son taberna/

cle et autel le quel champ apres ce a
force de glaiue et de arc il defendist de
la main et puissance de emor. Car se/
lond les hebrieux quant les enfans de
iacob eurent gaste la cite de Sichem
pour venger la corruption et rauisse/
ment de leur seur Dina corrumpue et
violee de Sichen filz de Emor/ tout le
peuple des euees se assembla a lenuiron
en armes contre iacob. Ausquelz icel
luy iacob a laide des siens et de dieu q
batailloit pour luy resista tellement
quil obtint par droit de bataille toute
la terre. laquelle nostreseigneur luy a/
uoit promise. parquoy ou xliii de gene
se est escript que luy voyant sa fin apro
cher donna par testament icestuy cha
pa ioseph. lequel champ est cestuy dont
est dit ou iiii de Sainct iehan que ihucrist
y reposa sur la fontaie. ¶ Apres iacob
habita en bethel qui est selon Nico/
las de lira en la montaigne moria. Et
puis en effrata/ cestadire en Bethleem
ou rachel mourust a lenfantemet de Be
iamin come est escript ou xxxv de gene
se. Et comme est note ou xxxvij. il en
uoya son filz ioseph aage de xvj ans a/
complis a ses freres en Dothain par les
qlz il fust vedu. Dot il fist gras ploure
et lametatids. Apres ce par dispositio
diuine iacob enuoya les dix de ses filz
en egypte en retenat seulemet beiami
lors q famie excessiue regnoit ou pais.

Feuillet vi^xx xiiii

Lesquelz retournans furēt grieuemēt
redarguez de leur pere pource quilz a/
uoient lesse Symeon pour ostage tāt
quilz eussent conduit et mene a ioseph
leur petit frere Beniamin Ainsy que
est declaire ou xliij.e de Genese. Apres ce
comme est dit ou xliiij.e iacob enuoya sō
filz Beniamin auec ses aultres freres
en egipte en doublant leurs pecunes (t
dons. Et puis luymesmes y ala. (t dit
a son filz ioseph. Mon filz ie mourray
maintenant ioyeulx puis que iay veu
ta face et que ie te laisse seruiuant en
bon point et en sante. ¶ Ou xlvij.e est
declaire comment iacob aage de Cent
xxx ans fust presente deuant pharaon
auquel fust donnee la terre de iessen q
est tresfertile. Laquelle donnation fut
par lamonnestement de ioseph. Puis
ou xlviij.e chapitre apert comment ia/
cob aage de cent xlviij ans, ayant les
yeulx tous obscurs et troubles fut ma
lade et donna sa benediction a effrayn
et manasses enfans de ioseph, en chan/
cellant et croisant ses mains. Puis p/
phetisa sus les aduentures de tous ses
filz comme apert ou xlix.e chapitre du
dit liure. Et morut en laage de Cent
xlvij ans acomplis, qui vault adire au
tant comme il aprouchoit du xlviij.e.
et fust ensepulture en la double fosse a
uec abraham. Combien quil y eust xl
iours passez deuant sa sepulture. Et de
rechef apres sa sepulture furent sept
iours de pleur comme est declaire expš
sement ou l.e de Genese. Et de cela est
procede que aulcuns aient memoire de
leurs amis trespasses apres xl iours, de
sirans que lame de leur amy ait parti/
cipation de gloire auec abraham par la
vertu de la passion et sepulture de ihe/
sucrist duquel le corps fust lespace de xl
heures mort en comprenant leure de sa
resurrection et expiration. ¶ Cest an
de la mort de iacob fut de ioseph lā lviij
Et de sa domiaō en egipte lā xxviij.e

¶ Chapitre xviij.e de Esau

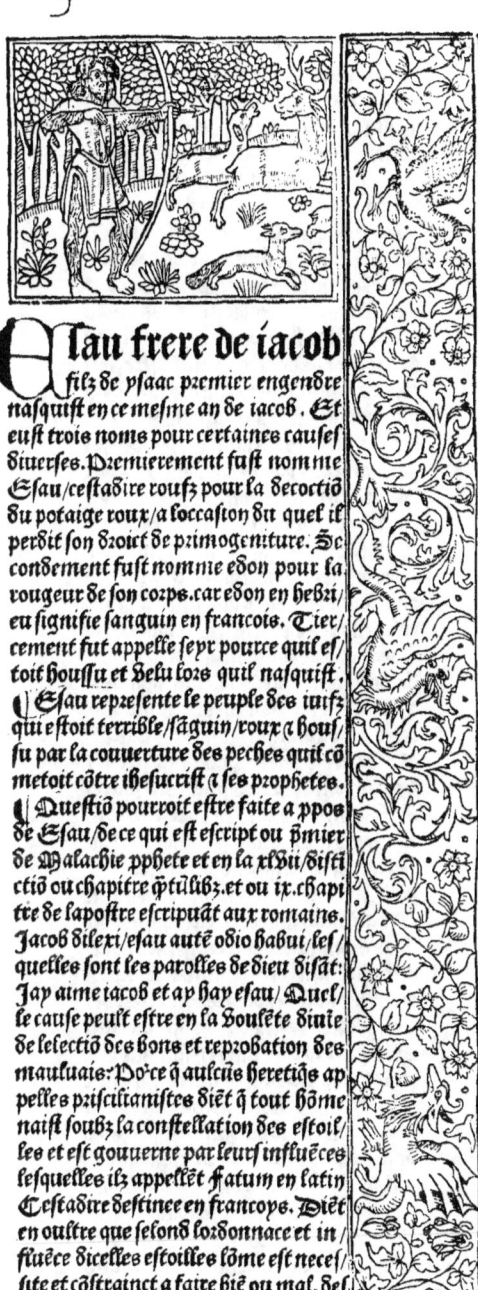

Esau frere de iacob
filz de ysaac premier engendre
nasquist en ce mesme an de iacob. Et
eust trois noms pour certaines causes
diuerses. Premierement fust nomme
Esau, cestadire roufz pour la decoctiō
du potaige roux, a loccasion du quel il
perdit son droit de primogeniture. Se
condement fust nomme edon pour la
rougeur de son corps, car edon en hebri/
eu signifie sanguin en francois. Tier/
cement fut appelle seyr pource quil es/
toit houssu et velu lors quil nasquist.
¶ Esau represente le peuple des iuifz
qui estoit terrible, sāguin, roux (t hous
su par la couuerture des peches quil cō
mettoit cōtre ihesucrist (t ses prophetes.
¶ Questiō pourroit estre faite a ppos
de Esau, de ce qui est escript ou pmier
de Malachie pphete et en la xlvii. disti
ctiō ou chapitre q̄ptūlib3. et ou ix. chapi
tre de lapostre escripuāt aux romains.
Jacob dilexi, esau autē odio habui, les/
quelles sont les parolles de dieu disāt:
Jay aime iacob et ay hay esau/ Quel/
le cause peult estre en la voulēte diuie
de lelectiō des bons et reprobation des
maulvais: Porce q̄ aulcuns heretiques ap
pelles priscilianistes diēt q̄ tout hōme
naist soubz la constellation des estoil/
les et est gouuerne par leurs influēces
lesquelles ilz appellēt fatum en latin
cestadire destinee en francoys. Diēt
en oultre que selond lordonnace et in
fluēce dicelles estoilles lōme est neces/
site et cōstrainct a faire biē ou mal. Des
quelz heretiques lerreur est cōdāne et
euidēmēt improuue par quatre raisōs
de sainct augustin ou premier chapitre

La tierce aage

du ře de la cité ⁋La premiere raiso est prise sus la loy comune. Car selon tulles ou liure de la nature des dieux/ Toute loy et secte de philosophes met et tient q̃l ya ũg dieu lequel es affaires et necessitées des hõmes doibt estre inuoque/et par sacrifices honore/Par quoy se les estoilles auoiẽt telle puissã ce sur lomme Il fauldroit de necessite conceder quil ne seroit point besoing dapeller ne de prier dieu es tribulatiõs et aduersites humaines. Et ainsi telz heretiques ne doiuent point estre soustenus mais doiuẽt estre deboutes nõ pas seulement des christiens q̃ adorẽt le vray dieu/mais aussi des payẽs qui adorẽt leurs ydoles/aux quelx ilz ont recours en leurs necessitees selõ dit sait au gustin ou lieu dessusdit ⁋Secõdemẽt Ceste opiniõ est offẽsiue ⁊ Iniurieuse especialmẽt au ciel car cest grand diffamation de dire quen aulcune cite y ait citoyens et gouuerneurs lesquelx cõcluent et determinent quon peult et doibt faire ⁊ comettre larcins/hoicides/ ⁊ seblables vices/signes de mort. Pour ceste pmaginacion dit sainct augusti/ que le ciel est ũne court ou ũne cite dõt les citoyens sont les estoilles. lesquel les se ainsy est que elles necessitent la voulente de lomme a faire vice/cest au ciel iniure et tresgrand vitupere.

⁋Tiercement est ceste opinion iniurieuse au diuin iugemẽt. car comme dit Sainct augustin/quel iugemẽt pourroit estre fait des hommes lesquelx ont este par les choses celestes necessitez a pecher:cõe sil souffist dire que nul Et pource luy mesmes en la xxiiijᵉ que stiõ et chapitre quatriesme: dit q̃ Dieu Jamays ne condemneroyt lomme a mort sil ne trouuoit quil eust peche de de son franc arbitre sans contraincte aulcune. En oultre dit semblablemẽt ou chapitre de Nabugodonosor que Icelluy Nabugodonosor desseruist et fist penitence fructueuse comme appert ou quart de Daniel. Dont il fust restably et restitue en son royaulme q̃l auoit perdu Mais pharaon de tãt que

plus estoit flagelle Il estoyt plus en durcy ⁊ obstine en son erreur. parquoy finablemẽt il perist comme est escript ou xv de exode. A ces deux ũne mesme medicine fust faite et dõnee par la mai dung seul medicin. dont a lũg fust sante spirituelle rendue. et a laultre mort eternelle. Ces deux estoyent de ũne mesme nature. cestassauoir humaine. En oultre en semblables dignites/car tous deux furent roys. aussi tous deux tenoyent et possidoyent le peuple de Dieu captif et prisonnier. Et auec ce quant a paine estoyent tous deux greuement flagellees. Ces choses consideres Quelle fust la cause pourquoy leurs fins furent diuers/sinon que lũg recongneust son cas et crya mercy a dieu Mais laultre perseuera en sa malice et obstination contre la misericor de de dieu ⁋Quartement et finablement ceste opinion est offensiue et repugnante a lexperience et a ce que len voit tous les iours. car nous voyons que deux enfans Jumeaulx nez dune mesme ventree et conceupz soubz ũng mesme signe et constellation sont tellement en infinies choses dissemblables et diuers entre eulx/que sãs comparaison sont plus semblables a ceulx qui sont nez et conceupz soubz diuerses constellations ⁋Ceste raison cõ me dit sainct augustin est tresforte por impugner loppiniõ erronee des dessusditz. Et baille ũng exemple ou quatriesme chapitre de ces deux enfans Jumeaulx dantique lignie. Desquelx le dernier tenoit la plante du pie du premier en saillant hors du ventre de leur mere. En iceulx a este si grande diuersite en meurs et conditions/ disparite en fais/dissimilitude en amour de pere et de mere/que ilz estoyẽt tousiours ennemis entre eulx et lung contre laultre. Parquoy est dit que quant lung cheminoit laultre se asseoit. quant lũg dormoyt/lautre veilloit. quant lũg parloyt/lautre se taisoit. Aussi lung fust tousiours seruiteur mercenaire laultre ne seruist iamais autruy. Lũg

Feuillet vi^xx xv

estoit bien aime du pere. laultre de la mere.lung perdist lonneur qui luy estoit deu/en tât quil estoit le greigneur et premier ne.et laultre le acquist come dit Sainct augustin ou lieu dessusdit.

¶ Secondemēt est improuuee ceste heresie par Crisostome qui dit que ceste heresie fait trois manieres de blaspheme côtre dieu. ¶ La premiere est quil se ensuiuroit que dieu est et a este mauuais en creant les estoilles.parquoy sur leuangile de sainct mathieu dit en ceste maniere. Se aulcun par le moyen des estoiles est fait homicide ou adultere.grande iniquite et iniustice doibt estre pource attribuee aux estoilles. Mais encor plus a celuy qui les a cree Car puis que dieu est congnoissant et non point ignorant des choses futures et quil congnoissoit que telle iniquite debuoit proceder de icelles/se il ne les a point voulu amender il nest pas bon. Sil a voulu et na peu:il est impotent et non pas toutpuissant. ¶ La seconde blaspheme est que dieu est cruel de faire souffrir paines pour les delictz que les humains pourroyent cômettre par la coactiō et côstraincte dicelles estoiles parquoy dit icelluy Crisostome. Pourquoy endurerayie paine pour la chose que iay commise non pas par voulente mais par necessite? ¶ Le tiers blaspheme/est que dieu ne seroit pas sage en ses commandemens.Car qui est celuy qui commande a aulcun et deffend de non point faire le mal quil ne peult par contraincte euiter.Et aussi dacōplir le biē auquel on ne peut paruenir: Il nya homme au monde qui fut repute saige en faisant telz cômandemens.

¶ Tiercement ceste opiniō est reprouuee heretique par sainct Gregoire côme par sainct augustin. Mais il donne especialement ung exemple pris sus les honneurs et dignites des hommes en lomelie de lepiphaine et iour des rois en disant ainsy. Les coeurs des chrestiens ne se doibuent point arrester a ce/la que destinee soit aulcune chose par

la quelle la vie des hommes soit administree et gouuernee.car le seul createur est celluy qui soubz sa main regit et gouuerne tout. Ne lôme nest poit cree pour les estoiles :mais icelles sont faites pour seruir a lôme. Apres en icelle omelie se ensuit. En la terre des perses et des francois les roys descendent par droicte ligne et generation:a la naissance desquelx on peult estimer et ymaginer quil y en a infinitz de ifime et basse condition qui naissent a leure de leur natiuite.lesquelx tout le temps de leur vie seront serfz et maleureulx Et toutesfois iceulx filz de roys puendrōt au Royaume/pose quilz ayēt este nez tous soubz vne mesme planete. ¶ Par les choses dessusdictes appert euidanmēt que loppinion diceulx est fausse et heretique.Parquoy Sainct augustin conclut en determinât la verite de ces choses que lestoile nouuelle qui apparust en la natiuite de ihesucrist ne luy fust point a destinee ne bon eur. Aussy est dit ou viij^e sermon sur sainct Jehan q̄ le seigneur et facteur des estoiles nest point soubz la destinee ne dispositiō dicelles. Semblablement a ce propos dit ou liure contre faustus.que ihesucrist fust cause de la naissâce et apparition de lestoile et non pas lestoile cause de la natiuite dicelluy.

¶ On pourroit ad ce propos demāder se limpression des luminaires celestes est poit cause de la diuersite des meurs et conditions des hommes.Ad ce peut estre respondu que la question a double sens selōd diuerses interpretations Se on veult dire que icelles estoilles soyent causes necessitans les voulentes les fortunes et conditions des hōmes Il nest pas seulemēt faulx mais est heretique et dangereux a soustenir car cest contre la foy et religion christiane/en tant que par ce il se ensuiuroit q̄ quelcōque chose q̄ lôme fist/on naroit ne aquerroyt nul merite ne gloire comme est dit deuant ¶ Mais se len veult dire que les meurs des hommes sont dispositiuemēt et cōtigētemēt variez

La tierce aage

pour la disposition des estoilles, ceste chose peult auoir verite. Et ne repugne point a la foy ne a raison. Car il est cler et manifeste que la disposition diuerse du corps fait monlt a la variation et mutation des affections des meurs et complexions comme dit lacteur des six principes. Parquoy les coleriques sont naturellement disposes et promptz a ire. Les sanguins sont begnins. Les melencoliques sont enuieux. Et les fleumatiques paresseux. mais cecy nest point necessaire car lame a dominati/on sur le corps. mesmement quant elle est aidee par grace. comme nous voy/ons plusieurs coleriques qui sont doulx et amiables. Aussi plusieurs melencoliques qui sont begnins. Et pource que la vertu des corps celestes oeuure et a aulcune causalite en la mixtion et qualite des complexions, de ce procede que sur les meurs et conditions des hom/mes peult aucun petit dispositiuement et contingentement comme est dit / combien que la vertu de nature inferioze fait plus a la qualite de la complexion que ne fait la vertu des estoilles. Parquoy sainct augustin ou 8. liure et chapitre ix. de la cite ou la solution daulcune question touchant deux freres lesquelz furent ensemble malades et garis, approuue et loue plus la responce de ypocras medicin que de lastrologien. Quant on demanda a ypocras la cause pourquoy auoyent este ensemble garis et malades, il respondist que ce fust pour la similitude de leur complexion. Mais lastrologien dit que cestoit pour lidemtite et conuenance des constellations. Il est manifeste que la responce du medicin est meilleure en tant quil a baille et rendu cause plus propre et plus prouchaine. Par ces choses est la question precedente absolute cestassauoir que les impressions des estoilles sont causes aulcunement dispositiues de la variation et diuersite des meurs. Mais non pas necessaire ne souffisant.

On pourroit encor faire vne aultre obiection par ce que le philosophe ou li

ure de la propriete des elementz dit que les Royaulmes ont este fais ruides et destruictz ces conionctions de Jupiter et de Saturnus. Or est il patent que telles choses ne dependent point du li/beral arbitre, parquoy il sembleroyt que icelles planetes sont causes des auen/tures et fortunes. A ce peult estre respondu. que Aristote na point enten/du par son dit que les hommes ne eus/sent bien resiste a telle influence et constellation se ilz eussent voulu. Car comme dit ptholomeus en son almageste, le sage homme ara domination sur les estoilles. Et ainsy pose que la conionction diceulx planettes Jupiter et Sa/turne incline les hommes a noise et discorde: Touteffoys on a liberal arbitre pour y resister facilement auec layde de dieu. Aultre obiection. Damasce/nus ou tiers liure et chapitre xj. dit que souuent se apparoissent cometes, les/quelles sont signes de la mort et discorde des Roys, des princes, et des sembla/bles: parquoy on pourroit conclure comme dessus que elles sont cause des biens fortunez. On respond en deux ma/nieres. Les vngs dient que la comete nest point naturellement engedree. Ne aussi lune des estoilles mises ou firma/ment. parquoy ne a point naturelle si/gnification daulcune chose. Pour ce/ste cause dit icelluy Damascenus ou xj. chapitre du second liure que les co/metes nont point este engendrees des le commencement mais sont en certain espace de temps causees et produites et puis de rechef destruictes et adnichile/es selon le plaisir de la permission Di/uine. Se on demande pourquoy tel signe denonce la mort des roys et prin ces plus que daultres personnaiges.

La solution est pource que ilz sont personnes publiques. par la mort des/quelz procede ou royaulme grande tur bation. Dont les angles ont plus gran de sollicitude pour conseruer le bien commun. En oultre on peult demader en quel royaume doit aduenir la fortune signifiee par icelle comete, Respose. La

Feuillet vi^{xx} vri

comete adresse tousiours ses raiz vers le pays ou doibt la malediction courir. ¶Il est vne autre opinion daulcuns voulans parler naturellement dicelle comete disans que la comete est vne impression chaulde (t seche engendree pres la region du feu de vapeur et exalation chaulde et seche en la partie superiore de lair. laquelle impression assemblee se monstre estre le corps de vne estoille. mais les parties discontinuees et estendues autour et a lenuiron dicelluy corps en ses extremites sont les comes et cheueulx ou barbes comme dit Albertus magnus. laquelle chose est pour linflammation de lair soubz les cinq planetes. Cestassauoir Saturne Jupiter/Mercure/Mars (t venus. lesquelles pour la velocite de leur mouuement enflamment lair estant a lenuiron deulx. ¶Selon ceste maniere de parler la comete signifie et represente accidentelement mortalite precedente de maladies chauldes et seches Car siccite et secheresse vehemente et excessiue a acoustume de preceder/preuenir et estre conuenable a la generation de la comete. pour ceste cause les hommes remplis de richesses qui ont acoustume de viure de viandes chauldes et seches meurent communement en tel temps. Entre lesquelz riches fault grandement noter la mort des princes ¶Ysidore ou iiii. des ethimologies est de ceste opinion ou il dit que ceste espece ou maniere de estoille en son apparition signifie pestilence/famine et bataille ¶Semblablement dit Beda que elle denote pestilence/ventz/ou chaleurs ¶En oultre se len demande se lestoille qui apparust en la natiuite de Ihesucrist estoit comete Respond icelluy Beda disant que nenny. Car pour quelzconques causes que la comete depende elle se monstre tousiours en la partie septentrionale. Mays lestoille qui en la naissance dicelluy ihesucrist apparust/auoit son mouuement de orient a mydy vers occident. laquelle chose nest point deue

ou cours et mouuemens des cometes comme dit Crisostome. Ainsy selon ces opinions apert que les estoilles et planettes ne ont quelque domination sur le franc arbitre de lomme. Combien que ilz inclinent les hommes a aulcunes passions moyennant layde de leurs naturelles dispositions. Par toutes ces choses dessusdictes appert ceulx priscilianistes errer grandement comme dit est en mectant et disant destinee et constellation estre vne disposition necessaire par la influence des estoilles. Par laquelle on est necessite et constrainct es actes et operations humaines de faire en telle maniere/ou en telle/selon leure ou chascun a este conceu ou ne. laquelle chose ne se peult soustenir comme dit Sainct thomas en sa premiere partie: question cent et xbi. ou premier chapistre/ car toutes operations naturelles et humaines sont reduites a vne cause premiere qui est la prouidence diuine. Et pource dit encor ad ce propos Sainct augustin ou premier chapitre du v. de la cite. Comme disant de la diuine voulente que cest chose fatee ou destinee/retienne sa sentence (t corrige sa langue. comme sil voulsist dire que tel entend mieulx quil ne dit. Car a parler proprement/destinee nest riens sinon en tant que elleest referee a la voulente et prescience diuine. Quoy plus/ Sainct Augustin selon la glose du pseaulme cent et vng/dit que predestination diuine par laquelle dieu nous a eternellement esleus/est cause principale de tous nos merites. et que nostre voulente est seulement cause concomitatiue et associatiue. Et pource est dit ou ix. chapitre de lepitre aulx Romains/ quil nest pas en la faculte du voulant ne du courant de auoir telle predestination Mays est en dieu seulement q a mercy de ceulx qui luy sont a plaisir. Et les aultres lesse endurcir en leurs malices. ou quel pas de lapostre dit la glose de Sainct Augustin que on trouue asses cause de lostination des hommes

La tierce aage

Mais de la misericorde nest point rendue aulcune cause ne merite Car dieu par sa grace donne sans desserte aux hommes ses premiations et loyers. ¶ Le merite et cause de obduration est peche seulement. Et nest point a dire que dieu endurcisse iceulx obstinez en leur baillant malice. mais en les destituāt et privant de sa grace. De laquelle Ilz ne sont point dignes en tant que ilz ne veulent flechir leurs colz et affections au commandement divin. Et pource nest point escript sans cause en la quatriesme question de la xxiij. cause que par equite a iustice a nous tres occulte et incongnue/Dieu a iceulx ne confere point sa grace. parquoy iustement crie lappostre en xj. chapitre de lepistre aulx Romains. O altitude et haultesse de la sapience et science de dieu/combien Inscrutables et Incongnus sont tes Jugemēs quāt de ta grace tu deffez les nudz qui te plaisēt de estre vestus. laquelle chose il fait par certaine raisō qui de luy seul est congnue.

¶ As ce propos Sainct augustin ou chapitre xj de Genese fait une question. pourquoy dieu crea ceulx quil cōgnoissoit debuoir estre mauluais: Respond pource quil scavoit que les mauluais garnemens seroyent aulx bons tres grand proufit Et assigne quatre raisons. La premiere est car sicomme il est bon et honneste que les vertueux pour leurs merites soyent remunerez aussy est il bon et expedient non pas si grand que les vicieux soyent de leurs demerites punis et tourmentez. parquoy a este convenant a dieu de faire lung et laultre. ¶ La seconde rayson Car deux biens qui sont de diverses especes et es quelz y ait ordre sont meilleurs que se ilz estoyent tous dune mesme nature. ¶ La tierce rayson est affin que dieu es mauluaix monstrast son ire et iustice. Mais es bons sa pacience et clemence. ¶ La quarte est pource q les pervers sont a lexemple des bons Car silz nestoient nulz mauluais hōmes: les bons proufiteroyent bien peu et considere quilz sont excitez et esmeux/par lerreur diceulx mauluais ¶ Sainct Thomas ensupt ces raisōs ou livre contre les gentilz et payens ou chapitre lxxxj. et aussy en sa premiere partie questiō ix. article ij. ou il tracte et determine pourquoy dieu permet les maulx estre fais. et Respond ad ce par plusieurs raisōs ¶ Premieremēt pource que dieu incorruptible & immutable par sa sapience et puissance scet & peult tirer aulcun bien de nostre vice. laquelle chose il neust peu sil eust cree la creature non vertible et muable en mal. ¶ Secondement dieu permet les maulx affin que sa clemence et misericorde soit monstree. Car par sa misericorde il a deliure entre nous povures pecheurs qui estions perdus (& destruis sil ne fust venu nous racheter en souffrant passion/laquelle il ne eust point souffert se comme neust peche comme tient sainct Gregoire et aussi saict Thomas en sa iij. partie et question premiere et premier article ¶ Tiercement permet les maulx affin que sa iustice soit manifeste comme est ia dessus prouve par sainct augustin. laquelle iustice rend non pas seulement loyers et remuneratiōs aux bons. mais avec ce aulx mauluais paine et tribulations pour leurs iniquites. Et pource dit Anselmus en parlant a dieu Se tu pardonnes tu fais bien et iustemēt car telle chose apartient a ta bonte. Et se tu punis les defaillans/ ce nest pas iustement. Car les demerites et deffaultes requierent punition ¶ Quartement dieu permet les maulx a monstrer que lomme nest point de mendre condition que les autres creatures lesquelles il permet proceder et obeyr a leurs propres mouvemens et fantasies. Et pource est raysonnablement escript ou xv. de ecclesiastique que dieu a lesse lomme en la main de son conseil/cestadire en la puissance et liberte de son franc arbitre. ¶ Quintement affin que la louenge humaine fust plus estendue et amplifiee. Car

Feuillet xvii

il est escrit ou xxxie de ecclesiastique cõment cõme a peu transgreder et passer le cõmandement diuin par son liberal arbitre que dieu luy auoit donne. Et touteffois il ne la point transgresse poͬ la graye amour quil auoit au createur Aussi cõme a peu faire plusieͬs maulx lesquelx il na point fait/comme est escript de dauid lequel es fins et regions de engadi ne occist point Saul roy de israhel qui estoit son persecuteur.cõbien quil leust plusieurs fois occis sil eust voulu comme apert ou xxiiiie du premier des rois. ¶ Sixtement permet dieu telles choses cõme est ia prouue par sainct Augustin affin que les bons soient exercites et purges par les mauluais en la maniere que lor est experimente par le feu. Car se la malignite et malice des peruers nestoyt en ce monde:la patience des iustes nauroit point aulcun merite. Et aussy ne seroit point necessite a iustice de venger et punir aulcũs. ¶ Septiememẽt est permis pour congnoistre la beaulte de luniuersel monde/Car opposites choses mises lune pres de laultre sont plus cleres et mieulx cõgnues. Et poͬ ce sainct augustin ou liure de encheridion dit que luniuersite merueillable du monde est maintenue en son estre et constituee de toutes les choses qui y sont. Entre lesquelles sont les vices qͥ rendent et font les choses bonnes estre de plus grande commendation et louenge quant ilz sont comparez lung a laultre. Ce peult estre prouue par vne similitude/car nous voyons que lõnesteté de parolle auec aulcune interposition de silence est de beaucop plus plaisante que se len parloit tousiours continuellement sans quelque interruptiõ de langaige ainsy que dit Sainct Augustin ou liure de la nature du bien.

¶ Semblable probation peult estre amenee de la couleur diuerse/veue alternatiuemẽt. car plus est selectee la veue par le regard alternatif de diuerses couleurs que de vne seulement. ¶ Nõ obstant ad ce propos fault considerer que

le mal de soy est nuysant et illicite. dõt nest ne bon ne vtile. Ne ainsy considere nest point permis de dieu a estre fait mais seulement pour le bien qui en vient et en procede. Par ces choses apert que vng mal de soy nuit tousiours a sõ facteur. Et principalement quant il y seuere en icelluy. Touteffois aux bõs est expedient pour leur salut affin que ilz en soyent purgez ou en merite soyẽt augmentez Non obstant il est aulcuneffois a lomme expedient et vtile de cõmettre aulcun vice et choir en inconuenient quant par ce il se relieue plus ardanment.quil est plus humble et deuot en son euure.et plus cault et auiser a fuir et euiter le mal comme dit hugues de sainct victor.

¶ On pourroit cy faire vne question pourquoy cest que lomme est plus facilement enclin a mal que a bien. A la qͥlle question on peult respondre en assignant plusieurs raisons. Dont la premiere est car il est plus facile a descendre que a monter. Or est il ainsy que peche fait descendre lomme. mais euure bonne fait monter. La seconde raisõ est. Plus de circonstances sont requises a bien faire que a mal. car a mal faire ne fault que vne circonstance seule. La tierce raison est pource que la chose incitant a mal est presente. cestassauoir plaisir mondain/ou concupiscence/ou quelque autre vice. Mais la fin de vertu est absente. La quarte est pource que nous tendons/alons et retournons a nostre commencement cestassauoir a riens. attendu que nous sommes fais de riẽs. La ve pource que la cause intrinseque et la nourriture qui nous esmeut a peche/est dedens nous. La vie les vertus et forces de lame sont actiues a eslire a pecher Mais elles sont passiues quant au regard des choses qui procedent de grace et de gloire Car on ne peult les vertus auoir par maniere de acquisition mais seulement par maniere de receptiõ. La viie est pource que de nous mesmes sans ayde quelconque nous pouons faire aulcun mal. mays sans

La tierce aage

le moyen de la grace de dieu nous sommes impotens a faire quelque bien. La .viij.e est car ainsy que est dit ou ix.e de sapience/le corps qui est corruptible ou corrompu aggraue et appesantist lame et la tire a mal. Dont de soy ne se peult esleuer ne drecer a faire aulcun bien. Par ces raisons appert pourquoy lome est plus enclin a mal que a bien.

⁋ Ces questions terminees/Il fault retourner a nostre matiere principale de Esau.

⁋ Esau aage de xl ans eust deux femmes chananees contre la voulente de son pere et de sa mere comme apert ou xxvj.e de genese. Dont la pmiere estoyt nommee Judich fille de beeri ethien. aultrement appellee ada ou xxxvj.e de genese. La seconde estoyt dicte Basemath fille de Elon/aultrement appellee colibama ou xxxvj.e de Genese/fille naturelle de Ana. mais adoptiue de sō grant pere & aieul nomme sebed. en la forme et maniere que manasses et Effraym estoient filz naturelz de Joseph Mais de Jacob filz adoptifz Comme est dit ou xlviij.e de Genese.

⁋ Esau voyant quil auoit offense pere et mere en prenant en mariage femmes chananees/voulust a eulx se reconcilier en se mariant a vne tierce fille de son oncle ysmael comme est dit ou xx.

viij.e de Genese. Non obstant par ce ne apaisa point les couraiges de ses parens. car auec les males femes adiousta vne mauuaise. et ainsi il adiousta mal sur mal. Ceste fille de hismael et seur de nabaioth estoit nommee Melech ou xxviij.e de genese ⁋ Esau auec toute sa substance se departist de son frere iacob deuant la mort de leur pere comme apert ou xxvj.e de Genese apres ce quil eut vendu les droiz de primogeniture a son frere Jacob comme est escrit ou xxv.e de Genese Et en la vij.e cause. question premiere ou chapitre Quam periculosū. Mays pource que lon pourroit demander que ce st que primogenita/ou primogeniture signifie. Respōd Comestor sur le xxv.e de Genese que primogenita sont aulcunes dignites lesquelles ont eu les premiers nez daucune maison entre leurs cognations iusques au temps de aaron. Car le premier engendre auoit vne robe especiale quil vestoit tant seulemēt en offrāt le sacrifice et quant il deuoit receuoir de son pere la finale benediction. En oultre es solennites & conuis il donoit la benediction aux petis et mendres de soy. Et en toutes ces choses il receuoit double portion de viandes. Et auec ce en la diuision des heritaiges il receuoit tousiours le double ⁋ Toutesfois Brixiensis en la glose de la vij.e cause et premiere question dit que primogeniture est dignite par vertu de laquelle les premiers nez offroyent sacrifices es festes deuant tous aultres. Se asseoyent a la dextre de leur pere. et receuoient doubles portions. ⁋ De Esau parle vng docteur nomme Gaudulphus disant que Esau commist Simonie en tant quil vendist son droit qui estoyt spirituel. Mays en la premiere question de la premiere cause/est termine le contraire. ou quel lieu est dit q̄ Giezi fust le premier qui commist Simonie et que Jacob ne commist point aulcū peche en achetant tel droit de primogeniture. car il racheta ce q̄ diuinement luy estoyt deu.

Feuillet xxxviii

¶Pareillement a propos de la bene/
diction que ysaac voulust donner a
Esau et non a Jacob ou xxvij de Ge/
nese On doibt scauoir que apres ce que
Jacob eust receu la benediction et fut
departi de son pere/et que Esau aprou
chant du pere requist auoir sa benedic/
tion: ysaac voulust retracter et retirer
sa benediction de Jacob. mays comme
dient les hebrieux il vit lors la fornai/
se denfer ouuerte et appareillee pour
luy sil la retractoit ou retiroit parquoy
il fust espoete et ne la retira point mais
la conforma. ¶De ce dient les do/
cteurs catholiques que ysaac fust com
me rauy en extase et en esperit et con/
gneust comment ce quil auoit fait en/
uers Jacob estoyt de lordonnance et vou
lente de dieu. laquelle chose il auoit ig
noree iusques a ceste heure. Parquoy
luy esmerueille et obtemperant a la
voulente diuine conferma sa benedic/
tion en disant Je lay beny et veulx quil
soit benist. Et pource sainct augustin
ou xvj liure et xxxvje chapitre dit que
telle benediction de Jacob fut plaine de
mistere moult grand Car elle signifie
la predication de iesucrist faicte a tou
tes gens. Par la bonne odeur duquel
nom /le champ bel et net est rempli &
plune de parolles diuines De la rousee
du ciel et de la fertilite de la terre. cesta
dire de la congregation des peuples.
Aultres choses sont figurees en ceste
benediction. parquoy appert que elle ne
fust point frauduleuse/mais plaine de pru
dence Ainsy est manifeste que Jacob
fust homme simple et bon sans cautel
le ne deception aulcune.
¶Ou xxxiije de Genese est escript com
ment Esau acompaigne de quatre cens
hommes vint au deuant de Jacob et la
furent pacifiez.

¶Chapitre xix de lya.

Lia fille de laban
premiere femme de Jacob por
laquelle il seruit vij ans comme apert

ou xxix de Genese eust six filz et vne
fille de Jacob. cestassauoir Dina. ainsy
comme est escript ou xxx de genese. et
est interpretee labourant. Car lopera
tion de ceste vie en laquelle nous vi/
uons est laborieuse et incertaine a quel
le fin doiuent paruenir ceulx a qui vou
lons donner conseil. Ceste Lia auoyt
les yeulx floibes et debiles en quoy est
note que les cogitations des hommes
sont craintiues et incertaines.

¶Chapitre xx de rachel.

Rachel seconde fame
de Jacob fust seur de lia fille de
Laban filz de Bathuel qui estoyt filz
de Nachor frere dabraham et de Aram
enfans de thare. Ceste Rachel estoyt
de excellente beaulte et de face moult or/
nee. Rachel est interpretee brebis ou vi
sion/ou voyant commencement. et si/
gnifie lesperance de eternelle contem/
plation de dieu ayant certaine intelli
gence de verite. Ceste rachel eust de ja
cob deux enfans cestassauoir Joseph qui
fut ne en mesopotamie. ouquel pays
tous les filz de Jacob nasquirent fors le
second filz de Rachel cestassauoir Ben
iamin. lequel nasquit ou chemin qui
maine de Sichem en Bethleem. et la
mourust Rachel a lenfantement com
me est escript ou xxxv de genese. et fut
sepulturee pres du chemin. En laquel
le place Jacob esleua vne pierre en til/
tre et signe de la chose.

¶Chapitre xxj de zelpha et baala.

Zelpha chambriere de Lia est
interpretee bouche bayant/ou
bouche coulant et alant. ou decours de
bouche. Et eust de Jacob deux filz gad
et aser come est escript ou xxx de genese.
¶Baala chambriere de rachel est in/
terpretee Il est venu cy. ou ayant icel/
le ou le mary de luy/ou deuourant icel
luy. et eust semblablement deux filz de
Jacob. cestassauoir Dan et Neptalim
come apert ou xxx de genese.

f ij

La tierce aage

☞Chapitre xxij·de iudas.

Iudas filz de Iacob et de Lia est cy mis le premier entre tous ses freres non pas qͥl soit le premier ne. mais pource que a luy se cõtinue la ligne de ihesucrist. Et pour la dignite royale que sa posterite gaigna et desseruist par aminadab comme apperra cy apres ou chapitre de aminadab. Et est interprete confession pour ce que a leure de sa naissance sa mere Lya ren/dit graces a dieu en disant Je me con/fesse maintenant et rens graces a dieu de ce filz/ comme est escript ou xxix·de genese. ☞Iudas represente ihesucrist qui reposa en la couchete du sepulchre ainsi cõme endormi. Et puis apres iij.iours cõe vng liõ de sa propre force se resuscita. Les puissances de ses aduersaires en la croix il abessa. Et saincte esglise a soy qui est la vraye vigne/ Il attira. laquelle fust lauee du vin de sõ precieulx sang et exaltee sur tous ses ennemis/ Ainsi que dit rabanus ou iiͤ liure ou second chapitre de vniuerso

☞Pour cause que pcy deuant est dit que iudas est interprete confession/ ou remerciement/ ou louenge: pcy fault noter quil y a deux manieres de confes/sion. cestassauoir confession de son cri/me et peche. dont parle saint Jaques ou vͤ chapitre. de sa canoniqͣ et aussi dõt est faite mention en la xxxͤ distinctiõ.

☞La seconde est confession de louen/ge dont est parle ou chapitre pͥ·de saict mathieu. Sans ces deux confessions nul ne peult paruenir aux secretz de la saincte escripture. lesquelles confes/sions sont touchees ou pseaulme cent et xlvj. Precinite domino i cõfessiõe/ cest adire confesses vous et vous humilies deuant dieu. Psallite deo nostro in ci/thara/ cestadire aies sainctete de vie la quelle est entendue par la herpe qui a le bois concaue et creux signifiant ab/stinence. et les cordes seches denotent la carence de volupte. Aultrement on nest point digne de louer dieu car comme est escript ou xvͤ de ecclesiastique/ en la bouche du pecheur ne peult estre trouuee louenge belle ne plaisant.

☞A propos de la premiere confession on pourroit demander se lomme est te/nu de se confesser aussi tost qͣl a remors daulcun peche mortel/ oportunite souf/fisante/ memoire recete de son vice et presence de prestre: Responce. En les/sant les dis scrupuleux et opinions de diuers docteurs: il fault tenir la voye plus seure et dire que ouy/ puis que cõ/fession criminelle est de droit et de com/mandement diuin. Car aux choses q̄ sont de commandement diuin/ chascun y est par droit oblige sans autre statut ne commandement de lesglise. suppo/se que on ait oportunite de lacomplir/ comme peult estre prouue en ceste ma/niere. Car lomme faisant conscience daulcun peche mortel/ differant sa con/fession/ et ayant oportunite de soy con fesser est en estat de grace ou nõ. Se on vouloit soustenir quil fust en estat de grace: il fauldroit par ce inferer que sãs quelconque cõfession lomme pourroit receuoir le corps ihesucrist ou celebrer messe. laquelle chose est clerement faul se. Et se on veult respondre quil nest point en estat de grace veu et conside/re quil ny a point aultre cause qui le garde et empesche de y estre fors seule/ment loportunite de soy confesser qui a deuant ses yeux/ et toutesfoie il diffe re de ce faire: Il sensuit comme deuant Cestassauoir que tout homme doibt par confession yssir hors de son peche et entrer en estat de grace le plus tost quil peult apres son dechet et ruine.

☞Aussy pource est assauoir que tout homme pechant mortellement offen/se non pas dieu seulement/ mays aus/sy leglise ☞ Premierement il offense dieu en tant quil substraict et tire de dieu lobedience et honneur qui luy sõt deubz. ☞ Secõdemẽt il offense leglise en tant que lomme qui doibt estre mẽ bre de leglise est fait membre du dyable Parquoy puis que cellui qui offense ou fait domage a aultruy doit satis/

Feuillet ɡᵢ xxxix

faire et se reconcilier le plus tost quil peult en temps et en lieu cõme est escript ou 8ᵉ de saint mathieu il sensuit clerement que sans songer on se doibt a leglise reconcilier et satiffaire du dõmaige que on a de rē aultruy pourchasse. ¶ Nous sommes reconciliez a dieu par contrition, car cõme est dit ou psalmiste dieu ne desprise ne delaisse point le coeur bien contrit et humilie. Mais nous sommes reconciliez a leglise par exteriore confession par laquelle lomme se humilie et soubmet au ministre de leglise en declairant son offense. Et en exposant cõment il est prest a amende et satiffation. Par ces choses dessus dictes appert lerreur daucuns disans quil souffist de se confesser une fois lan seulement. Lesquelz alleguent et amaintent pour leur dit prouuer le texte de la decretale Omnis utriusqz sexus en la rubriche intitulee des penitences et remissions, laquelle decretale ne baille point licence de differer sa cõfession, mais deffent que len ne soit point plus de ung an sans soy confesser. Cõme on pourroit assigner similitude en ce q̃ leglise defend soubz certaines paines de demourer plus de ung an en sentence de excommunication. Et toutesfois il ne se ensuit point par ce que lõme puist licitement dormir ung an en excõmenie. Et pource dit bien le psalmiste que nous deuuons preocuper et preuenir la face de dieu en confession de loenge et de penitence. Par ces choses desfusdites appert clerement que nul ne peult auoir indulgence ne pardon de son peche sil na ces deux choses cestassauoir. Contrition et confession. Car seule contrition ne souffist point se es bulles et lettres de idulgẽce nest de ce faite especiale mention. Combien que par la cõmune forme des escriptz z mãdatz apostoliques ne soit point donne pardon si non a ceulx qui sont vrais cõtritz et confes de leurs pechez.

¶ En retournant a la matiere principale de ce chapitre il fault noter que ai si cõme est escript ou xxxviiᵉ de genese

lors que ioseph fust par ses freres vendu Judas empescha la mort dicelluy & tout son pouoir et sollicita enuers ses freres de le vendre pour le deliurer de leurs mains car ilz estoient enfans de deux seurs luy et Joseph. Et puis comme dit Nicolas de lira ou xxxviiiᵉ de genese Judas prist en mariage la fille du marchant. ¶ Non obstant come stor dit que ce mariage fust fait deuãt icelle vendition. Mais comme est ia declaire De lira et aussi ung autre docteur nomme bourgois dient que apres ceste vendition y eust grande commotion et dissention entre les freres pour le pleut et gemissement de leur pere iacob, parquoy ilz blasmoyent icelluy iudas de ce quil ne les auoit garde et empeche de le vendre disans quil se deust auoir musse et absconse iusques ad ce que leur ire et fureur eust este passee, et ainsy iudas se partist de eulx. ¶ Dit en oultre Nicolas de lira que le pere de la femme de iudas et non pas icelle femme estoit appellee Sue combien que comestor die le contraire. ¶ La femme dicelluy iudas eust trois filz et nõ plus mais cessa du tout a porter comme listoire est manifeste qui bien considere le texte du xxxviiiᵉ de deuteronome, et aussy la premiere question de la viiiᵉ cause. ¶ Apres la mort dicelle femme, iudas par ignorance congneust charnellement la femme de lung de ses filz nõmee Thamar, de laquelle il engendra phares et aaram ainsy que est escript en leizieu et ou xxxviiiᵉ de Genese, et en la lviᵉ distinction. ¶ En tel acte et operation commist Judas peche de fornication comme est dit en la tierce question de la xxxiiᵉ cause. Et Thamar commist adultere car elle estoit mariee a Sela, dont ne pouoit estre couplee a aultre comme appert ou xxv ᵉ de deuteronome. ¶ De ceste thamar dient les hebrieux que elle fust condamnee de estre bruslee pour son peche z que elle estoit fille de melchisedech. Combiẽ que Nicolas de lira die le contraire. Et se fondent les hebrieux ou xxiᵉ chapitre

f iij

La tierce aage

du nombre ou il est commãdé que tou/te fille de prestre trouuee en fornicati/on doibt estre bruslee. ¶Ou xliiije de genese appert comment iudas impetra de son pere que beniamin alast auecques eulx en egypte affin que Simeon qui estoit demoure en ostage fust deliure. Et ou xliiije iudas interprete et expose a ioseph sa parentelle τ lignaige po² la deliurance de son petit frere Benia/min ¶Ou xlvje chapitre de genese appert comment iudas descendit en egy/pte auec son pere et ses freres le xxje to² du second mois du second an de la fa/mine.ou iudas fut enuoye a ioseph annoncer la venue de son pere (τ de ses fre/res et de tous leurs biens et substance en egypte.Lesquelz estoyent par nom/bre lxvj sans iacob sans ioseph sans sy/meon et Beniamin.qui sont ensem/ble lxx. Combien que les lxx interpre/tes ayẽt escript lxxv. Car comme dit sainct ierome auec iceulx sõt nombres les cinq filz des deux enfans ioseph po²ce que ces deux deuoient estre comptez entre les tribuz et lignees de israhel. Sainct Luc est de loppinion diceulx lxx interpretes comme appert ou vije chapitre des actes et oeuures des apo/stres.pource que il escripuoit aux gen/tilz et sarrazins icelles euures aposto/liques lesquelz gentilz auoient en grã de estimation les lxx interpretes. par/quoy en ce nombre il les ensuyst. Fina/blement ou xlix de genese est escripte la prophetie de iacob sur les choses qui deuoient aduenir a iudas et a sa po/sterite. Duquel descendit ihesucrist p̃ generation humaine comme est escrit ou premier chapitre de lepitre aux Romains Mil iijc lxvij ans apres la mort dicelluy iudas

¶Pource que chascun des xij patriar/ches filz de iacob ont fait testamẽs ou clerement sont propheties de ihesucrist lesquelles propheties maistre Robert grosse teste euesque de langres transla/ta de grec en latin. Nous les auõs vou/lu cy mettre en francoys. Et premie/rement.

¶Le testament de iudas. Dieu vous visitera en misericorde et delectation,et en la captiuite de vos ennemis. Et apres ce procedera de Ja/cob vne estoille ou temps de paix. Et se esleuera vng homme de ma semen/ce qui sera le soleil de iustice,alant τ cõ uersant auec les filz des hõe² en mãsue/tude,doulceur,et iustice.ou quel ne se/ra poit trouue aulcun peche. mais sur luy serõt les cielz ouuers a dõnez la be/nediction du pere et du sainct esprit du quel il enuoyera la grace dessus vous Dont seres ses enfans en verite. et che/mineres en ses cõmandemens premi/ers et derniers. Cestuy hõe est le ger/me et filz du treshault dieu et vie de char humaine.et loz resplendira le sce/ptre de mon royaulme Et de ma ra/cine naistrera et nasquira vng vaisse/au de plantation. En laquelle monte/ra la verge de iustice sus toutes gens pour iuger et sauluer tous ceulx qui in uoqueront icelluy seigneur.

¶Chapitre xxiije de Ruben.

Ruben fust p̃mier filz de Jacob τ de lia cõe est dit ou xxixe de Genese. Car nostreseigneur considerant que iacob aimoit sa fẽme Rachel pour sa beaulte:et desprisoit lau tre femme nommee lya qui auoit les yeux chassieux et troubles,Il voulust que rachel demourast sterile et bre/haine long temps Et que lia portast enfans affin que par ce elle fust en la grace de son mary. dont elle conceut quatre filz successiuement sans lõgue pose ne interposition de lung a laultre Apres lẽfantement du quart cest assa uoir de iudas elle cessa par vne espace de temps. Mais finablemẽt engẽdra encoz deux cest assauoir ysachar et za/bulo et vne fille nõmee dina cõe est es/crit ou xxxe de genese apres ce que ru/ben luy eust aporte mandragores des chãps en la saison de aoust que on reco

Feuillet xx

cuille les blez. lesqlles mādragores sōt pōmes tresbelles apdc grāde vertu de disposer les fēmes a generatiō et de les faire cōceuoir cōe dict auscus. Toutesfois dit sainct augusti q il na point trouue en escript cōbiē q il ait diligamēt cerche q tel pōme ait telle nature. Ce fruit est en espece/en saueur/et en odeur sēblable au poupon Et pource les latins lappellent pōme de terre. Mais les poetes le nomment antroporeos/a cause quil a racine semblable a forme humaine. De laquelle racine lescorze destrepee et bue auec vin fait dormir. Et porce on en fait communement boire aux hommes que len veult tailler et a qui on veult couper auscunes parties superflues. De ce sont deux especes/lune est feminine ayant feuilles semblables a laictues. et porte pōmes de la similitude et equalite de prunes. Lautre espece est masculine/et resseble aux feuilles de vne herbe nōmee bethe.

¶ Ruben est interprete filz de vision. car ainsy le nōma sa mere lia quāt elle le eust enfāte. en disāt que dieu auoyt regarde son humilite ¶ Rubē signifie le peuple iudaique lequel aulcunement a veu dieu et congneu par lacceptiō de la loy. mais il viola le lit de dieu le pere quant il crucifia en larbre de la croix la precieuse char de ihesucrist/A la sēblā, ce dicelluy rubē q la couchete de sō pere macula en apāt cōpaignie charnelle auec baala sa chāmbriere ainsy est escript ou xxxv de genese et en la iii question de la xxiiii cause. parquoy il fut mauldit de sō dit pere iacob cōe apert ou xlix de genese. ¶ Cestuy ruben aultrement signifie le peuple esleu des iuifz. Auql la misericorde diuine octroya quil se cōuertist/ql eust cōpōctiō/et fist penitēce de ses pechez par la pdicatiō des sainctz apostres. et par ce moyē il viueroit en la foy. ¶ Ainsy cōme est dit deuāt ruben ta grādeset reuenāt des chāps ou tēps de autoupne aporta des mandragores auāt soy. desquelles desiroit souuerainemēt rachel seur de sa mere Lia parquoy luy en donna aulcune partie

par telle condition que iacob dormiroit celle nuit auec sa mere lia et nō pas auec icelle rachel. cōbiē que selon lordre de coucher auec son mary gardee entre ces deux seurs: Rachel pour celle nuit y deuoit dormir. Ja soit ce quelles nauoient point affectiō libidineuse aulcunemēt/mais desir de conceuoir lignie seulement ¶ Du xxvii de deuteronome et en la iiii questiō de la xxiiii cause ou chapitre Cū ergo. est expose cōmēt rubē fut cōstitue en la mōtaigne Hebal aultremēt dicte heliel entre les filz des chābrieres pour mauldire ceulx q sont dignes de maledictiō ¶ Ou xxxvii de genese est cōtenu que rubē se efforçoit de deliurer sō frere ioseph des mains de ses freres lesquelx le vouloiēt tuer. Puis ou xlii. reprist ses freres disāt ne vous auoye ie pas biē dit que nous ne feissions point de desplaisir a lenfant. Et apres ce ou chapitre mesme est escript que Rube pria iacob affi quil luy pleust de permettre que le petit beniamin fust mene en egipte pour deliurer Simeō lequel y estoit en ostage ¶ Finablemēt rubē auec Iacob et tous ses freres retourna de rechef en egipte a sē contre desquelx Iidrēt les chariotz de pharaō cōe est escript ou xlvi de genese ou quel pays degipte il mourust aage de cēt xxvii ans: q estoiēt deux ans aps la mort de ioseph. Lequel rubē estant malade deuāt ses filz fist tel testamēt

¶ Le testament de ruben.

¶ Qui est celuy qui congnoistrera la loy du seigneur q diuisera en iugemēt et fera sacrifices pour tout israel iusqz a la cōsommatiō des tēps de crist prince des prestres. que dieu a pmis et predit deuoir venir ¶ En aps se ensuit. Por ce que nostreseigneur la esleu pour regner sur tous peuples et que sa semence sera adoree/Il mourra pour nous en batailles visibles et inuisibles. Et sera sur nous le roy des siecles.

¶ Chapitre xxiiii. de dathan q abirō.

Dathan et abiron
f iiii

La tierce aage

filz de eliab qui estoit de la lignee Rubē cōe est escript ou xbjᵉ chapitre du liure du nōbre furēt les premiers entre tout le mōde qui acompaignez de choze filz de ysuar qui estoit par caath descendu de leui auec daultres iusques au nōbre de ijᶜ cinquante/conciterent et esmeurent scisme/murmure et diuision contre aaron et Moyse. parquoy la terre se ouurist et tous vifz les englotist auec toute leur substāce. Et leꝰ coadherēs furent de feu celeste cōsumez et destruictz cōe est escript en la premiere question de la xxiiijᵉ cause. et aussy en la rubriche des elections. ¶ Toutesfoys il nest point a entēdre comme dit Nicolas de lira que iceulx Datha et Abiro soient descēdus tous vifz en enfer sāce quilz ayēt premieremēt receu mort corporelle/car ainsy que est escript ou ixᵉ chapitre de lepitre aux Hebrieux Il est ordonne a tout hōme de mourir vne foys. Mais il fault entēdre que le feu par vertu diuine yssant de leurs encēsouers les suffoqua/parquoy descendirent tous en corps et en ame es lieux infernaulx. ¶ Diceulx parle tresbiē maistre pierre de riga en sō traictie nōme aurora disant que par telx sont entendus les scismatiques et ceulx q̄ vsurpēt les dignites ecclesiastiques Lesqlx serōt punis finablemēt.

¶ Apres ce nostreseigneur cōmāda q̄ eleazar qui deuoit estre fait euesque assemblast leurs encensouers disperses ca et la. et quil les mist en pieces et en lieu de courōnes les fichast en lautel en memoire perpetuelle de la chose cōme apert ou xbjᵉ du nōbre/affin que les autres eussent temeur et peur et que apres ce nul ne fust si psomptueux de riens vsurper sur la dignite sacerdotale.

¶ Chapitre xxxbe de Simeon.

Symeon second filz de Jacob et de lia selond le xxxixᵉ de genese est interprete auditiō/audible/ou oyant mereur et tristesse/ ou nom de habitacle. ¶ Quāt au pmier dit Paban ou lieu dessusdit que sa mere dicelluy en le enfantant dit ces parrolles. Dieu ma ouye et exaulcee.

¶ Simeon signifie et represēte les scribes des iuifz qui ourent la voix des cōmandemens de dieu/occirent les prophetes en assemblant les euesques qui estoient de la lignee de leui. pour occire ihesucrist cōme est escript ou chapitre xj de saict Jehā. Et pource est dit cu xlixᵉ de genese. Simeō et leui sont freres et vaisseaulx de iniquite. ayans bataille entre eulx. Je desire que mon ame ne soit point en leur conseil ne en leur compaignie. ¶ De ces deux freres est escript ou xxxiiijᵉ de genese que ilz vengerent loppression de leur seur Dina corrompue en la terre de Salem ou de sali par Sichen filz de emor cuie et occirēt tous les masles de la ville du dit sichen et le dit emor/en ramenant pcelle Dina de la maison de sichen. De laquelle chose Jacob ne fust pas biē cōtent. Et les aultres freres diceulx Simeon et Leui destruirēt la cite en prenant femes et petis enfans prisōniers ¶ Simeon fust par ses freres lesse en egipte pour ostage a son frere Joseph saluateur degipte. lequel leur estoit incongneu cōe apert ou xlijᵉ de genese.

¶ Finablemēt Simeon aage de cent et xx ans trespassa en icelluy an ou q̄l mourust Joseph. Et fist son testamēt lan du monde ijᵐ iiijᶜ et dix selond la verite hebraique.

¶ Le testament de Simeon.

¶ Nostreseigneur qui est le grāt dieu apperra en terre cōe hōme et sauluera en soy le premier pere adam. Lors tous les espris de erreur seront mis en conculcation et soubz le pie. mais les hommes regneront sur les puicieux et mauuais espris. Adōcques ie me esleueray en ioye et donneray benedictiō au tres puissant pour ses merueilles et pource que il prēdra corps humain. Mengera auec les hōmes et les sauluera. Parquoy mes fillieux et enfans obeisses a leui et vous esiouisses en la lignee de iuda. car de ces deux procedera et vēra

ffeuillet vii xx i

sur vous le salutaire et saulvement de dieu. De levi est entendu le prince des prestres Et de Juda le roy et le dieu des hommes qui saulvera toutes gens et principalement la generation de Israel. Ces parolles finees Symeon dormist et reposa avec ses peres.

Chapitre xxvj. de levi.

Levi tiers filz de Jacob et de Lya come est dit ou xxix de genese est interprete adiousteument auceteur, et figure des prices des pstres Et signifie la copaignie des apostres et de tous les martirs. Lesqlx parfaictz en charite et renoncans a tous les biens tepoelx peruindrent a la souveraineté de vraye doctrine euagelique come vrais levites et prestres non ayas point part es choses terriennes mais seulemet disans avec le prophete ou pseaulme xv Mon dieu et monseigneur est la partie principale de mon heritage.

Levi eust trois filz gerson caath et merari ainsy que est escript ou xlvj de genese et ou vj chapitre du premier de paralipomenon. Parquoy il fault noter quil y avoit quatre especes ou manieres de levites. Car de caath descendit Aaron duquel furent nommez les aaronites. Mais les autres descedans de caath furet nommez par nom comun caathites. Les tiers descedans de gerso furent dis Gersonites. Les quatriesmes venans de merary furent appellés merarites. Ou dit caath descendit amram comme il apperra cy apres en la figure. Du quel procederont Moyses Aaron et Marie leur seur. Desquelx principalement doibt estre faite mention, combien que ne laisserons pas psuar ne son filz chore. Ainsy comme est dit devant Levites signifient diacres en grec. et en latin signifient ministres de leglise comme est declaire en la distinction xxj. Desquelx est dit en la distinction l. que par ce nom Leuite est aulcunesfoys entendue la dignite sacerdotale. En oultre diceulx levites et de seur presentation et de leur loy est parle ou viij du nombre ou il est dit en substance quil doibvent estres aspergez et nettoyez/ premierement de leaue de lustration et purgation/ De laquelle eaue on fait memoire ou xix du nombre. Secondement ilz doibvent estre res. Tiercement devoyent estre leurs vestemens levez. Quartement devoient estre sacrifices pour eulx offers.

La tierce aage

Du xxv̄e an de leur aage ilz entroiēt dedens le tēple et aprenoyent leur office et seruice. Mais ou xxxe an estoiēt institues ministres et prestres come appert en la distinction lxx.iije. Et quāt ilz peruenoyent au cinquantiesme an ilz cessoyent de exercer loffice ainsy que est escript ou iiije chapitre du nombre. Combien quilz nestoient point oisifz Mais estoyent commis a garder les vaisseaulx sacrez.

¶ Diceulx leuites parle Sainct gregoire ou xxiije chapitre du xxiije des morales disant que depuis le xxve an ilz seruoyēt au tabernacle iusques au le. Et lors ilz estoyent gardes des vaisseaulx. affin que eulx estans en laage plus subiecte aux vices bataillans continuellement contre lomme ne presumassent poit auoir cure ne charge autruy. mais apres ce quilz auoyent mis soubz le pie et subiugue les batailles des temptations/et quilz estoient rassis et plains de maturite Ilz pouoient lors licitement auoir la garde et cure des ames lesquelles sont congruemēt et conuenablement figurees par les vaisseaux du tabernacle. A propos diceulx est dit ou xiiije de Iob Helas les inquilins/cestadire les estrangers mercenaires et louagers ⁊ chāberieres de ma maison me ont entretenu ainsy ꝙ vng estrāger. sur lequel pas dit Sainct gregoire ou xliiij. chapitre du xiiij. des moralles que par les inquilins et telz habitans sont figures les prestres. Et par les chambrieres sont representes les leuites. lesquelz cestassauoir prestres et leuites auoyent pieca predit et prophetise la venue et incarnation de ihesucrist. mais apres ce quil fust venu ne voulurent point le congnoistre ne honorer. ¶ Comestor dit en listoire ou chapitre iij. du nombre que dieu prepara pour soy la lignee de leui en lieu des premiers nez. lesquelz apres il sanctifia tous/ainsy que est escript ou xije de Exode. Et auec ce de peur que le nombre des xij lignees ne fust diminue/la lignie de manasses fut auec les leuites

instituee/et la lignee de effrayn fust ou lieu de Ioseph. Qui plus est iceulx leuites couchoyent et faisoient le guet a lenuiron du tabernacle entre ledit tabernacle et les gēs de guerre. Mais ilz estoient plus pres du tabernacle que des chasteaulx ¶ Ilz couchoyēt en ces tabernacles par les quatre cornes et regions du ciel. cestassauoir Moyses et aaron auec leur cōpaignie faisoient le guet vers oriēt. les caathites vers midy soubz la garde de eleazar. Les gersonites vers occidēt. Les merarites vers septētrion desquelz les deux derniers estoyent soubz la charge de pthamar. ¶ Quant ilz vouloyent aler en aulcū lieu les prestres entroyent premierement dedens le tabernacle deuant que on le fist mouuoir. Et enuelopoyent larche le propiciatoire/les cherubins/ le palliot de iacincte/le chandellier dor/ lautel/et la table auec ses vtensiles en palliotz ⁊ semblables couuertures. car il nestoit point chose licite devoir nud ce qui estoit oultre le voile. Adonc les caathites portoient sus leures espaules toutes ces choses enuelopees et lautel du sacrifice semblablement/auec tous ses vtensiles. ¶ Les gersonites portoyent en leurs chariotz les choses molles de la couuerture du tabernacle cestassauoir les cortines/la saye/les peaulx rubricees/et de iacincte et choses semblables. Mais pour dire en bref les merarites portoyent es chariotz tous les autres durs vtensiles du tabernacle du temple. comme tables/marchepiez portes/colonnes/pilliers/⁊ choses semblables. Et les leuites dieulx, anciēs/ et quassez/qui ne pouoyent plus porter le labour ne la paine de exercer leur office se asseoyent pres du tabernacle et le gardoient car es seruices dessusdis ne pouoyent riens faire. Lesquelz leuites furent par moyse nōbrez viij.M̄ l. lxxx/tous aagez au dessus de xxx ans ¶ Combien que les lxx interpretes dient quil souffisoit estre aage de xxv ans le quel nōbre sans nous obseruons encor auiourdhuy en lordination des prestres

Feuillet vii·xx ii

¶Ou xiij e et xiiij e de deuteronome (et en la premiere question de la ix e cause est determine que le leuite ou diacre deuoit prendre les difmes de tous fruictz. Et le prestre debuoit auoir les premieres nez de toutes especes de bestes. ¶Auffi en cefte loy aux leuites et prestres estoit permis d'estre mariez pour auoir lignee ainsy comme est declaire ou xxi e de leuiticus. ¶Pareillemēt fust dit au peuple comme est note ou xvij e de Deuteronome que es Jugemens scrupuleux il alast aux prestres et leuites pour la discussion de sa matiere. ¶Ou xj e chapitre des actes apostoliques et en la xxxj e distinction est cōtenu comment les apostres ordonnerent et instituerent les leuites. Entre lesquelx Sainct estienne fust le tresgrand. ¶Semblablement ou xiij e et xiiij e de Exode et ou xviij e du nombre est contenu que les premiers enfans nez des leuites doibuent estre rendus a dieu. ¶En oultre est asauoir que dieu commanda a Moyse comme appert ou xxxv e du nombre que aux leuites fuffent distribuees les cites pour demourer et auffi fauxzbours pour nourrir leurs iumens et bestial. Et pource cōme est escript ou xxj e de iosue. Iceulx estans en silo demanderent et requirent que ainsy fust fait/car ilz estoient fans habitation quant la terre de promission fust diuifee. Parquoy a eux furent donnees xlviij cites auec leurs fauxzbours. Et ainsy furent disperses et espandus par tous les tribus et lignees d'ifrahel. car le sacrifice diuin apartenoit a chascun d'iceulx. Et auffy silz ne euffēt ainsy fait: ilz euffent trop greue l'une ou ij des lignees en demourant en vng lieu feulement. Et qui plus est ilz les pouoyent mieulx et plus Informer des cerimonies diuines par estre disperses q par estre tous en vng lieu. Autre raison. car ce cy a touiours este obferue entiers toutes gēs. q ceulx qui entendent au sacrifice diuin doibuent estre substentez et soubstenus de tout le peuple. Du de ceulx qui ont la charge de la communaulte. Pour cefte cause les prestres d'egipte ou temps de la famine ne vendoyent point leurs poffeffions pour viure. Car ilz estoiēt nourris et alimentez des publiques greniers du roy Ainsy que est escript ou xlvij e de genese.

¶On pourroit cy faire vne question touchant iceulx leuites. Se le diacre ou leuite peult difpefer et administrer le corps de ihefucrist. De ce dient aulcuns que ouy. et preuuent par Sainct Laurens qui estoit leuite et a qui fust commife charge de la confecration du corps et du sang de ihefucrist. Mays sainct Thomas en la iij e question de la quatorzieme distinction du quart de sentences refpond que telle administration proprement apartient au prestre en tant quil reprefente ihefucrist q est mediateur de dieu et des hommes. Mays le diacre qui participe aulcune chose de la dispenfation de ce sacremēt peult de son office administrer le precieux sang de nostresseigneur. Car en ce administrant il ne touche point le sāg mais le calice feulement. Aultre chose est du corps. car en tant quil na pas les mains confacrees il ne le peult adminiftrer sinon du commandement de leuesque ou du prestre. ou en cas de neceffite comme est termine en la distinction cent xiij e ou chapitre Non oportet. ¶Par ce est folue l'obiection de sainct Laurens. Auffi auec ce pourroit on dire que a luy fust commife telle confecration du corps de ihefucrift en garde et custode comme on fait a vng sacrifte. ¶Qui veult plus scauoir et congnoistre des leuites et de leurs offices auoir fault recours es chapitres de aaron et eleazar.

¶Le testament de leui.

¶Cōgnoiffes que dieu fera iugemēt fur les filz des hommes. et que en la paffion du treshault seigneur les pierres fenderōt. Le foleil perdera sa clarte. Les eaues feront sechees. Toute creature vniuerfellemēt sera troublee. et les efpris inuifibles ferōt efmerueilles.

La tierce aage

Aulcuns hommes sans creance et fi/
delite demourront en leurs iniustices.
parquoy seront en leur punition iuges
Puis apres ce il dit. Voz freres seront
confondus entre Vous. et illusion sera
faite en toutes gens car nostre pere Is/
rahel sera mundifie et nectoye de ini/
quite des princes des prestres lesquelz
getteront leurs mains violentes con/
tre le saluateur du monde. ¶ Dit en
outre/ que sera tout le demourant des
hommes se Vous estes tenebreux et ob
scurcis en Vostre maulvaistie en ame
nant malediction sur nostre generati/
on. Voulans tuer cestuy qui est la lumi
ere donnee au monde pour enluminer
et esclairer tout homme. et enseignans
enseignemens contraires aux iustifi/
cations de dieu. ¶ Dit encor. Jay con/
gnu ou liure de Enoch que par lxx se/
pmaines Vous errerez/ozdirez et soul
lieres la dignite sacerdotale / pollures
les sacrifices / exterminerez la loy/ des/
priseres les sermons des prophetes/ per
secuteres les hommes iustes en Vostre
peruersite. Ares en haine les bons. ab/
hominerez les vrayes parolles. Di/
res de lomme renouuelant la loy en la
Vertu du trespuissant seigneur quil er
rera. Et finablement le murdrires Ig
norans quil doibue ressusciter. Peccue
tres et prendres son sang innocent par
Vostre malice dessus Vos chefz (t dessus
Vous. Pour ceste cause Vos lieux
sainctz seront destruictz/ desertz/ et pro
phanes Jusques au pauement. Et ne
sera point Vostre lieu net. Mais entre
toutes gens seres en malediction et de
speration iusques ad ce quil Vous Visi)
tera de rechef ayant pitie de Vous et q
en foy et eaue Vous receuera. ¶ Apres
sensuyt. Nostreseigneur suscitera (t es
leuera vng nouueau prestre auquel se
ront reuelees toutes les parolles de
dieu. et fera iugement de Verite en ter
re durant la multitude de ses iours.
Son estoille naistera ou ciel comme
vng roy enluminant la lumiere de co
gnoissance. Il resplendira comme le so
leil sur toute terre. ostera toutes les te

nebres estans soubz le ciel (t lors en terre
sera paix. les cielz se esiouyront et la ter
re semblablement es iours dicelluy.
Les nues aront liesse. la notice et con/
gnoissance de dieu sera espandue com/
me leaue de la mer en terre. les angles
aront ioye pour la gloire de la face de
dieu. Les cielz seront ouuers. et du tem
ple de gloire Vendra sanctification sur
luy par la Voix du pere. Lesperit de sa/
ctification et de entendement reposera
sur luy en la Vertu de leaue. ¶ Il bail/
lera en Verite la magnificence de dieu
a ses enfans. Et ouurera les portes de
paradis. Il fera arrester le glaiue (t cou
steau menassant adan. Donnera aux
sainctz a menger du bois de Vie. Il lie/
ra Belial en donnant puissance a ses
filz de fouler et marcher sur les esprie
mauuais et pernicieulx. Lors se esiouy
ront Abraham psaac et iacob / et moy
semblablement auec tous les sainctz q
de ioye seront remplis.

¶ Chapitre xxviiº de dan.

Dan cinquiesme

filz de iacob (t pmier filz de Baala chabri
ere de rachel cõe est escript ou xxxº de ge
nese/ est se lõ Raban iterpzete iugemẽt
Car a leure que sa mere Baala lenfan
ta/ Rachel qui estoit sa dame et mais/
tresse dist ces parolles. Dieu ma iugee
et exaulcee en tant quil ma donne vng
filz. ¶ De cestuy dan prophetisa iacob
ou xlixº de genese disant. Dan sera cou
leuure en la Voye. et cerastes qui est
serpent dangereulx en la sente. par les/
quelles parolles comme dient aulcũs
Il a entendu que antecrist procederoit
de ceste lignie. ¶ Dan fust le premier
qui entre les douze lignieez de Israhel
mist siege et assembla compaignie de
gendarmes Vers aquilon. Parquoy
non point sans cause Il signifie cestuy
qui se doit assoir es costez daqlon (t du
quel le prophete parle figuratiuement
disant que de Dan est ouy le fremisse/
ment des cheuaulx.

¶ Dan est nomme non pas seulemēt quiculeuure mais aussi cerastes.lequel mot cest assauoir cerastes en grec signi fie cornes en francoise.car cest vng ser/ pent cornu auquel nest point a fort an techrist compare.car par les cornes de sa puissance il sera arme contre la vie des bons/auxquelx par vng moys pe/ stifereux de faulce predication fera gre ues persecutions.¶ Du chemin et en la voye il est fait quiculeuure. Car Il fait aler et cheminer selond lampli/ tude et largeur de la vie presente ceulx a qui il monstre beau semblant et les applaudit.Mais il les mort/consume/ et destruict par le venim de son erreur et la liberte et large voye q̄ leur a bail/ lee ¶ En la sente et chemin estroict il sera cerastes.lequel estant en la voye mors lõgse du pie du cheual . par lequel est entendu le monde pour faire trebu cher le cheuaulcheur en bas.Car le che ual frape et mors en son ongle et extre mite fait choir a la renuerse ceulx qui sont montez trop hault en dignites pour leurs iniquites et demerites.¶ De ce stuy dan dit Moyses. En la benedic/ tion de Dan le petit fan et lignie du le/ on coule et procede habundanment de basan.Qui veult bien appzopzier ces/ te parabole a ihesucrist ou antecrist el/ lest facile.Car le lyon par sa force rep/ sente la figure de ihesucrist.mais a lop posite le lyon par sa ferocite rep̃sente le deable.Et ainsy antecrist lequel est filz du deable cruel/coulera et descen/ dra de basan pource que il est plain de confusion laquelle est signifiee par ce nom basan qui est interprete confusi on ou gresse.¶ Dan aage de cent xxv ans fist son testament et apzes la nar/ ration des maulx de ses filz dit ce qui sensuyt.

¶ Le testament de dan.

¶ Quant vous retournerez a dieu vous impetrerez misericorde.Il vous menera en sa sainctification en demon strant paix.De la lignee de iuda et de leui procedera la saluation.Il sera ba/ taille encontre belial apostat diaboli/

Feuillet vii^{xx}iiii

que.prendra vengance de sa victoire quil a eue en vos termes et habitati/ ons.Le mettera en captiuite.Luy oste ra les ames des sainctz.Conuertira les coeurs incredules a nostreseigneur Donnera paix eternelle a ceulx qui le inuoquent.En luy reposeront les saintz.Et les iuste se esiouiront en la nouuelle ierusalem.la quelle cite a per petuite sera en la gloꝛification de dieu ¶ Apꝛes ce ierusalem ne souffrira plus desolation ne israel ne sera plus mene en captiuite pource q̄ dieu sera ou mil lieu conuersant et habitãt auec les hõ mes.et le sait israel regnera sur yceux en humilite et pourete.et quiconques cꝛoit en luy en verite il regnera es cielx Et pource mes enfans craignes mai tenant nostreseigneur.Consideres ⁊ vous gardes bien de sathanas et de ses espris.Approches vous pres de dieu et de lange qui vous excusera.¶ Le mediateur de dieu et des hõmes batail sera pour la paix de israel contre le roy aulme dicelluy ennemy.le quel enne/ my se estudie a subuertir tous ceulx q̄ inuoquent dieu car il congnoit que en quelconque heure que Israel cꝛoira et ara creance en dieu son royaume sera consume et destruit.

¶ Chapitꝛ xxviij.de Neptalim.

Neptalim vj.filz de iacob et iiĩ de baala chambriere de Rachel comme est dit ou xxx.de genese est in/ terprete/Il ma conuerti/ou il ma dila te/ou il ma enuelope.Et pour ce dit Rachel a leure de sa naissãce dieu ma comparee auec ma seur dont suis ren/ foꝛcie.¶ De neptalim pꝛophetisa Ja/ cob ou xlix. de genesedisant que Nep/ talim est vng cerf abandonne a courir donnant parlers et langaiges de be aulte ¶ Neptalim est aultrement in/ terprete vng champ a trousse .

¶ Pꝛemierement est dit quil est vng cerf lasche a courir pource que en la ter re et possession qui par sort luy fut di/ stribuee/les biens de terre croissoyent et peruenoyent a maturite plus tost que les aultres, ainsy que le cerf quant a courir est plus leger que toutes autres bestes. ¶De ces biens de terre estoyent faites oblations et payees les dismes, dont les prestres et leuites Pensoyent a dieu belles louenges. Et pource est mis apres, Baillant langaige de beaulte. Toutesfois selon Rabain ceste interpretation est retorquee a la doctrine du saluateur. Lequel ainsy que touche le texte de leuangile en diuers lieux, enseigna et prescha souuent les hommes a lenuiron de la mer de galilee du coste dorient. Neptalim aage de cent xxxij ans soyat sa mort aprouchier fist son testament.

¶Le testament de neptalim.

¶Mes enfans ie vous ay monstre les derniers temps pource que toutes choses seront faictes en israel. Doncques mandes a vos filz quilz soyent trouues et benis en iacob. Car dieu se monstrera par son sceptre et verge royale habitant entre les hommes affin que la generation de israel soit saultiee. Car il assemblera les hommes iustes des gētilz et payens.

¶Chapitre xxix de gad.

Gad septiesme filz de iacob, et premier de zelpha chambriere de lya fut engendre a la requeste dicelle Lya. Car lya congnoissant que elle auoit cesse de enfanter apres ce que elle eust eu quatre filz, cest assauoir Ruben, Simeon, Leui et Judas elle donna a son mary sa chambriere zelpha affin que par elle eust des filz adoptifz. En laquelle chose est demonstree combien grande affection et desir de lignee estoit en icelle. Et aussi que en elle ny auoit nulle delectation ne concupiscence. Car se lia eust eu libidinosite aulcune en soy elle eust este ialouse de sa chambriere sans la bailler a son mary. ¶Gad est interprete eureux ou felicite pource que a leure quil fut en-

fante Lia commenca a dire, eureusement, comme se elle desiraft a dire Il mest bien aduenu sauoir vng filz adoptif dont ie doibs estre reputee eureuse. ¶De gad pphetisa iacob ou xlix. de genese en disāt. gad bië arme bataillera vaillamment deuāt tous. Car les filz de gad passerēt tous armes deuāt les filz de israel lors qlz ne auopēt poit encor prise ne acquise la terre de promission pour heritaige. ainsy comme apert en plusieurs lieux de iosue. touteffops nul deulx ne cheut en la bataille. Et pource dit en apres iacob, que gad sera arme arriere (de rechef cestadire quilz retourneront de la bataille autant et aussi fors comme deuant. Semblablement pour ceste cause gad est interprete arme dont allegoriquement figure ihesucrist qui voulāt batailler contre les mauluais et iniques esperis en prenant char humaine fust arme ceinct et enuironne de la vertu de sa diuinite comme est escript ou pseaulme iiij[e] et xij. que nostreseigneur vestu de force se arma en la forme dūg champion (et vray combatant. Dont il racheta la multitude des prisonniers estans en piteuse captiuite. Et donna aux hommes beaux dons ainsy que est dit ou pseaulme lxxviij[e]. Et pource declaire Moyses ou xxxiij[e] de Deuteronome q dieu est benopst (et loue en la force (et latitude de gad. car ainsy comme est dit ou pseaulme cent et xij. le nom de nostreseigneur est louable et doit estre magnifie depuis orient iusques en occident combien que iadis na este congneu sino en iudee tant seulement comme est escrit ou pseaume lxxv[e]. Apres ce moyse baille raison et probation de son dit. Car ihesucrist ainsy comme vng lyon se reposa. Et apres sa resurrectio il fist crier diuers par les apostres preschās en toutes les regions du circuit de la terre. Moyennant la grace de dieu qui leur aidoit, et cōfermoit leurs parolles par les signes et miracles que par sa permission se faisoyent comme appert ou dernier chapitre de Sainct marc.

Feuillet vii xxiiii

Selond Rabanus la lignee de gad de Ruben/et la moitie de la lignee de Manasses eurent le sort et part de leur habitation quant la terre fust diuisee oultre le fleuue Jordain vers orient. Et edifierent ung grand autel apres ce quilz furent departis de iosue comme appert ou xxii du liure de iosue. Lequel autel ilz appellerent nostre tesmoignaige.

Gad aage de cent xxvij ans voyant aproucher sa mort/fist en egipte ce testament.

Ostes hayne de vos armes/et aimes lung laultre en rectitude de coeur. Dites a vos enfans quilz honorent iudas et Leui. Car de eulx nostreseigneur sera naistre et proceder le salutaire et sauueur de israhel.

Chapitre xxx de aser.

Aser huitiesme filz de iacob. et ix de zelpha chambriere de Lia comme appert ou xxx de Genese/est interprete bieneureulx. pour ce que lors quil fust enfante Lia commenca a dire Je suis bien eureuse. et aussy les femes me beatifient. De aser dist et prophetisa iacob ou xlix de Genese ce qui sensuit. Aser est pain gras lequel baillera delices aux roys.

Selond Raban Aser represente ihesucrist dont le pain cestadire le precieux corps et sang donne delices aulx roys. cestadire a ceulx qui viuent selond dieu et rayson. Mays aux aultres tel pain est mort eternelle. Et pour ce lomme se doibt premierement prouuer/examiner/purger/nettoyer et iuger. Puis en tel estat menger de ce pain et boire de ce calice et bruuaige.

De Aser parle semblablement moyse ou xxxiii chapitre de Deuteronome. Aser est benoict en ses filz et plaisant a ses freres. Car comme est dit ou tiers de Sainct iehan Ceulx qui croyent en ihesucrist sont par sa grace regenerez. Lequel a baille a ses freres/ cestassauoir aux apostres sa grace et son amour dont ont lesse les cerimonies de la loy ancienne et ensuy la verite euangelique. parquoy ilz se sont esiouis congnoissans quilz ont este trouues acceptables et dignes de souffrir contumelies et iniures pour le nom de ihesucrist comme est escript ou v chapitre des fais des apostres. Aser aage de cent vingt ans voulant mourir fist en egypte ce testament parlant a ses filz.

Le testament de aser.

Je congnoys que vous commettres plusieurs pechez. parquoy seres baillez es mains de vos ennemis. Et vostre terre sera desolee et vous disperses et tous espandus es quatre cornes de la terre. En laquelle dispersion vous seres contemnez et desprisez comme eaue inutile Jusques ad ce que le treshault visitera la terre Et que luy venu sera comme ung aultre homme buuant et mengeant auec les hommes. abessera par la vertu de leaue la teste du dragon Il sera dieu musse dedens lomme. par quoy il sauluera israhel et toutes gens. Et pource dites a vos filz quilz le croyent et quilz ne se separent point de luy.

Chapitre xxxi de ysachar.

Ysachar ix filz de iacob et v de sa feme lya comme apert ou xxx de genese nasquit apres ce que Ruben premier filz de iacob et de lia eust aporte des mandragores du champ comme est dit dessus ou chapitre de Ruben. par lesquelles mandragores Lia obtint de sa seur Rachel que elle coucheroit auec iacob celle nuitee: laquelle estoyt deue selond lordre obserue entre elles a Rachel. et pource luy donna part dicelles mandragores en la quelle nuitee psachar fut conceu. Parquoy psachar est interprete mon loyer. ou qui est remenbrable. ou remembrant le seigneur. ou lomme de loyer. Ysachar fust par iacob baillant benediction a ses filz nomme asne fort pource que pres du fleuue iordain pres de la montaigne du carmel et mageddon il eut sa sorte et distributio

La tierce aage

de terre ceſt aſſauoir depuis bethſa iuſ/ques a la montaigne de taburin/ou il pena et laboura grandemēt. parquoy il ſignifie legliſe des gentilz et papes. car ſus ſon eſpaule il a porte la croix de iheſucriſt conſiderant que ceſtoit ſng pois et charge qui luy ſeroit ſouef et leger Comme eſt eſcript ou chapitre xi. de ſainct mathieu. ¶ yſachar aage de cent et xx ans fiſt ſon teſtament en egipte.

¶ Le teſtament de yſachar.

¶ Dous ſubietterez toute beſte fiere a voſtre ſeruice ſe vous aues aueucques vous le dieu du ciel cheminant auec les hommes en ſimplicite de couraige. Ces parolles dictes il eſtendit ſes piez et mouruſt.

¶ Chapitre xxxij. de zabulon.

Zabulon x. filz de Jacob et vj. de lya. eſt interprete habitacle pource que ſa mere aſſeuree de la cohabitation delle et de ſon mari dit ces mos. Jacob mon mari habitera auec moy. Et pource Jacob eſt interprete ſubſtance de habitacle. ou habitacle de force et de beaulte. ¶ Zabulō fut dernier filz de lya. Et fuſt auec Ruben maculateur du lit paternel en la montaigne de Heliel ou hebal/mis entre les filz des chambrieres pour mauldire ceulx qui eſtoient dignes de maledictiō/ainſy que dit ſainct Jerome ſur le pitre eſcripte a Titus. et auſſy appert en la iij. queſtion de la xxiiij. cauſe.

¶ De zabulon propheti ſa Jacob ou xlix. de Geneſe diſant quil deuoit habiter ou riuage de la mer au port des nauires Juſques en ſidoine. Car ſon ſort et partie commencoit enuiron la montaigne du carme. Se eſtēdoit ix. lieues en longueur Juſques en genezareth Mais en latitude et largeur auoit cinq lieues depuis la montaigne thabor iuſques a la vallee carmaleon. ¶ Zabulō figure legliſe qui habite pres des flocz et temptations de ceſte vie. De laquelle toute la progreſſiō et chemin neſt que ſng paſſement ſur terre. pour immoler a dieu les victimes et ſacrifices de iuſtice comme eſt dit ou xxxiij. de deuteronome ¶ Zabulon aage de cēt xiij ans. qui eſtoyent xxxij apres la mort de Joſeph fiſt en egipte ſō teſtamēt.

¶ Le teſtament de zabulon.

¶ Jay congneu en leſcripture de mes peres que es derniers iours vous vous departires de dieu/et ſeres diuiſes en iſrahel. Vous enſuiures deux roys. et ſeres toute abhominatiō. Apres ce naiſtrera la lumiere de iuſtice la ſāte (mi ſericorde qui rachetera toute la captiuite des filz des hommes. Lors belial et tout maulaais eſprit ſera mis ſoubz le pie. Il conuertira pluſieurs gens a ſa doctrine. Vous verres dieu en forme humaine. Auquel le ſeigneur de iheru ſalem a ia donne et eſſeu ſon propre nō Puis vous le prouoqueres par ſa malice de vos langaiges a ire. parquoy vous ſeres deſpriſes et gectes hors de bonne compaignie iuſques au temps de cōſumatiō.

¶ De dina chapitre xxxiij.

Dina fille de lia et de Jacob dernierement engendree naſquiſt apres zabulon comme appert ou xxx. de Geneſe. Et eſt interprete ceſte cauſe. ou ce iugement. Ceſte dina eſt celle qui fuſt corrompue de ſichem filz de Emor euien. lequel Sichem eſtoyt prince des ſichimes en la terre de chanaan. comme eſt eſcrit ou xxxiiij. de geneſe. laquelle dina neuſt Jamais eſte rauie ne corrompue dung eſtranger ſe elle euſt touſiours demoure auec les ſiens ainſy que eſt determine en la 8.e diſtinction/en la rubriche de penitencijs Et comme apert par ſainct auguſtin en ſon liure de penitencia ¶ Ceſte dina eſt exemple que quant lame chriſtiane qui doibt eſtre religieuſe et aimer dieu/veult voir les femmes chananees Ceſtadire les delectations/vanites et malices des peches/en yſſant hors de la maiſon de conſcience et de religion/

Feuillet ij xx v

tantoſt vient ſichen/par quy nous en/
tendons le deable. lequel rauit Icelle
poure ame par delectation et mauuais
conſentement. Dont par œuures iniq̄s
eſt corrompue et menee en la maiſon in
fernale. Et pource nous admoneſte le
ſaluateur ou x̄e de ſainct mathieu en di
ſant En quelconque maiſon que vous
entrres ceſtaſſauoir maiſon de bonne
conſcience et de religion demourez y.
⸿ Et ou 8e chapitre de la premiere epi
tre a thimothee eſt eſcript que pluſieu̅rs
perſonnes aprennent a ſuiuir et fre/
quenter les grandes maiſonſ. Et puis
quant ilz y ont beaucop luxurie et fait
maintes folies Ilz promettẽt a viure
chaſtement et ſe marier a iheſucriſt.la
quelle choſe ceſtaſſauoir viure chaſte/
ment vault mieulx que pſeuerer touſ
iours en ſa folie.

⸿ Chapitre xxxiiije de beniamĩ.

Beniamin dernier
filz de Jacob et de rachel eſt cy
ppoſe a ioſeph combiẽ quil ſoit ne apz
luy. pour cauſe que en ioſeph ſeront cõ/
tinues les ans iuſques a la ſeruitude
degipte. Ceſtuy bēiamin fut ne ou che
min qui maine de ſichen en bethleem/
comme apt ou xxx8e de geneſe/ Mais
tous les aultres filz (t dina leur ſeur fu
rent nez en meſopotamie de ſirie. Ben
iamin eſt interprete filz de dextre et de
vertu. car ſa mere rachel mourãt en lē
fantement lappella bennonij/ ceſtadire
filz de ma douleur. mais le pere mua ce
nom et lappella beniamin qui ſignifie
filz de dextre cõme ap ia dit. Il repre/
ſente limaige de ſaict pol lapoſtre qui
eſtoit de ſa lignie ainſy cõme eſt eſcript
es faitz apoſtoliques. ⸿ De luy parle
Moyſe ou xxxiije de deuteronome di/
ſant Beniamin le treſamoureulx du
ſeigneur ara habitation de fiance et ha
bitera ſeurement.laquelle parolle fuſt
dicte pour le temple eſtãt en iheruſalē
en la lignee de beniamin. ⸿ Auſſi alle
goriquement il figure iheſucriſt q̄ fuſt

treſame de dieu le pere cõe apt ou iije de
ſainct mathieu. Et repoſa ou noble vē
tre de la vierge cõe en vne chambre pa
ree cõe moyſe pretendoit par ſes parol
les deſſus alleguees. ⸿ Beniamin de/
moura a loſtel auec ſõ pere iacob lors, q̄
ſes dix aultres freres alerent en egipte
ainſy que eſt eſcript ou xlije de Geneſe.
Auſquelz freres Joſeph cõmãda quilz
retournaſſẽt querre leur petit frere bē/
iamin. parquoy Simeon demoura en
hoſtage iuſques ad ce quil fuſt venu cõ
me determie le xlije et xliije dudit liure
⸿ Ledit beniamin euſt multitude de
filz. mais ſa lignee fut finablemẽt ex
tirpee et exterminee pour leſpeche de la
char cõme le xixe xxe et xxje chapitres du
liure des iuges le declairẽt et ſembla/
blemẽt la vije queſtion de la iije cauſe.
⸿ Dicelluy deſcendit vng nõme ahi/
el qui apres pluſieurs ſucceſſions reedi
fia la cite ihericho cõ eſt expoſe ou xvj
chapitre du iije liure des roys. laquelle
reedification fuſt a ſa male heure ainſi
que ſera declaire manifeſtemẽt ou cha
pitre de achab⸿ Beniamin en lage de
cent xxv ans fiſt ce teſtament en par/
lant a ſes enfans.

⸿ Le teſtament beniamin
Gardes les cõmandemens de dieu
iuſques a ce quil reuele aux gens (t mõ
ſtre le ſaluateur. Adonques vous ver
res Enoch/Noe, et Sem/Abraham
yſaac (t iacob reſuſcitanſ en exultation
et ioye Et nous ſemblablement reſu/
ſciterons chaſcun en ſon eſtat adorans
le roy des cieulx qui en terre apparuſt
en forme de hõe (t de humilite/ Auec le
quel ſe eſiouyront tous ceulx qui ont
creu en luy. Des hõmes les auſcuns ſe
reſuſciteront a leur gloire. Et les aul/
tres a leur ignominie et confuſion.
⸿ Noſtre ſeigneur iugera p̄mieremẽt
iſrahel de ſon iniuſtice en tant quil na
point creu ſon aduenement en char et
quil a nye quil fuſt liberateur et ſaul/
ueur de humain lignage. Auec ce redar
guera ceulx qui a luy nont point obei
lors que il conuerſoit en terre.

t i

La tierce aage

Chapitre xxxve de ioseph.

Ioseph xje filz de iacob et second de Rachel nasquit lan de son pere iiijxx et xij qui est lan du monde deux mil selon la verite hebraiq̄. Du deluge lan iiijC xlvj. De la tierce aage lan ijC cinquāte et vng. De ysaac lan cent lix. De la promissiō faite a abraham lan cēt lxxviij. De leocippus roy des sicioniēs lan lixe. De fozoneus roy des argins lan xlij. De belochus roy des assiriens lā xvje. Et deuant lissue degipte ijC liiij ans. Deuāt la destruction de trope iiijxx et xv ans. Deuant rome mil xiij ans. Et selōd Bede deuāt la natiuite de ihesucrist mil viiC lxiij ans qui est lan du monde iiijM iiijC xxxvij. Ite aussi estoit lan xiiije du seruice de iacob fait a labā pour ses deux filles ⁋ Ioseph est interprete acroisse-ment ou en icelluy. Mais de pharaon roy degipte fut nōme sephanet en hebrieu. qui en frācois signifie reperteur et inuēteur des choses mussees et secretes. Et en langaige egiptiē fut appelle sauueur du monde cōe est escript ou xlje de genese. ⁋ Icelluy aage de xvij. ans apres la mort de sa mere rachel fut vendu de ses freres par enuie cōe appt ou xxxviije de genese/ lan de Jacob cent et viije. Et de ysaac lan cēt lxviije. Ce sont xij ans deuant la mort de ysaac qui mourust aage de cent iiijxx ans/ lā de Jacob cent et xxx. ⁋ Entre la vēditiō de ioseph et la venue de Jacob en egipte sont nōbres xxij ans. ou quel temps Joseph auoit xxxviij ans. car en laage de xxx ans il estoit magnifiquemēt exalte et esleue en lostel de pharaō cōe est expose ou xlje de genese. Et ou ixe an apres ceste exaltatiō fut la descēte de iacob en egipte en laage de cēt xxx ās ainsy que est escript ou xlvj de genese. Ainsy apert que ioseph auāt sō exaltation auoit este xiij ans ou plus en prison et en seruitude. ⁋ Joseph auāt sa vēditiō accusa ses freres enuers leur pe dūg peche tresmauluais/ par lequel peche selonḍ Comestor est entendu enuie et

non pas peche contre nature qui est en congnoissant charnelemēt bestes brutes/ ou exercer sēblables fais. car tel vice ne doibt point estre aulcunemēt impute a telx sainctz patriarches. Par ceste enuie les filz de Lia heopent ioseph pource quil conuersoit auec les filz des chābrieres lesquelx ilz heopent/ cōe dit Nicolas de lira. Laquelle enuie/ cestassauoir fraternelle est peche tres inique cōme fraternelle charite est tres bōne. par telle enuie entra la mort au mōde cōme est escript ou tiers chapitre du liure de sapiēce. laquelle enuie est cōpartee a homicide ou tiers chapitre de sa canonique sainct Jehā. Et en sa premiere distinction en la rubriche de penitēciis. ⁋ Pour telle hayne ioseph corriga caritatiuement ses freres: mays il ne prouffita en riens en tāt quil estoit trop ieune. parquoy ilz despriserent ses corrections. Lesquelles choses consideres il sen plaignist/ et les accusa a son pere Jacob. Dont proceda la cause de lēuie quilz eurēt sur luy. laquelle fut augmentee/ par la narratiō de son songe recite deuant son pere et tous ses freres ou xxxviije de genese ⁋ Cestuy ioseph par lamōnestemēt de iudas desirāt se deliurer de mort fust dc ses freres vendu xx deniers. combien que es liures sin correctz soyent escriptz xxx. Et puis apres fust par les madianites ou hismaelites vendu xxx deniers a puthifar maistre dostel en la maison de pharaō selond Nicolas de lira ou xxxixe de genese. ⁋ Puthifar estoit eunuche cestadire chaste/ infrigide et impotent a generation/ ainsy que ou xl. de genese est escript que le bouteiller et boulēger de pharaon estoient de telle nature.

⁋ Cestuy puthifar selōd loppiniō des hebrieux et de sainct Jerome fust icelluy dōt est parle ou xlj. de genese. Leql bailla en mariage a Joseph sa fille nōmee assenech. Et lors quil acheta Joseph il estoit capitaine et chef des gens darmes. Aussi de luy est escript que ainsy cōe vng boucher il tuoit le peuple en nemp en la bataille. La cause de larchat

Feuillet xx vi

estoit pour abuser de ioseph qui lors estoit beau ieune filz et plaisant. Et pour acoplir sa voulente desordonee en perpetrant le peche detestable qui est nome cotre nature. Por ceste cause dieu infrigida icelluy puthifar et le rendist impotent a telle operation diabolique. puis apres fut fait prestre (euesque de espopoleos.laquelle est interpretee la cite du souleil. A ceste dignite nul ne pooit estre promeu ne esleue fors ceulx q estoient chastrez et infrigidez/ou totalement a generation indisposez. Par quoy fault dire que icelluy puthifar auoit engedre icelle assenech deuant la suption de telle dignite. ¶ De ceste assenech eust ioseph deux enfans deuant le teps de la famine/cestassauoir effraym et manasses/cõe est escript ou xli. de genese. Desquelx filz lung cestassauoir manasses est interprete oubliuion/ ou oublieux.ou esbahyssat/ou necessite/pource que so pere ioseph oublia ses labours (necessite/en laquelle il auoit este. Et selon l'abain Il porte la figure du premier peuple. Mais Effraim est interprete frugiferent et fructueux ou acroissemet/pource que dieu le augmenta en le donnant a son grand pere. Et par luy est represente le peuple des gentilz (sarrazins qui au peuple iudaique fut prepose.car ainsy cõe est escrit ou xlviij. de genese Jacob chancella (croisa ses mains en donnant la benediction a effraym et manasses ¶ Ces ij lignees/cestassauoir de effraym (manasses pecherent greuemet en pmettat le peuple des gétilz et payés viure (couerset auec eulx ainsy que dit Nicolas de lira ou xxi. de iosue. ¶ En outtre fault scauoir cõe est ia dit q les xij filz de iacob sont les xij lignees de israhel. Et pource que la lignee de leui estoyt occupee aux diuins offices/parquoy neust point sort ne part en la diuisio de la terre saincte/et seulement receuoyt les dismes et oblations des aultres lignees dont elle viuoit ledit ioseph fit deux lignees de ses deux enfans manasses et effraym.lune pour la lignee de leui (lautre pour soy. Et fist ioseph ceste constitution de ses deux filz affin que le nombre des lignees demourast tousiours en son entier. Toutefois ou xij. chapitre de lapocalipse nest poit nome effraym auec les autres/mais Joseph en lieu de luy/pource que ieroboã fust de la lignee effraym.lequel ieroboan fist les veaulx dor qui furet au peuple de dieu en grand scãdale/ainsy cõe est escript ou xij. chapitre du tiere liure des roys. ¶ En ce lieu ne doit pas estre mis en oubly que par le nom de ioseph est aulcunesfois tout le peuple de israhel entendu cõme ou pseaulme iiii.xx. ou quel est escript Testimoniũ in Joseph posuit cũ exijt.ɫc.cestadire q Dieu mit tesmoignage en israel de lissue de gipte. Car ioseph estoit mort lõg teps deuãt ceste yssue.ouquel teps dieu bailla a israhel ses cõmandemens le cinq tiesme iour apres icelluy depart cõe est escript ou xx. dexode.
¶ Lan de ioseph ij. qui est de iacob lan iiii.xx. et xiij. Et de la tierce aage lã ij.c. luij. messapus ix. roy del sicioniés commenca a regner et dura so regne xlvij. ans.duquel fait metio sainct augusti ou iiij. chapitre du xvi. liure de la cite de dieu. Cestuy mesapus estoit daulcuns nõme sephisos ¶ Du mesme an nasquist promotheus.duquel le geyãt iapethus filz de titan frere de saturne estoit pere. Cestuy iapethus eust ũg aultre filz nõme athlas.
¶ Cestuy promotheus aage de cent iiii.xx. et xv ans/lan du monde ij.c iiij.c iiii.xx. et xv. De ioseph lan lxx. Et de moyse lan xxi.c. Eust ũg filz nõme deucalion qui fust roy de thessalie. Dõt fait mention sainct augustin ou pmier de la cite.lequel eust ũg filz nõme promeneus qui en la bataille de troye estoit ũg des roys et capitaines des grecz.
¶ Lan viij. de ioseph qui est de iacob lã iiii.xx. et xviij. Et de la tierce aage lan cent lviij. Jacob se departist de sõ oncle Laban apres ce quil le eust seruy xx ans/cõme est escript ou xxxi. de genese

La tierce aage

Puis habita en sichen apres ce quil fut reconcilie a son frere Esau ouql lieu de sichen fust leur seur Dina corrōpue ai/sy que apert ou xxxiiij de genese. Et tā tost apres ce/beniamin nasquit.

¶ Lan de ioseph xij.fust le feu exessif et ardeur behementte faite soubz phe/ton aage de xxxi an. Toutesfois dit comestor que il fut enuiron les temps de Moyse. et les aultres diēt lan Bjᶜ de iosue.

¶ Lan xBj de Joseph il pasturoit τ gardoit ūg tropeau de brebis auec ses freres cōe est escript ou xxxBij de genese τ ou xBijᵉan il fut Bendu par ses freres.

¶ Lan xxᵉ de ioseph/et du mōde lā ij Mᶜ ijᶜxix. Apis filz de foroneus et iiijᵉ roy des argius cōmēca regner duquelle regne dura xxx ans. Dicelluy fait mention sainct augusti ou xBiij liure τ iiijᵉ chapitre de la cite de dieu.

¶ Lan de ioseph xxi Baleus.x. roy des assiriens cōmenca son regne durant lij ans cōme dit sainct Augustin ou lieu dessusdit.

¶ Lan de ioseph xxij il fust tempte de la fēme de puthifar affin quil se condescendist et accordast a sa Boulēte deshōneste cōme dit le xxxix de genese. et la premiere question de la premiere cause Sicut eunuchus.

¶ Lan xxix de ioseph qui fut de Jacob lan cent et xx: mourust psaac aage de cēt iiijˣˣet B ans. Toutesfois dit Josephus quil nauoit que cēt iiijˣˣ ans.

¶ Lan xxx il fust mis hors de prisō tesmoing le xli de genese. Et fust ce lā de iacob cēt xxi. Lan de la tierce aage ijᶜ. lxxxi. Et du deluge lā iiij ᶜ xlBi. mais du monde lan deux mil deux cēs xxix selon la Berite hebraique. combiē que selond Bede ce stoit du mōde lan trois mil quatre cens lxBiij.

¶ Lan xxxij de ioseph qui estoit de sa promotiō lā iiij. Et deuāt rome edifiee mil et Biij ans selond Orose. Mais selond les aultres ixᶜiiijˣˣet xij Joseph assēbla en egipte prouision de blez pour obuier et remedier a la famine lors future comme est escript ou xli de genese.

¶ Lan xxxix de ioseph qui est de sa promotion lā.x.fut famīe en egipte soubz le roy nōme selond Orose en sō pmier Amoses. lequel cōmēca sō regne cōme dit africanus lan du monde deux mil deux cens et xBi. cest assauoir en icelluy an que ioseph fust Bēdu en egipte. Nō obstant que Eusebius est de opinion q̄ le regne de icelluy Amoses ait pris son cōmencement lan B.8e la famine.

¶ En ce tēps cest assauoir lan ij apres la famine et cherte de Biures les.x. fre/res de ioseph descendirent en egipte en lessant leur petit frere Beniamin auec leur pere cōe est determine ou xlij de genese.

¶ Lan de ioseph xl. De sa prosperite lā xi. De iacob lan cēt et xxxi. De la tierce aage/lan deux cēs quatre Bigtz τ xi. Mais du monde deux mil deux cens xxxix/ Du.8. Jubile lan Biij. Et de la famine lan ij/ala Jsrael auec tous ses biens et sa famille en egipte. ou il fust par ioseph presente a pharaon le xxi io du second mois ainsp que est declaire ou xlBi. et xlBij de genese. Et par sin/dustrie et prudence d̄ son dit filz ioseph le roy pharaon luy donna la terre de iesse fertile et tresbonne sur toutes cel/les degipte ou estoit la cite de ramasse. ceste terre est Bers loriēt degipte cōtre le bras de la mer arabique. aultrement nōmee la mer rouge cōme apperra cy dessoubz ou les enfans de israel pssurēt hors degipte.

¶ Lan de ioseph xli. qui est de sa promotion lan xiij. mourust icelluy pharaon soubz lequel ioseph prist assenech a fē/me. qui aultrement estoit nōme nesri cōme dit comestor. Et trespassa aage de quatre Bingtz et xix ans cōme apert en listoire de assenech. Nō obstāt quil est plus cōuenable a dire que icelluy pharaon par lequel fust ioseph esleue desquist iusques a lan xiiij de la pmotion dicelluy ioseph. Et lors cōmenca la xBiij dinascie et souueraine domination des egiptiens ou Amoses regna p̄mier selond la Braye histoire. Car lan de ioseph xliij. qui est de sa prosperite et

¶feuillet $_{ij}$ ^{xx} vii

eleuation lan xiiij. De iacob lan cẽt z
rxxiij. Du deluge iiij^{C}lix. Et du mõ/
de lan ij^{m}vij^{C}rlij cõmenca la xviij^e di
nascie et haulte puissance diceulx egip
tiens. Et regnerent les dyapolites et
haulx princes trois cens xlviij ãs. c'est
assauoir iusques a lan xxxi^e de Aioth
iuge de israhel lequel an estoit de bales
pares roy des assiriens lan xxvij^e. De
arabas roy des argius lan x^e. De lao/
medon roy des sicioniens lan xvj. De
uant iceluy temps estoiẽt passes xvij
dinascies des egiptiens. Desquelles la
xvj^e cõmenca lan premier de la tierce
aage. La xvij^e en lan dicelle aage cent
iiij^{xx} et xj. En la quelle les pharaons
cõmencerent leur regne durãt lespace
de cent et trois ans. ¶ Amoses dont a/
uons dessus faite mention, entra en re
gne lan xiiij de la dominatiõ de ioseph
Du cõmencement de la xviij dinascie
et regna xxv ans. En lan xv^e de son re
gne mourust le patriarche iacob. Ou
il est parle es chapitres precedens.

¶ Cy est sparte esleuee et edifiee

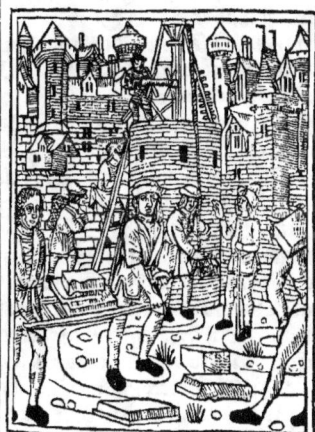

¶ Du temps diceluy fust edifiee spar
te par ung roy nõme Sparta filz du
roy foroneus. laquelle est aultremẽt
nõmee lacedemonie. Cõstruicte cõme
dit comestor par samelus frere de Ba/
chus. Apres ce bailla Ligurgus lois et
maniere de viure aulx lacedemoniens

cõme est dit ou v. des ethimologies de
ysydore. et en la septiesme distinction.
¶ Le ij^e des dyapolites et haulx princes
en egypte fust cebron. Duquel la domi
nation cõmenca lan du monde ij^m ij^C
lxvij. et regna xiij ans. Ce temps cou
rust par xv. dyapolites iusques a rome
sen qui fust le xv^e. et a:ultremẽt fut nõ
me egiptus. dont toute la regiõ a este
dẽnõmee egipte. Et cõmẽca lan du
monde deux mil iiij^C quatrevingtz et
deux. et regna soyxante dix et viij ans.
¶ La xix dinascie des egiptiẽs attri/
buee aux empereurs cõmẽca lã du mõ
de deux mil v^C iiij^{xx} x. Et de la tierce
aage lan vj^C xlij. Et dura selõ ce quõ
treuue es hystoires cẽt iiij^{xx} xiiij ans
¶ La xx^e dinascie cõmenca lan de la
creatiõ du monde iij^m cent et xix. Et
de la iiij^e aage lan trois cens xxxix. en
laquelle Sabathon ethiopiẽ regna pre
mier lespace de xij ans. Et courust tel
regne durãt la vie de xij empereurs des
quelx le xij^e fust amasis entrant en re/
gne lan du mõde iij^m iiij^C iiij^{xx} et xviij
Et de la ve aage lan xxiiij^e. Et dura sõ
regne xliiij ans. ¶ Apres ceste xx^e di/
nascie acomplie vint cãbises roy des
perses aultrement nõme Nabugodo/
nosor ou assuerus. lequel obtint et sub
iuga egipte lan vj de son empire. qui es
toit du mõde trois mil quatre cẽs xlij
Et de la ve aage lan quarante sixieme
¶ De rechef commencerent les egip/
tiens a regner. dont Neptanabus vj^e
ct dernier roy fust par artaxerses ochus
bouté hors lan xv. diceluy Neptana/
bus. Et du monde lan iij^m vj^C et xii.
Et par ainsy fust le royausme deegip/
te destruict et confõdu par le
space de xxix ans. Jusques a la mort de
alixandre le grand. lequel alixãdre ob/
tint egipte auec le royaume des perses
Car egipte estoit prouice poꝛ loꝛs sub/
iette a iceux perses. Et en ce mesme an
q alixãdre le grãt trespassa cõmẽca re
gner ptholomeus sother en egipte. c'est
assauoir lan du monde iij^m vj^C xlii. ou
quel an fust le xoꝛde et cõmencement de
la xxj^e dinascie laqlle dura p le cours
t iij

La tierce aage

de xij rois de gipte/ iusques au xve an de octouian

¶ Lan de ioseph xlixe fust le comencement du regne de aratus roy xe des sicioniens qui regna xlvj ans.

¶ Lan lx de ioseph qui est du mode lan deux mil. iicliiij Argus filz de apis comenca regner et fust iiij. roy des argie regnant lxx ans ou comme dient aulcunes lvi ans ¶ De cestuy argus les grecz furent nommes argie. Aussi durāt sa dominatiō grece comenca a vser de blez. Il fust si vertueulx que apes sa mort il desseruist et gaigna les honneurs diuins q̄ fust adoze comme dieu ainsy que dit sainct augustin ou xviii liure et chapitre vi. de la cite de dieu.

¶ Lan de ioseph lvii. q̄ de son exaltatiō sā xxviii. Jacob aage de cent xlvii ans acōplis mourust et fust apres lxx io's ensepulture en la double fosse q̄ nō pas en la terre de egipte cōme il auoit reqs a ioseph ou xlvii q̄ le chapitre de genese

¶ Lā lxviii. trespassa Cebrō secōd roy de la xviii. dinascie des egiptiens qui auoit regne xiii ans

¶ Lan lxx. nasquist athlas le grand gepant

¶ Lan lxxiii. fust le comencement du regne de altides xi. roy des assiriens qui regna xxxii ans. ou xxix an/duql mourust Japetus le gepant aage de troys cens xlix ans.

¶ Lan iiiic et vng fust lentree du regne de amenophes iii. roy de la xviii dinascie et souueraine maieste des egiptiens. et regna xxi an.

¶ Lan iiiicc et xv Plenineus Roy xi. des sicioniens comenca son regne durant xii ans.

¶ Lan cent et vng de ioseph mourust le gepant iapethus.

¶ Lan cent et deux fust le comecement du regne de mefres phataon iiii. roy de gipte qui regna xii ans.

¶ Lan cent et cinq Manuthus xii. roy des assiriens commenca a regner et regna xxx ans.

¶ Lan de Joseph cent q̄ vii Ortopoles xii. des sicioniens comēca regner.

¶ Finablement Joseph aage de cēt et dix ans trespassa de ce siecle/cōe apt ou dernier chapitre de genese Et estoit de son esleuation lan iiiiccc et vng. Du monde lan deux mil. trois cens et dix. De la tierce aage/lan trois cens lxii. De la premiere promissiō faite a abraham ou chemin de mesopotamie/lan deux cens iiiixx et vi. Depuis lentree de israel en egipte lan lxxic. Et du vi. iubile lan xiii. Ainsy pouons dire que ioseph vist auant sa mort les enfās de son filz effraym iusques a la tierce generation. Aussi les filz d̄ mathir filz d̄ manasses selond lescripture nasquirēt sur les genoulx de ioseph/cestadire que ioseph vesquit si longuement quil les pouoit tenir sur ses genoulx en les applaudissant et esbatant comme fōt encor auiourduy les tayons et anciēs peres se delectans en voyant les petis enfans de leurs filz auec lesquelx ilz passent temps et melencolie. ¶ A leure que ioseph vit sa mort aprocher il appella tous les siens a soy/en leur comādant quilz gardassēt droict/iustice/ saictete et chastete de vie. Et en declarāt comment la femme de puthifar lauoit tempte leur dit en ceste matere. Quāt la ditte femme me aperceust estre seul elle dit a moy en priāt q̄ ie couchasse auec elle et que elle me feroit grādz biēs A laq̄lle ie respōdis. Jamais ne cōmetray tel vice ne peche contre mon seigneur. Cōbien que pour ceste respōce elle ne fust point contente mays tousiours persista et perseuera en sa voulēte desordōnee. Car elle entroit d̄ nuit en ma chābre secretemēt et me proposoit et presentoit choses indignes de raconter. Elle me recōmandoit a sō mary en louant ma chastete pour mieulx palier et couurir son fait et vice/ lequel elle esperoit estre acōpli par moy. Aussy elle proposoit a son mary d̄ moy adopter en filz. Quoy plus: me disoit q̄ fil me plaisoit elle feroit mourir sō mary et puis me prendroit en mariage. A laquelle tousiours contredis gracieusement en luy remōstrāt sa folie. Aſ

Feuillet xx viii

uint vng iour que elle me enuoya vng hanap plain denchanterie et de deception affin que ie mengasse de ce qui estoit dedens.du quel pour lors ne mengay riens.Parquoy reuint a moy vne autre iournee et en regardant le hanap ou ql nauoye poit touche me redargua a repst grandement. mais ie luy respondis que elle auoit icelluy hanap remply de mort.Car iauoye veu langle de dieu qui me monstroit vng glaiue dedens le hanap.Et pource luy dis dame repentoy et aprens que malice ne a point de puissance sur les homes chastes. Touteffois tantost apres ie en mengay en me confiant en dieu.lequel me preserua en sa presence dont elle ploura amerement en disant que iamais nauoyt voulu attempter ne entreprendre vng tel cas.Apres ce dit.Puis que ie ne me consentoye a son appetit desordonne elle se getteroit en vng puis ou se penderoit en labsence de son mary:Que diray ie en oultre: Elle leuoit le bort et deuant de sa robe tressouuent et me monstroit ses cuisses blanches.sa belle poictrine et ses bras.Esquelles choses Je la redarguoye tousiours.Et pource finablement come forcenee et enragee voyant que ie ne me voulove condescendre a ses desirs et que estiones en lieu separe de la frequentation des hommes / elle me aherdist a prist par la robe en disant couche auec moy.lesquelles parolles oyes ie laissay mon manteau a men fuys hors vestu de la robe de chastete. Puis apres que son mary fust retourne elle me accusa faulcement en iposant ce que ie nauoye pas fait.parquoy fus mis en la prison ou estoyent gardes les prisonniers du roy. Du quel lieu elle enuoya souuent vers moy en promettant que se ie voulove acomplir son appetit elle me feroit deliurer. Es quelles choses/ combie que elle fust monlt belle / bien paree/et bien ornee elle fust frustree de ses desirs. En apres dit Joseph a ses enfans. Jay ieune sept ans en me abstenant de vin. Car le vin qui mestoit donne pour mon vsage/Je distribuoye

aux malades et indigents.Jay veille et en veillant prie dieu pour moy et pour ma feme legiptienne.Car elle ne pouoit auoir enfans.Mais par mes prieres continuelles iay ipetre tellemet q elle enfata vng beau filz. En outre disoit le dit ioseph.Jamais ne reuelay ma generation/ne ay dit mauuaise parolle de mes freres lesquelx me ont venu.Et pource mes enfans aprenez et congnoisses que craindre dieu est le comencement de sapience. Ces parolles dessusdictes finies Joseph prophetisa.

La prophetie de ioseph.
Jay veu et congneu que de iuda est nee la vierge ayant vng roquet ou chemise de fin lin.De ceste vierge est procede laigneil sans macule.A la senestre du quel estoyent toutes bestes cruelles faisans impetuosites.lesquelles il a destruictes et abessees. En icelle vierge se estouyront les angles/ses homes et toute la terre. Ces choses seront acoplies et faites es derniers iours dicelluy aignel.Et pource mes enfans gardes les commandemens de dieu.Et honorez Judas et leui.Car de ces deux procedera laignel de dieu.qui sera la grace sauluant toutes gens et donnant le roy aulme eternel de israel. Apres ces parolles il predist coment sa generation deuoit partir hors de la terre degipte. parquoy il adiura ses freres et ses filz que a leure quilz sen departiroient ilz a portassent ses os.laquelle chose ilz acoplirent apres sa mort.en le lessant reposer en vng petit lieu.ouquel ne fust point enseuely.Car aisy come est escrit ou xxiiiie de iosue Il fust ensepulture en la terre de sichen auec ses peres.Du ql lieu il auoit tressort desire estre mis et ensepulture pource quil auoit congneu en espirit que ihesucrist y naistreroit/mourroit/et ressusciteroit.

Chapitre xxxvj des filz de Judas/ de thamar et de Sue

f iiii

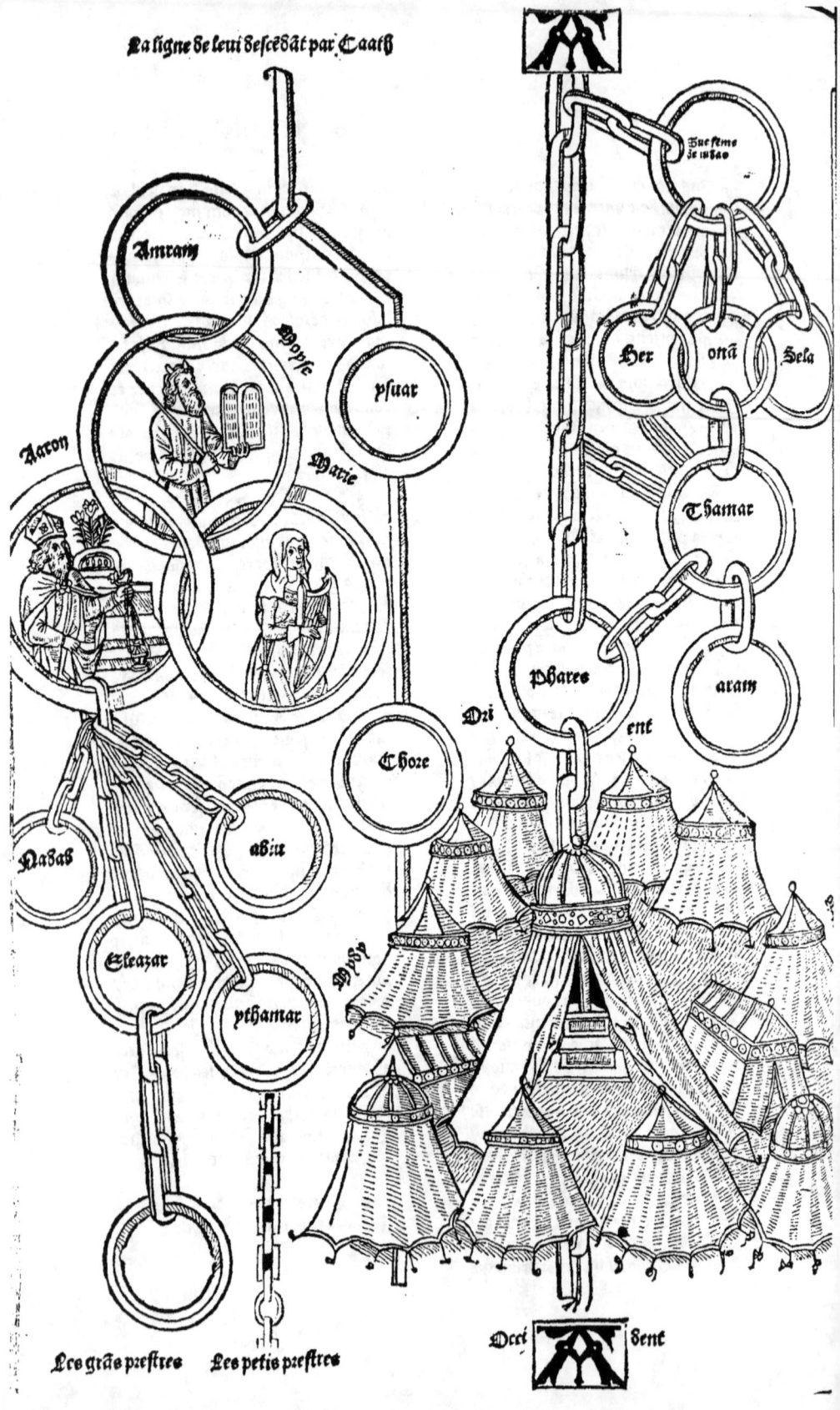

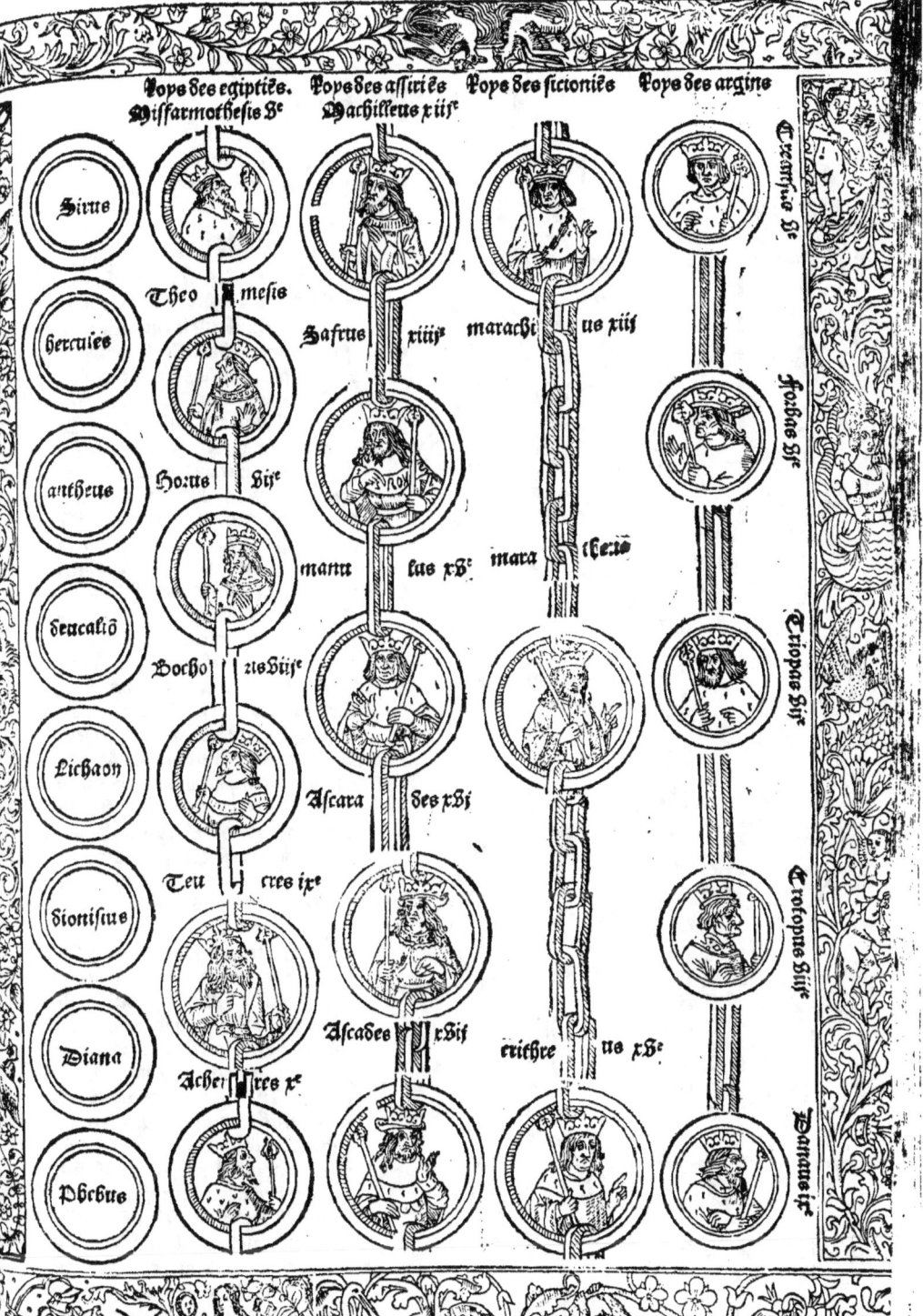

La tierce aage

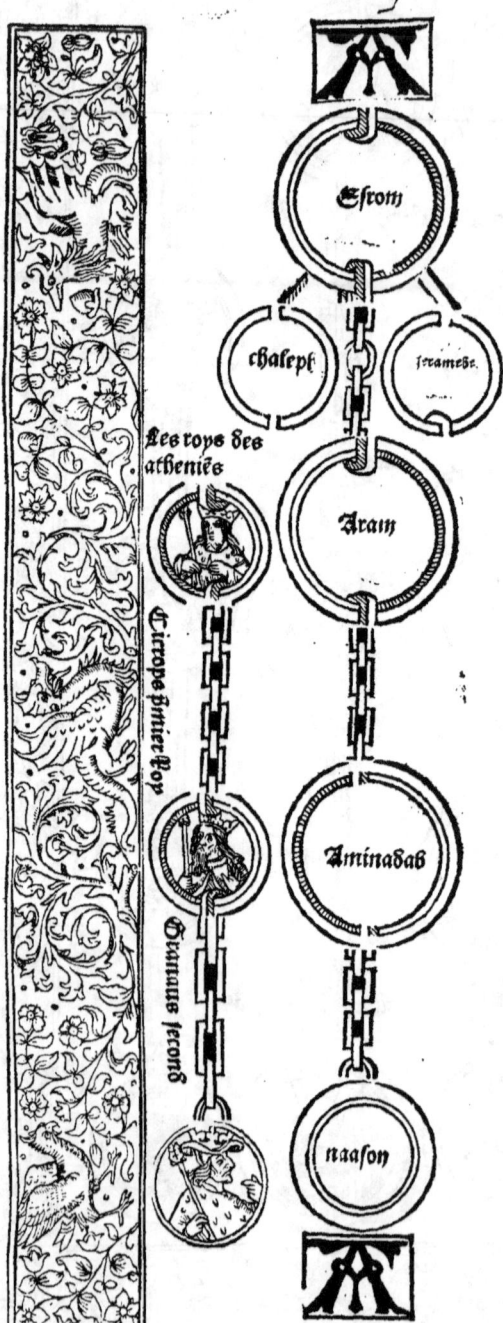

¶ Chapitre xxxvj de Sue, de thamar et des filz de iudas.

Sue estoit marchant et pere de la femme de iudas cō/me dit Nicolas de lira sur le xxxviij de genese ou cōme dient les aultres Sue estoit fēme de iudas. Et est iterpretee parlant/ou loquution ou chāt ou chan con. Dicelle femme Judas eust troys filz, cestassauoir her/onam et sela. Le premier nomme her/est interprete vi/gilant ou ribault ou se esleuant ou cō fusion. Et fut mauluais car luy con/gnoissant sa femme thamar charnelle ment faisoit choir et aler la semence vi rile hors le vesseau et membre de la fē/me affin que elle ne engrossist point. Car il luy sembloit que ou temps de sa gesine et enfantemēt il ne pourroit habiter auec elle charnellement. par/quoy nostreseigneur le frapa a mort. Apres lequel vint son frere onam qui prist icelle thamar en mariage. et sem/blablement se porta en apant la com/paignie dicelle: parquoy fut comme le premier frape a mort par punition de dieu, ainsy que est escript ou chapitre xxxviij de genese. Et est cestuy onam interprete/mereur/ou tristresse de peu ple. Inutile/ ou iniqte. Apres la mort duquel onam icelle thamar desirant a/uoir lignee requist Judas quil luy bail last le tiers filz nomme sela qui est in terprete petition/ombrage ou dimissi/on dicelluy. affin que par ce moyen fut a leur frere her premier ne/resuscitee sa semence et lignee/ Mais Judas ne se voulust y consentir craignant quil ne mourust comme les aultres. Dont lenuoya en la maison de son pere disāt que elle attendist que son dit filz fust parcreu & en age pour estre marie de quoy ladicte thamar fust mōlt dolēte Et pource apres ce elle sachāt q̄ iudas deuoit passer par ung chemī sy assist. Judas ignorāt q̄ ce fust icelle thamar la cōgnuff et eust sa cōpaignie dōt en/gendra deux filz/Phares & aram. pui

Feuillet vii**xx** x

nasquirent de thamar/lan du monde trois mil quatre cens xxv.ceft deuant la natiuite de ihūcrist mil Vic̄s lxxiiii ans comme dit beda. ¶ Phares est interprete diuision/diuisant/dissipant ou violent.pource quil auoit diuise et rompu la peau ou lenfant en sa natiuite est enuelope. Dicellup phares les pharifeens font descedus et denōmez. Lesquelz pource quilz se reputoient iustes et sainctz se separoyent du peuple en le contemnāt et desprisant. ¶ Le second frere nomme zara en la main duquel en yssant hors du ventre de leur mere/la sage femme lya et mit ung lien et ceinct pour lauoir plus facilemēt Est interprete orient/et naissāt. pource quil apparust le premier en sa natiuite.ou pource que plusieurs iustes sōt descendus de luy. ¶ Cōme Esdras prestre et docteur de la loy inspire du saict esprit afferme ou second chapitre du premier liure de paralipomenon ces ij filz cestassauoir zara et phares descēdirēt auec leur pere iudas et leur ayeul Jacob en egipte.ou phares engēdra deux filz cestassauoir estrom et amul cōme est escript ou xlvi. de genese. ¶ Thamar est interpretee amaritude/muant sa robe pour ses maris trespassez comme est escript ou xxxviii de genese.En signifiant leglise qui a succede a la siagogue. et tousiours a retenu le nom de amaritude. Aultrement thamar est interpretee palme ou victoire. pource que elle a este trouuee en son fait plus iuste et mains coulpable que iudas comme dit sainct augustin. ¶ On pourroit demander pourquoy sont mises en la genealogie de ihesucrist ces fames pecheresses et reprehensibles/cestassauoir Thamar/Ruth/bersabee et aultres: A ce peult estre respondu que la cause totale est afsi que aux pecheurs fust donnee esperance de pardon et de grace Car luy qui estoit venu au mōde por saluer les pecheurs na point eu honte de permetre en sa genealogie fames pecheresses comme dit sainct Jerosme et sainct augustin.

¶ Chapitre xxxvii. de estrom

Estrom filz de phares est interprete voyant la sayette ou fleche de vision. Et nasquist en egypte lan du monde troys mil cinq cens xliiii. C̄est mil vi cens lv. ans deuant la natiuite de ihūcrist. Estrom engendra en egipte Jerameel/Ram/ou ara et calubi. aultrement nomme caleph ou second chapitre du premier de paralipomenon.

¶ Chapitre xxxviii. de aram

Aram ou ram filz de estrom/nasquist en egipte/lorsque Israel y estoit en captiuite ou seruitude/lan du monde trois mil v cens lxiiii.cest mil vi cens lxxv ans deuant la natiuite de ihūcrist comme dit Beda.et est interprete/esleu/pource que a luy fust continuee la ligne de ihūcrist par lequel tous les esleuz sont sauluez

¶ Chapitre xxxix. de aminadab.

Aminadab filz de aram ou de Ram nasquit en egypte lan du monde trois mil vi cens xliiii. q est mil v cens lv ans deuant la natiuite de iesucrist.Et est iterprete mō peuple de son bon gre. pource que sans cōtraincte deuant tous autres il ensuist Moyse capitaine et ducteur du peuple de israel par le fond de la mer rouge. Dont dit Comestor et Vincent ou tiers liure du mirouer historial Et nycolas de lira sur le premier de sainct mathieu.Quant Moise estendit sa main ung vent grand et vehemēt se esleua diuisant et separant la mer en xii diuisions et parties/cōme dit aulcūs afsi que chascune lignee alast en par soy separee des aultres. ¶ Moyse appelloit chascune lignee en lordre de leur natiuite en les admonnestant que ilz se en suissent. Car la mer estoit de coste et daultre Immobile cōme ung mur ainsi que est declaire ou xiiii chapitre de exode. Et lors que la lignee de Ruben de simeō et de leui doutopēt dētrer dedēs:

¶ La tierce aage

Aminadab prince de la lignee de iuda entra hardiment le premier apres moyse auec toute sa lignee. parquoy il desseruist toute la dignite royale. de laqlle deuoit naistre ihesucrist comme dist sainct augustin sur le commencemēt de sainct mathieu. et pource est dit ou ví. des cātiques. Mō ame me a cōturbe et trouble pour les chariots de aminadab lequel mot est la parolle des enfās de israhel trēblans et craignās dēsuir moyse. Et touteffois ilz feopēt q̄ aminadab sās nulle doute aloit apꝛs luy ciuilemēt ¶ Et pource que deuant est dit que la mer rouge fust diuisee en douze parties pour passer les douze lignees touteffois plusieurs hebrieux et Nicolas de lira et Burgensis ne sont point de ceste oppinion. Mais dient quil ny eust seulement fors ūne diuision. Et pose que ou pseaulme cent et xxxiiii soit parle pluſierement en disant que la mer rouge fust diuisee en diuisions. A ce fault respondre que le nombre plurier est mis pour le singulier ainsy comme ou xlvi. de Genese ou il est escript les filz de dan. en parlant comme de plusieurs. Et touteffois il nen auoit que ung seul. Telle maniere de parler est souuent trouue en la saincte escripture.

¶ Chapitre xl. de naason.

Naason filz d'aminadab prince de la lignee de Juda nasquist lan du monde selond Beda trois mil vi. cens quatre vingtz et viii Cest mil iiiC. et xi ans deuant la natiuite de ihesuchrist. Et est Interprete qui leuure murmurant. ou serpent in Bile. ou augurant et adeuinant douleur. ou reposant en temps. Naason estoit auec sō pere aminadab en lissue degipte. parquoy il demoura prince et gouuerneur de la ligne de Juda apꝛs la mort de sō dit pere comme est escript ou premier chapitre du nombre.
¶ Cy apres sensupt la ligne de leui

¶ Chapitre xli. de amra et ysuar

Amram et ysuar furent enfans de caath filz de leui ¶ Cestuy amram prist en mariage femme de son lignage nommee Jachabeth comme est escript ou vi. de exode. de la quelle il eust deux filz aaron et moyse. et une fille nommee marie. Amram vesquist cent xxxvii ans. Son pere Caath cent xxxiii. et Leui pere de caath cent xxxvii ¶ ysuar dont auons parle eust trois filz Chore Napheg et zechry. Caath eust deux aultres auec amra et ysuar cestassauoir hebzō et oziel

Feuillet vii^{xx}xi

desquelz est faite plaine mention ou ij. de exode. ¶ Amram est interprete peuple hault.ou celsitude de peuple.ou peuple exalte.ou exaltation de peuple Mais psuar est interprete homme petit.homme ennemp.homme de salut. ou assumption salutaire.

¶ Chapitre xlii de Aaron

a **aron aisne** filz de amram et de iachabeth Est interprete montaigne de force.ou montaigne situee en hault lieu. Il estoit de iij. ans plus viel que son frere moyse comme est escript ou septiesme de Exode. Car ou temps quilz estoient tous deux deuant pharaon Ledit moyse estoit aa ge de quatrevingtz ans/et Aaron de quatrevingtz et trois. ¶ Aaron fut adiutoire et ayde baille a Moyse par dieu pour supleer les deffaultes et imperfections de Moyse quant a lusage et puissance de parler distinctement et entendiblement.et aussy pour mettre a execution les signes que dieu vouloit demonstrer sur le peuple comme apert ou quatriesme de Exode. Non obstant Aaron bailla au peuple estant hors de egypte consentement de adorer le veau comme est escript ou xxxii de Exode. Et en la seconde distiction De penitenciis. ¶ Apres ladoration de Icelluy veau Il fust consacre en souuerain prestre comme appert ou xxx de Exode et en la distinction cinquantiesme. Ou ql les silz ont este par nostreseigneur esleus a estre prestres comme est escrit ou xxviii.xxviii et xxix de Exode et en la distinction quatrevingtz et xiii. ¶ Loffice de Aaron estoit en trois choses.premierement de ouurir le temple a ceulx qui sont netz et purgez.et le clorre a ceulx qui sont maculez et souillez. Et est cy entendu le temple materiel non pas le celeste car a tel nauoit poit puissance. ¶ Secondement son office estoit pour offrir le sacrifice et administrer le sacrement legal. ¶ Tiercement pour purger la deffaulte/macule/et immundicite corporelle procedente de linfraction et violation du statut de la loy Car comme est dit ou ix chapitre de lepitre aux hebrieux Ainsy comme le sang des toureaux/des boucz/et des chieures Et aussi la cedre du veau espandue sanctifie les choses ordees et inquinees et vault a la mundation de la cher tant seullement Semblablement ces sacrifices nauoient poit vertu de purger limmundicite et ordure de la coulpe de lame. mais du corps seulement.car les sacremens legaulx touchant tel effect sont infermes

La tierce aage

Impotens et non souffisans côe est escript ou iiii. chapitre de lepitre aux galathes. Mais ihesucrist en la nouuelle loi a este le pmier pstre de beaucop plus parfait que aaron ainsy que dit saint thomas en la premiere partie de sa secôde en la question cent et iiiie ou second article. ¶ Aaron fust consacre par moyse en souuerain euesque. Puis ou viii iour ensuiuãt il exerca son office de prestre côme apert ou viiie et ixe chapitre de leuiticus. Et luy fust par nreseigneur baille et enuoye le feu du sacrifice ou tabernacle du tesmoignage. Lequel feu estoit continuel et pdurable côe est escript ou vi. de leuiticus. Dõt il dura iusques a la captiuite de babilone, côe apt ou premier chapitre du secõd liure des machabees. Car ou tẽps de la desolatiõ du tẽple de iherusalẽ, ce feu fust par ieremie gete dedẽs vng puis en la Balee de iosaphat lequel ne fust oncques puis trouue. Mais fust en lieu de luy trouuee eaue grasse, laquelle espandue par le cõmandemẽt de neemias et getee sur les buches du sacrifice, lxx ans depuis le retour de la captiuite faisoyt vng feu grand et merueilleux côe est escript ou premier du second des machabees. ¶ Ce feu côe dit saint augustin fut encor depuis extainct quãt anthioche le grec, oppresseur des iuifz vendist la dignite de prestrise a Jasõ, parquoy estoit signifie que lardeur du saint esperit ne luisoit point es sacrementz symoniaques. Car cest simonie de vendre ou acheter lordre de prestrise ou les sacrementz. ¶ Aaron prist en mariage Elysabeth fille de aminadab seur de naason de laquelle elizabeth il eust quatre filz. Dont le premier est nomme nadab qui est iterprete, faisãt aulcune chose de sa voulẽte sãs cõtraicte. Le iie est abiu qui est interprete mon pe. Ces deux perirẽt et furẽt foudroyez du feu diuin ou desert côe apt ou x chapitre de leuiticus. Nicolas de lira rend raisõ de ce, disant que eulx estans yurognes et eschauffez en leur vin ministroyet les sacremens. Et pource dieu dit a Aarõ

Toy ne tes enfans ne buueres point de vin ne chose qui puist enyurer côme lorsque vous me deurés faire aulcun sacrifice, affin que ne mouries poit car le ventre rẽply de vin et de viande trebuche tost et facilemẽt en luxure et côcupiscẽce charnelle. ¶ Le tiers filz de aarõ fust nôme eleazar, qui est interpte dieu mon adiuteur, ou layde de mon dieu. De cestuy eleazar descẽdirent les grãs et souuerais prestres côe phinees et les aultres Dõt cy apres en la ligne et chapene sacerdotale sera faite mẽtiõ. Il fust fait souuerain prestre lan xle apres legression et yssue degipte côme est dit en la fin du xx du nombre. Cõbien quil ne fust pas premier ne. Mais le pmier filz estoit ia trespasse côme auons dit maintenant. ¶ Selond iosephus depuis aaron iusques a dauid y eust xiii souueraines prestres succesiuemẽt lung apres laultre Cõtenans tous ensemble lespace de vic et xii ans, et succedoit la dignite de pere a filz. De ceste matiere sera veu plus plainement es chapitres de dauid et salomõ. ¶ Le iiii filz de aaron est dit pthamar. Et est interprete palme, victoire ou amaritude en souleil, ou hôme auaricieux, ou hôme de cômotiõ. De luy descẽdirẽt les petis prestres, et aulcun peu de grans, cestassauoir depuis le temps de Heli et prestre iusques a abiathar filz de achimelech comme appert ou xxi du premier des roys. Car ou iiii du tiers est escript comment le roy Salomon deposa abyathar destre grand prestre et le fist simple pstre en constituant achitob descendu de Eleazar en son lieu. Apres lequel vint Sadoch son filz qui fust le premier euesque et grand prestre apres ledification du temple de Salomon comme dit Josephus ou x. liure et chapitre xi des antiquites.

¶ Cestuy aaron est en mainte maniere mis et allegue en exemple pour les choses espirituelles comme cy la premiere question de la vii cause, ou il est amene côtre ceulx q par force ou passiõ aucune vsurpẽt les platures et les bies

Feuillet vii^{xx} xii

de leglise. Et pource est bien dit ou 8e. chapitre de lepitre aux hebrieux et en decretales en la rubriche des electiōs que nul ne doibt presumer de prendre telle charge et dignite ecclesiastique sil nest appelle de dieu cōe fust aaron.

¶ Semblablement aaron allegue pour donner esperance de pardon a ceulx qui sont cheuz en peche. Car apres son delict et offence il fust promeu a esleue en prelature cōme est dit deuant. Et de la maniere comment il se condescēdist au Beau dor est dit aussi deuant ou chapitre de adam. De ce parle sainct augustin ou xiiij. liure et chapitre xi de la cite de dieu que aaron ne bailla point cōsentement au peuple a la fabricatiō dicelluy Beau / mais les lessa faire / Boyāt quil y estoit cōstraict et ne pouoit resister a leurs voulentes. Et pource leur dist que ilz prinssent les ornemēs dor pendans a leurs aureilles pour faire icelluy Beau / cōme apert ou xxxii de exode. Et ne dit point aaron sans cause que le peuple assemblast telx orne/mens dor car Il esperoit que il naroyt point couraige de despendre telx orne/mens dor et choses si precieuses pour la fabricatiō dung Beau Et ainsi il cuy doit reuoquer et retarder la Boulēte de sordōnee dicelluy peuple iusques a la Benue de moyse. Mais apres ce que le peuple fut delibere de donner et dispo/ser ses ornemens et ioyaulx dessusdis a faire tel Beau Il fust a aaron necessai te de aulcunement soy consentir a lay petit dicelluy soubz paine de mort com me dit sainct augustin. ¶ Item aaron est amene en exēple aux euesqs a clers en plusieurs pas de lescripture en mō/strāt quilz doibuēt amer leurs subiectz et cōmis soubz eulx cōe aarō aima ses filz par charite naturelle et reciproque Aussi nostreseigneur par loraisō du p/stre baille aux subiectz grace et pardon cōe est escript en la premiere questiō de la premiere cause. ¶ Aaron auoit une Berge qui deuora toutes celles des en/chanteurs et deuins cōe apert ou Bij de exode. et en la 8. questiō de la xxBj cau

se. Laquelle Berge florist ainsy que est dit ou xBii du nōbre. ¶ Aarō aage de cent xxiii ans / cestassauoir xl ans apres lissue de egipte / et apres ce que Moyse le eust deuestu des Bestemens pontificaulx et quil en eust Bestu son filz elea zarus en le faisant euesque / cōe apt ou xx du nōbre Mourust en la mōtaigne de mosura et y fut enseueli / cōe apt ou x. de deuteronome. Mais en la mōtai/gne de hor fut ploure et lamēte du peu ple lespace de xxx iours ¶ En icelle an nee mesme mourust sa seur Marie en cades ou mois daprill. et fust enseue/lie ou desert de syn. lequel nest pas cel/luy dont est faite memoire ou xBii de exode.

¶ Pose que de aaron soyēt dictes plu/sieurs aultres choses es liures dexode & leuiticus a du nōbre: dicelles poe pre sent nous tairons en parlāt seulemēt encor de Bne. cestassauoir que aaron ne entra point ne moyse aussy en la terre de promission pour le peche de deffian/ce et de incredulite / cōe est escript ou xx chapitre du liure du nombre. Et fust ceste incredulite declairee es eaues de contradiction quant le peuple perissoit et mouroit de soif pour laquelle deffiā ce rebouter / Moise frapa de sa Berge la pierre dure et en fist saillir leaue dōt le peuple fust rassasie. et Beu le dit mira/cle se commenca Ung petit a refraīdre et apaiser.

¶ Chapitre xliii de Marie.

Marie seur de Aaron et de moyse fille de Amram et de iecabeth / ainsy que est escript ou Bi. de exode Est interprete estoille de mer. ou illuminant / ou mer amere. ou dame selond le langage siriqueē ¶ Et le murmura contre Moyse pource ql auoit pris a femme une ethiopisse cō/me apert ou xii du nombre. Et en la septiesme question de la seconde cause. Parquoy elle fust frappee de lepre et mezellerie. Mais apres sa peniten/ce elle fust garie mundifiee a nettoyee

La tierce aage

par lintercession de moyse ainsy q̃ est determine en la seconde question de la xxxiij˚ cause. Et puis receust la grace et don de prophetiser cõe elle auoit par auant. ¶ La cause de ceste murmuration est diuersement exposee de diuers docteurs ayans contraires opinions. Et pource fault voir nicolas de lira et Burgensis sur le xij˚ du nombre.

¶ Ceste marie est celle q̃ apres le passement de la mer rouge chanta au son de la herpe le cantique de moyse, cestassauoir Cantemus domino gloriose ⁊c. cõme apert ou xv˚ de exode. Car apres ce que la mer rouge fust passee le peuple demoura vij iours a lenuiron du riuage. Et chascun iour chantoyent auec herpes, doulcines, tabourins ⁊ autres instrumentz de musique. Les hõmes apart separez des faines. lesquelles estoiẽt sẽblablemẽt en par soy. Entre icelles la dicte marie cõmẽcoit tousiours ce cãtique plaisant Cantemus Domino. lequel fust premierement fait par metre et ver heroique. Car en telle espece de vers estoient descriptz les faitz et victoires des nobles. Et fut ce cantique a cause de lantiquite appelle le cantique des cantiques. car cest le premier de quoy soit point faicte mention en la saincte escripture. ¶ De la mort dicelle marie est veu dessus en la fi du chapitre de aaron.

¶ Chapitre xliiij˚ de chore

Chore frere de napheg ⁊ de zechri enfans de ysuar est interprete cryant, ou clou sans gloire. Il eust iiij filz aser, helcana et abiasaph. ¶ Chore est celuy qui auec dathan et abiron vsurpa contre aaron la licence de sacrifier et de ministrer. parquoy furent diuinement punis ij˚ cinquante hommes comme est determine ou xvj du nombre et en la premiere question de la vij˚ cause. Et lors commãda nostre seigneur que tous ceulx qui nestoyent point consentans ne adherentz a leur oultrecuidance fussent deulx separez, de paour que auec iceulx ne fussẽt peris, comme appert cy dessus ou chapitre de dathan et abiron. Et aussi en la premiere questiõ de la premiere cause. Ou ciprian veult que nous ne debuons point vser des sacremens des heretiques Ne cõmuniquer auec eulx ne boire ne menger. ne toucher chose qui leur apartienne. Car se aulcũ eust fors cõmunique auec chose dathã ⁊ abiron Il eust porte et souffert la paine de sa maulnaise cõmunicatiõ, ainsi que on lit ou xiij˚ chapitre du tiers liure des rois dung prophete qui estoit bon homme, mais finablement fut occis par le lyon pource quil bust ⁊ menga auec le faulx prophete contre le cõmandemẽt de dieu. ¶ Ceste paine dinobedience q̃ souffrirent chore dathan et abiron doiuent bien noter ceulx qui sõt frapez de tel vice. Et quelle chose cest dinobediẽce et de contennement des commandemens de dieu. et se cest perche mortel ou non. Car le chancellier de paris nõme Gerson traictãt ceste matiere en la ve leçon de la vie de lame et allegãt la sũme de antisiodorense a ce propos dit en ceste maniere Contenemẽt et despisement nest autre chose sinõ priser vne chose mains que elle ne vault. Ou cõtenement est estre negligent ⁊ nõ chalant a lexecution daulcune chose: Ainsy que pour exemple on peult dire du pecheur ayant les circonstances ⁊ vuãt luy qui se offrent a le retirer de son vice. Mais il clot les yeulx et leur tourne le dos de peur qui ne les soye. Tiercement peult estre dit que contenement est desprisier la chose totalemẽt et la reputer comme vile. De ces trois le premier est maulnais. le second est pire. et le tiers tresdangereulx. Doncq̃s nous pouons dire pour cõclusiõ que en tout peche non pas seulement mortel mais aussi veniel est cõmis cõtenement de dieu. Du premier est cõmis ou vrayement ou equiualament. Le secõd peut estre tant en peche mortel que veniel. Le tiers est contre dieu principalement et côtre son prelat. Et tel contenemēt puis quil est fait de propos delibere ne peult estre sans peche mortel. Toutesfois fault cy considerer quil ya grande difference de dire aulcune chose estre faite par contemnemēt ou estre faite auec cōtemnemēt. ainsi côme nest pas tout vng de faire la chose ignoramēt et par ignorance. Le fait et vice est par contemnement quant contemner q de spriser est la principale cause de souurage/tellemēt que sans elle la chose ne se feroit point. Pareillement la chose est par ignorance quāt le fait iamais ne se acōplist se ignorance nest principale cause et motif. Mais laction et euure est aulcunessois auec contemnement vray ou equiualēt. cōbien que elle nest pas faite par contemnement en tāt ql nest poit cause de leuure. Mais ou maladie/ou debilite ou affection vicieuse et libidineuse domināt/est cause de tel fait/côme nous voyons aulcunessoys côme delinquer et pecher ignoramēt. lequel touteffois ne feroit riens mainspose quil eust cōgnoissance de sō fayt vicieux. Et pource en telles choses est manifeste que ignorance nest point cause principale de leuure/combien que elle soyt circonstante et que elle y face beaucop. Ainsi aduient es subgetz qui se dient estre scandalisez pour les fais vicieux de leurs souuerains q prelatz. lesquelx pose quil ny eust nulle scandale en la vie des plas et souuerains/Aussi pose que elle fut bōne et belle exēple de viure. Toutessois ne seroyēt ilz point pour ce refraintz de leurs mauluaises euures. Car ilz se excusent en vain et quierent sur aultruy excusations en leures peches. Par ces choses dessusdictes apt que ne peult estre baillee rigle generale pour distinguer entre peche mortel et veniel quant a ce qui est fait par contemnement. Car se contemnement est pris en la premiere acception Il nest pas necessaire que toute euure faite en telle maiere soit peche mortel. mais est le plus souuent veniel/cestassauoir quant on ne prise pas dieu/ou sō

prelat ou aultre chose tāt quil apartiēt Ou quant on ment ioyeusement/ou quant on resiste lentement et paresseusement aux premiers mouuementz et temptations. Semblablemēt de la ii.e acceptiō peult aduenir/cōbien que aussi puist estre peche mortel aulcunessoys côme est dit. Mays par la tierce accep/tiō de cōtemnemēt est tousiours peche mortel. qui est fait quāt on la directemēt par certaine deliberation contre le cōmādemēt de dieu ou du souuerain. par telle facon que le pecheur ne se es/mouueroit ne inciteroit point a telle operation faire ou nō faire sinō par desprisement et desdaing. cōe sil voulsist dire En despit de dieu et pource que vous le cōmandes ie feray loppositue. Ces choses et determination de contēnement sont prises de gerson chancellier de paris/depuis le lieu dessus alle/gue iusques cy. A ce cy se acorde q cō forme asses Lubertus docteur en droit sur le liure des constitutions. ou il ad/iouste et dit que maiorite et miorite de cōtemnemēt viēt de plusieurs causes. Aulcunessois de la magnitude et grādeur de la chose cōtēnee q desprisee. Aucunessoys pour la multitude et nōbre des choses desprisees. Aulcunessoys de la subiection q humilite que doit auoir le cōtenant enuers son souuerain. Aulcunessois de lintention . aulcunessoys de lobstination et aulcunessoys de la frequence et iteration. Pource q cy est faite mētion de cōtenement/ne doit pas estre mise en oubly la doctrine de sainct bernard metant differēce entre contēnemēt et negligence. car negligēce est vne lāgueur et dormition de pa/resse et de laschete. mais cōtenemēt tumeur et enflure dorgueil. Par les choses dessusdictes est cler ce que dit Siricus ou ij.e liure et iiij.e traictie/cestassauoir que Inobediēce faite au plat nest pas tousiours de soy peche mortel . car le prelat modere son cōmandemēt aulcunessois en telle facon quil ne veult pas son subget encourir peche mortel pour chascune petite et legere cause.

B i

Toutesfois se le subget desobeist par maniere et intentiō de cōtēner et desp̄iser lauctorite et cōmandemēt du p̄lat il peche mortellement.

¶Chapitre xlv. des ans de la seruitude

Apres la mort de Joseph lā du mōde ij. viij. c. dix selōc la verite hebraique cōmēca la dure seruitude des hebrieux. Car il y eust ūg roy nouueau qui nauoit point cōgneu Joseph. lequel voyāt le peuple disrael estre grādemēt multiplie craignoit que par telle multitude ne venissēt et procedassent plusieurs maulx en egipte. parquoy il opprima le peuple par gref labour de porter boue/tuilles et pierres/cōme est escript ou p̄mier de exode. Le premier an de ceste seruitude fust apres la natiuite dabrahā et la tierce aage iij. c. lxiij. ans qui sont deuant la fōdatiō du tēple en hierusalem vj. c. xxiiij. ans. Deuant rome ix. c. trois ās. Et deuant la natiuite de ihucrist mil vj. c. liij. ans. ¶ Icē estoit lan x. de sepire et dominatiō de nefres roy degipte qui regna xij. ans soubz lequel Joseph mourust et ne approuua point ne eust acceptable les benefices et biēs fais auant ce par Joseph en egipte dont il cōmenca bayr israel. Comestor dit q̄ long temps apres la mort de ioseph vit ūg nouueau roy en egipte de aultre maison et lignee que nestoit celuy qui esleua ioseph. Et tel ne cōgneust point Joseph. Toutesfois henry de hertordia veult que ce roy mesmes ne estoit point daultre lignee. Car selond eusebius le royaulme demoura encor en icelle mesme dinascie et souueraine puissance cōme par auant. ¶ Ceste seruitude de israel dura cent xliiij. ans. Car depuis la premiere promesse faite a abrahā aage de lxxv. ans jusques a lissue de israel y eust iiij. c. xxx. ans/ cōme apert ou xij. de exode et ou tiers chapitre aux gallathes. Et peult encor clairement declaire. Car depuis ceste promission jusques a lentree de iacob et de ses filz en egipte y eust deux cens xv. ans. Depuis ceste entree jusques a la mort de Joseph lxxj. ans. De la jusque au depart degipte cēt xliiij. ans: lesq̄lz assemblez sōt quatre cēs xxx. ans. Et lors fust dōnee la loy le cinquātiesme iour apres lissue degipte. De ce apert que depuis la natiuite de caath pere de amram lequel caath nasquit en la terre de chanaā jusques au depart degipte coulerent. CCC.iquāte ans. Et depuis la promesse dabraham jusques a la natiuite de caath iiij. xx. ans. Car caath desquist cent xxxiij. ans Et amram pere de moyse cēt xxxvij. come est escript ou vj. de exode. Et moyse auoit iiij. xx. ans en lissue degipte cōme est declaire ou vij. chapitre de exode.

¶ Lan iiij. de la seruitude des hebrieux Missarmothesis roy v. des egiptiēs cōmēca regner et regna xxvj ans.

¶ Lan v. Creansus ou criasus v. roy des argins cōmenca son regne durant liij. ans.

¶ Lan xv. de icelle seruitude viuoit a tue indigena duquel le paie de sirie a pris sa denomination.

¶ Lan xxv. machileus xiij. des assiriēs cōmēca son regne durāt xxx ans

¶ Lan xxx. theomesis roy vj. des egiptiēs eust cōmēcemēt de son regne durant lx ans.

¶ Lan lv. seperus lequel par sainct augustin ou xviij liure et chapitre viij. est appelle safrus xiiij. roy des assiriēs cōmenca son regne durāt xx ans. Et en lan xj. nasquist moyse.

¶ Lā lviij. de ladicte seruitude/forbas filz de creansus cōmeca regner vj. roy des argins.

¶Chapitre xlvj de moyse

Moyses nasquist lan de la seruitude lxv. qui est du monde lā deux mil iiij. c. lxxxiij. Et de la tierce aage/lan iiij. c. xxvj. De la p̄miere pmesse faite a abraham ou chemin de mesopotamie iij. c. cinquāte et vng. Et lan xxvij. de pharaon amme

Feuillet vii^xx xiiii

m:op lis roy degipte. ¶En ce chapitre est vne chose digne de memoire/cestassauoir quant le pere de moyse cogneut lesdit et deliberation de occire les petis enfans estre conclus par pharaon/ Il ne voulust plus congnoistre charnellement sa feme craignant que les enfans quil engendreroit ne fussent occis. Mais finablemēt par lamōnestemēt de langle il la congneust. Dont fust moyse engendre/dernier filz car long tēps auant estoyent nez aaron et marie. Apres ce que moyse fust ne la mere le absconsa et mussa trois mois cōe est escrit ou secōd dexode pource quil estoit tres beau filz et plaisant a regarder. Et puis quāt ne le peult plus celer elle le mit en leaue dedēs vng petit vesseau fait de ioncz. ou quelle dit moyse fust apres trouue par tramuth fille de pharaon laquelle eust pitie de luy pour sa grāde beaulte. parquoy le bailla pour estre nourry et alecte a diuerses fames egiptiēnes. Mais lefāt iamais ne voulust mēger ne prendre lect dicelles. Et quāt elles luy psētoiēt la tete il tournoit tousiours sa face a loppositte. Les quelles choses considerees secretemēt par marie seur de moyse et chābriere dicelle tramuth dist a sa dame. Ceulx tu que ie amaine vne feme des hebzieux pour loy alleiter? Il est possible que qnt lenfāt cōgnoistra les māmelles des femes de sa generation/il les suchera et tirera voulentiers. aquoy se cōdescendit icelle tramuth. Dont fust amenee la mere de lenfant. De laquelle les mamelles furent moult agreables et douces au petit. Parquoy fust couenance et pris fait entre tramuth et icelle feme pour nourrir lenfant. Lequel apres ce quil fust hors de lect et de nourrice fust rendu a icelle tramuth. laquelle le adopta en filz. Et lappella par ce nom moyse pource quil auoit este saulue et eschape des eaues. ¶ Aulcū iour ensuiuant. elle le presenta a sō pere pharaon pour le adopter sēblablemēt cōme elle. Lequel se esmerueillāt pour la beaulte de lenfant osta sa courōne de sa teste

en laquelle estoit limaige de sō dieu hamon entaillee. et la mist sur la teste de lenfant lequel la getta a terre et la rōpist. Lesquelles choses veues par le prestre de heliopoleos assis au coste du roy il se escria en disāt. Cest ēfāt sera destructeur de nostre gent. Ces parolles dites il voulust courir sus a lenfant et loccire/dōt le roy le regarda. Et aussy vng aultre hōme sage estant en la presence qui dist. A cest enfant soyent offerte et presentez charbōs ardās. par les quelx nous pourrons iuger quil a fait cecy par ignozance puerile sil prent ces charbons et les met en sa bouche. mais sil les fuyt et euite/nous dirōs indubitablemēt qlest digne de mozt. Ainsy fut fait. charbōs et breze ardās luy furent presentees lesquelx sans sōger Il prist et en sa bouche les mist. Dont il se bzula le bout de la langue. Et pource ou iiij^e dexode est biē dit quil auoit la lāgue empeschee et estoit cōme balbucient et beguoyant. Par ceste maiere fut lēfant saulue. Lors quil estoit pozte par les rues tesmoing Josephus chascū lessoit sa besoigne iparfaite et couroit au deuāt de luy pour le voir/en soy esmerueillant de sa beaulte comme dit Comestoz.

¶ Lan v. de moyse q est de la seruitude degipte le lxix^e an Hercules le gepant luicta auec vng aultre gepant nomme anteus lequel il seurmōta. et occist tesmoing sainct augusti ou xviij^e liure de la cite de dieu. Toutesfois dit comestoz q ceste chose fust faite ou tēps de thole iuge de israel. Et q en vng mesme tēps hercules vainqst antheon a la luicte et degasta pllion.

¶ Lā vi. de moyse qui est de la seruitude de le lxx^e Pharaon horus roy des egypties cōmenca sō regne durāt xxxviij ās

¶ Lā xi. manulus roy v. des assiriēs commenca son regne qui dura lespace de xxx ans.

¶ Lan xxx. Marachius xiij. roy des siconiens commenca son regne durāt xxx ans.

S ii

La tierce aage

¶ L'an ensuiuant moyse adolescēt ala en bataille contre les ethiopiens q̄ ga/
sterent egipte.car il fust hōme uaillāt en bataille et mena lost et compaignie des gendarmes par ung desert plain de serpens et quileuures:en passant leql desert auoit auec soy multitude de se/
goignes qui deuoroient les serpes affi qu'ilz ne peussent nuire.par ce moyen uint loppineemēt aux ethiopiēs laquel
le chose ilz ne eussent iamais imagine.
Il les assiega et enuirōna en la cite roy
ale nōmee saba. Dont Tarbis fille du roy des ethiopiens bailla et rendist si/
nablement la cite/par tel pact et condi/
tion quil la deuoit prēdre en mariage/
cōe il fist. Pour ce mariage est leu es es
criptures que aaron et marie auoyent souuent noise et murmure cōtre moy/
se/cōme apert ou xij de nōbre. Quant il voulust retourner en egipte Il bail/
la sa feme laignel de obliuion.et ain
sy liberalemēt retourna en egipte.
Touteffois rabi salomō dist que ceste ethiopisse contre laquelle murmura marie ⁊ aaron estoit nōmee sephora.et que pas nestoit lethiopisse dessusdicte.
Mais estoit appellee ethiopisse par cō/
trariete pource que elle estoit tresbelle.
Neantmoins dit saict augustin ⁊ plu
sieurs autres q̄ icelle sephora estoit de la lignee des madianites cōme est dit ou ij et xviij de exode. Lesquelx madi

anites estoient anciēnemēt nommes
ethiopiens.

¶ Cy fust le cōmēcemēt d'athenes

¶ L'an xxx.e de moyse qui est de la ser
uitude/lan iiij.xx.xix. Du monde ij.m
iiij.c et viij. De la tierce aage iiij.c lx.
Du viij iubile lā xxx.e. De phorbas roy des argiens lan xlj.e. De horus roy des egiptiens lan xxx.e. De monulus roy des assiriens lan xxx.e. De Ma
rachius xiij.e roy des sicioniens lan iiij.e
Deuāt la destructiō de troye iij.c lxx/
viij ans cōmēca le royaulme des athe
niens ou premier regna cicrops lespace de cinquāte ans.et dura le regne diceux atheniens laage de xvij roys. Desquelx le dernier fust nōme codrus qui fust oc
cis en la bataille poloponenciate. Et auoit cōmēce a regner lā du mōde ij.m
viij.c lxxiiij ans.et regna xj iusques a lan du monde ij.m iiij.c et xiij. C'est de la iiij.e aage le iiij.e an. Apres loccisiō
dicelluy codrus/eurent les atheniens xiij princes desquelx le premier fust nō
me medron. et le dernier alqueon q̄ cō
menca regner lan du mōde iij.m ij.c et viij et fust en principaulte et seignou/
rie deux ans seulemēt ce ffaffauoir ius
ques au.j. an iclusiuemēt de achaz roy de iuda. Aps ce eurēt les atheniēs offi
ciers et gouuerneurs appellee magi/
strats/continues par six personnes dōt le iij.e fust nōme flexias. Duquel la do/

mination cōmēca lan du monde iiiᴹ. ijᶜlx. Apres ce ilz eurent princes continuez lespace de xx ans iusques a lan du monde iijᴹ ijᶜlxx. qui est lan xBijᵉ de manassee roy de iuda.⁋De la maniere cōment cicrops edifia athenes et luy fust ce nom baille/est parle dessus en la premiere aage ou chapitre des dieux principalemēt de minerue. et aussy de ce fait mētiō saint augustin ou xBiijᵉ liure et chapi. ix. de la cite de dieu ⁋Lan de moyse xxxix. De la seruitude cēt et iii. forbas Bjᵉ roy des argiues filz de creansus mourust. et fust colloque entre les dieux cōe dit saict augustin ou xBiijᵉ liure de la cite ⁋Lan xlᵉ. Triopas Bjᵉ roy des argiues prist sō cōmencement de regne durant xlbj ans. En ce mesme an Moyse tua legiptiē frapāt lōme hebrieu/dōt pharaon le fist cercher et querir poᵘ loccire. Et pource il sen fouyt par le desert et Bint en la terre de madia en la cite ainsy nōmee/cestassauoir madiā du filz de abrahā descendu par cethura la quelle cite est enuiron la mer rouge/tesmoigle ijᵉ dexode et la tierce question de la xxxiiiᵉ cause. en icelle cite de madiā moyse prist a fame Zephora dōt auōs ia parle. de laquelle il eust deux filz. cestassauoir gerson et eliezer. Et lors sō sire/ et pere de sa femme luy bailla toute la charge et gouuernement de ses troppeaulx.esquelx estoit anciēnemēt contenue toute la possession des barbares et estrāgers⁋Nicolas de lira assignāt la cause pourquoy moyse frapa legiptien est pource que ledit egiptien estant preuost de la maison du roy cōe dict les hebrieux et desirāt acomplir sa Bolupte et concupiscence desordonnee en faisant son plaisir de la fēme dung hōme hebrieu/enuoya le matin deuant le io-celuy hebrieu au labour. Et puis luy departi de sa maison/legiptie y entra ᷓ ala Soir sa fēme qui estoit tresbelle/appellee salomich/de laqlle est faite memoire ou xxiiijᵉ du nombre. La quelle fēme receut le dit egiptien sans fraude et sans penser a mal ⁋Cuydāt que ce fust son mary. Et quant ce Bint a la congnoissance dudit hebrieu Il redargua legiptien duquel il fust greuemēt frape. Mais moyse cōe est dit luy secourust. Toutessfois burgēsis ne cōferme point ceste raison cōbiē que elle puist estre soufffisante.

⁋Lan xl de moyse cōe dict aulcūs deucalion filz de promotheus commenca estre en bruit ⁋Enuirō ce temps ascarades xBjᶜ roy des assiriens commença regner.

⁋Lan Bᵉ qui est de la seruitude cēt xiii selond aulcuns nasquist promotheus frere de athlas. lequel promotheus forma et fist premierement les hommes de terre. cestadire que les hommes rudes et dures il redit et fist sages et istruictz Du pource quil fist ymaiges lesquelles par son art apparissoyent chemier. ⁋Cestuy promotheus fust le premier qui trouua la forme de laignel lequel il fist de matiere de fer et y enchassa et enckoyst Bne gēme et pierre precieuse. Il fust hōme tres prudent comme appert par son nom. Car promotheus en grec signifie sapience en latin ⁋Il enseigna premier aux assiriens astrologie. laquelle il trouua par maiere meruelleuse en la treshaulte montaigne Caucasus situee pres des assiriens. ⁋Lan lBᵉ de moyse pirrha femme de deucalion nasquist. Lannee ensuiuāt cestassauoir lā lxjᵉ. Achorus roy degipte prist son commencement de regne q̄ dura Bij ans.

⁋Lan lxijᵉ Maratheus xiiijᵉ roy des

La tierce aage

egiptiens cõmenca dominer continu/
ant lespace de xviij ãs et de trois mois
Lesquelx acomplis il perist luy et tout
son ost et ses gens en la mer rouge.
⁋ Lan lxxii de moyse deucation cõme/
ça auoir regne et dominatiõ en thes/
salie.
⁋ Lan lxxiii promotheus mourust. et
moyse eust le gouuernement et condui
te du peuple lan xviij de Teucres roy
degipte. Auquel moyse dieu enuoya sõ
frere aarõ ou desert de synay et sa fem
me sephora demoura en lostel auec ses
enfãs/cõe est escript ou iiij ch'a. de xode.
⁋ Lan iiij xx de moyse. et lxxxiij de aa/
ron Ilz estoient tous deux deuãt pha/
raon teucres. cestassauoir aaron en par
lant et remõstrãt les vices Et moyse
en faisant signes et miracles. pour cor
riger et adoulcir le couraige de phara/
on. Pour lesquelles choses furent en/
uoyees dix playes tresgrandes sur les
egiptiens cõbien que ainsi que dit Co
mestor y en eust plusieurs autres peti
tes quilz nestoient point si greues ne si
dures a porter cõe ces dix. En chascun
moys auoit deux iours egiptiaqs ain/
sy nõmes pour les psecutiõs q souffri/
rẽt iceulx egiptiens. La premiere dicel
les playes fust que les eaues se couerti
rẽt et muerent en sãg. tellemẽt q tous
ceulx qui en buuoyent/et poissõs et aul
tres creatures mouroyẽt. La seconde
playe fust habondãce de raynes et gre
noilles. Car il ny auoit ne lit/ne cou/
che/ne table/ne pot ne escuelle/ne via
de qui ne fust coinquinee et gastee de
telle vermie. La tierce furẽt cyniphes
cestadire mouches tres poignans qui
estoyent si tres petites que a grãde pai
ne pouoyent estre veues ne aperceues
Lesquelles estoiẽt espãdues sur toute
la terre/sur les hõmes et bestes genera
lement. La iiij furẽt mousches incre/
dibles car il nest espece ne maniere de
mousche dõt ny eust telle multitude q
la terre en estoit toute empulentie et
abhominable. La v toutes les bestes
des egiptiens/cestassauoir Jumẽs che
uaulx/asnes/vaches/cameaulx/che

ures/brebis et semblables bestes furẽt
toutes destruictes/mais le peuple de
Israel nen perdist point vne seule en
toutes ses possessions. ⁋ La vi tous
les egyptiẽs furẽt de tous costes plais
et ẽflez de vessies/de cloux/et entraues
dont ne pouoyent reposer ne nupt ne
iour. La vij il cheut gresle s. grosse et si
terrible que tous ceulx sur qui elle che/
oyt/estoient frapez a mort. Mais en la
terre de gesse ou estoit Israel nẽ cheut
pas vne goute. La viij. dieu enuoya
sauterelles et sẽblables bestioles en tel
le multitude que elles couuroyẽt toute
la terre et mengerent et rongerent le
residu des arbres et herbes demoures
de la gresle fouldre et tẽpeste. La ix.
tenebres furent tant horribles et espes
ses quon les pouoit palper et taster a
la main. Lesquelles durerent en toute
la terre degipte iij nuis et iij io's en tel
le facon que nul ne congnoissoyt ne
seur ne frere. Et auec ce nosoyt se bou/
ger ne mouuoir de son lieu. Mais en ql
que lieu que estoiẽt les enfãs de israel
tousiours y auoit grãde clarte et lumi
era ⁋ La x. par toute egipte mourust le
premier ne de la maison tant en hom/
mes que en fẽmes/seruiteurs/chãbrie
res/cheuaulx/vaches/boeufz/chieures
moutons/et aultre bestial. cõme apert
ou vij. viij. ix. et xi. chapitres de exode
bien amplemẽt. ⁋ Pour ces prodiges
et choses merueilleuses plusieurs com
me dit comestor sen fuyrent de egypte
cõme Cicrops de qui auons parle dit
et edifia athenes qui premierement es
toit dicte athen. Et aussi dionisius ba/
chus sen departist qui vint en grece et
aux grecz bailla lusaige de la vigne ai
sy que apt dessus ou traicte des dieux
Et combien que ces playes dessusdic/
tes fussẽt pour effrayer cõme merueil
leusement toutesfoys pharaon ne ces/
sa point de persecuter israel mays fust
tousiours endurcy et obstine en sõ cou
raige comme est declaire es chapitres
de xode dessus allegues.
⁋ Chapitre xlvij. de lissue degipti

Feuillet viixx xvi

Israel yssit hors degipte/sã
de moyse iiiic.q est du monde
iiijmiiijcliiij. Du deluge iijc quatre
vingtz et xvij. De la tierce aage iiijc
hj ans. De la premiere promesse faite
a abraham quatre cens xxxj. De lin/
troite de Israel en egipte deux cẽs xv.
De cirops premier roy des atheniens
lan xlviii. De triopas septiesme roy
des argis lan xlii. De marathus xiiii.
roy des sicioniens lan xx. et dernier.
De teucres roy degypte lan xix. et der/
nier. Et de acherres roy degipte sã pre/
mier. Car teucres en cest an ne regna
que trois moys seulement. et fut noye
en la mer. Et acherres son successeur
commença regner en auril. Et fust de/
uant la destruction de troye trois cens
xxxi an. Deuant le regne de dauid
quatre cens xxxvii ans. Deuant la fõ
dation du temple exclusiuement qua
tre cens quatrevingtz et vng. Deuãt
rome iiic. lix. Combien que orosius
ny mette viiic et cinq ans. Deuant
laduenement du filz de dieu Mil vc.
et ix ans. ¶ Le nombre du peuple de Is
rael yssant hors degipte estoit vic mil
sans les femmes et les petis enfans
au dessoubz de xx ans. Auec lesquelx
partist multitude innumerable de cõ
mune et aultre menu peuple voyant
et considerant les merueilles faites en
egypte par Moyse.lesquelx alerent de
vne cite nõ mee ramasse en sochot.com
me apert ou douziesme de Exode.
¶ En ce lieu ne fault pas oublier vne
chose digne de memoire/cest assauoir q̃
selond la tradition et doctrine des lxx
Interpretes israel retourna degipte en
chanaan apres la quinte generation/
qui est a entendre en la ligne sacerdo/
tale. Car moyse fut le vc apres Jacob.
cõbien que Nicolas de lira conte cinq
generations depuis Jacob iusques a
eleazarus filz de aaron ¶ Et nest po/
int dit sans cause que le notable dessus
dit doiue estre entendu en la ligne sa/
cerdotale. Car ce qui est dit ou xvc de
genese q̃ en la quatriesme generatiõ ilz

deuoyent retourner se doibt entendre
de la royale ligne. Car de Jacob ius/
ques a Cabel filz de esrom qui aultre/
ment est nomme caleph ou casubi ou
second chapitre du premier de paralipo
menon (ou xxiiijc du nombre ny a que
quatre generations.¶ Ce caleph dõt
faisons mention est vng de ceulx qui
entra en la terre de promission
¶ Lã pmier de lissue degipte eritheus
xv roy des sicioniens commença re/
gner. En ce temps se espandist et deri/
ua le fleuue du nil en egipte q̃ est vng
des quatre grans fleuues du monde.
¶ Lan ij de lissue degipte le xxe iour du
second mois fust esleuee la nuee du ta
bernacle et se partirent les enfans de is
rahel de la montaigne cheminans les/
pace de trois iours entiere sans repo/
ser Tesmoing le xe du nõbre. Puis fi/
nablement se reposa la nuee ou desert
de pharan en la place ou fust la premi/
ere des mansions de israhel ou desert.
Et fust la xiie entre les xlij mansions
cõme apert es mansions du second an
¶ Pharã est solitude et lieu desert tres
grand entre tous les lieux habitez des
sarrazins.En ceste solitude le feu de/
uora la derniere partie de lost. Pour les
quelx pria moyse et fist a dieu requeste
dõt cessa le feu. Aussy le peuple y mur
mura contre dieu pour langoisse q̃ tra
ueil du chemin. Item desira menger
chars lesquelles luy furent donnees en
habondance. Item en ce lieu furent es
leux lxx hommes qui suppleroyent et
soustendroient le fais et charge de mo/
yse touchant les iugemens et iudicatu
res du peuple. Semblablemẽt marie
y fust frapee de sepre/comme apert es
chapitres xic et xije du nombre. Pareil
lement xije exploratateurs furent enuoy/
es comme est escrit ou xiije du nombre
pour cõtempler la terre de promission.
lesquelx retournerent apres xl iours.
Et louoyent les vngs la terre conte/
plee et les aultres la vituperoyent. par
quoy se esleua grand murmure entre le
peuple/voulant pource retourner en
egipte. Dõt les explorateurs q̃ auoyẽt

B iiii

La tierce aage

blasme la terre dessusdicte furent gre/
uement persecutes et frapez de nostre
seigneur tesmoing le xiiij° du nombre.
pour ceste murmure fust le peuple va/
gant ou desert xl.ans et grande multi
tude occis et tuez des amelechites⁊ cha
nanees dont ny eust nul qui veist et p
uenist a la terre de promission fors Jo/
sue et caleph.
¶ Lan iiij° de la dicte yssue/qui est de
ascades roy des assiriens lan iij° Jupi/
ter roy de crethe fust combatu comme
dit Theotectus

¶ Lan v° aaron fust fait grand euesq̄
tesmoing le xvij° du nombre. En cest
an Granaus roy ij° des atheniens co/
menca son regne durant ix ans.
¶ Lan vj° Crotopus viij° roy des ar/
gines commēca regner lespace de vigt
et vng an.
¶ Lan vij° de lyssue degipte qui est du
monde ij°. quatre cens lix selon la ve
rite heuraique Jupiter roy de crethe ga
sta et destruit lichao Roy des sicionies
qui par les fables et dis poethiques est
faint estre mue en loup. Apres ce fust
le pape de sicionie appellee archadie
par archas nepueu de lichaon.
¶ Lan xv° nasquirent phebus et Diana
¶ Lan xxx° fust apollo tresfort renom
me et fame en ses responces et diuina/
tions et de tout le monde frequente et
honnore a lonneur duquel fust edifie

le temple de Delphos lan xxxij° de lis/
sue degipte
¶ Lan xxxviij° Danaus ix° roy des ar/
gines commenca regner.
¶ Lan xxxviij° selon Comestor et
Henry de heruordia, retournerent les
enfans de israel en cades. apres ce que
ou desert eurent passe et fayt chemin
long et laborieux en enuironnant le
mont de Seyr dont vindrēt pres de
la mer rouge.
¶ Lan xxxix° de legression degipte mou
rust marie seur de moyse. et eust le peu
ple indigence de eaue dont fust faite se
dition grande contre Moyse et aaron
comme dit le xx° du nombre. En quoy
iceulx moyse et aaron pecherent gran/
dement par peche de folle desfiance en
tant quilz se desfierent lors de la pu/
issance de dieu. Et non pas par peche
dorgueil tesmoing la quatriesme que/
stion de la xxiij° cause ¶ Par ce peche
moyse et aaron deseruirent de non po/
int entrer en la terre de promission.
¶ Lan xl° mourust aaron aage de cent
xxiij ans. ouquel an trespassa moyse
apres plusieurs actes et ceremonies es
criptes depuis le xxj° du nombre iusqz
a la fin ¶ Lequel Moyse voyant sa
mort aprocher couoca et appella tout
le peuple vers le fleuue iordain ouquel
lieu il fist vng liure nomme deuterono
me/qui en francoys signifie la seconde
loy. Pource quen icelluy repeta et epi/
loga tous les commandemens et cere/
monies qui estoyent deuant mises es
liures de exode/de leuiticus et du nom
bre. Auec lesquelles choses adiousta en
cor daultres. Apres ce commanda icel
luy deuteronome estre mis et garde en
larche de lalliance en tesmoignage con
tre ceulx qui ne obseruent ne gardent
point la loy de dieu contenue en icel/
luy liure. Consequanmment proposa
moyse benedictions aux obseruateurs
de la loy. et maledictions aux trāsgres
seurs comme appert ou xxvij° de deu/
teronome ¶ Finablement apres plu/
sieurs choses escriptes depuis le chapi/
tre xxviij° iusques au xxxij. donna mo

pse benedictions a xj tribus et lignees de israel et non point a symeon. De laquelle chose rend raison Nicolas de lira. Disant que selon les hebrieux Symeon traicta premierement et fut motif premier de la Bendition de Joseph ? induist et incita ses freres a ce faire. Pour laquelle chose son frere ioseph le retint prisonnier en egipte en lessant venir et retourner ses aultres freres á Jacob leur pere comme est escript ou xlij. de genese ¶ Une aultre raison est assignee car le prince ? capitaine de la lignee de symeon commist peche de fornicatiõ en beelphegor: dont vint grande mortalite au peuple tesmoing le xxv.du nombre ¶ En apres moyse ensuiuant le commandement de dieu. establist son seruiteur Josue deuant Eleazarus et tout le peuple en demonstrant que apres soy il seroit leur chef et conducteur Mays il ya doubte et incertitude se moyse le institua en telle maniere auant que dieu luy eust monstre la terre promise ou apres. Non obstant il est certain que miraculeusement moyse estant en la montaigne de nebo vit la terre de promission. Apres ce trespassa en la terre de moab par la voulente de nostre seigneur comme est escript ou xxxiiij. de deuteronome. Et fut ensepulture par les angles en ung lieu incongneu des hõmes. Car se le lieu eust este congneu et manifeste: les hebrieux qui lors estoyent promptz et enclins a ydolatrie le eussent honore et adore comme dieu. ¶ Dycelluy Moyse dit saict Jerosme quil fust translate ou ciel diuinement comme Enoch et Helias en paradis terrestre. Aussy de luy dit Comestor que il ne escript point le dernier chapitre de deuteronome ou quel est faite mention de sa mort mays le scribe Esdras y adiousta ce dit chapitre.

¶feuillet xx vii

¶Cy en Damasse fust mengé laigneau.

¶Chapitre xlviij. de la premiere mansion de israel

Comme declaire le xxxiij. chapitre du nombre Et saint Jerosme escripuant a fabiola, et semblablement Comestor les hebrieux eurent xlij. mansions et demeures en troys ans auant ce quilz peruenissent a la terre de promission. Car ou premier an eurent douze mansions. Ou second xxi. et ou tiers ix. Lesquelles nous seront congnues cy apres et la fin ou elles tendent en voyant leurs interpretations et declarations. Car elles ne denotent point seulement par venir a la cite de Hierusalem fayte de pierres et habitee des immundicites et ordures des infideles. Mays soubz figure et umbre demonstrent que deuons en courage et esperit tendre a la saincte cite construicte et edifiee de viues pierres. cest la hault en paradis ¶ Doncques pour traicter nostre matiere le premier logis des hebrieux fust en Damasse en la terre de Jessen es extremitez de egypte vers la mer rouge. en laquelle cite come dit le douziesme de Exode Tous les enfans de Israel assemblez par lamonestemet de moyse

La tierce aage

commencerent a immoler laigneau paschal et le menger de nuit le xiiij.iour du premier mois.cestassauoir de mars qui des hebrieux est nombre le pmier.
¶ Les hebrieux en ceste immolation et sacrifice signoyent du sāg de laigneau les posteaulx et pilliers de leurs maisons affin que langle exterminateur par q est entēdu le diable ne leur peust nuire. Car ceste nuitee fust en egipte mis a mort chascun premier ne. et fust la derniere des dix playes e ... aques
¶ En tel iour que Jacob e .. a premierement en egipte/et que abraham se partist pour aler en pelerinaige cest assauoir le premier iour des azimes/la lune estant plaine/se partirent les hebrieux portans auec soy farine/besse aulx/et bestemens quilz auoyent pris des egiptiens. Et aussy auoyēt bestes de diuerses especes.lesquelx egyptiens consttraignoyent israel de sen aler et come dit le pseaulme cent et quatre estoient ioyeulx de leur depart pour la douleur que ilz auoyent de la mort des premiers nez de leurs maisons. Car ilz craignoyent que se israel fust encores demoure aulcun petit espace de temps q̄ toute egipte ne fust finablement perie et destruicte. ¶ De icelle cite de ramasse en la terre de iessen sint israel en sochot. ou quel lieu ne sers ensuirent point les egiptiens. Mais ce pēdant enseuelirent les mors qui la nuit auoiēt este occis sans riēs espargner ne filz de roy ne filz de chābriere/captiue ne prisonniere. Desquelles playes dessusdictes nulle ne aduit en la terre de iessen fors la derniere. ¶ Moyse conducteur de ce peuple apres ce depart ne les cōduit point par la region palestine q̄ est boisine a egipte. car la cite alcayr est loing de hierusalem entre mydy et occident de xi iournees. Laquelle chose fist moyse par le commandement de dieu. car les chananees regnans en palestine et en chanaam beoyent israhel/ parquoy estoit possible quilz se fussent rebellez et esleuez encontre eulx en les empeschant et destournant le passage dont

eust peu aduenir que par la peur et crainte des philistins et chananees le peuple de dieu eust boulsu retourner en egipte boulsissent ou nom moyse et aaron comme aduint quāt il eust ouy la relatiō des explorateurs et embuchees dont il fust merueilleusemēt espouente ainsy que est escript ou xiiij.e du liure des nombres. ¶ Aultre raison pourquoy ne les mena point par palestine Mais bers la partie dorient a la mer rouge fust affin quilz fussēt plus pres de la montaigne de syna ou nostresei/gneur deuoit bailler a moyse ses dix commandementz de la loy le cinquantiesme iour apres icellup depart ¶ La tierce raison fust affin que se les egiptiens se fussent repentis de ce quilz les auoyent lesse aler/que le chemi leur fut moleste/gref/et triste a les ensuir.
¶ Ledit peuple de israel emportoit auāt soy armures et bastons de defence que les egiptiens leur auoient preste pour defendre les besseaux dor et dargent q̄ de eulx auoyent empruntez comme apert ou xij.e de exode. Lesquelles choses nestoyent point sans mistere et sās cause. Car dieu boulust cecy estre fait affin que israel fust stipendie et remunere des labours et seruices quil auoyt fait aux egyptiens dont nauoit receu nul loyer. Aussy auec soy emporta israel les ossementz de Joseph qui estoit mort en egipte. Ceste cite de ramasse ou estoyent assembles tous ceulx qui desiroyent yssir degypte est interpretee tonnerre de ioye/signifiant que nous deuons estre esmeuz par la buisine et son euuangelique pour yssir degypte parquoy sont entendues les tenebres de nos peches ¶ Par ce tonnerre furent adnichilez les doctrines des philosophes gentilz et payens. et trebuscherent les dieux des egyptiens et leurs erreurs. Car comme dit saint Jerome les hebrieux tiennent que en icelle nupt tous les ydoles des egyptiens trebuscherent par le mouuement de la terre/ ou par ce quilz furent frappes et touchez des fouldres.

Feuillet ⅹⅹviii

Ainsi doncques en ensuiuant nostre matiere, nous deuons celebrer et sanctifier la pasque, cestadire lissue et passement de mal en bien et de la terre au ciel, come vrays iuifz, non pas que soyons iuifz par nation, mais par confession, car ce mot latin Judeus signifie confession ou confesse en françois, ainsi come est parle au long ou chapitre de iudas. Toutesfois nous ne viendrons point a la terre de promission fors par moyse et aaron, cestadire par la loy de dieu, par les sacrifices des prestres, par nos bonnes oeuures, et par ladoration de dieu, lesquelles choses sont toutes necessaires et lune a mestier de laultre pour paruenir a la fin que nous querons. En oultre nous ny viendrons point fors par le fleuue iordain, cestadire par le sacrement de baptesme, car il est escript ou iij. de saict Jehan, se lome na este regenere deaue et du saict esprit Il ne peult entrer au royaulme des cieulx. Semblablement exercer Vertus sans la loy et cognoissance de dieu, et cognoistre dieu sans les Vertus, ne pssite en riens. Car par ces deux choses cestassauoir pVertus et cognoistre dieu come par deux mains nous attrayons et tirons nous mesmes au ciel. En disant auec les seraphines ce qui est dit ou vje de ysaye. Nostreseigneur dieu omnipotent est sainct et sanctifie.

Chapitre xlix de la seconde mansion.

La seconde mansion ou logis fust en Sochot qui est dedens les termes degipte, ou Israhel tendist premierement ses pauillons et tabernacles, et cuisist les paines azimes qui estoyent pains fais sans leuain. Pour ceste cause est sochot interprete tabernacles ou tentoires. Desquelx tabernacles comme est escript ou xxiij de leuiticus la solemnite est celebree le xVcjo du vij mois cest Juillet, ouquel temps ou enuiron nous obseruons la feste de la diuision des apostres. Ainsi donques Israel mist en sochot ses tabernacles congnoissant quil failloyt passer oultre. Car comme dit lapostre ou xiij chapitre de lepitre aux hebreux. Nous nauons point en ce monde cite permanente. En iceulx tabernacles on ne doibt point menger pain leue ne corrompu par malice et mauuaistie come est dit ou Ve chapitre de la premiere epitre aux corinthiens, cestadire que nous ne deuons point ensuir la doctrine des phariseens. Mais deuons viure des azimes, cestadire des pains de sincerite, de mundicite et de Verite en acomplissant par oeuure et effort les comandemens de dieu. En ceste mansion nous est comande que soyons tousiours remembrables du retour et yssue degypte, cestadire des Vices. Et que nous celebrions deuotement la saicte pasque de nostreseigneur qui est figuree par tel passement, et aussi que par Vertus nous consacrions les pmiers nez de nostre bestre en lieu des pmiers nez degipte qui furent frapez a mort come est escript ou xi et xij de exode.

Chapitre l. de la iij mansion

Les enfans de israel Vindrent de sochot en ethan come est escript ou xiij de exode, car ilz colloquent leur ost et compaignie de gens entre la solitude degipte et la terre frugiferante et fertile. Ethan estoit pour lors une cite ou commencement de la solitude de egipte laquelle par iosephus ou second liure et chapitre vij des antiqtes est appellee lucus. En ce lieu par

La tierce aage

succession de temps babiloy fust edifiee en egipte du teps que le roy cambises destruisoyt egipte comme on berra cy dessoubz en la v.aage/san bi.de cambises. ¶Ceste babiloyne est celle de laql/ le nest pas loig saicte katherie du mont synay.ouql lieu sont moynes religieux. Et en leglise ne sont entretenues les lã pes en clarteet lumiere fors seulemet de luile q coule z pcede de la tube dicelle saicte katherine/tesmoing com estoz. Le roy pharao tenoit son siege iperial en vne cite pres dicelle babilone nomee alchayre ou capr.la qlle est encoz auio³/ duy la tresgrade et principale des cites assises a leuir du fleuue nilus ou geo a lentour duquel fleuue sont situees ces citez. cestassauoir babilone. Capr. Alexandrie/ou souffrist passion Sain cte katherine et saict marc. En apres en descendant de la on bient a damiet te qui est vne cite bers la mer mediter ranee en egipte. ¶Une aultre babilo/ ne est en aspe dont est parle en xi⁰ de ge nese/en laqlle regneret Belus/Ninus nabugodonosoz/et plusieurs aultres. Elle est loig de lautre euiro xl iournees etre septetrio z oziet.¶En ceste mãsio z demoure fust nreseigneur dieu pmie remet beu p les enfãs de israel en vne colone et pillier q estoit en semblãce de feu code est escript ou xiii.de exode.

¶Chapitre lj⁰de la iiii.mãsio.

Pource que pharao auoit entoye exploateurs et espies pour sca uoir de iour en iour lestat du peuple de israel Ledit peuple se departist de etha q est declaire ou xiiii.de exode ouql lieu est escrit q dieu comãda a moise qlse de stournast vng peu vers egipte a la mai dextre.Et la fut la iiii.mãsio z demou race en la region de phyayroth q est etre la cite magdalon z la mer rouge a lop/ posite de beelsepho ou quel lieu israhel fust molt necessite z costrainct de laql le chose Josephus ou bi.chapitre du se cod liure rend raison disãt q dung coste estoit la motaigne tres aspre.et de lau tre estoit la mer. Ceste asprete de lieu cosideree Les exploateurs z espies eu ropes des egipties cuidoiet icelluy peu ple estre fozuoye de son chemin . Mais quãt ilz birēt qlz auoiēt ia fait iii io⁰ de chemin et ne se arrestoiēt poit ilz co gneurēt et iugerēt lors q les hebzieulx ne boulopēt pas seulemēt sacrifier a dieu/mais se voulopēt du tout depar/ tir egipte.parquoy se annocerēt a pha raon qui les poursuit et persecuta ius/ ques a la mer rouge come est escrit ou xiiii.de exode.ou luy et toute sa compai/ gnie furent noyez.

Feuillet xix

Orosius dist en son premier liure de orose ta que les ourdieres et sentes des voes des charios de pharaon sont encor ou parfond de la mer rouge. Et y ont este veues de son temps en perpetuelle memoire de celle merueilleuse yssue. Et se dauenture elles sont aulcunesfois couuertes deaues toutesfoys les zoyson quant le vent en soufflant les descouure. ¶ Sainct apolonius en la vie des peres dit que les egipties qui lors ne estoyent poit auec pharao reputeret et tindret por dieux les choses esqlles chascun de eux estoit occupe en icelle heure. cest assauoir ceulx qui labouroyent les iardins reputoyent le iardi, leur dieu. ceulx q bauoyent et megoyent reputoiet boire et meger leur dieu. Et ceulx q pesoiet a leur bestial maitenoyet pareillemet bestes brutes estre leur dieu. En disant Cecy a este auiourduy mon dieu q ma garde de ensuir pharaon et destre noye en la mer cõe les aultres. ¶ Ou chapitre de amiadab en la ligne de iudas est faite metid comet et en ql ordre les enfans de israel ensuyret moyse a passer la mer rouge. Aussi ou chapitre de maria est declaire comet apres le passage dicelle mer Ilz furet viii iours autour du riuage en chantant et rendat loenges a dieu. ¶ Magdalon dot est dessus faite metid est vne cite boisie de la terre degipte. Alaquelle fuyret les iuifz ou teps de ieremie apres la mort de godolias, cõe est declaire ou xliii de Ieremie. A parler mistiquemet. phiayroth est interprete bouche de nobles car par lassuption de force et de vertus nous somes enoblis et enforcis en ntreseigneur cõtre lidole de beelsephõ qui est iterprete seigneur daquilon. Sont sedra tout mal, cõe est escrit ou premier de ieremie Et pource nous deuons nous effozcer de abesser la magnificence et abatre le grad orgueil dicelluy et aussy de nous mõstrer nobles en coeur, en bouche, et en operation

¶ Chapitre lii. de la S. mansiõ.

Puis se partiret les hebri/eux de phyayroth, passeret par le milleu de la mer ou desert. Chemieret trois iours en la solitude de ethan et se logerent en mozath qui est interprete amaritude. Ceste solitude de ethan est au lextremet nomee lermitaige de sur, ou ilz furet trois iours sans eaue doulce. car pose quil y eust aulcües fõtaies: toutesfoys estoyent elles salees et ameres. parquoy le peuple mutmura grandemet. et furet ces eaues adoulcies par ce que moyse les toucha de sa verge ainsi que dieu luy auoit commade. Il nest point dit sãs cause q apres ce que les hebrieux eurēt passe la mer rouge ilz enterēt en amaritudude. Car le deable nous tend lactz infinitz et embuches ameres pour nous deceuoir apres ce q somes baptisez et que auōs propose de tenir les chosee dessusdites. Mais quāt nous auōs seurmonte et euade icelles embusches et espies et q auons les iiii. vertus et ppietes figurees es iiii. mãsions dessusdictes nous poudō biē chāter en istrumetz melodieux le cātique de moyse Cātemus domino gloriose. Et pource ceulx qui celebrēt la vraye pasque la doiuent passer en amertume en laictues ameres et desplaisance de peches cõe est escript ou xii. de exode. car par tēptatiō on est esprouue. Et probation donne esperace, et esperace maine a salut ainsy q est escrit ou V chapitre de lepitre aux romais. Aussi on voyt en medicie q la recepte cōstcte des mixtions ameres, attrepe ou chasse les humeurs mauluais et supflus. Et puis donne et restitue la sante qui est doulce. Mais nous voyons par opposite q luxure et volupte sont finees par amertume et tristresse tesinoig la saicte escripture disat q tel vice pour vng teps plait et engressist les ioues de la creature. mais la fin est tresamere et desplaisante.

¶ Chapitre liii. de la vi. māsiō.

La xiieme demeure fut en helim qui est interprete le fort diceulx. Car de amertume nous

La tierce aage

uenons aux choses fortes et robustes. En ce lieu estoyent douze fontaines z lxx palmes côme est escript ou xv. de exode. Par lesquelles fontaines tres/ pures et nettes sont entendues les enseignemens des xii apostres qui ont arrou se la siccite et secheresse de tout le monde. Par les palmes croissans auec eulx est entendu le nombre des lxxii disciples et lordre des euesques. Ainsy appert q en ces mansions est bel ordre de vertus Car apres victoire vient temptation. Et apres tentation vient refection. Et pource il fault boire et menger pour estre prepare aux aultres mansions.

¶Chapitre liiii.de la viii. mansiõ.

De helim vindrent les en fans de israel a la mer rouge non pas quilz retournassent par ou ilz estoyent passes. mais en leur chemin estoit ung bras de la mer rouge. pres duquel ilz situerent leurs ost et pauillons en ung palud et maretz plain de glaieul et de ioncz le xxxi. iour apres ce quilz furent partis de ramasse. Pour ceste viii. mansion nest dit ou xv. de xo de aultre chose sinon que les hebrieux se partirent de helim. Par ceste demourance vers la mer nous est amonneste que apres la discipline euāgelique et les doulces viandes des triumphes victoires la mer se doit aulcunesfois apparoir et monstrer a nous. Aussi nous est baille a entendre que les dangers passes doiuent estre mis aulcunesfois deuant nos yeulx. Et combien quil y ait grande difference entre passer la mer et regarder la mer de loing/ non obstant regarder aulcune chose soit de loing ou de pres nous reduit en memoire les dangers ou on a este et ou len a peu se trouuer par auant.

¶Chapitre lv.de la viii.e mansion.

EN la solitude de syn est la viiie mansion combien quen exode semble estre la vie. Et pource est a noter q tout hermitaige iusques a la montaigne de synay est appelle Syn/ Et aussy que le lieu dune mansion a prins z sor ti aulcunesfois son nom z denomiatiõ de toute la prouince cõme moab est le nõ tāt de la cite côe de la pulce. Syn est interprete buissõ ou hayne.car quāt nous seros venus au lieu ou nostresei gneur doit parler a nous/lors nous a/ rons la grāde hayne de nostre enemy. Auec ce le buissõ cestadire lesglise ap/ paroistera ardoir par persecutions mais ne sera point bruslee ne perie.car sõ sei/ gneur est en elle et parle pour elle.

¶Chapitre lvi. de la ixe mansiõ.

LA ixe fust in delphca ou crus/ ma qui est interprete pulsatiõ ou adhesitiõ car aps les responses de dieu nous deuõs fraper et hurter pour bien receuoir les sacremēs de la passiõ de ihe sucrist. Et en hurtāt luis nous sera ouuert côme est escript en xie chapitre de sainct luc.

¶Chapitre lvii.de la xe mansiõ.

EN halus fust la xe. Et côbien q en exode ne soit poit mise toutes fois est elle cõprise en syn. car en la soli tude de syn y eust .8.mãsiõs. Halus dequoy parlõs est interprete leuain.pour ce q la fēme prenoit du leuain en ceste mãsiõ xe.et le mixtiõnoit auec iiii grās mesures de farine iusqs a ce q toute la paste fust seuee.En ceste solitude mur mura le peuple côe apt ou xvie dexode Puis il dist la gloire de dieu en vne nuee/et luy furēt dõnes au vespre oy/ seaulx nõmes cailles pour mēger/Et le matin du iour ensuiuit la māne du ciel en quoy fust acõplie lescripture di/ sāt que lõme a mēge le paī des angles

¶Chapitre lviii.de la xie mansiõ.

AInsy q est escript ou xvii dexo de En raphidin fust la man/ siõ xie ou israel apāt souffrete deaue tē pta dieu en postulāt et requerāt auoit eaue poʳ estācher sa soif.laqlle luy fust ottroyee p le moyē q moyse frapa de sa verge sur la pierre dure.dõt yssist eaue en habõdāce. Ce lieu est iterpte disso/ lution ou sante des fors et robustes pource que amalech y fust dissipe et de struict.ou pource que israel par les in/ tercessions de moyse y fut sane et gary

Feuillet xx

Apres ce que amalech fust seurmonté sint Jetro prestre de madian cousin et beau pere de moyse qui luy bailla conseil de instituer cēturions doyens ⁊ iuges pour gouuerner le peuple

Chapitre lix.de la xii.mansion.

Synay fust la xii. māsiō ou le peuple de israel arriua le xlviii iour apres lissue degipte cōe est escript ou xix.de exode. Et ou tiers iour ensuiuāt descēdist dieu sur la mōtaigne. ou la loy fust donnee a moyse le l. iour apres le depart degipte. A cause de ceste descente a esté premierement figuree ⁊ celebree la sollēnite de penthecoste qnt le sainct esprit descēdit sur les disciples ⁊ les enlumina tellemēt q̄ tout le mōde par leur predicatiō en a esté remply.

Synay est interprete buissō nō pas sng seul cōe en la solitude de syn mais plusieurs pour denoter q̄ ceste solitude de synay est la fin ⁊ pfection de la chose dōt la solitude de syn est le cōmēcemēt. En ceste mansion fust dōnee la plus grand part des cōmādemēs bailles et cōtenus es liures de exode.de leuiticus et du nōbre.lesquelx ne peult pas estre recites en bref. Israel y fust sng an et iiii.iours sans partir. Et y adora le veau en labsence de moyse cōme apert ou xxii.de exode.

Cy ensuiuent les xxi mansions du second an.

Chapitre lx.de la xiii.mansion.

La treisieme mansion des enfans de israhel fust es sepulchres de concupiscence cōe est escript ou chapitre xi.du liure du nōbre. Ou ce fust en la solitude de pharan q̄ est interpretee asne sauluaige ou cruaulte. Ilz sidrent en ceste mansion apres ce que nostre seigneur eut parle familierement a moyse en la mōtaigne de synay. Et furēt nōmes sepulchres de concupiscence pource q̄ israel y contuoita a menger chars et nestoit pas content de la manne du ciel. Dont dieu en uoya cailles en habondance ⁊ puis frapa a mort grande multitude diceulx En quoy est note que quāt auons lesse la sapience et deceptions de ce monde et les grandes infections et potees de char des egiptiens Nous ne debuōs point murmurer contre le pain celeste des escriptures.mais nous debuons qtir la doulce viande de la manne celeste et nous contēter de ce que dieu par sa grace nous enuoye

Chapitre lxi.de la xiiii.mansion

Aseroth fust la xiiii. mansiō laquelle est en la solitude et desert de pharan ouql lieu cōe est escrit ou xii.du nōbre Aarō et sa seur Marie murmurerēt cōtre moyse pour sa femme ethiopisse.parquoy fust la dite marie merueilleusemēt frapee de lepre.

Par ceste marie est figure le peuple des iuifz q̄ fust frape de lordure ⁊ imūdicite de lepre pource ql murmura cōtre leglise des gētilz ⁊ cōtre les apostres en desirāt mēger chars egiptiacqs/cestadire dāgereuse doctrine. Leql peuple ne retournera poit a sō tabernacle ne premiere sante Jusques ad ce que le temps ordōnne et establi pour la plenitude ⁊ saluation des gens soyt acomply.

Aseroth est interprete portail de eglise ou les appostres deboutez Des Juifz se vertirent et tournerent pour cōuertir et enseigner le peuple gentil et

¶La tierce aage

payen en nostre foy. en demonstrant q̃ ceulx qui sont droiz et esleuez sur les piez peuent choir. Et ceulx qui sont a terre peuent estre releues par ihūcrist lequel est la ruine et resurrectiō de plusieurs ainsy cōe est escript ou second de sainct luc.

¶Chapitre lxij. de la xvᵉ mansion.

Rethma est la xvᵉ demourance. et signifie son. ou busche de geneure. de laquelle quant les charbons sont bien couuers en cendre ilz se gardent vng an en chaleur. Et pource y debuons aler quant nous auons passe les sepulchres de cōcupiscence affin que soyōs eschauffez desprit es œuures diuines en ensuiuant les predications de leuangile continuellement. ¶En ce lieu doibt estre note que les xviij māsions consequentes depuis rethma iusques a Asiongaber. q̃ est la xxxiijᵉ mansion sōt cōprises en la bible soubz ce nō pharan quant il est faite mention de la solitude et lieux inhabitez de pharan. ⁊ est pharan Interprete/asne sauluaige ou ferite et terrible.te. En ceste xvᵉ mansion furent enuoyez xij explorateurs pour cōtempler la terre de promission Puis fust bataille contre amaleth cōbien que dieu eust commande loppostite. Chore Dathan et Abiron y furent engloutis dedens la terre tous vifz. Deux cens. l. de leurs complices y furent fouldroyes. Puis xiiijᴹ vijᶜ furent bruslez pour leur murmuratiō. La Verge daaron y florist entre les xij lignees de israel. Et la Vache rousse y fut bruslee ou sacrifice

¶Chapitre lxiij. de la xvjᵉ mansion.

Remmonphares fust la xvjᵉ mansion. et est interprete diuision de pomme de grenate et signifie et represente ihūcrist ou leglise qui par ses vertus est separee des incredules. et couure de son manteau toute la multitude des christiēs et les entretient en bonne vnite.

¶Chapitre lxiiij. de la xvijᵉ mansion.

Lebna fust la xvijᵉ demourance. Et est interprete tuilles ou terre quon peult cuire. En telle ouurage fust par douleur ⁊ tristesse occupe israel en la seruitude degipte. Par quoy cest assauoir pour la dicte mutation est note que en ceste vie nya riēs permanent ne durable. mais est vng passage par lequel on va de lung a laultre en croissant ou decroissāt. Aussi est note que lestat de leglise aulcunesfoys se mue cōme la matiere de terre quō tourne en diuerses choses.

¶Cha. lxvᵉ. de la xviijᵉ mansion.

Ressa qui est Interpte frein et bride est la xviijᵉ pource que se apres nostre passage fait nous retornōs aux ouuraiges de boue qui sont inutiles/Nous deuons estre refrenez et retirez de nostre entreprise par quoy est bien dit ou pseaulme xxxi que par la bride nous debuons restraindre les machoueres des hōes pecheurs

¶Chapi. lxvjᵉ de la xixᵉ mansiō

Caaltha qui est interprete leglise fust la xixᵉ mansion. Car il fault que par brides soyent retirees les mauluaises voyes et entreprises des christiens affin quilz soyēt reduitz et confermes a leglise Et quilz entrēt les portes dicelle que par auant auoyent laisse.

¶Chapitre lxvij de la xxᵉ māsion.

En la montaigne de safer qui est interprete beaulte et est constituee en la mōtaigne de beaulte et de honneur fust la xxᵉ demeure et habitation. A laquelle nous merront les refraines et retractions de nos vices. Et nous feront habiter en ihūcrist qui est la tresbelle et haute mōtaigne ou tous humains se doibuēt efforcer de monter. Et pource de luy est escrit ou xxᵉ de ysaye Alōs ⁊ motōs en la mōtaigne de nostreseigneur et en la maison du dieu de Jacob.

Feuillet viii^{xx} i

¶Chapitre lxviij.de la xxj^e mansion
Arada qui est interprete miracle ou merueille est la xxj^e habitation. Car apres ce que nous auons les iiij.choses dessusdictes et q̄ nous auōs habite en leglise nous monterons en ihesucrist qui est la mōtaigne desbahisement. Considere que iamais oreille ne ouyt ne oeil ne vist les ioyes que dieu a prepare a ceulx q̄ bien le seruent comme est escrit ou ij^e.cha. de la pmiere epistre aux corinthes

¶Chapitre lxix^e de la xxij^e mansion
Maceloth qui est interprete compaignie est la xxij^e mansion. Car lors sera verifie ceste proposition du psalmiste entendue de leglise. Cestassauoir vecy vng grāt bien q̄ moult ioyeulx de voir les freres dung courage et dune mesme volente habiter ensemble en vne maison.

¶Chapitre lxx^e de la xxiij^e mansion
Thaath est interprete petit et crainte. Et pour ce aps les choses dessusdites ne fault poit trop se esleuer en ceste xxiij^e. habitatiō. Mais fault craindre et se humilier soubz la main de dieu car il resiste et contredit aux orgueilleux tesmoig Sainct iaqs ou iiij^e de sa canonique. Et aussi dit sainct luc ou xiiij^e que celluy qui se exalte et esleue sera humilie et abesse. Et par opposite q̄ se humilie a abesse sera esleue et exaulce. Car crainte est custode a gardiēne des vertus et est vne seurete facile a releuer cōme trebuche. Et pource ou pseaulme xxij^e est dit q̄ la verge et le baston nous consolent. Cestadire que en pensant aux paines nous sommes entreintz en la grace de dieu. Car quant nous craignons les tourmētz nous nous gardons mieulx de mesprendre.

¶Chapitre lxxj^e. de la xxiiij^e mansion
Thare qui est interprete abacteur/chasseur ou depulseur fut la mansion xxiiij^e. Et pource il fault que aisi cōme thare pere dabraā q̄ abraā mesmes chassa les corbeaulx et oyseaulx du ciel arriere tesmoing le x8^e de genese/que semblablement nous chassions les vices loing de nous. Et principalement est necessaire que les prelatz de leglise ayent solicitude q soing en craignāt q̄ le mauuaix leon/cest adire le deable ne entre es maisons et logis des brebis q les ē/uoie. A laqlle chose ne peuent mieulx cōtredire q̄ par crainte q̄ rend lōme soigneux

¶Chapitre.lxxij. de la xx5^e mansion
La xx5.habitatiō fust en methca q̄ est Interprete doulceur. car quāt on a bien pris garde es choses dessusdites on recoit doulx fruict de sō labour. Et peut on dire ce qui est escrit ou pseaulme cēt q xx8iij. Mō dieu tes parlers me sōt moult doulx. Aussi pora nostre ame ouyr son espoux ihūcrist disant Ma seur et espouse tes leures distillent et degoutent miel. Car pour declairer nostre intention quelle chose peult estre plus souefue que la doctrie et discipline de ihesucrist certes.nulle. A ce propos il est escript ou xiiij.des iuges. que apres ce que sanson eust chasse les oyseaux/quil eust lie ensēble les regnars et occis le lyon il trouua le miel. Et po^rce tastez/goustez et en cōgnoissez.car nostreseigneur est doulx et souef/cōe est escript ou pseaulme xxxiij.

¶Chapitre lxxiij.de la xx8j. māsion
Almona est labitatiō xx8i. Et est interprete festination. Et pource quant nous arons coeully les doulx fruitz de nostre labeur nous ny deuons pas faire demourance ne arrest. Mais passer oultre tendans aux choses plus haultes

¶Chapitre lxxiiij^e.de la xx8ij.māsiō.
Maceroth est la demourāce xx8ij. Et est interprete lyens ou discipline. Parquoy est signifie que par vng pas et alee hastiue deuōs aler aux maistres et docteurs affin q̄ par eulx soyons enseignez les rigles q cōmandementz des vertus. Le mistere des escriptures. Et q̄ rompions les

r i

La tierce aage

lyens eternelx du deable qui ne sōt pas de petite efficace.car toutes les fois q̄ sanson rōpist telx liens il bainquist et seurmōta ses ennemis. De telx liens est faite mētiō en ecclesiaste. Disant q̄ la femme abandonnee a luxure a les mains liees. Aussi en est dit ou pseaul/me cent et xxiiii que par la fractiō et rō pure du lac et lyen du deable nous sō/mes deliures et saulues. ¶ Il y a vne aultre maniere de liens bolūtaires nō mes les lyens de ihūcrist.par lesquelx lōme se lye et ioinct a dieu.pour telx ly ens est escript dextera illius aplexabi tur me.cestadire que sa mai dextre me liera et embrassera.

¶ Chapitre lxxv de la xxviiie māsiō.

Baneiacan est iterprete filz de necessite et de strideur/ou de son/car quāt lōme ara fait selōd lexposition de la precedente mansion et sera bien endoctrie es escriptures/loix et tesmoignages diuins. Il luy sera fa cile de batailler et expugner ses aduer/saires.auec ce les lyer et mener en cap/tiuite. Et puis diceulx prisonniers qui par auant estoient ennemis faire en/fans de dieu. ¶ Aultrement par les enfans de strideur et de horreur sont entendus ceulx dont est parle ou xxve. de sainct Mathieu qui sont es lieux in fernaulx tormentez sans fin et sās ces se/parquoy sont resonner et grincer leurs dens pour lequel lieu euiter nous fault lesser les lyens du deable et nous soubmettre au seruice de ihūcrist

¶ Chapitre lxxvi de la xxixe māsion.

EN gadgad fust la xxixe demeu re et est interprete cōcision ou coupure/parquoy est note que nous de uons couper et extirper les mauuais maistres qui donent peruerse doctrine Car il est escript ou xlviiie de Jeremie que lōme est mauldit qui exerce et exe cute negligāmēt le seruice et oeuure de dieu Et qui destourne son glaiue de loccision diceulx iniques precepteurs et maistres. ¶ Aultremēt gadgad est in terprete messager ou prest et dispose a faire aulcune chose. Car les bons doc/teurs doibuēt instruire et annoncer a leurs disciples les loyers eternelx qui tousiours dureront. Auec ce doibuent iceulx pparer et disposer a exercer les ba tailles de dieu cōtre le deable.

¶ Chapitre lxxviie de la xxxe mansiō

LA xxxe. fust Jetabatha qui est interprete bonte. Car se nous sommes telx cōe il est declaire en la maison pcedēte.cestassauoir se nous sōmes bons pasteurs metans et expo/sans nos ames pour nos brebis cōme est escript ou xe de sainct Jehan Nous peruendrons au parfait degre sacerdo tal et dirons cōe le psalmiste ou pseaul me xxxe. Mon dieu iay eu en toy espe/rance:dont ie crois que ne seray poit cō fondu eternellemēt

¶ Chapitre lxxviiie de la xxxie māsiō

EBrona fust la xxxie Et est iter/pretee passemēt ou trāssitiō. Car il fault passer de ce monde en lau tre.parquoy les sainctz hōmes desirēt grādemēt tel passage pour estre mieulx a leur aise en grande seurete. Et pour/ce ou tiers de xode est dit Je passeray et seray la grande visiō.

Chapitre lxxix.de la xxxiie māsiō.

HAsiongaber fust la xxxiie. et est iterprete busches de lōme. ou de solation et menuiserie. Car les maistres dessusditz doibuēt en la soli/tude et lieu desert faire plusieurs von/neaulx et vaisseaulx necessaires a la grande maison de dieu cōe dit lapostre

Jusques cy est parle de la solitude de pharaō contenant xviii mansions com me est dit deuant. Lesquelles mansiō ne sont point traictees en lordre des au tres par forme de histoire declaratiue des choses au long mays sōt seulemēt

par maniere de epilogation et brieue re
citation escriptes ou xxiiij° du nombre.

⁋Chapitre iiij°° de la xxxiij°
manſion.

Ou deſert de ſyn fut la
xxxiij° manſion. aultrement
eſt nommee cades ou xx° du nombre (
ou pmier de deuteronome ⁋ Syn eſt
interprete ſaincte ou mandement Et
eſt ceſte interpretation faite par propri
ete contraire a la ſignification du mot
par vne maniere de parler que les gra/
mariens appellent anthifraſis. Et ca
des eſt interprete Pibaulde.car pour ap
pbation de ceſte choſe ou xx.iiij° de ge
neſe ou nous metōs le mot ſcortum ſe
lond la tranſlatiō cōmune/ſa verite he
braique met mulier cadoſa.qui ſigni/
fie femme adonnee a luxure ⁋ En ceſte
maſion mourut Marie/Moyſes et aa
ron y offenſerent dieu.le peuple y mur
mura grandement.Et paſſage y fuſt
par le roy Edon nie aux enfans de iſ/
rahel.

⁋ Cy enſuiuent les maſiōs
du iiij° an. Chapitre iiij°° (Sng.

La xxxiiij° manſion
fuſt en hor qui eſt interprete
montaigne et eſt au bout et extremite
de la terre de edom. En laquelle mou

⁋Feuillet viij xx i

ruſt aaron aage de cent xxiij ans/ceſt/
aſſauoir lan xl° apres liſſue degipte. et
en ce meſme an que le nouueau peuple
debuoit entrer en la terre de promiſſiō.
En ce dit lieu fut aaron ploure (plaint
moult tendremēt de tout le peuple de
iſrahel. En ceſte montaigne de hor les
chananeens prindrent priſonniers leſ/
ditz enfans de iſrahel apres grande ba
taille faite entre eulx mais fiablemēt
en ce meſme lieu ilz triūpherent et eu/
rent victoire deſditz chananees. En
quoy eſt ſignifie que quant nous ſom
mes deſtitues et deleſſes de leſpecia/
le aide de dieu.et que lennemy nous a
tellement aſſailly quil nous tiēt en ſes
priſons: Nous ne debuōs pas pourtāt
choir en deſperance de ſalut Mais de
rechef nous armer pour aller en batail
le cōtre noſtredit ennemy affiō que nous
le puiſſons vaincre.Car ſouuent ad/
uient que nous ſommes victorieux ou
lieu meſme ouql nous auons eſte ſeur
montez et vaincus.

⁋Chapitre iiij°° et deux de la
xxxv° et xxxvj° manſiōs.

De hor vindrent les enfās
de iſrahel en ſelmona et ſino
leſquelles deux manſions ne ſont poit
miſes ne couchees en lordre de liſtoyre
mais ſeulement ſont en bref touchees
ou xxiij° du nombre. En ces montai/
gnes apres la mort de aaron murmu/
ra le peuple plus ipetueuſemēt q̄ deuāt
diſāt a moyſe ql eſtoit ēnuye et ſaoule
de mēger la māne. Et pource dieu en/
uoya ſerpēs par leſquelx le peuple fut
greuemēt naure (pſecute.mais par les
prieres de moyſe dieu voulut que qui
cōques regarderoit le ſerpēt darain Il
ſeroit gary (preſerue.cōe eſt eſcript ou
xxj° du nōbre ⁋ De ce ſerpēt eſt faicte
mētiō ou iij° de ſaict iehā et demōſtree
la ſignifiāce. Car aiſy q̄ le ſerpēt de ce
deſert eſtoit neceſſaire de eſtre eſleue
pour la ſaluatiō du peuple Semblable/
mēt il cōuenoit le filz de lōme eſtre eſ/
leue en lair pour la redēptiō de tout lu

x ij

main lignage. Et pource selmona est interprete ymage et finon est interpte bouche. car cellup q regarde drape / mét et deuotemét lymage du filz de dieu il est côserue et garde en coeur et en bouche quil ne die ne pense aulcu mal.

¶ Chapitre iiiie iiiie. de la xxxbii^e. mansion.

En oboth qui est interp / te enchâteurs ou serpes nom mes phitons fust la xxxbii^e masiô. car apres ce q limage et souuenâce de dieu est fichee en nostre coeur et q nous auôs drape foy et confession, les serpes et ars magiques du deable se esseuent a lêcontre de nous pour nous puoir et esmou uoir a bataille, et siablemêt pour nous faire par têptatiô succüber et trebuscher. En ces ars magiques sôt lacz et trebus chetz innumerables par lesquelx sont deceuee les ames humaines. les qlles côme dit lapostre sont le plus precieux tresor de tous les tresors qui sont mus / sez et abscôsez es vaisseaulx de terre. et pource oboth autremét est iterpte bou teille ou baril laquelle plaie de moust et bin nouueau est icontinêt rôpue et creuee se elle na bent et air pour bng petit respirer et geter hors ses imûdicitees.

¶ Chapitre iiiie iiiie. de la xxxbiii^e. mansion.

Ieabarim est la xxxbiii^e habitatiô ou ala israel. et est situee es fins de moab en la partie qui regarde moab bers oriêt et est iterpte môceau et aggregatiô de pierres passâs Car les pierres sainctes, legeres, polies et rôdes côme roues se hastent de pas / ser par ce siecle pour aler aux aultres mansions côgnoissâs quen ce môde ny a poit de cite pmanête côe est escrit ou xiiie des hebrieux parquoy tesmoing le psalmiste ilz prôt de bertu en bertu. car les bertus sôt tellemét ânexees ensem ble q se len a lune il est facile de obtenir lautre. Et pource les enfâs de israhel estâs iusques cy es fins des ydumees vien

nêt de ceste mâsiô en la terre de moab.

¶ Chapitre iiiie ixe. de la xxxixe. mansion.

Dibougad qui par inter / pretation est dit têptatiô fort et birilemêt entêdue est la xxxix^e mansiô. En la quelle fust bataille contre seon roy des amorriees, et côtre og roy de basan. En quoy est signifie que quant nous bêdrôs a la sûmite et fin de nos chemins et que nous aurons beu de la fontaine des roys et des princes et que serôs peruenus a la môtaigne de phas ga nous ne debuôs poit nous esleuer en orgueil Mais considerer les aduersites que auons endurees.

¶ Chapitre xl^e. de la xl^e. mansion

Almonde blathaim est interprete côtemnement et desprisement des playes et obprobres car ainsy côme est declaire ou b^e de saint mathieu, les hômes serôt sainctz et bi en eureux qui aurôt este hays et iuuries du monde. Car les passiôs de ceste bie ne sôt poit dignes des ioyes q nous deuôs attêdre en la bie future, tesmoing lapostre ou biii^e chapitre de lepitre aux romains.

¶ Chapitre iiii^e xi^e. de la xli^e mansiô.

Es montaignes de abarim bers nabo fust la xli. habitation En laquelle trespassa moyses apres ce quil eust beu la terre de promission côe apt ou dernier de deu teronome. Abarin est interprete mô taigne des passas Et nabo est dit con clusion ou closture en laquelle est ter / minee la loy.

¶ Chapitre iiii^e xii. de la xlii. mâsiô

La xlii. habitatiô fust es lieux châpestres de moab sur le fleu ue iordain pres de hiericho. En ce lieu dôna balaâ sa benedictiô au peuple de israhel, tesmoig le xxiii. du nôbre. Lêgl balaan y pphetisa côe apt ou xxiiii. du dit liure mais côe est escript ou xxb. Il rael y cōmist peche de fornication auec les filles de madian. Plusieurs autres histoires sont contenues en ceste xlix mansion, lesquelles pour cause de brieueté seront delaissees en senāt a lexpositiō allegorique de ceste mansiō. Les hebrieux passerēt des mōtaignes de abarim es lieux chāpestres de moab en descēdāt au iourdain. lequel fleuue iourdain est interprete descēse ou descente diceulx. Et po'ce nous deuōs nous humilier descēdre et abesser en couraige. Car il nest riē tant perilleux q̄ couuoitise de gloire et iactāce auec courage enfle par oultrecuidāce. Pour approbation de la quelle chose nous soyons que ihesucrist se humilia ou fleuue iordain. lequel fleuue nous passerons finablemēt auec Iosue mais que soyōs circōcis du cousteau de leuangille. Et semblablemēt lors nous mēgerōs et celebzerons la Braye pasque non pas en egypte mais en la terre saicte se a nous ne tient.

Chapitre du tabernacle iiii^xx ix

Loccasion que cy deuant auons plusieurs foys parle du tabernacle/des sacrifices des bestes mes sacerdotaulx/des pilliers et porches du tēple. de lautel/de larche/des pains de propositiō/de la table sur quoy ilz estoyēt mis et de plusieurs autres choses. Nous en dirōs cy par ordre quelque chose de chascū. et pmieremēt du tabernacle. Le tabernacle q̄ dieu cōmanda a faire ou xxbi de exode fust fait et esleue le premier iour du pmier moys du secōd an de lyssue degipte, cōme est escript ou xl de exode. Et fut diuise en deux parties dōt lue est nōmee sācta sāctoru̅. et laultre sāctuariū. Sāctasāctoru̅ est le lieu des secretz ou nul ne debuoit entrer fors le grād pstre seulemēt. Et estoit de la partie doccident. Et auoit dix coustees en longueur/ en largeur et en haulteur. ¶ Sāctuariū ou le sanctuaire estoit la partie anterioure du coste dorient aiāt xx coustees. Et telle partie estoit cōmune aux pstres.

Feuillet viii^xx iiii

Aussi en ce lieu estoyēt mises les choses sacrees saictes z dediees a dieu. Po' faire separatiō de ces deux parties estoyent ou milleu iiii colūnes ou pilliers de bois de sethim dorees. Desquelles les parties superiores estoyēt dor z les fōdemētz dargent. Sur le feste et hault dicelles colūnes y auoit xii Seruelles de xii coustees tenās et trauersās depuis vng mur iusqz a laultre. Es quelles estoit vng Boile z courtine pēdāt estēdue deuāt les quatre colūnes et faite dung precieux lin nōme bissus en latin/ou cestoit satin de fil de soye. de couleur iacictine de pourpre. et sanguine ouuree en ouurage de coultepoincte entrelassee z tissue de belle diuersite. car aisy q̄ dit Iosephus il nestoit nulle fleau mōde ne paicture dōt vsēt les paintres q̄ne fust en celle courtine paincte.

¶ lentree du tabernacle y auoit cinq pilliers de bois de sethim telles cōe dessus. et ny auoit differēce fors en ce que les dessusdictes auopēt les bases z fondemēs dargēt et ces cy les auopēt de arain. Auec ce y auoit deux Seruelles ou vne de x coustees en forme due poutre et longue buche trauersant de mur en aultre. Dōt pēdoit vne aultre courtine ētrelassee par cercles dor z ouuree a la maniere de la premiere. Mais selō Iosephus telle courtine ne pēdoit fors iusques a la moitie des colūnes en les couurāt tāt seulement de. s. coustees affin q̄ par dessoubz lētree fust patente. Aulcuns diēt en oultre q̄ l y auoit vne aultre courtine de laine touchāt iusqz a terre. Auec ce quil y auoit cordes po' la tirer et retirer de coste et daultre affi que ce iours de feste on peult mieux regarder et plus facilement entrer dedēs le tabernacle. ¶ En ce tabernacle estoit certain lieu determine a chascune des lignes des hebzieux. lesquelz estoyent tous a lenuirō pour le garder ainsy q̄ est escript ou second chapitre du nōbre et cōe est figure en la figure pauillōnee. En laquelle a lenuirō du tabernacle y a xii pauillons. car vers occident ou estoit sancta sanctoru̅ z larche de la

p iii

La tierce aage

fiance et le propiciatoire ou estoyēt dōnees les diuines responces habitoyent Effraym bēiamin et manasses. Et a lopposite cestassauoir vers oziēt habitoyēt Judas/ysachar/τ zabulon. Vers mydy estoyent deputez custodes τ gardes/Ruben/Simeō/et gad. mais vers aquilon estoyēt mis Dan/Neptalim/ et Aser. par ainsy estoyt le tabernacle bien garde. Lequel tabernacle par les gardes de la premiere partie principalement nous a figure choses dignes de escripte et pmierement a figure nostre oriēt/cestadire nostre natiuite spirituelle qui est la fontaie de baptesme que nous debuons biē garder. Secōdemēt est figuree nostre occidēt/cestadire nostre fin. Tiercemēt nostre auster τ mydy/cestadire nostre psperite. Et quartemēt nostre aquilon/cestadire aduersite. A ceste fin q̄ quāt nous aurons este regenerez de la fontaine de baptesme/ nous passons par les prosperites et aduersites et peruenids a la mort amere de la char qui est signifiee par beniamī Aussy affin q̄ soyōs effraym cestadire portans fruit et croissās en vertus. Et sēblablemēt manasses/cestadire obliance et desprisement de toutes les delectations militans et bataillans encontre lame. Et par ceste maniere nous entrerons ou tabernacle de nostreseigneur et le adorerons ou lieu ou ses piez ont marche cōme est escript ou pseaulme cent et xxxj.

De lautel Chapitre iiij^{xx} et x.

Deur manieres de autelx estoient pour lors. cest assauoir lautel de holocauste ou sacrifice et lautel de lencens. Lautel de holocauste estoyt mis deuant et hors le tabernacle sans auoir autre couuerture q̄ le ciel. Et nestoit pas mis droictement a lentree du tabernacle. mays estoit aulcunement a coste vers midy tellement que ceulx q̄ sacrifioyēt estoyent vers septētriō et pouoyent voyr dedens le tabernacle iusques a la partie nōmee sancta sctōrū. La haulteur de cest autel estoit de troys grandes coustees. Et pource quāt on ministroit et faisoit le sacrifice on y adioustoit aucune chose cōme vng marchepie sur quoy montoyt le ministre τ apres estoit porte hors/tesmoing le iiij.liure et xix.chapitre du mirouer historial. Pour lusage et seruice dicelluy autel estoyent chauderōs τ sēblables vesseaulx daraes quelx estoient recoeuillies les cendres superflues et puis mises en vng lieu net et secret. Aussi y auoit tenailles pour disposer le feu dicelluy autel. et croches de fer par lesquelx les chars cuites estoyēt tirees hors des chauldieres. Auec ce y auoit paielles darain en quoy estoit la breze et charbon ardant porte de cest autel a lautre. Le ijs autel nōme lautel de lencēs estoit fait de buches de sethim qui est bois espineulx in cremable et iputrescible ayāt vne coutee de lōgueur τ autāt de largeur et ij. coubtees de haulteur. Et estoit vestu dor trespur et auec ce auoit les cornes/ le gril/ses chaynes/les aigneaulx/τ les vertelles toutes dor en la forme du pmier. Mais sil y auoit vng aultre petit autel pour receuoir les cendres/ ou se elles cheoyent a terre Il mest doubteux et incertain. En cest autel estoit tous les iours vespre et matin brulle lencēs boue et sanctifie a nreseigneur pour cōsommer et parfaire le sacrifice fait des deux aigneaulx sur icelluy autel. Mais aulcuns dient que le matin seulemēt lencens estoit mis sur lautel Et au vespre vne aultre espece dencēs ou despice aromatique nōmee en latin thimiama. Cest autel selon ses hebrieux et selon Josephus estoit en la partie du tabernacle nōme le sainctuaire.

Chapitre iiij^{xx} xj du sacrifice

On treuue maintes manieres de sacrifices. Les vngz sont ditz holocaustes ainsy nōmes po ce que tout estoit brule τ cōsume par le feu et riens nestoit lesse de residu pour les prestres. Ce sacrifice estoit fayt en trois choses/cestassauoir en grosses

Feuillet viii.xx iiii.

De la table et des pains de proposition Chapitre iiii.xx xix.

La table estoit mise ou tabernacle en la partie daquilon pres du lieu nomme Sancta sanctorū De laquelle table est faicte mētion ou xxv.e de exode. Et estoit de busches de sethim dorée de toute part dor tres pur Et ronde comme dit Josephus, combien que Nicolas de lira dic que en longueur elle auoit deux coubtees. De largeur vne. et de haulteur coubtee et demie. mais de lespesseur nest nulle mention. Ceste table auoit quatre piez desquelx la moitie, cestassauoir la partie superioze estoit quarree. et lautre partie, cestassauoir inferioze estoit ronde. En oultre a lenuiron auoit vng vesseau a la forme et maniere de vne arche. Auquel vesseau estoit fichee vne couronne dor haulte de quatre doie dont la moitie apparissoit et se monstroyt sur la table. en gardant que les choses mises dessus, ne cheyssent. Laultre moitie pendoit en bas a la decoration et embellissement de la table. Ceste couronne estoit entaillee et esmaillee de ymages de roys et de prophetes. Sur ceste table estoient mis douze pains azimes, cestadire pains qui sont sans leuain, monlt netz, fais de fleur de farine. situez six dung coste, et six dung aultre. Chascū dces pains cōtenoit deux dismes de ephi qui est vne mesure contenant troys muis ou enuiron. Sur chascun diceulx estoit mis vne patene et couuerceau dor. sur la quelle estoyt vne poignee dencens. combien que Josephus die que cestoit vne phiole dor plaine dencens. Ces pains dessusdis estoyent mis le samedi matī freiz recens et chaulx sur la table sans estre ostez iusques au samedi ensuiuant. ouquel iour on en mettoit de nouueaulx auec daultre encens. Et iceulx pains ostez apartenoiēt aux prestres et nen povopt nul menger fors iceulx prestres seulement, parquoy estoyēt appellez pais

aumailles cōme vaches et boeufz. Secondement en petites bestes, cōme brebis et cheures tant seulement. Tiercemēt en oiseaulx, cestassauoir en turturelles et colūbes aussi seulement. Les grosses bestes et petites estoyent offertes en ceste maniere. Dicelles estoyt prie le masle de vng an ou enuiron cōme dit Josephus, leql estoyt sans macule, cestadire sans rōpure ou froissure ou imperfection des membres et sans poigne. Ainsy estoit premierement offert au prestre a luys et entree de son habitation qui estoit deuant le temple pour voir sil estoit receuable et digne de estre offert. Apres estoyt presente a luys du tabernacle en metāt les mains sur leurs testes lesquelles mains estoyent premieremēt lauees. Et fault entendre que sans la place des prestres y auoyt en la nef ou porche du temple. ij. aultres lieux distinguez, lung pour les hommes, lautre pour les femes. Ainsy doncques la beste du sacrifice estant a luys du tabernacle le prestre la remenoit a lautel. Et la estant vers aquilon le sacrifioyt au coste de lautel en espandant le sang a lenuiron. Puis le escorchoit et metoit les membres en pieces, lesquelx membres lauez auec la teste, les piez, et les boyaulx estoiēt tous brules dessus lautel. La maniere de sacrifier oyseaux estoit telle. Le prestre prenoit les petis de la tourterelle ou de la colombe et de sa main leur rompoit et desnoopt le col, car il nestoit point licite de trencher ne toucher loiseau par instrument de fer. Puis espandoyt le sang a lenuiron des borz de lautel. Et getoit au loing le sac ou gosier et les plumes de lopseau vers orient en lieu secret ou les cendres estoyent espanduez. En apres rompoit les esles et loze estoit tout brule sur lautel de lolocauste. De ces sacrifices lung estoit appelle hostia, et est cellup qui estoit fait soubz esperance de vaincre ses ennemis. Lautre estoit nōme victima et estoyt fait pour ses ennemis ia seurmontez.

r iiii

¶La tierce aage

sacerdotaulx. ou cõme dit iosephus po̷ ce q̃ nostreseigneur auoit cõmande que les prestres et nõ aultres feissent et cuyssent ces pains. et les missent et ostassent dessus la table. Toutesfoys apres ce que les prestres ont este enrichis ilz nont point obserue ce commandemẽt. mais sont venus a non chaloir et nen ont tenu compte/attendue leur opulẽce q̃ richesse. Ces pains estoyent aultrement nommes pains de propositiõ pource quilz estoient proposez et mis deuant dieu en memoire sempiternelle des douze tribus q̃ lignees de Israel.

¶De larche Chapitre iiii^{xx}xiii

Larche estoit faite de boys de sethim/laquelle en hebrieu est dicte beron. Elle auoit deux coubtees et demie de longueur/coubtee et demie de largeur. et demie coutee de haulteur. Ne auoit nulz piez/estoit dehors et dedens de or tresput. Au dessus y auoit vne couronne dor en la forme et maniere dung vesseau qui a bort estelue comme vng tablier ou chose semblable. Par les deux costes de la longueur y auoit deux cercles dor penetrãs tout le bois. par dedens lesquelz estoient enclauez q̃ mis gons et liens de bois de sethim. A laide desquelx larche estoit portee. q̃ nestoiẽt iamais tirees hors. En ceste arche estoit mise la testificatiõ/cest adire les tablettes et liures ou estoit escript le testamẽt. Car tout ce qui y reposoit estoit appelle ou mis pour tesmoignage. Ces tables y estoyẽt mises en testification q̃ dieu auoit suscite et mis en escript la loy naturelle qui estoyt pour lors sopie et endormie es cœurs des hommes. La estoit mise vne bouteille dor plaine de la manne du ciel en testification q̃ dieu auoyt enuoye a sõ peuple le pain celeste pour le nourrir. La verge de aaron y fust mise en tesmoignage que toute puissance viẽt de dieu. Le liure de deuteronome y fut mis en tesmoignage de la paction /accord/ et promesse du peuple qui auoit pmis de faire tout ce qui plairoit a dieu. Pour ces raisons fust ceste arche appellee tesmoignage ou arche du tesmoignage. Et sẽblablemẽt le tabernacle fust appelle tabernacle du tesmoignage pour les causes dessusdictes.

¶Du propiciatoire chapitre iiii^{xx}xiiii

Sur larche estoit le propiciatoire dor qui est en forme dune table ayant telle longueur et largeur que larche /dont pouoit estre couuerte. De lespesseur nest point de memoire. Ce propiciatoire estoit aultremẽt nomme ozacle/pource que de ce lieu/dieu bailloit ses responses aux hõmes. Et ozacle nest aultre chose sinon response diuine donnee aux prians. La cause pourquoy estoit nõme propiciatoire est pource que dieu parloit de ce lieu en se monstrãt propice et begnĩ au peuple. Ou pource que ce iour dep̷piciation ilz disoyent que la gloire de dieu y descedoit. ¶Es deux parties de icelluy ozacle ou propiciatoire/cest assauoir es deux cornetz de deuant estoyẽt assis deux cherubins dor. desquelx lũg regardoit lautre. Et estoyent leurs faces tournees vers le propiciatoire. De leurs esles estendues couuroyẽt le propiciatoire. ¶Pource que cy faisõs mention des cherubins ne fault pas oublier ce quen dit Josephus/cest assauoir q̃ iamais ne fust leur figure veue de hõme. Toutesfoys dit moyses quil les a veu figurez ou siege de dieu

¶Des vestemens sacerdotaulx Chapitre iiii^{xx}et xv.

Les prestres auoyent iiii vestemẽts desquelx en lordre q̃ sensuit estoyẽt vestus. Et p̷mierement quãt ilz auoyẽt lauez et purifiez leurs piez et leurs mains de eaue

Feuillet lxxv

ilz chauſſoient leurs brayes qui cōpre/
noyēt depuis les feſſes iuſques aux ge
noulx. Secondement auoyēt vne ro/
be appellee ſindone faite de lin ou de ſa
tin blanc laquelle aloit iuſques aux ta
talōs. Tiercemēt auoyēt vng bauldri
er et ceincture large de quatre doiz q̄ cō
mēcoit a la poictrine en cōprenant les
coſtez τ venoit iuſques au deſſoubz du
nombril/ou il eſtoit vng petit eſtraint
puis vne partie deſcendoit iuſqs aux
iambes/laquelle en ſacrifiant le repli/
quoyt et renuerſoit ſur ſon eſpaule ſe/
neſtre. Quartemēt auoyēt vne thiai
re ou camail ſimple en la teſte en la fa
con dung petit heaulme/couuerte de
lin bien fin ou ſatin blanc deſcendāt au
deſſoubz de la barbe.¶ En oultre ſelō
vincent ou xxi.e chapitre du tiers liure/
Et ſelon ſaict thomas en la premiere
partie et queſtion cēt et ij.e. Auec les ve
ſtemēs deſſuſdis auoyt le grād preſtre
et eueſque iiij. aultres veſtures/ceſtaſ
ſauoir vne robe de Jacincte/ceſtadire
vne robe de couleur bleue/ou de azur.
Au bort et extremite de laquelle vers
les piez eſtoyēt lxx ſonnettes dor aux/
quelles tenoyent autāt de petis vaiſſe
aux reſſemblās a pōmes de grenate. Io
ſephus eſt dopinion que leueſque eſtoit
ceinct du bauldrier deſſuſdit ſur ſa robe
de iacincte. mais les aultres dient que
non. Et que ceſtoit ſur ſa robe iſ appel
lee ephot. ¶ Ephot eſtoit de quatre cou
leurs/ceſtaſſauoir de blanc/de rouge/
de pers/et de fleur de peſcher. Auec ce eſ
toit tiſſue de fil dor. Sās manches cō/
me vne polimite ou cuculle de moyne.
ayant ouuerture en la poictrine/de la
grandeur dune paulme. mais eſtoit lō
gue iuſques aux reins ſeulement. Eſ/
toit double affin q̄ elle ne fuſt point ſi fa
cilemēt rōpue. Sur les eſpaulieres a/
uoit deux pierres pcieuſes nōmees en
latin onichinus. vne en chaſcūe eſpau/
le. Eſquelles eſtoyēt eſcripz les noms
des xij enfans de iſrael/ceſtaſſauoir en
chaſcune ſix nōs. Ceſte robe neſtoyt
point celle dont ſamuel fuſt veſtu cōe
eſt eſcript ou ſecōd du pmier des roys/

Ne auſſy dauid aiſy q̄ recite le vf.e cha/
pitre du ſecond des roys. Car telle ro/
be poſe que elle fut nōmee ephot/ eſtoit
ſiple et ſengle. beaucop plus lōgue que
ceſte cy dōt faiſons mētion. et dōt vſoit
leueſque. laquelle eſtoit de excellēte be/
aulte. ¶ La tierce robe eſtoit nōmee en
grec logion/ceſtadire rational de Ju/
gemēt. en laquelle auoit vne pierre nō
mee dabir. par la reſplendiſſeur de laql
le ilz congnoiſſoyent que dieu leur eſ/
toit propice. ¶ Leueſque portoit en ſa
poictrine ce tiers veſtemēt qui eſtoyt
quatre/couloze des quatre couleurs deſ
ſuſdictes et tiſſu dor. ayāt xij pierres p
cieuſes en ſes quatre cornetz/ eſquelz eſ
toyent entailles les xij noms des en/
fans de iſrael ſelond lordze de leur nati
uite. Et ou millieu eſtoit ceſte pierre
nōmee dabir. Ceſte veſture eſtroit droi
ctement dedens louuerture qui eſtoyt
en la poictrine de la robe nōmee ephot.
Atachee ſur leſpaule par deux aigne/
aulx et deux chayēnes dor. tenātz aux
pierres pcieuſes nommees onichinus
en latin dont eſt parle deſſus. mais par
bas ioignoit a ephot moyennant deux
chayennes de iacincte. ¶ La quarte ro
be eſt nommee thiara/en la facō dune
mitre epiſcopale/ague en la partie ſu
perioze. ayant vng cercle dor auec plu/
ſieurs fleurs et pōmes de grenate tres
belles. ¶ De ceſte mitre pendoit ſus
le front de leueſque vne lame et piece
dor cōme vng croiſſant de la lune qui
eſtendoit ſes cornes par derriere. En
ceſte eſtoit eſcript anoth adonay/ceſta
dire ſainct nom de noſtreſeigneur. te/
tragramenton/ qui vault autant a di
re cōme nom de quatre lettres. En ce
ſte forme procedoit le grand preſtre poz
tant ſur ſoy lymage de tout le monde.
Deſquelx veſtemens lexpoſition eſt
moult prolixe et grande. Et pource q̄
en ſouldra plus voir viſite vincent li
ſtozial ou tiers liure et chapitre xxiiij.e.
Et auſſi Williermus en ſon rational
ou tiers liure et dernier chapitre du tis/
tre des veſtemens legaulx.

La tierce aage

Des entrees et portaulx du temple chapitre iiij^{xx}xvj^e.

Le tabernacle duquel est souuent faicte mention en la saincte escripture auoyt et contenoyt en soy aulcuns lieux comme les chapelles ou les alees ¶ galeries ou le porche daulcune eglise ou vne sale nommee en latin atrium. qui estoit de cent coubtees vers mydy et aquilon. Mais de.L. vers orient et occident comme appert ou xxvij^e de exode. Et pource que ce tabernacle estoit la figure du temple qui deuoit estre edifie par salomon ou vj^e.vij^e. et viij^e du tiers des Roys/ Nous ne tairons pas aucunes choses du temple. Et premierement tesmoing Nicolas de lira ou xxj de saint mathieu sur ce mot Intrauit Jhesus in templum/ Nous deuons scauoir que par ce mot cy temple est aulcunesfoys entendue toute la composition du tabernacle diuise en deux parties comme est dit deuant ou chapitre du tabernacle. Mais aulcunesfois est pris ce mot temple pour le lieu particulier des prestres.qui en latin est nomme atrium sacerdotum. Duquel nous entendons faire cy mention. Et en iceulx nentra iamais hiesucrist car nul ny alopt sinon les prestres et leuites de lancienne loy. et Jhucrist nestoyt prestre fors en la nouuelle loy. ¶ Qui bien regarde les escriptures quatre places estoyent ou temple ou a lenuiron ainsy appellees et contenues soubz ce mot atrium. Dont le premier estoit atrium sacerdotum. Duquel fayt memoire le vj^e du tiers des Roys. Et tel estoit vne grande place estendue en quatre de tout coste a lenuiron du temple. principalement vers orient ou estoit vng autel dairain et aussy vesseaulx a porter les Immudices dehors. Ce porche estoit paue de marbre de diuerses coule's ou estoyent figurees plusieurs ymages. Enuironne dvng bas mur, de haulteur de trois coubtees Dont chascune coubtee auoit tuilles ou pierres de especiale couleur. Par dedens estoit couuert de cedre. Sur ce mur se appuyoyent les chantres et se enclinoyent quat ilz souloiet parler au peuple. En ce mesme mur estoyent colomnes disposees par interualles et distances equales. Desquelles les vnes estoyent escriptes des lettres hebraiques.les aultres de lettres grecques/et les aultres de lettres latines/qui amonnestoyent le peuple estant dehors affin quil gardast la saincte loy en defendant quil ne entrast point dedens cartou tabernacle estoit lieu certain deputé aux prestres. Certain lieu pour les hommes et certain pour les femmes. ¶ Le circuit de ce mur estoyt par propre nom appellé Gyon ou cancel. Auoit vne seule entree du coste dorient. ayant ouuerture de xxv coubtees vers la porte du temple. Jusques a ceste entree montoyent les hommes et les femmes quatorze degrez apportans leurs oblations aux ministres qui venoyent au deuant deulx. Et ne passoyent point oultre fors en aulcuns cas ¶ Ceste place estoit aultrement nommee atrium interius en latin. Pource que les prestres ayans macule ou tache vilaine ny deuoyent point acceder ne approucher pour offrede q fust fayte Combien quilz fussent nourriz des sacrifices et oblations qui y estoyent faites ¶ Le ij^e appelle atrium sanctum. estoit au desoubz du premier situe a coste en pendant. lequel est de Josephus nomme sale.ou grande basilique.enuirontant le pmier et beaucop plus grät paue de diuers marbre. Enuirone dvng mur hault de.xxv. coubtees. lequel ne empeschoit poit la fabrique du temple en tant quil estoyt ou pendant de la montaigne vers occident et ny auoyt point entree par ce coste. Mays es aultres costes estoient porches cõme clopstres ayans quatre portes embelies et orneés de lames dor et dargent ou se asseoyent les portiers qui repelloyent et chassoyent les immundes et indignes de entrer en telle sale.

¶Feuillet xx vi

¶La largeur de ce porche estoit de xxx coutees. Vers midi et septētrion estoy ent quatre portes en ces porches. mais en oriēt ny auoit q̄ vne seule porte nō mee la belle porte. Par ces portes mō toyent les hōmes dignes et prioyent dieu en temps de serenite a descouuert sans auoir sur eulx aultre couuerture q̄ le ciel. Mais en tēps de tēpeste estoy ent dedens les porches. En la place ou̇ i entale estoyent vendues bestes τ oy se aulx quon debuoit sacrifier et offrir. Aussy y estoyent les tables des chan geurs que nostreseigneur ihūcrist fist trebuscher et geta a terre / tesmoig fait mathieu en sō xxie. En oultre en aucūs porches estoyent les tresors (τ troncz de diuerse maniere. Es aultres estoyent pastoforia cestadire lieux separez a mē ger. ou les sacrifiās mengoyēt deuant dieu la part qui leur escheoyt par le sa crifice. Et selōn aulcūs en ce lieu pre noyēt leur refection ceulx principale ment qui venoyent de loing cōme des fins et termes de israel. ¶Soubz ce se cond estoit le tiers situe en pendāt sem blablemēt / et au coste de la mōtaigne lequel auoit telle cōpositiō que le pre mier. mais nestoit pas de telle magni ficence ne preciosite. En ce tiers se te noyent les femmes nettes et dignes q̄t elles vouloyent faire leurs oraisons a dieu. ¶Soubz ce tiers estoit le quart depute indifferamment aux hommes et aux femmes sans macule. et aux gen tilz et paiens pareillement. Dōt le mur de dehors estoit assis au pie de la mon taigne hault de quatre cens coubtees dont montoit iusques a la sūmite dicel le. ou estoit assis le tēple. Et par ainsy les murs de telz edifices ne empeschoi ent en rien le regard du temple / cestaf sauoir quil ne peult facilement estre veu de tous costez. Pource que cy fai sons mention de ce temple / nous deuōs noter que a lentour du temple derriere le vestiaire ou le portail salomō edi fia trente petites maisons qui enuirō noyent tout le circuit du temple. Des quelles maisons chascune auoyt cinq coustees de largeur et autāt de lōgue Mais xv en haulteur. Et seruoyent aux sepmainiers pour coucher et men ger Aussi pour mettre les vaisseaulx / vestures et ornementz du temple.
¶En oultre pource que dessus auons parle de vestiaire. nous ne debuōs poit ignorer que par ce nom latin vestibu lum est en leuangille aulcunesffoys en tendu le porche que edifia salomon au deuāt du temple dont est faite mēti on ou iiie du tiers des rois. Et la on de scendoit du lieu nōme atrium sacerdo tum par xii degrez selon Josephus / cō bien que aulcūs nen mettent que sept en ensuiuant la vision de Ezechiel.
¶Item ne debuons point oublier que en ce temple estoit vng chandelier ay ant vii parties sur lesquelles estoyent vii lanternes dor. Aussi estoyent sept vesseaulx a mettre luylle et ses mou chouers dor qui sont istrumētz a mou cher la chandelle. Et vii vesseaulx dor ordonnez pour estaindre le moucheron affin quil ne rendist point de mauuai se odeur. ¶Item ou tabernacle estoy ent quatre vesseaulx dor mis sur la ta ble necessaires a mettre les sacrifices / cestassauoir les saulserons τ petites es cuelles ou estoit pmieremēt mis le vi aigre pour essayer sil estoit digne de es tre offert ou nom. ¶Secondement es toyent phioles ou len metoit le vin. ti errement les encensouers ou estoit mi se lencens / la farine / le grain / τ le sel. et quartement les godes ou estoit luyle. ¶Pareillement debuons scauoir quil y auoit difference entre le sacrifice qui estoit nomme oblation. et laultre nō me libation. Car loblation estoit faite de matiere seche. cōme farine / pain / et encens. Mais libation estoit de matie re coulant et moite comme vin huylle et semblables.

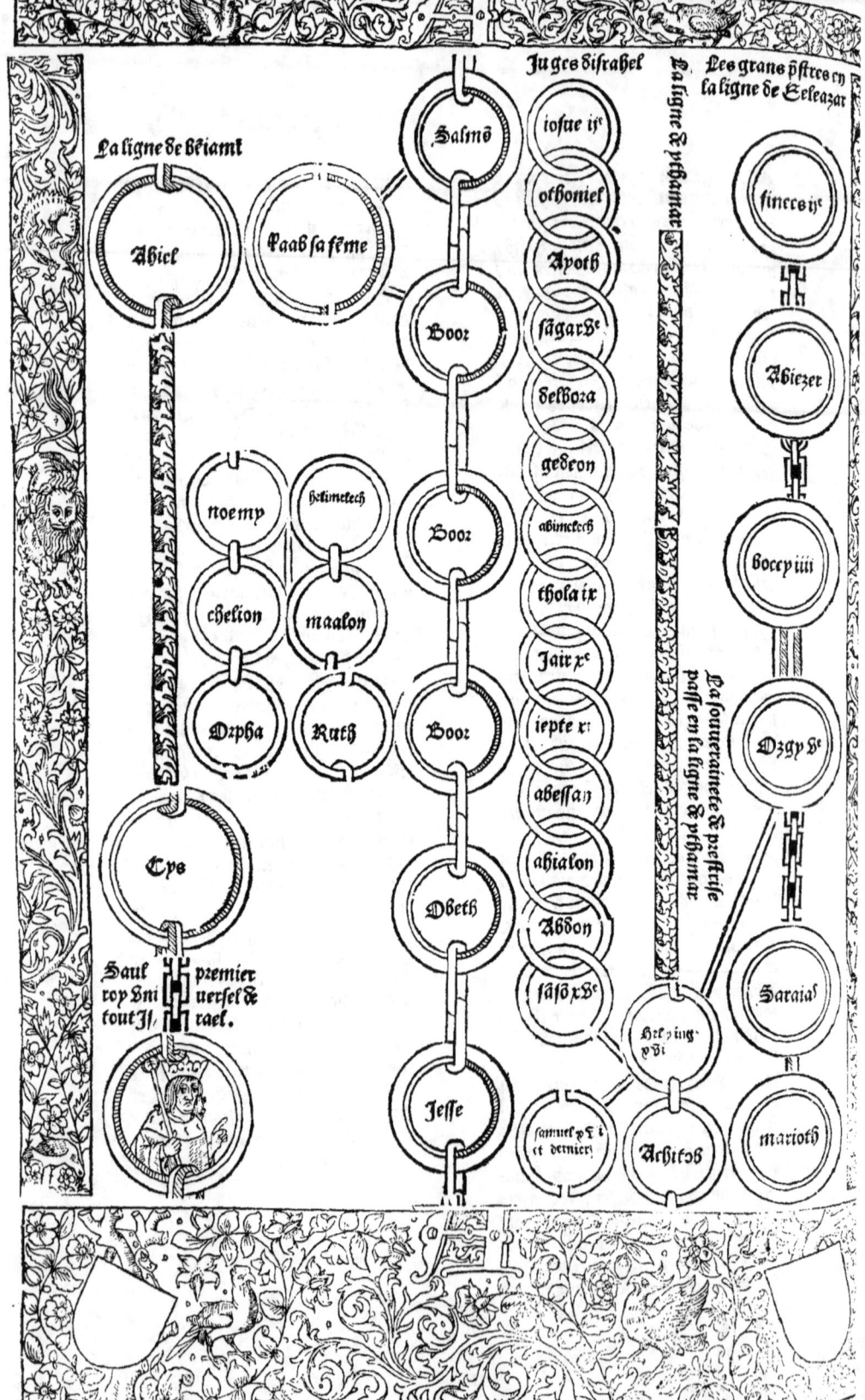

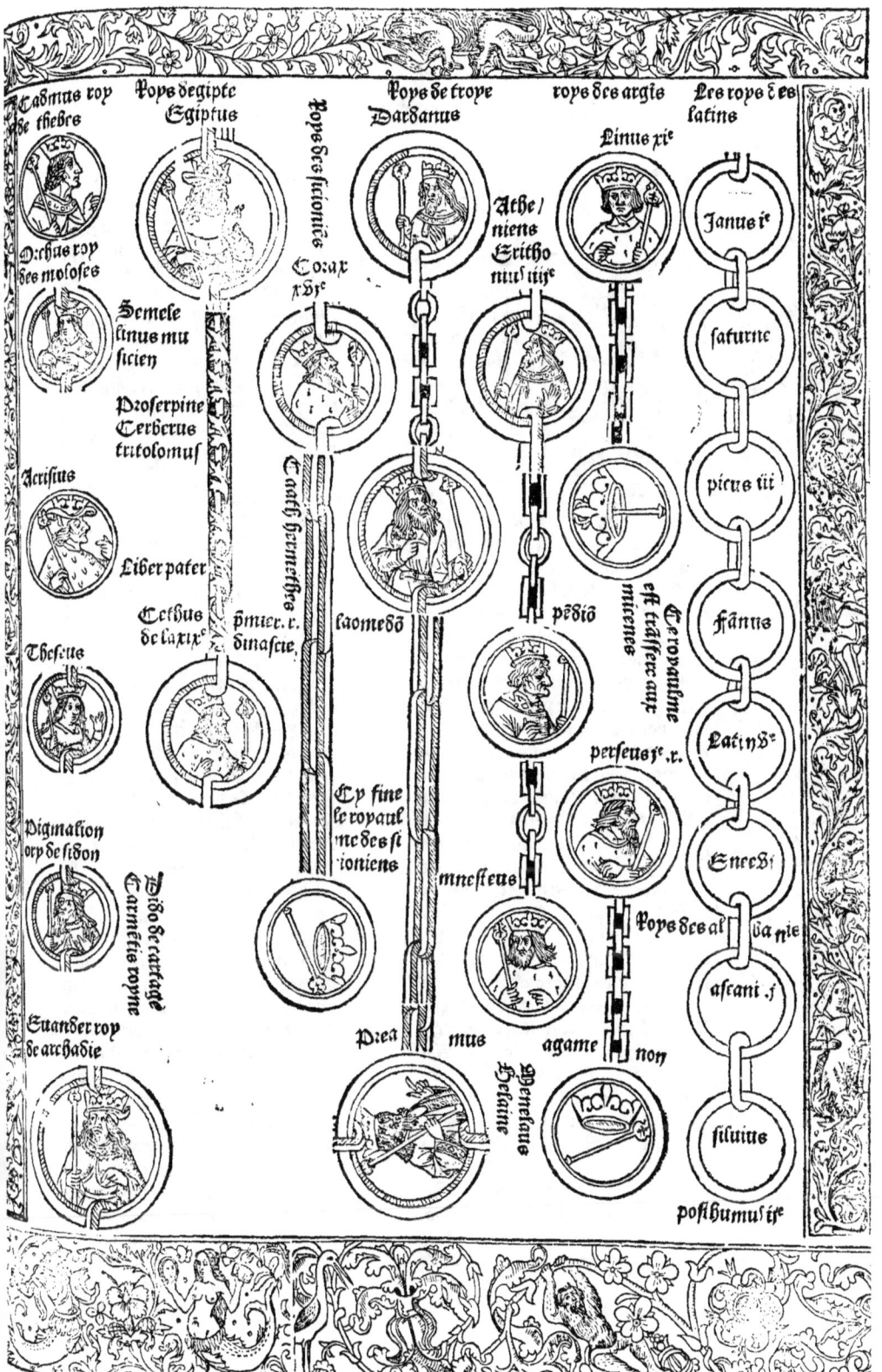

La tierce aage

Sensuyt la chayne de A.
Chapitre iiij^{xx} xvij. de salmon.

Salmon filz de Naason nasquist selõ les lxx interpretes lan du mõde iij. M. viij. C. xxv. qui sont mil iiij. C. lxx iiij ans deuãt la natiuite de ihūcrist. et est interprete sensible. ou ombre de vertu. ou ymage de force. Il fust ducteur et capitaine de la lignee de iuda. Entra auec Josue en la terre de pmissiõ. Eust en mariage raab qui estoit feme de peche/combien que Nicolas de lira die ou iij^e de Josue que elle estoit tauerniere et hosteliere. On pourroit cy arguer et dire que tel mariage fust contre la loy du vij^e de deuteronome ou il est prohibe et defendu que les enfãs de israel ne prẽgnent point en mariage les femes chananees/pource que par icelles les israbelites eussent este en danger destre subuertis et de ensupt et adorer leurs ydoles Or est il ainsy que Raab estoyt chananee parquoy semble estre contre la loy. Responce. Ce commandement et loy est entendue des femmes infideles lesquelles procuroient a toutes leurs forces faire contre le salut de israhel. Or est il ainsy que iasoit ce que Raab fust chananee touteffoys elle creoyt le vray dieu. Et fust cause de la saluatiõ des exploraateurs alans en hiericho pour considerer et voir la terre comme est escript ou second de Josue. Duquel chapitre elle monstroit sa foy en disant Je congnoys que nostreseigneur sous a baille ceste terre. car il est le dieu du ciel en hault et de la terre cy bas. Pour ceste rayson fust Raab sans riens attempter contre la loy licitement baillee en mariage a Salmon comme est declaire en la premiere question de la xxxij^e cause. Dicelle Raab descendist hiesucrist tesmoing Sainct Mathieu en son premier. Et pource est bien dit ou pseaulme quatre vingtz. Je seray remembrable de Raab. Ce mot Raab est interprete fain ou impetuosite. ou large. ou dilatee. Et figure les gentilz et payens affamez et impetueux Aux quelx nostreseigneur Des uoit donner le pain de predication par ses apostres po^r les rassasier et saouler.

Chapitre iiij^{xx} xviij. de Booz.

Booz filz de Salmon nasquist lan de son pere xlvij Et du monde selond les lxx interpretes lan iij. M. viij. C lxxiij. qui sont mil quatre cents xxvj ans deuant la natiuite de hiesucrist. Est Interprete en quoy force ou vertu. ou force est en luy. ou il est en force. Il prist en mariage Ruth femme moabite par generation comme est escript en la vj^e distinctiõ/et cõ apt en la figure precedẽte et ou liure de ruth ou listoire est escrite toute au lõg. Car helymelech eufratee ou tẽps de famine et que hely estoit iuge de israel se partist de bethleem auec ses deux filz Maalon et chelion et sa femme noemi et vint en la region des moabites pour y estre nourry Sainct Jerome sur le liure de paralipomenon pendant la cause de ceste famine dit que en signification dicelle le soulleil se estoit arreste pour les transgresseurs de sa loy. qui ne craignoyent en riens dieu. Aux quelx enuoya si grande famine que le plus puissant de la lignee de Juda. cest assauoir helymelech fust contrainct de sen fuyr auec sa feme et ses enfãs. Aps la mort duquel ses filz prindrẽt en mariage femes moabitides orphai/et ruth cõbiẽ que Josephus die ou viij^e liure et chapitre xj^e des ãtiquites que helymelech viuoit encor a leure d ce mariage. puis apres x ans passes moururẽt ces ij. filz sãs engẽdrer enfãs/tesmoig le pmier chapitre de ruth. parquoy noemy voulust retourner en son pays et considere que famine et cherte ny regnoit plus

¶Feuillet xx viii

auec laquelle boulurent aler les fem/
mes de ses deux filz, cestassauoir orpha
et Ruth. A quoy contredist icelle No/
emy disant que elles perderoyent leurs
temps en tant q ne pouoyēt plus auoir
hōme de son sang en mariage. Lesquel
les parolles ouyes orpha retourna en
la maisō de sa mere. mais Ruth demou
ra auec icelle Noemy soubz bōne espe/
rance et ala iusques en bethleem/ autre
ment dicte effrata. ou elle fust apres ce
mariee a Booz qui estoit hōme puissant
et riche cōe apert ou texte du liure de
Ruth. ¶On pourroit demander se bo/
oz pecha point a prendre icelle Ruth en
mariage. laquelle estoit moabitidē par
generation. A quoy peult estre respon
du que Booz est excuse de tel mariage
cōe fust Salmon en prenant Raab dōt
est faite mētion ou chapitre precedent.
Mais maalon et chelion ne sōt point au
cunemēt excusez prenans femmes moa/
bitides auant ce que elles fussēt couer/
ties a la foy du vray dieu. Ainsy q apt
de orpha qui retourna a ses dieux et y do
les tesmoing le secōd chapitre de ruth.
Mais booz ne prist icelle ruth fors par
charite fraternelle selond lobeissāce de
la loy laquelle tesmoing le xxv de deu
teronome commande au frere ou prou
chain ressusciter la semence de son fre/
re trespasse. Ceste chose est confermee
par la premiere question de la tiiie cau
se. ¶Helimelech est interprete parti
a mon dieu. Noemy belle ou consolee.
Maalon de la fenestre ou du commen
cement ou consume. ou securite. Ruth
soyant ou festināt. defaillant ou defe
ctiō. Orpha col. ou se orguillissant.
¶Cy fault noter que ou temps de bo
oz fust edifiee Venise cite aquatique et
dame de la mer.

¶Chapitre iiiixx xixe de obeth.

Obeth filz de Booz nasquist
selond les lxx interpretes lan
du monde iiiiMlxiii qui est deuant la na
tiuite de ihūcrist mil cent xliiii. Et est

interprete seruice ou seruiteur. Pource
que quant il se fust assis ou gyron de
noemy ses voisines en se reiouissāt luy
dirent. tu as maintenāt qui nourrisse
ta vieillesse et qui te serue plus que bij
filz. Cestuy obeth fust pere de ysay q
estoit pere de dauid/ comme apperra cy
apres. Ad ce propos ne deuons pas
oblier ce que Nycolas de lira dit ou p
mier de sainct mathieu et ou second de
Ruth. cest quil y eust trois hōmes nom
mes par ce nom Booz. cestassauoir le
filz/ le pere/ et le grand pere. Desquelx
le premier fust engendre de Salmon
et de Raab Mays le tiers engendra
obeth. ¶ Et quil y ait eu plus dung
homme appelle Booz il est manifeste
Car entre le premier Booz et obeth y a
trois cens xxv ās. Lesquelx ne peuēt
estre referez ne dis tous dung homme
veu que en icelluy temps les hommes
ne paruenoyent plus iusques a laage
de deux cēs ans ¶ Mais pource quon
pourroit arguer par Sainct mathieu
qui de abraham iusques a dauid na mis
que quatorze generations en nommāt
Booz vne foys seulemēt ¶ Ad ce peut
estre respondu que Sainct mathieu
consideratquilz venoyent lung apres
laultre consequamment/ les a compris
tous en vne generation pour faire sa
quatorzaine.

La tierce aage

Chapitre .l. de Jesse ou psay

Chapitre .li. et .lng. de la ligne des euesques

Jsay ou iesse filz de obeth nasquist lan du mōde iiiiᶜ lxxv. qui est mil cent xxiiii. ãs deuãt la natiuite de ihūcrist. Jesse est iterprete brulãt ou brulement. ou chasubles. holocauste ou sacrifice. psap est interprete/ mon salut/ Salutaire du seigneur/ ou hōme deuorateur. ou hōme prenãt. Toutessois ou premier de saint mathieu nest point nōme psap mais iesse ꞇ semblablement ou chapitre xi. de psape le prophete ou est escrit que sa Verge sauldra de la racine ꝑ iesse/ Cestup iesse figure le peuple premier qui ou desert selond la loy offrit a dieu sacrifice apres ce quil eust passe la mer rouge. ¶ Du xvi. du .i. des Rois est escript cōment ysay offrit ꞇ presēta ses six filz deuant samuel qui deuoit oindre et sacrer dauid en roy. Et le vii qui estoit filz de son filz samaa lequel fut de psap adopte en filz. Et puis finablemēt presenta dauid le plus ieusne de tous ses freres qͥ estoit bel et Vermeil. Duquel sera amplemēt parle ou cōmencement ꝺ la quarte aage. Ainsi est ey finee la chapȳne de la iii. aage qͥ exclusiuemēt est terminee a dauid.

¶ Abieser ou abisue filz ꝺ finees qui fust filz de Eleazar estoit grand prestre Tesmoing le premier de paralipomenon. Et est interprete Mon pere fort. ou aide de mon pere. ou mon pere separe. ou sanctificatiō de mon pere. Pource que sō pere finees ꝙ est interprete pardonnant a la bouche trauersa et persa dung poncon ou aultre glaiue zãbzi auec sa paillarde de madianitide nōmee cozbi dont il appaisa la fureur de nostre seigneur. cōme apꝑt ou xxv. du nombre. Il figure et repꝛesēte les sainctz docteurs/qui tuent et abatent les Juifz et heretiques par le glaiue spirituel de la parolle de dieu.

¶ Bocci pmier filz de abisue tesmoig le vi. du premier ꝺ paralipomenō fust fait grand prestre apres son pere. et est Interprete ancienete ou ancien. au ꝙl succeda ozi ou aultremēt ozgi son filz qui est iterprete Voyãt la suicte ou lucteur Robuste. Apres la mort duꝙl fust la souueraineˉte de prestrise ou dicelle translate de la ligne de eleazar a celle ꝺ pthamar ꝑ lespace de cent xx. ãs En laquelle ligne fust help le premier euesque Et abiathar le dernier tesmoig le .ii. chapitre du .iii. des rois ou est escript que salomon dit a icelluy abiathar Vaten hoꝛs de cy en ta possessiō de

Feuillet viii^{xx} ix

anathot. Car tu es filz de mort/combien que ie ne te occiray point. En telle abiection et deboutement de Abiathar fut acomply la parole de dieu ou second du premier des roys ou il est dit Vecy les iours qui se approuchent ou ie couperay ton bras et ta puissance/combien que ie ne te extirperay ne destruiray pas du tout. car abiathar a ses successeurs demourerent tousiours simples prestres Et combien que apres aaron demoura la souueraine prestrise en son filz eleazarus et en ses successeurs par lordonance diuine Jusques a ce temps de hely/toutesfoys ne fust pas lordre de prestrise du tout extirpee en icelle ligne de eleazar. Car tous ceulx qui sont mis entre ozgi et achitob cestassauoir zaraias merioth/amarias demourerent petis prestres tesmoing le vi. du premier de paralipomenon. Jusques ad ce que icelluy abiathar fust expulse par salmon por la conspiration machinee contre dauid. dont fust estably en grand prestre Achitob filz de amarias et pere de Sadoch/côme apert en la figure deuant mise. ¶ zaraias filz de ozgi est interprete naissant a nostre seigneur/ou orient de dieu ¶ Maraioth ou merioth filz dicelluy est interprete ouurant la mort. ou enluminant les mors ¶ Amarias est interprete parole du seigneur. ou suscitât le seigneur. ou peuple veillât au seigneur ¶ Achitob est interprete mô frere bô. ou bonte de mô frere ¶ Sadoch est interprete iustice ou iustifie. ou iuste ou iustification Les interpretations des aultres prestres et euesques seront declairees en la iiii. aage. Non obstant a propos de hely nous deuons scauoir qui est cy mis en deux lignes côbien quil ne soit que vng dont la cause peut estre assignee et premierement Il est mis en la ligne des iuges pource quil iuga Israel par lespace de plusieurs ans. En oultre est mis en la ligne des euesques. pource que quât il fut fait iuge il vsurpa la dignite episcopale/côme dit Vicêt ou chapitre lxvij du tiers liure du mirouer historial. De cestuy hely sera faite mention plus am-

ple en la ligne des iuges. et semblablement des ans es quelx il regna. Mais de ses enfâs fault parler Car il eust ij filz Ofni et fincee. Desquelx le pmier cestassauoir Ofny est interprete deschausse ou conuersion mal saine. Par ce nom est demonstre que la dignite sacerdotale de lancien testament deuoit estre ostee du peuple viel et ancien et donne a ceulx qui estoient chaussez et appareillez a la preparatiô de leuâgile de paix ¶ Fincees frere de ofny est iserprete bouche mue par lequel est signifie la silence et cessation de la doctrine et prestrise ancienne. ¶ De ces deux filz de hely euesque et iuge corrompus par argent ou aultre pecune parle comestor disant que en la presêce de leur pere ilz bailloyent aux femmes licêce et conge de coucher auec leurs maris auant ce que elles fussent purgees et purifiees apres leur enfantement. Et combien que leur dit pere de ce les rearguast/toutesfois cestoit trop froidement ¶ Les aultres dient que aussi iceulx filz de hely dormoyent auecques les femmes couchees deuant luis du tabernacle en polluant et maculât celles qui estoient venues pour eulx purifier. Semblablement ilz commettoyent es sacrifices pesche de rapine/tesmoing le second chapitre du premier des Roys Pour laquelle cause le peuple cheut a trebuscha es mains des philistins/côe apert ou iij et iiij. du premier des rois. et en la xlvij. distinction. En outre pour leur peche Hely trebuscha a la renuerse et se rompist le cerueau dont rendist le sprit villainement. Et auec ce la femme de fincees par angoisse a tristesse que elle en prist enfanta vng filz nomme ysraboch. ¶ Apres hely fust achitob fait grand prestre. auquel succeda achimelech qui est interprete mô frere roy ou le royaume de mô frere. ¶ De cestuy achimelech est escript ou xxi. du premier des roys et declaire q il se mouttit enuers dauid tellement que sô filz abiathar apres luy fust recoeuilly a receu agreable de dauid et fait grand euesque

p i

La tierce aage

que. Mays finablement fust par sal‐
mon commencant a regner expulse.
pource que luy acompaigne de Joab
soustenoit la partie et bende de adoni
as premier filz de dauid. ¶ Abiathar
dont auons parle est interprete mō pe
re tousee.ou mon pere superflu.ou mō
pere suscitant et esmouuāt les peches
ou mon pere veillāt a peche. Et auoit
vng filz appelle Jonathan comme est
escript ou premier du tiers des roys.le
quel aporta et annōca mauuaise nou
uelle a adonias filz de salomon.

¶ En ce temps fust la cite de
pade construicte et edifiee.

¶ Sensuit la ligne des roys latins
Chapitre. C.ije.

Ianus du quel est dessus
faite mention en la premiere
aage en traictant des dieux/fust le pre
mier roy des latins qui regna en vne
mōtaigne nōmee Janicule pour ce nō
Janus.laquelle est maintenāt pres que
toute enclose dedēs la cite de rome.

¶ Saturnus fust le secōd roy/ duquel
est determine deuāt ou chapitre de sa‐
turne Et demōstre en quelle maniere
il fust receu de Janus.en luy enseignāt
cōment il deuoit labourer les vignes.
De cestuy saturne dient aulcūs qͥl fut
filz de ianus.les autres diēt de celius.

pere de iupiter. Et les austres diēt filz
de Arius qui estoit filz de ninias filz de
Ninus.le qͥ ninus estoit filz de belus
nēbrothide.Et par ainsi fust vͬ par ge
neration depuis belus. ¶ De saturne
a este anciennemēt ytalie denōmee sa
turnie. Il habita ou lieu ou maintenāt
est le capitol a rome/tesmoing vng hi
storiographe nōme trogus. ¶ Picus
ou pistie iije roy filz de saturne selond
sainct augusti ou xve chapitre du xviij
liure de la cite: Est faint poethiquemēt
mue et trasforme en vng oyseau ap‐
pelle pic ou becque bois ¶ A icelluy pi
cus succeda fannus ou ninus son filz
iije roy des laurentes lequel royaulme
fust aussi nōme royaulme des latins.
De tous ces roys sera faicte especiale
mentiō es ans des iuges cy dessoubz.

¶ Du royaulme des latins eusebi
us en sa cronique ce qui sensuit. cestas‐
sauoir que apres la captiuite de troye
qui fust lan iije. de abdō. Et viij c̄xxx
ans apres la natiuite dabrahā regna
enee roy sur les latins. Deuant leqͤl
auoyēt regne cinq autres/cestassauoir
Janus/ Saturnus/ Picus/ fannus/
Latinus/lespace de cent cinquāte ans
ou enuirō. Et regna icelluy enee le iije
an ou selond aulcuns lan viije apres la
destructiō de troye lespace de trois ās.
Apres luy succeda son filz ascanius re
gnāt xxxviij ans. Tiercement siluius
xxix ans. Quartement eneas siluius
xxxix ās. Quintemēt latinus siluius
.l. ans. Sextemēt alba saluius xxxix
ans. Le vije Egippus siluius xxviij ās
Le viije Capis silius xxviij ans.Le ixe
Carpentus xiij ans. Le xe Tyberius
viij ans. Le xje Agrippa xl ans. Le xij
Aremulus xix ans. Le xiije auentinus
xxxvj ans. Le xiiij. procas xxiij ās. Le
xve amulius xliiij ans. En son an xxe
furēt remus et romulus engēdrez de
mars et de ylia. Desquelx fust rome p̄
mieremēt fōdee.et les latins appellez
romais. Entre iceulx regna pmier ro
mulus xxxviij ans. Et cōmēca lā he
du roy achaz. Apres luy regnerēt les se
nateurs vng an. Cōsequanmēt le ije

roy nõme Numa põpilius regna xl.
ans. Le iiȷ̇e fuſt nõme tullius hoſtilius
regnãt xxxij ans. Le iiij̇e Aucus mar/
cus xxiiȷ̇ ans. Le v̇e tarquinus priſcus
xxxvij. Le vj̇e ſervius xxiiij ans. Le vij̇e
tarquus ſuṗbus xxxvi ans. Ces vij.
roys regneret leſpace de ij.c̄xl. ou.l.ãs.
ſoubȝ leſquelx fuſt rome gouvernee
par roys. Apres lequel tẽps les cõſules
et cõſeillers cõmẽcerẽt a regner. Et
puis les tribuns et dictateurs du peu/
ple eurẽt leur regne. Finablemẽt les cõ
ſules cõmẽcerẽt de rechef a auoir le re/
gime de la choſe publiq leſpace de iiijc
xliiij ans iuſques a Jullius ceſar q̇ ṗre
mier vſurpa lẽpire q̇ ſe fiſt nõmer ſeul
empereur.en expulſant q̇ boutãt hors
Põpee le grãd. Et diceluy iulles ceſar
tous les empereurs enſuiuãs ont eſte
denõmes ceſares. Itẽ en liſtoire des
frãcois eſt leu q̇ ou tẽps de Aioth iuge
de iſrael fuſt troye edifiee.q̇ fuſt en eſ/
tat et regne cẽt iiijxxv ans. Et ou tẽpſ
de abdõ fuſt priſe.apres la deſtruction
de laq̇lle grã de multitude ſe fuyt q̇ en
deux parties ſe diuiſa/dõt lune enſuyt
frãcon filȝ de hector.q̇ lautre enſuiuãt
turcus filȝ de troylus/q̇ eſtoit lung des
filȝ de priam. Pource dit aulcuns q̇ les
frãcois q̇ les turcs õt retenu leurs nõs
de ces deux troyes q̇ en ces deux diuer/
ſes cõtrees ſe eſpandirent.

¶ Senſuit la ligne des iuges. Et pre/
mieremẽt de Joſue chapitre .Ciij.

amintbos roy des aſſiries lan ṗmier .
Apres le xe iubile lan iij̇e ſelõ les iuifȝ
q̇ cõmẽcẽt leur iubile lã dabrahã iiij̇e.
iije.ceſt aſſauoir quãt abrahã ou xiije de
geneſe dõna les diſmes a meſchiſedeh.
Nõ obſtãt ce q̇ les autres cõmẽcẽt leur
iubile des le cõmẽcemẽt du mõde. Et
par ainſy Joſue cõmẽca a iuger lã xliiij
apres le xlix iubile. Toutesfois lıten/
tiõ de Euſebius ceſt que le exode q̇ cõ
mẽcemẽt du cinquãtieſme iubile fuſt
quãt Joſue introduit q̇ conduit le peu/
ple en la terre de ṗmiſſiõ.le ṗmier an
de la conduite de moyſe ou xe iour du
mois .côbiẽ q̇ ſelõ beda en ſõ petit liure
des tẽps/ce dit eſt entẽdu et iterṗte mi

Joſue deſcẽdã̇t de ephraym
par generation et ſerviteur de
moyſe/teſmoig la ṗmiere queſtiõ de la
vi̇e cauſe eſtoit aultremẽt nõme ihūs
naue ou xlviiȷ̇e de eccleſiaſtiq̇. Et ſucce
da a Moyſe quãt au gouvernemẽt du
peuple/lan du mõde ij.viiic.iiiic. et
xiiȷ ſelõ la verite hebraiq̇. De la iiȷ̇e
aage lan 8̄c̄xlvi. De lyſſue degypte
lan xli. Deuãt rome vij cens xix. De
ethireus roy des ſicionies lan xlc. De
acherres roy degypte lan xxxiiȷ̇e. De
Danaus roy des argius lan iiijc. De

La tierce aage

stiquemēt car telle ītroductiō fuſt Iu/ biſee a iſrael. Et pource dit biē bede que depuis le cōmēcemēt du mōde iuſques a ceſte ītroductiō y euſt deux mil qua/ tre cēs iiiixx τ xiiii ans. ¶ Pource que ioſue en ſō premier dit au peuple q̄ ap̄s le tiers iour il paſſeroit le fleuue iozdai nous deuōs noter que ſelō aulcūs il en tēdoit du tiers iour apres le retour des explorateurs et du guet q̄ eſtoit ale po̅ cōtēpler le pays de hiericho. ou ſelon les aultres il fault dire que ioſue ne dit po int ces parolles iuſques ad ce q̄ iceulx explorateurs fuſſēt retournes. ¶ A ce propos dit rabȳ Salomō et Nicolas de lira et Burgēſis ſēblablemēt que la cō miſſiō diceulx deux explorateurs fuſt faicte deuāt le terme du pleur et lamen tatiō de la mort de moyſe. Car iſrahel paſſa le fleuue iozdain le x. iour du pre/ mier mois. teſmoing le tiers de ioſue. Et moyſe teſmoig raby ſalomō mou ruſt le .vii. iour du .xii. mois de lan pre/ cedēt. parquoy apt manifeſtemēt que depuis le iour de la mort de moyſe iuſ/ ques au iour que les enfās de iſrael paſ ſerent le fleuue iozdain eſtoient xxxiii. iours inclusiuemēt. Car le pleur τ ge/ miſſemēt fait pour moyſe dura trente iours/ cōe apert ou dernier de deutero/ nome. Et par ainſy depuis la fin de tel pleur iuſques au iour du paſſemēt ny euſt que iii. iours ſeulemēt. Et depuis le iour que les deux explorateurs furēt enuoyes en hiericho y euſt vii iours

¶ Et po̅ce que on pourroit demāder de quel lieu ilz furent enuoyes. Ad ce peult eſtre reſpōdu que le lieu eſtoit nō me Sethim. q̄ eſt es chāpaignes de mo ab. Ces explorateurs ſaignoyēt et ſe mōſtroyēt eſtre folz cōe faiſoit Dauid ou xxi. du ſecōd des rois, affī que on ne leur demādaſt riē. Et que plus ſeure mēt ilz cōtēplaſſēt τ notaſſēt toute la terre. Toutefois dict les hebrieux que ilz ſe faignoyēt eſtre ſourtz τ muetz af fin que ilz ne fuſſēt poīt cōgnus p̄ leur lāgaige hebraique. τ pource en hebrieu ſōt appelles explorateurs ſourtz ¶ Ce pēdāt que iceulx explorateurs eſtoient

a faire ſer office/ ioſue enſuiuāt la nuee q̄ le precedoit fiſt mouuoir τ aler ſa cōpa gne a lx. eſtades des pres du fleuue iozdai τ la fuſt loge. En apres paſſerēt le fleu ue iozdain teſmoing le iii. dicelluy io/ ſue. ¶ Du tēps de ioſue regnoit darda nus roy de trye. ¶ Lan iiii. de ioſue le grād athlas aage de deux cēs xxix ans mouruſt. Duquel fait mētiō ſainct au guſtī ou viii chapitre et xviii liure de la cite de dieu. en diſāt q̄l fuſt grand a/ ſtrologiē. Et pource apt eſtre fable ce que on dit de luy quil portoit le ciel ſus ſes eſpaules. Ledit athlas auoyt vng frere nomme pmotheus.

¶ Lan vi de ioſue qui eſt du monde deux mil v͞c xxix. Ioſue diuiſa au peu ple de iſrahel la terre de promiſſion. Mais auāt ce auoit fait pluſieurs cho ſes et eu pluſieurs victoires qui ſe en/ ſuiuēt. Car auāt ce il miſt xii pierres au fond du fleuue iozdain pour teſmoi gnage et memoire. Et en priſt xii aul tres en icelluy fleuue leſquelles il miſt en galgalis. Auecce auoit iteree et re/ cōmēcee la circōciſiō. La mānne du ci el eſtoit faillie aux hebrieux car ilz vi uoyent des fruictz de terre. Hiericho eſ toit deſtruicte. Achor eſtoit lapide. La cite hay eſtoit abolie. Et auſſy les ga baonites auoyēt cautelleuſemēt pris aliance auec ioſue. Semblablemēt les cinq roys auoyēt eſte cōbatus. Le ſou/ leil ſeſtoit arreſte oultre ſon cours na/ turel et auoit eſte le iour plus lōg que iamais par auāt/ ne apres. Pareille/ mēt xxvi aultres roys auoyēt eſte vai cus. Cōme de toutes ces choſes par or dre eſt determine depuis le iiij. iuſques au xiii de ioſue. ou eſt faite la diſtribu/ tion des poſſeſſions de iſrael apres leſ/ quelles. ioſue transporta le tabernacle en ſilo. et cōſtitua lautel ou mōt hebal.

¶ Auāt ce caleph q̄ eſtoit de la ligne de iuda aage de iiiixx τ v ans/ euſt pour ſa part et portion les mōtaignes de hebrō come noſtreſeigneur luy auoit promis xlv ans par auāt ou iſſā de liſſue de egypte teſmoig le xiiij du nombre. En ces montaignes habitoyēt Enachū

Feuillet viii*xxxi*

ce stadire grās gepās/de la generation de enoch.lesquelx Josue nauoit point encoz suppedite.Mais caleph les seur/mōta tesmoing le xv*e* de iosue.par lai/de de dieu principalemēt.Et de otho/mel sō ieune frere ou nepueu.dōt Caleph luy donna en mariage sa fille appellee aram.Lequel mariage ne fust point contre le cōmandement du xviij de leuiticus.car icelluy othomel estoyt frere de caleph comme loth frere dabraham cestadire Nepueu tant seulemēt.
Caleph est interprete cōme coeur.ou serd.ou comme tout coeur.Luy seul auec Josue entra la terre de promissiō Car nul de tous les aultres hebrieux qui vindrent de egipte/et estoyent par nombre vj*c* Mil.sans les femes et petis enfans au dessoubz de xx.ans (qaultre menu peuqle ny entra pour ce que ilz auoyent murmure ou pe la respōse des xij.explorateurs.Mais furēt pour ceste cause vagans ou desert lespace de xl.ans.tesmoing le xiij.et xiiij.du nō/bre.et la lxxvj*e* distinctiō.
La x*e* de iosue.vng nōme caath her/metes cōmēca estre frequēte (qrenōme. Et nest pas icelluy caath qui est filz de leui/et pere de amram pere de moyse.
Lan de iosue xv*e*.il dit aux lignees de rube/de gad/et a la demie de manasses ce q est escrit en sō xxij.chapitre cest assauoir.vous auez fait ce que moyse amy et seruiteur de Dieu vous a cōmāde et pource partez vous de silo et ales es lieux qui vous sont determiez oultre le fleuue iordai.En ce lieu prez de ce fleuue ilz edifierēt en la terre de chanaan vng autel de grandeur iesti/mable leql ilz nōmerēt nostre tesmoi/gnage.pour lequel autel ilz eussēt touf este occis et lapidez/tesmoig le xxij*e* de iosue silz ne eussent redu excusatiō le/gitime et souffisante.
La de iosue xviij*e* Cozar roy xv*j*e* des sicioniēs cōmēca son regne durāt xxx ans.En mesme an iosue voyant sa mort approucher conuoca le peuple en si chem.Et fist auec tout israel pact et cōuenāce par telle maniere que nul ne a

doroit les dieux des estrangers.Pour tesmoignage eternel dicelle chose il esleua vne grāde pierre dessoubz le chesne.et puis lessa le peuple aler chascū en sa place/tesmoig le xxiij*e* et xxiiij*e* de io sue.Ainsy mourust aage de cēt et x ās Car il auoit xliij ās quāt il dit q fut estably ou seruice de moyse. auquel il seruist xl ans ou desert.Et apres selōd comestoz il gouuerna le peuple xlvj ans cōbien que le texte de la bible nen face poīt de mētiō. Il fust enseuely en thāmath sare.qui estoit en sa possession en la mōtaigne de essraym a lēui/ron de sichen.En ce tēps trespassa eleazar grād euesque q fust ensepulture en gabaath qui estoit cite de finees.lequel succeda a sō pere en dignite sacerdota/le.Et pose que le texte ne face point dē mention des ioures du pleur et du docil fait pour iceulx touteffoys il est vray/semblable quilz furēt plainctz et plourez en la maniere de leurs pōcesseurs/cest assauoir iacob/ioseph/moyse (qautres.
A ce propos ne deuōs poīt ignozer q plusieurs se ont et maintiēnēt diuersement en la mort de leurs amis.Car les aulcūs plaignēt et ploutēt leurs amis faintemēt demōstrant par sēblāt qlz sōt dolens et marris et touteffoys ilz sont ioyeulx en coeur et courage.cōe est aulcunessois la femme de sō mary mort.ou les enfās de leurs peres (qmeres trespassez assi quilz ayēt le*s* biēs. En ceste maniere ploura iuda sa femme ou xxxviij*e* de Genese.Et gellia ploura sō pere/tesmoing marcial ou pmier liure des epigrames disant que quant gellia est seule (qseparee de la cōpaignie des hōmes iamais ne ploure pour son pere mort mais quāt elle est deuāt les gens elle fond et coule toute en larmes.Et pource cōclud que icel/luy qui veult vrayment plourer ne doibt point desirer presēce de tesmoīgs Telx plourās sont figurez par la femme thecuites ou xiiij*e* chapitre du secōd des roys a laquelle dit ioab faings et mōstre sēblāt de plourer en te vestāt de robe de doeil et ne soyes poīt oīgte

p iij

La tierce aage

ne fardee de huille affin q̃ tu appes cõe same psaignãt et lamentãt son mary mort. ¶ Secondemẽt les aulcũs pleurent leurs amis trespassez immoderement par abus (z sans mesure/ cõe silz estoient mors (z dãnez pardurablemẽt Laquelle chose procede par faute de foy et par desespoir de la resurrectiõ future cõe est escript en la secõde questiõ de la xiiiᵉ cause. Cõtre lesquelx escrit lapostre ou iiiiᵉ chapitre de la premiere epistre aux thessalonicenses/disãt/mes freres nous ne Voulõs poit q̃ Vous soyes dolẽs et marris pour les dormãs (z trespassez qui reposẽt en terre ainsi cõe ceulx qui nont point esperãce de leur resurrection. ¶ Dõcq̃s il nest pas prohibe ne desfẽdu de plourer et gemir les trespassez par affection de pitie et par regard de humilite.cõme nous lisõs de aulcũs sainctz hõmes qui pour le trespas daultres ont gete larmes de pitie ¶ La folie diceulx qui sans mesure mais excessivemẽt plourẽt leurs parẽs et amys trespassez sera declairee et detestee par dix raisons cõtenues en ces Vers latis cestassauoir/Vult deus et suus est lex liber omnia noscẽs. Nõ iuuat Imo nocet obstabat surget amabit. ¶ La premiere raisõ est notee pource que est dit Vult deus/Cestadire puis que dieu le Veult nul ne peult resister a sa Voulente tesmoig le xiiiᵉ chapitre de hester.car a Sng chascũ a ordõne et determine sa fin laquelle hõme ne pourra passer cõe est dit ou xiiiiᵉ de Job. Non obstant on Voit plusieurs qui par leur grãde iniurite et enormite de Vie preuiẽnent (z auãcent leur periode et fin de Vie. et le terme et iour qui selon la cõplexiõ naturelle leur a este de dieu cõstituee (z ordõnee. ¶ Touchãt ce escript. Seneca a lucille disãt. Tout ce qui plaist a dieu doit plaire a lõme. Car la diuine Voulente est la premiere et souueraine cause de toutes les choses qui sõt faictes. (z ne doit on point querir daultre cause pourquoy il fait ce quil fait. Tesmoig le maistre de sentẽces en la xlᵉ distinction du premier. Et pource quãt aulcun de nos chers amis est trespasse de ce siecle/nous debuõs principalement considerer et auoir deuant les yeulx ceste raison.cestassauoir q̃ dieu le Veult ainsy. ¶ Sainct augustin ou chapitre iiiiᵉ et xiiiᵉ du liure de la Vraye religiõ dit. Celuy qui aime dieu parfaitemẽt ne sera poit trouble de la mort daulcũ Car qui aime dieu de tout sõ courage il congnoit quil ne pert poit aucũe chose se dieu ne la pert Veu quil est seigneur des Viuãs et des trespassez. Et pource dit Cyprian et aussy est escript en la seconde questiõ de la xiiiᵉ cause. Cest Vne chose perverse preposteree (z cõtre lordre de raison/de postuler et requerir que la Volente de dieu soit faite.et toutesfoys quãt il nous apelle et Veult tirer de ce mõde nous resistõs/contredisons/(z ne nous Voulons condescẽdre a sa Voulẽte. Parquoy dit la glose du Vj. de sainct mathieu sur ce pas Fiat Voluntas tua/ Cest grãde friuole et chose inutile de nõ acõplir par oeuure ce que par euure len proteste de faire et de quoy on se Sãte. ¶ La secõde raisõ demonstrant que len ne doit point trop plourer ses amis trespassez est touchee en ce mot Suus Car on doit cõsiderer qlest chose honeste et iuste a Vng chascũ de receuoir (z prẽdre ce qui est sien.Parquoy saict Jerosme escripuant a tirasiue dit que celluy qui prẽt et retire ce qui luy apartiẽt par bon droit/ne nous oste riens Du nostre comme Vng crediteur ne fait point de tort a aultruy en receuant sa debte quil luy a prestee en sa necessite pour laquelle luy doibuẽt estre graces rendues. ¶ Pour exẽple peult estre amene le sainct hõme Job. lequel priue de ses enfãs (z de toute sa substance remercia dieu en disãt/dieu me la donne/et me la oste. Il a fait a sõ bõ plaisir Et pource son nom en soit remercie et benoict. ¶ La tierce raison est touchee par ce mot Lex. Car la loy cõmune a tous Viuãs est quil fault mourir/tesmoig le ixᵉ chapitre de lepitre enuoyee aux hebrieux. Et pource dit sainct ãbroise ou liure de la mort de son frere Sati

¶ feuillet /viii.xx.xii

ras qʒ nest riẽs plus inepte ne plus in/
secẽt que de plourer pour la chose q̃
on cõgnoit determinee a tous vniuer/
sellemẽt. Toutefois a ppos de mourir
dit vng versificateur.q̃ la loy cõmune
de mourir ordõnee aux poures et riches
indifferãmẽt dõne bien cause de plou/
rer et gemir a ceulx qui cõsiderẽt bien
les escriptures. Car la cause de mort
est procedee et venue pour le morceau
de la põme entamee par nostre premi/
er pere adã, en tant que estions tous i/
mortelz se ilz neust trespasse le cõman
demẽt de dieu ¶ La quarte raison par
laquelle deuons estre incitez a nõ plou
rer excessiuemẽt est touchee par ce mot
Liber. Car par mourir lõme puict de
seruitude en liberte. De doute et incer/
titude a certainete, et de misere a be/
atitude et felicite. Car tesmoing Iob
en son xiiiᵉ. Tout hõme ne de fẽme est
remply de maintes miseres. parquoy dit
sainct augustin ou premier liure de la
visitatiõ des malades Qui est celluy
qui pourroit nõbrer les molestes et tri
stresses de la vie presente, cestassauoir
auoir fain, soif, chault, froit, estre lasse
et autres passiõs Innumerables, lesq̃l
les par acoustumance nous sõt priuees
et familieres. Dont ne les trouuõs pas
si greues ¶ Les philosophes nõt poit
ignore que le cõmẽcemẽt de estre en ce
mõde est lettree de douleur. mais lissue
est pour auoir repos. car en la natiuite
de leurs enfans ilz ont tousiours plou
re, et en leur mort se sont esioupz en de
monstrant que lõme vint en ce mõde
pour souffrir labour. Mais se en de/
part pour auoir repos. ¶ Semblablemẽt
fist ihũcrist, tesmoig le chapi. xi de salt
Iehan. Car il ne ploura point pour la
mort de Lazarus mais il sen esioupst.
Et toutefois en sa ressuscitatiõ il plou
ra pource quil le auoit rapelle aux mi/
seres de ceste vie presente. En oultre
dit Sainct Augustin ou dit liure. O
mort desirable. O mort cõmencemẽt et
fin de tous maulx. O mort closture
de labour et entree de repos. Qui est cel
luy qui pourroit bien cõsiderer et penser

tes effectz, aux mauuais tu es eternel
le en tant que tu les fais mourir male
ment. Mais aux bons qui bien meu/
rent donne vie pardurable en tant que
les fais viure auec ihesucrist ¶ De ce
ste mort parle psidore ou tierce liure du
souuerain bien. disant que on doit plou
rer la mort de ceulx dont on a ymagi/
nation quilz sont en enfer et nõ pas en
paradis. ¶ La 3ᵉ cause est touchee par
ce mot Omnia noscens, car dieu con/
gnoit tout et ne ignore poit quelle cho
se est plus expediete a chascun de nous
ou viure ou mourir ¶ La vi cause est
touchee par ce mot Iuuat. Car on doit
considerer que pleur Immodere et la/
mẽtatiõ sans mesure Ne aide en rien
ne pssite au trespasse. Car par ce on ne
le peult reuoquer ne rapeller a vie. ne
aussi deliurer de purgatoire sil y est. et
pource dauid considerãt ces choses ou
xij chapitre du secõd liure des roys qt
son filz quil auoit engẽdre de bersabee
femme de vrias viuoit encore et languis
soit, estoit en douleur, gemissemẽt et
pleur si gref quil ne vouloit ne boire
ne menger mais quant il ouyst nou/
uelle totale de sa mort il se esioupst se
laua et beust et menga ¶ La vij cause
est notee en ce mot Immo nocet. Car
lamentation desraisonnable et sãs rai
son nuit a celluy mesmes qui en est ac/
teur, cestassauoir a sõ maistre en le mi
nant mẽgant et destruisant, tesmoig
le xxxviij de ecclesiastique. Dont nous
voyons que lõme assõme et empli de
tristesse si grande na point sa voulen/
te ne couraige en sa liberte parquoy ne
peult liberalemẽt faire prieres pour
celluy lequel il plaint et pleure. ¶ La
viij cause est touchee par ce mot obsta
bit. Car nos amis nous empeschẽt aul
cunesfois de nostre salut et de nous ex/
citer en vertus, en alleschant et tirãt
nostre coeur pour porter et auoir la cu/
re et soing de leur estat Dont obeissõs
mains a dieu. Et pource dit sainct au
gustin sur genese que dieu est souuent
offense pour euiter loffense de sõ amy.
Parquoy la dispositiõ diuine a ce pour

p iiii

La tierce aage

uoyant nous voyons quil aduient sou/uent que les amis lesquelz naturelle/ment auõs trop amez sont substraictz et tirez de nous et de nostre cõpaignie affin que nos affections et desirs soyẽt estẽdus et sacquent plus liberalemẽt enuers dieu: Ainsy cõme est manifeste dung hermite quil dit langle de dieu nayãt le filz dung bon homme lequel trop affectueusement et ardamment il amoit. ❡ La ixᵉ cause est touchee par ce mot Surget Car nous debuõs auoir esperance en la resurrectiõ future, veu ꝙ cõsidere que au dernier iour nous verrõs celluy estre vif qui maintenant est mort, tesmoing le quart chapitre de la premiere epistre aux thessalonicẽses. Et pource saict Ambroise ou tiers li/ure de la mort de son frere dit. Mainte nant mes lermes cesserõt/ cestassauoir en la mort de mes parens et amis. car en cecy aulcune difference doibt estre assignee entre les fideles et infideles. Les infideles qui ont opinion que leurs amis sont morz perpetuellement et ꝙ iamais ne ressusciterõt doiuent plou/rer. Mais les fideles et xpiẽs cõgnoissãs la nature de la mort et cõmẽt elle est la fin de ceste presentevie. et quil y a paradis ou seront les bons remunerez doibuent estre tost et facilement rassa fiez de plour. ❡ La xᵉ cause est notee en ce mot Amabit. Car se le defunct nous a esté bien agreable et amy en sa vie il nous sera encor plus agreable et plai sant apres sa mort quant il sera sauue dont aussi nous sera plus grãde cause de esiouyssement. Car nos amis bien eurez sont tellement abruuez du torrẽt et fontaine de la diuine voulente que ia mais ne nous obliẽt cõme dit saict au/gustin ou ixᵉ liure et chapitre iijᵉ des cõfessions en parlãt de son amy defunct nõme Nebridius. ❡ Celuy qui ces dix choses dessusdictes biẽ cõsiderera: pour ra facilement refrener son appetit et ap paiser la doleur de son courage pour sẽ amys trespassez. ❡ En outre Cipriã en son liure de limmortalite de lame ꝑ suade en ceste maniere Vos freres qui

maintenant par la voulente de dieu sont deliurez de ce monde ne doiuẽt po int estre lamẽtez ne plourez, puis que congnoissons quilz ne sont point per dus ne dãnez. Mais seulemẽt sõt alez deuant pour nous preparer le chemin. car nous ne deuons point dõner aux i/credules et sarrazins occasiõ de nous re prẽdre et mordre par reprehẽsion. Con siderans que plourons ceulx que nous disions viure et regner auec nostre sei/gneur. Lesquelles choses demõstrẽt que ne croions pas quilz soyẽt bien ꝙ ainsy gectons pour eulx lamentatiõs. Car ce ne profite en riens de dire veri/te et destruire icelle par nos oeuures. ❡ A ce propos est dit ou xxijᵉ de eccle siastique Ne ploure gaires le trespassé car il repose et cesse sans plus souffrir les labours et miseres de ceste presẽte vie laquelle chose est cõfermee par le xiiijᵉ de lapocalipse. ❡ Tiercemẽt ie dis que aulcũs plourẽt les trespassez sagemẽt charitatiuemẽt et deuotemẽt par com passiõ de vraye amour. Car quant on ne se marrist ne mue en riens pour le depart et trespas de son amy cest signe de grande ingratitude. Mais ꝙ on en est trop triste et desplaisant cest signe et argumẽt ꝙ ien a desperatiõ et maul uais espoir du salut de celuy qui se va. ❡ Nõ obstant les choses dessusdictes, Il y a plusieurs causes pour lesquelles on se doit marrir et monstrer triste de la mort daulcun bon hõme. Premiere mẽt pource ꝙ en leglise militãte ya peu de bons hõmes, parquoy saict ambroi/se estoit dolẽt toutefois quil ouoyt par ler de la mort et trespas daulcũ bõ pre stre Nõ pas ꝙ l craignist quil ne fust et mourust en bon estat. Mais pource ꝙ au gouuernemẽt de leglise/ bõs hõmes y sõt clers semez. ❡ Secõdemẽt on doit estre marry de la mort de aulcũ bõ. car par auẽture il a emporte auec soy aul/cunes penitences enioictes lesquelles na pas acõplies en ceste vie presẽte. dõt luy sera necessite de les acheuer en pur gatoire. ❡ Tiercement doit on estre marry par la consideration de la mise/

re de nature humaine. Car pour le pe/
che et preuarication du pmier pere ada
ilz nous fault tous estre pourriz, et re/
digez en cendre

Chapitre cẽt iiij de othouiel.

Othouiel filz de ceneth de
la lignee de Juda ⁊ frere de ca
leph cõe apt ou iij des iuges succeda iu
ge aps moyse ⁊ iosue q furẽt ducz ⁊ ca/
pitaines gouuernãs ⁊ cõduisãs le peu
ple de dieu. ⁊ est iterpte signe de dieu ou
respõdãt a dieu. En ce pas deuõs bie
noter q iceulx iuges q gouuernerent le
peuple iusqs ne le gouuernoyẽt
poit par maniere de empire ⁊ domia
tiõ mais seulemẽt par admistratiõ ex
hortatiõ ⁊ cõseil. car ilz estoyẽt moyes
entre dieu ⁊ le peuple en ayãt cõpassiõ
diceluy en sa psecutiõ/ey le cõfortãt en
sõ afflictiõ par ipetrer aide de dieu cõe
apt ou ij des iuges. Othouiel iuga le
peuple xl. ãs. et le deliura de la main de
chusanrasathan roy de mesopotamie
soubz leql iceluy peuple auoit este ia le
space de 8iiij ãs en payãt tribut. Iceulx
xl. ans doiuẽt estre nõbrez ensemble auec
ces 8iiij ans de seruitude ⁊ tribut. Car
autremẽt listoire naroit poit de Scrite
pt a ses ans. Othouiel est p iosephus
appelle ceneth/⁊ cõmẽca a iuger le peu
ple selõ la Scrite hebraiq lã du monde
iijᴹ8ᶜ ⁊ xx. De la iij age lã 8ᶜ lxxvi.

De lissue degipte lã lxvi. Deuant ro
me 8ᶜiiijˣˣ xiiii. Selõ aulcũs il est
nõme le pmier des iuges. Mais les aul
tres diet q fust iijᵉ pᵒre q moyse ⁊ iosue
auoyẽt este iuges ⁊ le auoyẽt pcede.
De la diuersite du cõte des ãs du tẽps
des iuges sera 8eu a la fi de ceste iij age
Lan xxii de othouiel q fust du mõde
lã iiijᴹ 8j ces xli. Ninus xi roy des argis
cõmẽca sõ regne durãt xli an. Et fust
filz de egiptus roy de egipte frere de da
naus xᵉ roy des argins

Lã xx8 iij citez scestassauoir tharse
paphus ⁊ bithimia furẽt edifiees
Lã xxx mourut deucaliõ roy de thes
salie. Othouiel lã xlᵉ de sa iudicature
trespassa/tesmoig le iij des iuges. De
luy dit Josephus q en sõ tẽps fust faite
loccisiõ en beniamin de laqlle est faite
mẽtiõ ou xix ⁊ xx des iuges. Aussi en
ses tẽps regna pãdiõ filz de erithonus
⁊ 8ᵉ roy des athenies. Sẽblablemẽt re
gna cadmus a thebes q eust vne fille
nõmee semele dõt nasquist Dionisius
aultremẽt liberpater. Soubz leql eust
renom Linus musicie thebain. De ces
choses apt plus aplain en la fᵉ aage ou
il parle de Bachus ⁊ de aultres dieux.

Chapitre cẽt 8 de aioth.

Aioth filz de Jera q fust filz
de gemini de la lignee de beia/

La tierce aage

min Juga apꝭ othoniel lespace de lxxx
ans. Et est interpte noblesse ou glori/
fication. Cōmēca lā du mōde ijᴹ.Biͨ.lx
Lan de lyssue degipte cēt ⁊ Bij. De la
tierce aage/lā Biͨ. et xij. Il deliura le
peuple disrael de la puissāce ⁊ subiectiō
de eglō roy de moab/cōe appt ou tiers
des iuges.

Lā de aioth xxxᵉ fust edifiee ⁊ fōdee
en libie vne cite nōmee cirene. Et lan
ensuiuāt cōmēca la xixᵉ dinascie et sou
ueraine puissāce des egiptiēs. Et fust
ititulee des empereurs/durāt. C.iiijˣˣ
⁊ xiiij ans. En laqlle regna premier ce
thus lespace de lx. ans.

Lan de aioth lxxvj. selōd aulcūs
nasquist bachus.

Lan lxxviij. de aioth/du mōde ijᴹ.
Biͨ.xxxviij. De lissue degipte Cent
lxxxiiij. Deuāt la destructiō de troye
cent xlviij ans. Deuāt rome Biͨ.lxxv
ans. Deuāt le cōmēcemēt du regne de
dauid ijˣ.liiij. Et deuāt la natiuite de
ihesucrist Mil.iiijᶜ.xxvj ans commēca
le royaulme des latins durāt inclusi/
uemēt iusqs a lan xijᵉ de darius ydas
pis roy des perses qui fust apꝭ la trās
migration de babilone lan xjᵉ. Ce re/
gne dura viijᶜ.xij ās. Et eust vj rois
latins/desquelx le premier fust nōme
Janus. Et xiiij rois albains desquelx
le premier fust nōme ascanius. Et vij
roys romains dont le premier fust ro
mulus. Les premiers regnerent en
encloant et comprenant enee/ cent
liiij ans. Les secōdz iiijˣ.xxij ans. Et
les tiers cestassauoir les romais iiᶜ.xl
ans. Cōbiē q̄ Orose die ijˣ.xliiij ans.
Et ainsi apert que tous ensēble regne
rēt viijᶜ.lxvij ans. Apres le dernier roy
des romains.cestassauoir Tarquinus
superbus ou tarquin sorguilleux. Cō
mēcerēt les cōsules regner et puis les
tribuns du peuple et dictateurs/⁊ de re
chef les consules tous ensēble lespace
de iiijᶜ.lxiiij ans Jusques a iulles cesar

¶Feuillet iiij xx xiiii

Ainsy apt que depuis la fõdatiõ de Ro
me iusques a iulles cesar iclusiuemẽt
y a.viic.et.xi.ans/en cõprenãt auec ce
deux ans qui furent depuis ledificatiõ
de la cite iusques au regne de romulus
Lequel iullius cõmeca aperer et domi
ner lã du mõde.iiiM.ixc.xvii.ans. auec
lequel nõbre fault adiouster.v. ans de
lepire de Jullius/et.xlii. de lepire de oc
touian esquelx il auoit regne deuãt la
natiuite de ihũcrist/Ainsi apert en som
me que depuis rome edifiee iusqz a ihe
sucrist ya.viic.liiii. ans. ¶ De toutes
ces choses apperra et sera faite mẽtion
es figures et notes selon lordre des tẽps.

¶ Thomas historiographe anglois
dit que ou tẽps de aioth fust troye edi
fiee qui fust en estat põpeulx et prospe
ritte cẽt lxxxv ans.mais fust prise et de
solee ou tẽps de abdõ.

¶ Chapitre.C.vi.de Samgar.

Samgar filz de anath
fust le v.des iuges deffendãs
israel. Car dũg coutre et cousteau de
charrue il occist.vi.cẽs philistiẽs sou
lans entrer la terre de israel cõe apt ou
iii.des iuges. Et en ce mesme an il trẽs
passa de ce sierle/tesmoig comestor. Il
est interprete habitateur nõme/ou no
minatiõ des estrãgers. En ce temps
dit tritosomus par nauires a la cite a
sensie ou il distribua ses fourmens.

¶ Aussi orghus ou orchus roy des mo
loses receust et prist pserpine. Dont le
grãd chiẽ cerberus deuora pirithous q̃
auec theseus estoit venu pour rauir la
dicte proserpine/cõme apert dessus ou
traictie des dieux.

¶Chapi.cẽt.vii.de lapidoth et delbora

Barath ou lapidoth mari
de delbora pphetisse iuga a la
pde de sa fẽme le peuple de israel xl ãs.
tesmoig le.iiii.et.v.des iuges. Et cõme
ceret lã du mõde.iiMvicẽs.xl. De la ti
erce aage.vi.cẽs.iiiixx.xii. De lissue de
gipte lã cẽt iiiixx.vii. Deuãt rome v.
cens lxxii ans. Barath et aussy lapi
doth est interpte fouldre ou fulgueur.
ou fulgurant ou frapant. Mais delbo
ra est interpretee mouche de miel/ou
parlant/ou eloquence.

¶ Lan xxvii. dicelle delbora defina le
royaulme des argins. Et fust trãlate
aux micenes par perseus filz de daues
fille du roy acrisius qui lan precedent
auoit en ce lieu mesme regne.

¶ Lan xxxii. de delbora. fust Inde ga
stee par bachus. ouquel lieu il edifia
vne cite nõmee Nisa. Laquelle deno
minatiõ estoit prise de sõ nõ. Car aul
trement estoit nõme denis cõe apt des
sus. Des aultres fais de delbora est de
termine ou iiii.et v.des iuges.

¶ Chapitre cẽt.viii. de Gedeon.

Gedeon aultremẽt ierobo
al filz de Joas de la ligne de
manasses et de la famille de ezdup fut
vii.iuge disrael cõmẽcãt lã du monde
iiMvi.cẽs lxxx. Il iuga israel lespace de
xl ans. Demoura en ephra et eust lxx
enfãs/cõe apt ou vi.vii. et viii. des iuges
es quelx chapitres est parle de ses fais.
Il pecha en tãt q̃l fist la robe sacerdota
le nõmee ephod et aultres vestemens
pontificaulx. Mais finablemẽt s'en re
pẽtist et mourust en grace. Gedeõ est ĩ
terprete enuirõnãt ou vestre/ou experi
mẽt diuinqte. ou tẽptatiõ de sõ humili
te .ou tẽptatiõde siniqte diceulx.

La tierce aage

Chapitre cẽt ix de abimelech.

Abimelech filz de gedeõ ou ieroboal descẽdant par cõ/cubine est interprete mon frere roy.ou le regne de mõ frere. Il fust ix e Juge iugant israel trois ans. Cõmẽca là de lissue degipte ij C lxvij. De la tierce aa ge/lan vij C lxxij. Du mõde lã ij M vij cens et xx. Deuant rome iiij C iiij xx et xiij ans. Il habita en sichen.ou il tua tous ses freres qui estoiẽt legittimes fors vng seul qui estoit le plus petit de tous appelle ioathã. Ainsi vsurpa frau duletemẽt le royaulme et se fist roy. Mais aps fust boute hors par les sichi mites qui lauoiẽt esseu.et finablemẽt occis dune fẽme qui luy geta vne pier re dessus la teste dont luy effondra le cerueau lors qui vouloit prẽdre la vil/le de thebes. Tesmoig le ix des iuges.

¶ On pourroit cy faire obiectiõ de ce q̃ le texte de la bible dist ou lieu dessusdit que abimelech se fist roy. Car se ainsy estoit il se ensuiuroit que Saul neust pas este le premier des roys. Laquelle chose nest pas a dire. A ce fault respõ dre que saul fust premier roy vniuer sel sur tout israel. Mais cestuy abime lech fut particulier regnãt sur les sichi mites seulemẽt ¶ En ce tẽps tesmoig comestor fust trouue en grece vng in/strument de musique nomme chorus

en latin.
¶ Chapitre cẽt x de thola ix e

Thola de la ligne de ysachar filz de phua oncle de abimelech fust ix e iuge en sauir.com mencant lan du monde ij M vij C xxiij. De la tierce aage vij C lxxv. De lissue degipte ij C lxx.et regna xxiij ans bien et pacifiquement/cõe est escript ou x e des iuges. Il est interprete vermeil ou rougastre Et figure selõ rabain ceux q̃ sõt enflãmez de lardeur de dooble cha rite q cõduisent biẽ le peuple christiã. ¶ Lan vij e de thola vne vierge nõmee Carmẽtis autremẽt Nicostrata trou ua les figures de aulcunes lettres les/quelles elle nõma latines pour lõneur du roy latin ¶ Lan xx de thola selond seruius nasquist alexander autremẽt paris filz de pream et de ecuba.

¶ Chapitre cẽt xi de Jair galadides x e

Jair galadites de la ligne de manasse x e iuge cõ mẽca iuger lã du mõde ij M vij C xlvj. De la tierce aage lã vij C iiij xx et viij. De lissue degipte deux cẽs iiij xx et xiij. Et inga israel xxiij ans. Il est interp̃/te illuminãt.et signifie le nostre redẽp teur q̃ seigneur ihũ crist. Cestuy Jair eust xxx filz/lesquelx il fist tous prĩces de xxx cites lesquelles par son nõ il ap/pella athothiair/cestadire villes de iair ¶ Lã x de Jair mnesteus xi roy des athenes cõmẽca sõ regne durant xxv ans/cestassauoir iusques a la prise de troye cõe dit henry de heruordia.

¶ Chapitre cẽt xij de Jepte xi.

Jepte xi iuge filz de galaad en la cite q̃ terre de galaad/tes moing le chapitre xj et xij des iuges/ fust filz de vne fẽme abãdõnee a luxu re/cõbiẽ q̃ les hebrieux diẽt q̃ elle estoit tauerniere et hostellier. Le pere dicel luy nõme galaad auoit vne vraye fẽ me q̃ legitime de laq̃lle il eust plusi eurs enfans qui furent contraires a Jepte pource quil nestoyt pas filz legittime.

⊏Des fais et gestes dicelluy Jepte z de sa fille apert es chapitres xi et xii des iuges et en la 8e questiō de la xxiiie cau se.⊏Il est interprete ouurant.ou il est ouuert.Et cōmēca iuger sā du monde deux mil vij c̄ lxviij.De la tierce aage sā vij c̄ xx.De lissue degipte iiij c̄ xv Et dura lespace de vi ans.⊏Lan ij.de Jepte/pigmaliō filz de belus et frere de dido cōmēca regner en oriēt/en la region de sidone.

⊏Lan iiij.agamenō filz de atreus et frere de menelaus mary de helaine cō meca regner a micenes ou il fust le iij. roy durāt xxx ans.Et en son xv.an fust troye destruicte soubz laomedon par hercules lequel hercules occist lao medon roy de troye.

⊏Lā vj.de Jepte/chiron centaure/gar de et nourrissier de patroclus et dachil les mourust.Et selōd les fables fust translate ou ciel z appelle le signe du sagittaire.

⊏Chapitre cēt xiii.de abessan xii.

Abessan ou esebon de beth leem iuge xii.est interpte pere habō dant/ou egression du pere.Et cōmen ca lan du monde ij M vij cēs iiij xx et iiij. De la tierce aage lan vij cens xxvi. De lissue degipte trois cēs xxi.Il iu ga vii ans/eust xxx filz et autāt de fil les/tesmoig le xii.des iuges.⊏Lā pre mier de abessā trespassa hercules aage de lxxi ans ou cōe dient aultres lii.Le quel hercules mist colūnes et bornes es fins de hespaigne en lisle de gades en signe de la victoire vniuerselle quil eust depuis oriēt iusqs en occidēt/Tes moig ysidore ou 8.chapitre du xiii.li ure des ethimologies.

⊏Chapitre cēt xiiii.de abialō xiii.

Abialon zabulonites Ju ge xiii.q est iterpte esmerueil lāt/ou admiratiō.ou hic dolēte ou val lee diuiqte cōmēca iuger sā du monde ij M vij cēs iiij xx.⊏Vng.durāt lespace de xi ans/cōe apt ou chapitre xii.des Ju ges vers la fin.cōbiē q̄ ne luy ne ses de ne soyēt poit escrips en la trāslatiō des lxx interpretes.Pour ceste cause Eu sebius voulāt accorder les ans des es criptures baille a Josue/a saul/et a sa muel desqlx les ans ne sōt poit nom mez en la saicte escripture plus dans q̄ Josephus ne nōbre/affin q̄ de lētree de gipte iusqs a ledification du tēple fust trouue le nōbre des ans assigne en les cripture.cest assauoir quatre cēs z xxx.

⊏Lā iij.d abialō ou selōd les aultres sā v.fust troye prise des grecz iiij c̄ xx viij ans duāt rome.q̄ sōt cēt vi ans de uāt le regne de dauid.Mil cēt lxxviii.

La tierce aage

deuant la natiuite de ihucrist. Et fut ceste bataille xx. entre les grecz et les troyens/comme apert par sainct au/gustin ou xbi chapitre du xbiii liure de la cite de dieu.

¶ Lan de achialon xic. q est lan ensuiuāt de la destructiō de troye fust aisi q dict aulcuns cartaige edifiee par elissa autre met dido fille de Belus roy de tirus et seur de pigmalion roy de sidon/comme on verra ou premier an de osias.

¶ Lan biii. Eneas prist dido en mariage et puis sen en ytalie auec le demourāt du peuple troye et xx nauires come

dit sainct augusti en son xbiii. liure et chapitre xix. ¶ Lā x. icelluy enee mourust frape de fouldre ou cōe dict les poethes il fust naye ou fleuu et nōme numicius dont fut deifie.

¶ Chapitre cēt xb. de abdon ou labdon xiiii.

Abdon ou lapdō iuge xiiii. et filz de hellel pharathonites ou thecnites en la terre de ephraim est interprete seruiteur triste/ou Inutile ou doubtant. Selond Eusebius et les lxx interpretes il commenca iuger ou mesme an comme ahialon. et dura lespace de biii ans Tesmoing le douztesme des iuges. Mays selond la Scrite hebraique ce fust apres. Et commenca lan du monde deux mil biii cens quatrebingtz et xi. De la tierce aage lan biiiᶜ xlbi. De lyssue de egypte troys cens xxxbiii. Apres la destruction de troye lan septiesme inclusiuemēt en tenant q en lan b. de ahialon elle fust prise. Item deuant Pome quatre cens xxii ans. Toutesfois lan iii. de abdon selond Eusebius fust troye captiuee et desolee. Lesquelles opinions peuēt estre acordees en bien considerāt ce qui est dit dessus car tout retourne en bng ¶ Pour la gloire et memoire de si grāde bictoire les grecz acoustumerent de noter les temps depuis la captiui/te de troye. De laquelle destruction qui souldra en bref boir ce qui en est: Hoye les chapitres lxii. et lxiii. du tiers liure du mirouer hystorial. ¶ Soubz ces iii. iuges dernieres fust la terre en repos et pacifique/en tant que le peuple ne se aliena point de dieu. parquoy peu de chose est escripte de leurs gestes.

¶ Lan premier de Abdon. Ascanius filz de Ence et de creusa fille de pria/me fust fait premier roy des albains regnant xxxbiii ans. Apres sequel regna siluius posthumus duql les roys albains ont este denommez siluius cō meuons soyons les iperateurs estre tous appellez cesares pour Cesar.

¶ feuillet xx xvi

De ces choses fault voir sainct augustin ou xx.chapitre et xviii. liure de la cite. Cestuy Siluius fust filz de enee et de lauinia fille du roy latin. et nasquist apres la mort de Eneas son pere parquoy fust nomme posthumus. qui vault autant adire comme Ne apres ce que le pere est mis en terre. Aussy fust appelle Siluius pource quil nasquist en vne forest ou sa mere lauinia estoit alee se absconser craignant ascanius. Iledifia la cite nommee alba en laquelle il regna et engendra iulius dont est descendue la famille des iulles

¶ Lan viii. de abdon selond iustinus trespassa Euander pere de pallas. Le quel euander auoit occis son pere par la monnestement de sa mere Nicostrata laquelle estoit aultrement nommee carmentis. Pour ceste cause fust constrainct Euander sen fuir de archadie auec petite compaignie et venir en ytalie Dont il bouta hors les aborigenes qui estoient habitateurs viuans sans loy z sans discretion entre eulx. En ce pays il edifia vne petite ville en vne montaigne qui apres fust nommee palatin z maintenant est enclose dedens la cite de rome.

¶ Chapitre cent xvi.de sanson xve

Sanson iuge xv.filz de manue de la ligne de dan en la contree de saraa iuga israhel xx ans Et commenca lan du monde deux mil viiC quatrevingtz et ix. De la tierce aage viiiC xli. De lyssue degipte trois cens xxxvi selond Eusebius. ¶ Ou xiii.xiiii.xv.et xvi.des iuges apert comment il fust annoce a sa mere Et aussy ou dit lieu apert de ses grans gestes et notables fais semblablement. Lesquelx pour cause de brefuete nous laissons/en parlant de sa force laquelle ne luy estoit pas de nature mais de grace seullement comme dit sainct augustin. ¶ Pour ladmiratio de sa force aucuns ont cuide q̃l fust hercules ainsi q̃ recite icelluy. S. augusti ou chapitre xix

La tierce aage

du xviii.liure de la cite. ¶ Ledit sanson se tua licitement Ja soit ce quil comist homicide comme determine sainct augustin ou xxi.chapitre de son premier. Et en la question de la xxiii. cause.

¶ Chapitre c.xvij.de hely xvj.

Hely iuge xvi.et euesque de la lignee de pthamar est Interprete fort ou montant ou mon dieu ou ma deite. Il commenca iuger sã du monde deux mil viiic et ix. De la tierce aage sã viic.lxi. De lyssue degipte trois cens. Il iuga israel xl ans tesmoing le quatriesme chapitre du premier liure des rois. Toutefois les lxx interpretes et le liure de paralipomenon ne dient que xx ans Et pource comestor attribue a saul les aultres xx ans. Non obstant selon la verite hebraique Hely commenca cent et xvi ans deuant la fondation du temple. trois cens quatre vingtz et xiii ans deuant rome. ¶ En son temps se partist Elimelech hors de son pays et ala en estrange reg on comme est dit deuant et approuue par sainct Jerome.

¶ Lan x.de Hely Siluius postumus second roy des albains du quel est faicte dessus mention commenca son regne durant xxix ans. Combien que comestor le mette iii.roy des albains.

¶ Lan xiiii.commenca de finer le royaulme des sicioniens. Lesquelz prindrent fin totale en son an xxii. comme appert dessus en la seconde aage ou temps de Nachor ouquel temps ce royaulme eust son commencement.

¶ Lan xl. de Hely fust grande bataille faite entre Israel et les phisistiens. lesquelz chasserent ledit peuple de israel et en occirêt prez de iiiiM ¶ De rechef fust aultre bataille ou mourust xxxM pietons pour le perche de Hely et de ses enfans. Auec ce fust larche de dieu prise vii mois. La quelle quãt on leust reduc fust puis gardee par Eleazarus

Feuillet/viii^{xx}xvii

filz de aminadab et prestre lespace de
xx ans Jusques au viij an du regne de
saul. Item en cest an Eneas siluius
v roy des albains comenca regner le/
space de xxxvij ans. De la mort de
hely et de ses enfans est faite mention
cy dessus ou chapitre des prestres.
Chapitre cent xviij de Samuel.

Samuel filz de helchana
natif de la montaigne de effrai
fust auec ses filz le dernier iuge de isra/
el. Et est iterprete nōme, ou exaulsant
dieu, ou exauditiō de dieu. Il comenca
iuger le dernier an de hely apres ce que
larche fust prise. Deuant la fondatiō
du temple lxxviij ās. Il iuga en bethel
en galgala, et en masphat lespace de
xij ans. Cōbien que eusebius y mette
xx ans affin que le nombre de laage ql
met fust acomply, cestassauoir ix^xxlij
ans. Des fais de samuel est escript
largement depuis le premier chapitre
du premier liure des roys iusques au
xxv ou il est faite mention de sa mort.
De laquelle nous verrons cy apres ou
chapitre de dauid.

Chapitre cent xix de saul.
premier roy de israel.

uerset sus tout Israel comme apert ou
ix^e du premier des roys. Lequel selon
la verite hebraique commenca son re/
gne lan du monde deux mil viij^clxxi.
lan xxi du iugement de samuel. De/
uant rome iij^cxlij ans. Et dura com/
me dit Josephus sō regne xx ans, mais
selon sainct augustin xl. Il fust sayt
roy a la petition et requeste tres insta̅/
te et vrgente de tout israel, cōme apert
ou viij des roys. Des ses fais apert
ou premier liure des roys depuis le ix
chapitre iusques au dernier ou quel est
descript comment il mourust auec son
filz Jonathas en la montaigne de gel/
boe. Son dit pere appelle cys est in/
terprete homme dormissant ou homme
dur. Le pere de cestuy cys estoit nōme
abiel ou abiel qui est interprete viuant
a nostreseigneur, ou vie des vallees
ou question de vie diuine, et descendist
de beniamin par plusieurs successions
Tesmoing le ix^e chapitre du premier
liure des roys.

Sensuyt la figure de
la terre saincte

Saul filz de cis de la ligne de
beniamin fust premier roy vni

xi

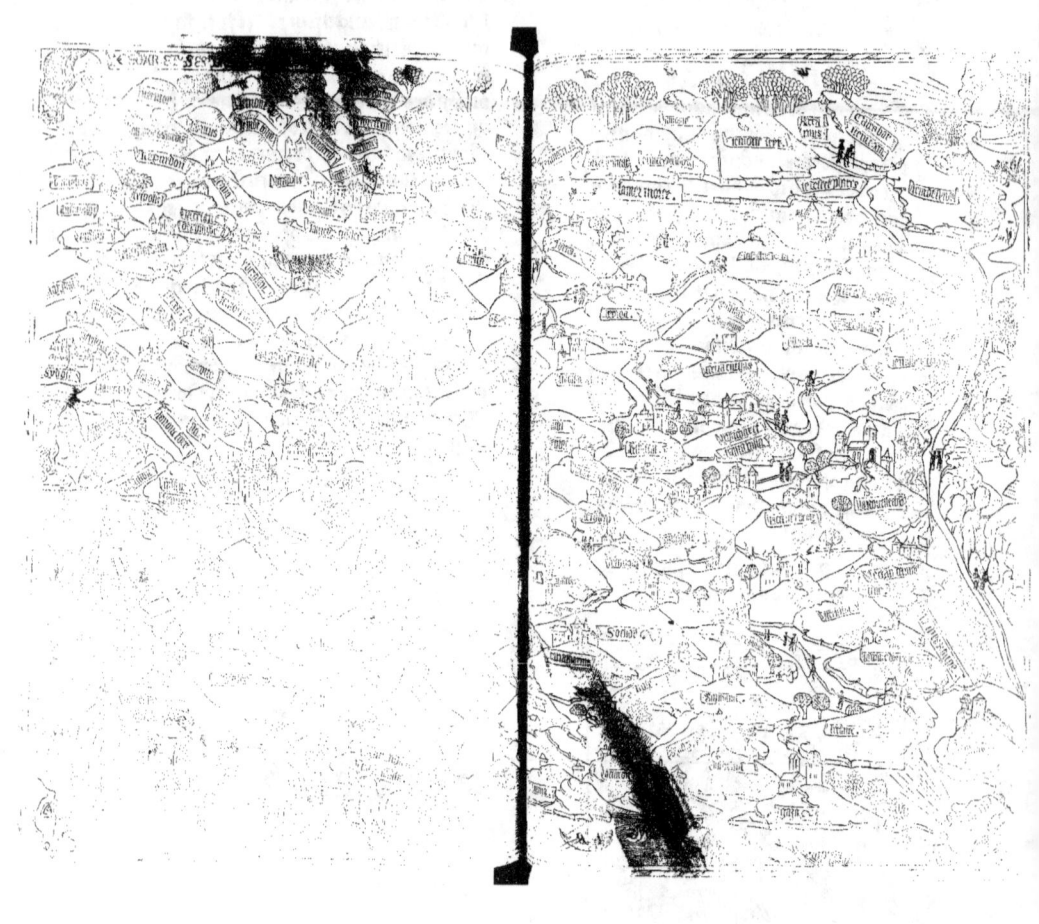

La tierce aage

❡ Cy commence le prologue de la terre saincte chapitre cent xxe.

Ainsy comme dit Salomon ou xlvie de ecclesiasticus. Hiesu naue successeur de Moyse fust fort en bataille/grand entre les prophetes et tres ardant a coquester la saluation des esleus de dieu et a batailler les ennemis contredisans ql ne obtint leritage de israel. ouquel lieu nest point a tort appelle fort car il combatist xxxi rois tesmoig le xiie chapitre de son liure. Aussi nest point sans cause dit successeur de moyse. Car iasoit ce quil fust daultre lignee/cest assauoir de effrayni/et moyse fust de la lignee de leui Neantmoins il eust lespzit de prophetie. Et fust grad en nom parquoy il est interprete salut ou saluateur. Laquelle interpretation nest point sans cause quant soubz sa main nostreseigneur fist fuir plusieurs roys/cestassauoir chananee Ethee et Jebusee et aultres Et par sort diuisa la terre promise en possession a israel. comme est escript ou

pseaulme lxxviie et es chapitres xve xvie xvij. de son liure dont il fist habiter israel es tabernacles et possessions des gentilz /z paiens ❡ Ceste terre est la tres saincte qui fust promise a abraham/comme est escript ou xve et xvie de genenese. Laquelle terre estant figure de la cite celeste appellee iherusalem ou tiers de lepistre aulx galathes/ est maintenant/dont cest pitie/colquinee et souillee des spurcices/ordures et Immudicites des sarrazins. En ceste terre nostreseigneur a fait merueilles innumerables et miracles sans nombre Et la ennoblie de sa presence/de pdications/de sa glorieuse passion/de leffusion de son precieulx sang et de sa mort tresangoisseuse. Pour icelle lessa abraham sa maison paternelle et toute sa cognation et lignage en venant a hay/a gerarir/a bersabee. Et par le comandement de dieu habita en hebron/ Tesmoing le xiie xixe et xxe de Genese. Pour icelle semblablement lessa Ezechiel les fleuues de babilone. En icelle entra la tressaincte Vierge mere de dieu plaine du sainct esprit et grosse du filz de dieu/comme apert ou second de sainct luc en cheminant trois grandes iournees a grande haste et celerite tant que elle vint a la cite de bethleem. En icelle aussi Jacob et Joseph tressainctz patriarches reposerent apres leur mort pource quilz ne peurent durat leur vie la visiter Ainsy comme est escript ou xlix et dernier de genese /z ou xiii de exode. ❡ Por ceste terre moyse aima mieulx estre tourmente auec ses freres q auoir la fruition et iouissance de la Jocundite et plaisance du palais temporel de pharaon/Tesmoing le second et septiesme de exode ❡ Pour la reuerence dicelle terre le tressainct Jerosme se mussa et absconsa en la creche de nre/ seigneur en bethleem en despzisant les delices des romains. Et semblablement fist saincte paule. ❡ Ceste terre est celle que iour et nuict par tout se cerce de lan nostre mere saincte esglise recole/remembre/et de quoy elle fait me

Feuillet viii{xx}xix

tion en toutes ces heures en lisant psal/
modiāt/chantāt/preschāt ou en faisāt
chose semblable touchant le seruice di
uin. Et pource ceft chose lamentable (
de petite commendation quāt on igno
re le pays et la terre dont la saincte es/
cripture nous fait en toutes les heures
mention et reduit en memoire. ¶Par
quoy ceste terre saincte sera exposee et
notee de lieu en lieu. Affin que le lecteur
diligent puist congnoistre vers quelle
region du ciel/vers quel vent pricipal
ou collateral/chascun lieu soit situe. la
quelle chose ignoree il est impossible de
entendre parfaitement le sens litteral
de la saincte histoire selon la diuisiō
et mesure de la diuisiō des douze lign/
es de israel assignee deca ou dela le fleu
ue iordain. Aussi porce que iap veu aul
cuns souuerainement desirer la cō/
gnoissance dicelles et imaginer aulcu/
nement ce quilz ne peuent voir docil
corporel/lesquelles par loeil de lenten/
dement pourront maintenant consi/
derer/cest assauoir la cresche ou le petit en
fant filz de dieu ploura/le sainct sepul/
chre ou marie magdalaine de plourer
se efforça. Le mont de oliuet dont au ci
el il monta. Le lieu dont lazare ysyst
sye des lyens et du suaire et fust ressu/
site. Les trespures eaues du fleuue ior
dain/les bergeries et habitations des
pastoreaulx/le sepulchre de dauid. la ro
che du prophete amos/les sepulchres
des sainctz peres en ebron. le ruisseau de
lomme eunuche et impotent a genera
tion qui fust baptise par sainct philip
pe. la belle cite de nazareth. la bille de
chanaam. les trois tabernacles de no/
streseigneur en la montaigne de tha/
bor. la mer de galilee. Alenuiron de la
quelle nostreseigneur passa sia et soula
de sept pains et cinq petis poissōs qua
tre mil hommes mourans de faim.
¶Aussi on pourra congnoistre en la
porte naym comment le seul enfant de
la femme fust ressuscite. Semblable/
ment sera veu hermon le torrent endor
Le mont libanus/la ville de tirus/Sy
done/Capharnaum/Bethlcem/Hay

Silo. Deux cites dictes cesarees/trois
aultres appellees Rama/la glorieuse
ptolomaide/ramathaim/sophi/Joppe
lidda/nobe/les cinq cites des philisti/
ens/et les aultres dont fait memoire
paula et eustochiū en lepistre enuoyee
a marcelle de la recommendation et lo
enge des sainctz lieux. Et pource moy
Borchard docteur et professeur de la
saincte theologie conuoitant satisfaire
au desir de ceulx qui par grand appetit
et deuotion passent la mer pour visiter
les lieux dicelle terre saincte laquelle
iay passee et cheminee plusieurs foys
de mes propres piez ay descript et note
selon ma possibilite icelle sans riēs y
mettre ne adiouster sinō ce que iay veu
presentiellement estant esdis lieux. ou
es montaignes dont les pouoye consi/
derer des contrees ou nay peu auoir
facile acces ay fait inquisition souffisā
te des surians ou sarrazins/ou aultres
habitateurs de la terre/cest assauoir de
puis dan iusques en bersabee. Et de/
puis la mer morte iusques a la grand
mer. Mais considerant en quelle ma/
niere ie peusse cecy descripre plus con/
uenablement: tellement que a limagy
nation des lisans peult estre facilemēt
compris Jay aduise de mettre et ordon
ner la cite de achon ou acre comme le
centre dicelle terre et comme plus con/
gnue que nulle aultre/combien que el/
le ne soit pas situee ou milleu mais en
la partie occidentale sur la mer. ¶De
celle cite ay tire quatre lignes correspō
dentes aux quatre parties du monde.
Desquelles quatre parties iay diuise
chascune en trois pars assin que ces xii
diuisions correspondissent aux xii vēts
du ciel. En chascune dicelles diuisions
ay mis et ordōne les cites et lieux plus
congneus et plus communs en lescrip
ture saincte affin que la situation τ dis
position dicelle puist estre plus facile/
ment trouuer.

z iii

La tierce aage

¶Cy commence la premiere diui/sion chapitre cent xxj^e.

EN ce commencement fault scauoir que la terre saincte qui escheut ē sort aux xij. lignees de Israel cōtenoit pour aulcune partie estoyt nōmee le royaulme de Judee contenant deux lignees seulement cestassauoir Judas et Beniamin, mais pour lautre partie estoit dicte le royaulme de Samarie. Lequel royaulme de samarie est ainsy nomme pour vne cite qui maintenant est dicte sebaste. Et estoit le chef des aultres dix lignees q̄ estoyent appellees israel. Non obstant lūg et lautre de ces deux royaumes se nommoit palestine, laquelle est partie de sirie comme Saxonie et franconie sont parties de theutonie. Et lombardie et tuscie sont parties de Italie.

¶Pour ceste chose plainement entendre fault considerer quil ya plusieurs siries seurnōmees diuersement. Car toute la terre generalement qui est depuis le fleuue tigris iusques a egypte est nommee sirie, combien que la premiere partie estant entre ces deux fleuues, cestassauoir Eufrates et Tigris et qui est estendue en longueur depuis aquilō iusques en hauster: cestassauoir depuis la montaigne du torel iusques a la mer rouge est appelle mesopotamie de sirie. qui Vault autant a dire en francois comme moyennant entre les eaues. ¶Elle contient plusieurs peuples cōme les perses, et les medes, aux quelx du coste de auster est conioincte chaldee en la quelle est babilone la grāde dont est faicte mention ou chapitre xj^e de genese. A la quelle du coste de auster est prochaine arabie Jusques a la mer rouge qui en ces parties est bēd/mee vng bras de mer arabique.

La premiere partie de toute ceste mesopotamie qui regarde aquilō en la quelle est la cite edissa anciennement nommee arach ou Pages est maintenant rase. Est specialemēt appellee mesopotamie de sirie.

La seconde partie est sirie celes cōmencant au fleuue Eufrates et terminee au fleuue de Belania courāt soubz le chasteau margad. Et cheant en la grand mer en la cite Ballanie ou est le siege episcopal, distant et estant loing du chasteau de vne lieue. En ceste seconde partie nommee celes siria, est la cite de antioche auec ses cites suffragantes, cestassauoir Leodicia appania et plusieurs aultres.

La tierce partie est sirie de phenix commencant ou fleuue de Ballanie dessusdit de la partie daquilon. Et estendue vers auster iusques a la pierre incise ou deserte soubz le mōt du carme, qui auiourduy est dit le chasteau des pelerins. Et est soubz la seigneurie des cheualiers du temple. En ceste tierce partie sōt plusieurs citez, cest assauoir margad, Antriadū, tripolis Bericon, sydon, tirus, accon ou acre, et capharnaum. Elle est seurnommee sirie de phenix pour le filz de agenor frere de cadmus ainsy appelle. Lequel instaura et reedifia la cite tirus la quelle il fist metropolitaine et cite principale du pais.

La quatriesme est sirie de damas ainsy appellee pour la cite metropolitaine de la prouince. Et est conioincte du coste de orient a sirie phenice, dōt est dernierement faicte mention. Ceste iiij^e sirie est autremēt seurnommee libanique pource que en elle est le mōt Libanus. Apres ceste sirie se ensuyt palestine qui est proprement la region des philistins. ¶Pour la quelle chose ne deuons point ignorer quil ya trois palestines qui sont toutes parties de Sirie. La premiere palestine est vne region dont la cite metropolitaine est iherusalem auec toutes ses montaignes

Feuillet ix^{xx}

Jusques a la mer morte et iusques au desert pharan et cades barne. La seconde palestine est vne region dont la cite metropolitaine et principale est cesaree palestine. ou Cesaree maritime auec toute la terre des philistiens. commencant depuis la dessusdicte pierre incise et coupee ou chasteau des pelerins Et se estendant iusques a bazan contre auster. Et la tierce est cite metropolitaine de bethsau situee soubz la montaigne de gelboe pres du fleuue iourdain. Aultrement estoit anciennement dicte situation metropolitaine. Ceste palestine est appellee propre galilee ou grand champ de esdrelon.

¶ Semblablement ya troys arabies lesquelles sont parties de la grande sirie. De la premiere est la cite metropolitaine dicte bostron et maintenant busereth. et anciennemēt borsa. A laquelle est conioincte la region de traconitide/et pturee du coste de occident. Mais de aquilon est la cite de damas. Pour laquelle cause Sirie de damas est aulcunesfoys nommee arabie. dont Aretha estoit denomme roy. ¶ La seconde arabie dont la cite metropolitaine est en latin dicte petra anciennement rabarh. situee sur le torrent arnon fut du royaulme de Seon Roy de seban. contenant en soy le royaulme de og roy de Basan et la montaigne de galaad Et est conioincte a la premiere arabie de la partie australe. Ceste arabie estoit la terre des enfans de amon Combien que la cite ar aptenist aux filz de moab. ¶ La tierce arabie est prouince dōt la cite metropolitaine est dicte mont royal ou charach/ mais anciennement pierre du desert/ Situee sur la mer morte. Contient soubz soy la terre de moab qui proprement est dicte sebal. Et aussi contient toute ydumee ou la montaigne de Seyr et toute la terre estant a lenuiron de la mer morte iusques aux deserts/ de cades barne (aspōgaber et aux eaues de contradiction vers la mer rouge par solitudes et deserts tres larges iusqs au fleuue Eu-

frates. Ceste cy est la grande arabie en laquelle est le mesche cite de la sepulture detestable de mahōmet.

¶ Iusques cy ay parle de la situation des terres contigues a la terre saincte. Lesquelles choses au maintz pour la plus grande partie sont extraictes des dis de Venerable pere messire Jaques de Vitry legat apostolique en icelle terre saincte. Combien que ien aye plus veu. Et pource il nous fault tourner a la particuliere description dicelle terre qui fust possedee des enfans disrael.

¶ Cy ensuyuent les particulieres diuisions chapitre cēt xxii^e

Comme est dit dessus nous auons diuise la terre saīcte en quatre parties correspondentes aux quatre parties du ciel/cestassauoir Orient/ Occident/ Mydy/ et Septentrion. Combien que toute la partie occidentale regarde la grād mer. En procedant en ceste description Je cōmenceray premierement par droicte ligne en la cite dachon ou acre qui anciēnemēt fust appellee ptolomaide en alant par droicte ligne vers la cite tirus et consequāment vers les autres cites situees ou riuage de la mer. ¶ Toutesfois a ce propos ne fault point ignorer que ceste cite ne fust iamais de la terre saincte ne possedee des enfās de israel/combiē que elle ait este assignee a la liguee de aser par distribution. lesquelx toutesfois iamais ne la possiderent ¶ Elle est assise en la prouince de fenice ayāt du coste de auster la montaigne du carme distant de iiii. lieues Et la cite cayphas au pie dicelle montaigne oultre le torrent syson. ou Helye le prophete occist les prestres de baal cōme appert ou xviii^e du iii^e des roys. Ceste cite sacre est garnie de murs merueilleux de tours fossez (barbacanes iexpugnables ayāt forme triangulaire cōme vng bouclier. et escu. Dōt les deux parties sont iointes a la grand mer Et la iii^e

z iiii

La tierce aage

regarde le champ dont est enuironnee ayant deux lieues de largeur et plus en aulcunes parties et en aulcunes mains. Monlt fertile tant en champs quen pastures. Vignes (iardis ou croissent fruictz de diuerses esperes. Il y a multitude de cheualiers hospitaliers. Bon port de la partie de auster pour receuoir et arriuer les nauires. A quatre lieues de la contre aquilon est vng lieu nomme Casale de sapert pres de la mer habondant pareillement en vignes Iardins et eaues courans. Assise soubz la montaigne Saron. A trois lieues pres de la summite dycelle montaigne Saron est le chasteau laiida/leon aultremēt nomme Saudaleon lequel fust premierement edifie par alixandre lors quil tenoit le siege deuant Tirus. Et puis fust par bauldoin roy de Hierusalem consequamment instaure et repare. et a aulcuns nobles en gouuernement et possession baille. Il est habondant en praries/pastures/oliuiers/Vignes/Iardis/et fleuues. Vng peu plus auant enuiron vne lieue est le puis merueilleux nomme le puis des eaues viuans. lequel est pres du chemin par ou len va a la cite Tirus de autant que vng arc peult tirer. Du quel puys les eaues viennent en gran de impetuosite et habondance de la mōtaigne de Libanus/ainsy comme est escript es cantiques. ⁌ Et iasoit ce que ou singulier nombre soit dit puteus et non pas putei ou plurier Toutesfoys nous debuons noter que il y a quattre puys de vne mesme disposition, mais sont de quantite non equale. Car lūg diceulx qui est le principal est quarre et a quarente couttes de largeur et de lōgueur. comme moy mesmes iay mesure. Mais les aultres trois ont enuiron vingt et cinq couttes. Ilz sont tous enuironnez de murs tresfortz. de pierres tres dures et de ouurage idissoluble de la haulteur dune lance ou plus. En ces puis est leaue receue assemblee et esleuee en telle maniere que de tous costez elle coule oultre et par dessus les murs. ⁌ Neantmoins y a aulcuns conduitz faitz par ruisseaulx qui sont de telle profundite et largeur que la haulteur dung homme. laquelle chose iay esprouuee par moy mesmes entrant le canal et lieu par ou seaue court. Ces eaues courent par toute la planice et les champs de Tirus. dont sont arrousees les Iardins vignes et les biens de terre qui y croyssent en grande quantite pour lesquelles le seigneur de Tirus recoit reuenues monlt grandes.

⁌ Ces fontaines sont loig de la grād mer de vng peu plus que vng arc ne peult geter. Du quel petit espace Ilz font tourner six grādes voues de moulin. Et apres ce entrent dedens la mer

⁌ A ces fontaines peult estre aproprie ce qui est dit ou xxiiii de ecclesiasticus. cestassauoir Je arrouseray orphan et moilleray le fruit de ma portee car ma sente et chemin est habondant et mon cours aprouche la mer. ⁌ A vne lieue prez dicelles fontaines est la cite Tirus assise sus le riuage de la mer.

⁌ Des puis dessusditz pcede vne veine de eaue par tupaulx conduitz et voyes dessous terre merueilleuses entrant la cite de Tirus dont les vestiges et traces y apperent encor au iourduy. les quelles iay enuironnees et vettes de mes peulx. ⁌ Des loenges de Tirus est beaucop escript en ysaye Ieremie et Ezechiel et aultres liures de la saincte escripture ⁌ Elle fust premierement construicte et edifiee par Tiras filz de Iaphet apres le deluge. Mays comme est dit dessus fust restauree et reparee par phenix ⁌ Le siege archyepiscopal est en ceste cite dont est metropolitaine de phenicie. ayant ses suffragans les euesques de Berich/de sidone/et de Accon. Et est estendue Iusques a la pierre incise ou le chasteau des pelerins comme est ia dit. ⁌ Ceste cite Tirus est beaucop plus grande que acre ou acon. a forme ronde. est assise ou coeur/de la mer sur vne dure roche. enuironnee dicelle mer de tous costez sinon au deuant et entree de la ci

Feuillet ix.xx.i

te vers orient.ou Nabugodonosor et apres luy Alixandre la firent contigue et ioignant a terre. Les murs sont fors haulx et espes de vingt (cinq piez Et sont fortifiez de douze tours tres fortes car ie nay poit memoire de iamais en auoir veu de meilleures en nulle partie du monde. A ces tours tres fortes est continue et ioinct le chasteau ou dongon de la cite assis sur vne roche ou coeur de la mer. ou quel semblablement a aultres tours et palais inexpugnables qui ne pourroyent pas estre pris de tout le monde. ¶ Ainsy comme est touche en lystoire scolasti/ que en ceste cite ya plusieurs reliques des sainctz martirs qui soubz Dyoclestian souffrirent mort desquelz le nombre est congneu seulement a dieu. Origenes y est sepulture enclos dedens vng mur en lesglise du sainct sepulchre. Duquel iay veu le tiltre et epitaphe. Il ya columnes et pilliers de marbre et daultres pierres si grandes que on est merueilleusement esbahy a les regarder. ¶ De toutes ces choses ie tesmoigne et certifie la verite car ie y fus six iours a les considerer selond ma possibilite diligentement. ¶ Deuant la porte orientale de icelle cite a vng iet de deux sayettes entre les arenes et sablons est monstre le lieu de la predication de Hiesucrist. ou vne fame entre toute la multitude se esleua en disant benoit soyt le ventre qui ta porte. ¶ Aussi en ce lieu est veu la pierre ou hiesucrist estoit lors laquelle nest iamais couuerte de sablon. qui est chose digne desmerueil. Considere que en icelle region larene et sablon soyt legere et volatile comme est la nege en temps de yuer es parties de occident et de aquilon. et qui a acoustume de faire monceaulx et montoyes par limpetuosite du vent. En ce mesme lieu est vne columne mise de long comme il sera dit tantost. Aussy en ce lieu furent les pelerins occis des sarrazins qui les espierent. ¶ A troys petites lieues de la cite de Tirus contre aquilon est le

fleuue Eleutherus entrant la grand mer iusques au quel fleuue Ionathas pourusit et chassa le roy Demetrius comme est escript ou douziesme du premier des machabees. ¶ Ce fleuue Eleutherus vient de puree ou de galilee especialement du territoyre nomme la terre de Rob. et consequamment Rabul. Il court soubz le chasteau Belcifors apartenant aux cheualiers du temple. prez de Doma iusques au quel lieu Iosue poursuyt et persecuta quatre roys/ comme appert en son liure. A deux lieues prez de ce fleuue est sarepte cite des Sidoniens. Deuant la porte australe et meridionale dicelle est monstree la chapelle ou le prophete Helyas vint a la femme sarepteene au lieu de son habitation et resuscita son filz. Dont est encor auiourduy monstre le cenacle et lieu ou il reposa. ¶ Sarepte na pas au iourduy gayres que huyt maysons combien que la ruyne demonstre par apparence que elle a este anciennement molt glorieuse. Deux lieues prez dicelle sarepte est sydon grande cite de phenix dont les ruines et apparences tesmoignent combien elle a este magnifique ou temps passe. La grandeur dicelle Sydon est incredible car elle estoyt situee de long en vng champ tendant de auster vers aquilon soubz la montaigne Antilibanus entre la mer et ycelle montaigne. ¶ Des ruines dycelle cite fust edifiee vne aultre petite. laquelle est molt defensable se dedens auoyt garnison et gens de defense. Car de vng coste est situee ou coeur de la mer ayant deca et dela deux chasteaulx defensables. Lung de la partie de aquilon. situe sur vne roche ou coeur de la mer. lequel chasteau fust edifie des pelerins qui vindrent des alemaignes. Laultre est de la partie australe situe en vne montaigne. Ces deux chasteaulx auec la cite sont possez auiourduy des cheualiers du temple. ¶ La terre est fertile (habondante en tous biens

La tierce aage

de terre/en miel principalement et vi/
gnes. Et qui plus est ya tresbon air.
◊ Deuant la porte orientale de la cite
ancienne qui maintenant est deserte.
fust edifiee vne chapelle ou lieu ou la
chananee dit a nostreseigneur ou che/
min qui maine vers pturee et la cesa/
ree de pheippe en priant pour sa fille
demoniacle. ◊ Le mōt antibanus est
vne lieue loing de sidone contre orient
Commēce sur le fleuue Eleutherus
duquel est parle cy dessus. Est estēdu
en oultre iusques a la cite tripolis par
cinq iournees. Et ne se esloigne point
de la mer plus de deux lieues fors que
pres de tripolis ou elle se esloigne de
trois. Toutesfois elle se aprouche aul/
cunesfois si pres de la mer que on ny
peult nullement passer. ◊ Habonde en
tresbonnes vignes dont en memoire
dicelle chose est dit communement vi
de libanus. ◊ Cinq lieues oultre sido
ne est berichus ou berich cite noble ɣ ā/
cienne en laquelle nostreseigneur a ps
che. Et aussi les iuifz y firent ancien/
nement vne ymaige de paste a laquel
le ilz firent grandes illusions et fina/
blement la crucifierent tellement que
delle saillist et yssist grande quantite
de sāg qui est encor auiourduy veu en
plusieurs lieux en grand honneur ɣ re
uerence ◊ Leuesque de ceste cite cōme
de Sidone est suffragant de larcheues
que de tirus. Et la est terminee la sou
ueraineté de metropolitain du dit ar/
cheuesque de tir. Et a trois lieues oul/
tre cest assauoir au fleuue appelle pas
de chiē qui en icelluy lieu entre la grāt
mer Est semblablement termine le
patriarche de hierusalem ou commen/
ce celuy de antioche. Et la conte de tri/
polis qui est nommee pas de chien. Le
lieu est difficile de estre passe se ce nest
par le saufconduit des sarrazins. Car
peu de hommes empescheroyent faci/
lement le passage a infinitz .

◊ A six lieues pres de la cite Berich
sur la mer est biblum/cite premiere ou
patriarchat de antioche. ayant euesq
comme les dessusdis. De ceste cite est

parle ou xxvii.c. de ezechiel en la recom/
mendation de Tirus en ceste maniere
Les vieillars et sages hommes de la
cite biblium ont eu mariniers au my/
stere et ministration de diuers vtensi/
le et seruice de la maison. Le seigneur
dicelle est vassal du conte tripolitain.
Maintenant est nōmee la cite biblech
et est assez petite. ◊ A quattre lieues
pres est botrum cite opulente et habon
dante en vin tresnoble et en tous aul/
tres biens du monde. Mais maintenāt
est du tout destruicte. ◊ Trois lieues
pres est le chasteau nephim situe quasi
tout dedens la mer, et apartient au pri
ce de antioche. Duquel chasteau ay
veu douze tours bonnes et le lieu bien
garny de bonnes defences. Le vin de
ce lieu est renomme sur tous ceulx du
pays. ◊ A deux lieues prez de nephim
est la cite tripolis moult noble et pres
que toute assise ou coeur de la mer. cōt
tirus, et grandement populeuse car en
icelle habite multitude de grecz/de la/
tins/de armenes/marranites/nestori/
ans et plusieurs aultres nations. ◊ La
sont faites maintes ouurages de soye
camelot/satin/et veloux. Ainsy le ter/
rouer peult estre conuenablement ap/
pelle paradis pour les amenites ɣ plai
sances infinies en vignes/oliuieres/ca/
meaulx/et aultres choses dōt par tout
le monde ny a nulz meilleurs ne sem/
blables en bonte. ◊ Le champ de de/
uant la cite contient en longueur vne
lieue.et en largeur/demie lieue. Du/
quel espace sont Jardins ou croissent
fruictz de diuerses especes.En si grant
de quantite que len dist quilz valent a
leurs seigneurs tous les ans trois cēs
mil bezans dor. ◊ Le mont libanus est
trois lieues loing de ceste cite au pic de
la quelle naist la fontaine des Jardins
courant et descendant de libanus par
impetuosite comme est dit es canti/
ques ◊ Ceste fontaine est au commē
cement petite. Mais soubitement est
augmentee tellement que elle cause
vng fleuue grand et vehement. Ar/
rouse tous les Jardis et la chāpaigne

Feuillet ix.xx ii

estant entre libanus et tripolis enri/
chist et embelist merueilleusemēt la re
giō. Les eaues sōt tresbōnes froides et
doulces. Plusie's eglises z lieux de reli
giō sōt edifiez sur les ruisseaulx dicelle.
Comme auons dit deuant elle proce/
de de la racine de la montaigne. Et en
partie enuironne la montaigne des li/
epars. Et apres court par les Jardins
en les arrousant. ¶ Finablement en/
tre la mer faisant trois grans fleuues
sans les ruisseaulx qui semblablemēt
en diuers lieux y entrent ¶ De ceste
fontaine est verifie ce qui est dit en He
ster, cestassauoir la fontaine est com/
mencee petite mais elle est augmētee
en vng grand fleuue et multitude de
eaues. ¶ Troys lieues pres de tripo/
lis est le mont des liepars rond en re/
gard et assez hault. Distant de vne li/
eue de la montaigne libanus. Du pie
de ceste montaigne vers aquilō ay veu
vne fosse ou estoit vng monumēt aiāt
douze piez de longueur. lequel est deuo
tement frequente et honnore des sarra
zins disans que cest le sepulchre de Jo/
sue. la qlle chose ne crois pas estre vraye
Car le texte du dernier de Josue dit ql
fust ensepulture en thamnathsare. q
est pres de Sichen en la montaigne du
coste de effraym. Et pource ie crois mi
eulx quil fust le sepulchre de chanaan
filz de can qui fust filz de Noc. ou daul
cun aultre filz de ses filz. Desquelz est
coniecture et probation souffisante en
tant quilz ont habite iceulx lieux.
¶ A trois lieues pres de ceste fosse ou
sepulchre contre aquilon est la fin du
mont antilibanus et libanus sembla/
blement. Du quel lieu est monstre et
veu au iourdhuy le chasteau archas q
aratheus filz de canaan edifia et de son
nom le denomma. comme dit la glose
sur le x. de Genese. Ceste terre ou est
termine le mont libanus est glori/
euse, belle z fertile. De laquelle quant
a situation et longueur sera parle cy
dessoubz quant ferons mention de la
cesaree de philippe et de la naissance, et
commencement du fleuue iourdai.

Demye lieue pres du chasteau archas
est vne ville nōmee Sin que syneus
filz de chanaan et frere de aratheus edi
fia apres le deluge. Combien que vng
nestorian habitant en ce lieu me dit q
la ville estoit nommee sinochim. La/
quelle chose ma este cōfermee par vng
sarrazin. ¶ Soubz ce chasteau archas
et la ville Sinochim est vne planice z
champaigne grande, plaisante et mōlt
fertile iusques au chasteau Crach
qui estoit hospital de Sainct Jehan et
contenoit xi lieues de longueur et vj de
largeur iusques a la ville anteradium
qui maintenant est dicte tortosa.
¶ En ceste planice et champaigne ya
plusieurs manoirs, beaulx bois, de oli/
uiers, de figuiers et daultres arbres de
diuerses especes. En oultre habonde
en fleuues z pasturages gras merueil
leusement. es quelz habitent les turto
nians madianites et Brodoiniens en
leurs tabernacles auecques leurs fem
mes et enfans. cameaulx et aultre be/
stial. car de cameaulx y ay ie veu vng
grand tropeau ou quel estoient plusi/
eurs milliers ¶ Ceste planice est en/
uironnee daulcunes montaignes du
coste dorient les quelles ne sont pas
mōlt haultes. Commencent pres de
la montaigne de archas. Et se esten/
dent iusques au chasteau de Crach.
En ces montaignes demeurent aul/
cuns sarrazins qui sont malicieux In
festes et cruleux aux chrestiens.
¶ De archas z sinochim iusques a an
terandium en alant par la planice des/
susdicte ya huit lieues ¶ Anterandiū
est ethimologie ante aradium, cestadi/
re assise deuant aradium ¶ Ceste ara
dium est vne isle situee ou coeur de la
mer distant demye lieue de terre ferme
En ceste isle estoit en nos iours vne ci
te bonne de la quelle est parle ou xxvij
de Ezechiel ou la glose dit que aradiū
est vne cite toute enuironnee de mer as
sise cōtre antearadiū, voisine a tirus de
cinq iournees. Ceste cite fut edifiee de
aradius filz de chanaā apres le deluge.
Lēql chanaan eust xj filz, cestassauoir

La tierce aage

Sidon premier ne tesmoing le x.e de genese. Etheus Jebuseus amorreus gergeseus eueus aratheus amatheus aradius et sinochi. Desquelx filz les quatre/ c'est assauoir Sidon qui edifia sidone/ Aratheus qui archas/ Sinochi qui construict Synon/ et aradius qui edifia aradiū demourerent vers le commencemēt et entree de libanus. Mais les aultres sept lessa nostre seigneur pour affliger et traueiller le peuple de israel. Dont par eulx fust le peuple des cananees diuise et disperse en diuers lieux. ¶ Les piramides et sepulchres de ces quatre mōlt sumptueulx et de grā deur merueilleuse sont encor̃ʒ Zeuʒ aujourdhuy a vne lieue de ca anterādum. Les pierres sōt longues et larges de xx et viij. pieʒ. Et espesses de la longueur dung grād hōme. tellement que on est esbahy de les regarder. Dōt peult estre dit chose miraculeuse comment elles ont peu estre leuees poʳ edifier. ¶ Du coste de anterandum a demie lieue contre orient sont aulcunes montaignes lesquelles ne sont pas moult hault tes appellees la terre des asins ou des asnes. ¶ En anterandum prescha saict pierre long temps quant il aloit a antioche comme est trouue en listoire de saint clement. ou quel lieu saint clement trouua sa mere ¶ Aussi en ce lieu Sainct pierre construit et edifia la premiere eglise fondee en l'onneur de la vierge marie en laquelle jay celebre messe. et my arreste six iours. ¶ A vij lieues de anterandum est le chasteau mergath apartenant aux freres hospitalieres de saint Jehan. Distant de la mer vne lieue. Assis sur la cite Ballania en vne haulte montaigne dont est plus fortifie. ¶ Le siege episcopal qui doit estre en la cite Ballania fust trās late en ce chasteau pour les assaulx des sarrazins. ¶ L'euesque de ce lieu est suffragant de larcheuesque de appanese. comme leuesque de archen ¶ En la cite Ballania et ou fleuue de ce mesme nō courant par dedens est termine le royaulme de hierusalem et la conte de tripolis. ou quel lieu commence la princi paulte de antioche. ¶ De la dicte cite Ballania ya viij iournees iusques a la cite de acre. et quatre iusques a antioche. Et combien que jaye procede oultre pour contempler et mieulx considerer la terre toutesfois ie nen escrips riens pource que ie ne propose poit ne ay intention descripre aulcune chose fors de la terre saincte.

¶ Chapitre cent xxiij de la seconde distinction.

La seconde distinction procede de la cite dacre cōtre aquilon ou en procedant droictemēt est le chasteau appelle mont fort a quatre lieues pres de la dicte cite dacre. Lequel chasteau fust lospital des theutoniq̄s et alemans mais est maintenant du tout destruict. A quatre lieues pres vers aquilon est vng aultre fort chasteau nomme choron. Distant iij lieues de la cite de titus. Et fust edifie ce chasteau par le seigneur de tyberiade tenant le siege contre titus occupee des sarrazins. ¶ Semblablement a quatre lieues est asor cite ancienne en laq̄l le habita le puissant roy Jabin. lequel acompaigne de xxiiij. rois batailla contre iosue et israel. ¶ Les ruines et desolations dicelle cite asor desclairent et tesmoignent iusques au iourdhuy sa dignite et magnificence ¶ A six lieues contre acquilon est la cite Belenas situee ou pie de la montaigne libanus. laquelle cite estoit premierement nom mee lachis ou xviije. des iuges. Laquelle cite lachis pource que elle estoit a xj lieues pres de sydone et ne auoit societe ne confederation auec nulle aultre. Les enfans de dan la considererent et vsurperent en la denommant le zen dan par le nō de leur pere cōe apt ou xixe de Josue ¶ A propos de cecy est sou tient parle que le peuple disrahel estoit assemble depuis dan iusques en bersa bee. Car ceste cite le zen dan vers septē

Feuillet ix^{xx}iii

trion estoit le terme a fin de la terre sal
te. Et bersabee du coste de mydy com
me appert par le quatriesme des Rois
¶ Philipe tetrarche de yturee et traco
nitide nōma ceste cite Cesaree de phi/
lippe laquelle par auant estoyt nom/
mee Belenas ou dan. Et des grecz ap
pellee paneas. Non obstāt auiourdhuy
tous ces noms ont cesse et est commu/
nement appellee Belenas. ¶ Sur ce/
ste cite de coste et daultre naissent deux
fontaines/cestassauoir Jor/et Dan. Les
quelles se assemblent en ung au pie de
la montaigne deuant la porte de la ci/
te et font le fleuue Jordain. combien q
selond la Berite q comme le tesmoigne
Josephus tel lieu nest point le commē
cement de Jordain. Car vi. stades
prez de ce lieu Bers auster est une fon/
taine appellee fiala qui est tousiours
plaine et iamais ne se deriue ne sault
hors de son cours Mais ya bien q court
par conduis qui sont dedens terre par
lesquelz elle vient iusques en dan. Ce
ste chose a este souuent esprouuee par
festus et paille mis dedens icelle fon/
taine fiala qui apres estoient trouues
en la fontaine dan ¶ Les sarrazis na/
pellent point ceste fontaine par ce nō
fiala Mais par ce nom medan q sault
autant comme eaues de dan. Car ce
mot Me selond le langaige arabique
signifie eaue en francoys. Ce lieu est
ou xv^e de sainct mathieu appelle ma/
gedan. Mais ou viii^e de sainct marc est
nomme dalmanuta. Est asses prez de
la cite sueta. Et non pas loing de la pi
ramide et pillier du sepulchre de sainct
Job en la region traconitide. ¶ Ce
fleuue iordain apres longz circuitz et
enuironnemens quil fait en separant
yturee et traconitide entre dedens la
mer de galilee/entre capharnaum et
corrozaim a quatre lieues prez de la ci/
te de cedar assise en la mōtaigne de des/
sus. Toutesfois entre la mer de gali/
lee et balenas en une vallee le dit fleu
ue entre dedens ung estang lequel est
fait a cause des neges du mōt libanus.
Et se appelle auiourdhuy adaquas ma

ron. En ce dit lieu Josue auec Jabin
roy de asor et les aultres xxiiii roys ba
taillerent ensemble sur lesquelx iosue
fust victorieulx en les persecutant iu s/
ques aux eaues de marsapha. et iusqs
a sidone lespace de viii lieues ¶ Ceste
eaue en temps deste est seche pour la
plus grande partie du temps dont y
croissent arbres/buissōs q herbes mōt
espesses ou se mussent lyons/ours/et
aultres bestes. parquoy ya venaisons
royales ¶ La moitie de ceste vallee est
en ceste seconde diuision du coste dacq/
lon. Lautre moitie est en la tierce disti/
ction. ¶ Ey ne deuons point ignorer
que toutes les mōtaignes qui sont as/
sises sur le torrent arnon Entre amon
moab et les amorriens. Aussi la mon/
taigne de Galaad estant en la terre
de Og roy de Basan/la montaigne
de sanyr et de Hermon Et la mon/
taigne de libanus sont toutes une mō
taigne contigue/et tenant ensemble.
mais en diuers lieux sōt appellees p di
uers noms. cōme apert es haulx mons
separans les alemaignes de lombar/
die. Toutesfois entre toutes ces mon/
taignes est galaad la treshaulte. et po
ce est dit en Jeremie que galaad est le
chef de libanus. En ceste montaigne
menga iacob auec laban comme appt
ou xxxi^e de genese ¶ A ceste mōtaigne
de galaad est conioinct le mont de Sa
nir ou seyr ouquel habita esau. leql est
oultre la mer de galilee. Et escheut en
sort et possession a la demie lignee de
manasses ¶ A icelle mesme est iointe
la montaigne de hermon qui enuiron/
ne la region traconitide et procede ius/
ques vers damas. lesquelles montai/
gnes sōt toutes par ung nom general
appellees planice et champ de libanus
ou liure de iosue. ou region de traconi/
tite. En laquelle ny a nulz fleuues ne
riuieres courans. parquoy les habita/
teurs en temps de pluye recoiuent les
eaues en cisternes et semblables arti/
fices lesquelles ilz enuoyent de lieu
en aultre par conduitz subterranees
pour nourrir eulx et leur bestial

La tierce aage

Ceste montaigne de libanus est plus haulte entre la cite belenas et celle de damas q̃ elle nest en aucũ autre lieu. est. ij. lieues seulemẽt loing d̃ la cite titus. Car on la voit plainemẽt dicelle cite. Elle a .iij. iournees en lõgueur. Du ql espace la sũmite et teste dicelle montagne est tousiours couuert de neges. En son commencement, cest assauoir sur la cite balenas est xj lieues loing de la mer. Mais en sa fin vers archas en est prez de trois lieues. ❡ Ceulx q̃ võt par mer de tirus a autetandũ la Soyent en tout leur chemin. et semblablement antilibanus au dessoubz en aprochant vng peu plus pres de la mer.

❡ Les vallees de ces deux, cest assauoir libanus et antilibanus sont songneusement et bien cultiuees et labourees. habondantes en pastures, vignes et iardis delectables et fertiles on croissent tous biens du mõde. ❡ La demeurent diuerses nations cõme est dit dessus cest assauoir. maronites, armeniẽs grecz, nestoriens, iacobins, et georgiẽs qui tous sont christiens ⁊ comme ilz dient obeissans a leglise romaine.

❡ La iiij.e diuision chapitre. C. xxiiij

En la iiij.e distinction fault proceder de la cite sacre contre le vent sulturnus vers laquelle partie est vng chasteau nõme iudyn assis es mõtaignes de saron. lequel est a quatre lieues pres de ladite cite. et fust anciennement le logis des theutoniques et alemans. Mais maintenãt est totalement destruit. ❡ A trois lieues pres est vng noble chasteau assis en la vallee habondant en tous fruictz et biens de terre. Desquelz ou pays na gayres fors en ce lieu. parquoy les sarrazins le possedent. ❡ A quatre lieues contre les caues de maron est la valee de senym ou heber ciuien auoyt tendu son tabernacle en vng lieu qui nest pas loing de la cite asor. Du quel haber la fame nommee iahel occist sisara capitaine des gẽs darmes de iabin roy de asor. en luy fichant et trauersant vng clou dedẽs sõ cerueau comme apert ou .iiij.e c. d̃ des iuges. ❡ A deux lieues pres d̃ ceste vallee est la terre d̃ zabul que les sarrazis appellẽt fabul. et est interprete desplaisance. ❡ Du coste d̃ mydy a deux lieues pres est le chasteau ⁊ la cite de sephet lequel selon mon iugement est plus plaisant et plus fort que tous les chasteaulx que iamais ie aye veu. Est assis en vne montaigne tresbaulte. et anciennement apartenoit aux cheualiers du temple mais est maintenãt perdu et pris. Dont est grande ruine et greue perte a toute la christianite. car le souldan a cause de iceluy tient en subiectiõ toute galilee cest assauoir les possessiõs des lignees de zabulon, de neptalim, de aser, de ysachar, et de manassee et toute la terre iusques a accon tirus et a sidone. ❡ A quatre lieues de la vers aqlon pres de la vallee sennyn est le siege de neptalim dont estoit tharach filz d̃ achine qui bataille contre sisara en la montaigne de thabor. ❡ Ceste cite estoit le refuge des fuytifz et banis en la ligne de neptalim habondante en tous biens du monde. en laquelle sõt veues et apperceues au iourduy les apparences d̃ ruines grandes ⁊ magnifiques sepulchres des anciens. ❡ A deux lieues du chasteau cephet en la descente de la montaigne contre orient a vng get darc de la mer de galilee sur le chemin tirant vers orient est la sente de la montaigne ou hiesucrist monta si souuent en laquelle il fist ce long sermõ escript ou v.e d̃ sainct mathieu. Aussi il y passasia v.m. hommes de cinq pains dorge et deux poissons tesmoing le .xiiij.e de sainct mathieu. En icelle mõtaigne il monta seul pour prier Dieu son pere en lessãt la compagnie estant auec luy. Et seblablement il y fuyst quant le peuple le voulust faire Roy comme est escript ou vj.e de sainct Jehan il y enseigna ses disciples la forme de sapre

Feuillet ix^xiiii

ses oraisons ou chapitre .xi. de sainct luc Et y demouroit souuēt toute la nuyt en faisant prieres et oraisons/ tesmoig le .viij. de sainct mathieu. En la descēte dicelle suplya Centurion pour sen/fant paralitique. La sint a luy multitude de lāguissans/et de hommes trauaillez de mauluais esprits comme appert ou .viij. de sainct mathieu. aussy il y toucha le lepreux et ladre le ̄q̄l fut sa/ne q̄ gary de sa lepre et mezellerie. De ceste montaigne est veue toute la mer de galilee/La region ythuree et traconitide Jusques au mont libanus. en oultre les montaignes de suanir et de hermon. la terre de zabulon et de neptalim iusques a cedar. Aussy toute se/nnerech iusques a dothaym bethulie q̄ plusieurs autres lieux. Ce mont contiēt de lōgueur le iect de deux arcs. est herbu delectable q̄ fort dispose a pscher.
¶ En ce lieu est encor au iourduy veue la pierre ou nostre seigneur ihesucrist se assist lors quil y preschoit aussy y sont veuz les sieges des apostres ¶ Du pie dicelle montaigne a xxx pas prez de la mer naist la viue fontaine enuirōnee de sng mur laquelle selon la commune opinion est vne veine procedēte du nil pour ce q̄lle nourrist vng poisson nomme en latin toraunus lequel nest iamais trouue si nō en leaue de ce fleuue. Touteffoys ceste fontaine est par iosephus nōmee capharnaum pour ce que tout le champ qui est depuis ceste fontaine iusques au fleuue de iordain est lespace de .ij. lieues apelle caphar/naum ¶ A xx. pas prez de ceste fōtaine sur la mer de galilee est le lieu ou ie/sucrist se arresta apres sa resurrection disāt aux .vij. disciples qui trouua pes/chans ou riuage. Enfans naues vous point de chaudeau ? Du quel lieu iay veu le iour sainct Augustin trois pas de hiesucrist quil imprima q̄ forma sur la pierre ou il marcha. Mais ie ne veiz plus la dite pierre quāt ie y retourne le iour de lannonciation, car les sarrazins lauoient ostee de son lieu. ¶ A dix pas prez est le lieu ou les disciples faisans

et yssans hore de la nauire virēt le charbon et le poisson mis dessus et aussi le pain dont est faite mentiō ou chapitre xxj. de sainct iehan. ¶ A vne lieue prez contre orient est la cite de capharnauz. laquelle estoit anciennemēt mōlt glorieuse mais maintenāt est ville q̄ meschante ayant a grand paine sept maysons de poures pescheurs. dont apert q̄ en elle est acomplie la parole de hiesucrist ou chapitre xj. de sainct mathieu. ou est dit. Toy capharnaum se tu es esleuee iusques au ciel: tu seras abessee iusques en enfer ¶ Deux lieues prez de ce lieu le fleuue iordain entre la mer de galilee. ou riuage du quel sōt encor veues les ruines q̄ apparētces de la cite corrozaim sur la mer de galilee.
¶ A vne lieue prez de ceste cite corro/zaym commence la montee du mont suanir ou seyr selond aulcuns. et lētree de la region ydumee ¶ A trois lieues prez est cedar cite glorieuse situee en lieu ferme sus la mōtaigne suanir vers orient. Par ceste cite est le chemin qui maine par le riuage de la mer de galilee tirant vers occident. Lequel chemin est en ysaye appelle la voye de la mer oultre le fleuue iordai de la galilee des gētilz. Duquel prophete nest point a tort ce chemi nōme voye de la mer car il est du tout ou riuage de la mer. En apres est adiouste outre le fleuue iordai Car ce chemin procede q̄ va en la regiō appellee aran. Cōsequāmēt est dit la galilee des gens car ce pays est la ter/mine ce ̄c̄ assauoir ou fleuue iordai.
¶ A .iiij. lieues prez de la cite corroza/ym et de syssue de iordain vers aquilon est suetha cite vont est faite mentiō en iob et de laquelle valdach sueteh ou fut ethites est denōme ¶ Pres dicelle cite est la sepulture de Job vers la partye orientale ¶ Soubz elle vers cedar ōt acoustume les sarrazins de se assem/bler venans de aran de mesopotamie/ de haman/ de sirie/ de moab/ de amon/ et de toute la terre orientale a lentour de la fontaine fiale de la quelle est des/sus faycte mention.

La tierce aage

Et la exercent et font nundines foi/res et marchandises durant tout leste pour lamenite et plaisance des lieux. Aussi ilz lieuēt tentes de diuerses cou/leurs qui sont delectables a la veue de ceulx qui sont en la cite. Et pource ces cantiques sont nōmes les tabernacles de Cedar. ¶ Quatre lieues pres de co/rozain contre orient est la cite cedar si/tuee en mōtaigne haulte que iosephus appelle camasse/pource que la montai/gne ou ceste cite est assise est disposee en la forme dung camel. Car ou com/mencement est longue comme le col & la teste du camel.ou milieu a vne gros se bosse cōme le dos.et en la fin tend en declinant comme la queue dicelle be/ste. En ce lieu fault bien remēbrer ce qui est dit deuant/cestassauoir que tou te la terre estant a lenuiron du fleuue iordain ou riuage oriental est appellee regiō de traconitide ou plante et chāp de libanus iusques au mōt de hermon et de bosra. Mais la riue occidētale di/celluy fleuue est denōmee des gens de galilee.ou pturee.ou izabal.ou decapo lis. Le chemi de la mer passe par le mil lieu dicelle en senat de accon par la val lee de la terre aser qui maintenāt est dē nōmee de saict george. Et a en la mai senestre la cite de sephet. Procede aussi par le riuaige de la mer iusques a cedar aux montaignes de la region traconi/tide sur laquelle est la terre de aram.

¶ A ce ppos ne fault pas oblier la glose sur le commencement du liure Job Vir erat in terra hus nomine Job. La/quelle dit que aram pere des siries edi/fia damas et sirie et engendra hus cō ducteur et constructeur de la regiō tra comitide. Ainsy obtint sa seigneurie et principaulte entre celessirie et palestie en la terre que de son nom denōta hus et fust puis possidee de philippe tettar/che comme pturee qui est dela regiō du fleuue de iordain vers occident ius/ques aux montaignes des sydoniens des tires et des acconensce qui diuisēt et separant phenicie dicelle tant en ces/te tierce diuision que en la precedente.

Mais est terminee ou mont libanus du coste vers aquilon.ou fleuue iordai vers orient. En la mer de galilee vers mydy. Et es montaignes de phenicie vers occident.

¶ Chapitre cēt xxv de la iiii diuision

La quatriesme di/uision commence a la cite da/cre/procede directement contre orient pres du chasteau sephet en le lessant en la main senestre. Et puis en alant ou riuage de la mer de galilee deuant la ci te capharnaū ou lieu ou nostreseigne iesucrist appella saict mathieu en le re/uocant de son mestier de changeur. Du quel la maison et siege est auiourduy seu ou chemin royal. De la on monte outre le ruisseau du fleuue iordai aux montaignes de hermon. En ceste di/uision sont les citez qui se ensuiuēt. La premiere qui est a v. lieues pres de la dicte cite accon est vng villaige ou vil le appelle saugeoz ou icelluy sainct ma thieu comme aulcuns dient nasquist. Et est assis entre montaignes en vne vallee grasse.fertile et plaisante dont lamenite est estēdue iusques a la mer de galilee.Et fust ceste vallee par sort distribuee a la lignee de aser par lespa/ce de dix lieues asses pres de sephet.a la quelle pour sa bōte et fertilite peult es/tre conuenablement selond le sens lit/teral attribue ce qui est dit ou xlix de genese.cestassauoir Aser est pain gras donnant delices aux roys. ¶ A quatre lieues contre auster en declinant vng peu vers orient est la ville de naason de la ligne de neptalim situee en vne vallee dont est seu ou premier chapitre de thobie. ¶ A trois lieues pres contre auster est dothayn dont est faict me/moire ou xxxvii de genese ou Joseph trouua ses freres. Situee soubz la mō/taigne betulia a vne lieue pres dicelle. Ceste ville dothaim est plaisant et ha bondant en vignes/oliuiers/figuiers/et pastures grasses. ¶ Es champs de ce lieu est mōstree la cisterne ou ioseph

Feuillet ix.xx v

fust gete laquelle ay veue prez du che/
min qui en venāt de galaad est cōioit
en bethsayda auec la voye qui maine
de syrie en egypte. Car en montant de
Sothayn prez de la montaigne Bethu
lia et de la en procedant par le champ
esdrelō soubz la mōtaigne de thabor a
la main senestre on monte par le chāp
magedo en la mōtaigne de effrai. puis
on vient en ramathayn sophin par la
cite gazan q̄ maine tout droit en egyp/
te. Par ce chemin vindrent les hysma
helites qui acheterent ioseph. ¶ De ce
ste ville dothain est dit ou iiii.e des roys
que les siriens y enuironnerent et en/
cloyrent le prophete Heliseus dedens
lequel apres ce les conduist ou millieu
de samarie qui dicelle est loing de vne
iournee. ¶ A deux lieues de naaso con
tre orient et de Sothayn contre aquilō
est la cite de neptalim dont nasqst̄ tho
bie. Situee en lieu hault q̄ ferme. Car
elle a du coste de occident vne montai/
gne moult haulte et presque inaccessi/
ble en laquelle on ne peult monter fors
de la partie dorient par vng petit che/
mi. Et estoit nommee iosapta ou tēps
de la destruction. Mais maintenant
est dicte Sirin. En icelle fust iosephus
assiege et prins des romains / comme
luy mesmes tesmoigne. elle est loing
de Sephet lespace de vng peu plus de
vne lieue. ¶ A deux lieues de neptalim
en langlet de la mer de galilee ou elle
commence soy tourner deu ers Aqui/
lon: Est assise contre auster bethsayda
cite de sainct andre/sainct pierre et sainct
philippe. laquelle auiourduy a grand
paine a six maisons prez de la voye qui
maine de Sirie en egypte. Aussy elle
auoit anciennement conduictz deaue
venans du fleuue que iosephus appel
le le petit iordain lequel entre icelle vil
le et capharnaum se boute dedens la
mer de galilee. ¶ A deux lieues de la
contre mydy est Magdalon chasteau
de Marie magdalaine lequel iay veu
et ou iay entre. est assis dessus le riua
ge de la mer. est loing de bethulie enui
ron de trois lieues contre le vent de Bul

turnus ¶ Et a de la partie doccident
et de aquilon vne planice et chāp grād
et pastureux. En ceste quatriesme di/
uision nya plus aultres villes a enui
ron de la mer de galilee. mays en laul/
tre coste ya plusieurs citez ¶ chasteaux
apartenans a ceste diuision en la terre
des Jerasenes qui est droictement oppo
site a ceste cy. Ces citez y sont Gera/
ra/gadera/pella/siueta. Donc est dit
baldach suithee. Theman dont est de
nomme elephaz themanites et plusi¶
eurs aultres. Toutesfois la cite gera/
sa est situee en la riue de la mer de gali
lee soubz la montaigne seyr contre ty/
beriade En declinant vng peu vers a
quilon. Et apartenoit ceste cite a la de
mie lignee de manasses qui auoit eu sō
sort de possession contre le fleuue iour/
dain ¶ Toute ceste terre outre la mer
de galilee est fort montueuse et plaine
de montaignes. Aussi estoit du royaul
me du roy basan. Et pour aucune par/
tie estoit nommee montaigne de seyr.
Car esau y habita comme sera tātost
declaire. En oultre estoit appellee mōt
de suuanir pource que suuanir y estoit
Aussy montaigne de hermon pour se/
blable cause. Et ainsy selond diuers li
eux et montaignes estoit toute ceste
terre nommee par diuers noms. Et po
se q̄ elle escheust toute a la demie lignee
de manasses par le sort des distributi/
ons. Toutesfois iamais ne la posseda
totalement. car les enfans de Esau y
ont habite iusques a maintenāt pour
certaine partie. Et sont communēmēt
appellez sarrazins pource que ilz ne di/
screpent ne different point diceulx en
manieres de viure ne en langage mais
seulement en tonsure et vestement.
En ce lieu ne deuons point ignorer ql
ya vng aultre mont nomme Seyr ou
edon contre le desert de la mer rouge
Duquel est dit ou xiiii.e de Genese que
Chodolaomor et les aultres roys qui
estoient auec luy fraperent et bastirēt
les chorrees habitans es montz de seyr
lesquelx nestoyent point pour lors ap/
pelles ne denommes seyr par Esau en

t i

La tierce aage

tant quil nestoit point encoz ne. sil na este dnôme par anticipation. Itē ce q est escrit ou iije de deuteronome cestas/ sauoir ilz passeront par les fins de bos freres filz de esau qui habitent en seyr et bous crainderõt/fust premieremēt dit auy enfans de israhel retournans degypte estās en cades barne et senās a la montaigne de seyr qui est pres de cades barne. Dz est il certain q les en/ fans de israhel retournās degypte ia/ mais ne possederent les termes de ce mont seyr sur la mer de galilee car il est cõioinct a la cite damas ou iamais ne peruindrent ¶ pource fault dire quil y a plus de vng mont appelle seyr. Et q celuy dont est parle en deuteronome est conioinct au desert pharan q long temps fust circuit des enfans de israel ou dieu les destournoit et empeschoyt dentrer. ¶ On mōt seyr pres de la mer de galilee et du mont de galaad habi/ toit esau en ce temps que iacob retour/ na de mesopotamie ¶ vint a lencontre de luy enuirõ leaue et abruuouer de ga both qui est prouchain a ceste terre du coste de mydy. Et pource est bien dit en genese que lors que iacob eust passe le lieu nōme phanuel/le soleil se leua ¶ esclarcist dōt dit esau senāt droit a soy Ce lieu retient encores son nom au/ iourduy et est ou pie de la montaigne seyr ioignant a la mer de galilee.
¶ La tierce montaigne de seyr est es fins de azotum et de ascalone et fust as signee a la lignee de iudas en la distri/ bution de la terre saicte. Non obstant ie nay point remembrāce de auoir leu pourquoy ainsy fust nomme. combien que les habitateurs de ce lieu ayent es te nommez ydumees comme les suc/ cesseurs de esau. Pour ceste cause fust antipater et son filz herodes ascaloni ta appelle ydumee ¶ Ceste montai/ gne est terminee en la lignee de gad ou mont galaad a lopposite dung lieu ou quel assez loing des montz de gel/ boe le fleuue de jordain yst la mer de galilee pres de la cite bethsau ¶ de la en auant/le riuage oriental dicelluy fleu

ue est de deux lignees et sempe/cestas/ sauoir iusques aux lieux champestres de moab soubz la montaigne abarin en la region de sethi contre hiericho. mais en procedant oultre vers mydy en ce mesme riuage dicelluy fleuue est la ter re de moab iusques a la pierre du desert qui maintenant est appellee carach. Apres ce succede et vient vne partie de la terre amon par autant despace que dure la mer morte.

¶ Chapitre cent xxvje. de la seconde diuision.

En la seconde diuision de la quarte orientale en pro/ cedant contre le vent appelle Eurus a quatre lieues pres de la cite d'acre est chana galilee ou nostre seigneur mua leaue en vin/dōt parle le ije de saint jehan. On voit encoz au iourduy le lieu ou estoyent les pozries et brocz ¶ la chambre ou estoyent les tables des no ces. Non obstant que ces lieux sōt des soubz terre ainsy comme sont presque tous les aultres ou nostre seigneur es tant en ce mōde a fait aucun miracle. On descent en ceste chapelle par plusi/ eurs degrez comme est le lieu de lann̄ ciation et de la natiuite et les sembla/ bles ¶ La cause pourquoy telz lieux sont soubz terre est pour les frequentes destructions des eglises ou les ruines et ordures sont esleuees sur terre. Des/ sus lesquelles on a edifie aultres edifi/ ces. Parquoy les chrestiens ayans de/ uotion de visiter ces lieux et desirans voir la place ou la chose a este acōplie ont nettoye ces lieux ¶ faitz degrez po/ y paruenir plus facilement ¶ Chana galilee de la partie daquilon a vne mō taigne haulte et ronde/ou pendant de laqlle elle est situee. Mais au dessoubz contre auster a vne planice et champ mont bel et fertile que iosephus appel le carmeleon iusques a sephoron. ¶ a deux lieues de chana galilee contre mi dy ou chemin qui maine de sephoron a

Feuillet ix^xx vi

tiberiade est vne ville nommee poma ou Jonas le prophete est enseuely. Et est ceste ville assise soubz vne montaigne laquelle en venant de nazareth enclost la vallee dessusdicte carmeledeserf auster. ¶ A vne lieue et demie pres de poma contre orient est vne ville qui anciennement estoit moult grande appellee abelina dont est leu ou liure de Judich que holofernes alant contre bethulie pour lexpugner vint prez dicelle abelina.pource quil ne pouoit auoir aultrement passage pour la difficulte des lieux. ¶ De ceste ville nasquist heliseus le prophete comme est escript ou liure des roys et est a demye lieue prez de dothaim assise en lieu ferme et hault. En icelle sont encor grandes colonnes et pilliers de marbre et ruines merueilleuses. lesquelles demonstrent la glorieusete et magnificece dicelle. ¶ A vne lieue prez de abelina est le mont bethulia ou Judich occist holofernes. lequel est moult plaisant et fort/et est veu de toute galilee. En icelluy mont sont plusieurs edifices et Ruines anciennes. Et principalement au bout de la montaigne est vng chasteau fait pour la tuition et defence du lieu. Encores y sont les apparences et signes des ostz (cha steaux de holofernes ou champ prez de dothaim. aussi la est la vallee ou iudich se lassa apres ce que elle eust fait son entreprise sur holofernes. et laquelle elle circuit en retournant en bethulie. ¶ Les quelles choses iay considerees et regardees le plus diligemment que iay peu car ie demoure vne nupt en dothaim. ¶ A deux lieues de bethulia sur la mer de galilee entre orient et auster est tyberiade cite glorieuse de galilee. Dont la mer de galilee est aulcunesfois denommee mer de tyberiade comme ou Si de Sainct Jehan. Ceste cite estoit anciennement dicte. Sennereth dont estoit semblablemẽt la mer nommee la mer de sennereth. Et puis apres fust par herode tetrarche de galilee restauree et reparee. Et en lonneur de tyberius cesar nommee tyberiade. Elle est molt

longue et situee au long de la riue de la mer. En sa partie vers auster sont bains medicinatifz/palmes grandes et haultes y croissent. aussi vignes z oliuiers a grande puissance pour le terrouer gras et fertile. En ceste cite tyberiade est terminee la region decapoleos comme messire iaques deVitry patriarche de iherusalem a legat apostolique dit en son liure de la terre saicte du quel sont pris ces dis qui se ensuiuent. La region decapoleos a quant a large deux extremitez. cest assauoir la mer de la partie dorient et sydon la grande cite de la partie doccident. Mais en longueur se estẽd depuis la cite tyberiade a le riuage aquilonaire de la mer de galilee iusques a la cite damas. Ceste region est appelle decapolis pour dix cites principales qui y sont situees. Cest assauoir. Tyberiade/sephet/le siege neptlim/asor/cesacee/de philippe/capharnaum. laquelle est par iosephus nommee iulia. iocapta/bechsayda/corrosaym/bethsau/qui aultrement est nommee satopol. Et cõbien ql y en ait encor plusieurs aultres toutesfois ces cy sont et ont este les principales. ¶ Ceste terre est appellee par diuers noms. comme est dit dessus. car aulcunesfois est dicte pturee/aulcunesfois/traconitide. aulcunesfois champ ou planice de libanus. aulcunesfois terre de rob. aulcunesfois fabul. aulcunesfois galilee des gẽs.et aulcunesfois galilee superiore. combiẽ que ce soit tousiours vne mesme regiõ. Et cõtient en longueur vng peu plus de iournee et demie et pres que autant en largeur. ¶ Apres le territoire de sidon et les montaignes estans entre nous et les sarrazines appellez balzaritees iusques a la cite berich est la region pturee en la vallee nommee Balzar. Mais pource que elle se estent iusques au long du pie de la montaigne Libanus est appellee le sault de libanus. ¶ A six lieues du retour de tyberiade contre occident/et a deux lieues de chana galilee contre Auster est vne ville nommee Zephoron/Et au dessus est

q ii

La tierce aage

vng bel chasteau dont nasquist Joachim pere de la vierge marie. A deux lieues de sepharon contre auster en declinant vng peu vers orient est nazareth cite de galilee ou la benoite vierge de la ligne de iesse estoit quant la salutation angelique luy fust faite en disant aue gracia plena. Dont par loperation du saint esperit conceust le digne filz de dieu. Ceste cite est viij lieues loing de la cite sacre et est le lieu encor permanent et en nature ou larchangle gabriel se apparust a la vierge.ou quel ay celebre plusieurs messes. Et mesmement le iour de lincarnation/cestadire le filz de dieu prist chair humaine. Trois autelz sont en la dicte chapelle qui est de dure roche coupee ainsy comme est le lieu de la natiuite/ De la passion/et de la resurrection/a la plus grande partie de la cite de Nazareth qui est de pierre coupee des rochers a cisiaux. Ainsy que les apparences se monstrent. En icelle est encor la synagogue qui maintenant est commuee en leglise. en laqlle fust baille le liure de ysaye le prophete lors que hiesucrist y enseignoit le peuple. En leglise de sainct gabriel qui est en la fi de la cite est vne fontaine que les habitans ont en grande veneration et reuerence et dont le petit enfant hiesus ministroit et seruoit a sa mere a pie et espuise souuent de leaue. De la partie de auster hors la cite autant que vng arc peult tirer a quatre fois est le lieu nomme le sault de hiesucrist ou les iuifz le voulurent precipiter du hault de la montaigne mais eschapa soudainement de la main diceulx. et fust trouue au coste de la montaigne opposite qui estoit a vng gect darc/comme est escript ou iiij de sainct luc. De ceste montaigne est veu le mont de thabor et de hermon le mineur et hermon le maieur ou est assise la ville Endor/naym/Jezrahel.et pres que toute la largeur du grand champ Esdrelon. A deux lieues de nazareth contre orient est le mont de thabor ou Hiesucrist fust transfigure selond le xvij

de sainct mathieu.ouquel mont sont auiourduy veu les vestiges des trois tabernacles/qui a lappetit de sainct pierre auoyent este fais. Semblablement en ce lieu sont les trebuschemens tres grans des palais/des tours/et des royaulx edifices esquelx sont maintenant musses leones et aultres bestes. Lacrez et entree a ceste montaigne thabor est difficile pour sa haulteur Combien quil soit moult conuenable pour edification. Du pie de ce mont vers Auster contre la ville endor ou chemin qui maine de siric en egypte est le lieu ou melchisedech vint a lencontre de abraham lors quil retournoit de loccision des quatre roys comme est escript ou xiiij de Genese. Mais au pie occidental d'icelle montaigne vers la cite de Nazareth est edifice vne chapelle ou lieu ou nostreseigneur descendant de la montaigne commanda a ses disciples quilz ne reuelassent a nul ceste vision quilz y auoyent veue comme apert ou xvij de sainct mathieu. Du pie oriental dicelluy mont thabor est le torrent cison ou barach bataille contre sisara dont le seurmonta et mist en fuite. Cestuy torrent agrady et multiplie des eaues de pluyes procedentes des montaignes Thabor et hermon descend contre la mer de galilee et entre dedens pres du chasteau belbuoyr qui fust hospital de sainct iehan. A demie lieue pres dicelle montaigne thabor contre Betu rus est la ville Endor situee sus le petit mont de hermon lequel nest point montaigne distinguee du grand Hermon mais est comme vne bosse et esleuation venant dicelluy grand mont. En ceste ville Endor demoura vne femme ayant lesprit de diuination laquelle a la requeste et instance de saul ressuscita Samuel le prophete Tesmoing le xxviij du premier des roys. qui fust ensepulture en sa cite ramatha. qui est a deux iournees pres dicelle ville. A deux lieues de nazareth contre vne de la montaigne thabor contre auster est le mont de hermon le mineur q en la partie aquilonaire a la cite naym deuāt la porte de laquelle cite noſtreſeigneur reſſuſcita le filz de la veſue/ cōme apert ou viiͤ de ſainct luc. Ce mont cōtient en longueur pꝛes de quatre lieues contre la mer de galilee. Et eſt terminé fine pꝛes du lieu ou le fleuue iourdain ſault hoꝛs dicelle mer.

¶ Chapitre cent xxviiͤ de la iiiͤ diſtinction.

En la tierce diuiſiō de la quarte oꝛientale vers le vent Nothus derriere la cite dacre eſt pmierement trouuee la pꝛemiere partie de la mōtaigne du carme a quatre lieues de accon ou le pꝛophete helyas occiſt les pꝛeſtres de baal pꝛes du toꝛrent cyſō/ cōme eſt dit ou xviiiͤ du tierc des roys. Lequel toꝛrēt apꝛes vng petit deſpace entre deſcēdēs la mer a vne lieue pꝛes de la cite cappha q a troie lieues de la cite accō ¶ Touchant ce toꝛrent Cyſon ne fault poit ignoꝛer que iaſoit ce quil ne ſoit repute eſtre que vng fleuue touteſfois il court en deux manieres car auſcune partie ſa contre oꝛient a la mer de galilee pꝛes de la cite bethſau. et lautre contre occident en la grand mer. La quelle diuerſite de cours vient des eauees pluuiales deſcendentes de ces deux montaignes hermoṅ et thaboꝛ. leſquelles ſōt ēpeſchees de aler toutes de vng coſte pour la petite montaigne hermonion. En la partie alant vers occident ſont aſſemblees toutes les eaues du mont effraym et des lieux doyſis a ſa marie et de tout le grand champ de eſdrelō. ¶ A trois lieues dudit lieu ou furent occis les pꝛeſtres baal contre auſter eſt le chaſteau de la montaigne capyn au pie de la mōtaigne du carme ou lamech tua Cayn de vne fleſche comme eſt eſcript ou iiiiͤ de geneſe ¶ A vi lieues de la montaigne Cayn contre auſter et magedo qui maintenant eſt nomme ſubube / ou quel lieu Ezechias roy de iuda treſpaſſa lequel auoit eſte naure en la mōtee de gaher pꝛes de Jeſ-

raћel par Jehu roy de iſrael ſoꝛs que ilz occiſt de ſa ſayette Joꝛas roy de Jſrael et le fiſt getter ou chāp de naboth Jeſrahelite. ¶ En ceſte meſme montaigne fuſt oziās roy de Juda occis de pharaō roy degipte quant il aſoit au fleuue eufrates comme eſt eſcrit ou xxiiiͤ du iiiiͤ des roys. Pour lentendemēt des choſes deſſuſdictes fault congnoiſtre que le champ magedo/ eſdꝛeloṅ/ et la planice ou chāpaigne de galilee ne ſont que vne meſme choſe / cōbien quil y ait diuers noms. Et eſt maintenāt appelle le champ de la ſeue.ou le chāp faba pᵒ vng chaſtel nōme faba ou la ſeue qui eſt trois traictz darc loing de la cite aſfech. non obſtāt ſelō la verite / le chāp de galilee eſt du coſte doꝛient enuiron / ne de la mer de galilee et du fleuue iouͬdain. Du coſte de auſter eſt encloſ de la montaigne de effraym et de ſamarie. Du coſte de occident eſt enuironne en partie de la montaigne de effraym et en partie de la montaigne du carme Mais du coſte de acquilō eſt encloſ deſ mōs de phenicie q de libanus. Ce chāp a de lōgueur pꝛes de dix lieues. En largeur ſix ou plus. En aulcunes parties eſt fertile oultre meſure en fourment/ vin/ et huille/ et bꝛef habondāt en tous biens tellement quil me ſemble que iamais nape veu meilleure terre ne plus vtile pour les chꝛiſtiens ſe par leurs demerites q pechez ilz neſtoient pꝛohibez q empeſchez dy entrer. ¶ A deux lieues de la montaigne Cayn contre oꝛient/ eſt le village et logis de meſtha ſus le toꝛrent cyſon a vne lieue pꝛes du pie de la montaigne hermon. ¶ A vne lieue de meſtha contre auſter eſt la ville et chaſtel faba/ou aultremēt nomme la ſeue. en la partie occidentale dudit lieu hoꝛs le chemin tirāt a Jeſrael a la main dextre ſont demonſtrees les ruines de la cite affech a trois getz darc ou les ſyriens batailleret contre achab roy de Jſrael/ quant ilz dirent/ ſes dieux des montaignes ſont les dieux de affech q pource bataillons contre luy es valles/ es ¶ A vne lieue de affech vers oꝛient

La tierce aage

a la main seneſtre hors le chemin qui tire en ieſrahel ou coſte meridional de la montaigne de hermon eſt demonſtree la cite Suna laquelle ſouloit heliſee frequenter en alant de la mõtaigne du carme a galgala ou en iordan pourçe que le chemin eſtoit plein ⁊ onny pouraler en hiericho. Et la il demouroit auec les enfans des prophetes en alant du carme par ſuna en bethſau. et de la par les lieux champeſtres de Jourdain iuſques a galgala. et pource eſt dit ou quatrieſme chapitre du quart liure des rois. Quant Heliſeus ſouloit aler en iourdain il falloit quil paſſaſt par Suna. Ainſy pour ceſte occaſion eſt dit qͥl freqͥntoit icelle cite. De ceſte cite la fẽme apãt ſõ filz mort vit a luy en la mõtaigne du carme qui eſt loing de quatre lieues ou quel lieu heliſeus reſſuſcita le dit enfant. En ce lieu les philiſtiens logerent et mirent leurs oſtz/gens darmes et tentoires quant ſaul vint en la montaigne de gelboe/comme eſt eſcrit ou xxviij du premier des Roys et ou xᵉ du premier de paralipomenon. De ceſte cite Suna fuſt abiſach ſunamitis laquelle eſchauffa le Roy dauid en dormant en ſon ſein/teſmoing le premier du tiers des rois. A deux lieues de Suna contre orient en declinant vng petit vers auſter eſt la cite Bethſau ſituee entre gelboe et le fleuue ioꝛdain a demye lieue diceſſuy iordain.

Sur les murs diceſſe cite Bethſau les philiſtiens perdirent les corps de Saul et de ſes filz tues en la montaigne de Gelboe/comme appert ou dernier du premier des Roys. Ceſte cite a aulcuneſſoys eſte nommee Satopol comme dit Joſephus combien que maintenãt ſoyt de chaſcun appellee bethſau Et eſt lieu monſt delicat et plaiſant.

Au deſſus de ceſte cite contre occident eſt le mont Gelboe qui ſe eſtend contre occident iuſques a deux lieues pꝛes de iſrahel. A deux lieues pꝛes de bethſau contre occident naiſt et ſourt vne grande fontaine appellee ou dernier du premier des Roys la fontaine de Jeſrahel ou les philiſtiens coſſoquerent leurs gens darmes loꝛs que ſaul eſtoit en Gelboe entre la fontaine et bethſau. A vng iect darc pꝛes de ceſte fontaine eſt la cite Jeſrahel ſituee en vng lieu aulcunement eſleue et eſtoit anciennement lune des Royales citez de iſrahel. Mais auiourduy na pas a grand paine trente maiſons et eſt nommee Sanachim ⁊eſt ſituee ou pie de la montaigne Gelboe vers occident deuant lentree de laquelle eſt encoꝛ veu le champ de Naboth ieſrahelite dont eſt faite mentiõ ou xxjᵉ du tiers des Roys. Et eſt deux petites lieues loing de la cite Sunam. Ces deux montaignes Hermon et Gelboe ſont tellement diſpoſez que le mont Gelboe eſt du coſte de mydy. et Hermon du coſte de aquilon. Entre leſquelz eſt leſpace de deux lieues. La longueur des deux montz contient de orient en occident deux lieues ou plus. et ſont tous deux terminez ou fleuue Joꝛdain. En ceſte planice et champaigne eſtant ou milleu des deux montz ya eu aultreſſoys grandes batailles. Car gedeon y batailla contre Madian/comme appert ou vjᵉ des iuges. Saul contre les philiſtiens. et Achitob contre les Siriens et meſmes en noſtre temps les tartarins y ont eu grandes batailles auec les ſarrazins. Pource que cy parlons de Hermon ne deuons point oublier quil ya vne aultre montaigne de pareil nom ſur la region traconitide pꝛes de la montaigne ſaanir qui eſt beaucop plus grande et plus haulte que ceſte cy et dont la ſaincte eſcripture parle plus ſouuent que de ceſte. En la planice eſtant entre ces deux montaignes Gelboe ⁊ hermon commence la vallee noble qui eſt nommee illuſtris ou noble pour ſon amenite plaiſance et fertilite Car auant ce que Sodome et Gomoꝛre fuſſent ſubuerties et deſtruictes elle eſtoit arrouſee de beaulx fleuues cõme paradis et egypte Ainſy que eſt escript ou xiiii de Genese. Et se estend ceste vallee depuis ce lieu par toute la descente du fleuve iourdain iusques a la mer morte. ¶ La cite iesrahel a beaux regars et belles veues par toute galilee iusques a la montaigne du carme et aux mons de phenicie, de Thabor, de Galaad. et oultre le fleuve iourdain et toute la montaigne de effraim iusques au carme. Le chemin de la montaigne Galaad vers iesrahel est ou coste meridional de la montaigne Gelboe par vne voye plaine et onnye. Et nest pas vray ce que aucuns dient touchant ceste montaigne de Gelboe, cest assauoir que iamays ny a rousee ne pluye, car en vng iour de saint Martin que ie y estoye il y pleut si habondamment que ien fus moille iusques a la char. Et pource on voit que les vallees sont toutes plaines des eaues de pluyes. Toutesffoys il est bien vray que aucuns lieux y sont si piereux et secz quilz sont steriles comme aultres montaignes de israhel. ¶ A quatre lieues de iesrahel est vne ville nommee gynum assise au pie de la montaigne Effraym ou commence Samarie et y est galilee terminee. ¶ De gynon iusques au fleuve iourdain sont pres de sept lieues contre ozient. en laquelle partie en venant de auster est conioincte la terre caphue ou les montaignes sont moult haultes. ¶ A quatre lieues de gynon ou gymin contre auster est la cite Sebaste qui anciennement estoit appellee samarie lors que samarie estoit le chef des dix lignees de israhel. mais maintenant par les demerites de leurs peches ny est pas demouree vne mayson pour habiter fors deux eglises edifiees en lonneur de sainct iehan baptiste. Desquelles lune qui estoit principale et siege cathedral a este par les sarrazines commuee en aultres outraiges et seruices Et mesmement le sepulchre dicelluy sainct Iehan qui estoit fait de marbre a la semblance du sepulchre de nostre seigneur. ou quel icelluy sainct Iehan baptiste fust mis et sepulture entre helisee et Abdias le prophete et fust ceste eglise situee ou coste et descente de la dicte montaigne. ¶ En ce pas debuons singulierement remembrer que les sarrazins honnorent grandement sainct Iehan baptiste apres hiesucrist et la benoite vierge marie. Et pource fault dire que ilz ont aulcune reuerence a iceulx Car ilz confessent bien que Hiesucrist est filz de dieu mais ilz nyent quil soit dieu. Aussy ilz dient asses que Marie conceupt vierge par loperation du sait esperit que elle enfanta vierge, Et apres lenfantement demoura vierge, Mays ilz dient Sainct Iehan auoir este le tressainct et tres grand des prophetes. En outre afferment Mahomet auoir este messager enuoye de dieu ainsy comme iay leu en alcaran qui est le liure de leur loy. ¶ Laultre eglise de sainct Iehan est ou couplet et summite de la montaigne ou estoit le palays du Roy. En icelle habitent aulcuns grecz et aulcuns moynes chrestiens qui me receurent benignement et pastureret humainement. ¶ Iceulx grecz monstrent en ceste esglise le lieu ou sainct Iehan fust emprisonne et puys decole par Herode. Laquelle chose ie reputay friuole. Car la cronique et Iosephus et les legendes des sainctz, et le maistre des hystoires et listoyre ecclesiastique afferment tous dung commun accord que ce fust en macheronta qui maintenant est dit Hayson. oultre le fleuve Iourdain ou ql lieu ie lay veu. ¶ Pour reprobation de leur dit est amene grand argument de cestuy Herode qui decola Sainct Iehan en tant quil estoit tetrarche de galilee et de la region estant oultre le fleuve qui est la terre de Galaad ou des deux lignees. na eu nulle puissance en Samarie. Car ce pays estoit soubz le gouuernement de pylate comme hierusalem et iudee Ainsy apert que ou lieu dessus dit ne fust point Sainct Iehan empri-

La tierce aage

sonne ne decole par le commandement dudit herode veu quil ny auoyt nulle puissance ne iurisdition. Non obstāt apres ce qui fust decolle en macheron, ta comme est dit son corps fust en samarie par ses disciples ensepulture entre les prophetes desfusdis. Mais son chef fust aporte en hierusalem. En tou/te la terre saincte nay point veu telles ruines ne apparences de grans et sumptueux edifices comme en samarie ne cite de si grande magnificence combien que elle ne fust iamais ainsy disposee comme dit le maistre en ses hystoires sur ce mot Nec sufficere poterit puluis samarie xc. Ou il seult expressement que les murs estoyent fais equaulx a la superficie et summite de la montaigne, et que au dessus estoient fais les edifices, laquelle chose nest pas vraye. Car le mur de la cite estoyt ou pie de la montaigne bien fortifie de tours tres fortes dedens lequel estoit vne montaigne ague en croissant enuironnee et ornee de edifices a lentour comme est le cep de vigne de ses grapes et rapfle. En ceste montaigne estoit le palais du roy monlt sumptueux ou sen voyt encor auiourduy les columnes et pilliers de marbre qui soustenoyēt les voultes et croisures haultes. A lenuiron dicelle montaigne soubz le palais et les maisons des nobles ou lieu ou estoit la place commune et marche sont auiourduy trouuees les grandes colānes de marbre toutes droictes par dedens qui soustenoient les voultes et planchers de telx lieux. Car les places de la cite estoyent voultees selon la mode et coustume de la terre saincte. Bref pour conclusion ie ne scay plus que dire de ceste cite qui est peruenue a si grāde ruine et calamite, a telle misere et poureté que maintenant est faite vng iardin a planter poirees et choux comme son roy achab vouluft faire de la vigne naboth iesrahelite pource que elle estoit prochaine de sa maison. En quoy apert simstabilité et mutation des choses tempo

relles qui pour vng temps selon la voulente et ordonnāce de dieu sont en estat et prosperite et puis cheent en totale ruine, decadence et miserable xc. La situation de ceste cite estoit mōlt belle, car elle auoit regard iusques a la mer popos, iusques a antipatrie, a cesaree de palestine, et par tout le mont de effraym iusques en ramatha sophin. Elle est habondante en fontaines, Jardins, oliuiers, et tous biens necessaires a corps humain. A quatre lieues de samarie contre orient est situee la cite tersa en vne haulte montaigne ou sort et diuision de manasses, en laquelle cite regnerent les rois de israel auāt ledification de samarie. A six lieues de thersa contre orient ou chemin qui maine au fleuue iordain est la terre de capbuc qui entre les aultres a vne mōtaigne monlt haulte ou sort et possessiō de manasses semblablement, et se estēd iusques au chāp du fleuue iordain cōtre macherōta. A deux lieues de samarie contre auster ou chemin tirāt a sichen vers la main dextre est la montaigne bethel ou hieroboan filz de nabath colloca et mist lung des veaux dor par lesquelx il fist le peuple pecher et ydolatrer. Et est ce lieu par les sarrazins appelle bothyl en langaige corrumpu pource quilz ne sceuent dire Bethel. A demie lieue pres a la main senestre sur le chemin est vne aultre mōtaigne appellee dan plus haulte que la premiere au dessus de la cite sichen, en laquelle mōtaigne selon aulcūs fust mis laultre veau dor, cōbien que les aultres dist quil fust mis en la cite dan, qui maintenant est appellee belenas ou cesarce de philippe, de laquelle opinion est sait Jerome. Toutesfoys il nya nul doubte que ceste seconde montaigne ne soyt nommee Dan. Entre ces deux mōs est situee la cite sichen qui au iourduy est dicte Naples pour la grande amenite, plaisance et delices dont est habondante, mais nest point ne si ne peult estre fortifiee par aucūe maniere. Et ny

Feuillet ix^{xx}ix

a en la cite aultre refuge ne attēte aux habitans quant ilz soyent leurs ennemis sinon de se enfouyr par vne porte quāt ilz entrēt par lautre silz se cōgnoissent estre plus floibles que leurs ennemis. Ainsi est ceste cite en vallee entre ces deux montaignes tellement q̄ vne pierre peult estre auec la main getee facilement dedēs. ¶ A deux traictz darc de la porte australe est la fontaine iacob ou chemin tirant en hierusalem ou quel lieu comme est escript ou quart de sainct Jehā nostreseigneur assis dessus la marge du puis demanda a la samaritaine que elle luy donnast de sere aue a boire. ¶ Au dessus de ceste montaigne a la main dextre est vne haulte montaigne ayant deux petis mōs dōt lung est nomme Garizim et laultre Ebal. Ou mont garizim apres ce que lautel fust edifie escript iosue le liure de deuteronome et y furent donnees benedictions par les six lignees de israel. Et ou mont hebal furent donnees les maledictions par les six aultres lignees/tesmoing le xxvij de deuteronome. ¶ Sur la montaigne garizim est encor̄ seu auiourduy le temple tresancie de iupiter olimpiaque lequel a la semblance du temple de Hierusalem fust edifie par zarabala ou temps de alixādre le grand lequel sarrabalach estoyt duc et seigneur de la regiō outre le fleuue dont edifia tel temple pour son gendre manasses qui souluit estre souuerain euesque. Ce temple demoura iusques a la destruction faite par les Romains duquel les vestiges et apparences de ruine sumptueuse sont encore seulx au iourduy. Et est cellui que la fame samaritaine mōstra a ihesucrist en disant Nos peres ont adore et fayt leurs sacrifices en ce mont comme est escript ou iiij de Sainct iehan. ¶ A la main senestre de ceste fontaine est vne grande ville deserte laquelle selon mō aduis fust sirben sanctienne pource que les ruines sont par leur magnificence merueilleuses/a pilliers de marbre

mōst sūptueux. Et est loing de la fōtaine de iacob de ij gectz darc. est situee en lieu tresplaisant et fertile/mais ny a point de eaues. Est deux traictz darc loing de la cite maintenant dicte Naples laquelle est de aulcuns appellee thebes ¶ A ceste fontaine est prouchain leritage et possessiō que iacob dōna a ioseph outre ses freres ou xlviij de genese Et est en vne vallee longue fertile et mōlt delectable. car ie nen congnois nulle aultre aussi grāde ne q̄ en delices q̄ plaisances luy approuche ¶ En la dicte sychen furēt ensepulturez les os de ioseph q̄ y furent aportes de egypte. A iiij lieues de siche contre auster pres du chemi a la mai dextre de ceulx q̄ sōt en hierusalē est lepua q̄ est habitation mōst belle/cōbiē q̄ly ait en la lignee de iuda vne aultre cite aisy nōmee mays ceste cy est en la lignee de effrai. A.S. lieues de lepua cōtre auster est vne ville asses grāde nōmee magmas laq̄lle fust le terme et la fin de la lignee effrai de la ptie de midy. car effrai q̄ beniamin sōt finees vers la partie meridionale dicelle ville. Et est possidee des cheualiers du tēple. et maitenāt appellee biravij ¶ A vne lieue de magmas cōtre auster est la cite gabaa ou nasq̄st saul filz de cys q̄ pmier roy de israel/tesmoig le xe du pmier des rois. En laq̄lle fust oppressee la fēme du leuite et diacre qui vint de bethleem pour la quelle toute la lignee de beniamin fust pres que destruicte/tesmoing le xix des iuges. ¶ A vne lieue de gabaa contre auster est le village rama situe en vne montaigne a la main senestre du chemin de hierusalē pour la quelle ie cuide auoir este dit ceste proposition du xxxj de Jeremie vox in rama audita est/cestadire que la voix des plourans et gemissans a este ouye en rama ¶ A deux lieues de rama cōtre auster est la cite glorieuse de hierusalē de la q̄lle por ne pset diray riēs car ie veuil retoner en siche en reprenāt les cites q̄ sōt en laq̄let q̄ cornet de la mōtaigne effrai ¶ A propos

La tierce aage

rama ne debuons point ignorer que en la terre saincte ya plusieurs villes nommees par ce mot Rama. Desquelles lune est prouchaine de thecua vers le chemin qui tire en Ebron. Laultre est en la lignee de Neptalim voisine du chasteau sephet. Ceste cy est la tierce. Et la quarte est sylo qui aultremēt se appelle Rama. Et toutes sont situees en montaignes. Car aussy ce mot Rama est interprete hault. ¶ A quatre lieues de Sichen contre Auster est une bonne ville nommee Emon, située en lieu delectable, habondant en tous biens et fruictz et fust du sort et distribution de Effraym. ¶ A quatre lieues de Emon contre orient en la descente de la montaigne Effraym entre les champs est le village sephet ou le torrent Carach descent de la montaigne en laquelle habita Helie lors que les corbeaux matin et soir luy apportoyent a boire et a menger, comme est escript ou xviij° du tiers des Roys. ¶ A une lieue de sephet a la main senestre vers la terre tephue est le chasteau Doch ou est veue plainement la terre de Galaad et des deux lignees et de Nympe, la terre Esebon, les montaignes de Moab, Abarim, Fasga, et nebo. Par ce lieu on descend es lieux champestres de Jourdain Lesquelx sont plains et onnis iusques en hiericho et oultre par toute la descente de iourdain iusques a la mer de salines. Car les mons de Abarim, Fasga et Nebo sont droictement a loppofite de ce lieu oultre le fleuve Jourdain lequel fleuve des sa naissance soubz le mont Libanus iusques au desert pharan par lespace de cent milliaires et plus en lung et lautre coste a champs larges et plaisans Lesquelx sont entiironnes de montaignes tres haultes de chascune partie iusques a la mer rouge ¶ A cinq lieues de Sephet contre Auster en declinant ung petit vers orient est galgala q est le lieu ou les enfans de israhel colloquerent et mirent long temps leurs ostz et ten

toires apres ce quilz eurēt passe le fleuve Jourdain. En ce mesme lieu aulcuns de eulx furent circoncis, comme appert ou cinquiesme de Josue. ¶ A demye lieue de galgala en alant a hiericho vers la main dextre oultre le chemin est le mont quarentena qui est hault et difficile a monter ouquel nostreseigneur ieuna quarente iours et quarente nuys. Mays il fust tempte en ung aultre prouchain de trois lieues ou desert Au coste meridional de Bethel et de Hay. ¶ Soubz ce mōt quarentena a deux getz darc sourt la fontaine de Helisee, ainsy nommee pour ce que il medicina et adoulcist les eaues dicelle fontaine qui estoyent ameres et steriles Ceste fontaine court prez de Galgala en la partie australe ou elle fait mouldre et tourner plusieurs grans moulins par sa force. Et puis est divisee en plusieurs ruisseaulx qui arrousent les jardins iusques en hiericho. apres entre le fleuve iourdain pres de galgala. ¶ A demie lieue contre auster est la vallee de achoz soubz la montaigne ou il fust lapide pour son larcin. ¶ A une lieue de galgala contre orient est située la cite de Hiericho laquelle estoit iadis moult glorieuse Mais a grand paine a maintenant huyt maysons Et ny soyt on plus apparence de ville ne de edifice ne de eglise car tout y est destruict. ¶ A deux lieues de hiericho derriere le fleuve iourdain est une chapelle faite en lonneur de saint Jehan baptiste ou nostreseigneur fust baptise, combien que aulcuns dient qˉl fust baptise prez de salim. Mays leglise tient le contraire. ¶ A deux lieues de Hiericho prez de la mer morte est Bethagla, ung lieu ou les enfans de Israhel ploruerent leur pere iacob quant ilz le apporterent degypte. Lequel lieu est une lieue loing de Jourdain et y habitent religieux grecz. ¶ Ceste mer morte qui est aultrement nōmee la mer du sel ou le lac de asphalti

Feuillet ix^{xx}x

et de cyment separe Arabie et Iudee. Et a ou riuage oriental la terre de moab de Amon et la montaigne de Seyr dont est parle dessus. Et se espand iusques a Cades barne et le desert de pharan. Enuiro le millieu du riuage oriental est le mont Reab qui anciennement estoit dit la pierre du desert et maintenant krarach. z est fort defensable. Car balduyn roy de hierusalem se fortifia pour dilater et eslargir son royaulme. Mais est maintenant occupe du souldan. Lequel y met tous les tresors de egypte et de arabie. A deux iournees de krarach contre le vent Sulturnus est la cite a reapolis aultrement appellee petra/ qui est metropolitaine de toute arabie. Toutesfois iadis estoit nommee ar. situee sus le torrent aron prouchain des moabites amonites et amorrees.

En ce mesme riuage est le lieu ou balaan fust mene es montaignes de moab pour mauldire les enfans de israhel. A cinq lieues de hiericho contre affrique est la ville Segor soubz le mont engaddi entre lequel et la mer morte est la statue de sel en laquelle tesmoing le xix de Genese fust muee la femme de Loth. pour laquelle ie trauaille moult affin que ie la peusse voir mais les sarrazins me dirent que le lieu estoyt dangereux pour les cruelles bestes serpens et vers venimeux et mesmement pour une maniere de gens appelles les bothuines qui sa habitent et sont robustes et mauluais. parquoy ie fus desmeu et descourage de non y aler. Non obstant ie trouue apres ce par souffisante examination que les sarrazins me auoyent menti et quil nestoit pas ainsy comme il me auoyent dit. Ceste mer morte contient en largeur qui est de orient en occident six lieues. Et en longueur qui est de aquilon en Auster cinq iournees comme les sarrazins me ont dit. esquelles iournees icelle mer est en sa superficie et dessus noire et tenebreuse comme la cheminee denfer. Et com

bien que par diuers aucteurs soyent choses diuerses escriptes de ceste mer toutesfoys ie les lesse en certifiant une chose singuliere que iay veue et plusieurs aultres auec moy. Cestassauoir que de la vapeur dicelle mer estoit infecte et corrompue toute la vallee appellee la vallee noble de puis le bout de ceste mer qui est ou desert pharan iusques a sempt lieue au dessus de hiericho. tellement quil ny croist herbe ne germe aulcun en toute sa latitude. qui contient cinq ou six lieues. mais au pres de hiericho sont cannes de miel et iardins qui sont arrousez de la fontaine de Helisee. En quoy apert que le iugement de dieu doit bien estre craint et doubte. quant par si long espace de ans il persecute et punist le peche des sodomites. pour lequel non pas seulement les hommes mais la terre aussy a souffert par tant de milliers dans. Et qui plus est les montaignes ou telle vapeur par limpulsion du vent a peu attaindre sont faictes a dextre et senestre, steriles seches et de barbare et deserte habitation. Aulcuns dient que le fleuue Iordain ne se mesle point dedens icelle mer et que en aprouchant son eaue se engloutist en terre. Mais les sarrazins me ont dit le contraire cestassauoir que elle y entre et en yst. mays ung peu apres ce que elle en est yssue elle est engloutie de la terre.

Ceste mer croist et se augmente de la resolution et fonte des neges du mont Libanus et de aultres montaignes. de linudation z croissance du fleuue Iordain, du torrent iaboth, de Hermon, de Sarech, et des pluyes cheans en galilee ou mont Galaad en la terre de Moab de Amon et de Seyr dont les eaues descendent par le fleuue iourdain. Aussy ou fond de ycelle mer est pris le cyment le quel par le moyen du vent est chasse au riuage et est moult medicinal. Ne peult estre resolu ne diuise fors moyennant le sang monstrueux procedant de la femme souffrant passions feminines

La tierce aage

Ce cyment est aultremēt nomme glutz iudaiq̃. Pour ceste cause est ceste mer dite lac asphalti/cestadire de cimēt. Semblablement ou xiiii° de Genese est escript que la ballee siluestre qui maintenāt est la mer du sel/auoit plusieurs puitz de ciment. lesquelx on voit encor auiourduy ou riuage. sur chascun desquelx est vne enseigne et pillier esleue. Lesquelles choses dessusdictes Jay veu toutes et plusieurs aultres desquelles ie me tais pour le present sans plus parler dicelle mer. ¶ A trois lieues du lieu galgala et de la fontaine de helisee semblablement contre aquilon es montaignes ou coste aquilonaire de quarentena est la cite Hay que Josue expugna et prist apres la mort de son roy comme est escrit ou vi° de Josue. ¶ A vne lieue de hay contre aquilon en declināt vng peu vers occident est la cite Bethel la quelle estoyt anciennement dicte Luza/en la lignee de beniamin ou Jacob alant contre orient et fuyant la presence de son frere Esau dormit en mettant vne pierre soubz sa teste. Et en dormant vit vne eschelle dont les piez touchoyent la terre et la summite aloit iusques au ciel. puis esleua la pierre en titre et tesmoignage et appella ce lieu Bethel/comme appert ou xxviii° de genese. ¶ En ce lieu ne debuons pas taire lopinion et erreur de aulcuns disans que ceste chose fust faite en hierusalem. Car en icelluy temps y regnoit melchisedech et estoit la cite glorieuse et en grand triumphe dont ne eust point este a Jacob necessite de dormir entre les champs. principalement ou mont moria q̃ lors estoit et est maintenant dedens la cite de hierusalem. Quoy plus: les apparences sont auiourduy monstrees en ce mont Bethel. et la pierre esleuee en tesmoignage et memoire. et le sepulchre de delbora nourrice de Rebecca en la vallee au dessoubz. ¶ Ceulx qui dient que hierusalem estoit appellee Bethel se fondent en ces deux vers/cest assauoir. Solima/Luza/Bethel/Hierosolima/Jebus/helia/verbi sacra hierusalem dicitur atq̃ salem/disans que elle est appellee par ces ix noms. Et pource ie scaroye voulentiers diceulx en quelx lieux du nouueau et viel testament ilz ont veu hierusalem estre nommee luza ou bethel se ilz ne veulent le temple appeller Bethel/cestadire la maison de dieu. ¶ En oultre sur ce pas de Genese Reuersus est abraham per iter quo venerat in bethel dist la glose de sainct Jerosme qui a veu le lieu /que Bethel est cite aultre que hierusalem et est en la lignee de beniamin a la main dextre de ceulx qui vont a naple aultrement dicte Sichen prez de luza en la lignee de effrayn. Et diuise ces deux lignees Beniamin et Effraym. ¶ A vne lieue de bethel contre aquilon vers Rama qui est in sylo est la palme de delbora femme de lapdoth laquelle fust iuge en israel. et enuoya Barach pour combatre contre Sysara en la montaigne thabor. ¶ A deux lieues de bethel et vne de Hierusalem est la ville des prestres nommee Anathoth. dont nasquist le prophete Jeremie ¶ Pres de anathoth entre orient et Auster commence le desert qui est entre hierusalem et hiericho. Denomme quarentena et se espand Jusques au dessus de galgala Jusques au desert contre techua/et Engaddi prez de la mer morte. ¶ Au dessus dicelle mer ou riuage occidētal a vne lieue de Segor est le chemin pour monter au mont Engaddi ou quel dauid se est souuent absconse quant Saul le persecutoyt. En icelle montaigne et a lenuiron estoit la vigne du baulsme. laquelle par Cleopatra royne de egypte et par Antoine qui luy fauorisoit fust translatee en babilone ou temps de Herode le grand qui estoit grandement hay dicelle Cleopatra. Jay veu ceste vigne en egypte quant ie y fus parler au soudan. le quel me y fist conduire. Dont Je raportay du boys de baulsme en grant de quantite q̃ fus baptise en la fontaine dont elle est arrousee. De laq̃lle sēblable

Feuillet ix xx xi

mēt on dist q̄ la benoite Bierge Marie p lauã souuent son petit enfāt hiesus. ¶ Les laboureurs de ceste Bigne me ont souuent dit que depuis le mydi du sabbat iusques au lūdi les boeufz ne ti reroyent iamais leaue pour quelque cōtraincte ne tourmēt que on leur fist. ¶ Ceste Bigne de bausme ne st plus sa bourée sinon des christians. ¶ Soubz eugaddi pres de la mer morte sont ar bres tresbeaulx desquelx les fruitz cou pez et diuisez par le milleu sont trou nés plains de fauille et de cendre. ¶ Aussi en eugaddi y a plusieurs sour ions et cepz de Bignes monlt nobles c bons mais ne sont nullement laboure es en tant que les sarrazins nen tien nent compte et quil nya nulz christiēs pour les labourer. ¶ Ces monlz de eu gaddi sont monlt haultz et de si mer ueilleuse disposition par rochers rōpus et Ballees que tous ceulx qui les Boy ent en ont horreur. ¶ A quatre lieues de hiericho contre occident ou chemin qui tire en hierusalem a la main sene stre du mont quarentena est le chaste au adomyn ou celluy qui descendist de hierusalem en hiericho cheyt es mains des larrons, tesmoing le xe de sainct luc comme auiourduy aduiēt a plusieurs passans par ce lieu dont a pris sa deno mination pour la frequēte effusiō du sang. ¶ Le lieu est horrible aBoir et pe rilleux a passer se on na conduite aul cune. ¶ A deux lieues de adomyn con tre occident est ung chasteau assez bel situe en montaigne en la ligne de ben iamin appelle bachurin ou quel nasquit semey filz de gemini qui donna male diction a dauid fuyant la face de sō filz absalon comme est escript ou xBIe du second liure des roys. ¶ Soubz ce cha steau en la Ballee contre orient ou che min royal de adomyn est Bne pierre ap pellee beon qui est grande en la forme dung four, et semble estre marbre. ¶ A deux gectz darc de bathurim cont re occident en lieu bas est bethania qui est Bne Bille ou chasteau de marthe et ma rie magdalaine. ¶ Deuant lentree di

cellup lieu, cest assauoir a Bng Jcet de pierre pres de la cisterne est monstre le lieu ou marthe Bint au deuant de hie sucrist Benant en bethanie et apres el le Bint sa seur marie magdalaine qūt elle leust appellee tesmoing le chapitre xie de sainct iehan. En bethanie est en cor Beu ennuit le logis de Symon le pseux ou ihesucrist prist sa refection a uec luy. ¶ De ceste maisō est faite Bne eglise en lonneur dicelles. ¶ Item le se pulchre du lazare dōt il ressuscita nest pas loing de ceste eglise. En ce lieu est Bne chapelle de marbre monlt decente et belle auec ce pa sung monument cou uert de marbre ou ie descendis. Et est ce sepulchre monlt honnore des sarra zins pour le miracle de la resurrection qui y fust faite. En departant de Be thanie nest pas incontinent Beue hie rusalem pour linterposition du mont oliuet. Mais il fault premierement monter Bne petite montaigne dont est Beue partie de la cite auec le mont de Syon. ¶ D mon dieu combien seuo tement sont la les lermes espandues en Boyant lexaltation de la terre Bni uerselle et la cite du grand Roy. D bon hiesucrist combien grande exaltation et ioye deura len auoir en Boyāt le lieu de ta gloire et paradis. puis que le lieu de ton Ignominie confusion et derrisi on est Beu en si grande estoupssance. ¶ Apres ce quon est descendu du mōt la cite est abscōsee de rechef. En oultre soubz le coste oriental du mont oliuet pres de la Bille Bethfage qui est lessee a Bng gect de pierre Bers la main se nestre et monte Bers la partie meri dionale et enuironne Jcelluy mont oliuet Puis on Bient ou lieu ou no stre seigneur monta sus lasne dont est manifestement regardee toute la cite, le temple, le sepulchre et les aul tres sainctz lieux. Par ainsy on Bi ent a la descente du mont oliuet, en laquelle le peuple Boyant la Benue du filz de dieu se estouissoyt et le benissoit en disant filz de dauid. Osanna cesta dire Je te prie que tu me sauluses. Sem

¶La tierce aage

blablement il ploura tres amerement en ce lieu en regardant la cite. ¶Ces choses considerees procedons oultre en passant le torrent Cedro entre le lieu de son angonie. Du quel il sua sang. et le lieu de sa captiuite en gethsemani et serons en golgotha affi que y puissions mourir et ressusciter auec luy.

¶Chapitre cent xxviij de hierusalem.

Hierusalem cite du souuerain dieu de laquelle sont dictes chascun iour monlt de choses glorieuses est situee en terrouer montueux. Car de tous costes elle est enuironnee de montaignes combien que le terrouer soit par tout bon et fertile sinon vers orient et le fleuue Jourdain. Ceste cite est xxxvi lieues loing de la cite dacre qui est côtre aquilô. Et est a xvi lieues de sebaste ou samarie. A xij lieues de siche et a xxviij de nazareth. lesquelles sont toutes contre aquilon Elle est a xiiij lieues de Jope qui est cite occidentale et ung peu aquilonaire. Est a vij lieues de hiericho qui est vers orient. A deux lieues de Bethleem. A viij de thecua et a viij de ebron lesquelles cites sont toutes contre auster. Ceste cite est en deux manieres situee ou pendant de môtaigne/cestassauoir du coste de mydy et du coste doccident car vers mydy est assise ou coste de la montaigne Syon. en partie dessus la montaigne et en partie en la descente dicelle. En longueur descend dicelluy môt Syon et se estend contre aquilon. Et de la partie doccident est le mont de syon dont depend la largeur contre oriêt Jusques au torrent cedron ou la vallee de Josaphat qui est tout ung ¶De la grandeur dicelle cite sera parle par declaration cy apres. ¶Et nest pas vray de ceste cite ce que aulcuns en bauent et dient/cestassauoir que maintenât soit situee en aultre lieu que elle nestoit ou têps de la passion hiesucrist laquelle

chose ilz veulent prouuer par ce que nostre seigneur fust crucifie hors la porte de la cite en ung lieu qui est maintenant dedens et enclos de bons murs. Ausquelx ilz fault respondre que ilz ne sceuent que ilz dient. et quilz parlent de ce que iamais ilz ne virent. Car la situation de ce lieu est comme elle a touiours este. Et eust este ipossible de trâsferer le temple ne aultres lieux de defence qui y estoient en icelluy temps de la passiô. Non obstant peult estre selô verite conuenablement dit que la cite a este amplie en largeur et non pas en longueur. En oultre que toute la cite ancienne auec le môt de syon est encor dedens les murs et est habitee mays quil ya peu de habitateurs au regard de la grandeur dicelle. La cause de la paucite est pource que les habitateurs sont continuellement en crainte et paour. Jay demande et enserche tant que iay peu lancienne forme dicelle cite. En laquelle estoit ce mont de syon qui en partie pour son eminêce et haulteur estoit veu de toute la cite. Et pooit de soy faire la cite asses grande. Auoit son commencemêt des la porte des eaues ou de la fontaine de syloe contre orient. Fait ung demicercle par la cite côtre auster iusques en occident. En ce lieu estoyt la tour de dauid situee contre occident ou pendant dune roche coupee/de eminence et haulteur asses competente.

¶Ceste descente et vallee venant de la partie australe du mont de syon estoit couruee comme ung arc en se declinât du coste doccident contre orient (en circundant et enuironnant la tour de dauid. Et par ainsy icelle tour de dauid estoit côstituee et mise sus la roche & en langlet et destour dicelle vallee. ¶La vallee q toupioit autour estoit diuisee en deux vallees psôdes desqlles lune precedoit côtre aqlon. et laultre côtre oriêt lesqlles deux faisoiêt ung coig opposite a laultre ou estoit situee la tour dauid Et ce coing estoit de la cite inferiore côme sera declaire cy dessoubz. Ainsi donques celle vallee qui descendoit de la

Feuillet ix^{xx}xii

tour de dauid procedoit par le coste a/ quilonaire du mont spon Jusques au mont mozia ou quel estoit edifie le tē/ple separant icelluy mont mozia et tou te la cite inferioze de la montaigne de spon. Ceste ballee descendoit encores oultre iusques au torrent Cedron par le lieu ou est maintenant la porte des eaues entre le mont Spon et le palais de Salomon edifie en la partie austra le du mont mozia. Et par ceste manie re la ballee enuironnoit anciennemēt tout le mont Spon. Mais est mainte nant toute plaine. Combien que on en peult encoz voir aucunement les vestiges et apparences. ¶ La seconde ballee ou fondziere estoit soubz la tour dauid procedoit contre aquilon et fay soit le fosse de la cite vers occident par toute la longueur de la cite iusques a la fin dicelle qui est en la partie daqui/lon. Au dessus dicelle ballee par de/dens estoyt vne roche haulte que Jose phus appelle atra. sur la quelle estoyt le mur de la cite qui icelle enuironnoit depuis occident iusques a la porte de effraym. et la estoit courue de rechef contre orient iusques a la porte du coig qui estoit assise en langlet ou coing de la cite lequel estoit contre le coing da/quilon et dozient. En ce lieu estoit de re chef le mur arcue et courue en procedāt de aquilon par orient vers auster. Et encloopt laire et la place du temple/la maison du roy/la porte des eaues ou de la fontaine pres du mont Spon vers orient. Tel circupt estoit tout lenui/ronnement de la cite. ¶ Ceste roche dont est parle deuant sur la quelle en la partie de occident estoit edifie le mur de la cite estoit eminente et moult haul te et mesmement ou coing ou la partie occidentale estoit conioicte auec la par tie de aquilon. En ce lieu estoit edi/fiee la tour nebuleuse. Et vng chaste/au fort et ferme duquel les ruines et apparences sont encor veues. ¶ De ce ste tour et chasteau est veue toute ara bie/Jourdain/la mer morte/et plusie's aultres lieux combien que aulcuns ap

ent voulu dire que la tour nebuleuse fust pres du temple mais a ce ne se ac/cozde point loportunite du lieu. En la partie occidentale de ceste haulte roche dependoit la largeur de la cite la quel/le se enclinoit et abessoit petit a petit iusques au mur oriental qui estoit sur le torrent Cedron ou la cite estoit et est encoz au iourduy plus basse. parquoy les Immundices et ordures de la cite couloyent en ce torrent Cedron par la porte denommee en latin porta sterqui linii qui vault autant en francoys cō me la porte de la merde. ¶ Hors ceste ballee desusdicte vers occident et a la main senestre de ceulx qui yssent de la porte vieille ou iudiciaire fut Hiesu crist crucifie. mais ceste ballee fust lōg temps apres sa passion remplye Et y fust fait vng autre mur depuis la tour dauid iusques a la porte de effraim qui maintenant est dicte la porte de sainct Estienne. ¶ Le mont mozia ou quel estoyent edifiez le temple de dieu et le palais du roy/estoit aulcun petit plus hault que toute la cite comme appert par la situation du temple et des por/ches. Mais ces lieux sont maintenāt planez et onnis. et fais plus bas que tou te la cite Car ce mont fust abatu par les romains et gete et mis ou torrēt ce/dron auecques toutes les ruines du temple et des porches cōme on le peult auiourduy voir manifestemēt. Laire et alee du temple est quarree ayant en longueur et largeur plus que vng arc ne peult tirer. Mais le temple qui mai tenāt y est edifie se ioict quasi au mur de la cite laquelle chose ne faisoit point lanciē temple. Car entredeux estoyēt interposez quatre porches ou deambu latoires. mais maintenant nest loing du mur du torrent cedron fors de cent piez. ¶ A vng gect de pierre loing de laire et place du temple contre aquilon est la porte de la ballee. ainsy denom/mee pource que par icelle on descendoit en la ballee iosaphat. Aussi ceste porte estoit nōmee la porte du tropeau porce que par icelle estoyēt itroduis et entroiēt les

La tierce aage

tropeaulx et aulmailles qui deuoyent estre immolees et sacrifiees ou temple. A ceste porte se ioignoit la tour q̃ daulcuns est appellee la tour nebuleuse ou de ananeel mais proprement est dicte la tour phasellus. de laquelle les vestiges et apparences sont encor veues. En entrant dedens icelle porte de la vallee ou aultrement du tropeau/vers la main senestre/prez du temple est la piscine probatique en laquelle les nathineee et ministres lauoyent les hosties lesquelles apres ce ilz presentoyẽt aux prestres pour estre offertes ou temple. Ceste piscine auoit cinq porches esquelx selond sainct Jehan en son st. gi soyent et estoyẽt couchees les malades attendans le mouuement de leaue.

¶ Mais a la main dextre de lentree desusdicte en lesglise de saincte anne est monstree vne aultre grande piscine laquelle estoit denommee piscine interioze et fust faite du roy Ezechias en ceste maniere. Car il estoupa la fontaĩe superioze des eaues du fleuue gyon et destourna les eaues dicelluy vers la partie occidentale de la cite dauid En coupant par instrument de fer la Sallee dessusdicte/tesmoing le st. de ecclesiastique. Dont il fist venir les eaues par le milleu de la cite en ceste probatique. affin que en temps de obsidion et siege le peuple de la cite peult auoir eaue a boire et quil ne fust plus par ce persecute des assiriens. Mays il fist aler les eaues de gyõ qui estoit prez du champ du foulon en la piscine supioze qui est au dessus de la natatoire de syloe. Et est nommee superioze pource que icelle piscine dite natatoire de siloe recopt dicelle et de la fontaine de syloe eaues comme iferioze et plus basse. ¶ Pour ce que cy parlons des piscines ne deuõs pas oublier leur diuersite. car la premiere et principale est en hierusalem appellee probatique dont est faite mention ou st. de sainct iehan. Et a cinq porches comme est dit deuant. et fust premierement faite par salomon pour seruir au temple. ¶ La seconde piscine nõ=

mee la piscine interioze fust prez de icelle vers aquilon en leglise de saincte anne. et fust faite par le roy Ezechias.

¶ La tierce nommee natatoria siloe estoit soubz le mont de oliuet et soubz la montaigne de syõ prez de alchedemach receuoit son eaue de la fontaĩe de siloe et fust semblablement faite par Ezechias. ¶ La quarte nommee superioze dont est faite mention ou vij. de psaye fust commencee par le roy achab mais parfaite par ezechiel. Et nest pas vray ce que aulcuns afferment de ceste piscine, cest assauoir quelle est dedens la cite et recoit son eaue de la fontaine de syloe. Car ceste chose est impossible cõsiderer que la cite est iiij coutees plus haulte que icelle fontaine. Dont leaue ne peult courir ne monter si hault. Je nay point leu ne veu que en hierusalẽ y ait eu anciennemẽt aultres piscines se on ne vouloit nombrer auec icelles la mer de arain laquelle est deuant le temple. ¶ Non obstant il y a aulcuns vesseaulx ou receptacles faitz auiourduy pour les baings et ne sont pas loĩg du logis du patriarche et de lospital de sainct Jehan desquelles choses nest en lescripture faite aulcune mention. ¶ En ensuiuant la matiere qui est des lieux circonstans et enuirõnãs la cite ne debuons point ignozer que la vallee de Josaphat enuironnoit icelle cite de la partie dozient en descendant soubz la montaigne de oliuet. laquelle vallee est maintenant encor asses par fonde combien que elle soit fort remplie au regard du temps passe. Car cõme dit Josephus les Romais assiegãs hierusalem par icelle partie couperent oliuiers et autres arbres et aussi amasserent monceaulx de terre. et de pierres emplirent icelle le plus quilz peurent. En apres quant hierusalem fust subiuguee Helius adrianus fist planer et abatre le mont mozia et geter auec les edifices des porches et du temple dedẽs le torrent cedzon. Comme aparoissẽt toutes ces choses a ceulx qui visitẽt le lieu. ¶ Le sepulcre de la glozieuse vier

Feuillet ix.xx.xiii

ge est en ceste vallee de Josaphat située ou pie de la montaigne dolivet lequel sepulcre ou temps de la prosperite de Jerusalem estoit deu dessus terre. mais apres la subuersion et destruction a este mis parfond dessoubz et couuert de ruines et ordures. lesquelles ont fayt le lieu et vallee estre plaine et onnye dont on peult cheminer sur icelle eglise du sepulchre. non obstant au dessus est vng edifice en facon dune petite chapelle par le dedens duquel on descend en leglise dicelluy sepulchre de la vierge marie. En ceste descente y a xl. degrez ou enuiron. ¶ Cestuy sepulcre est ou milieu du coeur honorifiquemēt pare z orne. Est situe contre vng autel de marbre. Leglise est bien voultee comme apartiēt a la glorieuse vierge mais est moult humide et moite par dedens pource q̄ le torrent cedron est dessoubz lequel est couuert des ruines dessusdictes. En temps de Inundations et lauasses de eaues ce torrent remplist deaue si fort leglise q̄ elle yst et sault hors par luys de la petite chapelle estant dessus. Du cymetiere dicelle eglise asses pres de luys dicelle les habitans du lieu espuisent et prēnent leaue en vne fontaine qui en neemie est appellee la fontaine du dragon. ¶ Ceste eglise de la vierge marie recoit clarte des fenestres orientales lesqlles sōt assises cōtre le mōt dolinet ouquel coste selon la disposition du lieu peult bien venir la lumiere du iour. Jay este en ceste eglise et sepulcre parquoy ien parle plus hardiment.

¶ A. L. piez pres de luys de ceste petite chapelle par ou on ētre en leglise de nostre dame contre orient est luys dune aultre eglise nomee gethsemany ou estoit le iardin ou quel entra nostreseigneur auec ses disciples au coste du mōt dolinet, ioignant a vne roche concaue et creuse dependant dicelluy mōt, soubz laquelle roche se assirent les disciples de ihesucrist quant il leur dist Seez vous cy et me attendez iusques ad ce q̄ ie voise prier mon pere. En ce lieu sont aperceux encor auiourdhuy leurs sieges

Et aussy la place ou ihūcrist fust pris et detenu des iuifz quant Judas se trahist et liura en le baisant. ¶ Semblablement est en ceste roche veue limpression et representation de sa teste, de son col, et de ses espaules, laquelle comme dient aulcuns fust faite et apprehendant icelle roche lors quil estoit tenu des iuifz. ¶ Appos dicelle pierre ne fault point oublier vne chose digne de grande memoire, cestassauoir que on ne scaroit par quelque maniere ou facō oster ne couper aucune petite pierrette. Car auec instrumentz de fer iay essaye et me suis efforce den aporter aulcune chose mais iamais nē peux auoir vng grain. Et toutesffoys les impressions dessusdictes y sont veues aussy euidentes cōme se la roche estoit molle cōe paste. ¶ Avng iect de pierre de gethsemany contre auster est le lieu ou ihūcrist separe de ses disciples fist son oraison z ou quel il sua goutes de sang courant iusques a terre. En ce lieu est semblablement vne pierre ayant les impressions et apparences des genoulx et des mains de ihūcrist de laquelle on ne peut riēs arracher. ¶ Soubz le mont syon contre la sale de salmon ou coste occidental de la vallee de Josaphat est la fontaine de syloe de la quelle par aulcuns conduitz court leaue en la piscine superiore et en la natatoire de syloe, lors q̄ icelle fontaine est habondante en eaues et non pas continuellement. Toutes ces deux piscines sōt au pie du mōt syon entre icelluy mōt et alchedemach q̄ est assis vers mydy. En oultre a ces piscines vient leaue de la fontaine de syon qui prēt sa naissāce soubz le chāp du foulon pres du lieu de la station de rapsaces lors quil exprobra et dit iniure a nostreseigneur en la presence du peuple. ¶ Avng iect de pierre pres de ces piscines oultre la vallee en la partie meridionale est le champ achelde mach ou quel est le sepulture des pelerins et estrangers et plusieurs precieux monumentz et fust achete de xxx deniers pour lesquelx le traitre Judas vē

aa i

La tierce aage

dist ihesucrist saulueur du monde.
¶Dessoubz ces piscines et le champ a cheldemach contre orient descent le torrent cedron auec daultres eaues procedetes de places haultees, cest assauoir de Rama, de anatoth, et du sepulcre de la Royne des iabanes. Parquoy soubz le sepulcre de la benoite Vierge est ouy le tumulte et bruit dicelluy torrent descedãt par dessoubz terre. Aussi en ce lieu se assemblent les eaues saillãs hors des piscines, lesquelles auec les aultres descendent en la Vallee gehenno q est autrement nõmee tophet, ou est la pierre zoeleth. En ce lieu est la fontaine de rochel ou adonyas fist vng grand conui et digner quãt il vouluit regner. Semblablemẽt en ce lieu fust enseueli le prophete ysaye qui prez de la fontaine Siloe fust coupe et diuise dune spe: a vng iect darc pres de cestuy lieu. En ces lieux sont iardins et vergers tresplaisãs et delectables et plains de delices lesquelz sont arrousez du torrent cedron.

¶Jusques cy auons parle souffisamment des lieux estans alenuiron de la cite maintenãt fault retourner dedãs.

¶En ceste saincte cite y a tãt de lieux esmouuãs et excitans a deuotion que vng iour ne souffiroit point a les visiter. Entre lesquelz est leglise du saint sepulcre laqlle par sus toutes est excelletement renõmee, et est toute rõde ayant lxxiii piez entre les pilliers. Ou millieu dicelle est le saict sepulchre sur lequel est vne ouuerture toute rõde tellement quil na aultre couuerture que le ciel. Au coeur de ceste esglise ioinct vne autre nommee balgatana qui est longue mais vng peu plus abessee que lautre. Et sont toutes deux soubz vng mesme tect et couuerture. ¶La fosse ou est le sepulchre de nostreseigneur a en longueur viii piez, en largeur semblablemẽt autre vii, couuerte de tous costez de marbre par dehors mais par dedens est vne roche ainsy cõme estoit ou teps de la sepulture. On entre en ceste fosse du coste dozient par vng huys bas et petit. ¶La tube du saint sepulchre est a la main dextre de ceulx qui entrent dedens leglise prez du mur et du coste de septentrion. Elle est de marbre de grise couleur. haulte de iii paulmes par dessus le pauement, lõgue de viii piez cõme est la fosse par dedens, close de toute part, et pource par dedene peult estre eue lumiere senãt de dehors en tant q ny a nulle fenestre par ou la clarte se puist espandre dedens, mais pa ix lampes ardans continuellement sur le sepulcre, desquelles procede grande clarte et lumiere. ¶Vne aultre fosse est deuant la fosse du sepulchre qui est dune mesme longueur, largeur et disposition dehors et dedens come icelle. Parquoy a ceulx qui sõt de hors ne semblẽt estre que vne. mais qñt on est dedẽs, la separation et distinctiõ dicelles est facillement congnue. On entre premierement en ceste fosse exterioze et puis en la fosse du sepulchre. en ceste fosse exterioze entrerẽt les fẽmes le iour de la resurrection quant en se cõplaignant ilz disoyẽt Helas qui nous pourra oster la pierre de sups du monument? Grande partie de ceste pierre est au iourdhuy mise deuant lentree de la fosse interioze. mais lautre partie fust translatee ou mont de syon pour soustenir laut el. laqlle pierre iay veue ou dit lieu. ¶Le mont de caluaire ou ihucrist fust crucifie est viii piez loing du sepulcre. et fault monter xviii piez depuis le pauement de leglise pour estre ou fust la croix fichee a la roche. dedens la quelle est encor le trou et pertuis parfond de deux paulmes ou len polroit entrer la teste dung homme, cõme ie esprouue par moy mesmes. ¶La couleur du sang de nostreseigneur ihucrist appert encor en icelle scission et trenche de la pierre soubz sa main dextre. Vng autel mont bel et plaisãt fait de marbre est edifie prez de ce lieu sers la main dextre ou quel iay chante messe de la passion et dit leuangille selon saint Jehan. ¶Le pauemẽt de la chapelle est bel. les murs sont couuers de marbre, embelis et ornez dor trespur. ¶I

Feuillet ix.xx.xiiii

xxiiij piez de caluaire contre orient est vng autel soubz lequel est partie de la colune et pillier sur quoy ihesucrist fut flagelle et bastu (laquelle y fust trāslatee de la maison de pilate .et est couuerte soubz la pierre de lautel assi que par les christiēs peult estre touchee/veue/ et baisee. et est de pierre porfirique qui a sus noir aulcunes maculles et taches rouges lesquelles sont du cōmun reputees estre tainctures du sang de ihesu crist. ¶ Lautre partie de la colune fust translatee en cōstātinople. ¶ A .x. piez de ceste colune vers oriēt est descendu par xlviij degrez au lieu ou saincte helaine trouua la vraye croix. ou ql lieu est vne chapelle et deux aultelx parfōs en terre. ¶ Ce lieu dōt la croix fust de fouye est selō mō opiniō lū q̄ des fossez de la cite ou les croix de ihūcrist et des lartōs furēt mises/quāt les corps en fu rēt ostez. dessus lesqlles ont este portees les imūdices ⁊ ordures de la cite dōt ont este couuertees Jusqs̄ ad ce que par helaine fust faite inuētiō. ¶ Car le lieu de la passiō et le iardin sēblablemēt es toyent prez de la cite. ¶ Le lieu ou se tint la vierge marie auec les autres fē mes prez de la croix ne fust poit soubz le bras dicelle croix vers aquilon cōme veulēt aulcuns. Mais estoit vers occi dēt deuāt la face de son enfant. car on voit autour du y le lieu de sa statiō vers la face de son filz pendant en la croix soubz la montaigne et la roche en laql le icelle croix fust fichee/lequel lieu iay veu plusieurs foys et est eu par les chrī stiens en grand honneur et reuerence ¶ Pour approbation de ceste chose af fermēt aulcūs que ihūchrist pēdāt en la croix tournoit sa face cōtre occident/ cōme apt par ce que la grāde Basse ou fondziere dōt est dessus faite mētiō q̄ estoit du coste doccident en asāt par lesfos sez de la cite/estoit derriere la croix. ⁊ en icelle y fust aussi la croix trouuee fina blemēt. ¶ Plusieurs autelz biē cōpo sez et magnifiquemēt ornez sont en ce ste eglise dessusdite. Deuāt luys oc cidētal dicelle par dehors est le lieu ou

marie egyptiēne nō osant entrer au tē ple fist son orasiō deuāt limage de la vi erge marie. dōt receut cōsolatiō par la responce de la benoite vierge. En alāt de ceste place cōtre la tour de dauid est le lieu ou sainct Jaqs lapostre fust par herode agrippa decolle. En apres en p redāt a la montaigne de syō est trou uee la maison de cayphe ou les iuifs fi rent maites illusiōs a nostreseigneur. Et sēblablemēt le lieu ou ilz le encloy rent iusques au matin lequel lieu est appelle la prison de nostreseigneur. ¶ A vng iect de pierre prez de ce lieu cō tre auster est la place ou la benoite vi erge trespassa et ou elle demoura tout le tēps que elle vesqst apres lascēsiō de son filz. Assez prochain de ce lieu est le grād cenacle ou nostreseigneur celebra la cene auec ses disciples/en baillāt son corps ⁊ pcieux sāg/et ou il laua les piez diceulx apostres. Il y apparust plusi eures foys apres sa resurrectiō. Sainct mathias y fust esseu par le sort q̄ cheut sus luy. Le sainct esprit y fust donne. ⁊ plusieurs aultres glorieuses oeuures furēt acōplies en ce lieu. ¶ Here aqlō sont les sepulcres des rois de iuda cest assauoir de dauid/de salomō/et des au tres/partie en leglise diceluy mōt syon et partie dehors ¶ Ceste cite de iheru salē est situee en lieu tant eminēt que de elle est veue toute arabie/le mōt des arabes/de nebo/de phasga/la planice ⁊ chāp de iordain/Ihericho ⁊ la mer mor te iusques a la pierre du desert Car ie nay point veu cite aulcune q̄ eust plus bel ne plus plaisāt regard. Aussi ny a point en la regiō lieu plus hault /fors Sylo qui est deux lieues loing dicelle. ¶ La grandeur de la saincte cite sās le mont de syō estoit selōd Josephus en tour de xxxiij stades dont les viij sont demie lieue. Mais auec iceluy mōt le mur exterioze auoit ix tours distantes lune de lautre de iiic coutees ou de iiic piez q̄ valet lx pas. Ainsy apt q̄ le tour et enuirōnemēt de la cite cōtenoit cinq milliaires/iij stades ⁊ xxv pas ou tēps q̄ elle fust destruicte par les romais cō

aa ii

¶ La tierce aage

me dit Josephus q̃ a leuersion et ruine
dicelle cite fust present. mais apres ce
fut hierusalem reedifiee ⁊ ampliee par
les chrestiens qui encloprent le lieu du
sepulchre dedẽs la cite. lequel sepulcre
estoit anciennemẽt hors Hierusalem.
Ainsy apt maintenãt le circuit de la ci
te estre plus ample q̃ par auãt. Et po2
ce iaques de Bitry patriarche de hierusalem et legat du saict siege apostoliq̃
dit en sõ liure quil a fait de la cõqueste
de la terre saicte en parlãt dicelle cite ce
qui sensuyt. ¶Ceste cite de iherusalẽ qui
est et doibt estre souuẽt nõmee po2 lon/
neur et reuerẽce de toutes ses parties
est situee en vne mõtaigne haulte, de
tous costez enuirõnee de fors murs. la
quelle nest point trop petite ne trop es-
troite. ne pour sa grãdeur ennuyeuse.
car depuis vng mur iusques a laultre
est la distance de quatre gectz darc. El
le est en la partie occidentale fortifiee
de pierres carrees coioinctes et liees
ensemble de cyment et de plomb indis-
soluble-nent. et tel mur est appelle la
tour de dauid Mais daulcũs est dit an-
thonie ¶En la partie meridiõale est
le mont de syon ou dauid fist son habitacle. et ouquel mont il est enseuely a-
uec ses aultres roys de Juda. ⁊ tel lieu
fust appelle cite de dauid ¶ Le mõt de
caluaire ou nostreseigneur fust crucifie de la partie doccident estoit hors le
mur de la cite mays apres ce que Titus et Baspasian eurent destruite la di
te cite, icelluy mur fust enclos dedens
par lepereur helius adrianus qui la re
para et tellemẽt amplia que dedens le
circuit des murs fust enclos le lieu du
crucifiement et de la sepulture de nr̃e
seigneur, la cite demourant tousiours
en sa situation premiere ¶ Jusques cy
depuis le lieu dessusdit sont les parolles de maistre Jaques de Bitry patriar
che de antioche. ¶ Cy apres fault parler des portes de la cite et des montaignes estans a lentour dicelle.

¶ Chapitre cent xxix. des
portes de hierusalem.

La premiere porte es-
toyt nõ-
mee la porte de dauid, situee
ou coste du mont de syon cõtre occidẽt
ou estoit le coing et anglet de la cite in
ferioze lequel coing est a loppossite de la
tour de dauid. ou quel lieu les deux fõ-
drieres et Ballees estoyent separees lu
ne de lautre. Desquelles lune tendoyt
cõtre aquilon, lautre contre oziẽt. En
ce lieu estoit vne boulte faite oultre la
ballee contre la porte par laquelle estoit lissue de la cite. ¶ A la dextre de ce
ste boulte estoit larbre nõme sicomore
qui en feuilles est semblable a vng mu
rier, et au residu sẽblable a vng figuier, ou quel arbre iudas se pẽdist (estra
gla. ¶ Ceste porte estoit aultrement
nõmee la porte des poissõs pource q̃ par
icelle estoit le chemin de Joppe, de sy-
ospoly, et de maritime dõt estoyẽt ame
nez les poissons. Aussi estoit nommee
la porte des negociateurs pource q̃ par
icelle estoit le chemin en Bethleem, en
Ebron, en basan, en egipte, et en ethiopie. Mais ce chemin estoit diuise au des
sus duchamp du foulon en la montaigne de syõ ou chemin dextre ⁊ senestre
dõt le senestre tendoit vers ebron, com
me est dit deuãt. Et le dextre vers Jo
pe. lequel chemin dextre estoit encoz di
uise apres vng petit interualle. Car le
senestre menoit en la ballee de paphã-
ym soubz les chasteaux et tentoires de
bethsura vers philistim et gazam. De
la en egipte et ethiopie dont les negoci
ateurs et marchãs amenoyẽt diuerses
marchãdises. Lautre chemĩ cõduisoyt
en emaus, en pamatha et Jope contre
occident a la mer dõt estoyent amenez
les poissõs comme est dit deuant. En
oultre ceste porte estoit appellee la por
te de dauid pource que la tour et cite di
celluy dauid estoyẽt au dessus ¶ La se
conde porte estoit situee en icelle mesme part du mur et sẽblablemẽt regardoit vers occident. Mais se esloignoit
delle cõte aquilon. estoit nõmee porte
ancienne pource que elle estoyt des le
temps des ihebusees. Aussi se nõmoyt

la porte iudiciaire pource que deuāt el/ le estoit agite le iugemēt et les choses qui ia par sentēce estoyēt iugees se exe cutoyent hors ceste porte/cōme appt de ihūchrist qui y fust crucifie. Cōbien q̄ licostratos qui est le lieu ou lē iuge les hōmes soit dedēs la cite/mais prou/ chain a icelle porte. ¶ Les vestiges di/ celle porte apparoissent au iourduy au mur de la cite ancienne. Mais ou nou ueau mur qui enclot le sepulchre de no stre seigneur respōd vne porte nōmee de semblable nom laquelle tend en silo en gabaon/en bethoron/et en iope/cōme faisoit la vieille porte.et au mōt des martirs ou furēt enseuelis xxxᵐ mar/ tirs occis par cosdras roy des perses aī/ sy cōme est contenu en listoire ecclesia/ stique. ¶ La tierce porte est vers aqui/ son et est nommee la porte de effraym pource que par icelle estoit le chemin a la mōtaigne de effraym. En icelle por te cōuenoit le noeuf mur auec le viel. Elle estoit aultrement appellee la por te de sainct estiēne pource que au de/ hors dicelle il fust lapide. De ceste por/ te on va en sychen/en samarie/e en gali lee. ¶ La quarte est cōtre oriēt au coig de la cite sur le torrent cedrō nōmee la porte du coig pource que elle est situee en langlet de la cite. De ceste porte est dit ou liure des roys que Joas roy de israhel prist amasias roy de iuda le me na en hierusalem et rompist le mur de/ puis la porte de effraym iusques a la porte du coing qui contient lespace de iiijᶜ coubtees. En oultre est dicte por/ te de beniami pource que par icelle fut le chemin en anathot/en bethel/ou de/ sert/et aux aultres cites de la ligne de beniamin. Aussy par icelle porte on a/ menoit en hierusalem les buches de pin sus les cameaux. ¶ La vᵉ estoit contre auster sur le torrent cedron et nommee porte de fientz ou destroncts. pource q̄ en temps de pluye les immundices et ordures de la cite descendoyent ou tor/ rent cedron par ceste porte. Semblable ment estoit le chemin pour aler ou de sert dont nestoit point fort populeuse

en tant que les lieux ou elle menoit cn̄/ toyent destrange habitation et peu ha bitez. ¶ La viᵉ estoit semblablemēt cō/ tre auster sur le torrēt cedron nōmee la porte du tropeau/pource que par icelle estoyent menes les tropeaux et bestes qui deuoyēt estre imolees et sacrifiees ou tēple. Car aussi la piscine pbatique luy estoit pchaine. En oultre fust nō/ mee la porte de la vallee. po̅rce q̄ par icel le on descēdoit en la vallee de Josaphat ¶ A vng gect de pierre dicelle porte est le sepulcre de la vierge marie. Aussi de la estoit veu la tour denōmee phasel/ sus laquelle fust faite du roy herode. ¶ Pareillement fut dicte la porte de la fontaine du dragon pource que icel/ le fontaine estoit droictement deuant la porte. Par icelle on aloit ou mont ou liuet/en bethanie et en iourdain. ¶ La viiᵉ nōmee la porte dor estoit sēblable/ mēt contre auster sur le torrēt Cedron mais situee ou porche et deābulatoyre du tēple. parquoy estoit plus pprēmēt dicte porte du tēple que de la cite. Par icelle estoit vng court chemī pour aler du mont doliuet oultre la vallee de io/ saphat. Dedens ceste porte estoit vne aultre porte du tēple nommee la porte operosa par laquelle estoit le chemī po̅r aler en bethanie/en hiericho/et en Jour dain. ¶ La viiiᵉ estoit de la cite superio re contre auster sur le torrent cedron/si tuee en vallee entre le mont de syon et le mont du tēple/nōmee la porte de la fontaine de syloe.ou la porte des eaues car elle tiroit a la fōtaine et natatoyre de syloe/a la vallee de Jehennon/achel demach/et au iardin du roy. Moy q̄ ay visite les lieux/crois mieulx q̄ ce fust la porte de lestron que nulle aultre cō sidere la situation et dispositiō du lieu. Et ny eust nulles autres portes neces saires selōs la situation du lieu car po se que a lenuirō de la mōtaigne de syon vne porte eust este mōlt necessaire po̅r yssir et entrer/toutesfoys le lieu ne se pouoit aulcunement endurer en tāt q̄l estoit hault en roche laquelle on neust peu facilement rompre.

aa iij

¶La tierce aage

¶Chapitre cēt xxxe des mōtaignes a lentour de hierusalem

Les montaignes qui estoyent a lenuiron de la cite de hierusalem/sont le mōt doliuet en la ptie oriētale sur la cite. Ce mont est le plus hault de tous ceulx qui sont a lentour. En la sūmite dicelluy mōt est edifiee vne eglise ou lieu dont nře seigneur monta au ciel. Ce lieu est ou milleu de leglise q nest poit couuert affin quil appaire plus manifestement. Cy estoit vne pierre ou ihesucrist mist ses piez quāt il mōta aux cieulx et ou estoyent imprimees les vestiges q trace de ses piez. De laquelle pierre fust fait vng autel qui est maintenāt destruict. Et apres ce dicelle fust estoupe luys oriental et y fust mise sans chaulx ne autre matiere. On peult encoꝛ autour duy mettre sa main et toucher les ve/stiges et impressiō des piez faite en icelle pierre mais on ne les peult voir.

¶Au coste de ceste eglise vers auster est vne chapelle ou fust ēseuelie vne pecheresse publique q notoire appellee pelagia a laquelle nostreseigneur donna remissiō de ses peches congnue sa penitence et contrition en baillant par elle a tous pecheurs exēple et occasiō de soy retourner au redēpteur du mōde q nō point mourir en son erreur. ¶Le bruit cōmū du pays est q se fōme estoit en peche mortel il ne poꝛroit passer entre la tūbe dicelle fēme et le mur pchai de laquelle chose Je ignoꝛe la verite/cō bien que ie scay de vray que gy en ay veu plusieurs passer lesquelx me estoyent incōgnus silz estoyent en grace ou non. ¶En ce mōt cōtre auster a mais dung gect de pierre est vne aultre egli/se nōmee la maisō de pain/ou ihucrist enseigna ses disciples la maiere deprier et escript loraisō dominicale en vne pierre. ¶Au mōt doliuet cōtre auster est prouchain le mōt doffensiō qui est moyennemēt hault. Et sont ces deux mōs separez par vne vallee estant ou milleu. Ce mōt est denōme de offēsiō pource que salomō y fist vng tēple a lidole moloth de lopposite du tēple De hierusalē parquoy il prouoqua et coursa fort nostreseigneur. Soubz ce mont contre auster est le lieu appelle tophet ou Jehennon. ¶Entre orient et midy est situe le chāp acheldemach et la mō/taigne au dessus mōlt haulte q est nō/mee de sēblable nō Et cōpꝛēt pꝛes que toute la partie meridionale cōtre la cite. ¶A ce chāp vers occidēt est voisin le chāp du fould et vng mōt au dessus/ de sēblable nō. Auquel chāp est ioinct le mont de syon de la partie occidenta/le. par telle facon que le chemi de la poꝛte de dauid ou des negociateurs soyt entre deux. Ce mōt de syon en la par/tie doccidēt est grandemēt supereminent au dessus de la cite Mais il procede en diminuāt contre la poꝛte vielle ou iudiciaire. tellement que vers icelle poꝛte il nest gaires hault. Le residu de la terre cōtre occidēt et aquilon est mōtueuse iusques au sepulcre de la royne helaine qui est situe cōtre la poꝛte de beiami sur le torrēt cedrō. ¶Daltre costé torrēt cedrō ou coste aquilonaire du mōt doliuet est vne autre montaigne mōlt haulte qui est quatre stades loig de hierusalē. ouquel mōt salomō edifia sēblablemēt vng tēple en lonneur de chamos ydole des moabites. en ce lieu fust ou tēps des machabees et des Romains edifie vng chasteau dont les hierosolimitaines ont este molestez q tourmētez en plusieurs manieres. Duquel chasteau appairent et se monstrent encoꝛ au iourduy les ruines et apparences. Toutes ces montaignes sont a lēuiron et pres des murs de la cite/mais non pas si prouchains que la cite puist par iceulx estre ipugnee ne combatue par aulcuns instrumens ne engins de bataille.

¶Chapitre cēt xxxj de la description de la terre saicte entre boreas q occidēt

Retournons aux de/scriptions des parties de la

Feuillet ix.xx xvi

terre qui reste et demeure a descripre. Et premierement A deux lieues de hierusalem en procedant contre langlet ou cornet qui est entre occident et septentrion est le mont sylo treshault sus tous les mons de la terre saicte quant a sa situation. lequel est vne lieue et plus/loing de gabaa cite de saul.et de rama cite de beniamin semblablement. En ce lieu fust larche de nostre seigneur long temps et le tabernacle de lalliance et promesse.lequel tabernacle fist moyse ou desert. ¶ A vne lieue est gabaon cite de beniam situee en ce mesme mont. De laqlle les habitans enuoperēt fraudulētemēt a Josue messagers en galgala faisans vne faulce paix et aliance auec luy en se disant estre de parties tresloingtaines ¶ A quatre lieues de hierusale contre occidēt est la Bille ou chasteau de emaus ou ihucrist cheminant auec ses deux disciples en habit de pelerin et destranger fust congneu en la fraction du pain.et est ce chasteau auiourdhuy nōme nicopolis. A iiij.lieues de hierusale soubz le mont de sylo contre occidēt est la cite de bethozon inferiore en la ligne de beniamin dōt est faite mention es liures de Josue et premier des machabees ¶ A quatre lieues et demie de hierusalem cōtre occidēt en alāt a diopolis ou a lidde est cariathiarim qui fust lune des cites des gabaonites en laquelle demoura larche de nostreseigneur xx ans quāt elle fust rendue des philistiens ¶ A deux lieues de cariathiarin contre occident est lachis en la ligne de beniamin qui sēblablement est lune des cites des gabaonithes dōt est faite mention ou quart des roys et fust assiegee par sennacherib ou tēps de ezechias roy de iuda. ¶ A deux lieues de carathiarim contre midy est vne ville nōmee Bethsames de iudee/laquelle est ainsi seurnōmee pour cōgnoistre la difference de ceste cy et dune aultre qui est en neptalim nōmee bethsames. cōbien que selōd la verite elle fust en la lignee de dan estant a lentour de la possessiō de iuda et asses prez de la mer. ¶ Ou champ et planice de ceste ville deux vaches Panteneret de la cite accozon larche de nostreseigneur quāt les bethsamites coupoyent le blé en la vallee/desquelx moururēt lxx.m poutce qlz auoyent veu larche de nostreseigneur toute nue. ¶ A dix lieues de hierusalē cōtre occidēt est ramathasophym laqlle est en partie de la lignee de effraym et en partie de la lignee de beniami. Jasoit ce q elle soit situee en la ligne de effrai car la planice et chāp est ainsy appellee. Aussi est dicte arimathie dōt estoit denōme le noble cheualier Joseph qui enseuelist ihucrist.Le prophete samuel y nasqst et y fust ensepulture. Auiourduy est dicte Pamula. ¶ A trois lieues de ramula ou de ramatha contre occident est la cite Jope ou ionas le prophete entra dedēs la nauire voulāt se fuir en tharse et aux autres isles de mer cōtre le cōmadement de dieu. En icelle cite est le logie de sainct pierre ou est faicte vne eglise soubz les roches prez de la mer. Sēblablemēt y a maines rochers merueilleux es quelx selōd les fables poetiques andromeda fille du roy Cepheus fust reliee pour estre deuoree de la besue et mōstre de mer. Mais du roy perseus fust siablemēt deliuree et saulvee. ¶ A deux lieues au dessoubz dicelle cōte auster est vng port de iudee nōme Januia lequel fut pris de iudas machabee et brule par telle maniere que le feu y estoit aparceu de la cite de hieruselem. ¶ A deux lieues de hierusale cōtre auster est la cite bethleē en la main senestre du chemin qui tire en ebrō.et a vng gect darc loing du chemi. Toutesfoys aincoys est trouue le sepulchre de rachel a la main dextre prez de la voye sur lequel sepulchre y a vne piramide et figure mōlt belle q iacob y fist en tesmoignage du monument de rachel. auec ce y adiousta aulcunes grādes pietres en memoire du nōbre des enfans de israhel. ¶ A lopposite de la cite de bethleē est la tour ader ou du tropeau ou quel lieu iacob demoura aulcu peu de tēps apres la mort de rachel/et y pastura ses bestes. ¶ A cinq traictz darc

aa iiij

La tierce aage

de Bethleem est le lieu ou les pastours gardans et veillans sur leur tropeau a leure de la natiuite de ihucrist furet et ouyrent les angles chantans Gloria i excelsis deo en annuncant la natiuite du sauueur du mode. ¶Bethleem est situee en vng mont cōpetāment hault mais bien estroit qui en longueur se estend dorient en occident. Lentree de la cite est du coste doccidēt ou est vne cisterne dont dauid estant en garnisō desira souuerainement boire. En la fi de la cite vers orient soubz vne roche pres du mur est veu le lieu ou le soleil de iustice nasquist en ce monde en vne estable laquelle selōd la coustume de la terre a vne creche et mengouere faite de pierre. Par telle natiuite faite en lieu ort et poure il demonstra quil venoyt pour oster les ordures/immudicites et tenebres de ce monde. ¶ A iiii pies pres de la roche dessusdicte est vne aultre soubz laquelle estoit la cresche ou le doulx enfant hiesus fust mis deuāt le boeuf et lasne tantost apres quil fust ne. Nō obstāt il ma sēble q ce na este q vne roche mais on y a fait vng huys p lesq̄l on mōte de la chapelle ou coeur. On descēt de leglise ou lieu de ceste tres doulce natiuite p .x. degrez de lafīle descente ap assigne les causes cy dessus. Ceste chapelle est par dedens faite de ouurage tres autentique et pauee de marbre mōlt sūptueusemēt. et y a vng autel et table de marbre sur le lieu ou la benoite vierge enfanta sur lequel on peult aussi voir vne partie de la pierre toute nue ou na quist ihūcrist. Et semblablement vne ptie de la cresche ou il reposa a este lessee nue et descouuerte Affin quilz fussent plus deuotement baisez des chrestiēs. Iay este vne nuit en ces deux lieux en baisant maintenant lung et maintenant laultre par grāde deuotion. car ie ne vis iamais ne ouys parler de hōe q afferme auoir veu en tout le circuit du mōde eglise autant deuote comme celle de Bethleem Considere quen icelle sont colūnes et pilliers de marbre disposez tresnoblement par quatre ordres lesquelles columnes estoyent nō pareilles/non pas seulement pour la multitude et pluralite dicelles mays pour leur grandeur merueillable. Auec ce la nef de leglise estoit tres precieusement et magnifiquemēt ouuree (y auoit hystoires descriptes depuis la creation du monde iusques a laduenement de nostreseigneur/cestassauoir iusques au iour du iugement. En oultre le pauement de leglise estoit plaisamment compose de marbre de diuerses couleurs laquelle chose pour la diuersite des painctures embellissoit en telle facon souurage que selonē loppinō de plusieurs ne peulte estre estimee. car choses incredibles peuent estre dicelle eglise racontees. Entre les quelles iay veu vng miracle monlt glorieulx touchant les sarrazins qui honnorent toutes les eglises de la vierge marie et principalement ceste cy de Bethleem dont la cause est assignee telle. ¶ Le souldan estant en ceste eglise et voyāt la preciusite et sumptuosite des ornemens tablee et columnes commanda que tout fust transporte en son palaix en babilone desirant orner icelluy de telles choses precieuses. Les ouuriers ouyes ces parolles entrepridrent auec leurs instrumens de demolir q destruire lesdictes precieusites en la presence du souldan et de plusieurs autres. En ce faisant vng serpent de statue et grādeur merueilleuse sortist dūg mur sain et entier ouquel nauoit creuace ne fente ne q ne pouoit estre penetre par nul instrument fors a grand paine. lequel serpent mordist la premiere table quil rencontra en telle maniere que elle creua et se diuisa en deux parties. Et semblablement la secōde la tierce q la quarte iusques a la xxxe. Pour lesqlles choses les assistens furent merueilleusement esbahis. Parquoy le souldan incontinent se reuoqua de son propos. Le serpent sen ala dont il estoit venu souldainement. et leglise demoura en sō entier iusques a maintenant. Toutes/

fois les vestiges et traces du corps du serpent se monstrent en chascune destables comme vne combustion ou bruslement fait par feu. Vne chose singuliere en ce miracle est du serpent comment il peult passer par le mur q estoit plain poly et onny comme voirre. ¶ En la partie australe du coeur de ceste eglise est le lieu ou grande partie des innocēs fust decolle par herode. desqlz les corps y reposent. ¶ En lisue de ceste eglise contre aquilon est le circuit du cloistre des moines en descēdāt en icelluy par aulcunes degres. ou quel est la celle et chambre de Sainct Jerome. son lict, et son sepulchre. ¶ A sng gect de pierre de ceste eglise contre orient est leglise de saincte paule et de eustochium sa fille et leurs sepulchres aussi. ¶ A demie lieue de bethleem cōtre occidēt est vng village appelle Bethzech ou croist le meilleur vin de toute la terre. Et les habitans de ce village et des aultres pchains en la descente de la vallee Raphym iusques au torrent Botry sont tous christiens. et ont priuillege et sauf conduit du souldan en luy baillant tribut pour y demourer et les vignes labourer. En ce village fust adombezech pris et y eust les sūmites des piez q des mains coupees. ¶ A six lieues de bethleem contre orient sur la mer morte est le mōt engaddi duquel est parle dessus ¶ A trois lieues de engaddi contre auster est le mont achile qui fust denōme messeda apres ce que herode y eust edifie sng chasteau inexpugnable. En ce lieu se absconsa et mussa aulcunesfoys dauid fuyant la face de Saul, come appert ou xxvj du pmier des rois. ¶ A deux lieues de bethleem contre le mont achile est la cite techua situee en montaigne de la quelle nasquist amos le prophete et y fust enseuely apres ce que par ochozias roy d'israhel y fust de nuit occis en luy trespersant les temples du chef. A ceste cite est voisine la ville de techue. ¶ Entre techua et engaddi est la vallee de benediction ou Iosaphat roy de iuda batailla contre les

Feuillet ix.xx xvii

ydumees et les filz de amon en sesseur montant. ¶ A vne lieue pres de ce lieu a la main senestre contre le desert de la quarentene Herode le grād edifia vng chasteau nomme Herodium, situe en lieu eminent et hault ou quel il est enseuely, tesmoing Josephus. ¶ A cinq lieues de techua entre orient et auster est vne ville nommee ziph pres dung desert alsy appelle ou quel cōe est escrit ou xxvj du premier des roys se absconsa dauid souuēteffois. ¶ A ce desert est voisin le desert marcō ou quel est la mōtaigne du carme ou habita Nabal, tesmoing le xxv du premier des roys. le quel repudia les messagers du roy Dauid. et puis apres sa mort Dauid prist en mariage sa femme abigail. ¶ Au desert machon entre auster et orient est voisin le mont seyr. ¶ Aussy a ce desert contre auster est prouchaine la terre de amalech que saul commanda estre destruicte q les habitateurs occis ou xv du premier des roys. Deuant ceste terre est cades berne ou lōg tēps demourerēt les enfās disrael apes le depart degipte. duql lieu furēt envoyez les xij exploratures pour cōsiderer la terre. q dont se partist israel quāt il circuit et enuirōna le mōt seyr q puis retourna au desert par le chemi de la mer rouge. ¶ A iiij lieues de bethleem cōtre auster ou chemin tēdāt a ebrō est vne ville nommee bethachar situee en hault lieu. a laqlle du coste de midy est voisine vne autre ville nōmee Rama mōlt haulte. De laqlle moy acōpaigne de plusieurs autres iay veu toute la terre darabie iusques au mont seyr. tous les lieux a lētour de la mer morte. les musses q abscōsemēs de dauid: le fleuue iordai. En outre iusques a syche q iusqs au mōt abarim. Mais contre occidēt ap veu de ce mesme lieu tout le riuage de la grand mer depuis Jope iusques a gazan et bersabee, q iusques au desert Seyr et sur. En oultre toute la terre Des philistiens. Ramatha, zophim, Geth, accharon, azotum, Januia, ascalone, et toute la planice q champ qui est soubz le mont de Juda.

La tierce aage

¶ A vne lieue de Pama vers la main dextre prez du chemin royal tirant en ebron est vng mont appelle mebre ou habraham habita long temps. Dont luy estant assis ou pie dicelle montaigne a luys de son tabernacle vit trois hommes descendans lesquelz il receust en son logis et hospital humainement tesmoing le xviij. de genese. Deuant luys de ce tabernacle est encor veu auiourduy vng arbre nomme en latin plex lequel est procede de la racine de lancien arbre qui pour le temps dabraham y estoit. Cest arbre a les feuilles vng peu plus grandes que larbre nomme lentiscus mais est le fruit du tout comme le fruict de chesne dont iay aporte et du fruit et du bois en bonne quantite. ¶ A demie lieue de cest arbre de membre vers la main dextre q prez du chemin est ebron lancienne cite. qui par auant estoit appellee acharbe, situee en vng mont hault et fort en laquelle dauid regna sept ans. mais est maintenant du tout en tout destruicte. Par les ruines qui sont grandes est cognu combien a este glorieuse au temps passe. ¶ A vng traict darc de ceste cite contre auster en declinant vng petit vers orient est ebron la nouuelle cite edifiee ou lieu ou estoit la double fosse en laquelle sont enseuelis adam, eue, abraham, sarra, ysaac, rebecca, iacob, et lya. ¶ A lenuiron dicelle double fosse qui estoit en leglise cathedrale ont les sarrazins fait vng edifice plus fort que nay point veu en terre seche ne en lieu plein q onny es murs duquel iay veu pierres de xxviij. viij. et xx. piez. et de leglise cathedrale ilz ont fait leur mahomerie lequel lieu ilz ont en plus grande reuerence que le meche ou est ensepulture mahomet. Iay visite le sepulchre des patriarches en ce lieu et y ay demoure vne nuyt. ¶ A vng traict darc prez dicelluy sepulchre qui aultrement est nomme la double fosse est le champ damascene ou quel fust forme adam. Selond la verite ce champ est de terre moult rouge. q est du tout flexible comme cyre. parquoy ien ay aporte en grande quantite. Et semblablement font les aultres pelerins chrestiens visitans ces lieux. Et qui plus est les sarrazins en portent a cameaux en egipte, en ethiopie, en inde et en aultres lieux et la vendent comme pour espices moult cherement. Et toutesfoys la fosse apparoit petite en ce lieu qui est chose de moult grand esmerueil. Car lors que ie y estoye quatre hommes ne eussent peu se assoir dedens. et auec ce nestoit point plus parfonde que la haulteur de mes espaules. On dit que lan reuolu tant soit la fosse grande ellest remplie miraculeusement. De laquelle chose moy estant ou lieu ay oublye a demander la verite. On dit en oultre que quiconques porte auec soy aulcun petit de ceste terre il ne peut estre dommage ne blece de nulle beste. Aussi ceste terre preserue q garde homme de trebuchement q male fortune. ¶ Ceste vallee a lentour de Ebron est moult fertile plaisant et delectable sur toutes aultres pour demourer. ¶ A vng gect darc de ceste fosse contre auster est le lieu ou Cayn occist son frere abel, comme est dit ou quatriesme de genese. Non obstant le maistre du mirouer historial ou chapitre ix. et aulcuns aultres dient quil fust occis a lenuiron de damas. Laquelle chose ie ne croy pas. ¶ A deux iectz darc dicelle fosse contre occident en vne montaigne ou coste meridional de lancienne cite Ebron est vne fosse dedens vne voche ou adam q eue ploureret cent ans leur filz abel. desquelz les litz y sont encor apparceus. auec ce y est veue vne fontaine ruisselant et courant dont ilz buuoyent. Ceste fosse a en longueur et largeur prez de trente piez. ¶ Au dessoubz de ceste fosse est en vne vallee le chemin q maine de Ebron en gazan contre auster.

¶ A deux lieues de Ebron contre mydy est dabir aultrement Cariathsepher, cest adire cite des lettres. laquelle fust prinse par othoniel filz de zeneth et frere maisne de Caleph pour laqlle caleph luy dona en mariage sa fille axã

Feuillet ix.xx xviii

A deux lieues de ebron contre aqui/lon en declinant vng peu vers occidēt est neelescbol ce stadire le torrēt de la vigne/ou la vallee des lermes dont les explorateurs aporterēt le cep de vigne auec sa grape que portoyēt deux hom/mes. ¶ A la main senestre de ceste val lee descēd le ruisseau ou sainct philippe baptisa Candaces ennucbe/cestadire effemine ¶ ipotē a generation. Et est ce ruisseau a demie lieue loing de ceste vallee et a deux lieues loing de zizebe/lecb. ¶ A quatre lieues de neelescbol cō tre hierusalem est la maisō de zacbarie en laquelle entra la benoite vierge ma rie et salua belizabeeb. Auffy en ycelle nasqst sainct ieban baptiste. ¶ A deux lieues de ceste maison contre aquilon ¶ semblablemēt a deux lieues de nicopo se contre occidēt est nobe cite des pstres qui maintenant est dicte Betbenepol ou cbemin qui maine a diopole et a ra matba. ou david receust de abimelecb prestre le glaiue de goliatb getbien. ¶ A vne lieue de betbleem ou cbemin qui tire a tbecua est le sepulcre de sainct tzariotb abbe/et de ses moines lesquelz trespasserent tous auec luy. Auql lieu a eu anciēnemēt grand apport ¶ grād accours de diuers lieux.

¶ Chapitre cēt xxxij de la diuision australe.

La premiere diuisiō de la quarte australe cōmence en la cite dacre ou accō cōme toutes les autres.ou premieremēt est la cite de ca ppbe a quatre lieues de accon situee ou pic aquilonaire du mōt du carme ¶ A troys lieues de cappba cōtre auster est le cbasteau des pelerins appartenant aux cbeualiers du temple/bien garny fortifie de murs/de tours/et de barba/canes/et autres fortresses sur tous les lieux que iamais possiderent les cbristi ens.¶ est situe ou cocur de la mer. A vne lieue de cappba a la main senestre qui maine ou cbasteau des pelerīs sur la mōtaigne du carme est la fosse de be

lie et la demourāce de belyseue ¶ le mō du carme. ou babitoyēt les filz des pro pbetes ouquel demeurēt auiourduy re ligieux carmes auec lesqlz iay este. ¶ A quatre lieues du cbasteau des pe/lerins est cesaree de palestine cite me/tropolitaine ou estoit le siege arcbiepi scopal ¶ pmierement estoit nōmee dor ¶ secōdemēt pirgus stratonis. Et puis apres le grand berode qui la restaura ¶ reedifia la denōma cesaree a lōneur de cesar ¶ Josepbus escrit plusieurs cboses de la structure munitiō et garnison di/celle cite. Elle est du coste doccidēt enui rōnee de la grād mer. Du coste dorient est close dung maretz et palut doulx ¶ parfōd/ou quel ya grāde multitude de cocodrilles. Je fusse la en cbeu grād pil se nreseigneur ne me eust pserue. Ce/ste cite est en assiete bien ferme et forte. mais auiourduy est du tout en tout de struicte. Sainct pbilippe et sa fille y ont eu vne demourance. Sainct pierre y baptisa cornille centurion qui pmier en icelle cite fust fait euesq. Aussi sainct pol y disputa treselegāment deuant le roy agrippa ¶ le preuost felix cōtre ter/culus lorateur ¶ A troys lieues de ce/saree cōtre auster est vng village auiou duy nōme assur. mais iadis antipatra da en memoire de antipater pere de be rode le grād ¶ A.iiij.lieues de assur cō tre oriēt et maneritb qui maintenāt est dite tzatbo ¶ fust de la lignee de manas ses assise en la planice soubz le mont de effrapm et nō pas loing du mōt saron. En ceste ville mirent les sarrazis gar nisō cōtre le cbasteau des pelerīs. Aus/sy en ceste ville est le cbemī tirāt en sy/cben ¶ en bierusalē. ¶ A quatre lieues de tzatbo cōtre auster est le mōt Saron ¶ la ville Sarona dont est faite menti on es fais des apostres. ¶ De assur ou Dora y a viij.lieues iusques en Jope qui est situee sur la mer. ¶ A quatre lieues de Jope est getb cite proucbaine a la mer laquelle estoit iadis lune des cites des pbilisties/mays maintenāt nest que vng petit village appelle ybi lin. assis en vne petite montaigne.

La tierce aage

¶ A deux lieues de geth contre auster est bethsames cite de iuda dont est faicte mention cy dessus. ¶ A deux lieues de bethsames contre auster ou mont de iuda est Seu le mõt modin.dõt les machabees sont natifz.desquelz les sepulcres y sont auiourduy.Seux des hõmes estãs en la mer/pource que la situation du lieu est haulte. ¶ A quatre lieues de bethsames contre duster (nõ pas loing de la mer est accoron iije cite des cinq citees des philistiens.maintenãt est vng petit village/cõbien que tousiours retienne son nom ancien. ¶ Iiij lieues de accaron contre auster est azotus iije cite des cinq cites des philistiens. distãte vne lieue de la mer Et est maintenãt pareillemẽt vng petit village.

¶ A deux lieues de iope est lidda ou diopolis de laquelle est parle dessus. ¶ A deux lieues dicelle contre orient maps en declinãt aulcunement contre aquilon est lepua cite prouchaie a lachis laquelle Iosue expugna et prist.et aussi laquelle sennacherib assiega cõe est escrit ou iiije des roys. ¶ A iij lieues prez de la/ou chemin qui tire a Gabaon est la ville acechada/et vne aultre nõmee maceda lesquelles iosue expugna quãt il vint au secours des gabaonites. Et semblablement prist les cinq rois musséz en vne fosse aux quelx il fist trencher les chefz apres ce que ses cheualiers eurent mis leur piez sur leurs gorges.

¶ A iiij lieues de cy contre orient (prez de nobe et sohoth cite de iuda prouchaine a la Vallee de lespine ou dauid encor enfant moyennãt vne fonde et vne pierre occist goliath gethien. ¶ Par lespace de vne lieue cõtre auster descẽd la voie q̃ maine de iherusalẽ en ramatha et iope. De nob qui maintenãt est nõmee bethanopol iusques en emaux q̃ maintenãt est dicte Nicopol y a troys lieues. A vne lieue et demie de emaux ou coste de la maison de zacharie q̃ est lessee a la main dextre de ceulx q̃ vont en hierusalem est le chemin par la Vallee de raphaym. ¶ A lieue et demie dicelle maisõ de zacharie est vng fortcha

steau nõme bethsura situe au coste de la mõtaigne cõtre bethzech et bethleẽ. lequel fust edifie ou tẽps des machabees.mais fust par anthiochus ladolescent fraudulentemẽt pris (est demie lieue et vng peu plus/loing de iherusalem. ¶ A vi lieues de azotu contre auster est ascalone iiije cite des philistiens situee ou riuage de la mer/et a pat forme de demi cercle.laquelle est si biẽ garnie et fortifiee que cest lescu des sarrazins. ¶ A cinq lieues de ascalona cõtre auster est la cite de gaza situee ou riuage de la mer au chemin qui tire en egypte et est maintenãt appellee gazacha. ¶ De gaza iusques en bersabee q̃ maintenãt est dicte giblim y a quatre lieues. Et est la fin de iudee et de la terre de promissiõ contre auster.En laquelle demourerent long temps abzaham (y psaac cõme est escript ou xxiije de Genese. Bersabee est plus dune iournee loing de Ebron cõe est la cite gaza. Apres ces parties de la terre de promissiõ qui escheurẽt au sort et distribution de iuda se ensuyt le grand desert qui se estend iusques au fleuue degipte ou quel demourerẽt long tẽps les enfans de israel alans de lieu en lautre.

¶ Chapitre cẽt xxxiiije de la lõgueur et largeur dicelle terre saincte.

La longueur de sa terre saincte selond ce que iay peu voir et congnoistre cõmece en aquilon soubz le mõt libanus ou est situee la cesaree de philippe et se estẽd iusq̃s en bersabee cite de iuda contre mydy. Touteffois la longueur et largeur que les dix lignees habitopẽt nest point mõlt spacieuse selond ce que iay peu enfercher (cõsiderer de mes yeulx en cheminant par icelle terre. Auec ces choses ie ameneray le tesmoignage de iosephus q̃ la descripte cõe ie mõstreray. Neantmoins te ne diray gaires de chose de la terre des deux lignees et demie pource q̃ iay peu habite outre le fleuue iourdain

Feuillet ix.xx.xix

dont ne fay peu fouffifamment Difiter mays felond mon aduis la lōgueur dicelle depuis le cōmēcemēt feptētrional de la mer de galilee iufqs au torrēt arnō ou elle est terminee cōtiēt xlvi lieues ⁋ La terre des dix tribus et lignees a lenuiron du fleuue Jordain eſt en longueur et largeur ainſy deſcripte par ioſephus. ⁋ La lignee de iuda cōprēt la region ſuperiore la quelle en longueur est estendue depuis egipte Juſques en hieroſolime qui eſt leſpace de xij iournees. Mais en largeur ſe eſtend depuis la mer morte iuſques a la grand mer leſpace de xv lieues. ⁋ En ce tribu et lignee de iuda eſt iointe la lignee & ſort de Symeon. principalement en ycelle partie qui eſt entre egipte & le mont de arabie. ⁋ Les beniamites ont leur poſseſsion depuis le fleuue iourdain Juſques a la grand mer qui est en longueur xij lieues. Mais en largeur ſe eſtēd iiij lieues depuis hieruſalem iuſques en bethel ⁋ La ligne de effraym tient en lōgueur xvj lieues depuis le fleuue iourdain iuſques a gadrian prez de Joppe. Mais en largeur xiij lieues iuſques au grād champ ou cōmēce galilee ⁋ La moitie de la ligne de manaſses qui eut ſon lot depuis le fleuue iourdain iuſqs a la grād mer ou eſt ſituee la cite dora Contient douze lieues en longueur Mays en largeur cinq lieues Juſques en bethſau ⁋ La ligne de pſachar contient en longueur viij lieues iuſqs au fleuue de Jourdain et a la montaigne du carme prez de magedo. Mais en largeur contient cinq lieues de Bethſau iuſques au mont thaburin. Ceſte terre fuſt treſgraſſe parquoy pſachar euſt mains de poſſeſſion et pource dit iacob ou xlix de Geneſe es benedictiōs quil donne a ſes enfans que ceſte terre eſt tres bonne et adonnee a repos La lignee de beniamin fuſt treſpetite ſemblablement pour la fertilite de la terre.

⁋ La lignee de zabulon comprent en longueur neuf lieues / ceſt aſſauoir la montaigne du carme Juſques a geneſareth mais en largeur contiēt depuis le mont thabor: par la vallee de carmaleon leſpace de cinq lieues. Ceſte terre eſtoit ſemblablement monſt fertile.

⁋ La ligne de Aſer contient en lōguexx lieues par toute la terre de carmaleon iuſques a ſidone la grand. Mays en largeur contient neuf lieues depuis la grand mer contre orient Juſques a Maaſon & cabul. Ceſte terre eſtoit montueuſe pour ſa plus grande partie et y eſtoit vne cite nommee acre ⁋ La lignee de neptalim contient ſes parties vers orient et damas / et toute galilee ſuperiore depuis ſa mer de galilee Juſques au mont libanus / et aux fontailles de iourdain deſquelles le cours deſcent des montaignes. En longueur vers orient contient dix lieues. et ſept en largeur contre acquiſon Depuis la mer de galilee iuſques au mont Libanus ⁋ La ligne de dan comprent en lōgueur les lieux de la vallee prez de la grand mer en venant de mydy vers ſouleil couchant. En largeur contient Januia beth, et accaron prez de la mer iuſques a bethoron vers orient au pie de la montaigne dont la ligne de iuda dependoit. De ceſte ligne ie ne nombre point quantz milliaires ne lieues elle cōtient pource q̄ elle a et prent ſes parties prez de la mer des lignees de Juda de Beniamin et de Effraym. Car de iuda elle tient Azotum Accaro & geth. De beniamin / Januia et Ramatha iuſques a ioppe et Lidda. Et de effraym / pope et zaron et ſes auſtres lieux maritimes iuſques a la cite dora.

⁋ Selond la deſcription deſſuſdicte toute la terre ſaincte eſtant a ſenuiron du fleuue iourdain ne ſeurmōte point en nul lieu leſpace de xvj lieues en largeur. la quelle largeur ſe cōmēce au fleuue iourdain en orient et ſe termine a la grand mer / vers occident / en declinant vng petit a ſeptentrion. Mays en longueur qui eſt de aquilon en Auſter / ceſt aſſauoir de la cite de Dan maintenant appellee Belenas ou ceſaree de philippe iuſques a Berſabee q̄ maintenāt eſt dicte giblin / cōtiēt iiij.xx

La tierce aage

et dix lieues. Par les choses dessusdic/tes appert en longueur, largeur, et situation toute la description de la terre saicte veritablemēt descripte. laqlle description est mõlt vtile et necessaire pour les liures historiaulx de toute la bible estre congnus, notes, declaires et entēdus. ¶ Cy apres reste a parler des cerimonies, meurs, coustumes, conuersation et condicions des habitateurs dicelle terre. et premieremēt des fruictz q y croyssent nous parlerons a la commēdatiõ et grande loenge dicelle.

¶ Chapitre cēt xxxiiii des fruictz de la terre saincte.

Entre toutes regions est la saincte terre ennoblie et son/uerainemēt derozee pour les biēs q en elle sont singulierement plus q es aultres, cõbiē que aulcūs affermēt le contraire. Elle est tresfertile en formēt le/quel y croist sans grand paine ne trop Behemēt labour, car deux boeufz seule/mēt sõt souffisās pour la biē labourer. Dont pour sa facilite nest point neces/saire dauoir cheuaulx pour mener et tirer la charrue. ne qui plus est, de fumer ne de fienter les chãps pour les engresser affin quilz rendēt mieulx le fruict quilz doibuēt dõner. La terre de sõ bon gre sane constraincte aulcune produit plusieurs bōnes herbes, cōme fenoil, saulge, Ruhe et roses qui croissent es chãps habondāment. Aussi es feuil/les de aulcunes petis arbres y croist lai/ne succide et humide laqlle y est coeuil/lie vers la feste de sainct michel. et est nõmee telle laine succide pource que el/le procede du sucz et du Iuz dicelluy ar/bre. Semblablemēt y croissent cannes ē roseaux de miel semblables a roseaux cōmuns, cōbiē qlz soyēt vng petit plus grās. Ces roiseaux ne sõt point creux ne vuis par dedens mais sont plains due substāce et mouelle humide ē moi/te semblable a ce qui est trouue ou tuiau des Berges de subz. Ces cannes ou roseaux coeuillies sont coupez en parties et pieces contenans demie paulme, les quelles sont espraintes et pressees. par quoy chet et vient vne eaue qui est cui/te en chauldieres darain laquelle eaue inspissee et faite espesse est mise dedens peniers fais de Vergetes. Et apres pe/tit a petit est sechee et endurcie, dõt par tel moyen est le succre fait et forme. nõ obstāt dicelle eaue cuyte estāt dedens iceulx peniers est distillee vne liqueur mõlt delicat et a rendre les Biādes sa/uoureuses mõlt cōuenable q est appellee miel de sucre. En outre ces cānes sõt coupees de la lõgueꝰ dūg doit ou euirõ en telle maniere q les parties ont tous iours ou milieu vng neu cõsidere quen chascū roseau y en a plusieꝰs. Ces par/ticules en pritēps sont enterrees es li/eux moites qui par conduitz deaue sõt humectez. par ce moyen croissent nou/uelles cannes. car de coste et daultre du noeu en vient vne et ainsi de chas/cune en procede deux. Sont apt la ma/niere de leur plantatiõ ¶ En ceste ter/re sont trouuees peu de poires, põmes cerises, et noix, cōme es parties trans/marines. Mais sõt apportes de damas les fruictz se aulcuns y en a, lesquelz sõt tous molz et ne peuent pas lõguemēt durer pour la grāde chaleur du terrouer et la vehemente decoction dont ilz sont espris auāt ce quilz soyēt deposez et ostez hoze des arbres. Toutesfoys en ceste terre sont aulcune fruictz q es arbres sont conseruez ē gardez tout au long de lan. et desquelz les hommes vsent. En vng mesme temps on treu/ue sur les arbres fleurs et fruictz ē im/mures et plais de maturite Tellemēt q souuēt aduient quen vng arbre ouql na nulle difference quant a son espece sera trouue fruict de quatre dispositiõs Et sõt ces fruictz pommes appellees nauranges, lemones, pommes de adam et plusieurs aultres desquelles les ha/bitans font des saulses ē brouetz pour menger poucins rotis, poissons, chars et aultres Biādes seblables car ilz dõnēt aux Biādes mõlt grāde saueur ē rē/dēt appetissās et de grāde cōmēdation

Feuillet ij

Aussi en ce lieu sont pommes q̃ aulcunes foys sont moult grãdes Desq̃lles en la cite d'acre sont fais electuaires tresbõs Semblablement en ce lieu sont pommes de paradis dignes de grãde admiratiõ lesquelles croissent en maniere de moissines et grapes ce quelles sont aulcunesfoys lx grains ou plus/ayans la longueur dung doit q̃ grosseur d'ung oeuf de geline. dont lescorche est de l'espesseur de l'escorche d'une feue et est getee au loing mais est de couleur iaune et mõlt delicate. Le fruit estant dedens est mẽge. La couleur dicelluy fruict est blanc. et tend aulcunement sus le iaune. La saueur est doulce et delicate cõme de burre mixtione auec miel. Les graines du fruict dessusdit nont point en eulx aulcune semence dont sont du tout mẽges sans riens laisser. Et est le dit fruict ũng an auãt quil soit paruenu a croissance et maturite. L'arbre ne dure point plus de deux ans car il est de telle nature quil seche tost quãt le secõd an se accõplist. Mais lors de la racine dicelluy cõmence proceder q̃ se leuer ũng autre arbre en continuant tousiours de lune a laultre. ¶ Les feuilles de cest arbre sont de stature aussy longue cõme est ũng hõme. et de largeur telle que de ij. lõme pourroit couurir tout son corps. Aultres merueilleuses cõditiõs sont en cest arbre lesquelles pour maintenant ie laisse. En parlant des Uignes et disãt quen icelle terre saicte ya plusieurs Uignes mais nõ pas tãt q̃ il y aroit se les sarrazins possesseurs de la terre buuoient du Uin publiquemẽt cõme chrestiẽs pour la quelle cause ilz destruisent et extirpent les Uignes. Toutesfoys aulcũs sarrazins pchals des chrestiẽs les labourent pour le gaing q̃lz en recoiuent des chrestiens en Bedãt les grappes et raisins a iceulx. Dõt ilz fõt du Uin et est ce Uin de la terre saincte tresbon et noble sur tous aultres Uins et mesmement a lẽuirõ de bethleem en la ballee de rapha/yn dõt est faite mentiõ ou xxiij du ijᵉ. des roys. Et semblablement iusques en neescol du quel lieu deux hõmes rapor

teret en une nuit le bourgon de Uigne tesmoing le xiij du liure des nõbres ¶ A lentour de sydone. q̃ cõsequamẽt en toute la lõgueur du mont Libanus croist tresbon Uin. Pareillement en antriado/en mergatho. en tout le Piuage de la mer iusq̃s en silice/capadoce toute grece et honguerie. Entre lesquelz pais ya en antriado une chose merueilleuse a raconter touchãt les Uignes ai sy cõme les habitateurs me l'ont declairé/cest assauoir que d'une mesme Uigne et cep est faite Uendange trois foys lan pour lesquelles choses facilement cõpredre. declairee Deuil la maniere obseruee en la terre des assisines et a lenuiron de antriado. Quãt la Uigne p̃mierement ou printemps gete ses bourgõs et son bois on la taille et gete sen le superflu au loing. Secõdemẽt est taillee en auril quant les bourgõs sõt ia grandeletz. Et tiercemẽt en may est fait semblablemẽt. Par ceste façõ ya trois manieres de bourgõs apoztas grapes en diuers moys. ce quelx sont Uedenges diuerses. Car ceulx de mars sõt Uendengez en aoust. ceulx d'auril en septẽbre. q̃ ceulx de may en octobre. Par ainsy on treuue tousiours au marche raysins murs de puis la pentecoste iusques a la sainct martin d'yuer ¶ En oultre figues/pommes de grenate/miel/huylle/ et diuerses manieres et especes de potaiges cõme ponpõs/coucourdes/q̃ sẽblables y sõt trouues habõdãmẽt. Le ble y est tresbõ dõt est fait pain sauoureux. pricipalemẽt en hierusalẽ. car ie nay poit memoire d'auoir iamais mẽge pai plus delicatif ne de meilleure saueur. Pour ceaulx seglicrs/cheureulx/ lieures/daints/perdrix/cailles/q̃ autres oyseaulx et bestes Uenatiq̃s de nom y sõt en si grãde multitude q̃ on est esbahy de les Uoir et regarder. pareillemẽt de lyõs/ours/cerfz/dormadaires/et autres bestes saul uaiges. et mesmement cameaulx y sõt infinitz. car ie y ap veu tropeaux de cameaulx a lẽuirõ de la fi du mõt libanus prez d̃ tripolis lesq̃lx cõme me disoiẽt les paisãs cõtenoiẽt iiij

La tierce aage

Bref pour dire les biens de ceste terre il fauldroit occuper beaucop de temps. Car entre les aultres singularitez elle contient ruisseaulx de laict et de miel qui est chose moult precieuse.

¶ Chapitre cent xxxv Des meurs et conditions des habitans de la terre saincte

Ceſt choſe moult piteuſe de ce que les habitans dicelle terre saincte sont tres mauluais/Infames τ laitz. dont me suis souuent esmerueille comment la terre les peult porter. En ceste terre habitent gens de toute nation qui est soubz le ciel/Siuās chascun a son appetit et selon les coustumes de son pais. Entre lesquelz habitans ay trouue les latins pires τ plus detestables que nulz des aultres. de la quelle chose peult estre assignee telle rayson. Quant aucun malfaicteur come homicide/larron/fornicateur/ou de vices semblables enteche a fait aucun villain cas dont il a peur de sa peau/il passe outre la mer/de diuerses parties des latins/ceſt aſſauoir de theutonie ou alemaigne/de ytalie/de france/dangleterre/de espaigne/de dace/de polonie/ De honguerie et daultres parties du monde. Lesquelz muent et changent seulement lair et non pas le couraige come dit sainct Jerome. Car apres ce quilz ont demoure en icelluy pais ont despendu plus de biens quilz nen y ont porte. Il en fault conquester de nouueaux en retournant a son domiſſement et faisant pis que deuant. en tant quilz reçoiuent et logent les pelerins/qui sont de leur pays lesquelz se fient en eulx τ en leur conseil ignorans leurs fraudes et malices dont soubz umbre de bonne foy sont iuſtablement deceuz et perdent leurs richeſſes et honneur. ¶ Telz habitateurs engendrent enfans imitateurs des vices paternelz dont viennēt erreurs subsequentz plus abhominables que les premieres et anciēes. ¶ Ilz marchent et coinquinent de leurs piez polutz τ de leur vie detestable les saictz lieux dont souuent il aduient que pour liniquite et infamete des habitans la terre et lieu de sanctificatiō soit despriſe et uillipende. ¶ Auſſy en icelle terre sainte les chrestiens et latins sont pluſieurs sarrazins honnorans mahōmet τ gardans sa loy. lesquelz tiennent iheſuſ crist pour le tresgrand de tous les prophetes. Et quil fust cōceu du sainct esperit et ne de la vierge marie. combien quilz nyent que il ait souffert mort et passion. Mais quant Il luy a pleu est monte ou ciel et se est assis a la dextre de dieu le pere. car ilz le confeſſent filz de dieu. En oultre afferment que mahōmet est assis en la seneſtre de dieu. Telz sarrazins sont tres villains τ ors Ont tant de femmes quilz en peuent nourrir. combien quilz commettēt tres souuent le peche contre nature. Nōobſtant ilz sont moult hospitaulx et benigne en faisant plusieurs seruices et plaisirs la ou ilz se peuent employer come ie lay esproue. Ausquelz se lē fait ung petit de seruice ilz le retribuent habondamment. Sans iceulx sont daultres nommez syriants ou sires/qui empliſſent toute la terre. Jasoit ce quil y ait aulcun peu de chrestiens Lesquelz ne gardent aux chrestiens ne foy ne le aultre. Ilz viuent pourement et sont beſtus petitement. Sont eschars et chiches. ne donnent nulles aumosnes. Le plus riche de eulx tous ne vit poit plus delicatiuemēt ne habondammēt que le plus poure. Ilz habitent auec les sarrazins et sont le plus souuent leurs procureurs et negociateurs. Auſſy ilz concordent et se conforment grandement en habit auec iceulx sarrazins. Il ny a entre eulx difference fors en une ceincture de laine. ¶ Semblablement y a grande partie de chrestiens grecz lesquelz sont tous scismatiques fors ceulx qui ou consille general furent par gregoyre x reduitz et retournez a lobeiſſance de leglise romaine. Non obſtant quelq reduction ne aduisement quilz ayent eu ilz sont encor remplis τ auuglez de erreurs infinies. Car les chrestiens mesmes et latins nen sont pas auiourduy exempts, considere quilz sont ifinies folies Tous les prelatz de ces grecz sont moynes de grande abstinence et de honneste conuersation et merueilleuse. Ilz sont moult deuotz. Le peuple a en grande reuerence et honneur ses prelas. Et combien que souuent iaye entendu de le patriarche disant quil seroit Voulentieres subget et obeissant au sainct siege apostolique, toutefois ie me esmerueille moult des prelas inferiores, comme archeuesques et euesques qui Veulet contraindre leurs souuerains come moy qui suis patriarche de constantinople et de anthioche a estre subget a eulx en leur faisat obediece et en baisat leurs piez. laquelle chose iamais ne ay Voulu faire que au pape seulement. En ycelle terre come est dit dessus sont armeniens, georgiens, nestoriens, nubiens, Jabis, caldees, medes, perses, ethiopiens, egiptiens, maronites, et plusieurs aultres de multitude infinie lesquelx sont tous chrestiens qui ont chascun son patriarche au quel ilz obeissent. lesquelx patriarches disēt que tres Voulentiers ilz obeiroyent a leglise Romaine. Aucuns diceulx peuples come nestoriens et iacobiniens ont pris telle denomination daulcuns heretiques qui de telle secte ont este les capitaines et conducteurs premiers. Aussy en la terre saincte y a madianites qui aultrement sont appelles Beddomynens et daultres nommes turconiens, lesquelx singulierement se occupent et prennent grande delectation a nourrir bestial en quoy sur tous ilz habondent grandement. Et nont point de certaine mansion, mais en quelcōque lieu quilz treuuent pasturage ilz se transportēt auec leurs tabernacles q̃ sont fais de peaulx de cheuaulx ou daultres bestes. Ilz sont grans bataillans et ne Vsent en bataille sinon de espees et de lāces, et iamais de flesches. Disans que cest grand iniure a lōme de oster la Vie dung aultre par le moyen dune sayette. Ilz ne sont

armez sinon de peaux rouges ou de pellissons au dessus des quelx ont Vne robe longue et large et ont les testes couuertes dung coeuurechef come les femes de deca la mer. Et ce peuple est plaine toute Sirie. Non obstant que aussy aulcuns habitent a lenuirō du fleuue de Iourdain Depuis le mont Libanus iusques au desert pharan. Car en ce desert sont montaignes pour les cheures et brebis, champs pour les boeufz Vaches et cameaulx et habōdances deaues pour les hōmes et Iumēs. Les brebis y sont merueilleusemēt grandes et principalement les moutons lesquelx ont les queues si tresgrandes que Vne seullement souffist pour le repas de deux ou de iiii hōmes. Les nestoriens habitent a lentour de berich et de biblium es montaignes de libanus a senuiron de pthuree. Les maronites habitēt a lentour de la fontaine des iardins contre tripolis en telle multitude et si copieuse quilz se nombrent xl mil combatans. Autour du chasteau archas derriere tripolis iusques au chasteau karch habitent aulcune sarrazins nōmes Vannes, auxquelx sont prouchaine autres appelles assisines, habitans es mōtaignes iusques en gad, et apante plusieurs fois chasteaux, belles cites et terre molt fertile. Ilz ont seblablement xl mil combatans et Vng seul capitaine et seigneur lequel na point telle domination par succession paternelle mais par prerogatiue et exellence de merites et desertes. Et est appelle le Viellart des montaignes, non pas pource quil soit Vielle ancien mais pour la maturite et soutillete de son engin, auquel ilz obeissēt iusques a la mort. et a son commandement ne different point de tuer aucun incontinent, ou quel office et exequution ilz iugent estre et desseruir paradis pose quilz fussent occis auant ce quilz ayent acomply leur obedience. Ce peuple fut nagaires dispose de se soubzmettre a lobeissāce de leglise romaine en enuoyant a la cite de acre messager pour executer le negoce, lequel aprez ce

La tierce aage

qui euſt acomply ſa voulenté en retor/
nāt en ſa terre fuſt occis ou cheminparticulier
iceulx qui le deuoyent conduire. laqlle
occiſion fuſt et tourna en perte et dom
mage a toute leglise catholique. Car
tel peuple voyant que aux chriſtiens
ny a point de foy ſe retira et oſta de ſon
propos encōmence. ¶ La terre dicelluy
peuple eſt ſeparee de la terre des chriſti
ens par aulcunes pierres. eſquelles eſt
entaillee et iprimee vne croix denotāt
la terre des chriſtiens. mais ce aultres
eſt le ſigne et figure dung couſteau ſi/
gnifiant le pays apartenir aux aſſiſ/
mes. Leſquelx ne furent encor iamais
ſubiuguez de nul ſouldan. mais ſont
maiſtres de ſoy meſmes cōme eſt dit
ſont des loyx et droix dont ilz uſent
a leur appetit. Sont craints et redoub/
tes de toutes regions pour leur feroci/
te. ¶ Pource que deſſus auōs parle be
aucop de telx habitateurs tranſmaris
nous ne debuōs point ignorer vne cho
ſe dont pluſieurs affermēt le contraire
et ce quilz nont point veu. ceſtaſſauoir
que tout orient oultre la mer Juſques
en Jnde et ethiopie confeſſe/preſche/et
honore le nom de iheſucriſt fors les ſar
razins ſeulemēt et aulcus des crethes
ou crethoniens qui ont leur ſiege en ca
padoce Et pource le puis affermer cō
en oultre ay veu et ay ouy et entendu
de ceulx a qui les regiōs doultre mer
eſtoyent plus cōgnues que a moy. ceſt
aſſauoir quen tout lieu et royaulme du
monde fors que en egypte et arabie. por
vng ſarrazin on trouuera xxx chriſti/
ens. mais pource que iceulx chriſtiens
trāſmarins. ceſtaſſauoir ſiriens/arme
niens/capadoces/grecz/caldees/medes
perſes/parthiens/ Jndes/ Nubians/ Ja
cobens/aſians/georgiens. et bref toutes
les natiōs orientales ignorēt luſage
et exercice des armes. Jlz ſont toſt ex/
pugnez et conuaincus quant ilz ſōt aſ
ſaillis des ſarrazins/ou tartarins dōt
iceulx querans repos ſe mettēt en leur
ſubiection en achetāt paix par pecune
et payer tribut. Apres ce quilz ſont fais
tributaires les ſarrazins ou aultres q

en ont la domination y mettent et cō/
mettent leurs baillifz et lieutenans q
ſōt receueurs diceux tribus. Parquoy
ſouuent il aduiēt que tel royaume ſoit
denōme des ſarrazins. Et touteſſoys
ſelon verite ilz ſont la plus part chri/
ſtiens fors iceulx cōmiſſaires q leur fa
mille. leſquelles choſes iay veu de mes
yeux en ſilicie et armenie la mineur q
eſt ſubiecte au ſeigneur des tartarins.
Car iay eſte trois ſepmaines auec le
roy darmenie et de ſilice auec lequel de
mouroyent quatre ou cinq prays tar/
tarins ſeulement. mais tout le reſidu
de ſa famille eſtoyent chriſtiens en nō
bre de deux cens ou enuiron. Leſquelz
iay veu aler a legliſe/ouyr meſſe/ fle/
chir les genoulx/ et prier moult deuote
ment. Auec ce en quelconque lieu que
ie fuſſe auec mon cōpaignon ceſtaſſa/
uoit ou en la rue/ou en la maiſō du roy
ilz nous honoroyent grādement. oſtoy
ent leurs chapeaux deuant nous. ſe en
clinoyent hūblement/ ſaluoyent affec
tueuſement et ſe leuoyent de leurs ſie
ges quant paſſions par deuant eulx.
¶ En outre ce que pluſieurs diēt neſt
pas vray/ ceſtaſſauoir que en ces parti
es trāſmarines tous les habitans cōe
neſtoriens/ iacobites/ martinites/ geor
giens q ſēblables ſoyēt encor aueugles
des erreurs q hereſies de lers peres/ leſ
quelx furēt dānes et condānes de legliſe
Car ilz ſōt ſimples gens ſans cautel/
le viuans ſimplement et deuotement
Nō obſtant ie ne veuil point nyer que
entre eulx ny ait aulcuns fois qui ne
ſe gouuernent pas ſagement. car com/
me nous voyons. legliſe romaine neſt
pas exente de telx perſonnages q mes
chante conduite et maulvais gouuer/
nement q ſement aulcuneſfois erreurs
dont viennent abuſions. Toutes les
aultres nations deſſuſdictes et pluſi/
eurs aultres deſquelles ie ignore les
noms ont/ aiſy que ay ſceu par ceulx
du pays eueſques abbes et aultres pre
latz appelles de telx noms cōme nous
fors les neſtoriens. deſquelz le ſouueral
prelat eſtant comme pape enuers eulx

Feuillet ii

est dit iacelich. Dont iay entendu que sa iurisdicion en orient se estend plus que ne fait toute leglise occidentale. Les inferiores prelas dicelluy sont appellez archeuesques et euesques comme les nostres. ¶ Le souuerain prelat des armeniens et georgians, est nõmé se catholique. Auec lequel iay este xiiii iours. Auoit auec soy archeuesques, euesques, abbes et plusieurs aultres prelas. Estoit en maniere de viure, de vesture et de toute sa conuersation de si grãde exemple et austerite que iamais ne vis personne religieuse ne seculiere qui luy ressẽblast. car ie puis certainement afferme que en mõ iugemẽt toutes les robes quil portoit sur soy ne valoyent poit cinq soubz desterlings, et toutessoie ilz auoyent tres fortz chasteaulx, tres grãdes rentes et reuenues et infinies richesses. Il estoit vestu dũg plisson de peau de mouton lequel plusson estoit gros, rouge et mõlt ort auec manches larges et imundes. Au desoubz auoit vne robe de couleur grise mõlt vielle et quasi vsee. Au dessus vng scapulaire noir et vng palliot ou manteau noir sẽblablement qui estoit vielle et aspre cõme la haire ¶ Iay veu le roy de armenie et de silice auec toute leur barõnie estre a ses piez hũblemẽt et en grande reuerence assis, en escoutant deuotement la parolle de dieu.

Cestuy catholique auec tous ses prelas faisoit abstinẽce en pain et en eaue tout au long du karesme. Et le roy sẽblablement auec tous ses cheualiers, fors ou iour de lannũciation, car en ce iour le catholique dispensa de menger poisson et boire vin. Ceste iournee ie ouys leur messe en la presẽce du catholique, du roy et de la royne, ou ie prins grand plaisir pour loffice quilz ont singulierement deuot et le font deuotement. Leurs prestres sont es celebrations des messes vestus cõme les nostres. Ilz consacrent de pain sans leuain en obseruant les parolles que nous disons. Ilz ont epistres, euangilles, prefaces, Pater noster, Sãctus, Agnus dei

en la messe et le châtent ainsy comme nous. mais en leur langaige et escripture. car ilz ont lettres, langue et pnũciation a eulx especiale et differente a nous. Le catholique et tous les autres prelas sont moynes, car en tout orient nẽ quelque aultre nation ne peult estre aulcun prelat sil nest moyne. pour ce quon a plus grãde reuerence et honneur a iceulx par tout orient que aux clers seculiers et aultres prestres lesquelz y ont petite auctorite. et sõt peu prisez des hõmes laiz ¶ A toutes les heures qui veulent faire le seruice diuin pource quilz nont nulles cloches ilz fõt vng signe moyennant vne tablete ou quelque instrumẽt de bois ainsy q̃ len fait ycy es tenebres de la sepmaine saincte. et vont par les rues de nuit en conuocant et appellant chascun a maties. Apres les qlles ne dorment point mais cõuiennent ensẽble en leglise enseignãs le peuple iusques au point du iour. Lequel esclarcy ilz disent prime ou tierce et la messe sil est feste. Les prestres sõt tous mariez. Et nest permis a nul de faire loffice sacerdotal sil na aulcune femme ¶ Ilz ne celebrent poit depuis le lundi iusques au vendredi quelconque feste quil soit. mais vaquent et attendent a dormir auec leurs femmes en fournissant a lapointement. Le samedi et dimenche ilz celebrent messes mõlt sollẽnellement. Apres que les femes sont mortes ilz sont continẽs et chastes sans plus se marier a aultre fẽme. Silz estoyent trouuez en fornication ou adultere ilz perderoyẽt leur office et leur eglise sans auoir aulcune esperance dauoir dispence ou indulgẽce. Pareillemẽt se leur fame est trouuee en adultere le prestre doyt se contenir ou il perdra son office et sõ eglise. mais la fẽme perdera le nez et lõme qui aura couche auec elle sera chastre et priue de ses genitoires, combiẽ quil soit marie.

¶ Sẽblable chose a este faite en ma presence Apres la mort du prestre la fẽme viuera en continence et chastete. Se elle se remarie elle sera brulee. Mays se

B b ij

La tierce aage

elle est ribaulde et fame publique on ne luy fera pour ce souffrir nul mal. laquelle chose aduient souuent (est vne ordonnance que ilz ont nouuellement instituee. Auec ce est autre ordonnance cest assauoir que tous les prestres ne pourront auoir feme en mariage se elle nest vierge. Les prestres des armeniens et des georgiens sont distinguez du populaire pource quilz ont vng drapeau de lin blanc lequel ilz mettēt sur leurs espaules et enuironēt en leur col. mais les prestres des nestoriēs sont cōgnus par vne aulmusse blāche quilz portet sur leur chef. Ilz ont en oultre vne aultre institutiō, cestassauoir que les larrons cōmettans petis larcins ou aultres malfaicteurs commettans vices pour lesquelx ilz ne sont pas dignes ne si ne ont pas desserui selon les lois de estre pendus sont chastrez et priuez de leur genitoires affin quilz ne engēdrēt nulz filz imitateurs des vices paternelx laquelle chose me semble estre cause pourquoy en icelle terre ya tant de ribauldees (femes publiques. Car les femes de telx hōmes chastrez voulās estre cōtinentes et chastes sont impotētes de soy contenir et de en ieuner par quoy elle en prēnēt ou en peuēt auoir.

Plusieurs eunuchees, cestadire hōes impotens a generation sont en icelle terre lesquelz sōt seruiteurs de femes nobles entre lesquelles la royne des armeniens cōme ie croy en auoit plus de xl. quant iestoye auec elle. Nul hōme ne peult aprouchet pres de la royne se ce nest par le consētement du roy (q̄ en sa cōpaignie il ait aulcun de iceulx eunuches qui le conduise et racōduise. Et sēblablemēt est fait de toutes les femes nobles vesues et mariees. Les roys et princes et tous les nobles du pays oyent tresvolentiers la parolle de dieu. parquoy chascun iour a heure de tierce ya aulcuns moynes ou religieux qui sōt a la court du roy ou de aulcun prince. auxquelx viēnēt et se aprochet tous les seigneurs acōpaigniez de leurs enfās silz en ont et des plus puissans et plus nobles de leur court. Aps laquelle chose est presente aulcū liure de la saincte escripture ouquel liure on lit deuāt iceulx princes en leur vulgaire et langage maternel. car ilz ne sceuent point daultre lāgue. Aussi ilz ont appres lettres et figures desquelles ilz vsent en leurs escriptures. A iceulx princes est par les moynes expose le texte et les passages desquelx ilz doubtent, en baillant solution selond les resolutions des sainctz docteurs et approuez de leglise. Entre aultres questions ie demanday a iceulx moynes quelx docteurs principalement ilz tenoyent ou ilz se fondoyent en lexpositiō de la saincte escripture Lesquelx me respōdirent que sur tous ilz se arrestoyent a sainct iehan crisostome, a gregoire nazauzenus, et a ciuillus alexandrin car ilz nōt point daultre lettre ne autre expositiō. Les clers et les laiques sōt molt deuotz a leglise. car ilz ne y sont sinon prier ou chanter ou chose sēblable qui par droit y doit estre faite. On ny voyt iamais aulcun ne clerc ne lay quelcōque il soit ne de quelcōque natiō rire, ne bauer ne faire quelque acte dissolut. Leur office de messe est monlt deuot enuers eulx. Le calice est a la senestre de lautel de sens le mur en vng lieu fait propre pour iceluy mettre. lequel calice est a loffertoire par le diacre reueremment porte en vng precieulx drapeau et esleue sur sa teste. Le soubzdiacre precedēt auec vng encensouer et les deux acolites alans deuant et portans deux cierges. lesquelx finablement apres autres tous viēnent a la dextre de lautel. Et puis leuesque viēt et recoit icelluy calice en grāde reuerēce cōme on fait en leglise romaine. Durāt le canō sōt deux prestres portans cierges alumez deriere le pstre. Au pres desquelx sōt deux aultres auec encensouers et vestus de belles aulbes. Mais les deux diacres sont a dextre et a senestre de lautel, les mains ioinctes deuotement les faces tournees vers le corps de ihūcrist cōme deux cherubins regardās le ppiciatoi

Feuillet ii^c iii

re. En ce faisant ilz chãtent et fõt vne armonie et melodie monlt doulce en respondant lung a lautre successiuemẽt laquelle chose est tresdeuote a voir et a ouyr. Jay en icelle terre veu plusieurs aultres choses de monlt grande cõmẽdation et loenge tant es laiz comme es clers et moynes.lesquelles a grãde paine seroient en ce pays opinees ne ymaginees de faire. Jay passe toute icelle terre iusques en capadoce et iusques en seleucie maritime. De la ie nagay en cypre et salamine dõt ie chemine la plus grande partie de la region. En apres vins par mer en cirie et iusques a la cite tirus. Consequãment au riuage de palestine ou des philistiẽs. Je passay la cite Capphe/le mont du carme/ Dora/cesaree de palestine/antipatrida Jope/ Januia/Accarõ/azotũ/ascalone gaza/tout le desert areneux et sablonneux iusques aux huys et entrees du fleuue du nil ou est situee la cite thanis de laquelle est parle ou pseaulme disant que les signes et prodiges furẽt monstrez en egypte ou champ de chaneos. De ceste cite ie vins a damiette qui estoit anciẽnement nõmee mẽphis Et est ceste cy la terre de iesse ou les enfans disrael demouroient iadis/faisãs seruice a pharaon pour porter boue & pierres. En oultre en icelle fust lapide ieremie le prophete en menphis.

¶ Jusques cy doit souffire de la terre saincte Et consequãment de la tierce aage.

Sensuyt la quatrielme aage

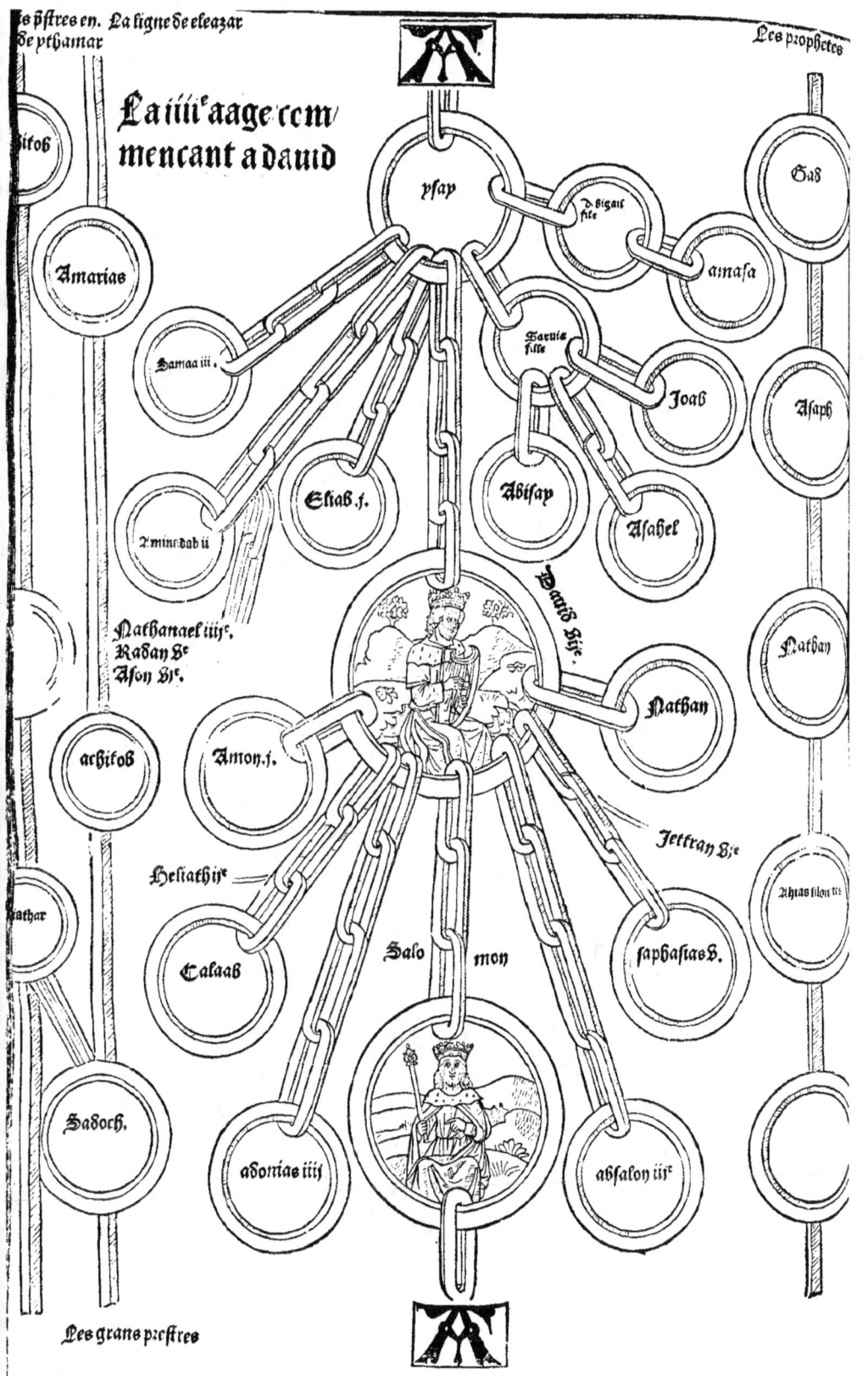

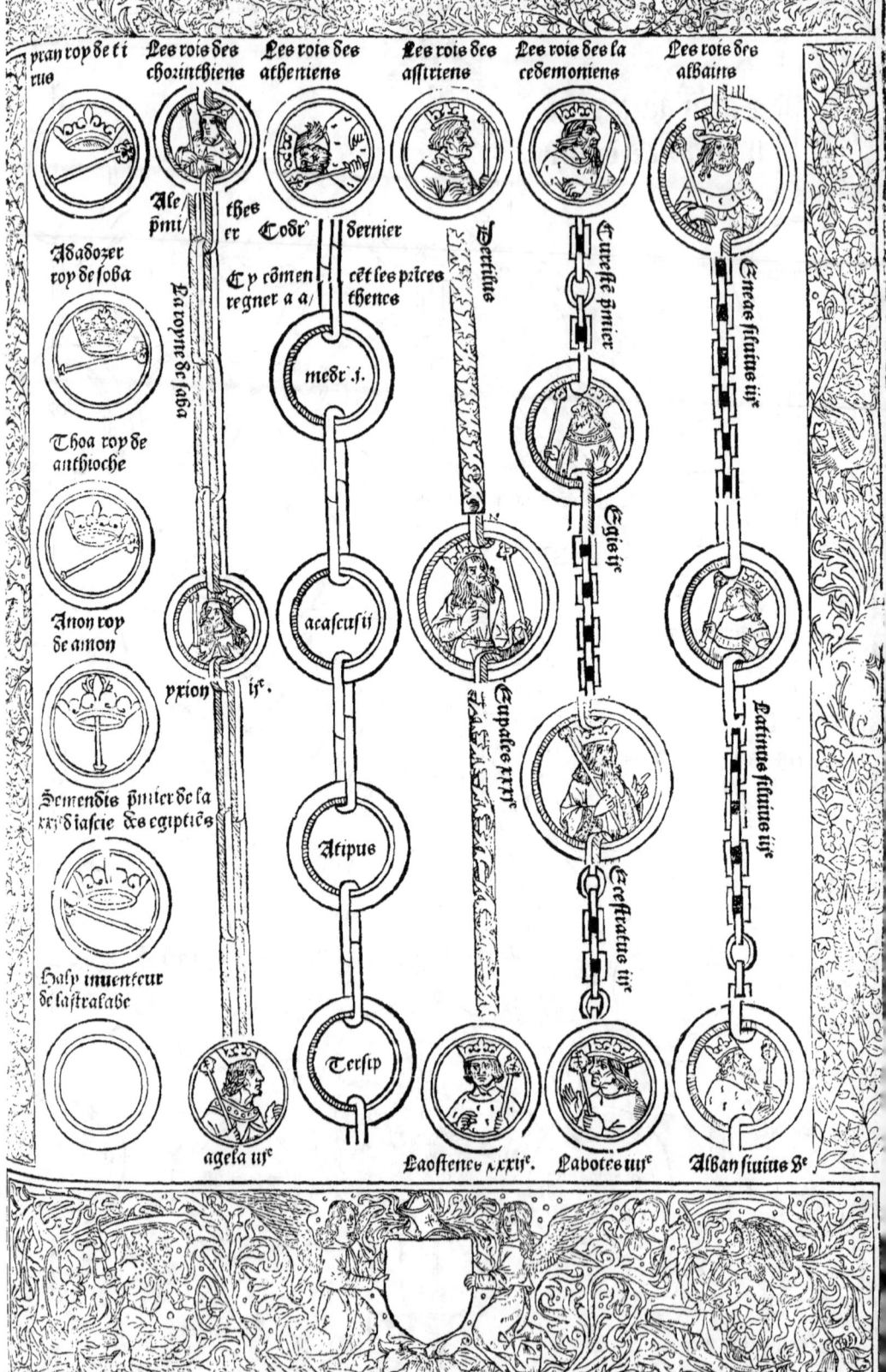

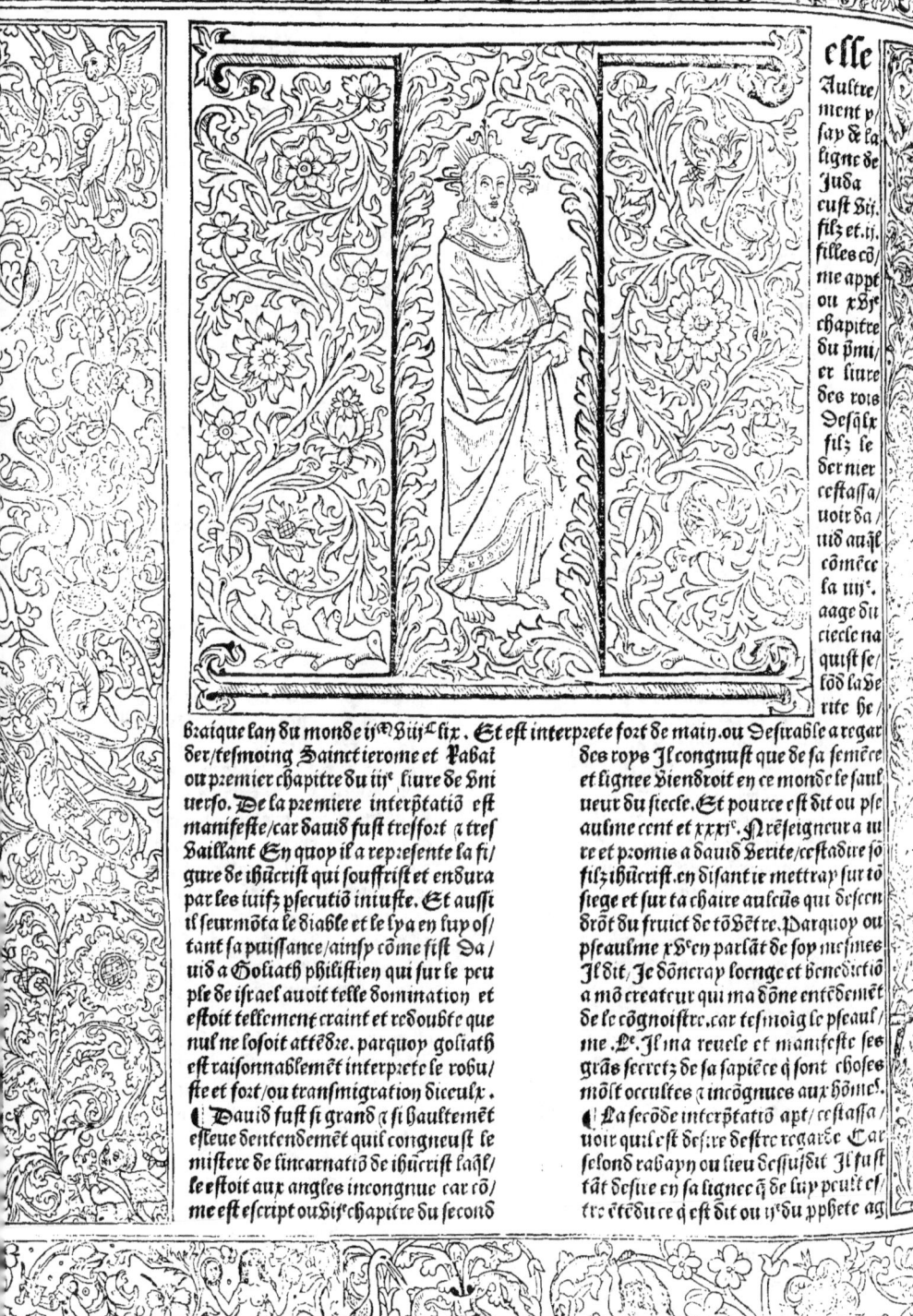

braique lan du monde ij.M.biij.c.lix. Et est interprete fort de main/ou desirable a regarder/tesmoing Sainct ierome et Rabai ou premier chapitre du iiij.e liure de Bni uerso. De la premiere interptatiō est manifeste/car dauid fust tresfort a tres vaillant En quoy il a representé la figure de ihūcrist qui souffrist et endura par les iuifz psecutiō iniuste. Et aussi il seurmōta le diable et se lya en suy ostant sa puissance/ainsy cōme fist dauid a Goliath philistien qui sur le peuple de israel auoit telle domination et estoit tellement craint et redoubté que nul ne losoit attēdre. parquoy goliath est raisonnablemēt interprete le robuste et fort/ou transmigration diceulx.

¶ Dauid fust si grand a si haultemēt esleué dentendemēt quil congneust le mistere de lincarnatiō de ihūcrist lael le estoit aux angles incongnue car cōme est escript ou dix.e chapitre du second

esse Aultrement psay de la lignee de Juda cust iij. filz et.ij. filles cōme appt ou xbj.e chapitre du pmier liure des rois desqlz filz le dernier cestassauoir dauid aussi cōmēce sa iiij.e aage du siecle naquist selōd la verité hebraique

des roys Il congnust que de sa semēce et lignee viendroit en ce monde le saulueur du siecle.Et pource est dit ou pseaulme cent et xxxi. Nrēseigneur a uire et pmis a dauid verité/cestadire sō filz ihūcrist.en disant ie mettray sur tō siege et sur ta chaire auseus qui descendrōt du fruict de tō vētre. Parquoy ou pseaulme xv.e en parlāt de soy mesmes Il dit. Je dōneray loenge et benedictiō a mō createur qui ma dōne entēdemēt de le cōgnoistre.car tesmoig le pseaulme .L. Il ma reuele et manifeste ses grās secretz de sa sapiēce q sont choses mōlt occultes a incōgnues aux hōmes.

¶ La secōde interptatiō apt/cestassauoir quil est desire destre regarde Car selond rabayn ou lieu dessusdit Il fustāt desire en sa lignee q de luy peut estre ētēdu ce q est dit ou ij.e du pphete ag geus/ce ſtaſſauoit Jl vendra auſcũ qui ſera deſire de toutes gens.

David aage de xxx ans cõmenca a regner p̃mier roy en la lignee de iuda τ regna xl ans et vj mois ſelon les hebrieux/auſſi cõe apt ou ijᵉ des rois.ou xj du p̃mier de paralipomenõ τ ou xxᵉ du xviijᵉ de la cite de dieu. Sõ regne cõmeca lã du mõde ij ᴹviijᶜiiijˣˣ et ix. ſelon la verite hebraicq̃/q̃ eſt mil lxxiiij ans deuãt la natiuite de iheſucriſt. mais ſelon les lxx interpretes τ expoſiteurs Auſſi ſelõ euſebius τ beda q̃ les enſui uet/ſo regne cõmeca lã du mõde iiii ᴹ. cent τ xxv. car il nõbzent iiii ᶜ cẽt τ lxx ans depuis le cõmencemẽt du mõde iuſques a ledificatiõ du tẽple. Oz eſt il ain ſy q̃ dauid cõmeca xl an deuãt ſalomõ Et ſalomõ ou iiijᵉ an de ſõ regne fiſt le cõmencemẽt de ledifice du teple cõe apt ou chapitre lxxvi du iiijᵉ liure du miro er hiſtoxial. Dõcq̃s ſe de iiii ᴹ cẽt lxx ãs ſont oſtez xlv ans q̃ furẽt depuis le cõmencemẽt du regne de dauid iuſques a ledification du tẽple il apperra et ſera manifeſte q̃ dauid cõmẽca regner lan du mõde iiii ᴹ cẽt xxv ans. Auſſi lx ſe mil et xxix ans ſõt adiouſtez cõe dit eu ſebius et beda on pourra cõgnoiſtre cle rement le nõbze q̃ deuãt a eſte ſouuẽt re membze et note/ce ſtaſſauoir que depuis le cõmencemẽt du monde iuſques a la natiuite de iheſucriſt ſõt nõbzez. v. mil ᴹ iiijᶜ et xix ans. De ceſte choſe eſt par lle plus amplemẽt ou cõmencemẽt de la vᵉ aage et en la fin de la ſecõde ou cha pitre de thare. En outre dauid cõmeca regner apres le deluge mil iiᶜ xxxv ãs Apres la natiuite de phalerh/la cõfuſi on des lãgaiges/et la p̃matie τ domi nation de heber mil cẽt xxxv. Apres la natiuite de abzahã ixᶜ xli an/cõme eſt eſcript ou chapitre lxxvi du iiijᵉ liure du mirouer hiſtorial. Toutesfois herry de heruordia y cõpte ixᶜ xliii ans τ depuis la premiere promiſſion dabraham fai te ou chemin de meſopotamie/viiᶜ lx viij ans. Apres linſtitution de la circõ ciſion viiᶜ xliiij ans. Apres lentree de iſrael en egipte viᶜ xliij ãs. Apres iſſue

de gipte et de lordonnãce de la loy bail lee a moyſe iiiiᶜ xxxviij ans. Apres le p̃mier iubile du tẽps de abzahã viiᶜ lx ans. Apres la deſtructiõ de troye cent viij ans. Auſſi lan xxxiiijᵉ de Dertilus roy des aſſiriens. Lan cent et viijᵉ de la xxᵉ dinaſcie et ſouueraine puiſſance des egiptiens. Lan xviij. de codzus roy des atheniens. Lan vij. de cureſten p̃e mier roy des lacedemoniens. Lan vii. ſemblablement de alethes premier roy des corinthiens. Lan xxxiiij. de Eneas ſiluius iiij. roy des albains. Item lan xlv. deuant la fondation du temple. Lan trois cens et trois deuant la p̃e miere olimpiade. Lan.CCC.xxii. de uant Rome. Lan.CCC.iiijˣˣ τ iiij deuant la tranſmigration de babilone et lincenſion et bzulement du temple. Lan .v. cens viij. deuant la reſtauratiõ et reparatiõ du temple. Lã.vij. cẽs xlv. deuant la monarchie de alixãdre mace donie. et deuãt le tẽps de grace et de lin carnatiõ du filz de dieu mil lxxiiij ans. Jl regna p̃mierement en la cite de ebzõ ſur la lignee de iuda vii ans et vj mois teſmoing le vᵉ du ijᵉ des rois. Apres ce regna en hieruſalẽ ſur toutes les ligne ces de iſrael leſpace de xxxiii ans, nõ ob ſtant que leſcripture die quil regna xl. ans et ne parle point des vij moys/pour pluſieurs cauſes. Lune eſt pource quẽ ces ſix mois il fuſt malade et ne fiſt ri ens digne de memoire. La ſecõde raiſõ eſt pource que ſon filz abſalon le perſe cuta ſix mois en leſpace deſquelx il ne regna point quant a parler p̃oprement de regner. La tierce raiſon τ principale eſt pource que leſcripture ſaicte na point gaires acouſtume de nõbzer les mi nutes et petites parties du temps. par quoy na point parle diceulx ſix mois. Ainſy cõe eſt eſcrit ou premier de ſainct mathieu/τ ou iijᵉ de ſaint luc dauid fuſt filz de Jeſſe bethleemite aultremẽt nõ me yſay. τ deſcẽdiſt dabzahã p xiiij ge neratiõs en droite ligne paternelle. car ieſſe fuſt filz de obeth. obeth filz de booz. Booz de ſalmõ. Salmõ de naaſon p̃ince des eſans de iuda. Naaſon filz de amiadab

La iiiie aage

Aminadab filz de aram. Aram filz de esron. Esro filz de phares. Phares filz de iuda. Judas filz de iacob. Jacob filz de psaac Et psaac filz dabraham. Ce stup iesse pere de dauid eust viij filz dont le pmier ne fut nome heliab. Le secod Aminadab. Le iije samaa. Le iiije Nathanael. Le ve Raday. Le vje Ason. Le vije et dernier Dauid qui sur tous estoit le mendre. Les nons des filles sont Saruia et abigail. Dont Saruia eust trois filz, cestassauoir Abisay Joab et asahel. Mais abigail eust amasa Tesmoing le ije du premier de paralipomenon. Ou commencement du Pegne de dauid comenca la iiije aage et no pas ou comencement de sonction de Saul combien que aulcuns le ayt voulu dire. Et dure iusques a la transmigration de babilone. contenant selon les lxx translateurs iiiic.lxxxviij ans. Mais selond la verite hebraique iiiic.lxxiij as. Et ayant selon tous les deux xvij generations, par ainsy que atalia ne soit point ou nombre des generations. Et que les trois filz de iosias, cestassauoir Joathas, ioachin et Sedechias soyent prins pour vne generation tant seulement car aultrement il y aroit xx rois Touteffois sainct mathieu ne couche que xiij generations en lessant ochosias Joas, et amasia. De laquelle obmission assigne raison Sainct augustin en lomelie sur le commencement de sainct Mathieu. et semblablement Nicolas de lira en le ensuiuant pource que Joram prist a feme la fille de la tresmauluaise et trescruelle Jezabel. parquoy ses filz furent exclus et mis hors de la genealogie nostreseigneur. Aultre raison peult estre en oultre assignee selon icelluy sainct augusti Car leuangeliste vouloit tant seulement descripre et mettre vne tesseradecade, cestadire vne quatorzaine de generatios ou diuers estat et disposition des temps. parquoy fut necessaire den oster ceulx q plus couenablement pouoyent estre ostez. Touchat les ans de ceste iiije aage ne debuos point ignorer que Eusebius, dicet listorial, Herp de heruordia et plusieurs autres adioustent x.ans auec les ans dessusditz de la iiije aage selond la verite hebraiq cestassauoir iiiic.lxxiij ans. lesquelx asseblez font iiiicc et trois ans. Car ilz dient que amon regna xij.ans et touteffois selond les hebzieux il ne regna que deux ans. Les histoires des gentilz se peuent accorder aux histoires de la saincte escripture en adioustant les dix ans dessusdis q no point autremet Combie que aulcuns adioustet auec iceulx .x.ans, encor xxix ans du Pegne de amasias dont est parle ou xiiij du iiije des roys. Et veulet que la ligne de iudas fust lespace de.x.ans sans roy. car Amasias despuist.x.ou xi.ans.plus que ne regna come roy. Durans lesquelx ans son filz ozias qui lors estoit moult petit ne peult regner. De ceste matiere fault voir vng docteur nome comestor qui en parle en la fin du quart des roys. Ceste iiije aage est come ieunesse parquoy no pas a tort a elle comencerent les rois et le regime de gouuerner le peuple de dieu Car selond sainct augustin ou chapitre xliij. du xviije liure de la cite de dieu, laage de ieunesse qui entre les aages est la iiije est propice et conuenant a bataille et a gouuerner et defendre vng ropaulme.

Feuillet ii vi

¶ Dauid dequoy deuons principalement parler estoit roux de belle face, et plaisant a regarder, bien istruict en lart de la herpe, prudent en parolles, batailleureux, fort, et tres vaillant. Dont il occist vng ours et vng leon, tesmoing le xviie et xviiie du pmier des roys. Il seur/monta et decapita goliath comme est escript ou xviie du premier des roys, par quoy ionathas filz de saul le aimoit comme sa propre ame. Mais saul craignant quil ne luy succedast en regne et qlne le reboutast dehors, et desirant quil fust occis par les mains des philistiens et non pas par les siennes luy donna en mariage sa fille michol par telle condition quil lespouseroit quât de la victoire eue sur les philistiens il aroit aporté cent preputes, cestadire cent peaulx coupees du bout du membre virile diceulx philistiens dont par laide de dieu il en raporta. ¶ Et apres ce ql ses cust seur/montez et les compta et môstra a saul tesmoing le xviiie du premier des roys. Apres ces choses Saul voyât que Dauid ne pouoit estre par les philistiens seurmonte, et quil ne pouoit acomplir ce qui estoit occultement secret en son courage. Il se declaira et se efforca de loccire soy mesmes publiquemêt. Mais par sa féme michol fust vne fois saul/ue et deliure, comme apert ou xixe du pmier des rois. Et puis il vit a achime/lech souuerai prestre et euesque dnou/rant a nobe ou il menga les pains de pposition, comme est escript ou xxie du pmier des rois. Et auec ce luy donna a/chimelech le glaiue de goliath, tesmoigne le xxie du premier des rois. Pour laql/le cause doech pdumee pastour et seruiteur de saul occist par le commandement de saul lxxxv pstres. ¶ Ces choses ouyes Dauid vint a achis roy de geth et faignist quil estoit fol et insen/se pource quil auoit paour destre occis dicelluy roy, comme apert en la iie que/stion de la xxiie cause. De la il vit auec ses parens et cousins en la fosse odolla ouquel lieu il recommanda iceulx parens au roy de Moab demourant en masphat cite du pais, côbien ql y ait vne autre ville en iudee nômee semblablement masphat, dont nest point maintenant a propos. ¶ Ce roy de moab estoit appelle Naas duquel est faite mêtion ou chapitre xie du premier des rois et fust auec ce roy des amonites selon Nicolas de lira sur le xxiie du premier des rois. En apres par lamonneste/ment et exhortation de Gad le prophete, le roy Dauid lessa la terre de moab et entra en la terre de iuda auec ses gens. Pour laquelle chose Naas roy de mo/ab qui estoit moult pdolatre fust fort indigne parquoy il occist le pere et la mere de Dauid, ainsy comme dit Raby salomon. ¶ Apres ce que les prestres desusditz furent occis vint Abiathar filz de achimelech a Dauid et luy raconta listoire. Dont fust benignement receu dicelluy Dauid, lequel expugna les philistiens bataillans contre ceyla. Aussi ou desert de ziph luy fust par ionathas reuele secretement comment son pere Saul le queroit pour occire et tuer, tesmoing le xxiiie du premier des roys. De rechef il habita en la solitude de maon qui est a senuiron de la montaigne du carme entre oziêt et occidêt ouquel lieu il euada et se eschapa des mais de saul. Consequâment es fins de engaddi dedens vne cauerne ou Saul estoit en/tre pour purger son ventre Dauid estant absconse en icelle coupa le bout et extremite du manteau de Saul en luy pardonnant sans loccire combien quil le eust bien occis sil eust voulu, comme appert ou xxiiie du pre/mier des rois et en la distinction iie de penitenciis. Item apres que Na/bal homme fol et riche eust denye a Dauid et aux siens victuailles il mouruft dont dauid espousa Abigail femme dicelluy pource que elle luy auoyt aporte viures au deuant de luy. Auec ce Dauid prist vne aultre femme nommee Achinoe de Jesrahel, comme appert ou xxve du premier des roys.

La iiii^e aage

Pour ce que est dit deuant pourroit cy estre faite vne qstio/cestassauoir se dauid comist nul peche en prenant plusieurs femes en mariage veu ce q est dit ou xvij^e de deuteronome q qcoques est costitue roy en israhel nen peult auoir plusieurs (Solutio. le dit de deuteronome est etedu des femes alienigenes q estrageres q ne sot poit des enfas de israel.pource q elles enclinet q sot tourner le courage de lome a ydolatrie/ côe il aduit a salomo/tesmoing le chapitre xj^e du iij^e des roys.laqlle chose ne aduit poit a dauid car il neust feme q ne fust de israel par generation.

Cosequamet saul dona en mariage sa fille michol a phalty filz de lays. lequel ainsy q appreuuet les hebrieux fust docteur de leur loy et pource iasoit ce quil prist michol pour obeyr a saul et affin q̃l fut honore sur tous côe gendre du roy/toutesfois il ne la cognust poit charnellemet.Po'ce q̃l sçauoit bie q elle estoit vraye feme de dauid q q̃l ne la vouloit poit repudiee parquoy dauid la receust fiablemet/laqlle chose il neust ia mais fait se par ledit asphati eust este aucunemet cogneue.Côme il ne soulut plus auoir la copaignie de ses femmes q par absalo auoyet este cogneues tesmoig le ij^e chapitre du ij^e des roies.

De rechef dauid sceust de aduêture q saul estoit ou desert ziph ouquel lieu il ala et le trouua dormant.dont fust esmeu de loccire et tuer mais eust pitie de luy cognoissant quil estoit so seigneur. Parquoy po^r memoire de la chose luy osta sa lace et so hanap rõde apt ou xxvj^e du pmier des rois.et en la ij^e distinction de penitêcijs. Apres les choses dessusdictes dauid sen ala a achis roy de geth.qui est a quatre lieues de Jope ou quel icellup achis dõna la cite de cichelech en le receuãt en sõ seruice benignement. Non obstãt il ne fust point permis a dauid de aler en bataille côtre israhel auec achis roy des philistiês pour ce que ses satrapes et cheualiers philistiens craignopet q dauid ne les tournast le dos quãt ilz seroyent en bataille/côe est declaire ou xxix^e du pmier des rois. Parquoy dauid fust côstraict de sen retourner.mais au retour trouua que sa ville cichelech estoit bruste par les amalechites qui prindrent les deux femes de dauid prisonieres.lesqlles en la parfin il deliura par sa grãde diligêce et labour.et ou chemin il fust môlt trauaille en ieunãt lespace de trois iours. Et frapa iceulx amalechites en les pseuãt depuis le matin iusques au vespre dont il reconquist tous les biens quilz auoyent emportez de cichelech. Et distribua leurs despouilles en toutes les terres ou il auoit habite ou temps de la persecution faite par saul/tesmoing le xxx^e du premier des roys. Aprece Saul continua guerre côtre achis roy des philistiens en suttan et se conseilla en malse heure a vne phitonice et diuineresse/côe apert ou xxviij^e du premier des roys et en la ve question de la xxvj^e cause.Puis il colloca et mist ses gens darmes sur la fontaine de israhel.dont il mourust es montaignes de Gelboe/ tesmoing le xxxj^e du premier des Roys Et le xe du premier de paralipomenon Duquel la mort fust le tiers iour annoncee a dauid estant a Cichelech dont il fust moult triste et fort marry en coeur.pricipalemet pour la mort de sõ grãd et especial amy ionathas filz de saul cõme apt ou pmier du secõd des roys car auec luy mourturent trois filz ceſtaſſauoir ionathas/Aminadab/et melchiſue mais le iiiie nõme yſboſech demoura a loſtel parquoy ne fuſt poit occis.

¶ Cõme eſt eſcript ou ije chapitre du second liure des roys/Apres la mort de ſaul. Dauid acõpaigne de ſes deux fẽ/mes Achinoe z abigail ala en ebrõ par le cõmandement de dieu ou quel lieu il fuſt par le peuple de iuda enoict en roy ſur iuda mais vng peu de teps apres il fuſt enoict ſur tout iſrael. En ce lieu luy naſquirẽt ſix filz deſquelx le pmier ne eſtoit amon conceu de achinoe iefra helitide. Le ſecond eſtoit heliabh en gẽ/dre de abigail fẽme de nabal du carme. Le tiers fuſt abſalon lequel y euſt de maatha fille de tolomay roy de geſſur. Le iiije Adonias filz de agith. le Ve Saphathias quil euſt de Abigail. Le vje. Jectran filz de egla/comme apert ou tiers du premier de paralipomenon.

¶ Es temps du regne de dauid com/me eſt eſcript ou iiije du secõd des rois Joab filz de ſaruia eſtoit le cõneſtable et celuy qui auoit toute la charge ſur les gẽs darmes. Joſaphat filz de achi/lud eſtoit croniqueur deſcriuãt les fais z batailles du tẽps. Sadoch filz de achitob et achimeſech filz de abiathar eſtoyent les euſques et ſouueraiz preſtres. Saraias eſtoit le ſcribe notaire ou chã cellier. mais bananias filz de Joyada eſtoit capitaine ſur phereti et cerethy / ceſtadire ſur aulcuns cheualiers depu te3 z cõmis a la garde du corps de dauid. Car cerethy eſt interprete extermina teurs Et pherety merueillables mais les filz de dauid eſtoyẽt tous preſtres / ceſtadire plus dignes que les aultres z les premiers apres le roy. car a lentour de dauid eſtoyent les plus nobles et ſi gulieremẽt les plus fors et plus vail lans pour batailler. Car ceſt vne cho/ſe bien conuenante et hõneſte a roys z prelas dauoir bons coſte3 / ceſtadire da uoir hõmes prudens fors et ſages a ſẽ/tour de ſoy Et pource ſaint bernard

ou liure de la conſideration eſcript au pape eugene qͥ ne ſe doit point reputer ſain ne haitie ſil a mal aux coſtes / ceſt adire ſil na gens de biẽ auec ſoy. De telx en y euſt a lentour de dauid / xxx. Si dont les xxx eſtoyent fors et vaillans les trois eſtoyent plus puiſſans / et les trois aultres eſtoyent treſfors et tres puiſſans. Entre les xxx fors eſt nõbre brias ethien. Les trois plus fors eſtoy ent ceulx qui ſe enſuiuẽt. Et premiere ment abiſay frere de Joab. lequel leua ſa lance et hache a lencontre de iije hõ mes leſquelx il occiſt et tua. Le ije fuſt bananias qui occiſt deux leons. Et le tiers fuſt nõme Moab. leql occiſt vng egiptien ayant cinq coubtees de haul/teur. Les hebrieux dient quil eſtoit au tremẽt nõme ſemey que bananias oc/ciſt / cõme apert ou xxje chapitre du tiers liure des roys. Ces trois ont fait oeu/ures et fais monlt magnifiques. Car ilz porterent leaue de la ciſterne pres de la porte de bethleem en hieruſalem / cõ/bien que la demourãce des philiſtiens eſtoit depuis Bethleem iuſques en la vallee de Paphayn q eſt entre emaus et la maiſon de zacharie et touteſſoys toute la cohorte et oſt des gendarmes des philiſtiens ne les oſoyent aſſaillir Jaſoit ce quilz allaſſent par le milleu diceulx philiſtiẽs. Pour telx choſes da uid ne vouloit boire de leaue apportee par iceulx / combien quil euſt treſgrãd ſoif. Diſant que ceſtoit leaue du peril z dãger des ames de ces hõmes fors / teſ/moig le xxiije du secõd des roys. Mais eſpãdiſt icelle eaue cõme ſacrifice fait a dieu pour le ſalut et la victoire de ſes hommes. Non obſtãt Joſephus attri/bue lapport de leaue de telle ciſterne aux trois aultres treſfors deſquelx le premier eſtoit nomme Euſebe par Jo ſephus z ou chapie xje du pmier de para lipomenõ eſtoit dit Jeſbaam. mais ou liure des rois neſt poit ſõ nõ declaire. Il eſtoit cõe le ver du bois tres tendre qui dũg cop z ipetuoſite occiſt viijc hõmes cõbiẽ q ioſephus ne die q quatrevingts et dix. et le chapitre xje du premier liure

¶ La iiij·e aage

de paralipomenon die. C.C.C.
¶ Le ij·e des trois tresfors estoit nōme eleazar filz de loncle de dauid et frappa tellement les philisties en les naurāt que ses mains et bras estoyēt tant las que ilz en deuindrent roides cōme vng glaiue ou cousteau. Le tiers diceulx iiij. fust semmaa carachitos lequel perse/ cuta fort les philistiens ou champ de la sentille dont sauua le peuple de isra hel. Ces trois derniers furent si tres/ fors que non pas seulemēt les xxx fors dessusditz/ mais ne aussi les trois aul/ tres fors et vaillans hommes iamais ne les approcherent en force. lesquelx sont nombrez ou xxiij·e du second des rois. Entre lesquelx nest point escript ioab pour cause quil estoit capitaine et chef de guerre sur tous. ou pource que pour la mort de abner ⁊ de amasa il ne stoit pas digne dy estre escript. Auec iceulx xxxvj. estoit dauid sur tous tres fort et tresnoble et cōme tressage assis en la chayere parquoy appert quilz es/ toyent xxxvij en le contant nō obstāt que lebreu ne se accorde point quil y en eust plus de xxxvj mais en nōbre Di/ ceulx met dauid¶ En ce temps pphe tiserent Gad/nathā et asaph. Et fust abiathar souuerain euesque. Car en/ tre tous les euesques de israel fust aa/ ron le premier. Eleazarus le second. Phinees le tiers Abisue le quart Boc ci le 5·e. et ozi le 6j·e Lesquelx furēt tous succedans ⁊ pere a filz. Apres lesquelx fust la dignite de prestrise translatee a la maison de pthamar frere de eleazar. dont apres ozi cōmēca icelle dignite a hely. auquel succeda son filz Ophin. et puis finees. le quart fust achitob. le 5·e. achimelech ou laya et le 6·e abiathar ⁊ par salomon fust gete hors ⁊ en sō lieu fust mis sadoch duquel parle iosephus ou x·e liure et chapitre xj·e. que depuis le tēps salomō iusques a la transmigra/ tion de babilone y eust xvj grans pres/ tres succedans le filz au pere en ceste di gnite la quelle chose est confermee par le 6·e chapitre du premier liure de para lipomenon¶ Les noms diceulx grās

prestres se ensuiuent. Sadoc fust le p/ mier Achimaas le secōd. zacharias iij·e Joram iiij·e Axioramus 5·e Sideas 6j·e Sudeas vij·e Holus viij·e Joathan ix·e Vrias x·e Nerias xj·e Odeas xij·e Sallō xiij·e helchias xiiij·e. zarach ou zarias xv et Josedach xvj·e lequel fust mene cap/ tif et prisonnier en babilone. Diceulx grans prestres parle henry de heruor/ dia ou second chapitre de la iiij·e aage en disant / Apres ce que abiathar fust ex/ pulse de sa dignite de prestrise par salo mon son office fust translate a la mai son de phinees / en lieu duquel fust sa/ doch substitue Mais depuis ozi iusqs a sadoch y eust quatre de la ligne de ele azar lesquelx furent priues de la souue raine pstrise/cestassauoir zaraias/ me/ raioth/amarias et achitob/duquel fust sadoch filz. et cōme est dit par salomō re/ stabli en icelle souueraine dignite ⁊ en lōneur de ses peres auec ses enfās ⁊ les filz de ses enfās. Car apres luy furēt Achimas/ Sadoch / Azarias / Johāna/ Azarias / Amarias/ Achitob/ Sadoch Sollum/ Helchias/ qui cōme dict aul cuns fust pere de hieremie le prophete. Azarias/zararias/et iosedech qui aul tremēt est nōme esdras ou selōn aucūs est le prophete malachias. Cestuy iose dech fust expulse de la souueraine digni te de prestrise quāt tout le peuple de iu dee fust par nabugodonosor trāsporte en babilone. Cōsequāmēt y eust iesus filz de iosedech. ioachim/beltasib. iudas iohānes/tadus/onias/ Simō qui fust seurnōme le iuste. Apres lequel fust sō frere eleazarus. et puis sō oncle manas ses auql succeda onias filz de symon le iuste. ⁊ puis simō sō filz/en apres onias filz diceluy. Cōsequāmēt fust sō frere iesus autremēt nōme iason. De rechef fust onias aultremēt nōme menelaus et puis lisymachus son frere. Et de re/ chef Menelaus auxquelx succeda en loffice et dignite sacerdotale alchimus ⁊ nestoit poit de la generatiō ne lignee des pstres Apres luy fust machabeus. ⁊ puis ionathas ⁊ simō ses freres. aux/ quelx succeda iohānes filz de Symon

Feuillet ii viii

Consequamment y eust hircanus Aristobolus/Alixander et hircanus tous succedans le filz au pere entre lesquelx cest luy hircanus fust le dernier grand prestre. Apres lequel vint herode ascalonite pere de antipater qui fust pere du roy herode soubz lequel nasquist ihesucrist. Et par qui les innocens furent occis dont finablement mourust de mort hideuse horriblement. Et fust cestuy herode pere de herode tetrarche de galilee aultrement nōme antipas q̃ occist sainct iehan baptiste: soubz lequel ihesucrist souffrist passion et puis finablement fust envoye en exil et bānissement a lyon ou il fina ses iours.

¶ Dauid en lā j de son regne fust par les hommes de iuda enoinct en roy en la cite de ebron/tesmoing le secōd chapitre du ij.e liure des roys. En laquelle cite il regna sij ãs t̃ sij moys sur iuda.

¶ Lan iij.e du regne de dauid le conestable de saul nōme abner auec ses gens darmes saillist hors de ses tentes t̃ pauillons a lēcōtre duquel pres de la piscine de gabaon vint ioab auec sa compaignie auq̃l dit icelluy abner. Il fault que aucuns de tes hommes se leuent t̃ bataillēt contre aucun nombre des miens et nous les regarderons faire. lesquelles parolles furent plaisantes a ioab parquoy se leuerent xij de la ligne de beniamin et autant de gensdarmes de dauid. lesquelx se fraperent et entremeslerent tellement que chascun tua son cōpaignon en luy fiscḥant vng glaiue dedens les costez. pour laquelle interfection fust le lieu appelle le chāp des fors et robustes de gabaon. Et lors abner sen fuyst/apres lequel asahel frere de ioab courust pour sorcire. Duquel pource quil ne se voulust desister luy mesmes fut occis de sa hache dōt il luy trauersa et perça la isne. En ces discordes y eust xx des hōmes de dauid occis mais de la ligne de beniamin et de la maison de Saul moururent iij.c et lx. Dont y eust longue contention/murmure/t̃ guerre entre la maison de saul et la maison de dauid. cōbien que Saul

alloit tous les iours en diminuāt et dauid en se augmentant et acroissant.

¶ Lan iiij.e de dauid mourust Codrus roy des atheniens. Sōt valere ou chapitre xx.iij.e dit ce qui sensuit. Lors que la region de codrus estoit occupee et gastee cruellement de ses ennemys. Icelluy codrus se deffiant de aide humaie fuist a ozacle et teple de appollo pour auoir responce par quelle maniere batalle tant greue pourroit estre finie et terminee. lequel respondit quil y aroit fin se codrus estoit occis par la main de ses aduersaires. laquelle responce oye fust espandue et paruint non pas seulement aux atheniens mais aussi aux oreilles de leurs aduersaires. Pour laquelle cause fust fait en leur ost vng edict et commandemēt que nul ne frapast ne touchast aulcunement le corps de codrus. Laquelle chose venue a sa cōgnoissance, luy mesmes desirant mourir pour la paix de sa cite despouilla ses habitz royaulx (prist vesture ville et meschante. Puis vint a ses ennemis en les prouoquant et esmouuant a ire lesquelx ignorans quil fust Codrus se occirent. ¶ Dicelluy codrus parle iustinus ou secōd liure des deflorations en ceste maniere. Apres ce que codrus eust congneu la responce du dieu apollo et les commandemens et defenses de ses aduersaires il changa son habit royal en prenant habillement vil. puis vint es ostz t̃ tentoires des dorēses qui estoyent ses ennemis esquelx par propos delibere il naura de sa guisarme vng cheualier par lequel il fust finablemēt occis. Apres sa mort se departirent les dorēses sans plus coup fraper et ainsy les atheniens furent deliurez et sauluez par la vertu de son duc se offrant a mourir pour le salut de son pays. En memoire de ceste occision ny eust puis nul hōme roy des atheniens. mais furēt cōstituees princes q̃ apres preulx rois regnerēt. En aultres histoires est leu que les peloponēses auoyent eu responce de apollo diz seurmōteropēt les atheniēs mais qilz ne occisset le roy codrus

La iiiie aage

Ceste chose entendue de codrus il prist vestement poure/ala aux tentes diceulx peloponense en coeuillāt et coupant bois de sarment. Dont les prouoqua et esmeust a ire tellement quilz le occirent. Dicelluy codrus dist Seruie gramarien sur ce pas Iurgia codri qui est en la iiiie eglogue des bucoliques de Birgille. Quant bataille τ guerre fust commencee entre les lathones et atheniens et que par responce du dieu fust declaire que ceulx pourroyent estre victorieulx desquelx le duc et roy mourroyt/ycelluy codrus prist habit chetif. ala es lieux prochains aux tētoires de ses ennemis. et les stimula et inflamma a marrison. parquoy luy estant de habit dissimule et incongneu fust diceulx vestemens mis a mort. ycelluy codrus est des athēniens pour la paix que par sa mort procura tellement honnore que ilz luy fōt sacrifices et le adorēt cōme dieu.

¶ Lan vi du regne de dauid qui est du monde lan deux mil viijc iiijxx et xS. Latinus siluius roy iiiie des albais cōmença sō regne durant. L. ans. ¶ En ce mesme an furēt a athenes les prices cōstituez τ ordōnez a regner en lieu des roys. lesqlx prices estoyēt maintenus en leur principaulte iusqz a la fin de leuie desquelx medzus ou aultrement medon fust le premier τ desquist lespace de xx ans ¶ Lan vij de dauid/hysboseth filz de saul redargua abner pource quil entretenoit vespha concubine de son pere. Auquel se coursa icelluy abner amerement en respondāt Ne suis ie pas auiourduy vne teste de chien a lencontre de iuda pour lamour de toy: et tu me reprens maintenant de ceste fame cy comme sil voulsist dire. pour lamour de toy ie suis en la hayne du peuple de Juda cōme est la teste dung chien mort. Ou aultrement peut estre expose/cestassauoir pour lamour de toy ie suis fait teste de chien / cestadire chef capitaine des chiēs latrās τ abap ans contre le roy dauid qui par le souuerain dieu est ordōne. Pour ceste cause abner enuoya vers dauid pour luy estre concilie et fait son amy. A laquelle chose se condescendist facilement dauid/ mais quil luy fist rendre sa fēme Michol fille de saul/A quoy se accorda ledit abner en ostant michol a phastiel qui lentretenoit. Et par ainsy il fust de dauid receu magnifiquement. Et puis se departist en paix et cōcorde voullant et desirant congreger et venir a lobeissance de dauid tout israel vniuer/sellemēt/comme est escrit ou tiers chapitre du second des roys. ¶ Lan vij de dauid fut abner occis de Ioab en vengence de la mort de son frere asahel cōbien que selon aulcuns ce fust pource que dauid luy auoit occultement promis de estre son connestable/ laquelle chose estoit ou preiudice de ioab. ¶ Item en cestuy an hysboseth filz de saul dormant en son lit a leure de mydy fust par deux murdriers recab et banaa entrans secretement en sa maison occis duql le chef fut par iceulx apporte a dauid en la cite de ebron. cuydans estre en sa grace/mais il leur aduint autremēt. car pour punition apres ce quilz eurēt les piez et mains coupez furēt finalement pendus et estranglez sur la piscine de ebron par le commādemēt de dauid/tesmoing le quart chapitre du second des roys.

¶ Lan viij et moys vij du regne de dauid il fut enioinct et sacre roy sur tout

Israhel apres ce il ala contre iherusalē aultrement denōmee Jebus ou habi/toit iebuseus.lequel mist tous les boi/teux/esclopez/borgnes/et auugles sur les murs en la derrision de dauid en di sant tesmoing le 8ᵘ ijᵉ des rois tu ne entreras point ceans se premierement tu ne extirpes ꝙ ostes les borgnes ꝓ boi teur de ce lieu.comme sil Boulsist dire que la cite estoit si forte ꝓ si puissant ꝙ nestoit point necessite dauoir aultre ai de ne garnison a lencontre de sup. Aul cūs dient que len mist ymages sur le mur lesquelles il estimoit estre hōmes boiteux/auugles ꝓ borgnes.cōe sil Bou loit dire suppose que les citoyens ne se reuēgassēt en nulle facō Ilz reputoiēt dauid ꝓ les siens si debiles ꝙ ilz estoyēt impotens de les expugner. De ce cy Bint le prouerbe commun que les bor/gnes/boiteux/et auugles/ne entreroi/ent point dedens le temple/combien ꝙ par auant ce fust prohibe ꝓ defendu en la loy. En tel assault dauid obtint la cite inferioꝛe par le moyen de oznan ie/busee qui luy bailla.Mais ne peut pas facilement obtenir la tour parquoy il pmist a ses cheualiers que le pmier en trant en icelle seroit son connestable et capitaine sur tous ses hōmes darmes. a laquelle chose peruint Joab dont ob/tint telle seignourie que iapieca auoyt longuement desiree. Apres icelle prise dauid en expulsa et mit hoꝛs tous les iebusees excepte oznan. et puis dauid edifia icelle tour laquelle fust puis ap/pellee cite de dauid.Mais ioab edifia le residu de la cite cōme racōte comestor.

¶ Ceste cite fut denōmee iebus ius ques aux tēps de melchidech tesmoig le xiiijᵉ de genese. Et depuis melchise dech nōmee salen. Mais par dauid dic te Jebusalem. Et finalement par sa mutation de ceste lettre.B.en.R. apel lee iherusalem. Lequel mot en lāgage hebꝛaique Baault autant cōme muniti on et deffece tesmoing Bng docteur nō me comestor. Toutessois dit Boꝛhar dus ꝙ melchisedech ne habita iamais en ce lieu mais a lentour du fleuue ioꝛ dain aisy comme est dit dessus en la se conde aage ou chapitre de Sem.

¶ Lan ixᵉ de dauid Eupales xxxiᵉ roy des assiriens cōmenca son regne durāt lespace de xxxBiij ans. Aulcuns dient que lan xxxᵉ dicelluy eupales fust edi/fiee cartage cōe sera Beu cy apres

¶ Lan xᵉ il frapa ꝓ occist plusieurs phi listiensen Baalpharasim et comman/da de bꝛuler leurs ydoles. Cest an fust du mōde deux mil ix.cēs. Apres ce il na ura et destruict les philisties de gabaa pour lesquelles choses dauid cōgnois/sant son regne estre cōferme et agrea/ble a dieu pꝛist encoꝛ aultres fēmes et cōcubines de hierusalem dont il engen dra plusieurs filz et filles. En cest an yram roy de tirus ēuoya ouuriers poꝛ edifier Bne maison a dauid. tesmoig le 8ᵘ second des roys.

¶ Lan xijᵉ du regne de dauid il ꝑeduit et ramena de la maison de obeth edom larche de dieu en sa maison ēgrande ioye et iubilation.parquoy michol Boi ant icellup dauid saillant et dancāt.se contemna ꝓ desprisa.pour la quelle cho se depuis ce ne conceust iamais enfant cōme appert ou 8ᵘ du secōd des roys . En apres dauid pensa de edifier Bng tēple a nostreseigneur auquel fust res pondu par nathan le prophete que le tē ple ne seroit point edifie par luy en tāt

La iiiie aage

quil estoit homme de sang et quil auoyt este cause de la mort daulcunes hommes mais son filz qui viendroit apres luy seroit celluy qui tel edifice feroit/cōe apt ou viie du second des roys. Apres ce dauid humilia et abessa grandement lorgueil des philistiens en leur ostant le tribut a eulx paye par israel. Aussy il bleça greuement le peuple de moab et le humilia grandement en le corquāt et faisant egal a la terre. parquoy fust moab serf et constrainct de payer tribut a dauid/come est escript ou viiie du second des roys.

¶ Lan xxe il fist tant que sirie luy fut faicte tributaire come dist clement. Aussy il vulnera et bleça fort adadezer filz de roob et roy de soba. Dont il raporta moult de vesseaulx precieulx dor et dargent en hierusalem. Laquelle chose venue aux oreilles de thoa roy de emath et danthioche lequel estoit aduersaire a adadezer Il luy enuoya grans dons/ come apert ou viiie du second des roys.

En apres dauid retournāt de sirie frappa greuement les ydumees se rebellās a luy/dont il rendist et fist ydumee tributaire. et ainsy fust accoplie la prophetie dicte a rebeca ou xxe de genese/cestasauoir que le maieur des deux filz rebeca parquoy entendons esau seroit serf au mendre/cestassauoir a iacob

¶ Lan xxiiie du regne de dauid fust lā de remission et iubile xixe. qui estoit du monde lan deux mil ixe xiiie. En cest an comme dist clement se recorda dauid de son amy ionathas filz de saul. parquoy a son filz misphiboseth qui estoit debile de piez et boiteux Il donna tous les champs et possessions q auoyent apartenu a saul. Semblablement luy permist a estre de sa table en beuuant q mengant a ses despens pour lamour q recordatiō de sō pere ionathas tesmoing le ixe du second des rois.

¶ Lā xxve du regne de dauid/Acascus iie prince des atheniens commenca regner durāt lespace de xxxv ans ¶ En cest an come dist clement enuoya dauid ses messagers a anon roy de amon pour le consoler en la mort de son pere naas. mais les princes de amon ymaginerent quilz fussent explorateurs et espies. parquoy les ditz messagers furent laidement traictez. car on leur raisa les barbes a moitie/q auec ce on coupa leurs robes iusques aux fesses. pour la quelle chose dauid mist a mort viic chariotz et xl mil cheualiers des siries et sobach capitaine des gens darmes. Et qui plus est tous les roys et princes qui estoyent venus a laide et defence de amon auec adadezer furēt par ce tributaires a dauid/come apert ou xe chapitre du second des roys.

¶ Lan xxvie du regne de dauid cōe est escrit ou chapitre xie du iie des rois fust assiegee rabach cite des enfans de amō et lors fust ladultere accōply auec bersabee femme du bon cheualier vrias. laqle engrossie dauid procura et se efforça de faire murdrir icelluy vrias. apres la mort duquel il prist bersabee a femme. pour lequel delict le prophete nathan reprist et redargua grandement dauid Dont il se repentist amerement et lenfant ne de bersabee mourust/tesmoigle xiie dicelluy. ¶ Lan ensuiuant nasquist salomō dicelle bersabee lequel selond Josephus auoit xiiii ans quant il cōmenca a regner. parquoy se ensuyt bien quil nasquist lan xxvie du regne de dauid lequel regna xl ans q plus.

¶ Lan xxviie fust prise par dauid icelle cite des enfans de amon appellee rabath. dōt dauid eust le diademe du roy ouquel estoyent gemes et pierres mōlt precieuses et le mist dessus son chef. Auec ce il en aporta grant butin et richesses/tesmoig comestor. Et qui plus est amena le peuple captif et prisonier en chariotz/mis es fers q es ceps laidemēt Et semblablement se maitint enuers toutes les cites des enfans de amō/come est dit ou xiie du second des rois.

En ce mesme an le filz de dauid nōme amon oppressa et viola thamar q luy estoit seur de pere. laquelle il eust en plus grande hayne apres le fait qil nauoit eu en grande amour par auant.

☧ Feuillet ij

dont il la expulsa et bouta hors/cõbien q̃ elle le pria moult affectueusemẽt quil la retint pour fame. et pource quil ne voulust obtemperer a sa requeste/elle espandist de la cendre sur sõ chef par desplaisance et marrisson et selon la coustume rompist sa robe tallaire q̃ est longue iusques aux talos. car de telle robe estoyent anciennemẽt vestues les filles des roys lesquelles filles estoiẽt vierges. Ceste robe est par Josephus appellee collobiũ en latin et est sãs mã/ ches. se prent au col/et traine iusques a terre. Apres ce icelle thamar se cõplai/ gnist a absalon qui estoit son frere de pere et de mere/tesmoing le xiijᵉ du se/ cond des rois.

¶ Lan xxxᵉ du regne de dauid/pyrrõ se/ cond roy des corinthes cõmeça regner duquel le regne dura lespace de xxxviij ans. ¶ En ce mesme an nasquist salo/ mon selon les hebrieux car il estoit a/ ge de xi ans seulement quant son re/ gne cõmenca sur israhel. Aussi en cest an absalon occist son frere amõ en vng conuis et disner quil fist ouquel il inui/ ta tous les filz du roy. La cause de telle occision fust pource qͥl auoit defloze et viole sa seur thamar.

¶ Lan xxxiijᵉ du regne de dauid/absa/ lon se efforcant de vsurper le royaul/ me de israel persecutoit son pere aspre/ mẽt.lequel pere plourãt sen fuyt piez nuz/ et le chef descouuert. en laq̃lle fuy te fut mauldit de semey gettant terre et pierres apres luy. laquelle chose Il porta paciamment. mais chusy amy de dauid ala a absalon pour dissiper le cõ/ seil de achitofel qui animoit et enflam/ moit absalon contre dauid pour le des honneur quil se disoit auoir fait a sa ni/ epce bersabee femme de vrias qui fust fil le de helie filz de achitofel/hõte cautel leux et de dangereux conseil. Doncq̃s achitofel dist a absalon. Je yray ceste nu yt auec toy acompaigne de xij mil hõ/ hõmes.et fraperay sur dauid et sur les siens en les prenant a despourueu. dõt il aduiendra que tout israel ira apres toy et te ensuiura. auquel absalõ respõ

dist. Demandons conseil a chusy/leq̃l chusy delibera en ceste maniere. Le cõ/ seil de achitofel nest ne bon ne proufi/ table en tant que dauid q̃ tous ceulx q̃ sõt auec luy sõt mõlt cheualereux par quoy se aulcun de ta partie estoit occis sauenture tout le residu aroit si grand peur que lẽ ty tourneroit le dos. et pour ce selon mon opinion il fault mieulx assembler tout israhel vniuersellemẽt et tourner a toy et en quelconque lieu que dauid sera trouue/ quil soit oppri/ me. Ce conseil pleut a absalon. mays occultement fust reuele a dauid dõt il passa le fleuue iordain auec ses cheua/ liers auant ce que le iour fust esclarcy. Ces choses considerãt achitofel q̃ voy ant que le royaulme deuoit retourner a dauid parquoy doubtoyt beaucop de choir en ses mains Il descendist en sa maisõ de sylo et la de ses propres mais il se pendist et estrangla. Ce pendant absalon assembla multitude de gens darmes. Establist amasa pour son cõ/ nestable et passa oultre le fleuue Jor/ dain semblablement/ ou fust faite ba/ taille entre les deux parties desq̃lles fu ne ce stassauoir la partie de absalõ se fu yt apres ce que dicelle furent occis xx mil. Et icelluy absalon passãt par des/ soubz vng chesne se aherdist par les che ueulx aux branches dicelluy arbre. au/ quel vint ioab et de trois lances le fra/ pa tellement quil luy persa le coeur. Apres lequel ioab vindrent dix Jeus/ nes escuiers lesquelz voyans quil pal/ pitoit et se mouuoit encor le occirent fi nablement. Jetterent en vne grande fosse et sur luy grand monceau de pier res accumulerent. affin quil mourust de double mort comme facinoreux et grand pecheur. car il auoit cõmis ince/ ste qui est espece de luxure en tant quil auoit eu la compaignie de sa seur. Et q̃ pis est il estoit en pẽsee parricide / a mur drier en tant quil auoit propose de tuer son pere. ¶ Dauid oyãt la mort dicel/ luy absalon le plaignist doloreuse mẽt en disant mon filz absalõ qui me pour ra conceder de mourir pour toy mõ filz

cc ij

La iiii^e aage

absalon. Desquelles paroles ne fust pas côtent ioab son capitaine parquoy dist a dauid. Tu as confondu au iour duy les faces de ceulx qui ont sauluē tō ame tu hes ceulx q̄ te aiment et ayme ceulx qui te heent. plusieꝰ autres parolles luy dist escriptes ou xix du ij^e des rois. Apres ce retourna dauid en iherusalē par le fleuue iordain. Et Semey qui par auant le auoyt mauldit vient au deuant de luy faire la reuerence. cōbien que apres par le cōmandemēt de salomon fut occis tesmoing le. ij^e. chapitre du tiers liure des rois. Ainsy Semey et miphiboseth furent reconciliez a dauid. et bercellay qui estoit homme noble aage de iiii^{xx} ans fist seruice au roy dauid. Lesquelles choses par ordre sont declairees ou .xiiii. xv. xvj. xvij. xviij. et xix chapitres du ij^e liure des rois. ¶ Consequanmēt ioab assiega siba en la cite d'abela en laquelle ledit siba fust par les habitans decapite cōme apert ou xx. du ij. Mais par auāt fust amasa frauduletemēt et en trahison occis par ioab pour laquelle cause icelluy ioab fust apres ce tue, tesmoing le ij^e chapitre du tiers des rois.

¶ Lan xxxiiii^e du regne de dauid fust famine continuelle lespace de trois ās pour les gabaonites occis par saul. pour laquelle cause furent aux gabaonites liurez par dauid sept hōmes de la lignee de saul lesquelx furēt par iceulx crucifiez et morz en croix, tesmoig le xxj^e du secōd. Et ne furent point leurs corps ostez du gibet iusques enuiron les kalendes de septēbre qui sont le premier iour du dit mois.

¶ Lan xxxv^e du regne de dauid y eust tesmoing le xxj^e du second des rois cōtre les philistiens quatre batailles. dont lune fust de dauid bataillāt contre Jesbidenob qui estoit de la generation des Jeans et auoit vne hache dōt le fer pesoit. CCC. Ōces. Auquel fust dauid fort presse et constrainct. et eust fort afaire se abisay filz de Seruia ne fust venu a sa rescousse et secours q̄ occist icelluy philistien. Pour ce danger

en quoy se trouua dauid luy fut defendu q̄l ne entrast plus en guerre et q̄l se fist faire ses cheualiers. ¶ Come stordit que a loccasion de ceste bataille derniere listoire epilogue repete les troys aultres cōbien que ce ne soit point en lordre que elles ont este faites. De ces batailles lune fust en Job qui est cite aultremēt dicte iaser en laquelle sobochay occist sephy de la generation des gēans.

¶ Laultre bataille fust semblablemēt a gob. ou quel lieu selon iosephus apparust vng fort hōme cousin de dauid nōme ephzon lequel voyant les siens auoit tourne le doz, occist infinitz de ses ennemis. Et le residu fist tourner en fuite. Touteffois nous ne debuons point ignorer q̄ le xxj^e chapitre du secōd des rois met en ce lieu la bataille de dauid cōtre goliath. ouquel chapitre est dauid nōme par quatre noms, cestassauoir dōne de dieu. pource que a sa deliurāce de israel dieu le donna, et establist en roy. ¶ Secōdemēt fust dit filz de sault et de pasture pource quil fut pris es pasturages en venant de garder les brebis quāt il fust depute a batailler cōtre goliath. Tiercemēt est nōme polimitaire, pource que sa mere estoit de la lignee de besebeel lequel estoit paintre et faisoit polimites qui sōt de filz de diuerses couleurs. ou pource quil āplya

en maltes manieres sõneur et seruice de dieu. Quartemẽt fut dit bethleemite pource quil estoit de bethleem.
¶ La iiij bataille fut en laquelle ionathas filz de Semmaa frere de dauid occist ung homme qui auoit six doiz a chascune main et a chascun pie qui en somme totale estoyent xxiiij. Apres ce que Dauid ne fust plus intrique ne enuelope en batailles/cestassauoir le iour qui fust du tout despesche de la main de ses ennemis et de Saul il dit et chanta ce beau cãtique Dominus petra mea ꝛc. qui est escript ou xxij du secõd des rois. A ce propos dit Josephus que loꝛs que dauid Sint au dessus de tous ses ennemis et quil Siuoit en paix il composa cantiques/hymnes et pseaulmes en diuerses especes et facons de metres. dõt les aulcũs estoyent par Sers trimetres qui sõt de trois mesures. Les Snge pentametres et les aultres daultre mesure. auec ce il fist diuerses oꝛgues ⁊ instrumẽs musicaulx moyenãt lesq̃lz se ropẽt par les leuites et hõmes deglise chãtees lesdites hymnes es sabbas ⁊ aultres sollẽnitez¶ En ce lieu ne doit pas estre lessee la repꝛobation de lerreur de aulcũs disans q̃ dauid en Sng mesme tẽps et lieu a cõpose toutes les pseaulmes qui sont au psaultier.laquelle chose sauflaõ teur reuerence nest pas Sray seblable. Car il les a faites par succession de temps en remerciãt dieu selon les diuerses foꝛtunes de psperite ou de aduersite lesq̃lles il luy enuoyoyẽt. car apres la Sictoire obtenue sur Goliath dõt est faite mẽtiõ ou xSij du pꝛemier des rois. Il fist ceste pseaulme Benedictus dominus meus qui docet manus meas ad pꝛeliũ/q̃ est cent xliij en loꝛdꝛe du psaultier cõbiẽ que elle fust sur toutes la pꝛemiere quil cõposa. Seblablemẽt le pseaulme xlS cestassauoir Deus refugiũ nostrũ est lune des pꝛemieres et fust faite par les enfans de choꝛe dõt est faite memoire ou xSj chapitre du liure du nõbꝛe. Ainsy apt que dauid na pas fait toutes les pseaulmes q̃ sõt ou psaultier.et aussi q̃ elles ne sõt poit

en loꝛdꝛe quilz ont este cõposees pꝛemieremẽt/cõme diit sainct Jerome/Nicolas de lira/et Michael de banonia. car apres ce q̃ la libꝛairie des iuifz eust este bꝛulee en hierusale par le roy de babilone et que les iuifs furẽt tous captiurz et menes pꝛisonniers/le pꝛophete esoꝛas inspire du sainct esperit recoeuillist et re assẽbla les pseaulmes/cõbiẽ quil ne les ait pas oꝛdõnees ainsy cõe elles estoiẽt par auant/ mais les mist en loꝛdꝛe qui les trouua tellemẽt que la pmiere trouuee p fust la pꝛemiere mise. Et puis a tout le liure proposa ce pseaulme Beatus Sir qui non abiit in consilio ipioꝛũ cõme prologue et preambule a tout le psaultier. Nõ obstant selõ lopinion de sainct augustin/dauid a fait toutes les pseaulmes/cestadire la plus grãde partie cõme exposẽt les docteurs.

¶ Pareillemẽt pource que parlõs Du psaultier nous deuõs scauoir que sainct Jerome a translate par trois fois le psaultier. Premieremẽt sã ij de lempereur gracia qui fust de nostreseigneur lan iiijC lxxxj.cõme dit Sincent listoꝛial ou iiijC et xij chapitre de sõ xSij li/ ure Et fust ceste translation de grec en latin selon les lxx interpretes. Et appelle le psaultier romain pource q̃ le glise de sainct pierre en Sʒoit sur tous parquoy en tous lieux estoit chante cõ

La iiiie aage

me recite guillermus ou liure nõme le rationel des offices diuines en la ije. partie et fin du premier chapitre. De ceste translation ou correction des lxx interpretes le grand gregoire qui dernieremēt ordõna loffice ecclesiastique fist les anthiphones/les respons/alleluyes/les traictz et aultres choses qui auant lay sont chãtees en eglise.

¶ Secõdemēt apres que ceste premiere translation fust corrupue Sainct ierome le translata de recef de grec en latin cõme il tesmoigne ou proheme du psaultier laquelle translation differoit vng petit de la premiere mais aprouchoit plus de lebrieu que laultre. De ce psaultier parle sainct Jerome ou liure des nobles hõmes disant que a sa requeste et priere le pape damasus qui aage de iiijxx ans trespassa soubz le pape theodosius le fist chanter es eglises gallicaines. Dõt est cõmunemēt appellé le psaultier gallicain/est le plus commun de tous et cõtenu ou texte de la bible auec son glogue. Pour ceste cause est dit en la rigle des freres mineurs que les clers facēt le diuin office selõs lordonnance et vsaige de leglise romaine excepte le psaultier car les freres mineurs vsent du psaultier gallicain.

¶ Tiercement sainct ierome trãslata lepsaultier aux prieres de sophronius qui souuent disputoit contre les iuifz lesquelz appreuuēt seulemēt ce qui est en hebrieu. parquoy il fist ceste translation de mot en mot de lebrieu en latin. et pource il differe en plusieurs choses du psaultier gallicain et romain. De ce psaultier dit guillermus ou ratiõal que il est appellé le psaultier de sainct Jerome selon la verite hebraique et q̃ chascun le deuroit auoir et sçauoir. De ces trãslatiõs nous auõs cõmunemēt la iie. laqlle est le plus exposee des saictz docteurs/cestassauoir de sainct augustin/de Nicolas de lira/de michel de bauonia et de plusieurs aultres.

¶ Lan xxxvj du regne de dauid/ il fist nõbrer son peuple de israhel/tesmoing le xxiiije et dernier du ije des roys et le

xxje du premier de paralipomenõ. auql cõtredist son cõnestable ioab cõbiē quil ne peult resister ne vaincre la voulēte du roy. apres ce le roy dauid achata vne aire et place de aremna iebusee. laquelle estoit ou mõt moria ouquel abrahã voulust imoler son filz ysaac/tesmoigle xxije de genese. En apres y fust le tēple edifie par salomon/cõme gad le prophete auoit predit. pour laquelle cause dauid fist ce lieu estre appellé laire du tēple ¶ En ce tēps estoit en la sūmite de gabaõ le tabernacle et lautel des sacrifices que moyses auoit fait ou desert/cõbiē que larche fust en hierusalē.

¶ En cest an fust ephese grãde cite cõstruicte et edifiee par andronicus/comme dit beda en son petit liure nõ obstãt que iustinus die en son secõd que les amazones qui estoyent fames vaillantes ont edifie la dite cite de ephese et plusieurs aultres cites en asie la mineur car par main et puissance forte elles y occuperent maintes cites.

¶ Lan xxxvije du regne de dauid/ commenca regner Egis second roy des lacedemoniens qui aultrement sont nõmes spartes/spartains ou sparciates. et regna vng an seulement.

¶ Lan xxxviije Ecestratus iije roy des lacedemoniens commenca son regne durant lespace de xxxvs ans.

❡Feuillet ii c xii

┗ome.de laquelle cite les habitans ne eurent iamais paix ne dehors ne de/ dens.

❡ En cestuy an et ce mesme temps fust baillee a dauid la pucelle Abisag po' leschauffer car il estoit merueilleu sement infrigide/refroidy τ desnature comme est escript ou premier du tiers des rois❡ On pourroit cy faire vne que stion/cestassauoir pourquoy dauid fut tant infrigide quil ne pouoit eschauffer A quoy peult estre respōdu selon esti/ enne que pour quatre causes. Dont la premiere est pour son ancien aage. La secōde pour leffusion de son sāg en plu sieurs diuerses batailles. Tiercemēt pour la grande consternation/defailla ce de courage et desplaisance quil prist en voyant langle ainsy occire et faire mourir son peuple dont est faite men/ tion ou dernier du second des roys τ ou xxi du premier de paralipomenon. Et quartement selon Rabysalomon af/ fin quil fust pugny pource quil auoyt coupe la robe de saul comme est escrit ou xxiiij du premier des rois.
❡ En ceste annee qui est de Eupales roy des assiriens/lan xxx fust cartage cite autentique edifiee par Arcedon ty rien comme dient aulcūs.ou par sa fil/ le Dido comme dient les aultres. Et fust selon beda en son petit liure cent xliij ans apres la destruction de troye. Toutesfois dist ozosius ou iiij liure q̄ elle fust faite par elissa lxxij ās deuant

❡ Lan xxxix du regne de dauid/ Ado nias filz de agith voulust estre roy et succeder a son pere dauid pource q̄l es/ toit le premier ne sur tous les enfans de dauid pour lors viuans: mais en nō bre total estoit iiij. Auquel par le com mandement de dauid fust Salomon prefere et consacre roy. Pour laquelle cause adonias craignist de estre occis/ comme apert ou premier chapitre du tiers liure des rois.
❡ Lan xl et dernier/ Dauid conuoca tous ses princes/seuites prestres τ tout son peuple pour demonstrer et decla/ rer quil auoit constitue Salomō pour regner apres soy et quil auoit fait roy et enoict deuant sa mort en luy cōman dant deuant tout le monde quil gar/ dast bien les commandemēs de la loy. de iustice et de misericorde . En oultre quil edifiast vng temple a nostreseig gneur.Pour ledification duquel il asse bla dix mil talentz qui sont grande so me et deniers d'or.cent mil d'argent. de fer et de arain sans mesure.et de pier res precieuses et de busches tresgrāde multitude/cōme est escript ou xxij et xxiij du premier de paralipomenon. Duquel lieu il diuisa les leuites en iiij

cc iiij

La iiij.ᵉ aage

ordres/cestassauoir en aaronites/moy
setes/et leuites. Les aaronites furent
diuisez par generations/car de eleazar
furent nõbrez xBjᵒ. et de ythamar son
frere Biijᵒ. De chascune de ces genera
tions fust esleu vng euesque qui mini
stroit successiuement depuis vng sa/
medi iusques a lautre. Toutesfois sa/
doch et Abiathar estoyent par dessus
tous/non obstant que par le xxiiijᵉ du
premier de paralipomenon est mõstre
que achimelech filz de abiathar estoit
ia compaignon de sadoch. Les leui/
tes furent par dauid instituez xxiijᵒ.
pour estre curateurs et gardes de la fa
brique du temple. Et sont par aultre
nom appellez nathinees/pour ce mot
hebrieu nathin qui en francois signifie
eaue/car ilz seruoyent de eaue aux pres
tres comme font maintenant les soubz
diacres. En oultre il constitua Vjᵐ scri
bes τ iuges du peuple. iiijᵐ portiers du
temple. et autant de chantres qui de/
chanteroyent ses hymnes et loenges.
Apres ce il diuisa ses cheualiers en xij.
compaignies desquelles chascune con/
tenoit xxiiijᵐ. et commanda que chas/
cune dicelles gardast salomon lespace
de xxx iours. Les moysetes furẽt au
cun petit plus honorez que les aultres
car dauid les fist custodes et gardes des
tresors τ des Besseaulx de dieu. En oul
tre il baissa a salomon par sa monneste
ment de ses princes toute la descriptiõ
de ledifice du temple. et fist les primi/
ces et dismes des oblations en offrant
premierement trois mil talentz et de/
niers dor pour faire le sanctuaire τ cha
riot de dieu ouquel deuoient estre les
cherubins soubz lesquelx deuoit estre
mise larche. Les princes/prestres/ le
uites et les plus anciens de tout le peu
ple offrirent Vᵐ talentz et deniers dor
et dix mil deniers dargẽt. et pierres pre
cieuses infinies. Desquelles richesses
fust gardien Jabius qui estoit de la li/
gnee de moyse. Apres ces parolles τ
preparations a la fabrique et composi/
tion du temple et maison de dieu le bõ
roy dauid Voyant sa mort approucher

itera et de rechef commanda a Salo/
mon de garder les commandemens de
dieu/de bien obseruer la loy/iustice et
faire misericorde en rememorant la p/
messe de dieu laq̃lle luy fust faite. cest/
assauoir q̃ sa semence regneroit perpe/
tuellement mais que dieu ne fust poit
irrite par elle. En oultre dauid en son
testament commanda de occire Joab
son connestable et que les enfans de
berzellay fussent cõme saulx de Salo/
mon et quil leur fust gracieulx en ce ql
pourroit. Et semblablement de semey
qui se auoit mauldit fust dit a Salo/
mon quil nen demourast point impu/
gny. Apres ces choses dauid aage de
lxxxᵒ. ans et Bj mois trespassa et fust
ensepulture en sa cite nommee la cite
de dauid. Dont dit comestor que a len/
tour du tombeau fist salomon Biij tre/
sors desquelx hircanus souuerain pre/
stre et euesque/mil et trois cens apres
ce/en trouua deux/et herode vng aul/
tre. mais les aultres ne sont point en/
cor manifestes pource que selon le dit
de aulcuns ilz sont absconsez par art
magique.

Puis que auons expedie les choses
principales touchans listoire de Da/
uid il reste maintenãt mouuoir τ soul/
dre aulcuns doubtes et difficultes. Et
premieremẽt pource quil fust herpeur
on pourroit conclure quil fust dissolut
et instable de courage/considere le dit
du philosophe ou Bijᵉ de politiques par
le quel est eu que pour auoir discipline
et science ou quelque aultre bonne ma
niere de Biure on ne doibt point auoir
flustes ne herpes/ne quelque aultre or
gane et instrument artificiel pource q̃
telx peuent plus mouuoir le courage
a delectation que a bonne Voulente et
disposition. Respond sainct Augu/
stin ou quatorziesme chapitre du xVij
liure de la cite/que dauid estoit bien in/
struict en cantiques et belles chansons
de contemplation lesquelles il chãtoit
par Vraye armonie/non pas par Bani
te Vulgaire et Volupte. mais en rendãt
graces a son createur Aussi en represẽ/

Feuillet ij xiij

tant figures de grand et diuin mistere Car telchant de diuers sons bien mo/dere et accorde insinue et demonstre su nite souueraine de la cite triumphan/te bien ordonnee. ¶Diceulx pseaul/mes et hymnes parle lapostre ou cin/quiesme chapitre De lepitre enuoyee aux ephesiens (aussi en la trente tBje distinction disant quon ne se doit point emplir ne enyurer de Vin qui est cause de choir en luxure/mais du sainct espe rit en dechantant pseaulmes/hymnes et cātiques espirituelles.parquoy ap/pert que la frequentation dicelles oste les courages humains des charnelz de sirs/Passastie/et sauoure De spirituelle deuotion les Soulentez de telz chātres expelle (deboute des coeurs des hom/mes la tristresse et ennuy du siecle/tes/moing sainct Jaques en son cinquies/me chapitre disant quant aulcun est marry et desplaisant il doit de bon cou rage prier et chanter. Semblablemēt dit sainct Denis ou liure de la Jerar/chie angelique. Toute oraison de pse/aulmes et escripture des saictz est nar/ree et racontee conuenablement pour la cōduicte et sanctification de nos cou rages. Dicelluy dauid parle Vincent historial ou chapitre lxxij du tiers li/ure disant quil est le tresgrād sur tous les prophetes/car il na pas seulement predit laduenement futur du saulueur en ce monde/mais auec ce il a congnu clerement que de sa semence et lignee il descenderoit. Semblablemēt en par le sainct ambroise en son premier liure des offices disant que iamais dauid ne fist guerre a aulcun sil ne stoit cōstrait par iniure que premierement on luy a/uoit faite. Et auec ce sil nauoit par re/uelation et conseil diuin de le faire ou de le lesser. parquoy il ne entreprenoyt bataille, nulle quil nen Senist Victo/rieux.

¶ Pour ce qui est dit deuant (aus/sy pource q est touche sur le xBje chapi. du premier liure des roys Cestassa/uoit que apres que dauid fust oinct (

sacre par Samuel lesprit de nostresei gneur entra en dauid en se departant de Saul Dn pourroit demander se sa/ul auoit le deable dedens le corps du quel il fust possesse et tourmente. A ce respond Comesto: disant que ouy. mais y auoit aulcunes interuallees et interpositions de temps ou il nestoyt point vexe ne traueille du maulaix esprit. Pour la guerison duquel fust a/mene dauid de bethleem par le conseil de doech qui estoit lungdes principaulx de la court de saul/combien quil ne sou stint point dauid en sa persecution.
Apres ce que dauid y fust arriue Il ioua de sa herpe par le doulx son de la quelle Saul se porta mieulx et se de/partist aulcunement le maulaais es/perit de luy apres lequel depart da/uid fust renuoye ches son pere psay

¶Dn pourroit cy faire aultre questi/on cestassauoir se les deables par laVer tu de la melodie et chant armonique peuent estre expulses des corps hu/mains quilz possedent. Pour laquel le chose prouuer et improuuer on po/roit amener plusieurs raysons. Dont la premiere est de ce que est dit ou xBje chapitre du premier des Roys dessus allegue . cestassauoir quant Dauid faisoit resonner sa harpe le mauuais esperit se departoit de Saul. et pour ce il semblerroit que telle chose fust possible ¶ La seconde raison est son dee ou Bje chapitre de thobie ou lan/gle raphael dist quese len prent du Ju/ger dug poissō quil nōme/en le mettāt sur les charbōs: la fumee (odeᵉ predāt Venāt de icelluy expulse (deboute des hōes (fames toute maiere de deables. Or est il ainsy que lodeur de telle fu/mee nest point de plus grande Sertu ne puissance que est la melodie et chāt armonieux/ mesmement cōsidere q le sens de louye et des oreilles est plus di sciplinable et conuenable a discipline receuoir que nest le sens de lodorement La tierce est. car en la musique de gui/son est dit quil est aulcuns deables qui ne peuent ouyr ne endurer melodie. parquoy fault dire quilz se fuient quāt ilz en oyent. ¶ La iiij^e raison. Josephus dit ou liure de la bataile Judaique que en lost et compaignie de titus ou siege de hierusalem estoit aulcun qui par la pierre estant enchassee en ung agneau chassoyt les deables des corps esquelz ilz estoient. ¶ La ve raison. pour ceste cause est escript de salomon quil fist exorcismes et adiurations, lesquelles choses sont sensibles et nōt point plus de vertu ne de efficace que melodie par quoy il semble que par telz son les dea/ bles soyent et puissent couenablemēt estre expulsez des corps des hōmes.

¶ On peult arguer et prouuer le con/ traire veritablement par ce qui est es/ cript ou xlj^e de iob. ouquel lieu en par/ lant du deable est dit q̄ nest nulle puis sance sur terre qui luy soyt comparee. parquoy apert que la puissance du dea ble est plus grande et par dessus toute chose corporelle et sensible. Or est il al/ sy que puissance mendre ne peult riēs sur celle qui est superiore/combien que par opposite la superiore ait pouoir sur linferiore. Et pource conclurons que melodie na point telle efficace de chas/ ser les deables des corps des hommes.

¶ Responce a la question faite cy des/ sus en ensuiuāt les platoniques. Se les deables auoyent les corps naturelle/ ment ainsy dnitz comme dit apuleius cestassauoir apras ame/le corps de lair entendement raisonnable/quilz soyēt eternelz en temps et passifz en courai/ ge/ce ne seroit point inconuenient de dire que par la vertu de melodie et de aultres choses sensibles peussēt les de/ ables estre expulsez et gardes de affli/ ger et tourmenter les hōmes. Les pla/ toniques mettoyent la nature des de/ ables moyenner entre les intelligēces qui sont substances spirituelles et en/ tre les hōmes et auoir participatiō des vngs et des aultres. Mais pource que la saincte escripture et la foy catholiq̄ afferme et tient que les deables sont de nature angelique et que les naturelx

principes sont encor en eulx demoure3 tous entiers/cōbiē que par leur malice ilz soyent depraue3 Il fault dire conse/ quāment que nulle chose sensible ou vertu corporelle ne peult directement ne indirectement riēs faire contre les deables parquoy puissēt estre cōstraitz a aulcūe chose cōsidere quilz sōt de sub stāce espirituelle. et par consequent ne peuent estre boutez hors des corps dlz possedēt. Mais par la vertu diuine qui est souueraine peult estre fait sans aul tre moyen. ou par les sainctz anges q̄ en telles choses sont souuēt executeurs de la volunte diuine. Toutesfois il peult estre raisonnablement cōcede q̄ par chāt et melodie (aulcunes aultres choses sensibles les hōmes tourmētes des deables peult estre allegez en tant que les oeuures de aulcū ouurier sont en celluy seullemēt q̄ est dispose a rece/ uoir telle action/cōe dit le philosophe ou ij^e liure de lame. Or est il ainsy que les deables ne peuent a leur volunte transmuer la matiere corporelle se icel le nest cōcurrente et disposee a telle ac tion. parquoy iceulx en leurs operatiō par lesq̄lles tourmētent les humains sōt subgetz a cōsiderer et auoir regard a la matiere corporelle. Laquelle chose est prouuee par ce qui est dit ou iiij^e et x vij^e de sainct mathieu/cestassauoir q̄ aulcuns lunatiques selon la diuerse dispositiō de la lune sont moyennant la permissiō diuine afligez et trauail les des deables/en tant que la lune a domination sur les choses humides et moites. parquoy le cerueau de lōme q̄ sur toutes les parties du corps est hu/ mide et plus couenable est susceptible de laction et impetuosite du deable en vng temps quen vng aultre selon di uers cours et mouuement de la lune. Par opposite peult estre afferme que par melodie ou par aulcune aultre cho se sensible peult estre causee dispositiō ou corps humai/par laquelle est mais subget a laction et operation diaboliq̄. Et par aisy lafflictiō inferee q̄ faicte p iceulx deables est diminuee q̄ allegee.

Feuillet lxiiii

⁋Aultrement peult ceste chose aduenir/cestassauoir allegement de lafflictiō inferee par les diables car ainsy cōe en afflictiō est requise perceptiō et notice dune chose disconueniente et contraire. Semblablement en delectation est la coniōction de deux choses ayans conuenance lune a lautre moyennant la perception et congnoissance dicelles ensemble. car la ou nest nulle cognition il nya point de delectation. Pour ceste cause ce qui diminue et oste telle perception diminue laffliction et allege lōme de sa douleur. ⁋ Doncq̄s pour retourner a nostre propos melodie est de telle condition que elle rēd lōme attentif et par consequent le retire et oste de ses pensees vaines et allege aulcunemēt de lafflictiō que le diable luy fait. mais quesque chose q̄l soit/ elle ne peult expulser ne debouter hors du corps de lōme le diable quant il est en possession/ comme est ia souffisamment declaire. Et pource il fault respondre aux argumens et raisons par lesquelles on se efforce de prouuer le cōtraire ⁋ Et premierement a la pmiere raison dirons cōme deuant/ cestassauoir que par la vertu de melodie Saul se portoit beaucop mieulx. combiē que par elle ne se departoit point le diable du corps de icelluy mais seulemēt par la vertu diuine. ou moyēnant les saitz angeles. ou par le merite du sainct hōme dauid qui en sa herpe pour le salut de saul chantoit loenges et chancōs diuines. On list souuent que par les oraysons des sainctz et sainctes ont este en telle maniere les diables chassez des corps humains quilz tenoyent en leur subiection/ ainsy comme est escript ou iiij chapitre du quart des Roys que le prophete Elisee fist appeller vng herpeur ou ioueur de aulcun tel instrumēt pour esleuer son entendement enuers dieu. car par tel moyen les loenges sōt plus efficaces et de grāde vigueur a lexpulsion du diable. ⁋ A la seconde raisō dirōs que le liure de Thobie nest point du canon. parquoy iasoit ce quil soit receu et leu en leglise pour ledification et doctrine des hommes. Toutesfois nest il point efficax ne souffisant pour sap probatiō daulcū doubte/ tesmoig sainct Ierosme ou prologue nōme en latī galicatus Nō obstant on peult respondre que la fumee et odeur de tel iuger ne expulsa point le diable mais le merite de loraison de thobie qui estoit deuote par lodeur de la fumee cōme apert par ce q̄ est escript ou chapitre de thobie dessus allegue/ cestassauoir que langle raphael apprehenda le diable et le sta es superiores parties degypte. Aussi on peult respondre quil fust chasse hors par la vertu de langle executant la diuine volente. laquelle chose pouoit aduenir a toute personne moyennant telle oraison et diuine ordination. ⁋ A la tierce raison dirons que les dictz dicelluy docteur dessus nomme ne sont pas de grāde estimatiō ne de quoy on tiēne grād compte/ veu quil nest de nulle auctorite. En oultre peult estre dit comme est respondu de dauid/ cestassauoir que le diable peult estre expulse pour la sainctete de lacteur dicelle melodie. ou por la malice dicelluy. Car tant de malice peult estre en lacteur de telle melodie quil la fait pour faire reuerence et honneur aux diables/ duquel honneur ilz sōt grādemēt couuoiteux. parquoy ilz se departēt nō pas par cōstraicte mais voluntairement affin quilz maintien nēt les hōmes en erreur et seruitude cōme souuerainemēt ilz desirēt. Par ceste chose apt la solutiō de la iiij raisō q̄ est daucū pōme darmes estāt en lost et cōpaignie de titus q̄ expulsoit les diables tenātz les corps des hōmes en sa possessiō. car il ne faisoit telle chose fors par art magiq̄ et pactiō faite auec lesd̄ diables/ lesq̄lx faignēt de sen aler et obeir aux hōmes pour les tenir tousiours en lc cordelle erreur et seruitude cōme dit est ⁋ A la v raisō q̄ est des exorcismes et coniuremēs faitz par salomō nous dirōs q̄ sil les fist ou tēps et heure que luy estoit lespit de dieu p iceux estoiēt dechassez les diables par la vertu diuine cōme est

La iiiiᵉ aage

dit des oraisons des saictz. mais s'il les fist apres ce q'il fust fait ydolatre, nous disons que par iceulx estoyent les deables chassez moyennant art magique.
¶ On pourroit cy encor faire aultre question, pour quelle cause Saul ne demanda a dauid dons precieulx pour sa fille michol auoir en mariage mais dons villes et infames qui sont cent prepuces des philistiens, c'est a dire cent membres viriles ou les peaulx d'iceulx. A ceste question peult estre respondu que saul le fist pour deux causes. L'une fust affin que par icelles parties coupees et a luy apportees il fust certain que iceulx occis n'estoyent point des enfans de israhel lesquelz sont circoncis. L'autre est car les philistiens craignoyent et auoyent en horreur la circoncision comme la mort. Parquoy saul ymaginoit que les philistiens conceuroyent et prendroyent vne grande hayne contre dauid pour tel obprobre et iniure a eulx faite par iceluy dauid. Dont par tel moyen ilz seroyent concitez et esmeuz a occire le dit dauid. laquelle chose saul de tout son courage desiroit et pource il dit ou xxiiii du premier des roys. Ma main et vengance ne soit point sur dauid, mais la main des philistiens.
¶ Apres les choses dessusdictes deuons bien noter que l'escripture nous baille et declaire plusieurs exemples vertueux et operatios de dauid. Et premierement en tant qu'il fust desplaisant de ce qu'il auoit coupe le manteau du maulvais roy saul nous est demonstre que nul subget tant soit bon ou sainct ne se doit point esleuer contre son prelat ou souuerain quelconque, pose quil soit maulvais et vicieux, come apert en la vij question de la v cause, et en la seconde distinction de penitencia. ¶ Secondement en tant quil receuoit tous banis et fuitifz Ilz nous a demostre quo doit auoir compassion de ceulx qui endurent tristesse et aduersite. Tesmoing la premiere question de la vij cause ¶ Tiercement en tant que dauid a porte honeur et reuerence a saul pose qu'il fust deprauee et deuenu maulvais. Nous est demostre que les sacrementz ne sont point empirez pour le maulvaix ministre comme est dit en la premiere question de la premiere cause ¶ Quartement par ce qu'il se ta a sa sentence de la parabole de nathan le prophete qui le reprenoit, nous est declaire que le mauvais prelat, iuge, ou predicateur se condane soy mesmes par la sentence quil gette sur aultruy, tesmoing la vij question de la iij cause.
¶ Quintement en tant quil soustint benignemēt et endura paciamēt sa reprehension du prophete nathan qui estoit son inferior et subget pour l'adultere quil commist, nous est demonstre que le subget peult licitement amonester son prelat et souverain des exces esquelz il excede les termes de raison tesmoing la vij question de la seconde cause. ¶ Aussy a ppos de dauid et des roys descendans de luy ne deuons point oblier vne chose moult a esmerueiller escripte ou xlixᵉ chapitre de ecclesiasticus, c'est assauoir que tous les roys de iuda et de israhel ont este ydolatres fors trois tant seulement, c'est assavoir dauid, ezechie, et iosia, combien quil y ait eu grand nombre de rois en lung et lautre royaulme come aperra es chapitres et figures cy apres.

Feuillet ij c xv

Chapitre iij de Salomon.

Salomon filz de dauid et de bersabee nasqst lā du mōde iiij M.ccc lxx. q̄ sōt mil.xxxiiij ans deuāt la natiuite de ihūcrist/cōe dit beda. Et selōd les hebzieux icelluy salomō aage de xj ans cōmēca regner. nō obstant q̄ Josephus mette xiiij ans. Et fust selō iceulx lā du mōde ij M ixC xxxj. Du de luge lā mil ijCLxxx. De la natiuite de abzahā ixCliiij et trois. Apres le iubi/ se xixe lan xViij. Apres lissue degypte/ iiijC lxxViij. Apres la ruine de troye cēt xlVij. De la iiije aage lan xlj. De lati/ nus siluius iiije roy des albains lā xxx q̄ Vij. De eupales roy des assiriens lā xxxiiije. De arascus ije prince des athe/ niens lan xViij. De yxion roy des corī thiens lan xije. De eccestratus roy des lacedemoniens lan iiije. Ite deuant la premiere olipiade iiCLxiij ans. Et de/ uāt rome iiijC iiij ans. Il regna xl ans sur tout israel. Et fust nōme par trois nōs/cōme dit Rabanus ou premier cha pitre du tiers liure de Vniuerso. Car son premier nom fust salomō qui est in terpzete pacifique pource quē sō tēps regna paix. Secōdemēt fut nōme Jti/ da pource quil fut cher et biē aime de dieu. Le tiers nō fust Peleth ou coeleth qui en grec est dit ecclesiastes et en latī concionateur et prescheur. pource quil a parle vniuerselemēt a tous et nō po/ int a vng seul. Selōd le nōbze des nōs dessusditz il cōposa trois oeuures/ cestassauoir les prouerbes ecclesiastes et le cantique des cantiques. En ses p̄ uerbes il enseigne et instruict le petit enfant par sentences graues/en decla/ rant cōmēt il se doit gouuerner q̄ mai/ tenir en diuers offices. Et pource il re/ pete souuent ce mot Mon filz. En ecclesiaste il adzece sa parolle ēuers lō me de aage meure et attrēpee. en dēmō strāt q̄ es biēs du mōde il ny a riēs p̄ petuel mais sōt toutes choses bzeues/ caduques et transitoires. Es cantiqz

il inuite aux nopces de lespousee q̄ ioye de paradis cōme parfait et acōply en Vertus qui cōtēne et despzise les Sa/ nites de ce siecle. Car il est mōlt diffi/ cile de bien chanter realemēt ce noble cantique des cantiques se ne lessons p̄ mierement nos Vices et renōcōs aux pōpes de ce monde. En cestuy salo/ mon est par figure represente ihūcrist qui en la cite celeste hierusalem a edi/ fie maison a dieu non pas de pierres et de busches mais de saictz hōmes. Dōt pour ouyr sa sapience/tesmoig le xe du tiers des rois Sint la royne de ethiopie cestadire leglise des gentilz cōsiderāt que cestoit celluy dont est faicte menti/ on ou iije de sainct mathieu disant Ve cy mō filz cher q̄ ame qui me plaist tres bien et pource escoutez loy. Apres ce q̄ elle le eust ouy et Veu ses ministres et seruiteurs elle magnifia et loua son/ tureainement la sapience et gloire dicel luy/en disant/Benoitz sōt tes hōmes et seruiteurs qui sont a lentour de toy et qui peuent ouyr ta sapience. Aussi no/ stre seigneur a qui tu as pleu q̄ es agre able soit benict. Il ta constitue sur isra hel pour regner et faire iugement q̄ iu stice selon ta prudence. De salomō est escript ou iiije du tiers des rois q̄ par son ozaison il impetra sapiēce a nostre/ seigneur. Item ou Vie Viie q̄ Viiie est nar re cōment il edifia Vng temple tres ex cellent et tres renōme. Il fust tres sage sur tous les hebzieux/tesmoig le quart du tiers des rois onquel est escript que la sapience de salomon pzecedoit la sa/ pience de tous les ozientaulx et egyp/ tiens. Il dist trois mil paraboles. q̄ fist cinq mil chancōs. Il descript la nature des bestes/ oyseaulx/serpēs/et poissōs souffisamment. Et pource dieu luy dist cōme est escrit ou iije du tiers de rops. Je tay donne coeur sage et intel/ ligēt tellement quil npa eu nul duāt toy ne ara apzes toy q̄ soit sēblable a toy Car il seurmontoit les iiij. filz de ma ol qui en sagesse estoiēt tres renommez cestassauoir. eman/ethan/calcal/q̄ dor/

La iiiie aage

da. Laquelle chose est confermee par comestor. ¶ Salomon semblablement fut inuēteur des exorcismes et adiurations par le moyen desquelles on coniure les deables traueillāts les corps humains dont par aulcunes les deables yssoyent hors des hōmes et par les aultres ilz ne sen bougoyent. Aussy il trouua aulcune caracteres et signes lesquelz entaillez sur gēmes et pierres precieuses et puis apres mis dessus les narines de lōme arreptice et demoniacle le deliuroyēt de la possession des deables. laquelle inuētion fust moult necessaire aulx hebzieux car par ce plusieurs en furent garis. Josephus afferme quil a ueu ung tel exorciste et adiurateur de deables nōme eleazarus qui en la presēce de titus et de uaspasiā garissoit les demoniacles en telle maniere. ¶ Salomon fust tresriche et tresputissant, tesmoing le iije du tiers des rois ou est escript que dieu luy dist ql luy auoit donne richesses et gloire plus q a nul des aultres rois. Et pource ou quart chapitre dicelluy liure se ensuyt q Salomō auoit xlM estables de cheuaulx a chariot. et xijM pour cheuaucher. desqlz cōe dit comestor la moitie luy seruoit en hierusalem chascun iour et lautre partie estoit disperse par les uilles et uillages. ¶ Sa portion estoit toutes les iours de xxx mesures de fleur de farine nōmee en latin simila. et les mesures estoyent nōmees chorus dōt chascune mesure contenoit dix muys. Auec ce y auoit lxx telles mesures de grosse farine, dix boeufz de gresse et xx de pastures. Et cent montons sans la uenaison de cerfz, de biches, de cheureux de beufz sauluaiges et de oyseaulx. Il auoit mil et iiijc chariotz et xijM cheualiers. Il fist ijc escus et boucliers de defēce q estoyēt dor trespur. dōt es lames et pieces de chascun estoyent vjc ōnces dor. Il fist aussi iiij boucliers de or esprouue nouuellement dedens le feu. A couurir chascū diceulx boucliers estoyent iijc liures dor ou cōme dient aultres iijc dragmes. lesquelles choses

mist salomon en la maison du sault de libanus. En oultre il fist ung throne de yuoire quil uestist totallement dor. Toute sa uesselle et tous les utensiles de la maison du sault de libanus estoyent dor trespur. On ne prisoit riens argent en sa maison, car tesmoing le xe du tiers il y en auoit aussy grande habondance cōe de pierres, de cedres ou de siccomores qui croissēt enmy les chāps. Et po'ce dit comestor q les sieges deuant les portes des maisōs de hierusalem estoyent dargent massif. Il auoit asseble or et argent et aultres biens de tous roys et prouinces tesmoing le ije chapitre de ecclesiastes. car de tharse seullement ses nauires aporterent grande habōdāce dor, dargēt, dens de elephās, singes, et draps infinitz. ¶ Aussy Salomon fust uoluptueux et luxurieux oultre mesure. et pource il dist ou ije de ecclesiastes. Jay octroye a mes yeulx toutes les plaisāces que mō coeur a desire. Et semblablemēt aux oreilles et autres sens naturelz. Car pmierement pour la delectation de la ueue et de lodoremēt il planta uignes et arbres portās fruictz de toute espece et fist iardis mōlt exquis pour plaisāce mondaine. Quāt au sens de loye, il auoit chātres et chāteresses esqlz estoit excellēte melodie. Quāt au goust il dist de soy mesme ou ije de ecclesiastes. Qui est celluy q en boire et mēger habōde en delices cōme moy: quāt a latouchemēt il estoit libidieux oultre raisō. et po'ce est dit ou xje des cātiqs ql auoit lx femes cōe roynes et iiijxx concubies. Et daultres ieunes filles sans nōbre. et ou chapitre xje du tiers des rois est escrit ql auoit vijc femes q toutes estoiēt cōe roynes. cōbien q iosephus ne mette q lxx. Auec ce a uoit iijc cōcubies. ētre lesqlles estoit la fille de pharao, ses fames moabitides amonitides, ydumees, et sidones, par lesqlles en sō age anciē il fut depraue de courage, dōt adora les dieux dicelles. cestassauoir astarchem dieu des sidoniens, chamos ydole des moabites. et moloth ydole des amonites.

Pour ces choses aulcuns font doubtes et demandent se salomon fiablement se corriga point (ameda dont ait este saulue. A laqlle demade nous respondros disans que iasoit ce que salomon ait greuement peche contre les comandemes de dieu en prenant femes alienigenes et estrangeres pour lamour desquelles il a ydolatre/tesmoing le chapitre xj.e du tiers des roys touteffois iamais il ne comist ydolatrie en Voulete ne couraige.comme aaron iamais ne bailla Vray consentement a forger le Veau dont est faite mention ou xxxij.e du liure de exode. mais le permist plus par constraincte et pour obeyr au peuple q aultrement. Aussi comme adam iamais ne creust fermement au temptateur dont est parle ou tiers de genese mays ce quil fist fut pour acomplir le desir (Volente de sa femme eue a ce le amonnestant. Car selond loppinion de sainct augustin ou chapitre xj.e du xiiij.e de la cite/adam ne fust point seduit par le diable mais sa feme seulement. Et pour ce en quelconque facon que salomon ait delinque par Vouloir obtemperer a telles femes alienigenes nous debuons croire certainement quil sen est repenty come peult estre prouue par auctorite et par raison. Et pmierement par lauctorite de sainct Jerome sur ezechiel qui dit/Jasoit ce que salomon ait peche touteffois apres il a eu contrition et desplaisance et fait penitence de son peche. Item sainct Jerome sur ecclesiastes dit que les juifz afferment que icelluy liure de ecclesiastes fust fait par salomon lors faisant penitence de son peche. En outre sainct ambroise dit en son apologie Que diray ie de dauid: Que diray ie du sainct salomon: Affin que le peuple iudaique ne cuidast point ql fust le Vray messias qui deuoit estre en troye pour la saluation des hommes dieu permist quil trebuchast en gref peche mortel. Pour ceste cause lescripture des hebrieux la nome sainct affin q ne ayons nulle dubitation de sa penitence. Item dient les hebrieux que salomon Vint au temple quil auoit edifie et aporta cinq Verges. desquelles en bailla quatre aux quatre docteurs de la loy affin quilz le en batissent/lequel Voyant quilz ne se y Vouloyent point consentir et que il estoit frustre de son desir/luy mesmes se deposa et demist de son royaulme. Semblablement peut estre la resolution dessusdicte prouuee par telle raison car se aulcun acteur est reprouue q condemne/il est bien conuenient et se ensuyt assez que ses effectz q ditz soyent de nulle estimation/come est escript es decretales en la rubriche titulee des heretiques. q pource dit gregoire ou chapitre xx.e du lj.e des morales De la Vie de aulcun est desprisee sa predication sera contemnee. Doncques puis quil est ainsy que les ditz et escriptures de salomon soyent par grande auctorite approuuez il fault bien que sa Vie soit pareillement approuuee. Item le maistre des histoires exposant les parolles de nathan a dauid sur le Vj.c du ij.e des roys touchat la promesse faicte a dauid pour sa posterite dit que par ce il se ensuyt assez que salomon fust saulue. En oultre sur le premier de ecclesiastes ouquel est escript que salomon pour lamour et appetit desordonne enuers les femmes fust plus ydolatre q nul aultre et que a lenuiron de hierusalem il edifia temples et sacrifia aux ydoles/dient les hebrieux quil fist penitence:pendant laquelle il composa le liure de ecclesiastes/ou quel il tesmoigne q repute tous les biens de ce monde estre Vains q caducqs parquoy il se efforce p lexemple de soy mesmes de reuoqr lome de lamour des biens temporelz. Mais contre ces dis on pourroit arguer en telle maniere. Se salomon eust fait Vraye penitece considere quil estoit roy monlt puissant q a qui nul ne contredisoyt/il eust deuant sa mort destruict les statues et temples des ydoles/ lesquelz il auoit esleue pour complaire a ses femes et concubines. laquelle chose il na point fait. Car ilz estoyent encor en leur entier ou temps de iosias le bon roy de iu

La iiiie aage

da comme apert par le xxiiie du iiiie li/
ure des roys parquoy il sembleroit qͥl
neuſt iamais fait penitence. Solutiõ
A ce fault reſpondre quil nya nul qui
ſceuſt vrayement parler de la contriti
on du vray penitent. Car elle eſt cõ/
gnue et manifeſtee a dieu ſeulement
Et pource ſe icelluy voyãt quil eſtoit
pres de mourir auoit intention diceulx
ydoles deſtruire Il nya point de doubte
qu il ne ſoit ſaulue. Mais ſil ne auoyt
point telle intention: la choſe eſt doub/
teuſe car tel iugement eſt a dieu ſeule/
ment reſerue.

le ſecond du tiers. Pourtre que Joab a
uoit en trahyſon occis amaſa filz de ſa
mere abigail ſeur de dauid et de ſeruia
Touteſſois Semey filz de gera qui eſ
toit filz de gemini de bahurin et auoit
mauldit dauid pere de ſalomon Teſ
moing le xᵛiᵉ chapitre du ſecond liure
des roys ne fuſt point occis par ſalomõ
tant quil ſe tint en hieruſalem. Mays
apres ce quil fuſt ſailli hors le fiſt occi/
re par ledit Bananias filz de Joiada.

En ceſte annee ſalomon eſpouſa la
fille de pharaon roy de egipte, teſmoig
le iije du tiers des roys. De laquelle en
laage de xi ans il engendra vng beau
filz plus par ſes prieres et oraiſons que
par voye de nature. Diſt comeſtor
ad ce propos que quãt pharaon roy de
egipte euſt priſe et bruſle la cite de gazer
occis le chananee qui y habitoit Il la
bailla poᵘ doaire a ſa fille fẽme d̾ ſalo/
mon, laquelle cite auec daultres fuſt a
pres par ſalomon reedifiee, cõme apert
ou ixᵉ du tiers des roys Lan xxiiije De
ſon regne.

Es temps de ſalomon propheti ſe/
rent Sadoch et hayas ſyloniteʒ, mais
le ſouuerain preſtre et eueſque eſtoyt
ſadoch filz de achitob. de la ligne de ele/
azar. Car ſalomon geta hors abiathar
q̃ eſtoit deſcẽdu de ythamar et reſtitua
a ſadoch la ſouueraiete de preſtriſe Et
par ainſy il fuſt le premier qui ou tem
ple edifie et dedie par ſalomõ vſa de la
dignite de preſtriſe, teſmoing ioſephus
ou chapitre xjᵉ de ſõ xᵉ. Mais abiathar
apres ce quil fuſt depoſe fuſt fait ſim/
ple preſtre ſeulement cõme eſt dit ou ſe
cond et quart chapitre du tiers des rois

Lan premier d̾ ſalomon il fiſt occire
ſon frere adonias par bananias ſon cõ
neſtable. Auſſy fuſt ioab filz de ſeruia
ſeur de dauid ſemblablement, teſmoig

Lan iiᵉ de ſon regne Salomon pro/
poſa de faire trois choſes, ceſt aſſauoir
le temple de dieu. Vne maiſon pour ſoy
et enuironner hieruſalem de trois ma
nieres de murs, ou premier circuit deſ
quelz murs eſtoit le temple, les may/
ſons des ebdomadiers, la maiſon du
roy, auec les demourãces de ſes dome/
ſtiques et familliers. Ou ſecõd circuit
eſtoyent demourans les hommes ri/
ches et puiſſans et les prophetes. Et
ou tiers demouroyent les gens de meſ
tier cõme dit comeſtor. Nõ obſtant es
Sallees vers orient au deſſoubʒ du tẽ/
ple ny auoit que vng mur ſeulement
cõme dit Joſephus ou chapitre xijᵉ du
Syᵉ liure de la bataille iudaique. A telʒ
edifices faire eſtoyent xxxᵐ ouurierʒ
proſelites, ceſt a dire circoncis et non iſ/
rahelitiques et lxxᵐ. qui portoyent les
fardeaux comme pierres, buches, z cho
ſes ſẽblables. En oultre y auoit iiijᵐ
mil maſſons qui eſcarriſſoyent et vo/
loyent les pierres comme eſt eſcrit ou
Vᵉ du tiers des rois z ou ijᵉ du ſecond d̾

paralipomenõ ¶ Joſephus dit q̃ aul/
cunes d'icelles pierres eſtoyẽt de la lõ/
gueur de xx. coubtees. auoyent dix de
largeur /et cĩq de haulteur. Leſq̃lles
pierres eſtoyẽt de marbre et furẽt com
me dit comeſtor diuiſez du ſang d'ũ pe
tit Ver nõme thamur. ¶ Lan iij. du re
gne de ſalomon il impetra en gabaon
de auoir ſapiẽce plus que tous les roys
de terre qui auoyẽt eſte deuãt luy et q̃
eſtoyent a venir Apres la quelle obte/
nue il fiſt le iugemẽt de l'enfant entre
les deux fẽmes impudiques et ribaul/
des teſmoing le iiij. du tiers des roys.

¶ Lan iiij. du regne de ſalomõ furent
acõplis iiij.C iiijxx ans de puis l'iſſue de
egipte cõme eſt dit ou vj. du iij.e des rois
¶ Du ij. mois de ceſt an c'eſt aſſauoir
en may Salomon cõmenca edifier le
temple de dieu le quel fuſt fait de mar/
bre blanc aultremẽt appelle parium.
Non obſtãt ce dit ioſephus q̃ il fuſt cõ/
mence l'an v.C. et iij.e apres l'iſſue de iſra
hel hors d'egipte deſcriuant auec ce les
ans des tẽps precedens. et diſant que de
puis abrahã y euſt mil et xx. ans. De
puis le deluge Mil iiij.C. ans. De puis
adam iiij.M cent ij ans. Mais ſelon la
Verite hebraique y euſt de puis adam
iuſques a ce iour ii. Mil ix.C xxxiiij ãs.
Depuis le deluge mil. ij.C lxxviij. De
la natiuite de abrahã ix.C lxxxvj ans.
Et de l'iſſue d'egipte iiij.C lxxx ans. cõ/
bien que comeſtor et herp de hertordia
ou chapitre iij.e de la iiij.e aage y adiou/
ſtent vng an et ainſy ce ſont iiij.C lxxxi
an. ¶ Ce temple fuſt en eſtat et natu/
re depuis ſa premiere fõdatiõ iuſques a
ſa deſolatiõ et ruine faite l'an xj.e du re
gne de ſedechias par l'eſpace de iiij.C xl
an iiij mois et dix iours. Mais depuis
ceſte p̃miere fõdatiõ iuſq̃s a ſa reſtau/
ratiõ faite lã ij.e de darius filz de idaſpes
roy des perſes ſõt v.C et xj ans.

¶ Lã vij.e du regne de ſalomõ Laoſte/
nes xxxij.e roy des aſſiries cõmeca ſon
regne durant xl ans.

¶ Lã ix.e de ſalomõ fuſt l'aſtralabe trou
ue ſelõ haly par vng hõ appelle abra
chas cõbiẽ que les aucũs diẽt q̃ l'eſtoit

nõme lab. Duquel il a retine ſa deno/
mination Car aſtor en grec ſignifie ſi
gne en frãcois et alſy aſtralabe Sauſt
autãt cõe les ſignes de lab. Ou il eſt ai
ſy denõme pource que par luy on a au/
cune congnoiſſance des eſtoiles et pla
nettes.

¶ L'an xj.e de Salomon ou moys eb'
c'eſt a dire octobre fuſt cõſome & parfait
le tẽple et tous les vtẽſiles apartenãs
a iceluy. A la perfection duquel il fuſt
vij ans et vij mois/cõe eſt dit ou vij.e du
tiers liure des roys. ¶ Comeſtor dit q̃
ſalomõ en la xj.e de ſõ regne conuoca les
plus grãs et anciẽs de iſrael. Les prin/
ces des lignees. et les capitaines des cõ
paignies pour la dedicatiõ du temple.
Auec ce l'arche de dieu et tous ſes vẽs
ſeaulx fuſt de la cite de dauid par les p̃
ſtres et leuites en grãde melodie et iu/
bilatiõ aportee ou tẽple et miſe ou ſan
ctuaire ſoubz les eſles des cherubis deſ/
quelles elle eſtoit couuerte cõe d'ue cou
uerture faite en facõ d'une reiz. Dedẽs
ceſte arche eſtoiẽt la manne enuoyee
aux ẽfãs de iſrael ou deſert. Les tables
des cõmãdemẽs de dieu baillees a moy
ſe. et la verge de aarõ nõ obſtãt que ou
chapitre viij du tiers des roys & ou v.e
du ſecõd de paralipomenõ ſoit eſcript q̃
n'y auoit que les deux tables ſeulemẽt.
¶ De l'oraiſon faite par ſalomon en ce
tẽple en flechiſſãt ſes deux genoulx a
terre et en eſleuãt ſes deux mains au
ciel Et de l'imolatiõ des hoſties & ſacri
fices eſt parle ou chapitre viij du tiers
des rois grãdemẽt. Auſſy ſeblablemẽt
y eſt cõtenu que a l'eure que les p̃ſtres
yſſirẽt du ſaictuaire Vne nuee rempliſt
tout le tẽple en telle facon que nul ne
pouoit voir ſon cõpaignõ. ¶ Cõme eſt
eſcript ou chapitre deſſuſdit ſalomõ fiſt
la feſtiuite de la dedicace du tẽple xiiij
iours la quelle choſe ſe doit entẽdre en
telle maniere car telle dedicace eſtoyt
cõmẽcee le x.e iour de ſeptẽbre & celebree
cinq iours cõtinuelz. ou vij.e iour q̃ eſtoit
le x.e du mois Senopẽt aultres feſtes
nõmees ſcenophegies qui eſtoyẽt les
dedicaces des tabernacles. et ſuroyẽt

La iiiie aage

lespace de Sij iours. Apres lesquelx estoit la dedicace faite encoz deux iours. Et ainsy se departoit le peuple au xxe iour de la dedication et sen aloit en ses tabernacles/tesmoig le Sije du second de paralipomeno. Depuis ce teps eurent les iuifz quatre festes pzicipales et par auat ney auoyet q trois/cestassauoir, pasque/pēthecoste q scenophegies desqlles trois festes est parle ou xxiije. de exode et de leuiticus. Encoz y a il eu depuis autres dedicatiōs et nouuelletez faites en hierusalē desquelles lune fust ou moise de mars apres la captiuite de babilone dōt parle esdras ou Bje. chapitre de son pmier. One aultre fust faite par iudas machabee cōe apt ou iiije chapitre du pmier liure des machabees Et fust faite telle dedicace en la feste de la ppiciatiō q est celebree le xe iour de septēbze. car cōe apt ou xxiije de leuiticus tout le moise de septēbze estoit presque tout festiue des iuifz. Apres que la dedicace fust acōplie Salomon ensuiuant le testamēt q dispositiō de sō pere dauid cōstitua et ozdōna les offices des pzestres/des leuites/et des ianiteurs ou poztiers/tesmoing le Siij du secōd de paralipomenon.

Lan xije de salomō. Il cōmeca les edifices des trois maisōs Royales/cestassauoir de la siene ql acōplist en xiij ās.

La maisō de sa femme fille du roy pharaon/et la maison du sault de libanus/cōme apt ou ixe du tiers des roys.

Lan xBe du regne de salomō q est du mōde la deux milixe q xl. Et de la iiije aage lan lB. Alba siluius Btrop des albais et filz de siluius Eneas cōmēca regner duquel le regne dura xxx ans.

La xxe du regne de salomō/athipus pzice iije des atheniēs cōmēca dominer duquel la pzicipaulte dura xix ans.

La xxiije Salomō acheua tous ses edifices/cestassauoir q le tēple q les maisōs royales.auec tous les Btēsiles dicelles. lesqlx edifices il parfist en lespace de xx ans moyēnant layde de pran top de tirus qui en oz et en bois luy ayda grādemēt/tesmoing le ixe du tiers liure des roys.

La xxiiije. salomō edifia les cites q pran luy auoyt donnees esquelles Il fist habiter les enfās disrael. En ce mesme an cōme dit comestoz/pran dōna a salomō xx Billes situees en galilee maritime en la distribution de neptali Lesquelles pource que elles ne pleurent poit a pran il les appella cabul. lēql mot ou lāgage des seires signifie desplaire Et loz cōmēca ceste terre estre nōmee Galilea gētiū. nō pas que les gētilz y habitassēt mais pource que elle estoyt soubz la puissāce et seignourie dug seigneur gētil et nō israelitique/tesmoig le ixe du iiije.

La xxBe Salomō cōmēca edifier les murs de la cite. pauer de grosse pierre q noire le chemin royal tirāt Bers hierusalē/reparer les lieux & la cite ruineux Et sōder nouuelles cites selōn lopoz/ tunite q dispositiō des lieux. dōt les aucunes estoiēt cōtre lipetuosite de liuer. les Bnes cōtre la rdeur excessif de leste. et les autres contre la mutabilite du printēps et de autōne. En outre es termes et fins de la terre de pmissiō il edifia les cites des tabernacles q qui plus est oultre les extremitez dicelle terre il occupa plusieurs citez moyēnāt laypde de son serourge et beaupere pharaō ainsy cōme raconte comestoz.

Feuillet ij° xlviii

¶L'an xxviie de son regne Agelaus roy iiie des corinthees comenca regner durant xxxviii ans. En ceste annee la royne de saba qui est cite metropolitaine de ethiopie vint auec grande et noble compaignie au roy salomon en hierusalem pour voir la gloire et sapience dycelluy dont elle auoyt souuent ouy le bruit comme apert ou x. du iiii. des rois.
Aussy en cest an fist salomon les escus/boucliers/et haches dor dont est ple ou ixe et x. du iiii. et ou ix. du ij. de paralipomeno. semblablement vng grand trosne de p' yuire ayant six degres et eschellons. Et aussy le chariot dedens le quel il estoyt souuet porte de hierusalem ou iardin eden/cest a dire de delices qui est a deux miliaires de hierusalem. Du quel chariot est dit ou iij. des cantiques que salomon fist vng chariot po' soy des busches de libanus. Pour lors q salomon aloyt en tel iardin il auoyt cheualiers portans ses armes dessusdictes espan/dans leurs cheueulx par dessus leurs espaules iusqs sur les dos des cheuaux. Et estoyent telx cheueulx entremes/lez de taincture dor. parquoy quant les reis du soleil frapoient dessus ilz resplendissoyet come or. De ceste matiere est parle plus aplement en la glose du ixe et xe du tiers des rois et ou ixe du second de paralipomenon.

¶L'an xxviije de salomon la royne de saba luy rescrit vne chose q elle nauoyt ose luy dire en sa face/cestastauoir q'elle auoit veu vng bois en la maison du sault ouquel deuoit estre pendu vng home pour la mort duquel le royaulme des iiii fz deuoit perir. laqlle chose ouye par salomon Il fist telle busche absconser et musser en lieux de terre tres parfonds esquelx fust aps par le roy ezechie fayte la piscine probatique ayat cinq porches esquelx ou teps de ihesucrist estoit multitude de malades et langoreux attedas receuoir sate par le mouuemet de leaue. Et estoit ceste piscine seurnomee probatique pource que les nathinees q ministres y lauoyent les hosties et bestes qui debuoiet estre sacrifices. lesquelles sont entedues par ce nom cy probaton q est grec et en francois signifie brebis. Le bois d'ssusdit en fou' ou dit lieu par salomon vint au dessus de leaue de la dicte piscine a la venue de hiesucrist/come anondcant laduenement dicelluy. Depuis lequel temps come dient aucuns comenca le mouuemet a cours de telle eaue tesmoing comestor en listoyre des roys et en listoyre euagelique.

¶L'an xxxi. du regne de salomon comeca la xxve dinascie et souueraine puissace des egiptiens laquelle dura lespace de cent et xxx ans ou premieremet regna Semendis xxvi ans. Et fut la du monde de ije ixc lxi. et de la iiii. aage lan lxxi

¶L'an xxxij. de salomon fust lan de remission et iubile xx.

¶L'an xxxiij labotes qui daultres est dit colisibiter iiii. roy des lacedemoniens comenca regner

¶L'an xxxvi. de Salomon il fist vne grade macule en la gloire que pauant auoit eue tesmoig le chapitre xi. du iije car luy ia fort aage et ancien edifia alentour de hierusalem trois teples de pdo/les pour lamour de ses femes alienatees cotre la loy de dieu come est ia dit. Lung estoit a astarche deesse des sidoniens aultrement nomee Juno. Vng aultre a chamos ydole des moabites. et le iij. a moloch ydole des amonites Et fust en la motaigne de oliuet a lopposite du teple. Pour laquelle cause le lieu fust denome mont de offésion en demonstrant que tel faict et ydolotrie auoit beaucop despleu a dieu et pource vit le prophete entope de dieu qui luy dist. Pource que tu as rompu mon pact et aliace ie deuiseray ton royaulme et le balleray a ton seruiteur come apert au long ou chapitre xi. du iije.

¶L'an xxxviii. du regne de Salomon Abach pdumee descedat de sang royal oyant qlp auoit ia log teps que dauid q iacob son conestable estoyet trespassez et que salomon ne vsoit plus de raisõ Il sen vint de egipte pour lfester q trauail/ler israel q tousiours auoit este pacifiq iusques a luy. Et aussi razon p' l/

La iiiie aage

ce des larrons qui sus la cite de damas auoit este cõstitue roy fust fait aduer/saire de salomõ/tesmoig le cha.xjc du iij
¶Lan xxxixc q̃ est du mõde lã iiijm ixc lxix.Et de la iiije aage lan iiijc et ixe Tersippus prince des athenies iiije aps le roy codrus cõmeça dominer.et dura sa principaulte lespace de xlj an.
¶Lan xlc du regne de salomõ ⁊ de son aage lã ljc ou enuiron Salomõ sen ala dormir auec ses peres et fust enseuely en la cite de dauid/tesmoig le chapitre xjc du iiij.Josephus dit q̃ apres que salomõ eust regne iiijxx ans ⁊ desquu iiijc et xiiij il trespassa. Auquel on peult accorder lescriture saicte en disãt que elle ne nõbre poit les ans esquelz icelup salomõ puarica ⁊ se desuoya du bõ chemin de sõ pere. Nõ obstãt il est certain selõ les hebzieux q̃l cõmeça regner a xj ans ⁊ ne regna que xl ans seulemẽt.
¶Chapitre iiije des dix sibilles.

La royne de sabba dõt ou chapitre pcedẽt est souuẽt faite mẽtiõ est lune des sibilles q̃ est nommee royne de auster ou xijc de saict mathieu/ou chapitre xjc de saict luc.⁊ en la pmiere q̃stiõ de la viije cause/cõe dit albert de pade/es quelx chapitres est dit q̃ elle iugera les hõmes de sõ tẽps. Car ce mot sibille est iterprete sẽtẽce diuine ou pẽse de dieu.⁊ nõ pas a tort/car cõe les pphetes/elles ont pphetise des choses aduenir. Et cõbiẽ que toute pphetisse puist pour ceste cause estre nõmee sibile toutesfois par anthonomasie et exellence on nen cõpte q̃ dix/tesmoing ysidore ou viije liure des ethimologies. et chapitre des sibiles/et aussy tesmoig sait augusti ou xxiiije chapitre du xviije de la cite.La pmiere fust psique.La iie libique.La iiie delphique engendree ou tẽple de delphue/laquelle baticina (p̃ dict les batailles troyẽnes.dõt homere prist plusieurs vers q̃l mist en sõ liure. La iiije est cimmeria ⁊ fust nee en ytalie.La ve est Erithrea ainsy dicte pour lisle ou elle nasq̃st en babilone ⁊ par nõ ppre fust dite erofila. Et sẽblablemẽt

declaira aux grecz la ruine de trope et que homere en escriuoit plusieurs mensõges.Pour ceste cause affermãt aulcũs que elle viuoit ou tẽpe de la guerre de trope.mais saict augusti ou lieu dessusdit afferme que elle flourist ou tẽps de romulus ⁊ de ezechias roy de iuda.En oultre dit q̃ elle a escript merueilles de ihũcrist.car elle cõposa xxvij vers ou cõmecemẽt desquelx est en latin telle oraisõ Jhesus xpus dei filius saluator. Nõ obstãt dict aulcus q̃ elle fust sibille cumee. La vje est samia ai sy nõmee pour lisle samus. aultremẽt dicte femonote.⁊ viuoit du tẽpe de manasses roy de Juda.⁊ de laq̃lle parle saict augusti ou xxiiijc du xviije de la cite.La vije fust de cumes. de laquelle parle ysidore ou lieu dessus allegue ⁊ aulus gellius disãt que en forme dune vielle elle presẽta a tarquinus priscus ix liures q̃ elle vouloit vẽdre. mais le roy iugãt le pris estre exessif demoqua dõt elle en brula les trois. Et puis des aultres vj en presẽta trois seulemẽt a tel pris cõe les ix ensẽble.dõt le roy plus que deuãt ymagia quelle fust forsenee. parquoy iceulx trois sẽblablemẽt elle brula. Et finablemẽt luy offtrist les trois autres po² sẽblable prix cõe tous ensẽble lesq̃lz le roy/cõsidere sa cõstãce accepta ⁊ luy bailla le prix quelle demãdoit. Aps laq̃uelle chose oncques puis ne cõparust. Mais ses liures furẽt nõmez sibilles ⁊ mis ou sacraire ⁊ tresoz. Aux quelx suutes cõme a oracle ⁊ respõce des dieux xv hõmes dõt po² se cõseiller sur lestat de la chose publique quãt il en est necessite cõe dit solinus. Ceste sibille fust de ppre nõ appellee amaltea. mais de seur nom cumea ou cumana. po² cumes cite de chãpaigne. La viije fust dite helespõtia et nasq̃st ou chãp troyen es tẽps de solon ⁊ de cirus. La ixe est dite frigia Et la xe albunea. ¶Toutes ces sibilles idifferãmẽt ont cõpose ⁊ traicte de dieu/de ihũcrist ⁊ des saictz/plusieurs beaux dictiers et graues sẽtẽces.mais sur toutes est erithrea la plus noble et la plus renommee.

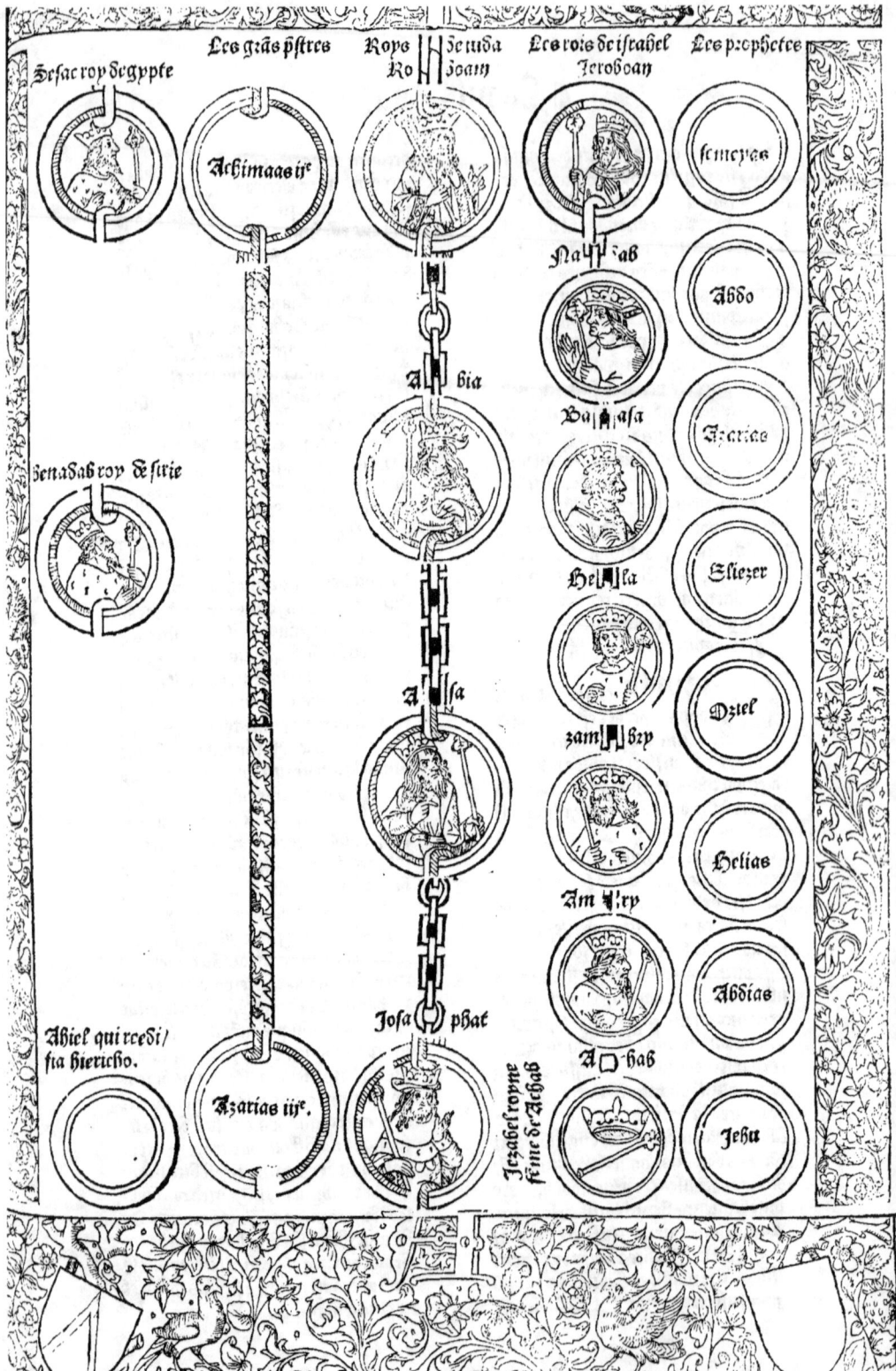

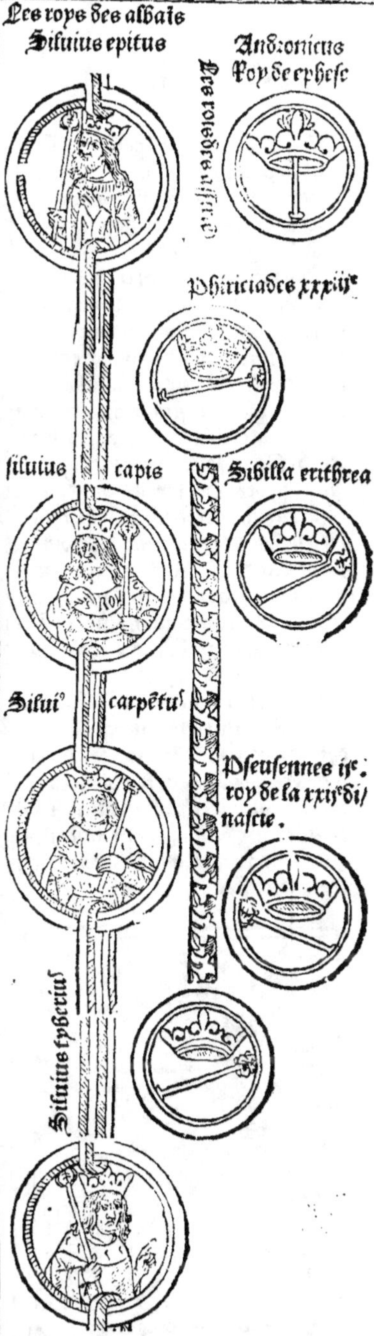

Les roys des albais
Silvius epitus

Andronicus
roy de ephese

Les roys de essir

Phiriciades xxxiiie

silvius capis

Sibilla erithrea

Silui° carpētus

Pseusennes ixe.
roy de la xxiie di/
nastie.

Silvius tyberius

Chapitre iiij de roboay.

Roboan filz de salomō Pe
gna en iherusalē apres son pere
sur deux lignees tāt seulemēt, cestassa
uoir sur bētami a iuda lespace de xbiij.
ans et ainsi fust le premier a qui le roy
aulme de israel fust diuise/cōe appt ou
chapitre xije du tiers des roys car les .x.
aultres lignees ensuiuirēt Jeroboā q̄
estoit de la lignee de effraym a seruite
de salomō pour laq̄lle cause il retit lan
cien nom a fust dit roy de israel. Duquel
le p̄cipal lieu a siege de regalite estoit
a thersa car pour lors samarie nestoyt
poit encor edifice. Mais le royaume de
roboā fust dēnōme de iuda pource que
dauid estoit descēdu de iuda. Il cōmen
ca regner lā du mōde iiiDixLlxxi. Et
de la iiije aage lā iiijCCet ung. mais se/
lōb beda sō regne cōmeca lā du monde
iiijViiiCet cinq. Cest xCiiijxx xiiii ās
deuāt la natiuite de ih̄ucrist, lan de son
aage xlie. Deuāt rome ijC xlij ans. De
uāt la p̄miere olimpiade iiCxxiij ans.
De laostenes roy des assiries lā xxxb
De albanus silvius roy des albais lā
xxbiie. De agelaus roy des corinthes
lan xbe. De samedis roy degypte lan
xje. Et de labotes roy des lacedemoni/
ens lan ixe. Roboā est iterprete lati/
tude ou largeur de peuple. laq̄lle chose

eſtēdue quant a luy par contrari
ete car ſoubz luy fuſt la diuiſionet de/
part du peuple.laquelle diuiſion ſigni/
fie la ſeparatiō future en la fi du ſiecle
quant les Sngs croirōt et enſuiurōt
iħucriſt qui eſt de la lignee de dauid et
telx ſeront ſauluez.Les aultres qui ad
iouſteront creance a antecriſt ſerōt dā/
nez. Ou aultremēt roboan ſignifie le
prelat dur et auaricieux par qui ſont
fais maulx infinitz/cōme dit l'abain
eſt cōferme par la premiere queſtiō de
la xBj.cauſe. La raiſon pourquoy les
dix lignees leſſerēt roboā eſt porce q̄ en
ſiche il deſpriſa le conſeil des anciens q̄
auoyēt gouuerne ſon pere.et creuſt les
ſoulentees des ieunes coquars auec
leſquelx il auoit eſte nourry deliciueſe
ment/teſmoing le xij.chapitre du tiers
des rois. Pource que deſſus eſt par/
le des ans du regne de roboā nous deb
uons noter cōme dit comeſtor que ſō p̄
mier an ne contient que ſix mois. Car
dauid regna xl ās ⁊ Bj mois. Salomō
xl ans acōpliſt /parquoy ces ſix mois a
uec les deſſuſditz ſont Sng an attribue
au regne de roboan.
En ſon temps propheterent en iu
dee abias/ſemepas/amos/Jobel/abdo
et azarias.mais le ſouuerain preſtre et
eueſq̄ iħu du tēple fuſt nōme achimaas
filz de ſadoch.cōmēca lan xBj de roboā
et exerca ſō office leſpace de xBj ans.
Abias fuſt cellup qui pp̄hetiſa que
ieroboā deuoit eſtre roy ſur dix lignees
de iſrael/teſmoig le chapitre xj.du iiij.
des rois. Semepas fuſt le prophete
qui refraignift et amodera roboan en
luy conſeillāt q̄l ne cōbatiſt point con/
tre hieroboā/cōme apert ou xij.chapi/
tre du tiers liure des rois. Auſſy il eſ/
cript les geſtes et fais diceulx cōe eſt eſ
crit ou xij.cha..du ij.de paralipomeno
En oultre il propheſiſa les maulx fais
en la terre de iuda lā 5.de roboā par ſe
ſac roy d'egypte. Abdo fuſt le prophe
te qui parla des Beaulx d'or contre hie/
roboā.duquel hieroboā deuit la main
ſeche mais par ſa priere retourna en ſō
premier eſtat/teſmoig le xiij.du iiij.des

Feullet ij.c xx

rois. De azarias eſt parle ou xBe du
ſecōd de paralipomenō. Roboā euſt
xxBiij femes.xxx.cōcubies/xxBiij filz
et xl.filles/teſmoing le chapitre xj.du
ſecōd de paralipomenō.
Lan premier du regne de roboā fuſt
diuiſee cōe dit comeſtor la monarchie
du royaulme de dauid laquelle onques
puis ne fuſt Bnie ne raſſēblee cōc et/
le auoit eſte.Et fuſt telle diuiſiō faite
par la Boulēte ⁊ iuſtice de dieu priuant
roboan de telle ſeignourie pour les pe
chez de ſō pere ſalomō/cōme apt par ce
que le pp̄hete Semepas le garda de ba
tailler a lencontre de hieroboā cōgnoiſ
ſāt q̄ la Boulēte de dieu neſtoit point de
permettre regner Roboan ſur les xij li
gnees.mais ſur deux ſeulement ſans
le priuer du tout /pour mōſtrer q̄l Bou
loit tenir la Berite de ſa promeſſe fayte
a dauid et a ſalomon.
Lan ij ou premier mois fuſt acōplie
la benedictiō ſur effrayin par le regne
de hieroboan. Nō obſtāt que ou Bij cha
pitre de lapocalipſe ne ſoit point conte/
nue la lignee de effraym pource q̄l fiſt
ſacrifier aux Beaulx d'or.ne auſſy la li
gnee de dan pource que de luy doit naiſ
tre lanteicriſt.

Lan iiij du regne de roboan. Jeroboā
edifia la cite de ſiche en la mōtaigne de
effrai . et puis edifia phanuel.teſmoig
SS iiij

La iiiie aage

le xiie chapitre du iiie. liure des rois.

¶ La S'egippus ou selond les autres egiptus/ou comme dit Ouide ou xiiie liure de methamorphose Epitus filius Syr roy des albains/ commenca regner. Duquel le regne dura xxiiii ans.

¶ En ce mesme an tesmoig le xiie chapitre du second liure de paralipomeno Sesac roy degipte vint en hierusalem et y fist plusieurs maulx. laquelle chose Semepas auoit prophetise et predit/ pource que le peuple de iuda auoit fait statues et ydoles/autelz et bois es sumites des montaignes et y adora la dé esse cybeles.

¶ Lan viii de roboan fist hieroboā les deux veaulx dor dont la raison appert ou xii du tiers des rois.

¶ Lan xe fist hieroboā vng autel en bethel pour imoler et faire sacrifice aulx veaulx dor/tesmoig le xiie chapitre du iii de paralipomeno dot il fust blasme et redargue du pphete nome abdo cōbien que comestor recitat loppinion de aulcuns die q le dit prophete estoit appelle gad. Item le viel prophete de bethel de ceulx icelluy abdo cōme apert ou xiiie chapitre du tiers des roys.

¶ Lan xi du regne de roboan et du mōde selōd la Verite hebzaique lan iiM ixc lxxxi fust lan de remission et iubile xxe.

¶ Lan xii. du regne de roboā phiricia/ des roy des assiriens xxxiiie commēca son regne duratt lespace de xxx ans.

¶ Lan xiiii. Abias silonites qui auoit prophetise que hieroboan regneroit sur les dix tribus et lignees de israel/ pphetisa et dit a la femme de hieroboā la mort de son filz abia laquelle femme a luy estoit venue en habit dissimule comme apert ou xiiii. chapitre du tiers liure des rois. Apres ce icelluy abias trespassa et fust ensepulture pres le chesne de Silo comme dit comestor.

¶ Lan xv de roboan regnoit et flourissoit Sibilla erithrea. non obstant que comestor die que elle viuoit ou temps de ezechie roy de iuda comme apperra cy dessoubz en son an xxviii.

¶ Lan xvi. les ethiopiens et feniciens aprintent a estre circoncis par lennort des egiptiens cōme racōte Erodotus.

¶ Lan xvii. fust par andronicus ephese edifiee. Toutessois dit Beda en sa petite cronique des temps que elle fust edifiee ou temps de dauid comme apt cy dessus en son an xxxvie.

¶ Item semblablement selon Bede ou dit lieu fust la cite de samus edifiee et smirna fut amplice et eslargie en forme de cite. Aussy en cest an Pseusēnes second roy de la xxie dinascie et souueraine puissance des egyptiens/comenca regner durant lespace de xli an.

¶ Roboan en lā xviii. de son regne aage de lviii ans fust enseuely en la cite de dauid ¶ Comestor dit que roboā et hieroboan regnerent ensemble xviii āns Et ou xviii. an commēca abia regner sur iuda. parquoy fault dire que roboā ne regna que xvii ans acomplis et partie de lan ensuiuant ouquel an comme ca icelluy abia filz de roboan.

¶ Chapitre V. de abia de asa et de Josaphat rois de iuda.

Abia filz de roboan et secōd des rois de iuda. regna iij ans en hierusalem. et commenca regner selond la Verite hebzaique lan du mōde iiM ixc lxxxiiii et ix. Deuāt rome iic lxxx ans. Deuant la premiere olipiade iic vi ans. De la iiii. aage lan iiiixx et ix. Du regne de hieroboan lan xviii. tesmoing le xv. du tiers des rois Et consequanment regna asa son filz lan xxi dicelluy hieroboan. Mais selon Bede ledit abias cōmenca regner lan du monde iiiiM viic xxii. Ce sont ixc lxxvii ans deuant la natiuite de ihucrist. Abia est interprete pere ou seigneur. et pour ce il porte la figure et representatiō des scribes et pharisiens lesquelx se disoiēt gouerner le peuple iudaique. mais Il perdirent la paternite et telle dignite en tant quilz violerent les loix de dieu comme apert ou xv. de sainct mathieu

¶ Apres ce que la cite bethel fust prise Abias reserua toutes les ydoles de is rael en son scandale et gref detriment. parquoy dieu se coursa a luy dont il mourust, comme afferment les hebreux.

¶ Comme appert ou xiii.du second de paralipomenon Iceluy abias auoyt eu par auant vne merueilleuse victoire contre hieroboan en la montaigne de Semeron pour cause quil eust refuge et esperance a dieu. Et combien qͥl ait regne peu de temps toutesfois il eust xiiii femmes xxii filz et xvi filles. Apres sa mort fust ensevely en la cite de dauid, come apert ou xv.du tiers des rois et xiiii.du second de paralipomenon

¶ Apres luy regna son filz Asa tiers roy de iuda lespace de xl ans pource qͥl auoit este iuste en obseruant les comandemens de dieu.et en demolissant q destruisant les autelz fais pour sacrifier aux ydoles.Et ainsy apres plusieurs nobles gestes il trespassa comme apert au long ou xv.et xvi.de paralipomenon et semblablement ou tiers des rois Consequamment regna son filz Iosaphat roy iiii.de iuda lespace de xxv ans commenca regner lan xxxv.de son age. Se gouuerna bien et tint le chemin de son pere Asa.parquoy il fust treshabondant en richesses dor/dargent q autres.et finablement il trespassa come les aultres apres ce quil eust este en bataille auec achab roy de israel contre le roy de sirie dont il eust victoire.et apͤs plusiͤs autres gestes glorieux escrips ou xvii.xviii.xix.xx.du second de paralipomeno et ou dernier chapitre du titres des rois ¶ En ces histoires des rois de iuda et de israel deuons estre aduertis que touchant la verite du nombre des ans y est trouuee grande contrariete.pource que quatre ou six ou sept mois sont aulcunesfois contez pour vng an/par Sinodoche,cestadire par mettre la partie pour le tout. Aultre cause peult estre assignee,cestassauoir pource que les filz ont aulcunesfois regne durant la vie de leurs peres.Aussi come dist comestor pource que les roy/aulmes ont este aulcunesfoie par aulcuns tempe sans roy.Ou pour les vi

Feuillet ii ͨxxi

ces et defaulte de libraires et escriuais lesquelz sont causes de plusieurs erres tesmoing iceluy comestor et sainct Ierosme.Car plusieurs erreurs touchāt les escriptures sont trouuez souuēt es propres noms et nombre dans.

¶ Chapitre vi.des prophetes de ceulx temps.

Eliezer, Iehu, Oziel, Azarias, Abdias, Micheas, et helie prophetiserēt tous en ce temps Entre lesquelz estoit iehu filz de anani qui ala a lencontre de baasa roy de israel pour luy remonstrer ses vices par lequel il fust mis a mort Tesmoing le xvi.chapitre du tiers des rois.

¶ De azarias filz de obeth est parle ou xv.chapitre du second liure de paralipomenon et dit quil conforta Asa roy de iuda.parquoy il destruit toutes les ydoles de la terre de iuda q de beniamin Ces deux prophetes dessusditz auec Eliezer et Oziel firent propheties et predirent les choses avenir a Asa, a iosaphat, et a iozam roys de iuda.mays Helyas tesbites, Micheas et abdias furēt prophetes es tēps de amry, de zāry de achab q de ochosias rois de israel

¶La iiii^e aage

Desquelx Helie fust le principal en qui estoit double esperit de prophetie et de miracles parquoy sa sainctete fust par Hiesucrist comparee a sainct Jehan baptiste comme appert ou chapitre onziesme de sainct Mathieu ⁊ en la premiere question de la xxxix^e cause.
¶ Helias est celuy q̃ de nostreseigneur ĩpetra de auoir pluye sur terre laquelle pour les ydolatries de Jezabel fẽme d'achab auoit este denyee et ostee au mõde lespace de trois ans et six mois/tesmoing le xviij^c du tiers des rois Et la iiii^e q̃stiõ de la xxiiii^e cause. Aussy de sa propre main il occist plusieurs faulx p̃phetes/cõme apert es lieux dessus alleguez ou sainct augustin dist que la vẽgance faicte pour correction nest point prohibee ne defendue. Finablement en vng chariot de feu fust translate ou ciel/tesmoig le premier chapitre du iiii^e. liure des rois.
¶ Micheas dont est faite memoire cy dessus est Interprete qui est cestuy cy. ou hũble. et represente ihesucrist par son interpretatiõ selõ l' dist ou chapitre xi^e de sainct mathieu Aprenez de moy et congnoissez combien ie suis doulz et humble de coeur. Micheas est le pphete qui dist a achab roy de israel quil ne lessast point benadab roy de sirie. ⁊ ou cas quil le faisoit son ame seroit mise pour lame dicelluy benadab/tesmoig le xx^e du tiers des rois. Pour ceste cause/cõe apert ou xxij^e chapitre dicelluy liure Jl fust bap̃ grãdemẽt du dit roy de israel Et finablemẽt mis en prison en laql'le il fust repeu de pain de tribulatiõ et de eaue dangoisse iusques ad ce que selõd la parolle du prophete le dit achab fust occis en Ramoth galaad Duquel les chiẽs lescherent le sãg en icelle mesme place ou naboth fust lapide. En quoy fust acomplie la prophetie de helias escripte ou xxi^e chapitre du tiers des rois ¶ Cestuy micheas nest pas cestuy dont sera apres parle ce tẽps des roys Joathan achaz et ezechie et duql' parle Jeremie en son xxvj^e chapitre.
¶ Abdias qui est interprete seruiteur du seigneur est lung des xij petis prophetes. Et fust cõme tesmoignent les docteurs hebraiques et latins despensier de la maison de achab roy de israel lequel voyant la royne Jezabel desirãt occire les prophetes de dieu/les absconsa et musa par cinquantaines en aucũes fosses/tesmoing le x viij^c du iij^e des rois/parquoy il desseruist sauoir lesperit de prophetie selon le dit d' sait mathieu en son x^e disant Celuy qui recoit le prophete et luy fait plaisir en nõ de prophete receura le loyer de prophetie. Cestuy abdias prophetisa contre les ydumees ap̃s a hayne les iuifz et bailla̅s aide aux persecuteurs diceulx. Finablement fust enseueli en la cite se baste aultrement dite samarie En laquelle fust apres pareillement mis helisee comme dit la glose sur le xiij^e du quart des rois. Entre lesquelx fust en sepulture sainct iehan baptiste.

¶ Sensuyt la lignee des roys de israel. Chapitre vij^e de Jeroboan.

Jeroboan filz de nabath euffratee fust lung des trois aduersaires q̃ cõtre sal'mõ se esleuerẽt en la fi de ses iours/tesmoig le chapitre xij^e du iij^e liure des roys. lequl' par auãt

Feuillet ii^e xxii

auoit este seruiteur de salomõ. Et pource q̃ lestoit hõme fort et robuste il le constitua preuost sur les tributz de la maison et lignee de ioseph cestassauoir sur effraï et manasses. et aussy sur ledifice q̃ estoit edifie a mello dont est faite mẽtiõ ou ix^e chapitre du tiers liure d's rois. Mais apres ce il se degrada et deposa parquoy icelluy Ieroboã fust indigne et marry contre salomõ dõt se partist de iherusalẽ. et en alant il rencontra le prophete ahias qui luy declaira cõmẽt il deuoit regner sur les dix lignees de israel. En signe de laquelle chose il luy bailla dix pieces de sõ palliot, cõe est escript ou chapitre xi^e du liure Dessusdit. Parquoy Ieroboã est nõ point a tort iterprete diuisiõ car la monarchie q̃ seu le dõmatiõ de dauid et de salomõ fust lors diuisee. Aussy il figure et represente les heretiques qui par leurs heresies et mauluaises sectes coupent et diuisent lunite d'la foy. Et pour ceste cause est semblablemẽt iterprete diuidicant et cõdemnant le peuple, car les heretiq̃s dãnent les imitateurs de leurs heresies. ¶ Selond loppiniõ daulcuns icelluy nabath pere de Ieroboan fust Semey dõt est faite mentiõ ou iii^e du tiers lequel fust occis par le cõmandement de salomon. Laquelle occision fust souuent reduicte a memoire a Ieroboam par sa mere affin que luy paruenu a la ge d'hõe Vengast la mort de son pere. Parquoy apres la mort de salomõ fist infinitz maulx a sa posterite, tesmoig le xii^e du tiers des rois. Et aussy le xiii^e. du secõd de paralipomenon. ¶ Apres ce quil fust esleu en roy il esleua deux Seaulx d'or quil fist adorer desq̃lx il mist lung en bethel et laultre ou mont de dan. parquoy il fust redargue du bon homme abdo. Et aussy sa main secha apres ce que lautel fust diuise en pieces comme apert en la premiere question de la premiere cause. ¶ Pour les Sices dicelluy fust israel en dissipation et destruction, tesmoing le xii^e xiii^e et xiiii^e chapitres du tiers liure des roys. Finablement quant son filz Abias fust malade et quil eust enuoye sa fẽme en habit dissimule Vers le prophete ahias silonites Dont il eust triste et desplaisãte response. Il trespassa apres ce que il eust regne xxii ãs sur israel. Qui Souldra Soir plus auant touchant ses fais Soye le chapitre de Toboã.

¶ Chapitre Viii^e de nadab.

Nadab filz de ieroboan second roy de israel regna trois ans imparfais apres son pere comme appert ou xiii^e et xv^e chapitre du tiers liure des rois. Et est interprete faisãt a sa Voulente. Il ensuyt les Vestiges et mauluaise chemin de son pere parquoy il fust occis par Baasa filz de ahias de la maison de ysachar, lan iii^e de asa roy de iuda en lobsidion et siege de gebbethon cite des philistiens assiegee po lors de israel.

¶ Chapitre ix^e de Baasa.

Baasa filz d'ahias de la lignee de ysachar et seruiteur de Nadab tiers roy de israel Regna xxiiii ans apres ce quil eust occis son dit maistre et seigneur, tesmoing le xv^e chapitre du tiers liure des rois. ¶ Ledit baasa eust toutioure guerre continuelle cõtre Asa Roy de iuda commença regner lan iii^ede Asa roy de Iuda et chemina par les mauluaises Voyes de hieroboã en faisant pecher le peuple en plusieurs Vices. Il occist tous les parentz et affins de hieroboan. En quoy fust acomplie la prophetie de ahias sylonites. ¶ Cestuy roy baasa fut fort menasse par le prophete Iehu filz de anan pour ce q̃ auoit occis en trahisõ son seigne nabab. Et auec ce auoit fait pecher Israel. Nõ obstãt ce il ne se desista point mais monta en iudee ou il edifia rama a xl stades prez de hierusalẽ. Laq̃lle chose Venue aux oreilles de asa roy de iuda Il enuoya grãs tresors a benadab roy d'sirie eštãt a damas disãt en ceste maniere. Entre mõ pe et le tiẽ a este grãde

La iiii^e aage

et bône aliance et auſſy entre moy et toy. et pource ie te prie que tu adnichil/les et rompes l'aliāce que tu as auec Baaſa roy de iſrael aſſi q̄ ſe departe hors de mon pays. Ces parolles ouyes Benadab ſe y accorda et enuoya ſes gēſdarmes es cites de iſrael. Parquoy Baaſa fuſt cōſtraint de leſſer l'edifice q̄ l auoit cōmence et de retourner en therſa. Et lorſ le roy aſa cōuoca multitude de peuple. aſa ou dit lieu et de la aporta les pierres et bois dōt il repara gabaa et maſpha. En apres fuſt le roy aſa reprit redargue par iehu le prophete ou par le pere dicelluy nōme Anan pource q̄ l auoit oublie dieu et fiche ſon eſperance ou roy de ſirie. Pour la quelle redargution aſa fuſt marri et fiſt le dit prophete eſtre mis et lie en ceps et geēhinnes. dōt luy en priſt mal. car en ſa vielleſſe le dit aſa ne ſe pooit ſouſtenir ſur ſes pies. Apres ce deſcendit le dit prophete iehu ou ung aultre cōme dient aulcuns au roy baaſa po^r ſoy corriger τ reprēdre de ſes vices. Mais deluy fuſt cruellement murdri. Et puis apres par iuſte punition iceſluy meſmes fuſt par ſon cheualier creon occis en la cite therſa cōme dit ioſephus.

Chapitre x. de hela.

Hela filz de baaſa τ iiii. roy de Iſrael regna ii. ans ſeulement Cōmenca l'an xxvi. de aſa roy de iuda et habita en therſa. ou quel lieu buuāt et mengāt en la maiſon de arſa ſon pruoſt il fuſt occis par zambri ſon ſeruiteur le quel il auoit conſtitue capitaine ſur la moitie de ſes cheualiers. Apres ce occiſt toute la lignee de baaſa en accōplſſāt le dit du prophete iehu filz de anany eſcrit ou xvi. chapitre du iii. des roys. En ce pas ne deuōs point ignorer que pour ung an et demy ſont cy cōptes deux ans car cōme eſt ia dit deuāt aulcuneſſois partie de l'an eſt es liures des rois et aultres appellee ung an acōpli par ſinodoche / c'eſt a dire par telle maniere de parler. Ainſy comme l'en dit de hic ſucriſt quil preſcha trois ans et demy et touteffois pour le demi an n'eſt cōte ſinon le temps q̄ eſt de puis Noe iuſques a paſque. Semblablemēt en leſcripture ſont aulcuneſſoys leſſez aulcuns ans qui ne ſont poit nombres Cōme on lit de noe quil eſtoyt aage de v^e. ans lors quil engēdra Sem et touteffois ſelond la verite auec tel nōb:e doiuēt eſtre encor deux ans adiouſtes cōme teſmoigne comeſtor. En oultre nous deuōs noter que le royaulme de iuda iamais ne yſſit hors la ligne de iuda car touſiours le filz a ſuccede au pere cōme dit comeſtor. La quelle choſe na point eſte entretenue des roys de iſrael cōme eſt ia veu cy deuāt de baaſa qui eſtoit de la ligne de iſachar et non pas de effraym dont eſtoit Jezoboam.

Chapitre xi. de zambry.

Zambri ſeruiteur de hela commenca regner 8^e roy de iſrael l'an xxvii. de aſa roy de iuda. et regna viij. iours en la cite de therſa. durāt leſquelx iours l'oſt et hommes d'armes de iſrahel aſſiegoient gebbethon qui eſt une cite des philiſtiens. Leſquelx oyās leur roy hela eſtre occis par zambri conſtituerent et eſleurent en roy de iſrael leur conneſtable appelle amry. et puis alerent aſſieger therſa ou eſtoit le dit zambry lequel voyant telle multitude a luy contraire fuſt fort eſpoente parquoy ſen fouyſt en ſon pauillon et donion. dedens lequel il miſt le feu. et par ainſy il ſe brula. Et lors fuſt le peuple diuiſe l'eſpace de trois ans. car une partie enſuiuoit thebny filz de geneth pour le cōſtituer roy. Et l'aultre eſtoit pont amry qui ſeurmonta ſon aduerſaire thebny. Et l'occiſt l'an xxxi. de aſa roy de Juda. Et lors il commenca regner totalement ſans cōtradiction.

Chapitre xii. de amry.

Feuillet ij c xxiii

Amry ſj e roy de iſrael eſt interprete prouoquant a ire ou maiſtriſe du peuple. Il regna xij ans entieres ſur iſrael car pmierement il regna Sj ans en therſa et puis Sj ans en aſomer/teſmoig le xBj e chapitre du iiij e liure des rois. car il acheta partie de la mōtaigne de ſomer ou eſtoit vne cite nōmee mareon. laquelle il reſtaura et repara en la denōmāt ſamarie. et puis en icelle fuſt le ſiege de ſō regne qui parauāt auoit eſte en therſa .q fuſt ceſte cite de ſi grāde auctorite que nō pas ſeulemēt la cite eſtoit denōmee ſamarie mais auſſi toute la region cōme dit la gloſe ſur le iiij. chapitre de ſainct Jehā. Et eſt ſituee entre la mōtaigne de dan et de bethel. Ceſtuy amry dōt parlōs ſe gouerna plus mal que tous les rois qui auoyent eſte deuant luy parquoy mouruſt en ſes pechez q obſtination et fuſt enſeuely en ſamarie.

Chapitre xiij. de Achab.

Achab filz de amry. et Sij. roy de iſrael tres mauluais cōmenca regner en ſamarie ſur iſrael lā xxxBiij. de Aſa roy de Juda/cōbien que Joſephus dit que ioſaphat roy de iuda regnoit lors que achab fut cōſtitue roy Et pource fault dire que a ſug ou ſault te y ait faulte deſcriuain. Il regna xx. q deux ans treſcruellemēt. Et ne luy ſouffiſt point de cheminer les Boyes mauluaiſes de Jeroboam/Mais auec ce il introduit en iſrahel les ydoles des gētilz et papes et eſpouſa femme tres cruelle nommee iezabel fille de methabal roy des ſidoniens. pour lamour de laquelle il edifia en ſamarie vng autel a lydole Baal en le adorāt cōme dieu. Es tēps de achab fuſt reedifiee hiericho par ahiel qui eſtoit de la lignee de beniamin en laquelle edification mouruſt abiram premier filz diceluy ahiel en faiſant les fondementz dicelle Bille/ Et conſequamment Segub ſon dernier filz en faiſant la fortification des portes/ainſy cōme ioſue auoit prie de adueuir a celluy qui telle cite reedifiroyt comme apert ou Sj. chapitre de ioſue. Pour ce cy confermer dit Nicolas Delira que depuis la fondation dicelle auant ce que elle fuſt acheuee moururent tous les enfans diceluy ahiel depuis le premier iuſques au dernier. De ceſtuy achab eſt parle au lōg de puis le xBij. chapitre du tiers liure des rois iuſques en la fin ou quel lieu ſont declairez tous les maulx quil fiſt auec ſa femme iezabel contre helie et contre iuda.

Chapitre xiiij. des roys albains.

Le Bj e roy des albains et ſa tinte fuſt nōme Siluius epitus. ou achius ou apis/cōme dit vng hiſtorien nomme titus liuius. ou denōme euſippus ou ancenius ſiluius/com me teſmoigne Eucretius. Car tous les roys des albains qui en nombre furent xj ſeulement eſtoyent ſeurnōmez ſiluies en memoire de Siluius poſthumus. comme les empereurs de rome ont eſte denommez ceſares pour le premier iulles ceſar ainſy ſeurnomme. Il commenca regner tantoſt apres Poboan/lan du monde iiij c ix c lxxS. Et deuant la natiuite de iheſucriſt ix c lxj. ans et regna xxxiiij. ans.

Siluius capis Bij. roy cōmenca lan du monde iij c ix c liiij c. et xix. et regna xxBiij ans. et fiſt Capue cite de campaigne.

Siluius carpetus/ ou capericus ou caphetus Biij. roy des ytaliens q albains cōmenca lan du monde iiij c xx. q Bij. Deuāt la natiuite de iheſucriſt ix c xlBj ans. Regna leſpace de xxx ans en ytalie ou temps de ioſaphat roy de iuda. Apres luy regna ſon filz nomme tiberius ſiluius leſpace de ix ans. Duquel le fleuue du tibre a priſe ſa denomination qui par auant eſtoit dit albula/comme teſmoigne la croique martiniate.

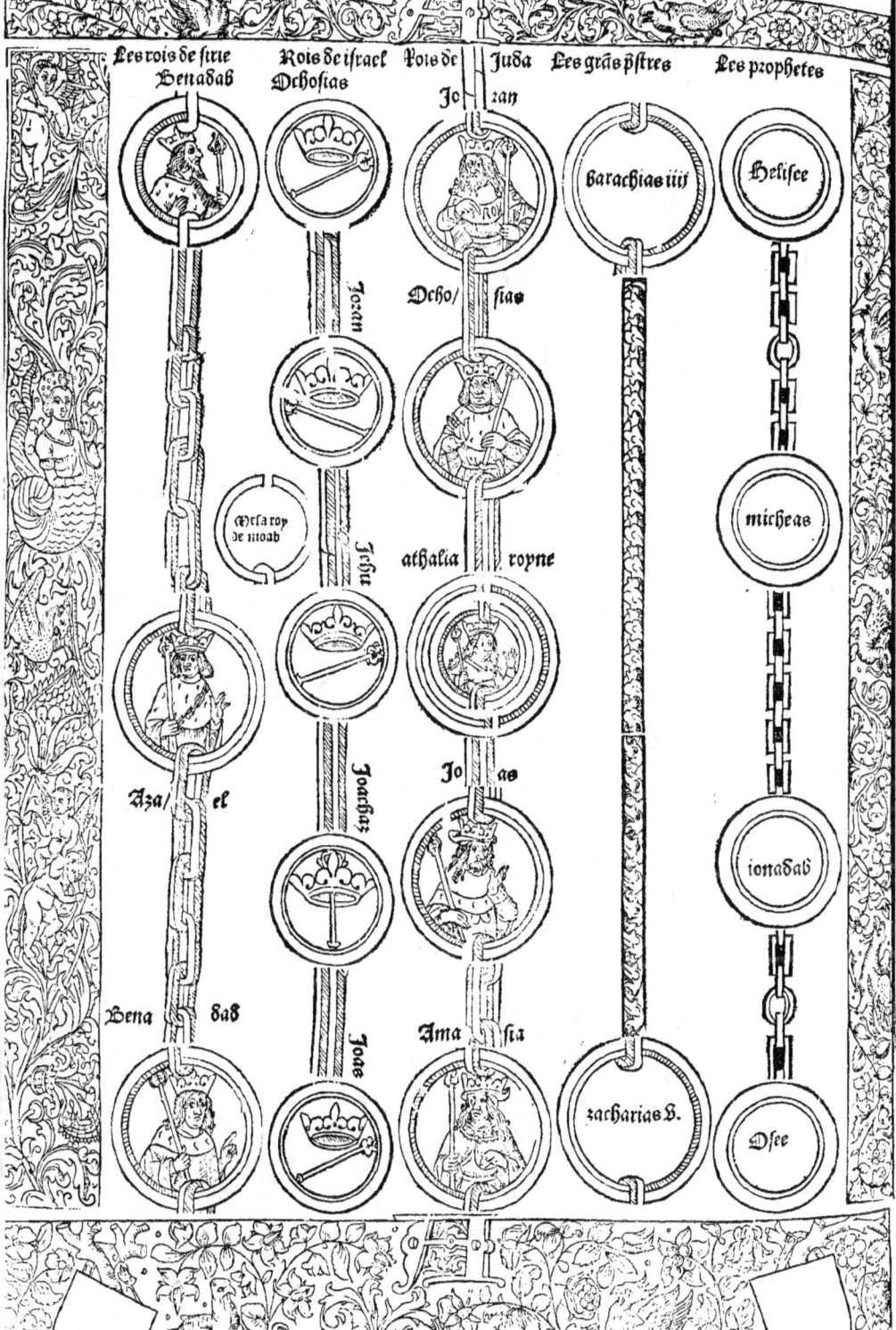

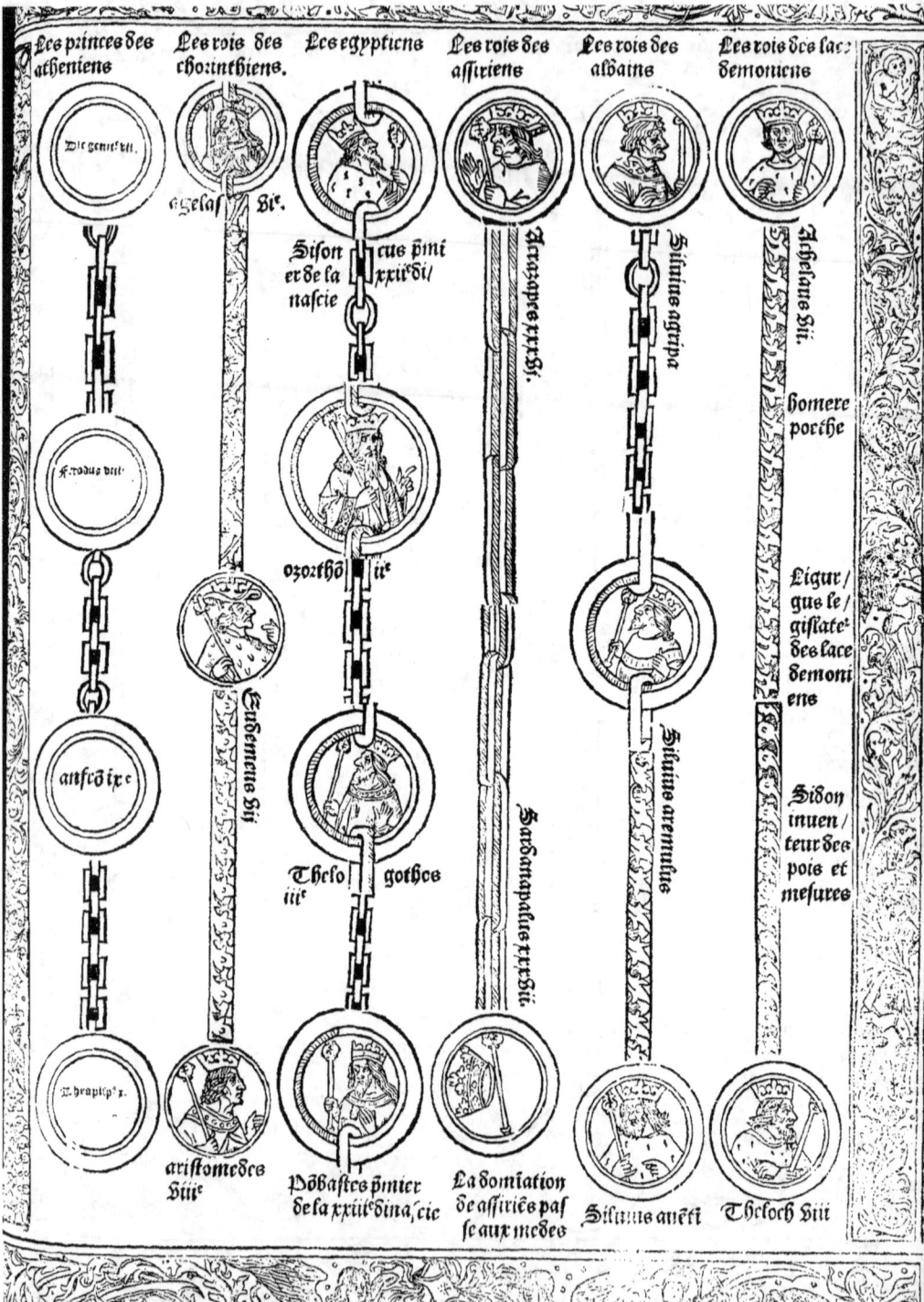

La iiii.e aage

¶ S'ensuit des rois de iuda chapitre xve de Ioram

Ioram fils de iosa
phat/comença en laage de tre
te et deux ans regner 8e roy de iuda/la
du monde iiiM.lxii. De la iiii.e aage lan
cent lxvii. Deuant rome cent lvj ans
a deuant la premiere olimpiade cent xxxviij
ans. Il regna viij ans en Hierusalem
Est interprete qui est celuy q est hault
et signifie les heretiques non pas seule
ment ceulx qui se deuoyent et fortuoyent
du chemin de Verite/mais aussi q auec
soy tirent les aultres en leurs erreurs
et voye de perdition/come apert par ce
que son pere Iosaphat roy de Iuda es
toit bon preudhomme qui bien seruoyt
dieu et gardoit ses commandemens.
Mais quant a luy il fist trebuscher les
enfans de iuda et ensuit la fornication
du roy achab duquel il auoyt espousé
la fille nommee athalia. Aussi en son temps
flourissoit le prophete Heliseus duquel
sera cy apres parle plus a plain.

¶ Lan premier de Ioram roy de Iuda
se departist edom de la seignourie et puis
sance de iuda/come apert ou viij chapi
tre du quart liure des rois et ou xxj du
second de paralipomenon.car les ydu
mees occirent leur roy qui estoit tribu
taire aux vjtz roys de iuda et en consti
tuerent vng aultre qui ne payoit nul

tribut.
¶ Lan ij du regne de Ioram roy de
iuda regna sur israel Ioram filz de a
chab et frere de othosias apres la mort
dicelluy othosias lespace de vij ans auec
aulcuns mois. Aussy en cest an Ioram
occist ses six freres entre lesquelz il es
toit le premier ne. Auec ce occist plusi
eurs princes de iuda.

¶ Lan iiij du regne de ioram roy de
iuda fust lan de remission et iubile xxij

¶ Item en cest an regnoit en grece le
noble et eloquent poethe homerus/co
me dient appollodorus gramarien et
eusobius historien Non obstant dient
aulcuns quil estoit en bruit ou temps de
saul. Et pource qui en veult plus sca
uoir y retourne. Sainct augustin ou
8e chapitre du xxiii liure de la cite de
dieu parle dicelluy homere disant q flou
rissoit lxxxij ans deuant Romulus pre
mier roy de rome.

¶ Lan 8e de ioram roy de iuda lors qui
constraignoit le peuple de Hierusalem
a ydolatrer. Sng prophete appellé helie
luy aporta vnes lettres de correction et
de menasses/come est escript ou xxj du
second de paralipomenon. Dicelles let
tres parle Nicolas de lira et ses hebri
eux disant quelles luy furent appor
tees par Helie qui ia estoit translaté
ou ciel.car sa translation fust auant la
mort de iosaphat pere de ioram. Et ioram

occist ses freres apres la mort de leur pere de laquelle interfectiõ est es dites lettres faite mention. Pareillemẽt dient les aucũs que iasoit ce que tel prophete fust nõme helias toutesfois il nestoyt point helias tesbites.

¶ Lan vj^e de Jozam vindrent les philistiens et arabes qui gasterẽt iudee cõe les dictes lettres cõtenoyẽt/ tesmoig le xxj^e du ij^e de paralipomenon.

¶ Lan viij^e du regne du dit Joram/ Agelas vj^e roy des corithes cõmeça regner duquel le regne dura xxx ans. En ce mesme an icelluy Jozam debilite ¿ cõsume de langueur trespassa de ce siecle Et fust enseuely en hierusalem/ cõbien que ce ne fust point es sepulcres des rois de iudee/ mais sans solẽnitez royales ne obseques telx cõme il apartiẽt aux roys. En ce tẽps regnoit silsuius agrippa x^e roy des albais qui besquist en regne xl ans.

¶ Chapitre xlj^e de ochosias.

Ochosias qui austremẽt est nõme zacharias ou azarias ou ioachas filz de Jozam et vij^e des rois de iuda estoit aage de xxij de quãt il cõmenca regner/ cestassauoir lan du monde iiij^m lx vj selond la verite hebraique Mais selond beda lan iiij^m viij^c quatre vingtz et xix qui sont ix^c ans deuãt la natiuite de ihucrist. De la iiij^e aage lan cent lxxv. Deuant rome cẽt xlvij ans/ commenca regner lan xij. de iozam filz de achab roy de israel. ¿ regna vng an seulemẽt tesmoing le viij. du quart des rois. ¿ est interprete retenãt le seigneur. ou apprehension du seigneur

¶ En ce lieu ne debuons point ignorer que saint mathieu ne met point en son premier chapitre des euãgiles ochosias ne les deux rois ensuiuans/ cestassauoir Joas et amasia. pource quil na voulu que mettre seulemẽt iij. quatorzaines. ou cõme dict saict Jerosme et saint augustin pource q̃ Joram espousa athalia q̃ estoit fille de iezabel royne de israel tres maulaise et trescruelle. parquoy ses enfãs furẽt forclos de la

genealogie de ihesuchrist iusques a la quarte generation. Cestuy ochosias chemina par les voyes dangereuses de achab son ayeul maternel, et fist grans maulx/ cõme apert ou ix^e chapitre du iiij^e liure des rois ou quel lieu est declaire cõmẽt luy et iozam filz de achab furent occis de iehu filz de iosaphat qui estoit filz de nampsi. Apres ce fust ochosias porte en hierusalem et enseuely en la montaigne de syõ es sepulchres de ses peres.

¶ Chapitre xlij^e de athalia.

Athalia fille de achab ¿ de Iesabel et mere de ochosias/ est interprete temps du seigneur. ou perchãt cõtre le seigneur. ou declinaisõ du seigneur icelle athalia voiãt sõ filz ochosias mort voulust regner sur Juda parquoy occist toute la semẽce roiale exepte Joas qui par sa tante ioseba fille de iorã fust absconse et musse de peur quil ne fust occis comme les aultres comme apert ou chapitre xj. du iiij^e liure des Roys

¶ Lan premier du regne de athalia iehu roy x^e de israel cõmenca regner ¿ dura lespace de xxxviij ans.

¶ Lan iij^e du regne de athalia/ ionadab filz de recab cõmenca estre renõme eniuers les iuifz. Aussy en ce mesme an fut le iubile xxiij.

¶ Lan v^e de athalia le souuerain prestre Joiada qui ou xxiij. de saint mathieu est nõme barrachias cõmẽca estre en bruit. et fust comme dict aucũs filz de achimaas/ lequel seul apres moise besquist lespace de cent xxx. ans cõme raconte Eusebius. Cestuy ioyada est celluy qui frape de lamour de dieu mist en termes que athalia fust occise en la maison du roy /lan vij^e du regne dicelle athalia. Nonobstãt ce que les lxx. interpretes dient quelle regna vij ans. Item en cest an cõmenca dominer dyogenitus vij prince des athenies et dura sa principaute xxviij ans.

¶ Chapitre xliij^e de ioas

La iiiie aage

IOAS filz de Ochosias qui par iosaba femme de ioiada souuerain euesque auoit este occulte fust Viiie roy de iuda. et comenca regner lan du mode iiiiM lxxxij selon la verite hebraique q̃ est la iiiie aage la̋ cẽt lxxxij mais selõ beda sõ regne comẽca la̋ du mõde quatre mil iiiic ⁊ vj. qui sõt viiic iiiixx et xiij. ans deuãt la natiuite d̃ ihesucrist. Deuãt rome cẽt xlj. et regna le space de xl ans. Il est iterprete retenãt force ou fortitude du seigneur. Il se gouuerna honestemẽt et iustemẽt durant la vie de ioiada grãd euesque. mais apᵉs se porta mal. cõme apt ou xxiiiie chapitre du secõd de paralipomenõ. Il repara les oblaciõs ⁊ offrẽdes ⁊ les ruines du tẽple tesmoig le xij chapitre du iiii li/ure des rois lequel tẽple estoit encor en estat et auoit este lespace de cẽt xxx ãs depuis la̋ de sa cõsumatiõ ⁊ perfectiõ q̃ fust la̋ xj du regne de salomõ. cestup ioas cõmenca regner la̋ vij de iehu roy de israhel. ou temps desquelx prophetisoit encor heliseus.

¶ Lã ij du regne de ioas commẽca regner archelaus roy viie des lacedemoniés et regna lespace de xl ans.

¶ Lan iii ioas cõmanda a tous les preestres q̃lz assẽblassẽt tout lor et largẽt q̃ estoit venu des oblatiõs pour restorer ⁊ reparer les ruines de la fabriq̃ du tẽple q̃ par negligẽce de la royne athalia nauoyẽt point este reparez laquelle chose feroient molt enuis les prestres de maintenant.

¶ Lã xj du regne de ioas fust le cõmencement du regne de acrazapes xxxvj roy des assiries durãt lespace de xlij ãs

¶ Lã xviie. entra en regne Aremulus siluius filz de siluius agr. pa xjᵉ roy de albains duquel le regne dura xix ans et fust finablemẽt souldrope par diuine iustice vengant les mauluaitiez et crudelitez qui estoyẽt en lup ⁊ q̃ y croissoyent de iour en iour.

¶ Lan xx du regne de ioas fust la xxij dinastie et souueraine puissãce des egyptiens En laquelle regna premier siso

cus xxxj an.

¶ Lan xxiii. Eudemeus vij. roy des corinthes cõmẽca regner et dura xxv ãs Jtẽ ioachaz filz de iehu xj. roy de israel cõmenca regner. continuant xvij ans.

¶ En ce mesme an ioiada souuerain euesque voyant que ioas estoit courseencontre les prestres pource quilz prenoyent la pecune apartenant aux reparatiõs de leglise ordõna que ou temple y aroit vng gazophilace ⁊ tronc ou arche situee a la main dextre de ceulx qui entrẽt ou tẽple pour receuoir et assẽbler lesdictes pecunes.

¶ Lan xxv. du regne de ioas fust promeu a dignite souueraine et sacerdotale Johanna ou zacharias iiij. euesque q̃ estoit filz de ioiada ou barrachias. Et vesquist en telle dignite lespace de xlvj ans. Touteffois ou xxiiii du secõd de paralipomenõ est escript que zacharias filz de ioiada fust lapide ou tẽple pource quil redarguoit le roy ioas . ou quel chapitre est escript que par auant estoit trespasse Joiada souuerain euesque aa ge de cent ⁊ xxx ans lequel fust ensuely en la cite de dauid auec les roys de iuda pource quil auoit remis dessus ⁊ en son estat le royaulme de iudee et la ligne de dauid. Les aultres diẽt q̃ ioiada trespassa lã xxxii. de ioas

¶ Lan xxvj. furent les ruines et dẽsiles du temple reparez de la pecune as

semblee ou tresoꝛ.car iusques cy les pꝛ/
stres ne tenoyent cõte de y faire aulcu
ne reparation;et toutesfois par auant
ilz pꝛenoyent touſiours largent que le
peuple offroit.
¶ Lan xxxiiiie ferodus iiiie pꝛince des
atheniens entra en dominatiõ laquel/
le se cõtinua xix ans.

¶ Lan xxxiiii du regne de Joas ou cõ
me dient les aultres ou temps de Aſa
roy de iuda Ligurgus qui fut grãd phi
losophe cõpoſa et oꝛdõna loix aux lace
demoniés dont est faite mention en la
Sixe distinction ou chapitre cõmencant
moyses.et ou xe liure des ethimologies
de ysidoꝛe. Auſſi en parle trogus põpei
us et iustinus en son iiie. Diſãt que Ja/
soit ce que ligurgus eust puiſſance de
estre fait roy sur les lacedemoniens ſil
eust voulu toutesfois ne daigna priuer
du royaulme le petit enfãt carrillaus
q̃ estoit posthume q̃ ne aps lentremẽt
de son pere mais quãt fust partuenu a
laage de discretiõ luy restitua loyale/
ment son royaulme affin que chaſcun
congneust que on est plus renõme en/
uers les bõs en acõplissant les droiz de
iustice et de misericoꝛde que en acumu
lant richesses par fas et nefas. Apres
ce ledit ligurgus instituta certaies loix
autentiques qui se enſuiuent. Il osta
pꝛemierement lusaige doꝛ et dargent diſ
sant que il est matiere et cause de tous

les maulx qui se font au monde. Jl oꝛ/
dõna que le peuple seroit subget et se/
roit seruice a son pꝛince.et que le pꝛince
seroit pour coꝛriger les vices et iniusti
ces des vicieulx. Il admõnesta a tous
de viure par mesure sans opſiuite. en
iugãt que le labour se trouue plus faci
le de beaucop quãt il est acoustume.
En apꝛes il diuisa par oꝛdꝛe ladmini/
stratiõ de la chose publiq̃ en distribuãt
aux roix la puiſſance des guerres.aux
magistratz et conseillers les iugemẽs
des choses. Au senat la garde et obser/
uation des loix. Et au peuple puiſſan/
ce de eslire le senat,τ de creer ceulx quil
vouldꝛoit. Il distribua equalemẽt les
heritaiges et posseſſiõs des hõmes tel/
lement que lung neust point plus que
laultre/affin que nul ne seurmontast
point sõ cõpaignon en puiſſãce. Il com
mãda de menger publiquemẽt ensem
ble.et que nul neust ses richesses et sup
fluitez apart. Il deffendit que les ieu/
nes gens neuſſẽt point plus dune robe
lan,affin que lung ne fust point oꝛne ne
plus pare que laultre. Il cõmanda en
oultre que on ne achetast riẽs par oꝛ ne
argent.mais seulemẽt par recõpense τ
cõmutatiõ de marchãdises. Auſſi que
les petis eſfãs fuſſẽt menez es champs
affin quilz ne paſſaſſent poit leurs pꝛe
mieres ans en ieux/luxures/et supflui/
tez mais en bõne oeuure et labour ſãs
viure delicieusemẽt et sans doꝛmir en
litz de molle plume. Et sans vser de vi
andes chauldeaux et bꝛouetz trop afai
tez. En apꝛes que les iouuenceaulx ne
peuſſent retourner en la cite tant quilz
fuſſent hõmes parfaitz. Il establist q̃
les filles seroyẽt mariees ſãs doaire af
fin que elles fuſſẽt pꝛises en mariage
nõ point soubz esperãce de pecue mais
par bõne amour.parquoy les maria/
ges fuſſent plus iustes et gardes plus
lealment. Auſſi que lẽ fist tresgrand
hõneur et reuerẽce aux anciens et que
nul pour sa puissãce et richeſſe ne fust
point pꝛefere en honneur a lõme anciẽ.
Il cõstitua que les adolescents descri/
royent les nobleſſes/loenges et ſitu/

ce ii

La iiiie aage

peres sung de lauître. Et que se aucū diceulx pour telx dis cheoit en indignation luy estoit defedu le parler dont ne pouoit plus riēs repliquer. Et affin q̄ telles lois fussēt de plus grāde auctorite il faignoit q̄ nō pas luy mais apollo delphicus estoit acteur dicelles et q̄ de luy les auoit eues. En oultre affi que elles durassent perpetuellement il fist iceulx lacedemoniēs iurer q̄ promettre quilz ne mueroyent riens dicelles lois iusques ad ce quil fust retourne et faignist de aler a loracle et tēple de apollo delphicus pour se conseiller se en telles lois y auoit riēs diminut/ou superflu ou digne dē estre chāge. Ainsy sen ala a crethe ou de sa propre boulente il fust en exil perpetuel. et en mourāt cōmanda par testamēt de gecter ses ossemēs dedens la mer. craignāt que les ditz lacedemoniēs ne le beniffēt querir et porter en leur pays. parquoy ilz cuy deropēt estre assoubz de leur iuremēt.

Lā xxxbj e du regne de ioas/auētin' siluius xij e roy des albains cōmenca regner et regna xxxbiij ans. ou xxxbj cōme dient les aultres. Il trespassa en la mōtaigne qui maintenāt est partie de la cite de rome en laquelle il fust enseuely et de luy prist ce nom auentin. De ce roy parle sainct augustin ou xxxj e chapitre du xbiij e liure de la cite de dieu disant que auentinus xij e roy des latins ou albains selōd aulcūs est mis ou nōbre des dieux. Apres lequel ny a eu nul deifie en italie fors romulus. ¶ Cōme stoz dit dicelluy auētinus quil regnoit ou temps de amasia roy de iuda ix e.

¶ Lan xxxbiij e le roy ioas ingrat q̄ nō recordāt des grās biēs et singuliers seruices que luy auoit fait ioaida fist lapider le filz dicelluy qui estoit souuerain euesque nōme zacharias entre le tēple et lautel pource quil le redarguoit de ses bices. Depuis lequel tēps cōme dit epiphanus ne fust eue ou tēple respons se manifestemēt cōc on auoit par auāt Ne par dabit ne par ephot. ¶ Cest adire ne de parolle ne de signe. ¶ Car apres ce fait nostre seigneur ne leur notifia plus riens ne par signe ne aultremēt. Et cōme dit Josephus. Dabir est une gēme et pierre pcieuse quarree/q̄ est de la grādeur de deux dois affichee en la robe nōmee rational entre les xij aultres pierres. laquelle gēme chāgant et muant ses veiz et couleurs demōstroit ire q̄ marrisson/propitiaciō/et benignite de dieu enuers les iuifz. Et pource est dabir interprete parolle. Et ephot signe et demōstrāce. ¶ Aucūs sont de ceste opinion que tous les enfās de zacharie furēt lapidez auec leur pere fors ung posthume qui nasquist apres la mort du pere et estoit cōme son pere appelle zacharias.

¶ Lan xxxbiij e du regne dicelluy Joas qui est lan de remissiō et iubile xxij e. et du monde lā trois mil cent et ix. Icelluy Joas souffrist grādes persecutiōs pour les murdres et interfections du dit zacharias q̄ de ces enfās. ¶ En cest an trespassa Azael en lieu duq̄l regna Benadab sō filz en damas cite de sirie/come apert ou xiij e du quart des roys.

¶ Lan xl e Joas fust trauaille et persecute de langueur et maladie diuerse. q̄ finablement occis de ses seruiteurs/tesmoing le xij e du iiij e. pource quil souloit auoir les hōneurs deubz a dieu seulement cōme dient les hebrieux. et aussy en bēgance de la mort de zacharias filz de Joiada. Puis il fust enseuely en la cite de dauid mais non pas es sepulchres des rois de iuda. En cest an cōmenca regner ioas filz de Joachas xij e roy de israel et regna xbj ans. En cest annee heliseus fut malade parquoy le dit Joas roy de israel le bint bisiter/cōme apert ou xiij e chapitre du quart des rois.

¶ Chapitre xix e de amasia.

Amasia filz de Joas q̄ ix e roy de iuda estoit aage dē xxb ans quāt il fust promeu au sceptre royal et regna en hierusalē xxix ans. cōmēca lan ij e de ioas roy de israel et selōd la berite hebzaique lan du monde iij mil cent et xij. Mais selōd bede lā du monde iiij m iiij c xlbj. qui est deuāt la nati/

¶Feuillet ij^c xxvij

uite de ihucrist viij^c liij ans. Deuant rome cent et vng an. Il se gouuerna bien en son commencement et iustement de/uant dieu iasoit ce quil ne ostast point ne destruit les lieux haulx es quelx se faisoyent les adozations come appert ou xiiij^e chapitre du iiij^e liure des roys. touteffois en la fin il se desuoya et adora les dieux des gentilz et paiens. Il est interprete seigneur indignāt. ou fureur du seigneur. ou seigneur plasmateur du peuple.

¶Lan premier du regne de amasia ou côe dict les aultres ou teps de sô pe Joas trespassa le pphete Heliseus. Puis fust mis dedēs vng sepulchre dessus lequel fust iete vng aultre hôme mort lequel touchāt icelluy prophete fust par la saintete du prophete ressuscite Tes/moing le xiij^e chapitre du iiij^e liure des roys. ¶En ceste annee fust le comēce/mēt de osorthô ij^e roy de la xxij^e diascie et souueraie puissāce des egiptiens lequel regna lespace de xv ans.

¶Lan iij^e de sô regne il occist les serui/teurs q auoyēt occis sô pere côe apt ou xxv^e chapitre du ij^e liure de paralipome/nō. Touteffois il ne occist poit les filz diceulx murdriers en côformant a ce q est escrit ou xxiiij^e de deuteronome, cest assauoir q les pes ne mourrōt pō les pō les filz ne les enfās pō leurs peres.

¶Lā viij^e Joas roy de israel batailla iij.

fois côtre benadab roy de sirie et filz de asael. A chascune desquelles batailles il le vainquist. et osta de sa main t puissance les citez que azael sō pere auoyt cōqueste sur israel par auāt. En quoy fust acōplie la prophetie de helisee escrite ou xiij^e chapitre du quart des roys.

¶Lan vj^e du regne dicelluy Amasia ausson ix^e prince dathenes apres le roy codrus commenca son regne durāt xx ans. En cest an fust faite bataille par amasia contre amalech et les ydumees tesmoing le xiiij^e du quart des rois. t le xxv^e du second de paralipomenō. Sur lesquelx il obtint vne noble cite darabie nōmee petra laqlle il appella Jezichel. Nō obstant que nicolas de lira dit que ce soit le nom dune pierre et rocher.

¶Lā viij^e de amasia, aristomedes viij^e roy des corinthes fust sacre en roy et regna xxxvij as.

¶Lā ix^e de sō regne le dit amasias adora les dieux quil auoit aporte de ama/lech en partie pour cause quil veoit iceulx dieux bailler responce des choses futures. et en partie pource que ama/lech auoit este destruict pourtant quil estoit negligēt de seruir et adozer iceux dieux, parquoy ledit amasias fust cor/rige et redargue dung pphete duquel ne list cōte/mais desprisa ses ammoni tions. t fist pis que deuant en escriuāt a ioas roy de israel en forme presump/tueuse disant. fais moy seruice côme tes peres ont serui dauid et Salomon Se tu ne le fais/nous verrōs lūg laultre de plus pres et batailIerons ensem ble. Auquel icelluy Joas rescript enig/matiquemēt et obscuremēt tesmoing le xiiij^e chapitre du iiij^e liure. Et fust le dit amasias par Joas roy de israel me ne captif et prisonier de bethsames vis/le de iudee en hierusalē/en rōpāt partie des murs dicelle Dont ledit Joas apor ta tout lor et largent et les vesseaulx du temple et du roy vniuersellement et puis sen retourna en samarie/lā xv^e du regne de Amasia.

¶Lan xiiij^e qui est du monde iij^m cent xxiiij Et deuant rome iiij^{xx} et ix The/

ee iij

La iiii^e aage

nos cõsoleron qui aultremẽt est dit sardanapalus roy des assiriês xxxiiis. et dernier cõmeça son regne durãt xxi an inclusiuemẽt cestassauoir iusch̃ au iiii^e an du regne de azaria filz de Amasia roy de iuda. Et fust le premier cõme tesmoigne comestor qui fust inuenteur des coussins/coictes et litz de plumes

¶ Lan xbi^e du regne de amasia trespassa Joas roy de israel auquel succeda sõ filz Hieroboã regnãt xl ans sur israel cõme apert ou xiiii^e chapitre du iiii^e liure des rois. Non obstãt que iosephus die quil regna trois ans auãt la mort de son pere. ¶ En ce mesme an Thelegothos iii^e roy de la xxii^e dinastie q̃ soubuerainepuissance des egyptiens fust accepte en roy regnant xiii ans.

¶ Lan xix de amasia/vng argiñ ou grec nõme sidon fust inuẽteur des pois et mesures/cõme dit ysidore ou xbi^e liure des ethimologies. Et iasoit ce que moyse baillast premieremẽt ou desert pois et mesures aux enfans de israel et plusieurs aultres sẽblablemẽt/toutesfois sidon fust sur tous le plus expt.

¶ Lan xxii du regne de amasia Thelochus biii^e roy des lacedemonies commence regner q̃ regna xl ans.

¶ Lã xxiiie Thiapiscus filz de anfron x^e prince des atheniés apres codrus regna en sa principaulte durant lespace de xxbii ans.

¶ Lan xxix du regne de amasia fust le cõmencement de la xxiiie dinastie des egyptiens. En laquelle pombastes regna premier lespace de xxv ans.

¶ Item en ceste annee fust occis ledit amasias en la cite de lachis. puis ensuely en la cite de dauid. cõe apert ou xxv^e chapitre du second de paralipomenõ.

¶ Sensupt la ligne des euesques.
¶ Chapitꝛ xx^e de ioiada et zacharia

Ioiada ou barrachias dõt est faite mention ou bi^e chapitre du premier liure de paralipomenõ et es chapitres xi. xii. du iiii^e des roys est interprete seigneur cõgnoissant fõtaine/ou seigneur congnoissant loeil. Il fust moult noble et bertueux euesq̃ tesmoing le xxiiii^e du second de paralipomenon et fust seul qui apres moyse desquelz renq̃ a xxx ans. De luy est parle ou ix^e an du regne de athalia et ou xx^e et ix^e an de ioas roy de iuda.

¶ Zacharias filz de ioiada dont est faite mention ou bi^e du premier de paralipomenõ fust le b^e euesque apres ledificatiõ du tẽple. et est interprete remẽbrant le seigneur. ou aide du seigneur ou beillant or iiie strie. De luy est parle dessus ou xxbi^e q̃ xxxbiii^e an du regne de ioas. Et ou xxiiiie chapitre du secõd liure de paralipomenon ou il est nõme iohanna. et est expresseemẽt escrit que pour lamour de dieu il fust lapidé dont le roy de iuda ne demoura pas ipugny

¶ Sensupt la ligne des roys de israel.
¶ Chapitre xxie de ochosia.

Ochosias filz de achab biii^e roy de israel cõmenca regner en samarie lan xbii^e de iosaphat roy de iuda q̃ regna deux ans seulemẽt pource quil fust ydolatre/tesmoing le dernier chapitre du tiers liure des rois. De luy est escript ou xx^e du second de paralipomenõ que Iosaphat le bõ roy de

Feuillet iiⁱᵉ xxviii

Juda fust par le prophete eliezer filz de dodan inspire de dieu fort menace pour lamitie que auoit icelluy iosaphat auecques ledit ochosias.

¶ Jozam filz de achab et frere de ochosias/tesmoig le iijᵉ chapitre du iiijᵉ liure fust le ixᵉ des rois de israel. Est interpreté puisseau ou fleuue de don. commença regner sur israhel lan xviijᵉ de iosaphat roy de iuda. regna xij ans et fist plusieurs maulx parquoy en luy fust exterminee et finee la maison de achab car Jehu par le commandement de dieu occist icelluy iozam et luy succeda ou roy aulme come apert ou ixᵉ du iiijᵉ.

¶ Jehu xᵉ roy de israhel et filz de Josaphat filz de nampsi est interpreté pardonnant/ou espargnant/ou esmeu. du quel est au long touche ou ixᵉ chapitre du iiijᵉ liure des rois et declaire coment en ramath galaad lung des filz des prophetes le sacra en roy par le commandement de helisee. Aussy coment il extermina toute la maison de achab en frappant dune flesche entre les espaules de ioram roy de israel pour les fornications de sa mere iezabel. Auquel estoit allie ochosias roy de iuda lequel fust semblablement occis par ledit iehu Et puis la dicte mauluaise royne Jezabel fust precipitee et tresbuchee du hault en bas et deschiree par les chiens aisy come estoit par le prophete helie pphetise ou xxjᵉ chapitre du iijᵉ liure des rois. et come apt en la iiijᵉ distinction de peniteciis. Apres ce icelluy iehu fist molt cautelleusement assembler les pphetes et prestres de baal faignant quil souloit adorer leur ydole baal. lesquelx il fist tous occire et par auant auoit semblablement fait en samarie mourir lxx enfans du roy achab. et puis xlij freres de ochosias roy de iuda combien quil ne demolist point les beaulx dor de bethel et de dan mais les lessa parquoy azahel roy de sirie fut enuoye en israel ou il fist grande interfection come apt ou xᵉ chapitre du iiijᵉ liure des rois. Et puis finablement mourust le dit iehu apres ce quil eust regne xxix ans. En lieu duquel regna son filz ioachaz.

¶ Joachaz filz de iehu et xjᵉ des roys de israel comença regner le xxiijᵉ an de ioas roy de iuda regna lespace de xvij ans. ouquel temps il offensa lourdement dieu en trespassant ses commandemetz com appt ou xiijᵉ chapitre du iiijᵉ liure des rois. et ou xxvᵉ du ijᵉ de paralipomenon. Mays apres ce quil eust fait plusieurs maulx dieu eust aulcunement pitie de luy par quoy fut sepulture en samarie auec ses peres. Apres leql regna son filz ioas xvi ans ¶ Joas filz de Joachaz et xijᵉ Roy de israel comença regner lan xxxvijᵉ de ioas roy de iuda. Regna xvi ans en samarie en transgressant les commandemens de dieu tesmoing le iijᵉ chapitre du iiijᵉ liure des roys. Non obstant dit comestor que le dit ioas comença lan xlᵉ du regne de ioas roy de iuda. Et dit en oultre q le texte du xiijᵉ chapitre du iiijᵉ dessus allegue est faulx et corrompu par le vice des escripuais q ont mis xxxvij pour xl.

¶ De cestuy ioas est narre ou xiiijᵉ chapitre du quart des rois comment il seurmonta amasia roy de iuda. et rompist le mur de iherusalem contenant iiijᶜ coutees. depuis la porte de effraim iusques a la porte du coing.

¶ Sesuyt la ligne des pphetes Chapitre xxijᵉ.

Le prophete helisee filz de saphat et disciple de Helie est interprete dieu mon saluateur ou le salutaire et salut de mon dieu. Seql come peult estre pris et infere du ijᵉ chapitre du iiijᵉ liure des rois eust lesprit de prophetie deuant ce que helie fust en paradis. en tant quil dist aux enfans des prophetes Je congnois q dieu me ostera au iourduy mon maistre helie. Toutesfois il neust point lesprit de pphetie si parsonnement ne si parfaictement auant la mort de helie come il eust apres. ¶ Cestuy helisee pria son maistre helye et requist dauoir double espit. laqlle chose se peult exposer en deux manieres. Raby salomon exposa ce mot dit q helie fist seulement viij miracles et helisee en fist xvj. Et ainsi ledit helisee eust double espit

La iiii^e aage

de pphetie. mais Nicolas de lira ⁊ les aultres docteurs īpreuuēt telle exposi/tiō disās que ledit Helisee desira auoir double esperit cestadire double grace q̄ estoit en son maistre helie. cestassauoir grace de faire miracles et grace de pro/phetie affi que par ce il ressēblast a son maistre. Et quelque chose que lē die il ne desira point par ceste petition et re/queste seurmōter sō maistre. car il ne stoit point si arrogāt de ainsy presu/mer. ne si ignorāt quil ne congneust bi en que le disciple nest point au dess' de son maistre. ¶ Du xix du iij des roys et en la distinction lxxxvj est escript cō mēt il fust pmieremēt par helie trou/ue labourāt la terre et puis enoinct et sacre en prophete. Cōsequāmant est narre ou ij iijc iiijc De vjc xc ⁊ xiijc chapi/tres du quart liure des rois cōmēt il se gouuerna apres la trāslatiō de Helie. Es quelx chapitres entre les aultres choses dignes de memoire sont xvj mi racles cōme est ia dit. dont le premier fust la diuision du fleuue iourdain. Le secōd fust la sante et garison des eaues infaictes et corrōpues. Le iijc fust la di/laceration et desinēbremēt des ieusnes enfās qui se moquoyent de luy. Le iiijc est līpetratiō de leaue po' les trois rois Le ve est la multiplication de lhuyle. Le vj^e est la secōdatiō ⁊ impregnatiō de la fēme sunamite. Le vij^e est la resuscita/tion de lenfant dicellup. Le viij^e est la doulcissemēt du chauldeau. Le ix^e est la multiplicatiō des pains. Le xe est la cu ratiō et garison de naaman le lepreux. Le xj^e est linfectiō ⁊ meselerie de giezi. Le xij^e est du fer qui vint ⁊ naga au des sus de leaue. Le xiij^e est lapertiō des yeux de lenfāt qui estoit auec soy leq̄l Vit les chariotz et cheuaulx de feu ve/nans a leur aide. Le xiiij^e est lexecutiō et auuglemēt des aduersaires. Le xv^e est labōdāce des victuailles inopinee qui fust trouuee en la porte de samarie Et le xvj^e est la resuscitation du mort gete dedēs le tūbeau de helisee leql par atoucher aux os de icelluy fust resusci/te. Son sepulcre est en la cite de sebaste auec le sepulcre de abdias ouql lieu cōe dit nicolas de lira sur le vj^e de sainct ma thieu fust sainct Jehan baptiste esueli. ¶ Jonadab filz de Rechab est interpre/te obeissant au seigneur. ou colōbe excel lēte. et pphetisa deuāt Jehu roy de iu/da lors quil douloit occire les prophe/tes de baal cōe apert ou x^e chapitre du iiij^e liure des rois. ¶ Osee filz de Beery le prophete est interprete saluateur ou esperāt en dieu. ou sauueur dicelluy. ⁊ iasoit ce que beery ne soit poit denōme pphete en nostre texte toutesfoie il es/toit tel. car les iuifz ont cecy pour rigle expresse q̄ iamais le pere dauscū pphe/te nest nōme sil na este prophete. Ce/stuy osee fust lūg des petis prophetes entoye au peuple de israel pour le pe/che de pdolatrie. cestassauoir ou tēps de Jeroboā roy de israel et filz de Joas le/quel regna ou tēps de osia roy de iuda lespace de xiiij ans. Car icelluy osee p phetisa en iudee durant le regne de iiij rois. cestassauoir de osias, de Joathas, de achaz et de ezechie cōe appert ou pre/mier chapitre du liure dicelluy osee. et selond nicolas de lira cestuy osee ne fut pas le premier des xij petis prophetes cōme dient aulcūs. car abdias dont est dessus faite mentiō le preceda de cēt et deux ans. ¶ Cestuy osee est celluy q̄ par le cōmādemēt de dieu espousa vne fēme habādonee a fornicatiō parquoy ne luy fust point iputē a peche cōe dit thomas en la secōde partie de sa secōde en la questiō cēt liiij^e et secōd article. nō obstāt dit sainct Jerosme parlāt dicel/le fēme quelle nestoit poit fornicat' en corps mais en pēsee seulemēt. en tāt q̄ elle estoit pdolatre et payēne. Les he/brieux affermēt que elle fornica corpo/rellemēt, ⁊ que elle eust plusieurs ēfās nez par fornicatiō. lesqurlx furēt adop tez par icelup osee quāt il prist leur me re en mariage. mais les enfās que elle cōceust apres ce nestoiēt poit filz de for nicatiō mais legittimes cōme tient ni colas de lira.

¶ Sēsuyt la ligne des roys de sirie Chapitre xxiiij^e

Feuillet ij⁵ xxix

Benadab roy de sirie q̃ est iterpreté filz faisant Deu/ Ba/ tailla contre achab roy de israel en assi egant samarie ou quel siege furẽt des siens occis cent mil piétõs pour ung io^r. et les aultres nõbrez Diiij^M q̃ sen fuyrẽt en la cité de asse p furẽt tous opprimez par la ruine du mur tresbuchant sur eulx. car la diuine prouidence desirant reuoquer le dit achab de sa mauluaise Dope et malice luy fist gaigner batail/ les merueilleuses et incredibles quant par signes celestes ne le peult retrai re/ tesmoing les chapitres xix et xx du quart liure des rois.

☙ Mesa roy de moab apres Benadab roy de sirie est interpreté/ hoste/ ou en/ nemi dicelluy. ou mesurãt icelluy. ou la mesure de luy. Et est celluy qui se rebella contre Joram roy de israel et filz de achab. en refusant de luy payer tri/ but/ cestassauoir cent mil aigneaulx et autant de moutõs a tout leurs toisõs. lequel tribut auoit par auãt este paye a icelluy achab. ☙ Azael est interprete esleuãt a dieu. ou plasmatiõ de dieu. re gna en sirie apres Benadab Duquel he lisee en plourant auoit prophetisé quil seroit roy de sirie et feroit maulx infi/ nitz en israel/ cõme apert ou Diij^e chapi tre du iiij^e liure des rois. Aussi pour les pechez de Jehu roy de israel Il fust en/ uoie de dieu en toute la terre de galaad de gad/ de ruben/ et de manasse ou il fist Vne grãd playe et trauailla fort Joa/ chaz roy de israel tout le tẽps de sa Die.

☙ Benadab filz de azael roy de sirie re gna apres sõ pere. et perdist toutes les cites que sõ pere azael auoit conquises sur ioachaz roy de iuda/ tesmoig le cha pitre xiij du quart liure des rois. lesq̃l/ les cites furẽt cõquestees par ioas roy de iuda et filz dudit ioachaz. lequel Jo/ as eust trois victoires sur les siriens ☙ Nous deuõs noter cõme dit sainct he rosme et les hebrieux que ce nom Bena dab doibt estre termine par ceste lettre .D. Mais laultre benadab precedẽt le roy Azael se doit escripre par B.

☙ Chapitre xxiiij des rois albais

Tiberius siluius regna ix^e roy des albais apres Ascanius cõmençãt lan du mõde iij^M xl. et regna Diij ans entiers. Duquel dit sainct augustī ou xxiij^e chapi^r du quart liure de sa cite que Romulus luy ordõ na faire sacrifices pource q̃l fust noye au fleuue nõme abula q̃ apres fust ap/ pelle le tibre pour lamour dicelluy ty/ berius et estoit tel fleuue necessaire a la cite de rome parquoy creoit Romu lus icelluy estre trãslate ẽtre les dieux et auoir puissãce singuliere sur tel fleuue ☙ Siluius agrippa x^e roy des albains cõmẽca regner apres sõ pere tiberi⁹ lan du mõde iij^M xlDiij. et sã x Dij^e de Josa/ phat roy de iuda et regna xl ans.

☙ Siluiº aremul ou remulus cõe dit ouide xi^e roy des albais cõmẽca regner lan xDij^e de Joas roy de israhel. cest du mõde iij^MlxxxDiij. et regna xix ans du rãt lequel tẽps il fist plusieurs maulx entre les mõtaignes ou rome est situee Apres lesquelz il fust finablemẽt foul droye du ciel. Il eust vng filz nõme iul lius prulus q̃ estoit grãd pere dug au/ tre iullius qui vint a rome auec Ro/ mul⁹ et fõda la gẽt et lignee iullie. De ces rois dessusditz/ cestassauoir agripa et aremulus ou remul parle orose disãt quilz furẽt freres et filz de tiberius ix^e roy des albains.

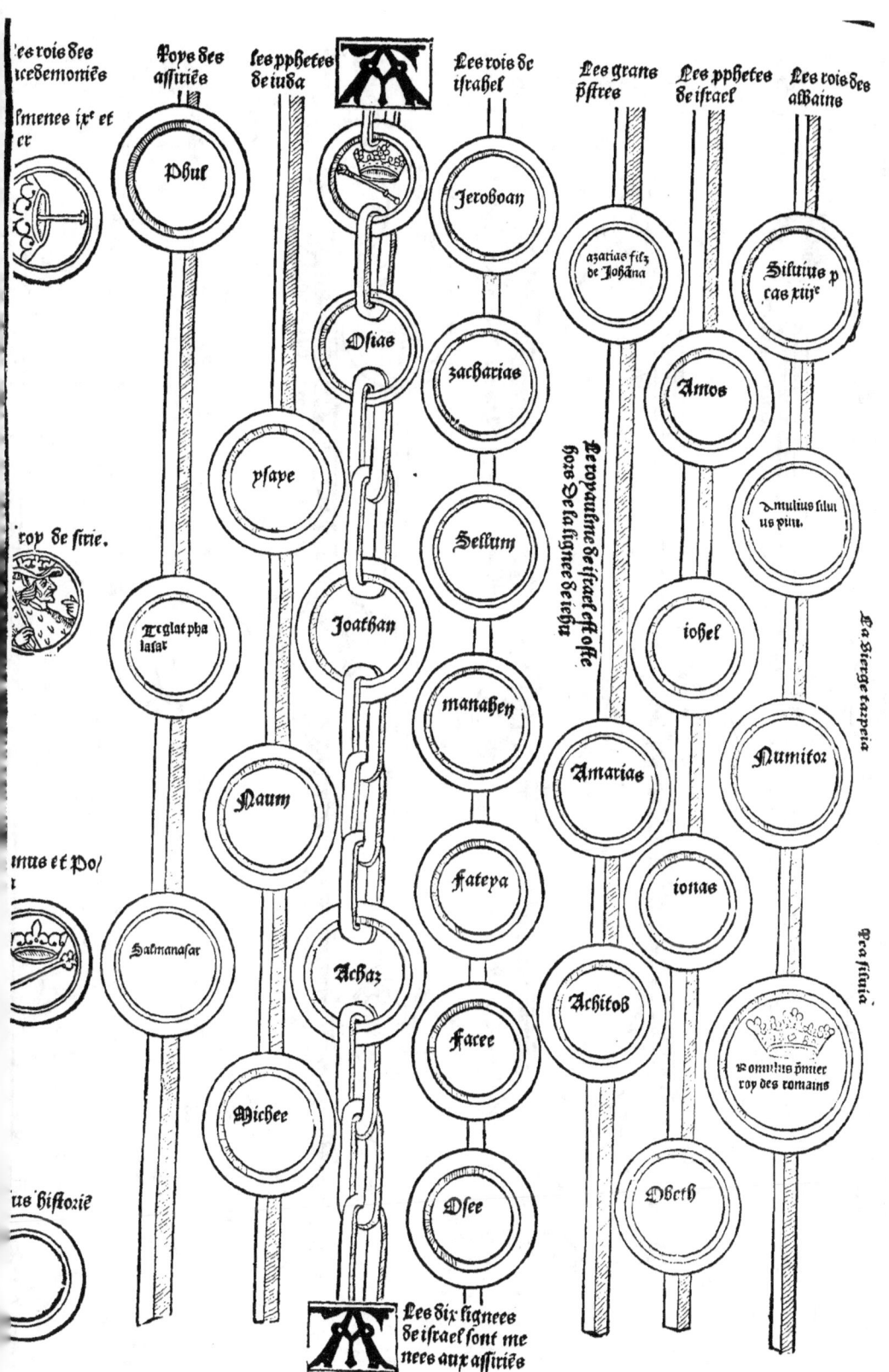

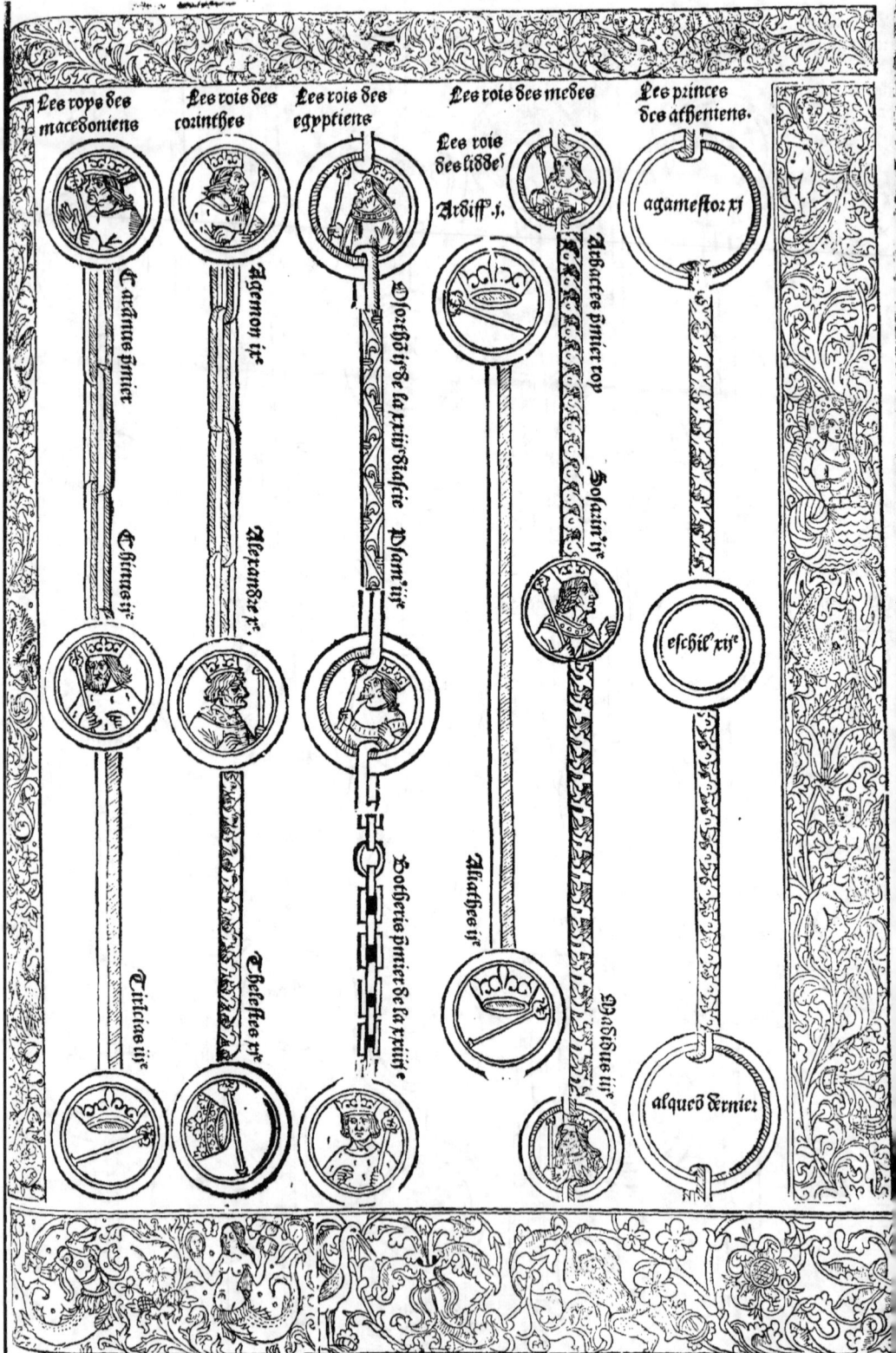

La iiii^e aage

Chapitre xx. De osia roy de iuda x^e.

Osias qui aultremēt est appelle azarias fust filz de amasias et roy x^e de iuda. Il eust possessiō et ioyssance de son royaulme en laage de xvi ans qui est selōn la verite hebraiq̄. lan du monde iij. mil cent xlj. De la iiij^e aage ij^c. lj. De Ieroboā roy de israhel lan xxviij. Deuant la premiere oliͤpiade liij ans. Deuant rome lxxij. Et regna lij ans cōme apert ou xv^e chapitre du quart des rois. et ou xxvi^e du second de paralipomenō. Mais selōn beda il commenca regner lan du monde quatre mil trois cens lxxxviij qui sont viij^c xj ans deuant la natiuite de ihesucrist. Toutesfois il ne regna pas incontinent apres la mort du roy amasias son pere car le royaulme fust lespace de xiij ans sans roy depuis le trespas dicelluy amasias iusques au regne de osias, comme on voyt clerement en la figure et chayne cy dessus mise et aussi appert en conferant ensemble les ans des rois de israhel et de iuda. Car amasias regna xxix ans, et commenca regner lan ij^e de Ioas roy de israhel qui regna xvi ans auquel succeda son filz Hieroboā, lan xv^e de Amasia lequel amasia trespassa lan xiiij^e du regne dudit Hieroboā. Et le dit Osias filz de amasia fust mis en possession de son royaulme lan xxviij^e dudit Hieroboā. or est il ainsy que depuis xiiij iusques a xxviij sont xiiij ans. Durant lesquelz fust ledit royaulme sans roy. Cestuy osias se gouuerna biē enuers dieu. fust excellent cultiueur et laboureur de terre touchant les semences et les plātes cōme dit comestor. fust aussi moūt puissāt en armes car il auoit lij Mil et vj cens capitaines fors combatans soubz lesquelz estoyent les hommes darmes et aultre peuple nombrez trois cens viij^c et cinq cens tous hommes de defence et pour assaillir chascun son son compaignon comme appert ou xx^e et vj^e chapitre du second de paralipomenon. Mais quant il se trouua en telle richesse et puissance il se orguillist et descongneust voulant vsurper loffice des prestres et faire les sacrifices q̄ a iceulx appartiennent parquoy luy estant ou temple fust frape de lepre et mezellerie en la presence des prestres dont fust expulse non pas seulement du temple mais de la compaignie des hommes et mis en lieu separe ou quel il fina ses iours miserablement comme apert ou chapitre dessus allegue. Es temps de Osias et de Hieroboā viuoyēt ces prophetes, cestassauoir ysaye, amos, micheas, Ionas, Ioel, et Osee dont est parle dessus, et le grand prestre de la loy estoit nomme azarias filz de Iohanna.

Cy fust cartage edifiee.

Lan premier de osia fust cartage edifiee par Elissa comme dient orosius, trogus, pompeius, et Iustinus historiens, deuant rome lespace de lxxij ans. Laquelle cite de Cartage iamais ne fust sans discorde ou dehors ou dedens. Pour la signifiance de laquelle chose en la premiere fondation dicelle fust trouue es fondemens la teste dūg cheual, signifiāt le peuple futur deuoir estre puissant et fier a bataille. Elle fust en estat et triūphe viij^c lxxvij ans, cest assauoir depuis cest an iusques a lan xxx et ij^e de Philometor qui est du monde

Feuillet ij⁽ᶜ⁾ xxxi

ℭL'an iiij M̄ viij⁽ᶜ⁾ xlij selond la verite he/
braique. Toutesfois dit beda en son pe/
tit liure que ceste cite cartaige fust fon
dee de carcedon tirien ou de sa fille dido
cent et xlij ans apres la destruction de
troye de laquelle est parle dessus es temps
des iuges ou chapitre de abialon.

ℭY fust edifiee tharse en cilicie.

ℭL'an iij⁽ᶜ⁾ de osias sardanapalus roy
des assiriés fonda tharse cite de cilicie a/
une autre cite nommee achiale. En cest
an fust azarias filz de iohana promeu
et esleue a souueraine dignite sacerdota
le. Et fust se ministrãt ou temple en tel/
le dignite lespace de lij ans.
ℭL'an iiij⁽ᵗ⁾ du regne de osias qui est du
monde iij cent lxiiij. de la iiij⁽ᵉ⁾ aage ij⁽ᶜ⁾.
liiij. Deuant Rome lxix. ou come dit
Orose lxx fust quasi definee la monar
chie des assiriens. Desquelx fust sarda/
napalus dernier roy du quel est parle
en la iij⁽ᵉ⁾ aage ou chapitre de saruch. puis
fust ceste monarchie transferee aux me/
des laquelle auoit dure mil trois cens
xiij ou xv ans en commencant a Be/
lus pere de Ninus. Mais en disant que
ledit Ninus eust este le premier roy on
y trouueroit mais dans comme apert
dessus ou chapitre de saruch en la secõ/
de aage.

ℭY define le royaulme des assi/
riens.

ℭL'an ve de Osias apres la mort de
Sardanapalus arbactes preuost des
medes commenca transferer le royau
me des assiriens aux medes lequel y
fust totalement transfere par le roy Da
rius quant eust occis Baltasar dont est
faite mention ou cinquiesme chapitre
du liure de daniel. Et pource dist come
stor quil y a tousiours aucuns roys des
assiriens iusques au dit roy Darius
combien quilz nayent point este puis
sans comme monarches iusques a la
subuersiõ de Niniue prophetisee par
Naum dont sera parle ou viij⁽ᵉ⁾ an de
Joathan. ℭLe regne des medes du
ra depuis cest an q est ve de osias iusqs
a Astiages oncle de Cirus trois cens
q cinquãte ans en comprenãt viij rois
dont le premier cestassauoir Arbactes
regna xxviij ans. et le dernier nomme
astiages xxxviij. Du dernier an du
quel astiages qui est du mõde lan trois
mil quatre cens et quatre. Et de cirus
le premier an fust lempire et domina/
tion des medes translate aux perses.
ℭEn cest an Procas siluius austre/
ment palatinus xiij⁽ᵉ⁾ roy des albais cõ
menca son regne durant xxiij ans.
Du temps duquel fust gettee la se/
mence et cõmencement de rome future

La iiiie aage

Et pource dit sainct augustin que ou temps de la decroissance et definement du regne dorient, cestassauoir des assi/riens croissoit lempire de occident cestassauoir des romains.

¶ Lan xiiij du regne de osias apres ce quil eust seurmonte ses ennemis & fait les amoites a soy tributaires il reedi/fia les murs de iherusalem, tesmoig le xxvje chapitre du second de paralipomenon. qui par auant auoyet este destru/ictz par ioas roy de israel comme apert ou xiiije chapitre du iiije liure des rois.

¶ Cy cōmēce le regne des mace doniens.

¶ Lan xve dudit osias qui est du monde iije cent lj. De la iiije aage ijc lxj. De arbactes premier roy des medes lā viij. Et de pombastes roy degypte lan xije cōmenca le regne des macedoniens ou premier regna caranus ou cartaue les/pace de xxviij ans. Courust iusques a alixandre le grand inclusiuement, cō/prenant xx et quatre rois. lequel alixā/dre commenca regner lan du monde trois mil vjc et xxx. Regna xij ans et vj mois. puis mourust en babilone. A/pres la mort duquel fust lempire diui/se en plusieurs parties come on verra cy dessoubz ou temps de Ptolomeus filz de sother.

¶ Lā xvije du regne dudit osias il edifia les tours en la solitude et lieu desert. et soupst les cisternes pour la multitude de ses diuers tropeaulx. Tesmoing le xxvje chapitre du second de paralipo/menon.

¶ Lan xvje Agemon ixe roy des corin/thes fust sacre roy. Et regna xvj ans.
¶ En ce mesme an la belle pomona q̄ songneusement et sagement labouroit les arbres et iardis fust par vertunus demandee en mariage. Duquel maria/ge est parle ou xiiije de methamorphose et aussi ou chapitre des dieux des gen/tilz et payens.

¶ Lan xviije fust lan de remission & iu bile xxiije et du mōde lā iiijm cet lxiiij.

¶ Lan xxve Osorthon seurnomme hercules second roy de la xxiije dinastie et souueraine puissance des egyptiens commenca regner Duquel le regne dura viij ans. ¶ En cest an semblable/ment fust le commencement de la pri/cipaute de agamestor xje prince des atheniens dominant xx ans.

¶ Lan xxvje fust le commencement du regne de zacharias filz de Jeroboan roy de israel et regna xij ans & vj mois comme apert ou xvje chapitre du quart liure des roys.

¶ Lan xxviije du regne de osias qui est du monde lan trois mil cet lxviij. De la quatriesme aage ijc lxxviij fust lin troite du regne de amulius siluius filz de procas et regna xliiij ans.

¶ Lan xxxije Alixandre xje roy des co/rinthes commenca regner duquel le re gne dura xxv ans. ¶ En ce mesme an cōmēcoit Esiodus a flourir et estre re/nome cōme dit porphirius.

¶ Lā xxxiije du regne de osias q̄ est de amulius roy des albais lā vjxx nasq̄rent remus & romulus de Jlia ou Rea siluia fille de numitor frere du dit amulius.

¶ Lā xxxvje du regne de osias fut le cō mēcemēt du regne de sosarinus ije Roy des medes lequel regna xxx ās. Et sē/blablemēt fust le cōmēcemēt de psam' iije roy de la xxiije dinastie et souuerai̅e puissance des egiptie̅s seq̄l dura x ans.

Feuillet ijᶜ xxxii

Item de calmenes ix.q dernier roy des lacedemoniens qui regna lespace de xxxvii ans.

(La xxxvii.regna zacharias filz de Jeroboā roy de israel vi mois seulement en samarie selōn le texte de la bible.

(Lan xxxix.Chinus ou coenus roy secōd des macedoniēs cōmença regner q regna lespace de xiii ans.(En ce mesme an Manahē filz de gaddi natif de thersa occist sellum en lieu duquel il regna dix ans en samarie durāt lesqlz il se gouuerna mal enuers dieu tesmoig le xv.chapitre du iiii.des rois. parquoy phul roy des assiriēs le rēdist tributai/ re dōt fust cōstraict de luy enuoyer dōs et tributz chascū an entre lesquelx cōe diēt les hebrieux ledit manahel luy enuoya les veaulx dor estans en dan q en bethel. qui estoient veaulx faincts et nō pas dor. car les prestres par fallace auoyent oste et musse les veaulx qui estoyent dor pur. en lieu desquelx y auoyent mis veaulx darain dorez seulemēt mōnt semblables aux premiers. laquelle fraude aperceue par les assiriens ilz furēt grādemēt enflāmez q marris cōtre israel cōme apperra cy dessoubz.

(Lan xl. Manahen batailla cōtre la cite de thersa/tesmoing le xv.du iiii.
(La xliii. fust le cōmēcemēt de la xx/ q quatriesme dinascie q souueraine poteste des egyptiens en laquelle regna premier botheris lespace de xlvi ans et fust cellupy.qui constitua lois et droys aux egiptiens et ou tēps duquel parla saigneau en egypte(En cest an les peloponēses et atheniēs eurēt grāde batailles ensēble tesmoing Drose.

(La xlv. du regne de osias cōmença eschilus filz de agamestoz xii.prince des atheniēs a dominer et dura lespace de xxiii ans.(En cest an cōme dict aulcūs fust la premiere olipiade de laquelle sera parle plus aplain lā premier de Joathan.

(Osias lan xlvi.de son regne vestu de chasuble q vestemēt pōtifical en la feste de la propitiation fust piteusemēt frape de lepre et mezellerie cōme est dit ou xxvi.chapitre du secōd liure de paralipomenō pource quil vsurpoit loffice des prestres auquel le reuerēd euesque Azarias contredit de tout son pooir et les lxx prestres auec soy/cōbiē que por seur contradictiōs il ne fist riens ne sine se desista poīt dont luy prist mal.

(La xlvii.de sō regne il fust mis hors du mōde en lieu separe ouquel il fina le residu de ses io's miserablemēt durāt lesquelx son filz ioathā gouuerna le palaix et le peuple cōe est escript ou xxvi. chapitre du second de paralipomenon.
(Cy cōmence le royaume des liddēs

(Lan xlviii. du regne de Osias qui est du mōde trois mil cēt lxxxviii

La iiii^e aage

les royaulmes des corinthes et lacedemoniens commencerent a decliner et defaillir/mais par opposite tesmoing Eusebius le regne des lidies ou lidores commenca a se esleuer et acquerir bruit lequel dura ii^cxxxvij ans/iusques a lan xxv de cirus roy des perses par ix rois desquelx le premier fust nõme ardisfus regnãt xxxvj ans. et le dernier appelle Cresus.

¶ Lan l^e dicellup osias fust le commencement du regne de phacepa filz de manahen lequel regna sur israel deux ans en samarie/ou dix comme dit aulcũs sãs en oultre que en cest an fust la premiere olimpiade.

¶ Lan lij^e tyrinnas roy iiij^e des macedoniens commenca regner durãt lespace de xxviii ans. En cest an facee filz de Pomelia qui estoit ciliarche et capitaine sur mil hommes occist en samarie son seigneur roy de israel nõme phacepa come apt ou xv^e chapitre du iiii^e liure des rois apres lequel il regna xx ãs. ¶ Item le dit osias aage de lxxij ans trespassa tesmoing le xxvj^e chapitre du second de paralipomenõ. et puis fust ensepulture ou chãp des rois/cestadire es iardis cõme dit iosephus et nõ pas es sepulchres des aultres rois pource quil estoit lepreux

¶ Chapitre xxxj^e de ioathan.

Ioathan filz de osias ou de azarias et xj^e roy de iuda commenca regner lan du monde iiii^m cent iiii^{xx} et xiii. De la iiii^e aage lã iiii^c et iii. De phacee roy de israel lan ii^e et de son aage lan xxv^e. Et xx ans deuãt rome. Il regna xvj ãs durãt lesqlx il se gouuerna bien iasoit quil ne demolist poit les habitations haultes ou estoyẽt les sacrifices fais. Il est interprete parfait ou perfection.ou plasmatiõ consumee.

¶ La premiere olimpiade.

¶ Lan premier de ioathan fust la premiere olimpiade cõmẽcee par les peuples nõmez eliẽses iiii^c et iij. ans apres la destructiõ de troye comme dient aulcũs Ou iiii^c et ix cõe diẽt les autres. Pour auoir congnoissance de la significatiõ de cent of olipiade nous deuõs scauoir q̃ sur le mõt olimpus q̃ est de si grande haulteur q̃l seurmõte les nuees et est situe entre ces deux citez/cestassauoir pise et elide on faisoit anciennemẽt ieux et luites de.v.ans en.v.ans en lõneur de iupiter. Es quelles courses et ieux le victoire impetroit tel dõ q̃l vouloit demãder.pour laq̃lle mõtaigne telx ieux ont este nõmez olipiades ¶ En ce mesme an furẽt Remus et Romulus engẽdrez de mars et de illia selon loppiniõ de aucũs.

¶ Ioathan lan iiii^e de son regne fist plusieurs beaux edifices/tesmoig le xxvij chapitre du second de paralipomenõ.entre lesquelx estoit la porte du teple laquelle ou tiers chapitre des actes des apostres est appellee la porte specieuse et belle/mais daucũs la tour du tropeau Ceste porte est celle laquelle demoura seule apres leuersion et la destruction faite par les caldees comme dit comestor/combien que Nicolas de lira ne si accorde point.

¶ Lan v de ioathan fust lentree du regne de thelestes xj. roy des corinthes lequel regna xii ans.

¶ Aussi en ce mesme an fust amarias filz de azarias fait souuerain euesque de la loy/Et depuis le dificatiõ du teple et desquist xxix ãs en telle dignite.

¶ Lan vj. Bertunus et pomona estoiẽt en bruit.

Feuillet ii^c xxxiii

En ce temps comme a naum a prophetiser
L'an xix madidus iii^e roy des medes
entra en regne qui dura xl ans. et en la
ix^e de son regne fust rome edifiee. Item
en cest an ioathan seurmonta les amo
nites et les fist tributaires come apert
ou xxvii^c du second de paralipomeno.

¶ L'an xiii^c du regne de ioathan le roy de
sirie nome Rasin et Facee roy de israel
comecerent a degaster le royaulme de
iuda laquelle chose ilz parfirent ou teps
du roy achaz come est escript ou xv^c et xvi^c
chapitre du quart liure des rois.

¶ L'an xiiii^c le prophete ysaye vit nre/
seigneur dieu assis en sa chaire haulte
et plusieurs aultres choses escriptes sou
vi^c chapitre de son liure. Aussi en cest an
le prophete micheas comeca a pphetiser.

¶ L'an xv^c qui est du monde iii^M ij^c et
viij fust l'an de remission et iubile xx^c

¶ Ledit ioathan trespassa l'an xvi^c de son
regne. ouquel an asqueon xiij^c prince des
atheniens comeca dominer durat les
pace de ij ans. apres la mort duquel ny
eust plus nulz princes. mais furet gou/
uernees par maistres lespace de dix ans
come apt plus aplemet en la xxxv^e de
moyse. ¶ Item come dient aucuns en ce
teps faillirent et cesserent du tout les
royaulmes des corinthes et lacedemo/
niene.

Achaz filz de ioathaz ot xix^c
roy de iuda comeca regner en
laage de xx ans l'an du monde iii^M ij^c
et ix. De la iiii^e aage iii^c xix. De Facee
roy de israel l'an xvii^c. Et iiii ans de/
uant rome. et regna xvi ans en hieru
salem. Durant lesquelx il ensuit le che
min des mauluais roys qui auoyent
delesse dieu comme apert ou xvi^c chapi
tre du quart des rois. et ou xxviii^c du se
cond de paralipomeno. Il est interprete
couuert a la visio. ou apprehedat force.

¶ L'an premier du regne de achaz. Vint
Rasin roy de sirie et Facee roy de is/
rael assieger hierusale. A l'aide de laql/
le cite vint le roy des assiries l'an ij^c du
roy achaz coe apert es lieux dessus alle
guez. Pareillement y est escript com/
ment le prophete obeth redargua Facee
roy de israel retournat en samarie et a/
menant infinitz prisonniers lesquelx
par ses increpations furent renuoyes
en leurs maisons.

¶ L'an ij^c de achaz fust iherusalem assi
egee pour la seconde fois par Rasi roy
de sirie et facee roy de israel. dont ledit
achaz cheut en grande crainte et doute.
Mais fust conforte par ysaye le pphe/
te come apert en son vij^c chapitre disat
ne crains point les deux queues des ti
sons fumans cestassauoir de rasin et de

¶ Chapit. xxviij^c de achaz roy de iudas

ff i

La iiiᵉ aage

facce. En oultre suy dist plusieurs au/
tres parolles consolatoires lesquelles
il ne creust point mais enuoya messa/
gers a teglatphalassar roy des assiriēs
priant quil senist a son secours. lequel
il sint. degasta sirie. occist rasin roy du
dit pays. mist les siens en grāde mise/
re et captiuite. et transporta les dama/
scenes en la cite cirene qui est vers ethi
opie et nō pas en celle qui est en affriq̄.

¶ Cy fust Rome edifiee.

¶ Lan iiiiᵉ du regne de achaz qui selōd
la verite hebraique est du monde lan
iiiᵐ vijᶜ et xij. De la iiiiᵉ aage iijᶜ xxj.
De facce roy de israel lan xxᵉ. De la
8ᵉ olimpiade lan iiijᵉ. De madides roy
des medes lan ixᵉ. De ardisus premier
roy des liddes lan xxᵉ. De Bothoris
roy degipte lan xxxᵉ. Numitor filz de
procas et pere de Illia autrement nom
mee Rea siluia fust par ses ij nepueuz
Remus et Romulus restabli et remis
en son regne apres ce quilz eurent occis
Amulius leur oncle et frere dudit Nu
mitor qui par auant regnoit.

¶ Ledit Numitor regna vng an seu/
lement ouquel an Remus et romulus
freres iumeaux edifierēt le xjᵉ ioᵉ de
uant les kalendes de may, cestadire le
xixᵉ de auril ou mont palatin vne peti
te cite qui par Romulus fust appellee
Rome porce que luy mesmes estoit aul
tremēt nōme Romus.

¶ Item en cest an qui est de Facce roy
de israhel lan dernier fust le cōmence/
ment de la captiuite des dix lignees de
israel. car Teglatphalasar roy des as/
siriens ou Phul cōme dit comesto: vit
gaster et destruire toute la region oul/
tre le fleuue iourdain. dōt il amena ca/
ptiues et prisonieres deux lignees ⁊ la
moitie de vne cestassauoir la lignee de
ruben de gad et la moitie de manasses
En oultre il destruit la galilee qui est
en la lignee de zabulō dōt il mena plu/
sieurs prisonniers aux assiriens lesqlx
prisonniers pourroient equipoler ⁊ es/
tre conuenablement comparez a vne
demie lignee. de laquelle chose est tou/
che ou ixᵉ chapitre de psayē. Ainsy apt
que cy fust lexorde et entree de la capti
uite de israel laquelle fust totalement
acheuee et consōmee soubz osee roy de
israel par salmanasar autre roy des af
siriens cōme apert ou xviijᶜ chapitre du
quart des rois. ¶ En cest an osee filz
de hela occist facce filz de romelia et roy
de israel en lieu duquel il regna lan xxᵉ
de Joathan filz de osias roy de iuda cō
bien que aulcuns dict que Joathan ne
regna q̄ xvi ans. Et pource dit come/
stor: en la fin du quart des roys ou titre
de la determination des cōtrarietes q̄

feuillet ij^e xxxiiij

le royaulme de israel fust Bij ans sans
roy/cest assauoir depuis lan iiij de achaz
iusques a son an xij^e.

⸿ Lan ѵ^e de achaz. Romulus edifia a
rome ung temple lequel il nomma asi
lum qui Bault autāt adire comme re/
fuge ⁊ lieu de seurete duquel on ne pou
oit a force retirer homme ⸿ En ce lieu
ne doit point estre oblie que on sit iiij tē
ples auoir estez nommez asilū. Dont le
premier fust a athenes fait par les en/
fans de hercules. Item deux a lenuirō
de troye dont lung fust fait par achil/
les et laultre par aiax. Et le iiij^e est ce/
stup cy de quoy nous parlons.
⸿ Lan ѵj^e qui est de rome edifiee lā iij^e
Remus frere de Romulus fust occis
dung rasteau et instrument pastoral
par fabius conducteur de Romulus
apres la mort duquel ledit Romulus
fust en regne haultement esleue.
⸿ Lan ѵij^e Romulus esleust cent hōmes
des plus anciens appelles senateurs
pour leur antiquite. Et perces pour la
sollicitude que ilz auoyent en la chose
publique, par le conseil desquelz il se gou
uernoit. Aussi il esleust mil cōbatans
lesquelz il appella milites pour ce nō
bre de mil. Mais pource que iceulx ro/
mains estoyent aborigenes rustiques
et estrangers parquoy ne pouoyent a/
uoir fames ilz firent tāt par leurs cau
telles quilz rauirent et prindrent Bio

lentement les Bierges et fēmes des ci/
tes Boisines ⸿ Achab en lan Biij^e de sō
regne/tesmoing affricanus transpoz
ta Bers aquilon lautel darain qui par
auant estoit deuant le temple et puis
offrist sacrifices sur lautel nouueau q̄
le grand prestre Brias auoit edifie com
me est escript ou xx Biij^e chapitre du se/
cond liure de paralipomenon.

⸿ Lan ix^e Bindrēt les sabins enuiron/
ner et assieger rome pour Benger liniu
re faite a leurs filles et fames rauies
dedē laquelle ilz entrerēt par le moy/
en de la Bierge tarpeia qui ouurist les
poztes dont fust grande effusiō de sāg.
⸿ Lā xij^e du regne de achaz regna osee
filz de hela en samarie sur israel ix ans
⸿ En cest an Dit psapaes se fais ⁊ mal
qui deuoit aduenir sur babilone dōt est
escript en son xiij^e. et plusieurs aultres
choses qui aduindrēt ou tempe du roy
ezechias. ⸿ Item dient aulcuns que si
bille erithrea florissoit ou tēps de achab
tesmoing sainct augustin ou xxij^e cha
pitre du x Biij^e liure de la cite de Dieu.
Mais les aultres dient que icelle sibil/
le fust ou tēps de la bataille de troye cō
me est dit dessus.
⸿ Achab en lan xiij^e de son regne cōme
dient aulcuns fist de lautel darain ql
auoit oste du temple Bne orloge de grā
de magnificence
⸿ Lan xiiij^e Achitob filz de Amarias

ff ij

⁋La iiiie aage

fuſt ſixe pꝛomeu a dignite epiſcopale.
en laquelle il regna xxxviij ans. Selõ
aulcunes en ceſt an commenca Oſee re
gner ſur iſrahel.
⁋Achaz lan xvj et dernier de ſon re/
gne treſpaſſa et fuſt enſeuely en la cite
de dauid.⁋Ite aliathes iijᵉ roy des ſid/
des cõmenca regner leſpace de xiiij ãs.
⁋En ceſt an auſſi Salmanaſar roy
des aſſiriens vint a lencontre de Oſee
roy de iſrahel et le fiſt tributaire cõme
eſt eſcript ou xvijᵉ chapitre du quart
des roys.
⁋Senſuyt la ligne des euesques.
Chapitre xxviijᵉ.

pꝛeſtriſe en la maiſon de dieu que ſalo/
mon edifia en hieruſalem.combiẽ que
deuant luy y euſt pluſieurs grans pꝛe
ſtres ou temple.
⁋Amarias qui aultrement eſt nõme
Vrias ou xvjᵉ chapitre du quart liure
des rois filz du deſſuſdit azarias fut cõ
ſtitue vjᵉ euesque du temple/lan 8ᵉ de
Joathan roy de iuda. Regna leſpace de
xxvj ans.ou quel temps il obtempera
et obeyſt a achaz roy de iuda en edifiãt
vng autel ſelõ la forme de cellup que
ledit achaz auoit veu a damas.
⁋Achitob filz de amarias et vijᵉ euesq̃
fuſt accepte en telle dignite lan xiiijᵉ de
Achaz roy de iuda et y domina xxxiij.
ans.Et eſt interpꝛete mon bon frere/
ou la bonte de noſtre frere.
⁋Senſuit la ligne des pꝛophetes con/
tẽpoꝛanees aux rois de iuda.⁋Chapi
tre xxixᵉ.

Azarias 3ᵉ grãd eueſque
du tẽple duquel eſt parle deſ/
ſus en la ije de oſias roy de iuda fuſt filz
de Johanna.miniſtra ou tẽple l8 ans.
Et cõmenca lan ijᵉ du dit oſias auquel
il reſiſta et contredit de tout ſon pooir
auec les lxxx aultres pꝛeſtres ⁋Car le/
dit oſias voulſoit contre dieu et raiſon
exercer loffice apartenant a leueſque.
eſtre veſtu de chappe et encenſer deſſᵉ
lautel.Et pource le dit azarias eſt in/
terpꝛete contenant le ſeigneur/ou apꝛe
henſion du ſeigneur.ou voyant fort le
ſeigneur.ou viſion robuſte du ſeigⁿᵉ.
Auſſi pour ceſte cauſe eſt dit ou vjᵉ cha
pitre du pꝛemier liure de paralipome/
non que ceſt cellup qui vſa de loffice de

Iſayas filz de amos diſert
en lãgaige et plain de eloquẽ
ce/neſt poit plus dit pꝛophete que euã/
geliſte.car il a eſcript elegãmẽt et cle
rement tous les miſteres de iheſucriſt ⁊
de legliſe en telle facõ quil ſemble que
ſon langaige neſt point du temps ad
uenir mais ſe mõſtre eſtre hiſtoire des
choſes paſſees.Il pꝛophetiſa en hieru/
ſalem et iudee la captiuite future aux

deux royaulmes/ceſt aſſauoir de iſrael et de iuda comme dit ſainct ierome en ſon plogue ſur pſalme. ¶ La xiiiʲ du regne de ioathan teſmoing comeſtoz Il vit noſtreſeigneur ſeant en ſon ſiege dont eſt faite mention ou vjᵉ chapitre de ſon liure. Item ſoubz le roy achaz il vit la charge et le faix de babilone dõt eſt eſcript ou xiiiʲ de ſon liure. Il euſt de aultres viſions ſoubz ezechias roy de iuda et redargua les rois parquoy Il fuſt finablement ſye et diuiſe dung inſtrument de fer appelle ſye par manaſſes roy de iuda/ et eſt interprete ſalut ou ſalutaire du ſeigneur.

¶ Naum eſt interprete cõſolateur du monde pource quil increpa et blaſma la cite des pecheſ.ceſtaſſauoir Niniue a la conſolation des dix lignees et predit les maulx qui deuoient y aduenir et comment elle ſeroit deſtruicte. Car apres ce quilz eurent fait penitence et ouye la predication du prophete Jonas ilz reciduerent et rencheurent Parquoy dieu deſtruict leur royaulme par nabugodonoſoz. Diceluy naum diēt les hebrieux quil fuſt deuant la captiuite des dix lignees et deuant leur trãſlation aux aſſiriens. En oultre ql conſoloit tant les dix lignees comme les deux car il predit que le royaulme des aſſiriens ou les dix lignees deburoyent eſtre tenues captiues/ſeroit deſtruict. Item il conſola les deux lignees qui eſtoyent moult tourmentees par les aſſiriens deuant le temps de ezechias. & ce apert a la iiijᵉ diſtictiõ de peniteciis.

¶ Micheas eſt interprete qui eſt ceſtuy cy.ou qui eſt en ce lieu .commenca prophetiſer ſoubz ionathan roy de iuda et conſequammẽt ſoubz achaz et ezechie et prophetiſa ſur les deux lignees ou temps des prophetes de Joel q Oſee comme apert en ſon premier.

¶ Sẽſuit la ligne des rois de iſrael.
¶ Chapitre xxxᵉ.

I**eroboam** fils de Joas dõt eſt faite mẽtiõ ou xiijᵉ chapitre du iiijᵉ liure des rois commẽca regner xiiiʲ roy lan xvᵉ du regne de amaſias roy de iuda et regna ſur iſrahel xl ans acõplis. Il recõqueſta ſes termes z poſſeſſiõs de iſrael q ſõt depuis anthioche iuſqͥs a la mer morte.parquoy il ſe eſleua orgueilliſt q fuſt ingrat enuers dieu en faiſant pluſieurs maulx. pour laquelle cauſe a luy fuſt enuoye le prophete amos prediſant et annonçant la ſubuerſion future de ſa maiſon et la calamite du peuple. Apres ce il repoſa auec ſes peres rois de iſrael.

¶ Zacharias xiiiʲ roy de iſrael et filz de Jeroboan comme apert ou xiiiʲ chapitre du iiijᵉ liure des rois Regna vj moiſ ſeulemẽt teſmoing le xvᵉ chapitre du iiijᵉ. Nõ obſtãt que les aultres dient qͥl regna xij ans et vj mois. Mais pource que es xij ans il ſe gouuerna iniuſtemẽt ne ſont nõbrez q les vj mois es quelx il ſe gouuerna mieulx/ceſtaſſauoir ou xxxviijᵉ an de oſias roy de iuda. Pour ſes demerites il fuſt occis de ſellum filz de Jabes q regna en ſõ lieu leſpace de vng mois.Et ainſi fuſt le royaulme trãſlate de la maiſõ de Jehu/en acõpliſſãt la parolle de dieu eſcripte ou xvᵉ du quart des rois.

¶ Sellum filz de obeth q xvᵉ roy de iſrael eſt interprete/pacifique/apaiſe/pacificat ou pacificatiõ.Regna vng moy ſeulement en ſamarie apres zacharie.

La iiii^e aage

commēca regner lā xxxix^e du regne de
osias roy de iuda et puis finablemēt
fust occis de manahen filz de gaddy de
thersa qui regna en son lieu

¶ Manahen filz de gaddy et xbi^e roy
de israel est iterprete chasteau ou taber
nacle. regna x. ās durāt lesql'x il se gou
uerna mal deuāt dieu cōe ieroboā filz
d' nabath tesmoig le xb^e chapi^e du iiii^e.
liure. ouquel chapitre est declaire cō/
mēt il se porta enuers phul roy des assi
ries. Apres ce il dormist auec ses peres.

¶ Facepa filz de manahen ¬ xbij^e roy
de israel est iterprete ouurāt a dieu. ou
bouche receuāt dieu. cōmēca regner lā
ij^e de osias roy de iuda et regna deux ās
en faisāt plusieurs maulx tesmoing le
xb^e chapitre du quart des rois. Toutef
fops aulcūs diēt q'l regna. x. ās. Il fust
finablemēt occis par facee filz de rome
lia q' estoit sō ciliarche et grād capitai
ne sur mil hōmes en samarie.

¶ Facee filz de romelia et xbiij^e roy de
israel est iterprete ouurāt ou assūption
de bouche. Il occist sō p'decesseur nōme
facepa auec les hōmes en la cite de sa/
marie/ cōmēca regner lan lij^e du regne
de osias roy de iuda et regna xx ans en
faisāt plusie^rs maulx a lēcōtre d' dieu
tesmoig les xb^e ¬ xbj^e chapitres du iiii^e
des rois. ¶ En lan p'mier du regne de
achaz roy de iuda est dit commēt facee
roy de israel acōpaigne de rasin roy de
sirie bit assieger hierusalem et comēt
il fust redargue de ses bices par le p'phe
te obeth. Et en lā ij^e du dit achaz/ est se
blablemēt dit cōmēt facee pour la secō
de fois assiega hierusalē. et puis fiable
mēt fust occis par osee filz de hela q' en
son lieu regna

¶ Osee filz de hela et xix^e roy et derni
er de israel/ est iterprete esperāt en dieu
ou la saluatiō diceluy. cōmēca regner
lā iiij^e ou xij^e de achaz roy de iuda et re
gna ix ās en trespassāt les cōmādemēs
de dieu tesmoig le xbij^e du iiii^e liure des
rois. Nō obstāt quil dōna licēce aulx
israhelites d'aler trois fois lā adorer en
hierusalē. parquoy est dit q'l ne fist pas
tāt de maulx que auoyēt fait les roys

precedens. cōbiē q'il fist iffiniz autres
maulx. ¶ Cōtre cestuy osee dit salma
nasar roy des assiries auquel il fut fait
tributaire. car quant ledit salmanasar
eust congneu que le dit osee se bouloit
rebeller et quil auoit enuoye dōs et p'e
sens a sufa roy degipte po^r alsy faire il
se assiega dedēs la cite de samarie ou le
siege fust trois ans finablemēt le p'ist
et mena prisōnier en la cite de niniue/
lan ix^e de son regne ¬ bj^e de ezechias roy
de iuda. Lors furēt aux assiries trāsla/
tees les sept lignees de israel qui estoi
ent demourees car premieremēt ne fu
rēt que trois lignees soubz le roy facee
¬ furēt mises ses dites dix lignees p'es
du fleuue gosan oultre les mōs des me
des et perses. lesquelles dix lignees sōt
encor tenues captiues oultre les mōts
de caspes. Et pource se ou tēps de Ci/
rus aulcuns des enfās de israel retour
nerent il se doibt entendre quiz estoiēt
des deux aultres lignees/ cest assauoir
de iuda et de beniamī. parquoy a ce p'
pos dist comestor et sincet ou xliij^e cha
pitre du b^e liure du mirouer histoial. q'
alixandre le grād retournant de iudee
bint dauēture bers icelles dix lignees
captiues sur le fleuue de gosan pour le
roy salmanasar oultre les mōs des p'
ses et medes q' sont les mōs d's caspes.
Auql' ilz supplierēt q'l leur fust permis
de yssir hors de telle captiuite car a eux
estoit cōmāde que iamais nē partisset

❡Feuillet ij ᶜxxxvi

lequel alixandre inuestigant et enque
rãt la cause de leur captiuite congnuist
quilz se estoyẽt departiz et alienez du
dieu de israhel en faisãt sacrifices aulx
veaulx dor pour laquelle chose estoit p̃
dit p̃ les p̃phetes q̃lz ne retourneroyẽt
point. Et pource il leur respõdist q̃lz es
toyent dignes et auoyẽt bien desseruy
de estre enclos plus estroictemẽt. Dõ/
ques pour cause q̃ par entre deux ro/
chers pouoyent eschaper et que par pu
issance humaine ne pouoyẽt de ce estre
gardez il pria le dieu de israel q̃l estou/
past la voye tellement q̃lz ne peussent
passer. Dont pource que sa voulente es
toit cõforme au dieu de israhel il fust
tost exaulce. car les rochers et mons se
aproucherent et ioignirẽt ensẽble telle
mẽt q̃l nest possible a hõme de en yssir
Toutesfois lopiniõ de plusieurs est q̃
vers la fin du mõde ilz ysterõt hors q̃ se
ront grãt murdre et occisiõ de hõmes.

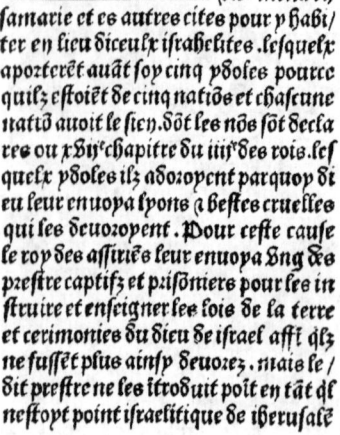

❡Apres ce q̃
le roy des assi
ries eust fait
telle transmi
gration de .x.
lignees pour
le peche de ly/
dolatrie des
veaulx il assẽ
bla q̃ñ. s. di
uerses regiõs
q̃ les mena en
samarie et es autres cites pour y habi/
ter en lieu diceulx israhelites. lesquelx
aporterẽt auãt soy cinq ydoles pource
quilz estoiẽt de cinq natiõs et chascune
natiõ auoit le sien. Dõt les nõs sõt decla
res ou xvij ͤ chapitre du iiij ͤ des rois. les
quelx ydoles ilz adoroyent parquoy di
eu leur enuoya lyons q̃ bestes cruelles
qui les deuoroyent. Pour ceste cause
le roy des assiries leur enuoya ung des
prestre captifz et prisonniers pour les in
struire et enseigner les loix de la terre
et cerimonies du dieu de israel affĩ q̃lz
ne fussẽt plus ainsi deuorez. mais le/
dit prestre ne les introduit poit en tãt q̃
nestoyt point israelitique de iherusalẽ

mais de samarie seulemẽt. entre lesq̃lz
y a grãde differẽce tesmoing le iiij ͤ de
sainct Jehã. car iceulx samaritais nõt
point de cõmunication auec les iuifz.
nõ obstant q̃lz recoiuẽt les cinq liures
de moyse mais non point les p̃phetes.
Ilz hõnorent et craignẽt le vray dieu
mais auec ce ilz adorẽt les ydoles
❡Iceulx peuples sõt appellez calthees
pource q̃ la principale partie des cinq es
toit de cuthe qui est regiõ de perse ainsi
dẽnomee pour le fleuue appelle cuthã.
Aultrement sont par les grecz nõmes
samarites lequel mot vault autãt a di
re cõme custodes et gardies. car ilz gar
doyent le pays dont auoyẽt este trans
latees les dix lignees en captiuite. Les
hebrieux les nommoyẽt iacobites qui
vault autãt cõme supplãtateurs pour
ce q̃lz auoyent supplãte les dix tribus
et lignees disrael. Aussi sõt appellez sa
maritais pour samarie qui est cite me
tropolitaĩe desdites lignees. Ceste trã
smigration des dix lignees fust ixᶜlx
et vij ans apres lissue degypte. Et ij ͨ
xl ans vij mois et vij iours apres la di
uisiõ du royaulme de israel cõme dit
Josephus. Toutesfois ne debuõs poĩt
ignorer q̃ ou tẽps de ceste captiuite ny
eust plusieurs des israelites qui sẽ suy/
rent au royaulme de iuda et plusieurs
sẽblablement se absconserent et musse
rent es lieux secretz des regiõs voisĩes.
Lesquelx apres le retour et depart du
roy des assiriens retournerent en leurs
propres maisons et habiterẽt auec les
samarites. ❡A ce propos dit Nicolas
de lira sur le premier chapitre du p̃miez
liure de esdras et sur le xxxiiijᵉ du ij ͤ de
paralipomeñ auec comestor que les x
lignees iamais ne retournerẽt combiẽ
que auscũs se associerent a la lignee de
iuda pour la terreur et frayeur quilz eu/
rent dicelle captiuite. Lesquelx auec iu
da furent a la parfin par nabugodono
sor menes prisonniers en babilone com
me apert ou xxv ͤ du quart des rois. et
puis retournerent apres lxx ans dicel/
le captiuite quãt iuda en retourna.

ff iiii

La iiii^e aage

⁋Sensuit des prophetes contemporanees aux rois de israhel. Chapitre xxxi^e.

AMos iî entre les petis prophetes est interprete/fort/puissant/honorāt ou homme robuste/ou diuulsion du peuple. Et nest pas cellup qui fust pere de psape car tel amos estoit de generatiō royale mais cestup cy estoit rustique et pasteur de la cite de thecua. Et pource dit de lup Saint gregoire que icellup sainct esperit qui enseigna les apostres en leur clarifiāt les escriptures/instruict ledit amos prophetiser combien quil fust pastour de la cite thecua. Ce prophete a peu de parolles/mays en ses dis ya grande substance. Il est cellup qui redargua Jeroboam pource que il ne gardoit pas les loix diuines. ¶ qui lup predist la subuersion et ruine de sa maison .et la calamite et misere de sō peuple.lesquelles choses furent par amasias prestre de Bethel signifiees au rop Hieroboam. par quoy deffendist que Amos ne prophetisast plus ou royaulme des dix lignees tasoit ce que pource ne cessa en riens consideant quil acomplissoit le commandement de dieu en ce faisant.

Pour ceste cause le dit amasias se tourmenta greuement et puis finablement son filz Osias lup tresperca les temples dung fer.par ainsp fust lesse demy mort. puis porte en son pais ou il mourust et p fust enseuely comme dit comestor.

¶Joel filz de fatuel est interprete ce a este de dieu/ou cest dieu. Est le second entre les douze petis prophetes. prophetisa en israel ou temps de osee prophete de iuda es iours de Osias de Joathan de Achaz et de ezechie rois de Juda en adrecant sa parolle et entendement aux douze lignees de israhel indifferamment/combien quil ne ait point nomme aulcunes dicelles. Il estoit de la lignee de Ruben. nasquist ou champ bethoron ou quel apres ce il trespassa ↄ fust enseuely.

¶Jonas filz de amathi cestadire de Scrite fust cinquiesme en lordre des petis prophetes Est interprete colūbe.ou donnant, ou donne de dieu ou a qui est donnation . car ainsp comme dit Comestor: et le xvii^e chapitre du tiers des Rois Jl fust filz de la Vesue sareptene lequel fust par Helie resuscite et a sa mere dist restitue. pour la quelle cause le offrist et presēta a Helie

Feuillet iiᵉ xxxvii

pour estre son disciple. Cestuy Jonas par le commandement de Helisee sacra Jehu en roy de israhel tesmoing le ixᵉ chapitre du quart des rois. Il prophetisa ou temps de Hierobam roy de israhel et filz de Joas. En oultre il dit a Jehu que ses filz debuoyent regner sur israhel iusques a la quarte generatio/pource que ledit Jehu prist vengance des prestres ydolatrans a Baal qui estoient le residu de la maison de achab comme dit rabby salomon.

¶ Dicestuy Jonas est escript ou xiiiiᵉ chapitre du quart des roys quil nasquist de geth ville de samarie ou lieu nomme Opher. Donecques il semble que il ne fust point filz de la vefue sareptene come est dit dessus. Et pource il fault dire quil fust enseuely en geth pour laquelle cause on dit semblablement qil en estoit ne. car ses parens estoyent gentilz et payens. De luy dit Comestor en listoire du quart des rois que Jonas apres le retour de niniue ou temps de la famine habita auec les gens et payens. car il eust honte de demourer en sa terre/pource quil estoit opprobre et iniurie de ce quil auoit pphetise la destruction de niniue qui lors ne fust pas faicte en tant que dieu en eust mercy. Et pource dit Sainct Jerosme que Jonas ignorant de la dispensation diuine cuidoit que dieu ne reuocast point sa sentence contre Niniue ainsy que point ne lauoit reuoquee contre Sodome ou xviiiᵉ et xix de Genese. Apres ce que la famine fust passee le dit Jonas retourna en la terre de iuda ou sa mere trespassa. Aussy cestuy ionas pdist le signe de leuersion de hierusalem disant q quant on verroit en hierusale peuple de toutes nations: lors la cite seroit sans remede quelconque destruicte.

¶ De luy dit sainct ierosme ou prologue de son liure nomme ionas que en la condemnation et iugement de israhel il fust enuoye au peuple gentil. Et Sainct mathieu dit en son douziesme que par son naufrage et peril de mer ou il fust mis/il figure la passion de

Jhesucrist car ainsy comme Jonas fust ou ventre de la Baleine lespace de trois iours/ainsy fust nostreseigneur ihesucrist dedens le coeur de la terre ou monument auant sa resurrection.

¶ De luy est touche en la quatriesme question de la premiere cause Et en la seconde de la xxxiᵉ et aussy en la premiere et iiiᵉ distinction de penitentijs. finablement il trespassa et fust enseuely en la fosse dung des iuges de israel duquel le sepulchre est mõstre en lune des citez de Geth en vne petite rue pres de sephoz comme tesmoigne comestoz.

¶ Obeth le prophete est interprete seruitude ou seruiteur. Duquel est escript ou xxviiiᵉ chapitre du second de paralipomenon comment il redargua facee roy de israhel lan premier du regne de achaz roy de iuda ouquel an ceste ligne de prophetes cõtemporanees aux rois de israhel est finee auec le definement de ses roys. Excepte daniel dõt est faite mention ou temps de nabugodonosoz.

¶ Sensuit la ligne des rois des assiriens et de sirie
Chapitre xxxixᵉ.

La iiiie aage

Ralin filz de romelia et roy de sirie est interprete Bariant siculx ou siniquite diceulx. Vint auec sacee roy de israel lan xiiie de Joathan roy de iuda pour infester ledit royaul/me de iuda Tesmoing le xve chapitre du iiiie lesquelx firent infinitz maulx en iudee lan premier du regne de achaz roy de iuda. car comme dit Josephus le dit achaz bataille premierement auec eulx dont il fust baincu et son filz za/charias occis auec plusieurs milliers de hommes darmes. Le connestable fust pris tesmoing le xxviiie du second de paralipomenon et puis finablemēt fust ledit rasin occis par teglat phala/sar roy des assiriens comme est escript ou xvie du quart des rois.

¶ Phul roy des assiriens vint en la ci/te de thersa ou temps de manahen roy de israel. auquel ledit manahen donna mil talentz et deniers dargēt tesmoig le xve du quart. Et qui plus est iposa sur ses subietz grand tribut estre leue pour souldoyer chascun an le dit phul Car de ses rentes et reuenues propres ne eust peu satiffaire.

¶ Teglatphalasar roy de assur vint ou royaulme de facee roy de israel. dōt pour les pechez dicelluy il captiua et a/mena prisonniers grāde partie du peu ple/cestassauoir les deux lignees et de/mie habitans outre le fleuue iourdain et de ca le dit fleuue il prist es lignees de zabulon et de neptalim peuple equi/ualent a vne demie lignee parquoy di ent les docteurs quil en mena trois li/gnees. Dicelluy est dit ou xvie chapi/tre du quart des rois et ou xxviiie du iie de paralipomenō que les dōs q achaz roy de iuda dōna a teglatphalasar ne proufiterent riens au donneur car Ja/soit ce que ledit teglatphalasar vint p̄/mierement a laide du dit achaz contre le roy de sirie lequel il occist/touteffois apres ce icelluy voyant la debilite de achaz roy de iuda entra dedens son roy aulme et le constraigmist de estre tribu taire. parquoy fust veritablement dit

que les dons enuoyez au roy des assiri ens ne proufiterēt point au dit achab.

¶ Salmanasar roy des assiriens vint contre osee roy de israel et le fist tribu/taire et serf. Consequāment congnue sa rebellion il le mist en prison. Et puis lan ixe du dit osee il transporta tout is/rael aux assiriens/tesmoing le xviie du iiiie et aussy le chapitre de osee dont est parle cy dessus.

¶ Des roys des assiriens parle Picar dus disant que ceulx qui se ensuiuent sont escriptz ou quart liure des roys/cestassauoir phul qui vint contre ma/nahen en thersa lan xxxixe de azarias. Teglatphalasar qui autrement est de aulcuns appelle phul et vint lan iiie de achaz. Salmanasar qui lan ve de Eze chias translata en son pays osee roy de israel auec les vij lignees qui estoyent demourees. Sennacherib qui lan xiiij du regne de ezechias fist Ezechie tribu taire mais auant ce furent de son ost a compaignie occis cent mil et lxxxve. comme apert ou xixe du quart des rois Et puis finablement fust de ses deux enfans occis en la cite de niniue. Apres luy regna son filz assaradon durant le quel les rois des medes et de babilone se departirent de la monarchie des assi riens comme est dessus parle lan ve de osias roy de iuda.

Feuillet ii^c xxxviii

¶ De supt la ligne des rois albains ou latins. Chapitre xxxiii.

Siluius auentinus autrement nõmé acrota xij^e roy des albains commenca regner lan xxxBj^e de Joas roy de iuda et regna lespace de xxxviii ou xxxvj ans. Toutesfois comestor dit quil regnoit ce temps de amasia roy de iuda. Cestuy auentinus nest pas celluy dont fait Birgille mention ou Bj^e des eneides car tel fust filz de hercules. Sainct augustin ou xxi^e. chapitre du xBiii^e liure de la cite dit q la tiue, cestadire le royaume des latins eust plusieures roys apres Enee desqlx nul ne fust deifie fors le xij^e cestassauoir Auetinus lequel selond aucuns fust mis ou nombre des dieux apres ce quil fust abatu en la bataille. Et puis consequamment romulus conducteur de la cite de rome entre lequel et auentinus regnerent deux roys seulement, cestassauoir procas et amulius. Cestuy auëtin⁹ comenca regner lan du monde trois mil cent et Biij.

¶ Siluius procas aultrement palatinus xiii^e roy des albains commenca regner lan du monde trois mil cent xlB. qui est lan cinquiesme de osias roy de iuda et regna xxiij ans. Il fust filz de auentinus dessusdit et grand pere de ro/

mulus. ¶ De luy parle titus liuius ou premier liure du commencemët de la cite de rome. Disãt quil eust deux filz dont laisne estoit appelle numitor. Et le maisne amulius. leql amulius chassa sõ frere numitor hors du royaulme En metant a mort tous les enfans masles dicelluy. dont ne demoura que Bne seule fille nommee rea siluia laqle fust par ledit amulius consacree a la deesse Besta affin que au dit numitor ny eust plus esperance de lignee. mais par fornication conceust deux enfans tumeaulx cestassauoir remus et romulus. lesquelx pour couurir son honneur elle affermoit estre engendrez de mars dieu de bataille. Pour tel Bice elle fust enfouye toute Biue et ses enfans gettees a lenuiron du tibre qui est fleuue de rome. lesquelx furent pris par Bng pastour q gardoit les tropeaux du roy et puis les bailla pour estre nourris a sa femme nõmee acca ou lucrecia ou cõ/ me dient les aultres lupa. qui Bault autãt adire comme louue ou paillarde

¶ Apres que ces deux ieusnes enfãs furent Benus en adolescence ilz assemblerent grande multitude de pastours et mauluais garnemens auec lesquelx ilz auoyent conuerse. Et en la Bengãce de leur mere occirent en la cite de alba leur oncle amulius. Et restituerët et mirent en siege royal leur tayon et grand pere numitor.

¶ Justinus et helimandus historiens parlans de ceste matiere dient que rea mere de ces deux enfans les comist a la garde dune beste appellee louue les qlx furent rescous et deliurez par Bng pastoureau nomme faustulus.

¶ Siluius amulius filz de pcas t frere de numitor xiiii^e roy des latins: prist possessiõ du royaulme lã du mõde iij^m cët lxBij. regna xl ans. Auquel succeda sõ frere numitor en la forme dessusdicte et en lan xx de son regne cõme dient aulcus nasquirent remus t romulus. lesquelx au pmier an du regne de romulus commencerent rome.

La iiii^e aage

Ey commencent les roys de Ro)me. Chapitre xxxiiij^e de Romu/lus.

Romulus filz de Mars dieu de bataille ⁊ de rea siluia descendant de la lignee de Enee Nasquist lan premier de Osias roy de Juda tesmoing saict augustin ou xVe chapitre du second liure et ou xij^e du xViij^e liure de la cite de dieu. Romulus estoit aultrement appelle martius pour lonneur de mars du quel il est filz selõ les poethes. et aussi estoit nomme quirin⁹ comme a este monstre en la premiere aage ou chapitre des dieux des gẽs entre les aultres conditions que Romulus auoit. Il ne buuoit gaires de Vin quant il auoit aulcun negoce ou autre oeuure entre mains. Cestuy romulus auec son frere remus edifierent rome ou mont palatin comme dit Saint augustin ou xxje chapitre du xViije liure mais de la maniere y a diuerses oppinions car comme ces deux freres Soyans que entre eulx estoit ambition de regner demanderent auoir aulcũ signe ou demonstrance par la responce des dieux. lequel deux seroit preferé. allerẽt en deux montaignes cestassauoir Remus ou mont auentin et Romu/

lus ou mont palatin. chascun auec grã de compaignie. Eulx estans en telz monts six oiseaux nommez ottours Vi drent a remus. et consequamment xij a romulus. Ces choses considerees les hommes de Remus proclamerent leur seigneur comme roy a cause de la priorite des oiseaux qui premierement se estoient adrecez a luy. mays par opposite Romulus fust par les siẽs repute roy pour la graigneur multitu de de oiseaux qui a luy se estoyeut arriuez. Par cecy fust dissension engendree entre les deux freres dont l'em' fust finablement occis.

De ce parle Titus liuius se conformant a la commune oppinion cest assauoir que Remus en moquerie et derrision de son frere saillist par dessus les murs de la cite dont Romulus course et marri le occist. Et les aultres dient quil ne fust point occis de sõ frere mais dung appelle fabine qui estoit conducteur de Romulus. lequel le frapa dung rasteau et instrument pastoural. Touteffois dit ouide en son liure intitule De fastis / cestadire des iours des festes Quant romulus eust comẽ.e la charge des murs a Vng de ses hommes appelle celer en faisant cõ mandement que se aulcun presumoit de saillir par dessus lesditz murs quil fust incontinẽt occis. Dit remus ignorant tel commandement le quel Voyant les murs estre de nulle haulteur saillist oultre parquoy fust du dit celer incontinent occis. laquelle chose Venue a la congnoissance de Romulus le fist mont desplaisant en son coeur combiẽ que pour garder la rigueur de iustice a tous indifferamment il cela et occulta sa douleur. De luy parle sainct augustin ou cinquiesme chapitre du xVe liure de la cite disant que ce nest point merueille se romul⁹ occist sõ frere Veu que semblablement Cayn qui fust p^{re}mier edificateur de cite fust homicide de sõ frere tesmoig le iiij^e de genese. car ilz estoient tous deux citoyens et habitatẽs de cite terriẽne ⁊ nõ pas celeste.

Romulus dont parlons fust finablement occis et translate entre les dieux Et ou temps de son occision fust le soleil eclipse tesmoing sainct augusti ou xxiiii chapitre du xviii liure de la cite de dieu. Pour ces choses comme dit le dessusdit docteur toutes les cites subgettes aux romains croyent ledit romulus estre deifie. apres luy regna numa pompilius ou temps de manasses roy de iuda ou quel temps sibilla samia cõteporanee et pitagoras flourissoit et estoit en grand bruit comme dit sainct augustin ou xxiiii chapitre du xviii liure de la cite de dieu.

¶ On pourroit cy faire vne question, cestassauoir dont sont premieremẽt les romains descendus Respond saict augusti ou ii chapitre du iii liure q̃ leurs pdecesses descẽdirẽt de troye car rem' et romulus descendirent par plusieurs generations de Enee qui fust troyen. Et vint apres la destruction de troye auec xx naures au roy lati en amenãt auec soy le residu du peuple troien. Au quel le dit roy latinue donna en mariage sa seule fille appellee lauinia. puis le dit Eneas fonda vne cite denõmee lauinium en recordation de sa femme comme dit le dit sainct augusti ou xviii chapitre du xviii liure. Mais auant ce eust ledit Ence grãdes guerres et durs assaulx de par turnus roy des rutiliés et daultres rois / princes et seigneurs ses alliez, lesquelx selõ les histoires poethiques il seurmonta finablement cõme apert es eneides de Virgile qui est vng liure quil composa expressement a ceste fin. et singulierement pour mõstrer les loenges du dit enee.

¶ On pourroit en oultre faire vne aultre questiõ cestassauoir pour quoy dieu a permis que par successiõ de tẽps les romains qui estoient infideles et non craignans dieu ayent este dominateurs de tout le monde vniuerselleMent. Respond sainct augustin ou xv chapitre du vº liure disant que dieu a fait telle chose affin quil demonstrast sa bõte et iustice, car il est celluy qui ne

Feuillet ii c xxix

seult point lesser aulcun bon oeuure sans remuneration. Donques se aulx romains aulx quelx ne vouloit point donner gloire sempiternele il neust sã ne gloire temporelle pour laquelle ilz ont tant laboure et traueille il se fust monstre auoir fait iniustice aulx dis romains

¶ Qui bien regarde et parfondement considere leurs beaulx gestes et glorieux fais, et aquelle fin ilz ont tousio²s pretendu, Il est patent et manifeste q̃ leur premiere intention estoit pour acquerir gloire, bruit et renommee et affin que leursditz fais se espandissẽt par toutes regions et contrees cõme apert en titus liuius, En Valere le grand et aultres histoires.

Sensuit la chapenne commencant au roy Ezechie en continuãt la ligne de Ihesucrist

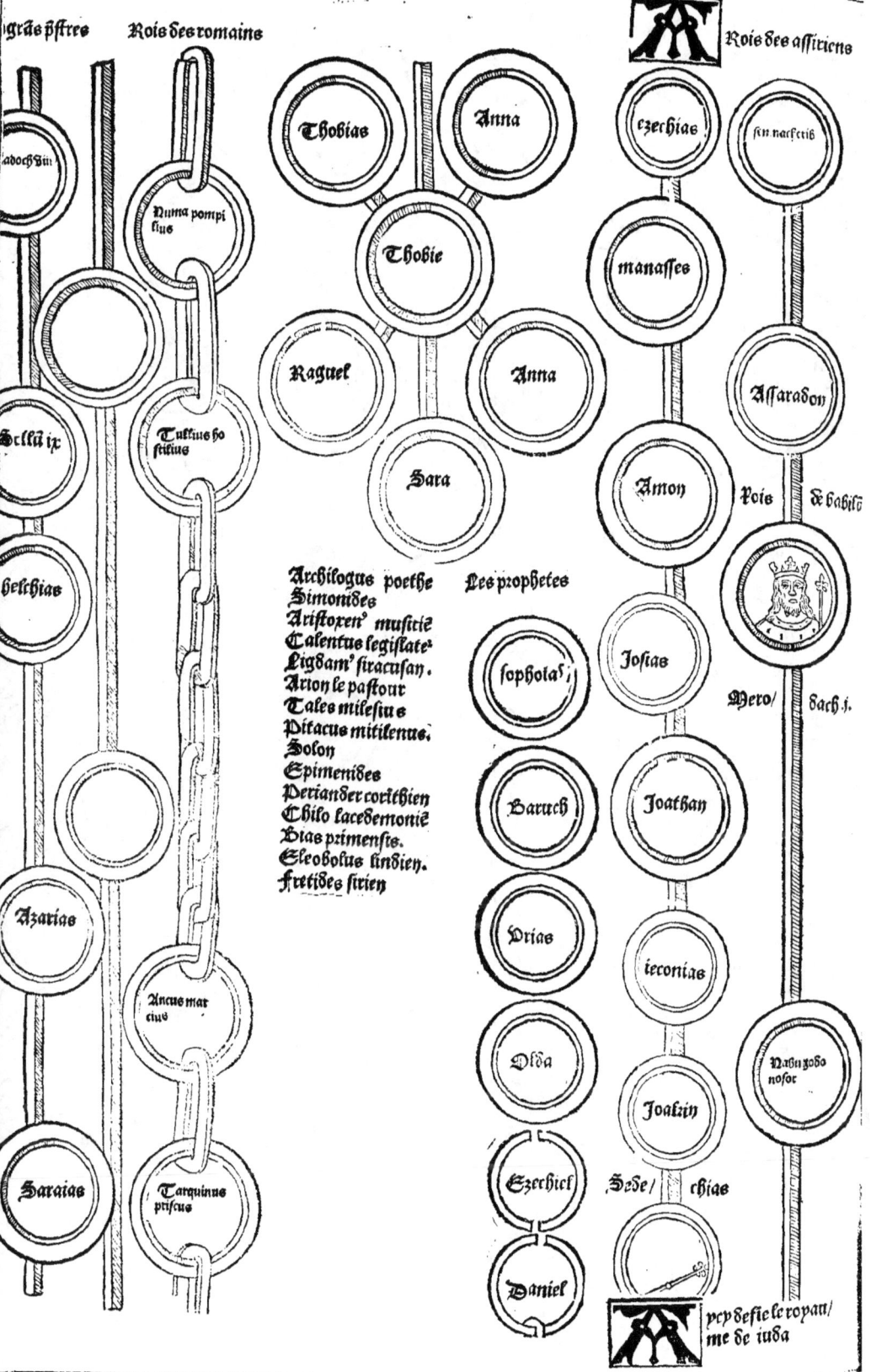

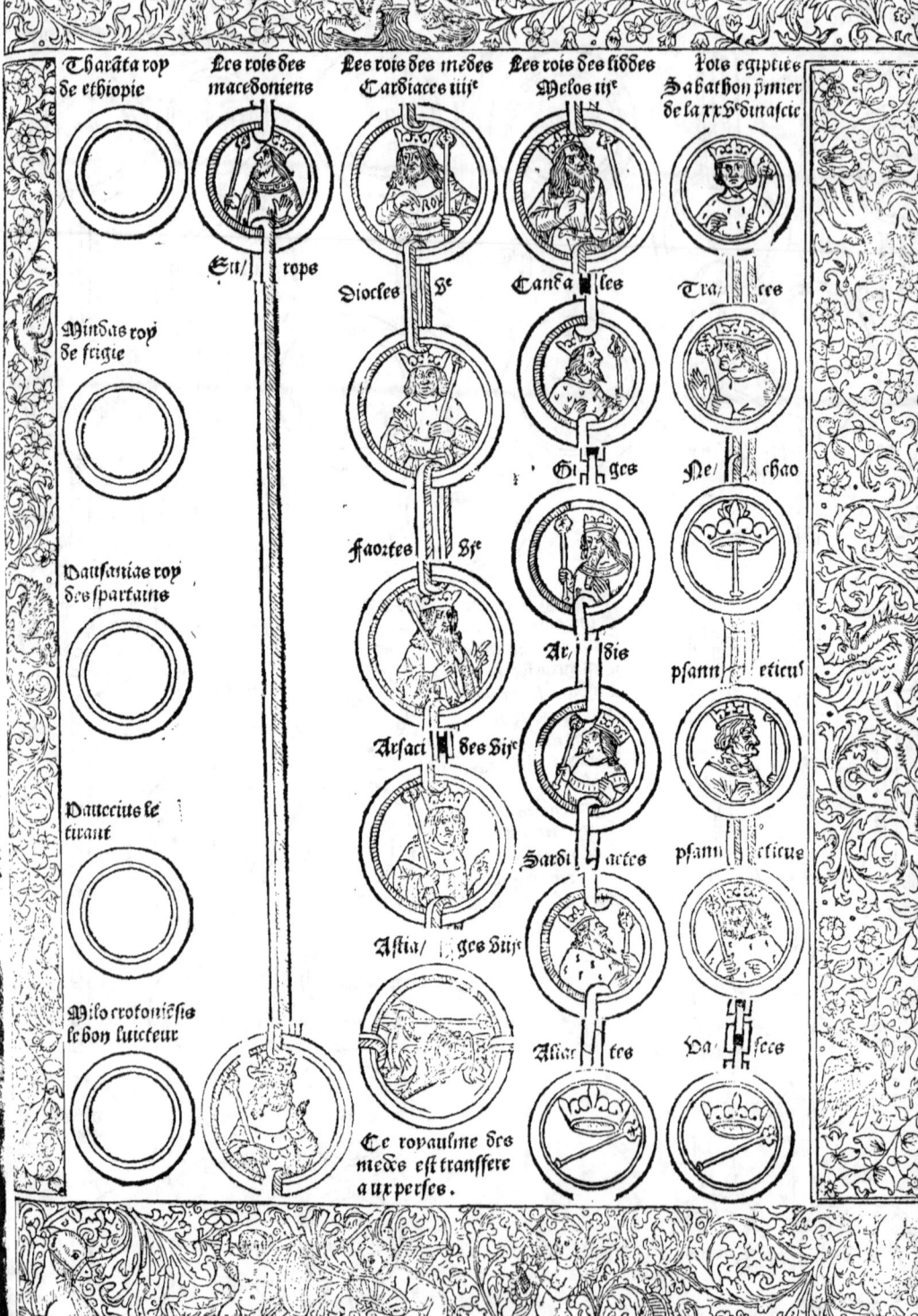

La iiiie aage

¶ Chapitre xxx·de ezechie xiii·roy.

Ezechias filz de Achaz et xiii·roy de iuda aage de xxv ans comména regner lan du monde trois mil ii^Clxxv. De la iiiie aage lā iiii^Clxxv. De osee roy de israel lan iiie De la ixe olimpiade lan premier. Et a pres rome xiii ans. Mais selon beda il comença regner lan du monde iiii mil iiii^Clxxii qui sōt Sii^Cxxvii ans deuāt la natiuite de ihūcrist. et regna en bie/ rusalem xxix ans. Est interprete aide de dieu. ou le seigneur ma conforte. Sa mere nōmee abisa estoit fille de zacha/ rias qui fust lapide par le roy Joas. En sō tēps prophetiserent osee et psaye dont est cy dessus faicte mētiō. le grād prestre estoit nōme achitob. ¶ Entre tous les rois de iuda ny eust nul sem/ blable a luy en bōte / tesmoing le xviii^e du quart des rois ouquel sont escriptz plusieurs de ses vertus car il aimoit re doutoit et seruoit bien dieu en gardant ses commandemens.

¶ Lan premier de son regne il conuo/ qua les prestres et leuites puis ouurist le temple que achaz auoit clos. repara les vesseaux de dieu et restablist les sa/ crifices q auoyēt este ētrelesse z cōe apt ou xxix·du ii·de paralipomenō ouquel chapitre et aussi ou xxx·est cōtenu cō mēt il solēnisa la saincte pasque. Puis ou xxxi·est escript cōmēt il dissipa les lieux haultz abatist les statues et cou/ pa les bois des sacrifices

¶ Lā iii·de sō regne il rōpist le serpēt de arain fait p moise ou desert / tesmoing le xxi·du liure du nōbre auql serpēt les ēfās disrael auoyēt tousio^s sacrifie en cēs iusqs a ce tēps. Apres ce ledit eze/ chias ietta les ordures et imundices du tēple dedēs le torrēt cedrō. En outre il escrit aux ēfās disrael en leur amone stant qlz retournassēt a ladoraciō du vray dieu. dōt les aucūs ne tindrēt cōte de ses messages. et les autres les occirēt Item il se departist de la seruitude des assiriens.

¶ Lan iii^e du regne de Ezechias le roy de israel nomme osee se rebella contre salmanasar roy des assiriens en amo/ nestant susach ou bochoris roy degyp/ te de ainsy faire pour laquelle chose a/ cōplir luy enuoya dōs magnifiques.

¶ Lan iiii^e ledit roy des assiriens assie/ gea samarie deuant laquelle il demou/ ra trois ans. prist ledit osee et mena pri sonnier en Niniue. Itē ledit ezechias combatist les philistiens et tous leurs termes et fins iusqs a la cite de gaza.

¶ Lan v·du regne de Ezechias fust la xx·dinascie et souueraine puissance

❡Feuillet ii ͨ xli

des egypties en laquelle regna premi/
erement sabbathon ethiopien lespace
de xii ans. Item en cest an le dit ezechie
fist la piscie probatique de laquelle est
parle ou v.ᵉ chapitre de leuangile de
sainct Jehan.
❡Ey define le royaulme de israel.

❡Lan Bi.ᵈⁿ regne de ezechie qui est de
osee roy de israel lan ix.ᵉ. Du siege de
sam.rie lan iiij.ᵉ fust icelle cite prinse et
tout israel tansporte prisonnier en assi/
rie tesmoing le xBij.ᵉ du quart des rois.
et fust telle transmigration faite lan du
monde iij ᴹ et xxx. qui est du deluge
lan mil B.lxxiiij. De la natiuite de a/
braham mil ij.ᶜ lxxxij. De lissue de is/
rael hors de egipte Bij.ᶜ lxxxij. De son en
tree en la terre de promissio Bij.ᶜ xxxij.
De la destruction de troye iiij.ᶜ xlBj.
De la iiij.ᵉ aage iiij.ᶜ xl. De Rome lan
xix.ᵉ. De romulus premier roy des Ro
mains lan xBij.ᵉ. De la diuision de la
monarchie des iuifz deux cens lx. ans
sept mois et sept iours. Deuant la der
niere transmigration de iuda en babilo̅e
cent xliij ans. laquelle fust lan xj.ᵉ de
sedechias
❡Lan xiij.ᵉ dit sennacherib roy des as/
siriens et filz de salmanasar en la terre
de iuda cest ezechie tributaire tesmoig
le xBiij.ᵉ et xix.ᵉ du iiij.ᵉ des rois

❡Lan xiiij.ᵉ ala ledit sennacherib en e/
gypte ou il assiega pelusius. contre le/
quel vint le roy de ethiopie appelle tha
rantha acompaigne de grande multi/
tude pour donner aide aux egyptiens
dont ledit sennacherib fust fort trouble
et se departist disa̅t quil ne vouloit poi
nt combatre contre le dit tharanta por/
ce quil estoit prestre de Sulcanus dieu
des tempestes. parquoy retourna en iu
dee et assiega hierusalem. ❡De ceste
matiere dit Erodotus historien que par
la priere du roy des egyptiens enuers
dieu vint grande multitude de soricza
vermine dedens lost des assiriens qui
menga et ronga les cordes de leurs arcz
parquoy ilz furent impotens a batail/
ler puis retourna le roy des assiriens a
son lieutenant Rapsacce quil auoit les/
se tenant le siege deuant Jherusalem.
De ce dit comestor quant sennacherib
ala en egypte le roy ezechias vsant du
conseil de ysayas estoupa la fontaine
superiore des eaues de gyon, et les de
stourna et fist courir en la piscine inte/
riore. Aussi par auant auoit fait la fon
taine syloe estre comme vng estang ou
viuier, ou estoyent assemblees toutes
les eaues affin que dicelles on Vsast en
temps du siege, et est telle fontaine ou
ix.ᵉ de sainct Jehan appellee natatoria
syloe. De ce dit semblablement epipha
nius que par les prieres de ysaye les

gg i

¶La iiii̊e aage

eaues vindrent en plus grande habon
dance que par auant nauoyent fait.
¶ En cest an melos roy iiï̊e des liddo/
res commenca regner durant lespace
de douze ans

Lan xv̊e du regne de ezechie nostre/
seigneur par les merites du bon roy oc
cist en vne nuit cent lxxxv̊m hommes
en lost des assiriens. Pour laquelle oc
cision Sennacherib eust si grande pa
our quil sen fuist auec dix hommes seu
lement comme afferment les hebzieux
laquelle fuyte et depart congnus par
les hierosolimites Ilz alerent en leur
ost et les despoillerent tesmoing le xix̊e
du quart des rois. ¶ De ce dist Come
stoz que le fouldre et feu diuin auoit re
dige leurs corps en cendre parquoy ne
estoit necessite sinon de escourre les ar
mures lesquelles apres ce ilz porterent
en hierusalem. Aussi dient en oultre les
hebzieux sur le xij̊e de ysaye que le dit
Sennacherib en telle occision eust la
barbe rasee et le chef tondu ignomini
eusement. Apres tel triumphe incre/
dible comme dit iosephe ledit Ezechie
auec son peuple offrist a dieu hosties et
sacrifices/mais non pas si dignement
quil deuoit/ne selon la mode et ceri/
monies de ses peres/car il ne chanta po
int cantique ne loenge a dieu tel quil

deuoit parquoy il fust greuemēt ma
lade tesmoing le xx̊e du quart des rois.
Mais il fust gary par vne emplastre
mise sur sa playe/dont parlent diffuse
ment Nicolas de lira et Burgēsis.
¶ Audit ezechie fust monstre signe de
garison par le soleil qui se retarda con
me apparust par lozloge reculee de dix
lignes . Dequoy dient tous les doc/
teurs que telle hozloge estoit vne poe
assise vers le soleil laquelle auoit aul
cunes lignes faisans ombre et distin
guans le iour. ¶ De ce parle Burgen
sis entre les aultres docteurs disant
que tel iour prolonge ou le soleil fut re
tarde nestoit point selon verite plus
long que les aultres iours. mais seule
ment en apparence. car telle retrogra/
dation et recullement du souleil fust a
Ezechie seul apparent et non point aul
tre part.
¶ Lan xvj̊e du regne de ezechie fut sen
nacherib occis par ses enfans comme
est dit dessus

¶ Cy fust ciracuse fondee

¶ Lan xvij̊e du regne de ezechie furēt
siracuse et cumes citez de cicile fondees
¶ Lan xix̊e fust le commencement du
regne de cardiaces iiij̊e roy des medes le
quel regna xij ans. ¶ En cest an Me/

¶Feuillet ii^cxlii

rodach filz de Baladan premier roy de babilone moult puissant enuoya messagers et dons audit Ezechie en requerant auoir aliance et confederation auec luy. Car ledit roy des babiloniens et le roy des medes se estoyent en ce temps departis de la monarchie des assiriens et ne Souloyent point estre subgetz a assaradon filz de sennacherib.

¶Comestor rend aultre raison pourquoy les babiloniens ou caldiens desirerent auoir aliance auec le dit Ezechie disant que par ce quilz estoyent astrologiens silz auoyent congnu la prolongation du iour dont est dessus parlé laquelle estoit aduenue pour lamour de Ezechie/comme auoyent ouy raconter. parquoy Souloyent scauoir la verite. principalement pource que telle chose estoit faite par le soleil lequel ilz adorent et reputent estre leur dieu. Dont ilz appetoyent le honnorer et auoir aliance a tel homme qui de leur dieu estoyt ainsy honnoré. En telle visitation de messagers et embassades se gouuerna mal le dit ezechie quant il les introduit es lieux secretz du temple dedens lesquelz nest point licite a homme gentil et payen de entrer tesmoing le xxe chapitre du quart liure des rois.

¶De telz lieux dit epiphanius que cestoit vne habitation treslongue situee vers lorient de la montaigne de Syon laquelle auoit composee salomon selon la description de son pere dauid. Dont lentree estoit occulte. et a tout le peuple incongnue et aussi a plusieurs prestres. En telz lieux auoit le roy mis lor/largent/et toutes les drogueries aromatiques qui auoyent este aportees de ethiopie. Aussi en telz lieux apres les sepulcres des rois estoient les sepulcres des grans prestres et euesques. a consequamment les sepulcres des prophetes. Donques tel secret de dauid et de salomon fust par le dit ezechie monstré ausditz embassadeurs dont luy prist mal comme predist le prophete ysaye. Disant en ceste maniere. Dieu a dit que les iours viendront es quelz tous les tresors que

as descouuers a telx embassades seront transportez en babilone. Auquel le dit Ezechias respondit Je prie seulement que Verite et paix regnent en mes iours et durant ma vie.

¶Lan xxix^e du regne du dit Ezechie/ Romulus print de mil hommes lung qui en tel nombre estoit principal. Et sur autre mil hommes vng aultre iusques a grande multitude. puis appella milites ceulx qui ainsy auoyent este entre tel nombre esleuz. ¶Item denomma quirites les citoyens qui auoyent este soubz catiuē roy des sabins a cause de ce nom quiris qui en langaige sabin signifie hache ou lance ¶Justinus ou liure xliii^e dit que en telz temps les rois en lieu de diademes portoyent haches ou lances lesquelles sont des grecz nommees sceptres et verges ou bastons royaulx. Car les anciens ont toussiours ame telz bastons pour honneur des dieux immortelz en memoire de laquelle religion reuerence ilz sont encor mises pres des simulachres et ymages des dieux ¶Item en cest an Romulus esleust aulcuns anciens hommes lesquelz il denomma patres et peres pour la sollicitude et le soing quilz auoyent sur le peuple et sur la chose publique. Nō obgg ii

La iiiie aage

stant selond aulcuns telle election fust faite lan 8e de achaz et plusieurs aultres choses cõe apert ou dit an.

¶ Lan xxiiij cõme dient aulcũs sibilla samia aultremẽt nõmee erofila cõmença estre en bruit.

¶ Lan xxve fust nichomedie edifiee.

¶ Lan xxvj du regne de ezechias comme dit orosius fust Romulº fouldroye ou palut et maretz de lisle denõmee caprea. Apres ce que par lespace de xxviij ans il auoit regne en exerçant continuant et augmentant infinitz maulx iniustices et cruaultes. Les aulcuns dient quil fust noye mais les aultres dient quil fust par le senat occis et dechire pource quil regnoit trop asprement. Et puis par adulation soubz ce nom q̃ rinus a este venere et honnore comme dieu tesmoing saint augustin ou xx et iiije chapitre du xviije liure. Apres la mort de romulus lesditz anciens commencerent gouuerner la chose publique chascun par cinq iours durant lespace dung an et demy, pendant lequel temps estoit enserchee persõne idoine qui peult cõuenablement a si grãd hõme succeder en regne. Dont fust finablement trouue Numa pompilius digne de telle succession.

¶ Lan xxviij du regne de ezechie. Numa pompilius sabin par natiuite fust accepte au regne des romains regnãt lespace de xl ou xlij ans comme dient aulcuns. par luy furent les anciens d̃s susditz denommez senateurs tesmoig Comestor. Et fust lan du monde iijM ijCLij selon la verite hebraique qui est de la iiije aage iijCLxij. Et de rome lan xlij. ¶ Cestuy numa neust guerre ne bataille a nul homme. mais gouuerna moult bien et prudament parquoy il ferma les portes du temple en signe de paix. Et combien que romulus eust ordonne aulcun peu de lois aux romains Touteffois a parler proprement tesmoing ysidore en son 8e. et la viije distinction ou chapitre Moises ledit numa fust le premier qui aux romaines institua lois. En apres luy voyant que le peuple cheoit en seditions Et ne pooit endurer le gouuernement des magistratz Il esleust dix hõmes qui escriproyent les lois translatees des liures de solon en latin et meteroyent en douze tables. ¶ Sur ce dit la glose ce qui se suyt lors que ses lois pour le discord du peuple contre les nobles furent mis hors de vsage et de costume par lespace de xx ans, dix hommes furent creez qui assemblerent les lois des cites de grece. les translaterent en latin et puis escriprent en tables de yuire. En apres iceulx dix hõmes apres auctorite et puissance de corriger et interpreter lesdictes lois en y augmẽtant ou diminuãt ce quilz verroyent estre expedient y adiousterent enco deux tables. et furent nõmees les lois des douze tables. Ces dix hõmes ordõnez ad ce faire estoyent nõmez apius, claudiº, gemitius, veterius, Iullius, Marcilius, Sulpitius Sextus, Curatius, Romedius et postumius. ¶ Le premier consul denõme pompee fust cellup qui voulust rediger et mettre toutes ces lois en escript mais ne perseuera point pour la crainte des obtrectateurs et malignans. en apres Iulles cesar voulust ceste chose parfaire Mais auant lacheuement il fust occis. par ainsy lesdictes lois anciẽ

Feuillet ii^c xliii

nes petit a petit par negligence et non chalãce ont este mises en oubly & hors de lusaige. Mon obstãt que auoir la notice et congnoissance dicelles est mõlt necessaire. Consequãment furẽt nouuelles loix cõmencees par Constatin cesar et par les aultres empereurs subsequens. lesquelles pourtce que elles estoyent meslees auec lautre sans ordre aulcun furent disposees en ordre par Theodosiue denomme le petit auguste lequel fist ung caper appelle le code theodosian pour memoire de son nõ a la similitude du code gregoriã ou hermogenian. ou quel caper ou code furẽt les dites loix et constitutions ordonnees et intitulees du tiltre propre de chascũ empereur depuis le temps du dit cõstantin iusques a luy. En apres sint lempereur iustinian tressacre qui des trois capers cestassauoir gregorian, hermogenian, & theodosian osta les choses superflues. adiousta ce que luy sẽbloyt necessaire. et composa le liure nomme le code ou aultrement Iustinian. Pour sainement telle oeuure ordonner il esleust les plus souffisantz hõmes de son palaix. Mais les loix canoniques qui aultremẽt se nõmẽt le droit canon pridrẽt ni leur commencement par ysydore qui premier compila les epistres & decretales des euesques romaines. Et en ung grand volume assembla tous les canons des sainctz concilles. Du quel volume ont este extraictz les dis et sentences des maistres yues et gracian acteurs du decret. En apres maistre raymond de lordre des freres prescheurs p lauctorite du pape gregoire cõpila les decretales dequoy on vse maintenant es iugementz et es escoles. Consequãment le pape boniface viii^e fist le vi^e. et le pape clement v^e de ce nom fist les clementines. desquelles choses sera cy apres parle en leurs temps.

¶ Cestuy Numa diuisa lan en douze mois en y adioustant Ianuier et feurier car au commencement Romulus ny auoit mis que dix mois seulement dont mars estoit le premier. Item il

fist les premiers fondementz du capitol. et comme dit sainct augustin ou dernier chapitre du septiesme liure de la cite Il fust inuenteur de lart de ydromance qui est mauuaise et dangereuse. car il auoit ung deable familier qui luy apparust souuent dedens leaue. et dist ql le chose il deburoit escripre et establir a faire les sacrifices des dieux. Entre les aultres choses tel deable se disoit auoir vne fẽme appellee egeria la quelle estoit la deesse des nimphes parquoy fut des romains fort honoree cõme est dit en la tierce partie du liure intitule De fastis. ¶ Cestuy numa cõposa liures faisants mention des sacrifices des dieux lesquelx liures tesmoing sainct augustin ou lieu dessus allegue il enfouyst et occulta en terre craignant q par ce il ne instruict les hõmes en mauuaises doctrines. et aussi ne osoit pmettre de les escripre de paour que les deables dõt il auoit eue telle art ne fussent courrcez contre luy. Toutesfois cõe dit varro therentiue en son liure intitule De cultu deorũ Iceulx liures furent finablemẽt par vng laboureur de terre trouez ou mont Ianicule pres du sepulcre du dit numa. et puis presentez au preuost de rome. lequel apres ce que il les eust veu et leuz demãda au senat quil en estoit de faire en luy declairant le cõtenu. lequel senat cõmanda que telx liures fussent bruslez. Pource que telle art tetrique, de nygromãce ou de ydromãce fust prohibee long temps deuant ladueneiment de hiesucrist en imposãt greue paine et punition aux transgresans et a ceulx qui en vseroyent cõme tesmoigne apuleiue en son liure de lart magique. Aussi tel art auoit par auãt este defendue par la loy des xij tables.
¶ Nõobstãt les choses dessusdites tel art magique vint des perses premierement ou quel pays Pitagoras aprist icelle apres ce que en egipte auoit este & troduict ce art des egiptiẽs. ¶ Item le dit numa fust le premier inuenteur des deniers nõmez en latin Numus pour son nom. Ausquelx deniers il distigua

gg iii

La iiii^e aage

ymages τ escritures appellees numisma en langaige romain et latin. En son temps regnoit glaucus en qui fust linuention de conglutiner et côioindre ensemble argent fer et aultres metaulx cōme narre eutropius. Du dit numa dit sainct augustin ou xxiiii^e chapitre du xviii^e liure de ciuitate. que numa denyant la prouidence diuine fust inuenteur de infinitz dieux lesquelx il fist adozer pour la defence de rome auec lesquelx ne peust fiablemēt paruenir ne estre nōbze pourtce q̄ en auoit establi si grāde multitude q̄ tous les sieges estoient plains et nen auoit lesse nul lieu Suif pour soy. Pour ceste cause furent les dieux pmierement appellez Numina en memoire du nom du dit Numa empereur.

¶ Ledit ezechie en lan xxix^e de son regne trespassa, τ fust ensepulture par desfus tous les sepulcres des aultres rois de iuda cōme dit comestor pource quil honora dieu plus haultement que nul de ses predecesseurs. Aussi pource quil eust merueilleuse victoire sur lost de sennacherib et congnust que sa vie estoit prolongee de xv ans par le retour et retardement du soleil. pour lesquelles choses nest point sans cause escript ou commencement de ce chapitre que entre les rois de iuda nauoit point este roy a luy semblable. ouquel dit nest point cōpris dauid car il estoit monarche τ nō point seulemēt roy de iuda mays sur tout israel vniuersellemēt.

¶ Chapitre xxxvi^e de manasses xiiii^e roy de iuda.

Manasses filz de ezechie τ xiiii^e roy de iuda aage de xij ās fust accepte roy lā du mōde iij^Mij^C liiii selōd la verite hebraiq̄. De la iiii^e aage lan iij^Clxiiij. De candaules roy des liddes lan v^e. De numa pōpilius roy des romains lā iiij^e. De traces roy des egiptiens lan ij^e. De cardiacces roy des medes lā xij^e et dernier. Apres Rome xliiij ans. et regna lv ans en iherusalē. Mais selōd beda il cōmēca regner

lā du mōde iiij^MC et vng. qui sōt vij^C iiij^{xx}xviij deuāt la natiuite de ihesucrist. Est interprete necessite. ou esbaissat. ou oublieux. ou oublie et pource de luy est escrit ou xxi^e chapitre du quart des roys et ou xxxiii^e du secōd de paralipomenō cōment il fust oublie et deslesse de dieu en faisant maulx infinitz, en tant quil espandist le sang des sainctz hōmes qui le redarguoyent de ses vices lequel sang fust en telle habōdance espandu que iherusalem en regorgoyt et estoit toute plaine.

¶ Lā iij^e du regne de manasses roy de iuda. Diocles iij^e roy des medes cōmenca regner duquel le regne dura liiij ās. Il fust monlt preux et vaillant. et edifia la cite nōmee egbathanan dont est parle ou premier chapitre de iudich.

¶ La iiij^e flourissoit sibilla erifila aultrement dēnōmee samia selōd aulcūs. dont parle sainct Augustin ou xxiiii^e chapitre du xviii^e liure de la cite.

¶ Item en cest an Sadoch filz de achitob cōmēca ministrer τ estre fait grād euesque. lequel fust viij^e depuis la fondation du temple. Et quist en telle dignite xliiij ans.

¶ Lan xv^e fust le cōmencement du regne de giges qui selons aulcūs fust v^e roy des medes. duquel dist tulles en son

iiſ liure intitule des offices que luy eſ/
tant paſtour du roy apres ce que euſt
eſte grāde pluye et lauaſſe des eaues il
deſcendit dedens ung trou et ouuertu
re de terre ouquel lieu il trouua ung hō
me mort aſſis ſur ung cheual. ou doit
duquel eſtoit ung aigneau moyennāt
lequel il ſe fiſt inuiſible dōt euſt cōpai/
gnie charnelle auec la royne. pour laql
le cauſe elle luy aida a tuer ſon mary.
Ceſte hiſtoire eſt confermee par iuſti/
nus hiſtozien et par ſaint ambzoiſe en
ſon liure de officijs exepte de ſinuētion
de laigneau car tulles ſeul en fait men
tion.
❡ Lan xbj furent a athenes prīces eſ/
leux qui preſideropēt de an en an au re
gime de la choſe publique.

❡ Lan xxbj. le poethe archilogus τ
ſimonides et Ariſtoxenus muſicīē cō/
mencerent entrer en bzuit et eſtre renō
mez. ❡ Ledit archilogus fuſt grand po
ethe et bien renomme enuers les lace/
demoniens teſmoing le bj de balere. τ
compoſa pluſieurs liures. mais pource
quilz eſtoyent impudiques et parlant
de matiere trop laſciue ilz furent par
iceulx lacedemoniens getes hors de la
cite craingnans que telle doctrine ne
peuſt plus nuire que pzouffiter a leur
entendement.

Feuillet ij Cxliiij

Simonides fuſt ung poethe dont
parle balere lequel alant ſur la mer ar
riua a ung riuage ou il trouua le corps
dung hōme mort. lequel il enſeueliſt
En ce faiſant fuſt admōneſte de non
point ſe mettre ſur mer ſa iournee en/
ſuiuant a la quelle monition il ſe cōſē
tiſt. mais ſes cōpaignons entrans en
mer furent tous par les vuagues et tē
peſtes nayez τ perdus dedēs icelle mer
❡ De ceſtuy ſimonides eſt ſemblable
ment eſcript que une iournee quil ſou
poit en une ſale grande auec multitu/
de de buuans et mengans vindrent ij.
ieunes enfans a ſa porte priants que il
yſſiſt et veniſt parler a eulx. Ces pa/
rolles ouyes il ſault hors Combien
quil ne trouuaſt a qui parler et que les
deux iouuenceaulx fuſſēt euanouys.
Apres ce incontinent quil fuſt ſailly
hors de la dicte ſale et toute la maiſon
trebuſcha dont tous les cōmēſaulx fu
rent occis et accablez. ❡ On lit en oul/
tre que ceſtuy ſimonides iterrogue par
quel moyen et vertu il eſt poſſible de
euader les haynes des enuieux reſpon
diſt que on nara nulz enuieulx mais q̄
on ne ait nulle proſperite. En oultre
quant il fuſt interrogue quelle choſe eſ
toit entre les hommes qui facilement
et toſt ſe enueilliſſoit et eſtoit miſe en
oubly. Il reſpondiſt que ceſtoit benefi/

gg iiii

La iiii᷎ᵉ aage

ce et plaisir fait a aultruy. ¶ Diceluy simonides sont tirez et extraitz plusieurs beaux dis dont aulcuns se ensuyuent. cestassauoir que cest chose plus seure de soy taire que de parler. Car on voit peu de gens deceups par soy taire mais infinitz par trop parler. Aussi q̃ esperance est le soulas et remede des maleureux car esperãce ne lesse iamais linnocẽt combien que fortune labãdõne souuent. En oultre congnoistre son cas ne debilite point linnocent en sa aduersite/car cest resioupsement a som̃me non auoir desseruy la paine quil en dure. ¶ Cestuy symonides aage de lxxx ans composa liures lesquelx il enseigna et exposa.

¶ Lan xxxvᵉ du regne dudit manasses les partheniens edifierent tharenthe/ tesmoig comestor. En cest an regnoyt semblablement glaucus natif de lisle choos/ qui premier fut inuenteur de conglutiner fer auec fer ¢ de faire sẽblable conglutination/duquel est faite mention ou xxviii an du regne de Ezechie ¶ Lan xxxixᵉ Tullius hostili᷎ iiiiᵉ roy des romains commenca sõ regne durant xxxii ans. Et fut lã du mõde iiiᴹ ijᶜlxxxxᵉ et xii. qui est de la iiiiᵉ aage lan quatre cens et deux. De la xxxᵉ olim/

piade lan iiiiᵉ. Apres rome lxxx ans. il fust le premier roy des romains vestu de pourpre et de semblables vestures rõme dit comestor. et aussi qui en la chose publique premierement fist exactions de payer cens ¢ tribus. Jl institua lart militaire et vsage de bataille. Quant en ce il eust exercite les ieusnes compagnons apres longue paix/ il assaillist les albains qui sont a xii milliaires loing de rome. lesquelx finablemẽt en la vᵉ bataille Jl sen monta. et puis mist la cite alba a destruction comme sera parle ou chapitre de tullius hostilius. ¶ Lan xliᵉ le bon prophete ysaye oncle maternel dudit Manasses selon les hebrieux /ou son affin comme dient les autres/ fust par icelluy manasses Jette hors de Hierusalem enuiron la piscie de syloe. et puis sye et diuise dune sye par le meillieu. Lequel ysaye ou comment cement de telle passion demanda eaue pour estancher sa soif. mais pource q̃ lz ne luy en voulurent ministrer/nostre seigneur en enuoya des haulx cieulx dedens sa bouche /apres laquelle eaue receue il rendist lesprit. Non obstant ce les bourreaulx ne cesserẽt point de parfaire leur entreprise maudicte/tant q̃ il fust diuise en deux parties. pour tel dõ et mission de eaues fust cõferme ce nõ syloe qui vault autant comme enuoie Puis fust enseuely soubz le chesne Rogel prez du cours des eaues que auoyt fait Ezechias/en memoire du miracle fait en telles eaues par les prieres du prophete ysaye. Et aussi affin q̃ iouyssent perpetuellement de tel benefice comme par auant auoient fait. ¶ De ce dit epiphanius que Sennacherib retournant de egypte vouslust abreuuer son ost des eaues de syloe ausquelles il pouoit venir auec toute sa compagnie semblablement comme les israhelites laquelle chose considerant ysaye fist oraiso a dieu que a la venue des israelites en telle piscine y eust habõdance de eaues/Mais en la presence des assiriens/que elles fussent du tout sechees en laqlle priere il fust exaulce/parquoy

Feuillet ii^e xlv

se esmerueillerent lesditz assiriens tresgrandement/ignozans dont pouoit entrer eaue dedens la cite. Pour memoire de tel fait les eaues de syloe sont de telle nature que elles ne courent pas continuellement mais par certaines heures et par interualles seulement.

¶ Lan xliiij du dit manasses et de la xxvij olimpiade lan premier nostre seigneur dieu parla aux prophetes en disant pource que manasses roy de iuda a fait tant de abhominations si mauuaises/ie amenray sur Jherusalem et sur iuda maulx si grandz que tout homme qui les orra estoupera ses oreilles de frayeur.

¶ Lan xlv du regne du dit manasses fust le commencement du regne de nechao Siij roy de la xxv dinastie et souueraine puissance des egyptiens/lequel regna viij ans. ¶ Item en cest an le roy des babiloniens depopula tout le pais de iuda et mena manasses captif en babilone ouquel lieu il la tourmenta de plusieurs persecutions.

¶ Lan xlviij manasses psecute de grefz tourmens en babilone et congnoissant que cestoit la main et punition de dieu fist penitence et pria dieu par grande attention et couraige en disant. Sire dieu omnipotens protecteur de nos peres Abraham/ysaac et Jacob Jay peche sire dieu/Jay peche/Je congnoys mon iniquite parquoy te prie que ayes mercy de moy/laquelle oraison acomplie/Dieu le restitua en son royaulme. parquoy il dissipa ses boys/les autelz et les aultres choses semblables faites pour sacrifier aux ydolles/tellement que riens ny demoura. mays restablist la vraye adoration de dieu. et enseignase peuple a bien se gouuerner et honnorer dieu. parquoy il parfist en bonnes oeuures le residu de sa vie.

¶ Lan l fust Sellum filz de Sadoch fait souuerain euesque ix depuis la fondation du temple. Et ministra en tel office quatorze ans. En cest an commenca Talentus ou zalentus legislateur estre renomme enuers les lotres. ¶ De icelluy raconte Valere que luy ayant vng filz condamne par ses loix de perdre les deux yeulx a cause de ladultere quil auoit commis Et voyant que le peuple a ce pour son neur de luy contredisoyt ne voulust point permettre que la loy ordonnee par luy fust violee Mais se arracha lung des yeulx a son filz semblablement vng aultre/en laissant a lug et a laultre lusage de voir. Et ainsi par merueilleuse moderation de equite se demonstra moyenner entre pere misericordieux et iuste legislateur. Pour laquelle iustice et misericorde il est souuet allegue et amene aux maulnais iuges qui par faueurs/par pour/par comperes et par comeres font leurs iugemens sans auoir sain ne iuste regard a la verite du bon droit.

¶ Lan liij du regne du dit Manasses fust le commencement du regne de psanneticus viij roy de la xxve dinastie des egyptiens et regna quarante et quatre ans. ¶ En cest an le dit manasses fortifia les tours les murs et auant murs de iherusalem ¶ Aussi comme dient aulcuns trespassa Mydas roy de frigie apres ce quil eust beu le sang du thoreau/tesmoing Helinas

La iiii^e aage

¶ Lan liiij^e du dit manasses ⁊ de la xx et ix^e olipiade la iiij^e fust par pansanias roy des spartains edifiee la cite bizāce qui apres fust denōmee cōstantinople.
¶ En lan lv^e de son regne il trespassa et fust ensepulture ou iardin de sa maison.

¶ Chapitre xxxviij^e de amō xδ^e roy de iuda.

Amon filz de Manasses et xδ^e roy de iuda Tesmoing le xxxj^e chapitre du quart liure des rois/cōmenca regner en laage de xxij ans lan du monde trois mil iiij^c et ix. De la iiij^e aage iiij^{xx} xix. De ardis roy des liddores lan ix^e. De spanneticus roy degypte lan iiij^e. De tullius hostilius Roy des romais lan xviij^e. De diocles roy des medes lan liiij^e et dernier. De Rome edifiee lan iiij^{xx} et xviij^e. De la xxx^e olimpiade lan premier. Et regna xij ans en iherusalem selon les lxx in terpretes et expositeurs mays selon les hebrieux deux ans seulement. toutesfois selon la verite de listoire il regna xij ans comme appert a conter au commencemēt de ceste iiij^e aage. Il est interprete donnant ou nourrissant ou

pleur de mere. fist maulx plusieurs et se gouuerna mal cōme auoit fayt par auant son pere en sa ieunesse.
¶ Lan ij^e du regne du dit amon fust le commencement du regne de faortes Bj^e roy des medes leql regna xxiiij ans
¶ Lan iij^e de son regne fust edificee Boristenis dedens lisle de ponthus prez du fleuue Boristenes dont les poissons tesmoing Solinus sont sans os sans harethes. et de saueur exellente.
¶ Lan viij^e Heschias filz de Sellum ⁊ pere du prophete Jeremie selon aulcuns fust promeu a souuerai euesque x^e depuis la fondation du temple regnant en telle dignite xxxviij ans.
¶ En lan x^e. de son regne ledit Amon fust par ses seruiteurs mis a mort lesquelx furent aussi finablement occis cōme appert ou xxj^e chapitre du quart des rois en lieu duquel regna Josias.

¶ Chapitre xxxviij^e de Josia xδj^e roy.

Josias filz de Amon et xδj^e roy de Juda fust promeu et fait roy en laage de viij ans lan du monde trois mil trois cens xxj. De la iiij^e aage iiij^{xx} et trente. De faortes

Feuillet ij c xlvi

roy des medes l'an xije. De spanneticus roy de egipte l'an xbj°. De tullius hostilius roy des romains l'an xxx°. De la xxxiiij° olimpiade l'an premier. Apres rome cent et x. ans. Il regna xxxj ans en iherusalem/ tesmoing le xxije chapitre du iiije liure des rois. et le xxxiiije du second de paralipomenon. Non obstant ce que les lxx interpretes afferment qu'il ne regna que xxxij ans. Et est interpreté en quel lieu est senteuce de nostre seigneur. ou en quel lieu est le sacrifice. Il chemina les voyes du bon dauid sans soy decliner ne tourner ca ne la a dextre ne a senestre. En son temps estoit helchias grand prestre de la loy. Mais sophonias ieremias et une fémme appellée olda prophetisoyent come sera cy apres parlé.

¶ L'an premier du regne du dit iosias roy de iuda. flourissoit en grand bruit sigdamus siracusan. Duquel les os n'auoient point de mouelle come recite solinus. Et iamais ne suoit ne auoit soif. Il fust le premier qui des luites faictes sur le mont olimpus raporta la couronne.

¶ L'an iiij° de son regne ledit iosias retiroqua le peuple de ydolatrie come raconte comestor. Iaçoit que lors il n'eust seulement que xij ans/ tesmoig le xxxiiij° chapitre du second de paralipomenó.

¶ En cest an commeça regner Anchus marcius iiij° roy des romains. Et fust filz de paphilia fille de numa pompilius ije roy. Il regna xxiiij ans. Durant lequel fist plusieurs choses dignes de memoire. Premierement il combatist par infinies batailles les peuples voisins a tuscie ou toscane. edifia la cité denommée ostia qui est a xbj milliaires de rome. et adiousta le mont auentin et ianicule a la cité. Il fust seurnomé anchus pource qu'il auoit les bras courues car ce mot anchon en grec vault autant come coubte en françois. ¶ En cest an furent en grece primierement les respónces donnees en dodona forest tresancienne de la region epirus lesquelles respónces estoyent denomees oracle dodonee.

¶ L'an x° du regne de iosias estoit arion souueraiment renómé. Duquel parle

sainct augustin ou xiiij° chapitre du premier de la cité. et Aulus gelius semblablement ou xbiij° liure et ije titre des nuitz actiques. Disans que icelluy arion tres familier et amy de periander roy des corinthiens chargé de grande pecune qui desirant aler de cicile en son pays ou estoit ledit roy periander. Esleust pour mariniers les corithiens come ceux a qui se vouloit fier en tant qu'ilz estoyent de son pays lesquelx couuoiteux de pecune entrans en la haulte mer delibererent entre eux de occire le dit arion. Laquelle deliberation uenue a sa cógnoissance il leur offrist tous ses biens en priant qu'ilz luy saulua/sent la vie. Lesquelx par opposite luy commanderét qu'il se precipitast en la mer dont a grande paine ledit arion peust d'iceulx impetrer de vestir ses robes et de chanter en sa herpe ung dictier consolatoire de sa fortune auant que la dicte mer se gettast. Quant il y fut/ vit souddainement au dessus de l'eaue ung poisson appellé le daulphin sur le dos duquel le dit arion se posa sans se bouger ne descendre iusques ad ce que a terre seiche le eust trás/ porté ou il se presenta a periander roy de chorinthe. ¶ Dudit arion parle ou dit disant qu'il estoit assis sur ledit poissó en tenát sa herpe de laquelle il chátoit si doul/ cement que l'eaue de la mer y prenoit grand plaisir.

¶ L'an xj° du regne de iosias fust l'an de remissió et iubilé xxbij°

¶ L'an xij° ledit iosias demolist et de/ struict les bois/ teples/ autelz et yma/ ges des ydoles dont est faite mention ou xxxiiij° chapitre du second liure de para/ lipomenó.

¶ L'an xiij° ieremie filz de helcebiat grát euesque comenca a prescher et prophe/ tiser tesmoig comestor. et pphetisa l'espace de xlj ans cest assauoir iusch a leuer/ sion et destruction de hierusalem sás le temps qu'il prophetisa en egypte. De la quelle euersion dieu luy demóstra plusieurs signes. premierement notifia celuy qui auoit puissance. et seroit facte de icelle sequel estoit comme ung lar/ ron esueillé et tenant en sa main une

La iiiie aage

Serge pour dōmager et destruire ceulx qui seroyēt dormans, par lequel estoit signifie le dieu de israel. ou second signe luy demonstra le ministre & istrumēt de telle destruction signifie par la buy-re ou baril embrase & tout plain de feu, situe vers aquilon. par laquelle chose sont entendus les chaldiens lesquelx selond la situation de iherusalem vin-drent de la partie aquilonaire. Et fu-rēt ces deux visions soubz le roy iosias Tiercement luy demonstra nostresei-gneur la cause de leversion plus mani-festement par son lumbaire ou brayel qui par le commandement de dieu fut absconse sur le fleuve eufrates. et puis fust trouve si pourry quil nestoit poit propice de seruir a sōme en riens. Par-quoy estoit signifie que les iuifz seroyēt menees captifz oultre le fleuve eu-frates. Et fust ceste vision et plusie's aultres eue soubz les aultres rois qui se ensuiuent.

¶ Lā xviij^e du regne du dit iosias fust la cite epidaurus edifiee qui apres fust denommee duracium en lati.

¶ Lan xviij^e le dit Iosias lust et decla-ra deuant le peuple le liure de deutero-nome quil auoit trouve dedens larche de dieu comme appert es xxij^e et xxiij^e. chapitres du quart des rois. Puis con-straignist chascun a iurer et faire ser-mentz quilz ensuiuroyēt moise en tou-tes choses en gardāt les cōmandemēs de dieu. Apres ce il mist a mort tous en chanteurs sorciers et deuins. et rediga en pouldre toutes les vestiges et tra-ces de ydolatrie. Et aussy le serpent de arain que le roy ezechie auoit dissipe. il contamina & pollut les lieux haulx ou se faisoyēt les ydolatries. Et aussy la vallee de tophet et le feu moloch. en es-pandant esditz lieux les os des creatu-res mortes et aultres choses immūdes et ordes affin que telles habitatiōs fus-sent abhominables et sans nulle gene-ratiō. Item il demolist du tout en tout les cheuaulx et chariot du souleil qui es-toyent painctz a lentree du temple. car les rois de iuda y auoyent figure ly do-

le du soleil en forme dung enfant sans barbe pource que le soleil ne enuieillist point en tant quil renouuelle de io' en iour. En oultre auoyent figure ses che-uaulx et son chariot cuidans que en tel le forme le soleil eust translate le pro-phete helie. ¶ En apres le dit iosias vit ou mōt bethel ou sur lautel que auoyt fait ieroboā roy de israel il brula les os-semens des faulx prestres et prophetes lesquelx ossemens il auoit fait aporter des sepulcres estans es lieux haulx es quelx on faisoit les ydolatries. En ce fust acomplie la prophetie de addo qui telle chose auoit predit lan x^e du regne de roboan filz de salomō qui est iij^c xlj an deuant ce iour. ¶ Semblables ef-fectz fist le dit iosias en samarie et es ci-tes de manasses effraym et symeō ius-ques en neptalim en brulant et redi-gant en cendre ses autelx et ossemens pris es tumbeaulx et sepulchres. Tou-tesfois les ossemens du prophete addo qui telle chose auoit predit et dung au-tre qui estoit de samarie ne furent poit corrompus ne dōmagez mais demou-rerent en leur entier par le commande-mēt du roy. Apres ce il retourna en hie-rusalem ou il celebra vne pasque tres-sollemnelle A la celebration de laquel-le il appella les enfans de israel qui es-toient eschapez de la captiuite des assi-riens ou que par aulcune aultre auē-ture estoyent retournez.

¶ Lan xx^e Saddiactes vij^e roy des lid-des commenca regner durant lespace de xv ans. En ce mesme an panneciu^s exerca premierement tirannie ou roy-aulme de cicile.

¶ Lan xxiiij^e fust azarias filz de helchi-as promeu a la dignite souueraine de prestrise. lequel fust xv^e ministrāt ou tē-ple et desquist lespace de xix ans.

¶ Lā xxx^e tales milesi⁹ cōmēca flourir & estre biē renōme dōt est parle ou cha-pitre xx^e du xviij^e liure de. S. augusti.

¶ Lā xxxj^e du regne du dit iosias & se-dit pharao nechao roy degipte cōtre le roy des assiries cuidāt les seurmonter pource quil auoit entendu que les medes et babiloniens se estoyent departis de leur subgection ¶ A lencontre dicelluy roy degipte sint ledit iosias desirāt ai/der au roy adremon et voulant empescher quil ne passast par iudee Mais en ce fust le dit iosias naure a mort ou champ Magedo tesmoing le xxiij⁰ chapitre du quart des roys et le xxv⁰ du second de paralipomenon. parquoy ledit andremon auec toute sa compaignie se ploura tresamerement sans vouloir estre consolé. lequel pleur est allegué par zacharie en son xij⁰. Toutesfois dist la glose sur le second chapitre de ieremie asur le xxxv⁰ du second de paralipomenō que le dit andremon fust par pharaon occis en ce mesme temps que iosias auoit este naure dune sayette. En oultre dicelluy iosias est escript que il fust frape pres dune fontaine et dung arbre qui incontinent tarirent et secherent. Apres ce il fust aporte en hierusalē et enseueli ou sepulcre de ses peres Pour la mort duquel et aussi pour la destruction et ruine de hierusalem qui approuchoit escript ieremias ses lamentations qui sont recitees es tenebres de quaresme / cestassauoir Quomodo se/det sola ciuitas plena populo ⁊c.

¶ Le dit iosias lessa trois filz dont laisne estoit nommé eliachim aultrement ieconias ou ioachim aagé de xxv ans. Le moyen estoit appellé ioachaz ou sellum aagé de xxiij ans. Et le tiers ma/thathias aultremēt sedechias aagé de viij ans auquel furent finablement les yeux creuez par le roy de babilone / tesmoing le xxv⁰ chapitre du quart liure des roys.

¶ Chapitre xxxviij⁰ de ioachaz xviij⁰ roy

Ioachaz filz second de io/sias et xviij⁰ roy de iuda com/mēca regner en laage de xxiij ans lan du monde iiijᴹ CLxix. De la iiij⁰ aage iiijᶜ Lxij. De nechao aultrement necepsue roy degypte lan iiij⁰. De sar/dactes roy des lidies lan xiij⁰. De ar/sacides roy des medes lan xix⁰. De

feuillet iiⁿ⁰ xlvij

europs rois des macedoniens lan vj⁰. De la xlⁿ olimpiade lan iiij⁰. Apres rome cent xli an. Mais selon beda ⁊ les lxx interpretes il cōmenca regner lan du mōde iiijᴹ D C iiijˣˣ et ix. qui sont vj cens et xi ans deuant la natiuite de ie/sucrist. regna trois mois seulemēt sur hierusalem car comme est escrit ou trete et xxxvj⁰ chapitre du second de paralipo/menton / Nechao roy de egipte venant en hierusalem le deposa en imposant sur icelle terre amende et tribut / cestas sauoir cent talentz et deniers dargent ⁊ vng dor. puis le mena en egipte soubz vmbre ⁊ couleur de loy honorer. mais quant il fust a reblata et antioche il le lia estroictement et mist en prison rigoreusemēt. En lieu de luy le dit nechao constitua en roy sō frere ieconias.

¶ Chapitre xxxix⁰ de eliachim xviij⁰ roy.

Eliachim aultrement nōme ieconias ou ioachi fust pmier filz de iosias et xviij⁰ des roys de iuda. Fust fait roy en laage de xxv ās ou iiij⁰ mois dicelluy mesme an que sō frere ioachaz auoit cōmēce regner. Et ql fust cōstitue par nechao roy degipte ql le fist tributaire et subiect en signe de laqlle subiectiō il mua sō nō ppre q es/toit eliachim et fust appellé ioachim. il regna xi ans en iherusalē. Durāt lequel tēps il fist plusieurs maulx dont il fut redargue et repris du pphete vrias au quel il fist tāt de menasses quil fust cōstrainct de sen fuir en egipte.

¶ Lā iij du regne du dit ioachim fust lā pmier de la xlv⁰ olipiade. En ce mesme an ledit ioachim rappella degypte le dessusdit vrias et puis par mort tres laide et villaine le fist mourir

¶ Lan iiij⁰ fust lan de remission et iubile xxxiiij⁰. Et lan du monde iijᴹ iiijᶜ liiij. ¶ En ce mesme an cōme dit beda en sō petit liure des tēps nabugodono/sor trāporta en babilone daniel / Ananias / Azarias / misael et plusieurs aul tres auec partie des vesseaulx du tēple apres ce que iherusalē fust prise.

La iiii^e aage

¶Lan iiii^c cōmēça nabugodonosor regner en babilone. lequel apres ce que il eust seurmonte le roy degypte aporta auant soy tous les biēs qł auoit depuis le ruisseau degipte iusqs au fleuue eufrates. cōsequammēt passa le dit fleuue. ¶ Suppedita toute sirie fors le pais de iudee iusques a pelusiue. ¶Dicelup dit beda en son petit liure que de ce temps il commēcoit dominer non pas seulemēt sur les caldees et iuifz mais aussy sur les egiptiens, assiriens, moabites et autres peuples sans nombre

¶Du dit an parla hieremie a tout le peuple en disant Auiourdy est le xxiii^e an que ie vous declaray et exposay la parolle de dieu lan xiii^e. du regne de iosias en quoy n'auees voulu ne daigne moy escouter. et pour ceste cause vous seres lespace de lxx ans sers a nabugodonosor. lesquelx ans acomplis la terre des caldees sera faite sollitudes et desertz sempiternelz.

¶Aussi en ce mesme an le prophete baruch escript en son liure toutes les bonnes parolles quil auoit entendues de la bouche du bon Ieremie comme tesmoigne le xxxvi^e chapitre du dit Ieremie. ¶Item en cest an fust le commencemēt du regne de aliactes viii^e roy des medes regnant xlix ans.

¶Lan v^e et mois ix^e Baruch estant a lentree de la porte neufue du temple list les sermons et parolles quil auoit ouyes de ieremie. Pource que le dit Ieremie enclos en prisō et detenu de peur quil ne preschast luy auoit commande de ainsy faire. mais les princes et anciens de la maison du roy prindrent le liure et le porterēt au roy assis en sa maison pres des charbons porce quil estoit yuer. Quant le roy en eust ouy lire iii. ou quatre pagees il le deschira decoupa et geta dedens le feu combien que plusieurs de sa maison ad ce contredissent et ne voulussent telle chose endurer Apres ce il voulust prendre et efforcer le dit Baruch et ieremie iasoit ce quil ne les peust trouuer en tant que nostreseigneur les auoit absconsez et muszez en lieu ou il dit a Ieremie Escrips de rechef ce qui estoit contenu dedens le liure que le roy Ioachim a brule. et luy dis que il sera ensepulture en la sepulture dung asne et ne sera en riēs plaict ¶Item en cest an fust le commencement du regne de psanneticus x^e roy de la xx^e dinascie des egyptiens et regna douze ans.

¶Lan vi^e qui est du monde iij^M iij^C lvij. De sa quatriesme aage quatre cens lxviij. Apres rome cent xxxvij ās fust lentree du regne de tarquinius priscus v^e roy des romains qui regna lespace de xxxviii ans Et fust accepte en roy pour son industrie et ellegance. car il estoit natif de corithe ou il auoit este instruict en seloquence de grece laquelle il ioignist auec ses ars ytaliques. cōme dit Comestor il edifia a rome vng theatre et quarfour nomme circus en latin ou quelles ieusnes gentz se experimentoyent a courir leurs cheuaulx. il fist les murs les chambres priuees, et le capitole. institua ieux. augmenta et doubla le nombre des senateurs. Item soubz luy fust linuētion de maltes façons de vestemens comme heuques manteaulx et toques painctes et de royaulx et ornemens apres ce que il eust subiugue ses aduersaires. Il fust occis finablement lan xxxviij de son re

Feuillet ij^e xlviij

gne par les seruiteurs de son predeces/
seur aucus martius.

¶ Lan viij^e du regne du dit Joachim q̃
est de nabugodonosor la̅ iiij^e Jeremie p̃
le commandement de dieu introduict
les rechabites dedens le tresor.

¶ En cest an fust ledit Joachim prins
par nabugodonosor et mene en̄ babilo/
ne auec plusieurs autres nobles. mais
pource que en alant le dit Joachim se
soubmist a vouloir payer tribut et ren
con laquelle chose il entretint trois ans
seulement Il fust renuoye en̄ hierusa/
lem. et par ainsy le dit Nabugodono/
sor ne amena auec soy fors seulement
aulcuns ieusnes enfans du sa̅g royal
entre lesquelx estoit Daniel et les iij.
aultres/ cestassauoir Ananias azarias
et misael.

¶ Lan ix^e Pitac⁹ mitilenus qui estoyt
lung des sept sages de grece occist en la
ioute et luite olimpiaque vng athenie̅
appelle freno. do̅t est parle cy dessoubz
ou chapitre xlvij.

¶ Lan xj^e de son regne Joachim denia
et refusa a nabugodonosor le tribut et
la foy quil luy auoit promis. parquoy
il fust occis du dit Nabugodonosor. et
aussi tous les vaillans et fors cheuali/
ers de sa maison. Et apres par le com
mandement du roy fust sans sepultu/
re Jette hors le mur pource quil ne a/
uoit point tenu promesse ainsy co̅me
auoit este predict ou xxij^e chapitre de
hieremie.

¶ Pource que ou premier chapitre de
sainct mathieu est escript que Josias
engendra en babilone Jeconias et ses
freres. On pourroit doubter se tel dit
est veritable Auquel peult estre respo̅
du que a parler absoluement tel dit est
faulx. car ilz estoyent nez auant telle
transmigration comme est dit dessus.
Non obstant sainct augustin excusa̅t
sainct mathieu expose tel dit en disant
que iasoit ce que lesditz enfans nayent
point este engendrez en la transmigra
tion de babilone/ toutesfois ce a este ou
temps prochain a telle transmigratio̅
comme apert cleremẽt a ceulx qui son/

gneusement regardent le temps prece
dent et subsequent.

¶ Chapitre xl^e de ioakin xix^e roy de iu
da.

Ioakin ou aultrement Je
colas xix^e roy de iuda fust filz
du precedent ioachim xviij^e roy consti/
tue en laage de xviij ans par Nabugo
donosor pour regner sur iherusalem en
lieu de son pere lan du monde iiij^M iiij^C
lxiij. De la iiij^e aage iiij^C lxxiij. De ast
actes roy des lidees lan ix^e. De psa̅ ne
ticus roy des egyptiens lan viij^e. De
tarquinus priscus roy des romains la̅
xvj^e. Apres Rome cent lij ans. Mais se
lon les lxx interpretes il co̅menca la̅
du monde iiij^M vj^C. qui est deuant la
natiuite de ihesucrist vj^C ans. Il ne re
gna q̃ trois mois et dix iours/ tesmoig̅
le dernier de paralipomenon Car na/
bugodonosor craigna̅t quil ne luy sou
uint de la mort paternelle parquoy prist
aliance aux egyptiens et voulsist soy
rebeller contre luy/ vint en iherusale̅
de rechef/ a lencontre duquel ala le dit
ioakin auec sa mere et grande compai
gnie de nobles. lesquelx il transporta
tous en babilone. En telle transmigra
tion estoye̅t deux mil princes. vij. mil
cheualiers et fors co̅batans. et mil or/
feures et aultres ouuriers qui en som/
me totale font dix mil. Du nombre de
telx prisonniers estoit mardocheus gra̅d
pere de hester. Et aussi le pphete Eze
chiel qui pour lors estoit moult ieusne
no̅ obstant ce que selon iosephus il a/
uoit ia escript deux liures touchans la
destruction de la cite de iherusalem les/
quelx il laissa en iudee. ¶ Nabugodono
sor co̅stitua en lieu dicelluy Joakin son
o̅cle mathathias ou mathanias iij^e filz
de iosias/ en faisant promettre par son
serment quil luy rendroit tribut. Et
aussi luy fist cha̅ger son nom parquoy
fust appelle sedechias en signe de telle
subiectio̅. En ce pas ne doibt point
estre ignore que aulcuns commencent
en cest an les lxx ans de la captiuite do̅t
sera parle en la ve aage.

La iiii.e aage

Chapitre de sedechias xx.e roy.

auec les prisonniers fust mene en babi/lonne.

Sedechias autrement mathatias xx.e roy de Juda fust iij.e filz de iosias. commenca regner en hierusalem en laage de xxj an côme apert ou xxxvi.e du second de paralipo/menon ou iiij.e mois dicelluy mesme an que ioakin filz de son frere Jeconias fust fait roy. Regna xj ans durant les/quelz il fist plusieurs maulx en soy or/guillissant comme son frere. Il se vou/lust ioindre et auoir aliance au roy des egyptiens et non point garder mays faulser le iurement quil auoit fait au roy de babilone. en tant quil ymagy/noit lesditz assiriens debuoir estre tost seurmontez par les egyptiens comme les faulx prophetes luy auoyent don/ne a entendre. Ce mot Sedechias est interprete iustice de dieu. ou iustifi/ant le seigneur. Mais mathatias est in terprete donc de dieu. ou don de nostre/seigneur.

Lan premier du regne de Sedechias fust saraias filz de azarias esleue a la dignite episcopale. Et par ainsy fust xij depuis la fondation du teple mais finablement fust occis par Nabugodo nosor quât hierusalem fut prise. et en son lieu fust son filz iosedech constitue qui

Lan ii.e fust la cite de massile edifiee comme dit Helinandus es temps de tarquinus priscus dont les habitateurs cestassauoir massiliens corrompirent le grec et le latin et virent de langage barbare.

Lan iiii.e du regne du dit sedechie fut le commencement du regne de Astra/ges viij.e et dernier roy des medes leql regna xxxix ans. En ce mesme an cinq roys cestassauoir les rois de edom de moab de tirus. de amon et de sirie delibererent et conclurent auec ledit se dechie quilz denieroyent et ne payeroy ent point tributz au roy de babilone. A laquelle chose contredit le prophete Je remias. lequel en tel an prophetisa con tre achab et sedechias faulx prophetes comme appert ou xxviij.e xxviij.e et xxix chapitres de sô liure. lesquelz faulx pro phetes estans en babilone affermoyent quilz deuoyent tost retourner de telle captiuite.

Lan v.e le prophete ezechie aage de xxx ans commenca prophetiser a ses compaignons prisonniers. Et estoyt lan cinquiesme de la transmigration de ioachim auec lequel transmigra eze chiel/daniel/et ses trois enfans dessus nommez. Ledit ezechiel predit leuersiô

Feuillet ii^c xlix

de hierusalem. Le brulemēt ⁊ ruine du temple. La famine/indigence/ et cala/mite de ceulx qui estoyēt demourez en la cite lesquelz debuoyēt perir de faim. Et ceulx qui estoyent hors debuoyent perir de glaive. et les aultres pris com/me captifz et prisonniers souffriroyent greue seruitude. Mais ses cōpaignons qui ia estoyent captifz en babilōe fina/blement seroyent deliurez de telle ser/uitude

⁋Lan sisᵉ fust lā de remission et Jubi le xxsijᵉ.

⁋Item comme dient aulcuns Solon donna en cest an ses loyx aux athenies Touteffois lopinion de plusieurs est que des auant Numa pompilius se/cond roy des romains il les auoit pro/mulguees comme apert en ce que le dit Numa fist translater les loix du dit so lon pour lesditz romains. Aussi fust en ce temps Ezechiel esleue entre le ciel ⁊ la terre/tesmoing son viijᵉ chapitre. en laquelle esleuation vit lydole Baal. la grande aigle et plusieurs aultres cho/ses contenues en son liure. lesquelles il declaira a ses consortz. Par la dicte ai/gle vouloit entendre Nabugodonosor qui auoit transporte Jeconias en babi/lone ou lieu du quel auoit constitue en roy son oncle Sedechias/mais pource

qui ne garda pas la foy et aliance pro mise au dit Nabugodonosor y mou/rust finablement comme apperra cy a pres.

⁋Lan sisᵉ Epimenides subuertist a/thenes.

⁋Item aux luitteurs ⁊ iouteurs fust lors premierement donne tragee/cest a dire ung bouc pour denoter la feteur ⁊ ordure de la matiere. non obstāt ce qilz eussent pour leur loyer et guerdon aul tre chose plus digne. Desquelles choses ce nom tragedie a prins sa denomina/tion laquelle tragedie est comme farse parlant des enormes ⁊ villains gestes et fais des rois princes et grandz sei/gneurs. Mais comedie parle des hom/mes de bas estat. et de stile plus rude Se commence le plus souuent en tri/stesse et desfine en ioye. ⁊ la tragedie par opposite se termine tousiours en mar/rison et courroux.

⁋Lan viijᵉ fust le commencement du bruit et renom de Milo crotoniēsis ou temps de Tarquinus priscus comme narre Solinus. lequel en oultre dit q̄ le dit milo es ioustes de olimpus por ta ung boeuf tout vif sur ses espaules lespace de vne stade. Le occist de sa main nue sans auoir quelque baston. puis en ce mesme iour luy seul le mengea tout sans soy greuer. Finablement il mou/rust victorien en toutes les ioustes et luittes qui se faisoyent. ⁋De icelluy milo dit macer listorien que ce ioustes portoit de coustume la pierre nommee alectorius en lati laquelle est de la grā deur dune feue et est trouuee dedens le ventre dung coq. ⁋Semblablement de luy parle tulles ou liure de vieillesse disant que icelluy congnoissant soy estre viel et impotent et voyāt les vail lans champiōs se exerciter regarda ses bras et en plourant dit: Ilz sont mors maintenant ces bras par lesquelz iay este tant ennobly.

⁋Lan ixᵉ du regne de Sedechie vit na bugodonosor assieger hierusalem Tes moing le xxvᵉ du quart des rois et le dernier du second de paralipomenon

La iiii͞e aage

deuant laquelle cite fust le siege si longuement que aux habitans victuailles et viures deffaillirent tellement q̃ les femes furent constraincte₃ de mẽger leurs enfans.

¶ Lan xi͞e ou ix͞e iour du quart moys fust pris sedechias par nabugodonosor en fuyant. puis en reblata ou anthiochie q̃ est cite en la terre de emath creue les yeulx apres ce q̃ ses fil₃ auoient este en sa presence occis. Et consequãment iceluy mis ce spens fust mene en Babilone auec lequel fust pris la dosescẽt Josedech fil₃ du grãd euesque zaraias lequel zaraias auoit este par auant mis a mort par nabugodonosor.

¶ En ce mesme an ou x͞e iour du cinq̃esme mois qui est de Nabugodonosor lan ix͞e nabuzardan brula le temple, la cite et destruict tout les murs de hierusalem et transporta les vesseaulx du temple, les deux colũnes et la mer darain. captiua tout les nobles puissans et robustes en lessant les poures gens impotens a porter armes et les vignerons ꝛ aultres laboureurs de terre seulement, sur lesquel₃ il constitua godolias preuost Mais a Jeremie donna liberte et permist les rechabites se departir comme appert ou xl͞e chapitre du liure de Jeremie. Par ainsy fust define le royaume des hebrieux qui auoyt dure 8͞c xiiii ans vj moys et dix iours cõme dit Josephus ou x͞e chapitre de son x͞e liure des antiquites. Non obstant q̃ nostre bible en mette xj ans mains. durant lequel temps auoyent regne xxij roys en commencant a Saul premier roy. Et sans y nombrer athalia. Aussi y eust durant tel regne xij grans prestres de la loy ou xv comme dient aulcunes en commencant a sadoch qui fut institue par salomõ iusques au dessus, dit saraias occis par Nabugodonosor. Apres la fondatiõ du temple iiii͞c xlj an. Jasoit ce que comestor die iiii͞c lxx ans vj mois et dix iours. Apres sẽtree de la terre de promission viii͞c lxxx ans. Apres la loy donnee ix͞c xxj an. Apres la natiuite de abraham mil iiii͞c xxvj

ans. Apres le deluge mil iiii͞c viii. Apres le commencement du monde iii͞m iiii͞c lxxiij. mais selon les lxx iterpretes iiii͞m ij͞c xj ans et viij moys q̃ sont 8͞c iiii͞xx et ix ans deuant la natiuite de ihũcrist. La 8͞du xx͞vij͞e iubile et de la transmigration de Jeconias en babilon lan xj. ¶ En ce pas ne debuõs point ignorer que aultre chose est entẽdue par transmigration et aultre par captiuite. car la transmigratiõ connote aulcun offre volontaire, et en ceste maniere furent Jeconias et les siens transportez en babilone. mais captiuite denote chose violente comme fust sedechie violentement captiue et mene prisonnier. et pource quãt est faite mẽtion de la transmigration de iuda doit estre entendu de Jeconias. Mais la captiuite fust soub₃ sedechias. ¶ Du vi͞e mois de lan dessusdit ismahel occist godolias tesmoing le xlj͞e chapitre de ieremie Apres la mort duquel les iuifz qui estoient demourez en iudee sen fuyrẽt en egypte contre le conseil de Jeremie combien quil₃ menassent auec soy le, dit ieremie ꝛ baruch oultre leur volẽte

¶ De la mort et confusion de Sedechias roy de iuda parle amplemẽt Comestor en ceste maniere. Quant nabugodonosor eust entre en grand põpe et victoire dedens hierusalem Il fist auec tout le peuple a ses dieux sacrifices solẽnel₃ lespace de dix iours. Et cõme en vng iour Ilz fissent plus grãde chere que es aultres le dit roy commanda que sedechias et aulcunes des chantres du temple fussent amene₃ deuant luy affin que iceulx chantres moyennant leurs istrumet₃ musicaux resiouissẽt la compaignie des buuans et mengãs en chantant les cantiques de syon. Apres ce fust ausdit₃ chantres donne a boire. et singuliercmeut fust au roy sedechias occultement baille par le commandement de nabugodonosor bruuage laxatif. par quoy il fust lasche de ventre dont ignominieusement se vuida en la presence de tous et apres plusie͞rs derrisions fust remene en prison. en la

Feuillet ii

quelle il trespassa piteusement quant y eust souffert grādes douleurs. Quāt nabugodonosor congnust sa mort il le fist tirer hors de prison et ensevelir honorifiquement comme apartiēt a roy.

¶ Telle confusiō et infamee de mort permist dieu pour le periure quil avoit cōmis lequel peult estre fait en quatre manieres comme dict goffridus t hostiense grans iuristes/cestassavoir par iurer faulx. par transgression de iurement. Par iurement indiscret et par menterie confermee par iurement. des quelles manieres le dit Sedechie ne fust point exempt.

¶ Cy define le royaulme des iuifs

¶ Ainsy cōme est veu dessus le royaume de tout israel definapost les peches des rois et de tout le peuple. car non obstant ce que dieu soyt tresmisericordieux toutesfois peche le provoque a Ire et a vengance considere que le peche mortel est maladie dont lōme est malade iusques a la mort. et par la quelle lame est privee de la vie de grace cōme apert en la premiere question de la xx. cause. Or est il ainsy que tous les roys de iuda ont este fais ydolatres excepte trois cestassavoir david/ Ezechia t Josia, tesmoing le xlix. chapitre de ecclesiastique. parquoy il est manifeste q̄ les aultres ont grevement offense dieu.

¶ Ydolatrie est cōmise en plusieurs manieres/ premierement par rebelle inobedience quant on na point vraye foy es choses que len doit croire. Secondement par observer et faire sorceries et divinations comme apert en la seconde question de la xxvi. cause. Es quelles choses tous les rois de iuda exceptez les trois dessusditz ont tresmalement erre. parquoy en eulx nestoit point proprement le nom de roy car ung roy inique nest point vrayement roy comme escript le pape Nicolas du roy lothaire en la premiere question de sa ii. cause. considere que loffice dung roy est prendre choses iustes et prohiber et deffēdre les illicites et iniustes. affin que les bōs vivent pacifiquement entre eulx. tesmoing la iiii. et v. question de la xxiii. cause. Mais les rois de iuda dont cest pitie nont point ainsy regi et gouverne. et encor pis ceulx de israel que ceulx de iuda. pour la quelle cause est dit ou v. de ysaye. Pource que mō peuple na point eu de science il a este mene captif et prisonnier. Les nobles sont peris de faim t de soif. En oultre pour ceste cause enfer a ouvert sa gueule dedens seglsont descendus les fors les glorieux et les esleuez/ lesquelz ne pensoyent ne entendoyent point ad ce qui est escript ou pseaulme cent xviii. cestassavoir a bien garder les cōmandemens de dieu En ceste forme et maniere vivent les rois et princes de nostre temps non point ayans regart au temps futur. des quelx prices la bouche ne parle que vanite et la main est la dextre de iniquite dont ravissent les choses t les biens estrāges. Jasoit ce que tousiours soyent et vivent en egeste t indigēce tesmoing le chapitre xi. des proverbes. Et par ainsy sont nō point a tort fais semblables aux oiseaulx ravissās qui en tous tēps sont maigres et ne considerēt point le mot horrible escript ou v. de la premiere epistre aux chorinthes/ cestassavoir que les ravissans et ceulx qui vivent de rapine ne possederont point le royaume de dieu/ car telx ne peult iamais faire penitence salutaire en retenant les biens dautruy quant ilz ont facul

¶ La iiiie aage

te et puissance de satisfaire et ne sont point de satisfaction comme apert en la iije question de la xiiije cause. Et qui pis est les princes rauissans et faisans offrendes et edifians esglises de telz biens offensent et tourment plus dieu qlz ne lapaisent tesmoing le xxxiiije de ecclesiastique ou est escript que celluy q offre et fait sacrifice des biens et substãce du poure fait aussy gref peche come celluy qui immole et occist le filz deuant la face de son pere. car a cõme desirant de faire son salut ne souffist pas de non rauir les biens daultruy/ mais est requis de faire dons et aulmones de ses propres biens. Donques entre võ' rois entendes et penses cy. Et vous iuges qui faites les iugemens sur la terre prenes cy vne doctrine en apart auec vous en faisant vos negoces tousio's Verite/ Justice/ et prudence pour mieulx regir et iuger le peuple a vous subgect Car ou Vje chapitre du liure de sapiece est escript que les rois doibuet aprendre sapiece afsi qlz regnet perpetuellement sãs faglle tesmoig Laban' ne peuet bie regner considere q la chose publiq est lors bie gouuernee quat philosophes et ges sages gouuernet et regnet. et aussi quat les rois pphetiset. Et pource dit aristote ou iije liure de politiques que prudence est la ppre vertu apartenãt aux prices. ¶ Pour cõfirmation de ceste chose apert de salomõ leql po' mieulx regner requist seulemet a dieu dauoir sapiece cõe apert ou iije chapitre du tiers liure des rois laglle il obtit parquoy il gouuerna sõ royaume glorieusemet.

¶ A ce ppos est dit ou Vj de ethiques et en la xlviije qstiõ de la ije partie de la seconde de saict thomas q prudece est vne droicte maniere et regard de faire ses besoignes selõ mudicite et purite en vray ement extirpãt les vices. car a quoy pfsit dauoir science de fuir les maulx/ et de faire les biens sans loperatiõ: Il est manifeste que telle sciece nuit pl' que elle ne prouffite. Car tout hõe peche greuemet q scet et peult faire aulcu bie q ne le fait poit tesmoig le iiije chapitre de la canonique de saict iaques. et la ije distictiõ de penitecijs. Pour ceste cause dist seneque en lepistre xxe que philosophie et sagesse enseigne et cõmade les paroles rõsoner aux fais. car ceste office est grade signifiace de sapiece et de vertu quãt les oeuures correspondet aux dis. ¶ Ysidore dit ou iije liure du souuerain bie q les rois sõt appelles rois par bie regir et gouuerner. mais en mal gouuernãt ilz pdet tel nom. Aussi ledit ysidore dit ou ixe des ethimologies q en uers les ãcies estoit tel puerbe en cours cestassauoir Tu es roy se tu fais bie. si non/ tu ne les poit. Pour ceste cause dit le philosophe ou Ve de politiques q pour regner doit estre esleu le meilleur a qui on doiue obeir. pareillemet dit ou viije de ethiques que celluy nest pas roy qui nest excellet sur tous en bies et vertus. Et pource est dit ou xxe des prouerbes. Le roy q est assis ou siege de iugemet par sõ seul regard dissipe et destruit tout mal et peche. lequel mal generalemet est en trois materes/ tesmoig sait iehã ou ije chapitre de sa ije epistre. disãt que toute chose vicieuse estãt en ce monde est cõcupiscece des yeux. ou cõcupiscence de la char. ou elation et orgueil de vie. lesquelx trois vices troublet Impetueusemet le repos de sentemet. en signe de la quelle chose Salomõ pour regner pacifiquemet cõmada de occire trois psonages cõe apt ou premier chapitre du iije liure des rois. Le pmier fut adonias q est iterpte dominateur et sal cõtenemet et desprisemet. par lequel est signifiee la cõcupiscece des yeulx. Le ije fust le grãd prestre abiathar q est interprete mõ pere Sigilãt a peche. ou suscitãt peche. par le quel est signifiee concupiscence de la char. la quelle nous poüons refraindre moyenãt la grace de dieu et nõ pas totalemet de nous mesmes exterminer ne destruire cõme dit crisostome. Dõques a este telle chose cõuenablemet notes en abiathar q ne fust poit du tout occis de cõmencemet mais cõdãne a mort sil ysoit les portes de hierusale. ¶ Le iije fut le cõnestable

Joab vouloit soustenir et donner port a faueur audit adonias. lequel Joab est interprete inimitiez et haynes. et signifie enuie laquelle cōme dit sait gregoire procede de orgueil. appete excellence singuliere sur les aultres. et est desplaisante quāt aulcū luy est fait egal ou sēblable. Ces trois vices et ennemis doiuent estre occis par trois medicines. Le premier cestassauoir cōcupiscence des yeulx par pouurete voluntaire. Le ij.e par nette chastete. Et le iij.e par obedience. Apres lexpulsion ou interfection de ces trois/regne salomon cestadire tout bon roy ou aultre homme pacifiquemēt.

¶ Auec les choses dessusdictes a vng roy sont requises plusieurs conditions dont nous dirōs aulcunes. Premieremēt est requis dauoir fermete et puissance / pour refrener les voluptez en corrigant les mauluais. et pource nest point inutilemēt dit ou tiers liure de politiques que toute principaulte a seignourie dont le roy est exellent doibt auoir puissance et force de corriger les mauluais. parquoy ou v. de ecclesiasti q est escrit ne desire point destre iuge se p force ne peux seurmonter les iniquitez sans craindre la face daultruy plus puissant que toy. lequel te face aulcun scandale souffrir a cause de ton ipotence.

¶ Secondement est a vng roy requis sauoir pitie et clemence affin quil soit doulx amateur des indigentz et souffreteux. Et pource dit seneque ou premier liure intitule de clemēce. quil nest nul a qui clemence soit propice plus q a prince. laquelle chose est confermee par le xx.e chapitre des prouerbes ouquel est escript q vng roy est entretenu par misericorde et verite et que son throne est robore et enforcy par clemēce. ¶ Tiercement equite et iustice est necessaire au roy affin quil soit iuste Iudicateur des causes. car cōme dit le philosophe ou v. de politiques la loy est custode et garde du iuste et ou v. des ethiques dit que on a recours au iuge cōme au iuste. Pour ceste cause est nō pas a tort escript au pseaulme xxviij.e que lōneur du roy est aimer iugemēt et iustice. ¶ Quatrement doibt estre le roy ferme en la foy catholique et vray obseruateur des cōmandemēs de dieu. car il est difficile a aulcun prince de bien cōmāder a ses subgetz se luy mesmes refuse obeir a sō souuerain. Et pource entre vous rois faites seruice a dieu en le craignant et vous esiouisses en telle tremeur causee par deuotiō et eleuatiō dentendement et de pensee enuers dieu.

¶ En ce pas ne debuōs point ignorer q y a trois especes de seruitude. La premiere est de infectiō vicieuse laqlle est causee par peche cestassauoir quant on se rend serf au deable. De telle seruitude se cōplait lame du corps ou xxxiiij.e chapitre de psaye en disāt. Tu me as fait seruir a tes pechez. Tu me as baille labour en tes iniquitez. et iasoit ce que le deable tirāt et ennortāt lōme a peche / luy promette liberte touteffois le contraire tousiours aduiēt tesmoig le viij de sainct Jehā. Tout hōme q fait peche est serf a peche. ouquel lieu dit sainct augusti. O miserable seruitude de peche. tu es monlt differēte des aultres. Car le seruiteur de lōme se repose aulcūeffois quāt il est traueille et trop lassez cōmādemēs de sō seigneur. Mays le serf de peche ne trouue nul lieu ou il puist fuir ne reposer quant de peche est enteche. car en quelconque lieu qil voise/ Il maine tousiours le peche auec soy lequel demoure en son ame. La volupte et delectation du peche passe tost et sen va/ mais le peche ne passe point ains demoure et tourmente la personne.

¶ Sainct Jerome sur ce pas Qui facit peccatū seruus est peccati/ dit que non pas seulemēt lōme est serf dūg peche mais de autant de deables quil y a de vices et pechez en luy. ¶ Sainct augustin ou iiij. de la cite de dieu dit. suppose que vng bō homme soit seruiteur a vng aultre touteffois est il en liberte puis quil nest point en peche. mais vng hōme mauluais et vicieux est tousiours serf Jasoit ce quil soit roy ou prince.

¶ La seconde seruitude est de cōdition

La iiiie aage

ennuyeuse et constraincte par laquel/
le on est subget a endurer q souffrir au
cune paine cōme furent les enfās de is
rahel serfz en egypte tesmoing le xiiie.
de exode. onquel lieu est la parolle de
dieu disant/Je vous ay mis hors de la
maison de seruitude par ma puissance
forte. ¶ La iiije seruitude est de perfecti
on vertueuse qui est riglee par droit/p
laquelle lōme fait seruice a dieu ou a
quelque aultre hōme pour lamour de
dieu duquel tel hōme est licesgerent
ou vicaire. Et pource est biē dit ou xxe/
q iiije de iosue que on doit craindre dieu
et le seruir de coeur parfait. Telle ser/
uitude doibt auoir premierement cha
stete tesmoing le premier de sainct luc
ou est escript faisons luy seruice en sai
ctete et iustice. Secōdemēt doit auoir
hōnestete de meurs assi quil se mōstre
hōme q nō pas beste brute. Tiercemēt
doibt auoir abstinence de boire q mē
ger. car ceulx qui sōt rēplis de viandes
sont inhabiles a bien seruir cōme apert
ou ixe chapitre de la premiere epistre en
uoyee aux corinthes. Quartemēt doit
auoir reuerēce de courage car seruite
est ūg nom de humilite. Quintemēt
ioye de coeur car ainsy cōme est escript
ou ixe chapitre de la iie epistre aux corin
thiens/dieu aime le donneur qui est de
coeur ioyeux. Or est il ainsy que le ser
uiteur de dieu se dōne a dieu parquoy
doibt auoir telle ioye. ¶ Item telle ser/
uitude deliure lōme de vices car celuy
qui deument sert dieu ne sert point le
deable tesmoing le vje de sainct mathieu
ou quel est escript que nul hōme ne peut
seruir a deux. Et pource est dit ou vije
chapitre du premier des rois prepares
vos coeurs a dieu q faites seruice a luy
seul et il vous deliurera de la puissāce
des philistiens. cest adire de double rui
ne. car le peche fait trebuscher lōme q es
tre priue de grace et de gloire. Sainct
augustin ou xixe liure q chapitre penul
time de la cite de dieu dit que a tous hō
mes cest chose vtile de seruir a dieu. car
en telx la raison domine sur le corps p
quoy peult soubz les piez mettre tous

uices. Semblablemēt est escrit ou iiije
de sainct mathieu. tu adoreras tō dieu
et ton seigneur et feras seruice a luy
seul. Doncques seruons le bien en exul
tation et ioye affin que des fleaux q ba
stons des deables ne soyōs point tour/
mentez.

¶ Chapitre xlije du residu des iuifz

Le residu du peuple de iu/
da oyant que godolias auoit
este frauduleutement occis par ismael
comme est dit dessus eust grāde paour
parquoy tous et petis et grans se asse/
blerent vers ieremie comme dit conte
stor/disposans eulx en fuyr en egypte
et doutans que pour la mort du dit go/
dolias ilz ne fussent tous occis par les
caldiens. parquoy dirent au dit prophe
te. prie dieu pour nous affin quil nous
monstre quelle chose nous deuōs fai/
re car nous sōmes deliberez de faire tout
ce que par toy nous sera reuele. Apres
sept iours nostre seigneur parla a iere/
mie en disant se vous demourez en ce/
ste terre ie vous planteray q ne destru
iray point. car ie suis ia apaise du mal
que iauoye dispose vous faire. Et po
ce ne craignez point la face et presence
du roy de babilone atendu que ie suis a
uecques vous, mais se vous descendez

Feuillet ii^c liii

en egypte pour y habiter/ Nabugodo/ nosor que vous craignez moult vous prēdra. dōt mourrez de glaiue/ de famine/ et de pestilēce. Ces paroles reuela Jeremie au peuple de iuda lequel peuple respōdist orgueilleusemēt/ disant a ieremie tu mens. Dieu ne ta poit cy enuoye par deuers nous pour dire telles nouuelles mais ce a este le prophete baruch desirant que soyons bailles aulx mains des chaldiens. pour ceste cause ilz alerent tous en egypte menās auec soy leurs fames/ēfās/ ꜩ toute leur sub/ stance. En oultre y menerēt ledit iere/ mie/ et baruch. Par ainsy fust la terre de iudee desolee et deserte plusieurs ās car nabugodonosor ny trāsporta nulz des caldiens pour y habiter comme auoit fait le roy de israel en la terre de is rahel. Doncques le residu de iuda habita en egypte cestassauoir en magda/ so/ taphnes/ nephis et phatures qui est vne terre ainsy denōmee pour le nō du roy. En la dicte terre de taphnes parla nostreseigneur a ieremie en disāt prēdz les grādes pierres ꜩ les musses en vng coffre qui est soubz le mur de tuilles en la porte de la maison de pharaō/ ꜩ puis diras aux iuifz. Secy que dist dieu/ Je prendray mon seruiteur nabugodono/ sor/ constitueray son throne sur ces pierres. puis il frapera la terre degipte/ Et lors vous seres destruictz et perilliez a uec les egiptiēs. La cause principale por quoy ilz furent dissipes est pource que leurs femes cestassauoir des hebrieux sacrifioyent aux dieux estrangers et a la royne du ciel nōmee la lune/ Juno/ ou berecinche a laquelle ilz offroiēt gasteaux ꜩ flamiches. Quant ieremie ꜩ telle chose les redarguoit: lesdictes femmes respondoyent que elles ne faisoyent point telz sacrifices sans le consentement de leurs maris. Et quant de ce il increpoit les maris ilz respondoyent Quant nous estions es cites de iuda ꜩ faisions telles choses nous auons eu viures en habondance et prosperite en nos negoces. mais quant auons cesse de telz sacrifices tous maulx nous sōt

seruenus/ cestassauoir estre soubz le glaiue de nos ennemis/ souffrir famine et pestilence. Auxquelles paroles respondit ieremias disant Escoutes que dist nostreseigneur dieu. Jay iure par mon grand nom que tous les hommes de iuda qui sont en la terre degypte periront par glaiue et famine sans excepter vng. lesquelles parolles ouyes le peuple se esleua a lencontre de Jeremie en le lapidant dicelles pierres quil auoit absconse soubz le mur fait de tuilles et terre cuite. Apres ce les egiptiens ayans en honneur et reuerence ledit prophete le sepulturerent pres du sepulchre des rois en memoire et recordation des grans biens quil auoit fait en egypte. car par son oraison il auoit chasse degypte les aspis et autres bestes habitans es eaues qui des grecz sont appellees cocodrilles. Desquelz par auāt estoit egipte mōlt fort trauaillee ꜩ tēpestee. On dit encor que en signe de telle chose la morsure des aspis est sanee et garie de la pouldre du dit lieu et sēblablement les cocodrilles en sont chasses.
¶ De ce dit epiphanius nous auons entendu des anciens qui sont descēdus de la lignee des seruiteurs de antigonᵘ et de ptholomeus que alexandre macedo venant au sepulcre du dit prophete et congnoissant le mistere du lieu/ trāsporta icelluy prophete en alexandrie. ꜩ le enseuelist moult glorieusement. dōt aduint que depuis tel tempz les cocodrilles et aspis furent prohibez et chassez hors dicelle terre. Toutesfois le dit alixandre ou dit pays auoit introduict aulcune espece de serpens qui chassoyent les aspis: mais ne les pouoyēt pas du tout extirper. Lesquelz il appella argones pource que les peloponiens les auoyent apportez de argos. ¶ Cestuy ieremie est celluy qui aux rois degipte bailla signe disāt que leurs ydoles trebuscheroyent quant la Vierge enfanteroit. pour laquelle cause les prestres diceulx egyptiens mirent en vng lieu secret du temple lymage de la Vierge et de son enfant lequel ilz adoroyent. les/

ff iiii

La iiij^e aage

quelx prestres interroguez par le roy ptholomeus pour quelle raison ilz feissent telle chose/respondirent quilz tenoyent tel mistere des enseignemēs et traditions paternelles leql mistere auoyt este a leurs anciens reuele par le saict hōme ieremie.dont creoyent indubitablement que ainsy seroit et aduiēdroit

¶ Aussi cestuy ieremie est celluy qui preuoyant la destruction du tēple prist larche du testament et tesmoignage auec ce qui estoit dedens.puis par ses prieres fist icelle arche estre englowtie et mussee dedēs vne pierre en laquelle il escrit de son doit le nom de dieu lequel nom fust lors couuert dune nuee tellement que depuis il na peu estre leu ne le lieu congnu.Telle nuee y apert encor au iour duy souuent en temps de nuit en forme de feu.Aussi telle pierre est en vng hermitage entre deux montaignes ou reposent Moyses τ aaron.

¶ De la dicte arche dit ledit ieremias que nul fors aaron ne la pourra mettre hors de la pierre.En oultre que nul des prestres ne nul des prophetes pourra ouurir les tables estans dedens la dicte arche excepte Moyses seruiteur de dieu en la premiere resurrectiō quāt les mors ressusciteront.car lors la dicte arche sera de la pierre puis sera mise en la montaigne de syon en laql le tous les saintz seront assemblez.

¶ Jtē en ce lieu ne deuōs poit ignorer que en lan que sedechias fust pris cōme tesmoigne comestor dit aucū suyant de hierusalē a ezechiel en babilone annonceant que la cite hierusalē estoyt gastee τ destructe.laquelle chose auoit este par le dit ezechiel predicte le vespre precedēt.dōt le peuple fust moult trouble τ en plourāt cōmēca a dire nostre esperance est perdue nous sōmes trebuschez en vne ruine de laqlle ne nous releuerons pas facilement.Apres ce dit ezechiel vecy que dist nostre seigneur. Quant vous me ares fait sacrifice Je vous osteray de la terre des gentilz et payens.ramenerap en vostre pays et geteray leaue nette sur vous pour vo⁹ nettoyer.consequament le dit ezechiel pour cōsolatiō de israel pdict les calamites et miseres futures aux nations a eulx aduersaires.cestassauoir aux enfans de amon de moab/de Edom/des philistiēs/de tirus/de sidoine/degypte τ de ethiopie cōe apert ou xxxvj^e et xxxvij^e chapitre du dit ezechiel.

¶ Chapit^e xliij^e de la lignee des pstres

Sadoch filz de achitob souuetal prestre dōt est faicte mētiō lan viij^e du regne de manasses est iterpte iustice.iuste/iustifie ou iustification.

¶ Sellū filz du dit sadoch dont est parle lan l^e. du dit manasses et lan viij^e de amon est interprete pacific/apaise/pacifiant/ou pacification.

¶ Helchias filz de sellū dōt est parle ou xxij^e et xxiij^e du iiij^e des rois τ lā viij^e de amō/selōd aulcūs fust pere du pphete Jeremie et est interprete partie du seigneur/ou attribue au seigneur.

¶ Azarias filz de helchias dōt est par/ le lā xxiiij^e de Josias est iterpte contenāt le seigneur. apprehesiō du seigne^r. ou robuste et forte visiō du seigneur

¶ Sarayas filz de azarias dōt est faite mētiō lā premier de sedechias est interprete seigneur domināt.Si celluy est escript ou dernier chapitre du iiij^e des rois cōment il fust occis par nabugodo/

nosor roy de babilone. Ainsy apert selon comestor en listoire du quart des roys que depuis le pmier sadoch de la ligne de eleazar côstitue par salomõ en grãd prestre iusques a cestuy sarayas inclusiuemēt y eust xв grãs prestres ministrans q seruans ou temple de salomõ. ¶ Josedech filz dudit sarayas est iterprete le iuste du seigneʳ.ou iustifie au seigneur.et fust par Nabugodonosor fait souuerain prestre en lieu de sõ pere et mene prisonnier en babilõe auec plusieurs autres cõme dient Comestor et nicolas de lira ¶ Cestuy iosedech fust coadiuteur de la reduction du peuple hors de captiuite apres lxx ans cõmediēt Jeremie en son xixᵉ.et le premier chapitre du pmier liure des esdras. Lesquelx lxx ans sont cõmencez lã viiiᵉ de ioachim cõme dient plusieurs.

¶ Apres ledit iosedech vit hiesus aultremēt nõme Josue q fust pmier grãd euesque ou temple reedifie apres la captiuite souz zorobabel filz de Salathiel cõme apperra lan viiᵉ de Darius.

¶ Sensuit la ligne des prophetes chapitre xliiiiᵉ

Sophonias qui est interprete absconsant le seigneur. absconse au seigneur ou speculant le seigneur/ou le secret du seigneur fust filz de Chusi filz de Godolias q estoit filz de Amasias filz de ezechias.p ainsi apert selon la rigle des hebreux q ledit sophonias estoit de la generation des pphetes. Car son ayeul q le pere de son ayeul estoyent prophetes Ja soit ce q nayons point leurs propheties.La rigle desditz Hebreux est telle. Touteffois q le pere ou aieul daulcun prophete est mis en tiltre cest signe que iceulx ont este pphetes. Et pource dist Amos ie ne suis point pphete ne filz de prophete/mais simple pastour q gardi en de cheures. ¶ Cestui sophonias cõmenca pphetiser es iours de Josias filz de Amon roy de Juda deuant la captiuite ou il menace les pecheurs premierement en general/secondemēt en especial

Et ptie met paroles consolatoires ou iiiᵉ cha.faisans mention du retour de la captiuite ou de laduenement de hiesucrist. ¶ Hieremie qui est interprete esleue a nre seigneur ou sublimite du seigneur fust filz de Helchias q estoit lung des prestres de anathot en la terre de Beniamin.estant a iiii.miliares prez de hierusalē.et cõmēca pphetiser lã xiii.du regne de Josias durãt lespace de xлi.an iusques a leuersiõ de hierusalem sans le temps q en egipte il ppphetisa en la cite de thances. A icelluy hieremie estãt encor enfant parla nre seigneur en disant.ie tay ordõne pphete sur ce peuple q entre les hõmes. Auquel il respondist/a/a/a/sire dieu ie ne scay pler en tant q ie suis enfãt. q pour ce nostre seigneur dieu toucha sa bouche en disant.Jay mis mes poles en ta bouche et pource ple hardiment. Des lors ledit hieremie combien quil fust a dolescēt cõmēca pphetiser q prescher/se leuer matin/et souuēt estre en la porte de la maison de dieu et es alees du temple. Ainsi nostre seigneur luy notifia les signes de leuersiõ de hierusalem laquelle il preschoit en demõstrãt ou premier signe lauctʳeur de telle euersion q estoyt cõme vng larron vigilãt et non dormãt/q tenoit vne verge pour dõmager les dormãs/car ainsi veilloit ia dieu pour persecuter se peuple iudaique.

¶ Par le iiᵉ signe nostre seigneur demonstra de quel ministre il se vouloyt seruir a faire telle euersion. Et fust telle signifiance congnue par la buire enflãmee venãt de la partie daquilõ/ce st assauoir des caldiens q selon la situation de hierusalem sont vers aquilon.

¶ En la iiiᵉ vision dieu lui demonstra la cause de leuersiõ/laqle vision ne fust poit par ymagination/mais corporelle Car dieu lui cõmãda ql prist son bray el ou ceicture nõmee en latin lumbare puis quil le muffast sur le fleuue de eufrates.lequel cõmademēt il acõplist. Consequamēt apres plusieurs iours par le cõmademēt de dieu il alla querir ledit brayel ou lumbayre mais le

La iiii^e aage

trouua fouf pourry et inepte a seruir. lors dist nostre seigneur,ainsi cōme tel lumbare a este ioingt aux reins/iay ioingt et assemble la maison de Israel et de Juda.mais pource quilz se sont departis de moy z ont choisi les dieux des estrangiers,ilz seront pourris et adnichilez z menez oultre le fleuue Eufrates en captiuite. ¶ Les deux pmieres visions dessusdites furent soubz Josias. mais de la iii^e est incertain soubz q̄ elle fust. Non obstant q̄ est plus vray semblable q̄ elle ait este soubz les autres rois posteres cōme plusieurs autres

¶ En ce lieu ne denōs poit ignorer q̄ ou .j. chapitre de ieremie nest fait nulle mention de Joachaz et Jeronias filz de Joachin,ou temps desquelz pphetisa ieremie.dont peult estre assignee telle raison,cestassauoir pource que chascū diceulx regna trois mois seulemēt et par ainsy leur temps est nōbre auec les aultres rois regnans iusques a la captiuite et destruction de hierusalem faite par nabugodonosor cōme apt ou xxx^e du quart des rois et xxxix^e de Jeremie. ¶ Ite ou xliiii^e de sō liure apert comment il fust violentement raui z pris du residu de iuda,et mene auec son notaire baruch en egypte ou il mourust/cōme est declaire ou chapitre precedent. Apres la mort du quel Jeremie cestassauoir lan 8 de la destructiō de hierusalem et de nabugodonosor lan xxiii^e descendist ledit nabugodonosor en sirie ĩferiore,sobtint et subiuga/et sēblablement les moabites et amonites.Puis finablement entra en egipte la destruit occist le roy et constitua ung aultre en son lieu.Et de rechef mena les iuifz prisonniers en babilone cōme Jeremie auoit predit,iasoit ce quilz ne sou lurent point le croire ne escouter cōme est escript ou xliiii^e chapitre de sō liure.

¶ Olda prophetisse et femme de sellum habitāt en la secōde masiō de hierusalē cestadire en la seconde cloture de murs ou les prophetes auoyent acoustume demourer est iterprete discernāt/ou destruisant ou destour. Elle prophetisa ou tēps de iosias les maulx qui denoyent aduenir sur hierusalem tesmoig le xxij^e du quart des rois et le xxxiiii^e du secōd de paralipomenō. ¶ On ala se cō seiller a elle et nō pas a Jeremie pource que on esperoit q̄ elle ne diroit pas fors choses prosperes et bōnes cōme dist le prestre Raymundus.cōsidere que fem mes de leur nature sōt misericordieuses. Aultre raison est assignee daulcūs cestassauoir que le bon prophete ieremie nestoit point en sa maisō.mais entre le residu des dix lignees ou il les amōnestoit quilz ne lessassent poit dieu cōme auant la captiuite les auoit en epistres amōnestes de adorer tousiours le vray dieu et de nō poit le delesser ou ou finablement il les dlesseroit.comme ilz cōgnurēt par expiēce lors dlz furēt ainsi menez captifz z prisōniers.

¶ Baruch qui est interprete benoict/ou benedictiō fust filz de nerias le prophete et notaire de ieremie des le tēps de ioachim filz de Josias cōme apert ou xxx 9 du dit ieremie.Apres leuersion de hierusalem faite par les chaldies il fust par le residu et demourant de iuda mene en egipte auec ieremie quant godolias eust este occis cōme apert ou xliij^e du dit ieremie.Il escript son liure en babilōne lā 8 apres la dicte euersiō de hierusalē tesmoing le 8 chapitre de son liure. Car apres la mort d ieremie il ala en babilone pour consoler les iuifz qui la estoyent captifz. ¶ Dicelluy debuons estre aduertis que le vij^e chapitre qui est escript en son liure est lepitre que ieremie enuoya aux iuifz captifz en babilone. et pource a luy ne doit point estre attribuee cōe a aucteur, mais seulemēt cōme a escripuain.

¶ Vrias qui est iterprete ma lumiere de dieu.ou le seigneur mon ardeur. fut filz de semey de cariathiarim. prophetisa a lencontre de la cite de hierusalē ou temps de ioachim.parquoy le dit ioachim se efforca de le occire.dont fust cōstrainct sen fuir en egipte.mais finablement apres son retour fust occis du dit ioachim z sō corps gette ou sepulcre

Feuillet ii{c} liiii

des Bissais cõe apt ou xxbj{e} de ieremie.
¶ Ezechiel le pphete q̃ est iterprete ai
de du seigneur.ou dieu ma cõforte fust
filz de buzi qui estoit de la generation
des prestres. et fust mene en babilone
auec ioakiin roy de iuda et la mere õt
cellup. et auec Danielet les trois aul/
tres enfãs cõme apert ou xxiiije du iiije
des rois. Il habitoit pres du fleuue cho
bar. et cõmença prophetiser a ses cõpai/
gnõs captifz lan xxxe non pas seulle/
ment de son aage, mais aussi du xbiij{e}
an de iosias. Il disoit a iceulx que leur
captiuite dureroit lespace de lxx ans. la
quelle chose auopent ia Beu en lepistre
de ieremie a eulx enuopee. Sõt ilz plou/
ropent tẽdrement ¶ murmuropẽt ma
lement contre dieu disans que fraudu
lentement les auopt expulsez de leur
pays en tant que par la bouche de hie/
remie auoit promis la destruction de
ceulx qui demourropẽt en hierusalem
Mais aux aultres qui se renderopent
es mains de nabugodonosor promet
toit biens infinitz. De laquelle chose le
contraire estoit aduenu cõme ilz yma/
ginopent. car ceulx qui estopẽt de mou
rez residens en hierusalem flourissopẽt
en grande prosperite. mais ilz estopent
par greue seruitude opprimez. en leur
cõpaignie estopent aulcuns disans q̃
lors quilz faisopent seruices et sacrifi/
ces aux dieux, cestassauoir au soleil ¶ a
la lune, Ilz habondopent en tous bies
mais depuis quilz auoient cesse, ilz sõt
perilz de glaiue, de peste, et de famine.
¶ Pour confermer le contenu en lepi/
stre de ieremie ce dit ezechiel propheti
soit leuersion de la cite et sinflamma
tion du temple estre prouchaine. En
oultre disoit ceulx qui estopent de mou
rez en la dicte cite debuopt perir de
fain. Ceulx qui estopent alez hors pe/
rir de glaiue. et les aultres qui seroient
pris et menes hors, souffriropent gre/
ue seruitude. Mais a eulx qui ia estop/
ent en captiuite dist q̃lz demourropẽt
en paix et en leur franc arbitre sans
seruitude. Et affin quil se congnust a/
uoir aucorite, Dieu luy demõstra aul

cunes Visions cestassauoir la similitũ
de dung homme, dung leon, de bng
Beau, et de bng apgle. non pas seule
ment a prefigurer les quatre euange/
listes, mais a demonstrer le dieu d̃ isra
el estre le dieu de toute creature. en dõ
nant entendre par ces quatre, lexellẽ
ce et dignite sur toutes aultres. Car
comme a precellence sur toute chose ay
ant Bie. Laigle est le rop des oyseaulx.
Le lyon est roy sur les bestes cruelles. ¶
le boeuf ou toureau sur celles qui ser/
uent a lusage ¶ seruice de lomme
¶ Comme dit comestor le dit Eze/
chiel estant en caldee entre ses captifz
iuga et condemna aulcuns transgres/
seurs de la loy. et principalement au
cuns qui estopent de la lignee de Dan
et de Gad, lesquelx commettopent cho
ses illicites en persecutant les gardes
de la loy. Et pource comme dit Epi/
phanius il fist contre eux prodiges et
choses merueilleuses car leurs enfans
et toutes leurs bestes furent peris ¶ de
struictes des serpens. En oultre il pre
dit que icelles deux lignees ne retour/
neropẽt plus en leur maisõ, mais de
mouropẽt es regiõ de medie. Por
lesquelles paroolles ilz furẽt marris cõ/
tre luy dont le detirerent et trainerent
a chenaulx contre les cornez des roches
et grandes pierres tellement quilz luy
rõpirent le ceruau puis sense ueslirent
ou chãp de maulius ou sepulcre de sem
et de arphaxat. ¶ Cestuy ezechiel cõ
me tesmoigne comestor auoit au peu/
ple dõne tel signe, cestassauoir quant
le fleuue chobar ne courroit plus, lors
le terre seroit en desolatiõ. Mais quãt
il inũderoit ¶ habõderoit en eaues, que
lors ilz espassẽt retourner en hierusalẽ
¶ Sur le dit fleuue chobar conuenoit
aulcune fois ders luy grande multi/
tude de ses compaignons prisonni/
ers. laquelle chose Beue, considerce des
caldiens craignans que telz captifz ne
se Doulsissent esleuer et rebeller contre
eulx, les assaillirent ipetueusement.
Ezechiel Bopant les siens prouchais
de estre oultrage fist par ses grans

La iiii'e aage

prieres arrester les eaues du fleuue sur lesquelles lui auec toute sa cõpaignie chemina saulueuent iusques a laultre riuaige. mais les chaldiens presumãs de les ensuir furent tous noyez. ou dit riuaige ledit Ezechiel par son oraison impetra soubitement au peuple grãde multitude de poissons dont il fust refectionne et rassasie. Ainsi le dit Ezechiel y restitua la vie a plusieurs.

Chapitre xlve. de solon.

Solon athenien fust lũg des sept saiges de grece aiãt bruit et renon ou temps de Ezechie roy de Juda comme dient aulcuns. Il fust le premier qui aux atheniens donna loix lesquelles furent consequamment prises et maintenues des rommains. Il les gouuerna long temps par sa prudence. et fist exemptz de seruitude et tyrãnise. Quant la fortune fust muee a la chance tournee, il se transporta en egipte cõme fuitif a bany et puis se ioignist et associa a Cresus roy des liddes. Apres ce ala en cecille ou quel lieu il edifia vne cite denommee de son nom. Finablement vint en cipre ou il passa sa vielesse a trespassa. De lui racõte Tulles ou liure de vielesse que lup estant viel et ancien resista et contredit au tyrant Pisistratus voulant a force occu

per athenes. Non obstant ce que plusieurs des habitans donnassent faueur et aide audit Pisistratus. Telle chose consideree cestassauoir resister z contredire ainsi hardimẽt audit Pisistratus il fust interrogue en quoy il se fyoit et auoit esperance. respondit quil se confioit en sa vieslesse. Quãt il congnust les atheniens se offrir a estre subgetz audit tyrant il se departist et ala en estranges nations. par quoy fust interrogue pour quelle cause il ne vouloit poit demourer soubz cellui qui estoit appareille de lui faire beaucoup de honneur et qui honoroyt maĩs hõmes de mendre vertu. Respondist. les grans et vertueux hommes enuers les tyrans et iniques dominateurs sont semblables a comptouers ou getõs desquelx lung est aulcunesfois pris pour cinq, aulcunesfois pour dix, aulcunesfoiz pour cẽt et aulcunesfois pour plus grãt ou mẽdre nombre et somme selon la voulẽte de ceulx qui gettent ou comptẽt. car selon ce quil viet a la fantasie desditz princes seigneurs et tyrans ilz magnifient et honorent aulcunesfois les hõmes vertueux. et p opposite aulcunesfois nen tiennent compte, mais les cõtempnent et desprisent. Cresus roy des liddes vne fois lui demanda quel homme selon son iugement estoit eureux. Respondist Trihalanus athenien Cleobis et Bico qui sont hommes incongnus et dont nest nul bruit. Le dit Cresus vne iournee se orna assist en sa chapere royale et puis lui demanda, se iamais auoit veu chose plus belle, plus honneste et meilleure. Respondist que ouy, cestassauoir les cocqz, les faesans, et les paons. car leur ornemẽt est naturel, par quoy ilz sont mil fois meilleurs. Comme Laercius racõte Periander philosophe qui lors en corithe tenoit la dominatiõ a seigneurie lui escript par vne epistre en se conseillãt sil deuoit chasser et fuir apres aulcuns aduersaires ql auoit. Respondist solon. a leure q les chasseras tu ne les tẽdras pas. Aussi ce pendant aucun dau

tres nõ suspectz se pourra monstrer ad
uersaire et te contrarier a pãt paour de
soy et disant aux aultres mal de toy.
Parquoy me semble chose plus seure
soy abstenir que faire aultrement.
¶ Vne iournee que il plouroit la mort
dung sien filz, vng aultre homme vint
a luy et dist quil ne failloit point plou/
rer en tant que telle chose ne prouffi/
toit au trespasse. Solon respõdist Je
ploure principalement pource que ie
voy mon dõmage estre irremediable.
En apres on luy demanda sil desiroit
que les siens fissent doeil et plour pour
son trespas. Respondist. A ce cy me suis
fort efforce ceʃtasʃauoir q̃ en ma mort
mes amis ne soyent point sans dou/
leur et lamentation. ¶ Valere racon/
te quant il vit lung de ses amis plou
rant tendrement Il le mena en vne
tour et le amonnesta que il regardast
toutes les parties des edifices de la ci/
te. Apres ce luy dist. Pẽses en toy mes/
mes combien de gẽs sõt se doeil et plou
rent ont ploure et ploureront soubz cef
toictz et couuertures. Et pource ne te
chasse de plourer les dommages des
choses mortelles. ¶ Item comme reci/
te ledit Valere il dist a vng sien amy le
quel disoit quil souffroit amaritude in
tolerable. Se tous les hommes auoy/
ent assemble en vng lieu tous leurs
maulx il ny aroit celuy qui naymast
mieulx porter de sa propre force vne
maison que de porter vne portion q̃ pe
tite quãtite de tel monceau de miseres
commun a plusieurs. Comme sil voul
sist dire quil ny aroit celuy qui ne de/
sirast plus dauoir en par soy toute son
amertume que telle portiõ a luy esche/
ant se toutes les miseres et angoisses
des hommes estoyent mises ensemble
et puis distribuees a chascun sa part. et
pource nul ne doibt dire quil souftient
et seuffre amaritudes plus intolera/
bles que tous aultres. ¶ Entre les no
bles lois quil ordonna nous en dirons
aulcunes que recite principalement la
ercius. Se aulcun a parens souffre/
teulx et indigentz et ne les nourrist ne

Feuillet iiᵉ lv

souftient point il est villain deshonne
ste et sans gloire. Les enfans de ceulx
qui sont mors pour le bie publique doi
uent estre nourris et enseignez des bi/
ens de la chose publique. ¶ Item esta/
blist que le tuteur et curateur denfan
ne doibt point habiter ne demourer a/
uec la mere diceulx orfelins. et que cel/
luy ne doibt point exercer loffice de
tuteur au quel peult eschoir la succeʃʃi
on diceulx orfelins apres leur trespas
Lorfeure ou esmailleur ne doibt point
retenir le signe et merque de laqueau
quil a vendu. Se aulcun creue loeil a
cellu y qui nen a que vng tel doit estre
priue des deux. Se le prince est puron/
gne il doibt estre condamne a mort.
Ses sentences et beaulx enseignemẽs
sont telx. Saturite est greuee par les
oeuures. et contumelie et ire par satu/
rite ceʃtadire quon est biẽ saoul de be/
soigner et q̃ les cõtumelies sont mises
soubz le pie par non chaloir. Ne oste po
int dausc̃u lieu ce q̃ tu ny as poit mis.
Ne mens point ne iure point se par tõ
iuremẽt ta preudomie et leaulte ne est
augmẽtee. car lõme duquel le serment
na point grauete de iuremẽt est vil et
abhominable. Ne soyes point hatif a
reputer aulcũs estre tes amis. q̃ quant
les aras possidez et reputez estre telx
ne les repreuue point facilemẽt. Ne de
sire point a dominer se par auant ne
tes congnu estre subgect a price. Con
seille plus tost les choses bõnes que cel
les q̃ sõt seulemẽt doulces. Fais que tõ
entẽdemẽt te gouuerne. ne parle point
mauluaisemẽt. hõre les dieux porte re
uerẽce a tes parẽs. q̃ principalemẽt a pe
et a mere. ne repute poit aulcũ hõe eu/
reux durãt sa vie. car la fortũe se peult
tousiours muer iusq̃s a la fi de sa vie.
cõsidere q̃ le iour dernier est celuy q̃ est
iuge de felicite q̃ de beatitude. mais les
cõmecemẽs des choses doiuẽt estre at/
tribuez a fortune. La fin est celle qui cõ
sacre philosophie. et pource il nest riens
que lõme doiue tant craindre comme
estre exclus et priue de philosophie et
pareillement de sapience vers sa fin.

La iiii.e aage

¶ Ses respōses a aucūes dmādes sōt telles. La parolle est limage des ouurages et est fermee par silēce. La toile est la loy et reiz de laraigne, car se aulcūe chose debile chet en telz las, elle y est prise et retenue. mais se elle est graue q pesāte elle perse la dicte araignee. ¶ Vne iournee q le dit solō estoit en vng lieu ou plusieurs hōmes parloyēt, mais ne disoit mot. Periāder luy demāda sil se faisoit poz cause ql ne scauoit que dire, ou pource ql fust fol. lequel respōdist q iamais fol ne se peult taire. Vng riche hōme le interroga pourquoy il estoyt poure, et sil auoit nulz tresozs. Auquel respōdist. moy et toy auōs des tresozs, mais entre le mie et le tiē est grāde difference. car nul ne peut riēs oster du mie Et q plus est, quāt il me plaist dē distribuer aux aultres, il ne se diminue poit. mais le tiē est chascū iour en dāger destre pdu et adnichile. Veilles ou nō. Et auec ce nē scaroyes oster si petit ql ne se diminue fort. ¶ Il fust iterrogue quel doit estre pmieremēt vng recteur et gouuerneur dūg peuple. respōdit que il doit pmieremēt rectifier (& recer soy mesmes q puis le peuple. ou aultremēt il sera cōme celuy q sefforce de drecer lōbre q est courue q tortue auāt ce q la verge dont est causee la dicte vmbre soit faite droicte. ¶ On luy demāda ql le chose est plus aigue et trēchāt q vng cousteau. respōdist, la mauuaise lāgue de la fēme. Quel hōme doit estre dit liberal. respōdit, celluy q volētiers aux aultres departist de ses biēs, et na poīt en soy couuoitise des biēs daultruy. On luy demāda cōmēt peult estre vne cite biē gouuernee. Respōdist, mais que le price et les gouuerneurs viuēt selō les lois. ¶ Dicelluy racōte Valere en son liiii.e q tout le tēps de sa vie il fust tāt studieux que luy paruenu a vieillesse encoz tousiours estudioit, et aucūe chose nouuelle apzenoit. Lozs que icelluy age de iiii.xx ans estoit ou lit de la mozt a leuirō duquel estoyēt ses amis assistes et cōferēs de aulcūe matiere. Il esleua sa teste q par auāt estoit enclinee e tabessee. dōt fut diceulx iterrogue po

quoy il faisoit telle chose, respōdist affi que ie meure legeremēt quant ie aray cōgnu la matiere de quoy vous disputez. Il trespassa en cipze age de iiii.xx ās et estoit en grād bruit cōe diēt aulcuns ou tēps de ezechias roy de iuda. Et escript cinq mil dictiers.

¶ Chapitre xlvi.e de periāder

Periander corinthien estoit lūg des sept sages de grece. Il escript en deux mil vers enseignemens monlt stilee comme dit Laertius dont auones extraict aulcunes que auions congnus plus especiaulx, cestassauoir comme qui veult seurement regner, doit estre garny de beniuolence et auoir ses subgetz par amour et non pas par armes. Il disoit aussi que les voluptes sont corruptibles, et que les ozgueilz sont mortelz. En oultre que homme prosperant doibt tenir mesure et estre atrempe. En apres soyes tout vng a tes amis bien eureulx et maleureulx. Acomplis la promesse quelconque soit celle que tu promes. Ne recite point vne mauluaise parole. Ne corrige q ne punis poīt seulemēt les pechās actuelemēt, mais aussi ceulx qui ont ia peche ou sont disposez a pecher. Cestuy periander estoyt principalement fort renomme ou temps de sedechias roy de iuda. et mourust aage de quatrevingtz ans.

¶ Chapitre xlvij de pitachus.

Feuillet iic lvi

che° treblāt q̄ fort espouente q̄ luy dist. En tāt q̄ maitenāt nas nulle espance de aide ne de fuite/tu peux cognoistre q̄ il est en moy de te bailler la remuneratiō et loyer des iures dont as serui. mais ie ne q̄rs nulle vēgāce sur toy ne faire paine aulcūemēt. Et pource cesse de psecuter iustemēt celuy q̄ te par/dōne/leq̄l exerceroit sit souloit sa vēgāce iustemēt sur toy. ¶ Cestuy pitachus voyāt que̅ lysle des mitilenēses y auoit habōdāce de vis q̄ destrant gar/der q̄ euiter q̄ les hōmes ne fussēt yuroignes il ordōna par loy publiq̄ q̄ delictz seroit pute fust puny doublemēt. Il dissoit q̄ le vin est bō q̄ mauluais. bō de nature, mais il est mauluais par crapule q̄ gourmādise. ¶ Les sētēces du dit pi/tach° sōt telles. Les victoires sōt tresbōnes q̄ tres a louer q̄ sōt faites sās effusion de sāg. Les fais des hōmes prudēs sōt en lēntedemēt auāt ce q̄tz soyent en nature. mais des hōes fors par vie se disposer. Les ifortūes q̄ maleuretez ne sōt poīt a vituper. ne cessuy q̄ craīt crime q̄ villenie. On ne doit poīt obiurguer ne tēcer cōtre son amy/ne aussi cōtre son enemy. Il fault exerciter eusebie/cest a dire pitie q̄ misericorde. aimer chastete. Auoir verite et loyaute. Ensuir expe/riēce/amitie/q̄ soutillite. Ne predis ia/mais ce que tu as a besoigner et a faire assi que se tu faulx ne soyes poīt moq̄.
¶ Ceste sētēce cestassauoir pricipaute et seignourie demōstre lōme: a este souuēt apres luy recitee. Quāt il fust iterrogue quelle chose est tresbōne. Respondist faire biē maītenāt. Et quelle chose est occulte secrete q̄ a nous icertaine. Respōdist ce q̄ est futur q̄ aduenir. Quelle chose est loyale/respōdist la terre. q̄ le desloyale/respondist la mer. ¶ Il escript de police et de meurs. Vi vers q̄ plusieurs choses en pse. Vesqist lxx ans et estoit en bruit et rend ou tēps de ioachi roy de iuda cōme est dit en son tēps.

¶ Chapitre xlviij de chilo.

Chilo philosophe lacedemo/nien fust lung des sept sages

Pitachus asian fust lūg des septs sages de grece/ouq̄l estoit mōlt de noblesse q̄ de prudēce en lexercice militaire quāt bataille (guerre regnoit entre les athenies q̄ les mitilenes. car il estoit ducteur q̄ capitale diceulx mitilences. Et pposa de batailler seul a seul cōtre firmo duc des atheniēs en quoy deceupt ledit firmo en tāt q̄ lauoit soubz sō escu vne reiz musee dōt il euelopa ledit firmo. puis l'occist/q̄ par ce poit sa terre fust deliuree. parquoy les mitilences luy offrirēt la pricipaulte q̄ seignourie laq̄lle il tīt lespace de .x. ās. q̄ puis quāt il eust dispose la cite en bōne ordre il se deposa de telle charge et do/minatiō/en refusāt q̄ cōtenāt richesses la ou il pooit facilemēt estre riche. Aps ce q̄l eust lesse telle dominatiō il vesq̄st dix ans. ¶ Laercius dist dicelluy pita/chus q̄ vng ouurier portāt vne cuignee a sō col occist dauctere sō filz. Les citoyens cōgnoissās telle forfaiture prindrēt ledit hoicide/q̄ lamenerēt audit pitach° leq̄l ne le cōdāna pas/mais absolust en disāt q̄ idulgēce q̄ pardō est meilleure q̄ tourmēt q̄ vēgāce. ¶ Le poethe althe°a uoit grāde hayne cōtre pitach° q̄ se effor coit fort de le psecuter auāt ce q̄l obtīt la seignourie q̄ peminēce sur les mitileneses. Quāt icesuy pitach° paruit a telle pricipaulte/il fust venir a soy le dit

¶La iiii.e aage

de grece/lequel cõme est recite ou liure de politiques fut enuoye a corinthe pour auoir societe ¿ amitie auec les corinthiẽs Quant au dit lieu fust arriue/il trou-ua les anciens et gouuerneurs du peuple ïouans au ieu de tables/po̗ laquelle cause en lessãt son entreprise imparfaicte Il sen retourna/disant q̃l ne bou-loit point maculer ne ordir de telle i͡famete la gloire des spartains desquelx la bertu estoit en grand bruit ¿ renom.

¶Ainsy comme Laercius raconte/le poethe Esopet interroga le dit Chilo po̗ scauoir que faisoit iupiter. Auquel respondit. Il humilie les choses haul-tes.et exalte les basses. Quant il fust interrogue quelle difference est entre les sages et entre les folz. Respondist quil different par bõne esperance. En oultre fust interrogue quelle chose est difficile. Respondist.faire choses qui ne sont point a dire. et poir porter paciã-ment iniure en tout lieu. Quant fust ĩ-terrogue que cest de fortune/respondit cest bng medeci ignare qui auugle plu-sieurs gens ¶Ledit chilo donnoit ces beaulx enseighemens qui se ensuiuent cestassauoir Il fault donner sur sa lan-gue principalemẽt es conuis et disners. Soy garder de mal dire sur ses boisi͡e. car aultrement il fauldroit ouir ce de quoy on seroit marry. On ne doit point menacer auscun pource que telle chose est office de fẽme.on doit aler plus tost aux calamites et miseres de ses amis que aux prosperites. faire nopces hum bles et petites. On ne doit mesdire de bng hõme mort. On doit honnorer bi-eillesse.pe̗ser de soy mesmes.aimer pl͡ auoir dõmage que aquerir auscune cho se par mauluais gaing.car pour le dõ-mage on nest marry q̃ bne fois / mais pour le mauluais gaing on est despla-sant toutes les fois quil en souuient Il ne fault point mocquer bng hõme maleureux. Ung dominateur et prin-ce doibt estre doulx et benign/Assi que ses subgetz le ayent en reuerence plus grande que en crainte. Lõme doit apre dre de estre obey en sa propre maiso̗. do

miner sur son ire et courroux. Nõ poit desirer choses impossibles. Riens dire sans auoir pẽse deuãt. Obeir aux lois. auoir soing et sollicitude.quant on par le daulcun recourir a son propre enten-dement pour congnoistre se len dit be-rite.car es roches/coeur/et dures pier-res Lor est examine et esleu.mais len-tendement est celluy qui dõne cõgnois sance des bons et maulais hommes. Es iugemens on doibt iuger son enne-my selon les lois/affin que la loy ¿ la my soyent gardez. Toutes choses tri-stes et desplaisantes peuent estre seur montees par le couraige et par lamy. Ces deux affectiõs cestassauoir amo̗ et hayne doibuent estre moderees en telle maniere quon doibt aimer ses a-mis comme ceulx qui par auẽture peu ent estre hays cy apres. Et les enemis doibuent estre hays comme ceulx qui apres peuent estre amez. Cestuy chilo estoit bref en langaige. Desquitz bj ãs puis trespassa et pres de son sepulchre fust dreee bne statue droicte. Il es-cript elegammẽt plusieurs beaulx no tables en deux cens dictiers comme ra cõte laercius. Il estoit en bruit ou tẽps de sedechie roy de Juda.

¶Chapitre xlix.e de bias philosophe.

Bias primensis philosophe Asian fust lung des sept sai-ges de grece.et prince en la cite des pri-menses. Lors que entre les primenses et messanenses de grece y auoit batail le comme tesmoigne laertius/Et que les gens darmes des primenses auoy-ent amene auec soy plusieurs bierges filles des messanenses prisonnieres. Le dit Bias fust incontinent frape de pi-tie et compassion dont deliura lesdic-tes filles et les fist garder comme les siennes propres. les bestit honneste-ment/et assigna doaire pour biure/et puis les renuoya a leurs peres en de-testant la maniere de cruaulte dont

Feuillet ii𝑐 lvii

bsent aulcuis/z en disant quon ne doit point blecer ses ennemis Jasoit ce que ilz soyent tres cruelz.¶La quelle chose paruenue aux oreilles des messaiges estans en leur cite ilz enuoyerent embassades audit bias apostans pcieux dõs dor et dargẽt z requerans dauoir paix. ¶Laercius raconte que en vng aultre tẽps quãt le prĩce aliatus auoit assiege la cite prinien/esperant que les prin̄/ ses habitateurs dicelle cite perissent de fain/ledit Bias estant dedẽs la cite remedia a telle indigẽce et souferte en ceste maniere.Il lessa comme par auenture aler hors la cite deux mules gras/ ses engreissees de seel cler.Lesqlles mul/ les furent prises z presẽtees au dit alia/ tus dont en les regardant eust ymagina/ tion que les citoyens fussent grande/ ment habondans en viures z victuail les.Parquoy escript au dessusdit bias quil venist vers luy pour traicter de la paix.Non obstãt quil ny voulust pas aler craignãt quilz ne le prissent z empoignassent.Dont les prinienses aroyent grande cause de plourer silz perdo/ ient tel homme.¶En apres le dit prin/ ce aliatus enuoya embassade en la dic/ te cite/ou chemin de laquelle ledit bias espandist du sablon.sur lequel geta du ble par les voyes.Ceste chose veue par lembassade fust racontee audit aliatus cuidant que la dicte cite fust bien garnie.parquoy le dit alsiatus se reconcilia audit Bias et fist paix en soy departant et par ainsy fust la cite defen/ due et preseruee par sa prudence dicelluy Bias¶Valere recite dicelluy Disant.en vng iour que ses ennemis assailloyent son pays tellement que les habitateurs de sa terre sen fuyoyent chargez des plus pcieuses bagues qlz eussent.Ledit bias sen fuyt comme les aultres/mais ne emporta nul de ses bi/ ens.Dont il fust interrogue pour quel/ le cause ne portoit riens.Respondist ql portoit tout car il portoit sa science qui estoit logee ou domicile de lentende/ ment.et ne pouoit pas estre veue ne cõ/ gnue des yeux corporelz ne par conse/

quent desrobee de nul larron ou mur/ drier.¶Comme dit Laercius ou liure de la vie des philosophes.Telles sont ses sentences et dis moraulx.Efforce toy de complaire a hommes honnestes/ et aux anciens.Estre trop hardy ac/ quiert aulcunesfois lesion et blessure. Auoir habondance de pecunes est ocu/ ure de fortune.Pouoir parler z dire choses congrues et conuenantes a son pays et a son ame est propriete de sapiẽce. Conuoiter choses impossibles est maladie de lame.le mal daultruy ne doit point estre remembre ne recorde.Il est plus difficile de iuger entre.ii. amis q̃ entre.ii.ennemis.car lũg des deux amis sera fait ennemy/mais lung des deux ennemis sera fait amy.Ne parle poĩt trop tost/car ce demonstre inconstan/ ce et inconsideration de homme.Sois prudence et parle des dieux comme il apartient.Ne loes point homme mal/ gne pour ses richesses.Se tu fais aul/ cune chose vertueuse/transfere z remẽ/ bre tel bien venir des dieux.Sapien/ ce est plus certaine et plseure que tous les aultres biens du monde.Ensuy telx amis desquelx tu ne ayes point hõ/ te de les auoir esleu.ymagine que ta bõ/ ne vie est la gloire de ton amy.Deux choses principales sont contraires a cõ/ seil.cest asauoir festination ou hastiue/ te et ire.Auoir perdu vng iour est quãt on le passe sans faire aulcun bon oeuure Celerite et faire tost aulcun plaisir rend la chose plus agreable.Quant il fust interrogue.quelle chose est tresbõ/ ne en ceste presente vie.respondist.len tendement congnoissant quil se gou/ uerne bien et droictement.Quant il fust interrogue lequel des hommes est nomme infortune/Respondist.Celuy qui ne peult souffrir males fortunes et aduersites.Quant il fust interro/ gue dung mauluaix garcon quelle chose estoit Eusebie/cestadire pitie et misericorde/ne respondist riens/mais se taisoit.puis quant il interroga la cause de sa silẽce.Respondist le dit bias ie me taise po'ce que tu parles des choses

La iiii.e aage

impertinētes q̄ qui ne apartienēt poit a toy ne a ta nature. Il fut interrogue quelle chose estoit monlt doulce a hom/me/respondit auoir propre. ¶Lors q̄l estoit auec aulcuns mauluais garne/mēts estans dedens vne nef perissāt en la mer/dont iceulx mauluais gar/cons inuoquoyent et appelloyent les dieux a leur aide dist a iceulx. Taises vous de paour q̄ ses dieux ne cōgnois/sent que vous estre en ce danger. cōme sil voulsist dire se ilz scauoyent q̄ vous fussiez cy vous nen eschaperies tant aise. Il estoit en bruit ou tēps de sedechias roy de iuda. Escript plusieurs choses vtiles en deux mil dictiers ou tracti/ers apres sa mort duquel les prīnces et habitateurs de la dicte cite luy edifi/erent vng temple.

¶Chapitre .k. de escobol' philosophe.

Cleobolus philosophe lindien fust lung des sept sa/ges de grece florissant ou tēps de sede/chias roy de iuda. Eust vne fille nom mee Cleobula qui fust inuētriue de enig/mates et propositions obscures, entre lesquelx estoit cestuy cy cōme dit laer/cius, cestassauoir. Vng pere eust douze filz, ayans chascun xxx enfans diffor/mes, dont les vngs sont blans a voir q̄ les aultres noirs. Et toutesfois iasoit ce quilz soyēt imortelz, ilz sont corrom/pus et prennent fin. Ye enigmate est entendu de lan q̄ est pere des xij moys lesqueulx ont xxx iours, et definēt et re/comēcēt tousiours. ¶Les belles sētē/ces dicelluy Cleobolus sōt telles. fais bien a tō amy affin q̄ tu luy soyes plus grand amy. Efforce toy de faire tant q̄ ton ennemy te soit amy. On doit p̄ craindre lenuie et hayne couuerte De ses amis que les deceptions/cautelles, et trebuschetz des ennemis, car telle en uie damis est occulte et couuerte mais celle q̄ est dennemis est manifeste q̄ ap te. Or est il ainsy que la fraude et ba/rat dont on ne se doubte point est plus puissante et plus disposée a nuire q̄ cel le dequoy on se garde. Quant aulcun

sault hors de sa maison/considere pre/mierement que cest quil doit faire, quāt il retourne/pense a ce quil a fait. ¶Le dit Cleobolus conseilloit de biē exerci ter son corps. Estre ouir aultruy par/ler plus que parler soymesmes. Aimer science. fuir ignorāce. On doit a la cite conseiller q̄ declairer le meilleur chemī Auoir sa lāgue refrenee est propre acte de vertu/mais estrāge a vice. Sēbla/blemēt est fuir iniustice. Dominer sur sa volupte, enseigner ses enfās, passer Inimitie et hayne, non estre point fa/milier a fēme. Nō point estriuer cōtre les siens en la presence destrangers, ne bastre le seruiteur ayant noise contre aultruy a leure quil est pure, car chric/te est cause de telle noyse, parquoy en luy ny a point lors de raisō. Ne prēs point fēme de plus haulte lignage que toy, car se tu le fais tu en aras tousio's reprouche. Ne moques point ceulx qui souffrent obproches de paour que tu ne leur soyes hayneux. Se tu paruiens a psperite ne ten orguillie point affin q̄ ne soyes point degete q̄ expulse de chas cun quāt tu vendras a pouurete. Aure a porter paciament les mutations de fortune. ¶Cestuy Cleobolus escript trois mil questions de enigmates q̄ p/positions obscures. Et trespassa aage de lxx an.

¶Ce premier volume fust acheue a patis par Pierre le Rouge imprimeur du Roy. Lan Mil iiij.c iiijxx et viij. ou mois de Juillet.

www.ingramcontent.com/pod-product-compliance
Lightning Source LLC
Chambersburg PA
CBHW071615230426
43669CB00012B/1941